D1726780

JUS PUBLICUM

Beiträge zum Öffentlichen Recht

Band 139

Felix Welti

Behinderung und Rehabilitation im sozialen Rechtsstaat

Freiheit, Gleichheit und Teilhabe
behinderter Menschen

Mohr Siebeck

Felix Welti, geboren 1967; Studium, Promotion und Referendariat in Hamburg; 1999–2005 am Institut für Sozialrecht und Sozialpolitik in Europa der Christian-Albrechts-Universität in Kiel; 2005 Habilitation für Öffentliches Recht einschließlich Europarecht, Sozial- und Gesundheitsrecht.

Gefördert durch die LVA Schleswig-Holstein.

ISBN 3-16-148725-7
ISSN 0941-0503 (Jus Publicum)

Die Deutsche Bibliothek verzeichnet diese Publikation in der Deutschen Nationalbibliographie; detaillierte bibliographische Daten sind im Internet über *http://dnb.ddb.de* abrufbar.

© 2005 Mohr Siebeck Tübingen.

Das Buch wurde von Satzpunkt Ewert in Bayreuth aus der Garamond gesetzt, von Gulde-Druck in Tübingen auf alterungsbeständiges Werkdruckpapier gedruckt und von der Buchbinderei Spinner in Ottersweier gebunden.

Vorwort

Diese Arbeit ist im Oktober 2004 fertig gestellt und im Wintersemester 2004/2005 von der Rechtswissenschaftlichen Fakultät der Christian-Albrechts-Universität zu Kiel als Habilitationsschrift angenommen worden. Gesetzgebung, Rechtsprechung und Literatur sind so weit als möglich auf den Stand von Mai 2005 gebracht. Dabei wurden der dritte Bericht über die Entwicklung der Pflegeversicherung (BT-Drucks. 15/4125), der Bericht über die Lage behinderter Menschen und die Entwicklung ihrer Teilhabe (BT-Drucks. 15/4575) und der zweite Armuts- und Reichtumsbericht (BT-Drucks. 15/5015) noch berücksichtigt. Auch auf die Entwürfe zum Präventionsgesetz und zum Antidiskriminierungsgesetz sowie den Vertrag über eine Verfassung für Europa ist Bezug genommen, auch wenn deren politisches Schicksal ungewiss ist.

Am Institut für Sozialrecht und Sozialpolitik in Europa der Universität Kiel wurde meine Arbeit maßgeblich gefördert und unterstützt von Prof. Dr. Gerhard Igl. Hierfür schulde ich ihm aufrichtigen Dank. Ich konnte auf seinen Vorarbeiten zum Recht pflegebedürftiger und behinderter Menschen aufbauen, die wiederum auf den Anstoß von Prof. Dr. Dr. h.c. mult. Hans F. Zacher zurückgehen, der uns auch ermutigt hat, eine systematische Gesamtdarstellung zu versuchen. Wie aktuell und zugleich zeitlos das Thema ist, mag ein Zitat aus Zachers Vorwort zu Igls Buch „Behinderung und Pflegebedürftigkeit im Recht der sozialen Sicherheit" von 1987 belegen:

„Dass das Thema sozialpolitisch so richtig gewählt war, hatte gewiss viel Reiz. Aber es hatte auch viele Nachteile. Das Thema veränderte permanent sein Gesicht. Immer neues Material strömte hinzu. Politik und Gesetzgebung reagierten immer mehr auf die Herausforderung der Sache. Und jede Antwort auf eine Herausforderung verändert wieder die Landschaft der Herausforderungen. Schließlich gab es über all die Jahre hin immer neuen Anlass, das Thema konkret und aktuell – in Tagungen, Expertengruppen, Gutachten, Aufsätzen usw. – zu erörtern. Der Autor konnte nicht darauf verzichten, daran teilzunehmen. Und Veranstalter und Auftraggeber konnten immer weniger darauf verzichten, ihn einzubeziehen. Das hielt auf. So verging Zeit. Mit der Zeit änderten sich auch die Verhältnisse, insbesondere änderte sich auch das Recht. Und dies einzuarbeiten, kostete wieder neue Zeit."

Mehr ist auch über Reiz und Schwierigkeit der Arbeit an diesem Buch nicht zu sagen.

Die kollegiale Atmosphäre am Institut hat viel zum erfolgreichen Abschluss der Arbeit beigetragen. Namentlich danke ich allen, die durch fachliche Gespräche oder technische Hilfen damit zu tun hatten: Cornelia Priebcke-Hille, Judith Reuter, Rike Sievers, Constanze Sulek, Viktoria Tallich, Reza Fakhreshafaei, Mehdi Fakhre Shafaee, Philipp Köster, Helge Pietrzik, Johannes Reimann, Bianca Teichert, Björn Winkler und Malte Wüstenberg.

In der rechtswissenschaftlichen Fakultät gilt mein besonderer Dank den Kollegen Assistenten des Öffentlichen Rechts, den jetzigen Privatdozenten Dr. Martin Borowski, Dr. Martin Nolte und Dr. Utz Schliesky, sowie Präsidenten des LSG Schleswig-Holstein a. D. Prof. Dr. Wolfgang Noftz und Richter am BSG a. D. Prof. Dr. Harald Bürck für ermutigende und hilfreiche Gespräche. Herrn Prof. Dr. Albert von Mutius danke ich für die rasche Erstellung des Zweitgutachtens und Herrn Dekan Prof. Dr. Joachim Jickeli stellvertretend für alle Beteiligten für das zügig durchgeführte Habilitationsverfahren.

Meine im Januar 1999 begonnene Forschungsarbeit am Recht der Rehabilitation und Teilhabe behinderter Menschen wie auch die Drucklegung dieser Schrift wurde ermöglicht durch die finanzielle Förderung und das Interesse der Landesversicherungsanstalt (LVA) Schleswig-Holstein. Hierfür ist stellvertretend für die Beitragszahler und die Selbstverwaltung und wegen ihres ganz persönlichen Einsatzes Geschäftsführer Hans-Egon Raetzell und seinem Stellvertreter Ingo Koch zu danken. Die erfreuliche Entwicklung des Forschungsschwerpunkts Rehabilitationsrecht am Institut ist weiteren Institutionen zu verdanken, die Tagungen, Literaturausstattung, Promotionsstellen und Stipendien ermöglicht und bereitgestellt haben, nämlich der AOK Schleswig-Holstein, der Berufsgenossenschaft Gesundheitsdienst und Wohlfahrtspflege (BGW), dem Berufsgenossenschaftlichen Unfallkrankenhaus Hamburg (BUKH), dem Norddeutschen Verbund für Rehabilitationsforschung (NVRF), dem Verein zur Förderung der Rehabilitationsforschung in Schleswig-Holstein (vffr) und der Hans-Böckler-Stiftung.

Diese rechtswissenschaftliche Arbeit konnte nicht nur in Einsamkeit und Freiheit mit papiernen Quellen geschrieben werden. Es waren auch viele Gespräche und Diskussionen nötig, um Erkenntnisse und Einsichten aus Rechtswissenschaft und Rechtspraxis, aus anderen Wissenschaften, aus der Praxis der Rehabilitation und aus dem sozialen und politischen Feld des Lebens behinderter Menschen und seiner rechtlichen Ordnung zu gewinnen und um die Relevanz eigener Überlegungen einordnen zu können. Für Gespräche und Unterstützung habe ich vielen Menschen zu danken. Namentlich erwähnen möchte ich von den Rehabilitationsträgern Dr. Nathalie Glaser-Möller, Dr. Jürgen Cellarius und Wilfried Egelkraut (LVA Schleswig-Holstein), PD Dr. Michael Schuntermann, Dr. Ferdinand Schliehe und Marion Götz (Verband Deutscher Rentenversicherungsträger), Prof. Dr. Stephan Brandenburg (BGW), Dr. Andreas Plate (Techniker Krankenkasse) und Thomas Keck (Bundesversicherungsanstalt für Angestellte), von den Diensten und Einrichtungen der Rehabilitation Dr. Wolfgang Heine (Deutsche Gesellschaft für Medizinische Rehabilitation), Dr. Alexander Vater (Johannis-Anstalten Mosbach) und Klaus Wicher (Berufsförderungswerk Hamburg), aus Politik und Verwaltung Dr. Hartmut Haines (Bundesministerium für Gesundheit und soziale Sicherung), Hanna-Elisabeth Deußer (Sozialministerium Schleswig-Holstein), Dr. Thomas Stähler (Bundesarbeitsgemeinschaft für Rehabilitation), den Beauftragten der Bundesregierung für die Belange behinderter Menschen, Karl Hermann Haack, MdB, und seinen Arbeitsstab, namentlich Horst Frehe, und den Landesbeauftragten für behinderte Menschen Schleswig-Holstein, Dr. Ulrich Hase, aus der Wissenschaft Prof. Dr. Wolfhard Kohte (Universität Halle-Wittenberg), Prof. Dr. Karl-Jürgen Bieback (Hochschule für Wirtschaft und Politik Hamburg), Prof. Dr. Hildegard

Heidtmann und Prof. Dr. Walter Spieß (Heilpädagogisches Institut der Universität Kiel), Prof. Dr. Renate Bieritz-Harder (FH Ostfriesland/ Oldenburg/ Wilhelmshaven), Prof. Dr. Helmut Schellhorn (FH Frankfurt am Main), Prof. Dr. Thomas Klie (Ev. FH Freiburg), Prof. Dr. Dieter Giese, Dr. Andreas Weber (Universität Halle-Wittenberg), Dr. Ruth Deck (NVRF), Dr. Hans-Martin Schian (IQPR an der Deutschen Sporthochschule Köln), Dominique Velche (Centre technique nationale d'Etudes et de recherches sur les handicaps et les inadaptions, Paris) und Reinhard Giese (Universität Hamburg) und nicht zuletzt Richter am BSG a. D. Dr. Alexander Gagel, Richter am BSG Peter Masuch und Richter am LSG Brandenburg Knut Haack.

Besondere Erwähnung verdienen Prof. Dr. Dr. Heiner Raspe (Institut für Sozialmedizin des Universitätsklinikums Schleswig-Holstein, Lübeck), mit dem ich intensiv und anregend an interdisziplinärer Verständigung arbeiten durfte, Klaus Lachwitz (Bundesvereinigung Lebenshilfe) und Walter Schellhorn (Geschäftsführer des Deutschen Vereins für öffentliche und private Fürsorge a. D.), die mich frühzeitig in einen anspruchsvollen Kommentar zum SGB IX einbezogen haben, wovon auch dieses Buch profitiert hat, und Harry Fuchs und Karl-Heinz Köpke, deren aus Erfahrung geschöpftes Wissen und unermüdliches Engagement für ein besseres und wirksameres Rehabilitationsrecht mich beeindruckt haben.

Schließlich ist meine Familie zu nennen, die mich bei der Arbeit an diesem Buch getragen und ertragen hat: meine Frau Andrea Schulz, meine Tochter Friederike und ihre Großeltern und Urgroßeltern. Ihnen gemeinsam soll es gewidmet sein.

Lübeck, im Mai 2005 *Felix Welti*

Inhaltsübersicht

Inhaltsverzeichnis

I. Einleitung

In jeder Gemeinschaft oder Gesellschaft von Menschen sind einzelne von ihnen bei ihrer Teilhabe am Leben in Gemeinschaft und Gesellschaft behindert und in ihrer Selbstbestimmung und ihrer Gleichheit mit den anderen beeinträchtigt. Normen und Rechtsordnungen können und müssen dies regeln. Die im 19. und 20. Jahrhundert gewachsenen modernen Rechtsordnungen – so auch die deutsche und europäische – haben die Frage der Behinderung und der behinderten Menschen vor allem im Sozialrecht geregelt, aber auch viele weitere Normen geschaffen, vorwiegend im öffentlichen Recht, aber auch im Arbeitsrecht. Dabei ist der Begriff der Rehabilitation in der zweiten Hälfte des 20. Jahrhunderts immer prägender geworden. Der Staatsrechtler und Theologe *Franz Josef von Buß*[1] hatte ihn 1846 aus der Rechtssprache erstmals in den sozialpolitischen Diskurs mit der Bedeutung eingeführt, *„den heilbaren Armen in den Stand seiner Würde wieder einzusetzen."* Damit ist auch heute viel von den besten Gründen gesagt, warum die Rehabilitation einen Kernbereich von Sozialstaatlichkeit darstellt: Sie soll erst die Möglichkeit schaffen, dass behinderte Menschen an Menschenwürde und Grundrechten teilhaben können. Mit diesem Zweck weist die Rehabilitation über einen kompensatorischen Ansatz und über das Sozialrecht hinaus. Die Zwecke der Rehabilitation können und müssen in allen Bereichen der Gesellschaft und des Rechts verfolgt werden, in denen persönliche Beeinträchtigungen und gesellschaftliche Barrieren sich zu Behinderungen verdichten. So kann die Teilhabe behinderter Menschen am Arbeitsleben nicht alleine mit sozialrechtlichen Mitteln gesichert werden, sondern sie bedarf auch arbeitsrechtlicher Regelungen. Die Mobilität von Rollstuhlfahrern oder Blinden wird nicht alleine durch sozialrechtlich bereitgestellte Hilfsmittel erreicht, sondern auch durch eine barrierefreie Gestaltung von Straßen und öffentlichen wie privaten Gebäuden[2]. Das Recht der Behinderung und Rehabilitation ist nicht nur Sozialrecht. Alle Rechtsbereiche können für die Rehabilitation und Teilhabe behinderter Menschen relevant sein.

In den letzten Jahrzehnten haben behinderte Menschen gesellschaftliche Defizite an Teilhabe und Gleichheit artikuliert. Die sozialen, pädagogischen und medizinischen Wissenschaften haben neue Erkenntnisse gewonnen und Modelle darüber vorgestellt, was Behinderung ausmacht. Die internationale Gemeinschaft im Rahmen der UNO, der Weltgesundheitsorganisation (WHO), der Internationalen Arbeitsorganisation (ILO) und der UNESCO hat vieles davon aufgegriffen und in

---

[1] Vgl. zum Zeitkontext unten III.A.6.
[2] Vgl. unten V.G.

rechtlichen Normen und fachlichen Regelwerken und Empfehlungen festgehalten und systematisiert[3].

Mit dieser Untersuchung sollen die Grundlagen des rechtlichen Umgangs mit Behinderung im deutschen Recht systematisch erfasst und dargestellt werden. Diese Grundlagen sind in den letzten zwölf Jahren stark verändert worden. 1992 ist das Betreuungsrecht im BGB in Kraft getreten, mit dem die rechtliche Handlungsfähigkeit vor allem geistig und seelisch behinderter Menschen neu geregelt und konstituiert worden ist. 1994 ist mit Art. 3 Abs. 3 Satz 2 GG, *„Niemand darf wegen seiner Behinderung benachteiligt werden"*, an herausgehobener Stelle eine verfassungsrechtliche Grundsatznorm eingefügt worden. Zwölf von sechzehn Bundesländern haben zwischen 1992 und 2000 vergleichbare Sätze und weitergehende soziale Staatsziele zu Gunsten behinderter Menschen in ihre Landesverfassungen aufgenommen. Durch den Vertrag von Amsterdam ist die Europäische Gemeinschaft 1997 in Art. 13 EGV zu Vorkehrungen ermächtigt worden, um Diskriminierungen wegen einer Behinderung zu bekämpfen. Mit der Richtlinie 2000/78/EG hat die Gemeinschaft davon Gebrauch gemacht. 2001 ist mit dem SGB IX – Rehabilitation und Teilhabe behinderter Menschen – ein neuer Rahmen für die sozialrechtlichen Leistungen zur Rehabilitation und Teilhabe der Rehabilitationsträger der Rentenversicherung, Krankenversicherung, Arbeitsförderung, Unfallversicherung, sozialen Entschädigung, Kinder- und Jugendhilfe und Sozialhilfe sowie für die Leistungen der Integrationsämter geschaffen worden. Mit dem SGB IX sind auch die arbeitsrechtlichen Normen für schwerbehinderte Arbeitnehmerinnen und Arbeitnehmer neu gefasst worden und die Leistungsgesetze der genannten Rehabilitationsträger geändert worden. Alle diese Gesetze sind zudem in den letzten Jahren zahlreichen Reformen ihrer jeweils eigenen Sachbereiche unterzogen wurden, die wiederum Folgen für das Recht behinderter Menschen gehabt haben.

2002 ist das Gesetz zur Gleichstellung behinderter Menschen in Kraft getreten[4]. Darin ist insbesondere mit der Barrierefreiheit[5] und den Klagerechten der Verbände ein neuer Ansatz im rechtlichen Umgang mit Behinderung enthalten. Mit dem Gleichstellungsgesetz – und den zahlreichen Rechtsänderungen vor allem im öffentlichen Recht, die es begleitet haben – wird deutlich, dass das Recht der Behinderung nicht nur Sozialrecht ist. Auch die Bundesländer Berlin (1999)[6], Sachsen-Anhalt (2001)[7], Schleswig-Holstein[8] und Rheinland-Pfalz[9] (2002), Brandenburg[10],

---

    3 Vgl. unten III.A.13; III.B.10.
    4 Vgl. unten IV.B.4.f.
    5 Vgl. unten I.A.1.k.
    6 Gesetz über die Gleichberechtigung von Menschen mit und ohne Behinderung, Art. 1 des Gesetzes zu Art. 11 der Verfassung von Berlin (Herstellung gleichwertiger Lebensbedingungen von Menschen mit und ohne Behinderung) vom 17. Mai 1999, GVBl. S. 179.
    7 Gesetz zur Gleichstellung behinderter und nichtbehinderter Menschen in Sachsen-Anhalt vom 20. November 2001, GVBl. LSA S. 457 ff.
    8 Gesetz zur Gleichstellung behinderter Menschen des Landes Schleswig-Holstein und zur Änderung anderer Rechtsvorschriften vom 16. Dezember 2002, GVBl. S. 264 ff.
    9 Landesgesetz Rheinland-Pfalz zur Herstellung gleichwertiger Lebensbedingungen für Menschen mit Behinderungen vom 16. Dezember 2002, GVBl. S. 481 ff.
    10 Gesetz zur Gleichstellung behinderter Menschen und zur Änderung anderer Gesetze des Landes Brandenburg vom 20. März 2003, GVBl. S. 42 ff.

Bayern[11], das Saarland[12], Bremen[13], Nordrhein-Westfalen (2003)[14] Sachsen[15] und Hessen[16] (2004) haben Gesetze zur Gleichstellung behinderter Menschen geschaffen, die in ihren Titeln zum Teil auch den Anspruch der Teilhabe und Integration führen.

Auch Reformen des Zivilrechts haben dazu beigetragen, Grundzüge eines neuen rechtlichen Systems des Umgangs mit Behinderung und behinderten Menschen zu schaffen. Dies begann 1992 mit dem Betreuungsgesetz[17]. Das SGB IX regelt neben dem Sozialrecht auch das Arbeitsrecht schwerbehinderter Menschen. Neuerungen brachten auch Reformen des Mietrechts[18], Heimvertragsrechts[19], Gewerberechts[20] und Schadensrechts (2002)[21]. Ein zivilrechtliches Antidiskriminierungsgesetz, das auch behinderte Menschen einschließt, rundet 2005 das Gesetzgebungswerk ab[22].

Im ersten Hauptteil werden die leitenden Begriffe des Rechts der Behinderung und ihr Verhältnis zu den tatsächlichen Phänomenen untersucht. Der Begriff der Behinderung ist kein über lange Zeit gewachsener außerrechtlicher Begriff. Er ist erst als Rechtsbegriff mit dem heutigen Inhalt in der deutschen Sprache eingeführt worden. Behinderungen gehen auf sehr unterschiedliche Gesundheitsstörungen zurück. Bis ins 20. Jahrhundert hinein waren vor allem die Bezeichnungen von Gesundheitsstörungen wie Blindheit, Taubheit, Verkrüppelung oder Geisteskrankheit die wesentlichen Rechtsbegriffe[23]. Dazu kamen abstraktere Bezeichnungen für bestimmte Aspekte der gesellschaftlichen Folgen dieser Gesundheitsstörungen wie Invalidität[24], Erwerbsminderung oder Hilflosigkeit[25]. Die allgemeinste Bezeichnung für aus einer Gesundheitsstörung erwachsende Mängel war Gebrechen[26]. Andere Begriffe wurden von den Reaktionen auf Behinderung her entwickelt wie

---

[11] Bayerisches Gesetz zur Gleichstellung, Integration und Teilhabe von Menschen mit Behinderung und zur Änderung anderer Gesetze vom 9. Juli 2003, GVBl. S. 419 ff.

[12] Gesetz Nr. 1541 zur Gleichstellung von Menschen mit Behinderungen im Saarland vom 26. November 2003.

[13] Bremisches Gesetz zur Gleichstellung von Menschen mit Behinderung und zur Änderung anderer Gesetze vom 18. Dezember 2003, GBl. S. 413 ff.

[14] Gesetz des Landes Nordrhein-Westfalen zur Gleichstellung von Menschen mit Behinderung vom 16. Dezember 2003, GVoBl. S. 766 ff.

[15] Gesetz zur Verbesserung der Integration von Menschen mit Behinderungen im Freistaat Sachsen vom 28. Mai 2004, GVoBl. S. 197 ff.

[16] Hessisches Gesetz zur Gleichstellung von Menschen mit Behinderungen und zur Änderung anderer Gesetze vom 20. Dezember 2004, GVBl. S. 492 ff.

[17] Vgl. unten IV.C.5.b; V.A.1.4.; V.B.3.; V.D.2.; V.E.2.

[18] § 554a BGB; vgl. unten V.D.3.c.

[19] Drittes Gesetz zur Änderung des Heimgesetzes vom 5. November 2001, BGBl. I S. 2960; vgl. unten V.D.6.

[20] Drittes Gesetz zur Änderung der Gewerbeordnung und sonstiger gewerberechtlicher Vorschriften vom 24. August 2002, BGBl. I S. 3412, § 106 Satz 3 GewO; vgl. unten V.I.2.c.(1).

[21] § 253 Satz 2 BGB; vgl. unten V.B.5.

[22] Vgl. den Gesetzentwurf in BT-Drucks. 15/4538 vom 16. Dezember 2004; BT-Drucks. 15/4575, S. 11; Armbrüster, ZRP 2005, S. 41 ff.; Husmann, ZESAR 2005, S. 107 ff., 167 ff.; Herms/Meinel, DB 2004, S. 2370 ff.; Waas, PersR 2004, S. 407 ff.

[23] Vgl. unten II.A.1.a.

[24] Vgl. unten II.A.1.c.

[25] Vgl. unten II.A.1.h.

[26] Vgl. unten II.A.1.b.(1).

Pflegebedürftigkeit[27] oder sonderpädagogischer Förderbedarf[28]. Mit dem wachsenden Bewusstsein für gesellschaftliche Bedingungen der Behinderung ist neuerdings der Begriff der Barriere[29] hinzugekommen. Weitere Begriffe aus dem Wortfeld von Gesundheit und Krankheit bezeichnen Aspekte, die für behinderte Menschen und die Rehabilitation von Bedeutung sind.

Die gesellschaftlichen und rechtlichen Bemühungen für den Umgang mit Behinderung und behinderten Menschen sind vor allem mit dem Begriff Rehabilitation[30] belegt worden. Dieser ist im Kontext von Recht, Gesundheitswesen, Bildungswesen und Arbeitsleben mit je eigenen Bedeutungen belegt und in verschiedene institutionelle, fachliche und rechtliche Kontexte integriert worden.

Im zweiten Hauptteil werden die verfassungsrechtlichen Grundlagen dafür untersucht, dass und wie der soziale Rechtsstaat Verantwortung für behinderte Menschen und für die Rehabilitation trägt. Dabei wird zuerst geschichtlich skizziert, wie sich die Verantwortung für behinderte Menschen und Rehabilitation und das Prinzip des sozialen Rechtsstaats entwickelt haben[31]. Das Prinzip des sozialen Rechtsstaats bedeutet heute, dass der Staat mit den Mitteln des Rechts die gesellschaftliche Verantwortung für soziale Probleme und Aufgaben ordnet. Dazu gehört der Umgang mit Behinderung und Rehabilitation. Verfassungsrechtliche Kernbegriffe für die individuelle Rechtsstellung behinderter Menschen sind Gleichheit[32], Selbstbestimmung[33] und Teilhabe[34], die ihre gemeinsame Wurzel in der Würde behinderter Menschen finden. Sie sind schon in den Überschriften von SGB IX und BGG sowie in den jeweils in § 1 Satz 1 dieser Gesetze programmatisch definierten Zielen enthalten:

§ 1 Satz 1 SGB IX: *Behinderte oder von Behinderung bedrohte Menschen erhalten Leistungen nach diesem Buch und den für die Rehabilitationsträger geltenden Leistungsgesetzen, um ihre gleichberechtigte Teilhabe am Leben in der Gesellschaft zu fördern, Benachteiligungen zu vermeiden oder ihnen entgegenzuwirken.*

§ 1 Satz 1 BGG: *Ziel dieses Gesetzes ist es, die Benachteiligung von behinderten Menschen zu beseitigen und zu verhindern sowie die gleichberechtigte Teilhabe von behinderten Menschen am Leben in der Gesellschaft zu gewährleisten und ihnen eine selbstbestimmte Lebensführung zu ermöglichen.*

Bedeutungsgehalt und Verhältnis dieser Begriffe zueinander sollen untersucht und geordnet werden.

Im letzten Hauptteil werden die Rechte behinderter Menschen an Hand der Grundrechte und der zentralen Teilhabebereiche der Internationalen Klassifikation der Behinderung und Gesundheit (ICF) dargestellt[35].

---

27 Vgl. unten II.A.1.g.
28 Vgl. unten II.A.1.f.
29 Vgl. unten II.A.1.k.
30 Vgl. unten II.B.
31 Vgl. unten III.A.
32 Vgl. unten IV.B.
33 Vgl. unten IV.C.
34 Vgl. unten IV.D.
35 Vgl. unten V.

II. Behinderung und Rehabilitation:
Vom Phänomen zum Rechtsbegriff

A. Behinderung als gesellschaftlicher Problembereich und als Rechtsbegriff

Um Teilhabe, Rehabilitation und Gleichheit behinderter Menschen im sozialen Rechtsstaat zu betrachten, ist es zunächst notwendig, den Begriff der Behinderung näher zu untersuchen. Behinderung ist im Grundgesetz, im Europäischen Recht, im Sozialrecht, im Gleichstellungsrecht und im Bürgerlichen Recht der Begriff, um den herum heute das rechtliche System aufgebaut ist, das sich mit dem Schutz behinderter Menschen befasst. Für den Begriff der Behinderung gibt es im deutschen Recht keine seit langem unangefochtene gesetzliche Definition. Im Fürsorge- und Sozialhilferecht ist Behinderung seit dem Körperbehindertengesetz von 1957, im übrigen Sozialrecht erst seit den Reformen der Jahre 1974 und 1975 (Reha-Angleichungsgesetz, Schwerbehindertengesetz, Sozialversicherung Behinderter, SGB I) ein Begriff von zentraler Bedeutung. 1986 wurde eine Definition im Schwerbehindertengesetz[1] verankert, die 2001 durch eine neue Definition im SGB IX[2] ersetzt wurde. Erst mit dem Betreuungsgesetz ist 1992 die Behinderung zu einem auch im Zivilrecht wichtigen Begriff geworden[3]. Der Behinderungsbegriff aus dem SGB IX ist 2002 im Behinderten-Gleichstellungsgesetz[4] für einen weiteren Regelungsbereich übernommen worden. Für das 1994 in das Grundgesetz aufgenommene Benachteiligungsverbot wegen einer Behinderung[5] war und ist strittig, auf welchen Begriff der Behinderung es zu beziehen ist[6]. Das BVerfG hatte diese Frage bislang nicht zu klären. Im europäischen Recht[7] und den Rechtsordnungen anderer Staaten wird der Begriff der Behinderung zum Teil nicht oder anders als in Deutschland definiert.

Auch die Medizin, die Sozial- und Geisteswissenschaften und die Verbände und Organisationen behinderter Menschen bemühen sich um eine Definition des Behinderungsbegriffs und kommen dabei zu unterschiedlichen Ergebnissen, in denen wie im Recht eine Tendenz zu einem einheitlicheren Verständnis erkennbar ist. Dabei sind Behinderungsbegriffe im Recht stets im Kontext ihrer Zwecke zu verstehen, die an der Zuweisung von Leistungen zum Einkommensersatz[8], zur Rehabilitation[9] oder zur Assistenz und den Bürger- und Grundrechten orientiert sein kön-

---

[1] § 3 Abs. 1 SchwbG.
[2] § 2 Abs. 1 Satz 1 SGB IX; vgl. unten II.A.2.
[3] Vgl. unten IV.C.5.b; V.A.1.4.; V.B.3.; V.D.2.; V.E.2.
[4] § 3 BGG.
[5] Art. 3 Abs. 3 Satz 2 GG.
[6] Vgl. unten IV.B.6.a.(1).
[7] Vgl. unten IV.B.6.a.(2).
[8] Vgl. unten V.C.
[9] Vgl. unten II.B.

nen, wie auch im Vergleich europäischer und amerikanischer Gesetzgebung deutlich wird[10].

Eine internationale Definition wurde 1975 in der UNO-Resolution Nr. 3447[11] gegeben:

„Behinderte im Sinne dieser Erklärung sind alle Personen, die auf Grund einer angeborenen oder erworbenen Schädigung körperlicher oder geistiger Art nicht in der Lage sind, sich voll oder teilweise aus eigener Kraft wie ein Nichtbehinderter die entsprechende Stellung in Arbeit, Beruf und Gesellschaft zu sichern."

Ein weltweiter Diskussionsprozess über das Verständnis von Behinderung hat in der Weltgesundheitsorganisation (WHO) stattgefunden. Mit der International Classification of Impairments, Disabilities and Handicaps (ICIDH)[12] hatte die WHO 1980 ein erstes Klassifikationssystem zu Behinderungen erarbeitet, das die Entwicklung der Politik und des Rechts in Bezug auf behinderte Menschen weltweit und insbesondere in Europa beeinflusst hat[13]. Im Mai 2001 wurde nach jahrelangen Vorarbeiten[14] von der 54. Vollversammlung der WHO die International Classification of Functioning, Disability and Health (ICF)[15] als Nachfolgesystem der ICIDH beschlossen. Zur Diskussion hatte unter anderem die Generalversammlung der Vereinten Nationen (UNO) 1993 Stellung bezogen[16]. In den Gesetzgebungsarbeiten zum SGB IX und BGG sind die Ergebnisse der Diskussionen über die ICIDH[17] aufgegriffen worden[18].

In der ICF ist Behinderung heute beschrieben als Oberbegriff für Schädigungen, Beeinträchtigungen der Aktivität und Beeinträchtigung der Partizipation (Teilhabe)[19]. Behinderung wird in der ICF als einem Klassifikationssystem nicht explizit definiert, sondern in einem biopsychosozialen Verständnis[20] kategorisiert. Nach dem Verständnis der ICF ist die Behinderung eine Beeinträchtigung der Funktionsfähigkeit bzw. funktionalen Gesundheit eines Menschen. Funktional gesund ist eine Person, wenn ihre körperlichen Funktionen allgemein anerkannten Normen entsprechen, wenn sie alles tut oder tun kann, was von einem Menschen

---

10   Bolderson/Mabbett (2002), S. 25; Mashaw/Reno (1996), S. 24.
11   UNO-Resolution vom 9. Dezember 1975, Deklaration über die Rechte der Behinderten, zitiert Kraus, ZfSH 1981, S. 6, 8.
12   Abgedruckt in: Matthesius/Jochheim/Barolin/Heinz (1995); vgl. dazu: Hirschberg (2004), S. 24 ff.; Igl (1987), S. 252 ff.
13   Bolderson/Mabbett (2002), S. 16 ff.; Brackhane in: Koch/Lucius-Hoene/Stegie (1988), S. 23 f.
14   Vgl. Schuntermann, DRV 1997, S. 529 ff.
15   Beschlossen durch Resolution WHA 54.21; Internationale Klassifikation der Funktionsfähigkeit, Behinderung und Gesundheit (ICF) der Weltgesundheitsorganisation, deutschsprachige Veröffentlichung durch das Deutsche Institut für Medizinische Dokumentation und Information, (DIMDI), Köln; vgl. Hirschberg (2004), S. 28 ff.
16   48. Generalversammlung, Beschluss 48/96 vom 20. Dezember 1993: Standard Rules on the Equalization of Opportunities for Persons with Disabilities; vgl. dazu Lindqvist in: Höök (1995), S. 7 ff.
17   Schuntermann, Die neue Sonderschule 44 (1999), S. 342 ff.
18   BT-Drucks. 14/5074, S. 98; Steinke in: Deutscher Verein (2002), S. 110; Haines, in: Deutscher Verein (2002), S. 830.
19   ICF, Einführung, 1; vgl. unten I.A.2.a.(1); I.A.2.f.(5)(b).
20   ICF, Einleitung, Ziffer 5.2.

ohne Gesundheitsproblem erwartet wird und wenn sie ihr Dasein in allen Lebebe-
reichen, die ihr wichtig sind, in einer Weise und dem Umfang entfalten kann, wie es
von einem Menschen ohne Beeinträchtigung der Strukturen oder Aktivitäten erwartet wird[21]. Die Beeinträchtigung der funktionalen Gesundheit wird dargestellt
als Wechselwirkung zwischen Gesundheitsproblem und Kontextfaktoren[22]. Damit
könnte Behinderung definiert werden als eine Beeinträchtigung der Teilhabe durch
das Zusammenwirken eines Gesundheitsproblems mit Kontextfaktoren.

Diese Begriffe sind dort so definiert[23]: Schädigungen sind Beeinträchtigungen einer Körperfunktion oder -struktur wie z. B. eine wesentliche Abweichung oder ein
Verlust. Körperfunktionen sind die physiologischen Funktionen von Körpersystemen, Körperstrukturen sind anatomische Teile des Körpers. Eine Aktivität bezeichnet die Durchführung einer Aufgabe oder Handlung durch einen Menschen.
Partizipation (Teilhabe) ist das Einbezogensein in eine Lebenssituation. Kontextfaktoren stellen den gesamten Lebenshintergrund eines Menschen dar. Sie bestehen
aus Umweltfaktoren und personenbezogenen Faktoren[24]. Umweltfaktoren bilden
die materielle, soziale und einstellungsbezogene Umwelt ab, in der Menschen leben
und ihr Dasein entfalten. Personenbezogene Faktoren sind der spezielle individuelle Hintergrund des Lebens und der Lebensführung eines Menschen einschließlich der Gegebenheiten, die nicht Teil ihres Gesundheitsproblems sind.

Die ICF soll also ermöglichen, jede individuelle Gesundheitsstörung mit ihren
relevanten Kontextfaktoren zu kodieren. Bei einem gehörlosen Menschen ist die
gestörte Funktion des Hörsinns[25], zum Beispiel wegen einer Störung der körperlichen Struktur im Innenohr[26], das Gesundheitsproblem. Beeinträchtigt ist die Teilhabe bei Konversation, Diskussion und sonstiger Kommunikation[27], die nicht in
Lautsprache geführt wird, und damit in vielen Lebensbereichen, wie etwa eine Arbeit zu suchen, finden und auszuwählen[28] oder sich am kulturellen Leben zu beteiligen[29]. Für gehörlose Menschen sind daher als Kontextfaktoren wichtig die
Verfügbarkeit von Cochlear-Implantaten[30] oder die individuelle Möglichkeit, die
Gebärdensprache zu erlernen und zu gebrauchen und die gesellschaftlichen Voraussetzungen hierfür[31], also das Vorhandensein von Gebärdensprachdolmetschern[32], von sonderpädagogischer Förderung[33], und das Recht[34] und die Ressour-

---

21 BT-Drucks. 15/4575, S. 17.
22 ICF, Einleitung, Ziffer 5.1.; BT-Drucks. 15/4575, S. 17.
23 ICF, Einleitung, Ziffer 4.
24 ICF, Einleitung, Ziffer 4.3; vgl. Hirschberg (2004), S. 39 ff.
25 ICF, b230. Mit b. werden Körperfunktionen kodiert.
26 ICF, s260. Mit s. werden Körperstrukturen kodiert.
27 ICF, d350, 355, 399. Mit d. werden Bereiche der Teilhabe kodiert.
28 ICF, d 845.
29 ICF, d902.
30 ICF, e1251. Die Umweltfaktoren (e.) werden mit Qualifikatoren kodiert. e1250+4 bedeutet
„voll ausgeprägt", das Hilfsmittel ist also uneingeschränkt verfügbar.
31 ICF, e1250: Allgemeine Produkte und Technologien für die Kommunikation.
32 ICF, e360: Fachleute; vgl. unten V.F.4.
33 ICF, e5852: Handlungsgrundsätze des Bildungs- und Ausbildungswesens; vgl. unten II.B.5;
III.C.6; V.H.
34 ICF, e5952: Handlungsgrundsätze der Politik: u. a. Verfassungs- und anderes Recht.

cen, um zum Beispiel vor Gericht[35] oder mit einem Arzt[36] in Gebärdensprache zu kommunizieren.

1. Geschichte und Wortfeld des Behinderungsbegriffs

Sachverhalte, die heute als Behinderung bezeichnet werden, wurden früher mit anderen Begriffen belegt. Auch heute umfasst das Begriffsfeld der Behinderung im Recht eine ganze Reihe weiterer Begriffe, die synonym oder mit einem großen Überschneidungsbereich zur Bezeichnung von Behinderung oder von behinderten Menschen verwendet werden. Die heute im Begriffsfeld der Behinderung liegenden Phänomene sind in den letzten zweihundert Jahren im allgemeinen Sprachgebrauch und im Recht sehr unterschiedlich verstanden und bezeichnet worden. Der abstrakte Begriff Behinderung hat sich erst im Laufe des 20. Jahrhunderts herausgebildet und etabliert[37]. In bestimmten Bereichen wurden vorher die abstrakten Bezeichnungen Gebrechen und Schädigung benutzt. Der begriffliche Wandel deutet darauf hin, dass sowohl Erscheinungen und Regelungen wie auch ihre Wahrnehmung in Gesellschaft, Recht und anderen Wissenschaften – etwa Medizin und Sozialwissenschaften – fortwährend umgewälzt werden. Viele der im Laufe der Zeit eingeführten teilsynonymen Begriffe sind heute noch gebräuchlich und bezeichnen einzelne Aspekte oder besondere Erscheinungsformen von Behinderung.

a) Spezifische Gesundheitsstörungen

Nur wenige Begriffe aus dem Wortfeld der Behinderung hat das Recht im allgemeinen Sprachgebrauch vorgefunden. Sie bezeichnen zumeist die einzelnen Gesundheitsschäden und die von ihnen betroffenen Personen und sind im Recht zuerst benutzt worden, um entweder rechtliche Einschränkungen, vor allem der rechtlichen Handlungsfähigkeit durch Vormundschaft[38], oder besondere Hilfsansprüche zu kennzeichnen. Zu diesen Begriffen gehören die der Blinden, Tauben, Taubstummen, Lahmen, Krüppel, Geisteskranken, Wahnsinnigen und Blödsinnigen. Heute finden sich diese Begriffe soweit sie nicht ungebräuchlich geworden sind in Gesetzen, um differenzierte Ansprüche und Rechte, aber auch Rechtseinschränkungen auszudrücken, die an spezifischen Störungen der Gesundheit und Teilhabe ansetzen.

(1) Seelische und geistige Behinderung

(a) Wahnsinn und Blödsinn. Die geistigen und seelischen Behinderungen erscheinen im Recht zuerst als Tatbestände zur Einschränkung von Rechten und Rechts-

---

[35] ICF, e550: Dienste, Systeme und Handlungsgrundsätze der Rechtspflege. Barrieren können auch mit negativen Qualifikatoren kodiert werden. E550.4 bedeutet, dass die Sprachbarriere zum Rechtswesen voll ausgeprägt ist.

[36] ICF, e5802: Handlungsgrundsätze des Gesundheitswesens.

[37] Vgl. zum Zeitkontext III.A..11.

[38] Vgl. unten IV.C.5.b.(1).

fähigkeit. Im Römischen Recht war die Vormundschaft für Geisteskranke (*cura furiosi* und *cura mente capti*) vorgesehen[39]. Auch im lübischen Stadtrecht des Mittelalters wurden Geisteskranke durch den Rat entmündigt und der Vormundschaft von Verwandten unterstellt[40]. Nach dem Allgemeinen Preußischen Landrecht (ALR) von 1794 wurde die staatliche Vormundschaft für Wahnsinnige und Blödsinnige angeordnet[41]. Damit wurde ein Wandel der Anschauungen deutlich: Geistig und seelisch behinderte Menschen wurden nun primär als Gefahr für die öffentliche Sicherheit und den Rechtsverkehr angesehen[42]. Eine auf der Fähigkeit zur Vernunft fundierte Philosophie, wie die von *Immanuel Kant*[43], und Rechtsordnung, die im Vertragsrecht, Strafrecht und der Mitwirkung in den öffentlichen Angelegenheiten Vernunft voraussetzte, definierte die geistige und seelische Behinderung vor allem in der Abgrenzung zum Normalfall des vernünftig und rechtlich verantwortlich handelnden Menschen[44].

(b) Geisteskrankheit, psychische Krankheit. In der Preußischen Vormundschaftsordnung von 1875 wurden die Begriffe Wahnsinn und Blödsinn durch Geisteskrankheit ersetzt. Der betreffende Zustand wurde in Medizin und Recht nicht mehr allein symptomatisch, sondern nach seiner Ursache beschrieben[45]. Geisteskranke waren unter Vormundschaft zu nehmen. Im Fürsorgerecht der Bundesstaaten erschienen hilfsbedürftige Geisteskranke, Idioten, Epileptische und Irre dann als Personen, für die bestimmte Fürsorgeleistungen erbracht werden[46]. Im Bürgerlichen Gesetzbuch (BGB), das am 1. Januar 1900 in Kraft trat, wurden als Tatbestände für eine Entmündigung Geisteskrankheit, Geistesschwäche, Verschwendung, Trunksucht und Rauschgiftsucht benannt[47]. Geisteskrankheit und Geistesschwäche sollten dabei als Rechtsbegriffe von der medizinischen Terminologie unabhängig sein[48].

Heute ist im BGB die Betreuung psychisch Kranker, geistig und seelisch behinderter Menschen[49] und in öffentlich-rechtlichen Unterbringungsgesetzen der Länder eine Unterbringung und Behandlung psychisch Kranker gegen ihren Willen geregelt[50]. Ein die freie Willensbestimmung ausschließender Zustand krankhafter

---

[39] Sachsen Gessaphe (1999), S. 83.
[40] Kranz (1967), S. 131 ff.
[41] ALR II 18 §§ 1, 12, 13.
[42] Forster in: Thom/Wulff (1990), S. 135, 137; Otto in: Thom/Wulff (1990), S. 150, 160.
[43] Vgl. die Schrift „Träume eines Geistersehers; erläutert durch Träume der Metaphysik"; dazu Haselbeck in: Thom/Wulff (1990), S. 13, 15; unten III.A.5.c; IV.A.2.a.; IV.C.1.
[44] Vgl. Weinriefer (1987), S. 26, 66 ff. zitiert Foucault: *„Der Wahnsinn wird eine Bezugsform der Vernunft."*
[45] Weinriefer (1987), S. 26 f.
[46] 31 Abs. 1 des Preußischen Gesetzes betreffend die Ausführung des Bundesgesetzes über den Unterstützungswohnsitz vom 8. März 1871 in der Fassung des Änderungsgesetzes vom 11. Juli 1891; Badisches Gesetz betreffend die Irrenfürsorge vom 25. Juni 1910 (Bad. GVBl. 1910, S. 229). Initiativen für ein Preußisches Irrengesetz und ein Reichsirrenschutzgesetz scheiterten in der Weimarer Republik, vgl. V. Neumann, NJW 1982, S. 2588, 2589.
[47] § 6 BGB a. F.
[48] Weinriefer (1987), S. 42, 78.
[49] § 1896 Abs. 1 Satz 1 BGB.
[50] Vgl. zur Zulässigkeit: BVerfG vom 7. Oktober 1981, BVerfGE 58, 208 ff.

Störung führt im Zivilrecht zur Geschäftsunfähigkeit[51]. Eine krankhafte seelische Störung, tiefgreifende Bewusstseinstörung, Schwachsinn oder eine andere seelische Abartigkeit bewirkt im Strafrecht Schuldunfähigkeit oder verminderte Schuldfähigkeit[52]. Die Bestellung eines Betreuers zur Besorgung aller Angelegenheiten führt im öffentlichen Recht zum Ausschluss vom Wahlrecht[53].

(c) Seelische und geistige Behinderung. Die Trennung von seelischer und geistiger Behinderung im heutigen Sinne[54] setzte mit der Herausbildung der modernen Psychologie und Psychiatrie ein. Sie führte zu einer stärkeren, auch im Fürsorgerecht reflektierten Trennung von Versorgungs-, Verwahrungs- und Hilfssystemen[55]. Als Begriffe wurden Schwachsinn oder Idiotie (Oligophrenie) für geistige Behinderung[56] und Irresein oder Geisteskrankheit für seelische Behinderung benutzt. Es hat sich der Begriff der seelischen oder psychischen Krankheit entwickelt, während es keinen Begriff einer geistigen Krankheit gibt. Darin zeigt sich die Annahme, dass die geistige Behinderung grundsätzlich auf medizinisch oder psychologisch nicht behandelbarer Andersartigkeit beruhe, während die seelische Krankheit als Grundlage der seelischen Behinderung einer Behandlung zugänglich sein kann. Psychische Krankheiten sind jedoch meistens chronische Krankheiten[57], so dass sie, wenn sie die Teilhabe der Betroffenen beeinträchtigen, auch mit seelischen Behinderungen verbunden sind. Die psychische Krankheit und die Psychotherapie sind im Krankenversicherungsrecht durch einige Normen besonders hervorgehoben[58]. Da die geistige Behinderung symptomatisch bestimmt ist und ihr keine bestimmten Krankheitsbilder zu Grunde liegen, ist sie in keiner Disziplin eindeutig definiert[59].

Eine unvollkommene Definition von geistig und seelisch behinderten Menschen findet sich in der Eingliederungshilfe-Verordnung. Dort wird darauf abgestellt, dass geistig wesentlich behinderte Menschen infolge einer Schwäche ihrer geistigen Kräfte in ihrer Fähigkeit zur Teilhabe an der Gesellschaft eingeschränkt sind[60]. Seelische Ursachen einer Einschränkung der Teilhabefähigkeit sind danach körperlich nicht begründbare Psychosen, seelische Störungen als Folge von Krankheiten oder Verletzungen des Gehirns oder anderen Krankheiten, Suchtkrankheiten und Neurosen[61]. In den Anhaltspunkten für die ärztliche Gutachtertätigkeit im sozialen Entschädi-

---

51 § 104 Nr. 2 BGB
52 §§ 20, 21 StGB.
53 Dieser Fall kann praktisch nur wegen geistiger oder seelischer Behinderung eintreten; vgl. § 13 Nr. 2 BWahlG und Landeswahlgesetze; dazu BayVerfGH vom 9. Juli 2002, BayVBl. 2003, S. 44; Jürgens/Kröger/Marschner/Winterstein (2002), Rz 138 ff.; vgl. unten IV.D.5.e.
54 Vgl. dazu unten II.A.2.f.(2).
55 Vgl. BT-Drucks. 7/4200 (Psychiatrie-Enquete), S. 58 ff.; Wollny in: BMGS (1999), S. 12 f.
56 Vgl. Klauß in: Antor/Bleidick (2001), S. 110.
57 Arolt in: Schwartz (2003) schreibt, dass 60 % aller psychischen Störungen bei Erwachsenen einen chronischen Verlauf haben.
58 § 27 Abs. 1 Satz 3 SGB V zur Berücksichtigung besonderer Bedürfnisse; § 28 Abs. 3 SGB V zur psychotherapeutischen Behandlung; § 79 SGB V zum beratenden Fachausschuss für Psychotherapie; vgl. BT-Drucks. 15/4575, S. 58; Forster in: Thom/Wulff (1990), S. 135, 142 ff.
59 Vgl. Posselt-Wenzel (2004), S. 13 f.
60 § 2 EinglHVO.
61 § 3 EinglHVO.

gungsrecht und nach dem Schwerbehindertenrecht (Teil 2 SGB IX)[62] wird nicht nach seelischen und geistigen Behinderungen unterschieden, sondern es werden Hirnschäden, Narkolepsie, Hirntumore, Beeinträchtigungen der geistigen Leistungsfähigkeit im Kindes- und Jugendalter, Entwicklungsstörungen im Kleinkindalter, Einschränkungen der geistigen Leistungsfähigkeit im Schul- und Jugendalter, autistische Syndrome, Verhaltensstörungen, Psychosen, Neurosen, Alkohol- und Drogenabhängigkeit, Rückenmarkschäden, Multiple Sklerose, Polyneuropathien und Spina bifida unter dem Sammelbegriff „Nervensystem und Psyche" aufgelistet[63].

Im Schul- und Bildungsrecht wird in acht Bundesländern der Begriff der geistigen Behinderung[64] benutzt. Ein neueres Verständnis der Entwicklungsfähigkeit beinhaltet der in fünf Bundesländern benutzte schulrechtliche Begriff des Förderschwerpunkts geistige Entwicklung[65]. Ein älterer begrifflicher Ansatz ist der in Hessen benutzte Begriff der Schule für praktisch Bildbare[66]. In Mecklenburg-Vorpommern wird von Schulen zur individuellen Lebensbewältigung gesprochen[67]. Insgesamt waren diesem Förderschwerpunkt 2002 in Deutschland 70.451 Schülerinnen und Schüler zugeordnet[68].

Der Begriff der seelischen Behinderung ist kein schulrechtlicher Begriff. Phänomene, die im Sozialrecht der seelischen Behinderung zugeordnet würden, erscheinen im Schulrecht als Lernbehinderung oder als Verhaltensstörung. Dabei kann Lernbehinderung oder Verhaltensstörung mit einer seelischen oder geistigen Behinderung verbunden sein, muss es aber nicht[69]. Eine schwerere Lernbehinderung kann zugleich als geistige Behinderung angesehen werden[70]. Die konzeptionelle Unterscheidung zwischen geistiger Behinderung und Lernbehinderung ist nicht zwingend und wird in anderen Staaten, etwa in Großbritannien, sprachlich und organisatorisch nicht vollzogen[71]. Verhaltensstörungen können Erscheinungsformen einer seelischen Behinderung sein, können aber auch nur durch die Differenz sozialer Normen verursacht oder entwicklungsbedingt sein[72]. Die Schulen für lernbehinderte Kinder und Jugendliche heißen Förderschulen[73], allgemeine Förderschu-

---

62 Zu den AHP unten II.A.2.b.(1).(b).

63 GdB-Tabelle, Ziffer 26.3., S. 200 ff.

64 § 15 Abs. 1 3 Nr. 3 BWSchulG; § 4 Abs. 6 Satz 1 NWSchVG; § 9 RhPfSchG; § 4 Abs. 4 Nr. 4 SLSchG; § 3 Abs. 3 lit. h LSASchulG; § 25 Abs. 4 SHSchulG (Schulen für Geistigbehinderte); § 30 Abs. 5 Nr. 4 BrbSchulG; § 13 Abs. 3 Nr. 3 SächsSchulG (Förderschule für geistig Behinderte); Klauß in: Antor/Bleidick (2001), S. 110 ff.

65 Art. 20 Abs. 1 Nr. 4 BayEUG; § 36 Abs. 1 4 BerlSchulG; § 19 Abs. 1 HmbSchulG; § 14 Abs. 1 Satz 2 NdsSchulG; § 2 Abs. 4 Nr. 7 ThüFSG.

66 § 53 Abs. 5 HessSchulG.

67 § 36 Abs. 2 Nr. 8 MVSchulG.

68 BT-Drucks. 15/4575, S. 63, davon 1.981 an allgemeinen Schulen.

69 Vgl. BVerwG vom 26. November 1998, ZfS 2000, S. 146 (Aufmerksamkeits-Defizits-Syndrom).

70 Jürgens/Kröger/Marschner/Winterstein (2002), Rz 48; Kanter in: Antor/Bleidick (2001), S. 119, 120. Lernbehinderung ist aber selten eine *wesentliche* geistige Behinderung im Sinne von § 2 EinglHVO, vgl. Schellhorn/Schellhorn (2002), Rz 4 zu § 2 EinglHVO.

71 Auer (2001), S. 20; Kanter in: Antor/Bleidick (2001), S. 119, 120.

72 Vgl. Gilcher, TuP 2003, S. 61, 67; Reichenbach, SGb 2000, S. 660, 661; Hillenbrand in: Antor/Bleidick (2001), S. 144 ff.

73 § 15 Abs. 1 Satz 4 Nr. 5 BWSchulG; § 25 Abs. 4 SHSchulG.

len[74], Schulen für Lernhilfe[75] Schulen für Lernbehinderte[76], Schulen für Kinder mit Beeinträchtigungen des Lernens[77], oder werden dem Förderschwerpunkt Lernen zugeordnet[78]. Als lernbehindert eingestuft waren 2002 bundesweit 262.389 Schülerinnen und Schüler, von denen 231.138 in Sonderschulen unterrichtet wurden[79].

Die Schulen für verhaltensgestörte Kinder heißen Schulen für Erziehungshilfe[80], Schulen für Erziehungsschwierige[81], Schulen für Kinder mit Beeinträchtigungen des sozialen Verhaltens[82], Schulen mit Ausgleichsklassen[83], oder sind dem Förderschwerpunkt soziale und emotionale Entwicklung zugeordnet[84]. 2002 waren diesem Schwerpunkt 41.012 Schülerinnen und Schüler zugeordnet[85].

Die Aufteilung von Normen zwischen geistiger, seelischer und körperlicher Behinderung ist erheblicher Kritik ausgesetzt. Sie ist in vielen Fällen nicht mit modernen Erkenntnissen der Medizin und Psychologie in Übereinstimmung zu bringen und erschwert die Rehabilitation von Menschen, die nicht eindeutig einem der Behinderungsbilder zuzuordnen sind. Dies betrifft bestimmte Phänomene wie etwa Autismus und allgemein diejenigen Personen, die in einer zwischen Behinderungsarten unterscheidenden Sicht mehrfach behindert sind[86]. Nach gängiger Klassifikation leben in Deutschland ca. 420.000 geistig behinderte Menschen[87]. Hierbei sind aber die Fälle altersbedingter Demenz nicht mitgezählt. Die Anzahl der seelisch behinderten Menschen ist schwerer zu schätzen, da es sich bei seelischer Behinderung um ein Phänomen mit fließendem Übergang zur nicht dauerhaften psychischen Krankheit handelt.

(2) Blindheit und Sehbehinderung

Blinde hatten schon immer eine Sonderrolle im Sinne einer andersartigen Teilhabe am Leben[88]. Für sie bestanden und bestehen vielfach besondere rechtliche Regelungen. Im Allgemeinen Preußischen Landrecht wurde ihnen die Möglichkeit eines Beistands bei Vertragsschlüssen eröffnet. Im Fürsorgerecht sind sie als eigenstän-

---

74   § 30 Abs. 5 Nr. 1 BrbSchulG; § 36 Abs. 2 Nr. 1 MVSchulG.
75   § 53 Abs. 5 HessSchulG.
76   § 4 Abs. 6 NWSchVG; § 4 Abs. 4 Nr. 6 SLSchOG; § 13 Abs. 1 Satz 3 Nr. 4 SächsSchulG; § 8 Abs. 3 lit. e LSASchulG.
77   § 9 RhPfSchulG.
78   Art. 20 Nr. 6 BayEUG; § 36 Abs. 1 Satz 4 BerlSchulG; § 19 Abs. 1 HmbSchulG; § 14 Abs. 1 Satz 2 NdsSchulG; § 2 Abs. 4 Nr. 4 ThürFSG.
79   BT-Drucks. 15/4575, S. 63.
80   § 15 Abs. 1 Satz 3 Nr. 8 BWSchulG; § 30 Abs. 5 Nr. 3 BrbSchulG; § 53 Abs. 5 HessSchulG; § 4 Abs. 6 NWSchVG; § 4 Abs. 4 Nr. 2 SLSchOG; § 13 Abs. 1 Satz 3 Nr. 7 SächsSchulG; § 25 Abs. 4 SHSchulG.
81   § 36 Abs. 2 Nr. 5 MVSchulG;
82   § 9 RhPfSchulG.
83   § 8 Abs. 3 lit. g LSASchulG.
84   Art. 20 Abs. 1 Nr. 7 BayEUG; 36 Abs. 1 Satz 4 BerlSchulG; § 19 Abs. 1 HmbSchulG; § 14 Abs. 1 Satz 2 NdsSchulG; § 2 Abs. 4 Nr. 6 ThürFSG.
85   Davon 11.762 an allgemeinen Schulen, BT-Drucks. 15/4575, S. 63.
86   Fegert (1999), S. 38 ff.
87   Vgl. van den Daele in: Leonhardt (2004), S. 177, 189; Posselt-Wenzel (2003), S. 21.
88   Neubert/Cloerkes (2001), S. 62.

dige Gruppe spätestens seit dem preußischen Blindenfürsorgegesetz von 1891 genannt[89].

Eine sozialrechtliche Definition der Blindheit[90] und ihr gleichzustellender Sehbehinderung ist im Sozialhilferecht enthalten[91], in dem auch die Blindenhilfe als eigenständiger Leistungstatbestand geregelt ist[92]. Der Gesetzgeber hatte zunächst auf die „Orientierungsblindheit" abgestellt, also auf die durch Sehbehinderung bedingte Unfähigkeit, sich ohne fremde Hilfe zurechtzufinden[93]. Dieser Begriff erschien als nicht handhabbar und wurde 1969 durch das rein objektiv auf die Funktionsstörung abstellende Kriterium der Sehschärfe ersetzt[94]. Damit wurden nach der Kritik von Ärzten und Betroffenen Sehbeeinträchtigungen ungleich behandelt, die gleich schwere Auswirkungen auf die Teilhabe hatten. Das BVerfG hat in einem Beschluss 1974 darin einen Verstoß gegen den allgemeinen Gleichheitssatz erkannt[95]. Der Gesetzgeber im Bund hatte bereits vor dieser Entscheidung das Gesetz geändert und gleich schwere Störungen des Sehvermögens der Blindheit gleichgestellt[96].

In allen Bundesländern bestehen Blindengeldgesetze oder andere Gesetze, die die Gewährung von Leistungen an Blinde oder hochgradig Sehbehinderte regeln[97], die

---

[89] Preußisches Gesetz vom 11. Juli 1891 betreffend die Provinzialfürsorge für Blinde in Preußen und die Notwendigkeit einer Blindenstatistik, vgl. Scholler (1980), S. 28 f.; § 8 Schwerbeschädigtengesetz 1923; § 6 lit e. Reichsgrundsätze über Voraussetzung, Art und Maß der öffentlichen Fürsorge vom 4. Dezember 1924, RGBl. I, 765. Zum geschichtlichen Überblick: Strehl, ZfSH 1970, S. 209 ff; 241 ff.; 304 ff.; W. Feilchenfeld in: Gottstein/Schlossmann/Tekely (1927), S. 638 ff.

[90] Zu anderen Blindheitsbegriffen vgl. Demmel (2003), S. 213.

[91] § 76 Abs. 2a Nr. 3a BSHG/§ 72 Abs. 5 SGB XII: Der Blindheit gleichzustellen ist danach eine Sehschärfe, die auf dem besseren Auge nicht mehr als 1/50 beträgt oder bei der eine dieser gleichzuachtende Beeinträchtigung des Sehvermögens vorliegt.

[92] § 67 BSHG/§ 72 Abs. 1 SGB XII.

[93] § 24 Abs. 2 BSHG i. d. F. des Gesetzes vom 30. Juni 1961, vgl. Demmel (2003), S. 214.

[94] § 24 Abs. 1 Satz 2 BSHG i. d. F. des Gesetzes vom 14. August 1969, BGBl. I, S. 1153, vgl. Demmel (2003), S. 215.

[95] BVerfG vom 7. Mai 1974, BVerfGE 37, 154.

[96] § 24 Abs. 1 Satz 2 BSHG i. d. F. des Gesetzes vom 25. März 1974, BGBl. I, S. 777; Demmel (2003), S. 215 f.

[97] Gesetz über die Landesblindenhilfe (BLIHG) Baden-Württemberg vom 8. Februar 1972, GVBl. S. 56; Bayerisches Blindengeldgesetz (BayBlindG) vom 7. April 1995, GVBl. S. 150; Gesetz über Pflegeleistungen (PflegeG) des Landes Berlin vom 22. Dezember 1994, GVBl. S. 520; Gesetz über die Leistung von Pflegegeld an Schwerbehinderte, Blinde und Gehörlose (LPflGG) Brandenburg in der Fassung der Bekanntmachung vom 11. Oktober 1995, GVBl. 1995, S. 259; Bremisches Gesetz über die Gewährung von Pflegegeld an Blinde und Schwerstbehinderte (LPflGG) in der Fassung der Bekanntmachung vom 27. April 1984, GVBl. S. 111; Hamburgisches Blindengeldgesetz vom 19. Februar 1971, GVoBl. S. 29; Gesetz über das Landesblindengeld für Zivilblinde (LBliGG) Hessen vom 25. Oktober 1977, GVoBl S. 414; Gesetz über Landesblindengeld (LBlGG) Mecklenburg-Vorpommern in der Fassung vom 28. August 1995, GVoBl 1995, S. 426; Gesetz über das Landesblindengeld für Zivilblinde Niedersachsen in der Fassung vom 18. Januar 1993, GVBl. S. 26; Gesetz über die Hilfen für Blinde und Gehörlose Nordrhein-Westfalen vom 17. Dezember 1997, GVoBl. 1997, S. 436; Landesblindengesetz (LBlindenGG) Rheinland-Pfalz vom 28. März 1995, GVoBl., S. 58; Gesetz Nr. 761 des Saarlandes über die Gewährung einer Blindheitshilfe in der Fassung vom 19. Dezember 1995, ABl. S. 58; Gesetz über die Gewährung eines Landesblindengeldgesetzes und anderer Nachteilsausgleiche (LBlindG) Sachsen vom 14. Dezember 2001, GVoBl S. 714; Gesetz über das Blinden- und Gehörlosengeld im Land Sachsen-Anhalt vom 19. Juni 1992, GVBl. S. 565; Landesblindengeldgesetz Schleswig-Holstein in der Fassung vom 12. Mai 1997, GVBl. S. 313; Thüringer Blindengeldgesetz in der Fassung der Bekanntmachung vom 7. September 1998, GVBl. S. 277. Vgl. dazu näher unten V.B.4.d.(1).

in der Definition dem Sozialhilferecht des Bundes folgen[98]. In der Eingliederungshilfe-Verordnung ist der Grad der Sehbehinderung, aus dem sich eine wesentliche
Sehbehinderung ergibt, näher bestimmt[99]. Blindheit ist als Sonderzeichen im
Schwerbehindertenausweis einzutragen[100] und berechtigt zur unentgeltlichen Beförderung im Nahverkehr[101]. Blinde sind im Versorgungsrecht hervorgehoben[102].
Die Blindenwerkstätten sind besonders gesetzlich geregelt[103]. Im Behindertengleichstellungsgesetz sind blinde und sehbehinderte Menschen besonders erwähnt[104]. In der Pädagogik wird zwischen Blindenpädagogik und Sehbehindertenpädagogik unterschieden[105]. Im Schulrecht bestehen entweder Förderschwerpunkte Sehen[106], gemeinsame Schulen für Blinde und Sehbehinderte in vier
Ländern[107] oder sowohl Schulen für Blinde wie für Sehbehinderte in sechs Ländern[108] mit insgesamt 6.613 Schülerinnen und Schülern[109].

(3) Gehörlosigkeit, Hör- und Sprachbehinderung

Taubheit, Gehörlosigkeit und Schwerhörigkeit, oft im Zusammenhang mit
Stummheit bzw. Sprachbehinderung, gehören zu den Behinderungen, die sich wesentlich auf die Kommunikation auswirken[110]. Sprachbehinderung kann auch ohne
Schädigungen des Gehörs auftreten. Hierfür wurde im alten deutschen Sprachgebrauch die Begriffe Stammeln und Stottern benutzt.

(a) Taubstummheit. Taubstumme wurden im Allgemeinen Preußischen Landrecht
nach einem differenzierten System behandelt. Sie wurden obligatorisch bevormundet, wenn sie taub und stumm geboren waren. Bei späterem Eintreten des taubstummen Zustands war nach individueller Fähigkeit zu differenzieren[111]. Taubstumme werden auch im preußischen Fürsorgerecht genannt[112]. Im Körperbehindertengesetz von 1957 und in der Eingliederungshilfe-Verordnung erscheinen

---

[98]   Dies gilt auch, wenn sie abweichend formuliert sind, vgl. Demmel (2003), S. 216 ff.
[99]   § 1 Nr. 4 EinglHVO.
[100]   § 3 Abs. 1 Nr. 3 SchwbAwV, Merkzeichen Bl.
[101]   § 145 Abs. 1 Satz 5 Nr. 1 SGB IX.
[102]   § 35 Abs. 1 Satz 5 BVG: Mindestens Pflegezulage nach Stufe III; zur Verfassungsmäßigkeit
der Privilegierung: BSG vom 10. Dezember 2003, Az. B 9 SB 4/02 R; Vgl. BSG vom 15. August
2000, BSGE 87, 63.
[103]   Blindenwarenvertriebsgesetz vom 9. April 1965 (BGBl I, 311), zuletzt geändert durch
gesetz vom 23. November 1994 (BGBl I, 3475), § 143 SGB IX.
[104]   § 10 BGG: Gestaltung von Bescheiden und Vordrucken.
[105]   Rath in: Antor/Bleidick (2001), S. 103 ff. und 124 ff.
[106]   Art. 20 Abs. 1 Nr. 1 BayEUG; § 36 Abs. 1 Satz 4 BerlSchulG; § 19 Abs. 1 HmbSchulG;
§ 14 Abs. 1 Satz 2 NdsSchulG; § 2 Abs. 3 Nr. 2 und 4 Nr. 2 ThürFSG.
[107]   § 30 Abs. 5 Nr. 7 BrbSchulG; § 36 Abs. 2 Nr. 7 MVSchulG; § 13 Abs. 1 Satz 3 Nr. 1 Sächs-
SchulG; § 8 Abs. 3 lit. a LSASchulG.
[108]   § 15 Abs. 1 Satz 4 Nr. 1 und 6 BWSchulG § 53 Abs. 4 HessSchulG; § 4 Abs. 6 NWSchVG;
§ 9 RhPfSchG; § 4 Abs. 4 Nr. 1 und 8 SLSchG; § 25 Abs. 4 SHSchullG.
[109]   BT-Drucks. 15/4575, S. 63, davon 1.852 an allgemeinen Schulen.
[110]   Vgl. näher unten V.F.
[111]   ALR II 18 §§ 15–18.
[112]   § 31 Abs. 1 des Preußischen Gesetzes betreffend die Ausführung des Bundesgesetzes über
den Unterstützungswohnsitz vom 8. März 1871 in der Fassung des Änderungsgesetzes vom 11.
Juli 1891.

Seelentaube[113] und Hörstumme[114], bei denen es sich nach heutiger Terminologie um sprachbehinderte Menschen handelt. Bis 2002 waren im BGB Taubstumme als nicht voll deliktsfähig erwähnt und insoweit Kindern und Jugendlichen zwischen dem siebenten und achtzehnten Lebensjahr gleichgestellt[115]. Im Beurkundungsgesetz sind Besonderheiten für Taube und Stumme weiterhin enthalten[116].

(b) Differenzierung zwischen Hör- und Sprachbehinderung. Durch den Fortschritt der Medizin, Technik und Pädagogik wird seit dem 19. Jahrhundert immer stärker zwischen Hör- und Sprachbehinderung und zwischen Gehörlosen, Ertaubten und Schwerhörigen differenziert[117]. „Taubstumm" ist nur noch eine umgangssprachliche und unzutreffende Bezeichnung, da gehörlose Menschen sehr wohl über Sprache verfügen[118]. Im SGB I und SGB IX werden an verschiedenen Stellen hör- und sprachbehinderte Menschen im Kontext nötiger Kommunikationshilfen genannt[119]. Gehörlose erhalten ein eigenes Merkzeichen im Schwerbehindertenausweis[120] und sind zur unentgeltlichen Beförderung im Nahverkehr berechtigt[121]. Im BGG sind hörbehinderte Menschen (Gehörlose, Ertaubte und Schwerhörige) als besondere Gruppe im Kontext der Gebärdensprache besonders erwähnt[122]. In der Eingliederungshilfe-Verordnung werden als körperlich wesentlich behinderte Menschen erwähnt Gehörlose und Menschen, mit denen eine sprachliche Verständigung über das Gehör nur mit Hörhilfen möglich ist[123]. Weiterhin sind dort genannt Personen, die nicht sprechen können, Seelentaube und Hörstumme, Personen mit erheblichen Stimmstörungen sowie Personen, die stark stammeln oder deren Sprache stark unartikuliert ist[124]. In den Bundesländern Berlin, Brandenburg, Nordrhein-Westfalen, Sachsen und Sachsen-Anhalt ist an die Gehörlosigkeit die Gewährung von besonderen Geldleistungen geknüpft[125]. Im Schulrecht wird zwischen Schulen für Hörgeschädigte und Schulen für Sprachbehinderte differenziert[126]. In fünf Bundesländern gibt es jeweils Schulen für Schwerhörige und Schu-

---

[113] Seelentaube sind Menschen, die das Gehörte nicht verstehen und mit begrifflichen Vorstellungen verbinden können, Schellhorn/Schellhorn (2002), Rz 13 zu § 1 EinglHVO.

[114] Hörstumme sind Menschen, die das Gehörte nicht in Sprache umsetzen könne, Schellhorn/Schellhorn (2002), Rz 13 zu § 1 EinglHVO.

[115] § 828 Abs. 2 Satz 2 BGB; dazu kritisch Bock (2002), S. 37; Hoeren, NJW 1999, S. 653 ff.

[116] § 24 BeurkG; vgl. BVerfG vom 19. Januar 1999, BVerfGE 99, 341 ff.

[117] Vgl. Grohnfeldt in: Bleidick/Antor (2001), S. 135 ff.; Wisotzki in: Bleidick/Antor (2001), S. 106 ff.; Renzelberg in: Bleidick/Antor (2001), S. 128 ff.

[118] Heßmann in: Sasse/Eberwein (1998), S. 170, 176.

[119] § 17 Abs. 2 SGB I; § 57 SGB IX.

[120] § 3 Abs. 1 Nr. 4 SchwbAWV, Merkzeichen Gl.

[121] § 145 Abs. 1 Satz 1 SGB IX.

[122] §§ 6, 9 BGG.

[123] § 1 Nr. 5 EinglHVO.

[124] § 1 Nr. 6 EinglHVO.

[125] § 1 Abs. 1 PflegeG Berlin; § 1 Abs. 1 LPflGG Brb; § 5 GHBG NW; § 1 Abs. 4 LBlindG Sachsen; § 1 Abs. 3 GBGG LSA. Eine generelle Gleichstellung von Blindheit und Gehörlosigkeit ist nach Auffassung des BSG verfassungsrechtlich nicht geboten, weil beide Sinnesstörungen nicht zwingend gleichzusetzen seien, BSG vom 10. Dezember 2003, Az. B 9 SB 4/02 R; vgl. auch BSG vom 23. Juni 1993, BSGE 72, 285.

[126] § 15 Abs. 1 Satz 3 Nr. 2 und 7 BWSchulG; § 30 Abs. 5 Nr. 2 und 5 BrbSchulG; § 53 Abs. 4 HessSchulG; § 13 Abs. 1 Satz 3 Nr. 2 SächsSchulG; § 25 Abs. 4 SHSchulG;

len für Gehörlose[127]. In Brandenburg wird von Sprachauffälligen gesprochen[128]. In fünf Bundesländern bestehen Sprachheilschulen[129]. In anderer Terminologie werden Förderschwerpunkte Hören und Sprache gebildet[130]. In Deutschland waren 2002 14.518 Schülerinnen und Schüler im Förderschwerpunkt Hören und 44.891 im Förderschwerpunkt Sprache eingeordnet[131].

In Deutschland gibt es heute ca. 80.000 Gehörlose und eine weit höhere Anzahl von schwerhörigen Menschen[132]. Zwischen beiden werden erhebliche Unterschiede im Umgang mit der Behinderung festgestellt: Während Schwerhörige in der Regel versuchen, das geringere Hörvermögen mit Hilfe technischer Hilfsmittel individuell auszugleichen, um an der gesellschaftlichen Kommunikation teilzunehmen, kompensieren Gehörlose die Beschränkungen durch Bildung eigener sozialer Zusammenhänge auf der Grundlage alternativer Kommunikationsmittel, namentlich der Gebärdensprache[133].

(4) Mobilitätsbehinderung

(a) Lahmheit und Verkrüppelung. Traditionelle Begriffe für körperliche Behinderungen insbesondere der Mobilität[134] sind Lahmheit und Verkrüppelung. Nach dem Sachsenspiegel durfte ein lahmer Mann nicht zum König gekoren werden[135]. Im Weiteren waren die Begriffe des Krüppels und der Verkrüppelung traditionell Sammelbezeichnung für verschiedene Arten der körperlichen Behinderung, insbesondere für Mobilitätsbehinderungen, die etwa von Kinderlähmung, Tuberkulose, Rachitis oder Unfällen herrührten[136]. Die betroffenen Personen unterfielen vielfach dem Armenrecht[137]. Besondere Einrichtungen für Krüppel wurden vermehrt seit 1832 geschaffen[138]. 1906/1907 wurde zum ersten Mal eine deutsche Krüppelstatistik erstellt[139], 1909 unter Mitwirkung des Orthopäden *Konrad Biesalski* und des Pädagogen *Hans Würtz* die Deutsche Vereinigung für Krüppelfürsorge gegründet[140].

---

[127] § 36 Abs. 2 Nr. 2 und 3 MVSchulG; § 4 Abs. 6 Satz 1 NWSchVG; § 9 RhPfSchulG; § 4 Abs. 4 Nr. 3 und 7 SLSchOG; § 8 Abs. 3 lit. b und c LSASchulG.

[128] § 30 Abs. 5 Nr. 2 BrbSchulG.

[129] § 53 Abs. 4 HessSchulG; § 36 Abs. 2 Nr. 6 MVSchulG; § 13 Abs. 1 Satz 3 Nr. 6 Sächs-SchulG; § 8 Abs. 3 lit. f LSASchulG; § 25 Abs. 4 SHSchulG (Sprachheilgrundschulen).

[130] Art. 20 Abs. 1 Nr. 2 und 5 BayEUG; § 36 Abs. 1 Satz 4 BerlSchulG; § 19 Abs. 1 Hmb-SchulG; § 14 Abs. 1 NdsSchulG; § 2 Abs. 4 Nr. 1 und 5 ThürFSG.

[131] BT-Drucks. 15/4575, S. 63, davon 3.419 und 9.646 an allgemeinen Schulen.

[132] Heßmann in: Sasse/Eberwein (1998), S. 170, 174.

[133] Bock (2002), S. 40 ff.; Heßmann in: Sasse/Eberwein (1998), S. 170, 178 f.; vgl. unten V.F.4.

[134] Vgl. näher unten V.G.

[135] Sachsenspiegel, III 54 § 3.

[136] Biesalski (1926), S. 65 f.; nachweisbar seit dem 11. Jahrhundert, vgl. Merkens (1974), S. 1 f.

[137] Vgl. Ziem (1956), S. 16.

[138] Ziem (1956), S. 18.

[139] Ziem (1956), S. 36; danach wurden im Deutschen Reich 97.907 Krüppel gezählt. Für nähere Angaben vgl. Grotjahn (1915), S. 404 f.; Biesalski (1926), S. 20; Merkens (1974), S. 64 ff.; von Engelhardt, DRV 1990, S. 572, 580; Möckel (1988), S. 151 f.

[140] Jochheim/Schliehe/Teichmann in: BMA/Bundesarchiv, Bd. 2/1 (2001), S. 561, 562; Stadler, ZHP 2001, S. 99, 100; Merkens (1974), S. 69 ff.; Braun in: Reschke (1966), S. 5 f.; Ziem (1956), S. 36; heute Deutsche Vereinigung für die Rehabilitation Behinderter (DVfR); vgl. Lotze (1999). Die Nomenklatur war keine deutsche Besonderheit, vgl. die International Society for the Welfare of Cripples, heute Rehabilitation International.

Eine erste besondere gesetzliche Grundlage findet sich erst im Preußischen Krüppelfürsorgegesetz von 1920[141]. Eine Verkrüppelung lag danach vor, wenn eine Person (Krüppel) infolge eines angeborenen oder erworbenen Knochen-, Gelenk-, Muskel- oder Nervenleidens oder Fehlens eines wichtigen Gliedes oder von Teilen eines solchen in dem Gebrauch ihres Rumpfes oder ihrer Gliedmaßen nicht nur vorübergehend derart behindert war, dass ihre Erwerbsfähigkeit auf dem allgemeinen Arbeitsmarkt voraussichtlich wesentlich beeinträchtigt sein würde[142]. Damit erschien „Behinderung" erstmals in adjektivischer Form in der Definition der Verkrüppelung. Diese bezog sich auf die Teilhabefähigkeit am Arbeitsleben in Folge von Gesundheitsstörungen. Der Begriff des Krüppels, der heute als herabsetzend empfunden wird, wurde zumindest von den Protagonisten der Krüppelfürsorge als rein beschreibende Bezeichnung angesehen oder in seiner Plakativität als geeignet betrachtet, um das Fürsorgeanliegen zu fördern[143]. *Konrad Biesalski* verwies in der dritten Auflage seines Grundrisses der Krüppelfürsorge 1926 darauf, dass das Wort, nachdem es vom Gesetz angewandt wurde, *„nicht mehr ausgemerzt werden"* könne. Im Übrigen schrieb *Biesalski*:

„Wenn die Laienwelt sich daran gewöhnt, unter dieser Bezeichnung nicht einen unrettbar Hilflosen zu verstehen, sondern einen in der Bewegung seines Rumpfes und seiner Glieder behinderten Kranken, der durch die Krüppelfürsorge und durch seinen Willen seine körperliche Behinderung so weit zu überwinden vermag, daß er einem Gesunden gleichwertig zu erachten ist, so wird aus dem herabsetzenden Begriff ein Ehrenname."[144]

Die Unterscheidung zwischen Beschädigten und Krüppeln entsprach lange Zeit der unterschiedlichen gesellschaftlichen Dignität und rechtlichen Behandlung von Kriegsopfern und anderen behinderten Menschen[145]. Erst mit dem Körperbehindertengesetz von 1957[146] wurde der Krüppelbegriff als Rechtsbegriff abgelöst. Ihm wurde damals ein hässlicher, liebloser und entwürdigender Beigeschmack attestiert[147]. Der Begriff, so *Eugen Glombig*, sei eine Diffamierung und bringe die Körperbehinderten in die Nähe der Geisteskranken[148]. Verwiesen wurde auch darauf, dass im angelsächsischen Rechtsraum nicht mehr der Begriff „cripple", sondern „disabled" oder „infirm" benutzt werde[149]. Allerdings wurde der Begriff des Krüppels solange benötigt, wie eine Gleichstellung insbesondere zwischen den Mobilitätsbehinderten und den Kommunikationsbehinderten nicht beabsichtigt

---

[141] § 31 Abs. 1 des Preußischen Gesetzes betreffend die Ausführung des Bundesgesetzes über den Unterstützungswohnsitz vom 8. März 1871 in der Fassung des Preußischen Gesetzes betreffend die öffentliche Krüppelfürsorge vom 6. Mai 1920 fügt die Krüppel hinzu; vgl. weiter § 6 lit e Reichsgrundsätze von 1924; dazu Tönnis, BArbBl. 1962, S. 245, 246; Lotze (1999), S. 12 ff.; V. Neumann in: V. Neumann (2004), § 1 Rz 2.; vgl. zum Zeitkontext unten: III.A.8.

[142] § 9 Preußisches Krüppelfürsorgegesetz.

[143] Zur Ambivalenz des Begriffs Krüppel: Thomann in: Ermert (1994), S. 16 f.; Merkens (1974), S. 2 f.

[144] Biesalski (1926), S. 11.

[145] Rudloff, ZSR 2003, S. 863, 867.

[146] Gesetz über die Fürsorge für körperbehinderte und von einer Körperbehinderung bedrohte Personen vom 27. Februar 1957, BGBl. I, 147; vgl. Schmatz, ErsK 1957, S. 80 ff.

[147] Vgl. Goffman (1975): *„Stigmaterminus"*.

[148] Glombig (1954), S. 91; Ziem (1956), S. 91 f.

[149] Ziem (1956), S. 92.

war, da letztere dem Krüppelbegriff nicht unterfielen[150]. Eine gewisse Renaissance erlebte der Begriff Krüppel als er in den achtziger Jahren als Kampfbegriff der Bewegung behinderter Menschen für selbstbestimmtes Leben benutzt wurde, so beim „Krüppeltribunal" 1981 in Dortmund[151]. Er wird heute aber überwiegend als demütigende Beleidigung empfunden[152].

(b) Körperbehinderung, Gehbehinderung. Der Begriff der Körperbehinderung erscheint heute nur im Schulrecht und entspricht nicht dem sozialrechtlichen Begriff der körperlichen Behinderung. Erscheint körperliche Behinderung nach § 2 Abs. 1 SGB IX als Bezeichnung aller nicht seelischen oder geistigen Behinderungen, so wird Körperbehinderung im Schulrecht und der Pädagogik als Bezeichnung für Beeinträchtigungen der Bewegungsfähigkeit benutzt[153].

Heute sind in der Eingliederungshilfe-Verordnung als erste Fallgruppe der körperlich wesentlich behinderten Menschen die Personen benannt, deren Bewegungsfähigkeit durch eine Beeinträchtigung des Stütz- oder Bewegungssystems in erheblichem Umfange eingeschränkt ist[154]. Die Schwerbehindertenausweisverordnung verweist zur Definition von außergewöhnlich gehbehindert[155] auf das Straßenverkehrsrecht[156], weil das Merkzeichen zu besonderen Rechten im Straßenverkehr, insbesondere Nutzung der Behindertenparkplätze, berechtigt. Schwerbehinderte mit außergewöhnlicher Gehbehinderung sind danach solche Personen, die sich wegen der Schwere ihres Leidens dauernd nur mit fremder Hilfe oder nur mit großer Anstrengung außerhalb ihres Kraftfahrzeugs bewegen können[157].

Auch im SGB IX wird darauf Bezug genommen, dass Personen in der Bewegungsfreiheit im Straßenverkehr erheblich beeinträchtigt sind. Dies ist dann gegeben, wenn sie infolge einer Einschränkung des Gehvermögens (auch durch innere Leiden oder Störung der Orientierungsfähigkeit) nicht ohne erhebliche Schwierigkeiten oder nicht ohne Gefahr für sich oder andere Wegstrecken im Ortsverkehr zurückzulegen vermögen, die üblicherweise noch zu Fuß zurückgelegt werden[158]. Nach dem Schulrecht bestehen für mobilitätsbehinderte Menschen Schulen für Körperbehinderte[159] oder Förderschwerpunkte körperliche und motorische Ent-

---

[150] Ziem (1956), S. 92.

[151] C. Adam, TuP 2002, S. 407, 409 f.

[152] Vgl. BVerfG vom 25. März 1992, BVerfGE 86, 1, 13 (Beleidigung eines behinderten Bundeswehrsoldaten durch die Zeitschrift Titanic als Krüppel).

[153] Stadler in: Antor/Bleidick (2001), S. 115 ff.

[154] § 1 Nr. 1 EinglHVO.

[155] § 3 Abs. 1 Nr. 1 SchwbAWV, Merkzeichen aG; vgl. dazu: Gaa-Unterpaul, NZS 2002, S. 406, 407 f.

[156] § 6 Abs. 1 Nr. 14 StVG, § 46 Abs. 1 Nr. 11 StVO, Allgemeine Verwaltungsvorschrift vom 22. Juli 1976, BAnz 1976 Nr. 142 S. 3 ff.; vgl. BT-Drucks. 15/4927.

[157] BSG vom 10. Dezember 2002, BSGE 90, 180; BSG vom 15. August 2000, Az. B 9 SB 33/00 B.

[158] § 146 Abs. 1 Satz 1 SGB IX, § 3 Abs. 2 Satz 1 Nr. 2 und Satz 3 SchwbAwV, Merkzeichen G.

[159] § 15 Abs. 1 Nr. 4 BWSchulG; § 30 Abs. 5 Nr. 6 BrbSchulG; § 53 Abs. 4 HessSchulG; § 4 Abs. 6 Satz 1 NWSchVG; § 9 RhPfSchG; § 4 Abs. 4 Nr. 5 SLSchOG; § 13 Abs. 1 Satz 3 Nr. 4 SächsSchulG; § 8 Abs. 3 lit. d. LSASchulG; § 25 Abs. 4 SHSchulG.

wicklung[160], denen 2002 insgesamt 26.483 Schülerinnen und Schüler zugeordnet waren[161].

(5) Vom Körperschaden zur Funktionsstörung

Die von einzelnen Behinderungsursachen ausgehenden Bezeichnungen wie blind, taub, lahm und verkrüppelt sind die Begriffe aus dem Wortfeld der Behinderung, die am stärksten einen vorrechtlichen und nicht fachsprachlichen Bedeutungsgehalt haben. Es zeigt sich, dass ihnen zwar ein fester Bedeutungskern zugeordnet werden kann oder konnte, an den Rändern jedoch erhebliche Abstufungen und Unsicherheiten der Zuordnung erkennbar sind. In der Entwicklung der Begriffe zeigt sich eine Tendenz, die weg vom unmittelbaren Körperschaden (Blindheit, Taubheit, Lahmheit) hin zur Beschreibung der ausgefallenen oder beeinträchtigten Funktion (Sehen, Hören, Gehen) läuft. Besondere Bedeutung haben die Bezeichnungen einzelner Schädigungen und Defizitbereiche im Schulrecht für die differenzierten Sonder- und Förderschulen. Sie stimmen dort nicht mit der in anderen Rechtsbereichen verwendeten Terminologie und Systematik überein.

b) Synonyme für Behinderung

Die Begriffe Gebrechen, (Be-)schädigung und Versehrtheit sind heute nicht mehr oder kaum noch gebräuchliche Synonyme für Behinderung.

(1) Gebrechen, Gebrechlichkeit

Ältere Begriffe für gesundheitliche Schädigungen sind Bresthaftigkeit, Gebrechen und Gebrechlichkeit. Im mittelalterlichen deutschen Recht war Bresthaftigkeit im Kontext der Vormundschaft ein Sammelbegriff für Sieche, Blinde, Stumme, Lahme, Verkrüppelte und Missgeburten[162] und konnte damit für die Übersetzung des römischen Rechtsbegriffs der *cura debilium personarum*[163] herangezogen werden, der die Vormundschaft für körperlich stark beeinträchtigte Personen bezeichnete. Bresthaftigkeit hat den gleichen Stamm wie das Verb „bersten"[164] und wurde später von den Begriffen Gebrechen und Gebrechlichkeit abgelöst, die vom Verb „brechen" abgeleitet sind[165]. Beide Wörter sind also etymologisch auf den Vorgang der Schädigung zurückzuführen. Das Wort Gebrechen wird aber zugleich vom Stamm „brauchen" im Sinne von „es gebricht an etwas" abgeleitet. In dieser „*Vermischung und Verwirrung, die sich im Sprachbewusstsein selbst vollzogen hat*"[166]

---

[160] Art. 20 Abs. 1 Nr. 3 BayEUG; § 36 Abs. 1 Satz 4 BerlSchulG; ; § 19 Abs. 1 HmbSchulG; § 9 Abs. 1 Satz 2 NdsSchulG; § 2 Abs. 4 Nr. 3 ThürFSG.

[161] BT-Drucks. 15/4575, S. 63.

[162] Sachsen Gessaphe (1999), S. 87 gibt das Wort mit Presshaftigkeit wider.

[163] Sachsen Gessaphe (1999), S. 83.

[164] Grimmsches Wörterbuch, Bd. 2 (1860), Sp. 373.

[165] Grimmsches Wörterbuch, Bd. 4/1 (1878), Sp. 1839.

[166] Grimmsches Wörterbuch, Bd. 4/1 (1878), Sp. 1839, vgl. Sp. 1843: „*Es mischt sich da ein anderer Begriff ein oder tritt in den Vordergrund: Schade, Mangel, der der Brauchbarkeit Eintrag thut; nur in diesem Sinne werden jetzt Krankheiten als Gebrechen bezeichnet.*"

von „brechen" und „brauchen" liegt bereits die Verbindung von Körperschaden und Funktionsstörung, die heute ein Spezifikum des Behinderungsbegriffs ausmacht. Im Begriff des Gebrechens fehlt aber die dem modernen Behinderungsbegriff eigentümliche Einbeziehung der Hinderungen, die die gebrechliche Person in ihrer Umwelt erlebt[167].

Der Begriff der Gebrechlichkeit wurde in das Bürgerliche Gesetzbuch aufgenommen. In § 1910 BGB war geregelt, dass einer volljährigen Person ein Gebrechlichkeitspfleger bestellt werden konnte, wenn er nicht unter Vormundschaft stand und infolge körperlicher Gebrechen alle Angelegenheiten oder infolge geistiger oder körperlicher Gebrechen einzelne seiner Angelegenheiten nicht zu besorgen vermochte. Damit war jenseits der Entmündigungstatbestände mit dem Gebrechen ein Begriff geschaffen, der zum Zweck der Pflegschaft in Beziehung gestellt werden konnte. Es kam hier also nicht auf die Art der Schädigung an, sondern auf die durch die Schädigung verursachte Störung der Umweltbeziehungen bei der Regelung der eigenen Angelegenheiten. Mit dem Betreuungsgesetz[168] wurden Vormundschaft und Gebrechlichkeitspflegschaft abgeschafft und für die Betreuung seit 1992 an das Vorliegen einer Krankheit oder Behinderung geknüpft. Damit wurden die Begriffe des Sozialrechts und des Zivilrechts aufeinander abgestimmt.

Im Jahre 1925 wurde, in der Nachfolge der Krüppelzählung von 1906, eine Gebrechlichenzählung durchgeführt. Das Wort wurde hier als Sammelbegriff für körperlich und geistig behinderte Menschen benutzt[169]. *Wannagat* benutzte noch 1965 die Begriffe Gebrechen und Körperbehinderung als Synonyme[170]. Im Krankenversicherungsrecht war der Begriff des Gebrechens lange Zeit zur Abgrenzung derjenigen Zustände von der Krankheit benutzt worden, bei denen keine augenblickliche, sondern nur eine latente Behandlungsbedürftigkeit bestand[171]. Im österreichischen Krankenversicherungsrecht wird der Begriff des Gebrechens noch heute in diesem Sinne benutzt[172]. Der Begriff wird aber seit Inkrafttreten des SGB V im deutschen Krankenversicherungsrecht nicht mehr verwendet. Im Rentenversicherungsrecht wurde der Begriff des Gebrechens benutzt als mögliche Ursache einer Erwerbsminderung und der Unfähigkeit, sich selbst zu unterhalten[173]. Er wurde im SGB VI nicht übernommen. In einer Entscheidung zum Rentenversicherungsrecht hat das BVerfG 1975 grundsätzliche Ausführungen über die soziale Hilfe für diejenigen gemacht, *„die wegen körperlicher oder geistiger Gebrechen an ihrer persönlichen und sozialen Entfaltung gehindert und außerstande sind, sich selbst zu unterhalten."*[174] Gebrechlichkeit wurde im damaligen Sprachgebrauch gerade von

---

[167] In diesem Sinne differenzierend: BSG vom 23. Juni 1993, BSGE 72, 285, 288; Taubheit ist ein Gebrechen, Kommunikationsstörung eine Behinderung; vgl. Masuch, SozSich 2004, S. 314, 317.

[168] Gesetz zur Reform des Rechts der Vormundschaft und Pflegschaft für Volljährige (Betreuungsgesetz – BtG –) vom 12. September 1990 (BGBl. I, 2002).

[169] Brackhane in: Koch/Lucius-Hoene/Stegie (1988), S. 21.

[170] Wannagat (1965), S. 258.

[171] BSG vom 28. Oktober 1960, BSGE 13, 134 (Hüftluxation); BSGE 14, 83 ff. (Lungentuberkulose); Rolshoven (1978), S. 232; Schimanski (1976) S. 47; Wannagat (1965), S. 257 f.

[172] Steingruber (2000), S. 25; § 123 ASVG.

[173] § 1246 RVO; § 44 Satz 2 AVG.

[174] BVerfG vom 18. Juni 1975, BVerfGE 40, 121, 133.

der Behinderung abgegrenzt, bei der Rehabilitation noch für möglich gehalten wurde[175].

In zahlreichen Normen des Berufsrechts wurde der Begriff des Gebrechens als Merkmal verwendet, das die Unfähigkeit zur Ausübung eines Berufs begründete. Diese Normen sind mit dem BGG so geändert worden, dass dort nun jeweils die Formulierung verwendet wird, dass Personen in gesundheitlicher Hinsicht zur Ausübung des Berufs ungeeignet sind[176]. Heute ist Gebrechen als Rechtsbegriff noch gelegentlich nachzuweisen, so nur im Sinne körperlich wesentlicher Behinderung in der Eingliederungshilfe-Verordnung[177], im Strafrecht[178] und im BGB[179]. Der Bedeutungsgehalt ist im Wesentlichen im Wort Behinderung aufgegangen.

(2) Beschädigung, Beschädigte, Geschädigte

Für den Bereich der Kriegsopfer wurde seit 1906 der Begriff der Dienst- oder Kriegsbeschädigten[180], mit der Gesetzgebung von 1919 der Beschädigten und Schwerbeschädigten[181] in die Rechtssprache eingeführt. Mit ihm wird auch ausgedrückt, dass die Gesundheitsschädigung von außen zugefügt wurde. Er war damit den an der Schädigungsursache ausgerichteten kausalen Systemen der Kriegsopferversorgung angemessen. Zugleich wurde damit eine auch begriffliche Differenzierung im Verhältnis zu den „Friedenskrüppeln" in der Krüppelfürsorge aufgebaut[182]. Der Begriff der Beschädigten und Schwerbeschädigten ist bis heute im sozialen Entschädigungsrecht beibehalten worden, wo Beschädigten-Grundrenten gewährt werden[183] und eine Sonderfürsorge für Schwerstbeschädigte[184] vorgesehen ist.

In der DDR wurden die Begriffe der Geschädigten, Schwerbeschädigten und der Schädigung im Recht verwendet[185] während die Begriffe der Behinderten und der Behinderung selten benutzt wurden[186].

---

[175] Igl, ZIAS 2003, S. 332 ff. unter Bezug auf die Diskussionen in der Projektgruppe „Langfristige Gebrechen" des Max-Planck-Instituts für Internationales und Vergleichendes Sozialrecht.

[176] Vgl. Art. 4 (Bundes-Apothekenordnung), Art. 7 (Bundesärzteordnung), Art. 10 (Psychotherapeutengesetz); Art. 11–26, 29–31, 36–40, 42–44 BGG.

[177] § 1 EinglHVO.

[178] § 225 StGB.

[179] § 1572 BGB.

[180] § 3 Mannschaftsversorgungsgesetz 1906; § 1 Gesetz über die Versorgung der Militärpersonen und ihrer Hinterbliebenen bei Dienstbeschädigung (Reichsversorgungsgesetz) vom 12. Mai 1920 (RGBl. 989).

[181] Verordnung über die Soziale Kriegsbeschädigten- und Kriegshinterbliebenenfürsorge vom 8. Februar 1919, RGBl. 187; Gesetz über die Beschäftigung Schwerbeschädigter vom 6. April 1920, RGBl. 458; § 1 Lit. a. und d der Verordnung über die Fürsorgepflicht vom 13. Februar 1924, RGBl. I, 100; §§ 4, 5 Gesetz über die Beschäftigung Schwerbeschädigter vom 16. Juni 1953, BGBl. I, 389; zum Zeitkontext: unten III.A.8.b; III.A..11.b.

[182] V. Neumann in: V. Neumann (2004), § 1 Rz 6.

[183] § 31 Abs. 3 BVG.

[184] § 27e BVG.

[185] Vgl. die Verordnung zur weiteren Verbesserung der gesellschaftlichen Unterstützung schwerst- und schwergeschädigter Bürger vom 29. Juli 1976, GBl. I, S. 411.

[186] Vgl. Renker in: Renker/Senger/Knoblich (1980), S. 7 ff.; Renker/Renker (1985), S. 15; 1981 wurde in der DDR als das „Internationale Jahr der Geschädigten" bezeichnet, Ellger-Rüttgardt in: Ellger-Rüttgardt (2000), S. 23; vgl. unten III.A.10.

Der Zusammenhang mit dem Schädigungsbegriff verweist zugleich auf den zivilrechtlichen Schadensersatz als wichtige Anspruchsgrundlage für gesundheitlich durch äußere Einwirkung geschädigte Menschen.

(3) Versehrtheit, Versehrte

Mit dem Reichsversorgungsgesetz 1920 wurde die zusätzliche Kategorie der Versehrten und der Versehrtheit geschaffen. Damit wurden Kriegsbeschädigte bezeichnet, welche die Voraussetzungen der Minderung der Erwerbsfähigkeit nicht erfüllten, aber durch den Verlust bestimmter Körperteile oder -funktionen als vergleichbar entschädigungsbedürftig angesehen wurden[187].

Im BVG ist heute noch die Leistung von Versehrtenleibesübungen[188] vorgesehen. Der Begriff der Versehrten ist zentral im österreichischen Unfallversicherungsrecht[189].

c) Invalidität

Rechtsbegriffe, die einen Teilaspekt von Behinderung bezeichnen, sind Invalidität, Erwerbsunfähigkeit, Erwerbsminderung, Berufsunfähigkeit und Dienstunfähigkeit, mit denen eine gesundheitlich bedingte Störung der Teilhabe oder Teilhabefähigkeit am Arbeitsleben bezeichnet wird[190] und die zumindest teilweise synonym im deutschen Sozialrecht und Beamtenrecht benutzt werden oder wurden.

(1) Entwicklung der Invaliditätsbegriffe

Vom lateinischen *invalidus* her bedeutet invalide wörtlich wertlos. Zunächst war damit wohl im militärischen Kontext gemeint, dass die betreffende Person für den Dienstherrn wertlos geworden war. Die Invalidität wurde im Militärversorgungsrecht als völlige Dienstunfähigkeit definiert, während halbinvalide Personen nur noch garnisonsdiensttauglich waren[191]. Mit der Übertragung in die Regelungsbereiche der Unfall- und Rentenversicherung bedeutete Invalidität dann, dass die Person kein eigenes Arbeitsvermögen (mehr) in Wert setzen konnte[192]. Der Begriff Invalidität wurde seit 1849 in der Militärversorgung ergänzt durch denjenigen der Erwerbsunfähigkeit.

Zunächst als „Blessierte", dann als Invaliden wurden die nach dem Dreißigjährigen Krieg verletzten Soldaten in Brandenburg-Preußen unter Kurfürst Friedrich Wilhelm bezeichnet. Für sie wurden Blessierten- bzw. Invalidencompagnien geschaffen. König Friedrich I errichtete eine Invalidenkasse[193]. Ein erster Rechtsanspruch unter Bezug auf die Invalidität findet sich in einem Patent Friedrich Wil-

---

187   § 25 Abs. 3 RVG.
188   § 11a BVG.
189   §§ 203, 21 ASVG; Steingruber (2000), S. 26.
190   Vgl. Igl (1987), S. 70 ff.
191   § 2 lit. b. Gesetz vom 6. Juli 1865.
192   Im 19. Jahrhundert wurde der Begriff im Deutschen aus dem Französischen übernommen, vgl. Pflüger-Demann (1991), S. 56.
193   Darstellung bei Tressehn in: Nilson (1922) Bd. I, S. 1 ff.; vgl. unten III.A.4.b.

helms II für Offiziere von 1789[194]. 1811 wurde erstmalig nach Halb- und Ganzinvaliden differenziert[195]. Ein Anspruch auf Versorgung auch ohne Nachweis der Bedürftigkeit wurde 1825 geschaffen[196]. Seit 1849 wurden vier Klassen von Invaliden unterschieden, welche als Ganz- und Halbinvaliden und als ganz, größtenteils und teilweise erwerbsunfähig sowie nach der Dienstzeit eingeteilt wurden. Seit 1851 wurden Zulagen für Blindheit und den Verlust von Gliedern gewährt[197]. Eine reichseinheitliche Regelung entstand durch das Militär-Pensions- und Versorgungsgesetz von 1871[198], das mit dem Versorgungsgesetz von 1901 in den Grundzügen fortgeschrieben wurde[199]. Mit dem Offiziers- und dem Mannschaftsversorgungsgesetz von 1906[200] wurde die Erwerbsunfähigkeit nach einem in Hundertsteln ausgedrückten Grad bemessen[201].

Die Begriffe der Invalidität und Erwerbsunfähigkeit wurden im Unfallversicherungsrecht seit 1854[202] und im Rentenversicherungsrecht seit 1889[203] verwendet[204]. Letztere wurde bis 1957 auch als Invalidenversicherung bezeichnet. Für Personen, die in der Erwerbsfähigkeit um mindestens 50 % eingeschränkt waren, aber nicht als Opfer von Kriegsbeschädigung oder Arbeitsunfall oder Blinde bereits geschützt waren, wurde im Schwerbeschädigtengesetz von 1920 der Begriff der Schwererwerbsbeschränkten[205] benutzt. Sie konnten den Schwerbeschädigten auf Antrag gleichgestellt werden[206].

Die in Graden ausdrückbare Erwerbsunfähigkeit, später Erwerbsminderung, wurde als Instrumentarium für eine qualitative und quantitative Differenzierung in der Soldatenversorgung geschaffen, um die Rentenleistungen und rechtlichen Vergünstigungen weiter aufzufächern. Nach den Bemerkungen zum Militärpensions-

---

[194] Patent vom 2. Februar 1789 wegen Versorgung und Pensionierung invalider Offiziere und wegen Abstellung der bisher dabei eingeschlichenen Mißbräuche.

[195] Kabinettsorder vom 14. März 1811.

[196] Preußisches Militär-Pensions-Reglement vom 13. Juni 1825.

[197] Kabinettsorder vom 27. März 1849 und 28. April 1849; als Gesetz beschlossen am 4. Juni 1851; fortgeschrieben mit Gesetz betreffend die Versorgung der Militär-Invaliden vom Oberfeuerwerker, Feldwebel und Wachtmeister abwärts, sowie der Unterstützung der im Kriege gebliebenen Militärpersonen desselben Ranges vom 6. Juli 1865, GesS. 777.

[198] Gesetz vom 27. Juni 1871, RGBl. 275; vgl. unten III.A.7.e.

[199] Gesetz betreffend die Versorgung der Kriegsinvaliden und der Kriegshinterbliebenen vom 31. Mai 1901, RGBl. 193.

[200] Gesetz über die Pensionierung der Offiziere und Sanitätsoffiziere des Reichsheeres und der Marine (Offizierspensionsgesetz – OPG) vom 31. Mai 1906, RGBl. 593 Gesetz über die Versorgung der Personen der Unterklassen des Reichsheeres, der kaiserlichen Marine und der kaiserlichen Schutztruppen (Mannschaftsversorgungsgesetz – MVG) vom 31. Mai 1906, RGBl. 593.

[201] §§ 1, 4 MVG.

[202] § 3 Abs. 3 Preußisches Gesetz über die Vereinigung der Berg-, Hüten-, Salinen- und Aufbereitungs-Arbeiter in Knappschaften für den ganzen Umfang der Monarchie vom 10. April 1854, PrGS, 139; § 3 Abs. 2 Gesetz betreffend die Verbindlichkeit zum Schadensersatz für die bei dem Betriebe von Eisenbahnen, Bergwerken etc. herbeigeführten Tödtungen und Körperverletzungen vom 7. Juni 1871, RGBl. 207; sodann § 5 Unfallversicherungsgesetz vom 6. Juli 1884, RGBl. 69; vgl. unten III.A.7.d.

[203] Gesetz betreffend die Invaliditäts- und Altersversicherung vom 22. Juni 1889, RGBl. 97; hier §§ 9, 10; vgl. unten III.A.7.d.

[204] Vgl. Laqua (1993), S. 14 ff.

[205] § 8 Schwerbeschädigtengesetz.

[206] Vgl. Briefs (1931), S. 20 ff.

gesetz von 1871[207] wurde die Erwerbsunfähigkeit an der allgemeinen Erwerbsfähigkeit ausgerichtet; dabei indizierte Verstümmelung die Erwerbsunfähigkeit[208].

Im Invaliditäts- und Altersversicherungsgesetz von 1889[209] wurde der Begriff der Erwerbsunfähigkeit verwendet und definiert:

„Erwerbsunfähigkeit ist dann anzunehmen, wenn der Versicherte in Folge seines körperlichen oder geistigen Zustandes nicht mehr im Stande ist, durch eine seinen Kräften entsprechende Lohnarbeit mindestens einen Betrag zu verdienen, welcher gleichkommt der Summe eines Sechstels der Lohnsätze (§ 23), nach welchen für ihn während der letzten fünf Beitragsjahre Beiträge entrichtet worden sind (...)."[210]

Im Gesetzgebungsverfahren war 1888 die in ersten Entwürfen vorhandene Bezugnahme auf die *„vorhandene Arbeitsgelegenheit"* gestrichen worden, die, so die Begründung, mit der Fähigkeit zur Fortsetzung der Erwerbstätigkeit nichts zu tun habe[211]. Damit wurde die persönliche Erwerbsunfähigkeit von ihrem Kontextfaktor Arbeitsmarkt abgelöst.

Im Invalidenversicherungsgesetz von 1899[212] wurden die Definitionen der Erwerbsunfähigkeit vereinheitlicht. Ihre Funktion war, die Versicherungspflicht auszuschließen[213] und die Leistungspflicht zu begründen[214]. Die maßgebliche Begriffsbestimmung für den nicht mehr versicherungspflichtigen und leistungsberechtigten Personenkreis (§ 5 Abs. 4 IVG) lautete nun:

„(...) Personen, deren Erwerbsfähigkeit infolge von Alter, Krankheit und anderen Gebrechen dauernd auf weniger als ein Drittel herabgesetzt ist. Dies ist dann anzunehmen, wenn sie nicht mehr imstande sind, durch eine ihren Kräften und Fähigkeiten entsprechende Tätigkeit, die ihnen unter billiger Berücksichtigung ihrer Ausbildung und ihres bisherigen Berufs zugemutet werden kann, ein Drittel desjenigen zu erwerben, was körperlich und geistig gesunde Personen derselben Art mit ähnlicher Ausbildung in derselben Gegend zu verdienen pflegen."

In dieser Definition ist eine stärkere Berücksichtigung des Kontextfaktors Ausbildung zu erkennen. Die Neudefinition durch das IVG führte zu einer erheblichen Zunahme von Rentenbewilligungen[215], obwohl das Reichsversicherungsamt[216] und das juristische Schrifttum überwiegend den Standpunkt vertraten, die Definition der Erwerbsunfähigkeit habe sich nur in der Formulierung, nicht jedoch materiell verändert. So versuchte *Siefart* 1908 einen allgemeinen Begriff der Erwerbsunfähigkeit zu gewinnen, in dem Kontextfaktoren weitgehend keine Rolle spielen:

---

[207] Bemerkungen zu den §§ 65–70.
[208] § 73 MPG.
[209] Gesetz, betreffend die Invaliditäts- und Altersversicherung vom 22. Juni 1889.
[210] § 9 Abs. 3 IuAVG; vgl. Tennstedt (1972), S. 28.
[211] Tennstedt (1972), S. 26.
[212] Invaliditäts- und Altersversicherungsgesetz vom 13. Juli 1899.
[213] § 5 Abs. 4 IVG.
[214] § 15 Abs. 2 IVG.
[215] Tennstedt (1972), S. 32.
[216] RVA vom 31. Oktober 1900, RE 870, AN 1901, 187 (Verweisung eines Bergmanns auf landwirtschaftliche Arbeiten); vgl. Tennstedt (1972), S. 31.

„Erwerbsunfähigkeit ist der im wesentlichen auf der persönlichen Eigenart eines Menschen beruhende Mangel an Fähigkeit, an einem beliebigen Orte Arbeiten irgendwelcher Art zu leisten, die für andere brauchbar sind und deshalb für ihn als Erwerbsquelle dienen können."[217]

Für die Arbeiterinvalidenversicherung waren – anders als ursprünglich in der Militärversorgung, die Begriffe Erwerbsunfähigkeit und Invalidität im Wesentlichen synonym. Die Invalidität bezeichnete die dauerhafte Erwerbsunfähigkeit[218]. Dabei war die Abgrenzung zwischen Invaliden- und Krankenversicherung von Bedeutung. Mit der Reichsversicherungsordnung (RVO) von 1911 wurde der Kernbegriff bei sachlich ähnlicher Definition wieder als „invalide" festgeschrieben:

„Als invalide gilt der Versicherte, der infolge von Krankheit oder anderen Gebrechen oder Schwäche seiner körperlichen oder geistigen Kräfte nicht imstande ist, durch eine Tätigkeit, die seinen Kräften und Fähigkeiten entspricht und ihm unter billiger Berücksichtigung seines bisherigen Berufs zugemutet werden kann, ein Drittel dessen zu erwerben, was körperlich und geistig gesunde Personen derselben Art mit ähnlicher Ausbildung in derselben Gegend durch Arbeit zu verdienen pflegen."[219]

Im Angestelltenversicherungsgesetz von 1911[220] wurde der Versicherungsfall als Berufsunfähigkeit bezeichnet:

„Berufsunfähigkeit ist dann anzunehmen, wenn seine Arbeitsfähigkeit auf weniger als die Hälfte derjenigen eines körperlich und geistig gesunden Versicherten von ähnlicher Ausbildung und gleichwertigen Kenntnissen und Fähigkeiten herabgesunken ist."

Die Unterschiede zwischen der Invalidität in der Arbeiterversicherung und der Berufsunfähigkeit in der Angestelltenversicherung bezogen sich auf den geforderten Grad der Erwerbsminderung und die Zumutbarkeit von Erwerbstätigkeit außerhalb des bisherigen Berufs[221] und privilegierten die Angestellten im Hinblick auf die Berücksichtigung ihrer Ausbildung und ihres sozialen Status als Kontextfaktor der Invalidität[222]. Diese Unterschiede wurden 1949 in den Gesetzen weitgehend beseitigt[223]. Allerdings wurden die stärkere Verweisbarkeit auf andere Erwerbstätigkeit in der Arbeiterrentenversicherung bis zur Rentenreform 1957 von Verwaltung und Rechtsprechung fortgeschrieben[224]. Auch im knappschaftlichen Recht[225] wurde der Begriff der Berufsunfähigkeit benutzt, ohne allerdings definiert zu wer-

---

[217] Siefart (1908), S. 76; zu der zeitgenössischen Kritik vgl. auch Offczors, SGb 1997, S. 293, 303.

[218] Siefart (1908), S. 89.

[219] § 1255 Abs. 2 Reichsversicherungsordnung vom 19. Juli 1911, RGBl. 509; ab 1934 § 1254; mit dem Sozialversicherungsanpassungsgesetz vom 17. Juni 1949 wurden die Worte „ein Drittel" durch „die Hälfte" ersetzt.

[220] Versicherungsgesetz für Angestellte (VfA) vom 5. Dezember 1911, RGBl. I, 989; seit 1. Juni 1924 neu bekanntgemacht als Angestelltenversicherungsgesetz (AVG), Bekanntmachung vom 28. Mai 1924 (RGBl. I 563).

[221] Vgl. H. Roth (1999) S. 29.

[222] Tennstedt (1972), S. 56 ff.

[223] Sozialversicherungsanpassungsgesetz (SVAG) des Wirtschaftsrates vom 17. Juni 1949 (WiGBl. 1949, 99); Vgl. W. Bogs, RdA 1950, S. 290 ff.; Peschel, SozVers 1950, S. 278 f.

[224] Tennstedt (1972), S. 46 ff.; vgl. unten III.A.11.b.

[225] Reichsknappschaftsgesetz vom 23. Juni 1923 (RGBl. I, 431); vgl. Tennstedt (1972), S. 70 ff.

den. Nach der Rentenreform 1957[226] wurde für Arbeiter, Bergleute und Angestellte zwischen Renten wegen Erwerbsunfähigkeit[227] und wegen Berufsunfähigkeit[228] differenziert, die sich im Grad der Berücksichtigung der Ausbildung in der Verweisbarkeit und in ihrer Höhe unterschieden. Die Berufsunfähigkeit konnte dabei nur erreichen, wer eine gewisse Qualifikation erreicht hatte und nicht auf alle Tätigkeiten des allgemeinen Arbeitsmarkts verwiesen werden konnte. Das BVerfG hat diese Ausgestaltung des Rentenrechts für vereinbar mit dem allgemeinen Gleichheitssatz gehalten[229]. Die Kritik an der Privilegierung qualifizierter Berufsgruppen trug aber zur Abschaffung der Berufsunfähigkeitsrenten durch die Reform 2000 bei.

In den folgenden Jahrzehnten war der Grad der Berücksichtigung des Kontextfaktors Arbeitsmarkt bei der Feststellung der Erwerbsunfähigkeit und Berufsunfähigkeit stets umstritten[230]. Die Rechtsprechung musste hier einen Weg zwischen der vollständigen Ausblendung der tatsächlichen Erwerbsmöglichkeiten und dem reinen Abstellen auf die Leistungsfähigkeit (abstrakte Betrachtungsweise) und der vollen Berücksichtigung der Verhältnisse des Arbeitsmarkts für die Verwertung des Leistungsvermögens (konkrete Betrachtungsweise) finden[231]. Für die abstrakte Betrachtungsweise werden die Abgrenzung des Risikos der Gesundheitsschädigung von dem der Arbeitslosigkeit[232], die Gleichbehandlung[233] und die Praktikabilität der Sachermittlung[234] angeführt. Argumente für eine stärker konkrete Betrachtung sind die Nachvollziehbarkeit bei den versicherten Personen, ihre Schutzbedürftigkeit, ihre gleichbleibend schwierige Arbeitsmarktlage[235], das Sozialstaatsprinzip[236] und Treu und Glauben[237].

(2) Internationales Recht und deutschsprachige Rechtsordnungen

Das Recht auf soziale Sicherheit im Falle der Invalidität ist Gegenstand der Allgemeinen Erklärung der Menschenrechte[238]. Die Bundesrepublik Deutschland ist dem Abkommen der ILO über Leistungen bei Invalidität und Alter und an Hinterbliebene von 1967 beigetreten. Sie ist danach verpflichtet, bei Invalidität Leistungen zu gewähren. Das Übereinkommen enthält die Definition:

---

[226] Vgl. Tennstedt (1972), S. 73 ff.

[227] § 1247 RVO, § 23 AVG, § 46 RKnG.

[228] § 1246 RVO, § 24 AVG, § 47 RKnG.

[229] BVerfG vom 10. November 1981, BVerfGE 59, 36, 46.

[230] Vgl. Behrend (1992), S. 149 ff.; Pflüger-Demann (1991), S. 77; Köbl, VSSR 1979, S. 1, 10 ff.; Hoffrichter, SF 1970, S. 9 ff.; Bekemeier, SozVers 1968, S. 101 ff.; Schwankhart, SozVers 1968, S. 44 ff.; Broede, SozVers 1967, S. 295 ff.; Bekemeier, SGb 1967, S. 145 ff.; Scheerer SGb 1966, S. 33 ff.; Sasse, SGb 1965, S. 136 ff.

[231] Vgl. Wannagat (1965), S. 259 ff.

[232] Kommission zur Nachhaltigkeit in der Finanzierung der sozialen Sicherungssysteme (2003), S. 92; Broede, SozVers 1967, S. 295, 297 ff.

[233] Sasse, SGb 1965, S. 136; Broede, SozVers 1967, S. 295.

[234] K. Maier, ZfS 1969, S. 332 ff.

[235] V. Neumann, DRV 1999, S. 393, 401.

[236] Bekemeier, SozVers 1968, S. 101, 102; Hoffrichter, SF 1970, S. 9 ff.

[237] Wannagat (1965), S. 276.

[238] Art. 25 Nr. 1 AEMR; vgl. Pflüger-Demann (1991), S. 49 f.; unten III.A.13.b.

„Der gedeckte Fall hat einen vorgeschrieben Grad der Unfähigkeit zur Ausübung irgendeiner Erwerbstätigkeit zu umfassen, sofern diese Unfähigkeit voraussichtlich dauernd ist oder nach Ablauf einer vorgeschriebenen Zeitspanne der vorübergehenden oder beginnenden Arbeitsunfähigkeit weiter besteht."[239]

Leistungen bei Invalidität sind in das koordinierende europäische Sozialrecht einbezogen[240].

In der DDR wurden, entsprechend Verfassungsauftrag[241], Invalidenrenten nach Berufstätigkeit oder als Grundsicherung[242] gewährt. Dabei war Invalidität so definiert:

„Invalidität liegt vor, wenn durch Krankheit, Unfall oder eine sonstige geistige oder körperliche Schädigung das Leistungsvermögen oder der Verdienst um mindestens zwei Drittel gemindert sind und die Minderung des Leistungsvermögens in absehbarer Zeit nicht behoben werden kann."[243]

Die Invalidenrenten der DDR werden nach dem Renten-Überleitungsgesetz in der Bundesrepublik Deutschland weiter geleistet[244].

In der Schweiz ist der Begriff der Invalidität heute noch maßgeblich für die Rentengewährung und die Rehabilitation[245]. Im österreichischen Sozialversicherungsrecht werden in ähnlichem Zusammenhang nebeneinander die Begriffe der Erwerbsunfähigkeit, Berufsunfähigkeit und Invalidität benutzt[246].

(3) Erwerbsminderung im heutigen Renten- und Grundsicherungsrecht

Erwerbsunfähigkeit und Berufsunfähigkeit wurden im Rentenversicherungsrecht 2000 durch den Begriff der Erwerbsminderung abgelöst. Der Begriff der Erwerbsminderung im Rentenversicherungsrecht ist heute so definiert:

„Voll erwerbsgemindert sind Versicherte, die wegen Krankheit oder Behinderung auf nicht absehbare Zeit außerstande sind, unter den üblichen Bedingungen des Arbeitsmarktes mindestens drei Stunden täglich erwerbstätig zu sein."[247]

---

[239]   Art. 8 des Übereinkommens Nr. 128 der ILO über Leistungen bei Invalidität und Alter und an Hinterbliebene vom 29. Juni 1967, BGBl. II 1970, S. 813; Pflüger-Demann (1991), S. 50 f.; unten III.A.3.a.

[240]   Art. 4 Abs. 1 VO 1408/71; vgl. Pflüger-Demann (1991), S. 52 f.

[241]   Art. 16 Abs. 3 der Verfassung der DDR vom 7. Oktober 1949 benannte die Vorsorge gegen die wirtschaftlichen Folgen der Invalidität als Ziel des Sozialversicherungswesens; Art. 36 Abs. 1 Verfassung der DDR vom 6. April 1968: *„Jeder Bürger der Deutschen Demokratischen Republik hat das Recht auf Fürsorge der Gesellschaft im Alter und bei Invalidität."*

[242]   Vgl. die 3. RentenVO vom 11. April 1973, GBl. I, S. 197; Frerich/Frey (1996), S. 343 f.

[243]   § 8 Abs. 1 der VO über die Gewährung und Berechnung von Renten der Sozialversicherung vom 4. April 1974, GBl. I vom 17. Mai 1974, S. 201 ff.; in § 9 Abs. 1 der VO über die Gewährung und Berechnung von Renten der Sozialversicherung vom 15. März 1968, GBl. II, S. 135 war der Hinweis auf die mögliche Behebung noch nicht enthalten.

[244]   §§ 2 Abs. 3, 7–10 RÜG; die Aufwendungen werden den Rentenversicherungsträgern vom Bund erstattet: § 291a Abs. 2 SGB VI; zu den Anforderungen vgl. BSG vom 8. September 1993, BSGE 73, 61, 62; vgl. unten III.A.10.b.

[245]   Vgl. das Invalidenversicherungsgesetz (IVG); Lewerenz, DAngVers 2002, S. 423 ff.

[246]   Steingruber (2000), S. 25, 27 ff. für das ASVG, GSVG und BSVG.

[247]   § 43 Abs. 2 Satz 2 SGB VI in der Fassung des Gesetzes zur Reform der Renten wegen verminderter Erwerbsfähigkeit vom 20. Dezember 2000, BGBl. I 1827. Vgl. dazu A. Reimann, ZSR 2003, S. 461, 463 ff.; Majerski-Pahlen, NZS 2002, S. 475 ff.

Teilweise erwerbsgemindert sind Versicherte, wenn sie zwischen drei und sechs Stunden täglich unter den üblichen Bedingungen des Arbeitsmarktes erwerbstätig sein können[248]. Voll erwerbsgemindert im Sinne des SGB VI sind aber auch Versicherte, die wegen Art oder Schwere der Behinderung nicht auf dem allgemeinen Arbeitsmarkt tätig sein können, und Versicherte in der Zeit einer nicht erfolgreichen Eingliederung in den allgemeinen Arbeitsmarkt[249]. Die Bedingungen des Arbeitsmarkts sollen bei allen Versicherten mit einer abstrakten Erwerbsfähigkeit von mehr als sechs Stunden täglich nicht berücksichtigt werden. Dagegen ist die Arbeitsmarktlage bei Personen mit einer Leistungsfähigkeit für drei bis sechs Stunden täglich zu berücksichtigen. Sie können durch die konkrete Betrachtung ihrer Möglichkeiten der Teilhabe am Arbeitsleben als voll erwerbsgemindert angesehen werden. Damit ist ein gesetzlicher Kompromiss zwischen abstrakter und konkreter Betrachtungsweise festgeschrieben, der dem Mangel an Teilzeitarbeitsplätzen für leistungsgeminderte Personen Rechnung trägt.

Die neue Definition der Erwerbsminderung ist Kritik ausgesetzt. So wird angemerkt, dass eine sozialmedizinische Beurteilung der Leistungsfähigkeit nach Arbeitsstunden und damit die Ermittlung der Erwerbsminderung praktisch kaum möglich sei[250]. Ein Ausweg wird in einer rehabilitations- und ressourcenorientierten Anwendung des Rentenrechts gesehen[251]. Am 31. Dezember 2002 wurden 642.979 Erwerbsminderungsrenten gezahlt. Es wurden 2002 121.209 Erwerbsminderungsrenten beantragt und 56.441 bewilligt, davon 5.889 unter Bezug auf den Arbeitsmarkt[252]. Dies zeigt, dass noch eine erhebliche Unsicherheit über die Anspruchsvoraussetzungen dieser Rente herrscht.

Auf die Erwerbsminderung im Sinne des SGB VI wird seit 2003 Bezug genommen in den Anspruchsvoraussetzungen für die Grundsicherung bei Erwerbsminderung, die zunächst nach dem Grundsicherungsgesetz[253] und vom 1. Januar 2005 an nach dem im SGB XII neu geregelten Sozialhilferecht beansprucht werden kann. Die Grundsicherung kann beansprucht werden von Personen, die das 18. Lebensjahr vollendet haben, unabhängig von der Arbeitsmarktlage voll erwerbsgemindert im Sinne des Rentenversicherungsrechts sind und bei denen unwahrscheinlich ist, dass die volle Erwerbsminderung behoben werden kann[254]. Das Nichtvorliegen einer vollen Erwerbsminderung ist im am 1. Januar 2005 in Kraft tretenden SGB II Voraussetzung für die Anspruchsberechtigung in der Grundsicherung für Arbeitsfähige[255]. Der Begriff hat damit eine zusätzliche Steuerungswirkung im Fürsorgerecht gewonnen. Die Zuordnung zu den Hilfssystemen ent-

---

[248]　§ 43 Abs. 1 Satz 2 SGB VI.
[249]　§ 43 Abs. 2 Satz 3 SGB VI.
[250]　Gagel/Schian, SGb 2002, S. 535, 536.
[251]　§ 8 Abs. 1 SGB IX; Gagel/Schian, SGb 2002, S. 535 ff.
[252]　Vgl. Moll/Stichnoth, DAngVers 2003, S. 419 ff.; zur Entwicklung vgl. BT-Drucks. 15/5015, S. 112 f.
[253]　Gesetz über eine bedarfsorientierte Grundsicherung im Alter und bei Erwerbsminderung in der Fassung vom 26. Juni 2001 (BGBl. I, 1335).
[254]　§ 1 Nr. 2 GSiG/§ 41 Abs. 1 SGB XII
[255]　§ 8 SGB II; vgl. dazu Korenke, SGb 2004, S. 525, 526 f.; Mrozynski, ZfSH/SGB 2004, S. 198, 202; Trube/Wohlfarth, TuP 2003, S. 19, 23; Ziegler, ZfSH/SGB 2003, S. 334, 339.

weder der Grundsicherung bei Erwerbsminderung und der Eingliederungshilfe durch die Sozialhilfeträger (SGB XII) oder der Grundsicherung für Arbeitssuchende durch die Bundesagentur für Arbeit und kommunale Träger (SGB II) erfolgt nach dem Kriterium der vollen Erwerbsminderung.

(4) Berufsunfähigkeit im Rentenversicherungsrecht und in der Privatversicherung

Die Berufsunfähigkeit im bisherigen Sinne ist im Sozialrecht nur noch nach einer auslaufenden Regelung für die bis zum 3. Januar 1961 geborenen Versicherten gesichertes Risiko[256]. Die Rente wegen teilweiser Erwerbsminderung bei Berufsunfähigkeit beträgt dabei nur die Hälfte einer vollen Erwerbsminderungsrente. Dieses kann im übrigen nur noch durch die private Berufsunfähigkeitsversicherung versichert werden, die vielen behinderten und von Behinderung bedrohten Menschen wegen der vorgehenden Risikoprüfung faktisch unzugänglich ist[257].

(5) Minderung der Erwerbsfähigkeit im Versorgungs- und Unfallversicherungsrecht

Im Bundesversorgungsgesetz ist die Minderung der Erwerbsfähigkeit für die Soldaten- und Kriegesopferversorgung sowie die soziale Entschädigung seit 1950 wie folgt bestimmt:

„Die Minderung der Erwerbsfähigkeit ist nach der körperlichen und geistigen Beeinträchtigung im allgemeinen Erwerbsleben zu beurteilen; dabei sind seelische Begleiterscheinungen und Schmerzen zu berücksichtigen. Für die Beurteilung ist maßgebend, um wie viel die Befähigung zur üblichen, auf Erwerb gerichteten Arbeit und deren Ausnutzung im wirtschaftlichen Leben durch die als Folgen einer Schädigung anerkannten Gesundheitsstörungen beeinträchtigt sind. Vorübergehende Gesundheitsstörungen sind nicht zu berücksichtigen. Als vorübergehend gilt ein Zeitraum bis zu sechs Monaten. Bei jugendlichen Beschädigten (§ 34) ist die Minderung der Erwerbsfähigkeit nach dem Grade zu bemessen, der sich bei Erwachsenen mit gleicher Gesundheitsstörung ergibt. Für erhebliche äußere Körperschäden können Mindestvomhundertsätze festgesetzt werden."[258]

Für die gesetzliche Unfallversicherung ist die Minderung der Erwerbsfähigkeit seit dem Unfallversicherungs-Einordnungsgesetz von 1996[259] so definiert:

„Die Minderung der Erwerbsfähigkeit richtet sich nach dem Umfang der sich aus der Beeinträchtigung des körperlichen und geistigen Leistungsvermögens ergebenden verminderten Arbeitsmöglichkeiten auf dem gesamten Gebiet des Erwerbslebens. Bei jugendlichen Versicherten wird die Minderung der Erwerbsfähigkeit nach den Auswirkungen bemessen, die sich bei Erwachsenen mit gleichem Gesundheitsschaden ergeben würden. Bei der Bemessung der Minderung der Erwerbsfähigkeit werden Nachteile berücksichtigt, die die Versicherten dadurch erleiden, dass sie bestimmte von ihnen erworbene besondere berufliche Kenntnisse und Erfahrungen infolge des Versicherungsfalls nicht mehr oder nur noch in ver-

---

[256] Sie können eine Rente wegen teilweiser Erwerbsminderung bei Berufsunfähigkeit beanspruchen können, § 240 SGB VI.

[257] Vgl. Finanztest 8/2004, S. 27, resümiert als Ergebnis einer Leserbefragung: *„Kunden müssen vor allem kerngesund sein."*; dagegen wird in der Sozialversicherung vom individuellen Risiko abstrahiert, Ruland, DRV 2000, S. 733, 748.

[258] § 30 Abs. 1 BVG.

[259] Gesetz zur Einordnung des Rechts der gesetzlichen Unfallversicherung in das Sozialgesetzbuch (Unfallversicherungs-Einordnungsgesetz – UVEG) vom 7. August 1996, BGBl. I, S. 1254.

mindertem Umfang nutzen können, soweit solche Nachteile nicht durch sonstige Fähigkeiten, deren Nutzung ihnen zugemutet werden kann, ausgeglichen werden."[260]

(6) Dienstunfähigkeit

Im Beamtenrecht ist das entsprechende Risiko gesondert und abweichend als Dienstunfähigkeit definiert[261]. Beamte werden dienstunfähig, wenn sie wegen ihres körperlichen Zustands oder aus gesundheitlichen Gründen zur Erfüllung ihrer Dienstpflichten dauernd unfähig geworden sind[262]. Dabei ist eine Verweisung auf ein anderes Amt derselben oder einer anderen Laufbahn möglich[263]. Diese Norm soll den Grundsatz der Rehabilitation und Weiterverwendung vor Versorgung effektuieren[264]. Der Begriff der Dienstunfähigkeit steht damit zwischen den bisherigen Begriffen der Erwerbsunfähigkeit und Berufsunfähigkeit. Durch Dienstunfähigkeit ist nicht ausgeschlossen, dass ein Rehabilitationsinteresse des dienstunfähigen Beamten für den allgemeinen Arbeitsmarkt besteht[265].

(7) Minderung der Leistungsfähigkeit

Im Arbeitsförderungsrecht wird der Begriff der Minderung der Leistungsfähigkeit für einen Zustand benutzt, der zwischen dem der vollen Erwerbsminderung und demjenigen der Arbeitsunfähigkeit steht. Eine Minderung der Leistungsfähigkeit liegt danach vor, wenn ein Arbeitsloser mehr als sechs Monate so in seiner Leistungsfähigkeit gemindert ist, dass er eine mindestens 15 Stunden wöchentlich umfassende Beschäftigung nicht unter den Bedingungen ausüben kann, die auf dem für ihn in Betracht kommenden Arbeitsmarkt ohne Berücksichtigung der Minderung der Leistungsfähigkeit üblich sind, wenn Erwerbsminderung im Sinne der gesetzlichen Rentenversicherung nicht festgestellt worden ist[266]. Bei einer solchen verminderten Leistungsfähigkeit entfällt der Anspruch auf Arbeitslosengeld trotz der eingeschränkten Verfügbarkeit nicht. Gemindert leistungsfähige Arbeitslose müssen von der Agentur für Arbeit unverzüglich aufgefordert werden, innerhalb eines Monats einen Antrag auf Leistungen zur medizinischen Rehabilitation oder auf Leistungen zur Teilhabe am Arbeitsleben zu stellen. Ihr Anspruch auf Arbeitslosengeld ruht, wenn sie dies nicht tun[267]. Gemindert Leistungsfähige sind behinderte Menschen im Sinne des SGB IX, da ihre Teilhabe am Arbeitsleben länger als sechs Monate aus gesundheitlichen Gründen beeinträchtigt ist. Damit ist ein Begriff für Menschen geschaffen, die behindert im Bezug auf die Teilhabe am Arbeitsleben sind, ohne erwerbsgemindert zu sein.

---

[260] § 56 Abs. 2 SGB VII.
[261] Vgl. Igl (1987), S. 90 f.
[262] §§ 26 Abs. 1 BRRG; § 42 Abs. 1 BBG und Landesrecht: § 52 BWBG; Art. 56 BayBG; § 77 BerlBG; § 111 BrbBG; § 43 BremBG; § 46 HbgBG; § 51 HessBG; § 45 MVBG; § 54 NdsBG; § 45 NWBG; § 56 RhPfBG; § 52 SLBG; § 51 SächsBG; § 42 LSABG; § 54 Abs. 1 SHBG; § 46 ThürBG.
[263] § 26 Abs. 2 BRRG; § 42 Abs. 3 BBG und Landesrecht, z. B. § 54 Abs. 3 LBG SH; dazu kritisch: Summer, ZBR 1993, S. 17, 20 ff.
[264] Battis, BBG, 3. A. (2004), Rz 2 zu § 42.
[265] BSG vom 21. Juni 1994, BSGE 74, 247, 251.
[266] § 125 Abs. 1 Satz 1 SGB III.
[267] § 125 Abs. 2 SGB III.

Die Minderung der Leistungsfähigkeit ist auch ein zentraler Begriff für die Probleme behinderter Menschen in einem Arbeitsverhältnis. Arbeitsvertraglich wird von den Arbeitnehmerinnen und Arbeitnehmern geschuldet, dass sie eine zumeist nach Zeiteinheiten bemessene Arbeitsleistung erbringen. Entspricht diese Leistung aus gesundheitlichen Gründen nicht einer Leistung zumindest mittlerer Art und Güte, ist das Arbeitsverhältnis durch diese Leistungsstörung gefährdet. Der Begriff der geminderten Leistungsfähigkeit wird in dem behinderte Menschen betreffenden Arbeits- und Sozialrecht außerhalb des SGB III kaum benutzt. Dies kann wohl darauf zurückgeführt werden, dass mit diesen Regelungen versucht wird, Voraussetzungen zu schaffen, dass behinderte Menschen als leistungsfähige Arbeitnehmer eingesetzt werden, indem ihr Gesundheitszustand und die betrieblichen Kontextfaktoren entsprechend verbessert werden. Positiv ist die Leistungsfähigkeit im Unfallversicherungsrecht angesprochen. Sie ist dort zusammen mit der Gesundheit Gegenstand der Kompensationsleistungen[268].

Im Schwerbehindertenrecht ist die Gruppe der schwerbehinderten Arbeitnehmer benannt, die nach Art und Schwere ihrer Behinderung im Arbeitsleben besonders betroffen sind[269]. Zu diesen zählen auch schwerbehinderte Menschen, die infolge ihrer Behinderung nicht nur vorübergehend eine wesentlich verminderte Arbeitsleistung erbringen können[270]. Nach der Schwerbehinderten-Ausgleichsabgabeverordnung sind auch Zuschüsse an Arbeitgeber zur Abgeltung außergewöhnlicher Belastungen vorgesehen[271]. Diese Leistung wird auch als Minderleistungsausgleich bezeichnet und soll ermöglichen, dass auch diese behinderten Menschen am Arbeitsleben teilhaben können.

(8) Erwerbsfähigkeit im Recht der Rehabilitation und Teilhabe

Erwerbsfähigkeit ist der positive Gegenbegriff zur Erwerbsminderung und zur Minderung der Erwerbsfähigkeit. Erwerbsfähigkeit ist im für alle Rehabilitationsträger geltenden Rehabilitationsrecht des SGB IX ein besonderer Bezugspunkt. Die Leistungen zur Teilhabe sollen dazu dienen, Einschränkungen der Erwerbsfähigkeit zu vermeiden, zu überwinden, zu mindern oder ihre Verschlimmerung zu verhüten[272]. Diese Ziele sind sowohl der medizinischen Rehabilitation[273] wie auch den Leistungen zur Teilhabe am Arbeitsleben[274] zugeordnet. Im Vergleich zur Teilhabe am Arbeitsleben ist die Erwerbsfähigkeit der abstraktere Begriff. Sie kann schon gefährdet oder beeinträchtigt sein, wenn die Teilhabe am Arbeitsleben noch in vollem Maße besteht. Dass Erwerbsfähigkeit als eigenständiges Ziel der Leistungen zur Teilhabe erwähnt ist, gibt diesen im Hinblick auf die Teilhabe am Arbeitsleben eine präventive Orientierung, weil Teilhabeleistungen auch erbracht werden können, wenn eine konkrete Teilhabestörung noch nicht vorliegt.

---

268 § 1 Nr. 2 SGB VII.
269 § 72 Abs. 1 Nr. 1 SGB IX.
270 § 72 Abs. 1 Nr. 1 lit. c SGB IX.
271 § 27 SchwbAV.
272 § 4 Abs. 1 Nr. 2 SGB IX.
273 § 26 Abs. 1 Nr. 2 SGB IX; vgl. unten II.B.4.a.(1).
274 § 33 Abs. 1 SGB IX; vgl. unten II.B.6.a.

(9) Gemeinsamkeiten der Begriffe

Gemeinsam haben die Begriffe aus dem Wortfeld der Invalidität, dass mit ihnen eine gesundheitsbedingte Teilhabestörung oder -gefährdung definiert wird, die am Arbeitsleben orientiert ist[275], welche zum Bezug von Renten oder vergleichbaren Geldleistungen führen kann oder die Ansatzpunkt von Teilhabeleistungen ist. Ihnen kommt heute auch eine Abgrenzungsfunktion zwischen Personen zu, von denen Erwerbstätigkeit erwartet wird und solchen, bei denen dies nicht der Fall ist[276]. Gerade wegen der Positionierung an der Schnittstelle medizinischer, berufskundlicher und sozialer Erkenntnis sind die Begriffe Berufsunfähigkeit, Erwerbsunfähigkeit, Erwerbsminderung und Dienstunfähigkeit nicht leicht auszufüllen. Medizinische und rechtliche Erkenntnis stoßen an ihre Grenzen, so dass Verwaltungspraxis, Rechtsprechung und die Arbeitsteilung zwischen den Professionen einer anhaltenden Kritik ausgesetzt sind, bei der auch die rechtsstaatliche Qualität der Entscheidungen bezweifelt wird[277]. Eine Kombination von hoher medizinischer Evidenz und diskretionärer Entscheidung durch Ärzte ist im europäischen Vergleich in den Systemen zu finden, in welchen Rehabilitation und Renten beim selben Träger angesiedelt sind[278]. Behinderung und Erwerbsminderung sind nicht gleichzusetzen[279]. Behinderte Menschen können ganz oder teilweise erwerbsfähig sein. Im internationalen Vergleich ist auch heute noch nicht in allen Systemen eine begriffliche Trennung von Erwerbsminderung und Behinderung zu finden, wie es sie in Deutschland gibt. Eine solche Trennung wird in einem Bericht der OECD von 2002 gefordert, um behinderte Menschen stärker zur Arbeit zu aktivieren[280].

d) Gesundheit und Krankheit

Gesundheit und Krankheit sind Begriffe, die im Recht Ziele, Risikolagen und Zustände beschreiben, die zwar nicht notwendig mit Teilhabe und Behinderung identisch sind, sich aber häufig mit ihnen überschneiden. Das wird vor allem im Krankenversicherungsrecht deutlich. Als Aufgabe der Krankenversicherung ist dort beschrieben, die Gesundheit der Versicherten zu erhalten, wiederherzustellen oder ihren Gesundheitszustand zu bessern[281]. Die Leistungen zu diesem Zweck sind darauf gerichtet den Gesundheitszustand und die Gesundheitschancen zu verbessern[282], Krankheiten zu verhüten, frühzeitig zu erkennen und zu behandeln[283], Behinderung oder Pflegebedürftigkeit abzuwenden, zu beseitigen, zu mindern, auszugleichen, ihre Verschlimmerung zu verhüten oder ihre Folgen zu

---

275 Vgl. Schultze-Lock, NJW 1960, S. 365, 366: „*Die MdE sollte zu rechtlichem Ausdruck bringen, in welchem Maße jemand aus gesundheitlichen Gründen vom Erwerbsleben ausgeschlossen ist.*"
276 §§ 7, 8 SGB II.
277 Peters-Lange, NZS 1994, S. 207 ff.; Offczors, SGb 1997, S. 293, 300 f.
278 Bolderson/Mabbett (2002), S. 49 f.
279 BSG vom 25. April 1990, BSGE 67, 1, 3.
280 Bolderson/Mabbett (2002), S. 81.
281 § 1 Satz 1 SGB V.
282 § 20 Abs. 1 Satz 1 SGB V.
283 § 11 Abs. 1 Nr. 2–4 SGB V.

mildern[284]. Zum Bereich von Krankheit und Behinderung gehören auch der nationalsozialistisch belastete Begriff der Erbkrankheit und der erst neuerdings im Recht erscheinende Begriff chronische Krankheit[285]. Geisteskrankheit und psychische Krankheit – die oft auch chronisch sind, wurden bereits oben angesprochen[286].

(1) Krankheit

Krankheit und Krankenbehandlung sind zentrale Begriffe des Krankenversicherungsrechts[287]. Der Begriff der Krankheit ist im Recht nicht legal definiert und ist für das Krankenversicherungsrecht von der Rechtsprechung entwickelt worden[288]. Krankheit wird im Recht der Krankenversicherung verstanden als ein von der Norm abweichender gesundheitlicher Zustand, der zu Behandlungsbedürftigkeit oder Arbeitsunfähigkeit führt[289]. Im Unfallversicherungsrecht ist die durch ihre Zurechnung zum betrieblichen Risikobereich gekennzeichnete Berufskrankheit[290] ein gesonderter Versicherungsfall. Im Arbeitsrecht ist die Krankheit als Ursache derjenigen Arbeitsunfähigkeit benannt, bei der der Arbeitgeber zur Entgeltfortzahlung für bis zu sechs Wochen verpflichtet ist[291].

Funktion des krankenversicherungsrechtlichen Krankheitsbegriffs ist es, die Voraussetzungen für die Leistungspflicht der Krankenkassen im Hinblick auf Heilbehandlung und Krankengeld zu bestimmen[292]. Dieser rechtliche Krankheitsbegriff ist mit der gesetzlichen Krankenversicherung weiterentwickelt worden. Die Erweiterung des versicherten Personenkreises und der Behandlungsmöglichkeiten führte dazu, dass das Ziel der Krankenbehandlung nicht mehr alleine die Arbeitsfähigkeit als Normzustand, sondern der Gesundheitszustand ist, den Menschen mit fachkundiger medizinischer Hilfe erreichen können, also praktisch ein Idealzustand[293].

Eine Krankheit im Sinne des Krankenversicherungsrechts wird nur dann angenommen, wenn sie im Rahmen einer medizinischen Behandlung bekämpft werden kann. In diesem Sinne wurde Krankheit traditionell abgegrenzt zum nicht heilbaren Gebrechen, worunter etwa Gaumenspalten, angeborene Schwerhörigkeit oder

---

[284] § 11 Abs. 2 Satz 1 SGB V.
[285] §§ 62 Abs. 1 Satz 4, 137f SGB V.
[286] II.A.1.a.(1).(b).
[287] §§ 11 Abs. 1, 27 Abs. 1 SGB V.
[288] Vgl. Wannagat (1965), S. 253 ff.
[289] HansOLG vom 1. März 1886, ArbVers 1886, 214, 216; Bayerischer VGH vom 3. Mai 1887, ArbVers 1891, S. 296; Preußisches OVG vom 10. April 1902, ArbVers 1902, S. 586; BSG vom 30. Mai 1967, BSGE 26, 288 (Arbeitsunfähigkeit durch nicht mehr behandelbares Herzleiden); BSG vom 20. Oktober 1972, BSGE 35, 10 (Behandlungsbedürftigkeit der Zahnstellungsanomalie); Schulin/Igl (2002), RN 293 f.; Sticken (1985), S. 74 f.; Rolshoven (1978), S. 242 f.; Krasney, ZSR 1976, S. 411 ff.; Schimanski (1976), S. 44 ff.; G. Albrecht, SozVers 1970, S. 260 ff.; H. Hahn, ErsK 1969, S. 255 ff.
[290] § 9 SGB VII.
[291] § 3 Abs. 1 Satz 1 EFZG.
[292] Mühlenbruch (2002), S. 104 ff.; Sticken (1985), S. 73 f.; Naendrup, ZSR 1982, S. 322, 332.
[293] Schmitt, MedR 1985, S. 52, 53.

X-Beine gerechnet wurden[294], und zum nicht mehr heilbaren Pflegefall[295]. Mit dem Merkmal der Behandlungsbedürftigkeit wurde der Krankheitsbegriff im Sozialrecht vom medizinischen Fortschritt und der medizinischen Kompetenz abhängig[296]. Entsprechend wurde mit wachsenden Möglichkeiten zur Linderung und Prävention die Reichweite des Krankheitsbegriffs erweitert[297]. Die Entwicklung des Begriffs der Krankheit und deren Objektivierung war somit im außerrechtlichen Bereich ein wichtiger, in Deutschland maßgeblich von *Rudolf Virchow* vorangebrachter Bestandteil der Professionalisierung des ärztlichen Berufs und der Entwicklung von Krankenhäusern im heutigen Sinne[298]. Seine Entwicklung zum Rechtsbegriff war wesentlich für die Institutionalisierung der Ärzteschaft im System der Gesundheitsversorgung und vor allem der gesetzlichen Krankenversicherung. Für den Begriff der Behinderung hingegen gibt es nach wie vor keine einzelne Profession, welche die Definitionsmacht über Behinderung anstreben könnte[299].

Die begriffliche Trennung von Krankheit und Behinderung im Recht im heutigen Sinne kann bereits in der Kontroverse zwischen dem LG und dem OLG Hamburg über den Krankheitsbegriff der Krankenversicherung 1886[300] im Kern erkannt werden. Hatte das LG[301] noch ausgeführt, wer eine chronische, nicht behandelbare Krankheit habe, müsse als krank angesehen werden, hatte das OLG[302] den Krankheitsbegriff der Krankenversicherung teleologisch auf den Fall reduziert, dass eine Behandlung möglich war[303]. Damit wurde terminologisch Raum geschaffen zunächst für die Trennung von dauerhafter Erwerbsunfähigkeit und krankheitsbedingter Erwerbsunfähigkeit und später für die Behinderung.

Auch in der Internationalen Klassifikation der Funktionsfähigkeit, Behinderung und Gesundheit (ICF) ist heute klargestellt:

„Schädigungen können Teil und Ausdruck eines Gesundheitsproblems sein, aber sie weisen nicht notwendig darauf hin, dass eine Krankheit vorliegt oder dass die betroffene Person als krank angesehen werden sollte. Der Begriff der Schädigung ist weiter gefasst als der der

---

[294] Förster, SozVers 1970, 260: „Krüppelleiden"; Schmatz, ErsK 1957, S. 80, 81; Förster, Soz-Vers 1951, S. 11 ff.

[295] BSG vom 27. August 1968, BSGE 28, 199 (künstliche Ernährung bei Hirnschaden); vgl. § 7 KHG; Klie, ZSR 2004, S. 503, 506, 510 f.; W. Fichte, ZfS 1993, S. 97, 103 ff.; Igl (1987), S. 338 ff.; Viefhues, ZSR 1982, S. 357 ff.; Schroeder-Printzen, ZSR 1978, S. 617 ff.; Rolshoven, (1978), S. 222 ff.; Krasney, ZSR 1976, S. 411, 417; G. Albrecht, SozVers 1970, S. 260: *„Verwahrung oder Asylierung"*; zur Überwindung dieser Unterscheidung: Schulin, ZfS 1982, S. 349, 352; Naendrup, ZSR 1982, S. 322 ff.

[296] Krasney, ZSR 1976, S. 411, 418, 421. Um dies zu vermeiden schlug etwa Mathern (1982), S. 66, vor, Krankheit als einen *„mit Maßnahmen der Krankenpflege bekämpfbaren Zustand"* zu beschreiben.

[297] BSG vom 28. Oktober 1960, BSGE 13, 134 (Hüftluxation); Schmatz, ErsK 1957, S. 80, 81; vgl. W. Bogs, ZSR 1969, S. 738, 740.

[298] Molitoris, ZHP 1976, S. 441, 443 f.; vgl. umfassend kritisch Illich (1981), S. 181 ff.; zum Zeitkontext: III.A.6.b.

[299] Zur Rolle der Sonderpädagogik: Molitoris, ZHP 1976, S. 441, 444.

[300] Referiert bei Sticken (1985), S. 94 ff.

[301] LG Hamburg vom 6. Januar 1886, ArbVers 1886, S. 211, 212.

[302] OLG Hamburg vom 1. März 1886, ArbVers 1886, 214 ff.

[303] Vgl. RVA AN 1939, 412 (Skoliose keine Krankheit); RVA ArbVers 1909, 562 (Leistenbruch keine Krankheit); Wannagat (1965), S. 256.

Gesundheitsstörung oder Krankheit. Daher ist z. B. der Verlust eines Beines eine Schädigung der Körperstruktur, aber im strengen Sinne keine Gesundheitsstörung oder Krankheit."[304]

Zu kurz gegriffen ist es daher, wenn auch heute noch, aus Sicht eines Teils der medizinisch dominierten Rehabilitationsforschung, dem Merkmal der Gesundheitsstörung im Behinderungsbegriff die Funktion zugeschrieben wird, der Medizin die tragende Rolle im Rehabilitationsprozess zuzuweisen[305].

Der Begriff der Krankheit ist mit demjenigen der Behinderung nie synonym gewesen. Klar ist, dass sie einen erheblichen Überschneidungsbereich haben[306]. Bei beiden Begriffen handelt es sich um Abstraktionen, die auch normative Bedeutung haben. Krankheit und Behinderung umschreiben Zustände, die dem Idealbild menschlichen Lebens entgegengesetzt sind und deren Definition, Erklärung und Bekämpfung eine soziale Funktion hat[307]. Dabei ist auch der Begriff der Krankheit nicht natürlich vorgegeben, sondern hat sich in einem historischen Prozess zusammen mit der Medizin entwickelt. Ein Ergebnis dieser Entwicklung war, dass Krankheit heute vor allem durch die Medizin definiert wird[308]. Im Alltagsverständnis ist Krankheit präziser bestimmt als Behinderung. Während als Gegensatz zu Krankheit oftmals Gesundheit (oder Gesund-Sein) fungiert, ist ein Gegenbegriff zur Behinderung nicht vorhanden. Sieht man Gesundheit als einen Zustand, in dem sowohl Körperfunktionen wie auch gesellschaftliche Teilhabe gewährleistet sind[309], so ist die Gesundheit Gegenbegriff zu Krankheit und Behinderung[310]. Sieht man in der Isolation von gesellschaftlichen Möglichkeiten einen Kern des sozialen Phänomens Behinderung[311], so ist Gegenbegriff im engeren Sinne für Behinderung Teilhabe oder, je nach Kontext, Teilhabefähigkeit. Damit kann zugleich die Rehabilitation als Intervention bei Behinderung anhand einer eigenen Zielsetzung besser verstanden und definiert werden. Im Recht werden die Begriffe Krankheit und Behinderung als negative Zielbeschreibungen benötigt. Sozialrechtliche Leistungen sind durch ihre Funktion bestimmt, Krankheit oder Behinderung zu vermeiden, zu beseitigen oder zu mindern.

Für das Vorliegen einer Behinderung ist zwar eine Normabweichung notwendig, nicht jedoch Behandlungsbedürftigkeit. Die Überschneidung der juristischen Begriffe Krankheit und Behinderung liegt also in der individuellen gesundheitlich normabweichenden Funktionsstörung[312]. Mit der Behandlungsbedürftigkeit einerseits, der Teilhabestörung anderseits werden jedoch unterschiedliche gesellschaftliche Kontexte angesprochen. Die Behandlungsbedürftigkeit ist der gesellschaftliche Faktor im Krankheitsbegriff. Sie indiziert, dass eine Änderung des individuellen Gesundheitszustandes für möglich und nötig gehalten wird. Hier ist etwa umstrit-

---

[304] ICF, Einleitung, 4.1.8., 4.1.9.

[305] Gerdes/Weis in: Bengel/Koch (2000), S. 43, 48; vgl. unten II.B.4.a.(4).

[306] Neubert/Cloerkes (2001), S. 33 f.

[307] Vgl. von Ferber/von Ferber (1978), S. 84 ff.; Seidler in: Handbuch der Sozialmedizin Bd. 1 (1975), S. 47, 48 ff.

[308] Basaglia (1985), S. 7 ff., 54 f.; Roeßler, ZSR 1976, S. 386 ff.

[309] Von Ferber/von Ferber (1978), S. 100.

[310] So auch Bieritz-Harder in: V. Neumann (2004), § 10, Rz 12.

[311] Seyfried (1990), S. 40 ff.

[312] Vgl. Jörg (1997), S. 102 f.

ten gewesen, ob Zeugungsunfähigkeit, Zahnlücken oder Kieferanomalien als regelwidrig gelten sollen[313]. Wie unbestimmt[314] und wie stark dieses Merkmal durch Wertungen determiniert ist, wird daran deutlich, dass eine Unfruchtbarkeit dann nicht als behandlungsbedürftig angesehen wird, wenn sie zuvor durch einen selbst gewollten Eingriff herbeigeführt wurde[315]. Mit der Neuregelung der künstlichen Befruchtung im Krankenversicherungsrecht mit der Gesundheitsreform 2004 ist wiederum eine neue Wertung der Unfruchtbarkeit vorgenommen worden. Die Behandlungskosten werden nun nur noch zu 50 % übernommen[316]. Darin drückt sich eine bleibende Unsicherheit über die Normwidrigkeit der Unfruchtbarkeit aus[317].

Bei der Behinderung wird zunächst die gesellschaftliche Folge der Funktionsstörung im Bereich der Teilhabe, oder bei neueren Konzepten: die Wechselwirkung zwischen Funktionsstörung und Teilhabe, in den Blick genommen und erst in einem weiteren Schritt die nun in vielfältiger Weise mögliche Intervention betrachtet. Krankheit ist zwar oftmals zugleich Behinderung auf Zeit. Krankheit geht aber nicht in Behinderung auf und Behinderung setzt Krankheit nicht voraus[318], da viele Schädigungen nicht oder nicht mehr medizinisch behandelbar sind. Sie werden auch erst unerwünscht durch die von ihnen mitbewirkte Teilhabestörung. Viele behinderte Menschen betrachten sich als individuell gesund und als nur behindert durch Kontextfaktoren, die ihrem Zustand nicht gerecht werden. Diese Differenzierung ist nur dann bemerkbar, wenn sie aus Sicht der betroffenen Person vorgenommen wird. Wird der Sachverhalt von der Seite des intervenierenden Systems betrachtet, so ist die Differenzierung immer dann unklar, wenn gegen Behinderung mit medizinischen Mitteln vorgegangen wird. So meinte der Gesetzgeber des RehaAnglG: *„Behinderung ist somit eine Krankheit, wenn sie der Heilbehandlung bedarf",*[319] und *Bertram Schulin* schrieb noch 1994 im Handbuch des Sozialversicherungsrechts:

> „Bereits der Begriff ‚Krankenbehandlung' als eigenständiger Begriff gegenüber dem der medizinischen ‚Rehabilitation' ist fragwürdig. (...) Die Unklarheiten beruhen darauf, dass etwas getrennt werden soll, was nicht trennbar ist. Denn jede Behinderung ist immer zugleich auch mit einem regelwidrigen Körper- oder Geisteszustand, also mit einer Krankheit, verbunden."[320]

Dagegen erkannte der Rehabilitationsmediziner *Friedrich Hamann* 1986:

> „An Stelle von Patienten hat es der Arzt auf einmal mit Behinderten zu tun. Statt sich um die Behandlung von Krankheiten kümmern zu müssen, sieht er sich nun konfrontiert mit den

---

[313] BSG vom 20. Juli 1966, BSGE 25, 116 (Zahnlosigkeit); BSG vom 28. April 1967, BSGE 26, 240, 242 (Zeugungsunfähigkeit); BSG vom 20. Oktober 1972, BSGE 35, 10, 12 (Zahnstellungsanomalie); vgl. Kretschmer, SozSich 2004, S. 308, 309 f.; Krasney, ZSR 1976, S. 411, 413 ff.; G. Albrecht, SozVers 1970, S. 260, 262.

[314] Mathern (1982), S. 50 ff.

[315] BSG vom 12. November 1985, BSGE 59, 119, 122 (Refertilisation).

[316] § 27a SGB V.

[317] Vgl. auch BFH vom 18. Mai 1999, BFHE 188, 566 (Kosten der künstlichen Befruchtung keine außergewöhnliche Belastung); zur Regelung unten V.E.5.b.

[318] Vgl. Schulin, ZfS 1982, S. 348, 351 f.; Elsner, SozSich 1978, S. 211 f.

[319] BT-Drucks. 7/1237 vom 9. November 1973, S. 63.

[320] Schulin in HS-KV (1994) § 6, RN 168; ähnlich Mrozynski (1992), RN 133.

Auswirkungen von Gesundheitsstörungen auf gesellschaftliche Funktionen. Begriffe wie Krankheit und Behinderung sind alles andere als kongruent und austauschbar. Sie beschreiben nicht nur unterschiedliche medizinische Aufgaben, sondern gehen zugleich von andersartigen Modellvorstellungen aus."[321]

Während bei einem medizinischen Verständnis die genaue Diagnose einer einzelnen, isolierbaren Krankheit meistens nützlich ist, kann die Feststellung einzelner „Behinderungen"[322] der optimalen Hilfe für oft mehrfach behinderte Menschen im Wege stehen. Dies hat *Lutz Dietze* am Beispiel der auf verschiedene Behinderungsarten zugeschnittenen Sonderschulzweige erläutert[323]: Die Klassifikation führt dazu, dass die Schülerinnen und Schüler auf ein bestimmtes Programm festgelegt werden und ihre individuellen Möglichkeiten nicht mehr entfalten können. Wer nur noch als hör-, seh- oder sprachbehindert angesehen und behandelt wird, dessen individuelle Stärken und Schwächen werden oft nicht mehr hinreichend berücksichtigt.

(2) Arbeitsunfähigkeit

Arbeitsunfähigkeit in Folge von Krankheit ist im Sozialrecht und Arbeitsrecht ein Begriff, mit dem die gesundheitliche Störung der Arbeitsfähigkeit beschrieben wird. Die Arbeitsunfähigkeit ist Voraussetzung für den Bezug von Krankengeld durch die Krankenkasse[324] und für die Pflicht des Arbeitgebers zur Entgeltfortzahlung[325]. Arbeitsunfähigkeit ist dann gegeben, wenn eine Person ihrer bisher ausgeübten Erwerbstätigkeit nicht mehr nachgehen kann oder ihr nur noch auf die Gefahr hin nachgehen kann, dass sich ihr Gesundheitszustand verschlechtert[326]. Soweit ein Arbeitnehmer in einem Arbeitsverhältnis steht, ist die Arbeitsunfähigkeit im Verhältnis zum Arbeitgeber und zur Krankenkasse auf die innerbetrieblichen Arbeitsmöglichkeiten bezogen[327]. Krankengeld kann aber auch nach Verlust des Arbeitsplatzes weiter bezogen werden. Weiterhin ist krankheitsbedingte Arbeitsunfähigkeit auch möglich während des Bezugs von Arbeitslosengeld[328]. In diesen Fällen der Arbeitsunfähigkeit ohne Arbeitsplatz ist die Arbeitsunfähigkeit an einer ähnlichen oder gleichgearteten Tätigkeit wie der bisherigen (Krankengeld)[329] bzw. an den Beschäftigungen zu messen, die dem Arbeitslosen zumutbar sind[330] (Arbeitslosengeld). Die Arbeitsunfähigkeit steht also ähnlich wie die Invalidität in ei-

---

[321] Hamann, MittLVAWürt 1986, S. 99; aus psychologischer Sicht vgl. Witte/Brackhane (1988), S. 88 ff.
[322] Vgl. BSG vom 4. Juni 1998, BSGE 82, 176, 177. Dort wird klar gestellt, dass auch das Schwerbehindertenrecht immer nur einen individuellen Gesamtzustand der Behinderung kennt und keine isolierten „Behinderungen" eines Menschen.
[323] Dietze, Behindertenpädagogik 1986, S. 151, 152.
[324] § 44 Abs. 1 SGB V.
[325] § 3 Abs. 1 Satz 1 EFZG.
[326] BSGE 61, 193, 194; BSGE 57, 227, 228 f.; BSGE 26, 288, 290.
[327] BSG vom 7. August 1991, BSGE 69, 180.
[328] § 126 SGB III.
[329] BSG vom 9. Dezember 1986, BSGE 61, 66 ff.
[330] § 121 SGB III.

ner Relation zum Erwerbsleben[331] und ist während des Arbeitsverhältnisses in einer konkreten Betrachtung, außerhalb eines Arbeitsverhältnisses in einer zunehmend abstrakten Betrachtung der Erwerbsmöglichkeiten zu ermitteln.

Arbeitsunfähigkeit kann eine Erscheinungsform von Behinderung sein. Da jedoch die Leistungspflicht des Arbeitgebers auf sechs Wochen[332], die der Krankenkasse auf 78 Wochen[333] begrenzt ist, sind die Berührungspunkte zu der als mindestens sechs Monate andauernd definierten Behinderung und der als auf nicht absehbare Zeit andauernden Erwerbsminderung begrenzt. Arbeitsunfähigkeit kann jedoch ein Anzeichen einer beginnenden oder drohenden Behinderung oder Erwerbsminderung sein. Daher wird an eine Arbeitsunfähigkeit von sechs Wochen eine arbeitsrechtliche Verpflichtung geknüpft, ein betriebliches Eingliederungsmanagement mit dem Ziel der Erhaltung des Arbeitsplatzes durchzuführen[334]. Dieses Ziel schließt ein, Erwerbsminderung zu verhindern und Behinderung zu verhindern oder ihre Folgen zu mildern. Krankenversicherte, deren Erwerbsfähigkeit nach ärztlichem Gutachten erheblich gefährdet oder gemindert ist, kann die Krankenkasse auffordern, einen Antrag auf Leistungen zur medizinischen Rehabilitation oder auf Leistungen zur Teilhabe am Arbeitsleben zu stellen. Tun sie dies nicht innerhalb einer Frist von zehn Wochen, entfällt ihr Anspruch auf Krankengeld[335]. Mit dieser Regelung soll gesichert werden, dass Versicherte, bei denen nicht nur Krankheit vorliegt, sondern auch Erwerbsminderung droht oder eingetreten ist, das für dieses Risiko zuständige Leistungssystem, zumeist die Rentenversicherung, in Anspruch nehmen.

(3) Erbkrankheit, genetische Merkmale

Der Begriff der Erbkrankheit ist in nationalsozialistischen Gesetzen ins Recht eingeführt worden. Im Gesetz zur Verhütung erbkranken Nachwuchses von 1933[336] und im Ehegesundheitsgesetz von 1935[337] wurden verschiedene Krankheiten und Eigenschaften als Erbkrankheiten und diejenigen Personen, die diese Eigenschaften hatten oder von denen vermutet wurde, dass sie diese Krankheiten vererben könnten, als erbkrank definiert[338]. Erbkrank waren nach § 1 Abs. 2 des Gesetzes zur Verhütung erbkranken Nachwuchses Personen mit *„angeborenem Schwachsinn, Schizophrenie, manisch-depressivem Irrsinn, erblicher Fallsucht[339], erblichem Veitstanz[340], erblicher Blindheit, erblicher Taubheit und schwerer erblicher körperlicher Missbildung"*. Das Gesetz zur Verhütung erbkranken Nachwuchses ermög-

---

331 Vgl. oben II.A.1.c.
332 § 3 Abs. 1 Satz 1 EFZG.
333 § 48 Abs. 1 SGB V.
334 § 84 Abs. 2 SGB IX; vgl. dazu BT-Drucks. 15/4575, S. 5, 34 f.; Feldes, SozSich 2004, S. 270 ff.; Kohte, ZSR 2003, S. 443 ff.; Feldes, SozSich 2001, S. 408 ff.
335 § 51 Abs. 1, Abs. 3 SGB V.
336 Gesetz zur Verhütung erbkranken Nachwuchses vom 14. Juli 1933; vgl. unten III.A.9.b.
337 Gesetz zum Schutze der Erbgesundheit des deutschen Volkes (Ehegesundheitsgesetz) vom 18. Oktober 1935, RGBl. I, 1246.
338 Vgl. zur Genese des Begriffs: Dörner (1995), S. VII f.
339 Epilepsie.
340 Chorea Huntington.

lichte die zwangsweise Sterilisation der erbkranken Personen, wenn mit großer Wahrscheinlichkeit zu erwarten sei, dass seine Nachkommen unter schweren körperlichen oder geistigen Erbschäden leiden würden. In Bezug auf die Sterilisation wurden ihnen Personen mit schwerem Alkoholismus gleichgestellt. Nach dem Ehegesundheitsgesetz war den Erbkranken sowie entmündigten Personen und solchen mit geistiger Schädigung die Schließung einer Ehe verboten. 1935 wurde für Frauen, deren Unfruchtbarmachung vom Erbgesundheitsgericht beschlossen worden war, die Abtreibung bis zum Ablauf des sechsten Schwangerschaftsmonats zugelassen[341]. Mit der Einführung des Begriffs der Erbkrankheit in den Gesetzen wurde die Entrechtung eines Teils der behinderten Menschen im nationalsozialistischen Staat eingeleitet[342]. Der Begriff diente im Weiteren auch der Legitimation der ohne gesetzliche Grundlage durchgeführten Tötungen behinderter Menschen. Er wird auch heute noch im neonazistischen Kontext benutzt[343].

Mit diesem Rechtsbegriff der Erbkrankheit wurde aus dem Vorhandensein oder der Vermutung bestimmter Erbanlagen im Zusammenhang mit gesundheitlichen Störungen eine rechtlich nachteilige Stellung konstituiert. Behindert waren „erbkranke" Menschen zum Teil erst durch diese rechtliche Beschränkung. Sowohl im Lichte damaliger wie heutiger medizinischer und biologischer Erkenntnisse ist eine Definition als erbkrank bereits in sich willkürlich. So können über Vererblichkeit von Gesundheitsstörungen und die Wahrscheinlichkeit ihres Auftretens nur Wahrscheinlichkeitsaussagen gemacht werden, die mit hohen Unsicherheiten über die Prävalenz dieser Störungen, das betroffene Lebensalter usw. behaftet sind. Das Auftreten der meisten Gesundheitsstörungen wird heute auf eine je spezifische Kombination von Erbanlagen, ihrer individuellen Umsetzung, Umweltfaktoren und Zufällen zurückgeführt. In diesem Sinne erweisen sich alle Menschen als mehr oder weniger erbkrank. Dennoch wird auch heute der Begriff der Erbkrankheit in der juristischen Diskussion teilweise unreflektiert verwendet[344].

In der Charta der Grundrechte der Europäischen Union ist heute das Verbot der Diskriminierung wegen genetischer Merkmale neben dem Verbot der Diskriminierung wegen einer Behinderung als eigenständiger Tatbestand genannt[345]. Die genetischen Merkmale des Menschen können in einem Zusammenhang zu Behinderung stehen. Dies gilt insbesondere dann, wenn bestehende oder vermutete genetische Eigenschaften mit gewisser Wahrscheinlichkeit zu einer Krankheit oder Behinderung stehen und die Tatsache oder Vermutung, dass Menschen solche genetischen Eigenschaften haben, zu Beeinträchtigungen ihrer Teilhabe führen. Es wird darü-

---

[341] § 10a des GesVerbkrN in der Fassung des Gesetzes vom 26. Juni 1935, RGBl. I, 773.

[342] Vgl. Agamben (2002), S. 157 ff.

[343] Vgl. OVG Lüneburg vom 29. März 2000, NdsVBl 2000, S. 301 ff. (Verbot des Vereins „Heide Heim").

[344] So BVerfG-Kammerentscheidung vom 30. November 2001, Az. 1 BvR 1764/01. Gegenstand war dort die Erstattungsfähigkeit der Präimplantationsdiagnostik in der privaten Krankenversicherung als „Embryonen-Vorauswahl zur Vermeidung erbkranken Nachwuchses"; Vgl. auch das Schulamt Offenbach lt. Tatbestand VG Darmstadt vom 24. Juni 2004, Az. 1 E 470/045 (3). Im letzteren Fall wurde von einer Erberkrankung in einem Fall gesprochen, bei dem die Wahrscheinlichkeit der Übertragung des Merkmals 50 % betrug (Chorea Huntington).

[345] Art. 21 Abs. 1 ChGREU; Art. II-81 Abs. 1 EVV; vgl. unten III.A.12.e.

ber diskutiert, ob bereits eine solche Fremdeinschätzung eines Menschen als potenziell behindert eine Behinderung ist[346]. Die Aufnahme des Merkmals der genetischen Eigenschaften in die Diskriminierungstatbestände der Charta der Grundrechte weist dahin, dieses Problem besonders zu behandeln. Es weist jedoch einen großen Überschneidungsbereich zu Fragen der Behinderung auf. Die genetischen Eigenschaften können beim Zugang insbesondere zu Dienst- und Arbeitsverhältnissen und zur Privatversicherung wichtig sein. Die in den letzten Jahrzehnten gewachsenen Möglichkeiten der Genanalyse haben dieses Problem für immer größere Teile der Bevölkerung relevant gemacht, da sich für immer mehr potenziell auftretende Behinderungen genetisch bedingte Wahrscheinlichkeiten finden lassen. Die damit verbundenen rechtlichen Fragen sind noch weitgehend ungelöst.

Die Frage genetischer Dispositionen für Behinderungen ist bislang in der Rechtsprechung zur gesundheitlichen Eignung für die Aufnahme in das Beamtenverhältnis bedeutsam gewesen[347]. Dabei wurde ihre negative Berücksichtigung bei der Beurteilung und damit beim Zugang zum Beamtenverhältnis grundsätzlich gebilligt.

(4) Chronische Krankheit

Mit dem Begriff der Chronizität werden in der medizinischen Begriffsbildung diejenigen Krankheiten von anderen abgegrenzt, deren Dauer regelmäßig als unbestimmt und oft den Rest des Lebens umfassend vorherzusagen ist und aus denen ständige Lasten entstehen[348]. Damit wird die sowohl im medizinischen Bild der ärztlichen Behandlung wie auch in sozialrechtlichen Definitionen der Krankheit zunächst vorausgesetzte Möglichkeit der Heilung im Sinne einer vollständigen Aufhebung des Krankheitsbildes in Frage gestellt. Die Behandlung chronischer Krankheiten kann erst dann als Krankenbehandlung im Sinne des Krankenversicherungsrechts angesehen werden, wenn auch die Linderung oder Minderung von Beschwerden oder Krankheitsfolgen Ziel der Behandlung ist. Dieses Ziel definiert sich dann aus der Qualität eines Lebens mit Krankheit. Damit rückt oft die durch Krankheit verursachte Teilhabestörung in den Mittelpunkt auch der ärztlichen Aufmerksamkeit. Die chronische Krankheit ist damit näher an der Behinderung als die zeitlich begrenzte Krankheit[349].

Im Recht erscheint chronische Krankheit als ein Tatbestand der teilweisen Befreiung von Zuzahlungen im SGB V. Nach der bis Ende 2003 geltenden Fassung des SGB V waren *„Versicherte, die wegen derselben Krankheit in Dauerbehandlung sind"* unter bestimmten Umständen von Zuzahlungen befreit[350]. Durch das GKV-Modernisierungsgesetz 2004 wird nun der Personenkreis der Versicherten angesprochen, die wegen derselben schwerwiegenden Krankheit in Dauerbehandlung sind. Für sie gilt eine niedrigere Belastungsgrenze als für andere Versicherte

---

346 Caspar, EuGRZ 2000, S. 135, 137.
347 BVerwG vom 18. Juli 2001, DöD 2002, S. 219; BVerwG vom 16. September 1986, Buchholz 232 § 31 BBG Nr. 39; VG Darmstadt vom 24. Juni 2004, Az. 1 E 470/04 (3).
348 Raspe in: Igl/Welti (2001), S. 239.
349 Vgl. unten II.B.4.b.(3).
350 § 62 Abs. 1 Satz 2 SGB V in der bis zum 31. Dezember 2003 geltenden Fassung.

(1 % statt 2 % der jährlichen Bruttoeinnahmen)[351]. Der Gemeinsame Bundesausschuss hat den gesetzlichen Auftrag erhalten, die der Dauerbehandlung zu Grunde liegende schwerwiegende chronische Erkrankung zu definieren[352]. Die Definition in einer Richtlinie des Bundesausschusses[353] lautet:

„Eine Krankheit ist schwerwiegend chronisch, wenn sie wenigstens ein Jahr lang mindestens einmal pro Quartal ärztlich behandelt wurde (Dauerbehandlung) und eines der folgenden Merkmale aufweist:

a) Es liegt eine Pflegebedürftigkeit der Pflegestufe 2 oder 3 nach dem zweiten Kapitel SGB XI vor.

b) Es liegt ein Grad der Behinderung (GdB) oder eine Minderung der Erwerbsfähigkeit (MdE) von mindestens 60 % nach § 56 Abs. 2 SGB VII vor, wobei der GdB bzw. die MdE zumindest auch durch die Krankheit nach Satz 1 begründet sein muss.

c) Es ist eine kontinuierliche medizinische Versorgung (ärztliche oder psychotherapeutische Behandlung, Arzneimitteltherapie, Behandlungspflege, Versorgung mit Heil- und Hilfsmitteln) erforderlich, ohne die nach ärztlicher Einschätzung eine lebensbedrohliche Verschlimmerung, eine Verminderung der Lebenserwartung oder eine dauerhafte Beeinträchtigung der Lebensqualität durch die aufgrund der Krankheit nach Satz 1 verursachte Gesundheitsstörung zu erwarten ist.“

Dieser Definition kann entnommen werden, dass die schwerwiegende chronische Krankheit durch eine mindestens ein Jahr dauernde Behandlung gekennzeichnet wird und ihr schwerwiegender Charakter durch Rückgriff auf den Grad der Behinderung, die Minderung der Erwerbsfähigkeit oder den Stufe der Pflegebedürftigkeit definiert wird.

Mit dem Gesetz zur Reform des Risikostrukturausgleichs in der gesetzlichen Krankenversicherung ist schon zum 1. Januar 2002 die Möglichkeit strukturierter Behandlungsprogramme bei chronischen Krankheiten eingeführt worden[354]. Im SGB IX sind chronische Krankheiten im Kontext der Prävention[355] und der medizinischen Rehabilitation[356] genannt. In beiden Fällen ist wörtlich von Behinderungen einschließlich chronischer Krankheiten die Rede. Damit erscheint die chronische Krankheit als ein medizinischer Aspekt, der sowohl Krankheit wie auch Behinderung zuzuordnen ist. Wird die Notwendigkeit einer Dauerbehandlung bereits als Teilhabestörung angesehen, so ist diese Verschränkung auch im gegebenen Rahmen begrifflich nachzuvollziehen. Insgesamt bedarf die chronische Krankheit als Rechtsbegriff noch einer weiteren Konturierung.

---

[351] § 62 Abs. 1 Satz 2 in der seit 1. Januar 2004 geltenden Fassung.

[352] § 62 Abs. 1 Satz 4 SGB V.

[353] Richtlinie des Gemeinsamen Bundesausschusses zur Definition schwerwiegender chronischer Krankheiten im Sinne des § 62 SGB V in der Fassung vom 22. Januar 2004 auf der Grundlage von §§ 62 Abs. 1 Satz 4, 92 Abs. 1 Satz 1 SGB V, BAnz S. 1343; vgl. BT-Drucks. 15/4575, S. 40 f.

[354] § 137 f SGB V.

[355] § 3 SGB IX; vgl. Welti/Raspe, DRV 2004, S. 76, 85 ff.; Bieback, ZSR 2003, S. 403, 407 f.

[356] § 26 Abs. 1 Nr. 1 SGB IX; vgl. BT-Drucks. 15/4575, S. 39.

(5) Gesundheit

Das Recht auf Gesundheit wird im deutschen Grundgesetz im Recht auf Leben und körperliche Unversehrtheit[357] erkannt. Im EG-Vertrag ist die Verbesserung der Gesundheit der Bevölkerung als Ziel der Gemeinschaft und der Mitgliedstaaten genannt[358]. Die Charta der Grundrechte der EU nennt das Recht auf Gesundheitsvorsorge und auf ärztliche Versorgung[359].

Der Begriff der Gesundheit fungiert, wie beschrieben, vor allem als ein Leitbegriff der gesetzlichen Krankenversicherung und als Gegenbegriff zu Krankheit. Er kann jedoch auch in einem eher neutralen Sinne als Beschreibung des Zustands eines Menschen im Hinblick auf den jeweiligen Grad von Behandlungsbedürftigkeit, Wohlbefinden und Funktionsfähigkeit angesehen werden. Aufgabe des Krankenversicherungsrechts ist es, die Gesundheit der Versicherten erhalten, wiederherzustellen oder ihren Gesundheitszustand zu bessern[360]. Damit fungiert das Ziel der Gesundheit als ein Oberbegriff für die Ziele der in der Krankenversicherung zu beanspruchenden Leistungen gegen Krankheit[361], Pflegebedürftigkeit[362] und Behinderung[363] sowie der auf alle Ziele gerichteten primären Prävention, die den allgemeinen Gesundheitszustand und die Gesundheitschancen verbessern soll[364]. Im Unfallversicherungsrecht wird der Gegenstand der Kompensation und Entschädigung mit der Gesundheit und Leistungsfähigkeit der Versicherten umschrieben[365]. Die Präventionstätigkeit der Unfallversicherung und der vom Arbeitgeber zu beachtende Arbeitsschutz richten sich auf arbeitsbedingte Gesundheitsgefahren[366]. Nach dem Präventionsgesetz sollen alle Präventionsträger Gesundheit, Lebensqualität, Selbstbestimmung und Beschäftigungsfähigkeit erhalten und stärken[367]. Im bürgerlichen Schadensrecht ist die Verletzung der Gesundheit als möglicher Schaden genannt, der nicht Vermögensschaden ist[368]. Die Aufgabe des ärztlichen Berufs ist gesetzlich der Gesundheit als Ganzer zugeordnet[369]. Im SGB IX erscheint der Begriff der Gesundheit nicht. In dem Wort „funktionsbezogen" im Rahmen der Koordinierungspflichten der Rehabilitationsträger wird aber ein Verweis auf den Begriff der funktionellen Gesundheit gesehen. Dieser von der Weltgesundheitsorganisation in der ICF geprägte Begriff kann als der Versuch gesehen werden, den auf Behinderung und Teilhabefähigkeit bezogenen Aspekt der Gesundheit zu bezeichnen.

---

[357] Art. 2 Abs. 2 Satz 1 GG; vgl. unten V.B.1.
[358] Art. 152 EGV; Art. III-278 EVV.
[359] Art. 35 ChGREU; Art. II-95 EVV.
[360] § 1 Satz 1 SGB V.
[361] §§ 11 Abs. 1, 27 SGB V; vgl. unten V.B.4.a.
[362] §§ 11 Abs. 2, 40 SGB V; vgl. unten V.B.4.c.
[363] §§ 11 Abs. 2, 40 SGB V; vgl. unten V.B.4.b.
[364] § 20 Abs. 1 Satz 2 SGB V; vgl. BT-Drucks. 15/4575, S. 33, 37 f.; zur Neufassung vgl. BT-Drucks. 15/4833, S. 16.
[365] § 1 Nr. 2 SGB VII.
[366] §§ 1 Nr.1, 14 Abs. 1 SGB VII; §§ 2 Abs. 1, 3 Abs. 1 ArbSchG.
[367] § 1 Satz 1 PrävG.
[368] § 253 Satz 2 BGB; vgl. unten V.5.h.
[369] § 1 Abs. 1 BÄO: „Der Arzt dient der Gesundheit des einzelnen Menschen und des gesamten Volkes."

In einem neutralen Sinne wird in vielen Gesetzen der gesundheitliche Zustand einer Person als ein Merkmal genannt, das etwa für eine Berufszulassung geprüft werden muss. Hier hat der Begriff des gesundheitlichen Zustands zum Teil denjenigen des Gebrechens ersetzt, woraus deutlich wird, dass Gebrechen oder Behinderung eine Beschreibung des Gesundheitszustands unter bestimmten Aspekten ist.

Gesundheit ist von der Weltgesundheitsorganisation (WHO) in der Ottawa-Charta im Kontext von Gesundheitsförderung näher beschrieben worden:

„Gesundheitsförderung zielt auf einen Prozess, allen Menschen ein höheres Maß an Selbstbestimmung über ihre Gesundheit zu ermöglichen und sie damit zur Stärkung ihrer Gesundheit zu befähigen. Um ein umfassendes körperliches, seelisches und soziales Wohlbefinden zu erlangen, ist es notwendig, dass sowohl einzelne als auch Gruppen ihre Bedürfnisse befriedigen, ihre Hoffnungen und Wünsche verwirklichen sowie ihre Umwelt meistern bzw. sie verändern können. In diesem Sinne ist Gesundheit als ein wesentlicher Bestandteil des alltäglichen Lebens zu verstehen und nicht als vorrangiges Lebensziel. Gesundheit steht für ein positives Konzept, das in gleicher Weise die Bedeutung sozialer und individueller Ressourcen für die Gesundheit betont wie die körperlichen Fähigkeiten. Die Verantwortung für Gesundheitsförderung liegt darum nicht nur bei dem Gesundheitssektor, sondern bei allen Politikbereichen und zielt über die Entwicklung gesünderer Lebensweisen hinaus auf die Förderung von umfassendem Wohlbefinden."[370]

Aus diesem Zitat wird deutlich, dass in der Verknüpfung von Gesundheit und „umfassendem Wohlbefinden" im Sinne der Weltgesundheitsorganisation keine uferlose Neudefinition von Gesundheit liegt, sondern ein Konzept zur Berücksichtigung von Voraussetzungen und Folgen des Gesundheitszustands[371]. Damit ist das Gesundheitskonzept der WHO geeignet, die Probleme der mit Gesundheit verknüpften Teilhabe in allen Lebensbereichen und damit von Behinderung zu erfassen[372].

e) Alter

Alter ist, wie Gesundheit, die Bezeichnung eines sozialen Risikos, das mit Behinderung nicht identisch ist, aber einen Überschneidungsbereich mit Behinderung hat. Alter kann als soziales Alter (Lebensphase), als chronologisches Lebensalter oder als Lebensstufe mit typischerweise verminderter Leistungsfähigkeit klassifiziert werden[373]. Nur im letzteren Sinne erscheint Alter als ein soziales Risiko mit Nähe zu dem der Behinderung. Bereits mit dem Gesetz über die Invaliditäts- und Altersversicherung von 1889 wurden die sozialen Risiken der Invalidität und des Alters im Titel getrennt ausgewiesen. In den ersten Jahrzehnten der gesetzlichen Rentenversicherung blieb jedoch die Invalidität der vorherrschende Sicherungstatbestand. 1900 wurde das Gesetz in Invalidenversicherungsgesetz (IVG) umbenannt. Die Altersgrenze war zu dieser Zeit bei 70 Jahren angesetzt. Ein erheblicher

---

[370] Charta der Ersten Internationalen Konferenz zur Gesundheitsförderung, Ottawa 1986; vgl. Mühlenbruch (2002), S. 8 ff.; Huber/Hungeling in: Badura/Hart/Schellschmidt (1999), S. 126 ff.
[371] Vgl. auch § 2 Nr. 4 PrävG.
[372] Zur Bezugnahme auf die Ottawa-Charta vgl. zuletzt BT-Drucks. 15/4833, S. 30.
[373] Neubert/Cloerkes (2001), S. 47.

Teil der gezahlten Invalidenrenten diente, wie den Anspruchsvoraussetzungen zu entnehmen ist, dem Ausgleich einer faktisch auf Grund altersgemäßen Verschleißes der Arbeitskraft geminderten Erwerbsvermögens. Die Invalidenversicherung sicherte vorrangig das Risiko altersbedingter Invalidität, reine Alterssicherung war zu jener Zeit typisierte Invalidität. Das Leitbild eines gesicherten Ruhestands als eigenständigem Lebensabschnitt, in dem zumindest einige Jahre auch ohne besondere gesundheitliche Einschränkungen verbracht werden können, wäre zu jener Zeit für die versicherten Arbeiter weder empirisch realistisch gewesen noch hätte es den Sicherungszielen des Gesetzgebers und vermutlich auch nicht denen vieler Versicherter entsprochen[374]. Die Einführung eines niedrigeren Rentenalters und damit eine wachsende Ausdifferenzierung der Sicherungsziele[375] kamen erst durch die Reichsversicherungsordnung und die Einführung der Angestelltenversicherung 1911 mit dem Rentenalter von 65 Jahren und der 1916 folgenden Gleichstellung der Arbeiter. Seitdem wird die Ruhestandsphase in immer stärkerem Maße als eigenständiges Sicherungsziel begriffen, das gesellschaftlich und ökonomisch durch die Verkürzung der Lebensarbeitszeit und die Sicherung von Arbeitsplätzen für jüngere Erwerbspersonen legitimiert wird.

Alter und Invalidität werden heute als unterscheidbare soziale Risiken angesehen. Es gibt aber in den Systemen der sozialen Sicherung Überschneidungen zwischen beiden Risiken und Leistungen, die nicht zweifelsfrei entweder dem Risiko Alter oder dem Risiko Erwerbsminderung zugeordnet werden können. Sowohl bei der gesetzlichen Rentenversicherung wie auch bei der Grundsicherung im Alter und bei dauerhafter Erwerbsminderung sind identische Träger für die Sicherung zuständig. Die Altersgrenze der gesetzlichen Rentenversicherung ist bei schwerbehinderten Menschen niedriger als bei anderen Versicherten[376]. Auch der Eintritt in Erwerbsminderungsrente ist praktisch häufig ein vorgezogener Ruhestand. Insgesamt zeigt sich, dass gesundheitlich beeinträchtigte und behinderte Menschen mit zunehmender Nähe zum gesetzlichen Rentenalter bereits ab einem Alter von 45 Jahren große Schwierigkeiten mit der Teilhabe am Arbeitsleben haben, die durch Unternehmen, betriebliche Akteure und Sozialleistungsträger sowie die betroffenen Personen zumindest teilweise durch einen faktisch vorzeitigen Altersruhestand gelöst werden[377]. Alter ist bei diesem Personenkreis weniger kalendarisch als vielmehr durch den Eintritt von oft arbeitsbedingtem Gesundheitsverschleiss[378] und von einer schlechten Fremd- und auch Eigeneinschätzung der beruflichen Leistungsfähigkeit geprägt[379]. Die Altersgrenze der gesetzlichen Rentenversicherung von 65 Jahren liegt heute zu einem Zeitpunkt, an dem viele Beschäftigte abstrakt noch erwerbsfähig sind, während ihre konkrete Teilhabe am Arbeitsleben bereits seit Jahren aus Gründen des Alters und der Gesundheit gefährdet oder gestört ist. Dies aufzulösen und die Erwerbsbeteiligung älterer Beschäftigter zu erhö-

---

374   Vgl. ausführlich Göckenjan (2000), S. 305 ff.
375   Behrend (1992), S. 3.
376   § 37 SGB VI.
377   Behrens in: Behrend (1994), S. 108; Behrend (1992), S. 18 ff.
378   Behrend (1992), S. 124 ff.
379   Behrend (1992), S. 23.

hen wird als eine der wichtigsten Herausforderungen der Alterssicherungs- und Gesundheitspolitik angesehen.

Die begriffliche Trennung von Behinderung und Alter wird heute darin deutlich, dass Behinderung nach § 2 Abs. 1 SGB IX begrifflich nur durch Gesundheitsstörungen ausgelöst werden kann, die nicht alterstypisch sind. Diese Definition führt zu zahlreichen Problemen[380]. Sie versagt insbesondere bei Hochaltrigen, bei denen auch heute noch typisiert gesagt werden kann, dass der für ihr Alter typische gesundheitliche Zustand zu Störungen der Teilhabe führt. Auch bei den älteren Beschäftigten wird die Teilhabe am Arbeitsleben oft schon durch Gesundheitsstörungen gefährdet, die alterstypisch sind. Somit können soziale, demografische und epidemiologische Faktoren den Zusammenhang von Alter und Behinderung immer weiter lockern, aber nicht vollständig auflösen[381]. Andererseits ist die Gruppe derjenigen Personen differenziert zu betrachten, die bereits behindert sind, wenn sie altern, etwa geistig behinderte Menschen. Diese Personen haben wiederum besondere Bedürfnisse und Probleme[382].

Alter ist heute im EG-Vertrag[383] und der Charta der Grundrechte der Europäischen Union[384] sowie in der Beschäftigungsrahmenrichtlinie (RL 2000/78 EG) neben Behinderung als eigenständiger Tatbestand eines Diskriminierungsverbots genannt[385]. Diskriminierungsverbote wegen des Alters sind im deutschen Arbeitsrecht noch nicht eingeführt worden. Ob sie einen Beitrag leisten können, um die geringe Erwerbsbeteiligung der älteren und gesundheitlich beeinträchtigten Beschäftigten zu erhöhen, ist umstritten.

Deutlicher wird der Zusammenhang zwischen Alter und Behinderung noch in Recht und Realität der Pflegeleistungen, Pflegeberufe und sozialen Einrichtungen sowie in den Einrichtungen der geriatrischen Rehabilitation[386]. Früher waren die Begriffe „Altenheim" und „Pflegeheim" fast synonym, während heute eine immer stärkere Differenzierung zwischen Altenhilfe und Pflege erkennbar ist. Gut die Hälfte der pflegebedürftigen Menschen im Sinne des Pflegeversicherungsrechts ist über 80 Jahre alt. Der Beruf der Altenpflegerin oder des Altenpflegers ist vom Gesetzgeber wegen der besonderen Hilfsbedürftigkeit älterer Menschen als Heilberuf ausgestaltet worden[387]. Angehörige dieser Berufe werden auch als Pflegefachkräfte im Sinne des Pflegeversicherungsrechts anerkannt[388].

---

[380] Vgl. unten II.A.2.f.(3).
[381] Vgl. BT-Drucks. 15/4125, S. 76 zu Alter und Pflegebedürftigkeit; BT-Drucks. 15/4575, S. 140 f.; BT-Drucks. 15/5015, S. 115 f. zu altersbedingten Gesundheitseinschränkungen.
[382] Vgl. Skiba, TuP 2004, S. 42 ff.
[383] Art. 13 Abs. 1 EGV; Art. III-124 EVV; vgl. unten III.A.12.d.
[384] Art. 21 Abs. 1 ChGREU; Art. II-81 Abs. 1 EVV; vgl. unten III.A.12.e.
[385] Vgl. bereits Simitis, NJW 1994, S. 1453 f.
[386] Vgl. BT-Drucks. 15/4575, S. 141 ff.
[387] Dazu BVerfG vom 24. Oktober 2002, BVerfGE 106, 62, 74 ff., 104 ff.
[388] § 71 Abs. 3 Satz 1 SGB XI.

f) Sonderpädagogischer Förderbedarf

Sonderpädagogischer Förderbedarf ist ein Begriff, der nicht gesundheitliche Zustände, sondern einen Interventionsbedarf definiert. Im Schulrecht ist sonderpädagogischer Förderbedarf der Leitbegriff von Regeln und Ansprüchen für behinderte Kinder und Jugendliche. 2002 waren 495.244 Schülerinnen und Schüler mit sonderpädagogischem Förderbedarf erfasst, von denen 429.440 in Sonderschulen und 65.804 in allgemeinen Schulen unterrichtet wurden[389].

In den Schulgesetzen fast aller Länder ist teils mit dem Behinderungsbegriff[390], teils an seiner Stelle von Kindern mit sonderpädagogischem Förderbedarf die Rede[391]. Auf den Begriff der Behinderung wird dabei nur in den Schulgesetzen von Bayern, Niedersachsen und Thüringen ganz verzichtet. Der Begriff des Förderbedarfs erscheint nur in Rheinland-Pfalz nicht, ohne dass aber inhaltliche Konsequenzen daraus erkennbar wären.

Der Leitbegriff des sonderpädagogischen Förderbedarfs stammt aus den Empfehlungen der Kultusministerkonferenz von 1994 zur sonderpädagogischen Förderung[392] und ist aus dem britischen Begriff der *„special educational needs"* entwickelt worden, der 1978 mit dem Warnock-Report vorgeschlagen worden war[393] und auf der internationalen Ebene im *Salamanca Statement on Special Needs Education* der UNESCO von 1994[394] aufgegriffen wurde. Der Begriff des sonderpädagogischen Sonderbedarfs wird dabei als teilidentisch mit demjenigen der Behinderung angesehen[395]. Er bedeutet einen Wechsel der Perspektive vom Defizitansatz[396] zur Bedarfsorientierung[397] und damit einen Vorrang von pädagogischer vor diagnostischer Betrachtung[398]. Sonderpädagogischer Förderbedarf ist das, was ein Individuum in seinen Lern- und Lebensgemeinschaften an Unterstützung bedarf,

---

[389]   BT-Drucks. 15/4575, S. 63.

[390]   § 5 Abs. 2 SchulG SH, § 15 Abs. 1 Satz 1 SchulG BW SH, § 2 Abs. 1 BerlSchulG, § 3 Abs. 4 BbgSchulG, §§ 4 Abs. 5, 22 Abs. 1, 35 Abs. 1 BremSchulG, § 51 Abs. 1 Satz 2 HSchulG, § 35 Abs. 1 MVSchulG, § 1 Abs. 3 SchulG LSA, §§ 13 Abs. 6, 29 Abs. 1 SächsSchulG, § 4 Abs. 3, Abs. 5 SLSchOG, § 7 Abs. 1 SchpflG NW, § 1 Satz 2 HmbSG, §§ 1 b Abs. 5, 7 Abs. 10, 47 Abs. 4 Satz 1 SchulG RhPf.

[391]   § 25 Abs. 2 SchulG SH, § 15 Abs. 1 SchulG BW, Art. 20 Abs. 5, 41 BayEUG; §§ 4 Abs. 3, 36 Abs. 1 Satz 1 BerlSchulG, §§ 3 Abs. 4, 4 Abs. 7, 29 Abs. 2, 30 Abs. 1 BbgSchulG, §§ 23 Satz 1, 35 Abs. 2 BremSchulG, §§ 49 Abs. 2, 51 Abs. 1 Satz 1 HSchulG, § 34 Abs. 2 MVSchulG, § 1 Abs. 1 ThürFSG, § 1 Abs. 3a SchulG LSA, § 13 Abs. 1 SächsSchulG; § 4 Abs. 1 Satz 1, Abs. 2 SLSchOG, § 7 Abs. 1 SchPflG NW, §§ 4, 14 Abs. 1 NSchG, §§ 12 Abs. 1, 19 Abs. 1 HmbSG; vgl. Lehnert (2000), S. 50 ff.; unten II.B.5.; III.B.6.; V.H.2.

[392]   Empfehlungen der ständigen Konferenz der Kultusminister der Länder in der Bundesrepublik Deutschland zur sonderpädagogischen Förderung in den Schulen der Bundesrepublik Deutschland vom 6. Mai 1994, ZHP 1994, S. 484 ff.; vgl. Reichenbach (2001), S. 35; Schuck in: Antor/Bleidick (2001), S. 63.

[393]   Dazu G. Klein in: J. Neumann (1995), S. 105, 116.

[394]   The Salamanca Statement and Framework for Action on Special Needs Education der World Conference on Special Needs Education: Access and Quality der UNESCO vom 7. – 10. Juni 1994 in Salamanca.

[395]   Lehnert (2000), S. 119 ff.

[396]   Vgl. zur Kritik: Sierck in: Mürner/Schriber (1993), S. 125, 126 ff.; Schönwiese in: Mürner/Schriber (1993), S. 163, 169.

[397]   Lehnert (2000), S. 120.

[398]   Welling, ZHP 1991, S. 121, 123.

um die intendierten Ziele zu erreichen[399]. Der Terminus des sonderpädagogischen Förderbedarfs impliziert, dass eine Behinderung gerade bei Kindern durch Förderung vermieden oder beseitigt werden kann. In der schulpolitischen und -rechtlichen Diskussion wird auch vom Begriff des sonderpädagogischen Förderbedarfs erhofft, dass eine stigmatisierende Wirkung vermieden wird[400] und den Problemen integrativer Praxis Rechnung getragen wird, ohne den Rationalitätsgewinn von Differenzierungsformen zu verlieren[401]. Soweit die Feststellung des sonderpädagogischen Förderbedarfs allerdings mit der Beschulung auf einer Sonderschule verbunden wird, kann der Begriff des Sonderschülers oder der Sonderschülerin an die Stelle anderer stigmatisierender Begriffe treten[402], zumal er mit einer lebensweltlichen Trennung verbunden ist[403]. Insofern resümiert der Pädagoge *Gerhard Klein*, die Hoffnung auf „*Rights without labels*" sei so wenig realisierbar wie Behindertenparkplätze ohne Piktogramm[404]. Eine offenere Übersetzung benutzt *Otto Speck*, der von speziellen Erziehungserfordernissen spricht[405], die auf unterschiedliche Weise befriedigt werden können.

Der Begriff des pädagogischen Förderbedarfs trägt darüber hinaus der Erkenntnis Rechnung, dass die Einordnung bestimmter pädagogisch relevanter Phänomene als Behinderung, und hier insbesondere als Lernbehinderung, den üblichen Bedeutungsgehalt des Begriffs überschritten hat. Zwar lässt sich bei vielen Kindern und Jugendlichen, die im Lernen behindert sind, ein körperliches, geistiges oder seelisches Gesundheitsproblem erkennen. Häufig verschwindet aber dieses Problem im Lauf der Entwicklung wieder, sein ursächlicher Zusammenhang mit den Lernschwierigkeiten ist fraglich oder seine tatsächliche medizinische oder psychologische Einordnung zweifelhaft. Bei vielen Schülerinnen und Schüler geht die Einordnung als lernbehindert nur oder zum größten Teil auf soziale Defizite ihres Milieus, Elternhauses oder Entwicklungsprozesses zurück. Der Terminus Förderbedarf wird benutzt, da es für Schule und Pädagogik in dieser Situation zweitrangig sein muss, ob eine gesundheitliche Ursache vorliegt und die Finalität der Förderung ganz in den Vordergrund tritt. Jedenfalls im Kinder- und Jugendalter kann wegen der Ungewissheit und Offenheit des Entwicklungsprozesses nicht davon gesprochen werden, dass die Förderung behinderter Menschen scharf davon abgegrenzt werden könnte, ob ein individuelles Schicksal die Menschen unbegabt oder begabt, dumm oder intelligent gemacht habe[406].

Einen Versuch, den Ansatz des besonderen Bedarfs bzw. der besonderen Bedürfnisse im deutschen Sprachraum über das pädagogische Feld hinaus rechtlich

---

[399] Schuck in: Antor/Bleidick (2001), S. 63; vgl. das US Public Law 94–142 „Education for all handicapped children", mit dem für jedes Kind ein individueller Erziehungsplan vorgesehen wird, dazu G. Klein in: J. Neumann (1995), S. 105, 117.

[400] Vgl. relativierend: Eberwein in: Eberwein/Sasse (1998), S. 66, 84.; Schley, ZHP 1991, S. 124, 125.

[401] Antor, ZHP 1988, S. 11, 18.

[402] G. Klein in: J. Neumann (1995), S. 105, 114.

[403] Zur Wechselwirkung: Goffman (1975), S. 46.

[404] G. Klein in: J. Neumann (1995), S. 105, 119.

[405] Speck (2003), S. 250 ff.

[406] Vgl. Zacher in: HStR II, 3.A. (2004), § 28 RN 73.

fruchtbar zu machen, bietet das Niederösterreichische Sozialhilfegesetz aus dem Jahre 2000. Dort werden behinderte Menschen als „Menschen mit besonderen Bedürfnissen" bezeichnet, die so definiert werden:

> „Menschen mit besonderen Bedürfnissen sind Personen, die auf Grund einer wesentlichen körperlichen, geistigen oder psychischen Beeinträchtigung oder einer Beeinträchtigung der Sinne nicht in der Lage sind, aus eigener Kraft zu einer selbständigen Lebensführung zu gelangen oder diese beizubehalten."[407]

g) Pflegebedürftigkeit

Ein weiterer Begriff, der Behinderung vom durch sie verursachten Hilfebedarf her definiert, ist derjenige der Pflegebedürftigkeit. Sie kann allgemein verstanden werden als ein krankheits- oder behinderungsbedingter Hilfebedarf bei den Verrichtungen des täglichen Lebens[408]. Das bei Pflegebedürftigkeit notwendige Pflege- und Betreuungsverhältnis ist oft durch eine besondere Abhängigkeitssituation der pflegebedürftigen Person geprägt[409].

Mit Pflegebedürftigkeit wurde zunächst innerhalb von Krankenhäusern und Anstalten der Zustand von im Übrigen als krank, gebrechlich oder siech bezeichneten Personen bezeichnet, die dauerhaft der Pflege bedurften. Nur in der Unfallversicherung wurde ab 1900 bei Pflegebedürftigkeit Leistungen gewährt, nicht jedoch in der Krankenversicherung[410]. Dort wurde nur die häusliche Krankenpflege als ergänzende Leistung gewährt, die 1911 als Hilfe und Wartung durch Krankenpfleger Anspruch der Versicherten geworden ist[411]. Im Soldatenversorgungsrecht wurde seit dem RVG von 1920 eine Pflegezulage gewährt[412]. Die Pflege in Heimen und Anstalten war Aufgabe der Fürsorge und Sozialhilfe[413]. Im Krankenversicherungssystem, aber auch in der Rehabilitation der Rentenversicherung war der Pflegefall in Abgrenzung zum Behandlungsfall die Bezeichnung für Personen, bei denen ein Behandlungs- oder Rehabilitationsziel nicht zu erreichen war. Nach langen Diskussionen über die Sicherung des Risikos Pflegebedürftigkeit[414] wurden mit dem 1990 in Kraft getretenen SGB V zunächst Leistungen bei Pflegebedürftigkeit in der gesetzlichen Krankenversicherung gewährt[415]. 1994 und 1996 wurde in zwei Stufen die soziale Pflegeversicherung als eigenständiger Sozialversicherungszweig eingeführt[416].

Die Pflegeleistungen wurden und werden danach differenziert, ob sie stärker im medizinischen oder stärker im sozialen Kontext stehen. Die Behandlungs-

---

[407] § 24 Abs. 1, 2 NÖ SHG, LGBl. 9200; Steingruber (2000), S. 45 f.

[408] Igl in: SRH (2003), 17. Rz 1; vgl. Igl (1987), S. 258 ff.

[409] Igl, VSSR 1978, S. 201, 203.

[410] Vgl. Schulin in: Schulin, HS-PV (1997), § 1 Rz 32 f.

[411] Vgl. Schulin in: Schulin, HS-PV (1997), § 1, Rz 33; Igl (1987), S. 344 ff.

[412] Vgl. Schulin in: Schulin, HS-PV (1997), § 1 Rz 22 ff.

[413] §§ 68 ff. BSHG/§§ 61–66 SGB XII.

[414] Vgl. Igl in: SRH (2003), 17. Rz 6 ff.; Schulin in: Schulin, HS-PV (1997), § 1 Rz 78 ff.; Igl (1987), S. 417 ff.; Krause (1978), E 84 ff.

[415] Vgl. zu § 53 SGB V a. F.: BSG vom 30. September 1993, BSGE 73, 146 ff.; BSG vom 8. Juni 1993, BSGE 72, 261 ff.

[416] Vgl. unten V.B.4.c; V.D.9.c; V.F.5.a.; V.G.5.a.

pflege wurde dem Bereich der Hilfe zur medizinischen Behandlung und damit dem Phänomen Krankheit zugeordnet. Die Grundpflege wurde definiert als der Ausgleich fehlender Körperfunktionen und Fähigkeiten und erscheint damit in engem Zusammenhang zur Behinderung. Die Ansprüche auf Behandlungspflege und Grundpflege wurden im Krankenversicherungsrecht auch rechtlich teilweise getrennt, was zu der Notwendigkeit einer Abgrenzung führte. Angesichts fließender Übergänge zwischen krankheits- und behinderungsbedingtem Pflegebedarf ist diese Abgrenzung bis heute schwierig und umstritten[417]. In der pflegewissenschaftlichen Diskussion wird heute auf den englischen Bedeutungsunterschied zwischen dem mehr behandlungspflegerischen *nursing* und dem eher grundpflegerischen *care* hingewiesen, mit dem sich unterschiedliche Anforderungen an beteiligte Berufsgruppen und soziale Anspruchssysteme verdeutlichen lassen[418].

Das SGB XI regelt auch die Zulassung von Pflegeeinrichtungen[419]. Ihre Planung und Förderung ist in Landesgesetzen geregelt[420]. Pflegeberufe, namentlich die Krankenpflege und die Altenpflege sind als Heilberufe bundesgesetzlich geregelt. Pflegehilfsberufe sind als soziale Berufe landesgesetzlich geregelt. Im SGB XI ist Pflegebedürftigkeit definiert worden:

„Pflegebedürftig im Sinne dieses Buches sind Personen, die wegen einer körperlichen, geistigen oder seelischen Krankheit oder Behinderung für die gewöhnlichen und regelmäßig wiederkehrenden Verrichtungen im Ablauf des täglichen Lebens auf Dauer, voraussichtlich für mindestens sechs Monate, in erheblichem oder höherem Maße (§ 15) der Hilfe bedürfen."[421]

Es werden im Weiteren die Krankheiten oder Behinderungen als Funktionsstörungen definiert[422], die Hilfe bei den Verrichtungen bestimmt als Unterstützung, teilweise oder vollständige Übernahme der Verrichtungen im Ablauf des täglichen Lebens oder in Beaufsichtigung oder Anleitung mit dem Ziel der eigenständigen Übernahme dieser Verrichtungen[423]. Schließlich werden die in Betracht kommenden Verrichtungen aus den Bereichen der Körperpflege, Ernährung, Mobilität und hauswirtschaftlichen Versorgung namentlich aufgezählt[424]. Die Definition der Pflegebedürftigkeit im Sinne des SGB XI hat die Funktion, den Kreis der Leistungsberechtigten und den Umfang der Leistungen zu begrenzen. Verrichtungen aus wichtigen Lebens- und Teilhabebereichen, insbesondere der Kommunikation und sozialen Betreuung, sind in dem Katalog bewusst ausgelassen worden, da befürchtet wurde, dass die Kosten der Pflegeversicherung sonst nicht begrenzbar und

---

[417] Vgl. BSG vom 12. November 2003, Az. B 3 P 5/02 R (Dialyse); BSG vom 28. Mai 2003, NZS 2004, S. 206 (Begleitung zur Ergotherapie, Insulinspritzen); BSG vom 22. August 2001, RdLH 2002, S. 20 (Katheterisierung); BSG vom 27. August 1998, BSGE 82, 276 (Mukoviszidose); zur Kritik: Klie, ZSR 2004, S. 502, 504 f.

[418] Klie, ZSR 2004, S. 502, 508 ff.

[419] §§ 71 ff. SGB XI.

[420] § 9 SGB XI; vgl. dazu BSG vom 28. Juni 2001, BSGE 88, 215.

[421] § 14 Abs. 1 SGB XI.

[422] § 14 Abs. 2 SGB XI.

[423] § 14 Abs. 3 SGB XI.

[424] § 14 Abs. 4 SGB XI.

steuerbar gewesen wären[425]. Dieses gesetzgeberische Konzept wurde und wird kritisiert, weil es zu einer Ausgrenzung des Pflegebedarfs vor allem von demenzkranken und geistig behinderten Menschen geführt hat[426] und rehabilitative und aktivierende Pflege erschwert[427]. Das Bundessozialgericht[428] und das Bundesverfassungsgericht[429] haben die Bestimmung des durch das Leistungssystem berücksichtigten Pflegebedarfs aber als verfassungsgemäß angesehen und dem Gesetzgeber einen Spielraum bei der Bestimmung der Leistungsvoraussetzungen zugebilligt. Pflegebedürftigkeit im Sinne des SGB XI wird nach der Zugehörigkeit zu drei Pflegestufen unterteilt[430].

Der Pflegebedürftigkeitsbegriff des SGB XI ist kein allgemeiner Begriff von Pflegebedürftigkeit, sondern ist eingeschränkt[431]. Der Verrichtungskatalog hat lediglich die Funktion einer Eingangsschwelle zum Anspruchssystem des SGB XI, das sich zudem als geschlossenes Leistungssystem ohne Anspruch auf Bedarfsdeckung darstellt[432]. Entsprechend hat das BVerfG festgestellt, der Gesetzgeber sei nicht gehalten gewesen, das, was nach allgemeinem Sprachgebrauch unter Pflege zu verstehen ist, vollständig im Leistungsrecht zu berücksichtigen[433]. Aus dem Leistungserbringungsrecht des SGB XI wird deutlich, dass bei stationärer Pflege nicht nur die in § 14 Abs. 4 SGB XI genannten Verrichtungen, sondern der gesamte allgemeine Pflegebedarf der Heimbewohner zu berücksichtigen ist. Nach dem Sozialhilferecht kann Hilfe zur Pflege Hilfen umfassen, die im Verrichtungskatalog des SGB XI nicht berücksichtigt sind[434].

Pflegebedürftigkeit begründet auch Leistungsansprüche nach dem Sozialhilferecht[435], dem Unfallversicherungsrecht[436] und dem Recht der sozialen Entschädigung[437]. Dabei wird in diesen Systemen an den Pflegebedürftigkeitsbegriff des

---

[425] Die Begründung, Kommunikation sei für gesunde und pflegebedürftige Menschen gleichermaßen wichtig, die bei Peter Kummer in: Schulin, HS-PV (1997), § 13, Rz 51 wiedergegeben wird, trägt nicht ernsthaft, weil sie für alle Lebensbereiche gelten würde, die in § 14 SGB XI angesprochen sind; vgl. unten II.B.4.b.(4); IV.B.6.f.(4).(a.).

[426] Vgl. Bundestagsbeschluss BT-Drucks. 15/2372, S. 6; BT-Drucks. 15/3075; J. Sendler, Soz-Sich 2004, S. 263, 267 („*wirklichkeitsfremd"*); zum Kompensationskonzept des Gesetzgebers vgl. § 45b, c SGB XI, BT-Drucks. 15/4125, S. 20, 29 ff., zum weiteren Handlungsbedarf S. 25.

[427] Dangel/Korporal, ZfGG 2004, S. 50, 54 f.

[428] BSG vom 10. Februar 2000, BSGE 85, 278, 284 f.

[429] BVerfG-Kammerentscheidung vom 22. Mai 2003, NZS 2003, S. 535; dazu kritisch: Baumeister, NZS 2004, S. 191 ff.; vgl. BT-Drucks. 15/4125, S. 15.

[430] § 15 Abs. 1 SGB XI. Der Pflegestufe I (erheblich Pflegebedürftige) waren Ende 2003 732.000 ambulant und 237.000 stationär Pflegebedürftige, der Pflegestufe II (Schwerpflegebedürftige) 424.000 ambulant und 254.000 stationär Pflegebedürftige und der Pflegestufe III (Schwerstpflegebedürftige) 123.000 ambulant und 121.000 stationär Pflegebedürftige zugeordnet, BT-Drucks. 15/4125, S. 35.

[431] Klie, ZSR 2004, S. 502, 512; Igl in: SRH (2003), 17. Rz 47; Jörg (1997), S. 117 f.

[432] Igl in: SRH (2003), 17. Rz 51.

[433] BVerfG vom 22. Mai 2003, NZS 2003, S. 535.

[434] §§ 68 Abs. 1 Satz 2, 69b Abs. 1 BSHG/§§ 61 Abs. 1 Satz 2, 65 Abs. 1 SGB XII; vgl. VG Göttingen vom 26. März 2003, AZ. 2 A 2003/01; BVerwG vom 15. Juni 2000, BVerwGE 111, 241; Klie/Leonhard in: Igl/Welti (2001), S. 171, 172 ff.

[435] §§ 68–69c BSHG/§§ 61–66 SGB XII.

[436] § 44 SGB VII.

[437] §§ 26c, 35 BVG.

SGB XI angeknüpft[438]. Es werden aber auch darüber hinaus gehende Leistungen erbracht[439]. Auch daran wird deutlich, dass das SGB XI nur einen Teil des behinderungsbedingten Pflegebedarfs deckt. Ansprüche auf Pflegeleistungen im Rahmen der Krankenbehandlung nach dem SGB V[440] und anderen Leistungssystemen knüpfen an die Behandlung einer Krankheit an. Sie können jedoch, insbesondere bei chronischen Krankheiten, auch Teil von Leistungen für behinderte Menschen sein[441].

Die nach dem SGB XI zu erbringenden Leistungen sind ein besonderes Anspruchssystem für, im Rahmen des Verrichtungskatalogs, besonders schwer behinderte Menschen. Die Pflegekassen sind jedoch auch mit dem SGB IX nicht als Rehabilitationsträger ausgewiesen worden. Pflegebedürftigkeit wird im Verhältnis von SGB XI und SGB V von Behandlung, im Verhältnis von SGB XI und Eingliederungshilfe nach dem BSHG von Rehabilitation und Teilhabe am Leben in der Gemeinschaft abgegrenzt. So können keine Leistungen zur Teilhabe am Leben in der Gemeinschaft, sondern nur Pflegeleistungen beansprucht werden, wenn keine erfolgreiche Eingliederung erwartet wird[442]. Es ist aber in der Rechtsprechung anerkannt, dass Pflegebedürftigkeit und die Möglichkeit zur Eingliederung und Rehabilitation sich nicht in jedem Fall ausschließen[443]. Dennoch führt das Bundessozialgericht wiederholt aus, dass bei Hilfsmitteln im Heim bei der Kostenaufteilung zwischen Heimträger und Rehabilitationsträger danach zu differenzieren sei, ob Pflege im Vordergrund stehe, weil Selbstbestimmung und Teilhabe am Leben in der Gesellschaft nicht mehr möglich sei und eine Rehabilitation nicht mehr stattfinde[444]. Diese Abgrenzung ist außerordentlich schwierig und problematisch[445]. Sie entspricht einem weitgehend ungeklärten begrifflichen Verhältnis von Behinderung und Pflegebedürftigkeit und von Rehabilitation und Pflege. Die Entgegenstellung von Eingliederung und Pflege ist mit dem durch den Behinderungsbegriff des SGB IX formulierten Anspruch auf Teilhabe und Selbstbestimmung für alle behinderten Menschen aber letztlich nicht vereinbar. Sie negiert zudem, dass auch nach dem SGB XI die Selbstbestimmung und Rehabilitation der Pflegebedürftigen geboten ist[446].

Pflegebedürftigkeit ist eine besonders schwere Form von Behinderung[447]. Pflegebedürftige Menschen sind immer auch behindert, da sie stets wegen einer gesundheitlichen Störung in ihrer Teilhabe schwer beeinträchtigt sind. Die Vermeidung, Minderung oder Aufhebung von Pflegebedürftigkeit ist im SGB IX als eigenständiger Auftrag der Rehabilitationsträger genannt[448], dem ein verbindlicher

---

[438] § 26c Abs. 3–5 BVG; § 61 Abs. 3–5 SGB XII.
[439] § 26c Abs. 1 BVG; § 61 Abs. 1 Satz 2 SGB XII.
[440] § 37 SGB V.
[441] BSG vom 28. Januar 1999, BSGE 83, 254 (künstliche Beatmung als dauernde Behandlungspflege).
[442] BVerwG vom 18. Februar 1994, RdLH 3/1994, S. 27.
[443] BVerwG vom 27. Oktober 1977, BVerwGE 55, 31.
[444] BSG vom 22. Juli 2004, SozR 4-2500 § 33 Nr. 5 (Lagerungsrollstuhl); BSG vom 6. Juni 2002, BSGE 89, 271, 276 (Ernährungspumpe).
[445] Vgl. unten II.B.4.b.(4).
[446] §§ 2 Abs. 1, 31 SGB XI; vgl. unten IV.C.6.b.(4) und IV.C.6.c.
[447] Klie, ZSR 2004, S. 502, 507.
[448] § 4 Abs. 1 Nr. 2 SGB IX.

Vorrang zukommt[449] und der vor allem durch medizinische Rehabilitation realisiert werden soll[450].

Nach dem vierten Altenbericht der Bundesregierung[451] waren Ende 1999 in der Bundesrepublik Deutschland 2,02 Millionen Menschen pflegebedürftig im Sinne der Pflegeversicherung, von denen über 1 Million älter als achtzig Jahre alt waren. 2003 waren 315.000 Pflegebedürftige jünger als 60 Jahre[452]. 573.000 Pflegebedürftige lebten in Heimen. 2003 erhielten 322.851 Personen Hilfe zur Pflege des Sozialhilfeträgers[453].

h) Hilflosigkeit

Mit dem Begriff der Hilflosigkeit werden ebenfalls besonders schwer behinderte Menschen bezeichnet. Hilflosigkeit ist im Einkommensteuerrecht definiert[454]. Danach ist hilflos, wer für eine Reihe von häufig wiederkehrenden Verrichtungen zur Sicherung seiner persönlichen Existenz im Ablauf eines jeden Tages fremder Hilfe bedarf. Diese Voraussetzungen sind auch dann gegeben, wenn die Hilfe in Form einer Überwachung oder einer Anleitung zu den Verrichtungen erforderlich ist oder wenn die Hilfe nicht dauernd geleistet werden muss, jedoch eine ständige Bereitschaft zur Hilfeleistung erforderlich ist[455]. Nach Abschluss einer beruflichen Erstausbildung wird dies regelmäßig nicht mehr angenommen[456]. Die Pflege einer hilflosen Person berechtigt die pflegende Person, einen steuerlichen Pauschbetrag geltend zu machen[457]. Der steuerrechtliche Hilflosigkeitsbegriff ermöglicht, pauschal die Minderung der wirtschaftlichen Leistungsfähigkeit der Pflegeperson zu berücksichtigen, kann jedoch als zu unbestimmt kritisiert werden[458].

Hilflosigkeit ist weiter ein Begriff des Versorgungsrechts[459]. Hilflosigkeit wird hier angenommen, wenn eine Person mindestens zwei Stunden am Tag fremder Hilfe bedarf oder zwischen einer und zwei Stunden wirtschaftlich hochwertige Pflege benötigt[460]. Der Hilflosigkeitsbegriff ist dem Pflegebedürftigkeitsbegriff eng verwandt, ist aber weniger restriktiv und detailliert als die im SGB XI gewählte sozialrechtliche Definition[461]. Entsprechend bindet die Entscheidung des Versorgungsamts über das Vorliegen von Hilflosigkeit die Träger von Pflegeleistungen

---

449 § 8 Abs. 3 SGB IX.
450 § 26 Abs. 1 Nr. 2 SGB IX.
451 BT-Drucks. 14/8822, S. 250; Igl in: SRH (2003), 17. Rz 2. Zu den kaum veränderten Zahlen 2003 vgl. BT-Drucks. 15/4575, S. 144 f.; BT-Drucks. 15/5015, S. 116.
452 BT-Drucks. 15/4575, S. 145.
453 BT-Drucks. 15/5015, S. 117; vgl. zur Entwicklung: BT-Drucks. 15/4125, S. 48 ff.
454 § 33b Abs. 6 Satz 2 EStG; vgl. unten V.C.4.
455 § 33b Abs. 6 Satz 3 EStG.
456 BSG vom 12. November 1996, BSGE 79, 231 ff.; BSGE 79, 235 ff. (Hörsprachgeschädigte).
457 § 33b Abs. 6 Satz 1 EStG: 924 € jährlich.
458 Kube, NZS 2004, S. 458, 461.
459 § 35 Abs. 1 BVG.
460 BSG vom 10. Dezember 2002, BSGE 90, 185.
461 Vgl. zum Verhältnis zwischen steuerrechtlichem Hilflosigkeitsbegriff und Sozialrecht: BSG vom 12. Februar 2003, Breithaupt 2003, S. 511; dazu Kube, NZS 2004, S. 458 ff.; Palm, SGb 2003, S. 702 ff.

nicht[462]. Die Hilflosigkeit wird auch im Schwerbehindertenausweis eingetragen[463]. Sie berechtigt zur unentgeltlichen Beförderung im öffentlichen Nahverkehr[464].

i) Rehabilitanden

Eine weitere Möglichkeit, die von Behinderung betroffenen Personen zu bezeichnen und zu definieren, ist die von der fördernden Maßnahme ausgehende Begriffsbildung. Insbesondere in der medizinischen Rehabilitation und beruflichen Rehabilitation wurde und wird häufig weniger von behinderten Menschen als von Rehabilitanden gesprochen. Der Begriff wurde im Recht der DDR benutzt[465], ist aber in die bundesdeutsche Gesetzessprache nicht eingegangen. Verschiedentlich wurde er dem Begriff der Behinderten gegenübergestellt und als geeigneterer Begriff für bestimmte Rehabilitationsbereiche angesehen. Damit wurde zum Ausdruck gebracht, dass der Begriff des Rehabilitanden im Gegensatz zum Behinderten bereits mit ausdrückt, dass die so bezeichnete Person sich in einem Prozess befindet, an dessen Ende die Behinderung überwunden oder vermieden sein soll. Stigmatisierende Auswirkungen der Bezeichnung als Behinderter sollten so vermieden werden.

j) Behinderung, Behinderte, behinderte Menschen

(1) Geschichte des Begriffs

Eine übergeordnete Kategorie für alle heute als Behinderung bezeichneten Phänomene und die als behindert bezeichneten Menschen gab es vor der Neuzeit nicht[466]. Am ehesten hatte der Begriff des Gebrechens diesen Inhalt. Die Wörter behindern, Behindernis und Behinderung stammen aus dem niederdeutschen Sprachraum und sind hier in einer Reihe von mittelalterlichen Gesetzestexten im Sinne von hindern und Hindernis nachzuweisen[467]. Im Grimmschen Wörterbuch von 1854 ist Behinderung mit lateinisch *impedimentum* übersetzt und erscheint so als Synonym für Hindernis. Die Verhinderung eines Richters im Sinne der ZPO wurde Anfang des 20. Jahrhunderts auch als „Behinderung" bezeichnet[468].

Der heutige Gebrauch des Wortes Behinderung geht erst auf die Zeit nach dem Ersten Weltkrieg zurück. Am 10. März 1919 wurde in Berlin der Selbsthilfebund der Körperbehinderten (Otto-Perl-Bund) gegründet[469]. Damit erscheint die Bezeichnung „Behinderter" erstmals neben „Krüppel" im öffentlichen Leben als Be-

---

[462] BVerwG vom 17. August 1988, BVerwGE 80, 54.

[463] § 3 Abs. 1 Nr. 2 SchwbAwV, Merkzeichen H; vgl. Gaa-Unterpaul, NZS 2002, S. 406, 409.

[464] § 146 Abs. 1 Satz 1 SGB IX.

[465] AO zur Sicherung des Rechts auf Arbeit für Rehabilitanden vom 26. August 1969, GBl. II, S. 470.

[466] Neubert/Cloerkes (2001), S. 79.

[467] Buch (2001), S. 28.

[468] Steingruber (2000), S. 5; Meyers Großes Konversationslexikon (1908), Stichwort Behinderung.

[469] Vgl. Zander in: HKWM 6/II (2004), Sp. 876 f.; Merkens (1974), S. 199 ff.; von Simon in: Gottstein/Schlossmann/Teleky, Bd. 4 (1927), S. 568, 634 ff.; unten III.A.8.c.

zeichnung für körperlich beeinträchtigte Menschen. Während bis 1933 *„Körperbehinderter"* und *„Krüppel"* nebeneinander benutzt wurden[470], differenzierte der nun in „Reichsbund der Körperbehinderten" umbenannte frühere Selbsthilfebund zwischen beiden und suchte den *„Körperbehinderten"* als *„Schicksal-Betroffenen"* von den geistig Behinderten und vor allem von den zunehmend diskriminierten, verfolgten und getöteten „Erbkranken" abzusetzen[471]. Zugleich wurde eine Reichsarbeitsgemeinschaft zur Bekämpfung des Krüppeltums gegründet[472].

Die Definition des Bundesführers *Hellmut Neubert* lautete 1935:

> „In einem Satz gesagt sind die Körperbehinderten die geistig regen, von Geburt oder in jugendlichem Alter durch Krankheit oder außerberufliche Verletzung zu Schaden gekommen Menschen beiderlei Geschlechts, die durch Leistungen die Behinderung überwinden und rassisch wertvolles Erbgut darstellen."[473]

Im Recht erscheint der Begriff Behinderung erstmals im Gesetz zur Vereinheitlichung des Gesundheitswesens von 1934[474]. Dort wurde die Bezeichnung *„körperlich Behinderte"* zunächst als Oberbegriff für *„Krüppel"* und *„sinnesgeschädigte Personen"* verwendet[475]. Im Reichsschulpflichtgesetz von 1938 wurde der Besuch von Sonderschulen für Kinder angeordnet, *„die wegen geistiger Schwäche oder wegen körperlicher Mängel dem allgemeinen Bildungsweg der Volksschule nicht oder nicht mit genügendem Erfolge zu folgen vermöchten"* (geistig und körperlich behinderte Kinder)[476]. 1940 wurde auf der Tagung der Arbeitsgemeinschaft für Heil- und Ausbildungseinrichtungen in Königsberg das Wort *„Krüppel"* durch das Wort *„Körperbehinderter"* ersetzt[477].

Nach dem Ende der nationalsozialistischen Zeit setzte sich die begriffliche Neuorientierung fort. Zunächst wurden weiterhin der Verkrüppelungs- und der Behinderungsbegriff nebeneinander benutzt. Die Auseinandersetzungen um den Krüppelbegriff und die Verwendung des Begriffs „Körperbehinderte" in der Abgrenzung zu geistig Behinderten[478] zeigten jedoch, dass die begriffliche Differenzierung der nationalsozialistischen Ära sich im Alltagsverständnis festgesetzt hatte und der Behinderungsbegriff nun den Verkrüppelungsbegriff endgültig ablöste. Es wurden nun die Wörter Sehbehinderte, Hörbehinderte, Sprachbehinderte und Körperbehinderte benutzt. Die Neuschöpfungen Leistungsbehinderung und Entfaltungsbehinderung haben sich nicht durchgesetzt, wohl aber Lernbehinderung[479].

---

[470] Von Simon in: Gottstein/Schlossmann/Teleky, Bd. 4 (1927), S. 635; für die Pädagogik: Sander in: Eberwein (1999), S. 99, 100.

[471] P. Fuchs (1999) S. 220 ff.; vgl. Weber (2002), S. 22; unten III.A.9.b.; oben II.A.1.d.(3).

[472] Lotze (1999), S. 16; Von Engelhardt, DRV 1990, S. 572, 581; noch 1955–1957 lautete der Name der heutigen DVfR Deutsche Vereinigung zur Bekämpfung des Krüppeltums, vgl. Lotze (1999), S. 23; Merkens (1974), S. 223.

[473] Neubert zitiert nach P. Fuchs (1999), S. 222; vgl. auch Hoske (1936).

[474] Gesetz zur Vereinheitlichung des Gesundheitswesens vom 3. Juli 1934 RGBl. I, 531.

[475] § 3 Abs. 1 des Gesetzes zur Vereinheitlichung des Gesundheitswesens; vgl. Buch (2001), S. 29.

[476] § 6 Reichsschulpflichtgesetz, RGBl. I, 799; vgl. Buch (2001), S. 29 f.; Sander in: Eberwein (1999), S. 99, 100.

[477] Volkert (1977) S. 27.

[478] Siehe oben; Glombig (1954), S. 91.

[479] Steingruber (2000), S. 6.

Erstmalig in einer Verfassungsnorm erwähnt wurden Körperbehinderte in der Berliner Verfassung von 1950, wonach diese Anspruch auf besonderen Schutz im Arbeitsverhältnis hatten[480]. In den Mittelpunkt der Sozialgesetzgebung der Bundesrepublik Deutschland rückte der Begriff über das Körperbehindertengesetz von 1957 mit einem ersten Entwurf von 1950[481], die Eingliederungshilfe für Behinderte im Bundessozialhilfegesetz von 1961[482], das Schwerbehindertengesetz[483] und das Gesetz über die Angleichung der Leistung zur Rehabilitation (RehaAnglG) von 1974[484] und § 10 SGB I von 1975. War zunächst ausschließlich von Behinderten die Rede, so wurde der gemeinsame Begriff der Behinderung erstmals im BSHG verwendet, wo die Aufgabe der Eingliederungshilfe einheitlich mit der Verhütung, Beseitigung oder Milderung der Behinderung und ihrer Folgen definiert wurde[485]. Behinderung erscheint dann auch im RehaAnglG[486] und SchwbG[487] als eigenständiger Rechtsbegriff.

(2) Definitionen von Behinderung

In der Bundesrepublik Deutschland wurde zunächst im Körperbehindertengesetz von 1957 die Körperbehinderung noch in Anlehnung an den bisherigen Verkrüppelungsbegriff definiert:

„Körperbehindert im Sinne dieses Gesetzes sind Personen, die durch eine Fehlform oder Fehlfunktion des Stütz- und Bewegungssystems oder durch Spaltbildungen des Gesichts oder des Rumpfes dauernd in ihrer Erwerbsfähigkeit wesentlich beeinträchtigt sind oder in Zukunft voraussichtlich sein werden."[488]

Das Gesetz, so wurde weiter bestimmt, finde auch Anwendung auf Seelentaube und Hörstumme[489]. Ein allgemeiner Begriff auch nur der körperlichen Behinderung war damit nicht erreicht. Die Definition der Körperbehinderten wurde in das Bundessozialhilfegesetz von 1961 unter Verzicht auf den Bezug zur Erwerbsfähigkeit übernommen[490]. Blinde, in der Hörfähigkeit oder Sprechfähigkeit beeinträch-

---

[480] Art. 12 Abs. 2 der Berliner Verfassung vom 1. September 1950, VBl. I, S. 433; vgl. Buch (2001), S.11.

[481] Kasseler Erklärung der Deutschen Vereinigung für Krüppelfürsorge und der Arbeitsgemeinschaft der Landesfürsorgeverbände vom 31. Mai 1950, vgl. Lotze (1999), S. 21.

[482] § 39 Bundessozialhilfegesetz (BSHG) vom 30. Juni 1961, BGBl. I, 815.

[483] Gesetz zur Sicherung der Eingliederung Schwerbehinderter in Arbeit, Beruf und Gesellschaft (Schwerbehindertengesetz – SchwbG) vom 29. April 1974, BGBl. I, 1005; vgl. dazu Jung, RdA 1974, S. 161 ff.; ders. BArbBl. 1974, S. 177 ff.; ders. DB 1974, S. 919 ff.; Marienhagen, BB 1974, S. 743 ff.

[484] Gesetz zur Angleichung der Leistungen zur Rehabilitation (Rehabilitations-Angleichungsgesetz – RehaAnglG) vom 7. August 1975, BGBl. I, 1881; vgl. unten III.A.11.c.

[485] § 39 Abs. 3 BSHG.

[486] §§ 1 Abs. 2, 7 Abs. 1, 10 RehaAnglG.

[487] § 3 Abs. 1 SchwbG seit 1986.

[488] § 1 Abs. 1 Satz 1 Körperbehindertengesetz.

[489] § 1 Abs. 1 Satz 2 Körperbehindertengesetz; Hörstumme sind Menschen, die das Gehörte nicht in Sprache umsetzen könne, Schellhorn/Schellhorn (2002), Rz 13 zu § 1 EinglHVO; Seelentaube sind Menschen, die das Gehörte nicht verstehen und mit begrifflichen Vorstellungen verbinden können, Schellhorn/Schellhorn (2002), Rz 13 zu § 1 EinglHVO

[490] § 39 Abs. 1 Nr. 1 und Satz 2 Bundessozialhilfegesetz vom 30. Juni 1961 (BGBl. I S. 815).

tigte Menschen oder Personen, deren geistige Kräfte schwach entwickelt sind, standen den Körperbehinderten gleich[491].

Erst 1986 wurde im SchwbG eine Definition der Behinderung vorgenommen[492]:

„Behinderung im Sinne dieses Gesetzes ist die Auswirkung einer nicht nur vorübergehenden Funktionsbeeinträchtigung, die auf einem regelwidrigen körperlichen, geistigen oder seelischen Zustand beruht. Regelwidrig ist der Zustand, der von dem für das Lebensalter typischen abweicht."

Diese Definition hatte Bestand bis zur Aufhebung des SchwbG durch das SGB IX und konnte für andere Gesetze herangezogen werden, soweit deren Eigenart dem nicht entgegenstand[493]. So wurde in den Auslegungsgrundsätzen der Rentenversicherungsträger zum SGB VI die Behinderung 1995 so definiert:

„Behinderung liegt vor, wenn gesundheitliche Schäden oder Normabweichungen körperlicher, geistiger oder seelischer Art zu einer Einschränkung oder dem Verlust von Fähigkeiten geführt haben, die Voraussetzung für eine normale Lebensführung sind."[494]

1992 wurde die Behinderung zu einem wesentlichen Tatbestandsmerkmal im zivilrechtlichen Betreuungsrecht, während zuvor von „Gebrechen" die Rede war. 1994 wurde mit dem Satz

„Niemand darf wegen seiner Behinderung benachteiligt werden,"

in Art. 3 Abs. 3 Satz 2 GG die Behinderung zum verfassungsrechtlichen Begriff. Auch wenn etliche Stimmen in der rechtswissenschaftlichen Literatur die begrifflichen Differenzierungen nicht weiter aufgegriffen haben und vom „Grundrecht der Behinderten" sprachen, war doch mit der Verfassungsreform bereits ein weiterer Schritt zu einem begrifflichen Perspektivwechsel vorgenommen worden. Dies setzte sich im SGB IX von 2001 und BGG von 2002 fort. Dort ist nun die neugefasste Definition der Behinderung in den Mittelpunkt der Regelung gerückt[495]. Im SGB IX wurde Behinderung neu definiert. § 2 Abs. 1 SGB IX lautet:

„Menschen sind behindert, wenn ihre körperliche Funktion, geistige Fähigkeit oder seelische Gesundheit mit hoher Wahrscheinlichkeit länger als sechs Monate von dem für das Lebensalter typischen Zustand abweichen und daher ihre Teilhabe am Leben in der Gesellschaft beeinträchtigt ist."

Die betroffenen Personen werden seit dem SGB IX in allen Gesetzen nicht mehr als „Behinderte", sondern als „behinderte Menschen"[496] bezeichnet. Damit soll zum Ausdruck gebracht werden, dass es sich nicht um einen die Persönlichkeit prägenden und beherrschenden Gattungsbegriff handelt, sondern dass für diese

---

[491] § 39 Abs. 1 Nr. 2–5 BSHG i. d. F. von 1961.

[492] § 3 Abs. 1 SchwbG; Eine fast wortgleiche Definition wurde 1988 im Österreichischen Behinderteneinstellungsgesetz vorgenommen, § 3 Abs. 1 BEinstG; BG BGBl 1988/721; vgl. Steingruber (2000), S, 31 f.

[493] Lehnert (2000), S. 39.

[494] Auslegungsgrundsätze der Rentenversicherungsträger zu den persönlichen und versicherungsrechtlichen Voraussetzungen der Rehabilitationsleistungen und zur Mitwirkung der Versicherten vom 8. Februar 1995, zitiert nach K. Wagner, NachLVAHess 1997, S. 120.

[495] § 2 Abs. 1 Satz 1 SGB IX, § 3 BGG.

[496] Vgl. in Frankreich: personnes handicapées, Hermann, ZfS 2000, S. 239, 240.

Personen die Zugehörigkeit zur Gesamtgruppe der Menschen wesentlich ist, während es sich bei ihrem Behindertsein lediglich um eine zusätzliche Eigenschafts- bzw. Situationsbeschreibung handelt[497]. Die Definition ist im Behindertengleichstellungsgesetz des Bundes und in den Gleichstellungsgesetzen der meisten Länder wortgleich übernommen worden[498]. Berlin und Sachsen-Anhalt haben abweichende Behinderungsbegriffe in ihren Gleichstellungsgesetzen[499].

In Österreich wurde der Begriff der Behinderten zunächst schon zwischen 1964 und 1967 in auf einem Musterentwurf beruhenden Landesgesetzen[500], auf Bundesebene erst 1988 durch das Behinderteneinstellungsgesetz und 1990 durch das Bundesbehindertengesetz[501] zum zentralen Rechtsbegriff. In der DDR war der Behindertenbegriff kein offizieller Rechtsbegriff geworden[502].

(3) Behinderung und Behinderungsfolge

Unklar ist oft, ob Behinderung als persönliche Eigenschaft oder als soziale Situation verstanden wird. Nach dem ersteren Behinderungsverständnis ist Behinderung praktisch synonym mit der Gesundheitsstörung. Eine Lähmung der Beine ist nach diesem Verständnis eine Behinderung, während nach einem anderen Verständnis erst die daraus folgende Funktionsstörung der Fortbewegung und ihre sozialen Folgen die Behinderung ausmachen.

Wird die körperliche Funktionsstörung nur als ein Teil der Behinderung angesehen, zu der die soziale Teilhabestörung hinzutreten muss, ist Behinderung also Folge oder Begleiterscheinung von Krankheit und Funktionsstörung, so ist es wenig sinnvoll, von den Folgen von Behinderungen zu sprechen, da diese erst die Behinderungen sind. Wo dagegen von Behinderungsfolgen gesprochen wird, wird die Behinderung mit der Schädigung von Körperfunktionen gleichgesetzt.

Ein solches Verständnis war im Hilfsmittelrecht der gesetzlichen Krankenversicherung unter der RVO zunächst vorherrschend[503]. Behinderungsausgleich wurde so verstanden, dass die ausgefallene Körperfunktion, etwa durch eine Prothese, ersetzt wurde, während Veränderungen der Umwelt nach diesem Verständnis kein Behinderungsausgleich waren[504]. Danach sollte der Blindenführhund zunächst kein Hilfsmittel sein, da der Blinde nicht wieder sehend gemacht, sondern nur in seiner Umweltbeziehung unterstützt wurde. Eine erste Weiterung wurde zugelas-

---

[497] Haines, BArbBl. 2001, S. 42; Bendel, ZfSoz 1999, S. 301, 304 f.; H. Bach, ZHP 1976, S. 396, 397; vgl. U. Bach, Die Rehabilitation 1974, S. 15, 17: *„Behinderte Menschen. Na und? Hauptsache Menschen."* zur Substanzialisierung sozialer Verhältnisse durch Sprachgebrauch: Jantzen (1993), S. 38 f.; zur Kritik auch am Begriff des behinderten Menschen und den Grenzen dieser Kritik: Jantzen (1998), S. 99 ff.; Eberwein, ZHP 1995, S. 468, 469 f.

[498] § 3 BGG; § 2 Abs. 1 LBGG; § 2 Abs. 1 LGGBehM; § 3 BbgBGG; Art. 2 BayBGG; § 2 SächsIntegrG; § 3 Abs. 1 NRWBGG; § 3 Abs. 1 SBGG; § 2 BremBGG; vgl. unten II.A.2.f.

[499] Vgl. unten II.A.2.g.

[500] Steingruber (2000), S. 44 ff.

[501] BGBl 1990/283; dazu Steingruber (2000), S. 32 f.

[502] Zum Gebrauch des Begriffs im kirchlichen Bereich im Gegensatz zur offiziellen Sprache: Ellger-Rüttgardt in: Ellger-Rüttgardt (2000), S. 20.

[503] Fröhlich, ZfS 1980, S. 10 ff., 33 f.

[504] BSG vom 15. Februar 1978, USK 7802; BSG vom 10. November 1977, BSGE 45, 133 ff.; BSG vom 24. August 1978, SozR 2200 § 182b Nr. 9.

sen, als Behinderungsfolgen im Bereich der Körperpflege vom BSG der Behinderung selbst zugerechnet wurden[505]. Der Versuch, die eng verstandene Behinderung von der weit verstandenen Behinderungsfolge abzugrenzen, wurde schließlich aufgegeben[506], da es sich nicht als dem Sinn der Norm entsprechend erwiesen hat, die Leistungspflicht nach einem Merkmal zu richten, das nicht am Ergebnis orientiert war[507]. Nunmehr wurde darauf abgestellt, dass der Blindenführhund im Effekt zu einem unmittelbaren Ausgleich der fehlenden Sehfähigkeit führte. Bei umfassender Würdigung der Behinderung, so das BSG, sei der Verlust des Orientierungsvermögens nicht Folge der Behinderung Blindheit, sondern ihr Teil[508].

k) Barriere, Barrierefreiheit

In den letzten Jahrzehnten ist die Diskussion über einen sozialen Behinderungsbegriff intensiv geführt worden. Dabei ist thematisiert worden, dass Behinderungen auch auf Umwelt- und Kontextfaktoren der behinderten Menschen zurückzuführen sind. Für solche behindernden Umstände, praktisch abstrakte Behinderungen, ist der Begriff der Barriere und für ihre Vermeidung oder Beseitigung das Wort Barrierefreiheit belegt worden[509]. Barriere ist ein ursprünglich französisches Wort für ein feststehendes Hindernis. Mit den Gleichstellungsgesetzen für behinderte Menschen in Bund und Ländern sowie im Bau- und Infrastrukturrecht und in den Vorgaben für die soziale Infrastruktur nach dem SGB I und SGB IX ist der Begriff in das Recht aufgenommen worden. Die Definition der Barrierefreiheit in § 4 BGG lautet:

„Barrierefrei sind bauliche und sonstige Anlagen, Verkehrsmittel, technische Gebrauchsgegenstände, Systeme der Informationsverarbeitung, akustische und visuelle Informationsquellen und Kommunikationseinrichtungen sowie andere gestaltete Lebensbereiche, wenn sie für behinderte Menschen in der allgemein üblichen Weise, ohne besondere Erschwernis und grundsätzlich ohne fremde Hilfe zugänglich und nutzbar sind."

Diese Definition ist im Gleichstellungsrecht der Länder Schleswig-Holstein, Rheinland-Pfalz, Brandenburg, Bayern, Sachsen, des Saarlandes, Hessens und Bremens[510] übernommen worden. In Brandenburg ist noch hinzugefügt worden:

„Eine besondere Erschwernis liegt insbesondere auch dann vor, wenn behinderten Menschen die Mitnahme oder der Einsatz benötigter Hilfsmittel verweigert oder erschwert wird."[511]

---

[505] BSG vom 19. Dezember 1978, SozR 2200 § 182b Nr. 10 (WC-Automatik); vgl. Fröhlich, ZfS 1988, S. 33.

[506] BSG vom 14. Januar 1981, NJW 1981, S. 648; BSG vom 25. Februar 1981, BSGE 51, 206 ff.; vgl. dazu Mrozynski, SGb 1990, S. 16 ff.

[507] So auch V. Neumann, SGb 1983, S. 507, 510 f.

[508] BSG, NJW 1981, 648.

[509] Hirschberg (2004), S. 12 f.

[510] § 2 Abs. 3 LBGG SH; § 2 Abs. 3 RhPfLGGBehM; § 4 Satz 1 BbgBGG; Art. 4 BayBGG; § 3 SächsIntegrG; § 3 Abs. 3 SBGG; § 4 BremBGG; § 3 Abs. 1 HessBGG.

[511] § 4 Satz 2 BbgBGG.

Eine eigenständige Definition ist im Behindertengleichstellungsgesetz von Nordrhein-Westfalen vorgenommen worden:

„Barrierefreiheit ist die Auffindbarkeit, Zugänglichkeit und Nutzbarkeit der gestalteten Lebensbereiche für alle Menschen. Der Zugang und die Nutzung müssen für Menschen mit Behinderung in der allgemein üblichen Weise, ohne besondere Erschwernis und grundsätzlich ohne fremde Hilfe möglich sein; hierbei ist die Nutzung persönlicher Hilfsmittel zulässig. Zu den gestalteten Lebensbereichen gehören insbesondere bauliche und sonstige Anlagen, die Verkehrsinfrastruktur, Beförderungsmittel im Personennahverkehr, technische Gebrauchsgegenstände, Systeme der Informationsverarbeitung, akustische und visuelle Informationsquellen sowie Kommunikationseinrichtungen."[512]

Im Sinne eines „Universal Design" soll Barrierefreiheit eine allgemeine Gestaltung des Lebensumfelds für alle Menschen, die niemanden ausschließt und von allen gleichermaßen genutzt werden kann, bewirken[513]. Hieraus ist zu entnehmen, dass Barriere eine jede Gestaltung eines Lebensbereichs ist, die von behinderten Menschen nicht in der allgemein üblichen Weise, ohne besondere Erschwernis und grundsätzlich ohne Hilfe zu nutzen ist. Aus der Umkehrung der Definition wird deutlich, wie essenziell und wie schwierig das Identifizieren von Barrieren ist. Dies ist insbesondere deshalb festzuhalten, weil behinderte Menschen keine homogene Gruppe sind. Abgesenkte Bordsteinkanten sind notwendig für Rollstuhlfahrer, können aber für sehbehinderte Menschen die Verkehrssicherheit herabsetzen. Seh- und hörbehinderte Menschen haben sehr unterschiedliche Anforderungen an die Nutzbarkeit von Kommunikationseinrichtungen. Sind für die eine Gruppe Druckmedien barrierefrei, ist es für die andere Gruppe der Hörfunk.

Zur Konkretisierung der Barrierefreiheit können besondere Regelungen wie die Barrierefreie Informationstechnik-Verordnung[514] und die Verordnung über barrierefreie Dokumente in der Bundesverwaltung[515], Zielvereinbarungen zwischen Verbänden behinderter Menschen und Unternehmen oder Unternehmensverbänden[516] oder DIN-Normen als anerkannte Regeln der Technik herangezogen werden[517].

Barrierefreiheit kann die Nutzbarkeit von Lebensbereichen auch für Menschen erweitern, die nicht behindert in Folge einer gesundheitlichen Einschränkung sind. So nützt die Barrierefreiheit des Straßenraums und von öffentlichen Gebäuden auch Eltern mit Kinderwagen[518]. Barrierefreie Arbeitsplätze können ein Beitrag zur Arbeitssicherheit, Prävention und Leistungssteigerung für viele Beschäftigte und Kunden sein[519]. Insofern kann gerade Barrierefreiheit Recht und Politik zu

---

512 § 4 NRWBGG.
513 BT-Drucks. 15/4575, S. 10.
514 Vgl. unten V.F.2.a.
515 Vgl. unten V.F.4.
516 § 5 BGG; vgl. unten V.J.3.b.
517 Hier: DIN 18024, Teil 1 Barrierefreies Bauen im öffentlichen Verkehrsraum, Teil 2 Öffentlich zugängliche Gebäude, DIN 18025, Teil 1 Wohnungen für Rollstuhlbenutzer, DIN 18025, barrierefreie Wohnungen, eine DIN 33455, Barrierefreie Produkte, ist noch im Entwurfsstadium, vgl. BT-Drucks. 15/4575, S. 124; Wagner/Kaiser (2004), S. 100 f.
518 Vgl. die Normierung in den Landesbauordnungen, unten V.J.2.
519 Buhmann, BG 2003, S. 457 ff.; vgl. unten V.I.2.c.(1).

Gunsten behinderter Menschen in eine umfassendere humanere und zweckmäßigere Gestaltung der Gesellschaft einbetten.

l) Zusammenfassung zum Wortfeld Behinderung

Der Begriff der Behinderung ist mittlerweile durch seine Verankerung im Verfassungsrecht, im Sozialrecht und im Gleichstellungsrecht für behinderte Menschen ein Leitbegriff geworden, der im Recht für durch gesundheitliche Probleme in ihrer gesellschaftlichen Teilhabe beeinträchtigte Menschen benutzt wird. Ältere Begriffe wie diejenigen des Gebrechens, der Versehrtheit und der Beschädigung sind durch ihn weit gehend abgelöst worden. Die Begriffe der Behinderung und der behinderten Menschen zeigen einen Bezug zu den behindernden Faktoren, die nicht nur im Gesundheitszustand, sondern auch im sozialen Kontext der behinderten Menschen liegen. Zu ihrer Bezeichnung wird der Begriff der Barriere verwendet.

Die Bezeichnungen bestimmter Gesundheitsprobleme und der von ihnen verursachten Teilhabestörungen, insbesondere für Behinderungen des Geistes und der Seele, des Sehens, des Hörens und der Mobilität, haben weiterhin Bedeutung im Sozialrecht und insbesondere im Schulrecht.

Besondere Aspekte von Behinderung und durch sie ausgelöste Bedarfslagen werden im Sozialrecht als Pflegebedürftigkeit und Erwerbsminderung bezeichnet. Pflegebedürftigkeit beschreibt eine besondere Bedarfslage, die durch schwere Behinderung ausgelöst wird. Erwerbsminderung beschreibt einen abstrakt definierten Mangel der Teilhabemöglichkeit am Arbeitsleben und damit den Bedarf an ausgleichenden Maßnahmen. Beide Begriffe sind auch im SGB IX neben der Behinderung von zentraler Bedeutung.

Der Begriff des Förderbedarfs ist im Schulrecht leitend für Maßnahmen und Einrichtungen, die auch für behinderte Schülerinnen und Schüler gedacht sind. Er ist jedoch nicht deckungsgleich mit Behinderung. Insbesondere bei den mit Lernbehinderung und Verhaltensstörung bezeichneten Indikatoren eines Förderbedarfs sind nicht alle Förderbedarfe durch eine Behinderung ausgelöst, sondern einige haben alleine soziale oder entwicklungsbedingte Ursachen.

Im System des Krankenversicherungsrechts und in anderen Leistungssystemen der akuten medizinischen Versorgung ist der Begriff der Krankheit leitend. Er ist deutlich von dem der Behinderung unterschieden. Beide Begriffe haben aber eine Schnittmenge. Diese wird zu einem erheblichen Teil durch den Begriff der chronischen Krankheit beschrieben, der im Sozialrecht in den letzten Jahren an Bedeutung gewonnen hat. Gesundheit ist ein Oberbegriff, der im wertenden oder beschreibenden Sinn benutzt werden kann. Im wertenden Sinne kann er als Gegenbegriff zu Krankheit und vielleicht auch Behinderung benutzt werden. Zugleich sind Krankheit und Behinderung verschiedene Aspekte einer Betrachtung des gesundheitlichen Zustands von Menschen.

Das soziale Risiko des Alters ist von den mit Behinderung, Erwerbsminderung und Pflegebedürftigkeit bezeichneten Tatbeständen zu trennen, hat jedoch jeweils einen erheblichen Bereich der Überschneidung zumindest insoweit, als die Risiken miteinander korrelieren.

2. Behinderung als Begriff des heutigen Rechts

a) Internationale Begriffsverwendung

(1) Internationales Recht und internationale Organisationen

Die Begriffe der Behinderung und behinderter Menschen im heutigen Sinne sind in internationalen Abkommen und Vereinbarungen zunächst 1955 in der Empfehlung für die berufliche Rehabilitation behinderter Personen der Internationalen Arbeitsorganisation[520] erschienen. Dort wurde definiert:

„Im Sinne dieser Empfehlung gilt als ‚behinderte Person' jede Person, deren Aussichten, eine angemessene Beschäftigung zu finden und beizubehalten, durch eine Beeinträchtigung ihrer körperlichen oder psychischen Fähigkeiten wesentlich herabgesetzt sind."

Im deutschen Schrifttum findet sich der Begriff der Behinderung 1956 in einem Bericht von *Theodor Scharmann* über Probleme der Rehabilitation aus internationaler Sicht. Dort heißt es, dass auf einer Studientagung der Vereinten Nationen, des Internationalen Arbeitsamts und der World Veterans Federation im Oktober 1955 in Wien der Begriff der Behinderung als *„Einschränkung oder Hemmung der körperlichen und psychischen Leistungsfähigkeit oder Mangel der Sinnesorgane"* verstanden worden sei[521].

Die europäische Sozialcharta von 1961 ist für die Bundesrepublik Deutschland 1965 in Kraft getreten. Darin verpflichteten sich die Vertragsstaaten, darunter die Bundesrepublik Deutschland, die wirksame Ausübung des Rechts der körperlich und geistig Behinderten auf Berufsausbildung, Eingliederung und Wiedereingliederung zu gewährleisten und hierzu geeignete Maßnahmen für die Bereitstellung von Ausbildungsmöglichkeiten zu ergreifen und geeignete Vorkehrungen für die Einstellung von Behinderten auf Arbeitsplätzen zu treffen[522]. Hier ist im englischen Vertragstext von „the disabled" die Rede.

Eine internationale Definition wurde 1975 in der UNO-Resolution Nr. 3447[523] gegeben:

„Behinderte im Sinne dieser Erklärung sind alle Personen, die auf Grund einer angeborenen oder erworbenen Schädigung körperlicher oder geistiger Art nicht in der Lage sind, sich voll oder teilweise aus eigener Kraft wie ein Nichtbehinderter die entsprechende Stellung in Arbeit, Beruf und Gesellschaft zu sichern."

Mit der International Classification of Impairments, Disabilities and Handicaps (ICIDH)[524] hat die Weltgesundheitsorganisation (WHO) 1980 ein erstes Klassifi-

---

[520] Empfehlung für die berufliche Rehabilitation behinderter Personen der 38. Allgemeinen Konferenz der Internationalen Arbeitsorganisation vom 21. Juni 1955, BArbBl. 1955, S. 669 ff.; vgl. unten III.A.13.a.

[521] Scharmann, BArbBl 1956, S. 175, 178.

[522] Art. 15 Europäische Sozialcharta vom 18. Oktober 1961, durch Gesetz vom 19. September 1964 (BGBl. II S. 1261) am 26. Februar 1965 für die Bundesrepublik Deutschland in Kraft getreten; vgl. unten III.A.12.b.

[523] UNO-Resolution vom 9. Dezember 1975, Deklaration über die Rechte der Behinderten, zitiert Kraus, ZfSH 1981, S. 6, 8; vgl. unten III.A.13.a.

[524] Abgedruckt in: Matthesius/Jochheim/Barolin/Heinz (1995).

kationssystem zu Behinderungen erarbeitet. Hier wurde die begriffliche Einheit von Behinderung in Frage gestellt, indem zwischen Schädigungen (impairments), Behinderungen (disabilities) und Beeinträchtigungen (handicaps) differenziert wurde. Diese wurden wie folgt definiert:

„Eine Schädigung ist ein beliebiger Verlust oder eine Normabweichung in der physischen in der physischen, physiologischen oder anatomischen Struktur oder Funktion.

Eine Behinderung (als Folge einer Schädigung) ist jede Einschränkung oder jeder Verlust der Fähigkeit, Aktivitäten in der Art und Weise oder in dem Umfang auszuführen, die für einen Menschen als normal angesehen wird.

Eine Beeinträchtigung ist eine sich aus einer Schädigung oder Behinderung ergebende Benachteiligung des betroffenen Menschen, die die Erfüllung der Rolle einschränkt oder verhindert, die (abhängig von Geschlecht, Alter sowie sozialen und kulturellen Faktoren) für diesen Menschen normal ist."

Dieses differenzierte Modell erlaubte eine genauere Diskussion und Klassifizierung. Im Verlauf dieser Diskussion wurde jedoch die der ICIDH zu Grunde liegende Kausalverbindung als vielfach unzureichend erkannt. Zugleich blieb das Bedürfnis nach einem einheitlichen Oberbegriff in Wissenschaft und Recht erhalten. Die Begriffe disability und handicap wurden in der international auf Englisch geführten Diskussion nebeneinander benutzt und zum Teil in der Diskussion um einen stärker medizinisch oder stärker sozial akzentuierten Behinderungsbegriff mit entsprechend divergierenden Inhalten aufgeladen. Deutlich wurde dies insbesondere in den Standard Rules der Generalversammlung der Vereinten Nationen von 1993, in denen beide Begriffe benutzt werden[525]. Dort heißt es zu disability[526]:

„The term ‚disability‘ summarizes a great number of different functional limitations occuring in any population in any country of the world. People may be disabled by physical, intellectual or sensory impairment, medical conditions or mental illness. Such impairments, conditions or illnesses may be permanent or transitory in nature. "

und zu handicap[527]:

„The term ‚handicap‘ means the loss of opportunities to take part in the life of the community on an equal level with others. It describes the encounter between the person with a disability and the environment. The purpose of this term is to emphasize the focus on the shortcomings in the environment and in many organized activities in society, for example, information, communication and education, which prevent persons with disabilities from participating on equal terms.";

Diese Differenzierung wird dort auch erklärt:

„The use of the two terms ‚disability‘ and ‚handicap‘, as defined (...) above, should be seen in the light of a modern disability history. During the 1970s there was a strong reaction among representatives of organizations of persons with disabilities and professionals in the field of

---

[525] 48. Generalversammlung, Beschluss 48/96 vom 20. Dezember 1993: Standard Rules on the Equalization of Opportunities for Persons with Disabilities; vgl. dazu Bengt Lindqvist, Standard Rules in the Disability Field. A new United Nations’ Instrument in: Höök (1995), S. 7 ff.
[526] Ziffer 17 der Standard Rules der UN.
[527] Ziffer 18 der Standard Rules der UN; vgl. zum Begriff und seiner Übersetzung: Sander in: Eberwein (1999), S. 99, 103 f.; Renker/Renker (1985), S. 19.

disability against the terminology of the time. The terms ‚disability' and ‚handicap' were often used in unclear and confusing way, which gave poor guidance for policy-making and for political action. The terminology reflected a medical and diagnostical approach, which ignored the imperfections and deficiencies of the surrounding society.

(...) Some users (of the ICIDH) have expressed concern, that the Classification, in its definition of the term ‚handicap', may still be considered too medical and too centered on the individual, and may not adequately clarify the interaction between social conditions or expectations and the abilities of the individual." [528]

Der Begriff handicap hatte also die Funktion, Teilhabestörungen zu beschreiben, wurde aber für diesen Kontext wiederum als zu stark auf das behinderte Individuum zentriert angesehen. Er ist im Englischen zudem wegen einer Volksetymologie zurückgedrängt worden, in welcher der Begriff mit Betteln assoziiert wurde (cap in hand)[529].

Im Amsterdamer Vertrag von 1997 wurde der Begriff der Behinderung erstmals in den EG-Vertrag in der Ermächtigung zum Erlass von Vorschriften gegen Diskriminierung aufgenommen[530]. In der englischen Fassung erscheint dort nur disability.

Im Mai 2001 wurde nach jahrelangen Vorarbeiten von der 54. Vollversammlung der WHO die International Classification of Functioning, Disability and Health (ICF)[531] als Nachfolgesystem der ICIDH beschlossen. Die Begriffsverwendung auf der Ebene der englischsprachigen ICF stellt nun also den Begriff der disability in den Mittelpunkt, während der in der ICIDH verwendete Begriff handicap als Ausdruck der sozialen Komponente zugunsten der Kategorie der participation zurückgenommen wurde[532]. Damit ist auf der Ebene internationaler Klassifikationen und Verträge ein einheitlich bezeichneter Behinderungsbegriff zurückgewonnen, ohne dass die mit dem Begriff handicap begonnene inhaltliche Differenzierung aufgegeben worden wäre.

(2) Europäische Sprachen

Im Englischen kann nun der Begriff der *disability* und der *disabled persons* bzw. *people* als vorherrschender und offizieller Begriff angesehen werden, der auch in der Englischen Fassung von Art. 13 EGV und Art. III-124 EVV verwendet wird. Er leitet sich ab vom Lateinischen *disabilis* (nicht fähig).

In der spanischen Fassung des EG-Vertrages lautet der Begriff *discapacitad* in seiner portugiesischen Fassung *deficiência*. Im spanischen Recht wird neben dem Begriff der *discapacitados* auch derjenige der *minusvalidos*[533] benutzt; im Portugie-

---

[528] Ziffer 19 und 20 der Standard Rules der UN.
[529] Vgl. Weber (2002), S. 26 f.
[530] Vgl. unten III.A.12.d.
[531] Beschlossen durch Resolution WHA 54.21; Internationale Klassifikation der Funktionsfähigkeit, Behinderung und Gesundheit (ICF) der Weltgesundheitsorganisation, deutschsprachige Veröffentlichung durch das Deutsche Institut für Medizinische Dokumentation und Information, (DIMDI), Köln.
[532] Vgl. Weber (2002), S. 26 f.
[533] Ley 13/1982 de 7 de Abril de Integración Social de los Minusválidos (LISMI); vgl. lateinisch validus, wertvoll. Die ICF wird in der spanischen Fassung bezeichnet als Clasificación Internacional del Funcionamiento, Discapacidad y de la Salud (CIF).

sischen heißen die betroffenen Personen *deficientes*. Diese romanischen Begriffsbildungen betonen ebenfalls das individuelle Defizit der Betroffenen.

Allerdings finden sich nun in mehreren europäischen Sprachen Entlehnungen
des englischen *handicap* als Kernbegriff. So ist Behinderung in Art. 13 EGV in der
französischen, italienischen, niederländischen und dänischen Fassung des Vertrages
mit *handicap* übersetzt. Behinderte Menschen sind im Französischen *handicapés*
(bzw. *personnes handicapées*) im Niederländischen *gehandicapten*[534] und im Dänischen *handicappede*. Auch dadurch wird deutlich, dass die Entscheidung, in der
Englischen Sprache den Begriff des *handicap* aufzugeben, nicht als internationale
inhaltliche Entscheidung gegen den damit verbundenen sozialen Behinderungsbegriff angesehen werden kann.

Am stärksten ähnelt dem deutschen Begriff das in der schwedischen Fassung des
Vertrages benutzte *funktionshinder*, dessen zweite Hälfte aus dem gleichen Wort-
stamm kommt. Aus den Begriffsbildungen die nicht germanischer oder romani-
scher Herkunft sind, können ohne tiefere Sprachkenntnisse keine Schlüsse gezogen
werden[535]. Insgesamt zeigen Vielfalt und Wandlung des Behinderungsbegriffs in
den Europäischen Sprachen die Vielschichtigkeit des bezeichneten Phänomens und
die Dynamik der Anschauungen darüber auf, die bei der Auslegung nicht unbeachtet bleiben können.

b) Zweck des Behinderungsbegriffs im Recht

(1) Behinderung als Status, insbesondere Schwerbehinderung

(a) Erwerbsminderung und Schwerbehinderung als Status. Invalidität, Erwerbsun-
fähigkeit und Gebrechen waren Rechtsbegriffe, deren Inhalt als voll erkennbar und
nachprüfbar angesehen wurde. Die zur Rentenberechtigung führende völlige oder
graduelle Erwerbsminderung wird in einem Verfahren medizinischer Begutachtung[536] nach generalisierten Verwaltungsvorschriften festgestellt und ist rechtlich
überprüfbar. Aus der Feststellung der Erwerbsminderung folgt die Berechtigung
zum Rentenbezug. Damit ist Erwerbsminderung ein Status, dessen Feststellung
zumeist dauerhafte, für die betroffene Person günstige Rechtsfolgen hat.

Mit dem Schwerbeschädigtengesetz von 1920 wurden an die Feststellung des
Schwerbeschädigten-Status weitere Rechtsfolgen geknüpft, insbesondere arbeitsrechtliche Sonderregelungen wie Beschäftigungsquote und Kündigungsschutz.
Damit verdichtete sich der Schwerbeschädigten-Status zu einem Anknüpfungspunkt für viele Rechtsfolgen in der Gesetzgebung auf gesamtstaatlicher, Landes-
und Kommunalebene. Sinn und Zweck des Feststellungsverfahrens war es, für eine
Vielzahl von Rechtsfolgen und Normen einen gemeinsamen Anknüpfungspunkt
zu schaffen und dem als schwerbeschädigt anerkannten Menschen eine häufige

---

[534] So im Wet voorzieningen gehandicapten, WVG, und im Wet arbeidsongeschiktheidsvoor-
ziening jonggehandicapten, WAJONG.
[535] In der griechischen Fassung des Vertrages ist Behinderung mit *anaperias* (αναπηριαζ), in
der irischen Fassung mit *míchumas* und in der finnischen Fassung mit *rajoittamatta* bezeichnet.
[536] Vgl. zu den Problemen aus juristischer Sicht: Berchtold, DRV 1999, S. 415 ff.

Nachprüfung der Voraussetzungen zu ersparen[537]. Dies diente auch der Verwaltungsökonomie und -praktikabilität.

Als Schwerbeschädigte galten diejenigen Personen, die eine Minderung der Erwerbsfähigkeit (MdE) von mindestens 50 % aufwiesen. Dieses Regelungsmuster ist über das Schwerbeschädigtengesetz von 1950 über das Schwerbehindertengesetz von 1974 bis zum SGB IX erhalten geblieben. Allerdings war die allgemeine Statusfeststellung der Schwerbeschädigten zunächst auf diejenigen Personen beschränkt, deren Behinderung auf Kriegseinwirkung oder Arbeitsunfall beruhte[538]. Der Personenkreis wurde aber sukzessive erweitert, bereits im Schwerbeschädigtengesetz von 1920 durch die Möglichkeit der Gleichstellung[539].

Erst mit dem Schwerbehindertengesetz wurde der Status unabhängig von der Ursache der Behinderung festgestellt. Allerdings führte dies nicht zu einer Vereinheitlichung auch aller Bereiche, in denen an das Tatbestandsmerkmal der Erwerbsunfähigkeit eine Rentenberechtigung geknüpft war. Die Anknüpfung des Schwerbeschädigten- und ab 1974 des Schwerbehindertenstatus an die „Minderung der Erwerbsfähigkeit" führte im Zusammenhang mit den Regelungszielen und Rechtsfolgen zumindest immer dann zu Problemen, wenn die nach den Zielen von Schwerbeschädigten-, Versorgungs- oder Unfallversicherungsrecht zu entschädigenden oder zu mindernden Teilhabebeschränkungen über das Erwerbsleben hinausgingen. Der Bedarf für verschiedene arbeits- und sozialrechtliche Vergünstigungen durch den Status kann so im Einzelfall auseinanderfallen[540]. Dieses Problem hatte sich bereits frühzeitig gestellt und dazu geführt, dass im Einzelfall und auch generell immer weitere Schädigungsfolgen bei der Bemessung der MdE berücksichtigt wurden, welche die Erwerbsfähigkeit der Betroffenen gar nicht beeinträchtigten. Dazu gehören etwa die Fähigkeit zur Verrichtung von Hausarbeit[541] oder Störungen der Sexualfunktion[542]. Allerdings ist die ausweitende Betrachtungsweise der MdE zumindest nach verbreiteter Meinung im Entschädigungsrecht stärker anzuwenden als im Unfallversicherungsrecht[543], wenn auch ein Unterschied im Grundsatz von der Rechtsprechung abgelehnt wurde[544]. Insgesamt herrschte und herrscht über die Einbeziehung von Teilhabestörungen außerhalb des Erwerbsbereichs kein Konsens[545].

1986 wurde die begriffliche Scheidung zwischen Erwerbsunfähigkeit und Behinderung insoweit vollzogen, als nun im Schwerbehindertenrecht vom Grad der Behinderung (GdB) und nicht mehr vom Grad der Erwerbsminderung gesprochen wird. Dies ist konsequent, da der Schwerbehinderten-Status nach Voraussetzungen

---

[537] BVerwGE 90, 65.
[538] § 3 Gesetz über die Beschäftigung Schwerbeschädigter.
[539] § 8 Gesetz über die Beschäftigung Schwerbeschädigter.
[540] Scheidler in: Renker/Winter/Märker/Quaas (1958), S. 55, 59.
[541] BSG vom 5. Oktober 1971, BSGE 33, 151, 153 ff. (MdE bei Hausfrau).
[542] Rauschelbach, MedSach 1998, S. 40, 41.
[543] Vgl. Rauschelbach, MedSach 1998, S. 40, 41; Gitter, VersR 1976, S. 505, 507; dagegen: Schimanski, SozVers 1985, S. 10, 14 f.
[544] Vgl. BSG vom 14. November 1984, SozR 2200 § 581 Nr. 22; BSG vom 27. Januar 1976, ZfS 1976, S. 260, 262.
[545] Vgl. Keller, SGb 2002, S. 36 ff.; Elsner, ZSR 1988, S. 340 ff.; Schimanski, SGb 1985, 235 ff. und SGb 1984, S. 13 ff.; Stoll/Stoll, SGb 1984, 515 ff.; Keller, SGb 2002, S. 36 ff.

und Rechtsfolgen zumindest nicht nur an die (potenzielle) Erwerbsbeteiligung ge-knüpft ist, sondern auch für Kinder und alte Personen oberhalb der Altersrenten-grenze offen steht und soziale Vergünstigungen außerhalb der Erwerbssphäre er-öffnet. Der Gesetzgeber hat dabei die Auffassung vertreten, dass auch das bis dahin herrschende Verständnis der Minderung der Erwerbsfähigkeit dem Behinderungs-begriff der ICIDH entsprochen habe[546].

Allerdings ist die Trennung der Bereiche nicht vollständig vollzogen worden. Die Feststellung der Erwerbsminderung in einem Rentenbescheid nach dem Bun-desversorgungsgesetz[547] oder nach dem Unfallversicherungsrecht[548] steht im Re-gelfall der Feststellung des Grades der Behinderung nach dem SGB IX gleich[549]. Dagegen ist die Feststellung einer Erwerbsminderung nach dem Rentenversiche-rungsrecht[550] der GdB-Feststellung nicht gleichgestellt.

Nach der Reform der Erwerbsminderungsrenten im Jahre 2000 werden Renten wegen verminderter Erwerbsfähigkeit[551] grundsätzlich auf Zeit geleistet und sollen für längstens drei Jahre nach Rentenbeginn befristet werden[552]. Renten, auf die ein Anspruch unabhängig von der Arbeitsmarktlage besteht, werden unbefristet ge-leistet, wenn unwahrscheinlich ist, dass die Minderung der Erwerbsfähigkeit beho-ben werden kann. Davon soll nach einer Gesamtdauer der Befristung von neun Jahren ausgegangen werden[553]. Diese Regelung korrespondiert mit dem Grundsatz der Vorrang von Teilhabeleistungen vor Renten[554]. Dadurch wird Erwerbsminde-rung grundsätzlich zu einem Status auf Zeit.

(b) Begriff und Feststellung der Schwerbehinderung. Der Begriff der Schwerbe-hinderung ist im Kontext des allgemeinen Behinderungsbegriffs kodifiziert wor-den. Im Übrigen ist mit dem SGB IX der Regelungsbereich des Schwerbehinder-tenrechts im zweiten Teil bei begrenzter Sachreform neu kodifiziert worden. Der Grad der Behinderung und der Status als schwerbehinderter Mensch, der einen Grad der Behinderung von wenigstens 50 voraussetzt, werden durch die Versor-gungsämter in einem Verwaltungsverfahren festgestellt. Über dieses Verfahren dis-ponieren die behinderten Menschen allein. Sie haben Antragsrecht. Eine Feststel-lung auf Antrag Dritter, etwa des Arbeitgebers, ist nicht zulässig. Bei der Gleich-stellung mit schwerbehinderten Menschen werden behinderte Menschen mit einem Grad der Behinderung zwischen 30 und 50 auf deren Antrag durch die Agentur für Arbeit schwerbehinderten Menschen gleichgestellt. Voraussetzung ist, dass sie ohne die Gleichstellung einen geeigneten Arbeitsplatz nicht erlangen oder

---

[546]　BT-Drucks. 10/5701, S. 9; vgl. Rauschelbach, MedSach 1984, S. 78 f.
[547]　§ 31 BVG.
[548]　§ 56 SGB VII.
[549]　§ 69 Abs. 2 SGB IX.
[550]　§ 43 SGB VI.
[551]　Vgl. unten V.C.5.a.,b.
[552]　§ 102 Abs. 2 Satz 1 und 2 SGB VI; vgl. LSG Rheinland-Pfalz vom 25. Februar 2004, Az. L 6 RJ 311/03; A. Reimann, ZSR 2003, S. 461, 465.
[553]　§ 102 Abs. 2 Satz 4 SGB VI.
[554]　§ 8 Abs. 2 SGB IX.

behalten können. Dabei ist ein konkretes Arbeitsplatzangebot nicht erforderlich[555].

Maßstab für den Status als schwerbehinderter Mensch ist die Beeinträchtigung der Teilhabe am Leben in der Gesellschaft. Während dies umfassend auf alle Lebensbereiche zu beziehen ist, sind sowohl die Bindungswirkung einer festgestellten Erwerbsminderung nach SGB VII und BVG wie auch das Gleichstellungsverfahren auf die Teilhabe am Arbeitsleben bezogen. Im Recht schwerbehinderter Menschen wird nur ein Gesamtzustand der Behinderung mit den Auswirkungen aller individuellen Funktionsbeeinträchtigungen auf die Teilhabe festgestellt[556]. Die Behinderung erweist sich als Gesamtheit, in die verschiedene und verschieden verursachte Teilhabeeinträchtigungen einfließen können[557].

Im Feststellungsverfahren bei den Versorgungsämtern wird auch das Vorliegen weiterer gesundheitlicher Merkmale festgestellt, soweit diese tatbestandlich für bestimmte Leistungen sind. Dies sind „außergewöhnlich gehbehindert" (aG)[558], „hilflos" (H)[559], „blind" (BI)[560], „gehörlos" (GI)[561].

Das Verfahren der Anerkennung als schwerbehinderter Mensch wird in der Praxis maßgeblich bestimmt von den Anhaltspunkten für die ärztliche Gutachtertätigkeit im sozialen Entschädigungsrecht und nach dem Schwerbehindertengesetz (AHP), die vom zuständigen Bundesministerium herausgegeben werden und zuletzt 2004 erneuert worden sind[562]. In den Anhaltspunkten sind einzelnen Körperschäden Grade der Behinderung zugeordnet.

Die Feststellung, dass Menschen schwerbehindert sind, führt dazu, dass der zweite Teil des SGB IX auf sie anwendbar ist und sie dadurch dauerhafte Statusrechte erhalten. Dort sind Regelungen zur Beschäftigungspflicht schwerbehinderter Menschen[563] und besondere Normen für die Arbeitsverhältnisse schwerbehinderter Menschen enthalten, insbesondere ein Benachteiligungsverbot bei der Einstellung und während der Beschäftigung[564], ein Gebot behinderungsgerechter Beschäftigung[565] und ein Präventionsgebot zur Sicherung des Beschäftigungsverhältnisses[566] sowie den besonderen Kündigungsschutz[567], Zusatzurlaub[568] und auf Wunsch Freistellung von Mehrarbeit[569]. Weiterhin unterfallen schwerbehinderte Menschen einem besonderen kollektiven Arbeitsrecht mit der Einrichtung der

---

[555] BSG vom 2. März 2000, BSGE 86, 10.
[556] BSG vom 10. September 1997, BSGE 81, 50, 53.
[557] Masuch, SozSich 2004, S. 314, 317.
[558] Vgl. oben II.A.1.a.(4).(b).
[559] Vgl. oben II.A.1.h.; zur Verwendung des Begriffs vgl. Brocke in: FS Gitter (1995), S. 155 ff.
[560] Vgl. oben II.A.1.a.(2).
[561] Vgl. oben II.A.1.a.(3).
[562] BMGS: Anhaltspunkte für die ärztliche Gutachtertätigkeit im sozialen Entschädigungsrecht und nach dem Schwerbehindertenrecht (Teil 2 SGB IX).
[563] §§ 71–79 SGB IX.
[564] § 81 Abs. 2 SGB IX; vgl. unten V.I.2.a., V.I.2.c.(2).
[565] § 81 Abs. 4 SGB IX; dazu: Welti, ArbuR 2003, S. 445, 447 f.; unten V.I.2.c.(2).
[566] § 84 SGB IX.
[567] §§ 85 SGB IX; vgl. unten V.I.2.b.(3).
[568] § 125 SGB IX.
[569] § 124 SGB IX.

Schwerbehindertenvertretung[570] und dem Institut der Integrationsvereinbarung[571]. Besondere Unterstützung für die Teilhabe schwerbehinderter Menschen am Arbeitsleben wird von den Integrationsämtern[572], der Bundesagentur für Arbeit[573], Integrationsfachdiensten[574], Integrationsprojekten[575] und Werkstätten für behinderte Menschen[576] geleistet. Schwerbehinderte Menschen erhalten, soweit sie in ihrer Bewegungsfähigkeit im Straßenverkehr erheblich beeinträchtigt oder hilflos oder gehörlos sind, erhebliche Vergünstigungen im öffentlichen Personennahverkehr[577]. An den Status als schwerbehinderter Mensch oder einen bestimmten Grad der Behinderung knüpfen zahlreiche Regelungen an[578], insbesondere Freibeträge im Einkommensteuerrecht[579] und die landesrechtlichen Befreiungen von den Rundfunkgebühren. Im Dezember 2003 waren in Deutschland 6,639 Millionen Menschen als schwerbehindert anerkannt. Von ihnen waren 3,485 Millionen männlich und 3,154 Millionen weiblich[580].

(c) Kritik an Behinderung als Status. Wird Behinderung als Status benutzt, so können rechtliche und materielle Vergünstigungen für längere Zeit daran anknüpfen. Eine ständige Prüfung von Leistungsvoraussetzungen ist nicht notwendig. Gleichbehandlung gesundheitlich gleich beeinträchtigter Personen kann in hohem Maße verwirklicht werden. Das System ist ursprünglich zugeschnitten gewesen auf die Situation der kriegsverletzten Personen, bei denen eine überschaubare Anzahl zumeist irreversibler Schädigungen vorlag und für die bei größtmöglicher Gleichbehandlung Kriterien zur Rentengewährung benötigt wurden und ein Hilfeangebot zur Integration in Gesellschaft und insbesondere Arbeitsleben gemacht werden musste.

Problematisch ist, dass die Status-Zuerkennung erst zur begrifflichen Konstruktion der behinderten Menschen führt[581]. Um die Rente und die Schutzrechte erhalten zu können, ist es nötig, dass Personen in der eigenen und fremden Zuschreibung als Behinderte definiert werden. Der Status gewährt Schutz. Auch im Kontext von Diskriminierungsschutz außerhalb des Schwerbehindertenrechts sehen viele juristische Autoren behinderte Menschen ohne weitere Reflektion als schützenswertes Kollektiv an, die Behinderung als *„apriorisches Merkmal"*[582]. Die

---

[570]   §§ 93–100 SGB IX; vgl. unten V.I.2.c.(3).(b).
[571]   § 83 SGB IX; vgl. BT-Drucks. 15/4575, S. 103; Laskowski/Welti, ZESAR 2003, S. 215 ff.; vgl. unten V.I.2.c.(3).(c).
[572]   §§ 101, 102 SGB IX; unten V.I.4.c.
[573]   §§ 104, 105 SGB IX.
[574]   §§ 109–115 SGB IX.
[575]   §§ 132–135 SGB IX; dazu BT-Drucks. 15/4575, S. 101 f.; M. Kreutz, ZfSH/SGB 2003, S. 341 ff.
[576]   §§ 136–144 SGB IX; unten V.I.3.; BT-Drucks. 15/4575, S. 9, 99 ff.
[577]   §§ 145–154 SGB IX.
[578]   § 37 Abs. 2 SGB VI; § 98 Abs. 3 Nr. 2 BVerfGG; § 26 Abs. 4 BRRG; § 42 Abs. 4 BBG; § 69d Abs. 5 und 6 BeamtVG; § 48 Abs. 3 DRiG; §§ 12 Abs. 4, 13 Abs. 5 SGG; § 11 Abs. 1 Nr. 4 WPflG; § 10 Abs. 1 Nr. 4 ZDG; § 5 Abs. 1 ArbeitssicherstellungsG; § 24 Abs. 1 Nr. 1 WoFG.
[579]   § 33b EStG; vgl. auch § 9 Abs. 2 Satz 3 EStG und § 3a KraftStG (Kfz-Steuer-Ermäßigung); unten V.C.4.a.
[580]   BT-Drucks. 15/4575, S. 18.
[581]   J. Neumann in J. Neumann (1995), S. 21.
[582]   J. Neuner, JZ 2003, S. 57, 58, 62.

Gruppenzuschreibung und Etikettierung, Vorurteile und negative Konnotationen[583] müssen aber in Kauf genommen werden. Schwerbehinderte werden zu einer Gruppe formiert, die angesichts der Vielzahl möglicher Gesundheits- und Teilhabestörungen außerhalb des rechtlichen Status gesellschaftlich nicht vorgegeben ist, wie auch empirische Untersuchungen aufzeigen[584].

Diese Probleme sind insbesondere von Pädagogen untersucht worden. *Walter Thimm* erläuterte 1976 Studien zu den Einstellungen zu behinderten Menschen, aus denen deutlich wurde, dass dem anhand einer bestimmten Funktionsstörung als Behinderten definierten Menschen eine ganze Reihe weiterer Merkmale zugeschrieben werden, wie Gefährlichkeit, Brutalität, Dummheit, und ihnen darum in sozialen Beziehungen oftmals die Gegenseitigkeit verweigert wird[585]. *Otto Speck* fasste dies 1981 so zusammen, dass viele Personen erst dadurch zum Behinderten würden, dass sie von einem Gesetz als solche erfasst würden[586]. *Ulrich Bleidick* charakterisierte 2001 die Einordnung eines Menschen als Behinderten als Etikett, das von kulturellen Erwartungshaltungen und den Institutionen sozialer Kontrolle zugeschrieben werde und Resultat einer medizinisch-psychologischen Anthropologie sei, in der alltagsorientierte Überzeugungsmuster sich zu einer Theorie aus empirischen und normativen Bausteinen verdichteten und resümiert:

„Die Relativität des Behindertseins und die Dynamik sozialer Definitionsprozesse drücken sich in der Ambivalenz des Behinderungsbegriffs aus: Der Status der Behinderung verleiht Schutz und Hilfe; zugleich aber bedroht er mit Stigmatisierung und Aussonderung."[587]

Damit knüpft er an die sozialwissenschaftliche Theorie an, in der das Phänomen der Stigmatisierung beschrieben worden ist. Diese ist ein Prozess sozialer Interaktion, bei welchem Merkmale und Zuschreibungen das Verhältnis der Umwelt zu stigmatisierten Personen verändern und in der Rückwirkung deren Identität beeinträchtigen[588], die Lebenswelten trennen und bei der Umwelt ausgrenzendes Denken fördern[589]. Stigmatisierung kann auch durch bevormundende Hilfssysteme geschaffen oder stabilisiert werden[590]. Für die gesundheitswissenschaftlichen Theorien von Krankheit und Behinderung wird dieser Ansatz auch als Labeling-Modell

---

[583] Vgl. dazu etwa Zirden in: Aktion Grundgesetz (1997), S. 135 ff.; Humphreys/Müller in: Zwierlein (1996), S. 63.

[584] Treinen, IAT-Report 7/2002.

[585] Thimm, Die Rehabilitation 1976, S. 1, 4 f.

[586] Otto Speck zitiert nach Igl, ZfS 1981, S. 276, 279; vgl. Eberwein, ZHP 1995, S. 468, 469; Jakubik, br 1990, S. 76 ff.

[587] Bleidick in: Antor/Bleidick (2001), S. 59; Eberwein, ZHP 1995, S. 469, 475 bezeichnet dies im Anschluss an Füssel und Kretschmann als „Etikettierungs-Ressourcen-Dilemma".

[588] Mattner (2000), S. 108 f. im Anschluss an Goffmann (1975), S. 9 ff.; Lempp in: J. Neumann (1995), S. 13, 19 nennt das Beispiel von Albert Einstein. Dieser war als Kind so sprachgestört, dass er heute Anspruch auf Frühförderung in einer gesonderten Einrichtung hätte und möglicherweise deshalb in seinem weiteren Lebensweg keine Chance mehr gehabt hätte, Wissenschaftler zu werden; J. Neumann in: J. Neumann (1995), S. 21, 25; vgl. schon das römische Sprichwort „*Cavete signatos!*", Bezug bei Stadler, ZHP 2001, S. 99.

[589] J. Neumann in: J. Neumann (1995), S. 21, 30; Neubert/Billich/Cloerkes, ZHP 1991, S. 673 ff.; zur Wirklichkeit der Stigmatisierung behinderter Menschen heute vgl. Klee (1995).

[590] Jantzen, Das Argument 80 (1973), S. 152, 154.

oder als interaktionistisches Paradigma der Behinderung bezeichnet[591]. Sozialwissenschaftlich sind nach diesem Leitbild behinderte Menschen vor allem als Randgruppe und Minderheit begriffen und erforscht worden[592]. In der Arbeitsmarktforschung entspricht dieser Theorie der Problemgruppenansatz, bei dem der Zusammenhang von kulturellen und politischen Zuschreibungen zu bestimmten Merkmalen als konstitutiv für die Entstehung von Problemgruppen des Arbeitsmarkts beschrieben wird[593].

Eine individuell selektive Inanspruchnahme von Status und Rechten ist kaum möglich. Deutlich wird das Problem am Fragerecht der Arbeitgeber nach dem Status als schwerbehinderter Mensch und dem Recht zur Anfechtung des Arbeitsvertrages bei Verschweigen des Status. Während das Reichsarbeitsgericht zwar grundsätzlich ein Anfechtungsrecht bejaht hatte, dies aber in allen Fällen „bei verständiger Würdigung" einschränkte, in welchen der Arbeitgeber seine Beschäftigungsquote noch nicht erreicht hatte[594], bejaht das Bundesarbeitsgericht in ständiger Rechtsprechung das Frage- und Anfechtungsrecht[595], während diese Rechte bei Krankheit und Behinderung im übrigen auf alle für die konkrete Arbeit relevanten Gesundheitsfragen eingeschränkt sind[596]. Begründet wird die Pflicht zur wahrheitsgemäßen Antwort auf die Frage nach dem Status als schwerbehinderter Mensch damit, dass die Schutzrechte das gesamte Arbeitsverhältnis prägten[597]. Weiter wird die Rechtsprechung mit dem Argument verteidigt, es würden bei Verneinung eines Fragerechts diejenigen Schwerbehinderten ohne nachvollziehbaren Grund bevorzugt, deren Schwerbehinderung äußerlich nicht erkennbar sei[598]. Mit dieser Position wird eingeräumt, dass nicht Leistungsminderungen, sondern der Status selbst geeignet sein können, Vorurteile und Ablehnung auf dem Arbeitsmarkt zu provozieren.

Die in der Rechtsprechung vereinzelt und in der Literatur zunehmend vertretene Gegenposition zum BAG hält es für zumutbar, erst nach der Einstellung nach der Schwerbehinderteneigenschaft zu fragen[599]. Sie stützt sich nach Inkrafttreten des SGB IX ganz wesentlich auch auf das arbeitsrechtliche Benachteiligungsverbot[600]. Es gibt ein Bedürfnis von behinderten Menschen, gerade nicht als behindert oder schwerbehindert angesehen zu werden[601]. Zwar sind die Betroffenen frei, die

---

[591]   Speck (2003), S. 220 ff.; Wallner (2002), S. 29 f., 39; Weber (2002), S. 84 ff.
[592]   W. Becker (1987), S. 24 ff.
[593]   Weber (2002), S. 14 ff.
[594]   RAG vom 23. September 1931, ARS 13, S. 391 ff. mit Anm. Dersch.
[595]   BAG vom 1. August 1985, BB 1986, S. 1643; BAG vom 5. Oktober 1995, AiB 1996, S. 742; BAG vom 18. Oktober 2000, AiB 2002, S. 379; anders: ArbG Siegburg vom 22. März 1994, NZA 1995, S. 943
[596]   BAG vom 7. Juni 1984, NZA 1985, S. 57.
[597]   H. P. Moritz, NZA 1987, S. 329, 335; Hümmerich, BB 1979, S. 428, 430.
[598]   Kreitner, BAG EWiR § 123 BGB 2/96, S. 442; vgl. Goffman (1975), S. 64.
[599]   S. Braun, MDR 2004, S. 64, 69; Joussen, NJW 2003, S. 2857 ff.; Brors, DB 2003, S. 1734 ff.; Messingschlager, NZA 2003, S. 301, 303 ff.; Thüsing/Lambrich, BB 2002, S. 1146, 1148 ff; a.M. Schaub, NZA 2003, S. 299 ff.
[600]   § 81 Abs. 2 Satz 1 SGB IX.
[601]   Vgl. Haug, Forum Kritische Psychologie 44 (2002), S. 3, 6 ff.; sowohl für das britische wie für das deutsche System von Beschäftigungsquoten als Schwachpunkt gesehen von Waddington (1995), S. 236 f.

Feststellung zu beantragen oder nicht. Haben Sie dies jedoch getan, so müssen sie dies dem (potenziellen) Arbeitgeber auf Frage auch dann offenbaren, wenn sie negative Konsequenzen für ihre Teilhabe am Arbeitsleben befürchten. Diese Rechtsprechung ist kritisiert worden, da sie die Inanspruchnahme von Schutzrechten erschwert oder mit faktischen Nachteilen erkaufen lässt: Die unauffällige Integration in den Arbeitsmarkt als Notlösung werde verbaut[602], die Bedeutung des Benachteiligungsverbots aus Art. 3 Abs. 3 Satz 2 GG werde verkannt[603]. Die Position des BAG zum Fragerecht nach der Anerkennung als schwerbehinderter Mensch verstärkt die Nachteile des als Schutzrecht konzipierten Status. Sie relativiert zudem die zutreffenden Feststellungen des BSG, dass die Feststellung der Behinderung der Disposition der betroffenen Menschen unterliegt[604], nicht jedoch vom Arbeitgeber angegriffen werden kann[605].

Schließlich erfordert das Konzept der Behinderung als Status einen hohen Grad an Abstraktion im Verhältnis zu den die Behinderung mit bestimmenden Umweltbedingungen. Dies wird deutlich aus der Kritik an der rentenauslösenden Feststellung der Minderung der Erwerbsfähigkeit (MdE). So beklagten *Schultze-Lock* 1960 und *Gitter* 1976, dass es einen praktikablen Maßstab für die Erwerbsfähigkeit nicht geben könne, da diese nicht nur vom Gesundheitszustand des Versicherten, sondern auch von Arbeitswillen, Wirtschaftslage und Arbeitgeber abhängig sei. Zudem seien weder die Eigenschaften und das Wissen der Menschen noch deren Verwertbarkeit auf dem Arbeitsmarkt umfassend messbar und vergleichbar[606].

Ein weiterer, über das Recht hinaus weisender Nachteil des Konzepts der Behinderung als Status ist, dass Behinderung nur als Schaden und Defizit verstanden wird[607]. Diese Betrachtungsweise ist wiederum typisch und notwendig, soweit Entschädigung und Defizitausgleich durch Rentenzahlung Ziel der Statusfeststellung ist. Sobald es jedoch um die Rehabilitation und teilhabeorientierte Integration der betroffenen Personen geht, ist die defizitorientierte Betrachtungsweise selbst defizitär. Durch sie werden nämlich Möglichkeiten, Chancen und Potenziale der betroffenen Person, und damit auch die möglichen Sozialleistungen, um diese zu stützen, nicht hinreichend in den Blick genommen. Diese Kritik ist vor allem in der Arbeitswissenschaft und Sozialmedizin formuliert worden[608]. Auf der Ebene individuellen Verhaltens äußert sich diese Kritik in dem Anspruch, die eigene Identität nicht über den Begriff der Behinderung zu definieren[609].

---

[602] Wittich-Neven, Forum Kritische Psychologie 44 (2002), S. 22, 26; Manske, AiB 2002, S. 380; Pahlen, RdA 2001, S. 143, 147; Schmidt, AiB 1996, S. 743; Großmann, NZA 1989, S. 702 ff.; Gola, BB 1987, S. 538.
[603] Düwell, ZTR 1995, S. 478.
[604] BSG vom 26. Februar 1986, BSGE 60, 11.
[605] BSG vom 22. Oktober 1986, BSGE 60, 284.
[606] Gitter, VersR 1976, S. 505, 508; Schultze-Lock, NJW 1960, S. 365, 366; vgl. dagegen Schönberger, BB 1961, S. 939 ff.; zu den Anforderungen an die praktische Feststellung der MdE BSG vom 14. November 1984, SozR 2200 § 581 Nr. 22.
[607] Vgl. Stadler, Die Rehabilitation 1992, S. 178, 179; Schmidt-Klügmann, ZSR 1978, S. 673, 684.
[608] Lempp in: J. Neumann (1995), S. 13, 20; Hülsmann, SozSich 1957, S. 322 ff.
[609] Bolderson/Mabbett (2002), S. 83 f.

(2) Behinderungsvermeidung als Ziel von Leistungen

In vielen Normen ist Behinderung Tatbestandsmerkmal und Bezugspunkt, ohne dass sie als Status einer Person festgestellt werden müsste. Im Krankenversicherungsrecht[610], in der Eingliederungshilfe[611] und durch das SGB IX[612] bei allen Rehabilitationsträgern ist die Behinderung Bezugspunkt von Leistungen, die zu gewähren sind, um die Behinderung abzuwenden, zu beseitigen, zu mindern, auszugleichen, ihre Verschlimmerung zu verhüten oder ihre Folgen zu mindern. Im Arbeitsförderungsrecht und im Rentenversicherungsrecht ist die Behinderung Bezugspunkt im Zusammenhang mit der Erwerbsfähigkeit und Teilhabe am Arbeitsleben[613]. Leistungen zur Teilhabe der Rentenversicherung sollen den Auswirkungen der Behinderung auf die Erwerbsfähigkeit der Versicherten entgegenwirken oder sie überwinden. Leistungen zur Teilhabe der Arbeitsförderung sollen trotz Behinderung die Erwerbsfähigkeit erhalten, bessern, herstellen oder wiederherstellen und die Teilhabe am Arbeitsleben sichern.

Der Begriff hat hier eine finale Bedeutung, indem er den Sachverhalt bezeichnet, gegen den die Leistungen gerichtet sind. Der Sonderpädagoge *Ulrich Bleidick* benutzt den Terminus des *„finalen Behinderungsbegriffes"*, der als gesetzes- und verwaltungstechnischer Begriff verteilungspolitischen Zwecken diene: *„Es werden solche Personen als behindert definiert, die der sozialen Hilfe bedürfen."*[614] Die Behinderung ist auf diese Weise ein zentraler Begriff im System von Leistungen gesundheitlicher und sozialer Zwecksetzung. Gemeinsam ist ihnen, dass Behinderung ganz vermieden oder minimiert werden soll[615]. Darin ist ein Prinzip der Behinderungsminimierung zu erkennen.

Im deutschen Sozialrecht und Arbeitsrecht dominiert Behinderung als Tatbestand, der einen Leistungsanspruch gegen einen Sozialleistungsträger oder im privaten Rechtsverhältnis auslöst oder gestaltet. Mit der Aufnahme des Benachteiligungsverbots in das Grundgesetz 1994, mit der Neufassung des arbeitsrechtlichen Schwerbehindertenrechts im SGB IX 2001 und mit dem Gleichstellungsgesetz 2002, ist Behinderung Tatbestand besonderer Rechte auf rechtliche Gleichbehandlung und soziale Gleichstellung. Das Ziel der Gleichbehandlung und Gleichstellung behinderter Menschen ist weniger auf die Aufhebung der Behinderung gerichtet als auf die Stellung, die der behinderte Mensch in der Rechtsordnung und Gesellschaft einnimmt, ohne dass die Behinderung beseitigt werden könnte. Akzentuiert man den sozialen Charakter des Behinderungsbegriffs, so relativiert sich

---

610 § 11 Abs. 2 SGB V.

611 § 40 Abs. 3 BSHG/§ 53 Abs. 3 SGB XII.

612 § 4 Abs. 1 Nr. 1 SGB IX.

613 § 9 Abs. 1 SGB VI; als Bestandteil der Leistungsvoraussetzungen eingeführt seit dem zweiten Gesetz zur Verbesserung der Haushaltsstruktur vom 22. Dezember 1981, BGBl. I, 1523; § 97 Abs. 1 SGB III.

614 Bleidick, Behinderung in: Antor/Bleidick (2001), S. 59.

615 Dieser heutige Ausgangspunkt wird deutlich in den Prämissen der ethnologischen Studie von Neubert/Cloerkes (2001), die als Behinderungen diejenigen Funktionseinschränkungen zusammenfassen und untersuchen, die interkulturell weitgehend einheitlich negativ bewertet werden, S. 88.

diese Unterscheidung. In beiden Fällen ist das Ziel, dass der behinderte Mensch eine möglichst gleiche Teilhabe erreicht.

Um Gleichheitsrechte anwenden zu können, müssen diese Subjekten zugeordnet werden können. Entsprechend erscheinen Gleichheitsrechte im SGB IX im Schwerbehindertenrecht, wo das Gebot an Arbeitgeber gerichtet ist, schwerbehinderte Beschäftigte nicht wegen ihrer Behinderung zu benachteiligen[616]. Bei einer Ausweitung auf andere behinderte Beschäftigte wird befürchtet, dass das Gleichheitsrecht nicht mehr handhabbar sein könnte. Insofern erleichtert ein fester Behindertenstatus die Anwendung von Gleichheitsrechten.

Die Grenzen zwischen Leistungsrechten und Gleichheitsrechten sind nicht klar zu ziehen. Dort wo es um Gleichheit bei Leistung geht, sind Gleichheitsrechte im Ergebnis auch Leistungsrechte. Für den Behinderungsbegriff ist zu beachten, ob eine Definition für beide Funktionen geeignet ist. In einem Vergleich der Behinderungsbegriffe in 14 Staaten der Europäischen Union und Norwegen ist 2002 festgestellt worden, dass oft verschiedene Begriffe benutzt werden, die in Antidiskriminierungsgesetzen weit, in Leistungsgesetzen enger gefasst sind[617]. Der deutsche Gesetzgeber hat sich entschieden, im Sozialrecht und Gleichstellungsrecht einen gleich lautenden Behinderungsbegriff zu benutzen.

(3) Spannung zwischen Schutzrechten und Minimierung von Behinderung

Rechte auf Schutz und auf dauerhafte Leistung, die an einem Status wie anerkannter Schwerbehinderung oder Erwerbsminderung anknüpfen, stehen in einem Spannungsverhältnis zu der Orientierung des Sozialrechts darauf, Behinderungen zu vermeiden oder aufzuheben. Bei der Erwerbsminderung hat der Gesetzgeber darauf reagiert, indem er den Status grundsätzlich befristet hat. Der Rentenbezug soll der Rehabilitation behinderter Menschen nicht im Wege stehen. Die Aufhebung der Erwerbsminderung hat so Vorrang vor einem durch Erwerbsminderung begründeten Rentenbezug. Der Status als schwerbehinderter Mensch soll insbesondere Rechte und Ansprüche begründen, um die typischerweise gefährdete Teilhabe am Arbeitsleben zu sichern oder wiederherzustellen. Wird dieses Ziel erreicht, steht es aber einer weiteren Anerkennung als schwerbehinderter Menschen nicht entgegen. Diese richtet sich nach der Verwaltungspraxis nahezu ausschließlich danach, ob bestimmte Gesundheitsstörungen vorliegen. Der Schwerbehindertenstatus gründet also auf einer typischen Teilhabegefährdung und nicht auf einer konkreten Teilhabestörung. Wäre es anders, würden Schutz- und Leistungsrechte oft zu spät einsetzen und könnten ihr Ziel nicht mehr erreichen.

Was bei einem statusorientierten und einem final orientierten Behinderungsbegriff jeweils mit Behinderung gemeint ist, ist dennoch nicht vollständig zu harmonisieren. Denn die Statusrechte führen zu einem Sprachgebrauch, der in behinderten Menschen eine festgelegte Gruppe sieht, die zumeist noch mit homogenen Merkmalen assoziiert wird. Behinderte Menschen sind aber sehr verschieden und

---

[616] § 81 Abs. 2 Satz 1 SGB IX; vgl. unten V.I.2.c.(2).
[617] Bolderson/Mabbett (2002), S. 4.

haben als Gruppe wenige gemeinsame Merkmale[618]. Sie definieren sich selbst meist nicht über das Merkmal Behinderung[619] und formulieren aus ihm nur bedingt gemeinsame Ansprüche. Dies kann individuell angemessenen und wirksamen Rechtsfolgen des Tatbestandsmerkmals Behinderung gerade entgegenstehen[620]. Daraus ergibt sich eine Unklarheit im Verhältnis von Mitteln und Zielen. *Bertram Schulin* schrieb 1980 zur Bundestagung des Deutschen Sozialgerichtsverbandes in Mainz:

„Aus dem Begriff des Behinderten bzw. der Behinderung ergibt sich derjenige der Rehabilitation fast von allein: Rehabilitation umfasst alle Maßnahmen, die dem (...) Ziel dienen, die Behinderten in ihrer Persönlichkeitsentfaltung zu unterstützen."[621]

1992 führte dagegen wiederum *Schulin* auf der Bundestagung des Deutschen Sozialrechtsverbands in Kassel aus:

„(...) man verbindet mit einem Großteil des Rehabilitationswesens die Hilfe bei Behinderung. Andererseits werden Rehabilitationsleistungen in wesentlichem Umfang auch Personen gewährt, bei denen der Behindertenbegriff ungebräuchlich ist."[622]

Schulin zitiert dann den Vorschlag der Reha-Kommission des VDR, der Rehabilitation einen eigenständigen Begriff der Rehabilitationsbedürftigkeit zur Seite zu stellen. Dieses Problem ist wiederum in einem zumindest scheinbaren Wertungswiderspruch zwischen Schutz bei Behinderung und Minimierung von Behinderung begründet. So erklärt *Ulrike Davy* bei der Bundestagung des Deutschen Sozialrechtsverbandes 2001 in Schwerin:

„Die behinderungsbezogenen Diskriminierungsverbote beinhalten einerseits eine klare Stellungnahme gegen die Stigmatisierung bestimmter Gruppen von Menschen. Andererseits ist ‚Behinderung' keinesfalls uneingeschränkt als Wert anerkannt. Es ist im Gegenteil nach wie vor allgemein akzeptiert, dass die Medizin aufgerufen ist, mit den verfügbaren therapeutischen Mitteln Behinderungen so weit wie möglich zu verhindern."[623]

Dem entspricht die Erfahrung und Befürchtung behinderter Menschen, dass therapeutisches Bemühen oder sonderpädagogische Intervention signalisieren kann, dass behinderte Menschen, so wie sie sind, durch Gesellschaft und Recht nicht akzeptiert werden[624].

c) Vom personalen zum sozialen Behinderungsbegriff

Im medizinischen, pädagogischen, sozial- und gesundheitswissenschaftlichen Verständnis wurde Behinderung selten als feststehender Status verstanden. Allerdings grenzten zumindest frühere medizinische und soziale Theorien die Behinderten

---

618 Mitteilung der Kommission an den Rat, das Europäische Parlament, den Wirtschafts- und Sozialausschuss und den Ausschuss der Regionen: Auf dem Weg zu einem Europa ohne Hindernisse für Menschen mit Behinderungen vom 12. Mai 2000, KOM (2000) 284, S. 4, 18; Rommelspacher in: Rommelspacher (1999), S. 7, 9; Waddington (1995), S. 42 ff.
619 Pauer-Studer (2000), S. 275.
620 Vgl. I. Beck, ZHP 1998, S. 206, 212.
621 Schulin (1980), S. 20 f.
622 Schulin, SDSRV 37 (1992), S. 23 f.
623 Davy, SDSRV 49 (2002), S. 18.
624 Fröhlich in: Mürner/Schriber (1993), S. 113, 116.

oder einzelne Populationen, zumeist nicht behandelbarer, Behinderter ab und aus. Dies geschah zunächst vor allem mit der Intention, besondere Behandlung, Aussonderung oder gar Tötung der behinderten Menschen zu begründen. In späteren Ansätzen wurden Behinderte zwar ebenfalls als abgrenzbare Gruppe gesehen. Dies geschah jedoch nun mit Ziel und Anspruch, Lebensweisen und Diskriminierungen einer gesellschaftlichen Minderheit zu erforschen und soziale, politische und rechtliche Strategien gegen Diskriminierung zu erforschen oder normativ zu entwickeln. Im Recht ist dieses Verständnis vor allem in der Diskussion über Antidiskriminierung und Gruppenrechte zu finden.

Bei den handlungsorientierten Wissenschaften der klinischen Rehabilitationsmedizin, Pädagogik oder Sozialarbeit wird der Begriff der Behinderung, ähnlich wie in der Rechtsanwendung, zu dem Zweck benutzt, das mit eigenen Mitteln zu Überwindende zu beschreiben. Dabei wird, je nach Arbeitsfeld, mehr oder weniger deutlich, dass die Intervention der medizinischen, beruflichen oder sozialen Rehabilitation nicht nur dem Gesundheitszustand der behinderten Menschen gelten kann, wenn Erfolge erzielt werden sollten. Vielmehr ist es auch sinnvoll und notwendig, die Umgehensweise der betroffenen Personen und ihrer Umgebung mit gesundheitlichen Störungen zu verändern und Änderungen im Umfeld vorzunehmen, also Arbeitsplätze und Arbeitsanforderungen, bauliche Gegebenheiten oder die Bedingungen von Kommunikation und Mobilität so anzupassen, dass die Behinderung bei Fortbestehen der gesundheitlichen Ausgangslage minimiert werden kann. Diese Erkenntnisse wurden mit zeitlicher Verzögerung auch in der Darstellungsweise der deskriptiven Medizin-, Gesundheits-, Erziehungs- und Rechtswissenschaften aufgenommen. Zunächst wurde erkannt, dass die Behinderung nicht der Krankheit entspricht, sondern sich häufig als deren soziale Auswirkung darstellt. Damit war der Bezug in die Sozialsphäre geschafft. Die praktische Anschauung, insbesondere wenn sie aus Sicht oder zumindest mit Hilfe der Betroffenen gewonnen wurde, lehrte aber dann, dass Behinderung eben nicht nur Folge einer Gesundheitsstörung ist, sondern ebenso Folge der sozialen Verhältnisse und Pathologien, welche die Möglichkeiten der Teilhabe einschränken. So kann ein bestimmter gesundheitlicher Zustand erst dann als Störung erscheinen und erst dann eine Behinderung hervorrufen, wenn für Menschen diesen Zustands keine Erwerbsmöglichkeiten mehr bestehen oder wenn die sozialen Einrichtungen der Kommunikation oder Mobilität sie nicht berücksichtigen. Im gesundheitswissenschaftlichen Konzept der Salutogenese wird dieses Problem aufgegriffen, indem dort die Betrachtung nicht primär auf Krankheitsfaktoren gelegt wird (pathogenetische Betrachtung), sondern auf Gesundheitspotenziale, zu denen notwendig die sozialen Kontexte gehören, in denen Menschen stehen[625], weil soziale Integration und Unterstützung für die Entfaltung der Gesundheit wesentlich sind.

Bereits der Gründer der *Deutschen Vereinigung für Krüppelfürsorge*, *Konrad Biesalski*, hatte den relationalen Charakter der Behinderung im Grundsatz erkannt[626], als er die Heimbedürftigkeit des Krüppels 1907 so definierte:

---

[625] Vgl. Antonovsky (1997), S. 24; dazu Rosenbrock, ZSR 2003, S. 342, 346; Faltermaier, ZSR 2003, S. 507, 509 ff.
[626] So auch Seidler in: Koch/Lucius-Hoene/Stegie (1988), S. 14.

„Ein heimbedürftiger Krüppel ist ein (...) in dem Gebrauch seines Rumpfes oder seiner Gliedmaßen behinderter Kranker, bei welchem die Wechselwirkung zwischen dem Grad seines Gebrechens einschließlich sonstiger Krankheiten und der Lebenshaltung seiner Umgebung eine so ungünstige ist, dass die ihm verbliebenen körperlichen und geistigen Kräfte zur höchstmöglichen Selbständigkeit nur in einer Anstalt entwickelt werden können (...)".[627]

Der Zusammenhang zwischen persönlicher Einschränkung und gesellschaftlichen Anforderungen und Normen wurde in den 1970er Jahren in den Sozialwissenschaften und in der Pädagogik erkannt[628], deren Aufgabe bereits allgemein die Vermittlung individueller Entwicklungsfähigkeit mit gesellschaftlichen Forderungen und Möglichkeiten ist. So ist in den Empfehlungen der Bildungskommission des Deutschen Bildungsrates von 1973 der Begriff der Behinderung bereits auf die Teilhabe bezogen:

„Als behindert im erziehungswissenschaftlichen Sinne gelten alle Kinder, Jugendlichen und Erwachsenen, die in ihrem Lernen, im sozialen Verhalten, in der sprachlichen Kommunikation oder in den psychomotorischen Fähigkeiten so weit beeinträchtigt sind, dass ihre Teilhabe am Leben in der Gesellschaft wesentlich erschwert ist. Deshalb bedürfen sie besonderer pädagogischer Förderung."[629]

Weitergehend an den gesellschaftlichen Normen orientiert ist ein Definitionsvorschlag des Pädagogen *Franz Schönberger:*

„Behindert ist, wer

1. infolge einer Schädigung in seinen Funktionen so beeinträchtigt ist,

2. dass er in seiner Lebenswelt, deren Werte und Normen für ihn und seine Bezugspersonen Geltung haben,

3. nur unter außergewöhnlichen Bedingungen zu einem menschenwürdigen (d. h. durch kulturelle Teilhabe, personale Selbstbestimmung und soziale Mitbestimmung gekennzeichneten) und glücklichen Leben findet

4. und daher lernen muss, jene Werte und Normen auch seiner Beeinträchtigung gemäß zu beurteilen und an der Veränderung ihrer Entstehungsbedingungen mitzuwirken."[630]

Der Heilpädagoge *Otto Speck* bezeichnete auf der Bundestagung des Deutschen Sozialgerichtsverbands 1980 den Begriff der Behinderung als relational, also abhängig vom soziokulturellen Bezugsrahmen realisierbarer Chancen und Hilfen und vorgefundener Hindernisse in der Umwelt[631]. In der Pädagogik scheint ein solcher relationaler und relativer Behinderungsbegriff heute fachlicher Konsens zu sein[632].

Auch in der sozialwissenschaftlichen Arbeitsmarktforschung wurde Behinderung in den siebziger Jahren als soziales Phänomen erkannt, das durch die Nichtkompatibilität der persönlichen Eigenschaften mit den Anforderungen der Tech-

---

[627] Zitiert nach Ziem (1956), S. 35.
[628] Rudloff, ZSR 2003, S. 863, 875 f.; vgl. unten II.B.5.; III.A.11.c.
[629] Zitiert nach Sander in: Eberwein (1999), S. 99, 102; G. Klein in: J. Neumann (1995), S. 105, 108; Gerhardt (1990), S. 18.
[630] F. Schönberger in: Eberwein (1999), S. 80.
[631] Eberwein in: Eberwein/Sasse (1998), S. 66, 83; Speck (1980), S. 101 f.
[632] Eberwein, ZHP 1995, S. 468, 471; Molitoris, ZHP 1976, S. 441, 445.

nik, der Produktion, der Infrastruktur und der gesellschaftlichen Verkehrsformen sowie durch Vorurteile in einem Sozialisationsprozess erst der behinderten Person zugeschrieben wird[633].

Dieser Erkenntnisprozess bildet sich auf der Ebene der Medizin und Gesundheitswissenschaften ab in dem globalen Prozess, der 1980 zur ICIDH und 2001 zur ICF geführt hat. Noch die ICIDH definierte Behinderungen als Krankheitsfolgen[634]. Es wurde allerdings der Versuch gemacht, durch ein mehrstufiges Modell, Schädigung, Fähigkeitsstörung, Beeinträchtigung, Konsistenz herzustellen. Das Modell der ICIDH wurde wegen der Betonung individuell-medizinischer Faktoren als individuo-zentrisch bezeichnet. Diesem Modell wurde der sozio-zentrische Ansatz gegenübergestellt[635], der wegen seines Bezugs auf die Umwelt der betroffenen Person teilweise auch als ökosystemischer Ansatz bezeichnet wurde[636]. Ihm entspricht im Recht eine sozialorientierte Begriffsauslegung[637]. Ein solches an der sozialen Umwelt orientiertes Verständnis von Behinderung wurde gerade in den skandinavischen Ländern frühzeitig diskutiert[638]. Danach entstehen Behinderungen erst zwischen Menschen in ihren sozialen, kommunikativen, ökonomischen und politischen Beziehungen und Interaktionen, wenn die gesellschaftliche Eingliederung und Persönlichkeitsbildung Einzelner *ver*hindert wird[639] und diese von den gesellschaftlichen Möglichkeiten isoliert sind[640]. Behinderung als zugeschriebenes Kompetenzdefizit von Akteuren ist in soziologischer Sicht keine personale Eigenschaft, sondern eine soziale Beziehung[641]. Herausgestellt wird, dass Behinderung durch Bezeichnung, Rollenzuweisung[642] und Benachteiligung erst entstehen kann. Dabei ist Rollenzuweisung kein einseitiger Prozess, sondern bedingt die Übernahme einer sozial und rechtlich zugeschriebenen Rolle in die Identität der betroffenen Personen[643].

Der Begriff der Behinderung ist für eine Definition als soziales Verhältnis auch grammatisch offen. Als transitives Verb kann „behindern" ein Subjekt haben, das jemanden behindert und ein Objekt, das behindert wird[644]. Synonyme für Behinderung sind in diesem Sinne Hindernis, Erschwernis, Fessel, Hemmschuh, Hemmung, Barriere, Handicap[645]. Damit legt der gemeine Sprachgebrauch sogar nahe, den Schwerpunkt auf die behindernden Personen, Faktoren und Umstände zu legen und die Feststellung einer Behinderung ohne behinderndes Subjekt als unvoll-

---

[633] Leppin/Ritz in: Offe (1977), S. 121 f.; vgl. unten II.B.6.d.
[634] Vgl. Rauschelbach, MedSach 1991, 179.
[635] Vgl. Buch (2001), S. 42 f.
[636] Sander in: Eberwein (1999), S. 99, 105.
[637] Vgl. Straßmair (2002), S. 169 f.
[638] Vgl. Svanström/Ahs/Stenberg (1992), S. 42 ff.
[639] Jantzen, ZHP 1975, S. 428, 430.
[640] Seyfried (1990), S. 40 ff.
[641] Bendel, ZfSoz 1999, S. 301, 303.
[642] Vgl. Cloerkes (1997), S. 6.
[643] Weber (2002), S. 80 ff.
[644] § 1 Abs. 2 StVO: *„Jeder Verkehrsteilnehmer hat sich so zu verhalten, dass kein Anderer geschädigt, gefährdet oder mehr, als nach den Umständen unvermeidbar, behindert oder belästigt wird.";* vgl. Weber (2002), S. 21; Zielke, BHP 1992, S. 314, 318 f.; Brackhane in: Koch/Lucius-Hoene/Stegie (1988), S. 22.
[645] Duden Bd. 8; Zielke, BHP 1992, S. 314, 318.

ständige Aussage anzusehen. Dieses ist die sprachliche Weiterentwicklung im Vergleich zum „Gebrechen", die bei der Einführung des Behindertenbegriffs durchaus schon gewollt war. Erst das medizinische Behinderungsparadigma hatte sprachlich dazu geführt, dass dem Substantiv *„Behinderter"* regelmäßig kein komplementärer *„Behinderer"* beigefügt wird und aus dem passivischen *„Jemand ist behindert"* ein attributiver Satz wurde. Interessenvertretungen der behinderten Menschen erkannten diese sprachliche Entwicklung schon vor Jahren und traten ihr mit dem Satz entgegen *„Behindert ist man nicht, behindert wird man"*[646].

Zugespitzt formuliert ist diese Schwerpunktsetzung in den Gesetzentwürfen des *Forums behinderter Juristinnen und Juristen* für ein Gleichstellungsgesetz:

> „Behinderung ist jede Maßnahme, Struktur oder Verhaltensweise, die Menschen mit Beeinträchtigungen Lebensmöglichkeiten nimmt, beschränkt oder erschwert."[647]

Weiter zugespitzt wird dieser Ansatz im Vorschlag des Berliner Behindertenverbandes *„Für Selbstbestimmung und Würde e. V."*, der eine Differenzierung zwischen einem strafrechtlichen Behinderungsbegriff und einem sozialrechtlichen Behinderungsbegriff fordert[648]. Nach diesem Konzept soll ein strafrechtlicher Behinderungsbegriff der Bestrafung von „Behinderern" und der sozialrechtliche Behinderungsbegriff der Anspruchsbegründung für behinderte Menschen dienen.

Im angelsächsischen Sprach- und Rechtsraum sieht *Lisa Waddington* zunächst einen Gegensatz zwischen einem medizinischen *„biological-inferiority or functional-limitation model"* und einem soziopolitischen *„minority-group model of disability"*[649]. Für eine Gruppe wie insbesondere die Gehörlosen, die sich zum Teil als sprachlich-kulturelle Minderheit begreifen[650], kann der Minderheitenansatz Erklärungskraft entfalten. In der Auseinandersetzung zwischen einer Lautsprachorientierung der Gehörlosen und dem Einsatz von Gebärdensprachdolmetschern[651] wird der Unterschied zwischen diesen Herangehensweisen deutlich. Eine solche Gegenüberstellung erfasst allerdings nur einen Teil der referierten Unterschiede zwischen medizinisch-individuellem und sozial gebundenem Behinderungsbegriff, da auch ein Konzept, das behinderte Menschen als Minderheitengruppe begreift, notwendig von einer fest zuzuordnenden Gruppe ausgeht. Werden nicht nur Gehörlose, sondern auch Schwerhörige unterschiedlichen Grades in die Betrachtung einbezogen, schwindet die Eindeutigkeit, mit der zwischen einem medizinischen und einem Minderheitenansatz unterschieden werden könnte.

In der Dialektik des medizinisch-individuellen und des sozialen Behinderungsbegriffs[652] hat sich das Modell des relationalen Behinderungsbegriffs entwickelt, das beide zu einer Synthese verbindet und Behinderung nur in der dynamischen

---

646 Heiden in: Aktion Grundgesetz (1997), S. 13 ff.; vgl. Straßmair (2002), S. 170.
647 Zitiert bei Straßmair (2002), S. 170; Buch (2001), S. 44.
648 Offener Brief des Vorsitzenden Ilja Seifert an die Bundesministerin für Gesundheit und Soziale Sicherung, Ulla Schmidt, vom 18. Oktober 2002.
649 Waddington (1995), S. 33 f.; vgl. Speck (2003), S. 218 f.; Rudloff, ZSR 2003, S. 863, 865.
650 Holste/Rehling in: Reichmann (1984), S. 294.
651 Vgl. Heßmann in: Sasse/Eberwein (1998), S. 170, 180 ff.
652 Vgl. Hirschberg (2004), S. 19 f.; Jantzen, ZHP 1975, S. 428, 433: *„Doppelcharakter von Behinderung"*.

Wechselwirkung zwischen einem individuellen Gesundheitsproblem und (auch) gesellschaftlich bedingten Kontextfaktoren erkennt. Dieses Modell wird in der ICF als Integration eines medizinischen und eines sozialen Paradigmas bezeichnet, die mit einem biopsychosozialen Ansatz eine kohärente Sicht der verschiedenen Perspektiven von Gesundheit auf biologischer, individueller und sozialer Ebene ermöglicht[653]. *Waddington* bezeichnet es als „*adapted model of disability*":

„Under this model disability is seen as representing a dynamic relationship between individuals with impairments and their surroundings, so that the emphasis is switched from the individual to the broader social, cultural, economic and political environment."[654]

Rechtlich bedeutet dies Offenheit für einen gesellschaftsbezogenen Ansatz, der aber weiter an einer gesundheitlichen Normabweichung anknüpft[655]. Mit der ICF ist also die Erkenntnis verbunden, dass die Gesundheitsstörung erst im Zusammenspiel mit individuellen und gesellschaftlichen Kontextfaktoren zu einer Teilhabestörung führen kann. Behinderung wird damit zum sozialen Verhältnis zwischen behindertem Menschen und behindernder Umwelt. Es wird nicht mehr einseitig auf die „*Fähigkeit zur Eingliederung*"[656] abgestellt, sondern Behinderung und Teilhabe werden als wechselseitiger Prozess zwischen Individuum und Gesellschaft herausgestellt[657].

Gesellschaftliche Verhältnisse können bestimmen, was eine Behinderung ist und was nicht. *Waddington* zitiert hierzu einen Bericht über die Insel Marthas Vineyard (Massachusetts, USA), auf der über Jahrhunderte durch Vererbung der Anteil tauber Personen so hoch war, dass die Bevölkerung praktisch zweisprachig mit Englisch und Gebärdensprache aufwuchs, so dass Gehörlosigkeit keine Behinderung mehr war[658]. In Stammesgesellschaften mit einem hohen Anteil erblindeter Menschen wird deren weitgehende Integration festgestellt[659].

Mit dem Behinderungsbegriff wird also nicht mehr nur eine abgrenzbare Menge von behinderten Menschen bezeichnet, sondern es werden Zustände beschrieben. Mit Hilfe der ICF können der Gesundheitszustand und die mit Gesundheit zusammenhängenden Zustände für alle Menschen beschrieben werden, sie ist universell anwendbar[660]. Insofern kann Behinderung nun als Erklärungsprinzip beschrieben werden[661]. Für die möglichen Interventionen bedeutet dies, dass sie an der Gesundheitsstörung, an den individuellen oder gesellschaftlichen Kontextfaktoren ansetzen können, um das normativ festgelegte Ziel der Minimierung von Behinderung zu erreichen. Bezieht man die Interventionen und ihre Institutionen, etwa das Recht und das System der Rehabilitation, in die Betrachtung ein, dann ist Behinde-

---

[653] ICF, Einführung, 5.2.; Hirschberg (2004), S. 44 f.
[654] Waddington (1995), S. 35.
[655] Davy, SDSRV 49 (2002), S. 16.
[656] Vgl. § 2 Eingliederungshilfeverordnung und die Kritik bei Becker, Behinderte Rehabilitation, S. 31 ff.
[657] Weber (2002), S. 35.
[658] Waddington (1995), S. 36; Scheer/Groce, Journal of Social Issues 1988, S. 23 ff.
[659] Weber (2002), S. 78 f.
[660] ICF, Einführung, 3.1.
[661] Walthes in: J. Neumann (1995), S. 89.

rung ein Verhältnis zwischen behinderter Person und gesellschaftlicher Umwelt, das von einem klassifizierenden System beschrieben wird[662].

Mit der Weiterentwicklung des Behinderungsbegriffs und der Erkenntnis, dass es sich bei Behinderung jedenfalls zunächst nicht um eine individuelle Eigenschaft und noch nicht einmal eindeutig um die Folgeerscheinung einer persönlichen Eigenschaft handelt, war die Befürchtung verbunden, dass unter der Annäherung des Begriffs an die Wirklichkeit seine Handhabbarkeit leiden könnte und letztlich jede Teilhabestörung als Behinderung einzuordnen wäre oder zumindest jedes Kriterium verloren ginge, wann Interventionen geboten und wünschenswert seien. In der ICF wird jedoch am Erfordernis und Ausgangspunkt der Gesundheitsstörung festgehalten. Damit wird deutlich, dass nicht jede Teilhabestörung Gegenstand der ICF, des Behinderungsbegriffs und derjenigen Normen und Institutionen ist, welche um den Begriff der Behinderung gruppiert sind. Dagegen können weitere Gesichtspunkte wie etwa die Schwere, Erheblichkeit oder Dauer einer Behinderung bei dem Abstraktionsgrad eines allgemeinen Behinderungsbegriffs[663] nicht schon in diesem enthalten sein, sondern müssen zweck- und situationsbedingt attributiv hinzugefügt werden.

d) Behinderung und behinderte Menschen

Als Problem eines relationalen Behinderungsbegriffs kann angesehen werden, dass die Handhabung all derjenigen Normen schwieriger wird, die als Rechtssubjekt den behinderten Menschen haben. *Buch* wendet bei Betrachtung des verfassungsrechtlichen Behinderungsbegriffs ein, durch ein solches Verständnis ließe sich dem Grundrecht kein Adressat mehr zuordnen, der als Grundrechtsträger in Betracht komme[664]. Dieser Einwand könnte auch umgekehrt für das Sozialrecht formuliert werden, wo unter der Überschrift „Behinderung" definiert wird, wann Menschen behindert sind. Für die Vertreter eines sozial orientierten Behinderungsbegriffs könnte es hier an der Definition der Behinderung als Situation fehlen. Diese Einwände sind aber nicht zutreffend[665]. Die meisten Grundrechtsbestimmungen nehmen Situationen menschlichen Verhaltens in Bezug. Dennoch sind die Adressaten der Meinungsäußerungs-, Versammlungs- oder Vereinigungsfreiheit klar anhand der relevanten Situationen identifizierbar. So ist es auch möglich, situativ festzustellen, wann Menschen als behindert anzusehen sind. Zugleich wird mit dem Perspektivwechsel vom „Behinderten" zur Behinderung als zentralem Begriff deutlich, dass ein soziales Verhältnis in Rede steht und nicht in erster Linie eine dem Menschen substanziell anhaftende Eigenschaft[666]. Ein relationaler Behinderungsbegriff ist allerdings weniger als ein personaler Begriff in der Lage, Komplexität sprachlich zu reduzieren[667]. Dennoch ist der Behinderungsbegriff handhabbar:

---

662   Vgl. Hirschberg (2004), S. 16 ff.; Walthes in: J. Neumann (1995), S. 89, 91 f.
663   Rudloff, ZSR 2003, S. 863, 865 spricht von einem „Begriffsmantel".
664   Buch (2001), S. 59; in der Tendenz auch Neumann, NVwZ 2003, S. 897, 899; vgl. unten IV:B.6.a.
665   So auch Reichenbach, SGb 2002, S. 485, 487.
666   Jantzen (1993), S. 39.
667   Vgl. Weber (2002), S. 19.

Aus dem häufigen und typischen Erleben behindernder Situationen wird die persönliche Eigenschaft Behinderung[668], wenn im Recht auf behinderte Menschen Bezug genommen wird.

Im Sozialrecht ist es nötig, die Menschen zu definieren, die soziale Rechte haben. Mit der Definition der Behinderung als Situation alleine wäre diese nicht oder nur sehr schwierig möglich. Daher werden behinderte Menschen als diejenigen definiert, die mit einer bestimmten Dauer und Intensität in der sozialen Situation der Behinderung stehen.

Schon in der Europaratsempfehlung für eine kohärente Politik für Menschen mit Behinderungen von 1992 wird, noch unter dem Begriff des handicap, anerkannt, dass Behinderung von der Beziehung eines Menschen zu seiner Umwelt abhängt[669]. Auch die Europäische Kommission formuliert im Europäischen Aktionsplan „Chancengleichheit für Menschen mit Behinderungen" von 2003: *„Die EU sieht Behinderung auch als soziales Konstrukt"*, und betont, dass das soziale Modell der EU die umweltbedingten Barrieren in der Gesellschaft hervorhebe[670]. Ein sozialer Behinderungsbegriff ist auch auf der europäischen Ebene anerkannt, die inzwischen eine wichtige Rechtsquelle für das Recht der behinderten Menschen ist. In der Begründung zur Entschließung des Europäischen Parlaments zu der Mitteilung der Kommission über den Stand der Verhandlungen zu einem rechtsverbindlichen Instrument der Vereinten Nationen zur Förderung und zum Schutz der Rechte und der Würde von Menschen mit Behinderungen wird sogar kategorisch ausgeführt:

„Durch ein Übereinkommen über die Rechte von Menschen mit Behinderungen wird das ‚medizinische Modell' ein für alle Mal abgeschafft und weltweit der rechtebasierte Ansatz gegenüber den Problemen von Menschen mit Behinderungen eingeführt, der auf der Basis der letzten beiden Jahrzehnte aufbaut.

Im medizinischen Modell wird der behinderte Mensch als Problem, als passiver Hilfeempfänger wahrgenommen, der seinerseits nichts zu einer Veränderung der Gesellschaft beiträgt. Im sozialen Modell (oder im rechtebasierten Modell) werden behinderte Menschen dagegen als Träger von Rechten gesehen und das Problem auf die Umwelt und die Gesellschaft verlagert. Das rechtebasierte Modell betont ferner das Potenzial, das ein Mensch mit einer Behinderung repräsentiert."[671]

Diese Stellungnahme betont noch einmal die Abgrenzung eines sozialen von einem rein medizinischen Behinderungsbegriff. Sie ist besonders deshalb interessant, weil sie die Gleichsetzung eines sozialen mit einem rechtebasierten Modell betont. Hierdurch wird deutlich, dass für ein soziales Modell weit stärker als für eine medizinisch geprägte Vorstellung von Behinderung Rechtsnormen benötigt werden, die festlegen, was eine Behinderung ist, wer behinderte Menschen sind und welche

---

[668] Buch (2001), S. 60.

[669] Recommendation No. R (92) 6 of the Committee of Ministers to Member States on a coherent policy for people with disabilities adopted by the Comittee of Ministers on 9 April 1992 at the 474th meeting of the Ministers' Deputies, Ziffer 5.2.

[670] Mitteilung der Kommission an den Rat, das Europäische Parlament, den Europäischen Wirtschafts- und Sozialausschuss und den Ausschuss der Regionen vom 30. Oktober 2003, KOM (2003) 650, S. 5; vgl. unten III.A.12.d; IV.B.4.c.

[671] Bericht vom 11. Juli 2003, Dokument A5-0270/2003, S. 15.

Rechte und Ansprüche sich daraus ergeben. Insofern ist die Entwicklung des Behinderungsbegriffs in den letzten zwanzig Jahren auch ein neuer Schub seiner Verrechtlichung, durch den die Bedeutung der Rechtswissenschaft für die Politik von behinderten Menschen und für behinderte Menschen gestiegen ist.

e) Behinderung und Barriere

Das Spannungsverhältnis zwischen individuellem und sozialem Behinderungsbegriff ist nicht nur beim Verständnis des individuell als Status- oder Zielbegriff, Leistungs- oder Gleichheitsrecht zugeordneten Tatbestandsmerkmals Behinderung zu berücksichtigen. Ist anerkannt, dass Behinderung auch ein sozialer Faktor ist, so sind Behinderungen zu finden, denen eine Vielzahl von behinderten Menschen zuzuordnen ist, die aber in der konkreten Situation auch kein individuell behindertes Subjekt erfassen. Eine solche Behinderung kann bestehen in einem Wohn-, Betriebs- oder Schulgebäude ohne Fahrstuhl, in dem gehbehinderte Personen nicht leben, arbeiten oder lernen können[672], in der Unzugänglichkeit öffentlicher Verkehrsmittel[673], in der Gestaltung von Kommunikation ohne Brailleschrift für Sehbehinderte oder ohne Gebärdensprache für Hörbehinderte[674]. Eine solche für eine Vielzahl von Menschen behindernde Situation könnte als abstrakte Behinderung bezeichnet werden, die sich bei der Präsenz eines Menschen mit entsprechender Funktionsstörung als konkrete Behinderung realisiert. Das Verhältnis zwischen abstrakter und konkreter Behinderung würde damit demjenigen zwischen einer konkreten und einer abstrakten Gefahr für die öffentliche Sicherheit im Polizei- und Ordnungsrecht entsprechen. Beide Gefahren können zu rechtlichen Folgen führen und sind Eingriffstatbestände. Ein soziales Verständnis von Behinderung führt dazu, dass Barrieren mindestens dann identifiziert und beseitigt werden, wenn dies besser geeignet ist, Teilhabe zu ermöglichen, als ein Ansetzen an den behinderten Menschen selbst[675]. Um dieses Verständnis in Rechte und rechtliche Handlungsformen umzusetzen, ist der Rechtsbegriff der Barrierefreiheit[676] entwickelt worden.

f) Der Behinderungsbegriff in § 2 SGB IX und § 3 BGG

Behinderte Menschen sind mit § 2 Abs. 1 Satz 1 SGB IX zum 1. Juli 2001 für das Sozialrecht und § 3 BGG zum 1. Mai 2002 für das in alle Bereiche des öffentlichen Rechts ausgreifende Gleichstellungsrecht mit gleichem Wortlaut neu definiert worden:

---

672 Vgl. unten V.H.2.; V.J.2., V.J.3.
673 Vgl. unten V.G.2.
674 Vgl. Cloerkes in: Koch/Lucius-Hoene/Stegie (1988), S. 87 ff.; unten V.F.4.
675 Auch ohne den Rechtsbegriff der Barrierefreiheit zu kennen, resümieren Bolderson/Mabbett 2002 in ihrer europäischen Vergleichsstudie (S. 11): „*First and foremost the social model implies that policies should be directed at the removal of barriers to full participation for disabled people rather than problematising the disabled person.*"
676 Vgl. oben II.A.1.k.

„Menschen sind behindert, wenn ihre körperliche Funktion, geistige Fähigkeit oder seelische Gesundheit mit hoher Wahrscheinlichkeit länger als sechs Monate von dem für das Lebensalter typischen Zustand abweichen und daher ihre Teilhabe am Leben in der Gesellschaft beeinträchtigt ist."

Diese Definition ist in den Gleichstellungsgesetzen der Bundesländer Schleswig-Holstein, Rheinland-Pfalz, Brandenburg, Bayern, Sachsen, Nordrhein-Westfalen, Hessen, des Saarlandes und von Bremen[677] übernommen worden. Diese Definition orientiert sich nach den Gesetzgebungsmaterialien an den Begriffen und Diskussionen der WHO[678]. Sie ist jedoch im Gesetzgebungsverfahren und danach umstritten gewesen und Kritik sowohl in der Kommentarliteratur als auch von Seiten einiger Verbände behinderter Menschen ausgesetzt. In den bereits vor dem BGG erlassenen Gleichstellungsgesetzen von Berlin und Sachsen-Anhalt sind abweichende Definitionen behinderter Menschen enthalten[679].

(1) Die Schädigung und Normabweichung der Funktionsfähigkeit

Voraussetzung dafür, dass ein Mensch als behindert gelten soll, ist zunächst, dass seine körperliche Funktion, geistige Fähigkeit oder seelische Gesundheit von dem für das Lebensalter typischen Zustand abweicht. In der Terminologie der ICF kann diese Voraussetzung als Schädigung der Funktionsfähigkeit[680] zusammengefasst werden.

Nach der ICF sind Schädigungen definiert als Beeinträchtigung einer Körperfunktion oder -struktur. Beeinträchtigungen können vorliegen, wenn die Körperfunktion oder -struktur wesentlich von der Norm abweicht oder ganz verloren ist. Körperfunktionen sind die physiologischen und psychologischen Funktionen von Körpersystemen. Körperstrukturen sind anatomische Teile des Körpers[681]. Die Schädigung ist nach der Erläuterung zur ICF eine

„(...) Abweichung von gewissen, allgemein anerkannten Standards bezüglich des biomedizinischen Zustands des Körpers und seiner Funktionen." (...) „Schädigungen können vorübergehend oder dauerhaft, progressiv, regressiv oder statisch sein, intermittierend oder kontinuierlich. Die Abweichung von der Populationsnorm kann geringfügig oder schwerwiegend sein, intermittierend oder kontinuierlich."[682]

Indem diese Schädigung mit der Abweichung vom Normzustand umschrieben ist, wird Gesundheit nicht allein vom Einzelnen her, etwa als Zustand umfassenden Wohlbefindens im Sinne der Ottawa-Charta der WHO[683], sondern von der menschlichen Gesamtpopulation her bestimmt. Ein möglicher Vorteil dieses Herangehens ist, dass eine Objektivierung der Schädigung erleichtert wird. Die Aus-

---

[677] § 2 Abs. 1 SHLBGG; § 2 Abs. 1 PhPfLGGBehM; § 3 BbgBGG; Art. 2 BayBGG; § 2 SächsIntegrG; § 3 Abs. 1 NRWBGG; § 3 Abs. 1 SBGG; § 2 BremBGG; § 2 HessBGG.

[678] Welti/Sulek in: Igl/Welti (2001), S. 131, 139; BT-Drucks. 14/5074, S. 98; MdB Haack, Prot. 144. Sitzung der 14. WP, S. 14144; vgl. BT-Drucks. 15/4575, S. 4, 17.

[679] § 2 Abs. 1 BGStG LSA.

[680] ICF, Einleitung 4.

[681] ICF, Einleitung, 4.1.

[682] ICF, Einleitung, 4.1.5. und 4.1.6.

[683] Vgl. oben II.A.1.d.(5).

richtung der Medizin an einem Normzustand ist im 19. Jahrhundert mit dem medizinischen Krankheitsbegriff und der ärztlichen Definitionsmacht darüber, wer krank ist, entwickelt worden[684].

Es ist zu fragen, wie die Norm und die Abweichung von ihr zu ermitteln sind. Welche Schwankungsbreite wird für das Typische zugrunde gelegt? Welche Population ist der Maßstab des Typischen? Die Sozialwissenschaftler *Anne Humphreys* und *Kurt Müller* sowie *Andreas Weber* unterscheiden als mögliche Quellen von behinderungsrelevanten Normen statistische, technische, biologisch-funktionelle Normen, Idealnormen und soziale Normen mit deskriptiven, imperative und funktionalen Dimensionen[685]. Ideale Normen sind von vornherein als rein normative Ideen gesetzt[686]. Statistische Normen lassen sich durch Mittelwert, Häufigkeiten und Varianz bestimmen, sind aber in der Auswertung durch die willkürlich zu setzende Standardabweichung bestimmt[687]. Dies wird besonders deutlich am rein statistisch konstituierten Intelligenzquotienten, der die Annahme einer Lernbehinderung determiniert[688]. Arbeitet man mit einem Intelligenzquotienten, muss es immer eine Gruppe der am wenigsten intelligenten Menschen geben, unabhängig davon, ob diese funktionale Probleme haben oder nicht.

Funktionale Normen werden an der Übereinstimmung beobachtbarer Eigenschaften mit ihren technischen oder biologischen Bauplänen abgeschätzt. Sie können zwar am ehesten wertfrei wirken. Die Bestimmung der biologischen menschlichen Norm hat jedoch ihrerseits einen kontextgebundenen wertenden Anteil[689]. Nach den bei *Dieter Neubert* und *Günter Cloerkes* zusammengefassten ethnologischen Studien zum Umgehen mit Behinderung und behinderten Menschen in verschiedenen Kulturen lassen sich sowohl Funktionseinschränkungen feststellen, die in nahezu allen Kulturen als andersartig wahrgenommen und negativ bewertet werden als auch solche, deren Wahrnehmung und Bewertung kulturell stark variiert. So werden fehlende Gliedmaßen, Lähmungen oder Blindheit durchgängig wahrgenommen und negativ bewertet, während die Kategorien von Schönheit und Hässlichkeit zwar bei allen Menschen vorhanden zu sein scheinen, jedoch sehr unterschiedlich gefüllt werden und z. B. Narben ganz unterschiedlich bewertet werden[690]. Eine durch eine Brille zu korrigierende Fehlsichtigkeit wird bei guter Verfügbarkeit von Sehhilfen kaum noch als Normabweichung wahrgenommen. Da Sehhilfen auch statistisch keine Normabweichung mehr sind, ist es in gewisser Weise konsequent, dass sie in Deutschland aus der Hilfsmittelversorgung weitgehend herausgenommen worden sind[691].

---

684   Illich (1981), S. 192 verweist hier auf Auguste Comte, der dem Begriff der Normalität 1840 eine medizinische Bedeutung gegeben hat.
685   Speck (2003), S. 189; Weber (2002), S. 68 ff.; Humphreys/Müller, in: Zwierlein (1996), S. 56 ff.
686   Weber (2002), S. 71.
687   Weber (2002), S. 70.
688   Speck (2003), S. 190.
689   Weber (2002), S. 70 f.
690   Neubert/Cloerkes (2001), S. 38 ff.
691   Vgl. § 33 Abs. 1 Satz 4–7 SGB V.

Somit ist bei jeder menschlichen Funktion die Frage nach dem Typischen notwendig wertend normativ[692]. Die gesundheitliche Norm wird, zumindest nicht nur, im Verhältnis zur Subjektivität des Individuums bestimmt, sondern unter dem Gesichtspunkt gesellschaftlicher Anforderungen an die Normalität des Menschen in seinen Funktionen, insbesondere als Arbeitskraft[693]. An diese Erkenntnis anknüpfend unterscheidet die Sozialmedizin zwischen absoluter und relativer Gesundheit, wobei letztere weniger an organmedizinischen Befunden als an der Teilhabefähigkeit bei als normal angesehenen Lebensvollzügen ansetzt[694]. Individualität hingegen könnte zugespitzt sogar als die Abweichung selbst angesehen werden[695]. Die Norm ist ein „Prinzip des Vergleichs"[696], das Individualität und Gesellschaftlichkeit konstituiert und in ein Verhältnis zueinander setzt[697]. Ein Bezug des Behinderungsbegriffs zu den Rechtsfragen der Sozialstaatlichkeit[698] und Gleichheit[699] ist vorgezeichnet. Normalität und Normativität werden im Recht verknüpft, müssen aber begrifflich unterschieden werden[700]. So schreibt *Zacher* zur Funktion der Normalität für die Konkretisierung des sozialen Staatsziels:

„Diese soziale Normalität hat eine Orientierungsfunktion: Gegen Subnormalität, für Zugang zur Normalität, Verbesserung in der Normalität und Hebung der Normalität. Aber diese soziale Normalität ist relativ. Sie hat nichts Absolutes. (...) Es gibt nicht die Normalität. Es gibt nur die Normalitäten. Ebenso ist die Vielfalt der Ensembles sozialer Wertung, Erwartung und Forderung offen, die Individuen und Gruppen um eine Normalität anordnen." [701]

Das Urteil von Medizin, Psychologie oder Pädagogik über Normalität kann, vor allem im Zusammenwirken mit Rechtsnormen, auch normative Wirkungen provozieren[702], wie etwa den Ausschluss von der Regelschule[703] oder von der rechtlichen Geschäftsfähigkeit. Dies muss reflektiert werden, wenn es zum Beispiel darum geht, welche normativen Schlüsse aus statistischen Abweichungen gezogen werden[704]. Die Konstitution von Behinderung durch Recht trifft die Verantwortung, zwischen Normalität und Normativität zu unterscheiden. Das Problem der Normativität im Behinderungsbegriff ist jedoch kaum dadurch zu lösen, dass diese schlicht abgelehnt wird, wie dies in der Pädagogik diskutiert wird[705], da Normati-

---

[692] Vgl. Eberwein, Behinderte 1995, S. 5, 8; Schmidt-Klügmann, ZSR 1978, S. 673, 687 f.

[693] Basaglia (1985), S. 50 f.; Illich (1981), S. 196; vgl. Welte in: Längle/Welte/Buchkremer (1999), S. 23.

[694] Behrens in: Behrend (1994), S. 112 f.

[695] Dörner in: Döhner (1973), S. 92 f.

[696] Mürner in: Mürner/Schriber (1993), S. 57, 69.

[697] Rommelspacher in: Rommelspacher (1999), S. 7.

[698] Vgl. unten III.B.

[699] Vgl. unten IV.B.

[700] Dazu: Dederich in: Dederich (2003), S. 237, 240 ff.

[701] Zacher in: BMA (2001), S. 418.

[702] Bourdieu (1993), S. 255 f. vgl. Begemann in: Eberwein (1999), S. 176, 177; Hirdina in: Eberwein/Sasse (1998), S. 13, 19; Jantzen (1993), S. 42 f.; Christoph in: Mürner/Schreiber (1993), S. 137, 144: „*Wer nicht ausgesondert wird, ist normal.*"; Jantzen, ZHP 1975, S. 428, 434.

[703] Vgl. unten II.B.5.d.; V.H.2.

[704] Weber (2002), S. 70.

[705] Eberwein, ZHP 1995, S. 468, 471 zitiert Bleidick: „*Der Begriff der Norm erfüllt... nicht das Kriterium der Wissenschaftsgenauigkeit. Sein diffamierender Beiklang macht ihn vollends suspekt. Er ist willkürlich, inhuman und dem Rehabilitationsbemühen schädlich.*"

vität in gesellschaftlichen Definitions- und Zuteilungsprozessen immer wieder benötigt wird[706]. Dies wird etwa dadurch deutlich, dass ein gerade in der Pädagogik viel beachtetes sozialpolitisches Prinzip, das in Skandinavien entwickelte Normalisierungsprinzip, den Normalitätsbegriff in den Mittelpunkt der Bewältigung von Behinderung stellt[707]. Normativität muss sich vielmehr der Kritik stellen, um von den betroffenen Personen und den verantwortlichen Professionen als solche erkannt und reflektiert, gleichmäßig und gerecht anerkannt und angewendet zu werden. Grundrechte bedeuten auch das Recht auf Verschiedenheit und das Recht, nicht in allem normal sein zu müssen. Dies kann bedeuten, universellen Rechtsnormen den Vorrang vor biologischen oder sozialen Normen einzuräumen[708].

Das BSG hat im Kontext des Krankheitsbegriffs 1967 in einem Urteil ausgeführt, die Regelwidrigkeit eines Körper- oder Geisteszustands sei bereits mit der Abweichung von der durch das Leitbild des gesunden Menschen geprägten Norm gegeben[709]. Damit wurde eine Erweiterung des normativen Spielraums erreicht, weil nun nicht mehr zuerst nach dem regelwidrigen, sondern nach dem gesunden Zustand zu fragen war. Das Grundproblem jedoch wurde nur zu der Frage verschoben, wie ein gesunder Mensch zu definieren sei. Als Reaktion hierauf wurde die Behandlungsbedürftigkeit zum zentralen Tatbestandsmerkmal im Krankheitsbegriff[710]. Damit wurde das Erkennen der Regelwidrigkeit in die ärztliche Verantwortung gelegt.

Beispielhaft werden die Probleme eines Krankheitsbegriffs an der Einordnung der Schwangerschaft deutlich. Es besteht in der Rechtswissenschaft weitgehend Einigkeit darüber, die mit einer Schwangerschaft verbundenen Einschränkungen des Wohlbefindens oder der Erwerbsfähigkeit weder im Sinne des Krankheits- noch des Behinderungsbegriffs als regelwidrige Funktionsstörungen anzusehen, weil Schwangerschaft gerade ein Teil regulärer weiblicher Lebensfunktionen ist[711]. Auf Grund dieser Sichtweise wird zum Teil bezweifelt, dass Leistungen bei Schwangerschaft und Mutterschaft dem durch die gesetzliche Krankenversicherung versicherten Risiko zuzuordnen sind. Das konkrete Problem ist durch die Einordnung als Vorsorgeleistungen gegen Krankheit und Behinderung zu lösen: Ärztliche Leistungen, aber auch die Kompensation für das Beschäftigungsverbot haben den Zweck, zu verhindern, dass aus einer regulären Funktionsstörung eine dauernde Störung wird. Die Diskussion zeigt aber zugleich auf, dass das Denken in Regelwidrigkeiten und anhand der Norm des jederzeit gesunden und umfassend einsatz- und teilhabebereiten Menschen sich an der Lebenswirklichkeit stößt und tatsächlich auch Kompensationen für Funktionsstörungen benötigt werden, die, sei es in der Schwangerschaft oder im hohen Alter, nicht als regelwidrig empfunden werden.

Gerade im Bereich der geistigen Behinderung werden für die Abgrenzung der Normabweichung Grenzwerte auf der Basis methodisch bestreitbarer Intelligenz-

---

[706] Vgl. Gerhardt (1990), S. 16 f.

[707] Vgl. Rudloff, ZSR 2003, S. 863, 873; von Ferber in: Koch/Lucius-Hoene/Stegie (1988), S. 75 f.

[708] Weber (2002), S. 74.

[709] BSG vom 28. April 1967, BSGE 26, 240, 242 (Zeugungsunfähigkeit).

[710] Fichte, ZfS 1993, S. 97, 100.

[711] Dagegen gibt es in der feministischen Diskussion die Forderung, Schwangerschaft als Behinderung zu klassifizieren; kritisch dazu Pauer-Studer (2000), S. 260.

konzepte und -messungen[712] relativ willkürlich festgelegt. Der Intelligenzquotient als Messsystem benötigt eine Normalverteilung, ist also ohne die Existenz eines unteren Randbereichs gar nicht handhabbar[713]. Die Entscheidung, von welchem wie ermittelten IQ an die geistige Fähigkeit vom Typischen abweichen soll, wird nach den Anforderungen der Gesellschaft, insbesondere des Bildungs- und Erwerbsarbeitssystems getroffen[714]. Dies ist augenfällig an der Lernbehinderung festzustellen. Sie kann pädagogisch oder medizinisch nicht konsistent definiert werden, sondern bezieht sich nur auf die Nichterfüllung regelschulischer Lern- und Verhaltensanforderungen[715]. Sie ist daher kaum von sozialer Benachteiligung zu unterscheiden[716]. Wurde es noch vor einigen Jahrzehnten abgelehnt, in der Lernschwäche für Lesen und Schreiben (Legasthenie) oder Rechnen (Dyskalkulie) eine Behinderung zu sehen, so ist heute weithin anerkannt, dass diese Schädigungen als Teilleistungsstörungen zumindest Behinderungsursache sein können[717]. Im Arbeitsförderungsrecht[718] wurde zur Klarstellung des als notwendig angesehenen Umfangs der Leistungspflicht ausdrücklich verankert, dass auch Lernbehinderung Behinderung im Sinne des SGB III ist. Dies hängt wiederum mit veränderten Bildungsanforderungen in der Gesellschaft zusammen, in der etwa Analphabetismus[719] nicht mehr akzeptiert wird[720] und schon die Orientierung in einer großen Stadt immer stärkere kognitive Anforderungen stellt[721]. Behinderung erscheint hier als Preis des Fortschritts, den die für ihn unzureichend Gerüsteten zu zahlen haben[722]. Als behindert erscheinen dann alle, die mit der jeweils gegebenen Umwelt nicht zurechtkommen können[723]. Diese Tendenz hat wohl auch zur Folge, dass die von Eltern und Therapeuten als normal angesehene Variation der kindlichen Entwicklung in gesundheitlicher wie in sozialer Hinsicht zurückgeht und immer mehr Kinder wegen so definierter Entwicklungsstörungen behandelt werden[724].

Ähnlich wie der Übergang von als normal akzeptierten Begabungsschwankungen zur normabweichenden geistigen Fähigkeit ist auch die Abgrenzung eines er-

---

[712] Vgl. Geulen in: Handbuch der Sozialmedizin Bd. 1 (1975), S. 235 ff.

[713] Rommelspacher in: Rommelspacher (1999), S. 7, 30.

[714] Lempp in: J. Neumann (1995), S. 13, 16; Von Ferber/von Ferber (1978), S. 76 f.

[715] Reichenbach, SGb 2000, S. 660, 661; Eberwein in: Eberwein (1999), S. 55, 56 f.; Füssel, RdJB 1985, S. 187, 188; Eberwein, ZHP 1975, S. 68 ff.

[716] Jantzen, Das Argument 80 (1973), 152, 158 ff.

[717] BVerwG vom 5. Juli 1995, Buchholz 436.0 § 39 BSHG Nr. 12.; VG Gelsenkirchen vom 12. Oktober 1995, NWVBl 1996, S. 272 ff.; Mrozynski in: Igl/Welti (2001), S. 117, 16 ff.; Hingst, ZfJ 1998, S. 62 f.; Kunkel, ZfJ 1997, S. 315 ff.

[718] § 19 Abs. 1 SGB III.

[719] Vgl. in der ICF Teilhabemerkmale d140: „lesen lernen", d145: „schreiben lernen", d 325: „kommunizieren als Empfänger schriftlicher Mitteilungen"; Körperfunktion b16701: „das Verständnis geschriebener Sprache betreffende Funktionen"; zur Berücksichtigung des Analphabetismus bei der Gewährung einer Rente wegen verminderter Erwerbsfähigkeit vgl. BSG vom 10. Dezember 2003, Mitteilungen der LVA Rheinprovinz 2004, S. 365 ff.; LSG Rheinland-Pfalz vom 26. März 2003, Az. L 6 RJ 69/00.

[720] Reichenbach, SGb 2002, S. 485, 487; Schuntermann, Die neue Sonderschule 1999, S. 342 ff.; Waddington (1995), S. 28, 37; Drecoll in: Reichmann (1984), S. 25, 26.

[721] Lempp in: J. Neumann (1995), S. 13, 15.

[722] Von Ferber/von Ferber (1978), S. 77; vgl. Dörner (1989), S. 72 ff.; Basaglia (1985), S. 133.

[723] Vgl. Jantzen (1998), S. 112.

[724] Schlack, ErsK 2001, S. 418.

laubten oder akzeptierten Maßes von Schwermut, Grübelei, Schwärmerei[725] oder Eigenwilligkeit[726] zu krankhaft erscheinender Depression und damit normabweichender seelischer Gesundheit fließend und dezisionistisch[727]. So stellt *Jürgen Habermas* fest, dass auf psychischem Gebiet beobachtbare und eindeutig beurteilbare Parameter für den gesunden Zustand weitgehend fehlen[728]. Aus der Unsicherheit und Unzulänglichkeit der psychiatrischen Krankheitslehre zieht *Sachsen Gessaphe* den Schluss, dass die Begutachtung psychischer Krankheiten und geistiger Behinderungen sich notwendig auf die Gesamtsituation der zu untersuchenden Person erstrecken muss[729]. Dass solche Fragen relevant sind, wird gerade dann deutlich, wenn an das Tatbestandsmerkmal Behinderung Folgen geknüpft sind, die nicht allein rechtlich vorteilhaft sind, etwa im Betreuungsrecht oder Unterbringungsrecht und bei der Frage der Geschäftsfähigkeit[730], für deren Fehlen die Abweichung von der *„normalen Willensmotivation"*[731] als Kriterium angeführt wird.

Bereits am Merkmal der Normabweichung wird die gesellschaftliche Gebundenheit und Subjektivität jedes Behinderungsbegriffes deutlich. Die Entscheidung über Normalität kann ausgrenzend oder integrativ wirken[732]. Normalitätserwartungen sind interkulturell und auch intrakulturell variabel[733]. 1936 sah *Hans Hoske* den wichtigsten Gradmesser der gesundheitlichen Normalität in der Wehrfähigkeit des Mannes[734]. Normalitätsvorstellungen sind an die sozialen und ökonomischen Bedingungen geknüpft[735].

Evidenzbasierte Rehabilitationsmedizin[736] bietet zwar die Methodik, in Populationen genauer diejenigen Personen zu ermitteln, deren Gesundheitszustand statistisch abweicht und erfahrungsgemäß zu Teilhabestörungen führt. Sie kann jedoch nicht aus sich heraus begründen, welche Normabweichungen eigentlich Schädigungen sind. Dies ist eine Frage rechtlicher Normen, medizinischer Standards oder gesellschaftlicher Konvention, die im schlechten Falle unreflektiert ist.

So können Personen, die durch Narben oder Male ein stark abweichendes Aussehen haben, als geschädigt angesehen werden[737]. Bekommen sie wegen ihres Aus-

---

[725] Vgl. den Beschluss des OVG Nordrhein-Westfalen vom 17. Januar 2002, NJW 2003, S. 1754, bei dem einer muslimischen Schülerin auf ihren Antrag auf Befreiung von einer Klassenfahrt aus religiösen Gründen attestiert wurde, ihre Vorstellungen hätten psychischen Krankheitswert, dazu kritisch: Rixen, NJW 2003, S. 1712 ff.

[726] Vgl. in der ICF Körperfunktionen wie b1520: „Situationsangemessenheit der Emotion".

[727] Vgl. auch zur Normabweichung bei der „Rentenneurose": Pesch, NJW 1966, S. 1841 ff.; Barsels (1914), S. 22 f.

[728] Habermas (2001), S. 16.

[729] Sachsen Gessaphe (1999), S. 37.

[730] § 1896 BGB, Behinderung als Voraussetzung für Betreuerbestellung; vgl. dazu Dodegge, NJW 2002, S. 2919, 2921; BayObLG, FamRZ 2002, 37 für den Fall des „Altersstarrsinns"; vgl. BT-Drucks. 15/2494, S. 17.

[731] Larenz/Wolf, BGB-AT § 6 Rz 21.

[732] Welte in: Längle/Welte/Buchkremer (1999), S. 23.

[733] Mühlum/Oppl in: HdR (1996), S. 3, 6; Waddington (1995), S. 28.

[734] Hoske (1936), S. 1, 2, 16; zu Hoske vgl. H. Beck (1991); vgl. unten III.A.9.

[735] Jantzen, Das Argument 80 (1973), S. 152, 156.

[736] Dazu Héon-Klin/Raspe in: Bengel/Koch (2000), S. 87 ff.

[737] Ausdrücklich geht dies aus § 1 Nr. 2 EingliederungshilfeVO hervor; Dies ist allerdings in der Körperfunktionskodierung der ICF derzeit nicht abbildbar. Damit wird die Problematik deut-

sehens keine Arbeit, so kann dies als Behinderung definiert werden[738]. Menschen mit dunkler Hautfarbe können in bestimmten Branchen und Regionen Deutschlands ebenfalls wegen ihres Aussehens keine Arbeit bekommen. Sowohl die Betroffenen selbst als auch die Medizin würden diese Personen aber nicht als geschädigt und behindert betrachten[739].

Ein weiteres Beispiel für diese Problematik ist Sucht[740]. Welche Genussmittel als Suchtmittel eingestuft werden, welches Ausmaß von Suchtmittelkonsum als normabweichend eingestuft wird[741] und ob eine solche Normabweichung als Krankheit, Schädigung oder Behinderung eingestuft wird[742], ist eine Frage, die wesentlich von gesellschaftlichen Normen bestimmt wird, die von Medizin und Recht zwar mitgesteuert, aber ebenso auch rezipiert werden[743]. Konsumenten illegaler Drogen sind etwa in den USA ausdrücklich aus dem Geltungsbereich des *Americans with Disabilities Act* (ADA) ausgenommen worden[744]. Für die legale Droge Alkohol stellt sich das Problem, dass ihr Konsum in Deutschland grundsätzlich akzeptiert wird, ihre gesundheitsschädigenden Wirkungen jedoch weithin ignoriert oder negiert werden[745].

Weitere Beispiele für ein normabweichendes Verhalten, bei dem es jeweils eine Frage der Übereinkunft ist, ob es als Folge gesundheitlicher Schädigung angesehen werden kann und soll, sind in den USA ebenfalls ausdrücklich aus dem Geltungsbereich des Antidiskriminierungsrechts ausgenommen worden, so Homo- und Bisexualität, Transsexualität, Pädophilie, Exhibitionismus, Voyeurismus und Geschlechtsumwandlung, Spielsucht, Kleptomanie und Pyromanie[746]. Damit wird

---

lich: Betroffen ist die Teilhabedimension der interpersonellen Aktionen (d710 ff.) im Kontext mit Einstellungen anderer (e410 ff.). In den USA werden diese Personen als Menschen angesehen, die für behindert gehalten werden, vgl. Mensching/Nolte, ZfSH/SGB 1993, S. 289, 298; LSG Rheinland-Pfalz vom 2. Mai 2002, Az. L 5 KR 93/01: Entstellungen im Gesichtsbereich können ein Funktionsdefizit hervorrufen; vgl. Stürner, JZ 1984, S. 412, 415. Bereits im Heilverfahren der Invalidenversicherung wurden die durch Hauttuberkulose (Lupus) hervorgerufenen Entstellungen behandelt: *„Da diese Kranken zwar arbeitsfähig, aber erwerbsunfähig sind und (...) nirgends Anstellung finden können (...)"*, Starke (1932), S. 28 f.; Laqua (1993), S. 101. Vgl. auch die strafrechtliche Wertung in § 226 Abs. 1 Nr. 3 StGB.

[738] Zum Verhältnis von Ästhetik und Behinderung: Hirdina in: Eberwein/Sasse (1998), S. 13, 15.

[739] Haines, BArbBl. 2001, S. 41, 43; vgl. ebenfalls die Diskussion in den USA, dazu Mensching/Nolte, ZfSH/SGB 1993, S. 289, 298.

[740] Vgl. BT-Drucks. 15/4575, S. 58.

[741] Vgl. BT-Drucks. 15/4833, S. 24 im Kontext des Präventionsgesetzes.

[742] RVA vom 6. Dezember 1915, AN 1916, S. 341; vgl. Krasney, ZSR 1976, S. 411, 415 f.; Sticken (1985), S. 109, 140; BayObLG vom 28. März 2001, FamRZ 2001, 1403; zum Heilverfahren wegen Alkoholismus in der Rentenversicherung seit 1906 siehe Starke (1932), S. 34 ff.; Wauer (1929), S. 36 ff.; Bieback, ZSR 1981, S. 602 ff.; 1982, S. 21 ff.; zum Alkoholismus als Behinderung: Längle in: J. Neumann (1995), S. 154 ff.

[743] In der ICF als Körperfunktion b1303 kodiert: „Drang nach Suchtmitteln: Mentale Funktionen, die sich in einem Drang äußern, Substanzen zu konsumieren, einschließlich solcher, die zu Missbrauch führen können". Was Missbrauch ist, bleibt der Auslegung und Anwendung überlassen.

[744] Sec. 510 ADA; vgl. Günzel (2000), S. 110 ff.

[745] Bieback, ZSR 1981, S. 602, 603.

[746] Sec. 511 ADA; vgl. Mensching/Nolte, ZfSH/SGB 1993, S. 289, 297; kritisch Günzel (2000), S. 277.

zum Ausdruck gebracht, dass für diese Normabweichungen vermutet wird, dass ihnen freie Entscheidungen zu Grunde liegen. Diese freien Entscheidungen für überwiegend gesellschaftlich missbilligte Verhaltensweise sollen die Betroffenen nicht in den Genuss der im ADA vorgesehenen Nichtdiskriminierungsregelungen bringen. Hintergrund kann die Befürchtung sein, dass eine Nichtdiskriminierung, die etwa Kleptomanie einschließt, das rechtliche Unwerturteil über den Diebstahl relativieren könnte. Diese Fragestellungen erscheinen im deutschen Rechtsraum nur solange als exotisch, wie Behinderung nur als sozialrechtlicher Begriff zur Zuteilung von Leistungen begriffen wird. Im Kontext von Nichtdiskriminierung wird die zu Grunde liegende Frage auch hier zu beantworten sein.

Schließlich hat gerade im Bereich der unterschiedlichen Entwicklung von Kindern und Jugendlichen in den letzten Jahrzehnten ein Prozess eingesetzt, immer mehr Normabweichungen als gesundheitliche Schädigungen zu definieren und somit eine immer engere Norm normaler kindlicher Entwicklung zu schaffen. Ein neueres Beispiel hierfür sind die sogenannten hochbegabten Kinder. Auch bei ihnen liegt eine Abweichung der geistigen Fähigkeiten vor, als deren Folge Eltern Teilhabestörungen beklagen. Wäre es nun zweckmäßig, diese Kinder als geschädigt und behindert zu definieren?[747]

Es zeigt sich, dass auch nicht vom Ergebnis her argumentiert werden kann, indem jede Normabweichung, die zu Teilhabestörungen führt, als gesundheitliche Schädigung definiert und damit das Gesamtverhältnis als Krankheit oder Behinderung klassifizierbar gemacht wird. Damit wird deutlich, dass es sich bereits beim Element der gesundheitlichen Schädigung im Behinderungsbegriff um keinen rein objektiv feststellbaren Tatbestand handelt, sondern dass normative Wertungen einfließen müssen, um den Begriff überhaupt ausfüllen zu können. Wichtig ist daher, dass das normative Element den Rechtsanwendern bewusst wird und in Zweifelsfällen Klarheit darüber geschaffen wird, dass weder die betroffenen Personen selbst noch Medizin oder Recht an dieser Stelle frei von Wertungen agieren. Dazu kommt, dass Beobachtung und Intervention durch das medizinische, pädagogische oder juristische System Rückwirkungen auf die Person haben, deren Behinderung in Rede steht und festgestellt werden soll. Wie im physikalischen und biologischen Kontext anerkannt, verändert auch im sozialen Zusammenhang bereits die Beobachtung ihr Objekt[748].

Behinderung kann, so führte bereits *Heinrich Scholler* bei der Bundestagung des Deutschen Sozialgerichtsverbandes 1980 in Mainz aus, nur in Bezug auf normative Ansprüche der sozialen Umwelt verstanden werden[749]. Hilfsbedürftigkeit alleine indiziert jedenfalls nicht Behinderung[750], da sie dem Menschen als sozialem Gattungswesen im Lebensverlauf eigen ist[751]. Eine Definition von Behinderung als so-

---

[747] Vgl. Art. 29 Abs. 3 BrbVerf; Art. 20 Satz 3 ThürVerf: *„Begabte, Behinderte und sozial Benachteiligte sind besonders zu fördern."*

[748] Vgl. Jantzen (1998), S. 82.

[749] Scholler (1980), S. 22.

[750] Vgl. Stadler, Die Rehabilitation 1992, S. 178, 180.

[751] Lempp in: J. Neumann (1995), S. 13, 14; Stadler, Die Rehabilitation 1992, S. 178, 180; Scholler (1980), S. 23; Bach, Die Rehabilitation 1977, S. 172, 173; B. Brecht, Gesammelte Werke IV, S. 176 ff.: „(...) *Denn alle Kreatur braucht Hilf von allen"*; vgl. bei G. W. F. Hegel die Feststellung,

zialer Abhängigkeit, wie 1981 von *Martin Hahn* vorgenommen, greift insofern zu kurz, was aber von *Hahn* bereits gesehen wurde, da er bei näherer Definition Behinderung als *„Mehr an sozialer Abhängigkeit"* definiert[752]. Daran zeigt sich aber, dass mit Abhängigkeit oder Hilfsbedürftigkeit kein präziser Anknüpfungspunkt gewonnen ist.

Ein gänzlicher Verzicht darauf, Gesundheitsstörungen als Bestandteil eines Behinderungsbegriffes anzusehen, würde auch bedeuten, auf den Begriff der Behinderung insgesamt zu verzichten. Dies wird insbesondere im Kontext der Pädagogik gefordert, da der Behinderungsbegriff pädagogisches Handeln im Ergebnis behindere[753]. In dieser Sichtweise wird deutlich, dass ein Behinderungsbegriff ohne Bezug auf die gesundheitliche Norm einen anderen Inhalt hätte, als er heute vom Normgeber gewollt ist. Für die rechtliche Betrachtung kann ein Verzicht auf den Inhalt des untersuchten Begriffs nicht in Frage kommen. Durch den Bezug auf die mit Hilfe der Medizin und anderer Wissenschaften zu bestimmende gesundheitliche Norm ist die Gesundheitsstörung vor allem ein empirischer und deskriptiver Rechtsbegriff, der aber auch normative Elemente hat.

(2) Die Einteilung nach Körper, Geist und Seele

Fraglich ist, welche Bedeutung der Formulierung der gesundheitlichen Normabweichung in § 2 Abs. 1 Satz 1 SGB IX mit der Unterteilung in körperliche Funktion, geistige Fähigkeit und seelische Gesundheit zukommt. Diese Einteilung entspricht der überkommenen Differenzierung in körperliche, geistige und seelische Behinderungen[754]. Mit dem Bundessozialhilfegesetz von 1961 wurden die geistigen Behinderungen in die Anspruchsnorm für die Eingliederungshilfe aufgenommen und damit körperliche und geistige Behinderungen gleichgestellt[755]. Die seelische oder psychische Behinderung schließlich wurde erst mit dem zweiten Änderungsgesetz zum BSHG 1969[756] im Rehabilitationsrecht erwähnt. Noch in den Gesetzesberatungen war geltend gemacht worden, die Voraussetzungen der seelischen Behinderung seien unbestimmbar[757]. Körperliche, geistige und seelische Behinderung sind auch heute noch in der Eingliederungshilfeverordnung erwähnt und definiert. Danach sind körperlich wesentlich behindert Personen, deren Bewegungsfähigkeit durch eine Beeinträchtigung des Stütz- oder Bewegungssystems in erheblichem Umfang eingeschränkt ist, Personen mit erheblichen Spaltbildungen des Gesichts oder mit abstoßend wirkenden Entstellungen, Personen, deren körperliches Leistungsvermögen infolge Erkrankung, Schädigung oder Fehlfunktion eines inneren Organs oder der Haut in erheblichem Umfang eingeschränkt ist, Blinde

---

dass die einzelne Person in der bürgerlichen Gesellschaft sich in einem *„System allseitiger Abhängigkeit"* befindet, Grundlinien der Philosophie des Rechts (1821), § 187; aus sozialmedizinischer Sicht Hülsmann, SozSich 1957, S. 322, 323.

[752] M. Hahn (1981), S. 68 f.
[753] Vgl. Speck (2003), S. 243.
[754] Vgl. oben II.A.1.a.(1).
[755] Vgl. Mürner (2003), S. 79.
[756] 2. Änderungsgesetz zum BSHG vom 19. August 1969, BGBl. I, 1153, ergänzte § 39 Abs. 1 BSHG um Nr. 6; dazu Giese, ZfS 1969, S. 234 ff.
[757] Vgl. Giese, ZfS 1969, S. 234, 236.

oder stark sehbehinderte Personen, gehörlose oder auf Hörhilfen angewiesene Personen, Personen, die nicht sprechen können oder stark sprachbehindert sind[758]. Geistig wesentlich behindert sind Personen, bei denen die Teilhabestörung aus einer Schwäche der geistigen Kräfte folgt[759] und seelisch wesentlich behindert sind Personen, bei denen die Teilhabestörung Folge einer seelischen Störung ist[760]. Als seelische Störungen werden genannt körperlich nicht begründbare Psychosen, seelische Störungen als Folge von Krankheiten oder Verletzungen des Gehirns, Anfallsleiden oder körperlichen Beeinträchtigungen, Suchtkrankheiten, Neurosen und Persönlichkeitsstörungen. Schwäche und zum Teil zirkulärer Charakter dieser Definitionen sind offensichtlich.

Von Bedeutung ist die Unterscheidung bei der Abgrenzung zwischen der Leistungsverpflichtung von Sozialhilfe und Kinder- und Jugendhilfe, da die Kinder- und Jugendhilfe ausschließlich für die Eingliederungshilfe bei seelischen Behinderungen zuständig ist[761].

Die Aufteilung in drei Teilbereiche der Gesundheit ist im System der ICF nicht enthalten. Dort heißt es:

„Der Begriff ‚Körper' bezieht sich auf den menschlichen Organismus als Ganzes. Daher umfasst er auch das Gehirn und seine Funktionen, z. B. den Verstand. Aus diesem Grund werden mentale (geistige und seelische) Funktionen unter ‚Körperfunktionen' subsumiert."[762]

Es wird also nach der Art der gestörten Funktionen und Strukturen differenziert. Hier unterscheidet die ICF acht grundlegende Körperfunktionen: mentale Funktionen, sensorische Funktionen, Stimm- und Sprechfunktionen, Funktionen des kardiovaskulären, des hämatologischen, des immunologischen und des Atmungssystems, Funktionen des Verdauungs-, des Stoffwechsel- und des endokrinen Systems, Urogenital- und Reproduktionsfunktionen[763]. Weiterhin werden acht grundlegende Körperstrukturen aufgeführt: Strukturen des Nervensystems, Auge und Ohr, Strukturen der Stimme und des Sprechens, das kardiovaskuläre, Immun- und Atmungssystem, das Verdauungs-, Stoffwechsel- und endokrine System, das Urogenital- und Reproduktionssystem, das Bewegungssystem und die Haut[764].

Die im deutschen Recht überkommene Dreiteilung ist angesichts des heutigen Kenntnisstands über die biochemisch, psychologisch und sozial-empirisch feststellbaren und auch philosophisch rezipierten Verschränkungen von Körper, Geist und Seele[765] kaum nachvollziehbar[766]. Einer klaren Abgrenzung ist sie kaum zu-

---

[758]　§ 1 EinglHVO.
[759]　§ 2 EinglHVO.
[760]　§ 3 EinglHVO.
[761]　§ 35a SGB VIII.
[762]　ICF, Einleitung, 4.1.2.
[763]　ICF, Körperfunktionen, Kapitel 1–8.
[764]　ICF, Körperstrukturen, Kapitel 1–8.
[765]　Jantzen (1998), S. 75 ff.; zur geschichtlichen Entwicklung: Mürner (2003), S. 78 ff.; Dörner (1995), S. 242 ff.
[766]　Diese Verschränkung ist nicht nur einseitig auf die Zuordnung aller gesundheitlichen Fragen zu Körperfunktionen zu reduzieren wie z. B. bei Quambusch (1995), Rz 3: „In einem weiteren Sinne sind geistige Behinderungen stets zugleich körperliche Behinderungen."; vgl. auch Seewald (1981), S. 18 f.

gänglich[767]. Ihren Sinn entfaltet sie eher in der Zuordnung zu verschiedenen Systemen und Professionen der Medizin und Rehabilitation, die sich entlang dieser historisch gewachsenen Grenzen vollzieht. Gerade angesichts der wachsenden Bedeutung psychosomatischer Erkrankungen für das Rehabilitationsgeschehen, bzw. der wachsenden Erkenntnis über die Bedeutung der Psyche für körperliche Leiden, ist zu besorgen, dass die überkommene Begrifflichkeit und die professionelle Aufteilung sich als Hemmnis für den Erfolg der Rehabilitation auswirken. Im Übrigen kann festgestellt werden, dass psychische Krankheit und Behinderung ebenso wie die psychischen Anteile an Krankheit und Behinderung in besonderem Maße die Wechselwirkung zwischen behinderter Person und Gesellschaft als gestörte Beziehung aufzeigen[768], die typisch für das moderne Verständnis von Behinderung ist[769]. Entsprechend sind hier die medizinischen und sozialen Anteile von Rehabilitation kaum zu trennen[770]. Schon 1969 meinte *Dieter Giese*, dass die seelische Behinderung vielleicht die typische Krankheit unserer Zeit sei[771]. Der ethnologische Vergleich zeigt, dass die Varianz zwischen den Kulturen im Auftreten und in der Bewertung seelischer Andersartigkeiten besonders groß ist[772].

Die begriffliche Trennung zwischen körperlichen, geistigen und seelischen Gesundheitsstörungen hat jedoch zumindest den Sinn, durch ihre Gleichstellung einer Benachteiligung einzelner Gruppen behinderter Menschen nach dem Bild der Funktionsstörung entgegenzuwirken. So hatte die Enquete-Kommission zur Lage der Psychiatrie in der Bundesrepublik Deutschland noch 1975 die rechtliche Gleichstellung der geistig und seelisch Behinderten mit den „körperlich Kranken" im Rahmen der sozial- und rehabilitationsrechtlichen Regelungen als ersten Punkt ihrer Empfehlungen genannt[773]. Diese Gleichstellung ist im heutigen Recht im Wesentlichen vorgenommen, scheint aber in der Wirklichkeit oftmals nicht erreicht zu sein. Im SGB IX ist daher ausdrücklich festgehalten, dass den besonderen Bedürfnissen seelisch behinderter oder von einer seelischen Behinderung bedrohter Menschen Rechnung zu tragen ist[774].

(3) Gesundheit und Lebensalter

Die gesundheitliche Beeinträchtigung wird, wie dargestellt, an der Normalität gemessen. Diese Normalität, so ist in § 2 Abs. 1 Satz 1 SGB IX präzisiert, soll sich an der typischen Funktionsfähigkeit des jeweiligen Lebensalters[775] messen. Diese An-

---

[767] Schimanski in: GK-SchwbG, 2.A. (2002), RNn 26, 34 zu § 3; Brühl in: LPK-BSHG, RNn 38, 39 zu § 39; W. Schellhorn, SGB VIII/KJHG, 2.A., RN 10 zu § 35a.

[768] Rudloff, ZSR 2003, S. 863, 881; Illich (1981), S. 194 f.; BT-Drucks. 7/4200 (Psychiatrie-Enquete), S. 65.

[769] Vgl. Längle in: Längle/Welte/Buchkremer (1999), S. 37, 40; Dreitzel (1980), S. 15; Jantzen (1980), S. 49, 65; Kisker in: Renker (1969), S. 466, 469.

[770] Bieritz-Harder in: V. Neumann (2004), § 10, Rz 71.

[771] Giese, ZfS 1969, S. 234, 236; zur Zunahme der psychischen Krankheiten als Ursache von Erwerbsminderungsrenten vgl. BT-Drucks. 15/5015, S. 113.

[772] Neubert/Cloerkes (2001), S. 45 f.; vgl. Reichenbach, SGb 2000, S. 660, 661.

[773] BT-Drucks. 7/4200, S. 34.

[774] § 10 Abs. 3 SGB IX.

[775] Vgl. oben II.A.1.e.

forderung entstammte zunächst dem Schwerbehindertenrecht. Sie wurde in die für die Anerkennung als Schwerbehinderter maßgeblichen Anhaltspunkte des Ministeriums für Arbeit und Sozialordnung aufgenommen, nachdem mit dem SchwbG die Möglichkeit für eine erstmalige Anerkennung älterer Schwerbehinderter eröffnet worden war. Funktionsbeeinträchtigungen, die sich im Alter physiologisch entwickeln und die nach Art und Umfang für das Alter typisch sind, sollten nach dem Willen des Gesetzgebers des Änderungsgesetzes zum SchwbG von 1986 mit dem erstmals definierten Behinderungsbegriff nicht als regelwidriger Zustand und infolgedessen nicht als Behinderung angesehen werden können[776]. Diese Beschränkung sollte der Abgrenzung eines besonderen Personenkreises von nur alterstypisch Betroffenen dienen. Dem lag wohl die Überlegung zu Grunde, dass das Schutzkonzept des SchwbG überzogen und damit unwirksam werden würde, wenn ein großer Teil älterer Beschäftigter die Schutzrechte in Anspruch nehmen könnte.

In der Diskussion über den Krankheitsbegriff[777] wurde mit dem Wechsel zum Leitbild des gesunden Menschen argumentiert, dass altersbedingte Funktionsabweichungen dem Leitbild des gesunden Menschen entsprächen und daher Altersschwäche und ähnliche Zustände, die sich aus der natürlichen Körperentwicklung ergeben, keine Krankheiten seien[778]. Das BSG hat dagegen entschieden, dass als Krankheit in der Krankenversicherung auch Regelwidrigkeiten gelten können, die auf einen Alterungsprozess zurückzuführen sind, so dass die Leistungspflicht jedenfalls bei Seh- und Hörstörungen in jedem Alter aufrecht erhalten wird[779]. Besonders umstritten war vor diesem Hintergrund ob der Krankheitswert der männlichen Erektionsstörung altersabhängig sei. Das BSG hat sich hier in einer Entscheidung mit der Heranziehung statistischer Werte beholfen[780].

Mit dem Merkmal der Altersadäquanz sind ähnliche Probleme verbunden wie mit dem Konzept des Normalitätsbezugs im Ganzen. *Rainer Pitschas* fragt, ob es überhaupt einen generell normalen Lebensverlauf gibt oder geben kann[781]. Hält man eine solche Norm für feststellbar bleiben weitere fragen: Wie soll die für das jeweilige Lebensalter typische Funktionsfähigkeit festgestellt werden? Welche Breite von Abweichungen bewegt sich noch im typischen Rahmen? Diese Ungewissheit betrifft insbesondere die Entwicklung von Kindern und Jugendlichen, die mit großen individuellen Schwankungen erfolgt[782], aber auch die Probleme im Alterungsprozess. Die Auffassungen der sozialen (Gerontologie) und der medizini-

---

[776] BT-Drucks. 10/5701, S. 9.

[777] Vgl. oben II.A.1.d.(1).

[778] So Hahn, ErsK 1969, S. 255, 260 für die Arteriosklerose; kritisch: Naendrup, ZSR 1982, S. 332, 335.

[779] BSG vom 12. Oktober 1988, NZA 1989, S. 287, 289.

[780] BSG vom 30. September 1999, BSGE 85, 36 (SKET). Das BSG hat die Regelabweichung bei einem 62-jährigen Kläger bejaht, weil noch die Mehrzahl der Männer in seinem Alter störungsfrei sexuell aktiv sei. Mittlerweile besteht ein gesetzlicher Leistungsausschluss unabhängig vom Alter, § 34 Abs. 1 Satz 8 SGB V.

[781] Pitschas in: von Maydell/Pitschas/Schulte (2003), S. 395, 403.

[782] Zu den Voraussetzungen für das Merkzeichen RF bei einem Kleinkind: BSG vom 12. Februar 1997, BSGE 80, 97: Ein Kleinkind kann ab seiner Geburt wegen gesteigerten Pflegebedarfs hilflos sein (H), aber erst ab dem 2. Lebensjahr die Voraussetzungen für eine Rundfunkgebührenbefreiung (RF) erfüllen; vgl. auch BSG vom 29. August 1990, BSGE 67, 204 ff.

schen Alternswissenschaft (Geriatrie) über den typischen und den erreichbaren Gesundheitszustand älterer Menschen sind in Bewegung gekommen. Dies ist Folge des medizinischen Fortschritts, durch den nicht nur die Lebenserwartung, sondern auch der Gesundheitszustand der älteren Menschen verbessert wurde. Zudem hat eine Neubewertung stattgefunden, die auch gleichartige Zustände anders interpretiert und den Anspruch eines aktiven und gesunden Alters formuliert. Nach den neueren Erkenntnissen der Gerontologie nehmen die Unterschiede zwischen den Menschen im Alter zu, Altersnormen erweisen sich als fragwürdig[783].

Vor diesem Hintergrund erscheint es als besonders schwierig, alterstypische Gesundheitszustände zu formulieren, ohne dabei normative Gesichtspunkte in den Vordergrund zu stellen[784]. Ob das Fehlen einer Funktion als Defizit angesehen wird, hängt beim Kind („Braucht es das schon?") und beim alten Menschen („Braucht er das noch?") von normativen Erwägungen ab. Bei extensivem Gebrauch der Alterstypik als Ausschlusskriterium für leistungsrelevante Gesundheitszustände besteht die Gefahr, dass die Rehabilitationsziele, insbesondere die Verhinderung von Pflegebedürftigkeit, verfehlt werden[785]. Dagegen wird das Merkmal mit dem Argument verteidigt, wenn man es aufgäbe, würde das Idealbild eines jungen, gesunden Menschen zum Maßstab erhoben und der Kreis behinderter Menschen unangemessen ausgeweitet[786].

Neben die Schwierigkeit, einen alterstypischen Gesundheitszustand zu bestimmen, tritt die Frage, ob das Kriterium überhaupt gesundheitswissenschaftlich sachgemäß und rechtlich zulässig ist. Dem liegt letztlich die gleiche Frage zu Grunde: Ist das Kriterium der Altersgemäßheit ein angemessenes Hilfsmittel zu dem Zweck, für den der Begriff der Gesundheitsstörung und der darauf aufgebaute Begriff der Behinderung gebraucht werden?

Der Begriff der Gesundheitsstörung ist sowohl Bestandteil des Krankheits- wie auch des Behinderungsbegriffs. Unbestreitbar stehen viele Aspekte des Gesundheitszustands in enger Relation zum Lebensalter. Ein acht Monate alter Mensch kann nicht laufen. Dieses Faktum wird mit Hilfe der Statistik als absolut alterstypisch eingestuft werden. Die Abweichung von der Norm der Gesamtpopulation führt zu keiner Behandlungsbedürftigkeit, so dass keine Krankheit vorliegt. Allerdings führt die Abweichung zu einem Teilhabedefizit, wenn nicht die Eltern oder andere Personen dem Kind die auch in diesem Alter erforderliche Mobilität verschaffen. Dennoch würde niemand von einer Behinderung des Kindes sprechen. Die erforderliche Assistenz ist dem Kind durch gesellschaftliche Konvention und Familienrecht geschuldet, ohne dass sein Zustand als Behinderung definiert würde. Das Kriterium der Altersgemäßheit führt hier also dazu, dass Fälle aus dem Kreis der Behinderungen genommen werden, die nach Übereinkunft einem anderen Kreis gemeinschaftlicher und gesellschaftlicher Solidarität zugeordnet sind. Wird die Behinderung stärker vom Individuum gelöst, wird die Unterscheidung unschärfer: Die im BGG und entsprechenden Landesgesetzen geforderte Barriere-

---

[783] A. Kruse in: HdR (1996), S. 333, 334 f.
[784] V. Neumann, NVwZ 2003, S. 897, 898; Pitschas, SGb 2003, S. 65, 69.
[785] Plute, VSSR 2003, S. 97, 103 f.; Friedrichs, ZfSH/SGB 2000, S. 17 ff.
[786] BT-Drucks. 15/4575, S. 18.

freiheit kann Kindern und Eltern mit Kinderwagen ebenso zu Gute kommen wie mobilitätsbehinderten Menschen[787].

Hochaltrige Personen können zwar nicht immer, aber oft ohne fremde Hilfe nicht mehr gehen. Ob auch in diesem Fall das Funktionsdefizit alterstypisch ist, wird nicht so leicht zu beantworten sein[788]. Zum einen kann mit Argumenten der Statistik oder Medizin belegt werden, dass Mobilität auch für Hochbetagte zumindest im Rahmen des Typischen liegt, wenn dieser weit genug gezogen wird. Zum zweiten fehlt es, anders als beim Kind, an der Selbstverständlichkeit fremder Hilfe, da Hochaltrige nicht typischerweise in einer Familie so eingebunden sind und sein können. So erhält auch dieses Merkmal eine gesellschaftlich eingebundene und normative Dimension. Denkt man vom Ergebnis her, so kann mit sozialem Judiz eine verständige Auslegung des Merkmals geschafft werden. Allerdings wird dann in Wirklichkeit nicht untersucht, ob eine alterstypische Gesundheitsstörung vorliegt, sondern ob eine altersadäquate Teilhabe gesichert ist. Damit würde nicht der junge gesunde Mensch zum Maßstab, sondern der seinem Alter angemessen teilhabefähige Mensch. Das Merkmal erweist sich also zumindest auf der Stufe als fragwürdig, auf der es gesetzlich angesiedelt ist.

Auch im Steuerrecht erscheint das Problem einer Differenzierung zwischen alterstypischer und altersuntypischer Behinderung. Bei der Frage, ob die Kosten einer Unterbringung im Heim als außergewöhnliche Belastung anzusehen sind, differenziert der BFH zwischen einer altersbedingten Unterbringung, die nicht außergewöhnlich sei und einer krankheitsbedingten Unterbringung, die als außergewöhnliche Belastung anzuerkennen sei[789]. Damit ist die normative Wertung verbunden, es sei ab einem bestimmten Alter nicht außergewöhnlich, im Heim zu leben. Angesichts des Wandels von Präferenzen und Wohnformen alter Menschen wird hier vermutlich eine weitere Differenzierung geboten sein.

Schließlich könnte das Merkmal der alterstypischen Schädigung eine verbotene Diskriminierung wegen des Alters darstellen. Es könnte dazu führen, dass Leistungsansprüche nur deshalb vorenthalten werden, weil eine Gesundheitsstörung als alterstypisch und daher die daraus folgende Teilhabestörung nicht als Behinderung eingeordnet würde. Nicht die Feststellung als Behinderung, wie *Rainer Pitschas* meint[790], sondern ihre Nichtanerkennung als Behinderung wäre diskriminierend. Die Altersdiskriminierung ist zwar in Deutschland, anders als in den USA, nicht unmittelbar im Sinne eines strengen Anknüpfungsverbots ausgestaltet. Das gemeinschaftsrechtliche Verbot der Altersdiskriminierung aus der Richtlinie 2000/78/EG auf der Grundlage von Art. 13 EGV findet auf die Systeme der Sozialversicherung und des sozialen Schutzes keine Anwendung[791].

---

[787] Vgl. § 4 Satz 1 NRWBGG mit ausdrücklicher Bezugnahme auf „alle Menschen"; zum Bauordnungsrecht unten V.J.2.

[788] Nach einer Studie sind nur 25 % der Hundertjährigen in ihrer funktionalen Kompetenz nicht wesentlich eingeschränkt, Becker/Rott/d'Heureuse/Kliegel/Schönemann-Glück, ZfGG 2003, S. 437, 444.

[789] BFH vom 18. April 2002, HFR 2002, S. 889; vgl. Richter, NZS 2003, S. 640 f.; unten V.C.4.a.

[790] Pitschas in: von Maydell/Pitschas/Schulte (2003), S. 389, 403.

[791] Vorerwägung zur RL, Nr. 13 Satz 1; vgl. M. Schmidt/Senne, RdA 2002, S. 80, 82.

Aus der Rechtsprechung[792] zum allgemeinen Gleichheitssatz lässt sich jedoch erkennen, dass die Anknüpfung einer Unterscheidung am Lebensalter mit sachgerechten Gründen gestützt werden muss, um nicht als Diskriminierung zu gelten. Angesichts der Funktion des Tatbestandsmerkmals dürfte sich damit zumindest eine allein statistische Anknüpfung verbieten, da diese nicht geeignet ist, aus sich heraus zu belegen, warum die jeweiligen Rechtsfolgen im Sozialrecht oder anderen Rechtsbereichen für ältere Menschen nicht eintreten soll.

(4) Behinderung und Dauerhaftigkeit

Im gesetzlichen Behinderungsbegriff wird weiterhin geregelt, dass die Schädigung voraussichtlich länger als sechs Monate anhalten muss, um als Ursache einer Behinderung gelten zu können Dieses Merkmal war bereits in § 3 SchwbG und zuvor im Begriff der Minderung der Erwerbsfähigkeit nach § 30 Abs. 1 BVG sowie den untergesetzlichen Definitionen der Behinderung nach dem Schwerbehinderten- bzw. Schwerbeschädigtenrecht und für die Minderung der Erwerbsfähigkeit enthalten gewesen. Es kommt dabei nicht darauf an, dass der Zustand bereits sechs Monate besteht, sondern ob er nach einer Prognose mindestens sechs Monate dauern wird[793].

In der Literatur findet sich teilweise auch das Kriterium der Dauerhaftigkeit als eigentliches Abgrenzungsmerkmal zwischen Behinderung und Krankheit[794] oder auch zwischen Krankheit und Pflegebedürftigkeit[795]. Das Merkmal Dauerhaftigkeit hatte insbesondere im Bezug auf Rentenberechtigung und Schwerbehindertenstatus die Funktion, eine sachgerechte Abgrenzung des Personenkreises für als dauerhaft konzipierte Leistungen und Schutzrechte vorzunehmen, weil der dauerhaften Schädigung ein höheres soziales Gefährdungspotenzial zugeschrieben wird[796]. Auch in der Pädagogik, wo die Feststellung von Behinderung Grundlage für langfristige Schulbesuchsentscheidungen ist, wurde Langfristigkeit als Teil von Behinderungsdefinitionen aufgenommen[797].

Es ist aber zweifelhaft, ob das Merkmal der Dauerhaftigkeit auch sachgerecht für einen allgemeinen rechtlichen Behinderungsbegriff ist[798]. In der ICF findet es keine Entsprechung. Die Abgrenzung zwischen Krankheit und Behinderung hat sich mittlerweile jedenfalls bei Sach- und Dienstleistungen zu einer Abgrenzung zwischen Interventionsarten und -zwecken entwickelt. Ist eine kurzfristig zu gewährende Leistung danach der Rehabilitation zuzuordnen, wird sie im Hinblick

---

[792] BSG vom 13. Dezember 2000, B 6 KA 38/00 B (Altersgrenze 68 für Vertragszahnärzte); LAG Frankfurt am Main vom 25. Oktober 2001, 3 Sa 144/01 (Altersgrenze 60 bei Lufthansa Cargo).

[793] BSG vom 12. April 2000, SozR 3-3870 § 3 Nr. 9.

[794] Plute, VSSR 2003, S. 97, 108; Straßmair (2002), S. 169; Reichenbach, SGb 2002, S. 485, 489; K.G. Specht, MittLVAWürt 1980, S. 33, 34.

[795] Naendrup, ZSR 1982, S. 322, 342 ff.

[796] Reichenbach, SGb 2000, S. 660, 662; vgl. BT-Drucks. 15/4575, S. 18.

[797] H. Bach (1975), S. 9, nennt als Merkmal: *„langfristig (d. h. in zwei Jahren voraussichtlich nicht dem Regelbereich anzugleichen)"*; ders. ZHP 1976, S. 396, 403; vgl. Sander in: Eberwein (1999), S. 99, 101; M. Hahn (1981), S. 20.

[798] V. Neumann, NVwZ 2003, S. 897, 898.

auf Behinderung und nicht auf Krankheit gewährt. Im Bezug auf Rehabilitation hatte *Scharmann* schon 1956 festgestellt, dass auch eine vorübergehende Behinderung so wesentlich sein könne, dass Rehabilitationsmaßnahmen erforderlich würden[799].

Ist eine Behinderung nach der Lebenserfahrung und der Konzeption des Gesetzes aufhebbar, so fragt sich, warum sie ihren Charakter als Behinderung verlieren sollte, wenn dies bereits nach vier Monaten gelingt. Ebenfalls unpassend ist das Dauerhaftigkeitsmerkmal dort, wo die Behinderung im Hinblick auf einen unbestimmten Personenkreis vermieden werden soll, also insbesondere bei der barrierefreien Kommunikation und Mobilität. Es wäre hier weder praktikabel noch nachvollziehbar, wenn die Beseitigung einer Mobilitätsbarriere an einem öffentlichen Gebäude einer Person deshalb nicht zugute kommen sollte, weil diese nur für wenige Monate auf den Rollstuhl angewiesen ist. Andererseits wird das Merkmal der Dauerhaftigkeit bei gruppenorientierten Ansätzen benötigt, da ohne Dauerhaftigkeit keine Gruppe zu konstituieren ist[800]. Auch für die soziologische Annahme einer unterschiedlichen Kranken- und Behindertenrolle[801] als eigentlichem Unterscheidungsmerkmal wird von *Specht* die Dauerhaftigkeit als Kennzeichen der Behinderten-Rolle definiert[802].

Die Prüfung des Merkmals der Dauerhaftigkeit einer Behinderung oder ähnlichen Störung hat Tradition insbesondere dort, wo Behinderung als Status zu dauerhaftem Rentenbezug oder als dauerhaft konzipierten Schutzrechten führt. So ist nach dem Konzept der Arbeiterinvalidenversicherung die dauerhafte Erwerbsunfähigkeit als (rentenberechtigende) Invalidität definiert gewesen. Diese war insbesondere von der nicht dauerhaften Erwerbsunfähigkeit abzugrenzen, die im Regelfall als Versicherungsfall der Krankenversicherung anzusehen war[803]; daraus hat sich der Begriff der Arbeitsunfähigkeit entwickelt. Da jedoch jede Prognose mit Unsicherheit behaftet ist, war auch im Invalidenversicherungsgesetz bereits die Möglichkeit vorgesehen, die Rente zu entziehen, wenn die Erwerbsunfähigkeit nicht mehr besteht[804]. Es konnte andererseits nur eine Wahrscheinlichkeit nach menschlichem Ermessen im Rahmen absehbarer Zeit gefordert werden, dass die Invalidität erhalten blieb[805]. Der Schwerbeschädigtenstatus war grundsätzlich als dauerhaft konzipiert. Auch für den Status bestand aber immer die Möglichkeit, ihn nach Wegfall der Voraussetzungen zu beenden[806]. Bei den Renten wegen verminderter Erwerbsfähigkeit ist seit der Reform 2000 das bisherige Verhältnis von Regel und Ausnahme umgekehrt werden. Sie sollen nun im Regelfalle auf bis zu drei

---

[799] Scharmann, BArbBl. 1956, S. 175, 178.

[800] Vgl. Cloerkes (1997), S. 6 f., 30.

[801] Vgl. Weber (2002), S. 80 ff.; Budde in: Koch/Lucius-Hoene/Stegie (1988), S. 101 f.; von Ferber/von Ferber (1978), S. 11 f.

[802] Specht, MittLVAWürt 1980, S. 33, 35.

[803] Siefart (1908), S. 86 ff.

[804] § 47 IVG; § 1304 RVO; § 100 Abs. 3 SGB VI; Siefart, S. 91; Brockkötter, S. 19.

[805] Brockkötter (1929), S. 17; RVA vom 19.3.1919.

[806] §§ 19, 20 Satz 2 Schwerbeschädigtengesetz 1923; §§ 24, 25 Schwerbeschädigtengesetz 1953; §§ 38, 39 SchwbG; §§ 116, 117 SGB IX.

Jahre befristet gewährt werden, um eine regelmäßige Überprüfung der Vorausset-zungen zu gewährleisten[807].

Wenn mit dem Merkmal der Dauerhaftigkeit das Ziel verfolgt würde, wesentli-che von für den Gesetzeszweck unwesentlichen Behinderungen abzugrenzen, so wäre daran zu erinnern, dass zwischen Dauerhaftigkeit und Schwere der Teilhabe-einschränkung nicht immer eine Korrelation besteht. Ein solches Konzept ist im amerikanischen Americans with Disabilities Act (ADA) enthalten. Dort wird nicht die Dauerhaftigkeit verlangt. Es werden vielmehr *„substantial limits"* bei *„major life activities"* vorausgesetzt[808].

Das Merkmal der Dauerhaftigkeit erweist sich daher im Ergebnis als wenig er-giebig und den Normzwecken entsprechend. Es sollte nur dort beibehalten wer-den, wo die gewährten Rechte und die Leistungen sachlogisch auf längere Dauer angelegt sind. Auch dort ist es aber, wie die Neuregelung der Erwerbsminderungs-renten zeigt, bereits stark relativiert worden. Damit wird der Dynamik und Relati-vität von Behinderung im Lebenslauf Rechnung getragen.

(5) Teilhabe und ihre Beeinträchtigung

Zentraler Bezugspunkt des neuen Behinderungsbegriffs ist die Teilhabe. Ist sie in Folge einer Schädigung beeinträchtigt, so liegt eine Behinderung vor.

(a) Teilhabe im Recht. Teilhabe ist ein vielschichtiger Begriff, der philosophische, juristische, politische und sozialwissenschaftliche Bedeutungsgehalte und Ebenen hat[809]. Teilhabe bezeichnet im deutschen verfassungsrechtlichen Diskurs eine be-stimmte Wirkungsweise der Grundrechte, die auf staatliche Schutzansprüche und insbesondere auch auf originäre und abgeleitete Teilhabeansprüche auf bestehende staatliche und gesellschaftliche Güter gerichtet ist[810]. Im Zivilrecht bezeichnet der Begriff der Teilhabe das Verhältnis von Personen, die an einer Gemeinschaft, etwa einer Gesellschaft im Sinne des BGB oder einer Erbengemeinschaft, beteiligt sind und im Zusammenhang damit Rechte und Pflichten haben. Die rechtlichen Di-mensionen und Wirkungen des Teilhabebegriffs spielen bei der Feststellung der Rechte behinderter Menschen eine erhebliche Rolle. Dabei ist auch von entschei-dender Bedeutung, dass die Kategorie der Teilhabe den Begriff der Behinderung und damit den Zweck eines auf Behinderung ausgerichteten Rechts wesentlich prägt. Dennoch werden diese rechtlichen Dimensionen erst an späterer Stelle un-tersucht. Für die Definition der Behinderung und der behinderten Menschen im Sinne des SGB IX und des BGG wird zunächst primär auf das durch die ICF fest-stellbare wissenschaftliche Verständnis von Behinderung zurückgegriffen. Es würde den Charakter der ICF als eines internationalen und primär gesundheitswis-senschaftlichen Werkes negieren, einen von ihr geprägten Behinderungsbegriff sogleich verfassungsrechtlich aufzuladen.

---

[807]   § 102 Abs. 2 SGB VI; vgl. A. Reimann, ZSR 2003, S. 461, 465.
[808]   29 C.F.R. § 1630.2 (j), vgl. Günzel (2000), S. 111 ff.
[809]   Vgl. unten IV.D.1.
[810]   Vgl. unten IV.D.4., IV.D.5.

(b) Teilhabe in der ICF. Die Teilhabe *(participation)* ist im System der ICF definiert als Einbezogensein in eine Lebenssituation *(involvement in a life situation)*. Beeinträchtigung der Teilhabe ist ein Problem, das ein Mensch im Hinblick auf sein Einbezogensein in Lebenssituationen erleben kann[811].

Teilhabe ist in neun Bereiche unterschieden: Lernen und Wissensanwendung, Allgemeine Aufgaben und Anforderungen, Kommunikation, Mobilität, Selbstversorgung, Häusliches Leben, Interpersonelle Interaktionen und Beziehungen, Bedeutende Lebensbereiche und Gemeinschafts-, soziales und staatsbürgerliches Leben[812]. Damit sind alle wichtigen menschlichen Lebensbereiche vom Begriff der Teilhabe erfasst. Diese werden im ICF-System wiederum durch die Qualifikatoren der Leistung und der Leistungsfähigkeit (Kapazität) ergänzt, mit denen das Maß der Teilhabe und der Teilhabemöglichkeiten beschrieben werden soll[813].

Wird versucht, Teilhabefähigkeit (als Leistungsfähigkeit) in diesem Sinne zu messen und vergleichbar zu machen, sind erneut normative Festlegungen notwendig. Dies ist bei der Erstellung der ICF erkannt worden, wo es heißt:

„Das Beurteilungsmerkmal der Leistungsfähigkeit oder der Kapazität beschreibt die Fähigkeit eines Menschen, eine Aufgabe oder Handlung durchzuführen. Dieses Konstrukt zielt darauf ab, das höchstmögliche Niveau der Funktionsfähigkeit, das ein Mensch in einer bestimmten Domäne zu einem bestimmten Zeitpunkt erreichen kann, zu beschreiben. Um den vollen Umfang der Fähigkeit des Menschen zu beurteilen, benötigte man eine ‚standardisierte‘ Umwelt, um die verschiedenen Einflüsse der jeweils verschiedenen Umwelt auf die Fähigkeit des Menschen auszuüben. Solch eine standardisierte Umwelt kann sein: (a) eine für die Beurteilung der Leistungsfähigkeit im Rahmen von Tests üblicherweise verwendete Versuchsanordnung (Testumwelt); oder (b) sofern dies nicht möglich ist, eine fiktive Umwelt, von der angenommen werden kann, dass sie einen einheitlichen Einfluss ausübt. Diese Art der Umwelt kann ‚einheitliche‘ oder ‚Standard-Umwelt‘ genannt werden."[814]

Dies zeigt, dass auch das Tatbestandsmerkmal der Teilhabeeinschränkung nicht ohne normative Elemente auszufüllen ist. Das Ausmaß der tatsächlichen Teilhabe und der möglichen Teilhabe von Menschen in allen Lebensbereichen variiert derart, dass eine Verständigung darüber notwendig ist, welche Möglichkeiten der Teilhabe als normal gelten sollen. Dies bedeutet praktisch, dass die Individualität der Menschen bei der Feststellung der Teilhabeeinschränkung vielfach berücksichtigt werden muss[815]. Denn oft werden Teilhabeeinschränkungen nur dann relevant werden, wenn sie von den betroffenen Personen auch als solche empfunden werden. Mit dem empirischen *„involvement in a life situation"* alleine ist es nicht getan, entscheidend ist, in welche Lebensbezüge der Mensch einbezogen sein will und muss[816]. Die Teilhabestörung kann darum im Ergebnis als vor allem normati-

---

811   ICF, Einführung, 4.2.; vgl. BT-Drucks. 15/4575, S. 17.
812   ICF, Einführung, 4.2.1.; Aktivitäten und Partizipation, Kapitel 1–9.
813   ICF, Einführung, 4.2.2. und 4.2.3.; vgl. bereits Hülsmann, SozSich 1957, S. 322, 325.
814   ICF, Einführung, 4.2.3.
815   Reichenbach, SGb 2002, S. 485, 487.
816   Vgl. BT-Drucks. 15/4575, S. 17: *„Eine Person ist funktional gesund, wenn (..) sie ihr Dasein in allen Lebensbereichen, die ihr wichtig sind, in der Weise und dem Umfang entfalten kann, wie es von einem Menschen ohne Beeinträchtigung (..) erwartet wird."*

ver wertausfüllungsbedürftiger Rechtsbegriff mit empirischen Elementen betrachtet werden[817].

(c) Zusammenhang von Gesundheitsstörung und Teilhabe. Dem Behinderungsbegriff des SGB IX und BGG ist zu entnehmen, dass die Teilhabestörung Folge einer Gesundheitsstörung sein muss. Dies entspricht der Feststellung in der ICF, dass diese Klassifikation keine Umstände abdeckt, die nicht mit der Gesundheit in Zusammenhang stehen, etwa solche, die allein von sozioökonomischen Faktoren verursacht werden[818]. Diese Begrenzung ist zum einen Ausdruck einer professionellen Abgrenzung bei den für die Interventionen bei Behinderung verantwortlichen Berufsgruppen. Zum zweiten markiert sie die Grenze zwischen öffentlicher und privater Verantwortung für Teilhabe. Rechtlich ist sie eine normative Setzung, durch welche die gesundheitlich verursachten Teilhabestörungen von anderen unterschieden werden.

Zunächst ist festzuhalten, dass jegliche Interventionen und Hilfen zu Veränderungen im Ausmaß der realen Teilhabestörung führen sollen. Im besten Falle kann eine Hilfe die Teilhabestörung aufheben. Auf der Handlungsebene ist dies zu berücksichtigen. Dass eine Behinderung durch eine Prothese aufgehoben wird, darf nicht zum Entzug der Prothese mangels anspruchsbegründender Behinderung führen. Daher muss gegebenenfalls eine hypothetische Betrachtung vorgenommen werden, ob eine Behinderung auch ohne Hilfe vorläge. Auch in der ICF ist vorgesehen, dass die Beurteilungsmerkmale der Leistung und Leistungsfähigkeit im Rahmen der Teilhabebeurteilung sowohl unter Berücksichtigung von Hilfsmitteln und Assistenz als auch ohne deren Berücksichtigung verwendet werden[819]. So wird etwa deutlich, dass erhebliche Kurzsichtigkeit früher zu einer Behinderung geführt hätte, heute jedoch durch Brille oder Kontaktlinsen bei Verfügbarkeit nahezu voll kompensiert werden kann[820].

Zur Kritik wird angeführt, dass durch die Kausalbeziehung im gesetzlichen Behinderungsbegriff die Weiterentwicklung und Überwindung des Krankheitsfolgenmodells nicht hinreichend rezipiert worden sei[821]. Dem ist aber entgegenzuhalten, dass nach der Systematik der ICF zwischen gesundheitlicher Schädigung und Krankheit zu differenzieren ist. Der Begriff der Schädigung ist weiter gefasst als Gesundheitsstörung oder Krankheit[822]. Die Schädigung ist daher nicht gleichzusetzen mit einer Einordnung nach der Internationalen Klassifikation der Krankheiten (ICD-10)[823]. Durch diese eigenständige Begrifflichkeit ist daher Raum genug, um der Spezifik des Behinderungsbegriffs gerecht zu werden, indem bereits der so-

---

[817] Vgl. von Mutius, Jura 1987, S. 92, 94.
[818] ICF, Einführung, 3.1.
[819] ICF, Einführung, 4.2.4.
[820] Reichenbach, SGb 2002, S. 485, 487.
[821] Vgl. zur Kritik an einer einseitigen Kausalbeziehung: Jantzen (1992), S. 17.
[822] ICF, Einführung, 4.1.9.
[823] International Statistical Classification of Diseases and Related Health Problems, Tenth Revision, Vols 1–3, WHO 1992–1994; vgl. ICD, Einführung 1.; zum Zusammenhang ICD, Einführung, 4.1.11.

ziale Charakter der Schädigung und Funktionsstörung anerkannt wird[824]. Dies entspricht auch einem modernen biologischen Verständnis, in welchem Lebewesen und ihre Umwelt nicht isoliert, sondern als wechselbezügliche Prozesse angesehen werden[825]. Eine trennscharfe und gleichsam biochemisch messbare Abgrenzung der medizinisch beweisbaren von der primär sozialen Behinderung[826] ist also nicht möglich. Es wird weiter eine Frage der medizinischen, psychologischen und normativen Übereinkunft sein, wann Störungen der Sozialbeziehungen, die sich etwa in der seelischen Gesundheit manifestieren, als Schädigung angesehen werden können.

Die Formulierung des Gesetzes als einfache Kausalbeziehung zwischen Schädigung und Teilhabestörung wird teilweise problematisiert, da sie nicht geeignet sei, Fälle einer komplexeren Wechselwirkung zu erfassen. Als Beispiel werden etwa diejenigen Personen angeführt, die ohne manifeste Schädigung für behindert gehalten werden, etwa weil sie Träger eines Virus[827] oder einer genetischen Disposition sind. Diese Diskussion wurde insbesondere bei der Beratung des amerikanischen *Rehabilitation Act* von 1973[828] und des *Americans with Disabilities Act* (ADA)[829] von 1990 geführt und endete dort in der klarstellenden Regelung, dass auch Personen in den Schutzbereich des Gesetzes fallen, die als behindert angesehen werden („*...is regarded as having such an impairment...*")[830].

Bei dieser Kritik wird aber übersehen, dass bereits der als Schädigung angesehene Gesundheitszustand keine naturwissenschaftlich feststehende Größe, sondern eine Frage der Übereinkunft ist. Auch in der ICF wird die Möglichkeit von Fällen anerkannt, dass Personen ohne Schädigung, aber mit Prädisposition für eine Schädigung, bereits benachteiligt werden[831]. Hier ist es lediglich erforderlich, entweder die Prädisposition bereits als Schädigung anzusehen oder bei der Kausalbeziehung auf die zeitliche Koinzidenz von Schädigung und Teilhabestörung zu verzichten. Dies ist auch notwendig, um die gewollte Gleichstellung von Behinderungen ohne Rücksicht auf die Ursache ihrer Entstehung zu verwirklichen[832].

Das normative Element in der Definition von Schädigungen wird etwa erkennbar bei der Rechtsprechung zum Anspruch auf Perücken. Nach der Verwaltungspraxis und Rechtsprechung wurde die Perücke als Hilfsmittel zum Ausgleich einer totalen Haarlosigkeit nur für Frauen anerkannt, während sie für Männer nicht geleistet wurde. Die Behinderung wird dabei auch ohne eigentliche Funktionsstörung in der Teilhabestörung gesehen, die in den Umweltreaktionen auf eine haar-

---

[824] Vgl. Keiler in Eberwein/Sasse (1998), 141, 147 ff. im Anschluss an die defektologische Theorie Lew Wygotskis; dazu auch Zander in: HKWM 6/II (2004), Sp. 875 f.; Jantzen (1993), S. 72 ff.; Theunissen, ZHP 1990, S. 546, 550 f.

[825] Jantzen (1993), S. 113 f.

[826] Vgl. Kraus, NDV 1974, S. 281, 285.

[827] Genannt insbesondere der HI-Virus, vgl. Mensching/Nolte ZfSH/SGB 1993, S. 289, 292.

[828] Section 504 Rehabilitation Act of 1973, Pub. L. No 93–112; vgl. Zander in: HKWM 6/II (2004), Sp. 878.

[829] Section 3 Americans with Disabilities Act of 1990, Pub. L. No. 101–336, 104 Stat. 327; vgl. dazu Mensching/Nolte, ZfSH/SGB 1993, S. 289 ff., Günzel (2000), S. 115 ff.

[830] Section 504 Rehabilitation Act

[831] ICF, Einführung, 4.2.6.

[832] Schuntermann, Die neue Sonderschule 1999, S. 342, 351; vgl. § 4 Abs. 1 SGB IX.

lose Frau liegt und die zu sozialer Isolation führen können[833]. Entsprechend waren nach der Baden-Württembergischen Beihilfeverordnung[834] Perücken für Männer ab dem 30. Lebensjahr grundsätzlich nicht beihilfefähig[835]. Das BVerwG hat diese Regelung als grundgesetzwidrigen Verstoß gegen die Rechtsgleichheit von Frauen und Männern angesehen[836]. Selbst wenn die gesellschaftliche Akzeptanz und damit die Teilhabestörung von Haarlosigkeit bei den Geschlechtern verschieden sei, könne dies normativ nicht akzeptiert werden. Dagegen stellt das BSG beim Anspruch auf eine Perücke als Hilfsmittel zum Behinderungsausgleich darauf ab, dass Haarlosigkeit wegen der Umweltreaktion auf Frauen entstellende Wirkung habe[837]. Unabhängig davon, wie diese Frage richtig zu entscheiden ist, verdeutlicht sie, dass die Feststellung einer Behinderung nicht rein medizinischen Kriterien folgt.

Vergleichbare Probleme stellen sich auch bei der Beurteilung einer Erwerbsminderung. So erkennt das BSG in Ausnahmefällen an, dass krankheits- oder behinderungsbedingte Einstellungshemmnisse zur Erwerbsminderung führen können, auch wenn diese durch die Einstellung von Arbeitgebern und Kollegen und nicht durch Funktionsstörungen bedingt sind, etwa bei *„ekelerregenden Krankheiten"* oder Anfallsleiden[838]. Harninkontinenz ist eine Behinderung, die einen Anspruch auf Einmalwindeln als Hilfsmittel auslöst, weil die Reaktion der Mitmenschen die Teilhabe am gesellschaftlichen Leben erschweren würde[839]. Sind hingegen gesundheitsfremde Teilhabemängel maßgeblich, ist die Entscheidung eindeutig. So hat das BSG es abgelehnt, fehlende deutsche Sprachkenntnisse für die Entscheidung über eine Berufsunfähigkeit zu berücksichtigen[840].

Ein weiteres Problem der Kausalbeziehung könnte sein, dass Teilhabestörungen zu Schädigungen führen können bzw. beide Dimensionen im Lebensverlauf eine Wechselwirkung entfalten[841], die mit den rechtlichen Kausalitätskategorien nicht erfasst werden kann. So sind Arbeitslosigkeit und soziale Isolation Faktoren, welche Schädigungen zumindest begünstigen, wenn nicht hervorrufen können. Diese verschlechtern dann die Teilhabemöglichkeiten im Arbeitsleben und im sozialen Leben weiter. Es ist zuzugeben, dass eine Überprüfung, welche Dimension, Gesundheit oder Teilhabe, zuerst gestört war, nicht zu sachgerechten Ergebnissen führen würde. Eine solche Prüfung ist aber auch nicht erforderlich. Es genügt nämlich die Feststellung, dass zum Beurteilungszeitpunkt Schädigungen vorliegen, welche die Teilhabestörung bedingen. Lagen aber die Teilhabestörungen bereits vor oder bestehen Zweifel an dem Zusammenhang, ist ein sachgerechter Kausalmaß-

---

833 BSG vom 23. Juli 2002, SozR 3-2500 § 33 Nr. 45.
834 Verordnung des Finanzministeriums über die Gewährung von Beihilfe in Geburts-, Krankheits-, Pflege- und Todesfällen (Beihilfeverordnung – BVO) vom 28. Juli 1995, GBl, 561.
835 § 6 Abs. 1 Nr. 4 BVO.
836 BVerwG vom 31. Januar 2002, NJW 2002, S. 2045.
837 BSG vom 23. Juli 2002, SozR 3-2500 § 33 Nr. 45.
838 BSG vom 8. November 1995, BSGE 77, 43, 47.
839 BSG vom 7. März 1990, BSGE 66, 245 f.
840 BSG vom 18. Dezember 1990, BSGE 68, 87 ff.
841 Zu den verschiedenen Möglichkeiten der Wechselwirkung Schuntermann, Die neue Sonderschule 1999, S. 342, 353.

stab zu finden. Dieser kann in der im Sozialrecht entwickelten Lehre von der rechtlich wesentlichen Ursache[842] gesehen werden. Es genügt dabei, wenn die Schädigung eine rechtlich wesentliche Ursache – neben möglichen anderen für die Teilhabestörung ist. Diese Entscheidung muss wertend und nach den Umständen des Einzelfalls erfolgen[843]. Es ist nach dem Konzept der ICF davon auszugehen, dass die Funktionsfähigkeit und Behinderung von Menschen als komplexe Wechselwirkung anzusehen ist[844]. Unter Berücksichtigung des modernen Behinderungsbegriffs wird es dabei ausreichen, wenn die Schädigung, sei sie auch später eingetreten, die Teilhabestörung verstärkt.

(6) Schwerbehinderung und Gleichstellung

An die Definition der Behinderung knüpft die Aussage an, dass Menschen im Sinne des Teils 2 des SGB IX schwerbehindert sind, wenn bei ihnen ein Grad der Behinderung von wenigstens 50 vorliegt und sie ihren Wohnsitz, ihren gewöhnlichen Aufenthalt oder ihre Beschäftigung im Geltungsbereich des SGB IX haben[845]. Schwerbehinderten Menschen gleichgestellt werden behinderte Menschen mit einem Grad der Behinderung von weniger als 50 aber mindestens 30, wenn sie infolge ihrer Behinderung ohne die Gleichstellung einen geeigneten Arbeitsplatz nicht erlangen oder behalten können[846].

Die Feststellung der Behinderung erfolgt durch die für die Durchführung des Bundesversorgungsgesetzes zuständigen Behörden[847]. Sie sollen den Grad der Behinderung in Zehnergraden abgestuft feststellen. Dabei sollen sie die Auswirkungen auf die Teilhabe am Leben in der Gesellschaft feststellen und messen. Liegen mehrere Beeinträchtigungen der Teilhabe am Leben in der Gesellschaft vor, so soll der Grad der Behinderung nach den Auswirkungen der Beeinträchtigungen in ihrer Gesamtheit unter Berücksichtigung ihrer wechselseitigen Beziehungen festgestellt werden[848]. Die Gleichstellung behinderter Menschen mit schwerbehinderten Menschen erfolgt auf Grund einer solchen Feststellung durch die Agentur für Arbeit[849].

Die Feststellung der Behinderung folgt dem Konzept der Behinderung als persönlichen Status, während der Behinderungsbegriff nach § 2 Abs. 1 SGB IX Behinderung als Situation mit persönlichem Bezug darstellt und insofern einen final ausgerichteten Behinderungsbegriff beschreibt. Für beide Wirkungsweisen eines Behinderungsbegriffs kann es gute Gründe geben. Der zweite Teil des SGB IX stellt Instrumente der arbeits- und sozialrechtlichen Förderung behinderter Menschen bereit, die ganz überwiegend daran geknüpft sind, dass die genaue Identität und

---

[842] Schulin/Igl (2002), RN 448.
[843] BSG vom 28. Juni 1988, BSGE 63, 277, 280 (Arbeitsunfall und spätere Komplikationen als Todesursachen).
[844] ICF, Einführung, 5.1.
[845] § 2 Abs. 2 SGB IX.
[846] § 2 Abs. 3 SGB IX.
[847] § 70 SGB IX.
[848] § 70 Abs. 3 Satz 1 SGB IX; vgl. Straßfeld, SGb 2003, S. 613 ff.
[849] § 69 Abs. 2 Satz 1 SGB IX.

Anzahl der darunter fallenden Menschen bekannt ist. Es wird hier also ein Status-
begriff benötigt.

Mit der Ausrichtung an den Auswirkungen auf die Teilhabe entspricht die Definition des maßgeblichen Kriteriums auch dem Ausgangspunkt in § 2 Abs. 1 SGB
IX. Problematisch erscheint aber die Behördenpraxis. Diese ist auch nach Inkrafttreten des SGB IX vollständig an den Anhaltspunkten für die ärztliche Gutachtertätigkeit im sozialen Entschädigungsrecht und nach dem Schwerbehindertengesetz
(AHP) ausgerichtet, die vom Bundesministerium für Gesundheit und Soziale Sicherung 2004 neu herausgegeben worden sind. In den Anhaltspunkten sind einzelnen Körperschäden Grade der Behinderung zugeordnet. Anhaltspunkte für die
Gutachtertätigkeit wurden erstmalig 1921 vom Reichsarbeitsministerium herausgegeben[850]. Ihre Verwendung entspricht dem Bedürfnis der Verwaltungspraxis
nach Sicherheit und Gleichbehandlung[851], wird aber kritisiert, da sie wenig Raum
lässt, um individuelle Unterschiede bei den mit gleichartigen Gesundheitsstörungen verbundenen verschiedenartigen Teilhabestörung zu berücksichtigen. Zudem
sind die AHP der Kritik ausgesetzt, dass sie insgesamt nicht wissenschaftlich fundiert seien[852] und auf Prämissen über das Arbeitsleben beruhten, die seit Jahrzehnten veraltet seien und somit heutige Teilhabeeinschränkungen nicht adäquat bewerten könnten. Zudem seien an ihrer Erstellung nicht alle maßgeblich sachverständigen Professionen beteiligt[853]. Schon bisher hatte die Rechtsprechung in
Einzelfällen deutlich gemacht, dass die Auswirkungen von Funktionsbeeinträchtigungen nicht mit medizinischen Diagnosen gleichzusetzen sind und auch geringfügige Regelwidrigkeiten bei entsprechenden Folgen zu schweren Behinderungen
führen können[854]. Die schon bisher artikulierte Kritik an den AHP[855] hat sich unter Geltung des neuen Behinderungsbegriffs verstärkt[856]. Dies ist materiell damit
zu begründen, dass die an Körperschäden und ihrer Gleichbehandlung orientierten
AHP nicht dem modernen Behinderungsbegriff entsprechen. Die AHP sind nach
ihrer Struktur als „Knochentaxe" ungeeignet den gesetzlichen Ansatzpunkt einer
Quantifizierung von Teilhabestörungen umzusetzen. In ihnen wird der Gleichbehandlung gleich gesundheitlich geschädigter Personen der Vorrang vor der Gleichbehandlung gesellschaftlich gleich geschädigter Personen gegeben. Dies ist angesichts ihrer Herkunft aus dem sozialen Entschädigungsrecht nachvollziehbar, entsprach aber bereits nicht mehr dem final ausgerichteten Schwerbehindertenrecht
und erst recht nicht dem final teilhabeorientierten SGB IX.

Da für die AHP eine gesetzliche Grundlage fehlt, haben sie keine unmittelbare
Wirkung gegenüber den behinderten Menschen. Sie können allenfalls rechtsnor-

---

[850] Anhaltspunkte für die Beurteilung der MdE nach dem RVG vom 12. Mai 1920, Reichsver-
sorgungsblatt 1114, 1, 567; vgl. Göpfert (2000), S. 42.
[851] Vgl. Briefs (1931), S. 15.
[852] Herter, br 1997, S. 89, 90.
[853] Ockenga, ZfSH/SGB 2004, S. 587, 588.
[854] BSG vom 9. Oktober 1987, BSGE 62, 209 (Salmonellendauerausscheider); BSG, Soz-R 3-
3870 § 4 Nr. 9; BSG SozSich 1988, S. 381; BSG vom 26. Januar 1994, Az. 9 BVs 44/93.
[855] Zeit, SGb 1993, S. 614 f.
[856] SG Düsseldorf vom 13. Februar 2002, Az. S 31 SB 282/01; Schorn, SozSich 2002, S. 127 ff.;
vgl. Wagner/Kaiser (2004), S. 26 f.

mähnliche Wirkungen aus Gründen der Gleichbehandlung entfalten[857], solange die Ergebnisse dem Recht nicht widersprechen. Als antizipierte Sachverständigengutachten[858] können sie nur solange gelten, wie sie sachverständiges Wissen zur Erfüllung des gesetzlichen Tatbestands repräsentieren. Geht aus ihnen aber ersichtlich keine Aussage zu einer typisierbaren Teilhabestörung auf Grund einer Gesundheitsstörung hervor, so müssen sie zumindest durch weitere eigene Überlegungen der Behörden und Gerichte ergänzt werden.

Das BSG[859] und das BVerfG[860] haben eine rechtsstaatliche Grundlage für die AHP angemahnt, ihre Anwendung aber solange für verfassungsgemäß erklärt, wie sich die Gerichte nicht strikt an diese gebunden sehen und sie einer richterlichen Kontrolle im Hinblick auf das Normprogramm unterziehen. Die Beachtlichkeit der AHP als antizipierte Sachverständigengutachten ergebe sich daraus, dass eine dem allgemeinen Gleichheitssatz entsprechende Rechtsanwendung nur dann gewährleistet sei, wenn bei der Beurteilung der verschiedenen Behinderungen gleiche Maßstäbe zur Geltung kommen. Eine solche Verfahrensweise erscheint auch im Hinblick auf den teilhabeorientierten Behinderungsbegriff möglich. Dies gilt umso mehr, als das gesetzgeberische Konzept durch das Instrument der Gleichstellung die Möglichkeit eröffnet, Ergebnisse zu korrigieren, die sich durch eine zu stark an der Gesundheitsschädigung orientierten Einstufungspraxis ergeben, indem auf Grundlage des konkret arbeitsplatzbezogenen Teilhabeproblems zumindest die Rechtsfolgen angeglichen werden. Das geltende, weder durch den Gesetzgeber noch durch die Gerichte geregelte Zustandekommen der AHP ist aber mit rechtsstaatlichen Grundsätzen nicht vereinbar[861].

(7) Drohende Behinderung

Im SGB IX sind von Behinderung bedrohte Menschen in den Schutz einbezogen[862]. Es ist definiert, dass Menschen von Behinderung bedroht sind, wenn die Beeinträchtigung der Teilhabe am Leben in der Gesellschaft zu erwarten ist[863]. Im Behindertengleichstellungsgesetz und anderen Normen sind von Behinderung bedrohte Menschen hingegen zumindest nicht explizit einbezogen. Mit der eigenständigen Nennung der drohenden Behinderung wird der final gegen Behinderung gerichtete Ansatz des Rechts der Rehabilitation und Teilhabe deutlich. Wenn Behinderung minimiert werden soll, ist es folgerichtig, dass die Interventionen schon vor ihrem Eintritt einsetzen. Damit wird auch deutlich, dass ein solches Verständnis von Rehabilitation und Teilhabe nicht auf einen abschließend bestimmbaren Personenkreis richtet, sondern alle Personen vor Behinderung geschützt werden sollen. Entsprechend ist im SGB IX auch der Vorrang der Prävention von Behinde-

---

857   BSGE 67, 204, 209.
858   So Bürck, ZfS 1999, S. 129, 130; kritisch: Ockenga, ZFSH/SGB 2004, S. 587, 588.
859   BSG vom 18. September 2003, SozSich 2003, S. 140; zustimmend dazu: Mälicke, SGb 2004, S. 382; BSG vom 23. Juni 1993, BSGE 72, 285.
860   BVerfG vom 6.März 1995, NJW 1995, S. 3049.
861   Masuch, SozSich 2004, S. 314, 320.
862   § 1 Satz 1 SGB IX; zum Verfassungsrecht: IV.B.6.f.(2).
863   § 2 Abs. 1 Satz 2 SGB IX.

rung und chronischer Krankheit festgeschrieben[864] und Leistungen zur Teilhabe dienen auch dem Ziel, Behinderungen abzuwenden[865]. Ebenso ist im Sozialrecht die Vermeidung von Erwerbsminderung[866] und von Pflegebedürftigkeit vor ihrem Eintritt an verschiedenen Stellen festgeschrieben. Aus präventiven Gründen kann schon die Verschlimmerungsgefahr die Zuerkennung eines Merkzeichens für schwerbehinderte Menschen rechtfertigen[867].

Der Grad der Wahrscheinlichkeit, mit dem eine Behinderung drohen muss, damit betroffene Personen in den Schutzbereich des SGB IX kommen, ist im Gesetz nicht angegeben. Es erscheint kaum sinnvoll jegliche Wahrscheinlichkeit oder in jedem Falle eine überwiegende Wahrscheinlichkeit des Eintritts einer Behinderung zu fordern. Eine solche schematische Vorgehensweise würde nicht nur die Prognosefähigkeit strapazieren, sie wäre auch nicht geeignet, die nötige Differenzierung im Einzelfall durchzuführen. Entsprechend der Vorgehensweise beim ordnungsrechtlichen Gefahrenbegriff des öffentlichen Rechts ist vielmehr die geforderte Wahrscheinlichkeit des Behinderungseintritts in ein Verhältnis zur Schwere der zu befürchtenden Behinderung zu setzen. Je schwerer diese ist, bei desto geringerer Wahrscheinlichkeit könnte sie als drohende Behinderung im Sinne des SGB IX angesehen werden. Die Einbeziehung der drohenden Behinderung ist mit dem allgemeinen Präventionsauftrag der Rehabilitationsträger nicht gleichzusetzen. Prävention kann vielmehr individuell und strukturell schon im Vorfeld drohender Behinderung einsetzen. Dies wird auch daran deutlich, dass in § 3 SGB IX auch die chronische Krankheit als Gegenstand der Prävention erwähnt ist. Der allgemeine Präventionsauftrag bedarf also der näheren Konkretisierung durch die Rehabilitationsträger, während drohende Behinderung als unbestimmter Rechtsbegriff erschlossen werden kann.

g) Die Behinderungsbegriffe in Berlin und in Sachsen-Anhalt

Bereits im Jahre 1999 wurden im Gesetz über die Gleichberechtigung von Menschen mit und ohne Behinderung des Landes Berlin Behinderte so definiert:

„Behinderte im Sinne dieses Gesetzes sind Personen, die von nicht vorübergehenden körperlichen, seelischen und geistigen Beeinträchtigungen betroffen sind, auf Grund derer die Anforderungen der natürlichen und sozialen Umwelt nicht oder nicht vollständig erfüllt werden können. Als nicht vorübergehend gilt ein Zeitraum von mindestens sechs Monaten."[868]

In § 2 Abs. 1 des Gesetzes für Chancengleichheit und gegen Diskriminierung behinderter Menschen im Land Sachsen-Anhalt sind behinderte Menschen abweichend von dem einheitlichen Behinderungsbegriff in § 2 Abs. 1 SGB IX und § 3 BGG definiert:

---

[864] § 3 SGB IX.
[865] § 4 Abs. 1 Nr. 1 SGB IX; § 10 Abs. 1 Nr. 1, Nr. 2 lit a SGB VI.
[866] § 4 Abs. 1 Nr. 2 SGB IX; § 8 Abs. 3 SGB IX; § 11 Abs. 2 SGB V; § 5 Abs. 1 SGB XI.
[867] BSG vom 11. März 1998, BSGE 82, 37, 39.
[868] § 4 LGBG.

„Behinderte Menschen im Sinne dieses Gesetzes sind Menschen mit einer nicht nur vorübergehenden körperlichen, seelischen oder geistigen Schädigung oder Funktionsbeeinträchtigung, die von Maßnahmen, Verhältnissen oder Verhaltensweisen von Staat und Gesellschaft betroffen sind, die ihre Lebensmöglichkeiten beschränken oder erschweren. Als nicht nur vorübergehend gilt ein Zeitraum von mehr als sechs Monaten."

Diese Definitionen wurden vor der Übernahme des Begriffs aus dem SGB IX in das BGG geschaffen. In ihnen wird der Versuch unternommen, behinderte Menschen für die besonderen Regelungsmaterien des Gleichstellungsrechts zu definieren. Das Merkmal der gesundheitlichen Funktionsstörung ist dabei leicht abweichend beschrieben, ohne dass ein inhaltlicher Unterschied zu § 2 Abs. 1 SGB IX erkennbar wäre. Mit den nicht erfüllten Anforderungen der natürlichen und sozialen Umwelt (Berlin) und der Beschränkung und Erschwerung von Lebensmöglichkeiten (Sachsen-Anhalt) ist die Beeinträchtigung der Teilhabe umschrieben. Auch hier ist ein inhaltlicher Unterschied zur bundesgesetzlichen Definition nicht zu erkennen. Erfüllung von Umweltanforderungen, Lebensmöglichkeiten und Teilhabe beschreiben im Ergebnis nichts Unterschiedliches. Besonders an den Behinderungsbegriffen im Berliner LBGB und im BGStG LSA ist die besondere Bezugnahme auf Anforderungen der sozialen Umwelt bzw. Maßnahmen, Verhältnisse oder Verhaltensweisen von Staat und Gesellschaft. Damit sind die äußeren Kontextfaktoren explizit angesprochen. Dies ist insofern naheliegend, als das Gleichstellungsrecht an den äußeren gesellschaftlichen Kontextfaktoren ansetzt. Die Erwähnung auch der „natürlichen Umwelt" im LBGB weicht davon insofern nicht ab, als heute, gerade in der Großstadt Berlin, kaum eine natürliche Umwelt existiert, die nicht sozial umgestaltet ist. In § 2 Abs. 1 SGB IX und § 3 BGG sind die äußeren Kontextfaktoren nicht explizit genannt, sondern sind, soweit bedeutsam, als Teil der Verknüpfung zwischen Funktionsstörung und Beeinträchtigung der Teilhabe anzusehen. Ihre ausdrückliche Nennung in § 2 Abs. 1 BGStG LSA lenkt den Blick auf die Rolle der äußeren Kontextfaktoren bei der Konstitution von Behinderung, deren Abbau das Gleichstellungsrecht bewirken soll. Damit ist die Norm ein Beispiel für teleologische Begriffsbildung. Es ist aber fraglich, ob die Definitionen in § 4 LGBG und § 2 Abs. 1 BGStG LSA zu anderen Ergebnissen führen können als die im funktionsgleichen § 3 BGG verwandte Bestimmung behinderter Menschen. Wie gezeigt kann der Begriff behinderter Menschen in § 3 BGG nicht so verstanden werden, dass die Wirkung äußerer Kontextfaktoren ignoriert wird. Dies würde weder Sinn und Zweck der Norm noch dem Zusammenhang zwischen Gesundheitsstörung und gesellschaftlicher Teilhabe gerecht werden.

Während § 4 LBGB eine Kausalbeziehung enthält, ist es nach dem Wortlaut von § 2 Abs. 1 BGStG LSA nicht erforderlich, dass zwischen der Beschränkung oder Erschwerung der Lebensmöglichkeiten und der Gesundheitsstörung der von ihr betroffenen Personen ein Zusammenhang besteht. Damit könnten nach dem Wortlaut auch Beschränkungen von Lebensmöglichkeiten erfasst werden, die alle Menschen gleichermaßen treffen. Dies könnten etwa die Arbeitslosigkeit, die Knappheit der staatlichen Mittel im Bildungsbereich oder gar beliebige beschränkende Regelungen wie Ladenschlusszeiten oder Bebauungspläne. Eine derart weite Auslegung ist von Wortlaut sowie Sinn und Zweck der Norm nicht gefordert. Vielmehr ist ein spezifischer Zusammenhang zwischen der Gesundheitsstörung und der Beschränkung oder Erschwerung der Lebensmöglichkeiten zu fordern. Damit können dann aber auch Kontextfaktoren erfasst werden, die alle Menschen beeinträchtigen können, dies aber für behinderte Menschen in besonderer Weise tun, wie dies bei Arbeitslosigkeit und knappen Mitteln im Bildungswesen der Fall ist.

Die Erwähnung der Kontextfaktoren hat insofern im Ergebnis nur klarstellende Bedeutung, führt aber nicht dazu, dass zusätzliche oder andere Fälle von Behinderung erfasst werden. Somit könnte ein zusätzliches Merkmal allenfalls einschränkende Wirkung haben. Dies könnte bedeuten, dass nur solche Behinderungen erfasst werden, welche auch durch äußere Kontextfaktoren bewirkt werden. Wird jedoch zu den äußeren Kontextfaktoren auch die fehlende oder unzureichende Unterstützung einer Person mit Gesundheitsstörungen gerechnet, ist zweifelhaft, ob es Behinderungen geben kann, die in keinem Zusammenhang mit äußeren Kontextfaktoren stehen. Dazu kommt, dass im Regelungszusammenhang des Gleichstellungsrechts solche Behinderungen keine Rolle spielen könnten. Im Ergebnis führt die Nennung der äußeren Kontextfaktoren also zu einer Klarstellung, nicht jedoch zu einem von § 3 BGG abweichenden Verständnis von behinderten Menschen.

h) Ein gemeinsamer Behinderungsbegriff?

Aus der doppelten Normierung des Behinderungsbegriffs in § 2 Abs. 1 SGB IX und § 3 BGG ergibt sich die Frage, wie weit seine Geltung reicht. Aus der doppelten Benutzung des identischen Wortlauts können konträre Schlüsse gezogen werden. Es könnte daraus einerseits geschlossen werden, der Gesetzgeber habe damit ausdrücken wollen, dass jeweils nur in den von der Kodifikation erfassten Bereichen dieser Behinderungsbegriff gelten solle. Damit verbliebe für andere Rechtsbereiche und den ungeklärten verfassungsrechtlichen Behinderungsbegriff Raum für andere Definitionen. Eine andere Interpretation könnte dahin gehen, dass gerade die Verwendung der gleichen Definition in den beiden Gesetzen belegt, dass ein tragfähiger, für die gesamte Rechtsordnung nutzbarer Behinderungsbegriff positiviert worden ist.

Zwischen beiden Positionen ist eine Entscheidung nicht losgelöst vom Einzelfall möglich. Es sprechen aber einige Argumente für die zweite Auffassung. Dies ist zum einen die Orientierung des Behinderungsbegriffs an der ICF. Damit ist die Ankopplung an einen internationalen wissenschaftlichen interdisziplinären Standard gegeben, die auch im europäischen Rahmen die Anschlussfähigkeit der deutschen Rechtsordnung sichert. Zum zweiten ist zwar für § 2 Abs. 1 SGB IX mit dem Recht der Rehabilitationsträger ein abgrenzbarer Anwendungsbereich vorgesehen. Das Gleichstellungsgesetz bezieht sich dagegen auf sämtliche Träger der öffentlichen Verwaltung, die Bundesrecht ausführen[869]. Mit dem Instrument der Zielvereinbarungen soll das BGG zudem in sämtliche Wirtschaftsbranchen hineinwirken[870]. Damit hat das BGG einen Anwendungsbereich, der tendenziell in alle Rechts- und Lebensbereiche hineinwirkt. Im Interesse einer kohärenten Rechts-

---

[869] § 7 Abs. 1 BGG.
[870] § 5 BGG.

ordnung erscheint es daher plausibel, dass mit dem gemeinsamen Behinderungsbegriff von SGB IX und BGG zugleich ein für die gesamte Rechtsordnung geltender Begriff gefunden ist. Der Gesetzgeber des Antidiskriminierungsgesetzes nimmt ausdrücklich an, dass der Behinderungsbegriff des ADG mit demjenigen des SGB IX und des BGG identisch ist[871]. Dass die abweichend formulierten Behinderungsbegriffe in § 4 Berliner LBGB und in § 2 Abs. 1 BGStG LSA im Ergebnis zu keinem anderen Verständnis von Behinderung und behinderten Menschen führt, stützt dieses Ergebnis.

3. Die Funktion des rechtlichen Behinderungsbegriffs

Mit dem Begriff der Behinderung existiert im Recht der Bundesrepublik Deutschland eine Kategorie, die auf hohem Abstraktionsgrad die Verknüpfung von Gesundheitsstörungen, Umweltfaktoren und Teilhabeeinschränkungen ausdrückt[872]. Der Begriff dient als negative Zielbeschreibung und als Voraussetzung eines personalen Status jeweils mit dem Ziel Rechtsfolgen, insbesondere leistungsrechtlicher Art, zuzuordnen, die der Minimierung oder Aufhebung der als Behinderung definierten Situation einer Person dienen. Der Richter am BSG *Traugott Wulfhorst* hat diese Funktion für das Recht 1984 so formuliert:

„Behinderte im sozialrechtlichen Sinn sind die Personen, deren körperliche, geistige oder seelische Gesundheit – nach medizinischen Maßstäben – so beeinträchtigt ist, nur dann, wenn die Gesundheitsstörung ein rechtserhebliches Ausmaß erreicht. Rechtserheblich bedeutet: Der gesundheitliche Mangel muss das Leistungsvermögen – nach sozialen und rechtlichen Maßstäben – derart stören, dass dadurch Voraussetzungen für soziale Rechte (§§ 2, 11, 38 ff. SGB I) erfüllt werden (§ 10)."[873]

Der zirkuläre Charakter dieser Definition zeigt auf, dass sie ohne einfließende Wertungen nicht zu handhaben ist. *Peter Trenk-Hinterberger* fasst dies so zusammen:

„Dem Begriff der Behinderung kommt in diesen Rechtsbereichen primär eine Feststellungs- und Verteilungsfunktion zu. Bei der Begriffsbildung wird – vor allem bestimmt vom jeweiligen Normzweck – festgeschrieben, welchem Personenkreis z. B. Leistungen, Hilfen oder Schutz vor Risiken zuteil werden sollen."[874]

Christian und Lieselotte von Ferber stellten im Anschluss an *Hans Achinger* fest, dass die Sozialgesetzgebung (nur) die Tatbestände formiere, zu deren Abhilfe die Sozialleistungsträger tätig werden. Hilfsbedürftige Personenkreise zu erkennen, sei mit diesen Begriffen nicht möglich[875].

Die sozialstaatliche Funktion des Behinderungsbegriffs sollte nicht dazu verleiten, den Begriff bereits nach der Funktion zu bilden, also die Bedürftigkeit für Hilfen zum Tatbestandsmerkmal zu machen. Wenn behinderte Menschen bereits als

---

[871] BT-Drucks. 15/4538, S. 28.
[872] Igl (1987) (S. 573) spricht von einem *„amorphen Tatbestand"*.
[873] Wulfhorst (1984), S. 493, 494.
[874] Trenk-Hinterberger in: Antor/Bleidick (2001), S. 297.
[875] Von Ferber/von Ferber (1978), S. 176.

hilfsbedürftig definiert werden, wird der Kern der Definition nicht mehr vom Problem, sondern von einer bestimmten Lösung des Problems definiert. Die gebotene Offenheit für unterschiedliche Lösungen kann dabei verloren gehen. Nicht mehr der behinderte Mensch in seiner Umweltbeziehung stünde dann im Mittelpunkt, sondern das Hilfssystem. In der fundamentalen Kritik einer solchen Definition bei *Wolfgang Becker*[876] heißt es, dass hierdurch weniger eine Personengruppe beschrieben werde, als vielmehr ihr Aussondern in besondere fürsorgende Einrichtungen legitimiert werde.

Für die gleichstellungsrechtliche Funktion des Behinderungsbegriffs ist der Komplementärbegriff der Barriere[877] wichtig. Wo sich Behinderung vom Individuum löst und vorwiegend aus der Situation und Gestaltung eines Lebensbereichs resultiert, als abstrakte Behinderung auch ohne konkreten behinderte Person zu bemerken ist, werden die behindernden Umstände zur Barriere. Mit dem neuen politischen und rechtlichen Ansatz der Barrierefreiheit hat sich die Notwendigkeit ergeben, dem ursprünglich zu „Hindernis" synonymen „Behinderung" den neuen Begriff der Barriere zur Seite zu stellen.

Der Behinderungsbegriff ist durch ein hohes Maß an Abstraktion und Komplexität geprägt[878]. Erhofft man einen Begriff, der ohne weitere Zusätze Voraussetzung der verschiedensten Rechtsfolgen sein sollte, so könnte es keinen einheitlichen Behinderungsbegriff geben[879]. Umgangs- und fachsprachlicher Gebrauch verschiedener Wissenschaften und Handlungsebenen fallen dabei teilweise auseinander. Die gesundheitswissenschaftlichen Kategorien der ICF spiegeln diese Problemlage, ohne sie aufheben zu können. Es zeigt sich, dass Behinderung keineswegs ein vorrechtlicher Begriff ist, auf den das Recht nur zurückgreifen müsste[880]. Der Begriff der Behinderung ist vielmehr, wie gezeigt, von vornherein auch im rechtlichen Kontext der Definition von Normen und Ansprüchen entstanden. Während beim Krankheitsbegriff bereits auf ein alltagssprachlich und medizinisch vorgeformtes Verständnis von Krankheit zurückgegriffen wurde[881], das dann für die Zwecke des Krankenversicherungsrechts modifiziert wurde, ist der Begriff der Behinderung entstanden, weil ein Sammelbegriff für politisch und rechtlich zu verhandelnde und zu konstituierende Rechtspositionen benötigt wurde. Es ist für die Rechtswissenschaften schon deshalb keine Lösung auftretender Probleme, den Behinderungsbegriff als zu allgemein zu verwerfen, wie es in der Pädagogik etwa von *Otto Speck* vorgeschlagen wird[882]. Im Recht werden auch Begriffe auf hoher Abstraktionsebene benötigt.

---

[876] W. Becker (1987), S. 38 ff. in Bezug auf eine interne Definition der Bundesanstalt für Arbeit aus dem Jahre 1979: *„zynische Redundanz"*.

[877] Vgl. oben II.A.1.k; II.A.2.e.

[878] Vgl. Igl (1987), S. 285; ders. in: Ebsen (1992), S. 227, 228; aus pädagogischer Sicht: Speck (2003), S. 241: *„ein allzu allgemeiner Begriff."*

[879] Vgl. Meurer, ZSR 1973, S. 65, 67.

[880] So aber Schulin in: Knappe/Hammerschmidt/Walger (1990), S. 16; Hannesen/Jacobi/Lachwitz/Vater, VSSR 1992, S. 189, 199.

[881] Vgl. Schimanski, SozVers 1975, S. 142, 144.

[882] Speck (2003), S. 241 ff.

Die Diskussion des Behinderungsbegriffs verweist bereits auf alle wesentlichen Probleme, die sich im Zusammenhang mit der Rehabilitation, Gleichstellung, Selbstbestimmung und Teilhabe behinderter Menschen stellen. Die Frage nach der Definition der Gesundheitsstörung bestimmt nicht nur den Anwendungsbereich der hierzu geltenden Regelungen, sondern auch nach den anzuwendenden Mitteln und den verfolgten Zielen der Rehabilitation. Die Frage nach der Teilhabe betrifft wiederum die Ziele von Rehabilitation, Teilhabeleistungen und Gleichstellung. Es ist normativ zu bestimmen, welches Ausmaß von Teilhabe der Individuen dem Behinderungsbegriff zu Grunde gelegt wird. Die verfassungsrechtliche Diskussion über Teilhaberechte[883] kann ein Schlüssel zu der Frage sein, welche Regelungen verfassungsrechtlich geboten sind und welche Normen darüber hinaus rechtlich möglich sind. Dies ist insbesondere dann von großem Interesse, wenn Regelungen zur Gleichstellung und Abwehr von Diskriminierungen im Zivilrecht zugleich in den Rechtskreis anderer Personen eingreifen. Behinderung nach § 2 Abs. 1 SGB IX und § 3 BGG ist ein zusammengesetzter Rechtsbegriff. Bei der körperlichen, geistigen oder seelischen Gesundheitsstörung handelt es sich vor allem um einen empirischen oder deskriptiven unbestimmten Rechtsbegriff, bei der Teilhabebeeinträchtigung um einen normativen wertausfüllungsbedürftigen unbestimmten Rechtsbegriff[884], wobei in beiden Fällen Elemente der jeweils anderen Kategorie einfließen.

Es kann rechtsdogmatisch als misslich oder zumindest schwierig empfunden werden, dass alle wesentlichen Merkmale des Behinderungsbegriffs (Gesundheitsstörung, Altersadäquanz, Teilhabestörung, kausale Wechselwirkung) wertende Elemente beinhalten, die zudem vielfach in den an Behinderung anknüpfenden Rechtsfolgen wieder auftauchen[885], so wenn die Störung der Teilhabe das Recht auf die Teilhabeleistung indiziert. Diese Schwierigkeit ist jedoch nicht vermeidbar. Sie ist die Folge davon, dass der Behinderungsbegriff erst geschaffen worden ist, um auf angemessener Abstraktionsebene zu definieren, was dann mit verschiedenen Mitteln wieder minimiert werden soll. Der Behinderungsbegriff ist so vor allem eine Funktion der Rechte und Leistungen, die zur Abwehr von Behinderungen gewährt werden. Dies entspricht im Übrigen auch der Funktionsbeschreibung der ICF durch die WHO: Auch dieser wissenschaftliche Behinderungsbegriff soll als Instrument in der gesundheitlichen Versorgung zur Bedarfsermittlung und als sozialpolitisches Instrument zur Planung der sozialen Sicherheit eingesetzt werden[886].

Behinderung als Rechtsbegriff ist so ein sinnhaltiger konkreter Begriff[887], der nur aus seiner Funktion heraus verstanden werden kann. Er ist darin Rechtsbegriffen wie Eigentum, Schaden oder Zurechnung vergleichbar, die von ihrer Wertungsbezogenheit geprägt sind[888]. Sinngehalt des Begriffes ist, eine bestimmte Wechsel-

---

[883]   Vgl. unten IV.D.5.
[884]   Vgl. dazu von Mutius, Jura 1987, S. 92, 94.
[885]   Lehnert (2000), S. 38.
[886]   ICF, Einführung, 2.1.
[887]   Larenz/Canaris (1995), S. 286 ff.; vgl. Hegel, System der Philosophie, § 160 ff.
[888]   Vgl. Esser (1972), S. 102 ff. Esser weist zum Beispiel darauf hin, dass auch der Rechtsbegriff Verletzung nicht als rein deskriptive Bezeichnung physischer Akte missverstanden werden darf, sondern in seiner Bezogenheit auf Rechtsgüter verstanden werden muss.

wirkung von Gesundheit und Teilhabe zu beschreiben, die Staat und Gesellschaft zu Reaktionen herausfordert. Die Momente dieses Begriffs, also Gesundheit und Teilhabe, können in ihrer Sinnhaltigkeit nur in ihrem Wechselverhältnis verstanden werden. Die Entwicklung des Begriffs ist eine Bewegung, die zwischen dem noch unentfalteten Begriff und seinen in ihrer Verbindung konstituierenden Momenten hin- und her läuft[889]. Diese dialektische Bewegung findet bei jeder konkreten Subsumtion eines Gesundheitsproblems unter den Begriff Behinderung statt. In den strittigen Fragen, etwa ob eine symptomlose AIDS-Infektion, eine genetische Disposition, eine Narbe ohne Funktionsstörung oder Legasthenie als Behinderung verstanden werden soll, ist die Diskussion um den Behinderungsbegriff immer auch eine Weiterentwicklung des mit ihm verbundenen normativen Sinns. Angesichts des hohen Abstraktionsgrades und ganz unterschiedlicher Bilder von Behinderung und behinderten Menschen, erfordert diese Erkenntnis- und Bewertungsaufgabe immer auch, das jeweilige Vorverständnis darüber zu reflektieren, was Behinderung und wer ein behinderter Mensch sei[890].

---

[889] Larenz/Canaris (1995), S. 288.; vgl. Runde/Weber in: Igl/Welti (2001), S. 65, 66: „*Die Diskurse um einen Gegenstand, hier um Behinderung, reflektieren nicht nur die aktuellen, konkreten gesellschaftlichen Verhältnisse, innerhalb derer sie stattfinden, sie sind auch selbst konstitutiv dafür.*"

[890] Esser (1972), S. 136 ff.

B. Rehabilitation als Rechtsbegriff und als gesellschaftliche Institution

Rehabilitation ist bereits im Titel des SGB IX – Rehabilitation und Teilhabe behinderter Menschen – erkennbar als ein zentraler Begriff für die sozialrechtlichen Regelungen, die behinderte Menschen betreffen. Rehabilitation beschränkt sich nach Sache und Begriff aber nicht auf das Sozialrecht. Für den Begriff der Rehabilitation ist es schwierig einen allgemeinen „vorrechtlichen" Sprachgebrauch auszumachen. Rehabilitation ist ursprünglich ein Rechtsbegriff, der die Wiedereinsetzung in verlorene Rechte oder einen verlorenen Zustand beschreibt. Rehabilitation ist heute eine abstrakte Bestimmung von Zielen, welche in vielen Kontexten benutzt werden kann. Dies wird deutlich aus dem folgenden Überblick von Definition allgemeiner und Fachlexika:

Im Brockhaus-Lexikon wird Rehabilitation definiert als

„Wiederherstellung einer Fähigkeit, i. e. S. der Unversehrtheit".

Hier wird unterschieden zwischen den Anwendungsfeldern der Politik (*„ die Wiederherstellung des politischen oder historischen Ansehens einer Person oder Personengruppe"*), des Rechts (*„ die Beseitigung des [ehrenrührigen] Vorwurfs eine Straftat begangen zu haben"*) und Sozialmedizin und Sozialpolitik (*„ die möglichst umfassende [den Gegebenheiten entsprechende] Wiederherstellung der Lebenstüchtigkeit eines Menschen [Rehabilitand] nach einer schweren Erkrankung, einschließlich seiner Wiedereingliederung in das gesellschaftliche, meist auch das berufliche Leben."*)[1].

In Meyers Universallexikon aus dem VEB Bibliographisches Institut Leipzig von 1979 war die Rehabilitation definiert als

„in der sozialistischen Gesellschaft ein Komplex staatlicher, sozialökonomischer, medizinischer, beruflicher, pädagogischer, psychologischer und anderer Maßnahmen, der zu einer frühzeitigen Ein- bzw. Wiedereingliederung von Geschädigten in das aktive gesellschaftliche Leben führt"[2].

Das Wörterbuch der Duden-Redaktion versteht unter Rehabilitation

„die Gesamtheit der Maßnahmen, die mit der Wiedereingliederung in die Gesellschaft zusammenhängen"[3].

Das Verb *„rehabilitieren"* versieht das Duden-Fremdwörterbuch mit den Bedeutungen *„1. jemandes oder sein eigenes soziales Ansehen wiederherstellen, jemanden*

---

1 Brockhaus-Enzyklopädie in 24 Bänden, 19. A., Bd. 18 (1992), S. 209.
2 Meyers Universal-Lexikon Bd. 3. A. (1979), S. 549.
3 Duden, Rechtschreibung, 21. A. (1996), S. 613.

in frühere (Ehren-)rechte wiedereinsetzen. 2. einen durch Krankheit oder Unfall Geschädigten durch geeignete Maßnahmen wieder in die Gesellschaft eingliedern."[4]. Während der ersten Bedeutung auch ein Reflexivum *„sich rehabilitieren"* zugehört, fehlt dieses im zweiten Kontext[5].

Der Duden in der DDR definierte die Rehabilitation als *„Wiederherstellung der Erwerbsfähigkeit von Kranken und Körperbeschädigten sowie deren Wiedereingliederung in das gesellschaftliche Leben"*[6].

Die Sozialwissenschaften nähern sich dem Gegenstand Rehabilitation überwiegend im Kontext spezifischer Fragestellungen der angewandten Wissenschaften Pädagogik, Arbeitswissenschaft und Medizin. Nur vereinzelt finden sich Darstellungen und Überlegungen zu einer allgemeinen Theorie der Rehabilitation, die zumeist im Zusammenhang mit Betrachtungen zur Gruppe behinderter Menschen oder allgemeiner zur Betrachtung sozialer Randgruppen stehen. Der Soziologe *Hans Layer* schreibt, dass Rehabilitation *„alle Versuche umfasst, Menschen mit sozialen Problemen wiedereinzugliedern, z. B. Obdachlose, Nicht-Sesshafte, Straffällige, alte Menschen, Behinderte"*,[7] *Wolf Rainer Wendt* schlägt für Rehabilitation programmatisch das Synonym *„Enthinderung"* vor[8].

Im Lexikon des Sozial- und Gesundheitswesens von *Rudolph Bauer* wird auf eine Definition der Rehabilitation verzichtet und geschrieben:

„Ziel der R. ist die Minderung, Aufhebung oder Abwehr einer → Behinderung."[9]

Das Wörterbuch der Soziologie von *Karl-Heinz Hillmann* nennt Rehabilitation

„die Gesamtheit der Maßnahmen (öffentliche Fürsorge ebenso wie psychotherapeutische und medizinische Betreuung) zur sozialen Wiedereingliederung psychisch und körperlich behinderter oder durch langwährende Isolierung geschädigter Personen."[10]

Im Lexikon der Psychologie findet sich die Definition:

„Behebung oder Verringerung einer körperlichen (→ Körperbehinderte), seelischen oder sozialen Behinderung (→ Geistige Behinderung), Entfaltung der verbliebenen Möglichkeiten und daher Bemühen, eine Person in die Lage zu versetzen, über ihre körperlichen und seelischen Funktionen voll zu verfügen, ihre Ziele selbständig zu erreichen und die Belange der Gesellschaft dabei zu berücksichtigen oder, sofern sich dies nicht oder nur unter übermäßigen Belastungen verwirklichen lässt, mit den notwendigen Hilfen zu leben."[11]

Im Lexikon Medizin – Ethik – Recht wird 1989 definiert:

„Rehabilitation wird verstanden als Gesamtheit der Maßnahmen zur Wiedereingliederung Behinderter in ihre Umwelt."[12]

Im Staatslexikon von 1988 schreibt *Franz Kaspar*:

---

4   Duden-Fremdwörterbuch, 3. A. (1974) S. 623.
5   Schulz/Basler, S. 260; Das übersieht Wendt, HdR (1996), S. 429.
6   Der große Duden, 18. A. (1977) S. 613.
7   Hans Layer, Soziologie und Rehabilitation in: HdR (1996), S. 493.
8   Wendt in: HdR (1996), S. 434.
9   Bauer, 2. A. (1996), S. 1620.
10   Hillmann, 4. A. (1994) S. 729 f.
11   Arnold/Eysenck/Meili, Lexikon der Psychologie, Dritter Band, S. 1870.
12   Albin Eser e. a., Lexikon Medizin – Ethik – Recht (1989), S. 895.

„Rehabilitation bezeichnet – als System und als Prozess – die Summe aller Maßnahmen, Hilfen und gesetzlichen Regelungen für Menschen, die behindert oder von Behinderung bedroht sind, zur individuellen Lebensbewältigung und zur Eingliederung. Der Sammelbegriff Rehabilitation umfasst sehr verschiedene, vor allem medizinische, pädagogische und soziale Maßnahmen, akzentuiert zugleich gesellschaftliche und sozialpolitische Aspekte. Der Terminus Rehabilitation – gelegentlich als Behindertenhilfe (im weitesten Sinne) definiert – impliziert die Notwendigkeit, begrifflich auch zu bestimmen, welche Menschen als → Behinderte gelten bzw. Anspruch auf Rehabilitation haben sollen."[13]

Das Rechtswörterbuch von *Creifelds* in der Auflage von 1996 definiert Rehabilitation als

„Wiedereinsetzung in eine frühere Lage" und fährt fort: „. wird meist als Wiederherstellung der Ehre einer Person und im Rechtsleben i. S.einer Beseitigung des ehrenrührigen Vorwurfs einer Straftat verstanden; neuerdings umfasst der Begriff auch gesundheitliche und soziale → Rehabilitationsmaßnahmen."[14]

Dieser uneinheitliche und eindeutige Befund macht es notwendig, zunächst die Entwicklung der Rehabilitation als Rechtsbegriff zu betrachten, um dann zu sehen, wie die Rehabilitation in Bezug zu den Feldern sozialstaatlichen Handelns zu setzen ist und welche Regelung dies insbesondere im SGB IX gefunden hat.

1. Geschichte der Rehabilitation als Rechtsbegriff

Der Begriff der *rehabilitatio* erscheint im mittellateinischen rechtlichen Sprachgebrauch synonym mit der *restitutio* als Wiedereinsetzung in ein innegehabtes Recht oder einen früheren Besitzstand[15]. Ins Deutsche wurde er, wohl über das Französische (*réhabilitation*[16]), Ende des 18. Jahrhunderts übernommen, wobei ihm auch ein eigenständiger moralisch-politischer Gehalt im Sinne der Ehrenrettung beigelegt wurde[17].

Der Begriff der Rehabilitation erschien im sozialpolitischen Kontext erstmals 1846 im „System der gesamten Armenpflege" bei dem Staatsrechtler und Abgeordneten in der zweiten Kammer des badischen Landtags *Franz Joseph Buß*[18], der, wiederum in sprachlicher Anknüpfung an ein französisches Werk, schrieb:

---

[13] Kaspar in: Staatslexikon, 7. A. (1988), S. 778.

[14] Creifelds, 13. A. (1996), S. 1914.

[15] Favre (1886), S. 402: so ist *rehabere* für 1204 belegt, *rehabilitare* und *rehabilitatio* 1439 im Generalkapitel des Zisterzienserordens, vgl. Blumenthal/Jochheim in: Handbuch der Sozialmedizin Bd. 3 (1976), S. 574. Scharmann, BArbBl. 1957, S. 627, 629 sieht die Wurzeln des Begriffs in der abendländischen Medizin des 15. Jahrhunderts.

[16] Dort 1401 in der rechtlichen Bedeutung, 1762 bei Voltaire in der moralischen, Le Grand Robert Bd. 8 (1986), S. 179.

[17] Hans Schulz/Otto Basler, Deutsches Fremdwörterbuch, Dritter Band (1977), S. 259 ff.; Schulin (1980), S. 21.

[18] Franz Joseph Buß (1803–1878), seit 1863 Ritter von Buß. 1829 Privatdozent, seit 1833 Prof. für Staatswissenschaft und Völkerrecht in Freiburg. Seine Landtagsrede vom 25. April 1837 („Fabrikrede") war die erste sozialpolitische Rede in einem deutschen Parlament. Teilweise abgedruckt bei Stegmann (1994), S. 27 ff. Buß knüpfte dabei an Thesen an, die Robert von Mohl 1835 veröffentlicht hat in dem Aufsatz „Über die Nachtheile, welche sowohl dem Arbeiter selbst als dem Wohlstande und der Sicherheit der gesamten bürgerlichen Gesellschaft von dem fabrikmäßigen Betriebe der Industrie zugehen und über die Nothwendigkeit gründlicher Vorbeugungsmittel",

„Vielmehr soll der heilbare Arme vollkommen rehabilitiert werden; er soll sich zu der Stellung erheben, von welcher er herabgestiegen war; er soll das Gefühl seiner persönlichen Würde wiedergewinnen und mit ihr ein neues Leben (...). Diese Rehabilitation wird man durch eine vollständige Unterstützung, welche sich an die Ursache des Elends selbst, zum Zweck, sie aufzuheben, wendet, erwirken."[19].

Rehabilitation wird etymologisch heute mit *habilis* (befähigt, passend, tauglich, geschickt, handhabbar) und *habilitare* (geschickt etc. machen)[20], vereinzelt und wohl etymologisch unzutreffend auch mit dem Verb *habitare* (wohnen, bewohnen, sich niederlassen, sesshaft werden)[21] in Verbindung gebracht. Die Vorsilbe *re-* (wieder) deutet auf die Wiederherstellung eines Zustandes hin. Das Wort in den sozialpolitischen und sozialmedizinischen Bereich zu übertragen, ist in Deutschland erst seit Mitte des 20. Jahrhunderts gebräuchlich geworden[22]. Ähnlich wie im Begriff der Behinderung kann im Begriff der Rehabilitation ein normatives Element enthalten sein, das durch die Bestimmung des herzustellenden Zustands vermittelt wird und das insofern nicht nur individual-, sondern auch gesellschaftsbezogen ist[23].

In den USA wurde noch im Ersten Weltkrieg die berufliche Wiedereingliederung körperlich behinderter Menschen im *Vocational Rehabilitation Act* von 1918 geregelt[24]. Der Begriff ersetzte dabei zunächst üblichere Begriffe wie *vocational training, reconstruction, reconditioning, reestablishment* und *reeducation* und war auch nicht unumstritten, da befürchtet wurde, dass das Gewollte nicht korrekt ausgedrückt werde[25]. In Großbritannien wurden Begriff und System der Rehabilitation mit dem *Disabled Persons (Employment) Act* von 1944 geregelt und ausgebaut[26] und durch das ständige *Britisch Council for Rehabilitation* koordiniert[27].

Archiv der politischen Ökonomie und Polizeiwissenschaft 1835, Bd. II, S. 141 ff.; vgl. Lange (1955), S. 55; vgl. unten III.A.6.c. und III.A.6.d.

[19] Vgl. Buß, System der gesamten Armenpflege Bd. III 3. Teil, S. 331 (1846) und bereits Buß, in: Stegmann (1994), S. 72, Ziffer 7 der „Forderungen an eine zweckmäßige Armenpflege": *„Der Arme hat seinen Rest von Arbeitskraft noch zu nützen und ist in Beziehung auf die erlahmten Kräfte zu rehabilitieren."* Dazu Mühlum/Oppl in: HdR (1992), S. 3, 8; Fichtner, in: HdR (1992), S. 569, 570, 576, 579; Seidler in: Koch/Lucius-Hoene/Stegie (1988), S. 4; E. Jung (1982), S. 239; Blum (1979), S. 131; Haaser (1975), S. 72; den Rückbezug des Begriffes auf Buß lehnt Kaspar, Staatslexikon, 7. A. (1988), Bd. 4, S. 778 ab.

[20] Furger in: HdR (1992), S. 451; vgl. Heumann/Seckel, Handlexikon zu den Quellen des römischen Rechts, S. 234; Schulz/Basler, S. 260; Etymologisches Wörterbuch des Deutschen, S. 1103.

[21] Kähne in: HdR (1992), S. 633.

[22] Man kann aus dem Kontext des Begriffs in der Armenpflege bei Buß auch folgern, dass dieser das Wort nicht im modernen Begriff gebrauchte, so V. Neumann in: V. Neumann (2004), § 1 Rz 1, Fn 1. Zu bedenken ist aber, dass in der ersten Hälfte des 19. Jahrhunderts eine eigenständige Behindertenfürsorge noch nicht bestand. Die von Buß aus dem Französischen übernommene begriffliche Innovation war, dem formalrechtlichen Begriff eine materielle sozialpolitische Wendung gegeben zu haben.

[23] Basaglia (1985), S. 89 f.

[24] Vocational Rehabilitation Act vom 27. Juni 1918, ergänzt 1921 durch den Smith-Fess-Act, 1935 durch den Social Security Act, 1943 durch den Barden-La-Folette-Act; vgl. Devine/Brandt (1919), S. 369 ff.; Blumenthal/Jochheim, S. 574; Gruhl (1968), S. 21 ff..

[25] Devine/Brandt (1919), S. 374 zitieren einen Senator: *„You can't rehabilitate a man into something that he has not possessed at some time previously."*

[26] Kerschbaum in: BMA (1957), S. 29, 32.

[27] Kerschbaum in: BMA (1957), S. 29, 52.

Auf dem Weg über die englische Sprache ist die Bezeichnung Rehabilitation nach dem Zweiten Weltkrieg in Deutschland üblich geworden[28]. So findet sich der Begriff in einem Bericht vom VI. Weltkongress der International Society for the Welfare of Cripples 1954 so erklärt:

„Der Begriff der Rehabilitation fasst ein ganzes Behandlungssystem zusammen: die medizinische Rehabilitation (...) ferner frühestmögliche Beschäftigungs- und Arbeitstherapie unter Berücksichtigung der Berufsschulung respektive Berufsumschulung. (...) Man wird diesem Begriff nicht gerecht mit der Übersetzung ‚Wiederherstellung‘ oder ‚Wiederertüchtigung‘. Persönlichkeitswerte, alle verbliebenen Fähigkeiten und Anlagen eines Körperbehinderten müssen mit dem Ziel optimaler Wiederherstellung berücksichtigt werden."[29]

In den heute im SGB IX – Rehabilitation und Teilhabe behinderter Menschen – geregelten Bereichen ist der Begriff Rehabilitation erst spät in die Gesetzessprache aufgenommen worden. Im Invalidenversicherungsgesetz, in der RVO, im Reichs- und Bundesversorgungsgesetz, im Krüppelfürsorgegesetz, Körperbehindertengesetz und im BSHG wurden zunächst andere Begriffe benutzt.

Im Preußischen Krüppelfürsorgegesetz gab es keinen Sammelbegriff für die Maßnahmen der Fürsorge. *Konrad Biesalski* sprach aber 1926 durchgängig vom *„Anspruch auf Entkrüppelung"*[30]. Die medizinische Rehabilitation in Rentenversicherung[31], Unfallversicherung und sozialer Entschädigung wurde als Heilverfahren, die berufliche Rehabilitation als Berufshilfe und für die soziale Rehabilitation im BSHG als Eingliederungshilfe bezeichnet. Diese Bezeichnungen blieben bei weitgehender Kontinuität der gesetzlichen Grundlagen in der Bundesrepublik Deutschland zunächst erhalten. In der DDR wurden die entsprechenden Maßnahmen im Rahmen der Polikliniken, Ambulanzen und Dispensaires[32] sowie in den Betrieben bereits in den fünfziger Jahren als Rehabilitation bezeichnet[33]. 1956 schrieb *Theodor Scharmann*:

„Im Bereich der internationalen Sozialpolitik gleichwie im Rahmen der Erörterungen über die Reform der Sozialleistungen in der Bundesrepublik hat sich in den Nachkriegsjahren der Gedanke der Rehabilitation behinderter Personen mehr und mehr durchgesetzt. Das Ziel der unter dem Begriff der Rehabilitation zusammengefassten Maßnahmen ist es, die bisherigen Formen der sozialen Geldleistungen für die in ihrer Erwerbsfähigkeit eingeschränkten (...) Mitbürger nach Möglichkeit durch die Gewährung von Sozialleistungen zu ersetzen

---

[28] Das Etymologische Wörterbuch des Deutschen, 2. A. (1993), Bd. M–Z, S. 1103 sieht diese Bedeutung aus dem Englischen entlehnt; von Engelhardt, DRV 1990, S. 572, 582 berichtet, der Begriff sei nach dem zweiten Weltkrieg *„in die Medizin offiziell übernommen"* worden; vgl. Rüsken in: BMA (1957), S. 3; deutlich auch bei Zülch, DAngVers 1958, S. 33; Stolt, DAngVers 1958, S. 36; ablehnend: Diller, DAngVers 1958, S. 39, der das Wort als zu vieldeutig ansieht.
[29] Ladeburg, BArbBl. 1955, S. 269.
[30] Biesalski (1926), S. 15, 24, 34.
[31] § 12 IVG vom 22. Juni 1889; § 18 IVG vom 13. Juli 1899; § 1269 RVO vom 19. Juli 1911. Zur Definition: *„Demnach hat man unter dem Heilverfahren in der Invalidenversicherung zu verstehen die planmäßige Durchführung ärztlicher Maßnahmen, die gesundheitliche Schädigungen bessern oder ihre Verschlechterung verhüten sollen, um der Invalidität vorzubeugen oder sie zu beseitigen. "*, Starke (1932), S. 21; vgl. Wauer (1929), S. 12.
[32] Zu Begriff und Aufgaben der Dispensaires: Renker/Renker (1985), S. 54 ff.
[33] Winter in: Renker/Winter/Märker/Quaas (1958), S. 43 ff.

oder zu ergänzen, die es den Betroffenen ermöglichen sollen, aus eigener Kraft zu ihrer Existenzsicherung beizutragen."[34]

Derselbe Autor untersuchte die Einführung der Rehabilitation in der deutschen Gesetzgebung und kam 1957 zu dem Schluss:

„(...) dass die sogenannte ‚Rehabilitation der Behinderten' den Versuch der heutigen Gesellschaft darstellt, das Problem einer subjektiv und objektiv angemessenen Eingliederung der durch Gebrechen, Krankheit, Verwundung oder Unfall in ihrer normalen Arbeits- und Kontaktfähigkeit behinderten Personen in die Gemeinschaft zu lösen."[35]

In der Gesetzesbegründung zum Rentenversicherungs-Neuregelungsgesetz von 1957 wurde zunächst von *„Wiedereingliederung in das Arbeitsleben"* als Sicherungsziel gesprochen und dann der *„Vorrang der Wiederherstellung der Leistungsfähigkeit (Rehabilitation)"* als Leitmotiv des Gesetzes herausgestellt[36] und werden sodann die *„Maßnahmen zu Erhaltung, Besserung und Wiederherstellung der Erwerbsfähigkeit (Rehabilitationsmaßnahmen)"* erwähnt, wobei der Klammerzusatz im Gesetzestext nicht wiederholt wird[37]. In den Beratungen über das Körperbehindertengesetz von 1957 wurde erwogen, von einem Rehabilitationsplan zu sprechen[38]. Dieser Vorschlag hat sich nicht durchgesetzt, sondern es wurde die Erstellung eines Heil- und Eingliederungsplanes vorgeschrieben[39]. Mit dem Gesetz zur Änderung des Schwerbeschädigtengesetzes von 1961 wurde die Verpflichtung der Bundesanstalt für Arbeit zur Zusammenarbeit mit allen Beteiligten in allen Phasen der Rehabilitation festgeschrieben[40]. Hier erscheint der Begriff zum ersten Mal im bundesdeutschen Gesetzestext.

1969 gründeten die Träger der Rentenversicherung, Krankenversicherung und Unfallversicherung und der Kriegsopferversorgung, Kriegsopfer- und Schwerbeschädigtenfürsorge und der Sozialhilfe und die Bundesanstalt für Arbeit, die Gewerkschaften und Arbeitgeberverbände die Bundesarbeitsgemeinschaft für Rehabilitation (BAR). Auf deren Mitgliederversammlung am 14. April 1970 verkündete Bundesarbeitsminister *Walter Arendt* das *„Aktionsprogramm der Bundesregierung zur Förderung der Rehabilitation der Behinderten"*; die BAR beschloss gemeinsame Grundsätze zur Rehabilitation[41]. Erst dieser Zeitpunkt wurde später von *Kurt-Alphons Jochheim, Ferdinand Schliehe* und *Helfried Teichmann* als Beginn einer integrierten Behinderten- und Rehabilitationspolitik in der Bundesrepublik Deutschland eingeordnet[42].

---

34   Scharmann, BArbBl. 1956, S. 175.
35   Scharmann, BArbBl. 1957, S. 627.
36   BT-Drucks. 2/2437 vom 5. Juni 1956, S. 58.
37   BT-Drucks. 2/2437, S. 66; weitere Erwähnungen der „Rehabilitation" auf den folgenden Seiten.
38   BT-Drucks. 2/2885 vom 7. November 1956, S. 3.
39   § 5 Abs. 2 lit e) Körperbehindertengesetz.
40   § 22 Abs. 2; Gesetz zur Änderung des Schwerbeschädigtengesetzes vom 3. Juli 1961, BGBl. I, 857, 861.
41   Wiedergegeben bei Wendt, DAngVers 1970, S. 282 ff.; vgl. Hoppe, NDV 1971, S. 31, 33; Nelles, ZSR 1971, S. 323, 337 ff.
42   Jochheim/Schliehe/Teichmann, in: BMA/Bundesarchiv, Geschichte der Sozialpolitik in Deutschland seit 1945, Bd. 2/1 (2001), S. 561; vgl. unten III.A.11.d.

Mit dem Gesetz über die Angleichung der Leistungen zur Rehabilitation von 1974 (Reha-Angleichungsgesetz) wurde Rehabilitation zum übergreifenden Gesetzesbegriff. Dort wurde zwar nicht die Rehabilitation, aber deren Aufgabe definiert:

„Die medizinischen, berufsfördernden und ergänzenden Maßnahmen und Leistungen zur Rehabilitation im Sinne dieses Gesetzes sind darauf auszurichten, körperlich, geistig oder seelisch Behinderte möglichst auf Dauer in Arbeit, Beruf und Gesellschaft einzugliedern." [43]

Im SGB I von 1975 wurde das zu Grunde liegende soziale Recht in § 10 SGB I nicht als Rehabilitation, sondern als Eingliederung bezeichnet. Der Begriff Rehabilitation wurde konsequent auch in der Leistungsübersicht in § 29 SGB I nicht benutzt. Der Gesetzgeber des RehaAnglG hat wohl die Begriffe Rehabilitation und Eingliederung als synonym angesehen [44]. Dafür, dass der Gesetzgeber des SGB I die Bezeichnung Rehabilitation bewusst abgelehnt habe, weil sie irreführend und mit ideologischen Parolen verbunden gewesen sei – wie *Wilhelm Wertenbruch* 1977 meinte [45] – gibt es keine Belege. Nach Ansicht von *Traugott Wulfhorst* bezieht der Begriff Eingliederung vor allem die Ersteingliederung in die Rehabilitation ein [46]. In einem weiten Verständnis wurde Eingliederung mit Integration [47] oder Teilhabe [48] gleichgesetzt. Wenn zwischen Rehabilitation und Eingliederung differenziert wurde, wurde Eingliederung oft als weiterer Begriff angesehen [49]. Damit wäre aber – wie auch *Otto Speck* 1980 und *Gerhard Igl* 1987 meinten – die Gleichsetzung von Rehabilitation und Eingliederung dem Gegenstand nicht angemessen [50]. Wird Eingliederung eher eng verstanden als ein einseitiger Prozess der Annäherung behinderter Menschen an die Anforderungen der Normalgesellschaft [51], so ist Eingliederung weder mit Rehabilitation noch mit Teilhabe gleichzusetzen. Der Begriff Eingliederung ist mittlerweile nur noch im Recht der Sozialhilfe und Jugendhilfe enthalten [52]. Mit dem SGB IX ist das soziale Recht in § 10 SGB I als Teil-

---

[43] § 1 Abs. 1 RehaAnglG.

[44] BT-Drucks. 7/1237 vom 9. November 1973 – Regierungsentwurf RehaAnglG – S. 1, 49: *„Die Maßnahmen zur Eingliederung und Wiedereingliederung der Behinderten werden üblicherweise mit dem Fremdwort ‚Rehabilitation‘ umschrieben. Unter Rehabilitation werden alle Maßnahmen verstanden, die darauf gerichtet sind, körperlich, geistig oder seelisch behinderten Menschen zu helfen, ihre Fähigkeiten und Kräfte zu entfalten und einen angemessenen Platz in der Gemeinschaft zu finden; dazu gehört vor allem eine dauerhafte Eingliederung in Arbeit und Beruf.";* Synonymität auch bei Fichte (1984), S. 11; Schulin (1980), S. 22; Winter in: Renker/Winter/Märker/Quaas (1958), S. 43; Scharmann, BArbBl. 1957, S. 627; die Begriffe werden heute noch als synonym angesehen von Steinke in: Fachlexikon der sozialen Arbeit, 5. A. (2002), S. 770.

[45] Wertenbruch, SGb 1977, S. 327. Wertenbruch erläutert nicht, um welche Vorurteile und Parolen es sich handeln soll.

[46] Wulfhorst (1984), S. 493.

[47] Speck (1980), S. 103 ff.

[48] So Haaser (1975), S. 73.

[49] Müller, MittLVAOber- und Mittelfranken, 1979, S. 72, 74.

[50] Igl (1987), S. 287; Speck (1980), S. 105.

[51] Vgl. die Begründung zur Regierungsvorlage des Körperbehindertengesetzes von 1957: *„Man erstrebt mit der sogenannten ‚Rehabilitation‘ eine totale soziale Einordnung des Behinderten in die arbeitende Gesellschaft der Gesunden (...).",* zitiert bei Scharmann, BArbBl. 1957, S. 627, 630.

[52] Bezeichnung der Hilfen als Eingliederungshilfe, § 39 BSHG/§ 54 SGB XII, § 35a SGB VIII.

habe neu gefasst worden. Die Leistungsübersicht in § 29 SGB I ist nun überschrieben mit „*Leistungen zur Rehabilitation und Teilhabe behinderter Menschen*".

Der Begriff Rehabilitation wurde mit dem RehaAnglG für die Rentenversicherung auch in die Leistungsgesetzgebung in der RVO, im Angestelltenversicherungsgesetz und im Reichsknappschaftsgesetz[53] und ab 1992 im SGB VI[54] übernommen, während es für die Krankenversicherung[55] und Unfallversicherung[56] in der RVO bei Heilbehandlung und Berufshilfe verblieb. Mit dem SGB V[57] und dem SGB VII[58] wurde auch in diesen Bereichen der Begriff Rehabilitation 1990 und 1997 im Gesetz aufgenommen. In der Arbeitsförderung wurden die Leistungen seit dem RehaAnglG als berufsfördernde Leistungen zur Rehabilitation bezeichnet[59], während für das SGB III ab 1998 der Begriff der beruflichen Eingliederung vorgezogen wurde[60], der mit dem SGB IX durch denjenigen der Teilhabe am Arbeitsleben ersetzt worden ist. Im Sozialhilferecht wurde und wird weiterhin von Eingliederungshilfe gesprochen. In der Kinder- und Jugendhilfe wurde mit dem SGB VIII ab 1992 der Begriff der Eingliederungshilfe eingeführt[61]. Im BVG ist bis heute im medizinischen Sinne von Heilbehandlung und nicht von Rehabilitation die Rede[62], während hier vom RehaAnglG bis zum SGB IX die berufsorientierten Leistungen als solche zur beruflichen Rehabilitation bezeichnet wurden[63].

Die Rechtswissenschaft, Rehabilitationsträger und Regierungen haben einige Anstrengungen unternommen, die Rehabilitation nach Begriff und Sache weiter zu systematisieren, stießen dabei jedoch an Grenzen, die durch die normative und sachliche Vielfalt gezogen wurden

So schrieb *Rudolf L. Kolb* 1996 in der zweiten Auflage des Sozialrechtshandbuchs:

„Die Maßnahmen und Leistungen zur Eingliederung und Wiedereingliederung von Behinderten werden heute üblicherweise mit dem Begriff ‚Rehabilitation' bezeichnet. Eine allgemeingültige gesetzliche Definition dieses Begriffs gibt es nicht. Die Rehabilitation lässt sich – zusammengefasst – umschreiben als die Gesamtheit der Bemühungen, einen durch Krankheit, ein angeborenes Leiden oder äußere Schädigungen körperlich, geistig oder seelisch behinderten Menschen durch umfassende Maßnahmen auf medizinischem, beruflichem und allgemein-sozialem Gebiet in die Lage zu versetzen, eine angemessene und menschenwürdige Lebensform und Lebensstellung im Alltag, in der Gemeinschaft und im Beruf zu finden bzw. wiederzuerlangen."[64]

---

53 §§ 1235 Nr. 1, 1236, 1237, 1237a RVO, §§ 13–21a AVG; §§ 35–43a RKG i.d.F. des RehaAnglG.
54 §§ 9–32 SGB VI.
55 § 184a RVO i.d.F. des RehaAnglG.
56 §§ 556, 557, 559, 567 RVO i.d.F. des RehaAnglG.
57 §§ 11 Abs. 2, 27 Abs. 1 Nr. 6, 40–43 SGB V vom 20. Dezember 1988 (BGBl. I, 2477).
58 §§ 1, 26 Abs. 1, 27 Abs. 1 Nr. 7, 35, 39 SGB VII vom 7. August 1996 (BGBl. I, 1254).
59 §§ 56 ff. AFG i.d.F. des RehaAnglG.
60 §§ 97, 98 SGB III vom 24. März 1997 (BGBl. I, 594).
61 § 35a SGB VIII.
62 §§ 10, 11 BVG.
63 § 26 BVG i.d.F. des RehaAnglG.
64 Kolb, in: von Maydell/Ruland, SRH, 2.A. (1996) S. 1388.

Unter Verzicht auf eine Definition schrieb *Manfred Benz* im gleichen Jahr im Handbuch des Sozialversicherungsrechts:

„Rehabilitation kann als Ziel (Aufgabe), als Prozess oder als Ergebnis (Überwindung der Folgen der Behinderung) verstanden werden."[65]

Im vierten Bericht der Bundesregierung über die Lage der Behinderten und die Entwicklung der Rehabilitation[66] von 1998 hieß es:

„Hilfen zur Eingliederung Behinderter oder von Behinderung Bedrohter ins Arbeitsleben und in die Gesellschaft werden oft zusammenfassend als ‚Rehabilitation' bezeichnet. In einem weiten Verständnis umfassen diese Hilfen alle Vorgänge, Leistungen und Gestaltungen von Lebensumständen, die auf die in § 10 des Ersten Buches Sozialgesetzbuch genannten Ziele gerichtet sind."

Der jetzige Beauftragte der Bundesregierung für die Belange der Behinderten, *Karl Hermann Haack*, resümierte in einem Diskussionspapier im August 1998:
„Das Sozialrecht enthält bisher keinen – für alle Rehabilitationsziele und Rehabilitationsträger – allgemeingültigen Rehabilitationsbegriff." und stellte dar, dass zwischen dem Rehabilitationsverständnis in den einzelnen Sozialleistungszweigen – etwa zwischen dem SGB V und dem SGB VI – erhebliche Unterschiede bestehen:

„Die danach vorhandene Vielfalt und Unterschiedlichkeit des Verständnisses von Rehabilitation als
– bloße Methode zur Unterstützung der Krankenbehandlung (andere Form der Heilmittelerbringung);
– Bestandteil der kurativen Versorgung mit dem Ziel der erfolgreichen Krankenbehandlung (kuratives Rehabilitationsverständnis);
– eigenständiges Segment des Gesundheitswesens mit dem Ziel der Krankheitsfolgenbewältigung (WHO-Definition); bis zur
– Form der Prävention (Rehabilitationskur)
erklärt die Vielfalt sowie Unterschiedlichkeit der Standpunkte und Richtungen im Rahmen der Versorgungsstrukturdiskussion, aber auch der Sparmaßnahmen der Bundesregierung."[67]

Das Gesetz zur Angleichung der Leistungen zur Rehabilitation markierte zwar den Vorrang dieses Begriffs für den sozialrechtlichen Bereich, hatte aber im Begrifflichen entgegen seinem Anspruch zu keiner Vereinheitlichung und keinem klaren Verständnis von Rehabilitation geführt. Ein neuer Anlauf hierzu wurde erst mit dem SGB IX unternommen.

---

[65] Benz in: HS-UV (1996), § 43 Rz 1.
[66] BT-Drucks. 13/9514, S. 4.
[67] Karl Hermann Haack, MdB, Rehabilitation und Prävention sichern, vernetzen und entbürokratisieren, Soziale und berufliche Integration fördern und weiterentwickeln, Bonn, August 1998, S. 14 f.

2. Internationale Begriffsverwendung

a) Internationale Organisationen

In den Grundsätzen und Richtlinien der WEU von 1950 für die Rehabilitation der Behinderten war folgende Definition enthalten:

„Unter Rehabilitation sind alle Maßnahmen zu verstehen, die bestimmt sind, eine behinderte Person geistig und körperlich darauf vorzubereiten, eine Beschäftigung aufzunehmen oder wiederaufzunehmen und soweit wie möglich einen normalen Platz in der Gemeinschaft einzunehmen."[68]

Diese Definition wurde 1958 revidiert und lautet nun:

„Unter Rehabilitation sind alle Maßnahmen zu verstehen, die bestimmt sind, eine behinderte Person geistig und körperlich darauf vorzubereiten, im Rahmen ihrer Fähigkeiten einen normalen Platz in der Gemeinschaft – sei es im Arbeitsleben oder im häuslichen Bereich – einzunehmen oder wiedereinzunehmen."[69]

Die Weltgesundheitsorganisation (WHO) definierte Rehabilitation im Kontext der ICIDH so:

„Rehabilitation umfasst alle Maßnahmen, die das Ziel haben, das Einwirken jener Bedingungen, die zu Einschränkungen oder Benachteiligungen führen, abzuschwächen und die eingeschränkten und benachteiligten Personen zu befähigen, soziale Integration zu erreichen."[70]

In den *„Rahmenbestimmungen für die Herstellung der Chancengleichheit von Menschen mit Behinderungen"* der Generalversammlung der Vereinten Nationen[71] von 1993 ist Rehabilitation wie folgt definiert[72]:

„Der Begriff ‚Rehabilitation' bezieht sich auf einen Prozess, der darauf gerichtet ist, Personen mit Behinderungen zu befähigen, ihre optimalen körperlichen, gefühlsmäßigen, intellektuellen, geistigen und/oder sozialen Funktionsebenen zu erreichen und auszuüben, wobei sie mit den Mitteln ausgerüstet werden, ihr Leben in Richtung auf einen höheren Grad von Unabhängigkeit zu verändern. Rehabilitation kann Maßnahmen einschließen, Funktionen zu sichern oder wiederherzustellen oder den Verlust oder das Fehlen einer Funktion oder eine Funktionseinschränkung auszugleichen. Der Rehabilitationsprozess schließt nicht die ursprüngliche medizinische Versorgung ein. Er beinhaltet ein breites Spektrum von Maßnahmen und Aktivitäten von grundlegender und allgemeiner Rehabilitation bis zu zielorientierten Aktivitäten, zum Beispiel beruflicher Rehabilitation."

b) Europäische Sprachen

Im Englischen hat *rehabilitation*[73] die Bedeutung von Wiedereinsetzen in einen früheren Stand, von Wiedereingliedern, hier auch für Strafgefangene, im Sinne des

---

[68] BArbBl. 1958, S. 477, 478; vgl. Scharmann, BArbBl 1956, S. 175, 177.
[69] BArbBl. 1962, S. 101; bei Nelles, ZSR 1970, S. 323, 325 als „klar und umfassend" bezeichnet.
[70] Zit. nach Müller-Fahrnow/Spyra, in: Die ICIDH – Bedeutung und Perspektiven (1995), S. 34; vgl. zu älteren Definitionen der WHO Götze, DAngVers 1989, S. 1 f.
[71] Standard Rules on the Equalization of Opportunities for Persons with Disabilities, Beschluss des 85th plenary meeting vom 20. Dezember 1993, A/RES/48/96; vgl. unten III.A.13.a.
[72] Introduction, lit. 23.
[73] In den USA, Australien, Neuseeland verbreitet: *rehab.*

deutschen Rechtsbegriffs der Resozialisierung, aber auch die Bedeutung der Sanierung einer Firma (*economic rehabilitation*) oder eines Stadtteils. Im sozialpolitischen und medizinischen Kontext hat es eine dem Deutschen entsprechende Bedeutung[74].

Im Französischen (*réhabilitation*) ist das Wort bei der ursprünglichen rechtlichen Bedeutung geblieben, während die sozialpolitische und sozialrechtliche Bedeutung des deutschen und englischen Wortes dort zumeist mit *rééducation* und *réadaption* wiedergegeben wird[75]. Im spanischen und italienischen Sprachgebrauch werden *rehabilitación*[76] und *riabilitazióne*[77] neben *reeducación* und *rieducazione*[78] verwendet. Im Portugiesischen wird der Begriff des *reablitacao*[79] wie im Deutschen benutzt. Im Schwedischen ist der entsprechende Begriff *rehabilitering*, im Dänischen *revalidering*[80], im Niederländischen *revalidatie*[81].

Der Überblick über die germanischen und romanischen Sprachen der Staaten der Europäischen Union ergibt, dass die Übertragung des Begriffes von der rechtlichen Bedeutung einer Wiedereinsetzung in frühere Rechte in den sozialmedizinischen und sozialpolitischen Bereich in mehreren Sprachen vorgenommen wurde. Dort wo gleiche Sachverhalte mit anderen Begriffen belegt sind, knüpfen diese an die lateinischen Stämme von *educatio* (Erziehung) und *validis* (gesund, wertvoll)[82] an.

---

[74] Dietl/Lorenz, Wörterbuch für Recht, Wirtschaft und Politik, Teil I, 5. A. (1990), S. 695; Oxford English Dictionary, Vol. XIII (1989): „*3. Restoration (of a disabled person, a criminal etc.) to some degree of normal life by appropriate training.*"; The New Encyclopaedia Britannica, Vol VIII (1980): „*Rehabilitation, medical and vocational, use of medical and vocational techniques to enable a sick or handicapped person to live as full a life as his remaining abilities and degree of health will allow.*"

[75] Edgard Le Docte, Rechtswörterbuch in vier Sprachen, S. 592, 600; Weis/Mattutat, Teil II, S. 743; Vgl. Le Grand Robert, Bd 8 (1986), S. 137, zu *Rééducation: „Action de refaire l'éducation d'une fonction léséé par accident; résultat de cette action.*", differenziert in *rééducation des handicapés physiques, rééducation professionnelle, rééducation des malades mentaux*, Encyclopaedia Universalis, Corpus 19 (1986), S. 651 ff ; Hohmann (1998), S. 119 ff.; gesetzlicher Kernbegriff war seit 1956 *rééducation*, ist seit 1991 *réadaption* (Art. L-711-2 Code de la santé publique), Lewerenz/Köhler, DAngVers 2000, 244, 245; vgl. Igl (1987), S. 325 ff.; Gruhl (1968), S. 32.

[76] *Rehabilitación médical* oder *funcional*; Gran Enciclopedia Rialp, Tomo XIX (1979), S. 837: „*Se entiende por rehabilitación médica en general, los diferentes modos y maneras de recuperación des los enfermos que son portadores de invalideces residuales y persistentes. (...) el término puede resultar sinonimo de reeducación, restauración o reconstrucción.*"; Hohmann (1998), S. 342; Lewerenz/Köhler, DAngVers 2001, S. 83, 84.

[77] Salvatore Battaglia, Grande Dizionario della lingua Italiana, Bd. XV (1990), S. 981: „*Recupero della piena efficienza psico-fisica (o, anche, della piena funzionalità di un arto) in soggetti afflitti da minorazioni congeniti e aquisite.*" Dort wohl aus dem Englischen übernommen, vgl. Manlio Cortelazzo/Paolo Zolli, Dizionario etimologio della lingua italiana, Bd. 4 (1985), S. 1061.

[78] Zur Entwicklung in den romanischen Sprachen von Engelhardt, DRV 1990, S. 572, 575.

[79] Hohmann (1998), S. 312 ff.

[80] Lademann Leksikon Bd. 23 (1993), S. 229: „*Behandlinger og foranstatninger, ivaerksat efter at en egentlig sygdomsbehanling er afsluttet, for at genopbygge patienten fysisk, psykisk og socialt.*"

[81] Lewerenz/Köhler, DAngVers 2001, 379; Hohmann (1998), S. 286.

[82] Vgl. die Darstellung zum Begriff der Invalidität.

3. Rehabilitation im Sozialrecht

Rehabilitation ist heute in erster Linie ein Begriff des Sozialrechts. Rehabilitation bezeichnet hier die Einsetzung einer Person in ihre sozialen Möglichkeiten, während der ursprünglich gleich lautende Begriff der Wiedereinsetzung in verlorene Rechtsstellungen im Strafrecht und Verwaltungsrecht heute *Rehabilitierung* lautet[83]. Mit dem SGB IX ist die Bedeutung von Rehabilitation für die Maßnahmen im Zusammenhang von Behinderung neu bestimmt worden. Das ganze Gesetz trägt im Titel *„Rehabilitation und Teilhabe behinderter Menschen"*, und stellt somit dem traditionelleren Begriff den für das Sozialrecht neuen Terminus der Teilhabe zur Seite. Als Oberbegriff der Leistungen ist Leistungen zur Teilhabe[84] gewählt worden. Die Träger der Leistungen zur Teilhabe heißen Rehabilitationsträger[85], ihre Erbringer Rehabilitationsdienste und Rehabilitationseinrichtungen[86]. Auch der Prozess, in welchem die Leistungen koordiniert werden, wird insgesamt als Rehabilitation bezeichnet[87]. Während die Leistungen im beruflichen Bereich nicht mehr als berufliche Rehabilitation, sondern als Leistungen zur Teilhabe am Arbeitsleben bezeichnet werden, werden die Leistungserbringer – Berufsbildungswerke, Berufsförderungswerke und vergleichbare Einrichtungen – weiter als Einrichtungen der beruflichen Rehabilitation bezeichnet[88]. Die Terminologie der Leistungsgesetze der einzelnen Rehabilitationsträger ist weitgehend angepasst worden. Im SGB VI sind Einrichtungen genannt, die auf dem Gebiet der Rehabilitation forschen[89].

Die Leistungen zur Teilhabe sind anhand ihrer Ziele im SGB IX definiert worden als die notwendigen Leistungen um unabhängig von der Ursache einer Behinderung gegen Behinderung, Einschränkung der Erwerbsfähigkeit, Pflegebedürftigkeit, vorzeitigen Sozialleistungsbezug vorzugehen, die Teilhabe am Arbeitsleben dauerhaft zu sichern und die persönliche Entwicklung ganzheitlich zu fördern sowie eine selbstbestimmte Lebensführung zu ermöglichen[90]. Aus den institutionellen Bezeichnungen kann geschlossen werden, dass der Prozess zur Erreichung die-

---

[83] Vgl. die Rehabilitierung rechtsstaatswidrig behandelter Personen aus der DDR nach dem Strafrechtlichen Rehabilitierungsgesetz und Verwaltungsrechtlichen Rehabilitierungsgesetz und die Rehabilitierung zu Unrecht Verurteilter oder Beschuldigter im Strafverfahren, zu letzteren: Krack (2002).

[84] § 4 SGB IX.

[85] § 6 SGB IX.

[86] § 19 Abs. 1 SGB IX.

[87] § 10 Abs. 1 Satz 2 SGB IX: *„entsprechend dem Verlauf der Rehabilitation"*.

[88] § 35 SGB IX; in Deutschland bestehen 28 Berufsförderungswerke und 47 Berufsbildungswerke sowie 18 spezielle Einrichtungen der medizinisch-beruflichen Rehabilitation, Voelzke in: V. Neumann (2004), § 11, Rz 110 ff; BT-Drucks. 15/4575, S. 75 ff.

[89] § 31 Abs. 1 Nr. 5 SGB VI; vgl. zur Rehabilitationsforschung BT-Drucks. 15/4575, S. 162 ff.: Von 1998 bis 2005 wurden vom Bund und der Deutschen Rentenversicherung 40,9 Mio € für Rehabilitationsforschung im gemeinsamen Förderschwerpunkt Rehabilitationswissenschaften aufgewandt; Oltzen, ZSR 2004, S. 493 f.; U. Koch, BKK 2003, S. 241, 247; A. Reimann, Nachrichten der LVA Hessen 2003, S. 78 f.; Rische, DAngVers 2001, S. 1, 3 f.; Schliehe/Haaf, DRV 1996, S. 666, 684.

[90] § 4 Abs. 1 SGB IX.

ser Ziele, soweit er die Mittel der Rehabilitationsträger in Anspruch nimmt, weiterhin als Rehabilitation bezeichnet werden kann.

Die Leistungen zur Teilhabe sind in vier Leistungsgruppen unterteilt[91]. Eine von ihnen ist die medizinische Rehabilitation[92]. Dagegen sind die bisherigen Begriffe der beruflichen Rehabilitation und sozialen Rehabilitation aufgegeben worden und durch die Termini Leistungen zur Teilhabe am Arbeitsleben[93] und Leistungen zur Teilhabe am Leben in der Gemeinschaft[94] ersetzt worden. In der Definition der Leistungen zur medizinischen Rehabilitation sind dieser die Ziele zugeordnet, gegen Behinderung, Erwerbsminderung und Pflegebedürftigkeit sowie gegen laufenden Sozialleistungsbezug vorzugehen[95].

Rehabilitation ist im Sozialrecht nicht mehr die umfassende Bezeichnung für Mittel, Weg und Ziel der Beeinflussung von Behinderungen[96]. Vielmehr ist Rehabilitation deutlicher als bisher als Institution und Mittel erkennbar, während die Teilhabe als Zielbestimmung neu eingeführt wurde. Weiterhin wird die Rehabilitation nicht nur dem medizinischen und medizinisch beeinflussten Bereich zugeordnet, hat dort aber als medizinische Rehabilitation ihren Schwerpunkt. Rehabilitation ist damit vor allem jener Teil der behinderungsbezogenen Leistungen, der an der Gesundheitsstörung ansetzt, während die auf der Ebene der Kontextfaktoren ansetzenden Leistungen als Teilhabeleistungen bezeichnet sind, die aber zugleich Teil eines Gesamtprozesses Rehabilitation bleiben.

Rehabilitation als Rechtsbegriff ist nicht zwingend auf das Sozialrecht beschränkt. Zwar ist der Begriff im Sinne einer rechtlichen Reaktion auf Behinderung in Gesetzen außerhalb des Sozialgesetzbuchs nur noch in drei Schulgesetzen zu finden[97]. Er kann aber als Bezeichnung für geschuldete Maßnahmen der Schadenskompensation auch im zivilen Schadensersatzrecht, im Recht der privaten Krankenversicherung, Unfallversicherung und Berufsunfähigkeits-Zusatzversicherung und im Beamtenversorgungsrecht benutzt werden. Leistungen zur Rehabilitation können auch Gegenstand privater Dienstverträge, Werkverträge oder Kaufverträge sein. Auch wenn in anderen Rechtsbereichen vielfach spezielle Begriffe dominieren, so ist Rehabilitation dennoch kein sozialrechtlicher, sondern ein umfassender Begriff für eine rechtliche Reaktion auf Behinderung oder drohende Behinderung, deren Inhalt damit umschrieben ist, dass behinderten oder von Behinderung bedrohten Personen Einrichtungen und Mittel bereitgestellt und geschuldet werden können, die dazu dienen, die Behinderung abzuwenden, zu beseitigen, zu mindern, ihre Verschlimmerung zu verhüten oder ihre Folgen zu mindern.

Das Sozialrecht und die Sozialleistungsträger haben jedoch wegen ihrer dominierenden Stellung im Leistungsgeschehen der Rehabilitation eine Leitfunktion. Dies wird nicht nur daran deutlich, dass der Begriff dort definiert ist, sondern auch daran, dass die Rehabilitationsträger nach dem SGB IX gemeinsam dafür verant-

---

91 § 5 SGB IX.
92 §§ 5 Nr. 1, 26 ff. SGB IX.
93 §§ 5 Nr. 2, 33 ff. SGB IX.
94 §§ 5 Nr. 3, 55 ff. SGB IX.
95 § 26 Abs. 1 SGB IX.
96 Vgl. Walger (1992), S. 20. Dort wird diese begriffliche Ungenauigkeit beklagt.
97 § 50 HessSchulG; § 30 BbgSchulG; § 8 Abs. 1 Satz 1 SchulG LSA.

wortlich gemacht werden, dass die fachlich erforderlichen Dienste und Einrichtungen der Rehabilitation in den Regionen Deutschlands in ausreichender Zahl und Qualität zur Verfügung stehen[98].

4. Rehabilitation und Gesundheitswesen

Rehabilitation behinderter Menschen ist, wie gezeigt, im Schwerpunkt eine Reaktion auf die der Behinderung zu Grunde liegenden Gesundheitsstörungen. Rehabilitation ist im Recht und in der Gesellschaft damit zunächst dem Gesundheitswesen[99] zugeordnet. Sie kann verstanden werden als ein eigenständiger Sektor des Gesundheitswesens neben der Prävention, Akutbehandlung und Pflege oder als eine umfassende Zielbeschreibung, die im ganzen Gesundheitswesen Geltung hat oder haben sollte.

In hergebrachter Sichtweise ist Rehabilitation ein spezieller Teilbereich des Gesundheitswesens, der insbesondere durch sein Ziel definiert ist[100]. Rehabilitationsmedizin oder Verhaltensmedizin[101] ist hier der Teilbereich der Medizin, welcher an den Funktionsstörungen im Sinne der WHO-Definition anknüpft unter Ausklammerung der unmittelbar an der Schädigung orientierten Maßnahmen, die – auch im Sinne der UNO-Definition – nicht zur Rehabilitation im eigentlichen Sinne gehörten.

Eine entsprechende Definition wurde im Gesundheitsbericht für Deutschland des Statistischen Bundesamts (1998) angewandt:

„Die Rehabilitation unterscheidet sich von der kurativen Versorgung. Ihre Leistungen zielen darauf ab, Fähigkeitsstörungen und soziale Beeinträchtigungen abzuschwächen, die als Auswirkungen einer Krankheit oder eines Unfalls auftreten. Außerdem sollen sie dem Erkrankten dabei helfen, die Erkrankung und Behinderung sowie deren Folgen zu bewältigen, und ihn dadurch befähigen, möglichst weitgehend am Leben in Gesellschaft, Beruf und Familie teilnehmen zu können. Zu den spezifischen Elementen einer rehabilitativen Versorgung zählen neben der medizinisch-ärztlichen Betreuung u. a. Krankengymnastik, Logopädie, ergotherapeutische Behandlung und psychosoziale Betreuung."[102]

Geprägt ist diese Begriffsbildung von der organisatorischen Abgrenzung der Rehabilitationsmedizin an Hand der gewachsenen Abgrenzungen zwischen den Zuständigkeiten und Spezialisierungen von Sozialleistungsträgern, Gesundheitsberufen, Diensten und Einrichtungen. So ist es ein sequentielles Verständnis gewachsen, bei dem medizinische Rehabilitation einer akuten Erkrankung folgt[103]. Dies entspricht dem Muster der Anschlussheilbehandlung, die zumeist auf eine akute Behandlung zum Beispiel wegen Schlaganfall, Krebs oder einem Bandscheibenvorfall folgt. Oft ist damit ein Übergang von der Zuständigkeit der Krankenversicherung in diejenige der Rentenversicherung und von einem Krankenhaus in eine Rehabilitati-

---

[98]   § 19 Abs. 1 Satz 1 SGB IX; vgl. Igl, ZaeFQ 2005, S. 25, 30 f.
[99]   Vgl. III.C.7.
[100]   Vgl. Schaub/Schliehe, DRV 1995, S. 401 ff.
[101]   Vgl. von Ferber/von Ferber (1978), S. 107 f., wonach Rehabilitation vor allem in der *„Neuordnung der Lebensgewohnheiten"* besteht.
[102]   Statistisches Bundesamt (1998), S. 414.
[103]   Vgl. kritisch: U. Koch, BKK 2003, S. 241, 246 ff.; Schütte, NDV 2003, S. 416, 420.

onseinrichtung verbunden. Im Folgenden wird zunächst die medizinische Rehabilitation als Sektor des Gesundheitswesens beschrieben. Rehabilitation kann aber auch als umfassendes Ziel aller Bereiche des Gesundheitswesens verstanden werden. Die Bezüge der Rehabilitation zu Prävention, Akutbehandlung und Pflege werden im Anschluss dargestellt.

a) Rehabilitation als Sektor des Gesundheitswesens

(1) Ziele der medizinischen Rehabilitation

Für die medizinische Rehabilitation besteht, anders als für die niedergelassene Ärzteschaft, die Krankenhäuser oder die Pflegeberufe, kein eigenständiges Recht, das sich mit der Definition der Personen, Dienste und Einrichtungen befasst, die medizinische Rehabilitation betreiben. Rehabilitation ist zusammen mit Physikalischer Medizin und Naturheilverfahren ein Querschnittsbereich, in dem Leistungsnachweise im Rahmen der ärztlichen Ausbildung zu erbringen sind[104]. Ärzte können eine Facharztbezeichnung oder Schwerpunktbezeichnung Physikalische und Rehabilitative Medizin erlangen[105] und sich zur Erlangung einer Zusatzbezeichnung für das Rehabilitationswesen[106] weiterbilden. Das Arztrecht sieht also Rehabilitation als ärztliche Aufgabe vor, ohne sie näher zu bestimmen.

Die Ziele der medizinischen Rehabilitation sind im SGB IX definiert. Ziel der medizinischen Rehabilitation ist es danach, Behinderungen einschließlich chronischer Krankheiten abzuwenden zu beseitigen, zu mindern, auszugleichen und eine Verschlimmerung zu verhüten[107] oder Einschränkungen der Erwerbsfähigkeit und Pflegebedürftigkeit zu vermeiden, zu überwinden, zu mindern, eine Verschlimmerung zu verhüten sowie den vorzeitigen Bezug von laufenden Sozialleistungen zu vermeiden oder laufende Sozialleistungen zu mindern[108]. Damit hat der Gesetzgeber die Diskussion der letzten Jahre über die Ziele der medizinischen Rehabilitation zusammengefasst und weiterentwickelt. Von besonderer Bedeutung ist dabei, dass chronische Krankheiten gesondert erwähnt werden[109]. Dies ist im SGB IX nur im Kontext der medizinischen Rehabilitation und der Prävention[110] der Fall.

Der Verband Deutscher Rentenversicherungsträger hatte 1996 in einem Positionspapier ausgeführt, dass sich das sozialrechtliche Rehabilitationsverständnis vor allem an Menschen mit bleibenden Folgeerscheinungen von Gesundheitsstörungen orientieren solle:

---

[104] § 27 Abs. 1 Satz 5 Nr. 2 ApprOÄ; vgl. BT-Drucks. 15/4575, S. 155.
[105] §§ 2 Abs. 1 Nr. 33, 6 Abs. 1 Nr. 33 Musterweiterbildungsordnung der Bundesärztekammer. Diese ist von den Ärztekammern der Länder in allen wesentlichen Punkten übernommen worden, vgl. Laufs in Laufs/Uhlenbruck (2002), § 11, Rz 16.
[106] § 2 Abs. 2 Nr. 17 Musterweiterbildungsordnung der Bundesärztekammer.
[107] § 26 Abs. 1 Nr. 1 SGB IX; BT-Drucks. 15/4575, S. 5.
[108] § 26 Abs. 1 Nr. 2 SGB IX.
[109] Vgl. oben II. A.1.d.(4).; unten II.B.4.b.(3).
[110] §§ 3, 13 Abs. 2 Nr. 2 SGB IX.

„Ihnen soll dazu verholfen werden, trotz Schädigungen, Fähigkeitsstörungen und Beeinträchtigungen, durch die Entwicklung noch vorhandener Kräfte sowie durch zusätzliche Hilfen ein möglichst normales Leben führen zu können."[111]

Dem liegt die Erkenntnis zugrunde, dass Krankheiten, traumatische Ereignisse und vor allem chronische Erkrankungen häufig eine völlige Wiederherstellung der Gesundheit (*„restitutio ad integrum"*) nicht mehr zulassen[112]. Schon in den Anfängen der Heilverfahren in der Rentenversicherung waren diese Maßnahmen auf die seinerzeit besonders schwerwiegende chronische Krankheit Tuberkulose konzentriert worden[113]. Eine Heilung der Tuberkulose war nur eingeschränkt möglich, die Ursachen ihrer massenhaften Verbreitung lagen wesentlich in den Lebensbedingungen[114] und die Teilhabe an Arbeit und Gesellschaft blieb für die Kranken eingeschränkt[115]. Der Soziologe *Specht* sah 1980 das Spezifische der Rehabilitation im *„Abschied von der Utopie der Heilung"* als Voraussetzung der angemessenen Identifikation mit einer gesellschaftlich angemessenen Rollenvorstellung der behinderten Menschen[116]. Medizinische Rehabilitation ist, stärker als medizinische Krankenbehandlung, an einem positiven Ziel und den Potenzialen der betroffenen Menschen zu orientieren und hat insofern wichtige Berührungspunkte zum Konzept der Salutogenese, das von dem Gesundheitswissenschaftler *Aaron Antonovsky* entwickelt worden ist[117]. In der Konsequenz steht der Vorschlag, das Ziel der medizinischen Rehabilitation nicht mehr als *restitutio ad integrum*, sondern als *restitutio ad integritatem* zu formulieren[118], also nicht mehr den vormaligen Zustand, sondern ein zukunftsorientiertes Ziel, nicht Unverletztheit, sondern Integration anzustreben[119]. Erst so kann Teilhabe statt unmöglicher Heilung in den Mittelpunkt rücken[120]. Dies ist in den

---

[111]   VDR, DRV 1996, S. 633, 636.

[112]   VDR, DRV 1996, S. 633, 637 f.; Hamacher, MittLVAWürt 1986, S. 99; Hahn, MittLVAWürt 1979, S. 270, 271.

[113]   Jochheim/Schliehe/Teichmann, in: BMA/Bundesarchiv Bd. 2/1 (2001), S. 561, 564; Ritter (1991), S. 97; Schröder in: LVA Schleswig-Holstein (1990), S. 49; Sachße/Tennstedt (1988), S. 126 ff.; Schmuhl (1987), S. 77 f.; Starke (1932), S. 23 ff.; Husmann (1932), S. 3 ff.; Wauer (1929), S. 13 ff.; Barsels (1914), S. 26 ff. So wurden 1925 81.714 Personen im Heilverfahren der Invalidenversicherung versorgt, davon 36.445 in Lungenheilstätten, vgl. Köpke, SozSich 2001, S. 15; Literarisch wurden Behandlung und Rehabilitation bei Tuberkulose außerhalb des Bereichs der Sozialversicherung von Thomas Mann im Roman „Der Zauberberg" (1924) gestaltet. In diesem Roman wird deutlich, warum die langwierige Tbc-Behandlung nicht dem akutärztlichen Bereich zugeordnet werden konnte, vgl. auch Berger, GGW 2/2003, S. 29, 30. Die stationäre Rehabilitation eines Tuberkulosekranken der Invalidenversicherung dauerte 1915 in der Regel drei Monate, Rische, DAngVers 2001, S. 1, 3.

[114]   Jantzen (1992), S. 17.

[115]   Sachße/Tennstedt (1988), S. 127.

[116]   Specht, MittLVAWürt 1980, S. 33, 35; vgl. dazu Heine, ZSR 2004, S. 462, 466; J. Neumann in J. Neumann (1995), S. 21, 22; Jakubik, br 1989, S. 76 ff.; zur DDR: Renker/Renker (1985), S. 67; man kann also heute auch nicht mehr sagen, dass Rehabilitationsverhältnisse grundsätzlich befristet angelegt sind, vgl. Igl, VSSR 1978, S. 201, 222.

[117]   Antonovsky (1997), S. 23 berichtet über eine Studie von Cosers aus dem Jahre 1963, bei der zwei Krankenstationen mit vergleichbar kranken Patienten einmal als Sterbestation und einmal als Rehabilitationszentrum definiert wurden. Schon die Definition als Rehabilitationseinrichtung soll positive Folgen gehabt haben.

[118]   Von Engelhardt, DRV 1990, S. 572, 585.

[119]   Gruhl (1968), S. 17 f.

[120]   Seyfried (1990), S. 44.

Verben in § 26 Abs. 1 SGB IX aufgenommen. Es genügt als Ziel der medizinischen Rehabilitation, wenn Minderung oder Linderung von Behinderung und chronischer Krankheit möglich ist. Bei Suchtkrankheiten, einem weiteren Schwerpunkt der medizinischen Rehabilitation, sind oft Teilhabe und Sozialisation nicht nur erstrebte Folge, sondern nötige Voraussetzung der Behandlung[121]. Eine erfolgreiche Therapie muss psycho-sozial und multidisziplinär organisiert werden[122] und muss das soziale Umfeld einbeziehen[123].

Ziel der Rehabilitation ist also nicht primär die Heilung organischer Krankheiten, sondern ihre sozialpolitisch und sozialrechtlich definierten Ziele[124] sind die Minderung von Behinderung[125], die Unterstützung der Leistungsfähigkeit und der Abbau von Risikofaktoren[126]. Medizinische Rehabilitation bedeutet dann diagnostische und therapeutische Auseinandersetzung mit jenen Krankheitselementen, die auch im Schlüsselbegriff Behinderung enthalten sind[127].

Autoren, die von einem statischen und statusorientierten Behinderungsbegriff ausgehen, sehen oft die Bedeutung der Behinderung als einer handlungsleitenden negativer Zielbestimmung für die Rehabilitation nicht. Sie monieren, die meisten Rehabilitanden seien keineswegs *„amtlich anerkannte Behinderte"*, sondern krank und nicht behindert[128]. Ein solches Begriffsverständnis bleibt hinter der ICF und dem SGB IX zurück. Dadurch, dass Gegenbegriff zu Behinderung nicht (optimale) Gesundheit, sondern Teilhabe ist, wird das Handlungsfeld der Rehabilitation präzisiert und profiliert als Organisation der (Wieder-)Aneignung individueller und sozialer Fähigkeiten und Möglichkeiten[129]. Dies bietet die Chance, gegenüber dem zu beständiger Ausdehnung tendierenden Leitbild der Gesundheit ein realistischeres Ziel für Teile des Gesundheitswesens zu formulieren und so dessen Ressourcen besser einzusetzen.

(2) Mittel der medizinischen Rehabilitation

Aus der weiten Zielbestimmung, welche die medizinische Rehabilitation im Sozialrecht und allgemein hat, ergibt sich die Notwendigkeit, sie an Hand der Mittel zu begrenzen, um sie im Gesundheitswesen einordnen zu können.

Als wesentliche therapeutische Elemente der Rehabilitation benannten die Rentenversicherungträger 1996 medizinische Behandlung, Rehabilitationspflege, Physiotherapie/Physikalische Therapie, Ergotherapie, Gesundheitsbildung, klinische Psychologie und Psychotherapie, Ernährungsberatung und Diätetik, spezielle

---

121 Bieback, ZSR 1981, S. 601, 607.
122 Bieback, ZSR 1982, S. 21, 24 ff.
123 Bieback, ZSR 1982, S. 21, 27 f.
124 Hamacher, MittLVAWürt 1988, S. 47, 48; Hahn, MittLVAWürt 1979, S. 270, 272.
125 Hamacher, MittLVAWürt 1986, S. 99.
126 Schliehe/Haaf, DRV 1996, S. 666, 667
127 Plute, VSSR 2003, S. 97, 98; Hamacher, MittLVAWürt 1986, S. 221, 225; ders., MittLVAWürt 1987, S. 81, 83; vgl. Korporal/Ulmer (1977), S. 10 f., die von einem soziogenen Krankheitsbegriff sprechen.
128 Blohmke/Schaefer (1978), S. 358 f.; Burger (1996), S. 28 f.
129 Seyfried (1990), S. 46; Witte/Brackhane (1988), S. 15 sprechen von der Förderung der Selbstrehabilitation.

funktionsbezogene Therapieverfahren und Hilfsmittel, soziale Beratung und Angehörigenarbeit[130]. Der Katalog der Mittel medizinischer Rehabilitation nach dem SGB IX ist eine Fortschreibung dieser Ergebnisse aus der reflektierten Rehabilitationspraxis. Danach umfassen die Leistungen insbesondere ärztliche und zahnärztliche Behandlung sowie Behandlung[131], Früherkennung und Frühförderung behinderter und von Behinderung bedrohter Kinder[132], Arznei- und Verbandmittel[133], Heilmittel, einschließlich physikalischer Therapie, Sprach- und Beschäftigungstherapie[134], Psychotherapie als ärztliche und psychotherapeutische Behandlung[135], Hilfsmittel[136], Belastungserprobung und Arbeitstherapie[137]. Ergänzend wird ausgeführt, dass Bestandteil dieser Leistungen auch medizinische, psychologische und pädagogische Hilfen sind, soweit sie im Einzelfall erforderlich sind, um die genannten Ziele zu erreichen und zu sichern und Krankheitsfolgen zu vermeiden, zu überwinden, zu mindern oder ihre Verschlimmerung zu verhüten. Zu diesen Leistungsbestandteilen gehören insbesondere Hilfen zur Unterstützung bei der Krankheits- und Behinderungsverarbeitung[138], die Aktivierung von Selbsthilfepotenzialen[139], die Information und Beratung von Partnern und Angehörigen sowie von Vorgesetzten und Kollegen[140], die Vermittlung von Kontakten zu örtlichen Selbsthilfe- und Beratungsmöglichkeiten[141], Hilfen zur seelischen Stabilisierung und zur Förderung der sozialen Kompetenz[142], das Training lebenspraktischer Fähigkeiten[143] und die Anleitung und Motivation zur Inanspruchnahme von Leistungen der medizinischen Rehabilitation[144]. Im vierten Kapitel des SGB IX über die Leistungen der medizinischen Rehabilitation sind weiterhin die stufenweise Wiedereingliederung[145] und die Förderung von Selbsthilfegruppen, -organisationen und -kontaktstellen[146] genannt.

Diese besondere Aufzählung der Mittel der medizinischen Rehabilitation zeigt, dass sie nach dem System des SGB IX weiterhin ein von der akuten Krankenbehandlung unterscheidbarer Teilbereich des sozialrechtlich verfassten Gesundheitswesens mit spezifischen Mitteln ist. Dass sie eng mit dieser zusammenhängt, wird

---

[130] VDR, DRV 1996, S. 633, 648 ff.
[131] § 26 Abs. 2 Nr. 1 SGB IX.
[132] §§ 26 Abs. 2 Nr. 2, 30 SGB IX; vgl. BT-Drucks. 15/4575, S. 31 ff.
[133] § 26 Abs. 2 Nr. 3 SGB IX.
[134] § 26 Abs. 2 Nr. 4 SGB IX.
[135] § 26 Abs. 2 Nr. 5 SGB IX; vgl. zu den Neuerungswirkungen in der Unfallversicherung: Brandenburg, ZSR 2004, S. 398, 401 f.
[136] § 26 Abs. 2 Nr. 6, 31 SGB IX; vgl. unten V.F.5.b.; V.g.5.b.; V.H.5.c
[137] § 26 Abs. 1 Nr. 7 SGB IX.
[138] § 26 Abs. 3 Nr. 1 SGB IX.
[139] § 26 Abs. 3 Nr. 2 SGB IX.
[140] § 26 Abs. 3 Nr. 3 SGB IX.
[141] § 26 Abs. 3 Nr. 4 SGB IX, vgl. § 29 SGB IX, § 20 Abs. 1 SGB V; nach dem Präventionsgesetz § 20d SGB V, vgl. BT-Drucks. 15/4833, S. 17; vgl. Borgetto, ZSR 2003, S. 474 ff.; unten III.D.6.e.
[142] § 26 Abs. 3 Nr. 5 SGB IX.
[143] § 26 Abs. 3 Nr. 6 SGB IX.
[144] § 26 Abs. 3 Nr. 7 SGB IX.
[145] § 28 SGB IX, vgl. § 74 SGB V.
[146] § 29 SGB IX; vgl. Borgetto, ZSR 2003, S. 474 ff.; unten III.D.6.e.

deutlich an der gesetzlichen Definition einer Rehabilitationseinrichtung im Sinne des Krankenversicherungsrechts. Diese ist bestimmt als eine Einrichtung, die der stationären Behandlung der Patienten dient, um eine Krankheit zu heilen, ihre Verschlimmerung zu verhüten oder Krankheitsbeschwerden zu lindern oder im Anschluss an eine Krankenhausbehandlung den dabei erzielten Behandlungserfolg zu sichern oder zu festigen und dabei auch das Ziel der Rehabilitation verfolgt, das in Übereinstimmung mit dem SGB IX definiert wird[147]. Auch die eingesetzten Mittel werden dann in weitgehender Übereinstimmung mit dem SGB IX noch einmal aufgezählt[148].

Der Begriff der Rehabilitation ist nicht mehr zwingend verknüpft mit einer stationären Maßnahme in einem zeitlichen Block, wie sie früher unter der Bezeichnung Kur oder Heilbehandlung das gesetzliche Leistungsbild insbesondere der gesetzlichen Rentenversicherung alleine prägte. Heute hat bei gleicher Wirksamkeit im Einzelfall die ambulante Rehabilitation einen gesetzlichen Vorrang[149]. Die meisten Leistungen nach dem SGB IX werden aber weiterhin als stationäre Maßnahmen mit einer Regeldauer von drei Wochen erbracht[150]. Die Medizin der anerkannten Kurorte[151], in denen sich weiterhin viele Rehabilitationseinrichtungen befinden, bleibt insofern prägend. Im Beamtenrecht werden die der medizinischen Rehabilitation entsprechenden Leistungen weiterhin als Heilkuren ausgewiesen[152], während der Begriff im Sozialrecht nicht mehr verwendet wird, um Fehlvorstellungen über einen urlaubsähnlichen Charakter der Maßnahmen entgegenzutreten.

Ob die Mittel der medizinischen Rehabilitation generell und im Einzelfall wirksam, erforderlich und notwendig sind, um dem Rehabilitationsbedarf gerecht zu werden, ist nach der empirischen Evidenz von Rehabilitationserfolgen zu ermitteln[153]. Dabei können die Methoden der evidenzbasierten Medizin[154] angewandt werden. Es ist jedoch zu beachten, dass der Erfolg von Rehabilitation in stärkerem Maße von gesellschaftlichen und individuellen Faktoren abhängt und nicht alleine mit der Minderung der jeweiligen Funktionsstörung verknüpft ist. Wirksame Mittel der medizinischen Rehabilitation können in evidenzbasierten fachlichen Leitlinien zusammengefasst werden[155].

(3) Beschränkung auf Funktionsstörungen?

Es bleibt zu untersuchen, wie sich aus diesen Regelungen eine Abgrenzung der medizinischen Rehabilitation zu den anderen Leistungsgruppen des SGB IX ergibt

---

[147] § 107 Abs. 2 Nr. 1b SGB V.
[148] § 107 Abs. 2 Nr. 2 SGB V.
[149] § 19 Abs. 2 SGB IX; vgl. BT-Drucks. 15/4575, S. 6, 42 ff.; U. Koch, BKK 2003, S. 241, 245 ff.; A. Reimann, Nachrichten der LVA Hessen 2003, S. 78, 80.
[150] Raspe in: Igl/Welti (2001), S. 239, 241.
[151] Vgl. BT-Drucks. 15/4575, S. 47.
[152] § 8 BhV.
[153] Vgl. dazu Igl, ZaeFQ 2005, S. 25 ff.; Welti/Raspe, DRV 2004, S. 76, 88 ff.; Raspe/Sulek/Héon-Klin/Matthis/Igl, GesWes 2001, S. 49 ff.; Schliehe/Haaf, DRV 1996, S. 666, 669 ff.
[154] Vgl. Welti/Raspe, NJW 2002, S. 874 f.
[155] Vgl. Francke in: Hart (2005), S. 123 ff; Clemens in: Hart (2005), S. 147 ff.; Mengel (2004), S. 71 ff.; Bieback (2004), S. 56 f.

und was das spezifisch medizinische an der medizinischen Rehabilitation ist. Wird die Rehabilitation als Maßnahme gegen eine Behinderung im Sinne der ICF angesehen, so kann diese grundsätzlich auf allen Ebenen des Behinderungsbegriffs – Funktion, Aktivität, Teilhabe – ansetzen. In diesem Sinne ist Rehabilitation eine umfassendere Zieldefinition als die bloße Krankheitsbekämpfung, die in erster Linie die Maßnahmen auf der ersten Ebene (Funktion) umfasst. In seinem 1963 in den USA erschienen Buch „Stigma" beschrieb der Sozialpsychologe *Erving Goffman* behinderte Menschen als Stigmatisierte und benennt deren drei Möglichkeiten, ihre Situation zu verändern: erstens durch Therapie das stigmatisierende Merkmal zu verlieren, zweitens trotz Merkmal Tätigkeitsbereiche zu erschließen und drittens die Gleichwertigkeit ihrer abweichenden Identität durchzusetzen[156]. Damit erkannte *Goffman* die drei Ebenen des modernen Behinderungsbegriffs in ihrem Verhältnis zu den auf sie gerichteten Maßnahmen. Die medizinische Rehabilitation als gegen Behinderung gerichtete Maßnahme betrifft in besonderer Weise das Verhältnis der Medizin zur Gesellschaft und fordert darum eine medizinsoziologische und epidemiologische Betrachtung heraus[157]. Rehabilitation ist unter dem Gesichtspunkt der Motivation und Verarbeitung von Funktionsstörungen als persönlichen Kontextfaktoren behinderter Menschen eng mit der Psychologie verknüpft[158]. Rehabilitation steht schließlich auch in einer engeren wechselseitigen Beziehung zum Recht und zur Politik als der Bereich der akuten Medizin, weil die Medizin zwar körperbezogene, nicht aber gesellschaftsbezogene Ziele alleine definieren und erreichen kann. Die medizinische Rehabilitation und soziale Teilhabe können auch deswegen nicht als isolierte Ziele und Vorgänge betrachtet werden, weil soziale Integration gesundheitswissenschaftlich als gesundheitsfördernder und stressmindernder Faktor identifiziert worden ist, beide also in einer positiven Wechselbeziehung stehen[159].

Ein eingeschränkteres Verständnis von medizinischer Rehabilitation wird noch im Lehrbuch Sozialmedizin von *Heiko Waller* 2002 vertreten:

„Die medizinische Rehabilitation lässt sich als Fortsetzung der medizinisch-technisch orientierten Behandlung verstehen, (...). Das Ziel medizinisch-rehabilitativer Maßnahmen ist die weitgehende Beseitigung der Gesundheitsschäden (impairment)."[160]

Eine Beschränkung der medizinischen Rehabilitation auf die Ebene der Funktion, wie sie in dieser Definition von *Waller* ausgedrückt wird, kann dem Gesetz aber nicht entnommen werden. Die begriffliche Aufteilung im SGB IX, wonach die medizinischen Maßnahmen als Rehabilitation, die rein beruflichen, sozialen und pädagogischen Maßnahmen allein als Leistungen zur Teilhabe bezeichnet sind, deutet zwar darauf hin, dass Rehabilitation begrifflich stärker auf medizinisch orientierte Maßnahmen zugespitzt ist. Die ausdrückliche gesetzliche Erwähnung von Interventionsformen, die auf allen Ebenen der Behinderung ansetzen[161], zeigt jedoch,

---

156   Goffman (1975), S. 18 ff.; vgl. Häußler/Wacker/Wetzler (1995), S. 32 ff.
157   Von Ferber/von Ferber (1978), S. 19; Korporal/Ulmer (1977).
158   Seyfried (1990), S. 34 ff.; Witte/Brackhane (1988), S. 61 ff.; vgl. § 26 Abs. 3 SGB IX.
159   I. Beck, ZHP 1998, S. 206, 207.
160   Waller (2002), S. 139; vgl. kritischer Trauzettel-Klosinski in: J. Neumann (1995), S. 141, 148.
161   § 26 Abs. 3 SGB IX.

dass die Medizin zwar Leitprofession der medizinischen Rehabilitation ist, die Leistungen jedoch nicht auf die klassisch medizinische Ebene der Gesundheitsschäden begrenzt sind und sein können.

(4) Medizinische Rehabilitation und ärztliche Profession

Aus diesen Überlegungen ergeben sich weitere Fragen zur Rolle der Medizin und der Ärzteschaft in der Rehabilitation. Im Krankenversicherungsrecht gibt es einen weitgehenden Vorbehalt der ärztlichen Profession, Leistungen selbst zu erbringen oder sie anzuordnen und für sie die Verantwortung zu übernehmen. Dieser Arztvorbehalt ist sowohl für den Bereich der ambulanten medizinischen Versorgung[162] wie auch für Krankenhäuser[163] und Rehabilitationseinrichtungen festgeschrieben, die fachlich-medizinisch unter ständiger ärztlicher Verantwortung stehen müssen[164]. Im Rentenversicherungsrecht ist geregelt, dass Leistungen der medizinischen Rehabilitation in Einrichtungen erbracht werden, die unter ständiger ärztlicher Verantwortung stehen[165]. Hiervon kann aber abgewichen werden, wenn die Art der Behandlung dies nicht erfordert[166]. Im Sozialhilferecht ist hierzu keine Regelung zu finden. Aus dem SGB IX ist für die Rolle der ärztlichen Profession keine eindeutige Aussage zu entnehmen. Hier findet sich einerseits das Erfordernis ärztlicher Anordnung und Verantwortung[167], andererseits die gleichgewichtige Erwähnung der psychologischen und pädagogischen Hilfen[168].

Im Prozess der gesellschaftlichen Arbeitsteilung sind die Interventionen zur Heilung von Krankheiten, Verhütung und Beseitigung ihrer einschränkenden Folgen und zum Ausgleich eingetretener Einschränkungen in zunehmendem Maße institutionalisiert und professionalisiert sowie in den entwickelten Industrieländern zu einem gesellschaftlichen Standard verallgemeinert worden[169]. Es hat sich dabei ein Primat der punktuell im Krankheitsfall intervenierenden ärztlichen Medizin (Akutmedizin) herausgebildet. Krankheits- und Heilungsprozesse sind in Krankenhäuser und andere Einrichtungen des Gesundheitswesens verlagert worden. Die Gesundheitskompetenz ist immer stärker auf das institutionalisierte Gesundheitswesen (Medikalisierung, Hospitalisierung) übertragen worden[170]. Soweit dies sich unter der Federführung und im Verbund mit der gesellschaftlichen Stärkung der ärztlichen Profession vollzogen hat, ist das Gewicht der unmittelbaren Krankheitsbekämpfung gegenüber dem Umgang mit den aus Krankheiten folgenden Behinderungen gewachsen[171]. Der Umgang mit nicht heilbaren Krankheitsfolgen ist lange Zeit den materiell und vom Sozialprestige her geringer

---

[162] § 15 Abs. 1 SGB V.
[163] § 107 Abs. 1 SGB V.
[164] § 107 Abs. 2 Nr. 2 SGB V; dazu BSG vom 27. November 1990, BSGE 68, 17 ff.; vgl. unten III.D.6.h.
[165] § 15 Abs. 2 Satz 1 SGB VI.
[166] § 15 Abs. 2 Satz 2 SGB VI; vgl. BSG vom 15. November 1989, BSGE 66, 84 ff.
[167] § 26 Abs. 1 Nr. 1 SGB IX.
[168] § 26 Abs. 3 SGB IX.
[169] Von Ferber/von Ferber (1978), S. 11; Basaglia (1985), S. 29 ff.
[170] Vgl. Bendel, ZfSoz 1999, S. 301, 304.
[171] Basaglia (1985), S. 34.

ausgestatteten Professionen und Institutionen des Gesundheitswesens, dem Pflegeberuf sowie den Pflege- und Irrenanstalten überlassen worden. In schwierigeren Fällen wurden und werden vor allem die Folgen psychischer Krankheit durch reine Verwahrung und Hospitalisierung der Betroffenen[172] bearbeitet. Erst in letzter Zeit hat sich die Medizin wieder stärker der funktionalen Gesundheit zugewandt.

Die Rehabilitation behinderter Menschen kann in diesem Kontext als Erfordernis und Chance für eine Verschiebung von Rollenbildern und Machtverhältnissen im Gesundheitswesen gesehen werden, weil sie auf Gesundheitsbewusstsein und Aktivität der Betroffenen beruhen muss[173]. Die in der rehabilitativen Medizin entwickelte biopsychosoziale Sichtweise von Krankheit und Gesundheit – das heißt, eine integrierte Betrachtung biologischer, psychischer und sozialer Faktoren – konkurriert in einer solchen Sichtweise mit einem hergebrachten biomedizinischen Krankheitsmodell um Deutungsmacht und normative Kraft im Gesundheitswesen[174]. Noch 1988 stellten *Bernhard Badura* und *Harald Lehmann* als Ergebnis empirischer Forschungen die These auf: *„Biomedizinischer Reduktionismus schmälert den Rehabilitationserfolg,"* und stellten dar, dass der somatische Gesundheitszustand keinen Einfluss auf die Rückkehr zur Arbeit habe und überlange stationäre Behandlungen krankheitsfördernd (iatrogen) wirkten[175]. Im Zuge der Fixierung von Rechtsansprüchen auf Rehabilitation ist eine teils eigenständige Infrastruktur und wissenschaftliche Basis der Sozial- und Rehabilitationsmedizin geschaffen worden. Dabei sind erhebliche Anstrengungen für die Entwicklung von Interventionsformen unternommen worden, die den Ausgleich von Behinderungen zum Ziel haben. Ein Großteil dieser Interventionen beschränkt sich allerdings auf Veränderungen an der betroffenen Person – von der Prothetik bis zur Psychotherapie – während ein auch das Umfeld erfassender Ansatz vor allem in der Sozialmedizin erkennbar wird[176]. Zugespitzt sagte 1963 der Sozialmediziner *Jahn*:

„Rehabilitation unterscheidet sich von Heilbehandlung eben dadurch, dass zum medizinischen Vorgehen andere Mittel hinzutreten müssen. (...) Medizinische Rehabilitation kann es nicht geben. Wohl aber gibt es medizinisches Vorgehen innerhalb der Rehabilitation."[177]

Entsprechend versteht sich die Sozialmedizin nicht allein als Spezialgebiet der Medizin, sondern als Disziplin mit einem eigenständigen umfassenden Ansatz[178], in welchem nicht Krankheiten, sondern die in ihren Lebensfunktionen eingeschränk-

---

172 Basaglia (1985), S. 48.
173 Huber, SF 1973, S. 208, 210.
174 Krause, Tagungsband zum 6. rehabilitationswissenschaftlichen Kolloquium vom 4.–6. März 1996, S. 236 f.; Hamacher, MittLVAWürt 1988, S. 47, 50.
175 B. Badura/H. Lehmann in: Koch/Lucius-Hoene/Stegie (1988), S. 66 ff.
176 Vgl. Seewald (1981), S. 23 ff.
177 Jahn, SF 1963, S. 83, 84.
178 Vgl. Pottins/Korsukéwitz/Irle, DAngVers 2004, S. 142 ff.; Raspe in: Igl/Welti (2001), S. 239: *„Brückenfach zwischen den klinischen Disziplinen und den Gesundheitswissenschaften"*; Blohmke/von Ferber/Schaefer/Valentin/Wängler in: Hdb der Sozialmedizin Bd. 1, S. 1 (*„eigenständiges Fachgebiet der Medizin"*) und 4 (*„ein aus verschiedenen Wissenschaften integriertes Fachgebiet"*).

ten Personen im Mittelpunkt stehen[179]. Dieser Ansatz macht aus der Rehabilitation einen Prozess, der stärker als andere medizinische Behandlung eine Interaktion und Koproduktion ist[180]. Mit dem Gegenstand wird auch die Arbeitsweise der Medizin in der Rehabilitation verändert[181].

Die Medizin ist zwar Leitprofession der medizinischen Rehabilitation. Ein strikter Arztvorbehalt kann jedoch dem Wortlaut und Zusammenhang der sozialrechtlichen Normen nicht entnommen werden. Die Medizin ist vielmehr durch die Verantwortung für die medizinische Rehabilitation gehalten, die partnerschaftliche Kooperation mit anderen Professionen, namentlich der Psychologie und Pädagogik, zu suchen und die Teilhabekompetenz der Betroffenen selbst zu achten[182]. Rehabilitation ist mehr als *„ärztliche Hilfe zur Selbsthilfe"*[183]. Deutlich wird dies bei der Rechtsprechung des BSG zum Hilfsmittel zum Behinderungsausgleich, das Teil der medizinischen Rehabilitation ist[184]. Krankenkassen dürfen die Leistung eines solchen Hilfsmittels nicht von ärztlicher Verordnung abhängig machen[185], weil Ärztinnen und Ärzte keine Experten für den Alltag behinderter Menschen sind. Die Ziele der medizinischen Rehabilitation haben ein Primat über die Mittel. Nicht die Rehabilitation soll nach dem Bild der Medizin gestaltet werden, sondern die Medizin soll ihren Beitrag zum Ziel der Rehabilitation leisten.

b) Rehabilitation als Ziel des Gesundheitswesens

Rehabilitation ist, wie dargestellt, ein Teilbereich des deutschen Gesundheitswesens. Zugleich kann Rehabilitation als umfassendes Ziel aller Teilbereiche des Gesundheitswesens verstanden werden. Hierüber ist in der wissenschaftlichen und politischen Diskussion der letzten Jahre diskutiert worden, bei der die gewachsenen Strukturen und die Effektivität des Gesundheitswesens in Deutschland kritisch beleuchtet worden sind. Der Geschäftsführer der Deutschen Gesellschaft für Medizinische Rehabilitation (DEGEMED), *Wolfgang Heine*, hat in diesem Zusammenhang plakativ eine „Rehabilisierung des Gesundheitswesens"[186] gefordert. Übergreifende rechtliche Normen und Zielbestimmungen für das gesamte deutsche Gesundheitswesen gibt es nicht, wenn auch der gesetzlichen Krankenversicherung schon wegen ihrer praktischen Bedeutung für die Versorgungsstruktur eine gewisse Leitfunktion zugeschrieben werden kann. Ob und wie das Gesundheitswesen dem Ziel der Rehabilitation behinderter Menschen zu dienen bestimmt

---

179 Hamacher, MittLVAWürt 1986, S. 99, 100 f.; im Goetheschen Sinne: *„Die Medizin beschäftigt den ganzen Menschen, weil sie sich mit dem ganzen Menschen beschäftigt,"* vgl. Karstädt, Mitteilungen der LVA Berlin 2003, S. 1 ff.; Seiter, MittLVAWürt 1997, S. 183; Schulz-Nieswandt, SF 2004, S. 310, 316.

180 Hamacher, MittLVAWürt 1986, S. 99, 102 f.

181 Schliehe/Haaf, DRV 1996, S. 666, 667; von Ferber/von Ferber (1978), S. 92.

182 Vgl. Welti/Raspe, DRV 2004, S. 76, 83.

183 So aber Uhlenbruck/Laufs (2002), § 57, Rz 1, die die Rehabilitation nur unter dem Aspekt der ärztlichen Nachsorge betrachten.

184 § 31 Abs. 1 Nr. 3 SGB IX; § 33 Abs. 1 Satz 1 SGB V.

185 BSG vom 16. September 1999, BSGE 84, 266; BSG vom 16. April 1998, BSG SozR 3-2500 § 33 Nr. 27; BSG vom 289. September 1997, SozR 3-2500 § 33 Nr. 25.

186 Vgl. Heine, ZSR 2004, S. 462, 463; vgl. schon von Törne, BKK 2000, S. 102 ff.

ist, kann daher nur bei einer Betrachtung der einzelnen Sektoren ermittelt werden. Als solche können außer Rehabilitation Prävention, Akutversorgung und Pflege verstanden werden. Ob sich die Versorgung chronisch kranker Menschen zu einem eigenständigen Versorgungssektor entwickelt oder ob es sich um ein Bindeglied zwischen Akutversorgung und Rehabilitation handelt, ist noch offen.

(1) Rehabilitation und Prävention

Die Prävention ist als eigenständiger Sektor des Gesundheitswesens bisher nicht präzise konturiert. Mit dem Entwurf eines Präventionsgesetzes wird aber 2005 der Anspruch erhoben, die gesundheitliche Prävention rechtlich zu ordnen[187]. Schon der Begriff und die Zuordnung von Leistungen sind bisher kaum geklärt gewesen. So wird unterschieden zwischen Maßnahmen, die vor einer Krankheit ansetzen (Primärprävention), solchen, die der Früherkennung von symptomlosen Krankheitsvor- und -frühstadien dienen (Sekundärprävention) und solchen, die die Verschlimmerung einer Krankheit verhindern und einen Rückfall verhindern sollen (Tertiärprävention)[188]. Bei den primärpräventiven Leistungen wird oft zwischen der allgemeinen Verbesserung von Gesundheitsfaktoren (Gesundheitsförderung[189]) und einer bei speziellen Risikofaktoren ansetzenden Krankheitsverhütung unterschieden. Als Prävention im Sinne eines eigenständigen Sektors kann daher nur die Primärprävention verstanden werden, da eine präventive Aufgabenstellung im Sinne der Sekundär- und Tertiärprävention nur in den Bereichen der Akutversorgung und der Rehabilitation umgesetzt werden kann. Primärprävention im Sinne der Gesundheitsförderung ist als Prävention im Krankenversicherungsrecht vorgesehen, um den allgemeinen Gesundheitszustand zu verbessern und einen Beitrag zur Verminderung sozial bedingter Ungleichheit von Gesundheitschancen zu leisten[190]. Spezielle Primärprävention als Bekämpfung arbeitsbedingter Gesundheitsgefahren ist Aufgabe der Arbeitgeber im Rahmen des Arbeitsschutzes[191] und der Unfallversicherungsträger[192], mit denen die Krankenkassen im Rahmen betrieblicher Gesundheitsförderung zusammenarbeiten sollen[193]. Zur Krankheitsvorbeugung werden von den Krankenkassen medizinische Vorsorgeleistungen[194] erbracht. Sie werden in die vertragsärztliche Versorgung integriert[195] oder in gesonderten Vorsorgeeinrichtungen[196] geleistet, die sich nur nach den Zielen, nicht jedoch nach den Mitteln von Rehabilitationseinrichtungen unterschei-

---

187 Gesetzentwurf BT-Drucks. 15/4833; vgl. BT-Drucks. 15/4575, S. 5, 34; Vgl. kritisch: Bellwinkel, BKK 2005, S. 7 ff.
188 So § 2 Nr. 1–3 PrävG; BT-Drucks. 15/4833, S. 4; anders noch: Mühlenbruch (2002), S. 37.
189 Vgl. § 2 Nr. 4 PrävG; Vgl. Rosenbrock, ZSR 2003, S. 342, 344 ff.; Raspe/Lühmann, ZSR 2003, S. 389, 393; Faltermaier, ZSR 2003, S. 507 ff.; Mühlenbruch (2002), S. 36 ff.
190 § 3 Abs. 1 PrävG; bisher: § 20 Abs. 1 Satz 2 SGB V; vgl. BT-Drucks. 15/5015, S. 29, 111, 187 f.; Forster, ZSR 2003, S. 520 ff zur Umsetzung; Mielck, ZSR 2003, S. 370 ff. zur sozialen Ungleichheit von Gesundheitschancen.
191 §§ 2 Abs. 1, 3 Abs. 1 ArbSchG.
192 §§ 1 Nr.1, 14 Abs. 1 SGB VII.
193 § 20 Abs. 2 SGB V; künftig § 20b SGB V, vgl. BT-Drucks. 15/4833, S. 16.
194 §§ 21–24 SGB V.
195 § 23 Abs. 1 SGB V.
196 §§ 23 Abs. 4, 107 Abs. 2 Nr. 1a SGB V.

den[197]. Auch der öffentliche Gesundheitsdienst nach Landesrecht und auf kommunaler Ebene verfolgt präventive Aufgaben[198], die etwa bei den Schulanfängeruntersuchungen eine wichtige Beutung bei der Früherkennung von Behinderungen haben[199].

Da es zu den Aufgaben der Rehabilitation gehört, den Eintritt einer Behinderung zu verhindern und die Vorbeugung vor Krankheiten, Krankheitsverschlimmerung und Rückfall immer auch einen Beitrag dazu leisten kann, Behinderungen zu vermeiden, sind Prävention und Rehabilitation nach ihrer Zielsetzung nur schwer genau zu trennen[200]. Prävention kann akute Krankenbehandlung (Kuration) und Rehabilitation enthalten, Vorbeugung gegen Verschlimmerung und Rückfälle (Tertiärprävention) kann Rehabilitation sein[201]. Dies wird auch im Präventionsgesetz erkannt. Danach können Maßnahmen der tertiären Prävention unter anderem medizinisch-therapeutische Maßnahmen im Rahmen von Leistungen zur Rehabilitation sein[202]. Auch das dort genannte Ziel, individuelle Verhaltensweisen zu unterstützen, um eine Verschlimmerung von Behinderungen zu verhüten, ist Ziel der Rehabilitation[203]. Die bedeutenden Träger der medizinischen Rehabilitation Krankenkassen, Rentenversicherung und Unfallversicherung sind auch soziale Präventionsträger[204].

Die Heilbehandlungen gerade der Rentenversicherungsträger hatten schon früh auch präventive Zielsetzungen verfolgt, um durch Vermeidung von Krankheit und Behinderung den Eintritt von Invalidität zu verhindern. Ein Teil der begrifflichen Schwierigkeit liegt in der Prozesshaftigkeit menschlicher Gesundheit begründet[205]. Bei der Primärprävention kann zwar versucht werden, zwischen Maßnahmen zu unterschieden, die sich gegen Gesundheitsstörungen richten (z. B. Schutzimpfungen) und solchen, die sich auf die funktionale Gesundheit und die Kontextfaktoren richten (z. B. die Beachtung ergonomischer Regeln bei der Ausstattung und Nutzung von Arbeitsplätzen). Insbesondere bei lang anhaltenden und chronischen Krankheiten und bei der Tertiärprävention sind die Überschneidungen aber groß. Im SGB IX selbst ist die Prävention von Behinderungen und chronischen Krankheiten als übergreifendes Ziel der Rehabilitationträger ausdrücklich festgehalten[206]. Augenfällig wird der Zusammenhang zwischen Rehabilitation und Prävention der Rentenversicherungsträger auch dadurch, dass nach dem Präventionsge-

---

[197] Vgl. auch die Terminologie der Bundesregierung in BT-Drucks. 15/4575, S. 30.

[198] Vgl. BT-Drucks. 15/4833, S. 32.

[199] BT-Drucks. 15/4575, S. 30 f.

[200] BSGE 50, 44 (45): *„Insoweit sind Rehabilitation und Prävention gleichzusetzen."*; BT-Drucks. 15/4575, S. 33 ff.; Bieback, ZSR 2003, S. 403, 406 f.; Schulin, HS-KV, § 6 RN 165; Götze, DAngVers 1989, S, 1, 2; Bührig (1976), S. 17 f.; Stroebel in: Jochheim/Scholz (1975), S. 4, 5: *„Vorsorge und Vorbeugung sind Teil der Rehabilitation"*; Huber, SF 1973, S. 208, 209; Muthesius, BArbBl. 1960, S. 718; Stolt, DAngVers 1958, S. 36; zur DDR: Renker/Renker (1985), S. 68; Renker in: Renker/Sänger/Knoblich (1980), S. 7, 10.

[201] Jochheim/Schliehe/Teichmann (2001), S. 561, 566; Von Engelhardt, DRV 1990, S. 572, 588; Stroebel, ErsK 1971, S. 294, 295.

[202] § 3 Abs. 4 Nr. 4 PrävG.

[203] § 3 Abs. 4 Nr. 2 PrävG; vgl. § 26 Abs. 1 und 3 SGB IX.

[204] § 7 Nr. 1–3 PrävG:

[205] VDR, DRV 1996, S. 633, 635.

[206] §§ 3, 13 Abs. 2 Nr. 1, 2 SGB IX.

setz die präventiven Maßnahmen der Rentenversicherung voll zu Lasten der budgetierten Gesamtausgaben für Leistungen zur Teilhabe gehen sollen[207].

Der Prävention und Gesundheitsförderung zuzurechnen sind auch die wachsenden Teile des Gesundheitswesens, die außerhalb der sozialrechtlich verfassten Behandlung stehen. Fitness, Wellness, Kuren und Gesundheitsurlaub sind Maßnahmen, die in eigener Verantwortung auf Grund privatrechtlicher Verträge erbracht werden. Insbesondere in anerkannten Kurorten haben sich diese Maßnahmen aus den oder mit den Leistungen zur Rehabilitation entwickelt, die früher im Krankenversicherungsrecht auch als Kuren bezeichnet wurden. Ein Teil dieser Leistungen könnte auch als private Rehabilitation bezeichnet werden.

Insgesamt ist festzuhalten werden, dass viele präventive Maßnahmen im Gesundheitswesen zugleich rehabilitative Zielsetzungen zumindest insoweit verfolgen, als sie auch gegen den Eintritt von Behinderungen gerichtet sind. Dies gilt insbesondere für diejenigen chronischen Krankheiten, bei denen vielfach nicht der Eintritt, sondern die Auswirkungen im Zentrum der präventiven Bemühungen stehen wie Diabetes, Bluthochdruck oder Rückenschmerzen[208]. Unbestrittener Raum für gesondert präventive Einrichtungen und Leistungen des Gesundheitswesens besteht vor allem in der Gesundheitsförderung. Im Übrigen ist ungewiss, ob die präventive Zielsetzung besser durch eigenständige Einrichtungen und Leistungen oder durch eine Integration in die Struktur der anderen Sektoren erreicht werden kann. Auch über die Inhalte eines für die 15. Wahlperiode des Bundestages geplanten Präventionsgesetzes besteht vor diesem Hintergrund Unklarheit.

(2) Rehabilitation und Krankenbehandlung

Die Trennung zwischen medizinischer Rehabilitation und Krankenbehandlung ist ein Strukturelement des deutschen Gesundheitswesens. Sie ergibt sich aber in der heutigen Form nicht zwingend aus unterschiedlichen Aufgaben, sondern hat sich historisch aus der Aufgabenverteilung zwischen den Sozialleistungsträgern und hier insbesondere zwischen der Rentenversicherung und der Krankenversicherung entwickelt. Diese unterschieden und unterscheiden sich nicht nur in ihren Zwecken und Voraussetzungen, sondern auch in der Form der Intervention. Während die medizinische Versorgung durch die gesetzliche Krankenversicherung – einschließlich vieler dort als Rehabilitation bezeichneter Maßnahmen – durch niedergelassene Leistungserbringer, insbesondere Ärzte, sowie am Wohnort befindliche Krankenhäuser geprägt ist, wurde und wird die medizinische Rehabilitation der Rentenversicherung vor allem in Form stationärer Maßnahmen spezialisierter Leistungserbringer erbracht, die sich oft in Kurorten befinden und sich aus einer spezifischen Tradition heraus entwickelt haben. Diese Abgrenzung zwischen Rehabilitation und Akutversorgung findet einen Ausdruck auch in der Zuständigkeitsabgrenzung zwischen Renten- und Krankenversicherung[209], bei der diejenigen Leistungen nicht von der Rentenversicherung erbracht werden, die in der

---

207 § 220 Abs. 1 Satz 2 SGB VI; BT-Drucks. 15/4833, S. 56.
208 Vgl. zu Rückenschmerzen: Lühmann/Raspe, ZSR 2003, S. 389 ff.
209 § 13 Abs. 2 Nr. 1 und 2 SGB VI.

Phase akuter Behandlungsbedürftigkeit auftreten oder anstelle einer sonst erforderlichen Krankenhausbehandlung stattfinden. Als Folge der gewachsenen Trennung von Krankenbehandlung und Rehabilitation wird oft beklagt, dass zeitliche Zäsuren oder mangelnde Abstimmung zwischen den Trägern und Leistungserbringern die Zwecke insbesondere der Rehabilitation gefährden[210]. Bei Rehabilitationsträgern, die sowohl für die Krankenbehandlung wie für die Rehabilitation zuständig sind und ein eigenes System der Leistungserbringung unterhalten, insbesondere den Unfallversicherungsträgern, ist die Nahtlosigkeit und Abstimmung der Leistungen besser entwickelt und relativiert sich die Trennung der Versorgungsbereiche.

Schnittstellen zwischen Akutmedizin und Rehabilitation liegen bei den niedergelassenen Ärzten und den Krankenhäusern. Ärztinnen und Ärzte sind verpflichtet, behinderte oder von Behinderung bedrohte Menschen über die geeigneten Leistungen zur Teilhabe zu beraten[211]. Sie können Rehabilitation empfehlen und, je nach Leistungsrecht der Rehabilitationsträger, verordnen. Im Krankenversicherungsrecht wird die Notwendigkeit von Leistungen zur medizinischen Rehabilitation durch den Medizinischen Dienst der Krankenversicherung unter Zugrundelegung eines ärztlichen Behandlungsplans geprüft[212]. Konkretisiert ist die Einleitung von Leistungen zur medizinischen Rehabilitation durch Richtlinien des Gemeinsamen Bundesausschusses[213]. Danach erfordern die Beratung über und die Verordnung von Leistungen zur medizinischen Rehabilitation rehabilitationsmedizinische Qualifikationen, die durch die Gebietsbezeichnung „Physikalische und Rehabilitative Medizin", die Zusatzbezeichnungen „Sozialmedizin" oder „Rehabilitationswesen" oder die fakultative Weiterbildung „Klinische Geriatrie", durch praktische Erfahrung in einer Rehabilitationseinrichtung oder der Gutachtenpraxis oder durch eine anerkannte Fortbildung nachgewiesen werden müssen[214]. Diese Anforderungen sind dadurch begründet, dass Kompetenz über Behinderung und Rehabilitation erforderlich ist, um über den Übergang zwischen den Versorgungsbereichen richtig zu entscheiden. Es besteht jedoch die Gefahr, dass auf diese Weise der Rehabilitationsbedarf in den Fällen nicht mehr rechtzeitig erkannt und gedeckt wird, in denen Patienten bei einem Arzt behandelt werden, der die genannten Voraussetzungen nicht erfüllt.

Die akutstationäre Behandlung im Krankenhaus umfasst, wie mit dem SGB IX im SGB V festgeschrieben wurde, auch die im Einzelfall erforderlichen und zum frühestmöglichen Zeitpunkt einsetzenden Leistungen zur Frührehabilitation[215].

---

210 Vgl. Raspe in: Igl/Welti (2001), S. 239, 245 f.; Badura in: Igl/Welti (2001), S. 249, 251.

211 § 61 Abs. 1 SGB IX; vgl. Masuch, ZSR 2004, S. 536 ff.; speziell zu Kindern: BT-Drucks. 15/4575, S. 31.

212 § 275 Abs. 2 Nr. 1 SGB V.

213 Richtlinien des Gemeinsamen Bundesausschusses über Leistungen zur medizinischen Rehabilitation (Rehabilitations-Richtlinien) nach § 92 Abs. 1 Satz 2 Nr. 8 SGB V in der Fassung vom 16. März 2004 (BAnz. S. 6769); vgl. BT-Drucks. 15/4575, S. 41 f.; Masuch, ZSR 2004, S. 536, 539 ff.

214 § 11 Abs. 1 und 2 Reha-RL.

215 § 39 Abs. 1 Satz 3 SGB V; vgl. BT-Drucks. 15/4575, S. 6, 51 f.; Gadomski, BKK 2000, S. 110 ff.

Mit dieser Norm wird der Tatsache Rechnung getragen, dass die Rehabilitation oft schon dann einsetzen sollte, wenn zugleich noch akutmedizinische Behandlungen einen Krankenhausaufenthalt weiter erforderlich machen[216]. Die Norm kann aber auch Anlass zu neuen Zuständigkeitskonflikten zwischen Krankenhaus und Rehabilitationseinrichtungen geben. Als Abstimmungsproblem zwischen Krankenhäusern und Rehabilitationseinrichtungen wird auch die Einführung des Fallpauschalensystems in Krankenhäusern (DRG) angesehen[217]. Es wird befürchtet, dass der Anreiz für die Krankenhäuser, die Verweildauer der Patienten zu senken, dazu führt, dass diese entlassen werden, ohne schon rehabilitationsfähig sein, so dass bisher reibungslose Übergänge künftig erschwert werden könnten.

Die Differenzierung zwischen akutmedizinischem und rehabilitativem Geschehen kann aus sachlichen Gründen insgesamt nicht trennscharf im Behandlungsablauf erfolgen. Der Verband Deutscher Rentenversicherungsträger hat entsprechend festgehalten:

„Während der akutmedizinische Ansatz primär auf die Behandlung der Erkrankung selbst und die Behebung der gesundheitlichen Schädigung gerichtet ist, liegt in der Rehabilitation demgegenüber der Schwerpunkt auf der Verbesserung, Erhaltung und bestmöglichen Wiederherstellung der Leistungsfähigkeit des ganzen Menschen in Alltag und Berufsleben. Dazu gehört die Berücksichtigung der somatischen, psychischen und sozialen Dimensionen der Erkrankung und ihrer Folgen einschließlich ihres Zusammenwirkens. Der Rehabilitation liegt dementsprechend ein biopsychosoziales Modell von Krankheit und Behinderung zugrunde, das Gesundheit und Krankheit als Ineinandergreifen physiologischer, psychischer und sozialer Vorgänge beschreibt. (...) Da die medizinische Rehabilitation, neben der zur Erfüllung der rehabilitativen Aufgaben erforderlichen Diagnostik, auch die Therapie von gesundheitlichen Schädigungen und in ihrer Folge die gezielte Verbesserung beeinträchtigter Funktionen und Fähigkeiten umfasst, ist der kurativ-medizinische Aspekt Bestandteil des rehabilitativen Gesamtkonzeptes. Entscheidend für die Abgrenzung von Behandlungsphasen sind (...) vor allem die jeweiligen Behandlungsziele."[218]

Auch nach einer stationären Rehabilitationsmaßnahme ist das Rehabilitationsziel nicht erreicht. Nötig ist vielmehr eine umfassende Nachsorge, für die wiederum spezielle Kompetenz erforderlich ist und die mit der weiteren Krankenbehandlung verknüpft sein muss[219]. Daraus folgt, dass Rehabilitation auch eine Tätigkeits- oder Zielbeschreibung des gesamten Gesundheitswesens sein muss, die entweder neben – ggf. in Konkurrenz zu – den klassischen kurativen Zielvorstellungen der Medizin steht oder diese sogar mit umfasst. Einer Integration beider Bereiche stehen aber die unterschiedlichen Begriffe von Krankheit und Behinderung auf rechtlicher und fachlicher Ebene entgegen. So stimmen die Klassifikationssysteme der WHO für Behinderungen (ICIDH/ICF) und Krankheiten (ICD) in ihrer Systematik und Methodik nicht überein[220].

---

[216] Vgl. zum Gewinn an Effektivität und Wirtschaftlichkeit: BT-Drucks. 15/4575, S. 53.
[217] Heine, ZSR 2004, S. 462, 470; Neubauer/Egner, DAngVers 2003, S. 92 ff.; A. Reimann, Nachrichten der LVA Hessen 2003, S. 78, 79; vgl. BT-Drucks. 15/4575, S. 52.
[218] VDR, DRV 1996, S. 633, 641.
[219] Vgl. Köpke, SozSich 2004, S. 233 ff.
[220] Vgl. Greve (1996).

Nicht jede Behinderung ist zugleich mit einer Krankheit verbunden. Es verbleibt aber ein Überschneidungsbereich, in welchem eine Intervention sowohl gegen Krankheit wie auch gegen Behinderung gerichtet sein kann. Andere Professionen des Gesundheitswesens, z. B. therapeutische und Pflegeberufe, haben die personenbezogene, in verstärktem Maße aber auch die umweltbezogene Intervention weiterentwickelt. Dies gilt auch für die an der Schwelle zwischen dem Gesundheits- und Erziehungswesen stehende Heilpädagogik, was an deren Einbeziehung in eine die Leistungsgruppen übergreifende Komplexleistung mit der Frühförderung[221] deutlich wird.

Nach dem SGB IX sind Rehabilitationsträger verpflichtet, den Bedarf an Leistungen zur Teilhabe zu prüfen, wenn sie Sozialleistungen wegen oder unter Berücksichtigung einer Behinderung erbringen[222]. Diese Norm ist ein Schlüssel für Schnittstellenprobleme auch innerhalb des Gesundheitswesens. Insbesondere der Rehabilitationsträger Krankenversicherung als Trägerin der Akutbehandlung wird dadurch verpflichtet, bei denjenigen Leistungen, die zumindest das Auftreten einer Behinderung berücksichtigen, den Rehabilitationsbedarf zu prüfen und entsprechende Leistungen selbst zu erbringen oder bei einem anderen Rehabilitationsträger einzuleiten[223]. Da der Umgang mit chronischen Krankheiten zu den Zielen der medizinischen Rehabilitation gehört, ist zumindest bei jeder Krankenbehandlung wegen einer chronischen Krankheit eine Sozialleistung unter Berücksichtigung einer Behinderung gegeben. Weiterhin besteht die Prüfverpflichtung bei Indikationen, die typischerweise zu einer Behinderung führen können wie Schlaganfall oder Stürze im Alter.

Im SGB IX ist festgeschrieben, dass die Ziele der medizinischen Rehabilitation auch bei Leistungen der Krankenbehandlung gelten[224]. Diese Norm ist insofern auffällig, als sie systematisch über den Regelungsgegenstand des Gesetzes hinausreicht. Denn es ist nicht die im Rahmen der medizinischen Rehabilitation zu erbringende ärztliche Behandlung gemeint, sondern die Behandlung akut Kranker außerhalb der Phase und des Sektors der Gesundheitsversorgung, der im vierten Kapitel des SGB IX im übrigen angesprochen ist. Damit wird deutlich, dass der Erfolg der Rehabilitation auch davon abhängt, dass ihre Ziele bereits im akutmedizinischen Bereich verfolgt werden. Die Akutversorgung wird insofern „rehabilisiert"[225]. Dies bedeutet, dass auch der Krankheitsbegriff der sozialrechtlich verfassten Akutversorgung weiterzuentwickeln ist. Die Folgen der Krankheit für die Teilhabe dürfen dort nicht ignoriert werden[226].

Mit dem GKV-Modernisierungsgesetz ist im SGB V die Verpflichtung verankert worden, bei der Anwendung des Krankenversicherungsrechts die Bedürfnisse behinderter und chronisch kranker Menschen besonders zu beachten[227]. Dies belegt, dass für den Erfolg der Krankenbehandlung wichtig ist, Behinderung und chroni-

---

221 § 30 Abs. 1 Satz 2 SGB IX.
222 § 8 Abs. 1 SGB IX.
223 Vgl. §§ 10, 11, 14 SGB IX.
224 § 27 SGB IX; vgl. Welti/Raspe, DRV 2004, S. 76, 81 f.
225 Heine, ZSR 2004, S. 462, 463.
226 So aber noch Plute, VSSR 2003, S. 97, 106.
227 § 2a SGB V.

sche Krankheit als eigenständige Erscheinungsformen gesundheitlicher Probleme zu begreifen, die mit den akutmedizinischen Mitteln nicht umfassend behandelt werden können[228]. Es ist also für die Ziele der Rehabilitation wichtig, dass sie vor der Rehabilitation und begleitend zu Teilhabeleistungen in der Krankenbehandlung beachtet werden, und es ist für den Erfolg der Krankenbehandlung wichtig, dass sie berücksichtigt, dass viele kranke Menschen zugleich behindert oder von Behinderung bedroht sind.

Zugleich ist die Trennung zwischen den Sektoren relativiert worden. Rehabilitationseinrichtungen können sich an Verträgen zwischen Leistungserbringern und Krankenkassen zur integrierten Versorgung beteiligen. Sie können Teil interdisziplinärer medizinischer Versorgungszentren sein[229]. Krankenhäuser haben bereits durch das SGB IX die Aufgabe erhalten, bei Bedarf auch Frührehabilitation im Rahmen ihres Versorgungsauftrags zu erbringen[230].

Diese Normen belegen zugleich, dass im Recht der Rehabilitation und Teilhabe auch eine umfassende Zielbeschreibung des Gesundheitswesens angelegt ist und angelegt sein muss. Medizinische Rehabilitation steht so einerseits für einen abgrenzbaren Teil des sozialrechtlich verfassten Gesundheitswesens mit spezifischen Anspruchsvoraussetzungen und Inhalten. Zum zweiten ist medizinische Rehabilitation auch eine Zielbeschreibung des gesamten Gesundheitswesens, die dem übergeordneten Ziel der Teilhabe zuzuordnen ist. Beide Bedeutungen stehen in einem Spannungsverhältnis, das für die weitere Entwicklung der Rehabilitation und des Gesundheitswesens fruchtbar zu machen ist.

(3) Rehabilitation und Versorgung chronisch Kranker

Chronische Krankheiten haben einen immer stärkeren Anteil an den Gesundheitsstörungen und den Ursachen von Erwerbsminderung[231]. Dies ist auch eine Folge der steigenden Lebenserwartung und des medizinischen Fortschritts, durch die immer mehr Menschen ein Alter erreichen, in dem chronische Krankheiten eintreten und Gesundheitsstörungen wie Schlaganfall oder Krebs zwar überleben können, jedoch bleibende Schädigungen behalten. Zugleich führen die steigenden Kosten der Akutversorgung dazu, dass Aufgaben aus den Krankenhäusern verlagert werden:

„Im Zuge des medizinisch-technischen Fortschritts verengt sich das Profil der kurativen Medizin und der Akutversorgung. Die Akutmedizin entäußert sich ihrer Überlebenden und delegiert sie weg von sich in einen mittlerweile ausdifferenzierten, hoch professionalisierten zweiten Kompetenzbereich: die Rehabilitation."[232]

---

[228] BT-Drucks. 15/4575, S. 42; Heine, ZSR 2004, S. 462, 466.

[229] Heine, ZSR 2004, S. 462, 464; vgl. BT-Drucks. 15/4575, S. 40.

[230] § 39 Abs. 1 Satz 3 SGB V.

[231] Namentlich Herz-Kreislauf-Erkrankungen, bösartige Neubildungen (Krebs), Erkrankungen des Haltungs- und Bewegungsapparates, psychische Krankheiten, Suchtkrankheiten, Steffens, ZfS 2002, S. 97 ff.; B. Badura in: Igl/Welti (2001), S. 249, 250; Balle (2000), S. 24; Schliehe/Haaf, DRV 1996, S. 666, 675 ff.; für die Frühverrentungsursachen: VDR, DRV 1996, S. 633, 640 f.; Behrend (1992), S. 9 Korporal/Ulmer (1977), S. 24; vgl. oben II.A.1.d.(4); zur sozialen Ungleichheit bei der Prävalenz chronischer Krankheiten vgl. BT-Drucks. 15/5015, S. 112.

[232] Heine, ZSR 2004, S. 462, 470.

Die Erwähnung der chronischen Krankheit im SGB IX[233] gehört zu den ersten gesetzlichen Bezugnahmen auf dieses Phänomen. Im Kontext der medizinischen Rehabilitation bedeutet die eigenständige Erwähnung der chronischen Krankheit insbesondere, dass der Interventionszeitpunkt vorverlegt wird. Schon zu Beginn einer absehbaren Chronifizierung einer Krankheit und damit auch vor Eintreten oder Verfestigung einer Behinderung sollen die Leistungen der medizinischen Rehabilitation einsetzen. Der enge Zusammenhang zwischen Rehabilitation und dem Umgang mit chronischer Krankheit ist aber keine neue Erkenntnis. Schon 1978 stellten *Joachim Fehler* und *Walter Noder* fest: *„Das Konzept der Behandlung chronisch Kranker ist Rehabilitation"*[234].

Die gesteigerte Aufmerksamkeit für die Behandlungsdefizite chronischer Krankheiten äußerte sich aber nicht nur in der Präzisierung des Rehabilitationsauftrags, sondern auch in neuen Instrumenten für den Sektor der Krankenbehandlung. 2001 ist mit dem Gesetz zur Reform des Risikostrukturausgleichs in der gesetzlichen Krankenversicherung[235] im SGB V ein System verankert worden, das die gesetzlichen Krankenkassen veranlassen soll, strukturierte Behandlungsprogramme bei chronischen Krankheiten (Disease-Management-Programme, DMP) zu organisieren[236]. Dem liegt die Erkenntnis zu Grunde, dass im deutschen Gesundheitswesen Defizite bei der strukturierten Versorgung chronisch Kranker bestehen[237], deren Behebung für die betroffenen Personen einen Abbau von Unter- und Fehlversorgung und einen Zugewinn an Lebensqualität und Teilhabe bringen könnte und von der ein effizienterer Mitteleinsatz in der gesetzlichen Krankenversicherung erhofft wird[238]. Strukturierte Behandlungsprogramme sollen durch eine Vernetzung von fachärztlicher Kompetenz, Krankenhäusern und nichtärztlichen Leistungserbringern auf der Basis von evidenzbasierten Leitlinien[239] die Versorgung der chronisch Kranken verbessern.

Strukturierte Behandlungsprogramme gehören zu denjenigen Sozialleistungen unter Berücksichtigung einer Behinderung, bei deren Erbringung Krankenversicherungsträger zu prüfen haben, ob Rehabilitationsbedarf besteht[240]. Dies wird auch dadurch indiziert, dass strukturierte Behandlungsprogramme durch einen die Sektoren übergreifenden Versorgungsbedarf definiert sind[241]. Eine Beteiligung von ambulanten und stationären Rehabilitationseinrichtungen an strukturierten Be-

---

233 §§ 3, 13 Abs. 2 Nr. 2, 26 Abs. 1 SGB IX; vgl. Welti/Raspe, DRV 2004, S. 76, 79.
234 Schaub, DRV 1999, S. 181, 182; Fehler/Noder, SozSich 1978, S. 49, 50; vgl. Korporal/Ulmer (1977), S. 24 f.
235 Erstes Gesetz zur Reform des Risikostrukturausgleichs in der gesetzlichen Krankenversicherung vom 10. Dezember 2001 (BGBl. I, 3465).
236 §§ 137 f, 137 g SGB V; vgl. BT-Drucks. 15/4575, S. 57 f.
237 Vgl. BT-Drucks. 15/4575, S. 42.
238 Heine, ZSR 2004, S. 462, 467 f.; zu den Defiziten vgl. Hennies, SGb 2000, S. 581 ff.; Oldiges, KrV 2000, S. 62 ff.
239 § 137 f Abs. 1 Satz 2 Nr. 3, Abs. 2 Satz 2 Nr. 1 SGB V; dazu: Mengel (2004), S. 231 ff.
240 § 8 Abs. 1 SGB IX; zur Notwendigkeit in der Sache: Rehfeld, BKK 2003, S. 237 ff.; A. Reimann, Nachrichten der LVA Hessen 2003, S. 78, 79.
241 § 137 f Abs. 1 Satz 2 Nr. 4 SGB V.

handlungsprogrammen ist insbesondere durch Verträge zu integrierten Versorgungsformen möglich[242].

Die Erkenntnis, dass chronische Krankheit ein eigener Rechtsbegriff zwischen Krankheit und Behinderung ist, könnte dazu beitragen, dass die medizinische Rehabilitation als teilhabeorientierte Leistung für chronisch Kranke weitergehende Bedeutung im Gesundheitswesen erhält. Voraussetzung ist aber, dass ein systematischer Zusammenhang zwischen den die chronischen Krankheiten betreffenden Normen und Versorgungsstrukturen hergestellt wird.

(4) Rehabilitation und Pflege

Pflegeberufe und Dienste und Einrichtungen zur Pflege von pflegebedürftigen Menschen[243] werden heute zu den Heilberufen und Einrichtungen des Gesundheitswesens gezählt. Sie sind früher stärker dem Sozialwesen zugerechnet worden und haben nach Aufgabenstellung und Personalstruktur auch heute noch eine Mittelstellung zwischen beiden Bereichen[244]. Diese Zuordnung ist auch rechtlich nicht unumstritten. Das BVerfG hat entschieden, dass der Beruf des Altenpflegers und der Altenpflegerin den Heilberufen, die Altenpflegehilfe dagegen den sozialen Berufen zuzuordnen ist[245]. Pflege wird unterteilt in die eher die akute Krankenbehandlung begleitende Behandlungspflege und die oft dauerhafte Grundpflege als Hilfe bei Verrichtungen des täglichen Lebens. Nur die letztere bestimmt den Begriff der Pflegebedürftigkeit im Sinne des SGB XI. Obwohl pflegebedürftige Menschen nach dem SGB XI alle Kriterien der Behinderung im Sinne des SGB IX erfüllen und auch die Hilfe bei Verrichtungen des täglichen Lebens eine Hilfe zur Teilhabe ist, sind Pflegekassen nach dem SGB IX keine Rehabilitationsträger und die Pflegeleistungen[246] gelten nicht als Leistungen zur Teilhabe. In der Sozialhilfe wird zwischen den Leistungen der Eingliederungshilfe und denjenigen der Hilfe zur Pflege unterschieden. Zwischen den Trägern von Eingliederungsleistungen und Pflegeleistungen hat es erhebliche Abgrenzungsstreitigkeiten gegeben[247].

Die hergebrachte Differenzierung, wonach Rehabilitation im Gegensatz zur Pflege voraussetzte, dass eine Besserung des Gesundheitszustands im Sinne der Wiederherstellung von Funktionsfähigkeit möglich war, ist mit dem modernen Begriff von Behinderung und Rehabilitation kaum vereinbar[248]. Eine Besserung auf der Ebene der Kontextfaktoren und Teilhabe ist auch dann möglich, wenn an der Gesundheitsstörung keine Änderung möglich ist. Pflege ist damit eine Leistung zur Teilhabe behinderter Menschen, die, je nach Art der Leistung und Verständnis von medizinischer Rehabilitation, als Teil der medizinischen Rehabilitation oder

---

[242] § 140b Abs. 1 Nr. 2 SGB V; vgl. zu den grundlegenden Implikationen: Schulz-Nieswandt, SF 2004, S. 310, 314 ff.

[243] Vgl. oben II.A.1.g.

[244] Vgl. Blinkert/Klie, SF 2004, S. 319 ff.

[245] BVerfG vom 24. Oktober 2002, BVerfGE 106, 62, 74 ff., 104 ff.

[246] Vgl. unten V.B.4.c.

[247] Zum Rechtsschutz gegen die Umetikettierung: OVG Lüneburg vom 30. Januar 2001, NVwZ-RR 2001, S. 449 f.; vgl. Stengler, TuP 2003, S. 41 ff.; Klie/Leonhard in: Igl/Welti (2001), S. 171, 175 ff.; Mrozynski, SGb 1999, S. 333, 344; Dannert, SGb 1996, S. 646, 649.

[248] Klie, ZSR 2004, S. 502, 510 ff.

als ihre Voraussetzung eingeordnet werden könnte. Pflege setzt stärker auf der Ebene der Funktionsstörungen an, während Rehabilitation mehr an Teilhabe orientiert ist[249]. Die normative Lage, wonach das Pflegeversicherungsrecht nicht im SGB IX eingeordnet ist, erscheint problematisch, weil nicht mehr systemgerecht.

Auch nach geltendem Recht gibt es jedoch zahlreiche Berührungspunkte zwischen den Sektoren der Pflege und der Rehabilitation. So dienen die Leistungen zur medizinischen Rehabilitation der Verhütung, Minderung oder Aufhebung von Pflegebedürftigkeit[250]. Die Leistungen zur Teilhabe am Leben in der Gemeinschaft sollen behinderte Menschen so weit wie möglich unabhängig von Pflege machen[251]. Beide Normen belegen, dass pflegebedürftige Menschen zugleich Leistungen zur Teilhabe erhalten können. Die Zielbestimmung *„so weit wie möglich unabhängig von Pflege machen"* belegt, dass dies auch bei dauerhafter und nicht aufzuhebender Pflegebedürftigkeit der Fall ist. Mit dem allgemeinen Vorrang von Teilhabeleistungen vor Pflegeleistungen und der entsprechenden Prüfverpflichtung der Rehabilitationsträger[252] wird deutlich gemacht, dass Rehabilitation die besonders intensive Behinderung in Form von Pflegebedürftigkeit so weit und so oft wie möglich verhindern soll. Der Abgrenzung zwischen Pflegeleistungen und Eingliederungsleistungen dienen Normen zur vollstationären Pflege in Einrichtungen der Hilfe für behinderte Menschen im Sozialhilferecht und im Pflegeversicherungsrecht[253].

Auch im Pflegeversicherungsrecht ist der Vorrang von Rehabilitation vor Pflege an verschiedenen Stellen deutlich gemacht. Da die Pflegeversicherung mit Ausnahme vorläufiger Leistungen[254] nicht selbst Trägerin pflegevermeidender Rehabilitation ist, wird dort nur die Verpflichtung der vorrangigen Leistungsträger wiederholt[255]. Wichtigster Rehabilitationsträger für pflegevermeidende Rehabilitation sind die Krankenkassen[256]. Es fehlt jedoch an einem institutionellen Interesse der Krankenkassen an der pflegevermeidenden Rehabilitation. Während beim Vorrang der Rehabilitation vor Renten der Rehabilitationsträger auch das Risiko des Scheiterns der Rehabilitation trägt, führt das Eintreten von Pflegebedürftigkeit zur Leistungspflicht der finanziell von ihr getrennten Pflegekasse. Es kann also beim Wettbewerb der Krankenkassen um niedrige Beitragssätze rational sein, Pflegebedürftigkeit nicht hinauszuzögern, da deren Kosten bei einem anderen Träger anfallen[257].

Bei der Pflegebegutachtung durch den Medizinischen Dienst der Krankenversicherung sind immer auch Feststellungen darüber zu treffen, ob Pflegebedürftigkeit

---

[249]   Klie/Leonhard in: Igl/Welti (2001), S. 171, 194.
[250]   § 26 Abs. 1 Nr. 2 SGB; vgl. BT-Drucks. 15/4575, S. 20; Welti, PKR 2003, S. 8 ff.; H. Fuchs, SozSich 2002, S. 154 ff.
[251]   § 55 Abs. 1 SGB IX.
[252]   § 8 Abs. 1, Abs. 3 SGB IX.
[253]   § 40a BSHG; § 43a SGB XI
[254]   § 32 Abs. SGB XI.
[255]   § 5 Abs. 2 SGB XI.
[256]   § 11 Abs. 2 SGB V; vgl. Waldeyer-Jeebe, ZSR 2004, S. 525 f.; Welti, PKR 2003, S. 8, 10.
[257]   BT-Drucks. 15/2372, S. 3; Klie, ZSR 2004, S. 502, 518; Welti, PKR 2003, S. 8, 11 f.; Kommission zur Nachhaltigkeit in der Finanzierung der sozialen Sicherungssysteme (2003), S. 213.

vermieden oder aufgehoben werden kann[258]. Auf entsprechende Leistungen der ambulanten medizinischen Rehabilitation besteht ein Anspruch[259]. Jede Pflege im Rahmen der Leistungen der Pflegeversicherung soll die Aktivierung der pflegebedürftigen Person zum Ziel haben, um vorhandene Fähigkeiten zu erhalten und, soweit dies möglich ist, verlorene Fähigkeiten zurückzugewinnen[260]. Diese Verpflichtung zur aktivierenden Pflege und darauf, den Pflegebedürftigen zu helfen, trotz ihres Hilfebedarfs ein möglichst selbstständiges und selbstbestimmtes Leben zu führen, das der Würde des Menschen entspricht[261], zeigen, dass Pflegeleistungen keine grundsätzlich anderen Ziele haben als Teilhabeleistungen nach dem SGB IX[262].

Das Verhältnis von Rehabilitation und Pflege ist ungeklärt. Pflegeleistungen stellen sich der Sache nach als Leistungen zur Teilhabe und Rehabilitation dar, sind zugleich aber gegenüber diesen in einem Nachrangverhältnis. Für die Praxis der Pflegeheime wird beklagt, dass diese nicht rehabilitativ und teilhabeorientiert ausgerichtet sei[263]. Richtig ist es wohl festzuhalten, dass die Hilfsbedürftigkeit bei alltäglichen Verrichtungen eine besondere Qualität von Behinderung ist und entsprechend die Pflege eine besondere Form von Rehabilitation ist. Teilhabestörungen bei diesen Verrichtungen zu beseitigen oder auszugleichen ist Voraussetzung für die meisten anderen Formen von Teilhabe und von Teilhabeleistungen. Es ist also pflegewissenschaftlich und rechtlich missverständlich nur von einem Vorrang von Rehabilitation vor Pflege zu sprechen. Vielmehr ist ebenso Rehabilitation und Teilhabe durch Pflege zu verwirklichen[264].

5. Rehabilitation und Teilhabe am Bildungswesen

Pädagogik und Bildungswesen sind eng verbunden mit Praxis und Theorie der Rehabilitation und Teilhabe behinderter Menschen, nehmen aber in der wissenschaftlichen und gesetzlichen Begriffsbildung eine Sonderstellung ein. Die Kernbereiche der Bildung und Pädagogik für behinderte Menschen, die integrative Pädagogik und das Sonderschulwesen, sind im Sozialrecht nicht geregelt. Bildungswesen und Gesundheitswesen sind in der Staatsorganisation und gesellschaftlich deutlich getrennte Subsysteme. Die Schulgesetzgebung ist Sache der Länder, während die Sozialgesetzgebung überwiegend vom Bund ausgeübt wird. In den Schulgesetzen ist nicht der Begriff der Behinderung, sondern derjenige des sonderpädagogischen Förderbedarfs[265] vorherrschend. Der Begriff Rehabilitation ist in der Schulgesetz-

---

258   2003 fanden 981.071 ambulant und 319.954 stationär durchgeführte Pflegbegutachtungen statt, BT-Drucks. 15/4125, S. 39. In etwa 6 % der Fälle wurden Empfehlungen zu Leistungen der medizinischen Rehabilitation erteilt, BT-Drucks. 15/4125, S. 68.
259   § 18 Abs. 1 Satz 3 SGB XI.
260   § 28 Abs. 4 Satz 1 SGB XI.
261   § 2 Abs. 1 Satz 1 SGB XI.
262   Zur schwierigen Abgrenzung zwischen den Leistungen: Bieritz-Harder in: V. Neumann (2004), § 10, Rz 65 ff.
263   Stengler, TuP 2003, S. 41, 45.
264   Klie, ZSR 2004, S. 503, 504; aus pflegewissenschaftlicher Sicht: Dangel/Korporal, ZfGG 2003, S. 50 ff.
265   Vgl. oben II.A.1.f.

gebung nur vereinzelt aufzufinden. Die begriffliche Trennung ist nicht nur in der Gesetzgebung, sondern auch in den handlungsleitenden Wissenschaften zu finden. Dort werden zur Bezeichnung des speziellen Fachgebietes die Begriffe der Heilpädagogik, Sonderpädagogik und Integrationspädagogik benutzt.

a) Rehabilitation und Pädagogik, Rehabilitationspädagogik

Der Begriff der Rehabilitation wird auch in der Pädagogik benutzt. Nach dem Kleinen Pädagogischen Wörterbuch von 1993 bezeichnet Rehabilitation

„sämtliche (pädagogischen, psychologischen, medizinischen, beruflichen, und sozialen) Maßnahmen zur (Wieder-)eingliederung von Behinderten in die Gesellschaft."[266]

Für die Enzyklopädie der Sonderpädagogik, der Heilpädagogik und ihrer Nachbargebiete von 1992 ist Rehabilitation:

„die soziale Eingliederung und Wiedereingliederung (Adaption – Readaption, Sozialisierung – Resozialisierung) behinderter Menschen. In verwissenschaftlichter Sicht umfasst die als System verstandene Rehabilitation die Gesamtheit aller Maßnahmen, die Behinderungen beseitigen oder weitgehend einschränken, mit dem Ziel sozialer und beruflicher Eingliederung, höchstmöglicher Lebensqualität, Lebenstüchtigkeit und Erwerbsfähigkeit, Hilfe zur Selbsthilfe."[267]

In der DDR wurde das entsprechende Fachgebiet als Rehabilitationspädagogik bezeichnet[268], die – synonym mit pädagogischer Rehabilitation – definiert wurde als „*Bildung und Erziehung behinderter und von Behinderung bedrohter Kinder und Jugendlicher.*"[269] Dieser Verknüpfung mit dem Rehabilitationsbegriff standen und stehen viele Vertreter der Pädagogik der Bundesrepublik eher ablehnend gegenüber. Die genannten Bereiche von Wissenschaft und Praxis wurden zunächst nur selten als Rehabilitation verstanden, da sie sich nicht mit der Wiederherstellung, sondern mit der erstmaligen Befähigung, Eingliederung, Integration und Teilhabe behinderter Menschen befassten[270] und ihr Selbstverständnis vor allem als Teil der allgemeinen Pädagogik definierten[271].

Die Pädagogik steht heute zum Teil dem Begriff der Rehabilitation – und dem Behinderungsbegriff, distanziert gegenüber. Der Begriff der Rehabilitation sei, so schreibt die Pädagogin *Sieglind Ellger-Rüttgardt*, in Gefahr, nicht das Typische der Pädagogik zu erfassen, da er weniger einen Prozess der Bildung als einen Prozess der Anpassung beschreibe[272]. *Hans Eberwein* sieht den Begriff der Behinderung als „fachfremd" an[273]. Ähnlich sieht *Emil E. Kobi* einen Gegensatz zwischen Reha-

---

[266] Keller/Novak (1993), S. 298.

[267] Dupuis/Kerkhoff (1992), S. 524.

[268] K.-P. Becker (1984); vgl. Stahlmann in: Pousset (2003); Speck (2003), S. 55 ff.; Ellger-Rüttgardt in: Antor/Bleidick (2001), S. 90; Großmann in: Groh/Renker (1979), S. 73 ff.; vgl. unten III.A.10.b.

[269] Ellger-Rüttgardt in: Antor/Bleidick (2001), S. 90.

[270] Vgl. zu dieser auch in der DDR geführten Diskussion: Becker/Grossmann in: Renker/Renker (1985), S. 23.

[271] Moor (1951), S. 5: „*Heilpädagogik ist Pädagogik und nichts anders.*"

[272] Ellger-Rüttgardt in: Antor/Bleidick (2001), S. 90.

[273] Eberwein, ZHP 1995, S. 468, 469.

bilitation und Integration. Unter dem Rehabilitationsgedanken bedeute Integration vor allem eine einseitige Leistung des Kindes, während eine Dominanz des sozialen Integrationsgedankens eine Veränderung der Institutionen bedinge, damit alle behinderten Kinder eine Integrationschance haben[274].

Andererseits sieht der Geschäftsführer der Bundesarbeitsgemeinschaft für Rehabilitation, *Bernd Steinke*, in der pädagogischen Rehabilitation eine Phase der Rehabilitation, die auch der sozialen Rehabilitation zugeordnet werden könne[275]. Auch der Pädagoge *Ulrich Bleidick* sieht die Behindertenpädagogik als eingefügt in den sozialpolitischen Gesamtrahmen der Rehabilitation[276] und der Heilpädagoge *Otto Speck* verweist darauf, dass der Rehabilitationsbegriff für die Pädagogik ein Positivum als Zielorientierung vermitteln könne und zugleich interdisziplinäre Anschlussfähigkeit erleichtere[277].

Normative Anknüpfungspunkte zur Rehabilitation sind im Schulrecht nur in Hessen, Brandenburg und Sachsen-Anhalt zu finden. Im Hessischen Schulgesetz ist den allgemeinen Schulen und Sonderschulen der Auftrag zugewiesen, bei der Rehabilitation und Integration der Kinder und Jugendlichen mit sonderpädagogischem Förderbedarf mitzuwirken und dabei mit den Behörden und Einrichtungen der Kinder- und Jugendhilfe und den Trägern der Sozialhilfe zusammenzuarbeiten[278]. Nach dem Brandenburgischen Schulgesetz sollen Förderschulen die Rehabilitation und die Integration ihrer Schülerinnen und Schüler in die Gesellschaft fördern[279]. Das Schulgesetz von Sachsen-Anhalt definiert die Aufgabe der Sonderschulen als rehabilitationspädagogische Einflussnahme mit dem Ziel, eine individuelle, entwicklungswirksame, zukunftsorientierte und liebevolle Förderung der Kinder zu sichern[280].

Im Recht der Rehabilitation und Teilhabe bestehen Anknüpfungspunkte zur Pädagogik. So sind bei den Leistungen der medizinischen Rehabilitation[281] wie bei den Leistungen zur Teilhabe am Arbeitsleben[282] pädagogische Anteile vorgesehen. Leistungen zur Früherkennung und Frühförderung behinderter Kinder und Jugendlicher sind als Leistung der medizinischen Rehabilitation definiert[283]. Lehrerinnen und Lehrer werden ebenso wie Jugendleiter und Erzieher[284] für die Sicherung der Beratung behinderter Menschen und ihrer Eltern in die Pflicht genommen[285].

---

274 Kobi in: Eberwein (1999), S. 71, 76.
275 Steinke in: Deutscher Verein (2002), S. 770; vgl. Igl (1987), S. 297 f.
276 Bleidick in: Antor/Bleidick (2001), S. 61.
277 Speck (2003), S. 56.
278 § 50 HessSchulG.
279 § 30 BbgSchulG.
280 § 8 Abs. 1 Satz 1 SchulG LSA.
281 § 26 Abs. 3 SGB IX.
282 § 33 Abs. 6 SGB IX.
283 §§ 26 Abs. 2 Nr. 2, 30 SGB IX, vgl. BT-Drucks. 15/4575, S. 31 ff.
284 Vgl. BT-Drucks. 15/4575, S. 158 zur Erzieherausbildung.
285 § 61 Abs. 2 SGB IX.

b) Heilpädagogik

Die längste Tradition hat im deutschen Sprachraum der Begriff der Heilpädagogik, der auf das 1861 von *Georgens* und *Deinhart* veröffentlichte Werk zurückgeht[286] und 1941 von dem Schweizer *Hanselmann* als

„Lehre von der wissenschaftlich eingestellten Erfassung der Ursachen und Folgeerscheinungen der körperlich-geistig-seelischen Zustände und Verhaltensweisen entwicklungsgehemmter Kinder und Jugendlicher und deren unterrichtlichen, erzieherischen und fürsorgerischen Behandlung"[287]

definiert wurde. In zahlreichen erziehungswissenschaftlichen Fakultäten wird auch heute an dem Begriff der Heilpädagogik als Oberbegriff für die pädagogische Arbeit mit behinderten Kindern und Jugendlichen festgehalten. So werden Heilpädagogik und Sonderpädagogik auch heute zum Teil als synonyme Begriffe für eine Pädagogik für behinderte Menschen angesehen[288]. Der Begriff der Heilpädagogik wird kritisiert, weil er durch den Begriffsteil des Heilens eine unangemessene Zielsetzung für dauerhaft behinderte Kinder und Jugendliche impliziere[289].

Der historischen Entwicklung folgend wird heute auch der Begriff Heilpädagogik den außer- und vorschulischen, der Begriff Sonderpädagogik den schulischen Leistungen für behinderte Kinder und Jugendliche zugeordnet. Die gesetzliche Begriffswahl stützt diese Differenzierung. Der Begriff Heilpädagogik ist in der Schulgesetzgebung kaum zu finden. Nur in Bayern ist vorgesehen, dass heilpädagogische Förderlehrer die Lehrkräfte unterstützen können[290]. Im SGB IX erscheint der Begriff erstmals im Sozialrecht. Dort sind für Kinder, die noch nicht eingeschult sind, heilpädagogische Leistungen zur Teilhabe am Leben in der Gemeinschaft vorgesehen[291]. Der konzeptionelle Schwerpunkt der Pädagogik für behinderte Menschen liegt heute vor allem in der Integration und Teilhabe. Entsprechend ist der Schwerpunkt der Leistungen für Kinder und Jugendliche im SGB IX nicht in den Leistungen der medizinischen Rehabilitation (Frühförderung), sondern in den Leistungen zur Teilhabe am Leben in der Gemeinschaft (heilpädagogische Leistungen) zu finden. Im SGB IX ist auch berücksichtigt, dass eine Trennung zwischen rehabilitativen und teilhabeorientierten Leistungen gerade in diesem Bereich besonders schwierig ist und eine scharfe Abgrenzung nur auf Kosten der Effektivität der Leistung möglich wäre. Daher ist vorgeschrieben, dass rehabilitative Leistungen der Frühförderung und Früherkennung und heilpädagogische Leistungen zur Teilhabe am Leben in der Gemeinschaft als Komplexleistung einheitlich erbracht werden[292]. Bei diesen Leistungen können auch die Schulverwaltungen einbezogen werden. In der Praxis sind hier noch erhebliche Defizite festzustellen[293].

---

286 Georgens/Deinhart (1861).
287 Hanselmann (1941), S. 12; fast identisch: Speck in: Antor/Bleidick (2001), S. 71.
288 Vgl. Speck (2003), S. 51 ff.; G. Klein in: J. Neumann (1995), S. 105, 107; bereits im Titel von Hanselmann (1941) werden Sondererziehung und Heilpädagogik synonym gesetzt.
289 Vgl. Eberwein, Behinderte 1995, S. 5, 8; vgl. auch Jantzen, Das Argument 80 (1973), S. 152 ff.
290 Art. 60 Abs. 2 BayEUG.
291 §§ 55 Abs. 2 Nr. 2, 56 SGB IX.
292 § 30 SGB IX; FrühförderV; vgl. BT-Drucks. 15/4575, S. 32 f.
293 BT-Drucks. 15/4575, S. 32 f.

Dabei erfordert die durch das SGB IX geänderte Rechtslage auch eine Präzisierung und Annäherung der handlungsleitenden Begriffe zwischen Heilpädagogik und Recht und eine Schärfung des Berufsbilds und der Standards der Heilpädagogik als *„Wissenschaft von der Erziehung unter erschwerten Bedingungen"*[294]. Nach der Rechtsprechung ist Heilpädagogik die spezialisierte Erziehung, Unterrichtung und Fürsorge in Bezug auf behinderte Kinder und Jugendliche, deren Erbringung aber nicht von einer Fachkraft geleitet werden muss[295]. Eine solche Unbestimmtheit vermag zwar im Einzelfall die nötige Flexibilität zu sichern, ist jedoch auf Dauer nicht hilfreich für die Entwicklung von Standards der Wirksamkeit und Qualität.

c) Sonderpädagogik

Die Sonderpädagogik als eigenständige Fachrichtung der Pädagogik hat sich vor allem an der institutionellen Entwicklung des Sonderschulwesens orientiert. Die besonderen Schulen für behinderte Kinder und Jugendliche wurden seit den 1960er Jahren nicht mehr als Hilfsschulen, sondern als Sonderschulen bezeichnet. Dieser Name ist in den meisten Bundesländern bis heute beibehalten worden[296]. In Bayern, Mecklenburg-Vorpommern, Brandenburg, Sachsen und Thüringen heißen die Schulen für behinderte Kinder und Jugendliche Förderschulen[297]. Dazu kommen Sonderkindergärten und Tagesbildungsstätten für behinderte Kinder[298].

Zentraler fachlicher und normativer Ansatzpunkt der Sonderpädagogik ist nicht die Behinderung, sondern der sonderpädagogische Förderbedarf[299]. Die Sonderpädagogik wird aber auch definiert als *„Theorie und Praxis der Erziehung, Unterrichtung und Therapie von behinderten Menschen"*[300]. Kritik am Begriff der Sonderpädagogik wird heute dahingehend formuliert, dass die Sonderpädagogik die Sonderung von Institutionen voraussetze und in der Gefahr stehe, durch eine *„Sonderanthropologie"* ausgrenzend zu wirken[301]. Im internationalen Vergleich hat Deutschland einen hohen Anteil von Schülerinnen und Schülern, die Sonderschulen besuchen. Die Fördererergebnisse werden als unzureichend beschrieben[302]. Durch die in Norm und Praxis wachsende Bedeutung der integrativen Beschulung behinderter Kinder und Jugendlicher sind Begriffe und Anspruch der Sonderpädagogik herausgefordert. Sonderpädagogischer Förderbedarf kann aber auch inner-

---

[294] M. Stahlmann, BHP-Info 17/2002/3, S. 44 ff.; Pudzich/M. Stahlmann, Was leistet Heilpädagogik, BHP-Info 17/2002/3, S. 15 ff.
[295] OVG Lüneburg vom 11. Mai 1990, FEVS 42, S. 22; vgl. Hoffmann in: V. Neumann (2004), § 13, Rz 23.
[296] § 25 Abs. 1 SH SchulG; § 14 NSchG; § 4 Abs. 6 SchVG NW; § 4 Abs. 3 SchOG SL; § 8 SchulG LSA; § 53 HSchulG; § 22 BremSchulG; § 38 Abs. 1 BerlSchulG; § 15 Abs. 1 SchulG BW; §§ 7 Abs. 10; 9 SchulG RhPf; § 19 HmbSG.
[297] Art. 20 BayEUG; § 36 SchulG MV; § 13 Abs. 1 SächsSchulG; ThürFSG; § 30 BbgSchulG.
[298] Gerhardt (1990), S. 25 ff.
[299] Stahlmann in Pousset (2003); G. Klein in: J. Neumann (1995), S. 105; Schley, ZHP 1991, S. 124 ff.
[300] Bleidick in: Antor/Bleidick (2001), S. 92.
[301] Bleidick in: Antor/Bleidick (2001), S. 91; Feuser (1995), S. 20 ff.; Gerhardt (1990), S. 28 f.
[302] Beck/Schuck in: Igl/Welti (2001), S. 91, 99.

halb integrativer Regelschulen bestehen, so dass der Begriff nicht obsolet werden muss, sondern im Rahmen der integrativen Beschulung deren besondere Voraussetzungen für behinderte Schülerinnen und Schüler bezeichnen kann.

d) Integrationspädagogik

Als weitere Oberbegriffe für die pädagogische Arbeit mit behinderten Menschen werden entweder Behindertenpädagogik[303] oder Integrationspädagogik benutzt. Die Integrationspädagogik folgt der Tendenz, schulische und außerschulische Pädagogik für behinderte Menschen in den theoretischen und institutionellen Kontext der allgemeinen Schulen und Bildungseinrichtungen zu stellen. Dabei wird Integrationspädagogik als Weiterentwicklung allgemeinen pädagogischen und sonderpädagogischen Denkens und Handelns[304] und als dialektische Aufhebung der Sonderpädagogik[305] bezeichnet, die zugleich erhebliche Wirkungen im Sinne einer humanen Modernisierung des gesamten Schulwesens entfalten könnte[306]. Auch Fachvertreter, die an den Termini Heilpädagogik oder Sonderpädagogik festhalten, teilen die Auffassung, dass sich diese als Teil einer insgesamt integrativen Schulpädagogik verstehen müsse[307].

Die Empfehlungen zur sonderpädagogischen Förderung in den Schulen der Bundesrepublik Deutschland der Kultusministerkonferenz von 1994 haben mit der Ersetzung des Begriffs „Sonderschulbedürftigkeit" durch „sonderpädagogischer Förderbedarf"[308] und Empfehlungen zur integrierten Beschulung die Forderungen der Integrationspädagogik zum Teil verarbeitet[309]. In den Schulgesetzen der Länder mit Ausnahme von Nordrhein-Westfalen, Bayern und Hessen ist mittlerweile explizit ein Vorrang der Integration und des gemeinsamen Unterrichts von behinderten Schülerinnen und Schülern mit anderen Schülerinnen und Schülern verankert[310]. Die Existenz von Sonderschulen bzw. Förderschulen wird in allen Bundesländern fortgeschrieben. Die Integration behinderter Schülerinnen und Schüler ist am weitesten fortgeschritten in den Grundschulen. Sie ist noch prekär in der Sekundarstufe I und kaum entwickelt in der Sekundarstufe II[311]. Das BVerfG hat in seiner Entscheidung von 1997 zur integrativen Beschulung eine grundsätzliche verfassungsrechtliche Präferenz für die Integration anerkannt, indem es einen Sonder-

---

[303] Bleidick (1977); vgl. Speck (2003), S. 54 f.
[304] Eberwein in: Eberwein (1999), S. 55 ff.
[305] Eberwein in: Eberwein (1999), S. 423 ff.
[306] Deppe-Wolfinger in: Eberwein (1999), S. 25 ff.
[307] Speck (2003), S. 63.
[308] Vgl. oben II.A.1.f.
[309] Reichenbach (2001), S. 35 f.
[310] § 5 Abs. 2 SH SchulG; § 15 Abs. 3 SchulG BW; § 4 NSchG; § 4 Abs. 1 Satz 2 SchOG SL; § 13 Abs. 3 SächsSchulG; § 1 Abs. 3 und 3a SchulG LSA; § 1 Abs. 2 ThürFSG; § 35 Abs. 1 SchulG MV; § 4 Abs. 5 BremSchulG; § 3 Abs. 4 BbgSchulG; § 4 Abs. 3 Satz 3 BerlSchulG; § 1b Abs. 5 SchulG RhPf; § 12 Abs. 1 Satz 2 HmbSG; vgl. für Sachsen: Seebach in: Ellger-Rüttgardt (2000), S. 54; für die neuen Länder insgesamt: Heimlich in: Ellger-Rüttgardt (2000), S. 176 ff.; Überblick über alle Länder bei Lehnert (2000), S. 48 ff.
[311] Hinz in: Hans/Ginnold (2000), S. 230, 232.

schulbesuch gegen den Willen des betroffenen Kindes und seiner Eltern als benachteiligend angesehen hat[312].

Auf internationaler Ebene hat der Begriff der *„Special Needs Education"* leitende Bedeutung. Wichtige Grundlagen sind im Salamanca Statement der UNESCO-Fachkonferenz von 1994[313] niedergelegt. Danach besteht zunehmend Einigkeit, dass Kinder mit besonderem Förderbedarf in die allgemeinen Bildungseinrichtungen integriert werden sollen[314], gesonderte Schulen die Ausnahme sein sollen[315]. Dabei werden integrative Erziehung und Rehabilitation nicht als Gegensatz, sondern als sich ergänzende Ansätze zur Verwirklichung von Inklusion, Integration, Teilhabe, Erziehung und Chancengleichheit angesehen[316], die verstärkter Koordination bedürfen[317]. Ein integrativer Ansatz der UNESCO besteht auch für die berufliche Bildung[318].

Nach der Empfehlung des Europarats von 1992 für eine kohärente Politik für behinderte Menschen soll der größtmöglichen Anzahl von Kindern ermöglicht werden, eine Regelschule zu besuchen. Hierzu sollen besondere Fördermaßnahmen an Regelschulen bereitgestellt werden[319]. Die Mitgliedstaaten der Europäischen Gemeinschaft sind 1990 übereingekommen, sich in allen geeigneten Fällen um die Eingliederung behinderter Schüler und Studenten in ihre allgemeinen Bildungssysteme zu bemühen und die Arbeit der Sonderschulen und Sondereinrichtungen als Ergänzung der Arbeit des allgemeinen Bildungssystems anzusehen[320]. Seit 1996 betreiben die Mitgliedstaaten der EU sowie Norwegen, Island und die Schweiz die Europäische Agentur für die Entwicklung im Bereich der sonderpäda-

---

[312] BVerfGE 96, 288, 304 f.; vgl. Füssel in: Igl/Welti (2001), S. 81, 83.

[313] The Salamanca Statement and Framework for Action on Special Needs Education der World Conference on Special Needs Education: Access and Quality der UNESCO vom 7.–10. Juni 1994 in Salamanca; in deutscher Sprache abgedruckt bei Hans/Ginnold (2000), S. 35 ff.

[314] Lit 3.: *„There is an emerging consensus that children and youth with special educational needs should be included in the educational arrangements made for the majority of children."*

[315] Lit. 8: *„Assignment of children to special schools – or special classes or sections (...) – should be the exception, to be recommended only in those infrequent cases where it is clearly demonstrated that education in regular classrooms is incapable of meeting a child's educational or social needs or when it is required for the welfare of the child or of other children."*

[316] Lit 15.: *„Integrated education and community-based rehabilitation represent complementary and mutually supportive approaches to serving those with special needs. Both are based upon the principles of inclusion, integration and participation, and represent well-tested and cost-effective approaches to promoting equality of access for those with special educational needs as part of a nationwide strategy aimed at achieving education for all."*

[317] Lit. 24: *„Co-ordination between educational authorities and those responsible for health, employment and social services should be strengthened at all levels to bring about convergence and complementarity."*

[318] Revised Recommendation concerning Technical and Vocational Education of the United Nations Educational, Scientific and Cultural Organisation vom 2. November 2001, Lit. 7 (g), Lit 29: *„Given the necessity of integrating people who are disadvantaged due to physical and intellectual disabilities into society and its occupations, the same educational opportunities should be available to them as to those without disabilities (...)"*, Lit. 52 (c).

[319] Recommendation No. R (92) 6 vom 9. April 1992, V.2.1.

[320] Entschließung des Rates und der im Rat vereinigten Minister für das Bildungswesen vom 31. Mai 1990 über die Eingliederung von behinderten Kindern und Jugendlichen in allgemeine Bildungssysteme, ABl. C 162 vom 3. Juli 1990, Ziffer 1 und 2.

gogischen Förderung[321]. Integrative Bildung nimmt in allen diesen Staaten einen wachsenden Stellenwert ein[322]. Dies wurde durch eine Entschließung des Rates 2003 bekräftigt, nach der die volle Integration von Kindern und Jugendlichen mit besonderen Bedürfnissen durch Eingliederung in ein Schulsystem zu fördern ist, das ihren Bedürfnissen angepasst ist[323].

e) Rehabilitation als Mittel der Teilhabe am Bildungswesen

Trotz der letztlich ungeklärten Fragen auf begrifflicher Ebene haben sich auf Grund der Überschneidung von Institutionen und Tätigkeiten durch Recht und durch die Berührungspunkte von pädagogischem, berufsorientiertem und medizinischem Handeln auch gemeinsame Begriffe herausgebildet. Der fachinterne Dissens über die richtige Definition und Benennung der für behinderte Kinder und Jugendliche entwickelten Pädagogik scheint im Ergebnis so zu lösen sein, dass Rehabilitation und Teilhabe wie im übrigen System auch hier nebeneinander und verschränkt zu sehen sind. Die Orientierung am Mittel ist dabei in den Begriffen der Heilpädagogik und Sonderpädagogik, die Orientierung am Ziel im Begriff der Integrationspädagogik repräsentiert[324]. Im pädagogischen Diskurs der Begriff der besonderen Förderung den Platz der Rehabilitation und der Begriff der Integration den Platz der Teilhabe ein[325]. Beide Begriffe sind insofern der Sonderstellung von Kindern und Jugendlichen angemessen, als diese nicht in bisher innegehabte Fähigkeiten und Möglichkeiten wieder einzusetzen sind, sondern durch Förderung erstmals zu ihnen hingeführt und in die Gesellschaft integriert werden müssen. Wie in Sozialrecht und Medizin nimmt auch im Schulrecht und in der Pädagogik die Beschreibung des Ziels dabei immer mehr Raum ein.

Auch die Rehabilitation von Kindern und Jugendlichen außerhalb der Schule steht in Beziehung zum Bildungswesen. So soll mit den heilpädagogischen Leistungen und den Leistungen der Früherkennung und Frühförderung vor der Einschulung[326] oft erst die Voraussetzung für die Schulfähigkeit der Kinder geschaffen werden. Auch neben der Schule dienen Rehabilitationsleistungen zum Teil dem Ausgleich von Defiziten im Verhältnis zwischen behinderten Kindern und Schule. Dies gilt insbesondere für Leistungen der Eingliederungshilfe nach dem SGB VIII, die dazu dienen, einer seelischen Behinderung vorzubeugen. Diese Vorbeugung besteht zum Teil darin, Teilleistungsstörungen im Lesen und Schreiben (Legasthenie) oder Rechnen (Dyskalkulie) zu behandeln, um zu verhindern, dass schulischer Misserfolg zu seelischen Belastungen führt[327]. Als Aufgabe der Eingliederungshilfe

---

[321] Hausotter/Oertel in: Hans/Ginnold (2000), S. 25, 32.
[322] Überblick bei Hausotter in: Hans/Ginnold (2000), S. 43 ff.
[323] Entschließung des Rates vom 5. Mai 2003 über die Chancengleichheit für Schüler und studierende mit Behinderungen in Bezug auf allgemeine und berufliche Bildung (2003/C 134/04), ABl. C 134/6 vom 7. Juni 2003.
[324] Vgl. Speck (2003), S. 58 ff.; G. Kanter, ZHP 1991, S. 92, 100.
[325] Vgl. zur Bedeutung des Integrationsbegriffs für den Kindergartenbesuch behinderter Kinder: Gerhardt (1990), S. 21 ff.
[326] Vgl. §§ 55 Abs. 2 Nr. 2, 56 Abs. 1 Satz 2 SGB IX.
[327] Vgl. Mrozynski in: Igl/Welti (2001), S. 117, 126 ff.; unten V.H.5.c.

nach dem SGB XII ist die Hilfe zur schulischen Ausbildung für einen angemessenen Beruf einschließlich des Besuchs einer Hochschule festgeschrieben[328]. In der Rechtsprechung der meisten Oberverwaltungsgerichte ist geklärt, dass der Sozialhilfeträger an die Entscheidung der Schulbehörde über die von einem Kind zu besuchende Schule gebunden ist[329]. Damit bestimmt die Teilhabe am Bildungswesen die Aufgabe der Rehabilitation.

Rehabilitation ist Voraussetzung der Teilhabe am Bildungswesen und Bildung ist Voraussetzung für Rehabilitation. Wer wegen Einschränkungen der Mobilität oder Kommunikationsfähigkeit nicht am Unterricht teilhaben kann, ist in seiner Teilhabe an Bildung beeinträchtigt. Wer nicht lesen und schreiben kann, ist von vielen Möglichkeiten der beruflichen und sogar medizinischen Rehabilitation abgeschnitten. Für behinderte Kinder und Jugendliche ist die Teilhabe am Bildungswesen die essentiellste Form der Rehabilitation, die sie erst in den Stand gesellschaftlicher Teilhabe einsetzen kann. Das Bildungswesen und die Träger und Einrichtungen der Rehabilitation müssen daher kooperieren, um die Rehabilitation vor allem behinderter Kinder und Jugendlicher zu erreichen[330].

6. Rehabilitation und Teilhabe am Arbeitsleben

Rehabilitation steht auch im gesellschaftlichen und normativen Kontext des Arbeitslebens. Leistungen der Rehabilitation und Teilhabe am Arbeitsleben werden nach dem SGB IX auf sozialrechtlicher Grundlage erbracht. Auch im Arbeitsverhältnis können besondere Pflichten zur Berücksichtigung von Behinderung bestehen, die der Sache nach auf Rehabilitation und Teilhabe zielen[331]. Leistungen zur Rehabilitation mit beruflichem Bezug können auch Gegenstand individueller Verträge oder Inhalt von Schadensersatzleistungen sein oder auf der Grundlage von privater Unfallversicherung oder Berufsunfähigkeits-Zusatzversicherungen erbracht werden. Berufliche Rehabilitation ist Arbeitsfeld besonderer Dienste und Einrichtungen, die im SGB IX als Einrichtungen der beruflichen Rehabilitation[332] bezeichnet werden und gehört zum Tätigkeitsfeld namentlich pädagogischer Berufe.

a) Leistungen zur Teilhabe am Arbeitsleben und berufliche Rehabilitation

Im SGB IX sind die Leistungen zur Teilhabe am Arbeitsleben definiert als die erforderlichen Leistungen, um die Erwerbsfähigkeit behinderter oder von Behinderung bedrohter Menschen entsprechend ihrer Leistungsfähigkeit zu erhalten, zu verbessern, herzustellen oder wiederherzustellen und ihre Teilhabe am Arbeitsle-

---

[328] § 54 Abs. 1 Nr. 2 SGB XII/§ 40 Abs. 1 Nr. 3 und 4 BSHG; vgl. J. Reimann, ZSR 2004, S. 548; Mrozynski in: Igl/Welti (2001), S. 117, 124 ff.

[329] Füssel in: Igl/Welti (2001), S. 81, 87; vgl. unten V.H.5.c.

[330] J. Reimann, ZSR 2004, S. 548, 551; Knab, ZIAS 2004, S. 81 ff; .J. Reimann, Schulverwaltung NI/SH 2003, S. 315 ff.

[331] Vgl. insbesondere § 84 SGB IX; dazu Feldes, SozSich 2004, S. 270 ff.; Kohte, ZSR 2003, S. 107 ff.; vgl. unten V.I.b.(1).(b); BT-Drucks. 15/4575, S. 5, 34 f.

[332] Vgl. unten III.D.6.h.

ben möglichst auf Dauer zu sichern[333]. Die Leistungen zur Teilhabe am Arbeitsleben wurden lange Zeit bei den meisten Rehabilitationsträgern als berufliche Rehabilitation bezeichnet. Werden die Leistungen zur Teilhabe am Arbeitsleben in Einrichtungen erbracht, so heißen diese „Einrichtungen der beruflichen Rehabilitation"[334].

Eine erste moderne Begriffsbestimmung von beruflicher Rehabilitation findet sich in der Empfehlung für die berufliche Rehabilitation behinderter Personen der Internationalen Arbeitsorganisation von 1955[335], die 1983 noch einmal bekräftigt wurde[336]:

> „Im Sinne dieser Empfehlung gilt als ‚berufliche Rehabilitation' die Phase des kontinuierlichen und koordinierten Rehabilitationsprozesses, in der den behinderten Personen geeignete Einrichtungen zur Verfügung gestellt werden, die es ihnen ermöglichen, eine angemessene Beschäftigung zu finden und beizubehalten. Dazu gehören z. B. Berufsberatung, Berufsausbildung und besondere Arbeitsvermittlung."

Nach dem ersten Weltkrieg wurde begonnen, die Aktivitäten der Berufshilfe arbeitswissenschaftlich aufzuarbeiten. Die Methodik der beruflichen Rehabilitation war oft nicht voll kongruent mit der schädigungsorientierten Ausrichtung der gesetzlichen Grundlagen, weil sie zumeist an der Erkennung und Ausschöpfung bestehender und wiederherstellbarer Potenziale der Arbeitskraft orientiert war und ist, etwa durch Anwendung der analytischen Arbeitsbewertung[337] oder von Profilsystemen[338]. Eine klare Zuordnung der beruflichen Rehabilitation zu einer Profession hat sich nicht herausgebildet. Sie ist institutionell an Berufsförderungswerke, Berufsbildungswerke[339] und Werkstätten für behinderte Menschen[340] gebunden. In diesen Einrichtungen kooperieren Pädagogen, Therapeuten, Sozialarbeiter, Mediziner und Psychologen multiprofessionell. Für die Integrationsfachdienste ist festgeschrieben, dass ihre Fachkräfte über eine geeignete Berufsqualifikation, eine psychosoziale und arbeitspädagogische Zusatzqualifikation und ausreichende Berufserfahrung verfügen sollen[341]. Damit ist das relativ offene Qualifikationsprofil der in der beruflichen Rehabilitation beschäftigten Personen aufgezeigt.

Dieses offene Profil spiegelt sich in begrifflichen Unsicherheiten wider. Entsprechend ausführlich ist der Definitionsversuch des Arbeitspädagogen *Peter Treier* von 1976:

---

333 § 33 Abs. 1 SGB IX; dazu Ohlraun, Mitteilungen der bayerischen LVA 2003, S. 405 ff.
334 § 35 SGB IX.
335 Vocational Rehabilitation (Disabled) Recommendation No 99 of the International Labour Organisation, lit. I. 1. a); Empfehlung für die berufliche Rehabilitation behinderter Personen der 38. Allgemeinen Konferenz der Internationalen Arbeitsorganisation vom 21. Juni 1955, BArbBl. 1955, S. 669 ff.; vgl. unten III.A.13.a.
336 Vocational Rehabilitation and Employment (Disabled Persons) Recommendation No 168 of the International Labour Organisation vom 20. Juni 1983, lit. I.2.
337 Schneider, br 1990, S. 49 ff.
338 Pfleging, br 1991, S. 131 ff.
339 § 35 SGB IX.
340 § 39 SGB IX, vgl. unten V.H.5.e.(3).; V.I.3.
341 § 112 Abs. 1 Nr. 3 SGB IX.

„Die Rehabilitation ist ein auf personaler Entscheidung fußendes und aus gesellschaftlicher Verantwortung heraus konzipiertes, umfassendes, ganzheitlich-planmäßig organisiertes System eines sich einheitlich formierenden Komplexes notwendiger, im Einzelfall sehr unterschiedlicher Maßnahmen, basierend auf wissenschaftlichen Grundlagen und praktischen Erfahrungen medizinischer, pädagogischer, psychologischer, arbeits- und berufsfördernder sowie fürsorgerischer Art. Sie wird getragen von Rehabilitationseinrichtungen diverser Institutionen, von formellen und informellen gesellschaftlichen Gruppierungen unter Einbeziehung der ggf. zu aktivierenden Eigeninitiativen der von einer Behinderung Bedrohten bzw. bereits Behinderten, die einer umfassenden, auch subjektiv befriedigenden Reindividualisierung und Resozialisierung dienen. Es wird eine dauerhafte Erhaltung, Besserung und Wiederherstellung der körperlichen, geistigen und seelischen Situation eines von Behinderung Bedrohten, Erkrankten, Verletzten oder von Geburt her Behinderten und die optimale Ausbildung seiner vorhandenen, verbliebenen oder wiedergewonnenen personalen, sozialen, beruflichen und wirtschaftlichen Leistungsfähigkeit auf einer höchstens für ihn persönlich erreichbaren Ebene erstrebt."[342]

Eine Abgrenzung der beruflichen Rehabilitation oder des arbeitsbezogenen Teils der Rehabilitation von der medizinischen Rehabilitation ist mit dieser Definition nicht zu leisten. *Gerhard Igl* hat die berufliche Rehabilitation 1990 definiert als die Wiederherstellung der Arbeitskraft nach der medizinischen Rehabilitation und vor der Anbahnung, Herstellung und Sicherung der Integration in den Arbeitsmarkt, also etwa die Umschulung und Belastungserprobung[343]. Eine solche Definition fügt sich in ein Verständnis, das Rehabilitation als sequenziellen Prozess begreift, der mit einem Teilhabeerfolg abgeschlossen werden kann. Die Probleme dauerhaften oder wiederholten Bedarfs an Unterstützung zur Teilhabe am Arbeitsleben können damit nicht abgebildet werden.

Möglicherweise in Folge der begrifflichen Schwierigkeiten mit der Abgrenzung der beruflichen Rehabilitation von der medizinischen Rehabilitation einerseits und der dauerhaften Integration andererseits hat der Gesetzgeber diesen Begriff aufgegeben und ihn zunächst durch den der beruflichen Eingliederung im Arbeitsförderungsrecht (SGB III) und mit dem SGB IX durch den umfassenderen Begriff der Teilhabe am Arbeitsleben ersetzt. Der neu gewählte Begriff weist darauf hin, dass der Schwerpunkt der Leistungen hier an den Kontextfaktoren und der Teilhabe ansetzt. Dass eine trennscharfe Abgrenzung von der medizinischen Rehabilitation weiterhin nicht möglich ist, zeigt sich an den Koordinationsnormen, die eine einheitliche Leistungserbringung in dem Fall sicherstellen sollen, dass Leistungen beider Leistungsgruppen erforderlich sind[344] und an der nahezu übereinstimmenden Aufzählung von Leistungen im Bereich der Teilhabedimension, die jeweils Bestandteil beider Leistungsgruppen sein können[345].

---

342 Treier, Die Rehabilitation 1976, S. 71, 75.
343 Igl in: Ebsen (1992), S. 227, 229.
344 §§ 10, 11 SGB IX; vgl. unten III.D.6.a.(3).(a).
345 §§ 26 Abs. 3, 33 Abs. 6 SGB IX.

b) Mittel der beruflichen Rehabilitation

In § 33 Abs. 3 SGB IX sind als Mittel der Leistungen zur Teilhabe am Arbeitsleben[346] genannt Hilfen zur Erhaltung oder Erlangung eines Arbeitsplatzes einschließlich Leistungen zur Beratung und Vermittlung[347], Berufsvorbereitung einschließlich einer wegen der Behinderung erforderlichen Grundausbildung[348], berufliche Anpassung und Weiterbildung[349], berufliche Ausbildung[350], Überbrückungsgeld[351] und sonstige Hilfen zur Förderung der Teilhabe[352]. Diese können auch medizinische, psychologische und pädagogische Hilfen umfassen[353]. Ausdrücklich genannt sind neben unmittelbar begleitenden Leistungen auch Kraftfahrzeughilfe, notwendige Arbeitsassistenz[354], Hilfsmittel, technische Arbeitshilfen und Kosten der Beschaffung und Ausstattung und Erhaltung einer behinderungsgerechten Wohnung[355]. Leistungen zur Teilhabe am Arbeitsleben können auch Leistungen an Arbeitgeber der behinderten Menschen umfassen, insbesondere als Ausbildungszuschüsse, Eingliederungszuschüsse, Zuschüsse für Arbeitshilfen im Betrieb und Kostenerstattung für eine befristete Probebeschäftigung[356]. Einen eigenen Bereich bilden die Leistungen in Werkstätten für behinderte Menschen[357].

Die Einrichtungen der beruflichen Rehabilitation sind nach dem SGB IX Berufsbildungswerke, Berufsförderungswerke und vergleichbare Einrichtungen[358]. Damit sind sie gesetzlich durch den am häufigsten vorkommenden Typus definiert worden. Von Einrichtungen der beruflichen Rehabilitation wird gefordert, dass sie nach Dauer, Inhalt und Gestaltung der Leistungen, Unterrichtsmethode, Ausbildung und Berufserfahrung der Leitung und der Lehrkräfte sowie der Ausgestaltung der Fachdienste eine erfolgreiche Ausführung der Leistung erwarten lassen, dass sie angemessene Teilnahmebedingungen bieten und behinderungsgerecht sind, insbesondere die Erfordernisse des Arbeitsschutzes und der Unfallverhütung gewährleisten, dass sie den Teilnehmenden und den von ihnen zu wählenden Vertretungen angemessene Mitwirkungsmöglichkeiten an der Ausführung der Leistungen bieten sowie dass die Leistung nach den Grundsätzen der Wirtschaftlichkeit und Sparsamkeit, insbesondere zu angemessenen Vergütungssätzen, ausführen[359]. Diese Anforderungen sollen von den Rehabilitationsträgern in gemeinsamen Empfehlungen konkretisiert werden[360].

---

346 Vgl. insgesamt: Benz, BG 2001, S. 551 ff.
347 § 33 Abs. 3 Nr. 1 SGB IX; vgl. zur Amtshaftung eines Rehabilitationsberaters wegen entgangenen Arbeitsverdienstes: BGH vom 22. Juli 2004, Az. III ZR 154/03.
348 § 33 Abs. 3 Nr.2 SGB IX; vgl. BT-Drucks. 15/4575, S. 70.
349 § 33 Abs. 3 Nr. 3 SGB IX.
350 § 33 Abs. 3 Nr. 4 SGB IX.
351 § 33 Abs. 3 Nr. 5 SGB IX.
352 § 33 Abs. 3 Nr. 6 SGB IX.
353 § 33 Abs. 6 SGB IX.
354 Vgl. Frehe in: Igl/Welti (2001), S. 163, 165.
355 § 33 Abs. 8 SGB IX.
356 § 34 SGB IX.
357 §§ 39–43, 136–144 SGB IX; vgl. unten V.H.5.e.(3).; V.I.3.
358 § 35 Satz 1 SGB IX, vgl. unten III.D.6.h.
359 § 35 Satz 2 SGB IX.
360 §§ 35 Satz 3, 13, 20 SGB IX.

Der Sache nach gehören auch die Leistungen der Integrationsämter[361], Integrationsfachdienste[362] und Integrationsprojekte[363], die im zweiten Teil des SGB IX geregelt sind, zu den Leistungen zur Teilhabe am Arbeitsleben. Sie sind institutionell anders entstanden und haben einen stärkeren Bezug zu innerbetrieblichen Aktivitäten. Integrationsämter und Bundesagentur für Arbeit sind dabei zu enger Zusammenarbeit verpflichtet[364].

Insgesamt ist das Leistungsspektrum der Leistungen zur Teilhabe am Arbeitsleben offener als das der medizinischen Rehabilitation ausgestaltet, da es nicht an eine bestimmte Profession angebunden ist, sondern an Institutionen, die ihre Leistungen verändern und anpassen könne. Die Leistungen zur Teilhabe am Arbeitsleben sind stärker durch ihren Zweck und weniger durch ihre Mittel definiert.

c) Rehabilitation, Arbeitsverhältnis und Betrieb

Soweit Beschäftigte, die in einem Arbeitsverhältnis stehen, behindert werden oder von Behinderung bedroht sind, ist oft ihre konkrete Teilhabe am Arbeitsleben bedroht. Arbeitsunfähigkeit oder Leistungsminderung können zu dauerhaften Leistungsstörungen führen und den Bestand des Arbeitsverhältnisses bedrohen[365]. Rehabilitation hat in dieser Situation eine wichtige Bedeutung für Ausgestaltung und Bestandsschutz des Arbeitsverhältnisses. Behinderte und von Behinderung bedrohte Beschäftigte bilden einen Teil des betrieblichen Gefüges, in dem sie Funktionen haben und dessen Organisation zu den entscheidenden Kontextfaktoren ihrer Teilhabe am Arbeitsleben gehört. Rehabilitation mit dem Ziel der Teilhabe am Arbeitsleben steht darum in einem engen Bezug zur rechtlichen Ordnung des einzelnen Arbeitsverhältnisses und im Betrieb durch individuelles und kollektives Arbeitsrecht.

Arbeitgeber sind durch die arbeitsrechtliche Fürsorgepflicht gehalten, auf Behinderungen Rücksicht zu nehmen und ihren behinderten Arbeitnehmern angemessene Arbeitsvoraussetzungen zu schaffen. Diese Pflichten werden insbesondere in den Fällen gesetzlich präzisiert und verschärft, in denen Arbeitnehmer als schwerbehindert anerkannt oder schwerbehinderten Menschen gleichgestellt sind. Schwerbehinderte Menschen haben Anspruch auf Beschäftigung, bei der sie ihre Fähigkeiten und Kenntnisse möglichst voll verwerten und weiterentwickeln können, bevorzugte Berücksichtigung bei innerbetrieblichen Maßnahmen der beruflichen Bildung zur Förderung ihres beruflichen Fortkommens, Erleichterungen in

---

361 § 102 SGB IX, vgl. unten V.I.4.c.

362 §§ 109–115 SGB IX.

363 §§ 132–135 SGB IX; dazu M. Kreutz, ZfSH/SGB 2003, S. 341 ff.

364 § 101 SGB IX.

365 Nach BT-Drucks. 15/4575, S. 34 folgen aus Arbeitsunfähigkeit jährlich 491 Millionen Ausfalltage mit einem Produktionsausfall von 44,15 Mrd € und einem Ausfall an Bruttowertschöpfung von 69,53 Mrd €. Von Seggern, SozSich 2004, S. 110, 114 nennt jährlich 200.000 Fälle gesundheitsbedingten vorzeitigen Ausscheidens aus dem Arbeitsleben, 400.000 Beendigungen von Arbeitsverhältnissen aus rein gesundheitlichen Gründen und 55 Milliarden € Kosten für arbeitsbedingte Erkrankungen (Heilbehandlung und Produktionsausfall); Bödeker/Friedel/Röttger/Schröer, BKK 2002, S. 45 ff. beziffern die jährlichen Kosten auf „nur" 28 Mrd €.

zumutbarem Umfang zur Teilnahme an außerbetrieblichen Maßnahmen der beruflichen Bildung, behinderungsgerechte Einrichtung und Unterhaltung der Arbeitsstätten sowie behinderungsgerechte Gestaltung der Arbeitsplätze, des Arbeitsumfeldes, der Arbeitsorganisation und der Arbeitszeit sowie die Ausstattung ihres Arbeitsplatzes mit den erforderlichen technischen Arbeitshilfen[366]. Sind Beschäftigte innerhalb eines Jahres länger als sechs Wochen ununterbrochen oder wiederholt arbeitsunfähig, so muss der Arbeitgeber mit Betriebsrat, Personalrat und ggf. Schwerbehindertenvertretung mit Zustimmung und Beteiligung der betroffenen Person die Möglichkeiten klären, wie die Arbeitsunfähigkeit möglichst überwunden werden kann, mit welchen Leistungen oder Hilfen erneuter Arbeitsunfähigkeit vorgebeugt werden und der Arbeitsplatz erhalten werden kann[367]. Diese Regelungen zeigen, dass es innerhalb des Arbeitsverhältnisses Verpflichtungen gibt, behinderte und von Behinderung bedrohte Beschäftigte wieder in den Stand der Arbeits- und Leistungsfähigkeit zu setzen. Der Sache nach handelt es sich um betriebliche Rehabilitation. Als betriebliche Akteure sind der Arbeitgeber und die betrieblichen Vertretungen Betriebsrat oder Personalrat[368] sowie die Schwerbehindertenvertretung[369] an diesem Prozess beteiligt. Sie sind auch gehalten, Integrationsvereinbarungen abzuschließen, in denen Regelungen über die Eingliederung schwerbehinderter Menschen, die Personalplanung, Arbeitsplatzgestaltung und Arbeitsorganisation, das Eingliederungsmanagement und die betriebliche Prävention getroffen werden sollen[370]. Betriebliche Akteure der Rehabilitation sind auch Betriebs- und Werksärzte sowie der Beauftragte des Arbeitgebers in Angelegenheiten schwerbehinderter Menschen[371].

Im Beamtenrecht sind die Regelungen des Schwerbehindertenrechts entsprechend anzuwenden[372]. Der Vorrang von Rehabilitation innerhalb des beamtenrechtlichen Dienstverhältnisses wird durch die Regelungen über die Dienstunfähigkeit unterstrichen, wonach Beamten ein anderes Amt oder ein Amt einer anderen Laufbahn übertragen werden kann[373].

Die betriebliche Rehabilitation wird rechtlich mit den Leistungen zur Teilhabe am Arbeitsleben der Rehabilitationsträger und mit den Leistungen des Integrationsamtes verknüpft. Das Integrationsamt soll durch begleitende Hilfe im Arbeitsleben erreichen, dass schwerbehinderte Menschen in ihrer sozialen Stellung nicht absinken, auf Arbeitsplätzen beschäftigt werden, auf denen sie ihre Fähigkeiten und Kenntnisse voll verwerten und weiterentwickeln können sowie dass sie durch Leistungen der Rehabilitationsträger und Maßnahmen der Arbeitgeber befähigt

---

[366] § 81 Abs. 4 SGB IX, vgl. unten V.I.2c.(2).
[367] § 84 Abs. 2 Satz 1 SGB IX, BT-Drucks. 15/4575, S. 5, 34 f.; dazu: Feldes, SozSich 2004, S. 270 ff.; Kohte, ZSR 2003, S. 107 ff.; unten V.I.2.b.(1).(b).
[368] Vgl. § 93 SGB IX; vgl. unten V.I.2.c.(3).(a).
[369] §§ 94–97 SGB IX; vgl. unten V.I.2.c.(3).(b).
[370] § 83 SGB IX; vgl. vgl. BT-Drucks. 15/4575, S. 103; vgl. zur betrieblichen Gesundheitsförderung § 20b SGB V; Laskowski/Welti, ZESAR 2003, S. 215 ff.; unten V.I.2.c.(3).(c).
[371] § 98 SGB IX.
[372] §§ 71 Abs. 3, 128 SGB IX.
[373] §§ 26 Abs. 3 BRRG; § 42 Abs. 3 BBG und Landesrecht; vgl. Battis, BBG, 3. A. (2004), Rz 2 zu § 42.

werden, sich am Arbeitsplatz und im Wettbewerb mit nichtbehinderten Menschen zu behaupten[374]. Hierzu werden Geldleistungen an schwerbehinderte Menschen und an Arbeitgeber erbracht[375], die es den Arbeitgebern ermöglichen, ihre Verpflichtungen zur betrieblichen Rehabilitation zu erfüllen. Auch die Rehabilitationsträger können Leistungen zur Teilhabe am Arbeitsleben als Leistungen an Arbeitgeber erbringen, insbesondere Ausbildungszuschüsse, Eingliederungszuschüsse, Zuschüsse für Arbeitshilfen im Betrieb und Kostenerstattungen für befristete Probebeschäftigung[376]. Im Auftrag des Integrationsamtes und der Rehabilitationsträger werden Integrationsfachdienste tätig, die dabei auch aufwändige individuelle arbeitsbegleitende Hilfen erbringen sollen[377].

Betriebliche Rehabilitation und Leistungen zur Teilhabe am Arbeitsleben der Rehabilitationsträger sollen miteinander verknüpft werden, wie an verschiedenen Normen deutlich wird. Im Rahmen des Eingliederungsmanagements sollen Rehabilitationsträger und Integrationsamt hinzugezogen werden[378]. Diese können Arbeitgeber, die ein betriebliches Eingliederungsmanagement einführen, auch durch Prämien oder einen Bonus fördern[379]. Die Rehabilitationsträger sind ihrerseits gehalten, gemeinsame Empfehlungen zu vereinbaren, um Betriebs- und Werksärzte in die Einleitung und Ausführung von Leistungen zur Teilhabe einzubinden und um zu einem Informationsaustausch mit behinderten Beschäftigten, mit Arbeitgebern und betrieblichen Vertretungen zu gelangen[380]. Die stufenweise Wiedereingliederung ist als Leistung der medizinischen Rehabilitation ausgewiesen. Durch sie soll ermöglicht werden, dass Beschäftigte schrittweise und durch Leistungen zur Rehabilitation begleitet ihre Leistungsfähigkeit wiedergewinnen. Die Kosten und der Lebensunterhalt der betroffenen Personen werden von den Rehabilitationsträgern übernommen[381].

Ziel der Leistungen zur Teilhabe am Arbeitsleben ist auch, dass behinderte Menschen Rehabilitation in Betrieben erhalten und so nachhaltig wieder ins Arbeitsleben integriert werden. Daher haben Leistungen Vorrang, die in betrieblicher Form erbracht werden[382]. Die Einrichtungen der beruflichen Rehabilitation sollen darauf hinwirken, dass Leistungen zur beruflichen Ausbildung teilweise in Betrieben und Dienststellen ausgeführt werden und sollen die Arbeitgeber bei der betrieblichen Ausbildung behinderter Jugendlicher unterstützen[383].

In den betrieblichen Beziehungen bedeutet die Möglichkeit von Rehabilitation, dass es eine größere Chance gibt, Beschäftigte auch bei gesundheitlichen Ein-

---

374 § 102 Abs. 2 Satz 2 SGB IX.
375 § 102 Abs. 3 und 4 SGB IX.
376 § 34 SGB IX; vgl. Rojahn, ZSR 2004, S. 529, 532 f.
377 § 109 Abs. 1, Abs. 2 Nr. 2 SGB IX.
378 § 84 Abs. 2 Satz 4 SGB IX.
379 § 84 Abs. 3 SGB IX.
380 § 13 Abs. 2 Nr. 8, 9 SGB IX; zu praktischen Beispielen: Hartmann/Hanse/Hauck/Josenhans/von Bodmann/Weh, BG 2003, S. 134 ff. (RehaBau); Haase/Riedl/Birkholz/Schaefer/Schick, BKK 2003, S. 557 ff. (Audi BKK); Kaiser, BG 2003, S. 148 ff.; Schick/Schaefer/Winter, BKK 2000, S. 122 ff.
381 § 28 SGB IX; § 74 SGB V; vgl. Rojahn, ZSR 2004, S. 529, 531 f.
382 § 19 Abs. 2 SGB IX; dazu Kaiser, BG 2003, S. 446 ff.
383 § 35 Abs. 2 SGB IX.

schränkungen im Betrieb zu behalten. Damit wird ein Anreiz zur Humankapitalbildung und zum Aufbau qualifizierter Dauerbelegschaften gegeben. Maßnahmen für behinderte Beschäftigte können auch insgesamt einen Beitrag zu betrieblicher Gesundheitsförderung und dem Abbau arbeitsbedingter Gesundheitsgefahren leisten, etwa durch Barrierefreiheit im Betrieb.

Rehabilitation kann sowohl dem dauerhaften wie auch dem zeitweisen Ausschluss von Menschen auf Grund von Behinderungen oder chronischer Krankheit aus dem Arbeitsprozess entgegenwirken. Dies kann zur Vermeidung von krankheitsbedingter Entgeltfortzahlung in den einzelnen Arbeitsverhältnissen sowie von Transferleistungen wie Krankengeld, Verletztengeld und Erwerbsminderungsrenten führen. Die besonders an Arbeitsunfälle anknüpfende Rehabilitation der Gesetzlichen Unfallversicherung bedeutet zudem eine Entlastung der einzelnen Arbeitsbeziehung von Haftungsrisiken. Rehabilitation kann im Arbeitsverhältnis Leistungsstörungen vermeiden oder beseitigen und den dauerhaften Charakter des Arbeitsvertrags stärken, indem dieses auch über den Wandel der gesundheitlichen Bedingungen hinweg aufrecht erhalten wird.

Um die Vorteile der Rehabilitation für den Betrieb und das einzelne Arbeitsverhältnis zu realisieren ist eine enge Abstimmung mit den überbetrieblichen Institutionen der Rehabilitationsträger und der beruflichen Rehabilitation sowie den Integrationsämtern nötig. Da Teilhabe am Arbeitsleben nur in Betrieben stattfinden kann, ist diese Kooperation auch von entscheidender Bedeutung, wenn die gesetzlichen Ziele der Rehabilitation erreicht werden sollen.

d) Rehabilitation und Arbeitsmarkt

Ziele und Mittel der beruflichen Rehabilitation und Leistungen zur Teilhabe am Arbeitsleben sind zwar im einzelnen flexibler und damit möglicherweise freier von Einschränkungen und Abgrenzungen an Hand der professionellen Grenzen der Leistungserbringer als Leistungen der medizinischen Rehabilitation. Sie sind aber eingebettet in die normativen und politischen Grundlagen des Arbeitsmarktes und der Arbeitsmarktpolitik[384]. Ihr Erfolg ist wesentlich abhängig vom Kontextfaktor Arbeitsmarkt[385]. Dies wird deutlich durch die Beteiligung der Bundesagentur für Arbeit[386], deren gesetzliche Aufträge ein hoher Beschäftigungsstand sowie eine Verbesserung der Beschäftigungsstruktur sind. Sie soll das Entstehen von Arbeitslosigkeit vermeiden und die Dauer von Arbeitslosigkeit verkürzen[387]. Dabei sind die Leistungen so einzusetzen, dass sie den Zielsetzungen der Sozial-, Wirtschafts- und Finanzpolitik der Bundesregierung entsprechen[388]. Die Leistungen der Arbeitsförderung sollen insbesondere den Ausgleich von Angebot und Nachfrage auf dem Ausbildungs- und Arbeitsmarkt unterstützen, die zügige Besetzung offener Stellen ermöglichen, die individuelle Beschäftigungsfähigkeit fördern, unterwerti-

---

[384] Vgl. unten III.C.4.
[385] Thode/Klosterhuis/Hansmeier, DAngVers 2004, S. 462, 469.
[386] §§ 11 Abs. 1 Satz 2, 38, 102 Abs. 2 Satz 1 SGB IX; vgl. BT-Drucks. 15/4575, S. 68.
[387] § 1 Abs. 1 Satz 1 und 2 SGB III.
[388] § 1 Abs. 1 Satz 4 SGB III.

ger Beschäftigung entgegenwirken und zu einer Weiterentwicklung der regionalen Beschäftigungs- und Infrastruktur beitragen[389]. Behinderte Menschen erscheinen im allgemeinen Teil des Arbeitsförderungsrechts als besonders von Langzeitarbeitslosigkeit bedrohte und besonders förderungsbedürftige Gruppe[390].

Durch die obligatorische Beteiligung der Bundesagentur für Arbeit unter Berücksichtigung arbeitsmarktlicher Zweckmäßigkeit an vielen Leistungen zur Teilhabe[391] sind diese Zwecke in das System der Rehabilitation und Teilhabe inkorporiert. Dies verdeutlicht, dass neben der individuellen Teilhabe am Arbeitsleben auch staatliche und gesellschaftliche Interessen den Prozess der Rehabilitation bestimmen[392]. Die Wiedereinsetzung behinderter Menschen in den Stand der Erwerbs- und Arbeitsfähigkeit soll in den Rahmen sozial-, wirtschafts- und finanzpolitischer Ziele gestellt werden. Dies entspricht auch den auf europäischer Ebene vorgegeben Zielen der beschäftigungspolitischen Leitlinien, in denen die Mitgliedstaaten gehalten sind, die Erwerbsbeteiligung behinderter Menschen bis 2010 deutlich zu steigern[393].

In der Sozialwissenschaft ist die Arbeitsorientierung von Rehabilitation kritisch untersucht worden. Ihre Orientierung am Erwerbsleben und Produktionsprozess ist als dominant gegenüber frei organisierter, emanzipativer, persönlichkeitsbildender oder sozialkultureller Behindertenarbeit wahrgenommen und kritisiert worden[394]. Rehabilitation ist eng mit der Industrie- und Arbeitsgesellschaft verbunden. In allen Ausprägungen, nicht nur den Leistungen zur Teilhabe am Arbeitsleben, ist Rehabilitation verbunden mit der Zielvorstellung einer Teilhabe am Prozess der gesellschaftlichen Produktion und Arbeit[395]. In der Rentenversicherung und in der Arbeitsförderung ist sie unmittelbar dieser Zielstellung zugeordnet. In der Unfallversicherung und teilweise auch in der Krankenversicherung und Eingliederungshilfe ist sie damit konfrontiert, dass der Produktionsprozess auch Menschen in die Situation bringt, verletzt, krank oder behindert zu werden und damit Rehabilitationsbedarf zu entwickeln.

Arbeitsorientierte Rehabilitation dient in volkswirtschaftlicher Perspektive der Pflege und Verbesserung des Menschen als Humankapital sowie dem Schutz von bisher in das Humankapital in Form von Bildung und Reproduktionsleistung investierten Mitteln und Anstrengungen[396]. In diesem Sinne sind Rehabilitation und Bildung für behinderte Menschen auch in Empfehlungen und Entschließungen der Internationalen Arbeitsorganisation zur Entwicklung der menschlichen Ressour-

---

[389] § 1 Abs. 2 SGB III.
[390] §§ 6 Abs. 1 Satz 4, 11 Abs. 2 Nr. 2 SGB III; BT-Drucks. 15/4575, S. 7; vgl. kritisch zum gesetzlichen Prioritätenwandel: Bieback, KJ 2003, S. 25, 34.
[391] §§ 11 Abs. 1 Satz 2, 38 SGB IX.
[392] B. Badura/H. Lehmann in: Koch/Lucius-Hoene/Stegie (1988), S. 61.
[393] Beschäftigungspolitische Leitlinien für 2003, Anhang zum Beschluss des Rates vom 22. Juli 2003 (2003/578/EG), Abl. L 197/13 vom 5. August 2003 Ziffer 7.; vgl. dazu das Grünbuch, BR-Drucks. 501/04, S. 12 ff. und den Aktionsplan, KOM (2003) 650, S. 17 ff.; vgl. unten III.A.12.d.; III.B.4.b.
[394] W. Becker (1987), S. 26 ff., 84 f. bezeichnet Rehabilitation als *„Korrelat einer Machttechnik“*.
[395] BT-Drucks. 15/4575, S. 66: *„von elementarer Bedeutung.“*
[396] Vgl. Esping-Andersen, ZSR 2004, S. 189, 191; Welti, SF 2001, S. 69, 72 ff.

cen genannt[397]. Zugleich wirkt Rehabilitation tendenziell steigernd auf das Erwerbspersonenpotenzial auf dem Arbeitsmarkt, indem sie verhindert, dass Personen aus dem Arbeitsmarkt mangels Arbeitsfähigkeit ausscheiden. Sie ist damit Teil der Bemühungen um Beschäftigungsfähigkeit (*employability*)[398]. Beschäftigungsfähigkeit allein kann aber noch keine Beschäftigung schaffen, so dass es von allgemeinen ökonomischen und politischen Entwicklungen abhängen kann, ob die berufliche Rehabilitation auch konkrete Teilhabe am Arbeitsleben ermöglicht. Unter günstigen volkswirtschaftlichen Bedingungen kann eine Erhöhung des arbeits- und erwerbsfähigen Potentials insgesamt das Sozialprodukt von Gütern und Dienstleistungen steigern, das Innovationspotential vergrößern und mit steigendem gesellschaftlichem Reichtum die Transferzahlungen zur nicht arbeitenden Bevölkerung erleichtern.

So findet Rehabilitation in Zeiten hoher Arbeitslosigkeit unter ungünstigeren Rahmenbedingungen statt als zu Zeiten, in denen die Wiedereingliederung Kriegsgeschädigter in die wieder anlaufende Produktion im Vordergrund stand oder zu Zeiten von konjunktureller Vollbeschäftigung[399] oder zumindest formal prinzipieller Vollbeschäftigung, wie sie in der DDR bestand. Herrscht insgesamt oder sektoral ein Mangel an Arbeitskräften, ist Rehabilitation ein Mittel, um Arbeitskräfte- und Begabungsreserven zu erschließen. Eine solche Situation mit entsprechend erhöhtem Rehabilitationsbedarf wird in Deutschland und Europa auf Grund der demografischen Entwicklung für die zweite Dekade des 21. Jahrhunderts erwartet[400].

In Perioden mit hoher Arbeitslosigkeit gerät Rehabilitation in einen verstärkten Zusammenhang mit den Bemühungen allgemeiner Beschäftigungs- und Arbeitsmarktpolitik, zumal Arbeitslosigkeit stets besonders diejenigen Beschäftigten und Arbeitssuchenden betrifft, welche gesundheitlich beeinträchtigt sind. In der Arbeitsmarktforschung werden behinderte und chronisch kranke Menschen als Problemgruppe definiert, weil bei ihnen ein erhöhtes Risiko dauerhafter oder wiederholter Arbeitslosigkeit, schlechter Bezahlung, befristeter Beschäftigung, von minderen und unangemessenen Tätigkeiten, ungesunden Arbeitsbedingungen und geringen beruflichen Entwicklungschancen besteht[401]. Die Definition behinderter Menschen als benachteiligte Gruppe findet sich auch in der Empfehlung der Inter-

---

[397] Recommendation concerning Vocational Guidance and Vocational Training in the Development of Human Ressources No 150 of the International Labour Organisation vom 23. Juni 1975, Lit. VII.D.53. Conclusions concerning human ressources training and development of the 88th Session of the General Conference of the International Labour Organisation, 2000, Lit 6.

[398] Vgl. Bolderson/Mabbett (2002), S. 15.

[399] Seifriz, BArbBl. 1962, S. 253 führt aus: „*Wir sind auf jedes Quentchen Arbeitskraft angewiesen.* (...) *Somit sehen wir die Rehabilitation auch unter dem Gesichtspunkt der Volkswirtschaft, wir betrachten sie als Anreicherung unseres Arbeitsmarktes. Die Vollbeschäftigung stellt nach unserer Überzeugung ein Dauerproblem dar.*" vgl. auch Seifriz/Scholz (1959), S. 71; D. Zöllner, BArbBl. 1969, S. 259; W. Becker, SF 1973, S. 222, 225; Grupp, BArbBl. 1974, 613; Leppin/Ritz in: Offe (1977), S. 121, 128 f.; Basaglia (1985), S. 146 f.; Rudloff, ZSR 2003, S. 863, 869; unten III.A.11.c.

[400] BT-Drucks. 15/4575, S. 38; KOM (2003) 650, S. 7 f.; Blinkert/Klie, SF 2004, S. 319 ff.; Welti, KJ 2004, S. 255, 273 f.; Heine, ZSR 2004, S. 462, 465; Kommission zur Nachhaltigkeit in der Finanzierung der sozialen Sicherungssysteme (2003), S. 85; Orfeld, BKK 2003, S. 86 ff.; Weber (2002), S. 180 f.; Schaub, DRV 1999, S. 181, 183 ff.; Ruland, DRV 1996, S. 626, 630 f.

[401] Weber (2002), S. 8 ff.; Leppin/Ritz in: Offe (1977), S. 121 ff.

nationalen Arbeitsorganisation zur Beschäftigungspolitik[402]. Dies ist im Sozialrecht reflektiert, indem den besonderen Bedürfnissen schwerbehinderter Menschen in der Arbeitsförderung Rechnung getragen werden soll[403], behindertenspezifischen Nachteilen bei der Grundsicherung für Arbeitssuchende Rechnung getragen wird[404] und die dauerhafte Sicherung der Teilhabe am Arbeitsleben als zentrales Leistungsziel der Leistungen zur Teilhabe ausgewiesen ist[405].

Rehabilitation und Teilhabeleistungen sind für die politische Steuerung des Arbeitsmarkts Strategien der Eingliederung im Gegensatz zu solchen der Ausgliederung[406]. Sie stehen im Gegensatz zu einer Strategie, bei der Frühinvalidisierung als Instrument betrieblicher Personalplanung oder zur Lösung von Arbeitsmarktproblemen bewusst eingesetzt wird[407]. Zu beachten ist, dass Behinderung nur einer vorn mehreren Faktoren ist, welche die Situation der Individuen auf dem Arbeitsmarkt prägen. Es ergeben sich insbesondere durch die Ausbildung und das Geschlecht sehr unterschiedliche Situationen behinderter Menschen auf dem Arbeitsmarkt. So ist die Arbeitsmarktposition behinderter Frauen schlechter als die behinderter Männer[408]. Dabei kumulieren die benachteiligenden Faktoren, so dass behinderte Frauen stärker benachteiligt sind als Frauen in der Gesamtbevölkerung. Zwischen Behinderung und Ausbildungsgrad besteht eine starke negative Korrelation. Behinderte Menschen erreichen seltener höhere berufliche Qualifikation. Sie sind aber für den Einkommenserfolg stärker darauf angewiesen, weil auch die Risikofaktoren Behinderung und niedrige Qualifikation im Arbeitsmarkt kumulieren[409].

Veränderungen von Arbeitswelt und Arbeitsbedingungen wirken sowohl auf die Art der arbeitsbedingten Gesundheitsfaktoren wie auch auf die Anforderungen an die Arbeitskräfte[410]. Sie beeinflussen Entstehen und Relevanz von Gesundheitsstörungen und bilden einen wesentlichen Faktor der Teilhabe[411]. Arbeitsbezogene Faktoren führen bei körperlich belastenden und stresserzeugenden Tätigkeiten oft erst zu Behinderung und Invalidität[412]. Der Zusammenhang zwischen Arbeit und Rehabilitationsbedarf ist also nicht monokausal, sondern wechselbezüglich. Durch veränderte Arbeitsbedingungen sind in den letzten Jahrzehnten die seelischen Gesundheitsstörungen im Verhältnis zu den rein körperlichen Funktionsstörungen immer relevanter für die arbeitsbezogene Rehabilitation geworden.

---

[402] Employment Policy (Supplementary Provisions) Recommendation No 169 of the International Labour Organisation vom 26. Juni 1984, Lit. III.15: *„Members should adopt measures to respond to the needs of all categories of persons frequently having difficulties in finding lasting employment, such as (...) disabled persons."*
[403] § 6 Abs. 1 Satz 4 SGB III.
[404] § 1 Abs. 1 Satz 4 Nr. 5 SGB II.
[405] §§ 4 Abs. 1 Nr. 3, 33 Abs. 1 SGB IX.
[406] Weber (2002), S. 11.
[407] Behrend, NDV 1994, S. 338, 340; Behrens in: Behrend (1994), S. 113 ff.
[408] Lorbeer in Barzen (1988), S. 48; Läseke in Barzen (1988), S. 64 f.; vgl. unten III.11.h.; III.B.14.d.; IV.B.9.a.
[409] Leppin/Ritz in: Offe (1977), S. 126 f.
[410] Vgl. Müller/Marstedt, ZSR 2003, S. 40 ff.; Prüßmann/Wehmhöner/Stephan, BKK 2003, S. 563 ff.
[411] Vgl. ICF d840–d859.
[412] Behrend, NDV 1994, S. 338, 339.

Politische und volkswirtschaftliche Umbruchsituationen – wie insbesondere nach der Vereinigung der deutschen Staaten 1990[413], aber auch nach den Weltkriegen oder im Strukturwandel altindustrieller Regionen – sind auch davon geprägt, dass bestehende Formen der Eingliederung in den Arbeitsmarkt in Frage gestellt werden. Rehabilitation wird also nicht nur notwendig, wenn gesundheitliche Beeinträchtigungen (neu) auftreten, sondern auch, wenn die gesellschaftlichen Kontextfaktoren, mit denen bisher eine Erwerbsbeteiligung möglich war, sich ändern.

Durch die Existenz einer sozialen Sicherung, die sich spezifisch auf die menschliche Arbeitskraft und ihre Erwerbsmöglichkeit bezieht, schützt die Rehabilitation diejenigen, die zur Erzielung von Einkommen auf die ständige Verwertung und den Einsatz ihrer Arbeitskraft angewiesen sind[414], also die abhängig und selbständig Erwerbstätigen. Sie ist so eine wesentliche Grundlage der Volkswirtschaft[415]. Die Planungssicherheit der Menschen wird durch soziale Sicherheit größer, so dass langfristig angelegte Lebensplanung erst möglich wird, sei diese ökonomisch – wie etwa beim Bau eines Eigenheims – oder auf die Bildung der Kinder hin ausgelegt. Dabei sind erhebliche Unterschiede in Motivation und Erfolgsaussicht der Rehabilitation zu konstatieren, die insbesondere von der Arbeitsmarktlage, vom Bildungsgrad, der lebensgeschichtlich entwickelten Arbeitsorientierung und der innerfamiliären Arbeitsteilung der Betroffenen abhängen[416].

So bleibt die Einbindung der Rehabilitation und Teilhabe am Arbeitsleben in die Zielsetzungen der Arbeitsförderung und Arbeitsmarktpolitik ebenso unvermeidlich wie ambivalent. Sie zeigt, dass das SGB IX nicht isoliert, sondern nur im Gesamtkontext des Sozialgesetzbuches betrachtet und ausgelegt werden kann. Dabei können Spannungsverhältnisse zwischen individuellen Ansprüchen und Bedürfnissen der Teilhabe und den durch Arbeitsmarkt und Politik vermittelten gesellschaftlichen Bedarfen und Anforderungen auftreten. Diese Spannungen müssen im sozialen Rechtsstaat zu einem Ausgleich gebracht werden. Das Sozialrecht ist ein Medium dieses Ausgleichs.

7. Rehabilitation und Geldleistungen

a) Geldleistungen zur Sicherung der Rehabilitation

Nehmen Menschen Leistung zur Teilhabe in Anspruch, so muss ihr Lebensunterhalt während dieser Zeit gesichert sein, wenn sie bedingt durch die Behinderung oder durch die Leistung selbst keine Möglichkeit haben, zu arbeiten. Arbeitgeber sind verpflichtet, bei Arbeitsverhinderung infolge einer Maßnahme der medizinischen Rehabilitation das Entgelt bis zu sechs Wochen weiterzuzahlen[417]. Diese Verpflichtung entspricht derjenigen zur Entgeltfortzahlung im Krankheitsfall. Sie folgt der Risikoverteilung und sozialen Verantwortung im Arbeitsverhältnis allgemein. Ist der Arbeitgeber schon bei einfacher unverschuldeter Arbeitsverhinde-

---

[413] Vgl. unten III.A.10.d.
[414] Weber (2002), S. 9.
[415] BVerfG vom 22. Juni 1977, BVerfGE 45, 376, 387.
[416] Runde/Weber in: Igl/Welti (2001), S. 65, 76; Borgetto (1996), S. 228 ff.
[417] §§ 9 Abs. 1, 3–4a EFZG.

rung wegen Krankheit zur Entgeltfortzahlung verpflichtet, so muss dies erst recht bei einer Leistung gelten, die der Sicherung der Erwerbsfähigkeit und Teilhabe am Arbeitsleben und damit auch der Sicherung des Arbeitsverhältnisses gilt.

Der Lebensunterhalt während Leistung zur Teilhabe wird im Übrigen sozialrechtlich durch die unterhaltssichernden Leistungen abgedeckt[418]. Im Zusammenhang mit den Leistungen zur medizinischen Rehabilitation leisten die gesetzlichen Krankenkassen Krankengeld[419], die Träger der Unfallversicherung Verletztengeld[420], die Träger der Rentenversicherung Übergangsgeld[421] und die Träger der Versorgungsverwaltung Versorgungskrankengeld[422]. Bei Leistungen zur Teilhabe am Arbeitsleben wird durch die Rentenversicherung, Unfallversicherung, Versorgungsverwaltung und die Agentur für Arbeit bei Leistungen nach dem SGB III Übergangsgeld gezahlt, das der Bezeichnung, Höhe und Berechnung nach vereinheitlicht ist[423]. Diese Leistungen orientieren sich am Einkommen der versicherten Personen. Damit soll erreicht werden, dass bei Teilnahme an einer Rehabilitations- und Teilhabeleistung der Lebensstandard weitgehend gesichert werden kann und so keine Hindernisse für die Teilnahme entstehen. Sind Rehabilitationsträger die Träger der Sozialhilfe, Jugendhilfe und die Agenturen für Arbeit bei Leistungen der Grundsicherung für Arbeitssuchende, so sind keine besonderen unterhaltssichernden Leistungen vorgesehen. Der Lebensunterhalt während einer Maßnahme ist dann von den behinderten Menschen selbst oder durch Hilfe zum Lebensunterhalt[424], Arbeitslosengeld II[425] oder Sozialgeld[426] zu decken. Für behinderte Hilfebedürftige, denen Leistungen zur Teilhabe am Arbeitsleben erbracht werden, und für behinderte Menschen, denen Eingliederungshilfe zur Erlangung einer angemessenen Schulbildung oder Ausbildung gewährt wird, ist ein Mehrbedarfszuschlag von jeweils 35 % der Regelleistung von Arbeitslosengeld II, Grundsicherung bei dauerhafter Erwerbsminderung oder Hilfe zum Lebensunterhalt vorgesehen[427].

b) Vorrang der Rehabilitation vor Renten und anderen Geldleistungen

Rehabilitation steht in einem engen Wechselverhältnis zur sozialrechtlichen Sicherung des Lebensunterhalts und Einkommensausfalls bei Erwerbsminderung, aber auch bei Krankheit, Arbeitslosigkeit und Alter. Die Rentenversicherungträger als Träger der Renten bei Erwerbsminderung[428] und Altersrenten[429], die Krankenver-

---

[418] Vgl. unten V.C.5.d.
[419] § 45 Abs. 1 Nr. 1 SGB IX; §§ 46–51 SGB V; §§ 8 Abs. 2, 12, 13 KVLG.
[420] § 45 Abs. 1 Nr. 2 SGB IX; §§ 45–48, 52, 55 SGB VII.
[421] §§ 45 Abs. 1 Nr. 3, 46–52 SGB IX; §§ 20, 21 SGB VI.
[422] § 45 Abs. 1 Nr. 4 SGB IX; §§ 16–16h, 18a BVG.
[423] § 45 Abs. 2, 46–52 SGB IX.
[424] §§ 27–40 SGB XII.
[425] §§ 19–27 SGB II.
[426] § 28 SGB II.
[427] § 21 Abs. 4 SGB II; §§ 30 Abs. 4, 42 Nr. 3, 54 Abs. 1 Nr. 1–3 SGB XII; zum früheren Taschengeld und Mindestübergangsgeld während einer Rehabilitation vgl. BSG vom 28. Juni 1989, BSGE 65, 174 ff.
[428] § 43 SGB VI; vgl. unten V.C.5.a., V.C.5.b
[429] §§ 35–42 SGB VI.

sicherungsträger als Träger des Krankengeldes[430], die Unfallversicherungsträger als Träger von Verletztengeld[431] und Verletztenrenten[432], die Versorgungsverwaltung als Trägerin der Beschädigten-Grundrenten[433] und Ausgleichsrenten[434], die Sozialhilfeträger als Träger der Hilfe zum Lebensunterhalt[435] und der Grundsicherung bei Erwerbsminderung und im Alter[436], die Agentur für Arbeit als Trägerin des Arbeitslosengelds[437], des Arbeitslosengelds II[438] und des Sozialgelds[439] sind immer zugleich Träger der Leistungen zur Teilhabe und Rehabilitation, mit denen für behinderte oder von Behinderung bedrohte Menschen der Eintritt der genannten Risiken verhindert, gemildert oder verzögert werden kann. Die gesetzliche Einführung von Heilverfahren und Berufshilfe stand von Anfang an mit der Absicht in Verbindung, Renten und andere Dauerleistungen in Geld nicht zahlen zu müssen[440]. Der Grundsatz „Rehabilitation vor Rente" lag insbesondere in der Renten- und Unfallversicherung von Anfang an der Rehabilitation zu Grunde. Im sozialen Entschädigungsrecht ist er nach dem ersten Weltkrieg mit dem Reichsversorgungsgesetz eingeführt worden[441]. In der Rentenversicherung ist der Grundsatz 1957 kodifiziert worden. Mit dem Reha-Angleichungsgesetz[442] ist er Bestandteil des allgemeinen Rehabilitationsrechts geworden.

Die Rehabilitationsträger sind heute durch das SGB IX auf den Vorrang der Rehabilitation vor Renten und dem Bezug laufender Sozialleistungen festgelegt[443]. Der Grundsatz ist zudem in unterschiedlicher Form in den meisten Leistungs-Anspruchsgesetzen enthalten[444]. Die weitestgehende Fassung des Grundsatzes ist aber im SGB IX enthalten. Immer wenn bei einem Rehabilitationsträger Sozialleistungen wegen oder unter Berücksichtigung einer Behinderung oder einer drohenden Behinderung beantragt oder erbracht wird, muss dieser unabhängig von der Entscheidung über diese Leistungen prüfen, ob Leistung zur Teilhabe voraussichtlich erfolgreich sind[445]. Ergebnis dieser Prüfung ist, dass der Rehabilitationsträger der betroffenen Person die Leistung anbieten muss und, soweit er nicht selbst ihr Träger sein kann, das entsprechende Verfahren der Koordination[446] einleiten muss.

---

[430] §§ 44–51 SGB V.
[431] §§ 45–48 SGB VII; vgl. unten V.C.5.c.
[432] §§ 56–62 SGB VII.
[433] § 31 BVG; vgl. unten V.C.5.c.
[434] § 32 BVG.
[435] §§ 27–40 SGB XII.
[436] §§ 41–43 SGB XII; vgl. dazu Schellhorn, FuR 2005, S. 1 ff.; Friedrichsen, NDV 2004, S. 309 ff.
[437] §§ 117–124 SGB III.
[438] §§ 19–27 SGB II.
[439] § 28 SGB II.
[440] Raspe in: Igl/Welti (2001), S. 239, 240; E. Jung (1982), S. 50.
[441] § 20 RVG; vgl. Schulin (1981), S. 71, 245.
[442] § 7 RehaAnglG; vgl. Igl (1987), S. 73.
[443] §§ 4 Abs. 1 Nr. 2, 8 Abs. 1 und 2 SGB IX; vgl. BT-Drucks. 15/4575, S. 20; Schütte, ZSR 2004, S. 473 ff.; Oltzen, ZSR 2004, S. 493 ff.; vgl. unten IV.C.6.b.
[444] § 1 Abs. 1 Satz 4 Nr. 1 und 2 SGB II: Vorrang der Erwerbstätigkeit und Erwerbsfähigkeit; §§ 4, 5 SGB III: Vorrang der Vermittlung und aktiven Arbeitsförderung; § 9 Abs. 1 Satz 2 SGB VI; § 26 Abs. 3 SGB VII; § 14 Abs. 1 SGB XII.
[445] § 8 Abs. 1 SGB IX.
[446] §§ 10, 11 SGB IX; vgl. unten III.D.6.a.(3).(a).

Als Sozialleistungen wegen oder unter Berücksichtigung einer Behinderung können jedenfalls Erwerbsminderungsrenten, Verletztenrenten, Ausgleichsrenten, die Grundsicherung bei dauerhafter Erwerbsminderung und Altersrenten für schwerbehinderte Menschen sein[447]. Umstritten ist, ob darunter auch weitere Geldleistungen fallen können. Sind Menschen behindert, prägt dies ihr Risiko der Krankheit und Arbeitslosigkeit entscheidend mit, so dass man auch Krankengeld, Arbeitslosengeld I und II als Sozialleistungen unter Berücksichtigung einer Behinderung ansehen muss, wenn sie von behinderten Menschen beantragt werden. Schließlich prägt die Behinderung auch das allgemeine Risiko, sich nicht selbst unterhalten zu können, so dass bei der Hilfe zum Lebensunterhalt und dem Sozialgeld jedenfalls behinderte Antragsteller im erwerbsfähigen Alter ebenfalls unter die Regelung fallen. In allen diesen Fällen prägt der Grundsatz des Vorrangs der Rehabilitation das vom Rehabilitationsträger zu wählende Verfahren und verpflichtet ihn, über die Prüfung der Voraussetzungen einer Geldleistung hinaus den Rehabilitationsbedarf zu prüfen und weitere Schritte einzuleiten. Eine Ausnahme sind die Beschädigten-Grundrenten. Bei ihnen überwiegt der Ausgleichscharakter für die Schädigung so, dass der Grundsatz „Rehabilitation vor Rente" nicht anzuwenden ist.

Der Vorrang der Rehabilitation vor Geldleistungen hat auch materiell-rechtliche Folgen im Sozialleistungsverhältnis. So können die Mitwirkungspflichten der Leistungsberechtigten eingreifen, durch die diesen obliegt, eine zumutbare Heilbehandlung oder Leistung zur Teilhabe am Arbeitsleben in Anspruch zu nehmen[448]. Menschen, die Krankengeld[449] oder Arbeitslosengeld[450] beantragen, können darauf verwiesen werden, Leistung zur Teilhabe zu beantragen, wenn sie leistungsgemindert oder erwerbsgemindert sind. Im Rentenversicherungsrecht soll der Vorrang der Rehabilitation vor Rente dadurch gesichert werden, dass Renten wegen verminderter Erwerbsfähigkeit grundsätzlich auf längstens drei Jahre befristet werden[451], so dass eine erneute Prüfung der Rehabilitationsfähigkeit und Erwerbsminderung erforderlich ist.

Der Grundsatz „Rehabilitation vor Rente" wird im Sozialrecht modifiziert und mitbestimmt durch die Anspruchsvoraussetzungen von Renten. In der gesetzlichen Unfallversicherung wird die Rente nach dem Maß der Minderung der Erwerbsfähigkeit, also des abstrakt festgestellten Schadens bemessen und gewährt[452]. Sie ist grundsätzlich unabhängig davon, ob real Erwerbseinkommen erzielt wird und die Teilhabe am Arbeitsleben gesichert ist. Dies wird aber durch einen Erhöhungsbetrag bei Arbeitslosigkeit durchbrochen[453]. Die Verletztenrente der gesetzlichen Unfallversicherung kann zunächst als vorläufige Entschädigung festgesetzt werden, soll aber nach Ablauf von drei Jahren auf unbestimmte Zeit geleistet werden[454]. Fällt die Minderung der Erwerbsfähigkeit für länger als drei Monate weg

---

447   Schütte, ZSR 2004, S. 473, 480 f.
448   §§ 63–67 SGB I.
449   § 51 SGB V.
450   § 125 Abs. 2 SGB III.
451   § 102 Abs. 2 SGB VI; vgl. Oltzen, ZSR 2004, S. 493, 498.
452   § 56 SGB VII; vgl. oben II.A.1.c.(5).
453   § 58 SGB VII.
454   § 62 SGB VII.

oder vermindert sich ihr Grad, so wird die Rente nicht mehr gewährt oder neu festgesetzt[455]. Bei Renten auf unbestimmte Zeit sind Änderungen nur in Abständen von mindestens einem Jahr zulässig[456].

Ähnlich sind die Regelungen in der sozialen Entschädigung, soweit sich diese nach dem BVG richtet. Eine Minderung oder Entziehung der Leistungen wegen Besserung des Gesundheitszustands tritt mit Ablauf des Monats ein, der auf die Bekanntgabe eines ändernden Bescheides folgt[457]. Die Minderung der Erwerbsfähigkeit darf nicht vor Ablauf von zwei Jahren nach Bekanntgabe des Feststellungsbescheids niedriger festgesetzt werden[458]. Ist durch eine Heilbehandlung eine wesentliche und nachhaltige Steigerung der Erwerbsfähigkeit erreicht worden, so ist die Neufestsetzung frühestens ein Jahr nach Abschluss dieser Heilbehandlung zulässig[459]. Damit richtet sich der Grundsatz „Rehabilitation vor Rente" in der gesetzlichen Unfallversicherung und sozialen Entschädigung auf die Aufhebung und Überwindung der Voraussetzungen der Minderung der Erwerbsfähigkeit. Erwerb und Teilhabe am Arbeitsleben in von Bezahlung und Qualifikation her als niedriger angesehenen Berufen rücken damit in den Hintergrund.

Der Vorrang der Rehabilitation vor Geldleistungen zeigt an, dass die Rehabilitation der geschädigten Person nicht nur in ihrem eigenem Interesse, sondern auch in dem Interesse des entschädigungspflichtigen Trägers und im gesellschaftlichen Interesse liegt. Die durch Geldleistungen erreichte Teilhabe wird so als grundsätzlich nicht gleichwertig mit der Teilhabe durch eigene Erwerbsarbeit angesehen. Dieses Rangverhältnis entspricht der zivilrechtlichen Schadensminderungspflicht[460] und dem Vorrang der Naturalrestitution[461]. Ihr liegt das rechtliche und politische Leitbild des aktiven und eigenverantwortlichen Menschen zu Grunde, der sich durch eigene Erwerbsarbeit seine Berufsfreiheit verwirklicht und sich an der gesellschaftlichen Arbeitsteilung beteiligt. Es wird angezeigt, dass die Teilhabe des Menschen in seinen gesellschaftlichen Bezügen und im Gebrauch seiner Grundrechte durch Geldleistungen nicht voll ersetzt werden kann. Gesundheit und Teilhabe an Beruf, gesellschaftlichem und politischem Leben haben unvertretbare Elemente, die durch eine Rente oder andere Geldleistung nicht hergestellt werden können.

Der Vorrang von Rehabilitation vor Geldleistungen birgt aber auch die Gefahr, dass die geschädigte Person zum Objekt eines Verfahrens gemacht wird, um ein von ihr nicht geteiltes Rehabilitationsziel zu erreichen und einem Träger Geldleistungen zu ersparen[462]. Damit würden die genannten Ziele gerade nicht erreicht werden können, da Teilhabe an Arbeitsleben, Gesellschaft und Politik nur freiwillig und selbstbestimmt möglich ist. Um dies zu verhindern, muss die Rehabilitation

---

[455] § 73 Abs. 1–3 SGB VII.
[456] § 74 Abs. 1 SGB VII.
[457] § 60 Abs. 4 Satz 2 BVG.
[458] § 62 Abs. 2 Satz 1 BVG.
[459] § 62 Abs. 2 Satz 2 BVG.
[460] Gitter/Nunius in Schulin, HS-UV (1996), § 4 Rz 137; Wulfhorst (1994), S. 165; Gitter (1969), S. 155.
[461] Gitter/Nunius in: Schulin, HS-UV (1996) § 5 Rz 144; vgl. unten V.B.5.d.
[462] Gitter (1969), S. 153.

dem Ziel der Selbstbestimmung dienen[463], nach individuellen Kriterien und Wünschen konkretisiert werden[464] und darf nicht erzwungen werden[465]. Die rechtlichen Mechanismen des Vorrangs von Rehabilitation vor Geldleistungen können also mit Anreizen und Obliegenheiten operieren, nicht jedoch mit einer Rehabilitationspflicht. Eine Pflicht zu Rehabilitation und Teilhabe ist im strengen Sinne nicht möglich. Die moderne arbeitsteilige, demokratisch und rechtsstaatlich verfasste Gesellschaft ist zwar auf die Bereitschaft ihrer Bürgerinnen und Bürger zur Teilhabe an Arbeitsleben, Gesellschaft und Politik angewiesen. Sie kann diese jedoch nicht mit rechtlichen Mitteln erzwingen. Das Angebot, Menschen durch Rehabilitation in den Stand der Teilhabefähigkeit wieder einzusetzen, ist das dieser Gesellschaft adäquate Mittel, ihre Grundlagen zu sichern.

8. Rehabilitation als Prinzip und Anspruch im sozialen Rechtsstaat

a) Rehabilitation als Prinzip

Der Begriff der Rehabilitation ist vielschichtig. Er ist entstanden durch die Übertragung eines Rechtsbegriffs auf das Feld der Sozialpolitik, in dem er wieder zum Begriff des Sozialrechts, aber auch der Medizin, Pädagogik und Arbeitswissenschaft geworden ist. Es trifft also nicht zu, dass Rehabilitation ein vorrechtlicher Begriff ist, an den das Recht erst anknüpft, wie *Bertram Schulin* angenommen hat[466]. Vielmehr hat die rechtliche Zielbestimmung der Rehabilitation prägende Wirkung für die genannten Lebensbereiche gehabt.

Teilweise mit Zusätzen (berufliche, medizinische, soziale, pädagogische Rehabilitation, Rehabilitationsmaßnahmen) wurde und wird der Begriff der Rehabilitation zur Beschreibung von Tätigkeiten, Prozessen und handlungsleitenden Zielvorstellungen genutzt. Er ist dabei in die Fachdisziplinen der Medizin, der Pflege, der Psychologie, der Sozialpädagogik, Sozialarbeit und Sonder- und Heilpädagogik eingegangen. Zugleich beeinflussen sich Ziele und Methoden von Medizin, Sozialwesen und Recht in der Rehabilitation[467].

Der Rehabilitationsbegriff ist notwendig normativ aufgeladen. Auch wenn Rehabilitation scheinbar schlicht die Wiederherstellung eines – entweder real oder fiktiv – bereits erreichten Zustandes der einzelnen Person in der Gesellschaft meint, so verhindern bereits die Zeit, Komplexität und permanente Wandlung der Gesellschaft ein sinnvolles Verständnis als bloße (Wieder-)herstellung, denn ein einmal erreichter Stand im Leben eines Menschen kann nie völlig wiederhergestellt werden. Rehabilitation betont stärker als der Begriff der Restitution, dass es ein Zurück in der Zeit nicht gibt. Es bedarf selbst in scheinbar einfachen Fällen – etwa bei einer gesundheitlichen Beeinträchtigung nach einem Unfall – der normativen Bestimmung, in welchen Aspekten der Mensch-Umwelt-Beziehung eine Rehabilitation stattzufinden habe und wann sie – im Vergleich zum früheren Zustand – als

---

[463] § 1 Satz 1 SGB IX.
[464] § 9 Abs. 1 SGB IX, § 33 SGB I; vgl. Welti, SGb 2003, S. 379 ff.
[465] § 9 Abs. 4 SGB IX; Gitter (1969), S. 154 f.; unten IV.C.6.a.
[466] Schulin (1990), S. 16.
[467] Von Engelhardt, DRV 1990, S. 572, 587 f.

erreicht gelten könne. Folgerichtig wird der Begriff auch dort angewandt, wo es nicht um diese angenäherte Wiederherstellung eines vorigen Zustandes geht, sondern um die Herstellung eines Zustandes in der Beziehung zwischen Mensch und Umwelt, wie sie sein sollte, nämlich dann, wenn von vorneherein bestehende Beeinträchtigungen und Behinderungen Gegenstand der Rehabilitationsbemühungen sind. Einige Zeit lang wurde versucht, hierfür den Begriff Habilitation zu benutzen. Dies ist im Recht nicht aufgegriffen worden und hat sich insgesamt als unzweckmäßig erwiesen[468].

In welchen Stand der Gesellschaft der Mensch durch Rehabilitation einzusetzen ist, ist eine politisch und rechtlich zu formende Entscheidung. Rehabilitation und ihre gesellschaftliche Organisationsform werden von den Interessen, Machtverhältnissen und Wertvorstellungen einer Gesellschaft geprägt und wirken auf diese zurück. Im weitesten Sinne ist die gesellschaftliche Arbeitsteilung Folge wie auch Ursache von Behinderungen einzelner: Sie macht es den einzelnen Menschen und auch kleineren Menschengruppen, etwa Familien, unmöglich, ohne gesellschaftliche Vermittlung durch das Bildungssystem, den Austausch von Arbeitsprodukten und die Erwerbsarbeit zu überleben. Ist schon die Herausbildung dieses Systems gefördert worden, indem Einzelne sich besonderen Befähigungen und Defiziten gemäß spezialisiert haben, so führt die entwickelte gesellschaftliche Arbeitsteilung dazu, dass je spezifische historisch, politisch und ökonomisch bedingte Fähigkeiten der Arbeit vom Einzelnen gefordert sind, um innerhalb des Systems seinen Lebensunterhalt erwerben zu können. Die Gesellschaft stellt also die Voraussetzungen her, unter denen Einzelne ihrer Mitglieder als behindert im Vergleich zu anderen gelten, weil sie die Anforderungen in der Gesellschaft nicht erfüllen können[469].

Dass innerhalb einer Gesellschaft Einschränkungen einzelner ihrer Mitglieder erkannt und Vorkehrungen getroffen werden, die Beziehung dieser Mitglieder zur Gesellschaft zu definieren und dabei möglicherweise einen Ausgleich für die Einschränkungen vorzunehmen, ist konstitutiv für menschliche Sozialisation. Das Umgehen einer Gesellschaft damit hat Auswirkungen auf die Organisation gesellschaftlicher Arbeitsteilung und die Konstitution der Arbeitsgesellschaft[470], die politischen und ökonomischen Machtverhältnisse, das Ausmaß von gesellschaftlicher Integration[471] und Gleichheit[472], die Verteilung von Lebenschancen und die Gestaltung von Biographien und auf das Verhältnis der Generationen. Integration oder Inklusion behinderter Menschen in die gesellschaftlichen Systemzusammenhänge kann als Ziel der Rehabilitation bezeichnet werden[473].

Im sozialen Rechtsstaat werden diese Prozesse durch das Medium des Rechts organisiert. Konkretisiert haben sie sich im Recht der Rehabilitation und Teilhabe behinderter Menschen. Dabei handelt es sich um einfaches Recht, dessen Abhängigkeit von den verfassungsrechtlichen Vorgaben des sozialen Staatsziels und der

---

[468] Schulin (1980), S. 22: *„völlig überflüssig"*; vgl. Gruhl (1968), S. 12.
[469] Jantzen, Das Argument 80 (1973), S. 152, 156.
[470] Vgl. unten III.A.11.k.; III.B.4.
[471] Vgl. unten III.B.3.
[472] Vgl. unten III.B.12.; IV.B.
[473] Runde/Weber in: Igl/Welti (2001), S. 65, 66 ff.; Beck/Schuck in: Igl/Welti (2001), S. 93; unten III.B.3.

Grundrechte behinderter Menschen in den nächsten Kapiteln untersucht wird. Sieht man Rehabilitation als eine Wiedereinsetzung von Menschen in den Stand, ihre Grundrechte gebrauchen zu können[474], so ergibt sich daraus die These, dass Rehabilitation zwar nicht durch Tradition in Verfassungsrang hineingewachsen ist[475], wohl aber eine dem sozialen Rechtsstaat besonders entsprechende Ausgestaltung des Sozialrechts ist.

Der soziale Rechtsstaat kann das Bedürfnis nach Rehabilitation nicht ignorieren. Die Grundrechte bestimmen mit, in welchen Status in Recht und Gesellschaft die Menschen durch Rehabilitation wieder eingesetzt werden sollen. Rehabilitation ist in diesem Sinne ein Prinzip, das der Ausgestaltung der sozialen Sicherung und des die Behinderung betreffenden Rechts zu Grunde liegt. Das Prinzip der Rehabilitation ist in § 10 SGB I als soziales Recht niedergelegt und im SGB IX für die Rehabilitationsträger des Sozialrechts näher ausgeformt worden. Diese Normen formulieren Ziele und fokussieren die Leistungsnormen des Sozialrechts in Richtung auf die sozialen und politischen Zwecke der Rehabilitation[476]. Das Prinzip Rehabilitation ist verfassungsrechtlich fundiert, weil im sozialen Rechtsstaat die Interessen aller Bürgerinnen und Bürger zu berücksichtigen sind[477]. Aktive und teilhabefähige Bürgerinnen und Bürger sind Grundlage und Voraussetzung eines funktionierenden demokratischen und sozialen Rechtsstaats[478].

b) Rehabilitation als Anspruch

Im sozialen Rechtsstaat entsprechen Prinzipien oft subjektive Rechte Einzelner, die als verbindliche Regel sicherstellen, dass ihnen die entsprechenden Rechte und Ansprüche zukommen und in denen der Konflikt zwischen den verschiedenen vom Gesetzgeber zu verfolgenden Prinzipien gelöst oder entschieden ist. Als gegenläufiges Prinzip zur Rehabilitation kann etwa das demokratische Recht der Verteilung endlicher Ressourcen ausgemacht werden, auf Grund dessen die Mittel für Rehabilitation begrenzt sind[479]. Auf Sozialleistungen besteht grundsätzlich ein Anspruch, soweit ihre Erbringung nicht ins Ermessen der jeweiligen Träger gestellt ist[480].

Auf Leistungen zur Teilhabe besteht im Unfallversicherungsrecht[481], sozialen Entschädigungsrecht[482], in der Sozialhilfe[483] und in der Kinder- und Jugendhilfe[484] ein Anspruch. Auch die Leistungen der Pflegeversicherung, die der Sache nach der Teilhabe behinderter Menschen dienen, sind Anspruchsleistungen. Rechtsansprü-

---

[474] Vgl. unten IV.C.4.; IV.D.
[475] Dies wird erwogen bei W. Schmitt, SF 1983, S. 6, 9; Scholler, ZfSH 1981, S. 266. 267; Köbl, VSSR 1979, S. 1, 5.
[476] Igl, ZSR 2004, S. 365, 367 f.
[477] Vgl. unten III.B.2.
[478] Vgl. unten III.B.3.; III.B.13.
[479] Z. B. § 220 SGB VI; vgl. Pitschas, VSSR 1998, S. 163 ff.
[480] § 38 SGB I; vgl. Ruland, DRV 2000, S. 733, 740.
[481] § 26 Abs. 1 SGB VII.
[482] § 1 Abs. 1 BVG.
[483] § 53 SGB XII.
[484] § 35a SGB VIII.

che auf Rehabilitation bestehen auch, wenn diese außerhalb des Sozialrechts auf der Grundlage von Beamtenversorgungsrecht und Schadensersatzrecht besteht. Leistungen der Rehabilitation und Teilhabe sind im Rentenversicherungsrecht[485], im Krankenversicherungsrecht[486] und im Recht der Arbeitsförderung[487] als Ermessensleistungen ausgewiesen. Dies bedeutet aber nicht, dass es diesen Rehabilitationsträgern freistünde, nach Ermessen diese Leistungen zu gewähren oder nicht. Die normative Einbindung der Rehabilitation führt vielmehr dazu, dass auf Leistung zur Teilhabe dieser Träger ein Anspruch dem Grunde nach besteht, wenn die gesetzlichen Voraussetzungen erfüllt sind[488]. Dies ergibt sich aus der normativen Einbindung in das jeweilige Gesamtsystem der Leistungen, insbesondere aus dem Vorrang der Rehabilitation vor Geldleistungen[489].

In der gesetzlichen Rentenversicherung ist der Anspruch auf Rehabilitation dem Grunde nach zuerst vom Bundessozialgericht anerkannt worden. Da Erwerbsminderungsrenten eine Leistung sind, auf die ein Anspruch besteht, Rehabilitation der Vermeidung dieser Renten dient und eine Obliegenheit der Versicherten besteht, durch Rehabilitation die Erwerbsminderungsrente zu vermeiden, kann die Rehabilitation nicht nach freiem Ermessen versagt werden. Die durch den Zweck bestehende Begrenzung äußert sich vielmehr bereits in der den Anspruch begrenzenden persönlichen Voraussetzung, dass voraussichtlich die Erwerbsfähigkeit wieder hergestellt oder ihre Minderung abgewendet werden kann[490]. Wessen Erwerbsfähigkeit gefährdet oder gemindert ist und wem die Rentenversicherung helfen kann, diesen Zustand voraussichtlich zu überwinden, dem muss sie auch helfen. Das Ermessen der Rentenversicherungsträger über Leistungen zur Teilhabe ist insofern ein intendiertes Ermessen[491] mit dem Ziel, Rehabilitation vor Erwerbsminderung zu ermöglichen[492]. Damit prägt die Rehabilitation das sozialrechtliche Versicherungsverhältnis in Bezug auf das Risiko Erwerbsminderung entscheidend mit.

In der Krankenversicherung ist der Zusammenhang zwischen den versicherten Risiken und dem Anspruch auf Rehabilitation weniger eindeutig ausgeprägt. Rehabilitation kann jedoch durch ihre präventive Wirkung das Krankheits- und Kostenrisiko mindern, sie kann durch die Erhaltung der Erwerbsfähigkeit die Leistungsfähigkeit der versicherten Solidargemeinschaft erhöhen und sie soll das Risiko der Pflegebedürftigkeit abwenden. Zwar besteht bei Eintritt dieses Risikos mit der Pflegekasse ein eigenständiger Leistungsträger. Durch die Verknüpfung von Krankenkasse und Pflegekasse sind die Solidargemeinschaften aber identisch. Es

---

485 § 9 Abs. 2 SGB VI.
486 § 40 Abs. 1 SGB V.
487 § 97 Abs. 1 SGB III; § 16 Abs. 1 SGB II.
488 Für das Arbeitsförderungsrecht: *Bieritz-Harder* in HK-SGB IX, Rz 7 zu § 33 SGB IX; *Niesel*, SGB III, § 97, Rz 7; *Lauterbach* in: Gagel, SGB III, Rz 50 zu § 97.
489 Vgl. zu den Gründen dieses Vorrangs im Sozialversicherungsgedanken: *Butzer* (2001), S. 504; *Rolfs* (2000), S. 221 f.
490 § 10 Abs. 1 Nr. 2 SGB VI.
491 Dazu: *Borowski*, DVBl. 2000, S. 149 ff.; Vgl. BVerwGE 105, 55, 57.
492 BSG vom 27. Februar 1991, BSGE 68, 167, 169; BSG vom 16. November 1989, BSGE 66, 87, 90; BSG vom 15. November 1989, BSGE 66, 84; BSGE 57, 157, 161; vgl. *Schütte*, ZSR 2004, S. 473, 485 f.; *Welti/Sulek* in: Igl/Welti (2001), S. 131, 161; *Fichte* (1984), S. 78 ff. („Angebotspflichtleistung").

besteht organisatorisch und inhaltlich ein enger Zusammenhang zwischen der Sicherung bei Krankheit und derjenigen bei Pflegebedürftigkeit. Rehabilitation ist ein geeignetes Mittel die Eigenverantwortung der Versicherten für ihre Gesundheit und für die Vermeidung von Pflegebedürftigkeit zu unterstützen. Das Interesse der gesetzlichen Krankenversicherung an Rehabilitation wird gegenwärtig in der Praxis oft verdeckt durch den Kassenwettbewerb und die Finanzierungsstrukturen. Da der Kassenwettbewerb auch ein Wettbewerb um gute Risiken und damit um möglichst gesunde Versicherte ist, kann es rational sein, Rehabilitation keine Priorität in der eigenen Versorgungsstruktur und Leistungsbewilligung zu geben. Da die Pflegeversicherung ein vom einzelnen Krankenversicherungsträger getrenntes Finanzierungssystem hat, innerhalb dessen zwischen den Kassen ein vollständiger Finanzausgleich stattfindet, ist es kassenwirtschaftlich gesehen nicht rational, Pflegebedürftigkeit zu verhindern[493]. Diese Konstruktionsmängel des Systems ändern aber nichts an seinen gesetzlichen Zielen, die für alle Krankenkassen gleichermaßen gelten. Es ist daher konsequent, auch das Ermessen der Krankenversicherung über Leistungen der medizinischen Rehabilitation als intendiertes Ermessen mit dem Ziel der Gesunderhaltung und der Vermeidung von Pflegebedürftigkeit anzusehen[494].

In der Arbeitsförderung wird durch die Grundsatz- und Anspruchsnormen betont, dass Arbeitsverwaltung, Beschäftigte und Arbeitslose es als vorrangig zu betrachten haben, Arbeitslosigkeit zu vermeiden und zu beenden[495]. Wenn behinderte Menschen diesen Anforderungen nachkommen sollen und die Voraussetzungen dafür nur mit Hilfe von Leistungen zur Teilhabe geschaffen werden können, so ist auch hier eine Verdichtung zu einem Anspruch dem Grunde nach anzunehmen, der sich daraus ergibt, das mit dem Ermessen der Arbeitsverwaltung die Teilhabe am Arbeitsleben intendiert ist.

Sieht man einen Rechtsanspruch auf Rehabilitation als immanente Folge eines Vorrangs von Rehabilitation vor Renten, Krankengeld, Akutbehandlung, Pflege und Arbeitslosigkeit, so bleibt offen, ob dieser Grundsatz auch für diejenigen Personen gilt, bei denen die jeweils so definierten Leistungsziele nicht oder nicht überwiegend wahrscheinlich erreicht werden können. Im Rentenversicherungsrecht wird als persönliche Voraussetzung für Leistungen zur Teilhabe gefordert, dass ihre auf die Erwerbsfähigkeit bezogenen Ziele voraussichtlich erreicht werden können[496]. Dies ist in der Rechtsprechung als Anforderung überwiegender Wahrscheinlichkeit angesehen worden. Im Arbeitsförderungsrecht ist für die Auswahl der Leistungen der aktiven Arbeitsförderung vorgeschrieben, auf die Fähigkeiten der zu fördernden Personen, die Aufnahmefähigkeit des Arbeitsmarkts und den arbeitsmarktpolitischen Handlungsbedarf abzustellen. Dies ist von der Arbeits-

---

[493] Vgl. J. Sendler, SozSich 2004, S. 263, 268; Plute, SF 2004, S. 74.

[494] Vgl. die Tendenz in diese Richtung in: BSG vom 25. März 2003, NZS 2004, S. 167, 168, Leitsatz: *„Das der Krankenkasse bei Rehabilitationsleistungen eingeräumte Ermessen bezieht sich nicht auf das Vorliegen der Leistungsvoraussetzungen.“*

[495] §§ 4, 5 SGB III; § 1 SGB II (allgemeine Grundsätze); § 2 Abs. 4 SGB III, § 2 SGB II (Anforderungen an Beschäftigte und Arbeitslose); § 121 SGB III, § 10 SGB II (Zumutbarkeit von Arbeit).

[496] § 10 Abs. 1 SGB VI.

verwaltung so interpretiert worden, dass bei Leistungen der beruflichen Weiterbildung gefordert wurde, aus diesen Maßnahmen müssten 70 % der Personen
in ein Arbeitsverhältnis übergehen. Das Problem bei solchen Anforderungen ist,
dass viele behinderte Menschen sie nicht erfüllen können. Zwischen den vorgelagerten Systemen der Sozialversicherung und der nachgelagerten Sozialhilfe kann so
eine erhebliche Lücke entstehen, in der behinderte Menschen zwar Renten- und
Geldleistungen, aber keine Leistungen zur Teilhabe erhalten können. Die mit dem
Prinzip der Rehabilitation verknüpften sozialpolitischen Ziele und verfassungsrechtlichen Werte könnten so nicht erfüllt werden. Der Gesetzgeber hat daher zu
überlegen, ob er die mit der Fassung der Rehabilitationsansprüche in Rentenversicherung, Krankenversicherung und Arbeitsförderung verbundenen Ausgren-
zungsrisiken und Lücken hinnimmt oder ob er einen allgemeinen Anspruch auf
Leistungen zur Teilhabe statuiert, der nicht an rehabilitationsexterne Ziele, sondern an die Möglichkeit der Erreichung von Teilhabezielen geknüpft ist. Zu bedenken ist dabei, dass im Verhältnis zu einem unmittelbaren Ziel überschießende Rehabilitation bei einem jeweils vorgelagerten Risiko als Prävention für ein anderes
Risiko wirken kann. So kann die Rehabilitation zwar nicht aller erwerbsfähigen
Personen deren Erwerbsfähigkeit erhalten, wohl aber den Gesundheitszustand mit
krankheits- oder pflegepräventiven Folgen verbessern. Leistungen zur Teilhabe am
Arbeitsleben können auch dann die künftige Beschäftigungsfähigkeit oder jedenfalls die Teilhabe am Leben in der Gesellschaft verbessern, wenn sie, auch wegen
der allgemeinen Arbeitslosigkeit, nicht unmittelbar in ein neues Arbeitsverhältnis
führen. Werden die sozialen Sicherungssysteme als Einheit betrachtet, erscheinen
Teilhabeleistungen in größerem Ausmaß sinnvoll als wenn nur auf einen einzelnen
Sicherungszweig abgestellt wird. Auf diese Erkenntnis hat auch der Gesetzgeber
des SGB IX abgezielt, als er die Ziele der Teilhabeleistungen umfassend und nicht
trägerspezifisch definiert hat. Schließlich ist an die sozialmoralische Bedeutung von
Teilhabeleistungen zu erinnern: Wenn von allen Bürgerinnen und Bürgern Verantwortung für die eigene Teilhabe erwartet wird, kann dieser Wert effektiv dann gefördert werden, wenn mit der Rehabilitation auch die notwendige Hilfe angeboten
wird, verlorene oder bedrohte Teilhabefähigkeit wiederzugewinnen. Dieser nicht
individuell, sondern nur gesellschaftlich zu quantifizierende Gewinn könnte
Grundlage eines allgemeinen bedarfsorientierten Rehabilitationsanspruchs sein.

III. Die Verantwortung des sozialen Rechtsstaats

Sieht man Behinderung nicht alleine als Beschreibung einer persönlichen Situation und eines Schicksals, sondern als einen gestaltbaren und zu gestaltenden Zustand und erkennt man in der Rehabilitation behinderter Menschen ein konkretes Mittel zur Gestaltung und Verbesserung der Situation behinderter Menschen, so ist zuerst zu fragen, wer für eine besondere Berücksichtigung behinderter Menschen in Staat und Gesellschaft verantwortlich ist. Dass behinderte Menschen für sich selbst verantwortlich sind[1], unterscheidet sie im sozialen Rechtsstaat nicht von anderen. Aus ihrer Behinderung können sich auch besondere Verantwortlichkeiten und Sorgfaltspflichten gegen andere im Hinblick auf sozialrechtliche Mitwirkung[2], zivilrechtliche Sorgfalt oder strafrechtliche Verantwortlichkeit[3] ergeben. Spezifisch ist, dass es besondere Verantwortlichkeiten des Staates[4] und anderer Rechtssubjekte gibt, ihre Belange zu berücksichtigen und dass sich daraus besondere Rechte der behinderten Menschen ergeben[5]. Zu unterscheiden ist dabei zwischen einer generellen Verantwortung, die im sozialen Rechtsstaat der Gegenwart vor allem dem Normen setzenden Staat zukommt, und punktuellen Verantwortlichkeiten von Behörden, Sozialleistungsträgern und gesellschaftlichen Subjekten, unter denen die Familie eine besondere Stellung einnimmt.

Ausgangspunkt für diese Untersuchung ist die staatliche Verantwortung. Dass der Staat am Anfang der Frage nach der Verantwortung für Behinderung und Rehabilitation steht, folgt aus der Norm des sozialen Rechtsstaats. Der republikanische, demokratische und soziale Rechtsstaat ist in Art. 28 Abs. 1 Satz 1 GG als Vorgabe für die Ordnung der Länder festgeschrieben; zugleich ist in dieser Formel die Essenz der nach Art. 79 Abs. 3 GG nicht zu ändernden Staatsfundamentalnorm[6] Art. 20 GG enthalten. Es liegt nahe, den Grund staatlicher Verantwortung für behinderte Menschen und die Rehabilitation vor allem im sozialen Staatsziel zu

---

[1] BVerwG vom 26. Januar 1966, BVerwGE 23, 149, 156: „*Der Staat kann (...) nicht jedem einzelnen absolut gleiche Startbedingungen gewährleisten und erst recht nicht jedem einzelnen sein persönliches Lebensrisiko abnehmen.*"

[2] §§ 63, 64 SGB I.

[3] Im Strafrecht darf bei der Strafzumessung berücksichtigt werden, dass ein Angeklagter trotz Behinderung (Alkoholismus) keine hinreichenden Hilfen in Anspruch nimmt, um Straßenverkehrsdelikte zu verhindern, BVerfG-Kammerentscheidung vom 30. September 2002, Blutalkohol 2003, S. 311.

[4] Vgl. dazu grundlegend: M. Nolte (2003), §§ 10, 11.

[5] Igl (1987), S. 578.

[6] Zacher in: HStR II, 3.A. (2004), § 28 RN 95.

suchen. Behinderung und Rehabilitation als Rechtsbegriffe sind vor allem im Sozialrecht entwickelt worden. Es handelt sich um Begriffe, die ohne das Recht so nicht vorhanden wären, ihr Inhalt beschreibt jedoch Phänomene der Gesellschaft. Sie zeigen somit das für den sozialen Rechtsstaat typische Wechselverhältnis von gesellschaftlichem Problem und staatlicher Reaktion durch Recht auf. Gerade Behinderung hat sich als Rechtsbegriff erwiesen, der sich nur aus der sozialen und gesellschaftlichen Eingebundenheit des Menschen erschließt.

Das Gebot des sozialen Staates ist zuerst ein Prinzip staatlicher Verantwortung für die ganze Gesellschaft[7] in Abgrenzung zu einem nicht oder nur punktuell intervenierenden Staat im Sinne des formell verstandenen Rechtsstaats. Behinderung und Rehabilitation sind Gegenstand und Mittel einer solchen staatlichen Verantwortung und Gestaltung. Beide Begriffe in ihrer heutigen Bedeutung sind erst dadurch entstanden, dass der Staat eine Gestaltungsaufgabe übernommen hat. Als Mittel der Übernahme staatlicher Verantwortung und Gestaltung dient das Recht.

Der Begriff des sozialen Rechtsstaats bedeutet auf der anderen Seite die Abgrenzung von einem totalen Staat, in dem die Unterscheidung von Staat und Gesellschaft, die Grundrechte und rechtsförmigen Verfahren nicht respektiert werden. Dass die Verantwortung des sozialen Staates für Behinderung und Rehabilitation mit den Mitteln des Rechts übernommen wird, bedeutet auch, dass nicht jede Verantwortlichkeit in diesem Zusammenhang unmittelbar durch staatliche Behörden und Leistungen wahrgenommen wird, sondern dass es oft genügt, Verantwortlichkeiten rechtlich aufzuteilen[8]. In diesem Sinne ist heute der soziale Rechtsstaat auch dort Grundlage der Verantwortung für Behinderung und Rehabilitation, wo Verantwortlichkeiten im Einzelnen beim behinderten Menschen oder seiner Familie, beim freiwilligen Engagement, bei Arbeitgebern oder Gewerbetreibenden liegen. Der soziale Rechtsstaat bietet durch Förderung, Lenkung oder Zwang die rechtlichen Formen um sicherzustellen, dass diese Verantwortlichkeiten in der Gesellschaft übernommen werden und fügt in der Rechtsordnung die Verantwortlichkeiten so zusammen, dass im Ganzen die Verantwortung des sozialen Rechtsstaats gewahrt ist.

---

[7] Anders akzentuiert, im Ergebnis ähnlich: M. Nolte (2003), § 10, C.V.2.

[8] Vgl. zur Verantwortungsteilung zwischen Arbeitgebern, Krankenversicherung und Staat beim Mutterschutz: BVerfG vom 18. November 2003, BVerfGE 109, 64 ff.; dazu Eichenhofer, BB 2004, S. 382; vgl. zur Lastenverteilung für Besatzungsschäden BVerfG vom 3. Dezember 1969, BVerfGE 27, 253, 283; zur Verantwortungsteilung: M. Nolte (2003), § 11, A.III.

A. Geschichtliche Entwicklung und geistige Grundlagen

Um die Verantwortung des sozialen Rechtsstaats für Behinderung und Rehabilitation zu erschließen und zu begründen, wird zunächst ihre geschichtliche Entwicklung untersucht und dargestellt. Dabei wird deutlich, dass es zwar in jeder menschlichen Gesellschaft behinderte Menschen im heutigen Sinne gibt. Die zu Grunde liegenden gesundheitlichen Situationen der Individuen, die gesellschaftliche Reaktion darauf und das Wechselverhältnis zwischen behinderten Menschen, Gesellschaft und Staat unterliegen jedoch vielen Wandlungen[9]. Die Entwicklung bis hin zur heutigen Form der besonderen Verantwortung des sozialen Rechtsstaats für behinderte Menschen und ihre Rehabilitation kann aufschlussreich sein.

1. Vorstaatliche und frühstaatliche Zeit

a) Gegenseitigkeit, Solidarität und Fürsorge

In vorstaatlichen und frühstaatlichen Gemeinschaften und Gesellschaften lagen Verantwortlichkeiten für kranke und behinderte Menschen oft bei der Familie der betroffenen Person. Ob Normen, die eine Verantwortlichkeit größerer Gruppen für hilfsbedürftige Gruppenmitglieder begründet haben, bestanden und ob sie Rechtsnormen vergleichbar verbindlich und sanktioniert waren, ist heute oft nicht mehr feststellbar. Archäologische und anthropologische Forschungen weisen jedoch darauf hin, dass bereits in der Steinzeit Menschen über längere Zeit gelebt haben, die nur mit über das normale Maß hinaus gehender Hilfe anderer, und hier wohl der gesamten Gruppe, überleben konnten[10]. *Neubert* und *Cloerkes* zeigen in einer vergleichenden Studie am Beispiel von 24 Kulturen aller Stufen mit Ausnahme von Industriegesellschaften, dass durchgängig Elemente der Hilfe und Fürsorge für behinderte Menschen vorhanden waren[11], es in vielen Kulturen aber auch extrem negative Reaktionen auf Behinderung bis hin zur Kindstötung gegeben hat.

In vor- und frühstaatlichen Gesellschaften lässt sich als ein Grundelement und eine Grundlage der Entwicklung von Gesellschaft und Recht die Gegenseitigkeit (Reziprozität) von sittlichen und rechtlichen Verpflichtungen erkennen[12]. Die Ge-

---

[9] Rudloff, ZSR 2003, S. 863, 864 spricht von einem *„Prozess permanenter Re-Konstruktion des Ortes der behinderten Menschen in der Gesellschaft".*

[10] Obermaier (1912), S. 417, 512; Reisch in Liedtke (1996), S. 47 ff. stellt die Funde aus Dolní Vestonice (Jungsteinzeit) und Shanidor (Mittelsteinzeit) vor und fasst zusammen, dass uns in den Bestattungen jener Zeit überraschend viele Individuen begegnen, die mit erheblichen Behinderungen langfristig überleben konnten.

[11] Neubert/Cloerkes (2001); vgl. auch Thomann in: Ermert (1994), S. 4, 8.

[12] Wesel (1985), S. 71 ff.

genseitigkeit kann dabei verschiedene Formen annehmen. Wird sie als erweiterte (positive) Gegenseitigkeit, als Leistung und Verpflichtung füreinander ohne unmittelbaren Anspruch auf Gegenleistung[13], realisiert, so schafft dies Raum für eine Verantwortung auch für behinderte Mitglieder in Gruppe und Gesellschaft, die in ihrer Fähigkeit zur Gegenleistung eingeschränkt sind. Erweiterte Gegenseitigkeit als Norm kann somit Ausgangspunkt der Entwicklung von Solidarität und Fürsorge für behinderte Menschen werden.

b) Körperschädigung und Kompensation

Der Sachverhalt, dass eine gesundheitliche Schädigung durch Einwirkung eines anderen Menschen auftritt, sei es im Kampf oder Streit, durch Nachlässigkeit, Ungeschick oder schicksalhaft beim Zusammenwirken in Arbeit oder Spiel, wurde schon in frühen Rechtsordnungen geregelt. Zumeist war für diesen Fall die Zahlung einer Geldbuße an die verletzte Person oder seine Familie vorgesehen. Dabei gab es keine Differenzierung nach vorsätzlicher, fahrlässiger oder unvermeidlicher Verletzung. Rechtsgrund war allein die Schädigung[14]. Eine solche Regelung existierte etwa bei dem von *Uwe Wesel* untersuchten ostafrikanischen Hirtenvolk der Nuer[15] und beim germanischen Wergeld bis hin zur lex salica[16] und zum Sachsenspiegel[17]. Dabei waren jeweils feste Beträge für die Verletzung verschiedener Glieder und Körperfunktionen vorgesehen, die mit der Wichtigkeit der ausgefallenen Funktion korrelierten[18]. Der Bußbetrag hatte zugleich eine Sühnefunktion[19]. Mit der Kompensation für körperliche Schädigungen entwickelten sich so erste Normen spezifischer Verantwortlichkeit für eine eingetretene körperliche Behinderung.

2. Griechische und Römische Antike

In den antiken Staaten Griechenlands und Roms gab es keine umfassende staatliche Verantwortung für Armut und soziale Risiken und so auch nicht für behinderte Menschen. In der antiken Gesellschaft war die Armut, einschließlich der durch gesundheitliche Beeinträchtigungen verursachten, im Wesentlichen auf die oft unzureichende Unterstützung innerhalb familiärer und dörflicher Gemeinschaften[20] oder auf die Armenhilfe der reicheren Gesellschaftsmitglieder angewiesen, die aus dem familiären Gentilsystem gewachsen war. Sie erfolgte im römischen Klientel-

---

[13] Wesel (1985), S. 89.
[14] Wesel (1985), S. 346.
[15] Wesel (1985) S. 260 f.; ders. (1997), S. 40 f.
[16] Wesel (1997), S. 287.
[17] Sachsenspiegel, Landrecht II. 16 §§ 5, 6; vgl. Wesel (1997), S. 330.
[18] Ebert (2004), S. 17 ff.; Wesel (1985), S. 261.
[19] Wesel (1997), S. 181; vgl. unten V.B.5.
[20] Dazu Garland (1995), S. 30; Merkens (1974), S. 11; vgl. etwa die Hilfe von Antigone für ihren erblindeten Vater Oedipus in Sophokles „Oedipus auf Kolonos", Mehl in: Liedtke (1996), S. 119, 120.

system, um soziale Beziehungen zu stabilisieren[21], aber auch auf der Grundlage religiöser Überzeugungen als caritas[22].

a) Allgemeine und spezielle Versorgungsregelungen

Eine gesetzlich gesicherte Unterstützung der Polis für arme und behinderte Bürger ist nur aus Athen überliefert. Dort erhielten Bürger, die bedürftig waren und wegen einer Behinderung nicht arbeiten konnten, seit dem frühen sechsten vorchristlichen Jahrhundert eine öffentliche Unterstützung in Geld[23]. Bereits in den altgriechischen Staaten und im Römischen Reich stellte sich das Problem der Behandlung und der Versorgung invalide gewordener Soldaten. Es wurden Lazarette gebaut, sie erhielten öffentliche Speisungen, Land und Ämter sowie Steuerbefreiungen[24].

b) Übergang zur Verschuldenshaftung

Insbesondere im römischen Recht wurde auch die Haftung für Körperschäden weiter entwickelt. Es schaffte mit seinem Zivilrecht die Grundlage für entwickelte individuelle Austausch- und Gegenseitigkeitsbeziehungen. Schon im frühen römischen Recht war die Einigung über eine Bußzahlung vorrangig vor kompensatorischen Strafen (Talion)[25]. Im römischen Recht wurde dann die zivilrechtliche Haftung vom Straf- und Bußcharakter teilweise abgelöst und die Haftung auf schuldhafte Verletzungen beschränkt[26]. Damit wurde zugleich der Grundsatz *„casum sentit dominus"*[27] auch bei Körperschäden maßgeblich, das heißt, das Risiko wurde grundsätzlich dem Geschädigten selbst zugeordnet. Freie Menschen hatten im Falle der schuldhaften körperlichen Verletzung Anspruch auf Ersatz der Heilungskosten und Vermögensnachteile[28].

c) Solidarhaftung

Mit der Solidarhaftung (*obligatio in solidum*) ist auch der Ansatz zu erkennen, rechtlich gesichert erweiterte Gegenseitigkeitsbeziehungen insbesondere im Hinblick auf zukünftige ungewisse Entwicklungen und Risiken eingehen zu können[29].

---

[21] Vgl. Volkmann (1997), S. 79: Solidarität beruhte auf Hierarchie.

[22] Vobruba in: Leibfried/Tennstedt (1985), S. 41 (44 f.).

[23] Aristoteles, Staat der Athener, 49.4.: *„Der Rat überprüft ferner die Invaliden; denn es gibt ein Gesetz, das bestimmt, dass diejenigen, welche weniger als drei Minen besitzen und so behindert sind, dass sie keine Arbeit verrichten können, vom Rat überprüft werden und vom Staat täglich einen Unterhalt von zwei Obolen pro Person erhalten sollen."* Vgl. Wagner/Kaiser (2004), S. 5; Mehl in: Liedtke (1996), S. 119, 125; Garland (1995), S. 35 ff.; Strehl, ZfSH 1970, S. 241; Schirbel (1929), S. 18 f.

[24] Merkens (1974), S. 29 ff.

[25] XII. tab. 8.2.: *„Si membrum rupsit, ni cum eo pacit, talio esto,"* vgl. Wesel (1997), S. 181.

[26] Ulp. D.9.2.5.1.; vgl. Rohe, AcP 201 (2001), S. 117, 118; Wesel (1997), S. 182; Mataja (1888), S. 11 ff.; unten V.B.5.a.

[27] Rohe, AcP 201 (2001), S. 117, 123.

[28] Vgl. Klekamp-Lübbe (1991), S. 11ff.

[29] Brunkhorst (2002), S. 10; Zoll (2000), S. 17.

So entstanden im antiken Griechenland und Rom erste Krankenkassenvereine, die gegen Beitragszahlung Leistungen bei Krankheit oder Unfall gewährten[30]. Bereits Gebrechliche konnten ihnen aber nicht beitreten[31].

d) Verantwortung des Heilberufs

In der Antike bildeten sich erstmals verbindliche Regeln für den Heilberuf heraus. Ob die Behandlung nicht gänzlich heilbarer Menschen genereller Auftrag des ärztlichen Berufs sein sollte, war umstritten[32]. Für Privilegierte wurde sie jedenfalls praktiziert. So berichtet *Cicero* von Erfolgen bei der Behandlung eines Sprachfehlers des Redners *Demosthenes*[33]. Die medizinische Versorgung der Kriegsversehrten war schon im Römischen Reich eine Triebfeder des medizinischen Fortschritts der Chirurgie und Prothetik[34].

e) Soziale Staatstätigkeit der Polis und Res Publica

Platon begründete die Notwendigkeit des Staates mit der gegenseitigen Abhängigkeit und der Hilfsbedürftigkeit des Menschen[35]. Dieser Gedanke führt hin zu einer sozialen und ausgleichenden Verantwortung des Staates auch bei unterschiedlicher Hilfebedürftigkeit. Auch in der Polislehre *Aristoteles*[36] und dem Konzept der res publica bei *Cicero*[37] ist der Gedanke zu erkennen, dass der Staat den Lebensverhältnissen aller gerecht werden muss und darum auch die Existenz armer und behinderter Menschen achten und beachten muss. Dass antike Lehre und Praxis jedoch nicht primär am Wert des Individuums orientiert waren, sondern eher vom Staat her gedacht wurden, zeigt sich auch darin, dass *Platon*[38] und *Aristoteles*[39] es als ideal ansahen, das Aufziehen verkrüppelter Kinder gesetzlich zu verbieten. Ob ein solches Verbot im frühen römischen Recht tatsächlich bestand, ist nicht genau

---

[30] Collegia Tenuiorum; Wannagat (1965), S. 42; Schirbel (1929), S. 20 ff. für Griechenland; für Rom S. 30 ff. Als Versicherungsverträge im modernen Sinn sind diese Institute jedoch nicht anzusehen, Schewe (2000), S. 26 f.

[31] Schirbel (1929), S. 32.

[32] Garland (1995), S. 124, verweist auf Sokrates, Republik, 3.407, der die Behandlung Unheilbarer ablehnt.

[33] Cicero, Div., 2.96, Garland (1995), S. 125.

[34] Stadler, ZHP 2001, S. 99, 101.

[35] Platon, Der Staat II, 11. Hier sagt Sokrates: *„Die Entstehung des Staates ist also meiner Meinung nach darauf zurückzuführen, dass keiner von uns sich selbst genug ist, sondern vieler Helfer bedarf."*

[36] Aristoteles, Politik III., 1279a, 17–22 zur Orientierung der Verfassung am „gemeinschaftlich Nützlichen"; Politik V.1309a 14–27 erörtert in diesem Zusammenhang sehr pragmatisch Verteilungsfragen; Politik VI. 1320a, 29–36 die Notwendigkeit, statt kurzfristiger Armenunterstützung die Armut durch Hilfe zur Selbsthilfe zu reduzieren; vgl. Kingreen (2003), S. 24; Böckenförde (2002), S. 122.

[37] *„Res publica res populi"*, Cicero, Der Staat I, 25; vgl. Böckenförde (2002), S. 160 f.

[38] Platon, Der Staat VI, 460c; vgl. Wagner/Kaiser (2004), S. 5.

[39] Aristoteles, Politik VII.1335b 20–22; vgl. Garland (1995), S. 15; zur Instrumentalisierung dieser Quellen außerhalb ihres Kontexts durch die Nationalsozialisten vgl. Mehl in: Liedtke (1996), S. 117, 124.

belegt[40]. Im späteren römischen Recht ist diese Tendenz jedenfalls zurückgenommen[41]. Insgesamt können Staatspraxis und Staatstheorie im antiken Griechenland und Rom nicht als sozialstaatlich im heutigen Sinne angesehen werden[42]. Verantwortung von Staat und Recht für Arme und behinderte Menschen sind ihnen jedoch keine fremden Gedanken und können an das Denken der griechischen polis und der römischen res publica anschließen.

3. Jüdische und Christliche Antike und Mittelalter

a) Soziale Staatstätigkeit und Gesetzgebung im alten Israel

In den frühen orientalischen Staaten scheint sich schon wegen der klimatischen Bedingungen frühzeitig eine intensive soziale Funktion des Staates insbesondere bei der Organisation der Wasserversorgung herausgebildet zu haben. Dort gab es auch eine intensive Form staatlicher Verantwortlichkeit für arme und behinderte Menschen[43]. Im alten Mesopotamien versuchten die staatlichen Tempel und Stellen nach Texten des 3. und 2. vorchristlichen Jahrtausends Personen mit leichten körperlichen Behinderungen, Blinde und Taube zu beschäftigen[44].

Im antiken Israel gab es in religiöser Form bereits eine für diese Zeit soziale Gesetzgebung, die durch die Weitergabe religiöser Abgaben an die Armen und Schulderlasse[45] sozialen Ausgleich bezweckte[46] und Blinde unter Schutz stellte[47]. Die Hilfe für behinderte Menschen ist auch Gegenstand des Alten Testaments[48]. Nach den im zweiten und dritten Buch Mose überlieferten Gesetzen der alten Israeliten war nur für irreparable Körperschäden die Buße gleichartiger Verstümmelung (Talion) vorgesehen[49]. Bei reparablen Körperschäden sollten Verdienstausfall und

---

[40]   Garland (1995), S. 17, beruft sich auf Tafel IV der Zwölftafelgesetze nach Cicero, De legibus 3, 18, 19. Daraus ist allerdings nur das Recht der patria potestas zur Tötung des behinderten Kindes (puer deformitatus) zu ersehen. Auch Düll (1995), S. 83 und Perl (1926), S. 6 meinen aber, die Tötung sei im frühen Rom auch gesetzgeberisch erwünscht gewesen; vgl. Wagner/Kaiser (2004), S. 5; Strehl, ZfSH 1970, S. 209, 213. Zur Bedeutung des Zeitkontextes für die Deutung der antiken Quellen: Thomann in: Ermert (1994), S. 4 f.

[41]   Garland (1995), S. 16 ff.

[42]   Vgl. Perl (1926), S. 14: *„Das war die Zeit, da die Menschheit nicht nur den Armen und den Sklaven, sondern auch den Krüppel als eine Naturgegebenheit betrachtete."*

[43]   Wesel (1997), S. 74 f.

[44]   Waetzoldt in: Liedtke (1996), S. 77, 87.

[45]   V. Buch Mose, 15: *„Alle sieben Jahre sollst Du ein Erlassjahr halten."* vgl. Wesel (1997), S. 111.

[46]   V. Buch Mose, 15, 11: *„Es werden allezeit Arme sein im Lande; darum gebiete ich dir und sage, dass du deine Hand auftust deinem Bruder, der bedrängt ist und arm in deinem Lande."* Psalm 112, 1, 9: *„Wohl dem, der den Herrn fürchtet, der große Freude hat an seinen Geboten! (...) Er streut aus und gibt den Armen; seine Gerechtigkeit bleibt ewiglich."* Brunkhorst (2002), S. 54; Wesel (1997), S. 108; Schirbel (1929), S. 3 ff.

[47]   Strehl, ZfSH 1970, S. 209, 212, 214.

[48]   Hiob, 29, 15: *„Ich war des Blinden Auge und des Lahmen Fuß."*, vgl. Mürner (2003), S. 83; Schirbel (1929), S. 10 ff.

[49]   II. Buch Mose 21, 23–25; III. Buch Mose, 24, 19, 20: *„Und wer seinen Nächsten verletzt, dem soll man tun, wie er getan hat, Schaden um Schaden, Auge um Auge, Zahn um Zahn."*; Wesel (1997), S. 112.

Arztgeld geleistet werden[50]. Stärker als in der griechischen und römischen Tradition war hier bereits ein Ansatz vorhanden, der Rechtsgleichheit und Brüderlichkeit als Werte auch für staatliches Handeln einforderte[51].

b) Fürsorge im Christentum: Dominanz kirchlicher und gesellschaftlicher Verantwortung

Im Neuen Testament sind die Heilung, Rehabilitation und Unterstützung behinderter Menschen durch *Jesus Christus* zentrale Bestandteile der Überlieferung[52], die je nach Sichtweise tatsächliches Wirken oder wichtige Metaphern sind, in jedem Fall aber ein wesentliches Erbe der christlichen Überlieferung ausmachen. Das Christentum entwickelte die Grundsätze des Alten Testaments weiter, überführte sie in die europäische Tradition von Philosophie, Politik und Recht und verband sie mit antiken Traditionen. Die voraussetzungslose Nächstenliebe (*caritas*), die gerade auch an fremden armen, kranken und behinderten Menschen geübt werden sollte[53], erscheint als neuer Ansatz und als Antithese zum auf strikte schuldrechtliche Gegenseitigkeit orientierten römischen Recht, aber auch zum antiken Begriff der polis[54]. Mit der Lehre von den zwei Reichen schuf *Augustinus* eine Grundlage für die begriffliche Trennung von Staat und Gesellschaft[55]. Zugleich führte *Augustinus* aus, dass von Geburt an behinderte Menschen von Gott bewusst so geschaffen seien[56] und forderte damit ihre Anerkennung von Mitmenschen und weltlichen Gewalten ein.

Mit der Christianisierung erhielt so die Unterstützung der Armen, der kranken und behinderten Menschen neue Impulse[57]. Bestehende staatliche Fürsorge wurde aber vielfach durch kirchliche karitative Tätigkeit ersetzt[58]. So wurde schon 330 durch den heiligen *Zoticus* ein Heim für körperbehinderte Menschen in Konstantinopel eingerichtet[59]. In den kommenden Jahrhunderten boten die Klöster für manche behinderte Menschen Lebensunterhalt und Arbeitsplatz[60], für andere zumin-

---

50   II. Buch Mose, 21, 18, 19.
51   Brunkhorst (2002), S. 40 ff.; vgl. II. Buch Mose, 23, 6–9 zur Rechtsgleichheit.
52   Matthäus 8, 2; Matthäus 9, 27; Matthäus 11, 5: *„Blinde sehen wieder, und Lahme gehen; Aussätzige werden rein, und Taube hören, Tote stehen auf und Armen wird das Evangelium gepredigt; und selig ist, der nicht Ärgernis nimmt an mir.";* Matthäus 25, 36: *„Ich bin krank gewesen, und ihr habt mich besucht."* Lukas 7, 11–14; Lukas 14, 13: *„Wenn Du ein Mahl machst, so lade Arme, Verkrüppelte und Blinde ein."* u. a.; vgl. Wagner/Kaiser (2004), S. 6; Mürner (2003), S. 83 f.; Pesch in: Ermert (1994), S. 84, 86; Strehl, ZfSH 1970, S. 241, 242; vgl. auch Ratzinger (1968), S. 202 f.
53   Vgl. Schirbel (1929), S. 40 ff.; zu den heutigen Grundlagen der Arbeit von Diakonie und Caritas mit behinderten Menschen vgl. Schümann, TuP 2002, S. 260, 264 f.
54   Brunkhorst (2002), S. 40 ff.
55   Vgl. Böckenförde (2002), S. 212; Brunkhorst (2002), S. 62 ff.
56   Vgl. Schulak, ZfP 1/2000.
57   Vgl. Stolleis in: BMA (2001), S. 210.
58   Wannagat (1965), S. 43.
59   Merkens (1974), S. 12; Sachße/Tennstedt (1980), S. 28.
60   Vgl. Frenz in: Liedtke (1996), S. 151, 156, der von dem schwerstbehinderten gelähmten Mönch Hermannus Contractus (1013–1054) berichtet, der u. a. Autor einer Weltchronik war; Stolleis in: BMA (2001), S. 211; Strehl, ZfSH 1970, S. 241, 243; Wannagat (1965), S. 43.

dest zeitweilige Unterstützung[61]. Die Trennung der staatlichen und kirchlichen Verantwortung in der christlichen Tradition bot auch eine Legitimation für die staatliche Herrschaft, keine Verantwortung für behinderte Menschen zu übernehmen, sondern dies der caritas zu überlassen. Ebenso bot die barmherzige caritas Raum dafür, dass Hilfe immer ein einseitiger Akt der Fürsorge durch die helfende Person blieb, der keine gegenseitige Beziehung begründete. Damit hatte sie auch einen hierarchischen Charakter[62]. Der behinderte Mensch war ein Mittel zu religiösen Zwecken der Almosengeber[63].

Im 11. und 12. Jahrhundert entwickelte sich eine Rechtsordnung, die weltliches und kirchliches Recht umfasste und damit einen weiteren Schritt zu einem differenzierten Verhältnis von Staat und Gesellschaft darstellte[64]. *Thomas von Aquin* arbeitete dabei das Verhältnis des Individuums zum Recht und die Grundlagen einer Gemeinwohlverantwortung der Herrschenden als *iustitia distributiva* weiter heraus[65].

In der Zeit vom Hochmittelalter bis zur frühen Neuzeit wurden hoheitliche, kirchliche und gesellschaftliche Reaktion auf Krankheit und Behinderung in Europa insbesondere von der Lepra geprägt, die als nicht heilbare ansteckende Krankheit vor allem mit der Aussonderung der Kranken in Leprosorien einherging[66]. Klöster und bürgerliche Stiftungen übernahmen einen erheblichen Teil der Pflege von Armen und Kranken, was durch die christliche Almosenlehre auch theoretisch fundiert wurde[67]. Insbesondere im Bergbau (Knappschaften) sowie in den Gilden der Kaufleute, den Zünften und Innungen des Handwerks bildeten sich im späten Mittelalter Kassen zur gegenseitigen solidarischen Unterstützung auch im Falle der Invalidität heraus[68]. Es bestanden auch freie Bruderschaften behinderter Menschen zur Selbsthilfe, die gesellschaftliche und arbeitsfürsorgerische Zwecke erfüllten und das Betteln organisierten, so zum Beispiel Blindenbruderschaften[69]. Teilweise wurde dabei auch die Grenze der jeweiligen Behinderungsart überschritten und es gab gemeinsame Bruderschaften der Blinden und Lahmen[70].

---

[61] Schirbel (1929), S. 63 ff.

[62] Zoll (2000), S. 94.

[63] Perl (1926), S. 17 f.

[64] Vgl. Berman (1995), S. 190 ff.

[65] Böckenförde (2002), S. 247; Brunkhorst (2002), S. 76.

[66] E. Jung (1982), S. 15; Foucault (1969), S. 19 ff.; vgl. zur Lepra heute: BT-Drucks. 15/3577, S. 45.

[67] Wagner/Kaiser (2004), S. 8; Vobruba in: Leibfried/Tennstedt (1985), S. 42 ff.; Scherpner in: FS Klumker (1929), S. 186 ff.

[68] Stolleis in: BMA (2001), S. 224; Zoll (2000), S. 39 ff.; Schewe (2000), S. 89, 158, 303, 322: Erster Nachweis einer Invaliditäts-Rentenversicherung bei der Kölner Böttcher-Zunft 1397, bei den Freiberger Bergleuten 1400; E. Jung (1982), S. 13 f.; Wannagat (1965), S. 44 ff.; Schirbel (1929), S. 85 ff.

[69] Strehl, ZfSH 1970, S. 241, 245 f.

[70] Strehl, ZfSH 1970, S. 241, 246 nennt Straßburg und Frankfurt am Main.

4. Frühe Neuzeit

a) Kommunale und staatliche Armenfürsorge

Im 16. Jahrhundert begann mit dem Übergang zur Neuzeit auf der Grundlage beginnender Industrialisierung, Verstädterung und Aufklärung und der Reformation die Institutionalisierung staatlicher Armenhilfe und Armutspolitik. Städte und Landesherren übernahmen mehr Aufgaben[71], während vor allem im protestantischen Bereich die kirchliche Fürsorge zurückging. *Martin Luther* empfahl 1520 dem christlichen Adel deutscher Nation die Einrichtung kommunaler Armenfürsorge[72]. Durch Pragmatik Kaiser Karls V von 1531 wurde sie den Gemeinden vorgeschrieben[73].

In dieser Zeit wurde begonnen, systematisch nach den Ursachen der Armut zu fragen und zu differenzieren und den behinderten Armen einen besonderen Status einzuräumen[74]. In den Regelungen und Institutionen und Systemen der Armenhilfe und des Armenrechts[75] dieser Zeit, etwa in der Nürnberger Armenordnung von 1522[76], wurden Blinde, Lahme, Lepröse, Kriegsversehrte oder Arbeitsunfallopfer zu denjenigen Armen gerechnet, für die öffentliche Unterstützung vorzusehen sei[77]. Behinderte Menschen gehörten zu den Gruppen, denen das Betteln erlaubt wurde und die der besonderen Obhut der kommunalen und landesherrlichen Fürsorge unterfielen.

Mit den Differenzierungen nach dem Grade des „Verschuldens" der Armut begannen auch Diskussionen über Sozialmissbrauch[78], Druck oder Zwang zur Arbeit, Verbote des Bettelns und der Landstreicherei bis hin zu gewaltsamen „Säuberungen" einzelner Staaten von ihrer armen Population[79]. Zunehmend prägten auch geistig und seelisch behinderte Menschen, als Narren, Wahnsinnige und Irre bezeichnet, das Bild der hoheitlichen Eingriffe. Sie wurden auf Narrenschiffen[80], in Narrentürmen[81], teilweise auch in Hospitälern isoliert und versorgt[82]. Geistig behinderte Menschen bekamen vielfach nicht mehr einen Platz in der örtlichen Ge-

---

[71] Stolleis in: BMA (2001), S. 211 ff.; Wannagat (1965), S. 47.

[72] Martin Luther, An den christlichen Adel deutscher Nation (1520), zit. nach Scholler (1980), S. 26; auszugsweise bei Sachße/Tennstedt (1980), S. 59; vgl. zu Luthers Haltung zu behinderten Kindern („Wechselbälge"): Thomann in: Ermert (1994), S. 4, 5 f.

[73] Pragmatik vom 7. Oktober 1531, vgl. Strehl, ZfSH 1970, S. 241, 247.

[74] Stolleis in: BMA (2001), S. 212; Sachße/Tennstedt (1980), S. 34.

[75] Dazu Scholler (1980), S. 25 ff.

[76] Abgedruckt bei Sachße/Tennstedt (1980), S. 67 ff.; vgl. *Jean-Louis Vives* „De Subventione Pauperum sive de Humanis Necessitatibus" (1526) und das englische Gesetz „How Aged Poor and Impotent Persons Compelled to Live by Alms Shall be Ordered", 1531 in der Regierungszeit *Heinrichs VIII* erlassen.

[77] Mürner (2003), S. 98; E. Jung (1982), S. 17; Merkens (1974), S. 13 f.

[78] Sebastian Brant (1497); auszugsweise bei Sachße/Tennstedt (1980), S. 49 f.: „*Der geht auf Krücken im Tageslicht, wenn er allein ist, braucht er sie nicht.*"

[79] Stolleis in: BMA (2001), S. 213; Vobruba in: Leibfried/Tennstedt (1985), S. 44 ff.; Perl (1926), S. 20 f.

[80] Beachte die künstlerische Darstellung bei Hieronymus Bosch und die literarische Darstellung von Sebastian Brant (1497).

[81] So zeitweise das Holstentor in Lübeck, Foucault (1969), S. 26 f.

[82] Weinriefer (1987), S. 66 ff.; Foucault (1969), S. 25 ff.

meinschaft zugewiesen, sondern wurden aus ihr ausgegrenzt[83]. In diesen Zusammenhang gehört, dass bei den Hexenprozessen dieser Zeit auch behinderte Frauen und Männer verfolgt wurden[84].

In ganz Europa wurde zu dieser Zeit die Armen-, Arbeits- und Irrenhäusern geschaffen[85], zuerst in Großbritannien und den Niederlanden, in Deutschland zuerst in den Hansestädten[86]. In den Flächenstaaten folgten die hôpitaux generaux zunächst 1656 in Paris, dann ab 1676 in ganz Frankreich[87] und in Sachsen (1660), Österreich (1670), Bayern (1682) und Brandenburg (1687)[88]. In Deutschland standen diese Tendenzen im Zusammenhang mit erhöhtem Arbeitskräftebedarf und staatlicher Bevölkerungspolitik vor allem nach dem Dreißigjährigen Krieg (1618–1648) sowie der weiteren Verbreitung der protestantischen Arbeitsethik in Abgrenzung zur katholischen Auffassung von Caritas und Erlösung (auch) durch Armut[89].

b) Soldatenversorgung

Mit der Kriegsführung durch große und stehende Heere wächst in dieser Zeit auch die Anzahl von durch Krieg und Kriegsdienst invalide gewordenen Menschen. Sie vergrößerten noch die Masse der Armen. Für sie wurden aber auch, insbesondere in Preußen, erste besondere Versorgungsregelungen getroffen[90]. Wieder regte die kriegsbedingte Invalidität den medizinischen Fortschritt an[91].

c) Wohlfahrtsstaatlicher Absolutismus

In der absolutistischen Epoche wurde erstmals eine systematische Verbindung zwischen staatlicher Versorgung, Freiheitsbeschränkung und Pflicht zur Arbeit für die arme und behinderte Bevölkerung durchgesetzt[92]. Diese Phase massiver staatlicher Interventionen als Reaktion auf soziale Ungleichheit, Verwerfungen und Gewalt in der Gesellschaft wurde staats- und rechtstheoretisch in der Philosophie eines wohlfahrtsstaatlichen Absolutismus verarbeitet[93]. Gerade die Armen und Verkrüppelten standen vielfach außerhalb der als produktiv angesehenen Teile der Gesellschaft und wurden vor allem als Gefahr wahrgenommen, deren soziale Disziplinierung im öffentlichen Interesse organisiert wurde[94]. Auch starke Freiheits-

---

[83] Waldschmidt (1999), S. 30.
[84] Vgl. Mürner (2003), S. 25; Lorbeer in: Barzen (1988), S. 14.
[85] Waldschmidt (1999), S. 32 f.; Dörner (1995), S. 185 ff.; Foucault (1969), S. 77; Merkens (1974), S. 19; Sachße/Tennstedt (1980), S. 113 ff.
[86] Bremen (1609), Lübeck (1613), Hamburg (1620) und Danzig (1629).
[87] Königliches Edikt vom 27. April 1656, vgl. Foucault (1969), S. 71 ff.; dort befanden sich ca. 1 % der französischen Bevölkerung, Foucault (1969), S. 79.
[88] Sachße/Tennstedt (1980), S. 113.
[89] Vgl. Schirbel (1929), S. 75 ff.; Dörner in: Döhner (1973), S. 82, 89; Dietze, Behindertenpädagogik 1987, S. 243, 244; Weber (2002), S. 46 f.
[90] Vgl. oben; Schulin (1981), S. 66 ff.
[91] Vgl. den „Ritter mit der eisernen Hand", Götz von Berlichingen.
[92] Kuczynski Bd. 1 (1983), S. 155 f.; Foucault (1969), S. 82 ff; vgl. Stolleis in: BMA (2001), S. 215.
[93] Kingreen (2003), S. 39 ff.; vgl. insbesondere Hobbes, Leviathan, 13. Kapitel.
[94] Volkmann (1997), S. 91.

beschränkungen wurden, im Anschluss an *Thomas Hobbes*[95], von *Samuel Pufendorf* mit der Funktion des Staates gerechtfertigt, Sicherheit und Wohlfahrt zu schaffen[96]. Staatliche Gestaltung der Gesellschaft war so ein einseitiger Prozess, der gegen die noch nicht integrierten Individuen und Teile der Gesellschaft durchzusetzen war. Solidarität und Fürsorge wurden aus der Gesellschaft herausgenommen und nur noch durch die familiäre und örtliche Gemeinschaft einerseits, die staatliche Autorität andererseits organisiert[97].

5. 18. Jahrhundert: Aufklärung

a) Gesellschaftliche Impulse der Aufklärung

Seit dem Beginn des 18. Jahrhunderts wurde der Umgang mit Behinderung durch gesellschaftliche Impulse verändert. In dieser Zeit wurden Grundlagen für das Privatversicherungssystem gelegt und erstmals Pläne einer Pflichtversicherung gegen Invalidität erwogen[98]. In der Aufklärung wurden Medizin und Pädagogik verwissenschaftlicht und öffentlich ihre Bedeutung für ein besseres Leben der Bevölkerung diskutiert[99]. Viele heute unter den Begriffen der Rehabilitation und Teilhabe gefassten Ziele und Methoden der Medizin und Pädagogik haben Wurzeln in sozial orientierten Ansätzen des 18. Jahrhunderts[100].

In Frankreich wurde durch *Nicolas Andry* und *J.A. Venel* die Orthopädie begründet[101], mit der die systematische Aufhebung und Verhinderung von Funktionsstörungen zum Gegenstand einer spezifischen Teildisziplin der Heilkunst wurde, welche das Erfahrungswissen aus der Behandlung der Versehrten der Kriege jener Zeit zusammenfasste[102]. Die medizinische Theorie begann eine Heil-

---

[95] Hobbes; Leviathan, 17. Kapitel; zu wohlfahrtsstaatlichen Funktionen insbesondere 24. Kapitel.

[96] Pufendorf, De iure naturae et gentium, 7. Buch, Kapitel 6, § 13; vgl. Kingreen (2003), S. 40 f.; Hattenhauer (1994), S. 397 f.

[97] Volkmann (1997), S. 88.

[98] Im Jahre 1697 erwogen Daniel Defoe in England eine Pflichtversicherung gegen Invalidität, vgl. Defoe (2000), S. 70 ff.; Wannagat (1965), S. 47, und Gottfried Wilhelm Leibniz in Deutschland die staatliche Förderung von Assekuranzen, Kingreen (2003), S. 44 f.

[99] Seidler in: Handbuch der Sozialmedizin Bd. 1 (1975), S. 47, 58 ff. verweist auf Christian Wolff, der in Anknüpfung an Leibniz 1721 mit den *„Vernünftigen Gedanken von dem gesellschaftlichen Leben der Menschen und in Sonderheit dem gemeinen Wesen zur Beförderung der Glückseligkeit des menschlichen Geschlechts"* ein Programm der Aufklärungsmedizin formulierte.

[100] Vgl. von Engelhardt, DRV 1990, S. 572 ff.; Seidler in: Handbuch der Sozialmedizin Bd. 1 (1975), S. 47 ff.

[101] Nicolas Andry (1658–1742) war Leibarzt des französischen Königs und prägte den Begriff der Orthopädie. J.A. Venel (1740–1791) gründete 1780 in Orbe (Schweiz) ein Institut für jugendliche Verwachsene, Merkens (1974), S. 42 f.; Seidler in: Koch/Lucius-Hoene/Stegie (1988), S. 9 f.; Nach Blohmke/Schaefer (1975), S. 351 war Rehabilitation in Deutschland bis 1960 *„ein orthopädisches Unternehmen. ";* Seidler in: Koch/Lucius-Hoene/Stegie (1988), S. 11 urteilt, dass die großen Erfolge der Orthopädie dazu verleiteten, sie als Nonplusultra der Behindertenfürsorge anzusehen; vgl. etwa Biesalski (1926), S. 16; Perl (1926), S. 37; Eckhardt in: Renker/Winter/Märker/Quaas (1958), S. 178 f.; Möckel (1988), S. 88 ff.; Braun in: Reschke (1966), S. 5; Thomann in: Ermert (1994), S. 4, 13 f.

[102] Stadler, ZHP 2001, S. 99, 101.

barkeit der Geisteskrankheiten anzunehmen[103]. Die gemeinsame Internierung von Kranken, Armen und Strafgefangenen geriet unter Kritik und wurde zumindest teilweise aufgegeben[104].

Auch die wissenschaftliche Pädagogik befasste sich zunehmend mit der Bildbarkeit und Erziehung behinderter Kinder, Jugendlicher und Erwachsener[105], so im deutschen Sprachraum namentlich *Johann Heinrich Pestalozzi*[106]. Die Pädagogik im Bezug auf spezielle Gruppen behinderter Menschen, insbesondere blinder[107] und gehörloser[108] sowie verkrüppelter[109] Kinder und Jugendlicher wurde seit dieser Zeit entwickelt und angewandt[110]. Dabei war die gesonderte Beachtung der behinderten Kinder wohl auch ein Reflex darauf, dass die Pädagogik der Aufklärung die Nützlichkeit des gesunden Kindes für die Gesellschaft betonte[111].

b) Aufgeklärter Absolutismus

Für den aufgeklärten Absolutismus formulierte *Johann Peter Frank* das „*System einer vollständigen medizinischen Polizey*"[112] und damit ein Zusammenwirken medizinischer, politischer und rechtlicher Mittel zur Verbesserung der Gesundheit der Bevölkerung, zugleich aber auch zur Kategorisierung, Ab- und Ausgrenzung mehr und weniger leistungsfähiger Menschen[113], das für die weitere Entwicklung der Rehabilitation in Deutschland bedeutsam werden sollte[114]. *Frank* reorganisierte das Gesundheitswesen im Auftrag des Kaisers *Josef II*[115]. In der Armenpolitik jener Zeit wurde erneut die Differenzierung zwischen gesunden und kranken Armen

---

[103] Foucault (1969), S. 396.

[104] Foucault (1969), S. 406 ff.

[105] Möckel (1988), S. 32 ff.

[106] Vgl. Mattner (2000), S. 32 f.; Möckel (1988), S. 70 ff.; Merkens (1974), S. 76.

[107] Theoretisch wurde die Bildungsfähigkeit Nichtsehender von Diderot 1749 näher begründet, vgl. Jantzen/Reichmann in: Reichmann (1984), S. 90; Erste Blindenanstalt in Paris 1784 durch Valentin Haüy, vgl. Zielke, BHP 1992, S. 314, 315; Möckel (1988), S. 49 ff.; Strehl, ZfSH 1970, S. 304, 305 ff.; 1806 in Berlin durch Grapengießer, 1809 in Dresden gegründet, 1826 in Wien durch Klein; vgl. Strehl, ZfSH 1970, S. 304, 308 ff.; H. Gross (1967), S. 7; Braun in: Reschke (1966), S. 2 f.

[108] Erste Taubstummenanstalt in Paris 1770 durch den Abbé de'l Epée nach der Gebärdensprachmethode, Zielke, BHP 1992, S. 313, 315; Möckel (1988), S. 32 ff.; in Leipzig 1778 durch Samuel Heinicke nach der Lautsprachmethode gegründet, 1788 in Berlin, 1804 in Freising, H. Gross (1967), S. 7; Braun in: Reschke (1966), S. 1 f.; vgl. Biesold in: Reichmann (1984), S. 284.

[109] Erste Lehrinstitute für krüppelhafte Kinder wurden 1816 in Würzburg durch Heine, 1823 in Berlin durch Blömer und 1832 in München durch Nepomuk Edler von Kurz gegründet, vgl. Reichenbach (2001), S. 23 f.; Stadler, ZHP 2001, S. 99, 103; Seidler in: Koch/Lucius-Hoene/Stegie (1988), S. 8; Möckel (1988), S. 88 ff.; Merkens (1974), S. 122 ff.; Gruhl (1968), S. 2; H. Gross (1967), S. 7; Braun in: Reschke (1966), S. 4 ff.; Perl (1926), S. 31.

[110] Möckel, in: Antor/Bleidick (2001), S. 68 ff.

[111] Rousseau schreibt 1780 in „Emile – oder von der Erziehung", S. 33: „*Derjenige, der sich mit einem schwachen und kränklichen Zögling belastet, verwechselt seine Aufgabe als Erzieher mit der eines Krankenwärters. Er verschwendet mit der Pflege eines unnützen Lebens seine Zeit, die er zur Vermehrung des Wertes desselben bestimmte (...)*".

[112] Erschienen seit 1779 in sechs Bänden, vgl. E. Jung (1982), S. 19; Seidler in: Handbuch der Sozialmedizin Bd. 1 (1975), S. 47, 60 ff. und Beyer/Winter (1970), S. 123 f.

[113] J. Neumann in: J. Neumann (1995), S. 21, 29; Weber (2002), S. 49.

[114] Dörner (1995), S. 194 f.

[115] Stadler, ZHP 2001, S. 99, 102.

betont[116]. So differenzierte die Armenordnung der Herzogtümer Schleswig und Holstein von 1736 zwischen alten, kranken, gebrechlichen, kinderreichen und verwaisten Armen einerseits, die zu unterstützen waren, und gesunden Armen, die keine Unterstützung bekommen sollten[117]. In den hansestädtischen Armenanstalten Ende des 18. Jahrhunderts wurden ambulante Armenpflege und Arbeitserziehung mit einem neuen, stark pädagogischen Ansatz verknüpft[118]. Die Internierung armer und behinderter Menschen wurde zunehmend mit Ansätzen medizinischer Behandlung verbunden[119]. Erstmals 1784 verlangte der französische Minister Breteuil ein rechtsförmiges Verfahren für die mit Geisteskrankheit verbundenen Freiheitsbeschränkungen, wie es dann im Code Civil verwirklicht wurde[120].

c) Philosophische Grundlagen des Übergangs vom Wohlfahrtsstaat zum Sozialstaat

Mit den Reformen des 18. Jahrhunderts entwickelte sich die Basis für eine Veränderung auch der Anschauungen vom Wohlfahrtszweck des Staates. Weil Armut und Behinderung nicht mehr nur als Gefahr und Übel, sondern auch als individuell verschiedene und im Einzelfalle änderbare Situationen wahrgenommen wurden, konnte der von oben lenkende Wohlfahrtsstaat sich in Richtung auf einen Sozialstaat verändern, der ein Wechselverhältnis von Staat und Gesellschaft zulässt. *John Locke* postulierte, dass die Menschen nur mit bereits vorgegebenen Freiheitsrechten in einen Gesellschaftsvertrag einwilligen[121]. *Jean-Jacques Rousseau* arbeitete heraus, dass die Unterwerfung unter Gesetze die vorherige demokratische Teilhabe voraussetzt und führte mit dem *contrat social* (Gesellschaftsvertrag) den Begriff des Sozialen in die staatsrechtliche Diskussion ein[122]. *Immanuel Kant* sah die individuelle Freiheit als Grundlage von Staat und Recht[123]. Er lehnte den paternalistisch auf Glückseligkeit gerichteten Wohlfahrtsstaat ab und begründete den Weg zu einem sozialen Staat, der Wohlfahrt nicht als Gegensatz zur Freiheit, sondern als ihre Grundlage fördert[124].

d) Französische Revolution und Preußische Reform

In der französischen Revolution und in demokratischen Bestrebungen in Deutschland erscheint mit Freiheit und Gleichheit der Gedanke der Brüderlichkeit, in dem sich die säkularisierte christliche Nächstenliebe und die Solidarhaftung zu einem

---

[116] Foucault (1969), S. 426 f.

[117] Sievers (1997), S. 5 f.; im britischen Armenrecht wurde die verschärfte Trennung nach alten und kranken Armen und anderen Armen erst 1834 durch die Abschaffung des 1795 eingeführten Anspruchs auf das Existenzminimum nach dem Speenhamland Act wieder verschärft durchgesetzt, vgl. Marshall (1992), S. 49 f.; Zoll (2000), S. 99.

[118] Sachße/Tennstedt (1980), S. 125 f.; in Bremen 1779, Hamburg 1788, Lübeck 1801.

[119] Foucault (1969), S. 102 ff.

[120] § 450 CC; Foucault (1969), S. 125.

[121] Locke, Two Treatises of Government, 1690; Kingreen (2003), S. 51 ff.

[122] Rousseau, Über den Gesellschaftsvertrag oder: Grundlage des öffentlichen Rechts, 1762; Kingreen (2003), S. 53 ff.; Schmeling, SGb 1976, S. 313, 314.

[123] Kingreen (2003), S. 59 ff.

[124] Kingreen (2003), S. 63.

symmetrischen Begriff der Solidarität verbanden, der die gegenseitige Verpflichtung aller für alle ausdrückt[125]. Diese Gedanken fanden in Europa ihren Niederschlag in Revolutions- und Reformgesetzen, mit denen jedoch sehr spezifische Wege zum Sozial- und Rechtsstaat beschritten wurden[126]. In der französischen Verfassung von 1793 wurde festgelegt:

„Die öffentliche Hilfe ist eine heilige Schuld. Die Gesellschaft schuldet ihren unglücklichen Bürgern den Unterhalt, sei es, dass sie ihnen Arbeit beschafft, sei es, dass sie denen, welche nicht mehr arbeiten können, die Existenzmittel gewährt." [127]

In der Verfassung des Directoire von 1795 fand sich als kurz gefasste Grundregel einer solidarischen Ordnung, jedem stets das zu geben, was man selbst bekommen wolle[128].

Ein solches Verständnis von sozialen Rechten war aber auch im revolutionären Frankreich nur vorübergehend. In Deutschland wurde der Weg der Reform von oben beschritten, bei dem soziales Recht nicht aus dem Gesichtspunkt der individuellen Rechte und der kollektiven Solidarität gesetzt wurde, sondern Sicherheit und Wohlfahrt eng verbundene Zwecke blieben[129]. Im Preußischen Allgemeinen Landrecht von 1794 wurde die Armenfürsorge geregelt und dabei differenziert zwischen Armen mit Heimatrecht und solchen, die in Anstalten, Kranken- und Arbeitshäusern lebten. Für erstere waren die Gemeinden, für letztere die Landarmenverbände zur Fürsorge verpflichtet[130]. Wer weder zu den Orts- noch zu den Landarmen gehörte, wurde weiterhin über die Grenzen abgeschoben[131].

6. 1794–1848: Ökonomischer Fortschritt und politische Stagnation

a) Industrielle Revolution

Die industrielle Revolution führte im 19. Jahrhundert zu Umwälzungen in Gesellschaft und Staat. Arbeiterschaft und Bürgertum formierten sich neu und die Lebensbedingungen der gesamten Bevölkerung veränderten sich. Familien und örtliche Gemeinschaften konnten wegen größerer Mobilität und schwindender rechtlicher und moralischer Bindungen weniger als zuvor die Sorge für arme, behinderte und kranke Menschen übernehmen[132]. Das soziale Risiko der Erwerbslosigkeit er-

[125] Brunkhorst (2002), S. 86; Volkmann (1997), S. 94.
[126] Vgl. Hattenhauer (1994), S. 523 ff.
[127] Art. 21 der Konventsverfassung vom 24. Juni 1793, die aber schon nach kurzer Zeit suspendiert wurde; vgl. Zoll (2000), S. 97 f.; Paech, DuR 1992, S. 265, 266 f.; P. Badura, Der Staat 1975, S. 17, 19; Brunner (1971), S. 6; Schambeck (1969), S. 34.
[128] Art. 2 der Verfassung von 1795 lautet insgesamt: *„Tous les devoirs de l'homme et du citoyen dérivent de ces deux principes, gravés par la nature dans tous les coeurs: Ne faites pas à autrui ce, que vous ne voudriez pas qu'on vous fît. Faites constamment aux autres le bien, que vous voudriez recevoir."*; dazu Denninger in: Bayertz (1998), S. 336 f.
[129] Kingreen (2003), S. 69 f.; Stolleis in: BMA (2001), S. 216 ff.
[130] ALR II 19 § 10 (Verpflichtung der Gemeinden), §§ 1, 16 (Verpflichtung des Staates); vgl. Sachße/Tennstedt (1980), S. 196.
[131] Stolleis in: BMA (2001), S. 216; Wannagat (1965), S. 53.
[132] Stolleis in: BMA (2001), S. 218.

schien in neuer Form[133]. Die Arbeits- und Lebensbedingungen machten viele Menschen zu Invaliden, weil sie durch Kinderarbeit, Unterernährung, Unfallgefahr und gesundheitsschädliche Arbeitsplätze, Wohnraummangel und Alkoholismus verschlissen oder den Anforderungen nicht mehr gewachsen waren[134]. Es kam zu einem Anwachsen verarmter Bevölkerungsteile, einer weiteren Erosion früherer sozialer Bindungen und einer stärkeren Verknüpfung der Armutsfrage und der Arbeitsbeziehungen[135]. Arbeiterschutz und die Sicherung der sozialen Risiken unter den neuen Bedingungen rückten in den Mittelpunkt der politischen Diskussion und Kämpfe.

Arbeit wurde zugleich zum Hort von Ausbeutung und Entwürdigung, von Selbstbefreiung und gesellschaftlichem Fortschritt, und zur historisch-fundamentalen Kategorie[136], die dann zur sozialstaatlichen Grundformel der Bedarfsdeckung durch Erwerbsarbeit als Normalfall werden konnte[137]. Mit dieser Bedeutung von Arbeit wurde zugleich der Weg sozialstaatlicher Intervention eingeschlagen, der im Zusammenhang mit den Spezifika der marktförmigen Verwertung der Arbeitskraft steht: Diese Ware ist keine Ware wie andere, wie der Soziologe *Georg Vobruba* beschreibt:

„Das Kooperationsmotiv der Arbeitskraft auf dem Arbeitsmarkt ist nicht schlicht das wirtschaftliche Motiv der Maximierung von (Faktor-)Einkommen, sondern letztendlich der existentielle Zwang, Not abzuwehren. (...) Das existentielle Einbezogensein der Arbeitskraft in das Arbeitsmarktgeschehen macht es unwahrscheinlich, dass die Verlierer (die Arbeitslosen, Arbeitsgeschädigten, Arbeitsunfähigen) auf Dauer lautlos vom System aufgesogen werden können. Während der kapitalistische Warenanbieter das Produkt wechseln kann, steht den Anbietern der ‚Ware' Arbeitskraft keine gleichwertige Option zur Verfügung. Unverkäuflichkeit heißt hier nicht Verschwinden der Ware, sondern ‚dekommodifizierte' (Offe) Existenz: Elend."[138]

Diese Feststellung galt und gilt in besonderem Maße für behinderte Menschen. Im 19. Jahrhundert konnten Lohnarbeiter vorausschaubar dem offiziellen Armenstatus anheim fallen, wenn sie durch Krankheit oder Invalidität ihre Arbeitskraft auf dem Markt nicht mehr anbieten konnten[139]. Noch weit in das 19. Jahrhundert waren zugleich Arbeits-, Zucht- und Siechenhäuser nicht ausdifferenziert, ohne dabei wirklich die Arbeitsfähigkeit der Insassen zu fördern. Der Bericht eines Arztes aus Schleswig-Holstein kritisierte 1860:

„Diese Arbeitshäuserbau-Manie der neueren Zeit, die in der Arbeit das wirksamste Präservativ gegen den Pauperismus, aber nicht in Gesundheit die wichtigste Bedingung für Arbeit

---

133   Niess (1982), S. 18 ff.
134   Hattenhauer (1996), Rz 322 ff.; Kuczynski Bd. 3 (1982), S. 133 ff.; Merkens (1974), S. 6 f., 32 ff.; Wannagat (1965), S. 53.
135   Weber (2002), S. 51 f.
136   Negt (2002), S. 425.
137   P. Badura, Der Staat 1975, S. 17, 20: Der Grundsatz, dass jedermann von seiner Arbeit soll leben können, ist heute ein tragendes Element des sozialen Rechtsstaats.
138   Vobruba (1985), S. 48.
139   Sachße/Tennstedt (1980), S. 259; nach der Reichsstatistik im Geltungsbereich des Unterstützungswohnsitzgesetzes waren eigener Unfall, Krankheit und Gebrechen 1885 in 16,23 % der Fälle die Verarmungsursachen, S. 261; vgl. Reichmann in: Reichmann (1984), S. 111; Jantzen (1992), S. 40.

gefunden hat, und daher statt gute Krankenhäuser, schlechte Arbeitshäuser baute, trug mitunter schlechte Früchte"[140].

Hier setzten Theorie und Praxis der Sozialreform ein, die um nachhaltig auf der Angebotsseite des Arbeitsmarktes zu intervenieren, indem sie denjenigen, die aus gesundheitlichen oder anderen Gründen Schwierigkeiten auf dem Arbeitsmarkt hatten, die Rehabilitation anboten oder sie von ihnen verlangten. Die Kehrseite dieses Prozesses war, dass die für den Produktionsprozess nicht oder nur eingeschränkt brauchbaren Gruppen behinderter Menschen einer stärkeren Aussonderung und Behandlung in verwahrenden Einrichtungen ausgesetzt waren[141].

b) Sozialhygiene und soziale Medizin

Die Aufmerksamkeit von Medizin und Pädagogik wurde auf die gesundheitlichen Folgen der Arbeits- und Wohnverhältnisse und die Bedeutung funktionaler Gesundheit für die Leistungsfähigkeit gelenkt. *Jeremy Bentham* und *Edwin Chadwick* in Großbritannien und *Jules-René Guérin* in Frankreich bauten sozialhygienische Maßnahmen aus, nicht zuletzt zur Seuchenbekämpfung[142]. Unterricht, Ausbildung und Behandlung wurden integriert, etwa in der 1823 von *J. G. Blömer* in Berlin begründeten Heilanstalt für Verwachsene[143] oder der 1840 in Reutlingen von *Gustav Werner* gegründeten Anstalt mit individuell passenden Arbeitsgelegenheiten für verkrüppelte Personen[144]. Es wurden sowohl spezielle Schulen und Einrichtungen, wie die Industrieschulen[145], gegründet als auch behinderte Kinder in den bestehenden Volksschulen unterrichtet („Verallgemeinerungsbewegung")[146]. 1848 wurde durch *Guérin* der Begriff der *médecine sociale* (Sozialmedizin) geprägt[147] und damit eine Grundlage für eine der Rehabilitation verbundene Spezialdisziplin und systematische Herangehensweise gelegt. Im gleichen Jahr wurde in Großbritannien der *Public Health Act* beschlossen, der eine noch heute wirksame praktische und wissenschaftliche Tradition der Public Health begründete. Hierbei handelt es sich um einen spezifischen Zweig von Verwaltung und Wissenschaft, der sich mit dem Verhältnis zwischen den Lebensbedingungen der Menschen und ihrem Gesundheitszustand beschäftigt und in dem Vorschläge entwickelt werden, die Bedingungen etwa von Arbeit, Wohnung und Umweltschutz gesundheitsfördernd auszugestalten[148].

---

[140] Vgl. die zeitgenössischen Berichte von Leubuscher und Anonymus bei Sachße/Tennstedt (1980), S. 316 ff., 322.

[141] Dörner (1989), S. 22 ff.; Stadler, ZHP 2001, S. 99, 100 f.

[142] Seidler in: Handbuch der Sozialmedizin Bd. 1 (1975), S. 47, 65.

[143] Schümann, TuP 2002, S. 260; Merkens (1974), S. 46, 107 ff.; Tönnis, BArbBl. 1962, S. 245; Nach Merkens wurde das erste unentgeltliche Heim für körperbehinderte Kinder mit Unterricht 1808 in Lübeck gegründet.

[144] Seidler in: Koch/Lucius-Hoene/Stegie (1988), S. 8.

[145] Möckel (1988), S. 92 ff.

[146] Möckel (1988), S. 109 ff.

[147] Jules-René Guérin, De l'intervention du corps médical dans la situation actuelle; programme de médecine sociale (1848).

[148] Vgl. Jakubowski in: Schwartz (2003), S. 11 ff.

Der Begriff der Rehabilitation ist 1843 in die deutsche sozialpolitische Diskussion durch das System der Armenpflege von *Franz Joseph von Buß* eingeführt worden, das sich in der Sache auf das Werk *„De la bienfaisance publique"* des französischen Politikers und Philosophen *Joseph Marie de Gérando*[149] stützte. In der Medizin wurden die damit verbundenen Gedanken durch *Rudolf Virchow*[150] und *Salomon Neumann*[151] aufgegriffen. Bei *Virchow* wurde medizinische Erkenntnis auf die soziale Existenz des Menschen in der Gesellschaft und auf die sozial Benachteiligten bezogen[152].

c) Staat und Gesellschaft im Staatsrecht

Die gesellschaftlichen Umwälzungen blieben nicht ohne Widerhall im Staatsrecht. *Robert von Mohl*, der *Buß* inspiriert hatte[153], formulierte Bedingungen eines sozialen Rechtsstaats, der die Freiheit der Bürger schützen und ermöglichen sollte[154]. Seine Formulierung, dass der Staat die Lebenszwecke aller berücksichtigen müsse[155], schlägt den Bogen von bloßer Rechtsgleichheit zu einer materiellen Rechtsstaatlichkeit, welche die sozialen Auswirkungen des Rechts beachten muss.

Georg Friedrich Wilhelm Hegel fundierte mit seinen 1821 erschienen Grundlinien einer Philosophie des Rechts ein modernes Verständnis des sozialen Staates[156], indem er die Trennung von Staat und Gesellschaft konzipierte und damit eine Grundlage dafür schuf, die Verantwortlichkeiten insbesondere von Familie, bürgerlicher Gesellschaft und Staat für die sozialen Risiken zu ordnen. *Hegel* erkannte, dass die umfassende Arbeitsteilung die gegenseitige Abhängigkeit und Wechselbeziehung der Menschen verstärkt[157] und damit eine Dialektik von Individualisierung und Vergesellschaftung der Bedürfnisse, Nöte und Risiken einsetzt,

---

[149] Joseph Marie de Gérando, De la bienfaisance publique, Bd. 1–4 (1839); vgl. von Engelhardt, DRV 1990, S. 572, 575.

[150] Rudolf Virchow, Der Armenarzt, Die medicinische Reform 1848, S. 125 ff.: *„Die Medizin ist eine soziale Wissenschaft."*; ders., Bericht über die in Oberschlesien herrschende Typhusepedemie (1848); vgl. David (1993), S. 220 ff; Milles in: Deppe (1991), S. 38, 41 f.; E. Jung (1982), S. 31 f.

[151] S. Neumann (1847); vgl. Milles in: Deppe (1991), S. 40 f.; E. Jung (1982), S. 31.

[152] Waller (2002), S. 9 f.; Dörner (1995), S. 286; David (1993), S. 223; Beyer/Winter (1970), S. 124 f.

[153] Buß knüpfte mit seiner Fabrikrede 1837 im Badischen Landtag an Thesen an, die Robert von Mohl 1835 veröffentlicht hat in dem Aufsatz „Über die Nachtheile, welche sowohl dem Arbeiter selbst als dem Wohlstande und der Sicherheit der gesamten bürgerlichen Gesellschaft von dem fabrikmäßigen Betriebe der Industrie zugehen und über die Nothwendigkeit gründlicher Vorbeugungsmittel", Archiv der politischen Ökonomie und Polizeiwissenschaft 1835, Bd. II, S. 141 ff.; vgl. Lange (1955), S. 55; Spreng (1932), S. 91 ff.

[154] Kingreen (2003), S. 86 ff.; Daum, RdA 1968, S. 81, 85; Maihofer (1968), S. 41 f.

[155] Robert von Mohl (1859), Encyclopädie der Staatswissenschaften, S. 324 ff. auch in: Politische Schriften (1966), S. 17 f.. Mohl definiert die Aufgabe des Rechtsstaats als *„eine doppelte. Erstens, Aufrechterhaltung der Rechtsordnung im ganzen Bereiche der Staatskraft, als ein Bedürfnis und Gut an sich und die Bedingung alles Weiteren. Zweitens, die Unterstützung vernünftiger menschlicher Zwecke, wo und insoweit die Mittel der einzelnen oder bereits zu kleineren Kreisen vereinigten Beteiligten nicht ausreichen."*

[156] Kingreen (2003), S. 74 ff.

[157] Hegel, Grundlinien der Philosophie des Rechts, § 198; vgl. Tönnies (1963), S. 45.

die bis heute eine Triebkraft der Entwicklung des sozialen Staates ist[158]. *Hegel* konzipierte jedoch Staat und Gesellschaft in einem hierarchischen Modell, das dem nicht-demokratischen Staatsaufbau jener Zeit entsprach und sah die Akteure der bürgerlichen Gesellschaft und der sozialen Gestaltung vor allem in den Ständen und Korporationen und in der Bürokratie[159]. Die Ungleichheit der Menschen in der Gesellschaft als Ungleichheit der Geschicklichkeit, des Vermögens und der Bildung und damit auch die Armut seiner Zeit sah er als gegeben und damit als konstitutives Element der bürgerlichen Gesellschaft an[160]. So schätzte er die Rolle der gesellschaftlichen Dynamik und der demokratischen Artikulation der Gesellschaft für die soziale Staatstätigkeit zu gering ein. Die Kritik daran wurde nicht zuletzt von *Karl Marx* formuliert[161].

d) Sozialpolitischer Stillstand

Während die ökonomische Sphäre in der industriellen Revolution begriffen war und in Politik und Philosophie, in der medizinischen und pädagogischen Theorie und Praxis große Veränderungen im Umgang mit Armut und Behinderung zu registrieren waren[162], blieben in Deutschland die politischen und rechtlichen Erträge dieser Entwicklungen und Bestrebungen zunächst gering. Die gesellschaftlichen Umwälzungen fanden nur zögerlich Widerhall in der Politik und staatlichen Sphäre[163]. Die Entfaltung bürgerlicher Privatautonomie der rechtlich gleichen, freien und kapitalbildenden Persönlichkeit hatte Vorrang vor der sozialen Gleichheit und gesellschaftlichen Freiheit breiter Bevölkerungsschichten und hier besonders der Armen und Invaliden[164].

Lediglich die Entwicklung eines umfassenden Versorgungsrechts für verletzte Soldaten war mit dem Übergang zur allgemeinen Wehrpflicht in den napoleonischen Kriegen von 1814[165] unabweisbar geworden[166]. Ein gesetzlicher Anspruch auf Versorgung auch ohne Nachweis der Bedürftigkeit wurde hier 1825 geschaffen[167]. Auch das Verbot der Kinderarbeit in Preußen im Jahre 1839[168] war vor allem durch die Wehrpflicht, aber auch durch die Durchsetzung der Schulpflicht bedingt[169]. An-

---

[158] Vgl. Kingreen (2003), S. 79 f.

[159] Hegel, Grundlinien, §§ 250–256, 264, 265, 301; Kingreen (2003), S. 82 f. sieht in den Korporationen ein emanzipatives Element der Selbstverwaltung.

[160] Hegel, Grundlinien § 200; vgl. F.-X. Kaufmann in: BMA (2001), S. 13; Kingreen (2003), S. 82.

[161] Marx, Kritik des Hegelschen Staatsrechts (1843/1974), S. 31 ff. Hier entwickelt Marx insbesondere die Bedeutung der Demokratie und des allgemeinen Wahlrechts für das Verhältnis von Staat und bürgerlicher Gesellschaft; vgl. dazu Maihofer (1968), S. 37, 61.

[162] Stolleis in: BMA (2001), S. 221.

[163] Stolleis in: BMA (2001), S. 216 f.

[164] Volkmann (1997), S. 133 f.

[165] Gesetz vom 3. September 1814, GS S. 78.

[166] Stolleis, SGb 1984, S. 378, 380; Kretschmer in: GK-SGB-I Rz 8 zu § 5; Schulin (1981), S. 68 ff.; V. Neumann in: V. Neumann (2004); § 1 Rz 4.

[167] Preußisches Militär-Pensions-Reglement vom 13. Juni 1825.

[168] Regulativ über die Beschäftigung jugendlicher Arbeiter in Fabriken vom 9. März 1839, PrGS 1839, S. 156.

[169] Stolleis in: BMA (2001), S. 217.

fänge moderner Daseinsvorsorge und einer Verbindung von Privatrecht und öffentlichem Recht zur Bewältigung neuer Aufgaben zeigten sich immerhin in der preußischen Gesetzgebung zum Eisenbahnbau, bei der auch arbeitsrechtliche Regulierungen und eine erste Gefährdungshaftung auch für Personenschäden eingeführt wurden[170].

7. 1848–1918: Grundlagen des modernen Sozialstaats

Die gesellschaftlichen und politischen Gegensätze wurden zunächst in der Revolution von 1848 deutlich. Aus Ständen waren Klassen geworden, deren Mitglieder nicht mehr bereit waren, Rechtlosigkeit und sozialen Status als gegeben hinzunehmen[171]. Der Durchbruch zum demokratischen und sozialen Rechtsstaat scheiterte jedoch. Ein Recht auf Arbeit und Unterhalt[172] und die generelle Versorgung invalider Arbeiter[173] wurden in der Revolution vergeblich gefordert[174]. Die zweite Hälfte des 19. Jahrhunderts brachte in Deutschland dennoch in einem langwierigen und widerspruchsvollen Prozess wichtige Schritte zum modernen Sozialstaat.

a) Armenpflege zwischen Modernisierung und Obrigkeitsstaat

Schon mit den preußischen Gesetzen von 1842[175] und 1855[176] war die Bindung an die Heimatgemeinde zugunsten des Prinzips des Unterstützungswohnsitzes gelockert worden[177]. Von 1870 an wurde durch zweijährigen Aufenthalt in einer Gemeinde der Unterstützungswohnsitz erworben[178]. Ein Rechtsanspruch auf Hilfe ergab sich auch dadurch jedoch nicht. In einem preußischen Ministerialerlass von 1858 war die Einrichtung von Heil- und Pflegeheimen für blödsinnige Kinder empfohlen worden[179]. 1875 wurde den Provinzialverbänden die Sorge für Geisteskranke, Taubstumme und Blinde auferlegt[180]. Diese Ansprüche wurden im preußischen Ausführungsgesetz von 1891 und durch Reichsgesetz von 1909 präzisiert. Damit wurde ein unterstes Unterstützungssystem auch für behinderte Menschen geschaffen, das auch die wachsende Mobilität der Bevölkerung berücksichtigte. Die Gewährung von Freizügigkeit im Rahmen der Reichsgründung hatte zwar die einzelnen aus ihren lokalen Bindungen befreit, beschleunigte jedoch das Versagen

---

[170] Preußisches Gesetz über die Eisenbahnunternehmungen von 1838; § 25 Preußisches Eisenbahnhaftpflichtgesetz vom 3. November 1838; vgl. Hattenhauer (1996), Rz 337 ff. und 544; vgl. Barta (1983), S. 90 ff.; Schulin (1981), S. 17.

[171] Kingreen (2003), S. 73.

[172] Schambeck (1969), S. 35; Paech, DuR 1992, S. 265, 267.

[173] Stolleis in: BMA (2001), S. 227; Sachße/Tennstedt (1980), S. 226 zitieren die Volksversammlung in Elberfeld am 9. März 1848.

[174] Vgl. Hattenhauer (1996), Rz 533 ff.; Daum, RdA 1968, S. 81, 82 f.

[175] Gesetz über die Aufnahme neu anziehender Personen vom 31. Dezember 1842; Pr Gs. 1843, S. 8 ff.; vgl. Schmeling, SGb 1976, S. 313, 316.

[176] Gesetz über die Verpflichtung zur Armenpflege vom 21. Mai 1855.

[177] Vgl. Sachße/Tennstedt (1980), S. 199.

[178] Gesetz über den Unterstützungswohnsitz vom 6. Juni 1870.

[179] Gruhl (1968), S. 5.

[180] Preußisches Dotationsgesetz vom 8. Juli 1875.

der bisher dort angesiedelten Schutz- und Versorgungsfunktionen. Der Staat musste deshalb notwendig an die Stelle unwirksam gewordener Sicherungssysteme treten. Indem der Staat die Unterstützung Hilfebedürftiger infolge der durch ihn selbst ermöglichten und garantierten freien Wirtschaftsordnung betrachtete, verwirklichte er in Anfängen die Idee vom sozial intervenierenden Staat[181].

Für die behinderten Menschen, die auf dieses System angewiesen waren, blieb es jedoch ganz der absolutistischen Wohlfahrtspflege ohne subjektive Rechte verhaftet. So schrieb der spätere Gründer des Selbsthilfebundes der Körperbehinderten, *Otto Perl*, auch aus eigener Erfahrung:

„Das staatlich-bürokratische Fürsorgewesen hat es nahezu unmöglich gemacht, dass sich wie in England auch in Deutschland ein so starker Geist der Selbsthilfe unter den wirtschaftlich Schwachen entwickeln konnte. Der Deutsche hat sich daran gewöhnt, seine Wohlfahrt bei der Polizei, bei dem Staate oder in der Produktion von Sozialgesetzen zu suchen, anstatt überall, wo die Kräfte unter den Notleidenden vorhanden sind, diese Kräfte zu ökonomischen Selbständigkeiten zu organisieren. Man entschied sich für den anderen Weg: die Hilfebedürftigen in den städtischen Asylen und Armenhäusern zu konzentrieren, wodurch der Allgemeinheit naturgemäß ein unproduktiver Posten im Jahreshaushalt erwuchs. (...) Ich bezweifle es aufs stärkste, dass diejenigen Männer, die die deutsche Armengesetzgebung nach dem siebziger Kriege geschaffen haben, auch nur einmal den Fuß in eine Anstalt gesetzt haben, um sich reale Grundlagen für ihre Arbeit zu verschaffen. Dem Persönlichkeitsrecht des Einzelnen (...) wird in dem modernen Armen- und Sozialrecht nicht Rechnung getragen. (...) Es ist der Charakter eines jeden Gesetzes, dass es Rechte gibt, indem es Rechte nimmt. Das deutsche Armenrecht tut nur das letztere mit seinem Objekt."[182]

Nur wenige Gruppen behinderter Menschen konnten bereits in dieser Zeit Vereine und Genossenschaften bilden, die Selbsthilfe bei der Teilhabe am Arbeitsleben und am politischen Leben organisierten. Hierzu gehörten insbesondere die Blindenvereine und Blindengenossenschaften, die auch einen Reichsverband gründeten[183].

b) Ausbau des Gesundheits- und Anstaltswesens

In der zweiten Hälfte des 19. Jahrhunderts wurde das Gesundheits-, Fürsorge- und Anstaltswesen in Deutschland ausgebaut. Unter den Begriffen der Sozialhygiene und des öffentlichen Gesundheitswesens wurden diese Einrichtungen systematisiert. *Lorenz von Stein* beschrieb das Verhältnis von Staat, Recht und Medizin in seinem 1882 als selbstständiger Schrift erschienenen Werk *„Das Gesundheitswesen"*[184]. Dieser Entwicklungsstrang stand in enger Beziehung zur Entwicklung der Armenfürsorge und der dann weiter folgenden Differenzierung zur Krüppelfürsorge[185]. Auch für durch ihre Lebensverhältnisse geschwächte und von Verkrüppelung bedrohte Kinder wurden in dieser Zeit erste Heilstätten eingerichtet[186].

---

[181] Bieritz-Harder (2001), S. 176.

[182] Perl (1926), S. 27 f.; vgl. E. Jung (1982), S. 49; BVerwG vom 24. Juni 1954, BVerwGE 1, 159, 160 f. (Rechtsanspruch auf Fürsorge).

[183] Demmel (2003), S. 42 ff.

[184] Lorenz von Stein, Das Gesundheitswesen, Erstes Hauptgebiet, zweiter Theil der Inneren Verwaltungslehre, 2.A. (1882); vgl. Ritter (1991), S. 69 ff.; E. Jung (1982), S. 35.

[185] Vgl. auch Wex (1929), S. 55 ff.; Stadler, ZHP 2001, S. 99, 100.

[186] H. Fuchs (2004), S. 10 f.; vgl. Decius (1966), S. 127.

Im Umgang mit Menschen mit psychischer und geistiger Behinderung, in damaliger Terminologie Irre und Geistesschwache, wurde im 19. Jahrhundert der Ansatz entwickelt, teils die medizinische Heilung, teils, bei angenommener Unheilbarkeit, die gesellschaftliche Eingliederung in Familien oder Anstalten und in den Produktionsprozess zu betreiben[187]. Als erste systematische institutionelle Verknüpfung von medizinischer Rehabilitation, Pädagogik und Arbeit in der Behindertenfürsorge werden die 1872 von *Hans Knudsen* gegründeten Kopenhagener Anstalten angesehen, deren Ansatz 1886 bei der Gründung des Behindertenheims in Nowawes bei Potsdam durch *Theodor Hoppe* rezipiert wurde[188]. Träger von Anstalten waren Privatpersonen, Stiftungen und karitative Einrichtungen der Kirchen. Die katholische Josefs-Gesellschaft und ab 1897 der Caritasverband[189], der Johanniterorden sowie die evangelische Innere Mission[190], begründet von *Johann Heinrich Wichern*, waren dabei prägend[191]. Zunehmend wurden die Fürsorge nicht mehr allein privat sichergestellt und finanziert, sondern durch die Fürsorgegesetzgebung geprägt[192]. Die Verbindung zwischen privater und öffentlicher Fürsorge spiegelte sich institutionell in der Gründung des Deutschen Vereins für öffentliche und private Fürsorge im Jahr 1880[193]. In den 1890er Jahren entwickelte sich die kommunale Gesundheitsfürsorge vor allem in den deutschen Großstädten als eigenständiger Bereich des Wohlfahrtswesens. Sie bezog sich vor allem auf besonders gefährliche chronische Krankheiten wie Tuberkulose, Geschlechtskrankheiten und Alkoholismus sowie auf Körperbehinderungen[194] und auf die Ursachen der Kinder- und Müttersterblichkeit[195]. Seit 1909 wurde in der Zeitschrift für Krüppelfürsorge über die Trägerschaft der Hilfsmaßnahmen diskutiert. Dabei wurde nur von einer Minderheit von Ärzten eine staatliche Trägerschaft mit einem Rechtsanspruch auf Hilfe verlangt[196].

Die arbeitsorientierte Motivation für die Entwicklung gesundheitlicher Armenfürsorge fasste *Lorenz von Stein* 1882 so zusammen:

„(...) allein tief ins Leben hineingreifend ist der Satz, dass die Krankheit der Nichtbesitzenden der Gemeinschaft unendlich viel theurer zu stehen kommt, als die der Besitzenden. Denn jene gefährdet die Produktivität der nichtbesitzenden Classe, während dies nur das Vermögen der Besitzenden bedroht."[197]

Im Rahmen einer Einordnung der Fürsorge in das wachsende System sozialer Staatsintervention wurde die Differenzierung zwischen arbeitsfähigen und arbeitsunfähigen Armen und zwischen heilbarer und unheilbarer Armut erneut betont und

---

187 Von Stein (1882), S. 400 f.; Dörner (1969), S. 304; Schümann, TuP 2002, S. 260.
188 Seidler in: Koch/Lucius-Hoene/Stegie (1988), S. 12; Perl (1926), S. 32.
189 Wagner/Kaiser (2004), S. 9; Sachße/Tennstedt (1980), S. 227 f.
190 Sachße/Tennstedt (1980), S. 229 ff.
191 Merkens (1974), S. 132 ff.; Wannagat (1965), S. 59; kritisch: Jantzen (1992), S. 51 f.
192 Seifriz/Scholz (1959), S. 17.
193 Seifriz/Scholz (1959), S. 18.
194 Sachße/Tennstedt (1988), S. 28.
195 Scherpner (1966), S. 167 f.
196 Merkens (1974), S. 120 f.
197 Von Stein (1882), S. 415 f.; vgl. zur Erhaltung der Arbeitskraft als Kernanliegen bei Stein F.-X. Kaufmann in: BMA (2001), S. 17.

durch ärztliche Untersuchungen durchgesetzt[198]. Die Grenzen zwischen Arbeitserziehung und Heilung wurden dabei immer wieder neu definiert. So wurden auch
Bettler und Landstreicher zunehmend als potenziell geistig krank angesehen. In
der Lübecker Arbeitsanstaltsgesetzgebung von 1912 wurde entsprechend eine behördliche Wahlmöglichkeit zwischen Unterbringung in einer Armenarbeitsanstalt
und in einer Heilanstalt verankert[199].

c) Schulpflicht, Hilfsschulen und Heilpädagogik

In die zweite Hälfte des 19. Jahrhunderts fallen auch die Durchsetzung der allgemeinen Schulpflicht[200] und ihre Erstreckung auch auf behinderte Kinder, für die
ein eigenes Hilfsschulwesen aufgebaut wurde. Dieser Bereich war der landesrechtlichen Gesetzgebung vorbehalten. Mit der Heilpädagogik entwickelte sich eine
spezielle Disziplin, in welcher pädagogische und medizinische Praxis und Theorie
eine besondere Verbindung, insbesondere für die Arbeit mit geistig behinderten
Kindern, eingingen[201]. Diese Bemühungen knüpften an *Edouard Séguin* an, der
1846 das erste große Werk über die Erziehung geistig behinderter Kinder veröffentlichte und von der Bildungsfähigkeit aller Menschen ausging[202]. Der Begriff
Heilpädagogik wurde 1861 von dem Mediziner *Johann Daniel Georgens* und dem
Pädagogen *Heinrich Marianus Deinhart* geprägt[203], die mit ihrem Werk die Bestrebungen des Vormärz zur Aufnahme geistig behinderter Kinder im Rahmen staatlich organisierter Fürsorge zusammenfassten[204]. Sie wird als *„Lehre von der wissenschaftlich eingestellten Erfassung der Ursachen und Folgeerscheinungen der körperlich-geistig-seelischen Zustände und Verhaltensweisen entwicklungsgehemmter
Kinder und Jugendlicher und deren unterrichtlichen, erzieherischen und fürsorgerischen Behandlung"*[205] oder kurz als *„Theorie und Praxis der Erziehung unter erschwerten personalen und sozialen Bedingungen"* verstanden[206].

Die schulrechtlichen Vorgaben der Schulpflicht auch für behinderte Kinder und
der mehr oder weniger separierenden oder integrierenden Schulorganisation strukturierten nun die Entwicklung der Heil- und Sonderpädagogik[207], wenn auch die
Impulse ihres Fortschritts eher privaten Bemühungen zu verdanken waren[208].
Zwischen 1867 und 1920 wurden die Hilfsschulen als besonderer Zweig des Schul-

---

[198] Bieritz-Harder (2001), S. 173 ff.; Sachße/Tennstedt (1980), S. 208 f., 215.
[199] Sachße/Tennstedt (1980), S. 256.
[200] Zur zentralen Bedeutung der Schulpflicht für Sozialstaatlichkeit: Zacher in: BMA (2001),
S. 371.
[201] Vgl. Stahlmann in: Pousset (2003); vgl. Hanselmann (1941); Speck (1998); Scherpner (1966),
S. 154 f.
[202] Mürner (2003), S. 71; Möckel in: Eberwein (1999), S. 43; Jantzen (1992), S. 49 f.; Jantzen/
Reichmann in: Reichmann (1984), S. 90 f.
[203] Georgens/Deinhart (1861).
[204] Jantzen/Reichmann in: Reichmann (1984), S. 91 f.; Möckel (1988), S. 116, 155 ff; Speck
(2003), S. 46 f.
[205] Hanselmann (1941), S. 12; fast identisch: Speck in: Antor/Bleidick (2001), S. 71.
[206] Klein/Meinertz/Kausen (1999); Bundschuh/Heimlich/Krawitz in: dies. (1999).
[207] So Möckel (1988), S. 19 f.
[208] So Speck (2003), S. 42.

wesens eingerichtet, zunächst als zentrale Anstalten, später als eigener wohnortnaher Schulzweig, jeweils nach Behinderungsarten organisiert[209]. Die Schulpflicht für behinderte Kinder wurde erst deutlich nach der allgemeinen Schulpflicht gesetzlich festgeschrieben[210]. In der Hilfsschulpädagogik für geistig behinderte Kinder wurde zugleich seit 1890 eine Theorie der Bildungsunfähigkeit und damit Separation entwickelt[211]. Noch die Krüppelzählung von 1906 erbrachte das Ergebnis, dass 10,6 % der körperbehinderten und 86,4 % der geistig behinderten Kinder ohne Unterricht waren[212]. Erst danach wurde von Medizinern, Pädagogen und Theologen intensiver über spezielle erzieherische Hilfen für körperbehinderte Kinder diskutiert[213].

d) Sozialversicherung

Ansatz eines auch qualitativen Fortschritts staatlicher Verantwortung für die sozialen Aufgaben und für behinderte Menschen war die Sozialversicherung. Eine erste gesetzliche Regelung der Krankenkassen war durch die preußische Gewerbeordnung von 1845[214] erfolgt, in der auch die Gemeinden ermächtigt wurden, eine Versicherungspflicht zu begründen. Diese Regelung blieb jedoch ohne großen Erfolg[215]. Eine erste landesgesetzliche öffentlich-rechtliche Arbeiterversicherung wurde 1854 für die preußischen Knappschaften errichtet[216]. Einzelne großbetriebliche Krankenkassen kamen hinzu[217]. Nach 1848 setzte auch die Gesetzgebung zur Haftpflicht der Unternehmer für Körperschäden auf Grund von Arbeitsunfällen ein. Die zivilrechtliche Haftung mit dem Verschuldensprinzip war nicht geeignet, der besonderen Verantwortlichkeit gerecht zu werden, die in den arbeitsteiligen Unternehmen der modernen Industrie für die körperlichen Schäden und ihre existenziellen Folgen zu regeln war. 1871 wurde die Haftung der Unternehmer für Arbeitsunfälle im Reichshaftpflichtgesetz geregelt[218].

In der Kaiserlichen Botschaft *Wilhelms I* von 1881 war der Grundsatz enthalten, dem Bedarf mehr als bisher gerecht zu werden, Hilfe als verdienten Anspruch an-

---

[209] Möckel (1988), S. 162 ff.; Möckel in: Antor/Bleidick (2001), S. 68 f.; Möckel in: Eberwein (1999), S. 41 ff.; zur Weimarer Zeit: Muth, RdJB 1985, S. 162 f.; Zielke, BHP 1992, S. 314, 315.

[210] Möckel (1988), S. 236 ff.; Möckel in: Eberwein (1999), S. 41: Sachsen 1873, Braunschweig 1894, Baden 1902, Preußen 1911.

[211] Jantzen/Reichmann in: Reichmann (1984), S. 94 f.

[212] Seidler in: Koch/Lucius-Hoene/Stegie (1988), S. 14.

[213] Merkens (1974), S. 97.

[214] § 144 Preußische Allgemeine Gewerbeordnung vom 17. Januar 1845; Schirbel (1929), S. 117; weitere gesetzliche Regelungen durch Preußische Verordnung vom 9. Februar 1849; Preußisches Gesetz vom 3. April 1854 (Ermächtigung auch der Bezirksregierungen zum Versicherungszwang); Schirbel (192), S. 154 ff.; Gewerbeordnung des Norddeutschen Bundes vom 21. Juni 1869, Änderungen vom 8. April 1876 (RGBl. S. 134).

[215] Wannagat (1965), S. 49 f., 55: 1876 waren weniger als die Hälfte der Arbeiter in Preußen gegen Krankheit versichert; vgl. E. Jung (1982), S. 26.

[216] Gesetz betreffend die Vereinigung der Berg-, Hütten-, Salinen- und Aufbereitungsarbeiter in Knappschaften vom 10. April 1854; mit einigen Änderungen ins Allgemeine Berggesetz für die preußischen Staaten vom 24. Juni 1865 übernommen, vgl. Wannagat (1965), S. 51.

[217] Wannagat (1965), S. 57, etwa bei Krupp im Jahre 1856.

[218] § 2 RHPflG; vgl. Schulin (1981), S. 18 f., 87 f.; Barta (1983), S. 51 ff.

zusehen, die gesellschaftliche Selbstverwaltung einzubeziehen und staatliche Mittel aufzuwenden:

„Aber auch diejenigen, welche durch Alter oder Invalidität arbeitsunfähig werden, haben der Gesamtheit gegenüber einen begründeten Anspruch auf ein höheres Maß staatlicher Fürsorge, als ihnen bisher hat zu Theil werden können. (...) Der engere Anschluß an die realen Kräfte des Volkslebens und das Zusammenfassen der letzteren in korporativen Genossenschaften unter staatlichem Schutze und staatlicher Förderung werden (...) auch die Lösung von Aufgaben möglich machen, denen die Staatsgewalt allein im gleichen Umfange nicht gewachsen sein würde."[219]

Mit den Sozialversicherungsgesetzen wurden 1881 die gesetzliche Krankenversicherung, 1884 die gesetzliche Unfallversicherung[220] und 1889 die gesetzliche Invalidenversicherung eingeführt. Sie hatten zentrale Bedeutung für die soziale Sicherung bei Behinderung. Mit der Krankenversicherung wurde für die Arbeiterschaft ein Zugang zur medizinischen Versorgung eröffnet, der auch für Prävention und Behandlung von chronischen Krankheiten und Behinderungen eine wichtige Rolle spielte. Zunächst waren jedoch Hilfsmittel[221] und die Versorgung bei länger dauernder Krankheit ausgeschlossen. Die Unfallversicherung verbesserte die Versorgung der großen Zahl von Arbeitsunfällen betroffener Arbeiter. Sie war von Anfang an Trägerin von Renten und Heilbehandlungen und entwickelte bereits Ansätze für die berufliche Rehabilitation von Verletzten[222]. Die Invalidenversicherung hatte zunächst eine mindestens ebenso große Bedeutung für das Risiko der Erwerbsunfähigkeit wie für die Alterssicherung. Die Alterssicherung war als typisierte Invalidität, die mit 70 Jahren einsetzte, nur ein Unterfall von Erwerbsunfähigkeit[223]. Von Anfang an war die Invalidenversicherung auch Trägerin von Heilbehandlungen, die vor dem Eintreten des Invaliditätsrisikos schützen oder die Erwerbsfähigkeit wiederherstellen sollten[224] und schloss damit zum Teil die Lücken, welche die Krankenversicherung bei chronischen Krankheiten ließ. Die Landesversicherungsanstalten erweiterten ihre Aktivitäten auch auf Kinderheilverfahren und verfolgten damit einen langfristig präventiven Ansatz im Hinblick auf drohende Invalidität[225]. Die Sozialversicherungsträger versuchten zur Minderung des Invaliditätsrisikos in die Lebensbedingungen der versicherten Bevölkerung zu verbessern.

---

[219] Kaiserliche Botschaft vom 17. November 1881, zitiert nach Wannagat (1965), S. 63 f.; vgl. Hattenhauer (1996), Rz 552 ff.

[220] Unfallversicherungsgesetz vom 6. Juli 1884, RGBl. 69; Barta (1983), S. 194 ff.; Gitter, ZSR 1973, S. 525, 526.

[221] Vgl. Davy, SGb 2004, S. 315, 317.

[222] V. Neumann in: V. Neumann (2004), § 1 Rz 3; E. Jung (1982), S. 50: 1890 errichteten die Berufsgenossenschaften die erste Unfallklinik der Welt.

[223] Vgl. ausführlich: Göckenjan (2000), S. 305 ff.

[224] § 12 IuAVG; seit 1900: §§ 18, 47 Abs. 2 IVG; Raspe in: Igl/Welti (2001), S. 239, 240; Stolleis in: BMA (2001), S. 254; Behrend (1992), S. 190 f.; Schröder in: LVA Schleswig-Holstein (1990), S. 49 f.; 57 f.; Bielefeldt (1904), S. 15 ff.

[225] Vgl. H. Fuchs (2004), S. 13, 21 ff. Grundlage war § 1274 RVO a. F., wonach die Versicherungsanstalt Mittel aufwenden konnte, um allgemeine Maßnahmen zur Verhütung des Eintritts vorzeitiger Invalidität unter den Versicherten oder zur Hebung der gesundheitlichen Verhältnisse der versicherten Bevölkerung zu fördern oder durchzuführen.

Damit waren im Jahre 1890 reichsgesetzliche Grundlagen für große Teile der noch heute bestehenden Ordnung der sozialrechtlichen Rehabilitation geschaffen worden. Der in der Sozialversicherung versicherte Personenkreis wurde schon in den nächsten Jahrzehnten stetig erweitert[226]. Das Invalidenversicherungsgesetz von 1899 bezog auch Angestellte bis zu einer bestimmten Verdienstgrenze in die Invaliditätssicherung ein[227]. Im Jahr 1900 wurden Hilfsmittel bei den Leistungen der Unfallversicherung aufgenommen[228]. Mit der Reichsversicherungsordnung wurden 1911 die Grundlagen der Sozialversicherung neu kodifiziert[229]. Im Angestelltenversicherungsgesetz[230] wurde der gesetzliche Invaliditätsschutz ausgeweitet sowie begrifflich endgültig von der Alterssicherung getrennt[231]. Das 1884 gegründete Reichsversicherungsamt war zunächst für die Unfall- und Invalidenversicherung, ab 1913 auch für die Krankenversicherung oberste Spruch-, Beschluss- und Aufsichtsbehörde[232].

e) Soldatenversorgung

Auch im Bereich der Soldatenversorgung gab es Fortschritte. 1871 wurde reichsgesetzlich eine neue gesetzliche Grundlage der Soldatenversorgung durch das Militär-Pensions- und Versorgungsgesetz[233] geschaffen, das mit dem Versorgungsgesetz von 1901[234] und dem Offiziers- und dem Mannschaftsversorgungsgesetz von 1906[235] fortgeschrieben wurde.

f) Wechselwirkung von Gesetzgebung und Gesundheitswesen

In den kommenden Jahrzehnten und im 20. Jahrhundert verknüpften sich Sozialhygiene, Sozialmedizin und medizinische Rehabilitation immer stärker und in Wechselwirkung mit der Entwicklung der neuen sozialen Sicherungssysteme der Unfall-, Kranken- und Invalidenversicherung und der Kriegsopferversorgung. Die

---

[226] In der Krankenversicherung waren zunächst nur 10 %, 1913 bereits 62 % der Bevölkerung versichert, Stolleis in: BMA (2001), S. 249, 253; zur Unfallversicherung S. 251.

[227] Behrend (1992), S. 208.

[228] § 5a Gewerbe-Unfallversicherungsgesetz i. d. F. RGBl. 1900, S. 535; vgl. Davy, SGb 2004, S. 315, 317.

[229] Reichsversicherungsordnung vom 19. Juli 1911; dazu Stolleis in: BMA (2001), S. 263 ff.; u. a. Aufnahme von Hilfsmitteln in den Leistungskatalog der Krankenkassen, § 187 Nr. 3 RVO; vgl. Davy, SGb 2004, S. 315, 317; vgl. Blum (1979), S. 23 ff.

[230] Versicherungsgesetz für Angestellte vom 20. Dezember 1911.

[231] § 1255 RVO; Behrend (1992), S. 209.

[232] Stolleis in: BMA (2001), S. 251.

[233] Gesetz betreffend die Pensionierung und Versorgung der Militairpersonen des Reichsheeres und der kaiserlichen Marine sowie die Bewilligungen für die Hinterbliebenen solcher Personen vom 27. Juni 1871, RGBl. 275.

[234] Gesetz betreffend die Versorgung der Kriegsinvaliden und der Kriegshinterbliebenen vom 31. Mai 1901, RGBl. 193.

[235] Gesetz über die Pensionierung der Offiziere und Sanitätsoffiziere des Reichsheeres und der Marine (Offizierspensionsgesetz – OPG) vom 31. Mai 1906, RGBl. 593; Gesetz über die Versorgung der Personen der Unterklassen des Reichsheeres, der kaiserlichen Marine und der kaiserlichen Schutztruppen (Mannschaftsversorgungsgesetz – MVG) vom 31. Mai 1906, RGBl. 593.

Ziele der Rehabilitation und Sozialmedizin wurden zunehmend aus den Sozialgesetzen entwickelt, die sich wiederum auf die Möglichkeiten der medizinischen Wissenschaft bezogen und sich an den Herausforderungen der Arbeitswelt und der Weltkriege schärften[236]. Die noch nicht so bezeichnete Rehabilitation wurde zu einer Schnittstelle von Medizin, Gesellschaft, Arbeitswelt, Pädagogik und sozialer Gesetzgebung und geprägt von bürokratischer Rationalität und Verrechtlichung der Lebensbeziehungen[237]. Diese Entwicklung beschrieb *Lorenz von Stein* 1882 mit den Worten:

„Der Inhalt dieser Geschichte [des öffentlichen Gesundheitswesens] aber ist der in dem Wesen beider Faktoren begründete und deshalb durch sie selber immer aufs neue erzeugte Proceß, in welchem sie sich gegenseitig beständig ergänzen, in welchem beständig aus der entstehenden Gesundheitswissenschaft neue Verwaltungsordnungen, und aus der beständig sich entwickelnden neuen Verwaltung des Staats neue Aufgaben und Leistungen der Gesundheitslehre entstehen."[238]

Die Versicherungsgesetzgebung führte zur Entwicklung einer Fülle neuer Heilmethoden und Heilstätten[239], die auch über den Bereich der Sozialversicherung hinaus die medizinische Versorgung in der Armenpflege verbesserten[240].

g) Von der mechanischen zur organischen Solidarität

Der in diesen Normen und Institutionen ausgedrückte Prozess der Verlagerung von Verantwortlichkeiten für behinderte Menschen von der Ebene der Familien und Gemeinden auf Landesarmenverbände und Sozialversicherungsträger, von der familiären und patriarchal-feudalen Wirtschaft auf Anstalten und Träger der Umverteilung wurde von den betroffenen Personen sicher ebenso unterschiedlich und ambivalent erlebt, wie der soziale Wandel wissenschaftlich verarbeitet wurde. In der sich als Wissenschaft neu formierenden Soziologie prägte *Ferdinand Tönnies* die Unterscheidung von Gemeinschaft und Gesellschaft[241] und stellte der Unmittelbarkeit solidarischen Verhaltens in der Gemeinschaft deren Vermittlung und Ungewissheit in der Gesellschaft gegenüber. Eine optimistischere Deutung entwickelte der französische Soziologe *Emile Durkheim*. Er differenzierte zwischen der ursprünglicheren mechanischen Solidarität auf der Ebene der Gemeinschaften und der neu entstehenden organischen Solidarität auf gesellschaftlicher Ebene. Während die mechanische Solidarität in Familie oder nachbarschaftlicher Gemeinschaft ohne weitere Vermittlung allein durch sittliche und moralische Normen garantiert wurde, aber mit den Gemeinschaften in Existenz und Leistungskraft geschwächt wurde, war es die organische Solidarität auf gesellschaftlicher Ebene, welche die im Rahmen der gesellschaftlichen Arbeitsteilung differenzierten Teile der Gesellschaft

---

[236] Von Engelhardt, DRV 1990, S. 572, 577 ff.; vgl. Korporal/Ulmer (1977), S. 8; Merkens (1974), S. 74 ff.; Zülch, DAngVers 1958, S. 33, 34; Tönnis, BArbBl. 1962, S. 245, 246.

[237] Weber (2002), S. 54 f.

[238] Von Stein (1882), S. 91.

[239] Vgl. für Schleswig-Holstein: Schröder in: LVA Schleswig-Holstein (1990), S. 57 f., 75 ff.

[240] Sachße/Tennstedt (1980), S. 265 unter Bezug auf das zeitgenössische Zeugnis von Emil Münsterberg.

[241] Tönnies (1963); vgl. Bieritz-Harder (2001), S. 156 f.; Volkmann (1997), S. 126.

wieder verband (wie die Organe eines Körpers)[242] und deren ökonomischen Nutzen verteilte[243]. Die organische Solidarität war und ist jedoch nur durch die Vermittlung der Politik und des Rechts herzustellen[244] und materialisierte sich in den neuen Sicherungssystemen wie insbesondere der Sozialversicherung.

h) Sozialer Staat ohne Demokratie

Politisch entwickelte sich der deutsche Sozialstaat in der zweiten Hälfte des 19. Jahrhunderts in einem widerspruchsvollen Prozess zwischen staatlich durchgesetzter Modernisierung und gesellschaftlich eingeforderten und vorbereiteten Reformen, zwischen konservativen, liberalen und sozialistischen Strömungen. Dabei artikulierten sich die in Staat und Recht nicht hinreichend berücksichtigten Teile der Gesellschaft, insbesondere die Arbeiterschaft, in den sich bildenden Gewerkschaften und der Sozialdemokratie mit den insbesondere von *Karl Marx*, *Friedrich Engels* und *Ferdinand Lassalle* formulierten Theorien des Sozialismus, die schon durch ihren Namen programmatisch die Gesellschaftlichkeit als Prinzip der politischen Gestaltung einforderten, über die Rolle und Möglichkeiten der im konkreten abgelehnten Staats- und Rechtsordnung dabei aber uneins waren[245]. In der Reaktion auf die erstarkende Sozialdemokratie und die Gewerkschaften und in der Abgrenzung von ihnen formulierten liberale und konservative Kräfte Konzepte der Sozialreform. Während die Liberalen Sozialreformer auf die Freiwilligkeit sozialer Maßnahmen etwa durch die beginnende betriebliche Sozialpolitik und die katholische und evangelische Soziallehre auf solidarische Selbsthilfe und karitative Fürsorge in der Gesellschaft setzten, machte Reichskanzler *Otto von Bismarck* den Staat zum Hauptakteur der Sozialreformen, bei denen jedoch in Sozialversicherung und Fürsorge gesellschaftliche Kräfte der Arbeitgeber, Gewerkschaften und kirchlichen Sozialtätigkeit einbezogen und inkorporiert wurden[246]. Das soziale Risiko der Invalidität oder Behinderung, stand wegen des Drucks zu körperlich oft verschleißender und anstrengender Lohnarbeit im Zentrum dieser Reformen. Auch die Wirkungen chronischer Krankheiten und Seuchen auf das Potenzial der Arbeitskräfte und Wehrpflichtigen waren wichtige Motive für den Aufbau der sozialstaatlichen Institutionen. Eine konsentierte Theorie des sozialen Staates oder ihre systematische Verknüpfung mit den Grundrechten oder dem Rechtsstaat war angesichts der politischen Konstellationen nicht zu erwarten.

Am stärksten ist eine Verbindung von konservativen, liberalen und sozialistischen Begründungen der sozialen Staatstätigkeit, ihre theoretische Erfassung und Verknüpfung mit der Staats- und Rechtstheorie bei *Lorenz von Stein* zu finden. Er

---

[242] Vgl. zum Problem der Metapher vom organischen Staat: Hattenhauer (1996), Rz 636; Pfarr/Kittner, RdA 1974, S. 284, 289.

[243] Durkheim (1992); dazu Zoll (2000), S. 26 ff; Göbel/Pankoke in: Bayertz (1998), S. 463, 485 ff.; kritisch: Volkmann (1997), S. 53 ff.

[244] Vgl. Durkheim (1992), S. 276 ff. zum Wachstum des öffentlichen Rechts mit der wachsenden Arbeitsteilung der Gesellschaft; Volkmann (1997), S. 54 f weist darauf hin, dass Recht jedoch nicht in Solidarität aufgehen kann.

[245] Vgl. Volkmann (1997), S. 140 f.; Maihofer (1968), S. 12 ff.

[246] Vgl. Eichenhofer, NZS 2004, S. 169, 170.

führt in seinem Werk über die Geschichte der sozialen Bewegung in Frankreich die Begriffe „soziale Demokratie" und „sozialer Staat" ein[247]. *Stein* baut auf der Trennung von Staat und Gesellschaft und ihrer Entfaltung in der gesellschaftlichen Arbeitsteilung auf und definiert die Aufgaben des sozialen Staates als „*die Herstellung der Bedingungen der persönlichen, wirtschaftlichen und gesellschaftlichen Entwicklung, welche der Einzelne sich nicht selber zu schaffen vermag* ",[248] als notwendige Hilfe für freie und gleiche Teilhabe am Gebrauch von Freiheitsrechten und als Voraussetzung für wirtschaftliche Prosperität und Entwicklung[249]. *Lorenz von Stein* hat durch die systematische Begründung der sozialen Staatsaktivität als Unterstützung und Voraussetzung gesellschaftlichen Freiheitsgebrauchs ein wesentliches theoretisches Fundament des heutigen Verständnisses vom Sozialstaat gelegt und auch die Sozialversicherungsgesetze inspiriert[250].

Auch wenn *Stein* die Chance eines jeden, Freiheit zu gebrauchen und Eigentum zu erwerben, als politischen und rechtlichen Zweck der sozialen Staatstätigkeit konzipierte, blieben die Freiheiten auch insofern bürgerlich, als sie den Invaliden und Krüppeln jener Zeit zuletzt erreichbar waren. Die Bestimmung von Zielen, Mitteln und Umfang der sozialen Staatstätigkeit war in der Staatspraxis wie in der Theorie *Steins* wesentlich einem „sozialen Königtum" vorbehalten. Eine soziale Demokratie war noch nicht erreicht. Entsprechend waren die sozialen Institutionen nicht universell geschaffen, sondern auf je besondere Gründe der Behinderung, Krieg oder Arbeitsunfall, oder auf eine besonders zu befriedende soziale Zielgruppe, das Industrieproletariat, zugeschnitten. Die Sozialversicherung mit ihrer Selbstverwaltung knüpfte an vorfindliche berufsständische Traditionen und Institutionen an. *Stein* hatte ebenso wie *Hegel* die Fortsetzung und Transformation ständischer Traditionen ihrer in anderen europäischen Ländern weiter gehenden Auflösung vorgezogen. Während dieser Weg die Sicherung des Invaliditätsrisikos der Arbeiter ermöglichte, standen andere Gruppen behinderter oder von Behinderung bedrohter Menschen außerhalb der neuen Sicherungssysteme und blieben auf die Armenfürsorge angewiesen, was wiederum den Ausschluss vom Wahlrecht zur Folge hatte. Gerade die von Kindheit an behinderten Menschen fanden in diesem System nur am Rande einen Platz.

Einen moderneren Ansatz in der Staatsrechtslehre vertrat *Georg Jellinek*, der in seiner Statuslehre sowohl den *status positivus* als Anspruch auf staatliche Tätigkeit[251] und den *status activus* des Bürgers einschließlich des allgemeinen Wahlrechts mit dem Recht auf Berücksichtigung der in der Gesellschaft vorhandenen individuellen Interessen verknüpfte[252]. *Jellinek* fasste den positiven Status so zusammen:

---

[247] Von Stein, Geschichte der sozialen Bewegung Bd. I, S. 120 ff.; Kingreen (2003), S. 95.
[248] Von Stein, Verwaltungslehre, Bd II, S. 59; vgl. Kingreen (2003), S. 92.
[249] Siehe die ausführliche Darstellung bei Kingreen (2003), S. 91 ff.
[250] Kingreen (2003), S. 173 f.; Stolleis in: BMA (2001), S. 235.
[251] Jellinek (1905), S. 114 f. nennt hier u. a. die öffentliche Gesundheitspflege, wenn auch noch ohne subjektives Recht.
[252] Jellinek (1905), S. 140.

„An alle Träger staatlicher Organschaft ergeht das rechtliche Gebot pflichtmäßigen Handelns im Gemeininteresse. Sofern aber das Gemeininteresse die Berücksichtigung des Einzelinteresses fordert oder auch nur ermöglicht, besteht die allerdings nur von ethischen Garantien umgebene Pflicht, das faktische Einzelinteresse zu berücksichtigen. Andererseits stehen dem Individuum die Ansprüche auf Versorgung und Förderung aller seiner mit Hilfe staatlicher Tat zu erfüllenden Interessen, insoweit das Gemeininteresse es gestattet."[253]

Noch deutlicher verknüpft wurden Sozialstaat, Rechtsstaat und Demokratie 1894 durch *Julius Ofner,* der für das soziale Rechtsdenken vor allem eine größere Nähe zur sozialen Wirklichkeit einforderte und in seinem Werk „Studien sozialer Jurisprudenz" ausführte:

„Die Demokratie verlangt grundsätzlich den Sozialstaat, einen Organismus, der dem Rechtsstaat ähnelt, sich aber nicht wie dieser darauf beschränkt, das Mein und Dein zu erhalten, (...) sondern die gerechte, auf Gleichheit aller fußende Verteilung von Vorteilen und Lasten in ihrer Gesamtheit zum Gegenstand seiner Fürsorge nimmt." [254]

Ofner forderte auch die staatliche Garantie des Existenzminimums[255]. Damit zeichneten sich die Grundlagen einer Verteilung von sozialen Verantwortlichkeiten im Rahmen sozialer Rechtsstaatlichkeit ab, die erst in der Republik entfaltet werden sollte.

8. Die Weimarer Republik

a) Republik mit sozialen Zielen

Die Weimarer Reichsverfassung von 1919 erklärte das Deutsche Reich zur Republik (Art. 1) und enthielt namentlich in den Abschnitten über das Gemeinschaftsleben[256], Bildung und Schule[257] und das Wirtschaftsleben[258] soziale Ziele und Gesetzgebungsaufträge. Hervorzuheben sind dabei

Art. 157 WRV: „Die Arbeitskraft steht unter dem besonderen Schutz des Reichs. Das Reich schafft ein einheitliches Arbeitsrecht."

Art. 161 WRV: „Zur Erhaltung der Gesundheit und Arbeitsfähigkeit, zum Schutz der Mutterschaft und zur Vorsorge gegen die wirtschaftlichen Folgen von Alter, Schwäche und

---

[253] Jellinek (1905), S. 132.

[254] Zitiert nach: Kingreen (2003), S. 120.; ebenso der Ansatz von Anton Menger, vgl. dazu: Hattenhauer (1996), Rz 449 ff.

[255] Bieritz-Harder (2001), S. 177.

[256] Art. 119–134 WRV; hier: Förderung der Ehe und Familie, Fürsorge für kinderreiche Familien (Art. 119 WRV), Förderung der unehelichen Kinder (Art. 121 WRV), Schutz der Jugend (Art. 122 WRV).

[257] Art. 142–150 WRV; hier insbesondere Öffentlichkeit des Schulwesens (Art. 143 WRV), Unentgeltlichkeit der Schule und Lernmittel (Art. 145 WRV), Erziehungsbeihilfen (Art. 146 WRV).

[258] Art. 151–165 WRV; hier insbesondere soziales Boden- und Wohnungsrecht (Art. 155 WRV), Gemeinwirtschaft (Art. 156 WRV), Arbeitrecht (Art. 157 WRV), Urheberrecht (Art. 158 WRV), Koalitionsfreiheit (Art. 159 WRV), Freizeit für staatsbürgerliche Rechte (Art. 160 WRV), Sozialversicherung (Art. 161 WRV).

Wechselfällen des Lebens schafft das Reich ein umfassendes Versicherungswesen unter maßgebender Mitwirkung der Versicherten."

Damit hatte die Sozialversicherungsgesetzgebung den Charakter eines Verfassungsauftrags bekommen, der ausdrücklich auf Gesundheit, Arbeitsfähigkeit und die Folgen von Schwäche Bezug nahm. Der Gesetzgebungsauftrag für das neu zu schaffende Arbeitsrecht bezog sich ausdrücklich auf den Schutz der Arbeitskraft. Damit wurde deutlich, dass das neue Rechtsgebiet sich auch mit der behinderten Arbeitskraft befassen müsse, wie schon im Schwerbeschädigtenrecht erkennbar wurde. Der Bezug auf ein menschenwürdiges Dasein aller ließ bereits die heute übliche Verknüpfung zwischen Menschenwürdegarantie und Existenzminimum erkennen und bezog auch die nicht mehr erwerbsfähigen behinderten Menschen ein[259]. Das Armenwesen, das weiterhin Grundlage für wichtige Teile der Fürsorge für behinderte Menschen war, wurde aber im Übrigen explizit nur im Kompetenzkatalog angesprochen. Verfassung und Wirklichkeit des Staates hatten sich verändert, wie *Günter Dürig* 1953 resümierte:

„Seit dem ersten Weltkrieg sind die Zeiten des Rechtsstaats in Form des reinen ‚Rechtsbewahrstaates‘ unwiederbringlich vorbei. (...) seit dem ersten Weltkrieg fordert der Mensch vom Staat Hilfe und ‚Daseinsvorsorge‘. Der Staat sieht sich nicht mehr einer integren, ‚als vorausgesetzte Gegebenheit behandelten‘ Sozialordnung gegenüber, sondern er muss diese soziale Ordnung erst schaffen oder er muss zumindest gestaltend in sie eingreifen."[260]

b) Integration der Kriegsopfer als erste soziale Aufgabe der Republik

Im und nach dem ersten Weltkrieg hatte die Herausforderung der Integration kriegsbeschädigter Personen in den Arbeitsmarkt zu einem Entwicklungsschub der beruflichen Rehabilitation geführt[261]. So wurden 1915 in Köln eine Zentralberatungsstelle und Arbeitsvermittlung für Kopfschussverletzte und zahlreiche weitere Arbeitsnachweise für Kriegsverletzte gegründet. Der erste Weltkrieg, aus dem 1,5[262] bis 2,5[263] Millionen Soldaten verletzt und behindert heimkehrten, endete mit der Revolution im November 1918. Noch vor der neuen Verfassung des Reiches wurden erste Regelungen zur Wiedereingliederung der Kriegsversehrten erlassen. Das traditionelle Instrumentarium der Kriegsopferversorgung erwies sich als unzureichend für die Größe der neuen Aufgabe[264]. So wurden im Januar 1919 mit der Verordnung über die Soziale Kriegsbeschädigten- und Kriegshinterbliebenenfürsorge[265] erstmals systematisch private Rechtssubjekte in die Pflicht zur Beschäftigung behinderter Menschen genommen.

---

[259] Bieritz-Harder (2001), S. 178.

[260] Dürig, JZ 1953, S. 193.

[261] Merkens (1974), S. 163 ff.

[262] Stolleis in: BMA (2001), S. 274.

[263] V. Neumann in: V. Neumann (2004), § 1 Rz 5; Frerich/Frey, Bd. 1, S. 228.

[264] Stolleis in: BMA (2001), S. 274.

[265] Verordnung über die Soziale Kriegsbeschädigten- und Kriegshinterbliebenenfürsorge vom 8. Februar 1919, RGBl. 187; Gesetz über die Beschäftigung Schwerbeschädigter vom 6. April 1920, RGBl. 458; Stolleis in: BMA (2001), S. 300; Sinzheimer (1927), S. 132 ff.; vgl. zur ähnlichen Gesetzgebung in den USA und Frankreich: Gruhl (1968), S. 21, 35.

1920 wurden das Versorgungsrecht[266] und die arbeitsrechtlichen Regelungen der Kriegsbeschädigten gesetzlich neu geregelt und dabei die Wiedergewinnung der Erwerbstätigkeit in den Mittelpunkt gestellt[267]. Die Entschädigung für Soldaten wegen ihrer Körperschädigungen wurde auf alle kriegsbedingten Körperschäden auch der Zivilbevölkerung ausgedehnt[268]. Das Schwerbeschädigtengesetz von 1920[269] gab einen Rahmen für Integration und Teilhabe am Arbeitsleben durch arbeitsrechtliche Normen und schaffte mit der Hauptfürsorgestelle eine Behörde, die zur Verwirklichung dieser Ziele auch Leistungen anbieten konnte.

Im Preußischen Krüppelfürsorgegesetz von 1920[270] wurde für *„hilfsbedürftige Geisteskranke, Idioten, Epileptische, Taubstumme, Blinde und Krüppel unter 18 Jahren"* festgeschrieben, dass die Fürsorge auch die Erwerbsbefähigung umfasste[271]. Land- und Stadtkreise wurden zur Fürsorge und Prävention verpflichtet. Sie richteten Krüppelfürsorgestellen ein und verpflichteten hierfür geeignete Ärzte[272]. Mit der Verordnung des Reiches über die Fürsorgepflicht von 1924 wurde den Landes- und Bezirksfürsorgeverbänden nach Maßgabe des Landesrechts die Verantwortung für die Fürsorge für Kriegsbeschädigte und Schwerbeschädigte zugewiesen[273]. Die Jugendhilfe wurde auf der Grundlage von Art. 119 und 122 WRV zu einem eigenständigen Zweig der Fürsorge, deren Grundlagen im 1924 in Kraft getretenen Reichsjugendwohlfahrtsgesetz[274] geregelt waren. Das Jugendamt war nun auch für die Hilfen für behinderte Kinder und Jugendliche zuständig[275]. Im Rahmen der Krüppelfürsorge wurde in den 1920er Jahren auch eine Krüppelpädagogik aufgebaut, die eine verstärkte Koordination mit dem öffentlichen Fürsorgewesen aufwies[276].

Gerade im Bereich der Kriegsopfer und des Gesundheitswesens entwickelte sich in der Weimarer Republik auch eine kommunale Sozialpolitik, die nicht mehr alleine an der Arbeiterfrage anknüpfte[277]. Die kommunale Daseinsfürsorge umfasste zudem das Wohnungswesen und den öffentlichen Verkehr. In der Republik wur-

---

[266]   Reichsversorgungsgesetz vom 12. Mai 1920, RGBl. I, 989; vgl. Demmel (2003), S. 48 zu den Regelungen für Kriegsblinde; Schulin (1981), S. 71 ff.

[267]   § 21 Satz 1 RVG vom 20. Mai 1920 in der Fassung vom 22. Dezember 1927 (RGBl. I, 515): *„Der Beschädigte hat Anspruch auf unentgeltliche berufliche Ausbildung zur Wiedergewinnung oder Erhöhung der Erwerbsfähigkeit, insoweit er durch die Dienstbeschädigung in der Ausübung seines Berufs oder in der Fortsetzung der begonnen Ausbildung wesentlich beeinträchtigt ist.";* vgl. Stolleis in: BMA (2001), S. 275; Braun in: Reschke (1966), S. 9.

[268]   Kriegspersonenschädengesetz vom 15. Juli 1922, RGBl. I, 620.

[269]   Gesetz über die Beschäftigung Schwerbeschädigter vom 6. April 1920; neugefasst vom 12. Januar 1923 (RGBl I, 58), vgl. Kraus, NDV 1974, S. 281; Stolleis in: BMA (2001), S. 300.

[270]   Zur Entstehung: Merkens (1974), S. 206 ff.; Sachße/Tennstedt (1980), S. 132.

[271]   § 1 Satz 3 Preußischen Krüppelfürsorgegesetz vom 6. Mai 1920, vgl. Biesalski (1926), S. 26, 110 ff.; Braun in: Reschke (1966), S. 10 f. Dieses Alter wurde 1924 auf 21 Jahre heraufgesetzt, Preußische Ausführungsverordnung vom 17. April 1924, vgl. Biesalski (1926), S. 32.

[272]   Sachße/Tennstedt (1988), S. 132.

[273]   §§ 1 lit. a und, § 2 der Verordnung über die Fürsorgepflicht vom 13. Februar 1924 (RGBl. I, 100) auf Grund des Ermächtigungsgesetzes vom 8. Dezember 1923 (RGBl. I, 1179).

[274]   Reichsjugendwohlfahrtsgesetz vom 9. Juli 1922, RGBl. I, S. 633; dazu Stolleis in: BMA (2001), S. 283 ff.

[275]   § 49 RJWG.

[276]   Biesalski (1926), S. 99 ff.

[277]   F.-X. Kaufmann in: BMA (2001), S. 59.

den unter den Begriffen der Volksgesundheit und Sozialhygiene neue Aktivitäten auch durch die Verwaltung von Reich und Ländern entwickelt[278]. Auch in der Gesundheitsfürsorge wurde das Ziel der Befähigung behinderter und kranker Menschen zum Erwerb und zum zentralen Motiv weiterer Ausbaus von Vorsorge- und Fürsorgemaßnahmen[279].

Nach dem 1922 beschlossenen Arbeitsnachweisgesetz (§ 2) wurde die Möglichkeit eröffnet, den öffentlichen Arbeitsnachweisen Aufgaben auf dem Gebiet der Erwerbsbeschränktenfürsorge zu übertragen. Die neu geschaffene Arbeitslosenversicherung nach dem AVAVG 1927[280] bot zunächst nur geringe Leistungen der Berufshilfe für behinderte Menschen. In der Unfallversicherung wurden 1925 die Sachleistungen stark ausgebaut und umfassten nun Wiederherstellung verletzter Arbeitskraft, Berufsfürsorge und Wiedereingliederung in das Arbeitsleben[281]. Die bis dahin eigenständig auf privatrechtlicher Basis organisierte Invaliditäts- und Alterssicherung der Bergarbeiter wurde 1923 durch das Reichknappschaftsgesetz als besonderes System in die Sozialversicherung integriert, in dem aber zunächst noch eine eigenständige Definition der Berufsunfähigkeit bestand[282].

An diesen Reformen war erkennbar, dass die demokratische Gesetzgebung die Gleichstellung verschiedener Gruppen behinderter Menschen förderte[283]. Die sozialen Verhältnisse sorgten dabei dafür, dass besonders das Problem der Teilhabe am Arbeitsleben zu regeln war. Trotz der bereits erkennbaren Angleichungs- und Universalisierungstendenzen[284], die auch in der Ausdehnung der Versicherungspflicht auf Angestellte in den Zweigen der Sozialversicherung lagen, verwirklichte dieses System keinen universellen Ansatz einer Sicherung bei und wegen Behinderung, sondern knüpfte weiter an der Erwerbsarbeit an, womit ein Teil der von Behinderung bedrohten und behinderten Menschen auf Fürsorge angewiesen blieb.

Durch Arbeitsgemeinschaften wurde auch erstmals versucht, die nebeneinander tätigen Träger der Unterstützung für behinderte Menschen zu gemeinsamer Arbeit zusammenzuführen. In solchen Arbeitsgemeinschaften auf freiwilliger Basis insbesondere zur Tuberkulosehilfe arbeiteten Rentenversicherungsträger, Krankenkassen, Hauptversorgungsamt, Gemeinden, Wohlfahrtsverbände, Gewerkschaften und Arbeitgeberverbände zusammen[285]. Eine gesetzliche Regelung der Arbeitsgemeinschaften wurde jedoch insbesondere durch die Selbstverwaltungen der Sozialversicherungsträger abgelehnt und kam nicht zu Stande.

---

[278] Sachße/Tennstedt (1980), S. 114 ff.
[279] Sachße/Tennstedt (1988), S. 118 f.
[280] Gesetz über Arbeitsvermittlung und Arbeitslosenversicherung vom 16. Juli 1927.
[281] Zweites Gesetz über die Änderungen in der Unfallversicherung vom 14. Juli 1925, näher geregelt durch die Verordnung über Krankenbehandlung und Berufsfürsorge in der Unfallversicherung vom 14. November 1928; vgl. Stolleis in: BMA (2001), S. 295; Braun in: Reschke (1966), S. 11 ff.
[282] Behrend (1992), S. 212 f.
[283] Vgl. Zacher in: BMA (2001), S. 361.
[284] Stolleis in: BMA (2001), S. 294.
[285] Behrend (1992), S. 191.

c) Behinderte Menschen als Subjekte der Demokratie

Mit dem 1917 gegründeten Reichsbund der Kriegsopfer und dem 1919 gegründeten Selbsthilfebund für Körperbehinderte traten neue Akteure in der Fürsorge
auf[286] und brachten dort den Gedanken der Selbsthilfe mit staatlicher Unterstützung ein. Erstmalig organisierten sich behinderte Menschen in großer Zahl und
konnten in der Demokratie Einfluss auf die Gesetzgebung nehmen. Daneben entwickelten sich die hergebrachten kirchlichen und bürgerlichen Wohlfahrtsverbände weiter. Ihnen trat die 1919 gegründete Arbeiterwohlfahrt als sozialdemokra-
tischer Wohlfahrtsverband an die Seite[287]. Die Studentenwerke als Selbsthilfe der
Studierenden setzten sich die Fürsorge für kranke Studierende als Ziel[288].

d) Autonome Sozialgestaltung im Arbeitsrecht

Der soziale Staat in der Weimarer Republik entfaltete sich auch durch die staatliche
Anerkennung autonomer Sozialgestaltung durch die Tarifparteien nach den Eigen-
gesetzlichkeiten eines von Arbeitgeberverbänden und Gewerkschaften mitgeschaf-
fenen Arbeitsrechts. Diese Entwicklung wurde von *Hugo Sinzheimer* analysiert[289].
Er arbeitete heraus, dass gerade das autonom gestaltete Arbeitsrecht die sozialen
Gegebenheiten der Arbeitswelt zur Kenntnis nehmen kann und damit den Bedürfnissen des Arbeits- und Wirtschaftslebens besser gerecht werden kann[290]. Dadurch
wurden auch Möglichkeiten geschaffen, in tariflicher und betrieblicher Normsetzung die Situation behinderter und leistungsgeminderter Arbeitnehmer zu berücksichtigen.

e) Grundlegung des demokratischen und sozialen Rechtsstaats

Rechtswissenschaft und Staatstheorie der Weimarer Republik hatten nur wenig
Zeit, die Weiterentwicklung der sozialen Staatätigkeit theoretisch zu fassen. Mit
der Verknüpfung zwischen sozialer Staatätigkeit, Rechtsstaatlichkeit und Demokratie befassten sich *Hermann Heller* und *Gustav Radbruch*. *Heller* knüpfte an
von Mohl, *Hegel* und *von Stein* an[291], sah den materialen Rechtsstaat in Übereinstimmung mit *von Mohl* durch die *„gleichmäßige, nicht willkürliche Interessen-
wertung aller"* geprägt[292] und betonte die Notwendigkeit der Übereinkunft zum
Zwecke einer gerechteren Güterverteilung[293]. Er prägte den Begriff des sozialen

---

[286] Merkens (1974), S. 199 ff.
[287] Vgl. zu den heutigen Grundlagen der Arbeiterwohlfahrt für die Arbeit mit behinderten
Menschen: Schümann, TuP 2002, S. 460, 464; R. Forster, TuP 2002, S. 142 ff.
[288] Die Erlanger Erklärung des 4. Deutschen Studententags vom 1. bis 4. Juli 1921 forderte
*„Krankentische, Lieghallen, Kuraufenthalte und Versicherung (...) mit dem Ziele der Zurückfüh-
rung der Heilbaren in die Reihe der gesunden Studenten"* und benannte allein 3.000 Tuberkulöse
als Zielgruppe.
[289] F.-X. Kaufmann in: BMA (2001), S. 50 ff.
[290] Sinzheimer (1927), S. 46 ff., 251 ff.
[291] Heller (1934), S. 121 f.
[292] Lee (1994), S. 115 f.
[293] Lee (1994), S. 117.

Rechtsstaats als nötiger staatlicher Entwicklungsstufe gerade im Angesicht starker sozialer Gegensätze, um durch soziale Intervention des Staates nicht nur die Grundrechte, sondern auch die Demokratie zu stabilisieren und den Kompromiss zwischen den Interessen zu organisieren[294]. *Radbruch* befasste sich namentlich mit dem Verhältnis von öffentlichem und privatem Recht in einer sozialen Rechtsordnung und dürfte nicht unwesentlich das Schwerbeschädigtenrecht vor Augen gehabt haben, als er formulierte:

„Indem das soziale Recht die gesellschaftliche Differenziertheit der Einzelnen, ihre soziale Macht- und Ohnmachtstellung sichtbar macht und dadurch ihre Berücksichtigung durch das Recht, die Stützung sozialer Ohnmacht und die Beschränkung sozialer Übermacht allererst ermöglicht, setzt es an Stelle des liberalen Gedankens der Gleichheit den sozialen Gedanken der Ausgleichung, bringt es an Stelle der kommutativen die distributive Gerechtigkeit zur Geltung, ersetzt es, da die Ausgleichung durch die distributive Gerechtigkeit notwendig eine übergeordnete Stelle über den Einzelnen voraussetzt, die Selbsthilfe durch Hilfe der organisierten Gesellschaft, insbesondere Staatshilfe. Das bedeutet aber, dass auch hinter den privatesten Rechtsbeziehungen der Einzelnen und der daran beteiligten Privatpersonen als dritter und Hauptbeteiligter die große Gestalt der organisierten Gesellschaft, des Staates, auftaucht, beobachtend, eingriffsbereit und häufig eingreifend (...). In einer sozialen Rechtsordnung liegen deshalb privates und öffentliches Recht nicht mit scharfen Grenzen nebeneinander, sie verschieben sich vielmehr ineinander. Diese Gemengelage (...) vollzieht sich vor allem in den neuen Rechtsgebieten des Arbeits- und Wirtschaftsrechts. Wenn mit den Mitteln sozialer Ausgleichung durch eine Macht über den Einzelnen jenes soziale Ohnmacht stützen, dieses sozialer Übermacht Grenzen ziehen will, so müssen in beiden öffentliches und privates Recht zwar unterscheidbar, aber unscheidbar zusammenliegen.“[295]

Deutlich wurde, dass das soziale Staatsziel im Kontext von Demokratie, Rechtsgleichheit und dem Anspruch auf materielle Gleichheit neue Akzente erhielt. Staat und Gesellschaft standen sich unter demokratischen Vorzeichen nicht mehr nur gegenüber, wie dies noch im Kaiserreich Modellvorstellung sein konnte[296], sondern begannen sich stärker zu durchdringen. Behinderte Menschen, vor allem in Form der Millionen von Kriegsversehrten, artikulierten selbst Ansprüche an gesellschaftliche Teilhabe und suchten, Staat und Recht als Medien dieser Ansprüche zu nutzen. Zugleich gab die Verfassung Grundentscheidungen der sozialen Staatstätigkeit vor und stritt in Art. 161 WRV für ein *„umfassendes Versicherungswesen“*, also eine Universalisierung sozialen Schutzes[297]. Vor diesem Hintergrund musste die soziale Staatstätigkeit auch zu dem von *Radbruch* beschriebenen stärkeren Eingriff in die Privatrechtsgestaltung führen[298].

---

[294] Heller, Rechtsstaat oder Diktatur?; Heller (1934), S. 137 f., 172 f.; vgl. Lee (1994), S. 115 ff.; zu den vergleichbaren Gedanken von Eduard Heimann vgl. F.-X. Kaufmann in: BMA (2001), S. 45.

[295] Radbruch (1999), S. 121 f.; dazu: Eichenhofer, NZS 2004, S. 169, 173.

[296] Dem entspricht, dass Regierung und Parlament sich nicht mehr nur gegenüberstehen, sondern sich in der parlamentarischen Demokratie durchdringen.

[297] Vgl. Ridder (1975), S. 36 ff.

[298] Vgl. dazu Volkmann (1997), S. 180; Hattenhauer (1996), Rz 613; kritisch aus heutiger Sicht: Reuter, AcP 189 (1989), S. 299 ff.

9. Der Nationalsozialismus

Nach der Ernennung *Adolf Hitlers* zum Reichskanzler und der Abschaffung von
Demokratie und Rechtsstaat zur Begründung einer Diktatur des „Führers" und
der NSDAP wurde die Entwicklung zum sozialen Rechtsstaat abgebrochen. Sozialversicherung und Fürsorge wurden nicht abgeschafft, aber im Nationalsozialistischen Sinne umgestaltet.

a) Behinderte Menschen als Objekte des Staates

Zu den Kernbestandteilen nationalsozialistischer Politik seit der Machtübernahme
1933 gehörte es, denjenigen behinderten Menschen, die als nicht arbeitsfähig galten, sozialen Schutz zu entziehen, sie zu entrechten und schließlich viele von ihnen
zu töten. Die Ausgaben für das Fürsorgewesen wurden drastisch gekürzt. Fürsorge
durfte nur noch als *„produktive Fürsorge"* der Arbeitsfähigkeit dienen[299]. Es
wurde scharf differenziert zwischen ökonomisch nützlichen Heilverfahren, die in
der Rentenversicherung erstmals zu Regelleistungen wurden[300], und solchen, bei
denen unmittelbare Verwertbarkeit für Ökonomie und Militärdienst nicht zu erkennen waren[301]. Eine *„Medizinisierung der sozialen Frage"* wurde zu Lasten behinderter und sozial auffälliger Menschen vorangetrieben, *„Erbgesundheit"* wurde
zu einer Kategorie der *„Asozialität"*[302]. Die Vormundschaft sollte zu einer umfassenden Personensorge ausgeweitet worden, um die Gemeinschaft vor den als Bedrohung empfundenen Psychopathen zu schützen[303].

Im Gesetz zur Verhütung erbkranken Nachwuchses von 1933[304] und im Ehegesundheitsgesetz von 1935[305] wurden verschiedene Krankheiten und Eigenschaften
als Erbkrankheiten und diejenigen Personen, die diese Eigenschaften hatten oder
von denen vermutet wurde, dass sie diese Krankheiten vererben könnten, als erbkrank definiert[306]. Die Gesetze ermöglichten die zwangsweise Sterilisation der erbkranken Personen, wenn mit großer Wahrscheinlichkeit zu erwarten sei, dass seine
Nachkommen unter schweren körperlichen oder geistigen Erbschäden leiden würden. Nach dem Ehegesundheitsgesetz war den Erbkranken sowie entmündigten
Personen und solchen mit geistiger Schädigung die Schließung einer Ehe verboten.

---

[299] Stolleis in: BMA (2001), S. 322; Welte in: Längle/Welte/Buchkremer (1999), S. 23, 26.

[300] Gesetz über den Ausbau der Rentenversicherung vom 21. Dezember 1937, RGBl. I,
S. 1393, Änderung von § 1250 RVO.

[301] Vgl. Schröder in: LVA Schleswig-Holstein (1990), S. 87.

[302] Zur Wurzel in den Diskussionen der Weimarer Republik: Bieritz-Harder (2001), S. 236 f.;
Vgl. die Richtlinien über die Beurteilung der Erbgesundheit des Reichsinnenministeriums vom 18.
Juli 1940, in denen „asozial" als Kategorie der Erbgesundheit erscheint und „Asoziale" von jeder
Zuwendung ausgeschlossen werden, vgl. Aly in: Beiträge zur nationalsozialistischen Gesundheits-
und Sozialpolitik 1 (1985), S. 9, 34; vgl. auch Ayaß (1995), S. 102 ff. zum Vorgehen gegen „asoziale
Tuberkulöse" nach der Verordnung zur Bekämpfung übertragbarer Krankheiten vom 1. Dezem-
ber 1938; Dörner (1989), S. 33; Basaglia (1985), S. 128 f.

[303] Weinriefer (1987), S, 82 ff.

[304] Gesetz zur Verhütung erbkranken Nachwuchses vom 14. Juli 1933.

[305] Gesetz zum Schutze der Erbgesundheit des deutschen Volkes (Ehegesundheitsgesetz) vom
18. Oktober 1935, RGBl. I, 1246.

[306] Vgl. zur Genese des Begriffs: Dörner (1995), S. VII f.

1935 wurde für Frauen, deren Unfruchtbarmachung vom Erbgesundheitsgericht beschlossen worden war, die Abtreibung bis zum Ablauf des sechsten Schwangerschaftsmonats zugelassen[307]. Mit der Einführung des Begriffs der Erbkrankheit in den Gesetzen wurde die Entrechtung eines Teils der behinderten Menschen im nationalsozialistischen Staat eingeleitet[308]. Der Begriff diente im Weiteren auch der Legitimation der ohne gesetzliche Grundlage durchgeführten Tötungen behinderter Menschen.

Mindestens 70.000 arbeitsunfähige behinderte Menschen in den Anstalten, zunächst vor allem Kinder, wurden 1939–1941 in der Form medizinischer Behandlung („Aktion T 4") planmäßig getötet[309]. Als „Rechtsgrundlage" wurde ein Geheimbefehl Hitlers vom 1. September 1939 angesehen, wonach der Reichskommissar für das Gesundheits- und Sanitätswesen *Karl Brandt* und dem Chef der Kanzlei des Führers *Philipp Bouhler* ermächtigt wurde, die Befugnisse von Ärzten so zu erweitern, dass sie „unheilbar Kranken" den „Gnadentod" geben dürften[310]. Mindestens 70.000 behinderte Menschen wurden in mehreren Anstalten im Reichsgebiet, so Hadamar in Hessen und Grafeneck in Württemberg, getötet. Am 3. August 1941 predigte der Bischof von Münster, *Clemens August Graf von Galen,* auch unter Berufung auf den gültigen § 211 StGB gegen den Mord an behinderten Menschen. Drei Wochen später wurde die Aktion T 4 beendet[311]. Vier Geistliche, die in Lübeck die Predigt Galens verbreiteten, wurden am 10. November 1943 hingerichtet[312]. Vor allem seit 1941 wurden dann behinderte Menschen in Konzentrationslager überstellt und im Rahmen der *„Bewirtschaftung des Anstaltsraums"* ihre Nahrungsmittelrationen verringert[313]. Nach neueren Schätzungen wurden 1938 bis 1945 insgesamt 260.000 seelisch und geistig behinderte Menschen

---

[307] § 10a des GesVerbkrN in der Fassung des Gesetzes vom 26. Juni 1935, RGBl. I, 773.

[308] Vgl. Agamben (2002), S. 157 ff.

[309] Straßmair (2002), S. 126; Godau-Schüttke (1998), S. 32 ff.; Schmuhl (1987), S. 184 ff. Bereits im Oktober 1939 wurden polnische psychisch Kranke systematisch durch Gas getötet (Dörner (1995), S. VI); Bei der Aktion T 4 wurden von Januar 1940 bis August 1941 mindestens 70.273 behinderte Menschen in Grafeneck, Brandenburg (Havel), Bernburg an der Saale, Hartheim/Linz, Sonnenstein/Pirna und Hadamar/Limburg getötet, Schmuhl (1987), S. 213; Aly in: Ebbinghaus/Kaupen-Haas/Roth (1984), S. 147 ff. Prominent beteiligt waren etwa der Psychiater Prof. Dr. Werner Heyde aus Würzburg, der nach dem Zweiten Weltkrieg unter dem Namen Dr. Sawade als Gutachter für die schleswig-holsteinische Sozialgerichtsbarkeit und LVA tätig war und der Kinderarzt Prof. Dr. Werner Catel, der nach dem Zweiten Weltkrieg Direktor der Kieler Universitätskinderklinik war; vgl. Finzen (1996), S. 31 ff.

[310] Vgl. Wagner/Kaiser (2004), S. 11 f.; Finzen (1996), S. 19 f., 38.

[311] Wagner/Kaiser (2004), S. 13; Godau-Schüttke (1998), S. 56 f.

[312] Die katholischen Geistlichen Johannes Prassek, Hermann Lange und Eduard Müller und der evangelische Pastor Karl Friedrich Stellbrink sind als die vier Lübecker Märtyrer in die Geschichte eingegangen. Sie waren vom Volksgerichtshof wegen Wehrkraftzersetzung und landesverräterischer Feindbegünstigung zum Tode verurteilt worden, nachdem Stellbrink in einer Predigt die Bombardierung Lübecks als Strafe Gottes bezeichnet hatte und Prassek, Lange und Müller Predigten Galens verbreitet hatten, vgl. Templin/Klatt (1994). Für Prassek, Lange und Müller ist durch Johannes Paul II am 26. November 2004 das Verfahren zur Seligsprechung eingeleitet worden. Zu den vereinzelten Beispielen des Widerstands in der Justiz vgl. Kramer, KJ 1984, S. 25, 38.

[313] Schmuhl in: Ebbinghaus/Dörner (2001), S. 295, 313; Finzen (1996), S. 43 f.; Schmuhl (1987), S. 220 ff.; Aly in: Beiträge zur nationalsozialistischen Gesundheits- und Sozialpolitik 1 (1985), S. 9, 56 ff. Ebbinghaus in: Ebbinghaus/Kaupen-Haas/Roth (1984), S. 136 ff.

in Deutschland und den besetzten Gebieten durch staatlich initiierte Maßnahmen getötet[314].

Nach den Richtlinien der Zentraldienststelle T 4 vom 10. März 1941 war das entscheidende Kriterium für die Tötung, ob die behinderten Menschen noch fähig waren, produktive Arbeit zu leisten[315]. Behinderung war in einer solchen Sichtweise nur noch Arbeitskraft minderer Güte[316], die Anerkennung behinderter Menschen als gleichwertig und in der Konsequenz als Mensch wurde verweigert[317]. Insbesondere im Bereich der Psychiatrie versuchten Ärzte, die *„Euthanasie"* zu einer Modernisierung des Anstaltswesens zu nutzen. Dabei verschränkten sich die Tötung von als nicht heilbar angesehenen behinderten Menschen und verstärkte Bemühungen um die Wiederherstellung von Arbeitskraft und Heilung der restlichen Patienten[318]. Forscher an deutschen Instituten nutzten die behinderten Menschen und ihre sterblichen Überreste für Menschenversuche[319].

b) Geistige Wurzeln: Radikalisierung von Sozialhygiene und Arbeitsorientierung

Die nationalsozialistische Ideologie war in den vorangegangenen Jahrzehnten vorbereitet worden: Schon in der zweiten Hälfte des 19. Jahrhunderts und während der Weimarer Republik waren das Fürsorgewesen und die Sozialversicherung der sozial- und rassenhygienisch und sozialdarwinistisch formulierten Kritik ausgesetzt, Fürsorge für Arme, Kranke und Schwache trage zu einer Verfälschung der natürlichen Auslese und somit letztlich zur Schwächung der Menschheit bei[320]. Als ergänzende Begründung und ideologische Begleitung wurden hierzu Theorien der Rassen- und Sozialhygiene eingeführt[321], mit denen auf ethisch und wissenschaft-

---

[314] Schmuhl in: Ebbinghaus/Dörner (2001), S. 295, 297, 316: 70.000 Opfer der Aktion „T 4", 117.000 ermordete Patienten nach 1941, 80.000 Tote in polnischen, sowjetischen und französischen Anstalten.

[315] Siehe ausführlich: Aly in: Beiträge zur nationalsozialistischen Gesundheits- und Sozialpolitik 1 (1985), S. 9, 26, 38 f. Aly gibt ein Protokoll einer Besprechung zwischen Ärzten und Juristen vom 23. April 1941 wieder, in dem die Tötungskriterien so formuliert sind: *„1. unheilbare Geisteskrankheit, 2. unbrauchbar, auch innerhalb der Anstalt für gemeinschaftliches und produktives Leben."* vgl. weiter: Klee (1985); Schmuhl (1987), S. 129 ff.; Dörner (1989); Jantzen (1993), S. 15 ff.; Mattner (2000), S. 35 ff.; Romey in: Reichmann (1984), S. 209.

[316] Jantzen (1993), S. 18; Jantzen, ZHP 1975, S. 428, 434.

[317] Vgl. Schmuhl (1987), S. 174 ff., 221; Jantzen (1998), S. 181 ff. Er zitiert zur Verdeutlichung B. Brecht: *„Ich weiß nicht, was ein Mensch ist, ich kenn nur seinen Preis"*, Gesammelte Werke Bd. I, S. 651; vgl. Rommelspacher in: Rommelspacher (1999), S., 31.

[318] Schmuhl in: Ebbinghaus/Dörner (2001), S. 295, 299; Schmuhl (1987), S. 261 ff.; Aly, Beiträge zur nationalsozialistischen Gesundheits- und Sozialpolitik 2 (1985), S. 9 ff.

[319] Hier ist insbesondere das 1927 gegründete Kaiser-Wilhelm-Institut für Anthropologie, menschliche Erblehre und Eugenik in Berlin-Dahlem zu nennen. Die Kaiser-Wilhelm-Gesellschaft ist die Vorläuferin der Max-Planck-Gesellschaft.

[320] Vgl. Straßmair (2002), S. 124 ff.; F.-X. Kaufmann in: BMA (2001), S. 63; Schmuhl (1987), S. 60 ff.

[321] 1909 veröffentlichte der Hygieniker Kaup einen Aufsatz „Was kosten die minderwertigen Elemente dem Staat und der Gesellschaft" und kritisierte die Aufwendungen für Krüppel als unberechtigt und rasseschädigend. Dieser Diskurs wurde in Wissenschaft und Gesellschaft bis 1933 immer stärker fortgesetzt. Insbesondere ist hier der Sozialdemokrat Alfred Grotjahn zu nennen, der die Sozialhygiene in Deutschland mit begründete und zugleich die Theorie einer „sozia-

lich zweifelhafte Weise das Leitbild einer Gesellschaft verbunden wurde, in der es keine behinderten Menschen mehr gibt[322]. Für sozial am Rand stehende Personengruppen, zu denen auch geistig und seelisch behinderte Menschen gehörten, wurde seit Beginn der Weimarer Republik im Rahmen des Deutschen Vereins für öffentliche und private Fürsorge ein „Bewahrungsgesetz" zur zwangsweisen Verwahrung diskutiert und gefordert[323]. Die nationalsozialistische Sozialpolitik konnte daher an Diskursen in der etablierten Medizin, Sozialhygiene, Theologie, Philosophie, Pädagogik, Ökonomie und Rechtswissenschaft anknüpfen[324], in denen vor allem in den Diskussionen über rassenhygienische Zuchtwahl[325], die erbliche Bedingtheit von Krankheit und Behinderung[326] und „Sterbehilfe"[327] die Sterilisation und Tötung behinderter Menschen propagiert wurde.

Hier ist vor allem die 1920 erschienene Schrift „Die Freigabe der Vernichtung lebensunwerten Lebens" des Strafrechtslehrers und früheren Reichsgerichtspräsidenten Karl Binding und des Medizinprofessors Alfred E. Hoche zu nennen[328], zu deren Kernaussagen die Abstufung des Lebensrechts behinderter Menschen nach ökonomischer Brauchbarkeit gehörte. In den von Binding verfassten rechtlichen Teilen wurden behinderte Menschen als „Nebenmenschen" bezeichnet, die die „Eigenschaft des Rechtsgutes eingebüßt haben" und „negativ zu wertende Existenzen" seien, deren Tod „für sie eine Erlösung und zugleich für die Gesellschaft und den Staat insbesondere eine Befreiung von einer Last" sei[329]. Elemente der nationalsozialistischen Behindertenpolitik waren also in den Wissenschaften und in allen sozialpolitischen Strömungen enthalten und wurden lediglich radikalisiert, von ethi-

---

len Eugenik" verfochten; Grotjahn (1923), S. 466 f. fasste sein Plädoyer für den sozialen Wert des Krankenhaus- und Anstaltswesens so zusammen: „Nicht genug kann festgehalten werden, dass die Ausscheidung und Festhaltung des defekten Teiles der Bevölkerung, wie sie ein ausgedehntes Asylwesen mit sich bringt, eine Amortisation der Minderwertigen überhaupt darstellt, die Jahr für Jahr die Armee der Verarmten, Arbeitsscheuen, Vagabunden und Kriminellen dezimieren und schließlich aufreiben muss (...)"; vgl. Kappeler (2000), S. 310 ff.; Thomann in: Ermert (1994), S. 4, 17 ff.; Schmuhl (1987), S, 29 ff.; Klee, Dokumente (1985), Teil I; Ritter (1991); S. 133 ff; Milles in: Deppe (Hrsg.), Öffentliche Gesundheit – Public Health (1991), S. 38, 52 f.

[322] Adolf Hitler, Mein Kampf, S. 279 f., zit. nach Arthur Gütt/Ernst Rüdin/Falk Ruttke, Gesetz zur Verhütung erbkranken Nachwuchses vom 14. Juli 1933 nebst Ausführungsverordnungen 1936, 2. A. in Klee, Dokumente, S. 51 f.; vgl. Rommelspacher in: Rommelspacher (1999), S. 7, 24 f.; Godau-Schüttke (1998), S. 17; Dörner (1989), S. 49;

[323] Dazu umfassend: Willing (2003), zum Personenkreis S. 36 f.; vgl. Weinriefer (1987), S. 45; die Zwangsbewahrung wurde später im Sozialhilferecht als Zwangseinweisung (§ 73 BSHG) geregelt und dann vom BVerfG als verfassungswidrig erkannt: BVerfG vom 18. Juli 1967, BVerfGE 22, 218; dazu Willing (2003), S. 278 ff.

[324] Siehe dazu V. Neumann in: V. Neumann (2004), § 1 Rz 13; Schümann, TuP 2002, S. 260, 261; Stolleis in: BMA (2001), S. 311; Reichenbach (2001), S. 24 f. (zur Pädagogik); Ritter (1991), S. 134 f.; Dörner (1989), 21 ff.; Schmuhl (1987), S. 27 ff; Klee, Dokumente (1985).

[325] Vgl. Grotjahn (1923), S. 468 ff.; Schmuhl (1987), S. 29 ff.

[326] Schmuhl (1987), S. 146 ff.

[327] Schmuhl (1987), S. 106 ff.; zur späteren Rechtsform S. 291 ff.

[328] Binding/Hoche (1922); dazu Speck in: Dederich (2003), S. 104, 107 f.; Straßmair (2002), S. 125 f.; Agamben (2002), S. 145 ff.; Godau-Schüttke (1998), S. 16 ff.; Finzen (1996), S. 9 ff.; Hattenhauer (1994); S. 695 ff.; Schmuhl (1987), S. 115 ff.; Kramer, KJ 1984, S. 25, 26; Romey in: Reichmann (1984), S. 192.

[329] Zitiert nach Finzen (1996), S. 10 f.

schen und rechtlichen Sperren befreit und in die Tat umgesetzt[330]. Als Ursache für die Resonanz dieser Gedanken in der Zeit der Weimarer Republik kann vermutet werden, dass eine nur wenig integrierte Gesellschaft für utilitaristisch begründete Ausgrenzungen anfällig war und dass der Zivilisationsbruch des Ersten Weltkrieges und die Wirtschaftskrise sozialpsychologische Wirkungen hinterlassen hatten, die eine Projektion von Ängsten auf am Rande der Gesellschaft stehende Gruppen begünstigte[331].

c) Wahrung und Auflösung der Rechtsform: Perversion des Sozialstaats

Die nationalsozialistische Politik der Vernichtung behinderter Menschen konnte auch in rechtliche Formen gefasst werden, wie sich am Gesetz zur Verhütung erbkranken Nachwuchses und am Ehegesundheitsgesetz zeigte. Die Aktion T 4 hatte zunächst die Rechtsform medizinischer Behandlung in einem *„rechtlosen Hohlraum"*, in dem keine Strafverfolgung stattfand[332] und in dem Medizin und Politik sich zu Lasten des Rechts verschränkten[333]. Tötungen wurden durch die *„Kanzlei des Führers"* genehmigt[334]. Mit dem Entwurf eines *„Gesetzes über die Gemeinschaftsfremden"* von 1944[335] sollte auch die gewaltsame Abschaffung der Erwerbsunfähigkeit und Arbeitslosigkeit als *„Endlösung der sozialen Frage"*[336] in Rechtsform gebracht werden. Dieses im Entwurf von 1940 noch als *„Gesetz über die Sterbehilfe für Lebensunfähige und Gemeinschaftsfremde"*[337] bezeichnete Gesetz hätte die *„unmerkliche Tötung"* kranker und behinderter Menschen durch Ärzte legalisiert. Unter Kriegsbedingungen zog die deutsche Führung jedoch die nicht rechtsförmige Durchführung der Aktion als schneller und effektiver vor. Auch die heilpädagogischen Institutionen und Hilfsschulen beteiligten sich an der Ermordung und Entrechtung behinderter Kinder und Jugendlicher[338]. Dies spiegelte sich im Reichsschulpflichtgesetz von 1938[339], nach dem *„bildungsunfähige Kinder"* von der Schulpflicht befreit waren[340].

---

[330] Schmuhl (1987), S. 130; so auch die Argumentation der Verteidigung im Nürnberger Ärzteprozess von 1947, vgl. Ebbinghaus in: Ebbinghaus/Dörner (2001), S. 405, 416.

[331] Vgl. Speck in: Dederich (2003), S. 104, 107; Hattenhauer (1994), S. 695.

[332] Schmuhl in: Ebbinghaus/Dörner (2001), S. 295, 303; Schmuhl (1987), S. 184, 213; Aly in: Beiträge zur nationalsozialistischen Gesundheits- und Sozialpolitik 1 (1985), S. 9, 16; Kramer, KJ 1984, S. 25, 28; Nach Ansicht der Verteidigung im Nürnberger Ärzteprozess von 1947 hatte zumindest in der Vorstellung der angeklagten Ärzte eine Rechtsgrundlage durch einen Erlass Hitlers vom 1. September 1939 bestanden (Wortlaut bei Godau-Schüttke (1998), S. 35 und Kramer, KJ 1984, S. 25, 27), vgl. Weber (2002), S. 57 f.; Ebbinghaus in: Ebbinghaus/Dörner (2001), S. 405, 415; Rommelspacher in: Rommelspacher (1999), S. 7, 26.

[333] Agamben (2002), S. 152.

[334] Godau-Schüttke (1998), S. 19.

[335] Vgl. Jantzen (1998), S. 10 f.; Schmuhl (1987), S. 169, 295 ff.

[336] Jantzen (1998), S. 34; Dörner (1989), S. 48 ff.

[337] Schmuhl (1987), S. 295. Später: *Gesetz über Sterbehilfe bei unheilbar Kranken*, vgl. Aly in: Beiträge zur nationalsozialistischen Gesundheits- und Sozialpolitik 1 (1985), S. 9, 11.

[338] Zielke, BHP 1992, S. 314, 316 f.; Möckel (1988), S. 226 ff.; Schmuhl (1987), S. 156; Romey in: Reichmann (1984), S. 198 f.

[339] § 11 Reichsschulpflichtgesetz vom 6. Juli 1938, RGBl. I, 799.

[340] Vgl. Speck (2003), S. 71 f.

Insgesamt kann der nationalsozialistische Staat nicht als Negation, sondern als Perversion des Sozialstaats angesehen werden. Die Intervention des Staates in allen gesellschaftlichen Bereichen war total. Sozialpolitik wurde zum Instrument der Volksgestaltung[341]. Sie wurde nicht durch Demokratie oder Grundrechte gelenkt oder begrenzt, war aber, im Sinne der Analyse *Ernst Fraenkels*, sowohl in der Sphäre des Maßnahmestaates wie auch des Normenstaates präsent[342].

d) Bedeutung der Erinnerung an die NS-Zeit

Die Tötung, Verstümmelung und Misshandlung vieler behinderter Menschen zwischen 1933 und 1945 war kein Randbereich, sondern ein Kern der nationalsozialistischen Politik und Ideologie[343]. Wie der Nationalsozialismus insgesamt ist die NS-Politik gegen behinderte Menschen für die heutige Zeit nicht bedeutungslos, sondern negativer Bezugspunkt und mahnendes Beispiel[344], dem sich gerade die primär beteiligten Berufsgruppen Mediziner und Juristen stellen müssen, die sich, statt eine besondere Verantwortung für Leben und Recht behinderter Menschen wahrzunehmen, aktiv an ihrer Tötung und Entrechtung beteiligt hatten. Die NS-Zeit hat deutlich gemacht, dass behinderte Menschen eine verletzbare Gruppe sind, deren Ausgrenzung und Vernichtung nur wenig gesellschaftlicher Widerstand entgegengesetzt wurde. Anzuerkennen ist aus heutiger Sicht die Schuld des deutschen Staates und der deutschen Gesellschaft an den behinderten Menschen[345]. Die Verfolgung und Schädigung wegen einer Behinderung ist anders als diejenige aus politischen und rassischen Gründen in der Bundesrepublik Deutschland kein Entschädigungstatbestand gewesen[346]. Der BGH hat die Erbgesundheitsgerichte als echte Gerichte qualifiziert und darum sogar bei unrichtigen Entscheidungen einen

---

341 F.-X. Kaufmann in: BMA (2001), S. 70; Volkmann (1997), S. 200 ff.

342 Fraenkel erwähnt in seinem 1940 erstmals in den USA erschienenen Buch „Der Doppelstaat" die Gesetze und Maßnahmen gegen behinderte Menschen nicht. Die Analyse, nach welcher sich der NS-Staat einen Doppelcharakter von Maßnahmenstaat und Normenstaat hatte und die jeweilige Erscheinungsform eine Frage der politischen Zweckmäßigkeit war, ist auch für die Aktivitäten gegen behinderte Menschen zutreffend. Wurde ihre Entrechtung zunächst rechtsförmig betrieben, wurde ihnen der Schutz des Normenstaats und des weiter bestehenden Tötungsverbots entzogen, als es opportun schien.

343 Vgl. Dörner (1989), S. 48 ff.; Beyer/Winter (1970), S. 135; vgl. zur fortbestehenden Bedeutung im Neonazismus: OVG Lüneburg vom 29. März 2000, NdsVBl 2000, S. 301 ff. (Verbot des Vereins „Heide Heim").

344 Vgl. BVerfGE 23, 98, 106 (Ausbürgerung jüdischer Deutscher); Neuner (1999), S. 82, sieht in der NS-Zeit ein Negativ-Paradigma für die deutsche und internationale Menschenrechtsdiskussion mit *„falsifizierender Funktion"*; Bezzenberger, AcP 196 (1996), S. 395, 399: *„Warnung für immer und für alle Länder"*.

345 Vgl. dazu Schlink (2002), S. 26 zur *„Haftung des Kollektivs für selbst gewählte Solidarität mit dem Täter"*.

346 § 1 BEG nannte die Verfolgung wegen Behinderung oder Erbkrankheit nicht als Entschädigungstatbestand; ein Entschädigung nach dem BVG kam nur in Betracht, wenn die Tötung behinderter Menschen aus überwiegend militärischen Erwägungen erfolgte, dazu BSG vom 30. August 1960, BSGE 13, 51; vgl. Zirden in: Aktion Grundgesetz (1997), S. 242 ff.; Hattenhauer (1994), S. 728 ff; A. Jürgens, ZRP 1993, S. 129, 130.

Amtshaftungsanspruch versagt[347]. Die strafrechtliche[348] und gesellschaftliche Auf-
arbeitung[349] der „Euthanasie" ist insgesamt unzureichend gewesen[350]. Sie steht bis
heute am Rande des staatlichen und gesellschaftlichen Gedenkens an nationalsozialistische Verbrechen[351]. Es ist daher eine späte, aber konsequente Reaktion gewesen, dass behinderte Menschen durch das Benachteiligungsverbot im Grundgesetz
geschützt worden sind.

10. Die DDR

a) *Verfassungen von 1949 und 1968/1974*

Soziale Sicherung bildete einen Kern von Verfassung und Realität der Deutschen
Demokratischen Republik. Art. 3 Abs. 5 der Verfassung von 1949 definierte das
Ziel staatlicher Tätigkeit:

„Die Staatsgewalt muß dem Wohle des Volkes, der Freiheit, dem Frieden und dem demokratischen Fortschritt dienen."

Art. 15 der Verfassung der DDR von 1949[352] lautete:

„(1) Die Arbeitskraft wird vom Staat geschützt.

(2) Das Recht auf Arbeit wird verbürgt. Der Staat sichert durch Wirtschaftslenkung jedem
Bürger Arbeit und Lebensunterhalt. Soweit dem Bürger angemessene Arbeitsgelegenheit
nicht nachgewiesen werden kann, wird für seinen notwendigen Unterhalt gesorgt."

---

[347] BGH vom 19. Februar 1962, BGHZ 36, 379, 383; kritisch dazu: Wahl/Soell, AcP 167
(1967), S. 1 ff.; anders: AG Kiel vom 7. Februar 1986, FamRZ 1986, S. 990 f.

[348] Verurteilungen wegen der Morde an behinderten Menschen hat es fast nur zwischen 1945
und 1949 gegeben, vgl. Dreßen in: Loewy/Winter (1996), S. 35 ff.; für die Verfahren in der Bundesrepublik vgl. BGH vom 20. März 1974, JZ 1974, S. 511 mit Anmerkung Baumann (Freispruch)
und BGH vom 14. Dezember 1988, NStZ 1989, S. 238 (Verurteilung); ausführlich auch: Kramer,
KJ 1984, S. 25, 32 ff.: Im Verfahren gegen den Staatssekretär im Reichsjustizministerium Franz
Schlegelberger, elf Oberlandesgerichtspräsidenten, fünf Generalstaatsanwälte und drei hohe Jus-
tizbeamte wegen der Morde an behinderten Menschen im Jahre 1941 hatte der hessische General-
staatsanwalt Fritz Bauer bereits eine Anschuldigungsschrift erstellt. Nach seinem Tod wurde das
Verfahren 1970 eingestellt. Die Anschuldigungsschrift ist abgedruckt bei Loewy/Winter (1996),
S. 145 ff.

[349] So konnte der maßgeblich an der Durchführung der „Aktion T 4" beteiligte Psychiater und
Neurologe Werner Heyde unter falschem Namen („Dr. Sawade") und mit Wissen und Duldung
zahlreicher Juristen und Ärzte von 1950–1959 in Schleswig-Holstein als Gutachter für die Sozialgerichtsbarkeit, die LVA und andere Sozialversicherungsträger tätig sein, vgl. Godau-Schüttke
(1998), S. 61 ff.; Godau-Schüttke, SHAnz 1994, S. 193 ff., 217 ff.; Kramer, KJ 1984, S. 25, 31; Der
Euthanasie-Gutachter Werner Villinger wurde in der Bundesrepublik Deutschland Rektor der
Universität Marburg, vgl. Schümann, TuP 2002, S. 260, 263.

[350] Vgl. auch BVerwG vom 16. Januar 1964, BVerwGE 19, 1. Hier qualifizierte das BVerwG
die NS-Euthanasie als Verbrechen gegen die Menschlichkeit und distanzierte sich dabei von der
Entscheidung des OLG Karlsruhe über die Vollstreckung der Strafhaft eines Arztes, der nach dem
Kontrollratsgesetz Nr. 10 verurteilt worden war und dem „Mitleid" als Tötungsmotiv für 150
behinderte Menschen zugute gehalten worden war.

[351] Es mag mit dieser Zurücksetzung zusammenhängen, dass ausgerechnet das Holocaust-
Mahnmal in Berlin Gegenstand einer Verbandsklage wegen mangelnder Barrierefreiheit gewesen
ist, vgl. VG Berlin vom 30. April 2003, NJW 2003, S. 2927.

[352] Vgl. zu den Verfassungen der DDR: Hattenhauer (1996), Rz 763 ff.

In Art. 16 Abs. 3 wurde ausgeführt:

„Der Erhaltung der Gesundheit und Arbeitsfähigkeit der arbeitenden Bevölkerung, dem Schutze der Mutterschaft und der Vorsorge gegen die wirtschaftlichen Folgen von Alter, Invalidität, Arbeitslosigkeit und sonstigen Wechselfällen des Lebens dient ein einheitliches, umfassendes Sozialversicherungswesen auf der Grundlage der Selbstverwaltung der Versicherten."

In der Verfassung der DDR von 1968 wurde das Staatsziel in Art. 4 so umschrieben:

„Alle Macht dient dem Wohle des Volkes. Sie sichert sein friedliches Leben, schützt die sozialistische Gesellschaft und gewährleistet die planmäßige Steigerung des Lebensstandards, die freie Entwicklung des Menschen, wahrt seine Würde und garantiert die in dieser Verfassung verbürgten Rechte."[353]

Nach der Verfassung der DDR von 1968 hatten die Bürgerinnen und Bürger das Recht und die Pflicht zur Arbeit[354]. Weitere soziale Grundrechte betrafen das Recht auf Bildung, Wohnraum, Freizeit und Erholung und Unterstützung von Ehe, Familie und Mutterschaft[355]. Soziale Sicherheit als Schutz vor und bei Behinderung war im Wesentlichen in Art. 35 und 36 Verfassung der DDR angesprochen:

„Art. 35 (1) Jeder Bürger der Deutschen Demokratischen Republik hat das Recht auf Schutz seiner Gesundheit und Arbeitskraft. (...)

(3) Auf der Grundlage eines sozialen Versicherungssystems werden bei Krankheit und Unfällen materielle Sicherheit, unentgeltliche ärztliche Hilfe, Arzneimittel und andere medizinische Sachleistungen gewährt.

Art. 36 (1) Jeder Bürger der Deutschen Demokratischen Republik hat das Recht auf Fürsorge der Gesellschaft im Alter und bei Invalidität."

b) Soziale Staatstätigkeit

In der DDR wurden sozialstaatliche Institutionen übernommen und weiterentwickelt. Die Eingliederung von durch den Krieg Schwerbeschädigten in Arbeit und Gesellschaft war auch hier ein zentrales sozialpolitisches Anliegen, das mit einem offiziellen Schwerbeschädigtenstatus, einer Beschäftigungsquote[356], besonderem Kündigungsschutz und einzelnen Leistungsansprüchen verfolgt wurde[357]. Zuständig waren die Ämter für Arbeit bei den Kreisen. Die einheitliche Sozialversiche-

---

[353] Mit der Verfassungsänderung durch das Gesetz zur Ergänzung und Änderung der Verfassung der Deutschen Demokratischen Republik wurde „die planmäßige Steigerung des Lebensstandards" durch „die sozialistische Lebensweise der Bürger" ersetzt.

[354] Art. 24 DDR-Verfassung; Vielleicht besteht auch ein gewisser Zusammenhang nicht nur zur konkreten Ordnung der DDR, sondern auch zu der Ordnung, die Deutschland insgesamt zugeschrieben wird, wenn in einer aktuellen britischen Studie fälschlich geschrieben wird: „...and both the right and the duty to work are enshrined within the constitution.", Barnes (2000), S. 61.

[355] Art. 25, 37, 34, 38 DDR-Verfassung.

[356] § 28 Gesetzbuch der Arbeit vom 19. April 1950; vgl. Frerich/Frey (1996), S. 115; V. Neumann in: V. Neumann (2004) § 1 Rz 18.

[357] Frerich/Frey (1996), S. 27 f.

rung der DDR[358] war, bei wesentlicher Mitwirkung des FDGB[359], Trägerin für Kuren und Heilbehandlungen[360] sowie die Versorgung mit Hilfsmitteln[361]. Die Sozialversicherung war auch Trägerin der Invalidenrenten, die Vorversicherungszeiten voraussetzten[362]. Ambulante Rehabilitation wurde auf Kosten der Sozialversicherung über die Dispensaires geleistet, die Bestandteil des staatlichen[363] oder betrieblichen[364] Gesundheitswesens waren. Behinderte Menschen ohne Rentenanspruch waren zunächst auf die Leistungen der Sozialfürsorge angewiesen, die von der Sozialversicherung ausgezahlt wurden[365]. Hauptleistungsträger medizinischer, sozialer und pflegerischer Leistungen für behinderte und pflegebedürftige Menschen waren stationär die staatlichen Feierabend- und Pflegeheime[366], die durch Heime der Diakonie und Caritas ergänzt wurden[367]. Ambulante Dienste für Pflegebedürftige und Behinderte wurden überwiegend von der Volkssolidarität, teilweise auch durch staatliche Stellen, Diakonie und Caritas betrieben[368].

Die sozialen Sicherungssysteme der DDR waren stark an Recht und Pflicht[369] zur Arbeit und betrieblichen oder betriebsbezogene Maßnahmen orientiert. Die berufliche Rehabilitation wurde als wichtige volkswirtschaftliche Produktivkraft

---

[358] Grundlagen: Befehl Nr. 28 des Obersten Chefs der Sowjetischen Militäradministration in Deutschland über die Einführung einer einheitlichen Sozialversicherung mit Verordnung über Sozialpflichtversicherung (VSV) vom 28. Januar 1947, AuS 1947, S. 92; dazu vgl. Hoffmann (1996), S. 67 ff.; Verordnung über die Sozialversicherung vom 26. April 1951; §§ 99 ff. Gesetzbuch der Arbeit (GdA) der Deutschen Demokratischen Republik vom 12. April 1961, GBl. I Nr. 5 vom 17.4.1961, S. 27 ff.; Verordnung über die Sozialversicherung der Arbeiter und Angestellten vom 21. Dezember 1961, GBl. II Nr. 83 vom 29. Dezember 1961, S. 533 ff.; Verordnung zur Sozialpflichtversicherung der Arbeiter und Angestellten vom 17. November 1977, GBl. I Nr. 35 vom 2. Dezember 1977, S. 373.

[359] Gemeinsamer Beschluss des Politbüros, des Ministerrates und des FDGB-Bundesvorstandes zur Entwicklung des Feriendienstes der Gewerkschaften und zu Fragen der Kuren vom 7. März 1972; Frerich/Frey (1996), S. 33, 311.

[360] § 101 Abs. 3 GdA; M. Schmidt in: BMA (2001), S. 710; Frerich/Frey (1996), S. 32, 84, 206, 214, 255, 261, 302; Seidel in: Renker/Renker (1985), S. 207; Thude/Püschel in: Renker/Renker (1985), S. 227 ff.; zum Aufbau der Heilfürsorge unter der SMAD ab 1947 vgl. Hoffmann (1996), S. 166 ff

[361] § 101 Abs. 3 GdA; Frerich/Frey (1996), S. 304, 311 ff.

[362] Frerich/Frey (1996), S. 329 f.; § 51 Abs. 1 VSV; § 102 lit e GdA; Erlaß des Staatsrates der DDR über die Weiterentwicklung des Rentenrechts und zur Verbesserung der materiellen Lage der Rentner sowie zur Verbesserung der Leistungen der Sozialfürsorge vom 15. März 1968, GBl. Nr. 6 vom 21. März 1968, S. 187, II.1.c.

[363] Frerich/Frey (1996), S. 206; Jun in: Thom/Wulff (1990), S. 255, 260.

[364] Frerich/Frey (1996), S. 160.

[365] Frerich/Frey (1996), S. 367 f.; Hoffmann (1996), S. 280 ff.; vgl. die VO über die Allgemeine Sozialfürsorge (VAS) vom 23. Februar 1956, GBl. I, S. 233.

[366] Nach der Richtlinie zur Verbesserung der medizinischen, sozialen und kulturellen Betreuung der Bürger im höheren Lebensalter vom 16. März 1970, Lit. VI, sollten sie zu Betreuungszentren ausgebaut werden.

[367] Kohnert (1999), S. 1732 f.: 1989 standen in der DDR in 1.348 Heimen 140.000 Plätze zur Verfügung, 87 % davon in staatlichen Heimen. Für erwachsene behinderte Menschen ohne alte pflegebedürftige Menschen wird der Anteil der kirchlichen Einrichtungen mit 47 % angegeben, Ellger-Rüttgardt in: Ellger-Rüttgardt (2000), S. 20; für die Förderung und Rehabilitation geistig behinderter Kinder und Jugendlicher mit 60 %, V. Neumann in: V. Neumann (2004), § 1 Rz 20.

[368] Kohnert (1999), S. 1737 f., 1741; Uhle in: Thom/Wulff (1990), S. 237, 250.

[369] Zur Umdeutung von Rechten in Pflichten im Recht der DDR: Hattenhauer (1996), Rz 772.

angesehen und gefördert[370]. Entsprechend wurde die Teilhabe behinderter Menschen insbesondere ab 1969 primär als betriebliche Integration durch geschützte Arbeit organisiert[371]. Auch Dispensaires waren oft in die betriebliche Struktur einbezogen. Rehabilitation war als arbeitsrechtlicher Anspruch auf Qualifizierung bei arbeitsbedingter Gesundheitsschädigung und als Anspruch auf Schonarbeit ausgestaltet[372]. In den Betrieben bestanden Betriebsrehabilitationskommissionen[373]. Dabei übernahmen auch die Gewerkschaften Aufgaben der Rehabilitation[374]. Die Kreis-Rehabilitationskomissionen wurden aus Ärzten und Vertretern der Ämter für Arbeit und Berufsberatung gebildet und hatten die Aufgabe der Vermittlung von Rehabilitanden in Arbeit und der Schaffung geeigneter Arbeitsgelegenheiten durch besondere Betriebsabteilungen und vollständige betriebliche Eingliederung[375]. Weiterhin bestanden Werkstätten für geschützte Arbeit[376].

Seit 1973 bestand ein eigenständiger Anspruch auf eine Invalidenrente für Personen, die wegen Invalidität keine Berufstätigkeit aufnehmen konnten und für die keine berufliche Rehabilitation in Frage kam[377].

Es gab ein ausdifferenziertes Sonderschulwesen, dessen Ziel ein der polytechnischen Oberschule entsprechender Schulabschluss war[378]. In der DDR kam es zur eigenständigen Entwicklung einer Rehabilitationspädagogik und des Begriffs der Pädagogischen Rehabilitation neben der Sonderpädagogik[379]. Für *„intellektuell Geschädigte"* wurde der Begriff der Hilfsschule[380] beibehalten. Geistig behinderte Kinder und Jugendliche wurden danach differenziert, ob sie schulfähig und ob sie förderungsfähig waren[381]. Für die nicht schulfähigen Kinder war das Sozial- und

---

370 Renker/Renker (1985), S. 13.
371 AO zur Sicherung des Rechts auf Arbeit für Rehabilitanden vom 26. August 1969, GBl. II S. 470. Die Anzahl der geschützten Arbeitsplätze nahm zwischen 1969 und 1989 kontinuierlich zu und erreichte 1989 44.000. Davon waren 30.198 Einzelarbeitsplätze, 5.385 in besonderen Betriebsabteilungen und 8.417 in Werkstätten; vgl. Ellger-Rüttgardt in: Ellger-Rüttgardt (2000), S. 23; Frerich/Frey (1996), S. 382.
372 §§ 209, 216 Arbeitsgesetzbuch; Renker/Renker (1985), S. 174 f.; Callsen in: Renker (1969), S. 627 ff.
373 Anordnung über die Bildung und Tätigkeit von Betriebsrehabilitationskommissionen vom 14. Juni 1978 (GBl. I, Nr. 18); Renker/Renker (1985), S. 179 f.
374 Thude/Püschel in: Renker/Renker (1985), S. 223.
375 § 5 VO zur weiteren Verbesserung der gesellschaftlichen Unterstützung schwerst- und schwerbeschädigter Bürger vom 29. Juli 1976 (GBl. I, Nr. 33, S. 411); Renker/Renker (1985), S. 175; Knabe in: Winter/Renker/Märker/Quaas (1958), S. 302 ff.; Thies in: Renker (1969), S. 650 ff.
376 Renker/Renker (1985), S. 182 f.
377 3. RentenVO vom 11. April 1973, GBl. I S. 197, § 11 VO über die Gewährung und Berechnung von Renten der Sozialversicherung vom 4. April 1974, GBl. I Nr. 22 vom 17. Mai 1974, S. 201; Frerich/Frey (1996), S. 343 f. Für 1973 wurde der anspruchsberechtigte Personenkreis auf 17.055 beziffert.
378 AO über den organisatorischen Aufbau des Sonderschulwesens vom 2. Juli 1952, ZBl. S. 102; SonderschulDB, GBl. II 1969, S. 36; 5. DB zum sozialistischen Bildungsgesetz vom 9. Februar 1984, GBl. I, S. 85; vgl. Frerich/Frey (1996), S. 384; Becker/Grossmann in: Renker/Renker (1985), S. 27 ff.
379 Hübner (2000), S. 82 ff.; Becker/Grossmann in: Renker/Renker (1985), S. 22 ff.; vgl. oben II.B.5.a.
380 Becker/Grossmann in: Renker/Renker (1985), S. 43 f.; Seebach in: Ellger-Rüttgardt (2000), S. 45: In der DDR gab es insgesamt 348 Hilfsschulen für intellektuell Geschädigte.
381 § 9 der Sonderschulverordnung der DDR von 1951; Ellger-Rüttgardt in: Ellger-Rüttgardt (2000), S. 19 ff.; Hübner (2000), S. 73 f.; Vieweg/Kieß in: Mürner/Schriber (1993), S. 203 f.

Gesundheitswesen zuständig. Sie wurden in förderpädagogischen Tagesstätten betreut, in denen die Entwicklung einer eigenen Rehabilitationspädagogik besser realisiert wurde, als es im Schulwesen möglich gewesen wäre[382]. Die *„nicht förderungsfähigen"* Kinder waren in Pflegeeinrichtungen untergebracht, deren Standard als niedrig geschildert wird[383].

Die Sozialpolitik der DDR war nur nachrangig auf Menschen ausgerichtet, die nicht in die produktive Arbeit integriert werden konnten[384]. Entsprechend waren hierauf gerichtete Bemühungen der Hilfe für behinderte und pflegebedürftige Menschen normativ, institutionell und materiell nur gering ausgestattet[385]. So wurden Heime für ältere Menschen und jüngere Behinderte und für Menschen mit verschiedenartigen Behinderungen nicht getrennt[386]. Die Heime waren auch nach eigenen Maßstäben schlecht ausgestattet[387], konnten der Nachfrage[388], und Ansprüchen nach Individualität, Selbstbestimmung und Rehabilitation oft nicht gerecht werden[389].

Seit dem VIII. Parteitag (1971)[390] und IX. Parteitag (1976) der SED war das Anliegen allerdings zumindest in die offizielle Programmatik aufgenommen:

> „Die Eingliederung physisch und psychisch geschädigter Bürger in das gesellschaftliche Leben wird vor allem durch geeignete Bildungs- und Arbeitsmöglichkeiten, durch komplexe Maßnahmen der Rehabilitation sowie durch medizinische und soziale Betreuung gefördert [391]".

Aus den Einrichtungen der Psychiatrie und Behindertenhilfe wird berichtet, dass dort in den 1980er Jahren Verbesserungen eingesetzt hatten[392].

c) Steuerung der Gesellschaft durch den Staat

Die DDR war ein Sozialstaat, der nach seinem normativen und politischen Anspruch den Lebensverhältnissen seiner Bürgerinnen und Bürger gerecht werden sollte. Ein Kennzeichen der Sozialstaatlichkeit der DDR war die dominante Ausrichtung auf die produktive und betriebliche Sphäre[393]. Spezifisch war jedoch vor

---

[382] Seebach in: Ellger-Rüttgardt (2000), S. 46 f.; Frerich/Frey (1996), S. 384.; Uhle in: Thom/Wulff (1990), S. 237, 247; Jun in: Thom/Wulff (1990), S. 255, 263.

[383] Ellger-Rüttgardt in: Ellger-Rüttgardt (2000), S. 26.

[384] M. Schmidt in: BMA (2001), S. 698.

[385] M. Schmidt in: BMA (2001), S. 750.

[386] Kohnert (1999), S. 1736; Ellger-Rüttgardt in: Ellger-Rüttgardt (2000), S. 18 f., 25 f.

[387] Kohnert (1999), S. 1744 ff.

[388] Kohnert (1999), S. 1733: 1989 lagen 160.000 offene Anträge vor, darunter 103.000 Anträge auf einen Pflegeplatz.

[389] Kohnert (1999), S. 1758 f.

[390] Hier wurde 1971 das Sozialpolitische Programm der SED beschlossen, wonach es Ziel war, die Hilfe für Pflegebedürftige und Behinderte an die gesellschaftliche Entwicklung anzupassen, Kohnert (1999), S. 1728.

[391] Programm der Sozialistischen Einheitspartei Deutschlands vom 22. Mai 1976, Abschnitt II.A. (Einheit von Wirtschafts- und Sozialpolitik); vgl. Frerich/Frey (1976), S. 384 f.

[392] Eichhorn in: Thom/Wulff (1990), S. 166 ff.; Thom/Wulff in: Thom/Wulff (1990), S. 587 ff.; Otto in: Thom/Wulff (1990), S. 150 ff. zur Umsetzung des Gesetzes über die Einweisung in stationäre Einrichtungen für psychisch Kranke vom 11. Juni 1968.

[393] Mampel (1982), Rz 3 zu Art. 36; in der Kommentierung aus der DDR wird hervorgehoben, dass *„die Sorge um den Menschen ebenso den Bürgern gilt, die infolge (...) von Invalidität nicht*

allem, dass das durch selbstbestimmte Grundrechtsbetätigung und demokratische Willensbildung vermittelte Wechselverhältnis zwischen den Bedürfnissen in der Gesellschaft und der sozialen Staatstätigkeit und die sich daraus ergebenden Möglichkeiten offener Entwicklung weitgehend still gestellt war. Zwar waren auch Staatsführung und SED bemüht, gesellschaftliche Bedürfnisse aufzugreifen und im Rahmen vorgezeichneter Institutionen und Politik Wege zu ihrer Erfüllung zu finden. Die Artikulation der Bedürfnisse und Austragung gesellschaftlicher Konflikte, auch etwa um das Verständnis der sozialen Verfassungsrechte, konnte jedoch weithin nicht rechtsförmig stattfinden, politische und demokratische Grundrechte der Verfassung wurden nicht eingelöst und konnten nicht eingeklagt werden. Interessenvertretungen und Selbsthilfeorganisationen von behinderten Menschen konnten sich nicht frei bilden und artikulieren[394]. Die sozialen Rechte der DDR hatten den einseitigen Charakter eines Steuerungsmediums für den Staat und waren kaum offen für die Auseinandersetzung um ihren Inhalt. Ein Verwaltungs- oder Sozialrechtsweg zur Überprüfung etwa der Einhaltung von Art. 36 der Verfassung bestand nicht[395]. Allenfalls der Weg der Petition (Eingabe) bei der Partei- und Staatsführung unter Berufung auf diese Rechte konnte beschritten werden[396]. Bezeichnete der Begriff des Sozialismus eigentlich, dass die Regulierung der Gesellschaft weniger durch den Staat als in deren Selbstorganisation geschehen solle[397], markierte er im „sozialistischen Staat" DDR eine besonders intensive Einwirkung des Staates auf die Gesellschaft.

So war zwar die Teilhabe jedenfalls der behinderten Menschen, für die Arbeitsmöglichkeiten geschaffen wurden, an den gesellschaftlichen Verhältnisse der DDR und ihrer Integration durch betriebliche Strukturen durchaus hergestellt, die Artikulation der Bedürfnisse von Pflegebedürftigen, Schwerstbehinderten oder der Eltern von behinderten Kindern war jedoch nur schwer möglich und wurde wegen der Orientierung auf ökonomisch definierte Ziele nicht gefördert[398], so dass ihre Teilhabe an der DDR-Gesellschaft defizitär war.

d) Impulse im deutschen Vereinigungsprozess

Die Vereinigung der DDR mit der Bundesrepublik Deutschland war im Ergebnis geprägt von einer weitgehenden Übernahme des Verfassungsrechts und der sozialen Institutionen der Bundesrepublik. Die Impulse einer erstmalig freien Artikula-

---

mehr oder noch teilweise in der Lage sind zu arbeiten", Sorgenicht/Weichelt/Riemann/Semler (1969), S. 154; die von Geburt an arbeitsunfähig behinderten Menschen ohne Rentenanspruch werden deutlich abgestuft erwähnt, S. 156.

[394] M. Schmidt in: BMA (2001), S. 705; Kohnert (1999), S. 1730; Uhle in: Thom/Wulff (1990), S. 237, 250.

[395] M. Schmidt in: BMA (2001), S. 705; vgl. Hattenhauer (1996), Rz 785, 869; Dazu Mampel (1982), Rz 27 zu Art. 19; zur kaum geübten Praxis der Beschwerdeausschüsse nach Art. 105 der von 1968 bis 1974 geltenden Verfassung der DDR vgl. Bernet in: Heuer (1995), S. 424 f.

[396] Bernet in: Heuer (1995), S. 415 ff.; Ellger-Rüttgardt in: Ellger-Rüttgardt (2000), S. 21 zur Nutzung des Instruments der Eingabe für die Anliegen behinderter Menschen.

[397] Vgl. die häufig missverstandene Diskussion über das „Absterben des Staates", dargestellt bei Maihofer (1968), S. 12 ff.

[398] Kohnert (1999), S. 1731.

tion der DDR-Gesellschaft im Umbruch[399] von 1989 und 1990 fanden zunächst nur einen geringen Niederschlag in der Rechtsordnung des vereinigten Deutschland. In den Diskussionen dieser Zeit wurde einerseits der geringe Stellenwert der für nicht arbeitsfähig oder bildungsfähig gehaltenen Behinderten in der DDR reflektiert[400], andererseits auch die Sorge artikuliert, dass die durch staatliche Fürsorge gewonnenen Lebensmöglichkeiten im freieren gesellschaftlichen Spiel der Kräfte eingeschränkt werden könnten. Für arbeitsfähige behinderte Menschen war diese Gefahr angesichts bevorstehender Arbeitslosigkeit[401] und der weitgehenden Auflösung des bestimmenden Systems der Schonarbeitsplätze real. Im Verfassungsentwurf der Arbeitsgruppe „Neue Verfassung der DDR" des Runden Tisches vom 4. April 1990[402] fand dies seinen Niederschlag in mehreren Bestimmungen. Bereits in Art. 1 Abs. 2 sollte es heißen:

„Jeder schuldet jedem die Anerkennung als gleicher. Niemand darf wegen seiner Rasse, Abstammung, Nationalität, Sprache, seines Geschlechts, seiner sexuellen Orientierung, seiner sozialen Stellung, seines Alters, seiner Behinderung, seiner religiösen, weltanschaulichen oder politischen Überzeugung benachteiligt werden."

In diesem Vorschlag spiegelte sich nicht nur die im Vergleich zum Grundgesetz erweiterte Sensibilität für soziale Diskriminierungsgründe, sondern auch im ersten Satz der Anspruch, über formale Rechtsgleichheit hinaus auch materielle Gleichheit im gesellschaftlichen Raum durchzusetzen.

Soziale Sicherung war im Verfassungsentwurf des Runden Tisches in Art. 23 angesprochen:

„(1) Das Gemeinwesen achtet das Alter. Es respektiert Behinderung.

(2) Jeder Bürger hat das Recht auf soziale Sicherung gegen die Folgen von Krankheit, Unfall, Invalidität, Behinderung, Pflegebedürftigkeit, Alter und Arbeitslosigkeit.

(3) Das Recht wird durch öffentlich-rechtliche Versicherungssysteme gewährleistet, an denen teilzunehmen jeder berechtigt und verpflichtet ist. (...)

(5) Soziale Sicherung und Sozialfürsorge haben das Ziel, eine gleichberechtigte und eigenverantwortliche Lebensgestaltung zu ermöglichen. In Heimen stehen den Bewohnern Mitverantwortungs- und Mitentscheidungsrechte zu."

Damit war in diesem Entwurf vor jeder anderen deutschen Verfassung die Frage der Behinderung insgesamt dreimal angesprochen und mit den zentralen Fragen der Gleichheit, des Respekts, der sozialen Sicherung sowie der Selbstbestimmung

---

[399] Nach der Präambel der Verfassung des Freistaates Sachsen: „friedliche Revolution des Oktober 1989"; nach der Präambel der Verfassung des Freistaats Thüringen und der Verfassung des Landes Brandenburg „friedliche Veränderungen im Herbst 1989"; vgl. H. von Mangoldt in: Degenhart/Meissner (1997), § 2 Rz 2 f.

[400] Vgl. Kohnert (1999), S. 1729, die der Unzufriedenheit über ungenügende Hilfe für Pflegebedürftige und Behinderte einen wesentlichen Anteil an der politischen Spannung zuschreibt, die zum Sturz der SED-Regierung geführt habe. Benstz/Franke in: Simon/Franke/Sachs (1994), § 6 Rz 17 zur besonderen Erwähnung der Förderung behinderter Menschen im Bildungswesen in § 29 Abs. 3 Satz 2 BrbVerf.

[401] Vgl. Behrend (1992), S. 34.

[402] Blätter für deutsche und internationale Politik 1990, S. 731 ff.; vgl. Häberle, JöR 39 (1990), S. 319, 335.

verknüpft. Im deutschen Vereinigungsprozess mit seiner existenziellen sozialen Verunsicherung entstand das vermehrte Bedürfnis, die soziale Ausrichtung der Rechtsordnung unmissverständlich und verfassungskräftig zur Geltung zu bringen[403]. Die auch hiervon ausgehenden Diskussionen haben auf die Entstehung der Landesverfassungen eingewirkt und dazu beigetragen[404], dass in den Verfassungen Brandenburgs, Sachsens und Sachsen-Anhalts von 1992 sowie Thüringens von 1993 Bestimmungen zur Gleichheit und Teilhabe behinderter Menschen aufgenommen worden sind[405]. Im Rahmen des Einigungsvertrages wurde die Gemeinsame Verfassungskommission von Bund und Ländern eingesetzt, auf deren Initiative 1994 das Benachteiligungsverbot wegen einer Behinderung in das Grundgesetz aufgenommen worden ist[406]. Insofern haben die beim Umbruch in der DDR 1989 und 1990 freigesetzten gesellschaftlichen Wertvorstellungen und Erfahrungen einen Beitrag zur Entwicklung des modernen sozialstaatlichen Umgangs mit Behinderung im vereinigten Deutschland geleistet, der vielfach unterschätzt wird.

11. Die Bundesrepublik Deutschland

a) Soziales Staatsziel im Grundgesetz

In zahlreichen der bis 1949 entstandenen Verfassungen der deutschen Länder in den westlichen Besatzungszonen sind soziale Rechte und Staatsziele verankert worden[407]. Für die Bundesrepublik Deutschland ist das soziale Staatsziel im Grundgesetz in der nicht änderbaren Staatsfundamentalnorm Art. 20 Abs. 1 GG sowie als Vorgabe für alle Länder im Homogenitätsgebot (Art. 28 Abs. 1 Satz 1 GG) enthalten[408]. Rechtsprechung und Rechtswissenschaft[409] erkannten früh die Bedeutung dieser Normen. Das Grundgesetz erwähnt die öffentliche Fürsorge, die Sozialversicherung und die Arbeitslosenversicherung sowie die Versorgung der Kriegsbeschädigten als Gegenstände der konkurrierenden Gesetzgebung und ordnete damit einen Großteil der bisherigen sozialen Gesetzgebung für behinderte Menschen weiter der Bundesebene der Gesetzgebung zu[410].

---

[403] Simon in: Simon/Franke/Sachs (1994), § 4 Rz 7.

[404] Zur Bedeutung des Verfassungsentwurfs des Runden Tisches bei der Erarbeitung der Verfassung von Brandenburg: Franke/Kneifel-Haverkamp in: Simon/Franke/Sachs (1994), § 2 Rz 6, wo ausdrücklich die solidarische Fürsorge für behinderte Menschen als *vom Geist des Runden Tisches geprägte Regelungen* gekennzeichnet werden.

[405] Vgl. unten III.D.2.; IV.B.4.b.

[406] Zacher in: HStR II, 3.A. (2004), § 28 RN 139; unten IV.B.4.a.

[407] Verfassung des Landes Hessen vom 1. Dezember 1946: Art. 27 ff.; Bayerische Verfassung vom 2. Dezember 1946: Art. 3, 152, 153, 160. 166 ff.; Verfassung für Rheinland-Pfalz vom 18. Mai 1947: Art. 37, 51, 74 ff.; Landesverfassung der Freien Hansestadt Bremen vom 21. Oktober 1947: Art. 27, 35, 37 ff.; Verfassung des Saarlandes vom 15. Dezember 1947: Art. 43 ff. Art 50 Abs. 1 der Landesverfassung von Baden; Art. 43 der Landesverfassung von Württemberg-Baden; vgl. Zacher in: BMA (2001), S. 392.

[408] Zur Entstehung: Zacher in: BMA (2001), S. 470.

[409] Vgl. insbesondere Dürig, JZ 1953, S. 193 ff.; Bachof, VVDStRL 12 (1954), S. 37 ff., zurückhaltender: Forsthoff, VVDStRL 12 (1954), S. 8 ff.; vgl. dazu Menzel, DÖV 1972, S. 537, 538 f.

[410] Zacher in: BMA (2001), S. 473.

b) Aufbauphase bis 1961

Auch die Verantwortung des neuen Sozialstaats Bundesrepublik Deutschland für behinderte Menschen war zunächst geprägt von der Bewältigung der Kriegsfolgen. 1951 wurden 1.500.000 anerkannte Kriegsbeschädigte gezählt[411]. Von 1947 bis 1950 hatten in der amerikanischen und britischen Zone, wie in der sowjetischen Zone auch, einheitliche Regelungen für alle Körperbeschädigten gegolten, da die Besatzungsmächte Sonderregelungen für Kriegsbeschädigte ablehnten[412]. Mit der Regelung im Bundesversorgungsgesetz 1950 kehrte die Bundesrepublik Deutschland zu einem besonderen Leistungssystem für geschädigte Soldaten und zivile Kriegsopfer zurück[413]. Schon in der Regierungserklärung von 1953 versprach *Konrad Adenauer* eine stärkere sozialpolitische Beachtung der Invaliden auch im Vergleich zu den in Arbeit integrierten Menschen[414]. Doch geminderte berufliche Leistungsfähigkeit war der politische Definitionskern von Behinderung und berufliche Wiederertüchtigung, ab der zweiten Hälfte der fünfziger Jahre zunehmend als Rehabilitation bezeichnet, die Antwort[415].

Diese Entwicklungsrichtung der Rehabilitation wurde durch den steigenden Arbeitskräftebedarf zu Zeiten annähernder Vollbeschäftigung unterstützt[416]. Mit den Berufsförderungswerken, Berufsbildungswerken und den Werkstätten für Behinderte (beschützende Werkstätten)[417] wurde in diesen Jahren eine neue Infrastruktur der beruflichen Rehabilitation aufgebaut[418], welche diesen Sektor bis heute prägt[419]. In der Sozialversicherung wurden die hergebrachten Institutionen fortgeführt. Mit der Rentenreform 1957[420] wurde auch das Niveau der Erwerbs- und Berufsunfähigkeitsrenten deutlich erhöht. Die Leistungen zur Heilbehandlung wurden neu geregelt und erweitert[421]. Berufliche Rehabilitation und soziale Betreuung sind neu hinzugekommen und der Grundsatz des Vorrangs von Rehabilitation vor Rente wurde kodifiziert[422]. Das Leistungsspektrum der Rentenversicherung blieb

---

[411] Rudloff, ZSR 2003, S. 863, 867.

[412] Körperbeschädigten-Leistungsgesetz (amerikanische Zone); Sozialversicherungsdirektive Nr. 27 vom 2. Mai 1947 (britische Zone), Arbeit und Sozialpolitik 1947, S. 14 ff.; vgl. Rudloff, ZSR 2003, S. 863, 867; Jochheim/Schliehe/Teichmann in: BMA (2001), S. 561, 578 f.

[413] Gesetz über die Versorgung der Opfer des Krieges (BVG) vom 20. Dezember 1950, BGBl. I, 791; vgl. Rudloff, ZSR 2003, S. 863, 867; Schulin (1981), S. 74.

[414] Regierungserklärung vom 20. Oktober 1953, zitiert bei Zacher in: BMA (2001), S. 480.

[415] Rudloff, ZSR 2003, S. 863, 868.

[416] Seifriz, BArbBl. 1962, S. 253 führt aus: *„Wir sind auf jedes Quentchen Arbeitskraft angewiesen. (...) Somit sehen wir die Rehabilitation auch unter dem Gesichtspunkt der Volkswirtschaft, wir betrachten sie als Anreicherung unseres Arbeitsmarktes. Die Vollbeschäftigung stellt nach unserer Überzeugung ein Dauerproblem dar."* vgl. auch Seifriz/Scholz (1959), S. 71; D. Zöllner, BArbBl. 1969, S. 259; W. Becker, SF 1973, S. 222, 225; Grupp, BArbBl. 1974, 613; Leppin/Ritz in: Offe (1977), S. 121, 128 f.; Basaglia (1985), S. 146 f.; Rudloff, ZSR 2003, S. 863, 869.

[417] Stroebel/Gries, BArbBl 1969, 302 ff.; Meurer, ZSR 1973, S. 65, 71 ff.; kritisch: Haaser, NDV 1973, S. 122 ff.

[418] Leppin/Ritz in: Offe (1977), S. 121, 130 ff.

[419] Brackhane in: Koch/Lucius-Hoene/Stegie (1988), S. 27.

[420] Zacher in: BMA (2001), S. 498.

[421] §§ 1235 ff. RVO; §§ 12 ff. AnVG; Vgl. Behrend (1992), S. 193; Schröder in: LVA Schleswig-Holstein (1990), S. 104 f.; Majerski (1982), S. 12 ff.

[422] Neuregelungsgesetze vom 23. Februar 1957; vgl. Rudloff, ZSR 2003, S. 863, 868; Brenda, NachLVAHess 1997, S. 24 ff.

aber vor allem auf die hergebrachte stationäre Heilbehandlung beschränkt[423]. Ebenfalls 1957 wurden die Leistungen der beruflichen Rehabilitation der Bundesanstalt für Arbeitsvermittlung und Arbeitslosenversicherung für geistig oder körperlich behinderte Menschen nach dem erneuerten AVAVG vorgesehen[424].

Noch vor gesetzlichen Neuregelungen wurde von Rechtsprechung und Literatur in der Garantie der Menschenwürde und dem Sozialstaatsprinzip, auch gestützt auf die neuen Landesverfassungen, ein subjektives Recht auf Fürsorge erkannt und verankert[425]. Mit dem Körperbehindertengesetz wurde 1957 auch eine neue spezifische Grundlage für die Fürsorge für behinderte Menschen geschaffen[426]. Im Bundessozialhilfegesetz (BSHG) von 1961 wurde die Eingliederungshilfe für körperlich behinderte Menschen neu und modern geregelt[427], mit der Novelle von 1969[428] wurden auch die geistig und seelisch behinderten Menschen erfasst. Im Zuge der weiteren Ausgestaltung der Eingliederungshilfe nach dem BSHG wurde die bislang vernachlässigte soziale Rehabilitation ausgebaut. Die Behindertenpolitik *„verlor jene ökonomisch-sozialutilitaristische Schlagseite, die sie bisher ausgezeichnet hatte,“*[429] und die Sozialhilfe *„wandelte sich von einer bloßen Armenhilfe zwecks physischer Menscherhaltung zu einem komplexen Gewebe von Unterstützungsmaßnahmen für Behinderte, alte und kranke Menschen sowie alle diejenigen, die den Belastungen der Arbeitswelt nicht mehr gewachsen sind.“*[430] 1961 wurde auch das Jugendwohlfahrtsrecht reformiert. Spezifisch für beide Regelungsbereiche war der Vorrang der Träger der freien Wohlfahrtspflege bei den Diensten und Einrichtungen, der zu einer zentralen Rolle der Wohlfahrtsverbände beim Vollzug des Rechts und der Ausgestaltung auch der Hilfen für behinderte Menschen führte. Der Bereich der sozialen Dienstleistungen erhielt einen pluralen Charakter, der gesellschaftliche Einflussnahmen auf die Konkretisierung des sozialen Staatsziels erleichterte und förderte[431].

c) Expansion und Erneuerung sozialer Staatstätigkeit: 1961–1975

Expansion und Reform des Bildungswesens prägten die Entwicklung der Bundesrepublik in den 1960er und 1970er Jahren. Sie wurde begleitet von einer starken

---

[423] Kritisch: Behrend (1992), S. 193 f.

[424] Gesetz über die Arbeitsvermittlung und Arbeitslosenversicherung in der Fassung vom 3. April 1957, BGBl. I, 322; § 39 Abs. 3 AVAVG; vgl. Rudloff, ZSR 2003, S. 863, 869; Scharmann, BArbBl. 1957, S. 627, 629; Reber, SozSich 1957, S. 195 ff.; Henschel, BArbBl. 1960, S. 720 ff.

[425] Art. 168 Abs. 3 BayVerf; BayVGH vom 8. März 1949, DÖV 1949, S. 377; OVG Nordrhein-Westfalen vom 13. April 1950, DVBl. 1951, S. 84; OVG Hamburg vom 22. Januar 1951, DVBl. 1951, S. 311; OVG Lüneburg vom 14. März 1951, DVBl. 1952, S. 772; BVerwG vom 24. Juni 1954, BVerwGE 1, 159; Stolleis (2003), S. 216 ff.; Zacher in: BMA (2001), S. 412.

[426] Gesetz über die Fürsorge für körperbehinderte und von einer Körperbehinderung bedrohte Personen vom 27. Februar 1957, BGBl. I, S. 147; vgl. Zacher in: BMA (2001), S. 502; Schmatz, ErsK 1957, S. 80.

[427] Bundessozialhilfegesetz vom 30. Juni 1961, BGBl. I, S. 181; Rudloff, ZSR 2003, S. 863, 873 f.; Zacher in: BMA (2001), S. 514.

[428] Zweites Änderungsgesetz zum BSHG vom 14. August 1969, BGBl. I, S. 1153.

[429] Rudloff, ZSR 2003, S. 863, 874.

[430] Schlenker (1986), S. 17 f.

[431] Zacher in: BMA (2001), S. 515.

Verrechtlichung[432], die überwiegend durch Schul- und Hochschulgesetze der Länder stattfand[433]. In dieser Periode rückten auch behinderte Kinder und Jugendliche ins Zentrum der Behindertenpolitik[434]. Eine zwar vom Anteil her geringe, vom symbolischen Gehalt her aber bedeutende Rolle spielten dabei die ca. 3.000 1961 und 1962 geborenen von den Nebenwirkungen des Arzneimittels Contergan betroffenen Kinder[435]. Ihr Schicksal bewegte die Öffentlichkeit, die Gerichte und die Gesetzgebung und zeigte neue Verantwortlichkeiten von Staat und Gesellschaft für Behinderung und Rehabilitation auf.

Mit dem Gutachten zur Ordnung des Sonderschulwesens der Kultusministerkonferenz von 1960 wurden einheitliche Grundsätze der Schulgesetzgebung und ein Ausbau des Sonderschulwesens eingeleitet[436] und die ersten Schulen für geistig behinderte Kinder errichtet[437]. Der Begriff der Bildungsunfähigkeit wurde im Verlauf der sechziger Jahre aus der Schulgesetzgebung herausgenommen[438]. Die als Selbsthilfeorganisation von Eltern geistig behinderter Kinder 1958 gegründete *„Lebenshilfe für das geistig behinderte Kind"*[439] konnte zu einer erheblichen Veränderung außerschulischer und schulischer Einrichtungen beitragen[440]. Auch die 1964 gegründete *„Aktion Sorgenkind"*[441] ist in diesem Kontext zu nennen[442] Von 1960 bis 1973 stieg die Zahl der Sonderschulen von 1106 auf 2574 und die Zahl der Schülerinnen und Schüler an ihnen von 133.000 auf 380.000[443].

Damit profitierten auch bisher nicht für bildungsfähig gehaltene Menschen vom Ausbau des Bildungswesens. Erklärte Gründe waren die besondere Förderung der behinderten Schülerinnen und Schüler, aber auch ihre Separation, um die Leistungsorientierung des Schulwesens im Übrigen zu erhöhen[444]. So waren insbesondere die Sonderschulen für Lernbehinderte funktional für eine angestrebte Leistungssteigerung an anderen Schularten um den Preis einer Desintegration bestimmter leistungsschwacher und als lernbehindert definierter Kinder und Jugendlicher[445]. In den 1970er Jahren wurde die schulische Integration behinderter Kinder und Jugendlicher in Regelschulen erstmals verstärkt in amtlichen Doku-

---

432 Benda in: HVerfR, 2.A. (1995), § 17 RN 74.

433 BVerfG vom 20. Oktober 1981, BVerfGE 58, 257, 265 (Nichtversetzung); BVerfG vom 21. Dezember 1977, BVerfGE 47, 46 (Sexualerziehung); BVerfG vom 27. Januar 1976, BVerfGE 41, 251 (Ordnungsmaßnahme); vgl. Reichenbach (2001), S. 69.

434 Rudloff, ZSR 2003, S. 863, 870 ff.

435 Rudloff, ZSR 2003, S. 863, 870; vgl. BVerfGE 42, 263.

436 Speck (2003), S. 78; Reichenbach (2001), S. 25 f.; Muth (1986), S. 18 ff.; Muth, RdJB 1985, S. 162, 163 f.;

437 Kaldewei, RdJB 1985, S. 181.

438 Rudloff, ZSR 2003, S. 863, 871.

439 Heute „Lebenshilfe für geistig behinderte Menschen".

440 Rudloff, ZSR 2003, S. 863, 871: *„eigentlicher Motor des Umbaus bei den Hilfen für geistig Behinderte"*; Schümann, TuP 2002, S. 260, 261; Möckel (1988), S. 235; Weber (2002), S. 60.

441 Heute „Aktion Mensch".

442 Rudloff, ZSR 2003, S. 863, 871.

443 Reichenbach (2001), S. 26.

444 BVerwG vom 29. Dezember 1958, DÖV 1959, S. 230; Rudloff, ZSR 2003, S. 863, 872; Reichenbach (2001), S. 49 ff. mit weiteren Nachweisen aus der Rechtsprechung; Muth, RdJB 1985, S. 162, 164 f.; Muth (1986), S. 22.

445 Rudloff, ZSR 2003, S. 863, 873.

menten der Bundesregierung und der Bund-Länder-Kommission für Bildungsplanung artikuliert[446].

Neben dem Schulwesen, den Universitäten und Jugendeinrichtungen gehörten auch zahlreiche weitere öffentliche Dienstleistungen zum Kern sozialstaatlicher Aufgaben. So wurde der Kulturstaat[447] durch eine öffentlich-rechtliche Ordnung von Rundfunk und Fernsehen, durch Volkshochschulen, Theater und staatliche und kommunale Sportförderung realisiert. Der öffentliche Fern- und Nahverkehr, die Versorgung mit Wasser und elektrischer Energie sowie mit Post- und Telekommunikationsdienstleistungen waren zunächst überwiegend staatlich und kommunal organisiert. Die Kommunen sowie Vereine und Verbände mit kommunaler Unterstützung organisierten ein dichtes Netz von Aktivitäten, Einrichtungen, Beratungsstellen oder Sozialstationen. Viele dieser unter dem Namen Daseinsvorsorge[448] im verfassungsrechtlichen Diskurs erfassten staatlichen und staatlich geförderten oder regulierten Tätigkeiten wurden genutzt, um behinderte Menschen zu unterstützen, so durch Vergünstigungen für Schwerbehinderte bei Gebühren und Eintrittsgeldern, die garantierte Bereitstellung nicht marktgängiger Gesundheits- und Pflegeleistungen oder auch die Beschäftigung von behinderten Menschen im öffentlichen und öffentlich geförderten Sektor. Auch besondere offene Dienste für behinderte Menschen wurden in den 1960er Jahren ausgebaut, um die anstaltsmäßige Verwahrung abzulösen, so Sonderkindergärten und Werkstätten für Behinderte[449].

1969 gründeten die Träger der Rentenversicherung, Krankenversicherung und Unfallversicherung und der Kriegsopferversorgung, Kriegsopfer- und Schwerbeschädigtenfürsorge und der Sozialhilfe und die Bundesanstalt für Arbeit, die Gewerkschaften und Arbeitgeberverbände die Bundesarbeitsgemeinschaft für Rehabilitation (BAR)[450]. Auf deren Mitgliederversammlung am 14. April 1970 verkündete Bundesarbeitsminister *Walter Arendt* das Aktionsprogramm der Bundesregierung zur Förderung der Rehabilitation der Behinderten[451]; die BAR beschloss gemeinsame Grundsätze zur Rehabilitation[452]. Behinderte Menschen waren nun endgültig eigenständig identifizierbare Adressaten staatlicher Sozialpolitik geworden und wurden nicht mehr nur beiläufig von Maßnahmen der allgemeinen Arbeiter- oder Fürsorgepolitik erreicht[453]. Dabei wurde auch Kritik an der Orientierung

---

[446] Sander/Christ, RdJB 1985, S. 170, 174 zitieren den Bildungsbericht der Bundesregierung 1970, den Zwischenbericht der Bund-Länder-Kommission für Bildungsplanung 1971, den Bildungsgesamtplan der Bund-Länder-Kommission von 1973 und die Bestandsaufnahme „Arbeiterkinder im Bildungssystem" des Bundesministeriums für Bildung und Wissenschaft von 1976. Muth, RdJB 1985, S. 162, 165 f. hebt besonders die Empfehlung des Deutschen Bildungsrats von 1973 hervor; dazu auch Dietze, Behindertenpädagogik 1986, S. 151, 153; vgl. weiter Reichenbach (2001), S. 27 f.; Lehnert (2000), S. 45 ff.

[447] Vgl. unten III.C.10.

[448] Vgl. Kingreen (2003), S. 107 ff.; unten III.B.5.

[449] Rudloff, ZSR 2003, S. 863, 871 f.

[450] Vgl. unten III.D.6.a.(3).(e).

[451] Rudloff, ZSR 2003, S. 863, 876.

[452] Wiedergegeben bei Wendt, DAngVers 1970, S. 282 ff.; vgl. Hoppe, NDV 1971, S. 31, 33; Nelles, ZSR 1971, S. 323, 337 ff.

[453] F.-X. Kaufmann in: BMA (2001), S. 80.

des gesetzlichen Systems der Ansprüche auf Rehabilitation an der Erwerbsarbeit aufgegriffen, die bereits in den sechziger Jahren geübt wurde. Sie wurde insbesondere an Situation und Rehabilitationsbedarf nicht erwerbstätiger behinderter Frauen[454] und von Geburt an behinderter Kinder festgemacht.

Mit dem im gleichen Jahr beschlossenen Arbeitsförderungsgesetz, konkretisiert in der Anordnung über die Arbeits- und Berufsförderung Behinderter in mehreren Fassungen[455], wurden die Leistungen zur beruflichen Eingliederung der Bundesanstalt[456] neu geregelt und ausgebaut.

1974 wurden wesentliche Teile des behinderte Menschen betreffenden Sozialrechts und Arbeitsrechts mit dem Gesetz über die Angleichung der Leistungen zur Rehabilitation, dem Gesetz über die Sozialversicherung Behinderter[457] und dem Schwerbehindertengesetz neu geordnet[458]. Die gesetzliche Krankenversicherung wurde nun auch offiziell als Trägerin der Rehabilitation angesehen. Das Gesetz über die Sozialversicherung Behinderter ermöglichte behinderten Menschen in Werkstätten und Heimen den Zugang zur Sozialversicherung[459]. Durch das RehaAnglG wurden die versicherungsrechtlichen Voraussetzungen für berufliche Rehabilitationsleistungen in der gesetzlichen Rentenversicherung neu gestaltet, so dass schon geringe Vorversicherungszeiten ausreichten[460]. Die Koordination der Rehabilitationsträger wurde insbesondere im Bereich der Anschlussheilbehandlungen (AHB) verbessert[461]. Die im Gesetz vorgesehenen gemeinsamen Beratungsstellen und ein individueller und trägerübergreifender Rehabilitationsplan wurden jedoch nicht realisiert.

Im Schwerbehindertenrecht wurde die Orientierung an der Schädigungsursache aufgegeben. Mit dem 1975 in Kraft getretenen SGB I wurde die Neukodifikation des Sozialrechts in einem Sozialgesetzbuch begonnen. Das Recht behinderter Menschen auf Eingliederung wurde dabei in den §§ 10 und 29 SGB I näher angesprochen[462]. Mit der Enquête-Kommission des Bundestags zur Lage der Psychiatrie und mit den Diskussionen über die Situation in den Heimen, die 1974 zum Heimgesetz[463] führten, rückte auch die Situation seelisch und geistig behinderter Menschen sowie Pflegebedürftiger in Anstalten und Heimen in das Blickfeld von Gesetzgebung und Regierung. Gerade die psychisch Kranken und seelisch Behinder-

---

[454] Rudloff, ZSR 2003, S. 863, 870; Schürer, BArbBl. 1968, 277 ff.

[455] Anordnung über die Arbeits- und Berufsförderung Behinderter (A Reha), beschlossen vom Verwaltungsrat der BA am 2. Juli 1970, ANBA 1970, 637; vgl. Hoppe, NDV 1971, S. 31, 33; A Reha vom 30. Juli 1975, ANBA 1975, 319; vgl. Hoppe, SozVers 1975, S. 281 ff.

[456] § 56 ff. Arbeitsförderungsgesetz (AFG); vgl. Jung, BArbBl. 1969, S. 341 ff.

[457] Zu den zu Grunde liegenden Sicherungslücken behinderter Menschen: Meurer, ZSR 1973, S. 65, 70.

[458] Vgl. Zacher in: BMA (2001), S. 553; Igl (1987), S. 286 ff.

[459] Heute: § 2 Abs. 2 Nr. 2 SGB IV; § 5 Abs. 1 Nr. 7 SGB V; § 1 Nr. 2 SGB VI; § 2 Abs. 1 Nr. 4 SGB VII; vgl. BSG vom 24. April 1996, BSGE 78, 161; BSG vom 22. April 1992, BSGE 70, 270; verneinend zur Frage einer Ausweitung aus verfassungsrechtlichen Gründen: BSG vom 10. September 1987, BSGE 62, 149, 155; vgl. Igl (1987), S. 309 ff.

[460] § 1236 Abs. 1 a RVO i. d. F. des RehaAnglG: Beitragsleistung von sechs Kalendermonaten innerhalb des letzten Jahres; vgl. Funk, SGb 1983, S. 45, 46.

[461] Behrend (1992), S. 194.

[462] Vgl. unten III.D.5.

[463] Vgl. Igl (1987), S. 299; Igl in: Posser/Wassermann (1981), S. 207, 209 ff.

ten waren die letzte Teilgruppe der behinderten Menschen, die zum Gegenstand spürbaren politischen Reformwillens wurden[464]. Mit dem behinderten- und rehabilitationspolitischen Aufbruch wurden auch erstmalig die Barrieren im öffentlichen Leben thematisiert und vom DIN-Ausschuss entsprechende Normen für Bau und Verkehr entwickelt[465]. Insgesamt ist mit den Reformen dieser Jahre ein wesentlich verbesserter Schutz für behinderte Menschen erreicht worden[466].

In der ersten Hälfte der 1970er Jahre nahm nach Jahren hoher Beschäftigung und zeitweiligem Arbeitskräftemangel die Arbeitslosigkeit wieder zu. Als sozialpolitische Strategie wurde nun auch die frühzeitige Verrentung älterer und gesundheitlich eingeschränkter Beschäftigter genutzt, für die mit dem flexiblen Altersruhegeld für Schwerbehinderte, Berufs- und Erwerbsunfähige 1973 gesetzliche Voraussetzungen geschaffen wurden[467]. Immer mehr Beschäftigte beendeten das Arbeitsleben vorzeitig durch Eintritt in Erwerbsunfähigkeitsrente, Berufsunfähigkeitsrente oder Altersrente für Schwerbehinderte[468].

d) Konsolidierung und Reformen: 1976–1998

In den folgenden Jahren bis zur deutschen Einheit scheiterten Versuche einer Integration des allgemeinen Rehabilitations- und Behindertenrechts in das Sozialgesetzbuch. 1978 wurde eine fünfzehnjährige Vorversicherungszeit für die berufliche Rehabilitation in der Rentenversicherung eingeführt[469] und damit ein großer Teil der Leistungen in die Arbeitsförderung verlagert[470]. Der Personenkreis der Beamten war nicht mehr berechtigt, Leistungen zur Rehabilitation der Rentenversicherung in Anspruch zu nehmen[471]. Ein Aktionsprogramm der Bundesregierung „Rehabilitation in den 80er Jahren" von 1981 zeigte nur geringe Wirkung[472]. 1981 wurde die Beitrittsmöglichkeit Schwerbehinderter zur gesetzlichen Krankenkasse wieder eingeschränkt[473]. Die Haushaltsbegleitgesetze 1982, 1983 und 1984 beendeten die Verknüpfung von Prävention und Rehabilitation in der Rentenversicherung[474], erschwerten den Zugang zur Rehabilitation der Rentenversicherung und zur Erwerbsminderungsrente[475]. Die Verlagerung der Zuständigkeiten für die be-

---

[464] Rudloff, ZSR 2003, S. 863, 879.
[465] Rudloff, ZSR 2003, S. 863, 878.
[466] Igl (1987), S. 42.
[467] § 1248 Abs. 1 RVO; seit 1992 § 37 SGB VI; Behrend (1992), S. 18.
[468] Behrend (1992), S. 19 ff.; Behrens in: Behrend (1994), S. 105 ff.
[469] Gesetz zur 20. Rentenanpassung und zur Verbesserung der Finanzgrundlagen der gesetzlichen Rentenversicherung vom 27. Juni 1977, BGBl. I, 1040; vgl. Majerski (1983), S. 22 ff.
[470] Vgl. dazu Behrend (1992), S. 194; Funk, SGb 1983, S. 45, 46.
[471] Zur Verfassungsmäßigkeit: BVerfG vom 9. Februar 1983, BVerfGE 63, 152, 166; vgl. dazu: J. Becker (2001), S. 199.
[472] Vgl. C. Adam, TuP 2002, S. 407, 409.
[473] Art. 1 Nr. 1des Kostendämpfungsergänzungs-Gesetzes vom 22. Dezember 1981, BGBl. I, S. 1578; dazu BVerfG vom 30. Januar 1985, BVerfGE 69, 122.
[474] Vgl. Gross/Ritter, DAngVers 2003, S. 525, 526; zur früheren Einheit von Prävention und Rehabilitation vgl. Decius (1966), S. 142 ff.
[475] Zur Verfassungsmäßigkeit der verschärften Anspruchsvoraussetzungen von Renten wegen Berufs- und Erwerbsunfähigkeit nach dem Haushaltsbegleitgesetz 1984 vgl. BVerfG vom 8. April 1987, BVerfGE 75, 78; Behrend (1992), S. 195; 214 f.

rufliche Rehabilitation wurde 1992 weitgehend rückgängig gemacht[476], indem die Rentenversicherung auch für berufliche Rehabilitation im Anschluss an eine medizinische Rehabilitation und zur Vermeidung von Erwerbsminderungsrenten zuständig gemacht wurde. Das Schwerbehindertengesetz wurde 1986 novelliert. Mit der Kodifikation des Krankenversicherungsrechts (SGB V), Rentenversicherungsrechts (SGB VI) und Jugendhilferechts (SGB VIII) in den Jahren 1988 bis 1990 waren für die Rehabilitation keine grundsätzlichen Änderungen verbunden. Dass die Jugendhilfe Trägerin der Rehabilitation blieb, war allerdings umstritten. Bei der Neuregelung des Betreuungsrechts im BGB im Jahr 1990 wurden weit reichende materielle Änderungen beschlossen, die im verfassungsrechtlich fundierten Anspruch auf Selbstbestimmung behinderter Menschen fundiert waren. Weitere Veränderungen für das Recht insbesondere der pflegebedürftigen und in Heimen und Anstalten lebenden behinderten Menschen sowie der Werkstätten für Behinderte brachte die Pflegeversicherung im Jahr 1994 und die Sozialhilfereform 1996.

In dieser Phase relativer Stabilität des Leistungsrechts veränderten sich Dienste und Einrichtungen für behinderte Menschen durch den Ausbau ambulanter und komplementärer Hilfen für seelisch behinderte und psychisch kranke Menschen[477] und für geistig behinderte Menschen, die Umwandlung psychiatrischer Großkrankenhäuser, die Errichtung von Sozialstationen und die Bereitstellung ambulanten Hilfen der Individuellen Schwerstbehindertenbetreuung (ISB) vor allem mit Zivildienstleistenden. Diese Prozesse wurden rechtlich und politisch vor allem auf der Ebene der Länder und Gemeinden gesteuert. Sie waren auch von den gesellschaftlichen Impulsen der Wohlfahrtsverbände, der Verbände behinderter Menschen und ihrer Angehörigen und der professionellen und wissenschaftlichen Vertretung der Rehabilitation getragen. In den Ländern wurden im gleichen Zeitraum Grundlagen der Integration behinderter Schülerinnen und Schüler an den Regelschulen geschaffen. In den Empfehlungen der Kultusministerkonferenz von 1994[478] und den Schulgesetzen der Länder[479] ist festgehalten, dass der Unterricht für Schülerinnen und Schüler mit sonderpädagogischem Förderbedarf eine Aufgabe aller Schularten ist[480].

Die sich in den 1980er und 1990er Jahren verfestigende Arbeitslosigkeit in Deutschland führte dazu, dass sich die vorzeitige Ausgliederung gesundheitlich beeinträchtigter und behinderter Menschen aus dem Arbeitsleben verstetigte[481]. Diese Entwicklung wirkte gegen die Teilhabe behinderter Menschen am Arbeitsleben und wurde durch das Vorruhestandsgesetz (1984) und die Verlängerung der

---

[476] Gesetz zur Änderung der Fördervoraussetzungen im AFG und anderen Gesetzen vom 9. Dezember 1992, BGBl. I, 2044; vgl. Gleitze, SGb 1995, S. 281, 282.

[477] Vgl. Rudloff, ZSR 2003, S. 863, 879.

[478] Empfehlungen zur sonderpädagogischen Förderung in den Schulen in der Bundesrepublik Deutschland vom 6. Mai 1994; vgl. Reichenbach (2001), S. 35 f.

[479] § 5 Abs. 2 SH SchulG; § 15 Abs. 3 SchulG BW; § 4 NSchG; § 4 Abs. 1 Satz 2 SchOG SL; § 13 Abs. 3 SächsSchulG; § 1 Abs. 3 und 3a SchulG LSA; § 1 Abs. 2 ThürFSG; § 35 Abs. 1 SchulG MV; § 4 Abs. 5 BremSchulG; § 3 Abs. 4 BbgSchulG; § 4 Abs. 3 Satz 3 BerlSchulG; § 1b Abs. 5 SchulG RhPf; § 12 Abs. 1 Satz 2 HmbSG.

[480] Vgl. oben II.B.5.d.; unten III.C.6.; V.H.2.

[481] Behrend (1992), S. 18 ff.; vgl. oben II.B.6.d.; unten III.C.4.d.

Bezugsdauer des Arbeitslosengeldes ab dem 54. Lebensjahr (1987) sowie die Vorgehensweise von Unternehmen und betrieblichen Akteuren beim Abbau von Beschäftigung gefördert und forciert[482]. Die Frühverrentung wegen Erwerbsminderung stellte sich in diesem Kontext als mit der Arbeitsmarktsituation verknüpftes[483] Massenphänomen einer betrieblichen und individuellen Strategie des Rückzugs aus dem Erwerbsleben dar[484]. Die Zugangsvoraussetzungen zur Erwerbs- und Berufsunfähigkeitsrente wurden 1984 verschärft, während die als „stummer Zwang"[485] wirkenden betrieblichen Vorruhestandsregelungen vereinfacht wurden. Der gesetzgeberische Versuch, die Desintegration älterer, gesundheitlich beeinträchtigter und behinderter Menschen aus dem Arbeitsmarkt durch die Einführung der Altersteilzeit zu stoppen, erwies sich als wenig erfolgreich.

Mit dem Einigungsvertrag von 1990 wurden das Grundgesetz und die sozialstaatlichen Normen und Institutionen innerhalb kurzer Zeit auf die auf dem Gebiet der früheren DDR neu gegründeten Länder übertragen. In den neuen Landesverfassungen wurden zum Teil ausführliche Regelungen über soziale Staatsziele und sozial ausgeformte Gleichheits- und Freiheitsrechte aufgenommen[486]. Dabei wurde zunächst in allen neuen Bundesländern der Tatbestand der Behinderung ausdrücklich und erstmals in deutschen Verfassungen berücksichtigt. Auf Grundlage der Diskussionen der mit dem Einigungsvertrag eingesetzten Gemeinsamen Verfassungskommission wurde 1994 das Verbot der Benachteiligung wegen einer Behinderung in das Grundgesetz eingefügt. Im Weiteren sind dann soziale Staatsziele oder Gleichheitsrechte mit Bezug auf behinderte Menschen in weiteren Bundesländern in die Verfassung aufgenommen, so dass zwischen 1992 und 2000 insgesamt in zwölf der sechzehn Landesverfassungen entsprechende Normen verankert worden sind[487]. Damit sind neue Impulse für die spezifisch sozialstaatliche Interpretation des Rechts in seiner Anwendung auf behinderte Menschen und auf die Gesetzgebung ausgegangen. In seiner ersten wichtigen Entscheidung zum Benachteiligungsverbot befasste sich das BVerfG 1997 mit den Voraussetzungen integrativer Beschulung behinderter Kinder[488] und stellte dabei klar, dass aus verfassungsrechtlicher Sicht die gesonderte Beschulung begründungsbedürftig ist[489]. Auch in diesem Kontext ist der Vorrang der Integration behinderter Schülerinnen und Schüler im Schulrecht verankert worden.

---

[482] Behrend (1992), S. 26.

[483] Behrend (1992), S. 138 ff. betont, dass die Zusammenhänge zwischen Arbeitsmarkt und Frühverrentung eher mittelbar festzustellen sind.

[484] Zum „moral hazard" für das Arbeitgeberverhalten durch den Versicherungsschutz vgl. Köhler-Rama, DAngVers 2003, S. 413, 418; Behrend (1992), S. 47.

[485] Behrend (1992), S. 47.

[486] Zacher in: BMA (2001), S. 599 f.

[487] Vgl. oben III.A.10.d.; unten III.D.2.; IV.B.4.b.

[488] BVerfG vom 8. Oktober 1997, BVerfGE 96, 288 ff.; dazu A. Jürgens/G. Jürgens, NJW 1997, S. 1052 f.; A. Jürgens, DVBl. 1997, S. 410 ff.; Engelken, DVBl. 1997, S. 762 f.; A. Jürgens, DVBl. 1997, S. 764; Dirnaichner, BayVBl. 1997, S. 545 ff.; Speck, ZHP 1997, S. 233 ff.; Füssel, RdJB 1998, S. 250 ff.; Füssel in: Knauer/Meißner/Ross (1998), S. 209 ff.; Castendiek/Hoffmann (2002), Rz 303 ff.

[489] Vgl. unten IV.B.6.d.(4).

Die deutsche Vereinigung trug auch dazu bei, dass die Frage nach den sozialstaatlichen Hilfen für Familien mit Kindern die Diskussion wieder stärker bestimmte. Im Kontext der unterschiedlichen Niveaus der öffentlichen Kinderbetreuung in den neuen und alten Ländern und der vom Einigungsvertrag offen gelassenen Neuregelung der strafrechtlichen Bewertung der Abtreibung präzisierte das Bundesverfassungsgericht die staatliche Pflicht, den Lebensinteressen von Familien mit Kindern auch durch Leistungen gerecht zu werden. 1992 wurde zum 1. Januar 1996 der Rechtsanspruch auf den Besuch eines Kindergartens für Kinder ab drei Jahren festgeschrieben[490]. Die nähere Ausformung verblieb bei der Landesgesetzgebung. Dort wurden auch Regelungen für den integrativen Kindergartenbesuch behinderter Kinder ausgestaltet[491]. Wesentlich initiiert durch die Rechtsprechung des Bundesverfassungsgerichts zur Steuerfreiheit des Existenzminimums wurde von 1996 an das Kindergeldrecht in das Einkommensteuerrecht integriert und wesentlich ausgebaut. Auch hierbei war die besondere Situation insbesondere derjenigen behinderten Kinder zu berücksichtigen, die in Einrichtungen leben und die dauerhaft kein eigenes Einkommen erzielen können.

Mit dem Wachstums- und Beschäftigungsförderungsgesetz von 1996 wurde die Regeldauer stationärer Rehabilitationsmaßnahmen von vier auf drei Wochen verkürzt und das Gesamtvolumen der Leistungen wurde durch ein striktes Budget festgeschrieben. Dies führte zu einem Rückgang der erbrachten Leistungen und löste eine fachpolitische Diskussion über Zweck und Zukunft der Rehabilitation aus[492]. Die 1997 und 1998 erfolgten Kodifikationen des Unfallversicherungsrechts (SGB VII) und Arbeitsförderungsrecht (SGB III) brachten für die Rehabilitation nur geringe Änderungen. Nach einem gescheiterten Anlauf 1997/1998 wurde zum 1. Januar 2001 wurde das Recht der Erwerbsminderungsrenten im SGB VI neu geregelt.

e) Intensive Reformen im Sozialrecht und Gleichstellungsrecht seit 1998

Zum 1. Juli 2001 wurde mit dem SGB IX ein gemeinsamer Rahmen für das Recht der Rehabilitation und Teilhabe im Sozialgesetzbuch geschaffen, der vor allem der Kooperation, Koordination und Konvergenz durch gemeinsame Begriffe und Institutionen sowie einen gemeinsamen Leistungsrahmen dienen sollte und nun auch Sozialhilfe und Jugendhilfe in den Kreis der Rehabilitationsträger einbezog[493].

---

[490] Art. 5 des Schwangeren- und Familienhilfegesetzes vom 27. Juli 1992, BGBl. I, S. 1398, 1400; § 24 SGB VIII.
[491] § 2 Abs. 2 BWKGaG; § 5 Abs. 1 BerlKitaG; § 12 Abs. 2 Satz 1 BrbKitaG; § 3 Abs. 4 BremKitaG; § 6 Abs. 4 HmbKibeG; § 9 Abs. 2 HessKitaG; §§ 1 Abs. 2 Satz 3, 2 Abs. 6 MVKiföG; § 3 Abs. 6 Satz 1 NdsKiTaG; § 2 Abs. 3 Satz 2 und 3 NWGTK; § 2 Abs. 3 RhPfKitaG; § 2 Abs. 4 SächsKitaG; § 5 Abs. 1 LSAKiFöG; § 5 Abs. 7 SHKiTaG; § 5 Abs. 1 ThürKitaG; keine explizite Erwähnung in Bayern und im Saarland; vgl. Göke, NdsVBl. 1998, S. 134 ff.
[492] Vgl. Oltzen, ZSR 2004, S. 493, 494; Gross/Ritter, DAngVers 2003, S. 525, 527; U. Koch, BKK 2003, S. 241, 242 ff.; Raspe in: Igl/Welti (2001), S. 239, 243; Seiter, MedSach 2000, S. 33 ff.; Pitschas, VSSR 1998, S. 163 ff.; Ruland, DRV 1996, S. 625 ff.
[493] Vgl. zum SGB IX allgemein: Igl, ZSR 2004, S. 365 ff.; von Seggern, SozSich 2004, S. 110 ff.; Welti, PKVR 2003, S. 244 ff.; A. Reimann, DRV 2002, S. 220 ff.; Stähler/Wimmer, NZS 2002, S. 570 ff.; Welti, Die Rehabilitation 2002, S. 268 ff.; Welti/Sulek in: Igl/Welti (2001), S. 131 ff.

Die darauf folgenden Reformen der Sozialgesetzgebung betrafen das Recht der Rehabilitation und Teilhabe nur am Rande, veränderten aber Rahmenbedingungen und Kontext. Die Rentenreform 2001 berührte durch die Einführung einer Grundsicherung bei dauerhafter Erwerbsminderung[494] die Sicherung des Lebensunterhalts behinderter Menschen und ihr Verhältnis zum Familienunterhalt. Mit den Gesetzen über moderne Dienstleistungen am Arbeitsmarkt der Jahre 2002 und 2003 wurde die Arbeitsförderung und damit eine Bedingung der Teilhabe am Arbeitsleben umgestaltet, auch wenn die speziellen Normen hierfür fast unverändert blieben. Mit dem zum 1. Januar 2004 in Kraft getretenen GKV-Modernisierungsgesetz wurde die besondere Berücksichtigung chronisch kranker und behinderter Menschen für das SGB V gesondert festgeschrieben[495]. Die Rahmenbedingungen der erstmals im Jahre 2000 gesetzlich verankerten strukturierten Behandlungsprogramme für chronisch Kranke[496] sollten verbessert werden. Die Einführung des SGB IX in den ersten drei Jahren seiner Geltung hat sich als spannungsreicher Prozess dargestellt, in dem erhebliche Wirkungen auf das System des Sozialrechts, aber auch Verzögerungen und Umsetzungsdefizite konstatiert worden sind[497].

1999 wurde für das Land Berlin das erste Gleichstellungsgesetz für Behinderte in einem deutschen Land verabschiedet, 2001 folgte Sachsen-Anhalt. Am 1. Mai 2002 trat das Behindertengleichstellungsgesetz des Bundes in Kraft, mit dem auch zahlreiche weitere Gesetze geändert wurden, um rechtliche und faktische Benachteiligungen behinderter Menschen abzubauen[498]. In allen Bundesländern begann die Diskussion um Gleichstellungsgesetze für behinderte Menschen[499], die mittler-

---

Welti, NJW 2001, S. 2210 ff.; Welti, SozSich 2001, S. 146 ff.; Braun, MDR 2001, S. 1157 ff.; Haines, BArbBl. 11/2001, S. 42 ff.; Kostorz/Meyer, ZfSH/SGB 2001, S. 216 ff.; Lachwitz, RdLH 2001, S. 51 ff.; Langguth, DStR 2001, S. 1351 ff.; Mascher, BArbBl. 11/2001, S. 5 ff.; Mehrhoff, BG 2001, S. 540 ff.; Mrozynski, SGb 2001, S. 277 ff.; Niemann, NZS 2001, S. 583 ff.; Rische, DAngVers 2001, S. 273 ff.; Bihr, BB 2000, S. 407 ff.; Haack, BKK 2000, S. 97 ff.; Köpke, SozSich 2000, S. 124 ff.; Lachwitz, RdLH 2000, S. 5 ff.; Waldeyer-Jeebe, G+G 6/2000, S. 24 ff.; als Gesetzesmaterialien vgl. BT-Drucks. 14/5074 (Gesetzentwurf von SPD und Bündnis 90/Die Grünen); BT-Drucks. 14/5531 (Gesetzentwurf der Bundesregierung); BT-Drucks. 14/5639 (Gegenäußerung der Bundesregierung zur Stellungnahme des Bundesrats); BT-Drucks. 14/5786, 14/5800 (Änderungsvorschläge und Bericht des Ausschusses für Arbeit und Sozialordnung); zu früheren Versuchen, ein SGB IX zu schaffen: Schulin, NZS 1993, S. 185 ff.; BT-Drucks. 12/7148 (Dritter Behindertenbericht), S. 117; BT-Drucks. 13/9514 (Vierter Behindertenbericht), S. 145.

[494] GrSiG/§§ 41–43 SGB XII.

[495] § 2a SGB V.

[496] § 137 f SGB V; vgl. oben II.A.1.d.(4); II.B.4.b.(3).

[497] Vgl. Igl, ZSR 2004, S. 365 ff.; aus der Sicht eines Behindertenbeauftragten: Hase, ZSR 2004, S. 385 ff.; aus der Sicht der Rentenversicherungsträger: I. Koch, ZSR 2004, S. 391 ff.; aus der Sicht der Unfallversicherungsträger: Brandenburg, ZSR 2004, S. 398 ff.; aus der Sicht des verantwortlichen Ministeriums: Haines, ZSR 2004, S. 404 ff.; aus der Sicht der BAR: Steinke, ZSR 2004, S. 413 ff.

[498] Vgl. Wagner/Kaiser (2004), S. 97 ff.; S. Braun, MDR 2002, S. 862 ff.; Haack, BArbBl. 6/2002, S. 5 f.; Stähler, NZA 2002, S. 777 ff.; Steck, SF 2002, S. 23 f.; Ullrich/Spereiter, BArbBl. 6/2002, S. 7 ff.

[499] Vgl. für Hamburg: Bürgerschaftsdrucksachen 17/749 vom 24. April 2002, Antrag der GAL: Hamburgisches Gesetz zur Gleichstellung behinderter Menschen und zur Änderung anderer Gesetze; 17/793, Antrag der SPD: Eckpunkte für ein Hamburgisches Landesbehindertengleichstellungsgesetz; Hessen: LT-Drucks. 16/1746 vom 6. Januar 2004, Gesetzentwurf von Bündnis 90/die Grünen für ein Hessisches Gesetz zur Gleichstellung behinderter Menschen und zur Ände-

weile auch in Schleswig-Holstein, Rheinland-Pfalz, Brandenburg, Bayern, Bremen, Nordrhein-Westfalen, Sachsen, Hessen und im Saarland in Kraft getreten sind[500]. Die Gleichstellungsgesetze sind in einer sehr intensiven Zusammenarbeit zwischen Parlamenten, Ministerialverwaltung und den Verbänden behinderter Menschen entstanden[501].

Mit den Gleichstellungsgesetzen und in ihrem legislatorischen Umfeld sind zahlreiche öffentlich-rechtliche, aber auch privatrechtliche Normen verändert worden und Regelungen eingefügt worden, mit denen Benachteiligungen abgebaut werden sollen und die besondere Situation behinderter Menschen berücksichtigt werden soll[502]. Ein zivilrechtliches Antidiskriminierungsgesetz, auch zur Umsetzung der europäischen Richtlinie 2000/78, steht kurz vor der Verwirklichung[503]. Damit sind die zivilrechtlichen Beziehungen, an denen behinderte Menschen beteiligt sind, auch außerhalb des Arbeitsrechts verstärkt mit sozialstaatlicher Zielrichtung gesetzlich geordnet worden. Dies fügt sich ein in eine insgesamt in den Jahren der Bundesrepublik Deutschland auch unter europarechtlichem Einfluss verstärkte verfassungsrechtliche und sozialstaatliche Durchdringung der Zivilrechtsordnung insbesondere unter dem Ziel des Verbraucherschutzes.

Politisch gewollt, aber auch unter dem Einfluss des europäischen Rechts sind insbesondere seit Mitte der achtziger Jahre viele öffentliche Dienstleistungen in private Rechtsformen überführt worden und zumeist, wie Eisenbahn, Post und Telekommunikation, einer neuen spezifischen Form öffentlicher Regulierung unterworfen worden. Damit sind teilweise bisher erbrachte besondere Dienstleistungen für behinderte Menschen weggefallen oder mussten auf eine neue rechtliche und ökonomische Grundlage gestellt werden.

f) Gesellschaftliche Akteure der Behindertenpolitik

Als gesellschaftliche Akteure der Behindertenpolitik formierten sich in der Bundesrepublik Deutschland zunächst erneut die Verbände der Kriegsopfer und die Wohlfahrtsverbände. Neben die traditionellen Wohlfahrtsverbände ist eine Vielzahl von kleineren Verbänden unter dem Dach des Deutschen Paritätischen Wohlfahrtsverbandes getreten, die sich zum Teil speziell mit der Hilfe für bestimmte

---

rung anderer Gesetze; LT-Drucks. 15/1172 vom 28. März 2000, Gesetzentwurf der SPD für ein Gesetz zur Gleichstellung Behinderter und zur Beseitigung von Diskriminierung und Ausgrenzung; LT-Drucks. 15/1005 vom 8. Februar 2000, Gesetzentwurf von Bündnis 90/Die Grünen für ein Gesetz zur Sicherung der Gleichstellung Behinderter; Niedersachsen: LT-Drucks. 14/3990 vom 3. Dezember 2002, Gesetzentwurf der Landesregierung für ein Niedersächsisches Gesetz zur Gleichstellung behinderter Menschen und zur Änderung anderer Gesetze; Thüringen: LT-Drucks. 3/3809 vom 2. Dezember 2003, Gesetzentwurf der SPD für ein Thüringer Gesetz zur Herstellung gleichwertiger Lebensbedingungen für Menschen mit Behinderungen; LT-Drucks. 3/3304 vom 7. Mai 2003, Gesetzentwurf der PDS für ein Gesetz zur umfassenden Verwirklichung gesellschaftlicher Teilhabe behinderter Menschen im Freistaat Thüringen; vgl. zum Diskussionsstand auch Wagner/Kaiser (2004), S. 114 f.

[500] Vgl. unten IV.B.4.f.
[501] Rudloff, ZSR 2003, S. 863, 878.
[502] Vgl. § 554a BGB.
[503] BT-Drucks. 14/4538.

Gruppen von behinderten Menschen befassen, namentlich die Lebenshilfe für geistig Behinderte. Das elektorale Gewicht der Betroffenen bei Wahlen und ihre interessenpolitische Organisationsfähigkeit konnten sich in der Bundesrepublik Deutschland als Wirkungsgröße der Behindertenpolitik etablieren[504], wenn auch in einem je nach Art und Ursache der Behinderung sehr verschiedenen Ausmaß[505]. Mit der Verschiebung der Relationen zwischen Kriegs- und Zivilbehinderten öffneten sich die traditionellen Kriegsopferorganisationen VdK und Reichsbund für alle Behinderten und trugen so zu einer finalen und übergreifenden Ausrichtung der Gesetzgebung bei[506].

Mit der Ausdifferenzierung der Einrichtungen und Dienste der Rehabilitation und der wachsenden Professionalisierung gewannen diese ebenfalls Bedeutung[507]. So wurden die neu entstanden Berufsförderungswerke und Berufsbildungswerke unter maßgeblicher Mitwirkung der Gewerkschaften und Arbeitgeberverbände wichtige Akteure der beruflichen Rehabilitation, Werkstätten für behinderte Menschen wurden zu einem eigenständigen Faktor des gemeinwirtschaftlichen Sektors, in der medizinischen Rehabilitation entwickelten sich sowohl die Eigeneinrichtungen der Rehabilitationsträger wie private Kliniken und im pädagogischen Bereich das ausdifferenzierte Sonder- und Förderschulwesen. Heime und Wohneinrichtungen für behinderte Menschen, Pflegeheime und Pflegedienste haben sich in der Trägerschaft von Städten, Gemeinden und Kreisen und von Wohlfahrtsverbänden sowie zunehmend auch in privater Trägerschaft entwickelt.

Die an der Rehabilitation beteiligten pädagogischen, heilberuflichen, psychologischen und pflegerischen Berufsgruppen haben sich vielfältig organisiert. Insbesondere durch das Betreuungsgesetz wurden Betreuungsvereine und Berufsbetreuer zu einer weiteren organisierten Erscheinung der Sorge für behinderte Menschen. Die beteiligten Berufsgruppen machten sich als Wirkungsgrößen der Behindertenpolitik gewerkschaftlich und berufsverbandlich sowie als Teil einer fachlichen und wissenschaftlichen Expertenkultur geltend[508].

In den späten 1960er und in den 1970er Jahren bildeten sich neue Organisationen, die vor allem mit dem Anspruch auftraten, bisher unterrepräsentierte Interessen der behinderten Menschen nach Selbstbestimmung und Teilhabe zu artikulieren[509]. Als *„Clubs der Behinderten und ihrer Freunde"*, unter der Forderung *„Selbstbestimmt Leben"*, als *„Krüppelbewegung"* oder als Selbsthilfegruppen, die sich für je besondere Arten von Behinderung und chronischer Krankheit formierten[510], gewannen sie Einfluss auf den gesellschaftlichen und politischen Diskurs und professionalisierten sich in den folgenden Jahrzehnten. Durch die institutionalisierten Schwerbehindertenvertretungen[511] und deren Verbindung zur Tätigkeit

---

504 Rudloff, ZSR 2003, S. 863, 866; vgl. unten III.D.6.f.
505 Vgl. Zacher in: Igl/Welti (2001), S. 1, 22 f.
506 Rudloff, ZSR 2003, S. 863, 877.
507 Vgl. unten III.D.6.h.
508 Rudloff, ZSR 2003, S. 863, 866.
509 Rudloff, ZSR 2003, S. 863, 874 f.; C. Adam, TuP 2002, S. 407, 408 f.; Schümann, TuP 2002, S. 260, 261 f.
510 Zuerst die körperlich, dann die geistig und zuletzt die seelisch behinderten Menschen, vgl. Dörner (1995), S. III.
511 Vgl. unten V.I.2.c.(3).(b).

der Betriebsräte[512] und Gewerkschaften waren die Interessen behinderter Menschen auch in der betrieblichen und wirtschaftlichen Sphäre präsent. Im Zusammenwirken mit Unternehmen und mit den auf diesen Sektor gerichteten Hauptfürsorgestellen, später Integrationsämtern, wurden betriebliche Möglichkeiten der Teilhabe behinderter Menschen geschaffen. Verbindungen von Arbeitgebern und Beschäftigten und ihren Organisationen zur Rehabilitation und Teilhabe bestehen auch über die Mitwirkung der Selbstverwaltung der Rehabilitationsträger an der Organisation der Rehabilitation[513].

Insgesamt zeigt sich in der Rehabilitation und Teilhabe behinderter Menschen, dass gesellschaftliche Interessen und Vereinigungen in einem dichten Netz gesetzlicher und untergesetzlicher Regelungen die für den demokratischen Sozialstaat kennzeichnende Wechselwirkung von Staat und Gesellschaft organisieren. Neue Ausdrucksformen hat dies in Instrumenten gefunden, die zuletzt mit dem SGB IX und dem BGG verankert worden sind. Danach wirken bei gemeinsamen Empfehlungen der Rehabilitationsträger nicht nur diese zusammen, sondern auch die Verbände behinderter Menschen und der Selbsthilfe, die Wohlfahrtsverbände und Leistungserbringer werden beteiligt. Bei Zielvereinbarungen nach dem BGG können die Verbände behinderter Menschen mit Unternehmen und Unternehmensverbänden Zielvereinbarungen über die Ausgestaltung von Barrierefreiheit[514] abschließen. Soziale Rechtsstaatlichkeit wird nach dem BGG und den Landesgleichstellungsgesetzen auch über eigenständige Klagerechte der Verbände[515] konkretisiert. Sozialstaatlichkeit zeigt sich so als ein offener Prozess der Vervollkommnung und Weiterentwicklung des sozialen Staatsziels[516].

g) Soziale Bürgerrechte, diskursives Recht, soziale Gerechtigkeitsregeln

Einen Beitrag zur Fundierung des systematischen Zusammenhangs von rechtlichem Status, bürgerlicher Freiheit und Gleichheit und sozialer Staatstätigkeit hat *Thomas H. Marshall* geleistet. Er stellte die Entwicklung von bürgerlichen, politischen und sozialen Rechten als Entwicklung dar, die im 20. Jahrhundert zur Herausbildung des sozialen Status geführt hat, durch den die Bürger in die Lage versetzt werden, von ihren bürgerlichen und politischen Rechten tatsächlich Gebrauch zu machen[517]. Der Begriff der Sozialbürgerschaft ist seitdem ein gedankliches Muster zur Deutung und Bestimmung staatlicher Sozialpolitik[518]. Der potenzielle Funktionsmechanismus offener Sozialstaatlichkeit ist erkennbar in der von *Jürgen Habermas* philosophisch und von *Robert Alexy* rechtswissenschaftlich fundierten Diskursphilosophie, welche die Berücksichtigung der sozial vorhandenen Bedürfnisse in der Staatstätigkeit durch einen gesellschaftlichen Diskurs bei

---

[512] Vgl. unten V.I.2.c.(3).(a):
[513] Vgl. von Seggern, SozSich 2004, S. 110, 120.
[514] Vgl. unten V.J.3.b.
[515] Vgl. unten III.D.6.f.
[516] Vgl. unten III.B.7.
[517] Marshall (1992), S. 38 ff.; vgl. Kingreen (2003), S. 401; F.-X. Kaufmann (2003), S. 41; Eichenhofer, ZIAS 2003, S. 404, 405.
[518] Eichenhofer, ZIAS 2003, S. 404 ff.

grundsätzlicher gegenseitiger Anerkennung der Diskursteilnehmer und Beachtung gewisser Regeln garantieren soll[519]. Grundrechte als Prinzipien der Rechtsetzung sollen dabei gewährleisten, dass die in den Grundrechten erkennbaren grundlegenden Lebensinteressen aller Grundrechtsträger in der Gesetzgebung nicht vernachlässigt werden können. *Habermas* weist dabei auf die grundlegende Bedeutung sozialer Teilhaberechte für die integrative Kraft des modernen Staates hin[520].

Materielle Gerechtigkeitsregeln sozialer Staatstätigkeit sind auch fundiert bei *John Rawls* in der *„Theorie der Gerechtigkeit"*[521] und hier namentlich in dem Grundsatz, dass soziale und wirtschaftliche Ungleichheiten nur zu rechtfertigen sind, wenn sie den am wenigsten begünstigten Personen den größtmöglichen Vorteil bringen[522]. Mit der Modellvorstellung vom Urzustand knüpfen sie an Diskursregeln an. Gerechte Regeln sollen in diesem gedachten Urzustand gefunden werden, wenn die Diskursteilnehmer nicht wissen, in welcher Weise sie davon betroffen sein werden. Indem auch Verteilungsfragen idealerweise so erörtert werden sollen, dass die Diskursteilnehmer durch einen *„Schleier des Nichtwissens"* über ihre eigene Position im Unklaren sind, soll auch soziale Gerechtigkeit gefunden werden können. Für die Leistungen für behinderte Menschen würde dies bedeuten, dass ihre Voraussetzungen und ihr Umfang bestimmt würden, ohne dass die Entscheidenden wissen, ob sie selbst behindert sind oder nicht. Damit würde die Situation einer solidarischen Versicherung für plötzliche Risiken simuliert. Da die bisherige Geschichte gezeigt hatte, dass solche Systeme, insbesondere die gesetzliche Unfallversicherung, besser ausgestattet sind als die Leistungen für von Geburt an oder frühzeitig behinderte Menschen, wäre von der Anwendung der *Rawls*-schen Regel eine Angleichung der Leistungen für behinderte Menschen auf dem Niveau der schadensausgleichenden Systeme und eine umfassende Förderung der Integration und Teilhabe zu erwarten[523]. In der Tendenz hat sich die Gesetzgebung der Bundesrepublik Deutschland bis zum SGB IX in diese Richtung bewegt, ohne allerdings das Ziel zu erreichen.

Gefahren und mögliche Defizite sind unter anderem in der von *Niklas Luhmann* entwickelten Systemtheorie deutlich geworden, die als Entwicklungstendenz der freien Gesellschaft eine wachsende Differenzierung der Gesellschaft in voneinander relativ unabhängige Subsysteme und damit einen Verlust an Steuerungsmöglichkeiten und ein Anwachsen von Transaktionskosten der Steuerung aufzeigt. Gerade für gesellschaftliche Randgruppen wie für behinderte Menschen lässt sich in diesem Modell als ein Kernproblem von sozialstaatlicher Verantwortung der von *Talcott Parsons* und *Luhmann* geprägte Begriff der Inklusion in die verschiedenen

---

[519] Vgl. Kingreen (2003), S. 148; unten IV.A.2.
[520] Habermas (1996), S. 143; unten IV.D.5.
[521] Vgl. dazu auch Borowski (2003), 2. Kapitel, II.2.; unten IV.A.2.; IV.B.5.b.(2).
[522] Rawls (1998), S. 81, 336; Zur Orientierung der europäischen Sozial- und Gesellschaftspolitik an den Rawlschen Prinzipien vgl. Esping-Andersen, ZSR 2004, S. 189, 196; zur Bedeutung für das Recht behinderter Menschen: Straßmair (2002), S. 244 ff.
[523] Waddington (1995), S. 87 f.

gesellschaftliche Funktionskreise ausmachen[524], der als Teilhabe in die Rechtssprache übersetzt werden kann[525].

h) Feministische Theorie des Sozialstaats

Seit den 1960er Jahren sind die bisherigen Deutungen des Sozialstaatsprinzips in Politik und Wissenschaft durch feministische Ansätze in Frage gestellt und ergänzt worden. Durch die feministische Kritik wurde darauf hingewiesen, dass in Recht und Institutionen des bisher entwickelten Sozialstaats die Lebensinteressen nicht gleichmäßig berücksichtigt waren, sondern dass diese am männlichen Pol eines ungleichgewichtigen Geschlechterverhältnisses ausgerichtet waren[526], insbesondere den vollzeitbeschäftigten Familienvater mit einer nicht erwerbstätigen Frau als impliziten Normalfall voraussetzten. Das Ehe- und Familienrecht war 1949 noch auf ein nicht gleichberechtigtes Geschlechterverhältnis ausgerichtet. In der Zeit bis 1976 wurde das Gleichberechtigungsgebot des Grundgesetzes im Ehe- und Familienrecht umgesetzt. Als zweiter sozialstaatlich zu berücksichtigender Bereich eines ungleichen Geschlechterverhältnisses erwies sich das Arbeitsleben. Hier gingen wichtige rechtliche Impulse vom Lohngleichheitsgebot aus, das bereits 1957 im EWG-Vertrag verankert worden war und auf dessen Grundlage in europäischen Richtlinien auch die Veränderung des Geschlechterverhältnisses in sozialrechtlichen Regelungen durchgesetzt wurde[527]. Der Streit darüber, ob das Gleichberechtigungsgebot des Grundgesetzes auch einen Auftrag zur Gestaltung der Gesellschaft im Sinne der Gleichstellung, und damit eine Konkretisierung des Sozialstaatsgebots, enthalte, wurde lange Zeit an Hand der Frage diskutiert, ob und wie das Recht auf faktisch ein Geschlecht benachteiligende Wirkungen von formal für beide Geschlechtern gleich geltenden Normen reagieren sollte. Diese Methode der Interpretation, der an den Folgen einer Regelung orientierte Umgang mit mittelbaren Benachteiligungen, kann als spezifisch sozialstaatliche Form der Rechtsauslegung angesehen werden, weil sie die die Gesellschaft gestaltenden Wirkungen von Normen eigenständig schon bei ihrer Auslegung berücksichtigt. Der Streit über das Verständnis des Gleichstellungsgebots wurde 1994 durch die Ergänzung des Grundgesetzes geklärt. Dem Staat ist danach aufgegeben, die tatsächliche Durchsetzung der Gleichberechtigung von Frauen und Männern zu fördern und auf die Beseitigung bestehender Nachteile hinzuwirken. Bei Reformen der sozialen Staatstätigkeit spätestens seit den 1970er Jahren sind die Auswirkungen bestehender und geplanter Regelungen auf die Geschlechter in ihrer typischen Lebenswirklichkeit zunehmend diskutiert und auch in zahlreichen Normen berücksichtigt worden. Im Bereich behinderter Menschen und der Rehabilitation ist hier insbesondere angesprochen worden, dass die Bindung von Ansprüchen auf Leistungen zur Rehabilitation und Teilhabe an bestehende Sozialversicherungsverhältnisse typischerweise

---

[524] F.-X. Kaufmann in: BMA (2001), S. 95; zum Zusammenhang zur Rehabilitation: Runde/ Weber in: Igl/Welti (2001), S. 65, 67.
[525] Zacher in: BMA (2001), S. 382.
[526] Vgl. Gerhard (1999), S. 133 ff.; Kocher, KJ 1997, S. 182, 189.
[527] Vgl. unten IV.B.6.e.(1).(d).

Frauen benachteilige, die aus familiären Gründen nicht erwerbstätig sind[528]. Dies ist ein Grund für die Ausweitung der medizinischen Rehabilitation der gesetzlichen Krankenversicherung 1974 gewesen. Auch bei der Ausgestaltung von Rehabilitations- und Teilhabeleistungen ist die Ausrichtung an einer eher männlichen Lebensrealität kritisiert worden und beim SGB IX durch die Betonung ambulanter Leistungen und familienentlastender Elemente aufgenommen worden.

Die feministische Theorie hat auch grundlegende theoretische Interpretationen der gesellschaftlichen Solidarität kritisiert. So ist darauf hingewiesen worden, dass die Annahme einer symmetrischen Solidarität von im Grundsatz gleichermaßen autonomen Subjekten, wie sie etwa der Sozialversicherung zu Grunde liegt, nur einem Teil der gesellschaftlichen Realität und von helfenden Beziehungen gerecht wird[529]. Die vor allem in Familien und von Frauen geleistete Hilfe an Kindern und Pflegebedürftigen ist dagegen von einem zumindest zeitweise asymmetrischen Charakter geprägt. Damit ist auch das Verhältnis von Solidarität und Fürsorge und der Bewertung unterschiedlicher Hilfeformen in Gesellschaft und Gesetzgebung angesprochen. Diese Diskussionen sind zum Teil in der Debatte über das Selbstverständnis pflegender und fürsorgerischer, überwiegend von Frauen ausgeübter Berufe aufgegriffen worden[530]. Sie können dabei in einem Spannungsverhältnis zur Selbstbestimmung behinderter Menschen stehen, die sich gerade gegen asymmetrische Hilfeverhältnisse richtet. Die „weibliche" Sorge für andere kann einen unterdrückenden Charakter erhalten, wenn sie aus ihrem Zusammenhang gerissen wird[531] und etwa Pflegekräfte behinderte Menschen wie Kinder behandeln. Andererseits kann die feministische Kritik auch zu einer stärkeren Berücksichtigung der in der Gesellschaft geleisteten Hilfe für behinderte Menschen beitragen[532].

i) Gesellschaftliche Machtkonzentrationen

Gesellschaftlich gewachsene und verfestigte Machtpositionen und Vorrechte können im Wechselspiel von Gesellschaft und Staat dazu führen, dass die Lebenszwecke und Interessen von Menschen in sehr ungleicher Weise Berücksichtigung in der Gesetzgebung und staatlichen Aktivität finden. Solche Gefahren für die Entwicklung und Ausformung des sozialen Staatsziels bestehen in der durch Eigentum und Erbrecht garantierten ungleichen Verteilung von Gütern, Vermögen und insbesondere Verfügungsrechten über Grund und Boden, Naturschätze und Produktionsmittel. Gerade Menschen, die durch Behinderung nicht oder nur eingeschränkt in der Lage sind, selbst am Wirtschaftsleben teilzunehmen, sind auf Umverteilung oder Einschränkungen der Verfügungsrechte anderer angewiesen. Durch die Tendenz zur Konzentration wirtschaftlicher Macht werden jedoch auch die gesell-

---

[528] Vgl. unten IV.D.9.a.; IV.D.9.d.
[529] E. Bauer, TuP 2003, S. 63 ff. in Anknüpfung an Carol Gilligan.
[530] Vgl. E. Bauer, TuP 2003, S. 63 ff.; Schwinger, ARSP 2001, S. 153 ff.
[531] So auch feministische Kritik, vgl. Gerhard (1999), S. 136 ff.; Kocher, KJ 1997, S. 182, 191.
[532] Zu Ansätzen einer Integration „maskuliner Technikmedizin" und „femininer Pflege": Schulz-Nieswandt, SF 2004, S. 310, 316.

schaftlichen Machtpositionen und die Einwirkungsmöglichkeiten im politischen Diskurs zunehmend ungleich verteilt[533].

Auch die Vermittlung des gesellschaftlichen und politischen Diskurses durch Presse und Medien[534], die ebenfalls einem Konzentrationsprozess unterliegen, führt zu erheblichen Schwierigkeiten von gesellschaftlich weniger mächtigen und minoritären Gruppen, im Diskurs Gehör zu finden. So folgt die Berichterstattung über behinderte Menschen und ihre Thematisierung in der Unterhaltung bestimmten klischeehaften Mustern, die von ihnen, trotz Verbandsmacht, nur wenig beeinflusst werden können[535].

Insgesamt orientiert sich die Entwicklung des Sozialstaats auch oder gerade unter Bedingungen eines demokratischen Diskurses weniger an Randgruppen als am *„Mittelwähler"* (*Zacher*), dessen tatsächliche oder angenommene Prioritäten in der Politik wahrgenommen werden[536]. Für geistig oder seelisch behinderte wie für verarmte Menschen sind die Artikulationsmöglichkeiten sehr gering[537], so dass sie oft auf advokatorische Interessenvertretung durch andere angewiesen bleiben[538]. Auch im institutionalisierten Bereich der gesellschaftlichen Einwirkung auf Politik und Gesetzgebung haben behinderte Menschen teilweise Schwierigkeiten, an der Tätigkeit von Parteien, Vereinen und Verbänden teilzunehmen, insbesondere wenn ihre Behinderung Mobilität oder Kommunikation beeinträchtigt oder geistig oder seelisch ist. Auch andere gesellschaftliche Subsysteme orientieren sich an der angenommenen *„Mitte"*: So wird im marktgesteuerten System des Güter- und Leistungsaustauschs der Konsument entweder durch Masse oder durch besondere Kaufkraft wahrgenommen. Im über Medien organisierten Diskurs entscheiden Auflagen und Einschaltquoten über die Auswahl der Informationen und Meinungen[539]. Auch in der Wissenschaft sind die mit ihren Forschungsfragen und Hypothesen am Hauptstrom ihrer Disziplin und des Zeitgeistes orientierten *„Mitteldenker"* in der Mehrheit[540]. All dies gefährdet die Wahrnehmung der besonderen Situation und Bedürfnisse behinderter Menschen in der Politik.

---

[533] Dahrendorf (2003), S. 86 f. fasst das Problem so zusammen: *„Ungleichheiten sind erträglich, wenn und solange sie nicht die Gewinner in die Lage versetzen, andere an der vollen sozialen Teilnahme zu hindern oder aber, im Fall der Armut, Menschen daran zu hindern, von ihren Bürgerrechten Gebrauch zu machen. Das lässt viel Raum für Unterschiede des Wohlstandes, aber keinen für die Armut als Premierminister und auch keinen für den sozialen Ausschluss durch Armut."*

[534] Vgl. unten V.F.2.

[535] Mürner (2003), S. 12 f., 189 ff.; Radtke, APuZ Nr. 8/2003, S. 7 ff.; Es ist aber insbesondere in den öffentlich-rechtlichen Medien eine Normalisierung des Bilds behinderter Menschen in der Unterhaltung festzustellen, vgl. Radtke, APuZ Nr. 8/2003, S. 7, 11 mit dem Beispiel der Fernsehserie „Lindenstraße". Dort sind in den letzten 15 Jahren Serienfiguren aufgetreten, die als Rollstuhlfahrer (Dr. Ludwig Dressler); HIV-Infizierte (Felix Flöter); psychisch Kranke (Momo Sperling), HIV-Infizierte (Hajo Scholz); Demenzkranke (Franz Wittich) oder Menschen mit Down-Syndrom (Martin Ziegler) gesellschaftliche Normalität darstellen.

[536] Zacher in: HStR II, 3.A. (2004), § 28 RN 103; Zacher in: BMA (2001), S. 576; vgl. Baur, br 2004, S. 61, 65. zugespitzt Kissler, Süddeutsche Zeitung vom 28. Februar 2004: *„Behinderte bilden vom Standpunkt der Mitte aus ebenso eine quantité negligeable wie letztlich auch die große Mehrheit der Arbeitslosen."*

[537] Stolleis in: BMA (2001), S. 331; vgl. Zacher in: Igl/Welti (2001), S. 1, 22 f.

[538] Zacher in: BMA (2001), S. 423.

[539] Dazu kritisch: Bourdieu (1998), S. 55 ff.

[540] Zu den Ursachen beispielhaft: Bourdieu (1992), S. 149 ff.

j) Professionalisierung, Bürokratisierung, Ökonomisierung

Die entwickelte Komplexität des Rechts und der Institutionen sowie die Professionalisierung von Hilfe und Solidarität führten zu weiteren Problemen der Verrechtlichung und Bürokratisierung[541]. So entwickelten die Institutionen eine immer größere Eigengesetzlichkeit und Beharrungskraft. Zuständigkeits- und Abgrenzungsfragen zwischen den Sozialleistungsträgern[542] und in dem durch Gesetze und Verträge regulierten Verhältnis zwischen Leistungsträgern und Leistungserbringern beanspruchten einen immer größeren Teil ihrer Arbeitskapazitäten und stellten neue Ansprüche an die rechtliche Steuerung, die immer schwieriger wurde. So ist für das Reha-Angleichungsgesetz konstatiert worden, dass einige Vorschriften durch die Sozialleistungsträger niemals umgesetzt worden sind, da diese sich hierüber nicht verständigen konnten. Gerade in Bereichen, in welchen die unmittelbare rechtliche und politische Artikulationskraft der betroffenen Personen begrenzt ist, wie dem Recht behinderter Menschen, sind die Umsetzung sozialstaatlicher Gesetzgebung und die Kohärenz ihrer Steuerungsimpulse[543] zu einer eigenständigen Herausforderung für Gesetzgeber und Regierungen geworden. *Franz-Xaver Kaufmann* hat diesen Bereich mit dem Begriff der „*Sozialpolitik zweiter Ordnung*"[544] belegt. Sowohl das Reha-Angleichungsgesetz wie das SGB IX, die nicht primär auf leistungsrechtliche Veränderungen, sondern auf Koordination, Kooperation und Konvergenz verschiedener Sozialleistungsträger abzielten und abzielen, sind Belege für die zunehmende Wichtigkeit der Sozialpolitik zweiter Ordnung[545].

Auch das Verhältnis zwischen behinderten und chronisch kranken Menschen und den Berufen und Institutionen der professionellen Hilfe[546] ist nicht unproblematisch[547]. Mit der Entfaltung des Systems der Hilfe und Rehabilitation ist auch die Gefahr einer übermäßigen Abhängigkeit von diesem System und von Freiheitseinschränkungen gewachsen. Definitionsmacht und Eigeninteressen der helfenden Institutionen und Professionen machen dieses Problem zu einem dauernden Spannungsverhältnis[548]. Am deutlichsten ist dies im Kontext der anstaltlichen stationären Hilfen, in denen behinderte Menschen auf unbestimmte Zeit einer fremdbestimmten Ordnung eingegliedert sind. Diese Entwicklungen sind auch der in Gesellschaft und Staat gewollten Entlastung des Alltags und der Arbeitsproduktivität von Problemen, Leid und zeitaufwendiger personaler Fürsorge und gegenseitiger Hilfe geschuldet[549]. Seit dem Ende der 1960er Jahre sind die politische Diskussion und Gesetzgebung etwa im Rahmen der Psychiatrie-Enquête, des Heimgesetzes oder der Pflegeversicherung mit diesem Problem befasst. Auch im Verhältnis zur nur punktuellen Intervention etwa niedergelassener Ärzte, ambulanter Hilfs- und

---

541 F.-X. Kaufmann in: BMA (2001), S. 91; Benda in: HVerfR, 2.A. (1995), § 17 RN 72.
542 Vgl. unten III.D.6.a.(3).(a).
543 Rudloff, ZSR 2003, S. 863, 866.
544 F.-X. Kaufmann in: BMA (2001), S. 98.
545 Rudloff, ZSR 2003, S. 863, 878.
546 Vgl. unten III.D.6.h.
547 F.-X. Kaufmann in: BMA (2001), S. 91.
548 Schümann, TuP 2002, S. 460, 466.
549 Stolleis in: BMA (2001), S. 329.

Pflegedienste ist die Diskussion über Medikalisierung und Fremdbestimmung geführt worden und hat im SGB IX und BGG Niederschlag gefunden.

Mit der zunehmenden Überführung sozialer Dienstleistungen in die Trägerschaft privater und gewinnorientierter Träger seit den 1980er Jahren, wie sie insbesondere mit der Einführung der Pflegeversicherung vorangetrieben wurde[550] und der verstärkten Steuerung auch der Dienste und Einrichtungen des Staates und der Wohlfahrtsverbände nach der Privatwirtschaft vergleichbaren ökonomischen Mustern, wurden ältere Formen der Bürokratisierung durch neuere ersetzt. Während durch die Einführung von Formen der Marktsteuerung bisher unbefriedigte Bedürfnisse behinderter und pflegebedürftiger Menschen besser befriedigt werden können als früher, etwa durch ein größeres Angebot im Bereich der ambulanten Dienste, drohen zugleich nicht oder schwer kommerzialisierbare, aber elementare Bedürfnisse, namentlich der Kommunikation und des sozialen Zusammenhangs, durch marktförmig erbrachte soziale Dienstleistungen vernachlässigt zu werden[551]. Bei kommerzialisierten sozialen Dienstleistungen wird zugleich deutlicher als früher, dass diese in der Qualität stark differieren können. Qualitätssicherung und -entwicklung in der Pflege[552] und Rehabilitation[553] sind zu gesetzgeberischen Anliegen geworden, um negative Folgen einer wettbewerblichen Steuerung zu vermeiden und einen Kostenwettbewerb mit Qualitätsverlusten zu verhindern. Die seit Mitte der 1990er Jahre neu eingeführten Qualitätssicherungsnormen und -institutionen[554] zeigen, dass hierin ein neues Potenzial für Bürokratisierung liegt. Eine weitere Folge der neuen Strukturierung sozialer Dienstleistungen ist, dass eine immer komplexere Steuerung und Abrechnung („Verpreislichung") durch Vertragsrecht zwischen Sozialleistungsträgern, Ärzten, Krankenhäusern, Diensten und Einrichtungen der Pflege und der Rehabilitation auf der Basis immer umfangreicherer gesetzlicher Vorgaben[555] erfolgt.

k) Ökonomie und sozialer Staat

Die soziale Staatstätigkeit hat sich gerade in der Geschichte der Bundesrepublik Deutschland auch ökonomisch als eine Voraussetzung für staatliche Integration und gesellschaftliche Dynamik erwiesen. Beginnend mit der Aufbauphase wurden

---

[550] Vgl. § 11 Abs. 2 Satz 3 SGB XI, wodurch 1994 erstmalig im Sozialrecht nicht nur ein Vorrang freigemeinnütziger, sondern auch privater Träger vor öffentlichen Trägern festgeschrieben wurde.

[551] Speck in: Dederich (2003), S. 104, 110 ff.

[552] §§ 80, 112–120 SGB XI; vgl. dazu BT-Drucks. 15/4125, S. 26 ff., 61 ff.; BT-Drucks. 15/3565; BT-Drucks. 14/7567; Bieback (2004); Klie, ZSR 2002, S. 504 ff.; Knappe, ZSR 2002, S. 530 ff.

[553] § 20 SGB IX; vgl. dazu BT-Drucks. 15/4575, S. 45 f.; Hehling, BG 2003, S. 514 ff.; Welti, ZSR 2002, S. 462 ff.; Cellarius, ZSR 2002, S. 472 ff.; Beckmann/Pallenberg/Klosterhuis, DAngVers 2000, S. 88 ff.; Hackenberg, ErsK 2000, S. 221 ff.; Mehrhoff/Weber-Falkensammer, BG 2000, S. 104 ff.

[554] §§ 135a–137d SGB V; § 20 SGB IX; §§ 79–81, 112–120 SGB XI; § 93a Abs. 3 BSHG/§ 75 Abs. 3 SGB XII.

[555] §§ 69–140h SGB V; §§ 78a–78g SGB VIII; § 21 SGB IX; §§ 69–120 SGB XI; §§ 93–95 BSHG/§§ 75–81 SGB XII; vgl. BVerwG vom 1. Dezember 1998, BVerwGE 108, 56; kritisch: Baur, br 2004, S. 62, 63.

die Unternehmen und Verbraucher als einzelne Wirtschaftssubjekte von der Vorsorge für Risiken entlastet[556] und erhielten so bessere Rahmenbedingungen für ihre Investitions- und Konsumtätigkeit[557]. Die auf die Menschen als Humankapital der Volkswirtschaft bezogene soziale Staatstätigkeit im Gesundheits- und Bildungswesen[558], zu der auch die Rehabilitation gehört, trug wesentlich dazu bei, den Fortschritt der Produktivität zu ermöglichen sowie wirtschaftliche Umbrüche, konjunkturelle und strukturelle Krisen zu bewältigen[559]. Sowohl zu Zeiten des Arbeitskräftemangels wie auch der Arbeitslosigkeit haben die Rehabilitation und die Sicherungen für behinderte Menschen eine bedeutende Rolle dabei gespielt, auch gesamtwirtschaftlich schädliche Dequalifikation und Verarmung zu vermeiden. Die soziale Staatstätigkeit ist hier wesentlich dafür, zwischen den ökonomischen Hauptgruppen der Gesellschaft in der Weise zu vermitteln, dass nicht kurzfristige einzelwirtschaftliche, sondern längerfristig volkswirtschaftlich sinnvolle politische Lösungen gesucht und beschritten werden können. Dies spiegelt sich insbesondere in der paritätischen Selbstverwaltung der Arbeitgeber und Beschäftigten bei den Sozialversicherungsträgern und ihrer Verantwortung in der Bundesarbeitsgemeinschaft für Rehabilitation. Dennoch ist der Aufwand von Staat und Gesellschaft für soziale Aufgaben unter den Bedingungen des demokratischen und sozialen Rechtsstaats nicht der Diskussion und nicht der Konkurrenz mit anderen privaten und staatlichen Verwendungsmöglichkeiten entzogen. Die kontroverse Diskussion über die konkrete Ausformung des sozialen Staatszieles ist in der Bundesrepublik permanent gewesen. Sie hat sich seit den 1970er Jahren verschärft[560]. Ursachen hierfür sind politisch und ökonomisch das Nachlassen der besonderen Nachkriegs- und Aufbausituation, weltwirtschaftliche Krisenprozesse und seit 1990 das Ende der politisch dominanten Blockkonfrontation und Konkurrenz mit der DDR[561] sowie eine steigende europäische und weltwirtschaftliche Verflechtung.

Die hohe und steigende Arbeitslosigkeit seit Anfang der 80er Jahre wird als wesentliches Defizit bei der Verwirklichung des sozialen Staatszieles wahrgenommen[562]. Über ihre Ursachen und die Mittel zu ihrer Bekämpfung ist ein politischer Konsens nicht zu erzielen. Für behinderte Menschen und die Rehabilitation bedeutet die Arbeitslosigkeit eine zunächst primär höhere Betroffenheit auf Grund der eigenen schwierigen Situation am Arbeitsmarkt[563] und sekundär eine schwierige Verteilungsposition bei der politischen Vertretung sozialer Anliegen. Weiterhin bedroht die Arbeitslosigkeit bei einer weithin an die Erwerbsarbeit gekoppelten Organisation und Finanzierung der sozialen Sicherung sowohl den Zugang zu Leistungen wie auch die zur Verfügung stehenden Mittel. Da auch das Steuersystem weitgehend direkt oder indirekt von Arbeitseinkommen abhängt und die Belastung von Einkünften aus Vermögen politisch nicht gewollt, nach anderer Sicht-

---

556 Vgl. Wannagat (1965), S. 74.
557 Vgl. BVerfG vom 22. Juni 1977, BVerfGE 45, 376, 387.
558 Vgl. unten III.C.4., III.C.6., III.C.7.
559 Esping-Andersen, ZSR 2004, S. 189, 191.
560 Vgl. Zacher in: BMA (2001), S. 519.
561 Zacher in: BMA (2001), S. 523.
562 Zacher in: BMA (2001), S. 593.
563 Vgl. oben II.B.6.d.

weise tatsächlich[564] oder rechtlich[565] nicht möglich, ist, sind auch die aus Steuermitteln finanzierten Sozialleistungen, namentlich die Sozialhilfe, von diesem Problem betroffen[566]. Sowohl im Beitragsrecht wie im Steuerrecht sind Vermögenserträge gegenüber Arbeitseinkommen privilegiert[567]. Zudem bedeutet bei unveränderter Finanzierungsweise der sozialen Sicherung eine infolge der direkten und indirekten Folgen von Arbeitslosigkeit sinkende Quote der Lohneinkommen, dass die Sozialversicherungsbeiträge und Steuern der Mehrheit der Bevölkerung tendenziell steigen und damit die Finanzierung der sozialen Sicherheit politisch prekär wird.

l) Krise des sozialen Staatsziels?

Mit *Hans F. Zacher* ist zunächst festzustellen, dass die schwieriger und erbitterter gewordene Diskussion über die Konkretisierung des sozialen Staatszieles nicht die Krise des Sozialstaats, sondern der Übergang zur ganzen Normalität des Sozialstaats gewesen ist[568]. Bei näherer Betrachtung erweist sich auch fundamental erscheinende Kritik am Sozialstaat zumeist als schlichter Beitrag im aktuellen politischen Verteilungs- und Richtungskampf. Es scheint, dass das soziale Staatsziel und die demokratische Staatsform in rechtsstaatlichen Formen eine spezifische Symbiose und Synthese gefunden haben. Daraus ergibt sich aber auch, dass ihre Stabilität und Legitimität wechselseitig voneinander abhängen. Eine Krise des sozialen Staatszieles, wie sie angesichts der Arbeitslosigkeit vielfach gesehen wird, kann so auch zu einer Krise von Rechtsstaat und Demokratie werden[569]. Es besteht die Gefahr, dass alle nicht unmittelbar auf die Erwerbstätigen und die Erwerbsarbeit ausgerichteten sozialen Leistungen einer besonderen Legitimationskrise ausgesetzt sind. Dies ist bereits in der sozialpolitischen Diskussion der letzten Jahre deutlich geworden. Dabei drohen die besonderen Bedarfslagen behinderter Menschen ausgeblendet, negiert oder ignoriert zu werden. Zwar wird in der Diskussion der letzten Jahre auch die *„Konzentration auf die wirklich Bedürftigen"* angemahnt. In praxi erscheinen jedoch behinderte Menschen als eine von Leistungskürzungen und im Kontext der Erwerbsobliegenheit verschärften Anspruchsvoraussetzungen besonders bedrohte Gruppe. Da unter den Bedingungen verschärfter Verteilungsauseinandersetzungen behinderte Menschen als Minderheit eine strukturell

---

[564] Vgl. Zacher in: BMA (2001), S. 592.

[565] BVerfGE 93, 121.

[566] Vgl. kritisch zum Rückzug der sozialstaatlichen Praxis vom Zugriff auf Vermögen: Zacher in: BMA (2001), S. 495, 542, 605 f.; vgl. BVerfG vom 22. Juni 1995, BVerfGE 93, 121, 137 (Beschränkung auf Sollertragssteuer); dagegen die abweichende Meinung von Böckenförde, BVerfGE 93, 149, 162: *„Die Abschaffung echter Vermögensteuern durch deren Umschreibung zu Sollertragssteuern trifft den sozialen Rechtsstaat an einer zentralen Stelle. Sie beschneidet empfindlich das staatliche Potential sozialer Korrekturmöglichkeiten gegenüber der Selbstläufigkeit gesellschaftlicher Entwicklungen."*

[567] Kritisch: Zacher in: BMA (2001), S. 659.

[568] Zacher in: BMA (2001), S. 683.

[569] Zacher in: BMA (2001), S. 534: *„Wenn Demokratie und Rechtsstaat mit diesem Wesen des Sozialen nicht zurechtkommen, ist das ihre Krise und immer auch die Krise der Gesellschaft, die sich in Demokratie und Rechtsstaat verfasst hat."*

schwierige Situation haben[570], ist die Aktivierung der Grundrechte als Instrument des Minderheitenschutzes auch für das soziale Leistungsrecht eine Herausforderung des sozialen Rechtsstaats: *„Die Demokratie muss sich als die Staatsform der kleinsten auf Dauer vernachlässigten Minderheit bewähren."* (Zacher)[571].

m) Globalisierung

Die zunehmende ökonomische und politische Verflechtung in Europa und der Welt erscheint als ein weiteres Problem für die Funktionsweise des sozialen Rechtsstaats der Bundesrepublik Deutschland, das insbesondere seit 1990 in der öffentlichen Debatte über Globalisierung verstärkt wahrgenommen wird. Die Internationalisierung von Handlungsmöglichkeiten ist für die gesellschaftlichen Subjekte sehr ungleich verteilt[572]. Sie kann nur von einem Teil der Unternehmen, insbesondere aus dem produzierenden Gewerbe sowie Banken und Versicherungen, wahrgenommen werden, während die Sozial- und Gesundheitswirtschaft weit gehend auf die lokale und regionale Tätigkeit verwiesen bleibt. Für die auf Erwerbsarbeit unmittelbar oder mittelbar durch Sozialeinkommen angewiesenen Menschen ist der Zugewinn an Handlungsmöglichkeiten, etwa durch die europäische Freizügigkeit der Arbeitnehmer, oft real nicht nutzbar. Gerade für behinderte Menschen ergeben sich hieraus zunächst eher Gefährdungen von Teilhabe, etwa durch Arbeitsplatzabbau oder neue Konkurrenzsituation, als wahrnehmbare Chancen. Die Finanzierung des Sozialstaats im Wesentlichen aus den Arbeitseinkommen erscheint durch die Globalisierung bedroht[573].

Der Internationalisierung und Europäisierung von staatlicher Normsetzung[574] steht nur in geringerem und nachlaufendem Maße eine europäische und internationale Kommunikation gegenüber. So können sich auf diesen Ebenen zunächst vor allem die Staaten und besonders mächtige gesellschaftliche Akteure und Subjekte artikulieren. Sprachliche und mediale Barrieren führen dazu, dass nur sehr eingeschränkt ein Diskurs die supranationale Rechtsetzung begleitet. Für behinderte Menschen und ihre Verbände ist damit wiederum zunächst ein Defizit an Handlungsmöglichkeiten verbunden, das jedoch nicht unaufholbar sein muss.

12. Europäische Union

a) EWG: Ausgesuchte soziale Handlungsfelder

Die europäische Integration in der Europäischen Wirtschaftsgemeinschaft seit den Römischen Verträgen von 1957 beließ die Verantwortung für Sozialpolitik und Sozialgestaltung zunächst weitgehend auf der nationalen Ebene. Im EWG-Vertrag

---

570 Kingreen (2003), S. 150.
571 Zacher in: HStR II, 3.A. (2004), § 28 RN 108; Zacher in: BMA (2001), S. 416; vgl. auch Benda in: HVerfR, 2.A. (1995), § 17 RN 174; Zacher, AöR 93 (1968), S. 341.
572 H. Fuchs, SozSich 2002, S. 429 ff.; Zacher in: BMA (2001), S. 588; Welti, SF 2001, S. 69, 77 f.; Mishra (1999), S. 95 ff.
573 Zacher in: BMA (2001), S. 592.
574 Vgl. unten III.A.12., III.A.13., III.B.9., III.B.10.

vorgesehen waren zunächst ein europäischer Sozialfonds[575], die Lohngleichheit
von Männern und Frauen[576] und die Koordinierung der sozialen Sicherheit[577]. In
der VO Nr. 3 von 1958[578] und daran anschließend den Verordnungen über die Arbeitnehmerfreizügigkeit (1612/68)[579] und die Koordinierung des sozialen Schutzes
der Wanderarbeitnehmer (1408/71)[580] wurden dabei zunächst nur die Gleichheit
der Arbeitsbedingen und die auf das Arbeitsverhältnis bezogenen Sicherungen bei
Invalidität und zur Erhaltung und Besserung der Erwerbsfähigkeit[581] und bei
Krankheit[582] erfasst. Damit blieben viele soziale Leistungen für behinderte Menschen von der Koordinierung ausgeschlossen. Personen, die dauerhaft für ihren
Lebensunterhalt auf Sozialleistungen angewiesen sind, sind weiterhin von der europäischen Freizügigkeit ausgeschlossen[583]. Geschützt wurden jedoch auch behinderte Familienangehörige von Arbeitnehmern[584]. Grundsätzlich ist die Sozialpolitik in der Europäischen Gemeinschaft Sache der Mitgliedstaaten geblieben. Angestrebt wurde Koordinierung, nicht Harmonisierung, wenn auch Konvergenz nicht
ausgeschlossen wurde[585].

1969 ergriff der Rat der Europäischen Gemeinschaften unter ausdrücklichem
Hinweis auf den Arbeitskräftemangel erstmalig die Initiative für ein Aktionsprogramm zur Eingliederung Behinderter. 1974 wurde das erste gemeinschaftliche Aktionsprogramm zur beruflichen Rehabilitation beschlossen und zugleich die Beteiligung des Europäischen Sozialfonds an Maßnahmen zugunsten von Behinderten
geregelt[586].

b) Europäische Sozialcharta des Europarats

Erste europäische Bemühungen um Koordination auf dem Gebiet der Rehabilitation erfolgten in der Westeuropäischen Union (WEU), in deren Rahmen 1948 bis

---

[575] Art. 123–128 EGV; Art. III-198, III-199, III-191, III-200, III-203 bis III-206 EVV.

[576] Art. 119 EGV a. F.; Art. 141 EGV n. F.; Art. III-214 EVV.

[577] Art. 51 EGV a. F.; Art. 42 EGV n. F.; Art. III-136 EVV.

[578] VO Nr. 3 des Rates über die soziale Sicherheit der Wanderarbeitnehmer vom 25. September
1958, ABl. S. 581, ber. ABl. 1961, S. 831.

[579] ABl. EG L 257, S. 1 ff.

[580] ABl. EG L 149, S. 2 ff.; konsolidierte Fassung ABl. EG 1997 L 28, S. 4 ff.; zukünftig: RL
883/2004.

[581] Art. 4 Abs. 1 lit. b VO und Art. 10a Abs. 4 EWG 1408/71; Schulte in: von Maydell/Pit-
schas/Schulte (2003), S. 479, 492 ff.

[582] Art. 4 Abs. 1 lit. a VO und Art. 22 EWG 1408/71; vgl. Schulte in: von Maydell/Pitschas/
Schulte (2003), S. 479, 492; EuGH vom 28. Mai 1974, Rs 187/73 (Callemeyn), Slg. 560.

[583] Vgl. insbesondere EuGH vom 31. Mai 1989, Rs. 344/87 (Bettray), Slg. 1642, Ziffer 20:
„Somit ist auf die Frage des vorlegenden Gerichts zu antworten, dass Artikel 48 Absatz 1 EG-Vertrag dahin auszulegen ist, dass ein Staatsangehöriger eines Mitgliedstaats, der in einem anderen
Mitgliedstaat im Rahmen einer Regelung (...), wonach die ausgeübten Tätigkeiten nur der Rehabilitation (...) dienen, beschäftigt ist, nicht allein deswegen als Arbeitnehmer im Sinne des Gemeinschaftsrechts anerkannt werden kann."

[584] EuGH vom 16. Dezember 1976, Rs. 63/76 (Inzirillo), Slg. 2069; EuGH vom 11. April 1973,
Rs 76/72 (Michel S), Slg. 465.

[585] Vgl. Kingreen (2003), S. 286 f.

[586] Beschlüsse vom 27. Juni 1974, vg. Grupp, BArbBl. 1974, 613 ff.; Haines in: von Maydell/
Pitschas/Schulte (2003), S. 443, 446 f.

1955 zahlreiche Empfehlungen an die Mitgliedstaaten im *Joint Comittee on the Rehabilitation and Resettlement of the Disabled* beschlossen wurden[587]. Die sozialpolitischen Aufgaben der WEU wurden 1960 auf den Europarat übertragen[588].

Normen einer europäischen Sozialstaatlichkeit im Sinne von Mindeststandards wurden zunächst vor allem in der außerhalb der EWG unter dem Dach des Europarates konstituierten Europäischen Sozialcharta von 1961 vereinbart. Die Bundesrepublik Deutschland ist der Europäischen Sozialcharta mit Wirkung vom 26. Februar 1965 beigetreten. Darin haben sich die Vertragsstaaten verpflichtet, die wirksame Ausübung des Rechts der körperlich und geistig Behinderten auf Berufsausbildung, Eingliederung und Wiedereingliederung zu gewährleisten und hierzu geeignete Maßnahmen für die Bereitstellung von Ausbildungsmöglichkeiten zu ergreifen und geeignete Vorkehrungen für die Einstellung von Behinderten auf Arbeitsplätzen zu treffen[589].

Die Europäische Sozialcharta ist ein multilateraler völkerrechtlicher Vertrag, dessen Einhaltung vom Europarat kontrolliert wird. Da alle Mitglieder der Europäischen Gemeinschaft bzw. Union auch Mitglieder des Europarats sind, hat die Sozialcharta ähnlich wie die Europäische Menschenrechtskonvention Einfluss auf die Herausbildung europäischer Standards und gemeinsamer Rechtsüberzeugungen gehabt. Die Mitgliedschaft im Europarat ist bei den Erweiterungen der Gemeinschaft jeweils dem Beitritt zu ihr vorausgegangen, so dass auch die Sozialcharta bereits im Vorgriff Bedeutung für die Vereinheitlichung der grundsätzlichen Ziele der europäischen Sozialpolitik hatte. Der Europarat hat auch mit seinen Entschließungen über eine kohärente Politik für behinderte Menschen von 1984 und 1992 und weiteren Initiativen zur Integration und Teilhabe eine Vorreiterrolle für die Formulierung einer europaweiten Politik zur Rehabilitation und Teilhabe behinderter Menschen eingenommen[590]. Die Wechselwirkung zwischen Sozialcharta und Gemeinschaftsrecht wurde durch Bezugnahme im EGV mit dem Amsterdamer Vertrag mit normativer Bedeutung dokumentiert[591].

c) Erweiterung der europäischen sozialen Kompetenzen seit 1987

Mit der Einheitlichen Europäischen Akte von 1986 wurden sozialpolitische Kompetenzen der EG für harmonisierende Vorschriften, für den Arbeitsschutz, den Dialog der Sozialpartner und einen Ausbau der Sozialfonds aufgenommen[592]. Die

---

[587] Scharmann, BArbBl 1956, S. 175, 176.
[588] Vgl. die Wiederveröffentlichung in Beilage BArbBl. 5/1970.
[589] Art. 15 Europäische Sozialcharta vom 18. Oktober 1961; durch Gesetz vom 19. September 1964 (BGBl. II S. 1261) am 26. Februar 1965 für die Bundesrepublik Deutschland in Kraft getreten.
[590] Vgl. BT-Drucks. 15/4575, S. 176 f.; Haines in: von Maydell/Pitschas/Schulte (2003), S. 443, 446.
[591] Art. 136 Abs. 1 EGV; Art. III-209 EVV.
[592] Art. 100a, 118a, 118b, 123–125, 130 a–e EGV; Kingreen (2003), S. 291; U. Becker, ZSR 2003, S. 355 ff.; Steinmeyer in: Hanau/Steinmeyer/Wank (2002), § 11, Rz 27 ff.; Zacher in: BMA (2001), S. 585 f.; Neuner (1999), S. 198; zum Arbeitsschutz vgl. RL 89/391/EWG des Rates vom 12. Juni 1989 über die Durchführung von Maßnahmen zur Verbesserung der Sicherheit und des Gesundheitsschutzes der Arbeitnehmer bei der Arbeit, ABl. L 183 vom 29. Juni 1989, S. 1 ff.

HELIOS-Programme seit 1988 sollten eine weitere Koordination der Rehabilitation fördern[593]. In einer Situation politischer Uneinigkeit deklarierten die Staats- und Regierungschefs der Mitgliedstaaten 1989 gegen den Willen der britischen Regierung die Gemeinschaftscharta der sozialen Grundrechte der Arbeitnehmer[594], die auch folgende, über den Schutz der Arbeitnehmer hinausweisende, Bestimmung beinhaltete:

„Alle Behinderten müssen unabhängig von der Ursache und Art ihrer Behinderung konkrete ergänzende Maßnahmen, die ihre berufliche und soziale Eingliederung fördern, in Anspruch nehmen können. Diese Maßnahmen zur Verbesserung der Lebensbedingungen müssen sich je nach den Fähigkeiten der Betreffenden auf berufliche Bildung, Ergonomie, Mobilität, Verkehrsmittel und Wohnung erstrecken."[595]

Erst mit dem Maastrichter Vertrag von 1992[596] hat sich die Gemeinschaft mit Art. 2 EGV eine sozialstaatliche Zielbeschreibung gegeben, die eine harmonische und ausgewogene Entwicklung des Wirtschaftslebens, ein beständiges, nicht-inflationäres und umweltverträgliches Wachstum, einen hohen Grad an Konvergenz der Wirtschaftsleistungen, ein hohes Maß an sozialem Schutz, die Gleichstellung von Männern und Frauen, die Hebung der Lebenshaltung und Lebensqualität und den wirtschaftlichen und sozialen Zusammenhalt sowie die Solidarität zwischen den Mitgliedstaaten umfasst. Die Norm kann zwar als gemeinschaftliches Sozialstaatsprinzip interpretiert werden[597], richtet sich jedoch allein an die Gemeinschaftsorgane selbst und beinhaltet darum keine zusätzliche Bindung der Mitgliedstaaten[598].

Die Durchsetzung des Binnenmarkts in Folge der Einheitlichen Europäischen Akte beeinflusste auch die Möglichkeiten, Gesundheitsleistungen als innerhalb der Gemeinschaft zu erbringen. Sie unterliegen der Dienstleistungsfreiheit als einer der Grundfreiheiten des Europäischen Rechts. So wurde die Beschränkung von Ansprüchen auf soziale Gesundheitsleistungen auf eine Erbringung im Inland von einer Rechtfertigung abhängig gemacht, die der EuGH bei Hilfsmitteln[599] oder Heilkuren[600] nicht erkennen konnte. Für stationäre Krankenhausleistungen können Aspekte der Planung zur Rechtfertigung herangezogen werden[601]. Die stärkere Integration der Leistungserbringung auch von Rehabilitation und Teilhabeleistungen erleichtert behinderten Menschen und den Leistungserbringern der Re-

---

[593] Haines in: von Maydell/Pitschas/Schulte (2003), S. 443, 447.

[594] Gemeinschaftscharta der sozialen Grundrechte der Arbeitnehmer vom 9. Dezember 1989, KOM (89), 248; vgl. Hoffmeister in: V. Neumann (2004), § 3 RN 11; Herdegen, VSSR 1992, S. 245, 255.

[595] Ziffer 26.

[596] Vertrag vom 7. Februar 1992 über die Europäische Union; dazu Gesetz vom 28. Dezember 1992, BGBl. II, 1251; dazu BVerfG vom 12. Oktober 1993, BVerfGE 89, 155 ff.

[597] Hatje in: Schwarze, Rz 17 zu Art. 2 EGV; auch Zacher in: HStR II, 3.A. (2004), § 28 RN 150.

[598] Kingreen (2003), S. 421 f.

[599] EuGH Slg. 1998, I-1931 (Kohll).

[600] EuGH vom 18. März 2004 (Leichtle) zu einer Heilkur nach deutschem Beamtenrecht; mit Anm. Kingreen in: JZ 2005, S. 28 ff.; mit Anm. Hänlein in: ZESAR 2004, S. 334 ff.; dazu: U. Becker, DRV 2004, S. 659, 672.

[601] EuGH Slg. 2001, 5473 (Smits und Peerbooms).

habilitation die Mobilität innerhalb Europas. Dies wird auch im SGB IX reflektiert[602].

Eine stärkere Fundierung sozialer Staatstätigkeit der Gemeinschaft und aller ihrer Mitgliedstaaten im europäischen Verfassungsverbund kann in der in Art. 17 EGV (Art. I-10 EVV) verankerten Unionsbürgerschaft erkannt werden[603]. Sie ist auch vom Europäischen Gerichtshof in Entscheidungen herangezogen worden, die sich auf soziale Leistungen außerhalb der von der Marktintegration geforderten Arbeitnehmerfreizügigkeit bezogen[604]. Die Unionsbürgerschaft kann so in eine enge Verbindung zur Kategorie der Sozialbürgerschaft gebracht werden. Sie begründet das Recht auf Aufenthalt und Erwerbsausübung innerhalb der Europäischen Union und kann damit zur Grundlage des diskriminierungsfreien Genusses sozialer Rechte werden[605]. Ob dies auch behinderten und nicht erwerbsfähigen Bürgerinnen und Bürgern in vollem Umfang zu Gute kommt, ist noch nicht entschieden. Einen wichtigen Schritt auf dem Wege zu einer Unionsbürgerschaft, die sich nicht auf Marktfreiheiten beschränkt, ist die Charta der Grundrechte[606].

In der Anerkennung der Dienste von allgemeinem wirtschaftlichen Interesse in Art. 16 EGV (Art. III-122 EVV) und ihrer besondere Behandlung vor den Regeln des Europäischen Markt- und Wettbewerbsrechts[607] ist die Erkenntnis aufgehoben, dass die soziale Staatstätigkeit besonderer Mittel bedarf, um ihrer gestaltenden Aufgabe gerecht werden zu können. Dabei erkennt etwa die Europäische Kommission an, dass diese Dienstleistungen, im deutschen Sprachgebrauch Daseinsvorsorge, zum Kern eines europäischen Gesellschaftsmodells gehören[608].

d) Explizite Europäische Behindertenpolitik seit 1997

1997 wurde im Amsterdamer Vertrag die Kompetenz zu Maßnahmen gegen Diskriminierung wegen einer Behinderung in Art. 13 EGV aufgenommen[609]. Zugleich erhielt die Gemeinschaft neue sozialpolitische Kompetenzen[610], die sich insbesondere auf den Arbeitsmarkt bezogen und hier auch die Zusammenarbeit zur berufli-

---

[602] § 18 SGB IX.

[603] Ausführlich: Kingreen (2003), S. 425 ff.

[604] EuGHE 1998, 2691, 2719 ff. (Martinez Sala), zum deutschen Erziehungsgeldrecht; EuGHE 2001, S. 6193, 6242 (Grzelczyk), zu einer belgischen Sozialhilfe für Studierende; vgl. Kingreen (2003), S. 416 f.; Kadelbach in: von Bogdandy (2003), S. 540, 63 f.

[605] Eichenhofer, ZIAS 2003, S. 404, 416: Unionsbürgerschaft als Bedingung der Möglichkeit zur Begründung einer Sozialbürgerschaft.

[606] Bieback, ZfSH/SGB 2003, S. 579, 586.

[607] Art. 86 Abs. 2 EGV; Art. III-166 EVV.

[608] Vgl. das Weißbuch zu Dienstleistungen von allgemeinem Interesse, KOM (2004) 374 vom 12. Mai 2004; Kingreen (2003), S. 119, 428 ff.

[609] Zacher in: HStR II, 3.A. (2004), § 28 RN 152 stuft das Diskriminierungsverbot als intensive Sozialschutznorm ein; Zu der Frage, ob solche Maßnahmen auf eine der zuvor geltenden Vertragsbestimmungen hätten gestützt werden können: Waddington (1995), S. 186 ff.; vgl. unten IV.B.4.c.(1),

[610] Art. 136–145 EGV; Art. III-209 bis III-218 EVV; Kingreen (2003), S. 292; Bieback, ZfSH/SGB 2003, S. 579, 580.

chen Eingliederung der aus dem Arbeitsmarkt ausgegrenzten Personen umfassten[611]. Durch den Rückbezug auf die Europäische Sozialcharta und die Gemeinschaftscharta der sozialen Grundrechte[612] wurden diese in die Gemeinschaftsrechtsordnung integriert und die dort enthaltenen Vorschriften über behinderte Menschen für die Sozialvorschriften des EGV relevant[613].

Im Vertrag von Nizza 2000 wurde das Diskriminierungsverbot weiter konkretisiert[614]. Mit der Richtlinie 2000/78 über die Diskriminierung im Arbeitsverhältnis[615] befasste sich erstmals eine Gemeinschaftsrichtlinie zentral auch mit der Gleichstellung und Teilhabe behinderter Menschen. Zugleich wurde ein Aktionsprogramm der Gemeinschaft zur Bekämpfung von Diskriminierungen für die Jahre 2001 bis 2006 gestartet[616]. Im Rahmen einer von der Kommission formulierten Strategie werden behinderte Menschen in die Formulierung der Politik einbezogen und ihre Interessen werden auch bei allgemeinen Politikzielen berücksichtigt[617]. Die Kommission hat 2003 einen Europäischen Aktionsplan für Chancengleichheit für Menschen mit Behinderungen[618] und 2004 ein Grünbuch zur Gleichstellung sowie Bekämpfung von Diskriminierungen in einer erweiterten Europäischen Union[619] vorgelegt. Darin wird ein umfassender Diskussionsprozess vorgeschlagen, der als Herausforderungen für die Zukunft die mit der EU-Erweiterung zusammenhängenden Probleme, die Umsetzung des rechtlichen Rahmens, die Verbesserung der Datensammlung, Überwachung und Analyse, praktische Maßnahmen, die Zusammenarbeit mit betroffenen Akteuren und die Einbeziehung des Diskriminierungsverbots in neue Politikbereiche benennt[620]. Die Kommission führt aus, dass ein rechtsbezogener Ansatz in der Behindertenthematik in vielen neuen Mitgliedstaaten sowohl für die staatlichen Stellen als auch für die Nichtregierungsorganisationen immer noch ein relativ neues Konzept ist[621].

Im Jahre 2000 sind mit der Strategie von Lissabon und im Rahmen des Vertrages von Nizza auch erstmals gemeinsame sozialpolitische Ziele formuliert worden. An zentraler Stelle fungiert dabei die Erhöhung der effektiven Beschäftigung in Europa. Dabei ist in den beschäftigungspolitischen Leitlinien auch die stärkere Beschäftigung behinderter, älterer und gesundheitlich eingeschränkter Personen als

---

[611] Art. 137 Abs. 1 lit. h EGV; Art. III-210 EVV; vgl. Oppermann, ZESAR 2004, S. 284, 285 f.

[612] Art. 136 Satz 1 EGV; Art. III-209 EVV; vgl. Oppermann, ZESAR 2004, S. 284, 286.

[613] Vgl. Hoffmeister in: V. Neumann (2004), § 3, Rz 12.

[614] Vgl. Art. 13 Abs. 2 EGV; Art. III-124 EVV.

[615] Vgl. unten IV.B.4.c.(4).

[616] ABl. EG Nr. L 303 vom 2.12.2000, S. 16; Finanzausstattung: 98 Mio €; vgl. Oppermann, ZESAR 2004, S. 284 ff.; Haines in: von Maydell/Pitschas/Schulte (2003), S. 443, 449; Schulte in: von Maydell/Pitschas/Schulte (2003), S. 479, 486.

[617] Dies beruht bereits auf einer dem Amsterdamer Vertrag beigefügten „Erklärung zu Personen mit Behinderung", Pkt. III. Erklärung Nr. 22 der Schlussakte; vgl. Hoffmeister in: V. Neumann (2004), § 3 Rz 9; Haines in: von Maydell/Pitschas/Schulte (2003), S. 443, 449; Schulte in: Ekonomi/von Maydell/Hänlein (2003), S. 139, 156 f.

[618] KOM(2003) 650 vom 30. Oktober 2003; vgl. BT-Drucks. 15/4575, S. 174.

[619] KOM(2004) 379; BR-Drucks. 501/04 vom 11. Juni 2004.

[620] BR-Drucks. 501/04, S. 15 ff.

[621] BR-Drucks. 501/04, S. 16.

ausdrückliches gemeinsames Ziel formuliert worden[622]. Damit ist an die in ganz Europa geführte Diskussion und hier insbesondere das Leitbild der aktivierenden Sozialpolitik angeknüpft worden, wie es von *Anthony Giddens*[623] formuliert worden ist. Der Grundsatz, durch sozialpolitische Maßnahmen Personen für Erwerbsarbeit und ein eigenständiges Leben zu aktivieren, kann nahtlos an die Traditionen und Normen der Rehabilitation in Deutschland anknüpfen. Es besteht jedoch die Gefahr, dass dabei diejenigen behinderten Menschen vernachlässigt werden, die nicht zur Erwerbsarbeit aktiviert werden können oder bei denen auf Grund der Arbeitsmarktlage die Aktivierung nicht zum erwünschten Ergebnis führt.

e) Charta der Grundrechte und Europäischer Verfassungsvertrag

Die Charta der Grundrechte der Europäischen Union wurde vom Europäischen Rat 2000 in Nizza proklamiert[624]. Sie ist als Teil II in den Vertrag über eine Verfassung für Europa[625] aufgenommen worden[626]. Die Charta der Grundrechte der Europäischen Union hat vor Inkrafttreten der Europäischen Verfassung keinen Vertragscharakter und ist damit kein bindender Bestandteil der Europäischen Rechtsordnung[627]. Dies wäre gerade im Bereich auch sozial wirkender Grundrechte schon deshalb ausgeschlossen, weil für die sich daraus ergebenden Belastungen nicht die rechtsstaatlichen Voraussetzungen erfüllt sind[628].

Die Charta soll die Organe und Einrichtungen der Union und die Mitgliedstaaten ausschließlich bei der Durchführung des Rechts der Union binden[629]. Die Charta kann in diesem Anwendungsbereich als politische Willenserklärung des Europäischen Rates zur Auslegung der Verträge herangezogen werden[630], zumal die Union ausdrücklich die Grundrechte achtet, wie sie sich aus den gemeinsamen Verfassungsüberlieferungen der Mitgliedstaaten ergeben[631]. Die Charta der Grundrechte kann als Versuch gelten, diese gemeinsamen Verfassungsüberlieferungen in einem Dokument zusammenzufassen.

In der Charta der Grundrechte wird Behinderung in einem Diskriminierungsverbot im Kapitel „Gleichheit" genannt[632]. Dort wird auch gesondert ausgeführt, dass die Union den Anspruch von Menschen mit Behinderung auf Maßnahmen zur Gewährleistung ihrer Eigenständigkeit, ihrer sozialen und beruflichen Eingliede-

---

[622] Vgl. dazu das Grünbuch, BR-Drucks. 501/04, S. 12 ff. und den Aktionsplan, KOM (2003) 650, S. 17 ff.; bekräftigt in der Entschließung vom 15. Juli 2003, ABl. EG Nr. C 175, vgl. BT-Drucks. 15/4575, S. 171; BT-Drucks. 15/5015, S. 25 f.; vgl. auch Schiek, KJ 2003, S. 35, 36 f.

[623] Giddens (2001) erwähnt behinderte Menschen (S. 102, 122) im Kontext einer Verknüpfung zwischen Aktivierungsstrategie und Nichtdiskriminierungspolitik.

[624] ABl. Nr. C 364/1; vgl. Bieback, ZfSH/SGB 2003, S. 579, 582 ff.; A. Zimmermann (2002), S. 13 ff.; vgl. unten IV.B.4.c.(2).

[625] 2003/C 169/01.

[626] Zu einer Inkorporation in die Verträge bereits A. Zimmermann (2002), S. 44 ff.

[627] A. Zimmermann (2002), S. 16 ff.

[628] A. Zimmermann (2002), S. 19 f.

[629] Art. 51 ChGREU; Art. II-111 EVV; vgl. A. Zimmermann (2002), S. 21 f. auch zu der hier schwierigen Differenzierung zwischen Union und Gemeinschaft.

[630] Vgl. das Grünbuch der Kommission, BR-Drucks. 501/04, S. 12.

[631] Art. 6 Abs. 2 EUV; Art. I-9 EVV; vgl. A. Zimmermann (2002), S. 11.

[632] Art. 21 Abs. 1 ChGREU; Art. II-81 EVV.

rung und ihrer Teilnahme am Leben in der Gemeinschaft achtet[633]. Im Kapitel „Solidarität" wird ausgeführt, dass die Union das Recht auf Zugang zu den Leistungen der sozialen Sicherheit und den sozialen Diensten achtet, die unter anderem in Fällen wie Krankheit, Arbeitsunfall und Pflegebedürftigkeit Schutz gewähren[634]. Ebenso wird das Recht jeder Person auf Gesundheitsvorsorge und ärztliche Versorgung genannt[635].

Die Charta der Grundrechte der Europäischen Union enthält für viele soziale Staatsziele und Rechte eine Formulierung, die das Verhältnis der Union zur Sozialstaatlichkeit ihrer Mitglieder verdeutlicht. Danach werden soziale Rechte und soziale Tätigkeit des Staates, darunter die Integration behinderter Menschen, von der Union anerkannt und geachtet[636]. Betrachtet man diese Formulierung genauer, so kann sich der zu Recht von *Andreas Zimmermann* angesprochene Widerspruch auflösen, dass die Charta auch Grundrechte anspricht, für deren Bereich sie keine Regelungskompetenz hat[637]. Die Charta verspricht dann nicht mehr, als die Union halten kann[638], wenn man in dieser Formulierung vor allem die Aussage sieht, dass Union (und Gemeinschaft) ihre Kompetenzen nicht gegen die mitgliedstaatliche Aktivität in diesen Bereichen ausüben sollen[639]. Man muss die Charta allerdings auch in solchen Bestimmungen entsprechend auslegen, die nach ihrer Formulierung ein *„Recht auf"* garantieren, obwohl dies nicht von der Gemeinschaftskompetenz umfasst ist, so beim Recht auf Zugang zur Gesundheitsvorsorge[640].

Ein solches Verständnis beruht darauf, dass Voraussetzung und Grundlage der Tätigkeit der Union und des europäischen Integrationsprozesses die mitgliedstaatliche soziale Staatstätigkeit ist. Dies entspricht dem bereits im EG-Vertrag angesprochenen Verhältnis der Gemeinschaft zu den Diensten von allgemeinem wirtschaftlichem Interesse. Die Gemeinschaft ist nicht selbst Trägerin dieser Dienste. Gemeinschaft und Mitgliedstaaten sind sich aber einig, dass sie einen hohen Stellenwert innerhalb der gemeinsamen Werte der Union einnehmen und darum durch ihre Tätigkeit nicht gefährdet werden dürfen. Die Union, die selbst als Staatenverbund kein umfassender Sozialstaat ist, bedarf zu ihrer Legitimität der Sozialstaatlichkeit ihrer Mitglieder. Sie besteht auf Grund von Voraussetzungen, die sie selbst nicht geschaffen hat. Ziel der Union muss es daher sein, diese Voraussetzungen zu sichern und zu erhalten. Aussage und Ziel der Europäischen Verträge in ihrer jetzt gefundenen Fassung und noch stärker nach dem Verfassungsentwurf ist, dass der Europäische Binnenmarkt die angestrebte ökonomische Dynamik entfalten kann,

---

[633] Art. 26 ChGREU; Art. II-86 EVV.

[634] Art. 34 Abs. 1 ChGREU; Art. II-94 Abs. 1 EVV.

[635] Art. 35 ChGREU; Art. II-95 EVV.

[636] Kritisch: Bieback, ZfSH/SGB 2003, S. 579, 583: *„sehr vage sprachliche Formulierung"*.

[637] A. Zimmermann (2002), S. 25 f.; vgl. auch Wank in: Hanau/Steinmeyer/Wank (2002), § 13, Rz 145; Weiss, ArbuR 2001, S. 374, 377.

[638] So die Kritik von A. Zimmermann (2002), S. 26.

[639] Zur Selbstbindung der europäischen Organe an die Charta: Alber, EuGRZ 2001, S. 349 ff.; vgl. Grabenwarter, DVBl. 2001, S. 1, 12.

[640] Art. 35 ChGREU und Art. 152 EGV; Art. II-95 und Art. III-278 EVV; angesprochen bei A. Zimmermann (2002), S. 26.

ohne die soziale Staatstätigkeit unmöglich zu machen. Es ist ein Weg angestrebt, in dem sich auf einer neuen Entwicklungsstufe ökonomische und soziale Integration der Gesellschaften und die politische Integration der Staaten nach innen wie in ihrem Verhältnis zueinander wechselseitig stützen.

Im Europäischen Verfassungsvertrag[641] ist als Aufgabe der Union festgeschrieben, soziale Ausgrenzung und Diskriminierungen zu bekämpfen, soziale Gerechtigkeit und sozialen Schutz sowie die Gleichstellung von Frauen und Männern, die Solidarität zwischen den Generationen und die Rechte des Kindes zu fördern[642]. Auch diese Formulierung macht deutlich, dass die Union weiter vor allem im Bereich der Gleichheitsrechte selbst aktiv werden soll, während sie weitere zentrale sozialstaatliche Ziele zwar „fördert", aber nicht selbst gewährleistet. Die Bekämpfung von Diskriminierungen nach den bereits heute in Art. 13 EGV genannten Merkmalen soll bei der Festlegung und Durchführung der Politik und der Maßnahmen in allen Arbeitsbereichen der Union berücksichtigt werden[643]. Damit ist auch die Bekämpfung von Diskriminierungen wegen einer Behinderung als künftige Querschnittsaufgabe der Union hervorgehoben worden.

f) Verantwortung für behinderte Menschen als gemeineuropäische Verfassungsnorm

In den Staaten der Europäischen Union bestehen ganz überwiegend Verfassungsvorschriften, die eine allgemeine Sozialverantwortung des Staates[644] oder eine besondere Verantwortung für behinderte Menschen[645], ihre Rehabilitation[646], ihre

---

[641] BT-Drucks. 15/4900.

[642] Art. I-3 Abs. 3 EVV vgl. unten IV.B.4.c.(3).

[643] Art. III-118 EVV.

[644] Art. 1 der Verfassung des Königreiches Spanien; I § 2 der Verfassung des Königreiches Schweden; § 19 von Finnlands Grundgesetz; Art. 45 der Verfassung der Republik Irland; Art. 19 und 20 der Verfassung des Königreichs der Niederlande; Art. 23 der koordinierten Verfassung Belgiens; Art. 11 Satz 3 und 4 der Verfassung des Großherzogtums Luxemburg.

[645] Art. 21 Abs. 2 der Verfassung der Republik Griechenland: „(..) *Versehrte aus Krieg und Frieden (..) sowie die an unheilbaren körperlichen oder geistigen Krankheiten Leidenden haben Anspruch auf die besondere Fürsorge des Staates*"; Art. 63 Abs. 3 der Verfassung der Republik Portugal (Schutz bei Invalidität); Art. 49 der Verfassung des Königreichs Spanien: „*Die öffentliche Gewalt betreibt eine Politik der Vorsorge, Behandlung, Rehabilitation und Eingliederung der körperlich und geistig Behinderten, denen sie die besondere Aufmerksamkeit zuwendet, derer sie bedürfen. Sie gewährt ihnen besonderen Schutz bei der Inanspruchnahme der Rechte, die dieser Titel allen Bürgern gewährt.*"; Art. 38 Satz 1 und 2 der Verfassung der Republik Italien beziehen sich auf Unterhalt für Arbeitsunfähige und Schutz gegen Invalidität; Art. 28 Abs. 2 der Verfassung von Estland; Art. 45 Abs. 4 Nr. 1 der Verfassung der Republik Irland nennt den Unterhalt der Kranken; vgl. Beaucamp, ZfSH/SGB 2002, S. 201 ff.; Buch (2001), S. 19; Herdegen, VSSR 1992, S. 245, 252.; zur Rehabilitation in Spanien vgl. Lewerenz/Köhler, DAngVers 2001, S. 83 ff.

[646] Art. 71 Abs. 2 der Verfassung der Republik Portugal: „*Der Staat verpflichtet sich, auf nationaler Ebene eine Politik der Vorsorge und Behandlung, der Rehabilitation und Resozialisierung von Behinderten zu verfolgen, sowie eine Pädagogik der Bewusstseinsbildung der Gesellschaft zu entfalten, hinsichtlich des Erkennens und der Pflicht, Behinderte zu achten und sich mit ihnen solidarisch zu fühlen und unbeschadet der Rechte und Pflichten der Eltern oder Vormünder, die Aufgabe zu übernehmen, Rechte der Behinderten wirksam durchzusetzen.*"; vgl. Buch (2001), S. 19; Art. 38 Abs. 2 der Verfassung der Slowakei; Art. 52 Abs. 1 der Verfassung von Slowenien.

Bildung[647] oder für das Gesundheitswesen[648] beinhalten. Besondere Gleichheits-normen für behinderte Menschen sind in den Verfassungen von Portugal[649], Finn-land[650], Österreich[651] und der Schweiz[652] verankert. Damit können die soziale Ver-antwortung des Staates und die besondere Verantwortung für behinderte Men-schen als Bestandteile gemeinsamer europäischer Verfassungsgrundsätze gelten.

g) Staat und Gesellschaft auf europäischer Ebene

Das Wechselspiel zwischen Staat und Gesellschaft auf der europäischen Ebene bleibt aber defizitär, weil dort weder ein voll ausgeprägter Staat noch eine umfas-send funktionierende und in Diskursen agierende Gesellschaft bestehen. Hier-durch sind der demokratischen europäischen Integration Grenzen gesetzt[653]. Der europäische Rechts- und Verfassungsverbund bleibt so vor allem auf bürokratische und ökonomische Handlungsebenen beschränkt. Damit werden vor allem die Inte-ressen besonders finanz- und organisationsstarker Akteure wahrgenommen[654]. In der Europäisierung von sozialen Bewegungen einschließlich der Verbände behin-derter Menschen, wie sie sich etwa in der Tätigkeit des Europäischen Behinderten-forums[655] und der Deklaration von Madrid gezeigt hat, ist jedoch eine Gegenten-denz erkennbar. In vielen Teilbereichen und so auch bei den Verbänden behinder-ter Menschen beginnt sich eine europäische Öffentlichkeit zu formieren.

h) Sozialstaatsvergleich und offene Koordinierung

In Politik, Wissenschaft und Gesellschaft wird zunehmend an Hand des Vergleichs der einzelnen Staats- und Gesellschaftsordnungen darüber diskutiert, welche Grundsätze und Institutionen für ein europäisches Modell von Staat und Gesell-schaft konstitutiv sind. Der Vergleich der sozialen Gesetzgebung und Politik, ihrer

---

[647] Art. 38 Satz 3 der Verfassung der Republik Italien bezieht sich auf „Arbeitsunfähige"; Art. 52 Abs. 2 der Verfassung von Slowenien.

[648] Art. 32 der Verfassung der Republik Italien; Art. 43 der Verfassung des Königreichs Spa-nien; Art. 22 Abs. 1 der Verfassung des Königreichs der Niederlande; zur Rehabilitation in den Niederlanden vgl. Lewerenz/Köhler, DAngVers 2001, S. 379 ff.

[649] Art. 71 Abs. 1 der Verfassung der Republik Portugal: *„Körperlich oder geistig behinderte Bürger haben uneingeschränkt alle in der Verfassung verankerten Rechte und Pflichten, mit Aus-nahme derer, zu deren Wahrnehmung und Erfüllung sie nicht imstande sind."*

[650] § 6 Satz 2 von Finnlands Grundgesetz vom 11. Juni 1999, in Kraft getreten am 1. März 2000.

[651] Art. 7 Abs. 1 Satz 3 und 4 des Bundesverfassungs-Gesetzes der Republik Österreich: *„Nie-mand darf wegen seiner Behinderung benachteiligt werden. Die Republik (Bund, Länder und Gemeinden) bekennt sich dazu, die Gleichbehandlung von behinderten und nichtbehinderten Menschen in allen Bereichen des täglichen Lebens zu gewährleisten."* Die Norm wurde mit Wir-kung vom 14. August 1997 eingefügt, vgl. dazu ausführlich und mit Vergleich zur deutschen Rechtslage: Davy in: FS Funk (2003), S. 63 ff.

[652] Art. 8 Abs. 2 BV: *„Niemand darf wegen (...) einer körperlichen, geistigen oder psychischen Behinderung diskriminiert werden."* Art. 8 Abs. 4 BV enthält ein Gleichstellungsgebot, vgl. Lan-dolt, ZIAS 2002, S. 22 ff.

[653] BVerfG vom 12. Oktober 1993, BVerfGE 89, 155, 186 (Maastricht) in Anknüpfung an Her-mann Heller.

[654] Dahrendorf (2003), S. 120 f.; Pierson/Leibfried in: Leibfried/Pierson (1998), S. 422, 439 ff.

[655] Haines in: von Maydell/Pitschas/Schulte (2003), S. 443, 451.

Ziele und Erfolge ist im Rahmen der offenen Methode der Koordinierung[656] institutionalisiert worden und im Rahmen von Wissenschaft und Politik eine eigene Triebkraft der Erkenntnis und der Formulierung von Ansprüchen und Forderungen der gesellschaftlichen Gruppen geworden. Theoretische Ansätze haben sich dabei vom Schwerpunkt des Vergleichens und Kategorisierens sozialer Staatstätigkeit zu einer Systematisierung mit dem Ziel von Konvergenz und von aus der Vielfalt entwickeltem Fortschritt entwickelt.

Gösta Esping-Andersen hatte diesem Ansatz wichtige Impulse gegeben und drei Modelle der Entwicklung des Sozialstaates in Europa unterschieden. Das liberale Modell, verwirklicht in Großbritannien und Irland, wurde gekennzeichnet durch Mindestsicherung, Markt- und Arbeitsorientierung, das konservative Modell (Frankreich und Deutschland) durch Lebensstandardsicherung, Arbeitsorientierung und Sozialversicherung und das sozialdemokratische Modell (Schweden und Dänemark) durch universellen Zugang und steuerliche Finanzierung.

Die Entwicklung und Kritik idealtypischer Klassifizierungen ermöglicht auch eine Zuordnung speziellerer Sozialpolitiken wie der Sicherungsinstrumente für behinderte Menschen[657]. Eine Untersuchung mit dieser Methode hat die Beschäftigungsraten und Armutsraten behinderter im Vergleich zu nichtbehinderten Menschen, den Zugang zu Assistenzdienstleistungen und Antidiskriminierung als Vergleichspunkte gewählt[658]. Danach ist für das britische Modell typisch die frühzeitige Entwicklung von Antidiskriminierungsvorschriften[659] bei prekärer Sicherung und niedriger Erwerbsbeteiligung im Übrigen[660]. Dem deutschen Modell entspricht die ausgebaute Rehabilitation und Förderung, insbesondere in der Sozialversicherung und durch Beschäftigungsquoten[661] bei defizitärem Zugang der außerhalb des Arbeitslebens stehenden Personen[662]. Die skandinavischen Länder gewährleisten am ehesten einen universellen Zugang behinderter Menschen zu Teilhabe und Rehabilitation durch Einkommensgarantien[663], Teilhabe am Arbeitsleben[664] und hochentwickelte Dienstleistungen[665]. In der europäischen Sozialpoli-

---

[656] Vgl. U. Becker, DRV 2004, S. 659 ff.; Oppermann, ZESAR 2004, S. 284, 288; Haines in: von Maydell/Pitschas/Schulte (2003), S. 443, 452; Schulte in: von Maydell/Pitschas/Schulte (2003), S. 479, 484.

[657] Vgl. Barnes (2000), S. 24 f.

[658] Barnes (2000), S. 31. In der Untersuchung werden Großbritannien, Schweden und Deutschland verglichen.

[659] Steinmeyer in: Hanau/Steinmeyer/Wank (2002), § 27 Rz 11; Barnes (2000), S. 44 f.; 106 f.

[660] Esping-Andersen, ZSR 2004, S. 189, 203; Barnes (2000), S.76 ff., 104 stellt ein deutlich höheres relatives Armutsrisiko behinderter Menschen in Großbritannien als in Schweden und Deutschland fest.

[661] Steinmeyer in: Hanau/Steinmeyer/Wank (2002), § 27 Rz 12; Barnes (2000), S. 61 ff.

[662] Esping-Andersen, ZSR 2004, S. 189, 203 f.

[663] Allerdings sind die Einkommensersatzleistungen in Schweden ebenso wie in Großbritannien und Deutschland für von Geburt an behinderte Menschen niedriger als für solche, die nach Arbeit behindert geworden sind, Barnes (2000), S. 97 ff.

[664] Barnes (2000), S. 103 ff.: 70 % Beschäftigungsquote behinderter Männer in Schweden, etwas über 50 % in Deutschland und unter 50 % in Großbritannien. Bei behinderten Frauen war die Beschäftigungsquote in Deutschland mit Abstand am niedrigsten.

[665] Esping-Andersen, ZSR 2004, S. 189, 200 f.; vgl. zur Rehabilitation in Schweden: Lewerenz, DAngVers 2003, S. 542 ff.; in Finnland: Lewerenz, DAngVers 2003, S. 439 ff.; Barnes (2000), S. 105.

tik erscheint eine Konvergenz von Instrumenten möglich, indem Elemente der Antidiskriminierung im Arbeitsleben, Sozialversicherung für Einkommensersatz und universellem Zugang zu finanzieller Mindestsicherung und sozialen Diensten kombiniert werden. Das deutsche System der Rehabilitation wird schon bald im Rahmen der offenen Methode der Koordinierung seinen Beitrag zu einer konvergenten Zielerreichung leisten[666].

13. Weltgemeinschaft

Eine rechtliche Weltgemeinschaft aller oder fast aller Staaten wird heute durch die allgemeinen Regeln des Völkerrechts und weltumspannende völkerrechtliche Verträge, insbesondere im Rahmen der Vereinten Nationen und ihrer Unterorganisationen, konstituiert. Diese internationalen Normen führen nicht zu einer weltweiten Staatlichkeit. Da sie regelmäßig nur die Staaten und nicht die einzelnen Rechtssubjekte binden können, Initiative und Beschluss bei den Regierungen der Staaten liegen und die einzelnen Gesellschaften und Ansätze einer internationalen Öffentlichkeit dabei nur wenige demokratische Einflussmöglichkeiten haben, ist eine globale Sozialstaatlichkeit noch allenfalls als Fernziel erkennbar.

a) Die Internationalen Organisationen

Die internationale Zusammenarbeit hat sich den sozialen Fragen nicht verschließen können. In Folge der Pariser Friedensverträge war 1919 die Internationale Arbeitsorganisation (ILO) gegründet worden, die seitdem in zahlreichen Vereinbarungen internationale Standards für das Arbeitsrecht und die soziale Sicherheit formuliert hatte. Die ILO beschloss schon 1944, noch ohne Deutschland[667], die *„Empfehlung zum Übergang vom Krieg zum Frieden"*, die einschloss, behinderten Arbeitskräften ohne Rücksicht auf die Herkunft der Behinderung die vollen Möglichkeiten der Rehabilitation, spezialisierte Beratung, Training und Wiederherstellung sowie sinnvolle Beschäftigung zur Verfügung zu stellen[668].

Nach dem zweiten Weltkrieg wurde die ILO zu einer Spezialorganisation der Vereinten Nationen, die eine Vielzahl von internationalen Abkommen und von Empfehlungen formuliert hat, die sich mit Fragen des Arbeitsrechts und der sozialen Sicherheit befassen, von denen etliche auch Bedeutung für behinderte Menschen haben. 1950 nahmen Bildung und Rehabilitation behinderter Menschen Raum in der Empfehlung der ILO zur beruflichen Bildung Erwachsener ein[669]. 1955 wurde eine Empfehlung betreffend die berufliche Rehabilitation der Behinderten ausgearbeitet[670]. Bedeutsam war das 1952 vorgelegte Übereinkommen über

---

[666] Igl, ZSR 2004, S. 365, 370.

[667] Das Deutsche Reich war 1933 aus der ILO ausgetreten.

[668] Employment (Transition from War to Peace) Recommendation No 71 of the International Labour Organisation, Lit X. 26 vom 12. Mai 1944.

[669] Recommendation concerning the Vocational Training of Adults including Disabled Persons No 88 of the International Labour Organisation vom 30. Juni 1950, Lit. V.

[670] Empfehlung Nr. 99 der 38. Internationalen Arbeitskonferenz, BArbBl. 1955, S. 668; BArbBl 1957, S. 623; vgl. Scharmann, BArbBl. 1956, S. 175, 176.

die Mindestnormen der sozialen Sicherheit[671], das auch Mindeststandards für die Leistungen zur Invalidität enthielt[672]. Diese sind durch das Übereinkommen über Leistungen bei Invalidität und Alter und an Hinterbliebene von 1967 ersetzt worden[673], in dem nicht nur die Gewährung von Geldleistungen bei Invalidität[674], sondern auch die Bereitstellung von Einrichtungen zur beruflichen Wiedereingliederung[675] angesprochen ist. Die Sicherung gegen Erwerbsunfähigkeit in Folge von Arbeitsunfall oder Berufskrankheiten ist im Übereinkommen von 1964 geregelt[676]. Die ILO hat 1983 ein Übereinkommen über die berufliche Rehabilitation und die Beschäftigung der Behinderten vorgelegt, dem die Bundesrepublik Deutschland beigetreten ist[677].

In der ILO sind Staaten, Arbeitgeberverbände und Gewerkschaften an der Beratung und Organisation beteiligt. Damit wird dem sozialen Gegenstand der Organisation Rechnung getragen. Auch in anderen Unterorganisationen der UNO sind soziale Fragen Hauptgegenstand der Arbeit. Von Bedeutung für behinderte Menschen sind dabei namentlich die Weltgesundheitsorganisation (WHO), die 1980 und 2001 Klassifikationswerke für Behinderungen vorgelegt hat, und die Organisation der Vereinten Nationen für Erziehung, Wissenschaft und Kultur (UNESCO), die sich auch mit Fragen der Erziehung und Bildung behinderter Kinder und Jugendlicher befasst. Ihre Arbeit hat Einfluss auf die nationale Gesetzgebung und die gesellschaftliche Diskussion namentlich in der Wissenschaft und den Verbänden gewonnen.

b) Menschenrechte

Die allgemeine Menschenrechtserklärung von 1948[678] konkretisierte das 1945 formulierte Ziel der Vereinten Nationen, eine internationale Zusammenarbeit herbeizuführen, um internationale Probleme wirtschaftlicher, sozialer, kultureller und humanitärer Art zu lösen und die Achtung vor den Menschenrechten und Grundfreiheiten aller ohne Unterschied der Rasse, des Geschlechts, der Sprache oder der Religion zu fördern und zu festigen[679]. Die Menschenrechtserklärung zeigt den Anspruch, die Zusammenarbeit der Staaten grundsätzlich in den Dienst der Lebensinteressen aller zu stellen[680]. In der Allgemeinen Menschenrechtserklärung

---

[671] Übereinkommen Nr. 102 über die Mindestnormen der Sozialen Sicherheit vom 28. Juni 1952, BGBl. II S. 1231.

[672] Art. 53–58 ILO-Übereinkommen Nr. 102.

[673] Übereinkommen Nr. 128 über Leistungen bei Invalidität und Alter und an Hinterbliebene vom 29. Juni 1967, BGBl. II 1970, S. 813.

[674] Art. 10 Übereinkommen Nr. 128.

[675] Art. 13 Übereinkommen Nr. 128.

[676] Übereinkommen Nr. 121 der Internationalen Arbeitsorganisation vom 8. Juli 1964 über Leistungen bei Arbeitsunfällen und Berufskrankheiten, BGBl. II 1971, S. 1169; hier: Art. 14 (Geldleistungen), Art. 26 Nr. 1b (Berufliche Wiedereingliederung).

[677] Übereinkommen Nr. 159 der ILO, in Deutschland übernommen durch Gesetz vom 9. Januar 1989, BGBl. II, S. 2; Empfehlung Nr. 168; vgl. Herdegen, VSSR 1992, S. 245, 254 f.

[678] Vgl. Neuner (1999), S. 75.

[679] Art. 1 Nr. 3 UN-Charta.

[680] Allgemeine Erklärung der Menschenrechte, verkündet von der Generalversammlung der Vereinten Nationen am 10. Dezember 1948, Präambel: „...*da die Völker der Vereinten Nationen in*

wurden die Rechte auf soziale Sicherheit[681], auf Arbeit und Schutz gegen Arbeitslosigkeit[682] und auf die notwendigen Leistungen der sozialen Fürsorge sowie auf Sicherheit im Falle von Arbeitslosigkeit, Krankheit, Invalidität, Verwitwung, Alter oder von anderweitigem Verlust der Unterhaltsmittel durch unverschuldete Umstände[683] erwähnt.

In Deutschland enthält das Grundgesetz an prominenter Stelle (Art. 1 Abs. 2 GG) ein Bekenntnis zu den unverletzlichen und unveräußerlichen Menschenrechten als Grundlage jeder menschlichen Gemeinschaft, des Friedens und der Gerechtigkeit. Dieses 1949 abgegebene Bekenntnis muss im konkreten Bezug zur Allgemeinen Menschenrechtserklärung und den darin enthaltenen sozialen Menschenrechten gesehen werden[684].

Die Menschenrechtserklärung blieb zwar politische Deklaration ohne unmittelbare völkerrechtliche Wirksamkeit, erlangte jedoch Bedeutung für die internationale Zusammenarbeit auf wirtschaftlichem und sozialem Gebiet[685]. Der Wirtschafts- und Sozialrat der UN hat hierzu die UN-Menschenrechtskommission eingesetzt. Der internationale Pakt über wirtschaftliche, soziale und kulturelle Rechte von 1966[686], dem auch die Bundesrepublik Deutschland und die DDR 1973 beigetreten sind, trug dann der auch international geführten Diskussion über soziale Grund- und Menschenrechte Rechnung. Er beinhaltet insbesondere das Recht auf Arbeit[687], das Recht eines jeden auf ein Höchstmaß an körperlicher und geistiger Gesundheit[688] und das Recht auf Bildung[689]. 1994 wurde von dem diesem Pakt zugeordneten Komitee ein General Comment zur Lage behinderter Menschen beschlossen[690]. Durch Berichterstattung und Austausch der Staaten kann der Pakt durchaus initiierende Wirkung für soziale Staatstätigkeit auch für behinderte Menschen haben. In der Praxis ist der Internationale Pakt jedoch noch kein Instrument, mit dem eine rasche Durchsetzung oder Annäherung der darin enthaltenen Grundsätze erreicht werden könnte[691].

Die Generalversammlung der UNO beschloss im Jahre 1971 die „Deklaration zu den Rechten geistig Zurückgebliebener"[692] und 1975 die Deklaration zu den

---

der Satzung ihren Glauben an die grundlegenden Menschenrechte, an die Würde und Wert der menschlichen Person und an die Gleichberechtigung von Mann und Frau erneut bekräftigt haben und beschlossen haben, den sozialen Fortschritt und bessere Lebensbedingungen bei größerer Freiheit zu fördern (...), verkündet die Generalversammlung die vorliegende Allgemeine Erklärung der Menschenrechte (...)."

681 Art. 22 AEMR; vgl. zu den sozialen Rechten in der AEMR: Kempfler, JA 2004, S. 577, 580.
682 Art. 23 AEMR.
683 Art. 25 Abs. 1 AEMR; vgl. Neuner (1999), S. 100.
684 Neuner (1999), S. 130.
685 Art. 55–72 UN-Charta.
686 Internationaler Pakt über wirtschaftliche, soziale und kulturelle Rechte vom 19. Dezember 1966, BGBl. 1973 II, S. 1570, ratifiziert von 145 Staaten, vgl. Quinn/Degener (2002), S. 53 ff.; Neuner (1999), S. 76 f.; vgl. unten IV.B.4.e.
687 Art. 6 Abs. 1 IPWSKR.
688 Art. 12 IPWSKR.
689 Art. 13 IPWSKR.
690 General Comment No 5, vgl. Quinn/Degener (2002), S. 56 f.
691 F.-X. Kaufmann (2003), S. 40; Mishra (1999), S. 125.
692 GA/Res. 2586 (XXVI) vom 20. Dezember 1971, vgl. Köhler (1987), S. 635 ff.

Rechten Behinderter[693]. Das Jahr 1981 wurde zum Internationalen Jahr der Behinderten unter dem Motto „*Teilhabe für alle*" proklamiert[694]. Im Übereinkommen der Vereinten Nationen über die Rechte des Kindes von 1989 sind die Rechte behinderter Kinder und der für ihre Betreuung verantwortlichen Personen gesondert angesprochen worden[695]. 1993 verabschiedete die Generalversammlung als Resolution 48/96 die Rahmenbestimmungen für die Herstellung der Chancengleichheit für Behinderte[696]. Die bereits aufgenommenen Verhandlungen über eine internationale Konvention zum Schutz und der Würde behinderter Menschen[697] zeigen, dass in Folge der Globalisierung von Wirtschaft und Kommunikation sozial relevante Themen auf der Ebene der Vereinten Nationen nicht ausgeblendet werden können.

c) Herausforderungen der Weltgemeinschaft

Angesichts der Tatsache, dass eine Vielzahl von Staaten nicht einmal das Existenzminimum der Menschen garantieren und sichern können oder wollen, sind die Voraussetzungen eines weltweiten sozialstaatlichen Rechtsverbundes kaum gegeben. In vielen Staaten ist gerade für behinderte Menschen weder das Minimum an Ernährung und Wohnung noch an medizinischer Versorgung garantiert. Sie sind in ihrer Existenz bedroht. Nach Schätzung der Weltgesundheitsorganisation sind weltweit 600 Millionen Menschen behindert, 80 % in Entwicklungsländern und die meisten in Folge von vermeidbaren Infektionskrankheiten, Kriegen und Kriegsfolgen[698]. 110 Millionen stark sehbehinderte und 45 Millionen blinde Menschen leben weltweit, von denen nach WHO-Schätzungen 50 % durch eine kostengünstige Operation geheilt werden könnten[699]. Eine wirkliche Globalisierung der Verantwortung für behinderte Menschen würde auch bedeuten, Prioritäten und Ziele der internationalen Zusammenarbeit und Entwicklungszusammenarbeit zugunsten von Armutsbekämpfung, Gesundheits- und Bildungswesen zu revidieren[700].

---

[693] Declaration on the Rights of Disabled Persons, GA/Res 1921 (LVIII) vom 6. Mai 1975; vgl. Köhler (1987), S. 638 ff.

[694] Köhler (1987), S. 644 f.

[695] Art. 23 Kinderrechtsübereinkommen; verabschiedet von der Vollversammlung am 20. November 1989, in Deutschland in Kraft getreten am 5. April 1992, BGBl. II 1992, S. 990; vgl. unten III.C.5.b.

[696] Hoffmeister in: V. Neumann (2004), § 3 RN 4; Haines in: von Maydell/Pitschas/Schulte (2003), S. 443, 448.

[697] Vgl. BT-Drucks. 15/4575, S. 15, 177 f.; Degener, APuZ Nr. 8/2003, S. 45 ff.; Haines in: von Maydell/Pitschas/Schulte (2003), S. 443, 458; Quinn/Degener (2002), S. 181 ff.

[698] Vgl. BT-Drucks. 15/3577, S. 45; BT-Drucks. 15/2968; Zander in: HKWM 6/II (2004), Sp. 879; Satapati (1989), S. 35 ff.

[699] BT-Drucks. 15/2968.

[700] Vgl. BT-Drucks. 15/2968; 15/4994.

B. Normative Bedeutung des sozialen Staatsziels für Behinderung und Rehabilitation

1. Verbindliche Norm

Das soziale Staatsziel ist in seiner rechtlichen Verbindlichkeit nicht einfach zu fassen. Es besteht aber heute[1] zu Recht Einigkeit, dass es sich nicht um eine rechtlich unverbindliche Deklaration handelt, sondern dass das soziale Staatsziel eine bindende Norm ist[2], die zu Recht als Sozialstaatsgebot bezeichnet wird. Das Sozialstaatsgebot ist auf Grund einer langen historischen und politischen Entwicklung planvoll Bestandteil der nicht änderbaren Staatsfundamentalnorm Art. 20 Abs. 1 GG geworden[3]. Es bindet den Bund und, betont durch die Erwähnung in Art. 28 Abs. 1 GG, Länder und Gemeinden[4] und alle öffentliche Gewalt in der Bundesrepublik Deutschland bei Gesetzgebung, Regierung, Verwaltung und Rechtsprechung. Aus der Formulierung „sozialer Rechtsstaat", wie aus der Genese des Sozialstaatsgedankens bei *Mohl* und *Stein*[5], wird deutlich, dass das soziale Staatsziel nicht in einem Gegensatz zum Rechtsstaatsprinzip steht, sondern dass insbesondere ein materielles Rechtsstaatsverständnis Wurzel des Sozialstaatsprinzips ist[6].

Seine heutige Ausprägung findet der soziale Rechtsstaat als Synthese von Demokratie und Rechtsstaat: In ihm trifft sich der demokratische Anspruch der Gestaltung der Gesellschaft durch den Staat mit dem rechtsstaatlichen Anspruch der Berücksichtigung aller Personen und Interessen bei der Staatstätigkeit. Die sozialen, politischen und geistigen Wurzeln des sozialen Rechtsstaats haben zu einer Synthese seiner idealistischen und materialistischen Begründung geführt: In ihm sind die materiellen Bedürfnisse der Menschen und die ihr Zusammenleben und -wirken regelnden Normen und Prinzipien in ein Wechselverhältnis gebracht[7]. Indem

---

[1] Zur Entwicklung: Benda in: HVerfR, 2.A. (1995), § 17 RN 80.

[2] Bieritz-Harder (2001), S. 167: „*steht praktisch nicht mehr zur Diskussion*"; Benda in: HVerfR, 2.A. (1995), § 17 RN 80.

[3] Neuner (1999), S. 137 führt zu Recht an, dass die Unabänderbarkeit einer Norm ohne Rechtswirkung sinnlos wäre.

[4] Zur sozialstaatlichen Funktion der Gemeinden vgl. Schmidt-Jortzig, DVBl. 1980, S. 1, 5 f.

[5] Vgl. oben III.A.6.c.; III.A.7.h.

[6] Benda in: HVerfR, 2.A. (1995), § 17 RN 4 ff.; Müller-Volbehr, JZ 1984, S. 6, 8; von Unruh, DÖV 1974, S. 508 ff.; P. Badura, DÖV 1966, S. 624, 632; Frey, ArbuR 1961, S. 368, 371; anders: Forsthoff, VVDStRL 12 (1954), S. 8 ff.; dagegen bereits: Bachof, VVDStRL 12 (1954), S. 37 ff.

[7] Vgl. dazu das Diktum von Karl Marx in seinem Beitrag zu den Debatten über das Holzdiebstahlsgesetz vor dem Rheinischen Landtag (1843): „*Die rechtliche Natur der Dinge kann sich daher nicht nach dem Gesetz, sondern das Gesetz muss sich nach der rechtlichen Natur der Dinge richten.*"; dazu Maihofer (1968), S. 46.

Normen und Wirklichkeit gegenseitiger Kritik ausgesetzt werden[8], wird ausgeschlossen, dass in rechtspositivistischer Weise die Auswirkungen von Gesetzen auf Arme und Reiche, Gesunde und Kranke ignoriert oder dass andererseits in rechtsnihilistischer Weise materielle Interessen und Bedürfnisbefriedigung verabsolutiert werden. So kann im sozialen Rechtsstaat das Recht Wirklichkeit und Rechtsidee verknüpfen, weil es mit dem Anspruch gesetzt und interpretiert wird, Gerechtigkeit für alle zu verwirklichen[9].

2. Gestaltung der Gesellschaft und Berücksichtigung aller Interessen

Das Sozialstaatsprinzip gibt dem Staat den Auftrag, die Gesellschaft zu gestalten (soziale Aktivität des Staates)[10] und gebietet, bei aller Staatstätigkeit die Lebensinteressen aller Menschen zu berücksichtigen[11]. Die Unterscheidung von Staat und Gesellschaft wird durch das soziale Staatsziel nicht aufgehoben, sondern im Sinne einer wechselseitigen Durchdringung gestaltet[12]. Sozial meint in diesem Sinne die gesellschaftliche Lebensrealität, die rechtlich gestaltet werden muss[13]. Demokratie und Rechtsstaatsprinzip geben die Modi der Gestaltung des Staates durch die Gesellschaft und der Gesellschaft durch den Staat vor. Das Sozialstaatsprinzip bedeutet aber, dass Demokratie nicht als reine Mehrheitsherrschaft und Rechtsstaat nicht als bloße Gesetzesherrschaft verstanden werden kann[14]. Der Staat hat weder ein Mandat zur einseitig hierarchischen Gesellschaftsgestaltung noch zu einer Gestaltungsabstinenz, die formalen Rechtspositionen freie Entfal-

---

[8] Z.B. bei der Entscheidung über die Verfassungsmäßigkeit ungleicher Grundrenten nach dem BVG in West- und Ostdeutschland, bei der das BVerfG festgestellt hat, dass die reale wirtschaftliche Entwicklung nicht der gesetzgeberischen Erwartung folgte und darum einen Verstoß gegen den Gleichheitssatz angenommen hat, BVerfG vom 14. März 2000, BVerfGE 102, 41, 58. Bei der Entscheidung über das Lohnabstandsgebot nach § 275 SGB III hat das BVerfG die Befristung einer Regelung als Gelegenheit zur Überprüfung ihrer Wirksamkeit als positiv ins Gewicht fallenden Abwägungsbelang angesehen, BVerfG vom 27. April 1999, BVerfGE 100, 271, 288. Broß, JZ 2003, S. 874, 875 zitiert Brun-Otto Bryde: *„Wenn wir die soziale Wirklichkeit nicht wahrnehmen, können wir sie rechtlich nicht bewältigen – und dann haben wir auch nicht recht."*; vgl. auch: Rupp, AöR 101 (1976), S. 161, 163; Suhr, Der Staat 1970, S. 67, 76.
[9] Vgl. Radbruch (1999), S. 37.
[10] BVerfG vom 19. Januar 1951 BVerfGE 1, 97, 105 (Wiedergutmachung): *„Er (der Gesetzgeber) ist gewiss verfassungsrechtlich zur sozialen Aktivität, insbesondere dazu verpflichtet, sich um einen erträglichen Ausgleich der widerstreitenden Interessen und um die Herstellung erträglicher Lebensbedingungen für alle zu bemühen, die durch die Folgen des Hitler-Regimes in Not geraten sind."*; BVerfGE 41, 126, 155; BVerfGE 43, 213, 226; BVerfGE 53, 164, 184; BVerfGE 59, 231, 263; Benda in: HVerfR, 2.A. (1995), § 17 RN 93; Schlenker (1986), S. 75; Menzel, DÖV 1972, S. 537, 542; Bachof, VVDStRL 12 (1954), S. 37, 39; Dürig, JZ 1953, S. 193, 196: *„Eine Verfassung, die sich für den Sozialstaat entschieden hat, hat sich positivrechtlich für die Zuständigkeit des Staates entschieden, die Sozialordnung und damit auch die Wirtschaftsordnung zu schaffen und gestaltend (nicht nur streitschlichtend) in sie einzugreifen."*
[11] Maihofer (1968), S. 47; Dürig, JZ 1953, S. 193, 197: *„Das Gemeinwohl ist ein Eigenwert, der dann nicht verwirklicht ist, wenn ein Teil der Mitglieder der Gesellschaft ein bestimmtes Maß an Einzelwohl nicht besitzt oder nicht erlangen kann."*
[12] Vgl. Benda in: HVerfR, 2.A. (1995), § 17 RN 139; Bull (1973), S. 174.
[13] Von Unruh, DÖV 1974, S. 508, 511.
[14] Benda in: HVerfR, 2.A. (1995), § 17 RN 6 f.; vgl. von Unruh, DÖV 1974, S. 508, 511.

tung lässt[15]. Der soziale Rechtsstaat ist die Absage an die total gestaltete Gesellschaft wie an die Funktionalisierung des Staates für einzelne durchsetzungsstarke Gruppen der Gesellschaft[16]. Es besteht ein enger Zusammenhang zwischen den Staatsprinzipien, der sich im Verständnis der Freiheits- und Gleichheitsrechte des Grundgesetzes konkretisiert und materialisiert[17]. Dabei sind Form und Inhalt der sozialen Staatstätigkeit im sozialen und demokratischen Rechtsstaat zunächst ganz wesentlich der politischen Gestaltung in den Schranken des Rechtsstaats und der Demokratie überlassen. Das Sozialstaatsgebot fügt diesen Schranken vor allem ein Untermaßverbot hinzu, indem staatliches Handeln soziale Bedarfslagen und Probleme nicht ignorieren darf. Darin liegt eine Absage an ein utilitaristisch inspiriertes Verhältnis von Staat, Recht und Demokratie, nach dem Vorteile und Nachteile verschiedener Menschen saldiert werden können, so dass die Vernachlässigung einer Interessenlage durch Nutzen bei anderen Personen zu rechtfertigen ist[18]. Als eine angemessene juristische Methode im sozialen Rechtsstaat wird dabei die Verwendung von Prinzipien angesehen, die es ermöglichen, die Rechte und Interessen aller bei der Rechtsfindung durch Abwägung zur Geltung zu bringen[19].

Das Sozialstaatsgebot ist insofern eigenständiges Rechtsprinzip, das die verfassungsrechtlichen Schranken und Gestaltungsspielräume der Gesetzgebung, Rechtsanwendung und Rechtsprechung mitbestimmt. Es wirkt dabei stets im Zusammenhang mit anderen Rechtspositionen und Rechtsprinzipien. Das Sozialstaatsgebot steht nie allein als einziger Grund einer Rechtsfolge[20]. Das ist aber auch nicht notwendig, da die in Deutschland entwickelte Grundrechtsdogmatik den gesellschaftlichen Bedarfslagen stets eine Grundrechtsposition oder zumindest die Prinzipienwirkung eines Grundrechts zuordnen kann. Auch für einen Menschen ohne Eigentum und Beruf, der bei schlechter Gesundheit, taub, blind und stumm ist, können in einem prinzipienhaften und sozialstaatlichen Grundrechtsverständnis die Grundrechte insofern streiten, als seine Bedarfslage anzuerkennen und einer Berücksichtigung durch Staat und Gesellschaft würdig ist. Insofern kann der Sozialstaat als ein Staat definiert werden, der die gesellschaftlichen Bedingungen für Freiheit, Demokratie, Gleichheit, befriedete Zustände und Menschenwürde schafft[21].

Das Sozialstaatsprinzip als Gebot der Berücksichtigung sozialer Bedarfslagen bedeutet also zunächst, dass vom Staat die besondere Situation behinderter Menschen zu berücksichtigen ist. Das BVerfG hat Umfang und Grenzen dieser Ver-

---

15 In diesem Sinne ist der soziale Rechtsstaat der Mittelweg zwischen dem überbesorgten Staat, der den Menschen den Weg zur Wohlfahrt vorschreibt und dem unbesorgten Staat, der sie mit formalen Regeln sich selbst überlässt, vgl. BVerfG vom 26. Januar 1982, BVerfGE 59, 275, 279 (Helmpflicht als Schutz vor Invalidität); Schwabe, JZ 1998, S. 66; Bachof, VVDStRL 12 (1954), S. 37, 46.

16 Vgl. Suhr, Der Staat 1970, S. 67, 80.

17 Vgl. unten III.B.12., III.B.13., IV.

18 Broß, JZ 2003, S. 874, 875: *„verfassungskräftige Absage an den Ellbogen-Menschen"*; Straßmair (2002), S. 243 f.; Volkmann (1997), S. 99; Dürig, JZ 1953, S. 193, 197.

19 Vgl. Alexy (1995), S. 177 ff.; vgl. unten IV.A.3.; IV.B.5.b.(3); IV.D.5.b.

20 Zacher in: HStR II, 3.A. (2004), § 28 RN 121; P. Badura, Der Staat 1975, S. 17, 34: Unselbstständigkeit des sozialen Arguments.

21 So der Definitionsvorschlag von Neuner (1999), S. 119.

pflichtung in seiner Entscheidung über die Waisenrente für Erwerbsunfähige 1975 so bestimmt[22]:

„Gewiss gehört die Fürsorge für Hilfsbedürftige zu den selbstverständlichen Pflichten eines Sozialstaates (..). Dies schließt notwendig die soziale Hilfe für die Mitbürger ein, die wegen körperlicher oder geistiger Gebrechen an ihrer persönlichen und sozialen Entfaltung gehindert und außerstande sind, sich selbst zu unterhalten. Die staatliche Gemeinschaft muss ihnen jedenfalls die Mindestvoraussetzungen für ein menschenwürdiges Dasein sichern und sich darüber hinaus bemühen, sie soweit möglich in die Gesellschaft einzugliedern, ihre angemessene Betreuung in der Familie oder durch Dritte zu fördern sowie die nötigen Pflegeeinrichtungen zu schaffen. Diese allgemeine Schutzpflicht kann natürlicherweise nicht an einer bestimmten Altersgrenze enden; sie muss vielmehr dem jeweils vorhandenen Bedarf an sozialer Hilfe entsprechen. Jedoch bestehen vielfältige Möglichkeiten, den gebotenen Schutz zu verwirklichen. Es liegt grundsätzlich in der Gestaltungsfreiheit des Gesetzgebers, den ihm geeignet erscheinenden Weg zu bestimmen, besonders zwischen den verschiedenen Formen finanzieller Hilfe für den Unterhalt und die Betreuung gebrechlicher Menschen zu wählen und entsprechend die Anspruchsberechtigung festzulegen. Ebenso hat er, soweit es sich nicht um die bezeichneten Mindestvoraussetzungen handelt, zu entscheiden, in welchem Umfang soziale Hilfe unter Berücksichtigung der vorhandenen Mittel und anderer gleichrangiger Staatsaufgaben gewährt werden kann und soll. Ein Verstoß gegen die Verfassungsgrundsätze des Art. 3 Abs. 1 GG und Art. 20 Abs. 1 GG liegt erst vor, wenn die gewährte Hilfe für Gebrechliche nicht den Anforderungen sozialer Gerechtigkeit entspricht, sei es dass der Kreis der Empfänger einer bestimmten staatlichen Leistung sachwidrig abgegrenzt ist oder dass bei einer Gesamtbetrachtung der soziale Schutz einer ins Gewicht fallenden Gruppe vernachlässigt wird."

Erst im Prozess sozialer Staatstätigkeit haben sich die Begriffe Behinderung und Rehabilitation gebildet, während in der Gesellschaft nur „Irre", „Krüppel" und „Taubstumme" vorgefunden worden waren. Neben den Begriffen sind auch viele Bedarfslagen erst durch die staatliche Intervention geschaffen oder gestaltet worden: Das staatliche Bildungswesen[23] macht Teilhabe daran zum Grundbedürfnis. In der durch Straßen und öffentliche Verkehrsmittel mobilen Gesellschaft ist behindert, wer diese nicht nutzen kann[24]. Wird Bedarfsdeckung über einen auch politisch und rechtlich gestalteten Arbeitsmarkt vermittelt, ist Teilhabe daran essenziell[25]. Staat und Gesellschaft stehen also in der Herstellung von Bedarfslagen und Interessen selbst in einem Wechselverhältnis[26], das immer neue Interventionen nötig macht.

Mit dem Gebot der Berücksichtigung ist weder eine Entscheidung für umfassende Sonder- und Förderregeln noch für strikte Rechtsgleichheit verbunden. Der soziale Staat darf aber nicht aus Prinzip auf besondere Förderung verzichten und er darf weder Gleichheit noch Ungleichheit ohne Rücksicht auf die Folgen[27] anordnen. Gerade behinderte Menschen sind oft von Gesetzgebung, Gesetzesvollzug

---

22 BVerfG vom 18. Juni 1975, BVerfGE 40, 121, 133 f.; vgl. BVerfG vom 24. Mai 1977, BVerfGE 44, 353, 375; im Grundsatz genauso die Rechtsprechung des BSG, z. B. BSGE 14, 59, 62; vgl. dazu Benda, NJW 1979, S. 1001, 1004; vgl. weiter Lücke, AöR 107 (1982), S. 15, 54.
23 Vgl. unten III.C.6.
24 Vgl. unten III.C.11.d.; V.G.2.
25 Vgl. oben II.B.6.d.; unten III.C.4; V.I.1.
26 Benda in: HVerfR, 2.A. (1995), § 17 RN 57.
27 Vgl. unten IV.B.6.f.(5).

und Rechtsprechung in jeweils anderer Weise betroffen als die nicht behinderte Mehrheit und die überwiegend nicht behinderten Mitglieder der Parlamente, Verwaltung und Gerichte. Die Gefahr ist darum stets vorhanden, dass ihre Interessen und ihre Realität übergangen werden. Das Sozialstaatsgebot lässt es aber nicht zu, dass die dabei drohende Ungleichheit der Folgen formal gleicher Regelungen außer Acht gelassen wird. Damit ist verbunden, dass die Möglichkeit des tatsächlichen Freiheitsgebrauchs[28] und die soziale Gleichheit[29] in der Dogmatik des Rechts zumindest beachtet und berücksichtigt werden[30]. In dieser Funktion als Gebot der Berücksichtigung der Lebensinteressen aller wirkt das Sozialstaatsgebot als für die Gesellschaft und die betroffenen Menschen existenziell bedeutendes[31] Recht der Schwächeren[32] und der Minderheiten und damit in vielen Situationen zugunsten behinderter Menschen.

3. Integration von Staat und Gesellschaft

Wird das soziale Staatsziel im ersten Schritt als Gebot der Gestaltung bei Berücksichtigung aller in der Gesellschaft vorhandenen Interessen identifiziert, so ist damit noch fast nichts über Art und Umfang der aus der Berücksichtigung folgenden Aktivität des Staates gesagt. Konkretisierungen und Beschränkungen können sich einerseits aus subjektiven Positionen, also aus einer sozialstaatlichen Sicht der Freiheits- und Gleichheitsrechte[33] ergeben. Das Sozialstaatsprinzip als Vorgabe für staatliches Handeln erschöpft sich aber auch objektiv-rechtlich nicht in einem Berücksichtigungsgebot für die Interessen aller. Einem solchen Gebot könnte auch durch bewusstes Ignorieren einzelner Interessen zu Gunsten anderer oder durch eine separierte und ständische Gesellschaft entsprochen werden, in der die Menschen je nach sozialer Herkunft oder anderen Eigenschaften für sich bleiben. Dies könnte für behinderte Menschen bedeuten, dass die bewusste Vernachlässigung ihrer Interessen zu Gunsten produktiverer Gesellschaftsmitglieder oder ihre völlige Separierung in fürsorglichen Anstalten mögliche Optionen sozialstaatlicher Gestaltung wären. Diese Varianten entsprechen aber heute schon intuitiv nicht (mehr) dem Bedeutungsgehalt von „sozial". Die Gegenposition zu entsprechenden Praxen und Politiken begründet sich zumeist auf den individuellen Rechten der behinderten Menschen.

Es gibt aber auch eine immanente Bedeutung des sozialen Staatsziels, die gegen solche Art der Sozialstaatlichkeit spricht. Die Verknüpfung von Staat und Gesellschaft im sozialen Staat bedeutet nämlich auch, dass dem *einen* Staat *eine* Gesellschaft gegenübersteht und nicht mehrere voneinander abgeschottete Gesellschaften. Damit bekommt das objektive Sozialstaatsgebot eine inhaltliche Aufladung: Dem einen Staat sollen nicht separate Welten der sozialen Stände oder Klassen ge-

---

[28] Vgl. unten IV.C.4.
[29] Vgl. unten IV.B.5.e.
[30] Vgl. Neuner (1999), S. 124; Frey, ArbuR 1961, S. 368, 369.
[31] Dies wird bestritten von Firsching in: Wissing/Umbach (1994), S. 167, 191.
[32] BVerfGE 26, 16, 37; Neuner (1999), S. 230; Reuter, DZWir 1993, S. 45, 48; Bull (1973), S. 175; Bachof, VVDStRL 12 (1954), S. 37, 41.
[33] Vgl. unten IV.

genüberstehen, die durch Schranken des Wohlstands, der Bildung und der Chancen unwiderruflich getrennt sind[34]. Und in dem einen Staat soll es keine Parallelwelten der ausgegrenzten und verwahrten Personen geben, selbst wenn dort für ihre Grundbedürfnisse gesorgt wäre. Das Erfordernis der „einen Gesellschaft" statt separierter Gesellschaften ergibt sich auch aus dem Demokratiegebot. Soll ein Staatsvolk seine Geschicke im demokratischen Rechtsstaat selbst bestimmen, so setzt dies einen gemeinsamen Diskurs, gemeinsame Werte und einen Grundbestand geteilten Wohlstandes voraus[35]. *Ralf Dahrendorf* fasst heute die fortbestehende Herausforderung so zusammen:

„Richtig bleibt indes, dass es in den OECD-Ländern eine beträchtliche Kategorie nicht nur von Verlierern, sondern von Verlorenen gibt, von Menschen, die nicht glauben, dass Supermärkte, oder politische Wahlen, oder Bürgerinitiativen, oder öffentliche Feste auch für sie da sind. Sie leben zwar in der Gesellschaft, gehören aber nicht dazu. Diese Kategorie von vielleicht zehn Prozent stellt unzweifelhaft ein soziales Problem dar. Keine Gesellschaft kann es sich leisten, zehn Prozent von ihren Chancen auszuschließen, ohne moralisch Schaden zu nehmen. (...) Wenn wir in zivilisierten Gemeinwesen leben wollen, dann müssen wir tun, was wir können, um die Ausgeschlossenen hereinzuholen in die Chancenwelt des sozialen Lebens."[36]

Diese Integrationsaufgabe des modernen sozialen Staates ist staatsrechtlich zuerst von *Rudolf Smend* formuliert worden[37]. Das soziale Staatsziel hat danach neben dem auf die Individuen und Gruppen der Gesellschaft und ihre Berücksichtigung gerichteten Ziel einen auf die Gesellschaft als Ganzes, den Staat als Ganzes und ihr Verhältnis zueinander gerichtetes Ziel der Integration. Durch sozial integrative Staatätigkeit wird die Gesellschaft nicht nur gestaltet, sondern auch konstituiert[38]. Zugleich ermöglicht es sozial integrative Staatätigkeit erst, dass die ganze Gesellschaft in den Formen des demokratischen Diskurses, Konflikts und Konsenses auf den Staat Einfluss nimmt. Soziale Integration ist Voraussetzung von Demokratie, aber auch von Sicherheit als einer Voraussetzung von Grundrechtsgebrauch, die alleine durch Repression von Kriminalität nicht erreicht werden kann[39]. Schließlich wirkt soziale Desintegration als Mobilitätsbarriere auf dem Arbeitsmarkt und ist so für das Ziel einer national und europäisch integrierten Ökonomie schädlich[40].

Dabei bedeutet sozial integrative Staatätigkeit in einem sozialen Rechtsstaat nicht die erzwungene Homogenisierung von Lebensverhältnissen, sondern die

---

[34] So auch: Benda in: HVerfR, 2.A. (1995), § 17 RN 162.
[35] Benda in: HVerfR, 2.A. (1995), § 17 RN 23.
[36] Dahrendorf (2003), S. 89 f.; vgl. Brunkhorst (2002), S. 132 ff.
[37] Insbesondere wurde dies dargelegt von Smend in dem Vortrag Verfassung und Verfassungsrecht von 1928 (1968), S. 119, 136 ff.; vgl. Korioth, VVdStRL 62 (2003), S. 117, 121 ff.; Bieritz-Harder (2001), S. 162 f.; Benda in: HVerfR, 2.A. (1995), § 17 RN 201; Schmidt-Jortzig, DVBl. 1980, S. 1, 7; vgl. oben III.A.8.e.
[38] Smend unterteilt die Integration in persönliche, funktionelle und sachliche Integration, wobei vor allem die letztere die Integration durch soziale Staatätigkeit darstellt, Smend (1968), S. 119, 160 ff.; zum Bezug zu den Grundrechten: S. 260 ff.; dazu: Lücke, AöR 107 (1982), S. 15, 37 f.; kritischer: Volkmann (1997), S. 188 f.
[39] Vgl. Münch, GMH 2004, S. 285, 287 ff. zur Korrelation von sozialer Desintegration und Delinquenz in Europa.
[40] Nickel (1999), S. 86 ff.

Konstituierung der Gesellschaft als eines gemeinsamen Raums von Freiheitsgebrauch als Voraussetzung von Vielfalt und Differenz in der Einheit. In diesem Sinne sind Solidarität und Recht die komplementären Medien der sozialen Integration[41]. So vermitteln zugängliche Medien, öffentliche Räume und Einrichtungen einen gemeinsamen Raum der Kommunikation, den für Hör- oder Sehbehinderte zu öffnen eine Aufgabe des sozial integrativen Staates ist[42]. Güter- und Leistungsaustausch auf dem Arbeits-, Güter- und Dienstleistungsmarkt vermittelt einen gemeinsamen Raum der Freiheit von Beruf und Eigentum, von Teilhabe am Arbeitsleben und Bedarfsdeckung nach der Grundformel (*Zacher*)[43] der eigenen Verantwortung für den Unterhalt durch Arbeit[44]. Ein gemeinsamer Raum des Freiheitsgebrauchs muss dabei auch den Freiheitsrückstand der Schwächeren ausgleichen, wie er gerade durch die ungleiche Verteilung von Vermögen[45] entsteht und sich, zumindest ohne Eingriff, verschärft[46]. Der Integrationsauftrag des sozialen Rechtsstaats, kurz als Allgemeininteresse bezeichnet, kann den Staat zu stärkerer sozialer Aktivität verpflichten als die schlichte Berücksichtigung einzelner Interessen[47].

Für behinderte Menschen ist der sozial integrative Gehalt des Sozialstaatsgebotes oft entscheidend[48]. Er richtet die auf sie und ihre Interessen bezogene Staatstätigkeit zusätzlich aus und gibt ihr eine Tendenz zur Teilhabe an den allgemeinen Rechten und Interessen gegen Separation und Ausgrenzung. Da diese Ausrichtung objektiv im allgemeinen Interesse von Staat und Gesellschaft begründet ist, kann sie auch gegen individuelle Interessen behinderter Menschen zur Geltung kommen, falls diese selbst Separation und Abgrenzung wünschen. Teilhabe orientiert den Freiheitsgebrauch auf die vorfindliche Gesellschaft. Teilhabe an einem bestehenden Ganzen kann keine Freiheit zur Separation vom Ganzen sein.

Wenn das soziale Staatsziel als Auftrag zur integrativen Gestaltung der Gesellschaft verstanden wird, so hat dies Folgen für Art und Umfang der Gestaltung. Neben die aus dem Rechtsstaat folgende Begrenzung der Staatsintervention in Form und Intensität rückt eine immanente Begrenzung aus dem Sinn und Zweck der Staatstätigkeit. Gerade sozial integrative Staatstätigkeit unterliegt auch einem Übermaß- und Fehlgebrauchsverbot: Sie darf die integrativen Kräfte der Gesellschaft nicht schwächen, sondern muss die in der Gesellschaft bestehenden Mechanismen der Integration berücksichtigen und respektieren[49]. Das bedeutet, dass

---

[41] Volkmann (1997), S. 59.
[42] Vgl. Zacher in: Igl/Welti (2001), S. 1, 8; unten V.F., V.J.
[43] Zacher in: HStR II, 3.A. (2004), § 28 RN 27; vgl. Bieritz-Harder (2001), S. 186.
[44] Vgl. V.C.
[45] Vgl. BT-Drucks. 15/5015, S. 17 f.: Während die unteren 50 % der Haushalte nur über weniger als 4 % des gesamten Nettovermögens verfügen, entfallen auf die vermögendsten 10 % der Haushalte 47 %.
[46] BT-Drucks. 15/5015, S. 17: Die Ungleichheit der Vermögensverteilung ist zwischen 1998 und 2003 gestiegen; vgl. Bull (1973), S. 177 f.; Suhr, Der Staat 1970, S. 67, 82 ff.
[47] Benda, NJW 1979, S. 1001, 1006 f. expliziert dies mit BVerfGE 45, 376, 387.
[48] In BVerfGE 40, 121, 133 ist das Ziel genannt: *„Gebrechliche soweit möglich in die Gesellschaft einzugliedern.“*
[49] Vgl. zu der Kontroverse, ob die Solidarität vor allem über Gemeinschaftsbindung oder über rationale Diskurse erneuert wird: Habermas (1992), S. 536; Joas (1997), S. 291. Der soziale Rechtsstaat ist wohl auf beide Formen angewiesen und muss sie respektieren.

etwa traditionelle oder entwickelte Hilfe und Solidarität in der Familie[50], Nachbarschaft oder im Unternehmen durch staatliche Intervention nicht negiert werden darf, sondern gestärkt werden sollte[51]. Sie soll Hilfe zur Selbsthilfe[52] sein, wobei gerade im Kontext behinderter Menschen deutlich wird, dass dies nicht alleine eine Verweisung auf das isolierte Individuum sein kann[53]. Eine solche Begrenzung und Ausrichtung der sozialen Staatstätigkeit auf die Unterstützung der integrativen Kräfte der Gesellschaft kann aber nicht generell als Subsidiaritätsgebot bezeichnet werden[54]. Vielmehr ist die Frage, mit welcher Art und in welchem Ausmaß staatlicher Intervention die gesellschaftlichen Kräfte unterstützt werden, weithin eine Frage des politischen Ermessens. Der Familie behinderter Kinder Unterhalts- und Betreuungspflichten abzunehmen, ist kein Verstoß gegen Grundsätze des Sozialstaats, wenn es dazu dient, die Integrationskräfte der Familie zu schützen und zu bewahren. Wenn der Staat aber systematisch einen Vorrang der Verwahrung und Erziehung in gesonderten Anstalten betriebe, wären nicht nur Grundrechte von Kindern und Eltern, sondern auch die gesellschaftliche Integration und damit das soziale Staatsziel negativ betroffen.

Der Auftrag zur integrativen Gestaltung der Gesellschaft bewirkt weiterhin, dass insbesondere die sozialstaatliche Privatrechtsgestaltung einem strengeren Untermaßverbot unterliegt als dies bei einem bloßen Berücksichtigungsgebot der Fall wäre. Gerade weil der soziale Rechtsstaat die Gesellschaft respektiert und nicht verstaatlicht, muss er in den Fällen regelnd eingreifen, in denen Integration mit staatlichen Einrichtungen und den Mitteln des öffentlichen Rechts nicht herzustellen ist. Dies ist insbesondere beim Arbeitsleben der Fall und hat dafür gesorgt, dass der Arbeitsmarkt und das Arbeitsrecht, und hier namentlich das Arbeitsrecht schwerbehinderter Menschen, schon seit langem intensiv und besonders reguliert sind, um dazu beizutragen, dass behinderte Menschen am Arbeitsleben teilhaben können[55]. Unabhängig davon, ob die hierzu gewählten Instrumente für ausreichend, richtig und effektiv gehalten werden, erscheint eine Lösung dieses Problems mit rein öffentlich-rechtlichen Mitteln als nicht möglich und zielführend.

4. Internalisierende und externalisierende Lösungen

Zacher hat zur Systematisierung der sozialen Staatstätigkeit die Unterscheidung von externalisierenden und internalisierenden Lösungen eingeführt[56]. Während externalisierende Lösungen soziale Probleme aus ihrem Kontext herauslösen, etwa durch Zahlung einer Rente statt Erwerbseinkommen, wird mit internalisierenden Lösungen versucht, die sozialen Probleme in ihrem gesellschaftlichen Kontext zu bearbeiten. Zu dieser Art von Interventionen gehören arbeitsrechtliche Schutz-

---

[50]　Vgl. III.C.5., IV.B.6.e.(1).(e).; V.E.

[51]　Benda in: HVerfR, 2.A. (1995), § 17 RN 181.

[52]　§ 1 SGB I.

[53]　Vgl. § 29 SGB IX und zur Selbsthilfe behinderter Menschen: Borgetto, ZSR 2003, S. 474 ff.; Breitkopf, TuP 2001, S. 347 ff.

[54]　Anders: Zacher in: HStR II, 3.A. (2004), § 28 RN 92: „zutreffend aber vereinfachend".

[55]　Vgl. unten III.C.4., III.C.12., V.I.

[56]　Zacher in: HStR II, 3.A. (2004), § 28 RN 77.

und Antidiskriminierungsvorschriften[57] sowie die sie flankierenden sozialrechtlichen Vorschriften, wenn sie behinderte Menschen im Arbeitsleben halten wollen, statt ihre Ausgliederung sozialrechtlich durch Geldleistungen zu flankieren. Wie die britische und US-amerikanische Gesetzgebung zur Antidiskriminierung zeigt, kann gerade ein geringeres Ausmaß an externem sozialen Schutz zu einem verstärkten internalisierenden und privatrechtsgestaltenden Schutzmodell führen.

Der sozial gestaltende Staat ist somit zwar grundsätzlich für die Gesellschaft verantwortlich[58] – und damit auch für Behinderung und Rehabilitation. Das bedeutet aber nicht, dass der Staat alle Aufgaben und Probleme übernimmt, welche die Gesellschaft nicht in Selbstorganisation löst. Der soziale Staat ist nicht gleichzusetzen mit dem selbst leistenden Staat[59], weil er zwischen internalisierenden und externalisierenden Lösungen wählen kann. Der sozial gestaltende Staat weist mit den Mitteln des Rechts Verantwortlichkeiten zu, die sich aus verschiedenen möglichen Rechtsgründen ergeben. Solche Gründe für Verantwortlichkeiten können die Zusammenfassung zu verbindlichen Solidargemeinschaften sein, die verwandtschaftliche Nähe, das Verschulden, die Gefahrerhöhung oder die exklusive Verfügung über knappe Güter und Einrichtungen[60]. Das BVerfG hat zur Konzeption des Sozialhilferechts ausgeführt:

„Keineswegs folgt aus dem Sozialstaatsprinzip, dass der Gesetzgeber für die Verwirklichung dieses Ziels nur behördliche Maßnahmen vorsehen darf. Art. 20 Abs. 1 GG bestimmt nur das „Was", das Ziel, die gerechte Sozialordnung; er lässt aber für das „Wie", d. h. für die Erreichung des Ziels alle Wege offen. Deshalb steht es dem Gesetzgeber frei, zur Erreichung des Ziels auch die Hilfe privater Wohlfahrtsorganisationen vorzusehen."[61]

Eine Ordnung der Verantwortlichkeiten für gesellschaftliche Problem- und Bedarfslagen zu schaffen, ist eine wesentliche Aufgabe des sozial gestaltenden Staates. Dabei besteht wiederum ein gesetzgeberisches Ermessen, doch keine Freiheit zur beliebigen Regel[62]. Weder der Kreis der Berechtigten noch derjenige der Verpflichteten dürfen willkürlich oder sachwidrig[63] abgegrenzt sein. Es erschiene weder sachgerecht, jegliche Verantwortlichkeit für Behinderung zu verstaatlichen und so etwa den vorsätzlichen Schädiger aus der Haftung zu entlassen noch die Verant-

---

[57] Vgl. BT-Drucks. 14/4538, ADG.

[58] Zacher in: HStR II, 3.A. (2004), § 28 RN 92.

[59] Bull (1973), S. 187; unten IV.D.5.d.

[60] So die Beschäftigungsquote für Schwerbehinderte, BVerfG vom 26. Mai 1981, BVerfGE 57, 139, 158; bestätigt durch BVerfG-Kammerentscheidung vom 1. Oktober 2004, NJW 2005, S. 737; dazu Cramer, BArbBl. 7–8/1981, S. 10 ff.; vgl. BVerwG vom 13. Dezember 2001, BVerwGE 115, 312; die Inanspruchnahme privater Busunternehmer für die unentgeltliche Beförderung Schwerbehinderter gegen pauschale Entschädigung, BVerfG vom 17. Oktober 1984, BVerfGE 68, 155, 170.

[61] BVerfG vom 18. Juli 1967, BVerfGE 22, 180, 204.

[62] Vgl. BVerfG vom 17. Mai 1961, BVerfGE 12, 354, 367 (VW-Aktien) für die soziale Förderung: *„Das Sozialstaatsprinzip ermächtigt nicht zu beliebiger Sozialgestaltung."*

[63] Dazu die Entscheidung des BVerfG zu den Verantwortlichkeiten für den Mutterschutz, bei dem die Sachwidrigkeit der Regelung nach § 14 Abs. 1 MuSchG zur überwiegenden Verantwortlichkeit der einzelnen Arbeitgeber wegen Verstoßes gegen das Gleichstellungsgebot aus Art. 3 Abs. 2 GG für verfassungswidrig gehalten wurde, BVerfG vom 18. November 2003, BVerfGE 109, 64, 95. Zulässig ist z. B. die Belastung der Notare durch gebührenfreie Leistungen für Sozialhilfeempfänger, BVerfG vom 14. Mai 1985, BVerfGE 69, 373, 379.

wortlichkeit völlig den betroffenen Personen und ihren Familien zu belassen und diese damit zu überlasten und überfordern. Langfristig erscheint diejenige Ordnung stabiler, die den gesellschaftlichen internalisierenden Lösungen Vorrang vor der verstaatlichenden externalisierenden Form gibt, so dass Ordnen Vorrang vor Gewähren haben kann[64].

5. Daseinsvorsorge

Für wichtige Bereiche der leistenden Staatstätigkeit und Staatsverantwortung ist, zuerst von *Ernst Forsthoff*, der Begriff der Daseinsvorsorge entwickelt worden[65]. Damit sind alle diejenigen öffentlichen Einrichtungen und Dienstleistungen gemeint, die für die Gesellschaft in sozialer und ökonomischer Sicht notwendig oder wichtig sind, aber nicht, wie Gerichte oder Polizei, zur im engeren Sinne staatlichen Tätigkeit gehören[66]. Dabei kann Daseinsvorsorge in öffentlicher wie in privater Trägerschaft erfolgen; entscheidend ist, dass eine öffentliche Verantwortung für die Bedarfsdeckung besteht. Die Kategorie der Daseinsvorsorge schließt an älteren wohlfahrtsstaatlichen Entwicklungslinien staatlicher Intervention in der Gesellschaft an. Sie ist mit Sozialstaatlichkeit nicht identisch[67], hat aber einen breiten Überschneidungsbereich. Unter den Bedingungen des sozialen Rechtsstaats wird die Daseinsvorsorge vor allem in der Form allgemein zugänglicher öffentlicher Einrichtungen ausgeführt. Für die sozialpolitisch motivierte Daseinsvorsorge spricht das BVerwG von „Daseinsfürsorge" als öffentlicher Einrichtung, die jedermann, dem Reichen wie dem Armen bei Bedarf zugänglich ist[68]. Die Position der Bürgerinnen und Bürger dazu wird durch das Recht auf Teilhabe an den Leistungen der Daseinsvorsorge beschrieben. In diesem Verständnis ist Daseinsvorsorge ein Teil staatlich organisierter Solidarität[69].

Im europäischen Recht sind insbesondere die Traditionen der deutschen Daseinsvorsorge und des französischen Service Public in Art. 16 EGV aufgenommen worden[70], in dem der Stellenwert von Diensten von allgemeinem wirtschaftlichem Interesse und ihre Bedeutung bei der Förderung des sozialen und territorialen Zusammenhalts anerkannt werden und der Gemeinschaft und den Mitgliedstaaten aufgegeben wird, die Grundsätze und Bedingungen für ihr Funktionieren so zu gestalten, dass sie ihren Aufgaben nachkommen können. Mit der Betonung des wirtschaftlichen Interesses an öffentlichen Diensten wird dabei deutlich gemacht, dass von ihnen eine positive ökonomische Wirkung erwartet wird. Die Förderung des sozialen und territorialen Zusammenhalts ist eine Umschreibung der sozialstaatlichen Integrationsaufgabe, an der die öffentlichen Dienste mitwirken.

---

[64] Von Unruh, DÖV 1973, S. 508, 512; Suhr, Der Staat 1970, S. 67, 78; unten IV.D.5.d.
[65] Vgl. Forsthoff (1971), S. 158 f.; dazu Ronellenfitsch in: Blümel (2003), S. 53 ff.; Bullinger, JZ 2003, S. 597 ff.; P. Badura, DÖV 1966, S. 624, 626 ff.
[66] Vgl. BT-Drucks. 14/6429, S. 4.
[67] Bull (1973), S. 243.
[68] BVerwG vom 22. Januar 1987, BVerwGE 75, 343 (heilpädagogische Betreuung),
[69] Bullinger, JZ 2003, S. 597, 598 f. zu den geistesgeschichtlichen Wurzeln.
[70] Bullinger, JZ 2003, S. 597, 602 ff.

Die Entscheidung über Art und Umfang staatlich betriebener Daseinsvorsorge folgt vor allem der Zweckmäßigkeit und ist historisch wandelbar. Sie umfasst die Gewährleistung von Diensten und Einrichtungen, die aus der Gesellschaft heraus nicht, weniger zweckmäßig oder weniger universell zur Verfügung gestellt würden[71]. Der die Gesellschaft mitgestaltende Staat wird in vielen Bereichen dann deshalb in Anspruch genommen, weil es politischer Konsens oder Mehrheitsmeinung ist, dass bestimmte Aufgaben in öffentlicher Verantwortung ausschließlich oder effektiver, besser oder integrativer als durch private Träger wahrgenommen werden können. Dies betrifft namentlich Einrichtungen des Bildungswesens[72], der Kultur[73], des Gesundheitswesens[74], des Sozialwesens[75], des Wohnungswesens[76] und der Infrastruktur von Verkehrswegen[77] und Kommunikationsmitteln[78]. Der soziale Staat muss in diesen Bereichen den Zugang zu lebenswichtigen Gütern und Leistungen garantieren, die über den Markt nicht oder nur unter erschwerten oder diskriminierenden Bedingungen erhältlich sind[79].

Für behinderte Menschen ist hier festzuhalten, dass sie häufiger als andere ihre Bedarfe nicht durch den Güter- und Leistungsmarkt decken können, weil dieser nicht auf alle Bedarfssituationen reagiert. So unterliegen viele Gesundheitsleistungen für behinderte Menschen wegen ihrer geringen Zahl oder Nachfragemacht einem Marktversagen und würden ohne sozialstaatliche Intervention nicht angeboten. Die Dienste und Einrichtungen der Rehabilitation[80] sind ein wichtiger Teil der Daseinsvorsorge, der sowohl einem allgemeinen wirtschaftliches Interesse wie auch dem sozialen Zusammenhalt dient. Der Daseinsvorsorge zuzuordnen sind auch die staatlichen Maßnahmen zur Konstituierung der für die Rehabilitation wichtigen medizinischen, pflegerischen, sozialen und pädagogischen Berufe. In der Infrastruktur der öffentlichen Gebäude und Räume, der Mobilität und Kommunikation sind behinderte Menschen darauf angewiesen, dass durch staatliche Regulation dafür vorgesorgt wird, dass auch für ihr Dasein gesorgt ist und es nicht behindert wird[81]. Dabei handelt es sich oft um Formen und Vorkehrungen der Daseinsvorsorge, die ohne besondere Normen oder bei einer Regulierung durch den Markt nicht bereitgestellt würden.

6. Solidarität

Im sozialen Rechtsstaat findet der Staat die Solidarität als Zusammenwirken von Menschen für gemeinsame soziale und politische Zwecke mit dem spezifischen

---

71 Vgl. Franzius, Der Staat 2003, S. 494, 498 ff.
72 Vgl. unten III.C.6.
73 Vgl. unten III.C.10.
74 Vgl. unten III.C.7.
75 Vgl. unten III.C.9.
76 Vgl. unten III.C.8.
77 Vgl. Art. 87d, 87e, 89, 90 GG.
78 Vgl. Art. 87 f GG; vgl. unten III.C.11.
79 Bull (1973), S. 245.
80 Vgl. unten IV.D.6.h.
81 Vgl. unten V.F., V.G., V.J.

Element des gegenseitigen Einstehens für Risiken[82] vor[83]. Er kann sie fördern, indem er für die vorgefundenen Formen der Solidarität Rechtsformen schafft oder indem er neue Formen der Solidarität, wie die Sozialversicherung[84], organisiert[85]. Solidarität ist ein Ergebnis der Gesellschaftlichkeit menschlichen Lebens und Grundrechtsgebrauch, aus dem deutlich wird, dass die menschliche Kooperation und Arbeitsteilung notwendig ist, um Bedingungen individueller Freiheit und Räume zur Ausübung gesellschaftlicher Freiheit zu schaffen. Das BVerfG hat in zwei Entscheidungen Notwendigkeit und Begründung organischer Solidarität dargelegt. Zur Regelung der Besatzungsschäden führte es 1969 aus:

> „Die Wertordnung des Grundgesetzes, die den freien, sich in der Gemeinschaft entfaltenden Menschen in den Mittelpunkt der staatlichen Ordnung stellt, verlangt besonders im Hinblick auf das in Art. 20 Abs. 1 GG zum Ausdruck gekommene Sozialstaatsprinzip, dass die staatliche Gemeinschaft in der Regel Lasten mitträgt, die aus einem von der Gesamtheit zu tragenden Schicksal (..) entstanden sind (..); dies bedeutet keine automatische Abwälzung solcher Lasten auf den Staat (..); vielmehr kann sich aus den genannten Rechtsgrundsätzen zunächst nur die Pflicht zu einer Lastenverteilung (..) nach Maßgabe einer gesetzlichen Regelung ergeben."[86]

Dass auch die arbeitsteilige und risikoreiche Arbeitswelt ein solches gemeinsames Schicksal der Gesellschaft sein kann, erläuterte das BVerfG in seiner Entscheidung von 1977 zum Schutz des Kindes, das vorgeburtlich durch Berufskrankheit seiner Mutter geschädigt wurde:

> *„Die sozialstaatliche Pflicht zu einer umfassenden Sicherung in der gesetzlichen Unfallversicherung wird auch durch das Interesse der Allgemeinheit an der Arbeitswelt als einer wesentlichen Grundlage der Volkswirtschaft begründet: Die mit dem Arbeitsleben der Industriegesellschaft verbundenen Risiken können nicht von dem einzelnen Arbeitnehmer getragen werden, sondern müssen durch umfassende Systeme der sozialen Sicherung wie insbesondere durch die gesetzliche Unfallversicherung aufgefangen oder doch gemildert werden. Erst hierdurch ist es dem Einzelnen möglich, seinen für die Allgemeinheit wichtigen Beitrag zur Arbeitswelt zu leisten."* [87]

Der soziale Rechtsstaat ist darum zwar frei, zu entscheiden, welche Formen der Solidarität er wie fördert[88], bis hin zum Staat als Solidargemeinschaft aller[89]. Er ist jedoch nicht frei, den Bedarf an Solidarität als elementarer Form des Umgangs mit Risiken zu negieren. Zur Erhaltung seiner eigenen Funktions- und Integrationsfähigkeit ist der soziale Rechtsstaat gezwungen, gemeinschaftliche und gesellschaftliche Bereitschaft zur Solidarität und rechtliche Verpflichtungen zur Solidarität in einem rechten Verhältnis zu halten[90]. Behinderung ist eines der gesellschaftlichen

---

[82] Zur Herkunft aus der obligatio in solidum: Brunkhorst (2002), S. 10; Zoll (2000), S. 17, 91.

[83] Vgl. Denninger in: Bayertz (1998), S. 319 ff.

[84] Vgl. unten III.C.3.

[85] BT-Drucks. 15/5015, S. 14; Volkmann (1997), S. 155 ff.; vgl. Röhl, DVBl. 1955, S. 182 f.

[86] BVerfG vom 3. Dezember 1969, BVerfGE 27, 253, 283.

[87] BVerfG vom 22. Juni 1977, BVerfGE 45, 376, 387.

[88] Für das Verhältnis von Fremdhilfe und Selbsthilfe im Gesundheitswesen: Göbel/Pankoke in: Bayertz (1998), S. 463, 481 ff.

[89] Zacher in: Igl/Welti (2001), S. 1, 3; Volkmann (1998), S. 49.

[90] Vgl. Baurmann in: Bayertz (1998), S. 345, 365 ff.; Göbel/Pankoke in: Bayertz (1998), S. 463, 471.

und individuellen Risiken, zu dessen Bewältigung Formen gesellschaftlicher und staatlich organisierter Solidarität nötig sind und als Bestandteil sozialer und rechtlicher Normen auch weithin akzeptiert werden[91]. Soweit es sich nicht allein um Solidarität unter behinderten Menschen handelt, muss sie Solidarität trotz Ungleichheit sein, also Verbundenheit wegen ungleicher Beeinträchtigung als gleich empfundener Interessen[92].

Gesellschaftliche Solidarität für Behinderte äußert sich in den Verantwortlichkeiten der Familie[93], in der Nachbarschaft und am Arbeitsplatz und in den vielfältigen Formen des freiwilligen Engagements in Wohlfahrtsverbänden[94], Vereinen, Selbsthilfegruppen[95] und Kirchen[96]. Sie entwickelt sich aus gleichen Interessen[97], Wertorientierungen oder Empathie[98], die nichtbehinderte und behinderte Menschen zu gemeinsamem Handeln oder nichtbehinderte Menschen zur Fürsorge für behinderte Menschen bringt. Auch rein eigennütziges Handeln kann zur Bildung von Solidargemeinschaften für den Fall der Behinderung führen, wie insbesondere beim privaten Versicherungsschutz[99]. Der soziale Staat muss die Bürger als selbst Solidarität organisierende Persönlichkeiten anerkennen. In diesem Sinne ist jedes Privatrecht (potenzielles) Sozialrecht[100].

Solidarität in Formen des öffentlichen Rechts wird vor allem durch die Sozialversicherung und steuerfinanzierte Leistungen kommunaler Träger für behinderte Menschen organisiert[101]. Sie zeigt sich als die vorherrschende Form organischer Solidarität in der modernen Gesellschaft. Dabei werden die Erscheinungsformen gesellschaftlicher Solidarität in die rechtlich verfassten Formen staatlich angeordneter und abgesicherter Solidarität eingebunden[102]. Dies geschieht insbesondere durch die Selbstverwaltung der Sozialversicherungsträger mit Hilfe der freiwilligen Solidargemeinschaften von Arbeitgebern und Gewerkschaften und durch die Leistungserbringer im Sozialrecht, von denen viele von Wohlfahrtsverbänden getragen werden.

Der Staat oder von ihm berufene Träger bedürfen zur Erfüllung dieser Zwecke auch materieller Mittel zur Umverteilung. Die Verwirklichung des sozialen Staatsziels durch Solidarität steht so in einem systematischen Zusammenhang zur Entfaltung der rechtsstaatlichen Formen des Steuer- und Abgabenstaates.

---

[91] Vgl. BVerfGE 21, 362, 375: „*Die Arbeiterrentenversicherung dient einer typischen Aufgabe des Sozialstaats, nämlich der zu den Fundamenten unserer sozialen Ordnung gehörenden Daseinsvorsorge in den Fällen der Erwerbs- und Berufs-Unfähigkeit des Versicherten (...)*"; Ruland, NJW 2002, S. 3518; Zacher in: Igl/Welti (2001), S. 1, 3; Göbel/Pankoke in: Bayertz (1998), S. 463, 472; Zacher, AöR 93 (1968), S. 341, 363.

[92] Zoll (2000), S. 33.

[93] Vgl. unten III.C.5., V.E.

[94] Vgl. unten III.D.6.d.

[95] Vgl. unten III.D.6.e.

[96] Vgl. oben III.A.3.b.

[97] Pfarr/Kittner, RdA 1974, S. 284 ff. zur Solidarität der arbeitsrechtlichen Koalitionen.

[98] Vgl. Denninger in: Bayertz (1998), S. 319, 326 ff.; Göbel/Pankoke in: Bayertz (1998), S. 463 ff.

[99] Zoll (2000), S. 99 zitiert Francois Ewald: „*Vor jeder sozialen Fürsorge gehört die Idee der Solidarität zur Ökonomie der Versicherung.*"

[100] Jellinek, Staatslehre, zitiert nach Volkmann (1997), S. 165.

[101] Ruland, NJW 2002, S. 3518, 3519; Ruland, DRV 2000, S. 734 ff. zur Sozialversicherung; Schmidt-Jortzig, DVBl. 1980, S. 1, 6 zu den kommunalen Trägern.

[102] Vgl. Bieback, Jura 1987, S. 229, 231.

Das soziale Staatsziel rückt den Staat in die Position, die durch die gesellschaftliche Arbeitsteilung und Verflechtung notwendig gewordene organische Solidarität zu organisieren[103]. Die Berücksichtigung gesellschaftlicher und sozialer Bedarfslagen zeigt insbesondere die Notwendigkeit auf, die soziale Vorsorge gegen Lebensrisiken, namentlich Erwerbsunfähigkeit, Krankheit und Behinderung, solidarisch zu organisieren[104], da die jeweils betroffenen Personen dazu nicht in der Lage sind. Der Auftrag zur sozialen Gestaltung umfasst so auch die Notwendigkeit zur interpersonalen und intertemporalen materiellen Umverteilung[105]. Eine so organisierte Solidarität[106] gehört zum politischen und rechtlichen Grundbestand des in Deutschland und Europa entwickelten Sozialmodells[107], den Bundespräsident *Johannes Rau* so zusammenfasste:

„Arbeitende für Arbeitslose, Junge für Alte, Gesunde für Kranke, Nichtbehinderte für Behinderte: Darauf bleibt jede Gesellschaft angewiesen."[108]

Deutlich wird dies auch darin, dass in der Charta der Grundrechte der Europäischen Union[109], und damit im Europäischen Verfassungsvertrag, eben die Verantwortung der Mitgliedstaaten für diese Formen organisierter sozialer Sicherung in einem eigenen Kapitel „Solidarität" zusammengefasst ist[110].

7. Sozialer Fortschritt

Aus seiner Verknüpfung mit dem Rechtsstaats- und dem Demokratieprinzip ergibt sich, dass das soziale Staatsziel keinen Endzustand markiert, sondern einen offenen Prozess der wechselseitigen Gestaltung von Gesellschaft und Staat[111]. Da sich die Gesellschaft im Gebrauch der Grundrechte und der Staat in der Praxis der Demokratie weiterentwickeln, ergeben sich auch stets neue Anforderungen an die soziale Staatstätigkeit. Sieht man in der sozialen, politischen und ökonomischen Entwicklung der Gesellschaft zumindest das Potenzial dafür, dass Integration, Solidarität und Wohlstand zunehmen, so kann dieser offene Prozess mit positiver Konnotation als sozialer Fortschritt bezeichnet werden[112]. Für die Integrationsaufgabe und Stabilität des sozialen Rechtsstaats[113] ist eine solche Hoffnung auf sozialen Fort-

---

[103] Zacher in: HStR II, 3.A. (2004), § 28 RN 64; Benda in: HVerfR, 2.A. (1995), § 17 RN 106.

[104] Zacher in: HStR II, 3.A. (2004), § 28 RN 43; Benda in: HVerfR, 2.A. (1995), § 17 RN 88.

[105] Benda in: HVerfR, 2.A. (1995), § 17 RN 171, 173.

[106] Volkmann (1997), S. 67.

[107] Vgl. Schulte in: Ekonomi/von Maydell/Hänlein (2003), S. 139, 149; C. Adam, TuP 2002, S. 407, 414.

[108] Berliner Rede „Vertrauen in Deutschland – eine Ermutigung" vom 12. Mai 2004.

[109] Vgl. oben III.A.12.e.

[110] Art. 27–38 ChGREU; Art. II-87 bis II-95 EVV.

[111] BVerfG vom 17. August 1956, BVerfGE 5, 85, 198 (KPD-Verbot); Zacher in: HStR II, 3.A. (2004), § 28 RN 83; Benda in: HVerfR, 2.A. (1995), § 17 RN 100; P. Badura, DÖV 1968, S. 446, 449; Bachof, VVDStRL 12 (1954), S. 37, 44.

[112] Karl Marx fasste dies in der Kritik der Hegelschen Rechtsphilosophie so zusammen, dass wenn das Volk zum Prinzip der Verfassung werde, der Fortschritt zum Prinzip der Verfassung werde, vgl. Maihofer (1968), S. 64.

[113] Vgl. Forsthoff (1971), S. 158 f.

schritt essentiell. Das BVerfG fasste diese Position im KPD-Verbotsurteil so zusammen:

„Das Sozialstaatsprinzip soll schädliche Auswirkungen schrankenloser Freiheit verhindern und die Gleichheit fortschreitend bis zu dem vernünftigerweise zu fordernden Maße verwirklichen."[114]

Wenn viele Individuen und relevante soziale Gruppen nicht mehr hoffen können, ihre Lage zu verbessern, weil der soziale und politische Weg dazu abgeschnitten erscheint, verliert der soziale Rechtsstaat zumindest subjektiv seine Zukunftsoffenheit und vermag die Gesellschaft immer weniger zu integrieren[115]. Während in den am weitesten entwickelten Ländern Europas und gerade in Deutschland ein sozialpessimistischer Diskurs an Raum gewonnen hat[116], ist im größten Teil der Union die Hoffnung auf sozialen Fortschritt lebendig. Sie gehört angesichts der Notwendigkeit weiterer Integration auch nicht zufällig zu den normativen Grundlagen der Europäischen Union[117].

Das soziale Fortschreiten der Gesellschaft kann auch als wertneutrale Bezeichnung dafür angesehen werden, dass soziale, politische und ökonomische Dynamik Wesenselemente der heute im sozialen Staat verfassten Gesellschaft sind. Der Versuch, dieses Fortschreiten aus den Bedürfnissen der Gegenwart zu steuern, ist dabei ebenso unvermeidbar wie unvollkommen. Sozialer Fortschritt hat daher Ziele der jeweiligen Gegenwart, aber kein sicheres Ziel in der Zukunft.

Dabei müssen die Risiken und Probleme, deren sich der soziale Staat annimmt, ebenso offen für Wandel und Neudefinition sein wie die Instrumente und Schwerpunkte der sozialen Staatsaktivität. So wie die Begriffe Behinderung und Rehabilitation seit 1919 als Kategorien in der Gesellschaft und im Recht erst entstanden sind, so könnten sie sich im Laufe des sozialen Fortschritts wandeln und neuen Problemen und Problembeschreibungen Platz machen. Die Behauptung, die Behindertenbewegung sei *„die letzte Bürgerrechtsbewegung"*, kann insofern höchstens vorläufig zutreffen. Waren Tuberkulose, Rachitis und Kriegsverletzungen die Ursachen von Behinderung und Themen von Rehabilitation in der Frühzeit dieser Begriffe, so sind es heute Aids, Bewegungsmangel und Suchtkrankheiten. In der Zukunft könnten die ungleiche genetische Ausstattung der Menschen[118], die Möglichkeiten der Neurotechnologie[119] oder die Überforderung durch Kreativitätsdruck bestimmende Themen werden. Ein Fortschreiten zu einer Gesellschaft ganz

---

[114] BVerfG vom 17. August 1956, BVerfGE 5, 85, 206; vgl. Zacher, AöR 93 (1968), S. 341.
[115] Dahrendorf (2003), S. 91: *„Erst wenn ein Schimmer der Hoffnung ins Dunkel fällt, beginnt der soziale Konflikt."*; Neuner (1999), S. 104 f. sieht die Idee des Sozialstaats im unmittelbaren Zusammenhang mit dem Schutz vor Hoffnungslosigkeit als sozialem Menschenrecht.
[116] Vgl. dazu: Benda in: HVerfR, 2.A. (1995), § 17 RN 87; Lücke, AöR 107 (1982), S. 15, 56; promoviert wird dieser Diskurs vor allem von privilegierten Bevölkerungsschichten, deren soziale Bedarfslagen befriedigt sind. Die Prämisse dieses Diskurses lautet zumeist, sozialer Fortschritt sei nur als Verteilung von Zuwächsen bei wirtschaftlichem Wachstum denkbar. Unabhängig von der Frage, ob der implizierte ökonomische Pessimismus berechtigt ist, verabsolutiert eine solche Sichtweise die bisherigen Besitzstände und negiert die Möglichkeit einer positiven Wechselwirkung von sozialem und ökonomischem Fortschritt.
[117] Art. 2 EUV, Art. I-3 EVV.
[118] Caspar, EuGRZ 2000, S. 135, 137; vgl. oben II.A..1.d.(3).
[119] Vgl. Mürner (2003), S. 90 ff.

ohne Behinderung erscheint gerade in diesem Kontext weniger als eine Vision sozialen Fortschritts denn als eine neuerliche Perversion des Sozialstaats. Die Unvollkommenheit der Menschen in Gesetzgebung und Alltag zu akzeptieren und mit ihr umzugehen ist dagegen eine dauerhaft notwendige Vorbedingung einer offenen, sozialen und entwicklungsfähigen Gesellschaft.

8. Sozialer Bundesstaat

Das Gebot des sozialen Rechtsstaats bindet nicht nur den Bund, sondern alle öffentliche Gewalt in Deutschland und damit auch, wie in Art. 28 Abs. 1 Satz 1 GG eigens hervorgehoben, die Länder. Für Gesetzgebung, Regierung und Verwaltung sowie Rechtsprechung der Länder gelten damit die dargestellten Grundsätze. Das soziale Staatsziel ist auch, wie aus der Formulierung vom sozialen Bundesstaat ersichtlich ist, bindende Prämisse der Bundesstaatlichkeit. Das bedeutet, dass die konkreten Einrichtungen und Strukturen des Föderalismus in der Bundesrepublik Deutschland dem sozialen Staatsziel verpflichtet sind und nicht im Widerspruch zu ihm ausgestaltet werden dürfen. So muss die Ausgestaltung des föderalen Finanzsystems die bündische und soziale Solidarität so berücksichtigen, dass nicht Zwänge oder Anreize für die Länder geschaffen werden, sich dem sozialen Staatsziel zuwider zu verhalten. Ein Ausgleich zwischen Ländern mit unterschiedlichen sozialen Verhältnissen und Risikolagen mit dem Ziel der Gleichwertigkeit der Lebensverhältnisse[120] und einem auf die Gesellschaft des gesamten Bundesgebiets bezogenen gesamtwirtschaftlichen Gleichgewicht[121] muss stattfinden. Besondere Bedarfslagen der Bürgerinnen und Bürger eines Landes, wie insbesondere Behinderung, dürfen nicht dazu führen, dass diese unerwünscht werden und ihnen, wie zur Zeit des Unterstützungswohnsitzes im Kaiserreich, faktisch die Freizügigkeit im Bundesgebiet[122] verwehrt wird. Zu berücksichtigen ist dabei, dass behinderte Menschen oft nicht, wie andere, auf Mobilität und Flexibilität zwischen Orten und Regionen verwiesen werden können, weil ihnen die körperlichen Voraussetzungen für lange Arbeitswege fehlen oder sie auf stabile familiäre oder andere soziale Netzwerke besonders angewiesen sind[123].

Ein Wettbewerb zwischen den Bundesländern entspricht dem Prinzip des sozialen Bundesstaates, wenn er um verschiedene Ausprägungen und Realisierungen des sozialen Staatszieles geführt wird[124], aber nicht, wenn in diesem Wettbewerb die Interessen hilfsbedürftiger und behinderter Bürgerinnen und Bürger negiert werden. Dieser Aspekt berührt entsprechend die Verteilung von Verantwortlichkeiten und Lasten zwischen Ländern und Kommunen, die sich namentlich im Verhältnis zwischen örtlichen und überörtlichen Trägern der Sozialhilfe, Jugendhilfe oder Schulverwaltung realisiert[125]. Sind die Verantwortlichkeiten hier so verteilt, dass

---

[120] Art. 72 Abs. 2 GG.
[121] Art. 109 Abs. 2 GG.
[122] Art. 11 Abs. 1 Satz 1 GG.
[123] Vgl. Waldschmidt (1999), S. 41.
[124] Vgl. Welti/Fakhreshafaei, RuP 2001, S. 102, 103 f.; Schmidt-Jortzig, DÖV 1998, S. 746 ff.
[125] Vgl. zu den Problemen aus Sicht der kommunalen Träger: Vorholz, Der Landkreis 2004, S. 472 ff.

Anreize geschaffen werden, sie zu Lasten der behinderten Menschen abzuwälzen, so bleibt die Staatsorganisation im Mehr-Ebenen-Staat hinter den Anforderungen eines sozialen Staatsziels zurück[126].

Die Länder sind für ihre verfassungsmäßige Ordnung an die Grundsätze des sozialen Rechtsstaats gebunden[127]. Es steht ihnen frei, diese Grundsätze in ihren Verfassungen näher zu konkretisieren. In allen Landesverfassungen finden sich Staatsziele und Rechte, die geeignet sind, das soziale Staatsziel näher zu konkretisieren. Diese sozialen Regelungen der Landesverfassungen werden zum Teil als relativ bedeutungslos angesehen. Eine solche Sichtweise berücksichtigt nicht hinreichend das Grundverständnis des Grundgesetzes, wonach Staatstätigkeit[128], Gesetzgebung[129] und Verwaltung[130] primär Angelegenheit der Länder sind. Die Konkretisierungen des sozialen Staatszieles in den Verfassungen der Länder sind damit zumindest für das jeweilige Bundesland bindend und vermögen Landesgesetzgebung, Regierungs- und Verwaltungstätigkeit und die Rechtsprechung im Verfassungsraum des Landes zu beeinflussen[131]. Darüber hinaus kann es für das Verständnis des sozialen Staatszieles im gesamten Bundesgebiet nicht ohne Einfluss bleiben, wenn die Verfassungsgebung in einer großen Anzahl von Ländern zu gleichen oder ähnlichen Ausformungen des sozialen Staatsziels gekommen ist[132]. So können auch die Regelungen in den meisten Landesverfassungen zur besonderen Verantwortung des Staates für behinderte Menschen[133] berücksichtigt werden, wenn der Inhalt des bundesstaatlichen Sozialstaatsgebots zu ermitteln ist.

Bei der Kritik sozialer Staatsziele und Grundrechte der Landesverfassungen sehen einzelne Autoren einen Verstoß gegen den Grundsatz „Bundesrecht bricht Landesrecht" (Art. 31 GG). Diese Kritik ist jedoch überzogen und beruht auf falschen Prämissen. Art. 31 GG betrifft nur den Fall von Normenkollisionen[134], wie für Landesgrundrechte in Art. 142 GG ausdrücklich klargestellt ist. Kollisionen sind bei Erweiterung und Konkretisierung des Grundrechtsschutzes selten[135]. Wenn sie auftreten, führt Art. 31 GG nicht zur Nichtigkeit, sondern nur zur Unanwendbarkeit entgegenstehenden Landesrechts[136]. Weiterhin handelt es sich bei den sozialen Bestimmungen in den Landesverfassungen durchgängig um Materien, die nach der Kompetenzordnung des Grundgesetzes Gegenstände der konkurrierenden Gesetzgebung sind (Fürsorge, Arbeitsrecht und Sozialversicherung) und für die zumindest teilweise die Länder und Kommunen die Verwaltungskompe-

---

[126] Vgl. zur Rolle des Bedarfs für den Länderfinanzausgleich: BVerfG vom 11. November 1999, BVerfGE 101, 158, 223; Welti/Fakhreshafaei, RuP 2001, S. 102, 105.

[127] Art. 28 Abs. 1 Satz 1 GG.

[128] Art. 30 GG.

[129] Art. 70 Abs. 1 GG.

[130] Art. 83 GG.

[131] Degenhart in: Degenhart/Meissner (1997), § 6, Rz 9: „relevanter Abwägungsbelang".

[132] Neuner (1999), S. 83 spricht von einem „Indiz unter konsenstheoretischen Gesichtspunkten"; Schlenker (1986), S. 70.

[133] Vgl. unten III.D.2.; IV.B.4.b.

[134] BVerfG vom 29. Januar 1974, BVerfGE 36, 342; Sacksofsky, NVwZ 1993, S. 235, 237.

[135] Sacksofsky, NVwZ 1993, S. 235, 237 f.

[136] Sacksofsky, NVwZ 1993, S. 235, 239.

tenz haben. Somit verbleibt, gerade angesichts diskutierter Reformen der föderalen Aufgabenverteilung, eine Reservefunktion für die Zukunft[137].

Jedenfalls können Bestimmungen der Landesverfassungen sie bei Auslegung und Überprüfung des Landesrechts als Optimierungsgebote auch zu Gunsten Einzelner wirken[138]. Sie können im Bereich eines Landes zur Konkretisierung entsprechender Bundesnormen eingesetzt werden[139]. Somit verbleibt in der Gesetzgebung jedenfalls zukünftig und in der Verwaltung auch gegenwärtig ein direkt angesprochener Bereich staatlichen Handelns auf der Landesebene.

9. Europäische Union und Sozialstaat

Im Verhältnis von europäischer Union und sozialer Staatstätigkeit ihrer Mitgliedstaaten wird dem die Sozialstaatlichkeit prägenden Wechselverhältnis von Staat und Gesellschaft eine neue Dimension hinzugefügt. Aufgabe der Europäischen Union ist es, in einer immer engeren Union die Beziehungen zwischen den Mitgliedstaaten und zwischen ihren Völkern kohärent und solidarisch zu gestalten[140]. Staaten und Gesellschaften („Völker") in der EU bleiben also erhalten, während ein Staaten und Gesellschaften erfassender Integrationsprozess abläuft[141]. Die Integration der Gesellschaften erfolgt über die Schaffung des Europäischen Binnenmarktes mit freiem Verkehr von Waren, Personen, Dienstleistungen und Kapital[142] und durch die Unionsbürgerschaft und die Freizügigkeit der Unionsbürger[143]. Die staatliche Integration erfolgt in der Form der Rechtsgemeinschaft mit dem Anwendungsvorrang der europäischen Rechtsordnung, der Zusammenarbeit der Regierungen und der Tätigkeit der Gemeinschaftsorgane. Damit ist das Wechselverhältnis von Staat und Gesellschaft auf der nationalen Ebene geöffnet für eine Fülle von Impulsen, die aus beiden Sphären, von Marktakteuren und Unionsbürgern wie aus Recht und Administration der EG kommen. In den letzten Jahrzehnten ist diese Öffnung vor allem als Konfliktverhältnis zur traditionellen sozialen Staatstätigkeit der Mitgliedstaaten wahrgenommen worden. In den jetzt gültigen Formen des Europäischen Rechts zeichnet sich aber ein neu balanciertes Verhältnis ab, das dem sozialen Staatsziel der Mitgliedsländer hinreichenden und zum Teil neuen Entfaltungsraum belässt und schafft[144].

Im Grundgesetz ist die Mitwirkung der Bundesrepublik Deutschland bei der Entwicklung der Europäischen Union mit der Bedingung verknüpft, dass diese Union demokratischen, rechtsstaatlichen, sozialen und föderativen Grundsätzen verpflichtet ist[145]. Damit hat das soziale Staatsziel im Grundgesetz nach dem Bezug

---

137 Sacksofsky, NVwZ 1993, S. 235, 239.
138 Erbguth/Wiegand, DÖV 1992, S. 770, 778.
139 Erbguth/Wiegand, DÖV 1992, S. 770, 776.
140 Art. 1 Abs. 2 und Abs. 3 Satz 2 EUV; vgl. oben III.A.12.
141 Vgl. umfassend: Korioth, VVdStRL 62 (2003), S. 117 ff.
142 Art. 14 EGV; Art. III-130 EVV.
143 Art. 17, 18 EGV; Art. I-10 EVV.
144 Vgl. Franzius, Der Staat 2003, S. 496, 503.
145 Art. 23 Abs. 1 Satz 1 GG; vgl. BVerfG vom 22. Oktober 1986, BVerfGE 73, 339 (wirksamer Rechtsschutz gegen Gemeinschaftsakte).

auf den Bund[146] und die Länder des Bundesstaats[147] auch einen Bezug zu den Zielen des europäischen Staatenverbunds. Eine Aufgabe des sozialen Staatsziels im Rahmen der Europäischen Integration wäre mit dem Fundamentalcharakter der Norm unvereinbar. Die Verankerung des Europa-Artikels im Grundgesetz stand im unmittelbaren Zusammenhang mit dem Vertrag von Maastricht, mit dem wesentliche Grundlagen des heute geltenden europäischen Vertragsrechts geschaffen wurden.

Die Europäische Gemeinschaft hat die Ziele einer harmonischen und ausgewogenen Entwicklung des Wirtschaftslebens, eines beständigen, nicht-inflationären und umweltverträglichen Wachstums, eines hohen Grads an Konvergenz der Wirtschaftsleistungen und an sozialem Schutz, der Hebung der Lebenshaltung und Lebensqualität und des wirtschaftlichen und sozialen Zusammenhalt sowie der Solidarität zwischen den Mitgliedstaaten[148]. Die dies regelnde Norm (Art. 2 EGV/ Art. I-3 EVV) kann zwar als gemeinschaftliches Sozialstaatsprinzip interpretiert werden[149], richtet sich jedoch allein an die Gemeinschaftsorgane selbst und bindet die Mitgliedstaaten selbst nicht[150]. Soziale Staatstätigkeit der Gemeinschaft und aller ihrer Mitgliedstaaten im europäischen Verfassungsverbund kann in der Unionsbürgerschaft (Art. 17 EGV; Art. I-10 EVV) fundiert werden[151]. In der Anerkennung der Dienste von allgemeinem wirtschaftlichen Interesse (Art. 16 EGV; Art. III-122 EVV) und ihrer besonderen Behandlung vor den Regeln des Europäischen Markt- und Wettbewerbsrechts[152] ist die Erkenntnis aufgehoben, dass die soziale Staatstätigkeit besonderer Mittel bedarf um ihrer gestaltenden Aufgabe gerecht werden zu können. Dabei erkennt etwa die Europäische Kommission an, dass diese Dienstleistungen, im deutschen Sprachgebrauch etwa die Daseinsvorsorge[153], zum Kern eines europäischen Gesellschaftsmodells gehören[154].

Die Gemeinschaft hat eigenständige sozialpolitische Kompetenzen[155], die sich vor allem auf den Arbeitsmarkt beziehen und die Zusammenarbeit zur beruflichen Eingliederung der aus dem Arbeitsmarkt ausgegrenzten Personen umfassen[156]. Durch den Rückbezug auf die Europäische Sozialcharta und die Gemeinschaftscharta der sozialen Grundrechte[157] wurden diese in die Gemeinschaftsrechtsordnung integriert und die dort enthaltenen Vorschriften über behinderte Menschen für die Sozialvorschriften des EGV relevant[158].

---

[146] Art. 20 Abs. 1 GG.
[147] Art. 28 Abs. 1 Satz 1 GG.
[148] Art. 2 EGV; Art. I-10 EVV.
[149] Hatje in: Schwarze, Rz 17 zu Art. 2 EGV; auch Zacher in: HStR II, 3.A. (2004), § 28 RN 150.
[150] Kingreen (2003), S. 421 f.
[151] EuGHE 1998, 2691, 2719 ff. (Martinez Sala), zum deutschen Erziehungsgeldrecht; EuGHE 2001, S. 6193, 6242 (Grzelczyk), zu einer belgischen Sozialhilfe für Studierende; vgl. Kingreen (2003), S. 416 f.; Kadelbach in: von Bogdandy (2003), S. 540, 63 f.; ausführlich: Kingreen (2003), S. 425 ff.; Soria, JZ 2002, S. 643 ff.
[152] Art. 86 Abs. 2 EGV; vgl. Ronellenfitsch in: Blümel (2003), S. 53, 93.
[153] Vgl. oben III.B.5.
[154] Kingreen (2003), S. 119, 428 ff.; Europäische Kommission, ABl. 1996, C 281/3.
[155] Art. 136–145 EGV; Kingreen (2003), S. 292.
[156] Art. 137 Abs. 1 lit. h EGV; Art. III-210 EVV.
[157] Art. 136 Satz 1 EGV; Art. III-209 EVV.
[158] Vgl. Hoffmeister in: V. Neumann (2004), § 3, Rz 12.

Umfang und Gegenstände der allen Mitgliedstaaten gemeinsamen sozialen Staatstätigkeit werden in verschiedenen Vorschriften der Charta der Grundrechte[159] angesprochen, die damit auch einem sozialen Grundrechtsverständnis verpflichtet ist. Die Europäische Sozialcharta kann als ergänzende Quelle gemeinsamer Standards sozialer Staatstätigkeit herangezogen werden. Diese Tätigkeit der Mitgliedstaaten soll durch die Anwendung des Europäischen Rechts nicht beeinträchtigt werden. Das kann und muss bei der Auslegung des gesamten europäischen Rechts und des Verhältnisses zwischen europäischem und nationalem Recht berücksichtigt werden. Nationales Recht, das der Verwirklichung der genannten Ansprüche dient, soll bei der Anwendung europäischen Rechts nicht anderen Grundsätzen zum Opfer fallen. Dies kann bei der Auslegung der Marktfreiheiten und hier konkret bei der Einordnung von Diensten und Einrichtungen als Dienste von allgemeinem wirtschaftlichem Interesse[160] und ihrer Privilegierung im Wettbewerbsrecht[161] sowie bei der Einordnung von Beihilfen sozialer Art[162] und allgemein bei Rechtfertigungsgründen für nationale Beschränkungen der Grundfreiheiten von Bedeutung sein.

Es wird so signalisiert, dass die gemeinsame Entwicklung der europäischen Staaten und Gesellschaften nicht zu Lasten des sozialen Schutzes und namentlich von behinderten Menschen gehen soll und dass dies von der Union selbst und den Mitgliedstaaten respektiert wird. Da die ökonomische Globalisierung zu einem gewichtigen Teil Europäisierung ist, wird damit ein Argument des aktuellen Sozialpessimismus geschwächt. Tatsächliche oder vorgebliche Wettbewerbszwänge können somit jedenfalls auf der Ebene des europäischen Binnenmarkts nicht mehr ohne weiteres für eine geringere Berücksichtigung etwa der Integration behinderter Menschen angeführt werden. Es wäre vielmehr zu begründen, warum trotz allgemeiner Achtung der sozialen Staatsziele der Binnenmarkt seine Verwirklichung erschwere.

10. Völkerrecht und Sozialstaat

Während für die soziale Staatstätigkeit in der sich entwickelnden Europäischen Union eine spezifische Erscheinungsform des über Staatsgrenzen hinaus reichenden Verhältnisses von Staat und Gesellschaft prägend ist, sind völkerrechtliche Bindungen der sozialen Staatstätigkeit regelmäßig auf die Bindung staatlichen Handelns durch völkerrechtliche Normen beschränkt. Einflüsse der Gesellschaft ergeben sich mittelbar durch den politischen Prozess, der den Abschluss völkerrechtlicher Verträge begleitet und durch die Möglichkeit, sich bei der Setzung und Interpretation nationalen Rechts auf das Völkerrecht zu berufen. Die Motivation für Staaten, völkerrechtliche Bindungen über ihre eigene soziale Tätigkeit einzugehen, kann also der politischen Legitimation nach innen dienen. Häufig liegt das In-

---

[159] Vgl. oben III.A.12.e.
[160] Art. 16 EGV; Art. III-122 EVV; vgl. dazu: EuGH vom 24. Juli 2003, NJW 2003, 2515 (Altmark Trans); Kämmerer, NVwZ 2004, S. 28 ff.; Schulte, TuP 2004, S. 54 ff.
[161] Art. 86 Abs. 2 EGV; Art. III-166 Abs. 2 EVV.
[162] Art. 87 Abs. 2 lit. a) EGV; Art. III-167 EVV.

teresse vor, zu verhindern, dass durch ein Unterlaufen sozialer Standards Wirtschaftssubjekte kurzfristige ökonomische Vorteile erreichen können. Dies setzt internationalen Handel oder international verflochtene Wirtschaftstätigkeit und damit wiederum eine Form des Austauschs zwischen den Gesellschaften voraus.

Zu den engeren Formen völkerrechtlicher Bindungen gehören diejenigen Verträge und Konventionen, die in einen festen institutionellen Rahmen eingebunden sind und eine Überprüfung vorsehen. Dies ist namentlich bei den Vertragswerken des Europarats wie der Europäischen Menschenrechtskonvention[163] und der Europäischen Sozialcharta[164] der Fall. Diese europäischen völkerrechtlichen Verträge werden auch von der Europäischen Union in Bezug genommen und können als Vorbereitung und Abrundung des Europarechts im engeren Sinne gelten.

In den Rahmen der Vereinten Nationen eingebunden sind die Menschenrechtspakte[165]. Die Allgemeine Erklärung der Menschenrechte, der Internationale Pakt über bürgerliche und politische Rechte der Internationale Pakt über wirtschaftliche, soziale und kulturelle Rechte, die Konvention gegen Folter und andere grausame, unmenschliche oder erniedrigende Behandlung, die Konvention zur Beseitigung aller Formen der Diskriminierung von Frauen, die Konvention der Rechte des Kindes und die Internationale Konvention über die Beseitigung aller Formen rassischer Diskriminierung werden in spezifischen Verfahren durch das Kommissariat der Vereinten Nationen für Menschenrechte überwacht. Berichtspflichten der Staaten, Empfehlungen und Konferenzen sowie eine wachsende Bezugnahme der internationalen Öffentlichkeit dienen der Durchsetzung dieser Pakte, in denen viele Verpflichtungen über und Ziele für Art und Umfang der sozialen Staatstätigkeit enthalten sind. Die Einhaltung der im Rahmen der ILO erarbeiteten Konventionen zu arbeits- und sozialrechtlichen Fragen sind wird im Diskurs der Vertreter von Staaten, Gewerkschaften und Arbeitgebern innerhalb dieser Organisation beobachtet[166].

In Deutschland gelten diese Übereinkommen als einfaches Bundesrecht. Bis auf vereinzelte Ausnahmen wird in der deutschen Rechtsprechung angenommen, dass auf derartige internationale Verträge keine Rechte und Ansprüche einzelner Personen gestützt werden können[167]. Diese Auffassung ist von Seiten der internationalen Organisationen wiederholt kritisiert worden[168]. Sie ist jedenfalls zu pauschal, da die unterschiedliche Formulierung von Abkommensrecht nicht ohne Einfluss auf die Wirkung in der innerstaatlichen Ordnung bleiben kann[169]. Zumindest dann, wenn es kein explizit entgegenstehendes nationales Recht gibt, gebietet der Zusammenhang der Rechtsordnung, die Abkommen bei der Auslegung und Anwendung des deutschen Rechts zu berücksichtigen. Für die Beschreibung der Verantwortung sozialer Staatstätigkeit, und damit auch für die Feststellung ihres mög-

---

163 Vgl. unten IV.B.4.d.
164 Vgl. oben III.A.12.b.; unten III.D.4.
165 Vgl. unten IV.B.4.e.
166 Vgl. oben III.A.13.a.
167 Vgl. kritisch: von Roetteken, NZA 2001, S. 414, 416.
168 Dazu Nußberger in: Ekonomi/von Maydell/Hänlein (2003), S. 43, 53 für den IPWSK; S. 54 für die ESC.
169 Nußberger in: Ekonomi/von Maydell/Hänlein (2003), S. 43, 55.

lichen Untermaßes, können die völkerrechtlichen Verpflichtungen in jedem Fall von Bedeutung sein[170].

11. Soziale Gerechtigkeit

Der Begriff der sozialen Gerechtigkeit dient der Beschreibung des mit dem sozialen Staatsziel für die einzelnen Mitglieder der Gesellschaft verfolgten Ziel[171]. Soziale Gerechtigkeit ist ein Teil der Gerechtigkeit als einem wesentlichen Ziel der Rechtsordnung[172] und beschreibt vor allem die angestrebte gerechte Teilhabe an Gütern, Werten und Ansprüchen in einer Gesellschaft[173]. Sie kann durch Recht immer nur angestrebt und angenähert werden. Es lassen sich drei grundlegende Erscheinungsformen der sozialen Gerechtigkeit[174] unterscheiden, die in jeweils unterschiedlichen Regelungen ausgeformt worden sind.

a) Bedarfsgerechtigkeit

Die Bedarfsgerechtigkeit ist die erste grundlegende Form der sozialen Gerechtigkeit. In ihr wird angestrebt, jeder Person, das zu geben, wessen sie bedarf. Dieses Ziel erscheint einfach und grundlegend. Da jedoch Menschen tendenziell viele Bedürfnisse haben und artikulieren, wird bei angestrebter Bedarfsgerechtigkeit eine Differenzierung zwischen subjektiven Bedürfnissen und objektivem Bedarf vorgenommen. Diese Unterscheidung ist regelmäßig mit wertenden und relativen Elementen verbunden. So ist die Bekämpfung von Armut ein Feld der Bedarfsgerechtigkeit. Wer arm ist, kann jedoch nur relativ zu anderen Mitgliedern der Gesellschaft und nach wertender Entscheidung über die Grenze der Armut bestimmt werden[175]. Auch für Gesundheitsleistungen wird Bedarfsgerechtigkeit angestrebt. Dabei wird versucht, zwischen notwendigen und nicht notwendigen Leistungen zu unterscheiden. Auch hierzu sind wertende Entscheidungen erforderlich, die Ziele und Mittel der gesundheitlichen Versorgung und ihre Relation betreffen.

Die soziale Bedarfsgerechtigkeit ist in Verbindung mit dem Schutz der Menschenwürde und der Grundrechte Grundlage für die Sicherung des Existenzminimums[176] durch Sozialhilfe und Grundsicherung. Dabei ist erkennbar, dass das Existenzminimum nicht nur um der Bedarfslage der Einzelnen willen gesichert wird, sondern wegen der grundsätzlichen Bedeutung für subjektive und objektive Sicherheit aller Mitglieder der Gesellschaft. Auch der Bezug zur Menschenwürde

---

[170] Menzel, DÖV 1972, S. 537, 541.

[171] BVerfGE 40, 121, 134; BVerfGE 5, 85, 198 (KPD-Verbot); Benda in: HVerfR, 2.A. (1995), § 17 RN 170; P. Badura, DÖV 1968, S. 446; Bachof, VVDStRL 12 (1954), S. 37, 40.

[172] Zusammen mit Rechtssicherheit und Zweckmäßigkeit, vgl. Radbruch (1999).

[173] Vgl. den zweiten Armuts- und Reichtumsbericht, BT-Drucks. 15/5015, S. 12: *„Bezugspunkt sozial gerechter Politik ist für die Bundesregierung die Schaffung sozialer und ökonomischer Teilhabe- und Verwirklichungschancen für alle Mitglieder der Gesellschaft."*

[174] Vgl. unter Bezug auf Sen, Rawls, Hauser, Becker, Kocka und Huber: BT-Drucks. 15/5015, S. 13 f.

[175] Vgl. zur Definition von Armut und Reichtum in Deutschland den zweiten Armuts- und Reichtumsbericht, BT-Drucks. 15/5015, S. 11.

[176] Zacher in: HStR II, 3.A. (2004), § 28 RN 86; vgl. Dürig, JZ 1953, S. 192, 198.

hat einen solchen sozial integrativen Zug: Wenn Menschen in einer Gesellschaft wegen Hunger, Frost oder vorenthaltener medizinischer Versorgung sterben, krank oder behindert werden, so beeinträchtigt dies zumindest nach verbreiteter Ansicht nicht nur die Menschenwürde der betroffenen Menschen, sondern auch der anderen, die sich zugleich in ihrer mitmenschlichen Solidarität überfordert und allein gelassen fühlten, wenn nicht durch organische Solidarität für Hilfe gesorgt würde.

Nach dem Prinzip der Bedarfsgerechtigkeit ist unter den Geldleistungen für behinderte Menschen die Grundsicherung bei dauerhafter Erwerbsminderung[177] gestaltet. Die Leistungen zur medizinischen Rehabilitation, zur Teilhabe am Arbeitsleben und zur Teilhabe am Leben in der Gemeinschaft sowie die Pflegeleistungen folgen in ihrer leistungsrechtlichen Ausgestaltung der Bedarfsgerechtigkeit[178]. Im Wesentlichen am Bedarf orientiert sind die Leistungsvoraussetzungen der Sozialhilfe und der Jugendhilfe, die weder ein Versicherungsverhältnis noch eine spezifische Ursache der Bedarfslage voraussetzen. Ebenfalls bedarfsorientiert gewährt werden die Leistungen der Integrationsämter sowie einige Leistungen der Agenturen für Arbeit. Im deutschen System ist das Prinzip der Bedarfsgerechtigkeit bei den Leistungsvoraussetzungen den steuerfinanzierten Systemen zugeordnet, die Leistungen überwiegend nach Bedürftigkeit gewähren[179]. Bei der Leistungsgestaltung dominiert die Bedarfsgerechtigkeit bei den nicht in Geld ausgebrachten Leistungen zur Teilhabe, zur medizinischen Rehabilitation und zur Pflege aber in allen Systemen der sozialen Sicherung. Hier bestimmt das Solidarprinzip die Sozialversicherung[180]. Im Steuerrecht sind Elemente der Bedarfsgerechtigkeit durch die Steuerfreiheit des Existenzminimums verankert, was bei Anerkennung besonderer Bedarfe auch für behinderte Menschen besondere Bedeutung hat.

Das Sozialstaatsgebot gebietet, die Lebensbedarfe aller Bürgerinnen und Bürger zu beachten. Das bedeutet nicht, dass diese Bedarfe auf die zweckmäßigste, vernünftigste oder gerechteste Weise berücksichtigt werden müssen oder der Gesetzgeber jeden von den betroffenen Menschen wünschenswerten Bedarf berücksichtigt. Bedenklich ist aber, wenn das BVerfG in einer Kammerentscheidung zum Leistungsrecht der Pflegeversicherung auch ausführt, es sei im Rahmen der verfassungsrechtlichen Prüfung nicht nötig, darauf abzustellen, was sich aus Sicht behinderter Menschen als unerlässlich darstellt[181]. Die Berücksichtigung des unerlässlichen Bedarf, also des Existenzminimums[182], ist auch nach verfassungsrechtlicher Rechtsprechung sehr wohl Prüfungsmaßstab. Eine Pauschalierung von Hilfen auf dem Niveau des für gesunde und erwerbsfähige Menschen angenommenen Existenzminimums, würde die besonderen Bedarfslagen behinderter Menschen negieren, wie sie heute in der Eingliederungshilfe und anderen Teilhabeleistungen berücksichtigt werden. Es würde das sozialstaatlich gebotene Maß der Bedarfsge-

---

177 § 42 SGB XII.
178 Vgl. Nettesheim, VerwArch 2002, S. 315, 334 f.
179 Vgl. unten III.C.1.
180 Rolfs (2000), S. 267.
181 BVerfG vom 22. Mai 2003, Az. 1 BvR 452/99, Rz 18.
182 Vgl. unten IV.A.5., IV.B.5.b.(3).d.; IV.C.4.a.; IV.D.5.d.(1).

rechtigkeit verlassen, wenn die besonderen Bedarfe behinderter Menschen bei der Bemessung von Sozialleistungen keine Berücksichtigung mehr finden würden[183].

b) Leistungsgerechtigkeit

Das Prinzip der Leistungsgerechtigkeit besagt, dass soziale Gerechtigkeit auch nach den Leistungen differenzieren muss, die Personen in der Gesellschaft und insbesondere in der organisierten Solidarität erbringen und erbracht haben. Im Arbeits- und Wirtschaftsleben wird zumindest dem Anspruch nach die Leistung des Einzelnen, unter der Voraussetzung von Austauschgerechtigkeit, zur Grundlage der Grundformel von Bedarfsdeckung durch Erwerbsarbeit. Die Gerechtigkeit von Leistung und Gegenleistung ist eine Grundlage aller zivilrechtlich vermittelten Bedarfsdeckung. Immer dort, wo diese Grundformel durch Arbeitslosigkeit oder gesundheitlich bedingte Erwerbsminderung nicht greift oder wo Marktversagen oder Schwäche des Einzelnen die Bedarfsdeckung unmöglich machen, ist der Sozialstaat herausgefordert[184]. Leistungsgerechtigkeit kann Wohlstand und Dynamik fördern, droht aber die unfreiwillig Leistungsschwachen zu vernachlässigen und bedarf der Ergänzung durch Bedarfsgerechtigkeit. Zudem muss Leistung ermöglicht werden. Hierzu bedarf es einer Befähigungsgerechtigkeit[185].

Im Sozialrecht hat die Leistungsgerechtigkeit ihren Platz vor allem in der Sozialversicherung[186], in der Geldleistungen dem Grunde und der Höhe nach von den bisher erbrachten Beiträgen abhängen. Das Prinzip der Leistungsgerechtigkeit soll der Anstrengung und Tüchtigkeit der einzelnen Menschen gerecht werden und durch Anreize zu weiterer Leistung zugleich der Stabilität des ganzen Systems dienen. In der Sicherung gegen Erwerbsminderung wird die Leistungsgerechtigkeit vor allem in der gesetzlichen Rentenversicherung verwirklicht, die dem Grunde nach von einer Vorversicherungszeit und der Höhe nach von den durch Beiträgen erworbenen Entgeltpunkten abhängt[187]. Steuerlich vermittelte Vergünstigungen folgen dann der Leistungsgerechtigkeit, wenn zunächst ein zu versteuerndes Einkommen vorausgesetzt wird, um sie in Anspruch nehmen zu können.

Das Prinzip der Leistungsgerechtigkeit hat einen großen Einfluss auf die Gestaltung der Sicherungssysteme gegen Behinderung und bei Behinderung. Es kann im negativen Sinne an die Unterscheidung zwischen heilbarer und unheilbarer Armut anknüpfen und damit die nur gering Leistungsfähigen hintansetzen[188]. Im positiven Sinne legt Leistungsgerechtigkeit eine Ausgestaltung nahe, die jedem Menschen ermöglicht, seine Leistungsfähigkeit zu entfalten. Integration und Leistungsgerechtigkeit stehen in einem engen Zusammenhang, da erst Integration, insbeson-

---

183 Vgl. unten V.B.4.a.(2).

184 Bieritz-Harder (2001), S. 187.

185 BT-Drucks. 15/5015, S. 14 unter Berufung auf den Ratsvorsitzenden der EKD, Bischof Wolfgang Huber.

186 Vgl. unten III.C.3.

187 Vgl. BVerfGE 75, 78, 102 f. zur Zulässigkeit einer Stärkung dieses Charakters der Erwerbsminderungsrenten; BVerfGE 59, 36, 50 zur Begründung der Berufsunfähigkeitsrente durch das Leistungsprinzip; vgl. dazu J. Becker (2001), S. 198.

188 Bieritz-Harder (2001), S. 184.

dere Teilhabe an Bildung und am Arbeitsleben, es ermöglicht, Leistungsfähigkeit zu entwickeln und zu entfalten. Dass Leistungen das Ziel haben, die Erwerbsfähigkeit zu sichern und Teilhabe am Arbeitsleben zu ermöglichen, dient wesentlich dazu, Leistung zu ermöglichen und damit das Prinzip der Leistungsgerechtigkeit zu fundieren und ihm Akzeptanz zu erhalten. Nötig ist auch eine Ausgestaltung der sozialen Sicherung, die auch für schwerstbehinderte Menschen Anreize zur eigenen Arbeitsleistung erhält[189].

Die Orientierung der Invaliditätssicherung in der gesetzlichen Rentenversicherung, Unfallversicherung, sozialen Entschädigung und im privaten Schadensersatzrecht am Prinzip der Leistungsgerechtigkeit[190] drückt sich in ihrer Beitragsbezogenheit und im Vorrang und der Bereitstellung von Leistungen zur Rehabilitation und Teilhabe aus. Diese Strukturelemente folgen aus den Grundrechten des Berufs, bezogen auf die Erhaltung der Leistungsfähigkeit und ihre Relevanz für die Sicherung, und des Eigentums an erworbenen Anwartschaften. Eine Reduzierung der Invaliditätssicherung auf die Grundsicherung bei dauerhafter Erwerbsminderung[191] und damit auf ein rein an der Bedarfsgerechtigkeit orientiertes Existenzminimum wäre ein Schritt zurück hinter die Anerkennung aller Dimensionen sozialer Gerechtigkeit und Bedarfslagen. Eine auch leistungsgerechte Sicherung bei Erwerbsminderung ist sozialstaatlich gebotener sozialer Mindeststandard[192].

c) Besitzstandsgerechtigkeit

Das Prinzip der Besitzstandsgerechtigkeit als Teil der sozialen Gerechtigkeit soll Menschen erworbene Rechte und erworbenen Wohlstand erhalten. Da Besitzstand weder mit Bedarf noch mit Leistung in einem zwingenden Zusammenhang steht, macht es sich als eigener Teil der sozialen Gerechtigkeit geltend. Besitzstandsgerechtigkeit verwirklicht vor allem Vertrauensschutz und Sicherheit. Sie kann Leistungsgerechtigkeit unterstützen, wenn das Erworbene auf Leistung beruht und wenn Sicherheit Voraussetzung für weitere Leistung ist. Sie kann Bedarfsgerechtigkeit schützen, wenn sich Besitzstände aus Bedarfslagen entwickelt haben. Besitzstand kann aber auch Anreize zur Leistung untergraben und bedarfsgerechter Verteilung entgegenstehen, wenn knappe Mittel als Besitzstände nicht für eine Umverteilung disponibel sind oder wenn Besitzstände die Grundformel der Beteiligung aller an produktiver Arbeit untergraben. Der dynamische und wandelbare demokratische Sozialstaat kann weder in Bezug auf Vermögen wie auf Sozialleistungen volle Besitzstandswahrung garantieren[193].

---

[189] Problematisch ist hier die Einkommensanrechnung durch die Sozialhilfe. U. Hase (in: Igl/Welti (2001), S. 25, 29) berichtet von einem behinderten Mann, der trotz Pflegestufe III ein Hochschulstudium absolviert hat und einen entsprechenden Arbeitsplatz hat, dennoch aus finanziellen Gründen nicht einmal am Betriebsausflug teilnehmen kann; vgl. den vom BVerwG am 29. April 1993 entschiedenen Fall BVerwGE 92, 254, in dem ein behinderter Mensch für den Besuch einer Werkstatt für Behinderte mehr ausgeben musste, als er als Einkommen erzielen konnte.

[190] Vgl. unten V.C.

[191] Vgl. unten V.C.5.

[192] Schlenker (1986), S. 110 f.

[193] Benda, NJW 1979, S. 1001, 1003.

In der Sicherung gegen Erwerbsminderung folgen der privatrechtliche Schadensausgleich, die soziale Entschädigung und die gesetzliche Unfallversicherung sowie das Beamtenrecht der Besitzstandssicherung, indem sie die Einkommensersatzleistungen regelmäßig nach dem zuletzt verfügbaren Einkommen bemessen. In der gesetzlichen Rentenversicherung ist der Gedanke des sozialen Besitzstands mit der Abschaffung der Berufsunfähigkeitsrenten zurückgedrängt worden. Der Begriff der Rehabilitation trägt in seinem ursprünglichen Bedeutungsgehalt die Wiederherstellung und Wiedereinsetzung in den vorigen Stand und damit ein Element von Besitzstandsgerechtigkeit. Mit der Erkenntnis, dass dies für behinderte Menschen oft kein realistisches Ziel ist, sind die Zieldefinitionen der Rehabilitation und Teilhabeleistungen immer stärker von Elementen der Bedarfs- und Leistungsgerechtigkeit geprägt worden.

Im Sozialrecht ist die Besitzstandsgerechtigkeit dort von Bedeutung, wo Erworbenes bewusst von besonderen Sozialbindungen freigestellt wird. Dies betrifft insbesondere behinderte Menschen und ihre Angehörigen bei der Anrechnung von Vermögen, wenn Eingliederungshilfe[194], Grundsicherung bei dauerhafter Erwerbsminderung[195] oder Grundsicherung für Arbeitssuchende[196] gewährt oder nicht gewährt werden[197]. Die Privilegierung des Vermögens als Besitzstand im Steuerrecht[198] betrifft den sozialen Rechtsstaat vor allem mittelbar als Problem seiner Finanzierung.

12. Gleichheit

Soziale Gerechtigkeit und soziale Staatsaktivität stehen in einem engen Zusammenhang zu Wert und Norm der Gleichheit[199], ohne aber in ihr aufzugehen. Im Streben nach sozialer Gerechtigkeit werden gesellschaftliche Ungleichheiten kritisiert und geprüft. Ungleichheit von Rechten, Chancen und Wohlstand muss im gesellschaftlichen Diskurs und politischen Prozess gerechtfertigt werden. Damit wird deutlich, dass der Gleichheitssatz des Rechts im sozialen Staat nicht als rein formales Prinzip der Rechtsgleichheit ausgelegt werden kann, sondern auch als Prinzip der sozialen Gleichheit wirkt[200]. Dies bedeutet, dass im Sozialstaat rechtliche Regelungen auch darauf zu befragen sind, ob die in ihnen enthaltene Gleichbehandlung oder Ungleichbehandlung zu Ergebnissen führt, die gleiche oder ungleiche Folgen haben[201]. So erscheint es im sozialen Rechtsstaat als nicht erträglich, durch formal gleiche Anforderungen Blinde von einer Prüfung oder Gehörlose von einer

---

[194] §§ 85–89 SGB XII.
[195] §§ 19, 20, 43 SGB XII.
[196] §§ 11, 12, 33–35 SGB II.
[197] Vgl. unten V.C.2.c.
[198] Vermögen wird heute in Deutschland nicht besteuert, vgl. BVerfG vom 22. Juni 1995, BVerfGE 93, 121, 137 (Beschränkung auf Sollertragssteuer); dagegen die abweichende Meinung von Böckenförde, BVerfGE 93, 149 ff.; Einkünfte aus Kapitalvermögen sind im Einkommensteuerrecht privilegiert, vgl. § 20 Abs. 4 EStG.
[199] Vgl. unten IV.B.
[200] Vgl. Schlenker (1986), S. 87; unten IV.B.5.b.
[201] Zacher in: HStR II, 3.A. (2004), § 28 RN 37: „Obwohl auf Rechtsgleichheit zielend, kann der Gleichheitssatz soziale Ungleichheiten nicht übersehen."; vgl. unten IV.B.6.f.(5).

Gerichtsverhandlung fernzuhalten, wenn eine differenzierende Regelung möglich wäre. Der Ausschluss bestimmter schutzbedürftiger Personen vom Zugang zur privaten Pflegeversicherung[202] oder gesetzlichen Krankenversicherung[203] wurde vom BVerfG als Verstoß gegen den Gleichheitssatz angesehen. Umgekehrt waren viele ausschließende Sonderregelungen im integrativen Sozialstaat auf Dauer nicht aufrecht zu erhalten.

Die besonderen Gleichheitssätze[204] unterstreichen und unterstützen den integrativen Bedeutungsgehalt des Sozialstaatsgebots: Indem der Staat vorhandene gesellschaftliche Trennungen und Spaltungen nach Religion, Anschauung, Heimat und Herkunft oder vermeintlicher Rasse nicht als Differenzierungsgrund benutzen darf, dienen die strikten Gleichheitssätze der staatlichen und gesellschaftlichen Integration. Sie sollen auch die generell benachteiligungsgefährdeten Gruppen vor sozialer Benachteiligung schützen[205]. Strikte Gleichheitssätze stehen so oft am Anfang staatlicher und gesellschaftlicher Integration. Es ist daher nicht überraschend, dass ihnen auch bei der europäischen Integration eine wichtige Rolle zukommt[206].

Mit dem Benachteiligungsverbot wegen der Behinderung sind behinderte Menschen als eine Gruppe identifiziert worden, deren Integration defizitär und gefährdet ist. Die Gleichheit behinderter Menschen hat im Benachteiligungsverbot (Art. 3 Abs. 3 Satz 2 GG)[207] eine eigenständige und sozialstaatlich geprägte Ausformung enthalten. Indem schon in der Norm die kompensierende Ungleichbehandlung zugelassen ist, reflektiert der besondere Gleichheitssatz die auf die soziale Realität gerichtete Entwicklung der Gleichheitsdogmatik. Mit seiner materiellen Bedeutung gewinnt der Gleichheitssatz auch in der sozial motivierten Zivilrechtsgestaltung an Bedeutung, steht dabei aber stärker als im öffentlich-rechtlichen Bereich im Konflikt mit Freiheitsrechten.

Mit den Prinzipien der Bedarfs-, Leistungs- und Besitzstandsgerechtigkeit lassen sich auch die wichtigsten Argumente in der Verwerfung oder Rechtfertigung von Gleichheit im Sozialrecht ausmachen. Das Prinzip der Bedarfsgerechtigkeit erfordert einerseits extreme Differenzierung in den Sachleistungen zur Teilhabe, die jeweils dem individuell unterschiedlichen Bedarf angemessen werden, führt aber bei Geldleistungen zu einer weit gehenden Nivellierung, da bedarfsgerechte Geldleistungen zumeist pauschaliert und einheitlich gewährt werden. Leistungsgerechtigkeit erscheint als starkes Argument für die Differenzierung von Geldleistungen, führt aber bei Sachleistungen eher zu einer Angleichung, weil sie diesen das identische Ziel der Integration in die Leistungsgesellschaft beifügt. Besitzstandsgerechtigkeit streitet für eine Differenzierung nach dem Besitzstand. Auch in den von ihr geprägten Systemen des Schadensausgleichs wirken aber Gleichheitsargumente nivellierend, wo immer die Unsicherheit der Zukunft eine Schätzung und Pauschalierung des Besitzstandes notwendig macht.

---

[202] BVerfG vom 3. April 2001, BVerfGE 103, 225, 239; anders für die soziale Pflegeversicherung: BSG vom 6. November 1997, BSGE 81, 168.
[203] BVerfG vom 15. März 2000, BVerfGE 102, 68, 89.
[204] Vgl. unten IV.B.6.
[205] Zacher in: HStR II, 3.A. (2004), § 28 RN 37.
[206] Art. 13, 141 EGV; Art. III-124, III-214 EVV.
[207] Vgl. unten IV.B.4., IV.B.6.

13. Freiheit und Teilhabe

Soziale Gerechtigkeit steht auch in einem engen Zusammenhang zu den Freiheitsrechten[208]. Diese beschreiben den Raum möglichen Handelns, den die Verfassung erschließt und schützt[209]. Die Anknüpfung der sozialen Gerechtigkeit an die soziale Wirklichkeit führt dazu, dass die Freiheitsrechte nicht mehr nur als reine Abwehrrechte gegen den Staat und formale Freiheitssphären betrachtet werden können, sondern dass die reale Möglichkeit betrachtet werden muss, von den Freiheiten Gebrauch zu machen[210]. Dabei geht es zum einen um die in der Person und ihrem Umfeld liegenden Voraussetzungen zum Freiheitsgebrauch, die sich unvollkommen als das Existenzminimum beschreiben lassen[211]. Zum zweiten sind die gesellschaftlich gebildeten Entfaltungsräume der Freiheit angesprochen. Sie ist bezogen auf den Menschen in Koexistenz mit anderen Menschen[212]. Freiheit ohne andere ist zumeist unmöglich: keine Ehe ohne Gatten, kein Vertrag ohne Partner, keine Meinung ohne Zuhörer, kein Beruf ohne Arbeitsteilung[213].

Diese sozialstaatlich induzierte und gebotene Deutung der Freiheitsrechte wird aufgenommen werden in einem Grundrechtsverständnis, dass Freiheitsrechte auch als in der Realität durch Recht zu optimierende Prinzipien ansieht, und näher konkretisiert in den Lehren von den Schutzpflichten des Staates für die Bedingungen der Grundrechte und von den Grundrechten als Teilhaberechte[214]. Die Lehre von den Grundrechten als Prinzipien[215] und die Annahme objektiver Grundrechtsgehalten bieten hinreichende Möglichkeiten für ein methodisch klares und angemessenes Konzept sozialer Grundrechtsgehalte[216], das sich auch praktisch in der Rechtsprechung des BVerfG und der obersten Gerichte verankert hat. Ein solches Verständnis ist auch vorzugswürdig gegenüber der von *Jörg Neuner* vorgeschlagenen extensiven Rezeption sozialer Menschenrechte auf dem Weg über Art. 1 Abs. 2 GG[217]. Diese hätte zunächst den normativen Charakter des Bekenntnisses und völkerrechtliche Vorfragen zu klären. Nahe liegender ist es, das Bekenntnis zu den auch sozialen Menschenrechten und die völkerrechtliche Bindung daran als zusätzlichen gewichtigen Grund für ein soziales Grundrechtsverständnis anzusehen.

Teilhabe an Freiheitsrechten bedeutet in diesem Sinne, sich an den gesellschaftlich gebildeten Räumen des Freiheitsgebrauchs beteiligen zu können. Somit ist auch der Zusammenhang zwischen Sozialstaatsgebot und Freiheitsrechten mit einer integrativen Deutung des Sozialstaatsgebots verknüpft. Sozial eingebettete Rechte wie die Rechte auf Meinungsäußerung, Information[218], Vereinigung oder

---

[208] Vgl. unten IV.C.

[209] Zacher in: Igl/Welti (2001), S. 1, 9.

[210] Neuner (1999), S. 86; Benda in: HVerfR, 2.A. (1995), § 17 RN 57.

[211] Vgl. unten IV.C.4.

[212] Kollmer (1992), S. 25; Maihofer (1968), S. 17; vgl. aus christlicher Sicht Ratzinger (1968), S. 200 ff.

[213] Suhr, EuGRZ 1984, S. 529, 533.

[214] Vgl. Hesse in: HVerfR, 2.A. (1995), § 5 RN 28.

[215] Alexy (1994), S. 125 ff.; Borowski (1998), S. 61 ff.

[216] Vgl. unten IV.D.5.

[217] Vgl. Neuner (1999), S. 147.

[218] Vgl. unten V.F.1.

Berufsausübung[219] können nur dann ausgeübt werden, wenn die Grundrechtsträger auch die Möglichkeit haben mit anderen in einen tatsächlichen Austausch von Meinung und Information, Gütern oder Leistungen einzutreten[220]. Sind Menschen in der Gesellschaft ungewollt isoliert, etwa weil sie in Mobilität oder Kommunikation behindert sind, sind sie von den Räumen des Freiheitsgebrauchs abgeschnitten. Dies betrifft im Übrigen auch wieder alle anderen, denen bei einem Ausschluss der behinderten Menschen von den Räumen des Freiheitsgebrauchs weniger potenzielle Kommunikationspartner, Kunden, Arbeitskräfte etc. gegenüberstehen. Diese beiden Sichtweisen zeigen, dass sich Teilhaberechte behinderter Menschen objektiv-rechtlich vom integrativen Gehalt des Sozialstaatsgebots her und subjektiv-rechtlich vom materiellen Gehalt der Freiheitsrechte der behinderten Menschen her begründen lassen. So wie die Auswirkungen des Ausschlusses vom Freiheitsgebrauch aber für den Ausgeschlossenen existenzieller sind als für die anderen, so liegt auch das Schwergewicht der Begründung für Teilhaberechte im sozialstaatlichen Verständnis der Freiheitsrechte. Aus dem Sozialstaatsgebot alleine aber können die Grundrechte nicht umgedeutet werden. Teilhaberechte sind im differenzierten System der Verantwortung im sozialen Rechtsstaat nicht mit Leistungsrechten gegen den Staat gleichzusetzen, sondern müssen in differenzierter Weise ausgestaltet werden[221].

Sozialstaatliche Regeln und Institutionen sind zu einem erheblichen Teil aus ihrer freiheitsermöglichenden Funktion begründet und erhalten aus ihr zusätzliche Legitimität und Sicherheit. So hat das BVerfG den Schutz von Rentenanwartschaften als Eigentum auch damit begründet, dass sie ebenso dem Schutz der Freiheit ihrer Inhaber dienen wie das traditionelle Privateigentum[222]. Ähnliche Bedeutung kann auch dem Bestand von sozialstaatlicher Unterstützung für behinderte Menschen zukommen.

Sozialstaatlichkeit betont die Gleichwertigkeit der Lebensinteressen und Freiheitssphären aller. Gerade damit wird auch betont, dass Freiheitseinschränkungen wegen der Freiheit anderer notwendig und legitim sind. Dabei kann die Zuordnung und Sicherung von Freiheitssphären gerade im sozialen Rechtsstaat nicht alleine nach Kriterien der politischen oder ökonomischen Mächtigkeit erfolgen. Auch eine Mehrheit kann im sozialen Rechtsstaat zur Rücksichtnahme auf die Freiheit einer Minderheit verpflichtet werden, wenn damit eine Behinderung der Freiheitsentfaltung dieser Minderheit vermieden werden kann[223]. Darüber hinaus kann es das soziale Staatsziel rechtfertigen, die Freiheitsentfaltung Einzelner oder von Gruppen einzuschränken, wenn dadurch die Integration der Gesellschaft als Ganzer gefährdet wird.

---

[219] Vgl. unten V.I.1.
[220] Volkmann (1997), S. 237, 291 spricht von Solidargrundrechten bzw. den Grundrechten als Prozessoren von Solidarität und Freiheit.
[221] Zacher in: HStR II, 3.A. (2004), § 28 RN 114 f.; Hesse in: HVerfR, 2.A. (1995), RN 30.
[222] BVerfG vom 28. April 1999, BVerfGE 100, 1, 32 (übergeleitete DDR-Anwartschaften).
[223] Vgl. unten IV.D.3.

C. Das soziale Staatsziel und seine Realisierungen

Für die Verwirklichung des sozialen Staatszieles sind zahlreiche Rechtsinstitute, Behörden, Anstalten und Körperschaften geschaffen oder in Dienst genommen worden. Diese sind zum Teil in der Kompetenzordnung des Grundgesetzes oder in Staatszielen der Landesverfassungen genannt und vorgesehen. Ihre besondere Legitimation in der Verwirklichung des sozialen Staatszieles gewinnen sie aus der Verankerung im Verfassungsrecht, europäischen und internationalen Recht und in ihrer Bewährung für ihre Aufgaben. Sie haben jeweils Bedeutung auch für die Rechte und die Teilhabe behinderter Menschen. Zu untersuchen ist, ob und wie ihr materieller und normativer Bestand für die Realisierung des sozialen Staatsziels notwendig ist.

1. Öffentliche Fürsorge

a) Grundgesetz und Landesverfassungen

Die öffentliche Fürsorge ist Gegenstand der konkurrierenden Gesetzgebung[1]. In der Landesverfassung von Mecklenburg-Vorpommern ist die soziale Hilfe und Fürsorge ausdrücklich als Instrument benannt, um alten und behinderten Menschen besonderen Schutz zu gewähren[2]. Die Verfassung Brandenburgs nennt ausdrücklich einen Anspruch auf Sozialhilfe[3]. In der Verfassung Bayerns ist ein Recht auf Fürsorge für jeden Bewohner enthalten, der arbeitsunfähig ist oder dem keine Arbeit vermittelt werden kann[4].

b) Europäisches und Internationales Recht

In der Charta der Grundrechte der Europäischen Union ist proklamiert, dass die Union das Recht auf eine soziale Unterstützung und eine Unterstützung für die Wohnung anerkennt und achtet, die allen, die nicht über ausreichende Mittel verfügen, ein menschenwürdiges Dasein sicherstellen sollen[5]. Damit wird die mitgliedsstaatliche soziale Fürsorge als in Europa geteilter Ausdruck der Solidarität durch soziale Staatstätigkeit ausgewiesen. Sozialhilferecht ist aber nicht voll in das europäische koordinierende Sozialrecht einbezogen[6]. Allerdings sind bereits seit längerem fast alle Mitgliedstaaten der EU durch das Europäische Fürsorgeabkommen

---

[1] Art. 74 Abs. 1 Nr. 7 GG.
[2] Art. 17 Abs. 2 Satz 2 MVVerf.
[3] Art. 45 Abs. 2 BrbVerf.
[4] Art. 168 Abs. 3 BayVerf.
[5] Art. 34 Abs. 3 ChGREU; Art. II-94 Abs. 3 EVV.
[6] Vgl. Fasselt, ZfSH/SGB 2004, s. 655 ff.

verbunden[7]. Erst die Unionsbürgerschaft und das Benachteiligungsverbot wegen der Staatsangehörigkeit und die Aufenthalts- und Freizügigkeitsrichtlinie[8] führen dazu, dass auch Fürsorgeleistungen verstärkt vom europäischen Recht erfasst werden[9]. Eine vollständige Gleichstellung behinderter Menschen in Bezug auf Aufenthaltsrecht und Fürsorgeleistungen ergibt sich daraus nicht, da der Aufenthalt von mehr als drei Monaten Länge weiter an die Bedingungen geknüpft werden darf, Arbeitnehmer oder Selbstständiger zu sein, über Existenzmittel zu verfügen und über einen Krankenversicherungsschutz zu verfügen[10]. Diese Anforderungen gelten nicht für Familienangehörige von Unionsbürgern, die sich bereits rechtmäßig in einem anderen Mitgliedstaat aufhalten[11].

In der Europäischen Sozialcharta haben sich die Vertragsstaaten verpflichtet, sicherzustellen, dass jedem, der nicht über ausreichende Mittel verfügt und sich diese auch nicht selbst oder von anderen, insbesondere durch ein System der Sozialen Sicherheit verschaffen kann, ausreichende Unterstützung gewährt wird und im Falle der Erkrankung die Betreuung, die seine Lage erfordert, dass Personen, die Fürsorge in Anspruch nehmen, nicht in ihren politischen oder sozialen Rechten beeinträchtigt werden, dass jedermann die zur Verhütung, Behebung oder Milderung seiner Notlage erforderliche Beratung und Hilfe erhalten kann[12]. Damit ist die Existenz eines voraussetzungslos bedarfsabhängigen Fürsorgesystems auch Gegenstand der völkerrechtlichen Verpflichtungen Deutschlands.

Die Allgemeine Erklärung der Menschenrechte proklamiert einen Anspruch jedes Menschen auf eine Lebenshaltung, die seine und seiner Familie Gesundheit und Wohlbefinden einschließlich Nahrung, Kleidung, Wohnung und ärztlicher Betreuung und der notwendigen Leistungen der sozialen Fürsorge gewährleistet[13]. Diese Verpflichtung ist im Pakt über wirtschaftliche, soziale und kulturelle Rechte bekräftigt und konkretisiert[14].

c) Ausgestaltung

Unter öffentlicher Fürsorge wird nicht nur die traditionelle und durch Subsidiarität und Bedürftigkeitsprinzip geprägte Sozialhilfe und Grundsicherung[15] verstanden, sondern die gesamte öffentliche Fürsorge[16] unter Einschluss insbesondere des

---

[7] Europäisches Fürsorgeabkommen vom 11. Dezember 1953, BGBl. II 1956, 564; Fasselt, ZfSH/SGB 2004, S. 655, 677.

[8] RL 2004/38/EG vom 29. April 2004 über das Recht der Unionsbürger und ihrer Familienangehörigen, sich im Hoheitsgebiet der Mitgliedstaaten frei zu bewegen und aufzuhalten, ABl. L 158, S. 77; vgl. Fasselt, ZfSH/SGB 2004, S. 655, 662 ff.; abgedruckt in ZfSH/SGB 2004, S. 719 ff.

[9] Fasselt, ZfSH/SGB 2004, S. 655, 660 ff.

[10] Art. 7 Abs. 1 RL 2004/38/EG; vgl. zur Rechtmäßigkeit nationaler Beschränkungen EuGH vom 23. März 2004, (Collins), EuZW 2004, S. 507.

[11] Art. 7 Abs. 2 RL 2004/38/EG.

[12] Art. 13 ESC.

[13] Art. 25 Nr. 1 1. Hs. AEMR.

[14] Art. 11 IPWSKR.

[15] §§ 9, 28, 28a SGB I; BSHG; ab 1.1.2005: SGB II und SGB XII; vgl. BT-Drucks. 15/5015, S. 19 ff.

[16] Papier in: SRH, 3.A. (2003), § 3 RN 18.

Wohngelds[17] und der Kinder- und Jugendhilfe[18] mit den Regelungen der materiellen Leistungen und organisatorischen Bestimmungen und Abgrenzungen[19] sowie der nicht ins Steuerrecht oder die Sozialversicherung integrierten Familienleistungen[20]. Auch die öffentlich-rechtlichen Regelungen des Schwerbehindertenrechts wie die Ausgleichsabgabe und die Einrichtung der Integrationsämter gehören zum Kompetenzbereich der öffentlichen Fürsorge[21]. Maßnahmen, die systematisch der sozialen Entschädigung zugeordnet werden können, wie das Contergan-Stiftungsgesetz, gehören kompetenzrechtlich zur öffentlichen Fürsorge[22]. Damit umfasst die öffentliche Fürsorge ganz unterschiedliche Bereiche staatlicher Sozialintervention, denen das unmittelbare Anknüpfen an soziale Bedarfslagen und die staatliche Ausführung gemeinsam ist.

d) Bedeutung für behinderte Menschen

Soziale Fürsorge ist heute ein wesentlicher Kompetenztitel für Leistungen zu Gunsten behinderter Menschen, namentlich für die Leistungen der Eingliederungshilfe, Grundsicherung bei Erwerbsminderung und für die Leistungen der Integrationsämter. Soziale Fürsorge ist für behinderte Menschen immer dann von Bedeutung, wenn sie auf voraussetzungslose und bedarfsorientierte Maßnahmen angewiesen sind, die für sie in Systemen nicht erbracht werden, die von Vorleistungen oder besonderen Ursachen der Behinderung abhängen. Solange diese Systeme nicht um Fürsorgeelemente erweitert werden, ist soziale Fürsorge für einen Teil behinderter Menschen unverzichtbar. Die Tatsache, dass Behinderung schon mit der Geburt oder im Kindes- und Jugendalter eintreten kann und dass nicht allen Behinderungen abgrenzbare Ursachen zugeordnet werden können, zeigt die Notwendigkeit voraussetzungsloser Hilfen bei Bedürftigkeit.

e) Notwendigkeit

Aus der Erwähnung eines Rechtsbereiches im Kompetenzkatalog des Grundgesetzes ergibt sich keine Garantie für den Bestand der traditionell unter diesem Titel gefassten Gesetze, Behörden und Ansprüche. So stand es dem Bundesgesetzgeber frei, die traditionell vor allem im Fürsorgebereich geordnete Pflege mit dem Pflegeversicherungsgesetz in Form einer Sozialversicherung zu organisieren. Auch die Einbeziehung oder Herausnahme einzelner Leistungen der sozialen Fürsorge aus den geregelten Gegenständen kann weder durch die Kompetenznorm noch durch das Sozialstaatsgebot verhindert werden.

Ob ein völliger Verzicht auf öffentliche Fürsorge unter dem Grundgesetz etwa durch Ausweitung der Sozialversicherung und internalisierender Lösungen zum

---

17 §§ 7, 26 SGB I; WoGG; Papier in: SRH, 3.A. (2003), § 3 RN 18.
18 §§ 8, 27 SGB I; SGB VIII; Papier in: SRH, 3.A. (2003), § 3 RN 20.
19 BVerfG vom 18. Juli 1967, BVerfGE 22, 180, 203.
20 §§ 6, 25 SGB I; BKGG, BErzGG; Papier in: SRH, 3.A. (2003), § 3 RN 20.
21 BVerfGE 57, 139, 166 f.; Papier in: SRH, 3.A. (2003), § 3 RN 19.
22 BVerfG vom 8. Juli 1976, BVerfGE 42, 263, 281 f.; Papier in: SRH, 3.A. (2003), § 3 RN 20.

Beispiel in Familie und Arbeitswelt möglich wäre, kann bezweifelt werden. Da die Sozialversicherung und das Privatrecht durch einen Grundzusammenhang von Leistung und Gegenleistung geprägt sind und die Familie an die Grenzen ihrer Leistungsfähigkeit stößt, erscheint es als grundsätzlich notwendig, dass in bestimmten Bedarfslagen Hilfe unbedingt und voraussetzungslos gewährt wird, soll nicht die durch Menschenwürde und Sozialstaat gebotene Garantie des Existenzminimums[23] leerlaufen.

Es erscheint nicht unmöglich, die traditionell in der Fürsorge verwirklichten Grundsätze in die Sozialversicherung zu integrieren, wie das Beispiel der Pflegeversicherung zeigt, die so ausgestaltet ist, dass nahezu alle Bürgerinnen und Bürger entweder in der sozialen oder privaten Pflegeversicherung Zugang erhalten. Andererseits ist es für viele der Sozialversicherung zugeordnete Leistungen durchaus umstritten, ob sie der Sozialversicherung im materiellen Sinne zuzuordnen sind oder ob es sich dabei um von Sozialversicherungsträgern durchgeführte Fürsorge handelt[24]. Dies wird in den letzten Jahren unter Berufung auf das Versicherungsprinzip verstärkt diskutiert und betrifft gerade auch Leistungen, die für behinderte Menschen relevant sind wie die Einbeziehung von Beschäftigten der Werkstätten für behinderte Menschen in die Sozialversicherung, die voraussetzungslosen Leistungen der Arbeitsförderung oder die sozialen Entschädigungsleistungen der sogenannten unechten Unfallversicherung. Solange neben der Sozialversicherung auch die Fürsorge als Institut und Kompetenztitel vorgesehen ist, kann die Entscheidung solcher Streitigkeiten rechtlich oft dahinstehen.

Es zeigt sich, dass ein institutioneller Bestandsschutz nur soweit angenommen werden kann, wie eine sozialstaatlich gebotene Funktion durch ein rechtliches Institut erfüllt wird und hierfür kein adäquater Ersatz in anderen Formen gefunden werden kann. Da die öffentliche Fürsorge als Kompetenztitel auch eine Auffangfunktion für alle diejenigen staatlichen sozialen Interventionen hat, die in anderen Rechtsformen nicht zweckmäßig erscheinen, würde eine Abschaffung des Kompetenztitels im Grundgesetz nur zu einer Verschiebung der Kompetenz auf die Länder führen, da ein sachliches Bedürfnis für solche Interventionen immer wieder auftritt bzw. auftreten könnte.

2. Soziale Entschädigung

a) Grundgesetz und Landesverfassungen

Die Kriegsopferversorgung ist als Versorgung der Kriegsbeschädigten und Kriegshinterbliebenen im Katalog der konkurrierenden Gesetzgebungskompetenzen im Grundgesetz genannt[25]. In den Landesverfassungen erscheint sie nicht.

---

[23] Vgl. Bull (1973), S. 233; unten IV.A.5.; IV.B.5.b.(3).(d).; IV.C.4.a.; IV.D.5.d.(1).
[24] Schon in den 1950er Jahren konstatierte Marshall (1992), S. 181 f., eine europäische Tendenz zur Verschmelzung von Sozialversicherung und Fürsorgeleistungen.
[25] Art. 74 Abs. 1 Nr. 10 GG.

b) Ausgestaltung

Zur sozialen Entschädigung sind zu rechnen die nach dem Bundesversorgungsgesetz vorgenommene Entschädigung der Kriegsdienst-, Kriegs- und Wehrdienstopfer, der Impfgeschädigten, der Verbrechensopfer und DDR-Rehabilitierten[26]. Der Sache nach wird die im Rahmen der gesetzlichen Unfallversicherung realisierte Sicherung bei Unfällen im Zusammenhang mit dem Besuch von Kindertagesstätten, Schulen, Hochschulen[27], mit ehrenamtlicher Tätigkeit[28], bei der Hilfe bei Unglücksfällen und Verbrechen, bei Blut- und Organspenden[29], bei der Rehabilitation[30], beim Bau von Wohnungen in Selbsthilfe[31] und bei der nichtberuflichen Pflege[32] oft der sozialen Entschädigung zugerechnet[33]; dies ist für einige Tatbestände umstritten[34]. Weitere Tatbestände der sozialen Entschädigung wurden für Impfschäden[35] und für Verbrechensopfer[36] geschaffen. Sie beziehen sich dem Haftungsumfang nach auf die Kriegsopferversorgung. Zwischen der sozialen Entschädigung und der privaten Haftung steht die Entschädigung der durch das Medikament Contergan vorgeburtlich geschädigten Personen durch eine gesetzlich geregelte Stiftung aus Mitteln des schädigenden pharmazeutischen Unternehmens und des Bundes[37]. Am Beispiel der Contergan-Schäden wird deutlich, dass ab einer bestimmten Größe von Risiken die Abwälzung von Entschädigungen auf kollektive Systeme nahezu zwingend ist[38]. Vergleichbares hat sich bei der Entschädigung für Personen wiederholt, die durch Blutkonserven mit dem HI-Virus infiziert wur-

---

[26] § 68 Nr. 7, 8 SGB I; Soldatenversorgungsgesetz; Bundesgrenzschutzgesetz; Zivildienstgesetzt; Infektionsschutzgesetz; Häftlingshilfegesetz; Opferentschädigungsgesetz; Strafrechtliches Rehabilitierungsgesetz; Verwaltungsrechtliches Rehabilitierungsgesetz.

[27] § 2 Abs. 1 Nr. 8 SGB VII.

[28] § 2 Abs. 1 Nr. 9 SGB VII.

[29] § 2 Abs. 1 Nr. 13 SGB VII.

[30] § 2 Abs. 1 Nr. 15 SGB VII.

[31] § 2 Abs. 1 Nr. 16 SGB VII.

[32] § 2 Abs. 1 Nr. 17 SGB VII.

[33] Gitter (1969), S. 71; Kretschmer in: GK-SGB-I, Rz 2, 13 f. zu § 5.

[34] Krasney in: FS Zacher (1998), S. 407 ff.

[35] §§ 51 ff. Bundes-Seuchengesetz vom 18. Oktober 1961, BGBl. I, 1012; vgl. BGH vom 19. Februar 1953, BGHZ 9, 83. Dort wurde ein Entschädigungsanspruch für Impfschäden erstmals auf der Grundlage von Aufopferung anerkannt, vgl. Schulin (1981), S. 101 ff.

[36] Gesetz über die Entschädigung für Opfer von Gewalttaten (OEG) vom 11. Mai 1976, BGBl. I, 1181; vgl. Schulin (1981), S. 103 ff.

[37] Gesetz über die Errichtung einer Stiftung „Hilfswerk für behinderte Kinder" vom 17. Dezember 1971, BGBl. I, 2018; zur Verfassungsmäßigkeit BVerfG vom 8. Juli 1976, BVerfGE 42, 263 ff.; zur strafrechtlichen Würdigung LG Aachen vom 18. Dezember 1970, JZ 1971, S. 507 ff.; zur weiteren Entwicklung vgl. Dieter Leopold, Die Geschichte der sozialen Versicherung, S. 180 f.; BT-Drucks. 15/4575, S. 152: Heute betreut die Stiftung etwa 2.750 thalidomidgeschädigte Personen. Das Stiftungskapital – von dem 50 % von der Fa. Grünenthal aufgebracht worden waren – war 1997 aufgebraucht, seitdem werden die Leistungen in voller Höhe aus dem Bundeshaushalt erbracht.

[38] Vgl. BT-Drucks. 6/926 vom 9. Juni 1970, S. 6; BGH vom 13. Februar 1975, BGHZ 64, 30, 40: „Dass die Contergan-Katastrophe eine die Allgemeinheit betreffende Angelegenheit ist, die nach Art und Ausmaß, nicht zuletzt auch mit Rücksicht auf die besonderen haftungs- und verfahrensrechtlichen Schwierigkeiten nur unter staatlicher Mithilfe bewältigt werden konnte und kann, bedarf keiner näheren Ausführungen."; BVerfGE 42, 263, 295 f.

den[39]. Ist für solche Fälle nicht vorgesorgt worden, so entstehen Rechtsunsicherheit, Sicherungslücken und der Schaden wird im Ergebnis größtenteils vom Staat übernommen[40].

Das dem zu Grunde liegende soziale Recht ist in § 5 SGB I normiert:

„Wer einen Gesundheitsschaden erleidet, für dessen Folgen die staatliche Gemeinschaft in Abgeltung eines besonderen Opfers oder aus anderen Gründen nach versorgungsrechtlichen Grundsätzen einsteht, hat ein Recht auf

1. die notwendigen Maßnahmen zur Erhaltung, zur Besserung und zur Wiederherstellung der Gesundheit und der Leistungsfähigkeit und

2. angemessene wirtschaftliche Versorgung.

Ein Recht auf angemessene wirtschaftliche Versorgung haben auch die Hinterbliebenen eines Beschädigten."

§ 5 Satz 1 Nr. 1 SGB I verweist für den Leistungsumfang auf die Rehabilitation, ohne sie so zu nennen[41]. Der Rechtsgrund der sozialen Entschädigung ist in der Norm durch die Nennung der „anderen Gründe" offen gelassen. Als eigenständiger Erklärungsansatz der sozialen Entschädigung wird eine gesteigerte öffentliche Verantwortung für die jeweiligen Bereiche genannt, die sich daraus ergibt, dass der Schaden sozial bedingt ist, also auf Umständen des menschlichen Zusammenlebens im sozialen Ordnungsgefüge der verfassten Gesellschaft beruht[42]. *Hans F. Zacher* fasste dies so zusammen, soziales Entschädigungsrecht beruhe auf den Zwecken der Sozialpolitik, individueller Gerechtigkeit, Rechtsstaatlichkeit, Sozialstaatlichkeit und der demokratischen Selbstachtung und -verwirklichung der Nation[43]. Ein wirklich einheitlicher Rechtsgrund für die soziale Entschädigung ist, so resümiert *Schulin*, nicht zu finden[44].

Anlässlich der Einführung der besonderen, überwiegend staatlich finanzierten Hilfe durch eine gesetzlich abgesicherte Bundesstiftung für die durch das Arzneimittel Contergan der Firma Grünenthal geschädigten Kinder[45] resümierte *Horst Pelckmann* 1970, eine erkennbare Tendenz vom individuellen Schicksal zur privaten Haftpflicht und zur Unfallversicherung und weiter zur gesamtgesellschaftlichen Verantwortung[46]. Zugespitzt beschreibt Bernhard Schlink diese Tendenz 2001 so:

„Die säkulare Gesellschaft akzeptiert kein Schicksal mehr. (...) Die säkulare Gesellschaft fordert, dass, was einstmals als Schicksalsschlag einleuchtete, wenn es abgewehrt werden kann,

---

[39] Gesetz über die humanitäre Hilfe für durch Blutprodukte HIV-infizierte Personen (HIV-Hilfegesetz) vom 24. Juli 1995, BGBl. I, 972; dazu von Bar (1998), S. 57 ff.
[40] Vgl. ausführlich Derleder/Winter, DuR 1976, S. 260 ff.
[41] Kretschmer in: GK-SGB-I Rz 23 f zu § 5; Die Verknüpfung ist umständlich über §§ 24 Abs. 1 Nr. 1 und 2, 29 Abs. 2 SGB I, § 6 Abs. 1 Nr. 5 SGB IX herzustellen.
[42] Gitter/Schnapp, JZ 1972, S. 474 ff; Schulin (1981), S. 174; zustimmend M. Fuchs (1992), S. 159; Kretschmer in: GK-SGB-I, Rz 1, 2 zu § 5.
[43] Zacher, DÖV 1972, S. 461, 462.
[44] Schulin (1981), S. 202.
[45] Gesetz vom 4. November 1971.
[46] Pelckmann, ZRP 1970, S. 131 f.; vgl. Schäfer (1972), S. 141.

auch abgewehrt wird. Kann es nicht abgewehrt werden, fordert sie Ersatzleistungen und Wiedergutmachung (...). Als mindestes fordert sie Versicherungsschutz."[47]

c) Bedeutung für behinderte Menschen

Für die durch einen Entschädigungstatbestand behindert gewordenen Menschen hat die soziale Entschädigung eine zentrale Bedeutung. Sie führt nicht nur zur Befriedigung der Bedarfslage, sondern auch zu einem als gerecht empfundenen Ausgleich. Die Leistungen der sozialen Entschädigung sind auf Grund des besonderen Ausgleichszwecks zumeist umfassender als diejenigen etwa der sozialen Fürsorge. Der Grundgedanke der sozialen Entschädigung hat einen besonderen Bezug zur gesellschaftlichen Verantwortung für bestimmte Schädigungen. Für den modernen, gesellschaftlich ausgerichteten Behinderungsbegriff wäre es daher denkbar, verstärkt an der sozialen Entschädigung anzuknüpfen und sie als genuinen Anspruchsgrund für Leistungen an Menschen zu betrachten, die behindert sind, weil die Gesellschaft ihnen wegen ihrer körperlichen, geistigen oder seelischen Andersartigkeit keine adäquaten Entfaltungsmöglichkeiten gibt.

d) Notwendigkeit

Die Kriegsopferversorgung ist nicht nur Ausdruck des Sozialstaatsprinzips, sondern ist auch als rechtsstaatlich gebotene Ausprägung des Prinzips der Aufopferungsentschädigung. Die Kriegsopferversorgung und, zu Friedenszeiten relevanter, die Entschädigung der Opfer von Wehrdienst und Zivildienst kann insofern als verfassungsrechtlich geboten gelten. Damit ist aber nicht gesagt, dass dies in rechtlich und organisatorisch eigenständigen Formen geschehen müsste. Aus den Entschädigungstatbeständen der gesetzlichen Unfallversicherung wird deutlich, dass eine organisatorische Einbindung der sozialen Entschädigung in andere Formen möglich ist.

Die heterogene Zuordnung von Tatbeständen besonderer sozialer Verantwortung zum sozialen Entschädigungsrecht zeigt, dass die soziale Entschädigung als besonderer Anspruchstitel vor allem ein Ausdruck des Sozialstaatsgrundsatzes ist und dass diesen weder kompetenzrechtlich noch insgesamt ein verfassungsrechtlicher Bestandsschutz zukommen kann.

3. Sozialversicherung

a) Grundgesetz und Landesverfassungen

Sozialversicherung ist vom Bundesverfassungsgericht definiert worden als Deckung des Bedarfs an Sicherung einer organisierten Vielheit gegen soziale Risiken mit den Mitteln der Pflichtversicherung und des sozialen Ausgleichs durch öffentlich-rechtliche Versicherungsträger in Selbstverwaltung[48].

---

[47] Schlink (2002), S. 5.
[48] BVerfGE 57, 118, 146.

Die Sozialversicherung einschließlich der Arbeitslosenversicherung ist als Gegenstand der konkurrierenden Gesetzgebung[49] und der Verwaltung durch bundesunmittelbare Körperschaften des öffentlichen Rechts[50] im Grundgesetz ausgewiesen. Im Grundgesetz ist weiterhin erwähnt, dass der Bund die Zuschüsse zu den Lasten der Sozialversicherung mit Einschluss der Arbeitslosenversicherung und Arbeitslosenhilfe trägt[51]. Die besondere Erwähnung der Arbeitslosenversicherung ist dabei der Tatsache geschuldet, dass diese erst seit 1927 bestanden hatte und damit 1949 noch auf keine gefestigte Tradition zurückgreifen konnte.

Die Sozialversicherung ist in den Landesverfassungen von Bayern[52], Hessen[53], Rheinland-Pfalz[54] und des Saarlandes[55] genannt. Dabei ist in Hessen ausdrücklich ihre Aufgabe bei der Gesundheitsversorgung und der Versorgung von Erwerbsbeschränkten und Erwerbsunfähigen hervorgehoben[56], im Saarland die Vorsorge gegen die wirtschaftlichen Folgen von Berufsunfähigkeit und Invalidität[57].

b) Europäisches und Internationales Recht

Die Sozialversicherung ist in den Europäischen Verträgen, der Charta der Grundrechte der Europäischen Union und in der Europäischen Sozialcharta nicht erwähnt. Nach der Charta der Grundrechte achtet und anerkennt die Union das Recht auf Zugang zu den Leistungen der sozialen Sicherheit und den sozialen Diensten, die in Fällen wie Mutterschaft, Krankheit, Arbeitsunfall, Pflegebedürftigkeit oder im Alter sowie bei Verlust des Arbeitsplatzes Schutz gewährleisten[58]. In der Europäischen Sozialcharta ist von einem System sozialer Sicherheit die Rede, das die Vertragsparteien einführen oder beibehalten müssen[59].

Auch in der Allgemeinen Erklärung der Menschenrechte wird der Begriff der sozialen Sicherheit gebraucht, auf die jeder Mensch einen Anspruch hat[60]. Sie umfasst das Recht auf Sicherheit im Falle von Arbeitslosigkeit, Krankheit, Invalidität, Verwitwung, Alter oder von anderweitigem Verlust seiner Unterhaltsmittel durch unverschuldete Umstände[61]. Im Internationalen Pakt über wirtschaftliche, soziale und kulturelle Rechte ist das Recht eines jeden auf soziale Sicherheit enthalten. Diese schließt, so wird klarstellend ausgeführt, die Sozialversicherung ein[62].

Damit tragen diese Dokumente der Tatsache Rechnung, dass die Systeme sozialer Sicherheit nicht in allen europäischen Ländern als Sozialversicherung, sondern

---

[49] Art. 74 Abs. 1 Nr. 12 GG.
[50] Art. 87 Abs. 2 GG.
[51] Art. 120 Abs. 1 Satz 4 GG.
[52] Art. 171 BayVerf.
[53] Art. 35 Abs. 1 und 2 HessVerf.
[54] Art. 53 Abs. 3 und 4 RhPfVerf.
[55] Art. 46 SaarlVerf.
[56] Art. 35 Abs. 2 HessVerf.
[57] Art. 46 Satz 1 SaarlVerf.
[58] Art. 34 Abs. 1 ChGREU; Art. II-94 Abs. 1 EVV.
[59] Art. 12 Nr. 1 ESC.
[60] Art. 22 AEMR.
[61] Art. 25 Nr. 1 2. Hs. AEMR.
[62] Art. 9 IPWSKR.

auch als steuerfinanzierte unentgeltliche Dienste ausgestaltet sind. Mit den genannten Risiken werden die Kernbereiche der Regelung genannt, die in Deutschland zur Sozialversicherung gehören.

c) Ausgestaltung

Die Sozialversicherung wurde vom Grundgesetz schon in ihren Ausprägungen vorgefunden, die heute noch als gesetzliche Krankenversicherung[63], Rentenversicherung[64], Unfallversicherung[65] und Arbeitsförderung[66] ihre wesentlichen Realisierungen sind. Als neuer Zweig kam die Pflegeversicherung[67] hinzu. Die Sozialversicherung verfügt auch über gemeinsame und verbindende Regelungen[68]. Dabei hat die Arbeitslosenversicherung eine Sonderstellung, die sich aus ihrer Verknüpfung mit der über die Versicherung hinaus reichende Arbeitsförderung ergibt[69].

Der versicherte Personenkreis ist immer stärker ausgeweitet worden. So sind höherverdienende Angestellte[70] und auch verschiedene Gruppen von Selbstständigen wie die Handwerker, Landwirte[71], Künstler und Publizisten sowie arbeitnehmerähnliche Selbstständige wegen ihrer Schutzbedürftigkeit und zur Stärkung der Solidargemeinschaften in die Sozialversicherung einbezogen worden. Auch behinderte Menschen in Werkstätten, die lange Zeit außerhalb der Sozialversicherung standen, sind 1975 sozialversicherungspflichtig geworden[72]. Mit der Einführung der Grundsicherung für Arbeitssuchende werden zum 1. Januar 2005 weitere Personen einbezogen, die bisher keinen Zugang zur Sozialversicherung hatten.

d) Bedeutung für behinderte Menschen

Sozialversicherung ist für behinderte Menschen zunächst relevant als Sicherung gegen Risiken, die mit Behinderung in engem Zusammenhang stehen. Dies sind insbesondere die Erwerbsminderung und die Pflegebedürftigkeit. Sozialversicherung verwirklicht weiterhin die Sicherung gegen soziale Risiken, die behinderte Menschen mit einer größeren Wahrscheinlichkeit als andere treffen können, also Krankheit, hier speziell chronische Krankheit, Arbeitslosigkeit und Alter. Behinderte Menschen haben einen höheren Bedarf an Gesundheitsleistungen, eine erschwerte Arbeitsmarktintegration und dadurch auch ein erhöhtes Risiko des Übergangs vom Erwerbsleben in den Ruhestand. Für sie ist der Zugang zur Sozialversicherung auch deshalb wichtig, weil sie wegen dieser offensichtlich erhöhten

---

63 § 21 SGB I; SGB V.
64 § 23 SGB I; SGB VI; ALG.
65 § 22 SGB I; SGB VII.
66 §§ 3, 19 SGB I; SGB III.
67 § 21a SGB I; SGB XI.
68 § 4 SGB I; SGB IV.
69 Vgl. unten III.C.4.
70 Dazu BVerfG vom 14. Oktober 1970, BVerfGE 29, 221, 235.
71 Dazu BVerfG vom 9. Februar 1977, BVerfGE 44, 70, 89.
72 Gesetz über die Sozialversicherung Behinderter vom 7. Mai 1975 (BGBl. I, S. 1061), vgl. BVerfGE 40, 121, 137 f.; vgl. oben III.A.11.c; unten V.I.3.

Risiken keinen oder nur einen stark erschwerten Zugang zur Privatversicherung haben.

Über die Grenzen der Sozialversicherung nach Risiken und einbezogenen Personen besteht keine Einigkeit. Insbesondere über die normative Bedeutung des Versicherungsbegriffs wird lebhaft diskutiert im Hinblick auf Personen und Risiken, deren Einbeziehung grundsätzlich als versicherungsfremd angesehen werden könnte. Diese Diskussionen betreffen auch behinderte Menschen, namentlich solche, die auf Grund der schwere ihrer Behinderung zu eigenen Beiträgen nicht oder kaum in der Lage sind und deren Risiken, etwa als angeborene oder in der Kindheit erworbene Behinderung, nicht als versicherungsfähig erscheinen[73]. Das Bundesverfassungsgericht hat die Grenzen der Sozialversicherung eher weit gezogen und damit der erkennbaren Tendenz zur Universalisierung der Sozialversicherung bisher keine rechtlichen Schranken gesetzt. Andererseits hat das BSG festgestellt, dass der Gesetzgeber durch das Sozialstaatsgebot und den Gleichheitssatz nicht dazu gezwungen sei, allen behinderten Menschen den Zugang zur Kranken- und Rentenversicherung zu ermöglichen[74]. Ist ein Sozialversicherungszweig aber, wie die Pflegeversicherung, als Volksversicherung ausgestaltet, müssen auch alle behinderten Menschen Zugang bekommen[75].

Der Streit um den Begriff der Sozialversicherung ist kompetenzrechtlich kaum auszutragen gewesen, weil sich der Bund bei sozialpolitischen Maßnahmen stets sowohl auf den Kompetenztitel der Sozialversicherung wie auch der öffentlichen Fürsorge berufen konnte. Die Abgrenzung ist umstritten im Hinblick auf die Frage, ob es rechtmäßig ist, bestimmte Aufgaben von der Solidargemeinschaft bestimmter Sozialversicherungszweige finanzieren zu lassen oder ob diese als Teil der öffentlichen Fürsorge einer reinen Steuerfinanzierung unterliegen müssten. Da jedoch Elemente der Fürsorge und Versorgung sowie ein Zuschuss aus Steuermitteln zur Finanzierung von Anfang an Bestandteile der deutschen Sozialversicherung waren[76], kann der Streit darum, welche Aufgaben sozialversicherungsfremd sind, keineswegs mit großer Klarheit entschieden werden. Sowohl die Gesetzgebung als auch die verfassungsgerichtliche Rechtsprechung haben hier eher weite Grenzen gezogen.

e) Notwendigkeit

Für einen verfassungsrechtlichen Bestandsschutz der Sozialversicherung wegen ihrer Notwendigkeit für das soziale Staatsziel sprechen stärkere normative Argumente als es bei der öffentlichen Fürsorge der Fall ist. Im Gegensatz zur Fürsorge stellt sich die Sozialversicherung als eine klar abgrenzbare Organisationsform der sozialen Sicherheit dar, die mit ihrer besonderen Betonung von Leistungsgerechtig-

---

[73] Vgl. Butzer (2001), S. 67 für die Krankenversicherung nach § 10 Abs. 2 Nr. 4 SGB V; Butzer (2001), S. 449; 651; F. Hase (2000), S. 393 f. (unentschieden) für die Werkstätten für behinderte Menschen.

[74] BSG vom 10. September 1987, BSGE 62, 149, 155.

[75] BVerfG vom 3. April 2001, BVerfGE 103, 225, 239 (private Pflegeversicherung); anders noch für die soziale Pflegeversicherung: BSG vom 6. November 1997, BSGE 81, 168.

[76] BVerfG vom 10. Mai 1960, BVerfGE 11, 105, 114; Bull (1973), S. 237.

keit und Bestandsschutz einen nicht nur formellen, sondern auch einen inhaltli-
chen Aspekt hat. Es gehört zu den Kernelementen der Sozialversicherung, dass
ihre individuell zuzuordnenden Anwartschaften einen dem Eigentum vergleichbaren Schutz durch die Grundrechte der Versicherten genießen. An diesem Schutz
nehmen Bestand und Organisation der Sozialversicherung nicht unmittelbar teil.
Dennoch spricht der Schutz der Anwartschaften dafür, dass auch die ihrer Gewährleistung dienenden Einrichtungen zumindest insoweit in ihrem Bestand geschützt, als es für die Rechte der Versicherten erforderlich ist[77]. Weiterhin ist die
Organisationsform der Sozialversicherung in vier Landesverfassungen und im sozialen Recht nach § 4 SGB I geschützt.

Ein absoluter Schutz der Sozialversicherung aus dem Sozialstaatsprinzip besteht
nicht[78]. Wohl aber führt die gefestigte und hergebrachte Form der sozialen Sicherung bei den wesentlichen Lebensrisiken zu einer hohen Begründungslast für
grundsätzliche Einschränkungen dieser Sicherungsform[79], die sich als konkrete
Realisierung des sozialen Rechtsstaats herausgebildet hat[80]. Wesentlicher Teil dieser Begründungslast ist, nach Vertrauensschutzfragen für die individuellen Versicherten, die Frage, welche Form der sozialen Sicherung für die Lebensrisiken
Krankheit, Erwerbsminderung, Alter, Arbeitsunfall, Pflegebedürftigkeit und Arbeitslosigkeit anstelle einer Sozialversicherung gelten solle. Denn ein funktionsfä-
higes System der sozialen Sicherung gegen diese Risiken ist durch das Sozialstaatsprinzip gefordert[81]. Das wesentlich in der Sozialversicherung realisierte elementare
Schutzinteresse großer Teile der Bevölkerung darf nicht zu Gunsten beliebiger
oder partikularer Zwecke und nicht ohne ein sozial äquivalentes System, also jedenfalls nicht ersatzlos abgeschafft oder wesentlich eingeschränkt werden. Dies
kann mit *Häberle* und *Schlenker* als relatives Rückschrittsverbot bezeichnet werden[82]. Zugleich erlangt so die Stabilität der Sozialversicherung ein hohes Gewicht
in verfassungsrechtlichen Abwägungsentscheidungen[83].

Als Alternativen sind dabei steuerfinanzierte Leistungen der öffentlichen Fürsorge und deren Ausbau zu einer Staatsbürgerversorgung[84] einerseits, eine privatrechtliche Pflichtversicherung andererseits auszumachen. Jede Privatisierung der
Lebensrisiken bei nur fakultativer Privatversicherung wäre nicht zu begründen,
wenn sie bisher geschützte Teile der Bevölkerung schutzlos ließe, weil für diese ein
privater Versicherungsschutz nicht oder nur zu diskriminierenden oder unzumutbaren Bedingungen zu erwerben wäre. Dies betrifft bei allen großen Lebensrisiken
namentlich behinderte Menschen, die für alle Versicherungsfälle ein vorhersehbar

---

[77] Schlenker (1986), S. 66.
[78] BVerfG vom 9. April 1975, BVerfGE 39, 302, 314 f. (AOK-Fusionen); Schlenker (1986),
S. 56.
[79] Benda, RdA 1981, S. 137, 139 und Benda, NJW 1979, S. 1001, 1003: *„Es ist offensichtlich
unmöglich, das bestehende System der sozialen Sicherung ersatzlos zu beseitigen, ohne dem Verfassungsauftrag zuwiderzuhandeln."*
[80] Frey, ArbuR 1960, S. 298, 302.
[81] BVerfGE 51, 1, 27; BVerfG vom 22. Juni 1977, BVerfGE 45, 376, 387: Garantie eines Systems sozialer Sicherheit; Schlenker (1986), S. 61; Bull (1973), S. 229.
[82] Schlenker (1986), S. 73 f.; Häberle, AöR 1982, S. 1, 7; Suhr, Der Staat 1970, S. 67, 92.
[83] Von Mutius, ZSR 1983, S. 663, 677, 682 f.
[84] Vgl. Schlenker (1986), S. 66.

erhöhtes Risiko und damit Probleme im Zugang hätten. Dabei wäre der Gesetzgeber auch gehalten zu prüfen, ob eine Gewährleistung sozialer Sicherheit durch ggf. subventionierte Privatversicherung dauerhaft sein Steuerungspotenzial und seine finanziellen Möglichkeiten auch im Vergleich zur Sozialversicherung überfordern würde.

Die nur auf „Systeme der sozialen Sicherheit" bezogenen Regelungen der ESC und der Charta der Grundrechte der Europäischen Union bestätigen, dass in anderen Staaten ein gleichwertiges Niveau sozialer Staatstätigkeit in Systemen ohne Sozialversicherung im deutschen Sinne entwickelt worden ist. Damit wäre nicht ausgeschlossen, der deutschen Sozialversicherung einen verfassungsrechtlichen Bestandsschutz zu geben. Ein solcher müsste aber explizit sein und wäre nicht mit dem allgemeinen Gebot sozialer Staatstätigkeit zu begründen und damit auch nicht änderungsfest.

Es ist im Übrigen ein Defizit des Grundgesetzes, dass eine politisch und ökonomisch derart bedeutende Form der Staatstätigkeit[85] wie die Sozialversicherung dort eine nur fragmentarische Regelung erfahren hat. Die Ansicht, dass es für grundlegende Veränderungen in diesem Bereich einer verfassungsändernden Mehrheit bedürfte, bleibt insofern eine eher politisch als rechtlich abgesicherte Position.

4. Staatliche Arbeitsmarktintervention

a) Grundgesetz und Landesverfassungen

Die soziale Staatstätigkeit durch soziale Fürsorge, Sozialversicherung, insbesondere Arbeitslosenversicherung, arbeitsrechtliche Normsetzung und die Gestaltung des Bildungswesens beeinflusst und konstituiert wesentliche Bedingungen des Arbeitsmarktes. Diese Folgen sind zunächst aber nur teilweise gewollte Nebenfolgen bei der Verfolgung der primären Ziele dieser Interventionen. Die staatliche Beeinflussung des Arbeitsmarktes geht aber darüber hinaus, wenn der Staat durch arbeitsmarktpolitische Maßnahmen wie Arbeitsvermittlung, Lohnkostenzuschüsse oder öffentlich geförderte Arbeitsplätze, durch beschäftigungspolitisch motivierte Wirtschaftspolitik etwa mit Beihilfen oder durch eine auf Beschäftigung abzielende Fiskalpolitik den Arbeitsmarkt zu beeinflussen sucht.

Diese Art der Staatstätigkeit hat im Grundgesetz keine explizite und gesonderte Regelung gefunden. Soweit nicht die Kompetenztitel der Fürsorge oder Sozialversicherung genutzt werden, können derartige Maßnahmen auch als Recht der Wirtschaft[86] angesehen werden. Die auf den Arbeitsmarkt gerichtete Finalität kommt dabei nicht zur Geltung. Für die Haushaltswirtschaft von Bund und Ländern ist festgeschrieben, dass sie den Erfordernissen des gesamtwirtschaftlichen Gleichgewichts Rechnung zu tragen hat[87]. Dieses umfasst nach der Definition des Stabilitäts- und Wachstumsgesetzes auch die Vollbeschäftigung.

---

[85] Im Vergleich z. B. zur Bundeswasserstraßenverwaltung, Art. 89 GG.
[86] Art. 74 Abs. 1 Nr. 11 GG.
[87] Art. 109 Abs. 2 GG.

In Berlin und Mecklenburg-Vorpommern ist in den Landesverfassungen die Aufgabe des Landes festgeschrieben, zur Schaffung und Erhaltung von Arbeitsplätzen beizutragen und im Rahmen des gesamtwirtschaftlichen Gleichgewichts einen hohen Beschäftigungsstand zu sichern[88]. Das Land Brandenburg ist im Rahmen seiner Kräfte zu einer Politik der Vollbeschäftigung und Arbeitsförderung verpflichtet[89]. In Sachsen-Anhalt ist als Ziel des Landes formuliert, dass sinnvolle und dauerhafte Arbeit für alle geschaffen wird[90]. In Thüringen sollen für dieses Ziel insbesondere Maßnahmen der Wirtschafts- und Arbeitsförderung, der beruflichen Weiterbildung und der Umschulung durch Land und Gebietskörperschaften ergriffen werden[91]. Nach der Verfassung von Bremen ist der Staat verpflichtet, geeignete Maßnahmen zu treffen, dass jeder, der auf Arbeit angewiesen ist, durch Arbeit seinen Lebensunterhalt erwerben kann[92]. Die niedersächsische Verfassung bestimmt, dass das Land darauf hinwirkt, dass jeder Mensch Arbeit finden kann und dadurch seinen Lebensunterhalt bestreiten kann[93]. Das in fünf weiteren Verfassungen enthaltene Recht auf Arbeit[94] könnte als zu optimierende Staatsaufgabe im Sinne der genannten Regelungen gewertet werden, da mit ihm unbestritten kein Verschaffungsanspruch unter Privatrechtssubjekten verbunden sein kann[95]. Dass dieses Recht auf Arbeit und damit verbundene Arbeitsmarktintervention nicht nur als Ausdruck individuellen Interesses festgeschrieben werden kann, wird auch deutlich, wenn in zwei Landesverfassungen zugleich die Pflicht zur Arbeit angesprochen wird[96].

b) Europäisches und Internationales Recht

Im EU-Vertrag und im EG-Vertrag ist ein hoher Beschäftigungsstand als grundlegendes Ziel von Union und Gemeinschaft festgeschrieben[97]. Das Kapitel „Beschäftigung" des EG-Vertrags[98] ist nicht der Sozialpolitik, sondern der Wirtschaftspolitik zugeordnet. Dort werden die Gemeinschaft und die Mitgliedstaaten zu einer koordinierten Beschäftigungsstrategie verpflichtet, bei der sie insbesondere auf die Förderung der Qualifizierung, Ausbildung und Anpassungsfähigkeit der Arbeitnehmer hinwirken und die Fähigkeit der Arbeitsmärkte erreichen sollen, auf die Erfordernisse des wirtschaftlichen Wandels zu reagieren[99]. Die europäische Beschäftigungspolitik in der laufenden Dekade soll nach den vom Europäischen Rat in Lissabon und Nizza 2000 beschlossenen Zielen die Beschäftigungs-

---

88 Art. 18 Satz 3 BerlVerf; Art. 17 Abs. 1 MVVerf.
89 Art. 48 Abs. 1 BrbVerf.
90 Art. 39 Abs. 2 LSAVerf.
91 Art. 36 ThürVerf.
92 Art. 49 Abs. 2 BremVerf.
93 Art. 6a NdsVerf.
94 Art. 166 Abs. 2 BayVerf; Art. 28 Abs. 2 HessVerf; Art. 24 Abs. 1 Satz 3 NWVerf; Art. 45 Satz 2 SLVerf; Art. 7 Abs. 1 SächsVerf.
95 Vgl. Daum, RdA 1968, S. 81, 86.
96 Art. 166 Abs. 3 BayVerf; Art. 28 Abs. 2 HessVerf („sittliche Pflicht").
97 Art. 2 EUV; Art. 2 EGV; Art. I-3 EVV.
98 Art. 125–130 EGV; Art. III-203 bis III-208 EVV.
99 Art. 125 EGV; Art. III-203 EVV.

quote bis 2010 möglichst nahe an 70 % heranführen[100]. Auf europäischer Ebene sind Rehabilitation und Nichtdiskriminierung behinderter Menschen explizit in den Kontext der Gemeinschaftsaufgabe eines hohen Beschäftigungsniveaus[101] und der vom Europäischen Rat in Lissabon und Nizza 2000 beschlossenen Ziele für Vollbeschäftigung in Europa gestellt worden. In den beschäftigungspolitischen Leitlinien des Rates, die seit 1998 jährlich beschlossen werden, werden darum die Eingliederung behinderter Menschen in den Arbeitsmarkt durch verbesserte Qualifikation und Zugang sowie Abbau von Diskriminierungen verschiedentlich erwähnt[102]. In den Beschäftigungspolitischen Leitlinien für 2003 wurde gefordert, die Differenz der Arbeitslosenquote behinderter Menschen und der Gesamtarbeitslosenquote in jedem Mitgliedsstaat bis 2010 erheblich zu verringern[103]. In der Entschließung des Rates dazu wurde betont, dass die effektive Arbeitsmarkteingliederung behinderter Menschen ein Beitrag zur sozialen Integration, zur Anhebung der Beschäftigungsquoten und zur Verbesserung der Tragfähigkeit der sozialen Sicherungssysteme ist. Der Zugang zum Arbeitsmarkt müsse zentrale Priorität für Maßnahmen zugunsten der Menschen mit Behinderungen sein, *„deren Zahl auf etwa 37 Millionen in der Europäischen Union geschätzt wird und von denen viele arbeiten können und auch wollen."*[104] Dies wird im Europäischen Aktionsplan Chancengleichheit für Menschen mit Behinderungen von 2003 näher ausgeformt, in dem zugleich betont wird, dass die Lissabonner Strategie über die Integration durch Beschäftigung hinausreicht[105]. Nach Daten von 1996 sind in der Europäischen Union 52 % der behinderten Menschen, aber nur 28 % der Nichtbehinderten nicht erwerbstätig, so dass die verbesserte Erwerbsintegration auch als zu nutzendes Potenzial für die Förderung des Wirtschaftswachstums angesehen werden kann[106].

Die Charta der Grundrechte der EU proklamiert, dass jede Person das Recht hat, zu arbeiten und einen frei gewählten oder angenommenen Beruf auszuüben[107] und das Recht auf Zugang zu einem unentgeltlichen Arbeitsvermittlungsdienst[108].

---

[100] Europäischer Rat vom 23. und 24. März 2000 in Lissabon, Schlussfolgerungen des Vorsitzes, Ziffer 30; Europäische Sozialagenda, auf der Tagung des Europäischen Rates in Nizza am 7., 8. und 9. Dezember 2000 angenommen (2001/C 157/02), Abl. C 157/4 vom 30. Mai 2001, Ziffer 1.2.; bekräftigt in der Entschließung vom 15. Juli 2003, ABl. EG Nr. C 175, vgl. BT-Drucks. 15/4575, S. 171.

[101] Art. 2, 140 EGV; Art. I-3, III-213 EVV.

[102] Beschäftigungspolitische Leitlinien für 1999, Anhang zur Entschließung des Rates vom 22. Februar 1999 (1999/C 69/02), Abl. C 69/2 vom 12. März 1999, Ziffer I.9.; Beschäftigungspolitische Leitlinien für 2002, Anhang zum Beschluss des Rates vom 18. Februar 2002 (2002/177/EG), Abl. L 60/60 vom 1. März 2002, Ziffer I.7.

[103] Beschäftigungspolitische Leitlinien für 2003, Anhang zum Beschluss des Rates vom 22. Juli 2003 (2003/578/EG), Abl. L 197/13 vom 5. August 2003 Ziffer 7.

[104] Beschluss des Rates vom 22. Juli 2003 über die Leitlinien für beschäftigungspolitische Maßnahmen der Mitgliedstaaten (2003/578/EG), Abl. L 197/13, Erwägungsgrund 17; in anderem Kontext schätzt die Bundesregierung die Zahl behinderter Menschen in Europa auf 122 Millionen, BT-Drucks. 15/3631, S. 1.

[105] KOM (2003) 650, S. 5 f.

[106] KOM (2003) 650, S. 8.

[107] Art. 15 Abs. 1 ChGREU; Art. II-75 Abs. 1 EVV.

[108] Art. 29 ChGREU; Art. II-89 EVV.

In der Europäischen Sozialcharta ist ein Recht auf Berufsberatung enthalten, wonach sich die Vertragsstaaten verpflichten einen Dienst einzurichten oder zu fördern, der allen Personen einschließlich der Behinderten hilft, die Probleme der Berufswahl oder des beruflichen Aufstiegs zu lösen[109]. Für behinderte Menschen ist weiterhin die Verpflichtung enthalten, geeignete Maßnahmen zu treffen für ihre Vermittlung auf Arbeitsplätze, namentlich durch besondere Arbeitsvermittlungsdienste, Ermöglichung wettbewerbsgeschützter Beschäftigung und Maßnahmen, die den Arbeitgebern einen Anreiz zur Einstellung von Behinderten geben[110].

Die Allgemeine Erklärung der Menschenrechte proklamiert das Recht auf Arbeit[111]. Nach dem Pakt über wirtschaftliche, kulturelle und soziale Rechte umfassen die zur vollen Verwirklichung dieses Rechts zu unternehmenden Schritte fachliche und berufliche Beratung und Ausbildungsprogramme sowie die Festlegung von Grundsätzen und Verfahren für eine stetige wirtschaftliche, soziale und kulturelle Entwicklung und eine produktive Vollbeschäftigung unter Bedingungen, welche die politischen und wirtschaftlichen Grundfreiheiten des einzelnen schützen[112]. Das Übereinkommen der ILO über die Berufsberatung und die Berufsbildung im Rahmen der Erschließung des Arbeitskräftepotentials[113] verpflichtet die Vertragsstaaten zu umfassenden und koordinierten Maßnahmen und Programmen in diesem Bereich, die insbesondere allen Personen in gleicher Weise und ohne jegliche Diskriminierung in die Lage versetzen sollen, ihre beruflichen Neigungen zu entwickeln und einzusetzen, wobei die Bedürfnisse der Gesellschaft zu berücksichtigen sind.

c) Ausgestaltung

Eine wesentliche Ausgestaltung findet die sozialstaatliche Intervention im Arbeitsförderungsrecht. Die Tätigkeit der Agenturen für Arbeit geht weit über eine Arbeitslosenversicherung hinaus. In der Beschreibung der Ziele hat dabei die Gestaltung des Arbeitsmarkts eine dominierende Bedeutung erlangt, die weit über den Schutz individueller Interessen hinaus reicht. Im SGB I von 1975 sind als Ziele der Arbeitsförderung noch beschrieben die Verwirklichung eines Rechts auf Beratung, auf individuelle Förderung der Weiterbildung, auf Hilfe zur Erlangung und Erhaltung eines angemessenen Arbeitsplatzes und auf wirtschaftliche Sicherung bei Arbeitslosigkeit und bei Zahlungsunfähigkeit des Arbeitgebers[114]. Nach der Zielbestimmung des SGB III in der heute geltenden Fassung sollen die Leistungen der Arbeitsförderung dazu beitragen, dass ein hoher Beschäftigungsstand erreicht und die Beschäftigungsstruktur ständig verbessert wird, das Entstehen von Arbeitslosigkeit vermieden und die Dauer von Arbeitslosigkeit verkürzt wird[115]. Die Leis-

---

[109] Art. 9 ESC.
[110] Art. 15 Nr. 2 ESC; vgl. Herdegen, VSSR 1992, S. 245, 255.
[111] Art. 23 Nr. 1 AEMR.
[112] Art. 6 Abs. 2 IPWSKR.
[113] Übereinkommen Nr. 142 über die Berufsberatung und die Berufsbildung im Rahmen der Erschließung des Arbeitskräftepotentials vom 23. Juni 1975, BGBl. 1980 II, S. 1370.
[114] § 3 Abs. 2 SGB I.
[115] § 1 Abs. 1 Satz 1 und 2 SGB III.

tungen sollen insbesondere den Ausgleich von Angebot und Nachfrage auf dem Ausbildungs- und Arbeitsmarkt unterstützen, die zügige Besetzung offener Stellen ermöglichen, die individuelle Beschäftigungsfähigkeit fördern, unterwertiger Beschäftigung entgegenwirken und zu einer Weiterentwicklung der regionalen Beschäftigungs- und Infrastruktur beitragen[116]. Die Leistungen sollen so eingesetzt werden, dass sie der beschäftigungspolitischen Zielsetzung der Sozial-, Wirtschafts- und Finanzpolitik der Bundesregierung entsprechen[117].

Die Regelungen über die Grundsicherung für Arbeitssuchende (SGB II) verweisen für die Leistungen weit gehend auf das Instrumentarium des SGB III und betonen im Übrigen den Vorrang der Arbeit vor Fürsorge. Damit sind SGB II und III und die Agenturen für Arbeit zentrale Instrumente einer sozialstaatlichen Intervention auf dem Arbeitsmarkt. Vor allem auf der Ebene der Länder und Gemeinden wird das arbeitsmarktpolitische und beschäftigungspolitische Instrumentarium ergänzt durch Beihilfen, Förderprogramme, Beschäftigungsgesellschaften und soziale Betriebe, die teilweise mit den finanziellen und rechtlichen Mitteln der Arbeitsagentur und des Sozialhilfeträgers, teilweise mit weiteren staatlichen Mitteln vergleichbare Ziele zu erreichen suchen[118].

Über das Sozialrecht hinaus wirken sehr viele Formen staatlicher Betätigung auf den Arbeitsmarkt, so die Haushaltspolitik, die Vergabe öffentlicher Aufträge oder die gewählten Anknüpfungspunkte für Steuern und Abgaben. Aus den verfassungsrechtlichen Möglichkeiten und Pflichten zur Arbeitsmarktintervention kann dabei kein Politikkonzept als geboten oder vorzugswürdig erkannt werden[119]. Wohl aber müssen im sozialen Rechtsstaat die Folgen staatlichen Handelns für den Arbeitsmarkt und damit für die Lebensinteressen vieler Menschen erwogen und abgewogen werden[120].

d) Bedeutung für behinderte Menschen

Insbesondere bei behinderten Menschen wird deutlich, dass auch andere Sozialleistungsträger als die Arbeitsverwaltung in den Arbeitsmarkt eingreifen. So ist auch jede Maßnahme der Leistungen zur Teilhabe am Arbeitsleben der Rentenversicherung, Unfallversicherung, Versorgungsverwaltung, Sozialhilfe und Jugendhilfe eine Intervention auf der Angebotsseite des Arbeitsmarktes mit dem Ziel, die individuelle Beschäftigungsfähigkeit und damit mittelbar auch die Beschäftigung zu erhöhen[121]. Auch die medizinische Rehabilitation kann dieses Ziel unterstützen. Der

---

116 § 1 Abs. 2 SGB III.
117 § 1 Abs. 1 Satz 4 SGB III.
118 Vgl. zu regionalen Arbeitsmarktprogrammen für schwerbehinderte Menschen BT-Drucks. 15/4575, S. 97 f. So hat Schleswig-Holstein von 2000 bis 2006 18,8 Mio € für arbeitslose und von Arbeitslosigkeit bedrohte schwerbehinderte Menschen aufgebracht.
119 BVerfG vom 3. April 2001, BVerfGE 103, 293, 307 (Anrechnung der Rehabilitation auf Erholungsurlaub): Der Gesetzgeber durfte annehmen, dass diese Regelung den Arbeitsmarkt fördern würde.
120 Ladeur in: Kröning/Pottschmidt/Preuß/Rinken (1991), S. 169; Großmann in Kröning/Pottschmidt/Preuß/Rinken (1991), S. 224; Wank (1980), S. 71.
121 Vgl. oben II.B.6.d.

normative Zusammenhang wird über den Grundsatz von Rehabilitation und Teilhabe vor Rente hergestellt. Dieser Grundsatz ist zwar primär in das jeweilige Sicherungsziel der Rehabilitationsträger eingebunden, hat aber auch eine übergeordnete arbeitsmarktpolitische Bedeutung.

Eine eigenständige Ausformung staatlicher Arbeitsmarktintervention im Bezug auf behinderte Menschen ist das Schwerbehindertenrecht im SGB IX. Die Integrationsämter haben bei Erhebung und Verwendung der Ausgleichsabgabe, besonderem Kündigungsschutz und begleitender Hilfe im Arbeitsleben die Aufgabe dahin zu wirken, dass die schwerbehinderten Menschen in ihrer Stellung nicht absinken, auf Arbeitsplätzen beschäftigt werden, auf denen sie ihre Fähigkeiten und Kenntnisse voll verwerten und weiterentwickeln können und befähigt werden, sich am Arbeitsplatz und im Wettbewerb mit nichtbehinderten Menschen zu behaupten[122]. Der Arbeitsmarktbezug der Tätigkeit aller Rehabilitationsträger und des Integrationsamtes wird auch darin deutlich, dass diese jeweils zu einer engen Zusammenarbeit mit der Bundesagentur für Arbeit verpflichtet sind[123], die dabei auch arbeitsmarktliche Zweckmäßigkeit berücksichtigen soll. Zur Teilhabe behinderter Menschen am Arbeitsmarkt dienen auch die Integrationsfachdienste[124] und die Integrationsprojekte[125] sowie Werkstätten für behinderte Menschen[126], die abgestuft Beschäftigungsmöglichkeiten für behinderte Menschen schaffen sollen, die auf dem allgemeinen Arbeitsmarkt nicht arbeiten können.

e) Notwendigkeit

Eine zwingende verfassungsrechtliche Fundierung der staatlichen Arbeitsmarktintervention lässt sich nur aus den im Europarecht enthaltenen Verpflichtungen und den Staatszielen einiger Bundesländer entnehmen. Dabei sind die Formen der Arbeitsmarktintervention offen. Das Ziel der möglichst weit gehenden Integration der erwerbsfähigen Bevölkerung in den Arbeitsmarkt[127] ist aus der Prinzipienwirkung der Freiheit des Berufs abzuleiten. Die Bekämpfung der Massenarbeitslosigkeit hat, wie das BVerfG feststellt, auf Grund des Sozialstaatsprinzips Verfassungsrang[128]. Stärker noch ergibt es sich als politische Folge aus dem ökonomischen, sozialen und auch rechtlichen System, in dem die Deckung des Lebensbedarfs durch Erwerbsarbeit als Normalität und „Grundformel" vorausgesetzt wird und in dem staatliche Interventionen ohnehin stets auf den Arbeitsmarkt wirken. Wenn Gesetze und Lebenswirklichkeit die Erwerbstätigkeit fordern und Arbeitslosigkeit und Ausgrenzung aus dem Arbeitsmarkt massenhafte und nicht nur vorüberge-

---

122 § 102 Abs. 2 Satz 2 SGB IX.
123 §§ 38, 102 Abs. 2 Satz 1 SGB IX.
124 §§ 109–115 SGB IX; vgl. BT-Drucks. 15/4575, S. 99 ff.
125 §§ 132–135 SGB IX; vgl. BT-Drucks. 15/4575, S. 101 f.
126 §§ 136–144 SGB IX; vgl. unten V.H.5.e.(3); V.I.3.
127 Vgl. Neuner (1999), S. 103.
128 BVerfG vom 3. April 2001, BVerfGE 103, 293, 307 (Arbeitsrechtliches Beschäftigungsförderungsgesetz); BVerfG vom 27. April 1999, BVerfGE 100, 271, 284 (Lohnabstandsgebot nach § 275 SGB III); vgl. Bryde, NJW 1984, S. 2177, 2184.

hende Erscheinungen sind, ist eine Reaktion des sozialen Rechtsstaats unabdingbar[129]. Die Formen der Arbeitsmarktintervention sind dabei offen und wandelbar
und finden ihre rechtlichen Grenzen vor allem in den Grundrechten der Arbeitgeber, Beschäftigten und Arbeitssuchenden, die im sozialen Rechtsstaat nicht einer
wie auch immer definierten wohlfahrtsstaatlichen Idealvorstellung vom Arbeitsmarkt weichen müssen.

5. Öffentliche Unterstützung der Familien und Kinder

a) Grundgesetz und Landesverfassungen

Der verfassungsrechtliche Schutz von Ehe und Familie ist in seiner ältesten Schicht
ein Freiheitsrecht auf Erhalt einer an staatlichen Eingriffen armen privaten Sphäre,
die Staat und Familie zuvor liegt und von ihnen abgegrenzt werden kann[130]. Dass
nach dem Grundgesetz das Recht auf Ehe und Familie aber als Schutzrecht formuliert ist[131], der Staat über Pflege und Erziehung der Kinder wacht[132] und besonders
jede Mutter Anspruch auf Schutz und Fürsorge der Gemeinschaft hat[133], zeigt den
sozialen Gehalt des Grundgesetzes in Bezug auf Ehe und Familie[134]. Der Staat ist
nach der Rechtsprechung des BVerfG verpflichtet, Nachteile von schwangeren
Frauen und Müttern abzuwenden, eine kinderfreundliche Gesellschaft zu fördern
und das Privatrecht, insbesondere das Arbeitsrecht, entsprechend auszugestalten,
sowie die Möglichkeiten der Kinderbetreuung zu verbessern[135].

Die meisten Landesverfassungen regeln ebenfalls den Schutz der Familie[136], der
Mütter[137] und der Kinder oder Jugend[138], manche auch den der Alleinerziehenden[139] und aller Kindererziehenden[140]. Besonders erwähnt wird die soziale Förderung der Familien durch den Staat in Bayern[141], die Vereinbarkeit von Kindererziehung mit der Erwerbstätigkeit in Berlin[142].

---

[129]　Bull (1973), S. 230 f.

[130]　BVerfGE 6, 386.

[131]　Art. 6 Abs. 1 GG.

[132]　Art. 6 Abs. 2 Satz 2 GG; vgl. BVerfGE 7, 320.

[133]　Art. 6 Abs. 4 GG.

[134]　Vgl. unten V.E.1.

[135]　BVerfG vom 28. Mai 1993, BVerfGE 88, 203, 259 ff. (Abtreibung).

[136]　Art. 124 BayVerf; Art. 12 Abs. 1 BerlVerf; Art. 26 Abs. 1 BrbVerf; Art. 21 BremVerf; Art. 4
HessVerf; Art. 5 Abs. 1 Satz 1 NWVerf; Art. 23 Abs. 1 RhPfVerf; Art. 22 SLVerf; Art. 22 Abs. 1
SächsVerf; Art. 24 Abs. 1 LSAVerf; Art. 17 Abs. 1 ThürVerf.

[137]　Art. 125 Abs. 1 Satz 2 BayVerf; Art. 12 Abs. 6 BerlVerf; Art. 26 Abs. 1 Satz 2 BrbVerf;
Art. 21 BremVerf; Art. 5 Abs. 1 Satz 3 NWVerf; Art. 23 Abs. 2 RhPfVerf; Art. 23 Satz 1 SLVerf;
Art. 22 Abs. 5 SächsVerf; Art. 17 Abs. 3 ThürVerf.

[138]　Art. 125 Abs. 1 Satz 1 BayVerf; Art. 27 BrbVerf; Art. 25 BremVerf; Art. 14 MVVerf; Art. 6
NWVerf; Art. 24 RhPfVerf; Art. 25 SLVerf; Art. 9 SächsVerf; Art. 24 Abs. 3 und 4 LSAVerf;
Art. 19 ThürVerf; vgl. Menzel (2002), S. 496 ff.

[139]　Art. 12 Abs. 7 BerlVerf; Art. 23 Abs. 2 RhPfVerf.

[140]　Art. 12 Abs. 5 BerlVerf; Art. 23 Satz 2 SLVerf; Art. 22 Abs. 2 SächsVerf; Art. 24 Abs. 2
LSAVerf; Art. 17 Abs. 2 ThürVerf.

[141]　Art. 125 Abs. 2 und 3 BayVerf.

[142]　Art. 12 Abs. 7 Satz 1 BerlVerf.

In Brandenburg wird besondere Fürsorge für Familien mit behinderten Angehörigen festgeschrieben[143]. Besonderer Schutz für Familien mit pflegebedürftigen Angehörigen wird in Berlin[144] und Rheinland-Pfalz[145] geregelt. Das Saarland, Sachsen, Sachsen-Anhalt und Thüringen sprechen die Förderung und Entlastung aller an, die in häuslicher Gemeinschaft für Hilfsbedürftige oder für „andere" sorgen[146]. Ein typischer Fall dieser Sorge ist diejenige für behinderte Menschen[147]. In Bayern ist 1998 die Formulierung *„Gesunde Kinder sind das köstlichste Gut eines Volkes"* geändert worden[148]. Das Wort *„Gesunde"* ist gestrichen worden, um aufzuzeigen, dass auch kranke und behinderte Kinder gleichen Schutz der Verfassung genießen.

b) Europäisches und Internationales Recht

Nach der Charta der Grundrechte der Europäischen Union wird der rechtliche, wirtschaftliche und soziale Schutz der Familie gewährleistet[149]. Jede Person hat Anspruch auf Schutz vor Entlassung wegen Mutterschaft, auf Mutterschaftsurlaub und Elternurlaub[150]. Kinder haben Anspruch auf den Schutz und die Fürsorge, die für ihr Wohlergehen notwendig sind[151]. Bemerkenswert ist, dass die Regelung zur Familie im Kapitel „Solidarität", die zu Kindern im Kapitel „Gleichheit" zu finden ist. Die Rechte sind jeweils stärker und ohne den Vorbehalt der nationalen Ausgestaltung formuliert als dies bei anderen sozialen Rechten der Charta der Fall ist. Dies zeigt, dass der Schutz von Familie und Kindern in der gesamteuropäischen Verfassungstradition einen hohen Stellenwert hat. In der Europäischen Konvention der Menschenrechte und Grundfreiheiten ist das Recht garantiert, eine Ehe einzugehen und eine Familie zu gründen[152]. In der Europäischen Sozialcharta ist festgehalten, dass die Vertragsstaaten sich verpflichten, den wirtschaftlichen, gesetzlichen und sozialen Schutz des Familienlebens zu fördern, insbesondere durch Sozial- und Familienleistungen, steuerliche Maßnahmen, die Förderung des Baus familiengerechter Wohnungen und Hilfen für junge Eheleute[153].

In der Allgemeinen Erklärung der Menschenrechte wird anerkannt, dass die Familie die natürliche und grundlegende Einheit der Gesellschaft ist und darum Anspruch auf Schutz durch den Staat hat[154]. Dies wird im Internationalen Pakt über bürgerliche und politische Rechte bekräftigt[155]. Dort wird auch ein diskrimine-

---

[143] Art. 26 Abs. 1 Satz 2 BrbVerf.

[144] Art. 12 Abs. 7 Satz 1 BerlVerf.

[145] Art. 23 Abs. 2 RhPfVerf.

[146] Art. 23 Satz 2 SLVerf; Art. 22 Abs. 2 SächsVerf; Art. 24 Abs. 2 Satz 1 LSAVerf; Art. 17 Abs. 2 ThürVerf.

[147] Jutzi in: Linck/Jutzi/Hoppe (1994), Rz 20 zu Art. 17 ThürVerf.

[148] Gesetz zur Änderung der Verfassung (Verfassungsreformgesetz – Weiterentwicklung im Bereich Grundrechte und Staatsziele) vom 20. Februar 1998 (GVBl. S. 38).

[149] Art. 33 Abs. 1 ChGREU; Art. II-93 Abs. 1 EVV.

[150] Art. 33 Abs. 2 ChGREU; Art. II-93 Abs. 2 EVV.

[151] Art. 24 Abs. 1 Satz 1 ChGREU; Art. II-84 EVV.

[152] Art. 12 EMRK.

[153] Art. 16 ESC.

[154] Art. 16 Nr. 3 AEMR.

[155] Art. 23 IPBPR.

rungsfreies Recht der Kinder auf die erforderlichen Schutzmaßnahmen durch Familie, Gesellschaft und Staat postuliert[156]. Der Pakt über wirtschaftliche, soziale und kulturelle Rechte bekräftigt dies und fordert *„größtmöglichen Schutz und Beistand"* für die Familie und Mutterschutz[157]. Im Übereinkommen der Vereinten Nationen über die Rechte des Kindes von 1989 erkennen die Vertragsstaaten, darunter Deutschland, an, dass ein behindertes Kind ein erfülltes und menschenwürdiges Leben unter Bedingungen führen soll, welche die Würde des Kindes wahren, seine Selbstständigkeit fördern und seine aktive Teilnahme am Leben in der Gemeinschaft erleichtern. Sie stellen danach sicher, dass dem behinderten Kind und den für seine Betreuung Verantwortlichen im Rahmen der verfügbaren Mittel auf Antrag die angemessene Unterstützung zuteil wird[158].

c) Ausgestaltung

Der Schutz- und Förderungsauftrag des Staates für die Familie unterstützt deren grundlegende soziale Funktionen der Reproduktion und Integration der Gesellschaft durch Pflege, Unterstützung und Erziehung. Die Familie ist eine Voraussetzung für das Bestehen der sozialen und ökonomischen Sphären der Gesellschaft und des Staates sowie der sozialen Sicherungssysteme. Der Staat konkretisiert den Inhalt des Schutz- und Fördergebotes für die Familie zunächst, indem durch das Familien- und Eherecht die Familie konkretisiert und konstituiert wird. Der soziale Gehalt und Zweck wird dabei vor allem dadurch deutlich, dass die familienrechtlichen Pflichten zwischen Eltern und Kindern im Kern nicht zur individuellen Disposition stehen und die Gestaltungsfreiheit der Ehe begrenzt ist. Dies gilt auch dann, wenn ehevertragliche Gestaltungen drohen würden, die Pflichten gegenüber Kindern zu schmälern[159].

Schutz und Förderung der Familie, Mütter, Kinder und Jugendlichen werden durch die Berücksichtigung der Familie bei der Ausgestaltung des Steuersystems[160], durch die Einbeziehung von Familienangehörigen in den Schutz der Sozialversicherung[161], Leistungen bei Mutterschaft[162], soziale Förderleistungen an die Unterhaltsverpflichteten zur Minderung des Familienaufwands[163], das Unterhaltsvorschussrecht, durch Kinder- und Jugendhilfe[164] und Sozialhilfe[165] verwirklicht[166]. Damit überschneiden sich die Institutionen des Familienleistungsaus-

---

[156] Art. 24 Abs. 1 IPBPR.

[157] Art. 10 IPWSKR.

[158] Art. 23 Kinderrechtskonvention; verabschiedet von der Vollversammlung am 20. November 1989, in Deutschland in Kraft getreten am 5. April 1992, BGBl. II 1992, S. 990.

[159] BVerfG vom 6. Februar 2001, BVerfGE 103, 89, 107 (Ehevertrag).

[160] §§ 31, 32, 62–78 EStG; vgl. unten V.C.4.b.

[161] § 10 SGB V; § 31 Abs. 1 Nr. 4 SGB VI; vgl. BVerfG vom 12. Februar 2003, BVerfGE 107, 205 (Familienversicherung); vgl. unten V.E.5.a.

[162] § 4 Abs. 2 Nr. 2 SGB I; § 21 Abs. 1 Nr. 3 SGB I; § 24 SGB V; §§ 195–199 RVO.

[163] §§ 6, 25 SGB I; §§ 31 Satz 2, 62–78 EStG; BKGG; BErzGG; vgl. unten V.E.5.a.(1).

[164] §§ 8, 27 SGB I; SGB VIII; vgl. V.E.5.a.(2).

[165] Vgl. zu den spezifischen Anforderungen aus verfassungsrechtlicher Sicht: Bieritz-Harder (2001), S.276 f.

[166] Vgl. BT-Drucks. 15/5015, S. 21 ff.

gleichs zum Teil mit denen der Sozialversicherung und Fürsorge. Dem Gesetzgeber steht Gestaltungsfreiheit dabei zu, wie er den Schutz der Familie verwirklichen will[167]. Diese Gestaltungsfreiheit ist allerdings durch detaillierte Vorgaben des BVerfG im Steuerrecht[168] und Sozialversicherungsrecht[169] stark eingeschränkt worden[170].

d) Bedeutung für behinderte Menschen

Schutz und Förderung der Familie sind auch wesentliche Bestandteile der Rehabilitation und Teilhabe behinderter Menschen. Das Fördergebot für die Familie ist bei der Anwendung des Rehabilitationsrechts zu beachten[171]. Dies gilt insbesondere dann, wenn Kinder und Jugendliche behindert sind und wenn behinderte Menschen in der Familie leben und diese Leistungen des Unterhalts und der Betreuung erbringt. Diese Situation ist explizit in sieben Landesverfassungen angesprochen. Sie unterliegt insgesamt als ein wichtiger sozialer Grund dem Schutz und der Förderung der Familie durch den Staat. Gründung einer Familie und die Elternschaft behinderter Menschen unterliegen dem besonderen Schutz der Verfassung.

Für behinderte Kinder und Jugendliche ist es von großer Bedeutung, ob die Angebote der öffentlichen Kinder- und Jugendhilfe integrativ ausgerichtet sind. Insbesondere die Integration in den Kindertagesstätten ist ein wesentlicher Teil der Unterstützung für Familien mit behinderten Kindern und zur Vorbereitung dieser Kinder auf eine Integration in Schule und Arbeitsleben.

e) Notwendigkeit

Schutz und Förderung der Familie durch den Staat sind Kernbestandteile des sozialen Rechtsstaats, die verfassungsrechtlich mehrfach gesichert sind. Das Recht darauf, zu einer Familie zu gehören und sie zu gründen, gehört zu den Menschenrechten[172] und zum mit der Menschenwürde geschützten Kern der Grundrechte. Die Unterstützung der Familie durch den Staat und die Sorge für ihren Erhalt als grundlegende Einheit der Gesellschaft[173] gehört zu den Kernaufgaben des sozialen Rechtsstaats[174].

---

167 BVerfGE 107, 205, 213 (keine Pflicht zur Familienversicherung bei nichtehelicher Lebensgemeinschaft).
168 BVerfG vom 23. September 1992, BVerfGE 87, 153, 169 ff. (Existenzminimum der Familie).
169 BVerfG vom 3. April 2001, BVerfGE 103, 242 ff. (Familienausgleich in der Pflegeversicherung); BVerfG vom 7. Juli 1992, BVerfGE 87, 1, 35 ff. (Kindererziehungszeiten in der Rentenversicherung).
170 Vgl. Ebsen, VSSR 2004, S. 3 ff.; Welti, KJ 2004, S. 255 ff.; Raasch, Streit 2002, S. 51, 55 ff.
171 Vgl. §§ 4 Abs. 3, 9 Abs. 1 Satz 3, 19 Abs. 3 SGB IX; BVerfG vom 23. Juni 1982, BVerfGE 61, 18, 25 (Kfz-Hilfe).
172 Art. 16 AEMR; Art. 12 EMRK; Art. 23 Abs. 2 IPBPR.
173 Art. 16 Nr. 3 AEMR; Art. 23 Abs. 1 IPBPR.
174 Art. 10 IPWSKR.

6. Öffentliches Bildungswesen

a) Grundgesetz und Landesverfassungen

Das Bildungswesen ist eine Kernfunktion von moderner Gesellschaft und Staat. Im Grundgesetz ist angesprochen, dass das Schulwesen unter der Aufsicht des Staates steht[175].Die Hochschulen sind als Gegenstand der Rahmengesetzgebung[176] und in ihrem Ausbau und Neubau als Gemeinschaftsaufgabe[177] angesprochen. Ein Zusammenwirken von Bund und Ländern ist auch bei der Bildungsplanung vorgesehen[178]. Bildungseinrichtungen für Erwachsene sind im Grundgesetz nicht erwähnt. Gegenstände der konkurrierenden Gesetzgebung sind die Regelung der Ausbildungsbeihilfen und die Förderung der wissenschaftlichen Forschung[179]. Aus der Zusammenschau der Berufs- und Ausbildungsfreiheit, der staatlichen Aufgaben im Bildungsbereich und dem Sozialstaatsprinzip kann wohl eine Pflicht des Gesetzgebers zu Ausbau und Entwicklung eines für alle Bürgerinnen und Bürger offenen Bildungswesens entwickelt werden[180].

Die Gesetzgebungskompetenz für das Bildungswesen liegt damit zum größten Teil bei den Ländern. Sie haben auch zum Teil ausführliche Regelungen in den Landesverfassungen vorgenommen. Insbesondere sind die Schulpflicht[181], ein allgemeines Recht auf Schulbesuch oder Bildung[182], die Entgeltfreiheit des Schulbesuchs[183], die Trägerschaft oder Gewährleistung von Schulen durch Staat und Gemeinden[184] und die staatliche Schulaufsicht[185] angesprochen. Die Hochschulen als Einrichtungen des Staates oder unter staatlicher Aufsicht sind ebenfalls Gegenstand vieler Landesverfassungen[186]. Die Bildung Erwachsener wird in mehreren

---

[175] Art. 7 Abs. 1 GG; vgl. unten V.H.1.

[176] Art. 75 Abs. 1 Nr. 1a GG.

[177] Art. 91a Abs. 1 Nr. 1 GG.

[178] Art. 91b GG.

[179] Art. 74 Abs. 1 Nr. 13 GG.

[180] Jarass, DÖV 1995, S. 674 ff.; P. Badura, Der Staat 1975, S. 17, 43; Abelein, DÖV 1967, S. 375 ff.; unten V.H.1.

[181] Art. 14 Abs. 1 BWVerf; Art 129 Abs. 1 BayVerf; Art. 30 Abs. 1 BrbVerf; Art. 30 BremVerf; Art. 56 Abs. 1 Satz 1 HessVerf; Art. 4 Abs. 2 Satz 1 NdsVerf; Art. 8 Abs. 2 NWVerf; Art. 25 Abs. 2 LSAVerf; Art. 8 Abs. 1 SHVerf; Art. 23 Abs. 1 ThürVerf.

[182] Art. 11 Abs. 1 BWVerf; Art. 128 BayVerf; Art. 20 BerlVerf; Art. 29 BrbVerf; Art. 27 Abs. 1 BremVerf; Art. 4 Abs. 1 NdsVerf; Art. 8 Abs. 1 Satz 1 NWVerf; Art. 25 Abs. 1 LSAVerf; Art. 20 ThürVerf.

[183] Art. 14 Abs. 2 BWVerf; Art. 129 Abs. 2 BayVerf; Art. 30 Abs. 5 Satz 2 BrbVerf; Art. 31 Abs. 2 und 3 BremVerf; Art. 59 HessVerf; Art. 9 NWVerf; Art. 26 Abs. 4 LSAVerf; Art. 24 Abs. 3 ThürVerf.

[184] Art. 12 Abs. 2 BWVerf; Art. 133, 135 BayVerf; Art. 30 Abs. 5 Satz 1 BrbVerf; Art. 27 Abs. 2 BremVerf; Art. 56 Abs. 1 Satz 2 HessVerf; Art. 15 Abs. 2 MVVerf; Art. 8 Abs. 1 Satz 3 und Abs. 3 Satz 1 NWVerf; Art. 27 Abs. 2 RhPfVerf; Art. 11 Abs. 2 Satz 2 SächsVerf; Art. 26 Abs. 1 LSAVerf; Art. 24 Abs. 1 ThürVerf.

[185] Art. 17 Abs. 2 BWVerf; Art. 130 BayVerf; Art. 30 Abs. 2 BrbVerf; Art. 28 BremVerf; Art. 56 Abs. 1 Satz 3 HessVerf; Art. 15 Abs. 1 HessVerf; Art. 4 Abs. 2 Satz 2 NdsVerf; Art. 8 Abs. 3 Satz 3 NWVerf; Art. 27 Abs. 3 RhPfVerf; Art. 27 Abs. 2 SLVerf; Art. 29 Abs. 1 LSAVerf; Art. 8 Abs. 3 SHVerf; Art. 23 Abs. 2 ThürVerf.

[186] Art. 20 BWVerf; Art. 138 BayVerf; Art. 32 BrbVerf; Art. 34 BremVerf; Art. 60 HessVerf; Art. 16 Abs. 3 MVVerf; Art. 5 NdsVerf; Art. 16 NWVerf; Art. 39 RhPfVerf; Art. 33 SLVerf; Art. 11 Abs. 2 Satz 2 SächsVerf; Art. 31 LSAVerf; Art. 28 ThürVerf.

Landesverfassungen mit einer Verpflichtung des Staates, teilweise auch der Gemeinden, zu ihrer Förderung erwähnt[187].

b) Europäisches und Internationales Recht

Nach der Charta der Grundrechte der EU hat jede Person das Recht auf Bildung sowie auf Zugang zur beruflichen Ausbildung und Weiterbildung[188]. Dieses Recht umfasst die Möglichkeit, unentgeltlich am Pflichtschulunterricht teilzunehmen[189]. Damit sind im europäischen Kontext Recht und Pflicht zum Schulbesuch sowie der Zugang zu weiteren Bildungsmöglichkeiten als Kernbestandteile einer öffentlichen Verantwortung für Bildung verankert worden. Wegen der Verschiedenheit der mitgliedstaatlichen Systeme bezieht sich die Charta der Grundrechte für die Freiheit zur Gründung von Lehranstalten und die Freiheit der Eltern, den Unterricht ihrer Kinder nach eigenen religiösen, weltanschaulichen und erzieherischen Überzeugungen sicherzustellen, auf die Achtung der einzelstaatlichen Gesetze[190]. Die Europäische Sozialcharta beinhaltet ein Recht auf berufliche Ausbildung, das die Verpflichtung der Vertragsstaaten umfasst, die fachliche und berufliche Ausbildung aller Personen, einschließlich der Behinderten, soweit es notwendig ist, zu gewährleisten oder zu fördern[191].

In der Allgemeinen Erklärung der Menschenrechte wird das Recht auf Bildung mit dem unentgeltlichen Unterricht an Elementar- und Pflichtschulen, obligatorischem Elementarunterricht und allgemein zugänglichem fachlichem und beruflichem Unterricht und nach Maßgabe von Fähigkeit und Leistung zugänglichen Studien verbunden[192]. Dies wird bekräftigt und konkretisiert im Pakt über wirtschaftliche, soziale und kulturelle Rechte[193].

c) Ausgestaltung

Das Schulwesen ist in den Schulgesetzen der Länder näher geregelt, zu deren Koordinierung eine Fülle von zwischenstaatlichen Vereinbarungen der Kultusministerkonferenz bestehen. Das Hochschulwesen ist im Hochschulrahmengesetz und den Hochschulgesetzen der Länder ausgeformt. Die Erwachsenenbildung ist nur zum Teil gesetzlich geregelt, so in Volkshochschulgesetzen und Weiterbildungsgesetzen für Arbeitnehmer der Länder[194]. Voraussetzungen der Erwachsenenbildung sind zu einem wichtigen Teil auch im Arbeitsförderungsrecht[195] sowie im Rahmen

---

187 Art. 22 BWVerf; Art. 139 BayVerf; Art. 33 BrbVerf; Art. 35 BremVerf; Art. 16 Abs. 4 MVVerf; Art. 17 NWVerf; Art. 32 SLVerf; Art. 11 Abs. 2 Satz 2 SächsVerf; Art. 30 Abs. 2 Satz 2 LSAVerf; Art. 9 Abs. 3 SHVerf; Art. 29 ThürVerf.
188 Art. 14 Abs. 1 ChGREU; Art. II-74 Abs. 1 EVV.
189 Art. 14 Abs. 2 ChGREU; Art. II-74 Abs. 2 EVV.
190 Art. 14 Abs. 3 ChGREU; Art. II-74 Abs. 3 EVV.
191 Art. 10 ESC.
192 Art. 26 Nr. 1 AEMR.
193 Art. 13 Abs. 2 IPWSKR.
194 Zu deren Verfassungsmäßigkeit: BVerfG vom 15. Dezember 1987, BVerfGE 77, 308, 332.
195 § 19 Abs. 1 Nr. 3 lit. d SGB I; §§ 59–87, 229–233, 240–247 SGB III.

der Leistungen zur Teilhabe am Arbeitsleben im SGB IX[196] und im Leistungsrecht der Rehabilitationsträger normiert. Das Recht der Berufsbildung ist als Teil des Rechts der Wirtschaft und des Arbeitsrechts bundesrechtlich geregelt. Für viele Berufe ist es im jeweiligen Berufsrecht bundes- oder landesrechtlich ergänzend oder abschließend geregelt.

d) Bedeutung für behinderte Menschen

Die besondere Förderung behinderter Menschen im Bildungswesen ist in den Landesverfassungen von Brandenburg und Thüringen gesondert angesprochen[197]. Sie werden dabei zusammen mit begabten und sozial benachteiligten Menschen genannt. Zu beachten ist, dass das Schul- und Bildungswesen in einem besonders engen Zusammenhang zur Integrationsfunktion des sozialen Staates steht[198]. Bildung und Erziehung sind Funktionen, die notwendig nur in Gruppen und Gemeinschaften realisiert werden können. Sie sind keine Einzelleistungen, die lediglich nach einem bestimmten Modus verteilt werden müssten. Zum Bildungs- und Erziehungsauftrag des öffentlichen Bildungswesens gehört dabei auch, dass diese sozialen Einheiten – Schulen, Schulklassen, Kurse etc. – nicht nach Heimat, sozialer Herkunft, Religion, Rasse oder politischer Anschauung der Kinder oder ihrer Eltern homogen sind, sondern dass dort durch das Aufeinandertreffen und die Zusammensetzung nach pädagogischen Kriterien, Eignung und Neigung gesellschaftliche Integration hergestellt wird[199].

Eben dies ist zusammen mit besseren Chancen der späteren Teilhabe an Arbeit und Gesellschaft der Grund, warum in Kindergärten, Jugendeinrichtungen und Schulen die Integration behinderter Kinder und Jugendlicher angestrebt wird. Auch Behinderung soll für das Bildungswesen kein apriorischer Differenzierungs- und Sonderungsgrund sein. Bei einem Schulwesen der völlig freien Wahl der Bildungseinrichtung durch die Eltern, sei es privat und marktvermittelt oder öffentlich, bestünde die Gefahr, dass der Integrationsauftrag der Schule ins Leere liefe, wenn Eltern aus Vorurteil oder Eigennutz es ablehnen könnten, dass ihr Kind mit Kindern beliebiger Eigenschaft und eben auch behinderten Kindern gemeinsam unterrichtet wird[200]. Das Elternrecht wird aber dadurch begrenzt, dass die staatliche Schule nicht nur für den einzelnen, sondern für alle Schüler verantwortlich ist und diese Verantwortung nur durch verhältnismäßige Berücksichtigung der Einzelinteressen erfüllen kann[201]. Integration als bestmögliche Förderung behinderter

---

[196] §§ 33–43 SGB IX.

[197] Art. 29 Abs. 3 Satz BrbVerf; Art. 20 Abs. 3 ThürVerf.

[198] Benstz/Franke in: Simon/Franke/Sachs (1994), § 6 Rz 17 f; Ladeur in Kröning/Pottschmidt/Preuß/Rinken (1991), S. 167; vgl. oben III.B.3.

[199] Zur Integration unterschiedlicher religiöser Auffassungen: BVerfG vom 24. September 2003, BVerfGE 108, 282, 310 (Kopftuch der Lehrerin); BVerfG vom 17. Dezember 1975, BVerfGE 41, 88, 107 (Gemeinschaftsschule in Nordrhein-Westfalen); BVerwG vom 19. Februar 1992, BVerwGE 90, 1, 16 (Bekenntnisschulen in Hamburg).

[200] Vgl. Speck, ZHP 1997, S. 233, 239.

[201] BVerfG vom 6. Dezember 1972, BVerfGE 34, 165, 188 f. (Förderstufe in Hessen); Castendiek in: Erbguth/F. Müller/V. Neumann (1999), S. 337, 339, 353 sieht sogar die einzige Rechtferti-

Kinder und Jugendlicher ist nicht unabhängig von den Rechten und Pflichten der anderen Kinder und Jugendlichen und ihrer Eltern und kann daher auch nur durch allgemeine und nicht allein durch besondere Regelungen über ein Bildungswesen hergestellt werden[202]. Der noch prekäre Prozess der verbesserten Teilhabe behinderter Kinder und Jugendlicher an Bildungschancen ist also abhängig davon, dass der öffentliche und integrative Charakter des Bildungswesens auch mit den Mitteln des Rechts hergestellt und erhalten wird. Die ausdrückliche Nennung von Berufsbildung und Bildung im Antidiskriminierungsgesetz zeigt, das auch der privatrechtlich geregelte Zugang zu Bildung für behinderte Menschen regulierungsbedürftig sein kann[203].

e) Notwendigkeit

Obwohl eine Minderheit der Landesverfassungen in diesem zentralen Bereich des gesellschaftlichen Lebens und der Staatstätigkeit regelungsabstinent oder lückenhaft ist, ergibt die Gesamtbetrachtung der Landesverfassungen, dass ein Schulwesen mit allgemeiner Schulpflicht und einem Recht auf Schulbesuch, staatlicher Gewährleistungsverantwortung für das Bestehen von Schulen und staatlicher Schulaufsicht zum Kernbestand der Staatstätigkeit in Deutschland gehört. Dass dabei nicht nur die Schulpflicht, sondern auch das Recht auf Schulbesuch besteht und die Schule in den Zielbeschreibungen des Grundgesetzes[204], vieler Landesverfassungen[205] und aller Schulgesetze in den Dienst sozialer Chancen- und Leistungsgerechtigkeit genommen wird, zeigt, dass das Schulwesen nicht nur Bestandteil der Daseinsvorsorge, sondern auch eine zentrale Realisierung des sozialen Rechtsstaats ist[206]. Die Ausgestaltung des Bildungssystems hat einen eminent wichtigen Anteil

---

gung, integrative Beschulung abzulehnen, im allgemeinen Persönlichkeitsrecht der anderen Schüler, das allerdings nur selten verletzt sei; Lehnert (2000), S. 140 f.

[202] Anders der Ansatzpunkt von Hoppe in: Linck/Jutzi/Hoppe (1994), Rz 6 zu Art. 20 ThürVerf, der besondere Förderung von Behinderten nur für zulässig hält, wenn sie nicht „zur Schmälerung der Chancen anderer" führe. Diese Aussage negiert die soziale Verbundenheit: Jede besondere Förderung einer Person kann bei begrenzten Ressourcen die potenziellen Chancen anderer schmälern. Die Frage der Integration ist so gar nicht zu erfassen. Ebenso wenig kann es aber überzeugen, einen möglichen Interessenkonflikt zu negieren wie es Reichenbach (2001), S. 263 tut, da auch subjektive Beeinträchtigungen nicht einfach geleugnet werden können.

[203] § 2 Abs. 1 Nr. 3, 7 ADG.

[204] Art. 7 Abs. 4 Satz 3 GG: „*Die Genehmigung (für Privatschulen) ist zu erteilen, wenn (...) eine Sonderung der Schüler nach den Besitzverhältnissen der Eltern nicht gefördert wird.*"; vgl. Bull (1973), S. 287.

[205] Art. 11 Abs. 1 BWVerf und Art. 25 Abs. 1 LSAVerf: „*ohne Rücksicht auf Herkunft oder wirtschaftliche Lage*"; Art. 132 BayVerf: „*Anlagen (...), Neigung, (...) Leistung maßgebend, nicht aber die wirtschaftliche und gesellschaftliche Stellung der Eltern.*"; Art. 20 BerlVerf: „*Zugang eines jeden Menschen*"; Art. 29 Abs. 3 BrbVerf: „*unabhängig von seiner wirtschaftlichen und sozialen Lage*"; Art. 27 Abs. 1 BremVerf: „*Jeder hat nach Maßgabe seiner Begabung das gleiche Recht auf Bildung.*"; Art. 59 HessVerf; Art. 15 Abs. 3 MVVerf; Art. 4 Abs. 1 NdsVerf; Art. 8 Abs. 1 NWVerf; Art. 31 RhPfVerf: „*Jedem jungen Menschen soll zu einer seiner Begabung entsprechenden Ausbildung verholfen werden.*"; Art. 29 Abs. 2 SächsVerf; Art. 8 Abs. 2 SHVerf; Art. 20 ThürVerf.

[206] Vgl. das bei Reichenbach (2001), S. 56 f. referierte Urteil des OVG Lüneburg vom 16. Juni 1970, Az. A 41/70, mit dem die Befreiung eines Schülers von der Schulpflicht aufgehoben wurde. Die Schulpflicht war aufgehoben worden, weil der Rollstuhl des Schülers nicht in den Schulbus passte.

an der Verwirklichung von sozialer Befähigungsgerechtigkeit als Voraussetzung für Leistungsgerechtigkeit und damit an der sozialen Gerechtigkeit der Gesellschaft insgesamt, zumal der Zugang zu höherwertigen Schul-, Ausbildungs- und Berufsabschlüssen und zum Studium nach wie vor durch Herkunft, Bildungsstand und soziale Stellung der Eltern bestimmt sind[207].

Die Erwähnung und Zulassung privater und konfessioneller Schulen im Grundgesetz[208] und den meisten Landesverfassungen[209] zeigt, dass die konkrete Realisierung des Schulwesens zwar überwiegend, aber nicht ausschließlich in staatlicher und kommunaler Trägerschaft erfolgt[210]. In jedem Fall ist der Staat dafür verantwortlich, dass das Schulwesen seine allgemeine und sozial integrative Aufgabe erfüllen kann[211]. Eine Realisierung, die verstärkt Privatrechtssubjekte für die öffentliche Aufgabe in Dienst nimmt, wie im Gesundheitswesen, wäre jedoch möglich. Der Wechselbezug zu den an das Bildungswesen herangetragenen gesellschaftlichen Anforderungen wird heute durch die Landesgesetzgebung, durch die pädagogische Freiheit der Lehrkräfte[212] und auch durch die Mitwirkungsrechte von Eltern sowie Schülerinnen und Schülern sichergestellt.

Die Aufsicht des Staates über das Schulwesen ist keine rein formale Regelung, sondern zeigt auf, dass das Schulwesen dem sozialen Staatsziel und den Grundrechten verpflichtet ist[213]. Das BVerfG hat das Regel-Ausnahme-Verhältnis zwischen öffentlichen und privaten Schulen insbesondere für den Grundschulbereich so begründet:

„Nach wie vor verfolgen die in Rede stehenden Verfassungsbestimmungen mithin den Zweck, die Kinder aller Volksschichten zumindest in den ersten Klassen grundsätzlich zusammenzufassen und private Volks- oder Grundschulen nur zuzulassen, wenn der Vorrang der öffentlichen Schulen aus besonderen Gründen zurücktreten muss. Dahinter steht eine sozialstaatliche und egalitär-demokratischem Gedankengut verbundene Absage an Klassen, Stände und sonstige Schichtungen. (...) Bleiben gesellschaftliche Gruppen einander fremd, kann dies zu sozialen Reibungen führen, die zu vermeiden legitimes Ziel auch staatlicher Schulpolitik ist."[214]

Gerade aus diesen Gründen kann und muss das Schulwesen auch eine wesentliche Bedeutung bei der Integration und Teilhabe behinderter Menschen in die Gesellschaft entfalten[215]. Das öffentliche Schulwesen und seine Rahmenordnung sind nicht in ihrer konkreten Ausformung unveränderbar. Ein Rückzug des Staates aus der Verantwortung für das Schulwesen unter Verzicht auf Recht und Pflicht aller zum Schulbesuch erscheint aber als mit dem sozialen Staatsziel unvereinbar. Ge-

---

[207] Vgl. BT-Drucks. 15/5015, S. 23.
[208] Art. 7 Abs. 4 und 5 GG.
[209] Art. 14 Abs. 2 Satz 3 und 4 BWVerf; Art. 134 BayVerf; Art. 30 Abs. 6 BrbVerf; Art. 29 BremVerf; Art. 61 HessVerf; Art. 4 Abs. 3 NdsVerf; Art. 8 Abs. 4 NWVerf; Art. 30 RhPfVerf; Art. 28 SLVerf unter besonderer Nennung von „Schulen für Behinderte"; Art. 102 Abs. 3 SächsVerf; Art. 28 LSAVerf; Art. 26 ThürVerf.
[210] Vgl. BVerfG vom 8. April 1987, BVerfGE 75, 40, 66 (Privatschulförderung in Hamburg).
[211] Art. 7 Abs. 4 Satz 3 GG.
[212] Vgl. Speck, ZHP 1997, S. 233, 235.
[213] Vgl. ähnlich Trute in: Degenhart/Meissner (1997), § 8 Rz 8.
[214] BVerfG vom 16. Dezember 1992, BVerfGE 88, 40, 49 f. („Freie Schule Kreuzberg").
[215] Reichenbach (2001), S. 54 f.; Wallerath, RdJB 1972, S. 129, 131.

rade für behinderte Menschen wäre eine Privatisierung und Deregulierung der Verantwortung für die schulische Bildung ein sozialer Rückschritt, der kaum zu kompensieren wäre[216].
Für die berufliche Bildung besteht eine differenziertere Ordnung der Verantwortlichkeiten. Dabei setzt der Staat Normen und stellt berufliche Schulen zur Verfügung, die Unternehmen der Wirtschaft haben die primäre Verantwortung, Ausbildungsplätze bereitzustellen[217] und die Auszubildenden selbst oder ihre Eltern tragen eine eigene Verantwortung für die Ausbildung. Diese Ordnung ist insbesondere dort stark modifiziert, wo Jugendliche und junge Erwachsene auf Grund von individuellen Problemen oder Defiziten im Angebot von Ausbildungsplätzen nicht zu einer Berufsausbildung als Voraussetzung der Teilhabe am Arbeitsleben gelangen könnten. Dies betrifft gerade auch behinderte Menschen. Hier sind wichtige kompensierende Maßnahmen im Sozialrecht vorgesehen, die in den Formen der öffentlichen Fürsorge oder Sozialversicherung geregelt sind, aber auch besondere Einrichtungen des Bildungswesens erfordern, etwa Berufsbildungswerke[218] und Werkstätten für behinderte Menschen[219]. Derartige ergänzende Einrichtungen des beruflichen Bildungswesens sind vom sozialen Staatsziel jedenfalls solange geboten, wie für das Interesse der betroffenen Personen an beruflicher Bildung und Qualifikation keine Alternative aufgezeigt werden kann.
Die staatliche Verantwortung für die Hochschulen ist zum einen Ausdruck der institutionellen Realisierung der Freiheit wissenschaftlicher Forschung und Lehre, hat aber auch für die an den Hochschulen auszubildenden Berufe die Funktion, deren Ausbildung als Voraussetzung der Teilhabe am Arbeitsleben zu sichern. Entsprechend besteht eine soziale Verantwortung des Staates für die Teilhabe an den Universitäten im Rahmen des Möglichen[220].
Die Bildung Erwachsener hat angesichts einer sich ständig verändernden Arbeitswelt und rasch fortschreitenden Erkenntnissen und Realisierungen von Wissenschaft und Technik gesellschaftlich eine große Bedeutung. Die Erforderlichkeit staatlicher Förderung der Erwachsenenbildung ist in zahlreichen Landesverfassungen anerkannt. Gerade für erwachsene behinderte Menschen hat die sozialrechtlich fundierte Bildung mit dem primären Zweck der Teilhabe am Arbeitsleben eine hohe Bedeutung. Auch hier gilt, dass die dazu geschaffenen Einrichtungen, wie Berufsbildungswerke[221] solange sozial erforderlich und geboten sind, wie keine andere Berücksichtigung des Interesses der betroffenen Menschen an Teilhabe am Arbeitsleben aufgezeigt wird. Für berufliche Weiterbildung kann auch eine Regulierung im Interesse diskriminierungsfreien Zugangs erforderlich sein[222].

---

216 Vgl. Speck, ZHP 1997, S. 235, 238.
217 BVerfG vom 10. Dezember 1980, BVerfGE 55, 274, 312 ff. (Ausbildungsplatzabgabe); vgl. unten V.H.1., V.H.3., V.H.5.e.; zu den Defiziten bei behinderten Menschen vgl. BT-Drucks. 15/ 4575, S. 72.
218 § 35 SGB IX.
219 Vgl. § 136 Abs. 1 Nr. 1 SGB IX.
220 BVerfG vom 18. Juli 1972, BVerfGE 33, 303, 330 f. (Numerus Clausus).
221 § 35 SGB IX.
222 Vgl. § 2 Abs. 1 Nr. 3 ADG.

7. Öffentliches Gesundheitswesen

a) Grundgesetz und Landesverfassungen

Auch das Gesundheitswesen ist eine Kernfunktion einer modernen Gesellschaft. In Deutschland ist das Gesundheitswesen, anders als das Bildungswesen, traditionell nicht zum größten Teil im Rahmen der staatlichen oder kommunalen Verwaltung organisiert[223]. Die Gesundheitsämter haben für die Versorgung kranker und behinderter Menschen eine nur untergeordnete Bedeutung. Einrichtungen und Dienste des Gesundheitswesens wie niedergelassene Ärzte, Krankenhäuser, Pflegedienste und Pflegeheime, Dienste und Einrichtungen der Rehabilitation sind häufig in privater Rechtsform organisiert. Sie sind jedoch in ein komplexes Geflecht öffentlich-rechtlicher Regelungen eingebunden.

Im Grundgesetz sind die Zulassung zu ärztlichen und zu anderen Heilberufen und zum Heilgewerbe[224] und der Verkehr mit Arzneien und Heilmitteln[225] und die wirtschaftliche Sicherung der Krankenhäuser und die Regelung der Krankenhauspflegesätze[226] sowie die künstliche Befruchtung beim Menschen, die Untersuchung und künstliche Veränderung von Erbinformationen sowie Regelungen zur Transplantation von Organen und Geweben[227] als das Gesundheitswesen mitgestaltende Kompetenzen in der konkurrierenden Gesetzgebung angesprochen. Anders als die Bildung ist Gesundheit im Grundrechtskatalog des Grundgesetzes genannt[228]. Das Recht auf Gesundheit ist dabei primär Abwehrrecht, das aber auch Schutzpflichten und Teilhaberechte auslösen kann[229]. Eine Entscheidung für eine bestimmte Ordnung des Gesundheitswesens ist daraus nur in Ansätzen erkennbar. Der Staat ist aber nicht frei, das Gesundheitswesen sich selbst zu überlassen und zu vernachlässigen[230].

In den Verfassungen der Länder findet sich in Hessen der Satz *„Die Ordnung des Gesundheitswesens ist Sache des Staates."*[231] In den Verfassungen von Berlin und Brandenburg ist die Verpflichtung enthalten, Einrichtungen für Beratung, Betreuung und Pflege im Alter, bei Krankheit, Invalidität und Pflegebedürftigkeit unabhängig von ihrer Trägerschaft staatlich zu fördern[232]. Die meisten Landesverfassungen enthalten keine Regelungen zu diesem Bereich.

---

[223] Igl (1987), S. 214 f.
[224] Vgl. BVerfG vom 10. Mai 1988, BVerfGE 78, 155 (Heilpraktikergesetz); BVerfG vom 10. Mai 1988, BVerfGE 78, 179 (Psychotherapeuten).
[225] Art. 74 Abs. 1 Nr. 19 GG.
[226] Art. 74 Abs. 1 Nr. 19a GG.
[227] Art. 74 Abs. 1 Nr. 26 GG.
[228] Art. 2 Abs. 2 Satz 1 GG.
[229] Vgl. unten IV.C.4.a.; IV.D.5.; IV.B.1.
[230] Schwabe, NJW 1969, S. 2274 ff.
[231] Art. 35 Abs. 3 Satz 1 HessVerf.
[232] Art. 22 Abs. 2 BerlVerf; Art. 45 Abs. 3 BrbVerf.

b) Europäisches und Internationales Recht

Im EG-Vertrag ist festgelegt, dass bei allen Gemeinschaftspolitiken und -maßnahmen ein hohes Gesundheitsschutzniveau sichergestellt wird[233]. Die Tätigkeit der Gemeinschaft soll die Politik der Mitgliedstaaten ergänzen und ist auf die Verbesserung der Gesundheit der Bevölkerung die Verhütung von Humankrankheiten und die Beseitigung von Ursachen für die Gefährdung der menschlichen Gesundheit ausgerichtet[234], was die Bekämpfung der weit verbreiteten schweren Krankheiten umfasst[235]. Die Gemeinschaft ergänzt die Maßnahmen der Mitgliedstaaten zur Verringerung drogenkonsumbedingter Gesundheitsschäden[236]. In diesen Bereichen unterstützt die Gemeinschaft die Zusammenarbeit zwischen den Mitgliedstaaten. Im Übrigen kann das Gesundheitswesen als Bereich der Dienste von allgemeinem wirtschaftlichem Interesse gelten. Nach der Charta der Grundrechte der Europäischen Union hat jede Person das Recht auf Zugang zur Gesundheitsvorsorge und auf ärztliche Versorgung nach Maßgabe der einzelstaatlichen Rechtsvorschriften und Gepflogenheiten[237]. In der Europäischen Sozialcharta haben sich die Vertragsstaaten verpflichtet, soweit wie möglich die Ursachen von Gesundheitsschäden zu beseitigen, Beratungs- und Schulungsmöglichkeiten zur Verbesserung der Gesundheit zu schaffen und soweit wie mögliche epidemischen, endemischen und anderen Krankheiten vorzubeugen[238].

Nach dem Internationalen Pakt über wirtschaftliche, soziale und kulturelle Rechte erkennen die Vertragsstaaten das Recht eines jeden auf das für ihn erreichbare Höchstmaß an körperlicher und geistiger Gesundheit an[239]. Sie haben sich insbesondere zu den erforderlichen Maßnahmen verpflichtet zur Senkung der Zahl der Totgeburten und der Kindersterblichkeit sowie zur gesunden Entwicklung des Kindes, zur Verbesserung aller Aspekte der Umwelts- und Arbeitshygiene, zur Vorbeugung, Behandlung und Bekämpfung epidemischer, endemischer, Berufs- und sonstiger Krankheiten und zur Schaffung der Voraussetzungen, die für jedermann im Krankheitsfall den Genuss medizinischer Einrichtungen und ärztlicher Betreuung sicherstellen[240].

c) Ausgestaltung

Der verfassungsrechtliche Befund für die öffentlich-rechtliche Einbindung des Gesundheitswesens ist wenig ergiebig. Das Recht des Gesundheitswesens selbst ist unübersichtlich. Mit dem Recht der Berufszulassung für Ärzte, Pflegeberufe und andere Gesundheitsberufe regelt der Bund wichtige Rechte und Pflichten dieser Akteure des Gesundheitswesens. Ihr eigentliches Berufsrecht liegt zum Teil in der

---

233 Art. 152 Abs. 1 Satz 1 EGV; vgl. U. Becker, ZSR 2003, S. 355, 364 ff.; Art. III-278 EVV.
234 Art. 152 Abs. 1 Satz 2 EGV.
235 Art. 152 Abs. 1 Satz 3 EGV.
236 Art. 152 Abs. 1 Satz 4 EGV.
237 Art. 35 Satz 1 ChGREU; Art. II-94 Abs. 1 EVV.
238 Art. 11 ESC.
239 Art. 12 Abs. 1 IPWSKR.
240 Art. 12 Abs. 2 IPWSKR.

Kompetenz des Landesgesetzgebers. Die Ärzte sind nach Landesrecht in öffentlich-rechtlichen Kammern zusammengefasst, die eigenständig über Rechte und
Pflichten der Berufsangehörigen entscheiden können. Die Finanzierung der Krankenhäuser ist Gegenstand des Bundesrechts. Wichtige Planungskompetenzen für
die Krankenhausversorgung sind landesrechtlich geregelt[241]. Auch die Investitionsförderung für die stationären und ambulanten Pflegeeinrichtungen ist Gegenstand des Landesrechts[242]. Damit sind den Ländern Spielräume für die Gestaltung
und Entwicklung der Pflegeeinrichtungen eröffnet[243]. Länder und Kommunen
fördern Pflegeeinrichtungen nach Maßgabe dieser Landesgesetze und von Haushaltsrecht. Der öffentliche Gesundheitsdienst ist landesrechtlich geregelt. Mit dem
Präventionsgesetz wird die Verantwortung für gesundheitliche Prävention insgesamt stärker strukturiert. Dabei erhält der Bund die Aufgabe durch das Robert-
Koch-Institut Gesundheitsberichterstattung und epidemiologische Erhebungen
durchzuführen[244]. Eine Stiftung Prävention und Gesundheitsförderung soll errichtet werden, an der die Präventionsträger, Bund, Länder und Kommunen beteiligt
sind[245]. Aufgaben im Gesundheitswesen hat auch die Bundeszentrale für gesundheitliche Aufklärung[246].

Ein großer Teil relevanter Strukturentscheidungen für das Gesundheitswesen ist
vom Bund im Sozialversicherungsrecht getroffen worden. Das Leistungserbringungsrecht der gesetzlichen Krankenversicherung, Pflegeversicherung, Rentenversicherung und Unfallversicherung enthält grundlegende Voraussetzungen für
Aufbau und Finanzierung des Gesundheitswesens[247]. So sind im Krankenversicherungsrecht die Voraussetzungen der Tätigkeit von Ärzten, Zahnärzten, Psychotherapeuten und medizinischen Versorgungszentren und ihre Zusammenfassung in
öffentlich-rechtlichen Kassenärztlichen Vereinigungen[248] als Vertragspartner der
Krankenkassen getroffen[249]. Weiterhin sind dort die gesetzlichen Grundlagen für
die Erbringung von Leistungen in Krankenhäusern, Vorsorge- und Rehabilitationseinrichtungen[250], Sozialpädiatrischen Zentren[251] enthalten und Regelungen für
die Erbringung von Heilmitteln[252], Hilfsmitteln[253], Arzneimitteln[254], häuslicher

---

[241] § 6 Abs. 1 KHG; Vgl. zu den Grenzen: BVerfG vom 12. Juni 1990, BVerfGE 82, 209; vgl.
BT-Drucks. 14/6429, S. 20.
[242] § 9 SGB XI; vgl. dazu BT-Drucks. 15/4125, S. 130 ff.; BT-Drucks. 14/6429, S. 21; Igl in: FS
50 Jahre BSG (2004), S. 645 ff.
[243] Vgl. Klie, VSSR 1999, S. 327; unten V.D.9.d.
[244] § 9 PrävG.
[245] Gesetz über die Stiftung Prävention und Gesundheitsförderung, vgl. BT-Drucks. 15/4833,
S. 11 ff., 26.
[246] Gesetz über die Bundeszentrale für gesundheitliche Aufklärung; BT-Drucks. 15/4833,
S. 13, 27.
[247] Vgl. unten III.D.6.h.
[248] §§ 77–81a SGB V.
[249] §§ 72–106a, 135–136b SGB V; vgl. BVerfG vom 23. März 1960, BVerfGE 11, 30.
[250] §§ 107–123, 137–137d SGB V.
[251] § 119 SGB V.
[252] §§ 124, 125, 138 SGB V; vgl. BVerfG vom 14. Mai 1985, BVerfGE 70, 1 zur Regelungsbe-
fugnis des Gesetzgebers.
[253] §§ 126–128, 139 SGB V.
[254] §§ 129–131 SGB V.

Krankenpflege[255], Soziotherapie[256], sozialmedizinischer Nachsorge[257], Krankentransport[258] und Hebammenleistungen[259] getroffen. In diesen Normen und den auf ihrer Basis vereinbarten Verträgen und beschlossenen Richtlinien[260] finden sich oft wichtige Strukturentscheidungen des deutschen Gesundheitswesens. Daneben ist auch das Leistungserbringungsrecht der gesetzlichen Rentenversicherung und Unfallversicherung zu nennen, das jeweils für den Bereich der medizinischen Rehabilitation erhebliche Bedeutung hat und, anders als das Krankenversicherungsrecht, in nennenswertem Umfang die Leistungserbringung durch eigene Einrichtungen der Renten- und Unfallversicherungsträger regelt. Im Pflegeversicherungsrecht sind wesentliche Fragen der Erbringung ambulanter und stationärer Pflegeleistungen geregelt[261]. Für die Behindertenhilfe außerhalb des Pflegebereichs sind die Leistungserbringungsnormen des Sozialhilferechts maßgebend[262]. Hier sind jeweils die Sozialleistungsträger zum Abschluss konkretisierenden Vertragsrechts berufen.

Mit den sozialversicherungsrechtlichen Normen ist nicht nur jeweils die große Mehrheit der in diesen Bereichen erbrachten Leistungen abgedeckt, sie haben darüber hinaus noch eine die Struktur des jeweiligen Bereichs prägende Wirkung. Daraus wird deutlich, dass das deutsche Gesundheitswesen insgesamt einen stark öffentlich-rechtlichen Charakter innehat. Die maßgeblichen Verträge sind durch den öffentlichen Auftrag der Sozialleistungsträger geprägt, auch wenn ihre Einordnung als öffentlich-rechtliche Verträge zum Teil noch umstritten ist[263]. Die Vereinbarung der Verträge ist jedenfalls auf der einen Seite, im Falle der vertragsärztlichen Versorgung auf beiden Seiten, in die Hände öffentlich-rechtlicher Körperschaften gelegt, denen ein öffentlicher Sicherstellungsauftrag zukommt. Während für die vertragsärztliche Versorgung die Kassenärztlichen Vereinigungen und die Krankenkassen, für die pflegerische Versorgung die Krankenkassen und für die Versorgung mit Diensten und Einrichtungen der Rehabilitation die Rehabilitationsträger gemeinsam mit den Ländern verantwortlich sind[264], liegt die Verantwortlichkeit für die Krankenhäuser bei den Ländern.

In keinem Fall ist es dem Markt oder einer Berufsgruppe alleine überlassen zu regulieren, ob und zu welchen Bedingungen ihre Leistungen zur Verfügung der Gesellschaft stehen. Auch die jeweils die Berufsausübung prägenden gesetzlichen und berufsständischen Regelungen haben einen öffentlich-rechtlichen Charakter. Es ist daher berechtigt, für den ärztlichen Beruf und andere Heilberufe von einer

---

[255] § 132a SGB V; vgl. BSG vom 21. November 2002, BSGE 90, 150 (Versorgungsvertrag nur mit Pflegefachkraft).
[256] § 132b SGB V.
[257] § 132c SGB V.
[258] § 133 SGB V.
[259] § 134 SGB V.
[260] Für die Rehabilitation auf der Basis von § 92 Abs. 1 Nr. 8 SGB V; vgl. die Rehabilitations-Richtlinien mit Geltung ab 1. April 2004, dazu: Nüchtern/Bublitz, ErsK 2004, S. 62 ff.; Richter-Reichhelm, BKK 2003, S. 230 ff.
[261] §§ 71–120 SGB XI.
[262] §§ 93–95 BSHG/§§ 75–81 SGB XII.
[263] Vgl. Eichenhofer, SGb 2003, S. 365, 369.
[264] § 19 Abs. 1 Satz 1 SGB IX.

staatlich, oder besser öffentlich, gebundenen Berufsausübung zu sprechen[265]. Zu den wesentlichen Zwecken dieser Ordnung gehört, den allgemeinen Zugang zu den Gesundheitsleistungen sicherzustellen[266]. Das deutsche Gesundheitswesen gehört nicht zum öffentlichen Dienst, aber es ist ein öffentlich geordneter Bereich. Dabei werden Subjekte des Zivilrechts und aus der Sphäre der Gesellschaft für die öffentlichen Aufgaben des Gesundheitswesens in Anspruch genommen. Dies ist mit spezifischen Einschränkungen der Berufsfreiheit verbunden, die jeweils mit dem Charakter der Gesundheitsversorgung als einem überragend wichtigen Gemeinschaftsgut auch verfassungsrechtlich gerechtfertigt sind und denen andererseits eine besondere öffentliche Verantwortung für den Bestand der in das System eingebundenen Leistungserbringer gegenüber steht[267]. Diskriminierungsfreier Zugang zu Gesundheitsdiensten ist auch Gegenstand des Antidiskriminierungsgesetzes[268].

Das deutsche Gesundheitssystem kann als öffentlich reguliertes Gesundheitssystem bezeichnet werden. Die seit Bestehen der Sozialversicherung stetig wachsende Dichte der Regulierung zeigt, dass diese in einem spezifischen Zusammenhang zu den Voraussetzungen einer sozial ausgerichteten Gesundheitsversorgung steht. Das deutsche Gesundheitssystem und Sozialversicherungsrecht bilden in besonderem Maße das Spannungsverhältnis und die Dialektik zwischen Staat, Gesellschaft sowie Individuum und Familie in seinem Dreiecksverhältnis zwischen Leistungsträger, Leistungserbringer und Leistungsberechtigtem ab. Individueller Bedarf, gesellschaftliche Bedarfsdeckung und staatliche Regulierung haben hier ein System konstituiert, in dem versucht wird, sowohl die bürokratische Zuteilung und Rationierung einer staatlichen Leistungserbringung wie auch Marktversagen, Ungleichheiten und Ausgrenzungen einer privatrechtlichen Bedarfsdeckung zu vermeiden. Dass die Dynamik des medizinischen Fortschritts und des tendenziell unbegrenzten Bedarfs bei begrenzten Mitteln hier fortlaufend neue gesetzliche Regulierungen erfordern, ist diesem Versuch immanent[269].

d) Bedeutung für behinderte Menschen

Für behinderte Menschen, deren notwendiger Bedarf an Gesundheitsleistungen häufig das Maß übersteigt, das sie aus eigener Kraft finanzieren könnten und für die auch ein unreguliertes Privatversicherungssystem mangels Zugang keine Alternative wäre, ist essentiell, dass der allgemeine Zugang zu notwendigen Gesund-

---

[265] Vgl. V. Neumann, ZSR 2000, S. 101, 112.

[266] Bull (1973), S. 247.

[267] Vgl. BVerfG vom 26. März 2003, BVerfGE 108, 45, 50 (Rabatte der pharmazeutischen Unternehmen nach § 130a SGB V); BVerfG vom 15. Januar 2003, BVerfGE 106, 351, 358 (Absenkung der Preise für zahntechnische Leistungen); BVerfG vom 15. Januar 2003, BVerfGE 106, 359, 365 (Apothekenrabatt nach § 130 Abs. 1 SGB V); BVerfG vom 15. Januar 2003, BVerfGE 106, 369, 374 (Großhandelsrabatt bei Arzneimitteln); BVerfG vom 20. März 2001, BVerfGE 103, 172, 182 ff. (Altersgrenze für Erstzulassung von Vertragsärzten).

[268] § 2 Abs. 1 Nr. 5 ADG.

[269] Vgl. kritisch: Zacher in: Igl/Naegele (1999), S. 143, 156 ff.

heitsleistungen gewahrt wird[270]. Da gerade Selbstbestimmung und Teilhabe behinderter Menschen ein vielfältiges Angebot gesundheitlicher Leistungen erfordern, ist auch ein Entwicklungs- und Freiheitsraum in der Leistungserbringung anstelle von durch Staat oder Markt standardisierten Angeboten für behinderte Menschen wichtig. Während also für die Finanzierung von Gesundheitsleistungen die Rechtsinstitute der sozialen Fürsorge, sozialen Entschädigung und Sozialversicherung bedeutsam sind, hat die öffentliche Regulierung des Gesundheitswesens eine ergänzende Bedeutung dafür, dass und wie bedarfsgerechte Angebote für behinderte Menschen zur Verfügung gestellt werden.

e) Notwendigkeit

Die grundlegenden Prämissen des Systems sind der allgemeine Zugang zum notwendigen Bedarf an Gesundheitsleistungen und eine Finanzierungs- und Organisationsform, die den Bestand des Systems nicht untergräbt, indem sie allgemeinen Zugang, gesellschaftliche Akzeptanz und auskömmliche Vergütung der Leistungserbringer zu erreichen sucht. Diese Vorgaben entsprechen dem sozialstaatlichen Imperativ, die Lebensinteressen aller zu berücksichtigen und belassen zugleich hinreichenden Spielraum für demokratisch gewollte Reformen. Das Grundrecht auf Gesundheit in Verbindung mit der Menschenwürde unterstützen eine Deutung, nach der jede Gestaltung des Gesundheitswesens sozialstaatswidrig ist, durch die Bevölkerungsgruppen ohne jeden Zugang zur notwendigen medizinischen Versorgung blieben. Die jeweils konkret-aktuelle Ausgestaltung dieses Gesundheitssystems ist aber durch das Sozialstaatsprinzip nicht vorgegeben[271].

8. Wohnungswesen

a) Grundgesetz und Landesverfassungen

Die Wohnung findet sich im Grundgesetz als besondere menschliche Freiheitssphäre[272]. Das Wohnungswesen, das Siedlungs- und Heimstättenwesen werden als Gegenstände der konkurrierenden Gesetzgebung erwähnt[273]. Ein Recht auf Wohnung ist in den Verfassungen Bayerns, Berlins, Bremens enthalten[274]. In Niedersachsen und Sachsen ist allgemein die Versorgung mit angemessenem Wohnraum als Staatsziel festgeschrieben[275]. Die Verfassungen von Bayern, Berlin, Brandenburg, Mecklenburg-Vorpommern, Nordrhein-Westfalen, Rheinland-Pfalz, Sachsen-Anhalt und Thüringen geben dem Staat auf, Wohnungsbau und -erhaltung zu

---

[270] Vgl. V.B.4.
[271] Vgl. Zacher in: Igl/Naegele (1999), S. 143, 154: „*Gesundheitspolitik muss mehr sein als sozialstaatliche Politik; und sozialstaatliche Politik muss mehr sein als Gesundheitspolitik.*"
[272] Art. 13 GG; vgl. unten V.D.1.
[273] Art. 74 Abs. 1 Nr. 18 GG.
[274] Art. 106 Abs. 1 BayVerf; Art. 28 Abs. 1 Satz 1 BerlVerf; Art. 14 Abs. 1 BremVerf.
[275] Art. 6a NdsVerf; Art. 7 Abs. 1 SächsVerf.

fördern[276]. In Brandenburg werden auch Mieterschutz und der Schutz vor Wohnungsräumungen erwähnt[277].

b) Europäisches und Internationales Recht

In der Charta der Grundrechte der EU sind das Recht auf Achtung der Wohnung[278] und die Anerkennung der Unterstützung für eine Wohnung im Kontext der sozialen Unterstützung enthalten[279]. Zu einem öffentlichen Wohnungswesen ist im Europäischen Recht nichts enthalten. Im Internationalen Pakt über wirtschaftliche, soziale und kulturelle Rechte ist die Unterbringung im Kontext des Rechts auf angemessenen Lebensstandard erwähnt[280].

c) Ausgestaltung

Die gezielt auf Wohnraum gerichtete finanzielle Unterstützung ist im Rahmen der Fürsorge durch Sozialhilfe, Arbeitslosengeld II und Wohngeld geregelt[281]. Das öffentliche Wohnungswesen ist bundesgesetzlich durch die soziale Wohnraumförderung ausgestaltet[282]. Ziel der Wohnraumförderung ist die Beeinflussung des Angebots an Wohnraum durch gezielte Förderung preisgünstiger Wohnungen und von Wohnungen, die den besonderen Bedürfnissen von Familien, älteren Menschen oder behinderten Menschen gerecht werden. Insbesondere Gemeinnützige und Kommunale Wohnungsbaugesellschaften sowie Wohnungsbaugenossenschaften treten dabei als Institutionen des öffentlichen Wohnungswesens auf[283]. Verantwortlichkeiten und Rahmenbedingungen für den privaten Wohnungsbau werden durch das Bauplanungsrecht[284] und Bauordnungsrecht[285] geregelt[286].

Heime für pflegebedürftige und behinderte Menschen bieten diesen Obdach, soziale Betreuung und gesundheitliche Versorgung. Sie sind also in ihren Teilfunktionen dem Wohnungswesen, dem Gesundheitswesen und dem Sozialwesen zuzuordnen. Eine stärkere Differenzierung der Funktionen wird erreicht, wenn alte und behinderte Menschen in Formen des betreuten Wohnens leben. Hier ist das Wohnen in teilweise besonderen und besonders geförderten Formen von Betreuung und gesundheitlicher Versorgung abgegrenzt. Die Rechtsverhältnisse der in Hei-

---

[276] Art. 106 Abs. 2 BayVerf; Art. 28 Abs. 1 Satz 2 BerlVerf; Art. 47 Abs. 1 BrbVerf; Art. 17 Abs. 3 Satz 2 MVVerf; Art. 29 Abs. 2 NWVerf („Wohnheimstätten"); Art. 63 RhPfVerf; Art. 40 Abs. 1 LSAVerf; Art. 15 ThürVerf.

[277] Art. 47 Abs. 1, Abs. 2 BrbVerf.

[278] Art. 7 ChGREU; Art. II-67 EVV.

[279] Art. 34 Abs. 3 ChGREU; Art. II-94 Abs. 3 EVV.

[280] Art. 11 Abs. 1 IPWSKR.

[281] §§ 7, 26, 28 Abs. 1 Nr. 4 SGB I; WoGG; vgl. Unten V.D.9.

[282] Vgl. unten V.D.8.

[283] Vgl. zur Entwicklung der rechtlichen Formen der Wohnungspolitik Schütte, ArchSozArb 2001, S. 52, 55.

[284] Vgl. unten V.D.7.

[285] Vgl. unten V.J.2.

[286] Vgl. insgesamt: BT-Drucks. 15/5015, S. 27 f.

men lebenden Menschen mit den Heimbetreibern sind durch das Heimgesetz des Bundes besonders geordnet worden[287].

d) Bedeutung für behinderte Menschen

Behinderte Menschen haben zum Teil besondere Bedürfnisse nach barrierefreiem Wohnraum. Wenn sie pflegebedürftig oder sehr schwer behindert sind, haben sie Bedarf nach einer Verbindung von Wohnen, Betreuung und gesundheitlicher Versorgung. Behinderte Menschen können auf dem Wohnungsmarkt in einer problematischen Situation sein, wenn der von ihnen benötigte Wohnraum nicht angeboten wird, wenn ihnen behinderungsbedingt die nötige Kaufkraft fehlt oder wenn sie, insbesondere bei geistiger oder psychischer Behinderung, keine Vermieter oder Verkäufer von Wohneigentum finden[288]. Zur Kompensation dieser Problemlagen sind manche behinderte Menschen darum auf ein öffentlich reguliertes Wohnungswesen angewiesen, das auch auf der Angebotsseite ansetzt. Zur sozialen Integration behinderter Menschen ist es auch wichtig, dass spezielle Wohnmöglichkeiten für behinderte Menschen dort angesiedelt sind, wo auch andere Menschen wohnen und nicht räumlich separiert werden. Dazu kommt, dass Mietverhältnisse über Wohnraum im Antidiskriminierungsgesetz angesprochen sind[289].

e) Notwendigkeit

Die allgemeine Verpflichtung des Staates, das Angebot an Wohnungen nicht sich selbst zu überlassen, sondern zu beobachten, ob damit der Grundbedarf an Wohnraum gedeckt werden kann, ist den meisten Landesverfassungen zu entnehmen und ergibt sich aus der Natur der Sache. Das Gut Wohnung ist einerseits existenziell wichtig[290], andererseits an den knappen und exklusiven Boden geknüpft. In einer solchen Konstellation kann nicht zu jedem Zeitpunkt erwartet werden, dass eine allgemeine Bedarfsdeckung durch Marktmechanismen eintritt. Dazu kommt, dass die besonderen Bedürfnisse insbesondere behinderter Menschen nach ihnen gerecht werdendem Wohnraum öffentlicher Intervention bedürfen können. Soweit ein öffentliches oder öffentlich reguliertes Wohnungswesen für diese Zwecke erforderlich ist, ist es auch notwendig für die Verwirklichung des Sozialstaatsgebots[291].

9. Sozialwesen

a) Begriff

Ein Sozialwesen als Sammelbegriff staatlicher und gesellschaftlicher Einrichtungen zu spezifisch sozialen Zwecken ist im Recht kaum konturiert[292]. Die Kompetenz

---

287 Vgl. unten V.D.6.
288 Vgl. unten IV.B.8.; V.D.3.a.; V.D.5.
289 § 2 Abs. 1 Nr. 8, 19 Abs. 5 ADG.
290 Von Mutius, ZMR 2003, S. 622; Neuner (1999), S. 103.
291 Bull (1973), S. 244 f.
292 Vgl. Igl (1987), S. 212, 219: *„eher diffus und schwer überschaubar".*

des Bundes für die soziale Fürsorge und Sozialversicherung lässt erkennen, dass es zur Verwirklichung ihrer Zwecke und Ansprüche auch besonderer Einrichtungen bedürfen könnte. Sozialwesen kann als Oberbegriff für alle Einrichtungen der sozial motivierten Staatstätigkeit verstanden werden. Ein derart weiter Begriff würde jedoch angesichts der Durchdringung aller Bereiche der Staatstätigkeit mit sozialen Zwecken kaum noch spezifischen Inhalt haben. Sieht man das Gesundheitswesen, das Bildungswesen, die Einrichtungen der Arbeitsmarktintervention, das Wohnungswesen, die Kultur und die eher technische Daseinsvorsorge als abgrenzbare Bereiche mit jeweils eigenständigen Werkwerten und Kennzeichen, so verbleibt für den Begriff des Sozialwesens der Rest von sozial motivierten Einrichtungen. Eine solche Abgrenzung spiegelt sich auch vielfach in der Verwaltungs- und Staatsorganisation. So ist in der Organisation der Ministerien in den Bundesländern das Soziale fast immer ein eigenständiger Titel neben Gesundheit und Arbeit, oft auch neben Frauen, Jugend und Familie.

Das Sozialwesen in dieser Definition ist dadurch gekennzeichnet, dass ihm, anders als den genannten speziellen Bereichen sozialer Staatstätigkeit, ein spezifischer Werkwert und eine spezifische Fachlichkeit fehlt und fehlen muss, weil es notwendig auf allgemeine Voraussetzungen und Funktionen einer Gesellschaft zielt. Das Sozialwesen ist tendenziell der Bereich, der am stärksten durch gesellschaftliche Selbstorganisation im bürgerschaftlichen Engagement, in Vereinen, Kirchen und Verbänden oder auch durch gewerbliche Anbieter hergestellt wird[293] und in dem staatliche Aktivität vor allem diese unterstützt und nur dort selbst initiativ tätig wird, wo die Herstellung gesellschaftlichen Zusammenhangs und von Räumen der Kommunikation und Betätigung nicht gelingt. Ein wichtiger Teil des öffentlichen, aber nicht staatlichen Sozialwesens in Form von Vereinen, Kirchen, Stiftungen und gemeinnützigen Gesellschaften wird als „dritter Sektor" bezeichnet, der eine Brückenfunktion zwischen staatlichem und privatem Sektor einnimmt[294]. Dieser ist in sich wiederum stark differenziert zwischen professionalisierten und eher vom freiwilligen Engagement geprägten Bereichen[295].

Das öffentlich geförderte und regulierte Sozialwesen in diesem Sinne umfasst zum Beispiel Gemeinschaftshäuser und Altentagesstätten, Stadtteilbüros, allgemeine Sozialarbeit oder allgemeine Beratungsstellen. Das Sozialwesen befindet sich in einem ständigen Prozess der Abgrenzung zu den speziellen Bereichen, insbesondere zum Bildungswesen und zum Gesundheitswesen. Dies hat kompetenzielle und inhaltliche Ursachen und Folgen. So ist der Bereich der Pflege insbesondere seit Bestehen des SGB XI stärker dem Gesundheitswesen als dem Sozialwesen zugeordnet worden. Die ist auch an der Neuregelung des Altenpflegeberufs als Heilberuf durch Bundesgesetz deutlich geworden[296]. Die Einrichtungen zur Realisierung der Kinder- und Jugendhilfe wie Kindertagesstätten, Jugendzentren und in

---

[293]　Vgl. Unten III.D.6.d.
[294]　Vgl. Schütte, ArchSozArb 2001, S. 52, 60.
[295]　Schütte, ArchSozArb 2001, S. 52, 65.
[296]　Dazu BVerfG vom 24. Oktober 2002, BVerfGE 106, 62, 74 ff., 104 ff.; vgl. BT-Drucks. 15/4575, S. 157.

der Jugendarbeit tätige Vereine stehen in der Zuordnung zwischen Bildungswesen und Sozialwesen, insbesondere die Tageseinrichtungen für Kinder[297].

b) Grundgesetz und Landesverfassungen

Eine eigene Kompetenzregel für das Sozialwesen ist nicht zu erkennen, so dass dessen Ausgestaltung soweit bei den Ländern liegt, wie der Bund sie nicht im Rahmen der Ansprüche der Fürsorge und Sozialversicherung regelt. Wie beim Gesundheitswesen ist dieser Weg durch die Verantwortung der Sozialleistungsträger für die erforderlichen Dienste und Einrichtungen[298] vorgezeichnet. Vom Bund gewährleistet werden die Rechte der Religionsgesellschaften und religiösen Vereine auch an ihren für Wohltätigkeitszwecke bestimmten Anstalten, Stiftungen und sonstigen Vermögen[299]. Der grundsätzliche Vorrang für die Selbstorganisation der Gesellschaft kann darin und auch in der Vereinigungsfreiheit des Grundgesetzes[300] als Prinzip erkannt werden.

In den Landesverfassungen von Berlin und Brandenburg ist die Verpflichtung zur Förderung von Einrichtungen für die Beratung, Betreuung und Pflege im Alter, bei Krankheit, Behinderung, Invalidität und für andere soziale und karitative Zwecke enthalten[301]. Nach der Verfassung von Mecklenburg-Vorpommern werden Initiativen, die auf das Gemeinwohl gerichtet sind und der Selbsthilfe sowie dem solidarischen Handeln dienen, gefördert und die soziale Tätigkeit der Kirchen, der Träger der freien Wohlfahrtspflege und der freien Jugendhilfe wird geschützt und gefördert[302]. Die Verfassungen von Thüringen und Sachsen-Anhalt erwähnen die Anerkennung und Förderung der von Kirchen, Religionsgesellschaften und Weltanschauungsgemeinschaften und Verbänden der freien Wohlfahrtspflege unterhaltenen sozialen und karitativen Einrichtungen[303]. Garantien des Staatskirchenrechts für die Wohltätigkeit der Kirchen enthalten auch die Verfassungen von Baden-Württemberg, Bayern, Brandenburg, Bremen, Rheinland-Pfalz, Sachsens und des Saarlandes[304]. Damit ist die Ausgestaltung des Sozialwesens in Grundgesetz und Landesverfassungen, soweit erkennbar, davon geprägt, dass die in der Sphäre der Gesellschaft stattfindende soziale Betätigung der Kirchen sowie weiterer Akteure anerkannt und gefördert wird.

---

297 Vgl. unten V.E.5.a.(2); V.H.5.b.
298 § 17 Abs. 1 Nr. 2 SGB I.
299 Art. 140 GG mit Art. 138 Abs. 2 WRV; vgl. BVerfG vom 25. März 1980, BVerfGE 53, 366 (konfessionelle Krankenhausträger in NRW).
300 Art. 9 Abs. 1 GG.
301 Art. 22 Abs. 2 BerlVerf; Art. 45 Abs. 3 Satz 1 BrbVerf.
302 Art. 19 MVVerf.
303 Art. 41 ThürVerf; Art. 32, 33 LSAVerf.
304 Art. 6 BWVerf; 146 BayVerf; Art. 63 BremVerf; Art. 37 Abs. 1 BrbVerf; Art. 44 RhPfVerf; Art. 109 SLVerf; Art. 109 Abs. 3 SächsVerf; Art. 38, 40 SLVerf.

c) Europäisches und Internationales Recht

Im Europäischen Recht sind wenige Regelungen zum Sozialwesen zu finden. Seine Leistungen können als Dienste von allgemeinem wirtschaftlichem Interesse eingeordnet werden, die von der Gemeinschaft geachtet werden[305]. Nach der Charta der Grundrechte anerkennt und achtet die Union das Recht auf Zugang zu den sozialen Diensten[306]. Wegen der sehr unterschiedlichen Ausgestaltungen in den einzelnen Mitgliedstaaten ist dieser Begriff nicht identisch mit dem, was in Deutschland als Sozialwesen verstanden wird und kann auch Teile des Gesundheitswesens bezeichnen. Das Sozialwesen im engeren Sinne ist aber vom Begriff der sozialen Dienste mit umfasst.

d) Ausgestaltung

Die Ausgestaltung des Sozialwesens ist, ähnlich wie diejenige des Gesundheitswesens, geprägt durch die Dualität von überwiegend bundesrechtlichem Sozialrecht und landesrechtlichem Berufs- und Einrichtungsrecht. Die Sozialleistungsträger sind verpflichtet, darauf hinzuwirken, dass die erforderlichen sozialen Dienste und Einrichtungen rechtzeitig und ausreichend zur Verfügung stehen[307]. Sie sollen dabei mit gemeinnützigen und freien Einrichtungen und Organisationen darauf hinwirken, dass sich ihre und deren Tätigkeit wirksam ergänzen. Sie haben dabei deren Selbstständigkeit in Zielsetzung und Wahl ihrer Aufgaben zu achten[308]. Instrumente dieser Zusammenarbeit sind die Verträge zwischen Leistungsträgern oder ihren Verbänden mit Leistungserbringern oder ihren Verbänden, die nach dem Recht der Kinder- und Jugendhilfe[309], Sozialhilfe[310], Pflegeversicherung[311] und Rehabilitation[312] zu schließen sind. Dieses Leistungserbringungs- und Vertragsrecht trägt zu einem erheblichen Teil die rechtliche Konstituierung des Sozialwesens[313].

Dazu kommt das Vertragsrecht der Nutzer sozialer Einrichtungen mit diesen, namentlich nach dem Heimgesetz. Landesrechtlich werden Sozialhilfe, Kinder- und Jugendhilfe sowie Pflege mit Vorschriften näher ausgeformt, die insbesondere auch die staatliche und kommunale Verantwortung[314] für Bereitstellung und Erhalt der sozialen Einrichtungen wie Heime[315], betreute und begleitete Wohnformen[316],

---

[305]   Art. 16 EGV; Art. 36 ChGREU; Art. II-96 EVV; Art. III-122 EVV.

[306]   Art. 34 Abs. 1 ChGREU; Art. II-94 Abs. 1 EVV; Der Tätigkeitsbereich der Dienste ist mit den Fällen Mutterschaft, Krankheit, Arbeitsunfall, Pflegebedürftigkeit und Alter nur beispielhaft umrissen.

[307]   § 17 Abs. 1 Nr. 2 SGB I.

[308]   § 17 Abs. 3 Satz 1 und 2 SGB I.

[309]   §§ 78a–78g SGB VIII.

[310]   §§ 93–95 BSHG/§§ 75–81 SGB XII.

[311]   §§ 71–106a SGB XI.

[312]   § 21 SGB IX; vgl. unten III.D.6.h.

[313]   Vgl. Igl (1987), S. 222 ff.

[314]   § 9 Satz 1 SGB XI; § 80 SGB VIII.

[315]   § 34 SGB VIII (Heimerziehung); § 71 Abs. 2 SGB XI (Pflegeheime); §§ 43a SGB XI, § 40a BSHG/§ 55 SGB XII (Vollstationäre Einrichtungen der Behindertenhilfe).

[316]   § 19 SGB VIII (gemeinsame Wohnformen für Eltern und Kinder); § 34 SGB VIII (sonstige betreute Wohnform).

ambulante Dienste und Sozialstationen, Beratungseinrichtungen[317] und Tagesein-richtungen für Kinder[318]. Die Berufe des Sozialwesens sind durch Landesrecht ge-regelt, soweit sie nicht als Heilberufe der Zulassungskompetenz des Bundes zuge-ordnet sind.

e) Bedeutung für behinderte Menschen

Viele Leistungen zur Teilhabe behinderter Menschen werden von Diensten und Einrichtungen des Sozialwesens erbracht oder beziehen sich auf sie. Dies betrifft namentlich die Leistungen zur Teilhabe am Leben in der Gemeinschaft, für die vor allem die Träger der Sozialhilfe und der Kinder- und Jugendhilfe verantwortlich sind. Behinderte Menschen nehmen in diesem Bereich auch oft Leistungen in An-spruch, die nicht in die Leistungspflicht von Rehabilitationsträgern fallen, sondern durch Gemeinden oder Länder subventioniert, von freien Trägern erbracht oder von den behinderten Menschen selbst bezahlt werden. Behinderte Menschen, die in Heimen oder betreuten Wohnformen leben, sind existenziell auf Leistungen des Sozialwesens angewiesen. Soweit sie pflegebedürftig sind, benötigen sie stationäre oder ambulante Leistungen der Pflegeeinrichtungen oder Pflegedienste, die nicht dem gesundheitlichen Bereich zuzuordnen sind wie insbesondere die hauswirt-schaftliche Versorgung[319]. Gerade neue Formen der Assistenz und Unterstützung für behinderte Menschen setzen auch Veränderungen des Sozialwesens voraus.

f) Notwendigkeit

Ein besonderer verfassungsrechtlicher Bestandsschutz kommt der karitativen Tä-tigkeit der christlichen Kirchen als einer ihrer Grundfunktionen zu[320]. Damit wird aufgezeigt, dass der Bestand des Sozialwesens primär eine Frage gesellschaftlicher Initiative ist, die vom sozialen Staat anzuerkennen und zu fördern ist[321]. Soweit das Sozialwesen erforderlich ist, damit notwendige Aufgaben der Sozialleistungsträger erfüllt werden können, sind aber auch diese und der Staat verantwortlich für ihren Bestand. Gerade wenn behinderte Menschen ohne Einrichtungen des Sozialwesens nicht bedarfsgerecht leben könnten, weil sie auf Heimunterbringung oder Unter-stützung existenziell angewiesen sind, so ist auch der Bestand dieser Einrichtungen durch das Sozialstaatsgebot geschützt. Der Bestand des Sozialwesens ist aber weni-ger als derjenige des Bildungswesens oder des Gesundheitswesens unmittelbar an ein menschliches Grundbedürfnis geknüpft, für dessen Gewährleistung öffentliche oder öffentlich regulierte Einrichtungen erforderlich sind. Das öffentlich regulierte und geförderte Sozialwesen unterstützt vielmehr Bedürfnisse und Funktionen, die jeweils in einer historisch und politisch konkreten Situation als defizitär angesehen

---

317 § 28 SGB VIII (Erziehungsberatung).
318 §§ 22–26 SGB VIII.
319 § 14 Abs. 4 Nr. 4 SGB XI; vgl. unten V.D.9.c.
320 BVerfGE 53, 366, 393.
321 Vgl. BVerfG vom 24. Mai 1977, BVerfGE 44, 353, 372 (Caritas-Drogenberatung); Zacher in: Igl/Welti (2001), S. 1, 13; V. Neumann (1992), S. 10 ff.

werden, die aber unter anderen Bedingungen auch in Selbstregulierung der Familie und Gesellschaft erfüllt werden könnten. Differenzierung und Arbeitsteilung in der Gesellschaft führen zwar zu einer tendenziellen Ausdehnung möglicher Arbeitsfelder des Sozialwesens. Zugleich ist aber etwa für behinderte Menschen, die Hilfe in der hauswirtschaftlichen Versorgung benötigen, diese weit eher mit Hilfe von Geldleistungen und marktvermittelt zu erlangen als es Gesundheits- oder Bildungsleistungen wären, die auf einen zu regulierenden fachlichen und gesellschaftlichen Rahmen angewiesen sind.

Auch die Interessen der Einrichtungen, der professionell oder karitativ Helfenden sind nach dem Sozialstaatsgebot zu berücksichtigen. Sie sind durch die Berufsfreiheit, Bekenntnisfreiheit oder Handlungsfreiheit geschützt. Diese Berücksichtigung unterliegt aber dem breiten Spielraum des Gesetzgebers. Sie kann regelmäßig nicht zu einem Bestandsschutz führen. Es ist nicht Aufgabe des sozialen Rechtsstaats dafür zu sorgen, dass genügend Menschen in einer bestimmten Form hilfsbedürftig bleiben. Zwar kann auch die eigene Caritas ein menschliches Grundbedürfnis sein. Es ist jedoch wohl ausgeschlossen, dass ihr jemals die Betätigung im Ganzen mangels Not abgeschnitten sein wird. Neue Felder des Helfens zu erschließen, ist für die Helfenden vor allem eigene, gesellschaftliche Aufgabe.

10. Kultur

a) Grundgesetz und Landesverfassungen

Im Grundgesetz sind die kulturellen Einrichtungen Presse, Rundfunk und Film[322] sowie Kunst[323] als Gegenstand von Freiheitsrechten benannt. Insbesondere für die Ordnung von Rundfunk und Fernsehen sind aus diesen Freiheitsrechten auch institutionelle Aufgaben und Verpflichtungen des Staates entwickelt worden, die sozialstaatlich geprägt sind, indem sie den Zugang der ganzen Gesellschaft zur Kultur sowohl bei Produktion und Gestaltung wie auch beim Empfang dieser Kulturmedien sicherstellen sollen[324].

Im Übrigen gehört die Kultur in der staatlichen Betätigung zum Bereich der Länder und Gemeinden. In vielen Landesverfassungen sind die Förderung von Kultur[325], Kunst[326] und Sport[327] als Staatsaufgaben benannt. In Brandenburg, Rheinland-Pfalz, Sachsen und dem Saarland ist dabei ausdrücklich der allgemeine

---

[322] Art. 5 Abs. 1 Satz 2 GG.

[323] Art. 5 Abs. 3 Satz 1 GG.

[324] Vgl. BVerfG vom 4. November 1986, BVerfGE 73, 118, 157 f. (Niedersächsisches Rundfunkgesetz); vgl. unten V.F.1.; V.J.1.

[325] Art. 3c BWVerf; Art. 140 Abs. 3 BayVerf; Art. 20 Abs. 2 BerlVerf Art. 34 Abs. 2 und 3 BrbVerf; Art. 11 Abs. 3 BremVerf; Art. 16 Abs. 1 MVVerf; Art. 6 NdsVerf; Art. 18 Abs. 1 NWVerf; Art. 40 Abs. 1 RhPfVerf; Art. 11 Abs. 1 SächsVerf; Art. 36 Abs. 1 LSAVerf; Art. 9 Abs. 3 SHVerf; Art. 30 Abs. 1 ThürVerf.

[326] Art. 140 Abs. 1 BayVerf; Art. 34 Abs. 1 BrbVerf; Art. 16 Abs. 1 MVVerf; Art. 6 NdsVerf; Art. 18 Abs. 1 NWVerf; Art. 40 Abs. 1 RhPfVerf; Art. 11 Abs. 1 SächsVerf; Art. 36 Abs. 1 LSAVerf; Art. 30 Abs. 1 ThürVerf.

[327] Art. 3c BWVerf; Art. 140 Abs. 3 BayVerf; Art. 32 BerlVerf; Art. 35 BrbVerf; Art. 16 Abs. 1 MVVErf; Art. 6 NdsVerf; Art. 18 Abs. 1 NWVerf; Art. 11 Abs. 1 SächsVerf; Art. 36 Abs. 1 LSAVerf; Art. 9 Abs. 3 SHVerf; Art. 30 Abs. 3 ThürVerf.

Zugang zu Kulturgütern und zum kulturellen Leben benannt[328]. Rheinland-Pfalz, Schleswig-Holstein, Sachsen, Sachsen-Anhalt und das Saarland benennen ausdrücklich die Büchereien[329], Sachsen und Sachsen-Anhalt auch Theater, Museen, Archive, Gedenkstätten und Sportstätten[330]. Die Sportförderung soll in Brandenburg sowohl dem Breitensport als auch dem Spitzensport gelten und die besonderen Bedürfnisse von Schülern, Studenten, Senioren und behinderten Menschen berücksichtigen[331].

b) Europäisches und Internationales Recht

Die Europäische Gemeinschaft soll durch ihre Tätigkeit die Zusammenarbeit der Mitgliedstaaten im Bereich der Kultur fördern und deren Tätigkeit erforderlichenfalls ergänzen unter anderem beim Erhalt und Schutz des kulturellen Erbes, beim nichtkommerziellen Kulturaustausch und beim künstlerischen und literarischen Schaffen einschließlich des audiovisuellen Bereichs[332]. Sie arbeitet im Bereich der Kultur mit dem Europarat zusammen[333], der wiederum zahlreiche Abkommen zu kulturellen Fragen initiiert hat. In der Charta der Grundrechte sind die Kunstfreiheit[334], die Achtung der kulturellen Vielfalt[335] und die Teilnahme älterer Menschen am kulturellen Leben[336] genannt.

Die Allgemeine Erklärung der Menschenrechte nennt die Freiheit jedes Menschen, am kulturellen Leben der Gemeinschaft frei teilzunehmen, sich der Künste zu erfreuen und am wissenschaftlichen Fortschritt und dessen Wohltaten teilzuhaben[337] und den Schutz der Urheber der wissenschaftlichen, literarischen und künstlerischen Produktion[338]. Der Internationale Pakt über wirtschaftliche, soziale und kulturelle Rechte wiederholt diese Rechte und ergänzt sie um den Hinweis auf die von den Vertragsstaaten zu unternehmenden Maßnahmen zur Erhaltung, Entwicklung und Verbreitung von Wissenschaft und Kultur[339].

c) Ausgestaltung

Das öffentliche Kulturwesen dient der Ausgestaltung und Förderung der Freiheit, am kulturellen Leben teilzuhaben[340]. Es umfasst die öffentlich-rechtlichen Rund-

---

328 Art. 34 Abs. 3 BrbVerf; Art. 40 Abs. 3 RhPfVerf; Art. 34 Abs. 2 RhPfVerf; Art. 11 Abs. 2 SächsVerf.
329 Art. 37 Satz 1 RhPfVerf; Art. 32 SLVerf; Art. 11 Abs. 2 Satz 2 SächsVerf; Art. 36 Abs. 3 LSAVerf; Art. 9 Abs. 3 SHVerf.
330 Art. 11 Abs. 2 Satz 2 SächsVerf; Art. 36 Abs. 3 LSAVerf.
331 Art. 35 Satz 3 BrbVerf.
332 Art. 151 Abs. 2 EGV; Art. III-280 Abs. 2 EVV.
333 Art. 151 Abs. 3 EGV; Art. III-280 Abs. 3 EVV.
334 Art. 13 Satz 1 ChGREU; Art. II-73 Satz 1 EVV.
335 Art. 22 ChGREU; Art. II-82 EVV.
336 Art. 25 ChGREU; Art. II-85 EVV.
337 Art. 27 Nr. 1 AEMR.
338 Art. 27 Nr. 2 AEMR.
339 Art. 15 IPWSKR.
340 Vgl. Bull (1973), S. 303 ff.

funk- und Fernsehanstalten und die Regulierung der privaten Medien durch Lan-
desmedienanstalten, Filmförderung, Kunstförderung, öffentliche oder öffentlich
geförderte Einrichtungen wie Bibliotheken, Museen, Theater, Konzerteinrichtun-
gen, Gedenkstätten und Sportstätten. Wie das Sozialwesen ist auch das Kulturwesen vielgestaltig und primär auf Nachfrage und Angebot, Realisierung und Initiative aus der Gesellschaft angewiesen, sei es durch die Nutzungsbereitschaft von
Angeboten oder durch aktive Gestaltung in Chören, Musik- und Theatergruppen,
Kultur- und Sportvereinen. Um diese gesellschaftliche Ausgestaltung zu fördern,
kann „Staatshilfe zur Staatsfreiheit"[341] benötigt werden.

Die soziale Ausgestaltung des Kulturwesens wird vor allem deutlich in allen
Maßnahmen, die nicht nur der Förderung von Film, Literatur, Kunst, Theater, Mu-
sik oder Sport als solchen, sondern ihrer möglichst allgemeinen Zugänglichkeit[342]
dienen. Dazu kommt, dass die Kultur in besonderer Weise sozial integrativ wirken
kann, indem sie gemeinsame Erfahrungen und Werte in einer Gesellschaft zum
Ausdruck bringt, schafft und ermöglicht. Dies gilt gerade auch für den Sport, der
wesentlich durch die aktive Betätigung und das organisierte Zusammentreffen von
Menschen geprägt ist.

Rechtlich ist das öffentliche Rundfunk- und Fernsehwesen bestimmt durch
Staatverträge der Länder und ergänzendes Landesrecht. Im Übrigen sind die genannten Einrichtungen zum Teil Gegenstand von Landesgesetzen. Sie werden von
den Ländern und vor allem von den Kommunen als öffentliche Einrichtungen in
verschiedenen Rechtsformen geschaffen und unterhalten oder als private Einrichtungen gefördert, um öffentliche kulturelle Zwecke zu erfüllen.

d) Bedeutung für behinderte Menschen

Die Teilhabe am kulturellen Leben ist ein wesentlicher Teil der gesellschaftlichen
Teilhabe auch behinderter Menschen. Insbesondere bei Behinderungen des Sehens,
Hörens oder Sprechens und der Mobilität bestehen oft erhebliche Barrieren und
Beeinträchtigungen dieser kulturellen Teilhabe. Behinderte Menschen sind darauf
angewiesen, dass bei der Ausgestaltung der kulturellen Einrichtungen auch ihre
Teilhabe an ihnen ermöglicht wird. Beispiele hierfür sind Gebärdensprachdolmetscher oder Untertitel im Fernsehen, gedruckte Medien in Braille-Schrift und barrierefrei ausgestaltete Theater oder Museen. Soweit behinderte Menschen wegen ihrer Behinderung geringes Einkommen haben, sind sie auch auf finanzielle Förderung ihres Zugangs zu kulturellen Einrichtungen angewiesen. Wenn Otto Bachof
es schon 1954 als Kennzeichen des sozialen Rechtsstaats beschrieb, dass er niemanden nach Belieben von der Nutzung eines öffentlichen Museums ausschließen
darf[343], ist die Annahme naheliegend, dass der faktische Ausschluss durch Zugangsbarrieren damit kaum weniger gemeint sein kann als der formelle Ausschluss
durch Satzung es wäre.

---

[341] Bull (1973), S. 308.
[342] Vgl. V.J.2., V.J.3., V.J.6.
[343] Bachof, VVDStRL 12 (1954), S. 37, 59.

Im Bereich der aktiven Kultur, namentlich durch Sport, sind behinderte Menschen darauf angewiesen, dass auch ihre von der Norm abweichende Art der Realisierung berücksichtigt wird, etwa bei der Gestaltung von Sportstätten, aber auch bei besonderem Theater, Literatur oder Kunst. Die besondere Teilhabe behinderter Menschen an der Kultur wird wegen der geringen Anzahl oder Artikulationskraft der jeweils betroffenen oft nicht im Selbstlauf durch Markt, gesellschaftliche Initiative oder Politik bereitgestellt und bedarf daher jeweils der auch normativ abgesicherten Berücksichtigung.

e) Notwendigkeit

Das kulturelle Leben ist auf die gesellschaftliche Initiative und Kreativität angewiesen, die der Staat vor allem durch Freiheitsgewährung sichern kann. Sie bedürfen aber auch der Freiheitsräume, die durch staatliche Intervention gesichert oder mitgestaltet werden. In Art und Umfang der staatlichen Gestaltung und Förderung besteht ein großer Spielraum. Dort, wo das kulturelle Leben sich ohne oder mit geringem Umfang staatlicher Intervention entfaltet, kann diese auch unterbleiben. Sozialstaatliche Verantwortung besteht dafür, dass das Bedürfnis aller an kultureller Teilhabe berücksichtigt wird und die Kultur so auch ihren Beitrag zur gesellschaftlichen Integration[344] leisten kann. Hierfür besteht eine Mindestverantwortung des sozialen Rechtsstaats, die sich etwa in der Berücksichtigung kultureller Bedürfnisse auch beim zu sichernden Existenzminimum zeigt. Wenn aber bestimmte behinderte Menschen gar keine Möglichkeit hätten, ihre kulturellen Bedürfnisse zu befriedigen, würde dieser Anspruch ohne ergänzende Intervention auf anderer Ebene leerlaufen. Der soziale Rechtsstaat muss also auch bei seiner Sorge für die kulturellen Einrichtungen die Lebensinteressen aller berücksichtigen und darf etwa ihre Barrierefreiheit nicht völlig vernachlässigen.

11. Verkehr und Kommunikation

a) Grundgesetz und Landesverfassungen

Im Grundgesetz sind die Verwaltung der Bundesstraßen[345], des Luftverkehrs[346], der Eisenbahnen[347], der Bundeswasserstraßen[348] und die Regulation von Post und Telekommunikation[349] als Gegenstände der bundeseigenen Verwaltung aufgeführt. Dazu kommen die ausschließliche Gesetzgebungskompetenz für Luftverkehr, Eisenbahnen des Bundes, Post und Telekommunikation[350] und die konkurrierende Kompetenz für Schifffahrt, Straßenverkehr und Straßenbau und sonstige Schienen-

---

344 Vgl. oben III.B.3.
345 Art. 90 GG.
346 Art. 87d GG.
347 Art. 87e GG.
348 Art. 89 GG.
349 Art. 87f GG.
350 Art. 73 Nr. 6, 6a, 7.

bahnen[351]. Die Verantwortung des Bundes für Post und Telekommunikation ist beschrieben als Gewährleistung flächendeckender, angemessener und ausreichender Dienstleistungen[352]. In den Landesverfassungen sind zu diesen Bereichen keine Regelungen enthalten.

b) Europäisches und Internationales Recht

Im EG-Vertrag ist eine gemeinsame Verkehrspolitik vorgesehen[353], deren Ziel vor allem die Förderung des grenzüberschreitenden Verkehrs und des Binnenmarktes ist. Einrichtungen der Infrastruktur für Verkehr, Post und Telekommunikation können Dienste von allgemeiner wirtschaftlicher Bedeutung im Sinne des EG-Vertrages[354] sein.

c) Ausgestaltung

Bau, Unterhaltung, Betrieb und Status von Straßen, Wasserstraßen, Eisenbahnen und die öffentliche Personenbeförderung sind bundesrechtlich und landesrechtlich geregelt[355] und in der Verantwortlichkeit zwischen Bund, Ländern und Gemeinden aufgeteilt. Verkehrsmittel werden von Unternehmen des öffentlichen und des privaten Rechts bereitgestellt und eingesetzt. Gemeinsam ist den Regelungen, dass die öffentlichen Verkehrswege und Verkehrsmittel allgemein zugänglich sein sollen. Verkehrswege und Verkehrsräume sind als öffentliche Sachen gekennzeichnet und gewidmet, zu deren wesentlichen rechtlichen Eigenschaften die allgemeine Zugänglichkeit gehört. Öffentliche Verkehrsmittel haben den Auftrag, grundsätzlich allen Menschen Verkehrsleistungen anzubieten.

Unterhaltung und Betrieb von Post und Telekommunikation sind bundesrechtlich geregelt. Die Leistungen werden grundsätzlich von Unternehmen des Privatrechts erbracht. Diese sind aber einer öffentlich-rechtlichen Aufsicht unterworfen. Diese verfolgt insbesondere den Zweck, die allgemeine Zugänglichkeit von Leistungen der Post und Telekommunikation sicherzustellen[356].

Ohne Verkehrs- und Kommunikationsmittel können sich die Individuen nicht als Gesellschaft konstituieren, weil der notwendige Austausch und damit die Räume des Freiheitsgebrauchs nicht bestehen. Der öffentliche Verkehrsraum hat nicht nur die Funktion des Transits, sondern dient auch elementaren sozialen Zwecken der Kommunikation. Er ist insofern ursprüngliches Kommunikationsmittel. Die allgemeine Zugänglichkeit von Mitteln und Wegen des Verkehrs und der Kommunikation macht ihre Bedeutung für das soziale Staatsziel aus[357]. Sie führt zu ei-

---

[351] Art. 74 Abs. 1 Nr. 21, 22, 23.
[352] Art. 87f Abs. 1 GG; dazu BVerfG vom 7. Oktober 2003, BVerfGE 108, 370, 394; vgl. BT-Drucks. 14/6429, S. 5.
[353] Art. 70 EGV.
[354] Art. 16 EGV.
[355] Vgl. unten V.G.2.
[356] § 17 Abs. 1 Satz 1 TKG (Grundversorgung mit Universaldienstleistungen); vgl. BT-Drucks. 14/6429, S. 5 f.
[357] Vgl. Bull (1973), S. 244 f.

ner volkswirtschaftlich sinnvollen Ausgestaltung und sichert die Bedingungen der Teilhabe aller.

d) Bedeutung für behinderte Menschen

Behinderte Menschen können in ihrer Mobilität erheblich eingeschränkt sein. Die Ausgestaltung der öffentlichen Verkehrsräume und Verkehrsmittel ist mitentscheidend dafür, ob sie zur Mobilität und damit zur Teilhabe an wesentlichen Lebensbereichen in der Lage sind. Individuelle Hilfen zur Mobilität können strukturelle Defizite des öffentlichen Verkehrsraums nicht oder nur ineffizient überwinden. Verpflichtungen zu einer möglichst barrierefreien Infrastruktur[358] setzen deren öffentliche Bereithaltung oder öffentliche Regulierung voraus[359].

Ebenso können behinderte Menschen in ihrer Kommunikationsfähigkeit eingeschränkt sein. Sie sind dann darauf angewiesen, dass zum Beispiel Telekommunikationsnetze und -anlagen ihren besonderen Anforderungen gemäß gestaltet werden können.

Behinderte Menschen sind auf die öffentliche Regulierung von Verkehrs- und Kommunikationsmitteln angewiesen, damit auch ihre besonderen Bedürfnisse nach Teilhabe berücksichtigt werden.

e) Notwendigkeit

Die Veränderungen der verfassungsrechtlichen und einfach-gesetzlichen Grundlagen insbesondere der Post und des Telekommunikationswesens haben gezeigt, dass die rechtliche Ausgestaltung der Daseinsvorsorge und ihrer sozialen Gestaltung wandelbar ist. Unmittelbar staatliche Leistungserbringung ist hier, wie auch in vielen Bereichen des öffentlichen Verkehrs, durch staatlich regulierte Leistungserbringung durch Private ersetzt worden. Damit ist jedoch der öffentliche Charakter dieser Dienstleistungen nicht entfallen. Sie erhalten ihr besonderes Gepräge dadurch, dass ihre allgemeine Zugänglichkeit gesellschaftlich und individuell nicht verzichtbar ist. Verkehr und Kommunikation sind die menschliche Gesellschaft konstituierende und strukturierende Grundbedürfnisse. Öffentliche Regulierung dieser Bereiche muss im sozialen Rechtsstaat die allgemeine Zugänglichkeit solcher Leistungen sichern. Die Mittel, mit denen dieses Ziel erreicht werden kann, sind dabei weiter wandelbar.

12. Arbeitsrecht

a) Grundgesetz und Landesverfassungen

Das Arbeitsrecht ist im Grundgesetz genannt als Gegenstand der konkurrierenden Gesetzgebung[360]. Zusammen mit der Sozialversicherung gehört das Arbeitsrecht

---

[358] § 8 Abs. 3 Satz 3 und 4 PBefG (Nahverkehrsplan); § 8 Abs. 2 BGG (Barrierefreiheit); unten V.G.2.
[359] Vgl. Degenhart in: Degenhart/Meissner (1997), § 6 Rz 16.
[360] Art. 74 Abs. 1 Nr. 12 GG.

zu den rechtlichen Institutionen, deren Verwirklichung in der Weimarer Reichsverfassung als wesentliche Schritte zur Sozialstaatlichkeit vorgegeben war. In verschiedenen Landesverfassungen sind der Schutz der Arbeitskraft[361], die Existenz eines eigenständigen Arbeitsrechts[362], die Regelung von Arbeitsbedingungen[363], Arbeitszeit[364], Urlaub[365], Lohngleichheit[366] und Mitbestimmung[367], von Koalitionsfreiheit und Tarifverträgen[368] und Streikrecht[369] sowie die Arbeitsgerichtsbarkeit[370] angesprochen. Der besondere Kündigungsschutz für Auszubildende, Schwangere, Alleinerziehende, Kranke, behinderte Menschen und ältere Arbeitnehmer ist in der Brandenburger Verfassung vorgesehen[371]. Nur wenige Landesverfassungen enthalten keine Regelungen zum Arbeitsrecht.

b) Europäisches und Internationales Recht

Im EG-Vertrag ist das Bestehen mitgliedsstaatlichen Arbeitsrechts vorausgesetzt. Dies wird deutlich dadurch, dass die Gemeinschaft die Tätigkeit der Mitgliedstaaten auf den Gebieten der Arbeitsbedingungen, des Schutzes der Arbeitnehmer bei Beendigung des Arbeitsvertrags, der Vertretung und kollektiven Wahrnehmung von Arbeitnehmerinteressen unterstützt[372] und die Zusammenarbeit insbesondere auf den Gebieten des Arbeitsrechts, des Koalitionsrechts und der Kollektivverhandlungen zwischen Arbeitgebern und Arbeitnehmern fördert[373]. Der Grundsatz des gleichen Entgelts für Männer und Frauen ist im EGV unmittelbar vorgeschrieben[374]. Die Mitgliedstaaten streben an, die Gleichwertigkeit der Ordnungen über die bezahlte Freizeit beizubehalten[375].

Die Europäische Sozialcharta enthält zahlreiche Verpflichtungen der Vertragsstaaten zu Regelungen, die Kernbereiche eines Arbeitsrechts umfassen, so die Regelung

---

[361] Art. 167 BayVerf; Art. 49 BremVerf; Art. 28 HessVerf; Art. 24 Abs. 1 NWVerf; Art. 53 Abs. 1 NWVerf; Art. 45 SLVerf.

[362] Art. 172 BayVerf; Art. 50 BremVerf; Art. 29 Abs. 1 HessVerf; Art. 54 Abs. 1 Satz 1 RhPfVerf; Art. 47 SLVerf.

[363] Art. 52 BremVerf; Art. 30 HessVerf; Art. 55 RhPfVerf.

[364] Art. 173 BayVerf; Art. 31 HessVerf; Art. 48 Abs. 1 SLVerf.

[365] Art. 174 BayVerf; Art. 56 BremVerf; Art. 34 HessVerf; Art. 24 Abs. 3 NWVerf; Art. 57 RhPfVerf; Art. 48 Abs. 2 SLVerf.

[366] Art. 33 HessVerf; Art. 24 Abs. 2 NWVerf; Art. 56 Abs. 2 RhPfVerf.

[367] Art. 175 BayVerf; Art. 25 BerlVerf; Art. 50 BrbVerf; Art. 47, 50 Abs. 2 BremVerf; Art. 37, 38 HessVerf; Art. 26 NWVerf; Art. 67 RhPfVerf; Art. 58 SLVerf.

[368] Art. 169 Abs. 2, 170 BayVerf; Art. 51 Abs. 1 und 2 Satz 1 BrbVerf; Art. 48, 51 Abs. 3 BremVerf; Art. 29 Abs. 2, 36 HessVerf; Art. 54 Abs. 1 Satz 2, 66 RhPfVerf; Art. 47, 56 SLVerf; Art. 25 SächsVerf; Art. 13 Abs. 3 LSAVerf; Art. 37 Abs. 1 ThürVerf.

[369] Art. 27 Abs. 2 BerlVerf; Art. 51 Abs. 2 Satz 3 BrbVerf; Art. 29 Abs. 4 BremVerf; Art. 66 Abs. 2 RhPfVerf; Art. 56 Satz 2 SLVerf; Art. 37 Abs. 2 ThürVerf.

[370] Art. 177 BayVerf; Art. 47 SLVerf.

[371] Art. 48 Abs. 4 BrbVerf.

[372] Art. 136 Abs. 1 lit. b), d), f) EGV; Art. III-209 EVV.

[373] Art. 140 EGV; Art. III-213 EVV.

[374] Art. 141 EGV; Art. III-214 EVV.

[375] Art. 142 EGV; Art. III-215 EVV.

angemessener Arbeitszeit, bezahlter öffentlicher Feiertage, bezahlten Jahresurlaubs, einer wöchentlichen Ruhezeit[376], Sicherheits- und Gesundheitsvorschriften[377], das Recht auf ein existenzsicherndes Arbeitsentgelt, Überstundenvergütungen, Entgeltgleichheit, Kündigungsfristen, Schutz vor willkürlichem Lohnabzug[378], die Koalitionsfreiheit der Arbeitnehmer und Arbeitgeber[379] und das Recht auf Kollektivverhandlungen und Streik[380]. Die Charta der Grundrechte der EU sieht Rechte auf Unterrichtung und Anhörung der Arbeitnehmerinnen und Arbeitnehmer[381], auf Koalitionen[382] und Kollektivverhandlungen und Streik[383], Schutz bei ungerechtfertigter Entlassung[384], gerechte und angemessene Arbeitsbedingungen[385], bezahlten Jahresurlaub[386], das Verbot der Kinderarbeit[387] und Jugendarbeitsschutz[388] vor. Alle diese Bereiche sind auch in der vom EG-Vertrag in Bezug genommen Gemeinschaftscharta der sozialen Grundrechte der Arbeitnehmer angesprochen.

In der Allgemeinen Erklärung der Menschenrechte sind die Rechte auf Arbeit, angemessene und befriedigende Arbeitsbedingungen, gleichen Lohn für gleiche Arbeit, existenzsichernden Lohn und die Bildung von Berufsvereinigungen[389] sowie auf Begrenzung der Arbeitszeit und bezahlten Urlaub[390] enthalten. Dies wird im Internationalen Pakt über wirtschaftliche, soziale und kulturelle Rechte bekräftigt und um Rechte auf beruflichen Aufstieg nach Beschäftigungsdauer und Befähigung und auf bezahlte Feiertage ergänzt[391].

Zahlreiche weitere Bereiche des Arbeitsrechts sind in den internationalen Verträgen geregelt, die auf Initiative der ILO geschlossen worden sind. So sind von der Bundesrepublik Deutschland insgesamt 73 Übereinkommen der ILO ratifiziert worden[392], darunter diejenigen über den Schutz der Vereinigungsfreiheit[393], über die Diskriminierung in Beschäftigung und Beruf[394], über Gesundheitsschutz im

---

[376] Art. 2 ESC.
[377] Art. 3 ESC.
[378] Art. 4 ESC.
[379] Art. 5 ESC.
[380] Art. 6 ESC.
[381] Art. 27 ChGREU; Art. II-87 EVV.
[382] Art. 12 Abs. 1 ChGREU; Art. II-72 Abs. 1 EVV.
[383] Art. 28 ChGREU; Art. II-88 EVV.
[384] Art. 30 ChGREU; Art. II-90 EVV.
[385] Art. 31 Abs. 1 ChGREU; Art. II-91 Abs. 1 EVV.
[386] Art. 31 Abs. 2 ChGREU; Art. II-91 Abs. 2 EVV.
[387] Art. 32 Abs. 1 ChGREU; Art. II-92 EVV.
[388] Art. 32 Abs. 2 ChGREU; Art. II-92 EVV.
[389] Art. 23 AEMR.
[390] Art. 24 AEMR.
[391] Art. 8, 9b IPWSKR.
[392] Stand 1994, Übersicht bei Däubler/Kittner/Lörcher (1994), S. 247 ff.; vgl. oben III.A.13.1.
[393] Übereinkommen Nr. 87 über die Vereinigungsfreiheit und den Schutz des Vereinigungsrechtes vom 9. Juli 1948, BGBl. 1956 II S. 2072.
[394] Übereinkommen Nr. 111 über die Diskriminierung in Beschäftigung und Beruf vom 25. Juni 1958, BGBl. 1961 II S. 97.

Handel und in Büros[395], über den bezahlten Jahresurlaub[396] und über die berufliche Rehabilitation und die Beschäftigung der Behinderten[397].

c) Ausgestaltung

Das Arbeitsrecht ist im Kern ein besonderer Bereich des Bürgerlichen Rechts, der im BGB, zahlreichen bundesrechtlichen und einigen landesrechtlichen speziellen Gesetzen und in der Rechtsprechung der im Grundgesetz ausdrücklich vorgesehenen Arbeitsgerichtsbarkeit[398] ausgeformt worden ist. Darin werden die Bedingungen des Arbeitsverhältnisses und Arbeitsvertrages und die Mitbestimmung der Arbeitnehmer in Betrieb und Unternehmen geregelt. Es umfasst weiterhin ein öffentliches Arbeitsrecht, das der Kontrolle und Überwachung von Arbeitsbedingungen im öffentlichen Interesse dient. Zum Arbeitsrecht gehört die im Grundgesetz garantierte Regelung von Arbeits- und Wirtschaftsbedingungen durch Arbeitgeberverbände und Gewerkschaften in Tarifverträgen[399].

Mit der Existenz eines eigenständigen Arbeitsrechts wird dem besonderen Regelungsbedürfnis in diesem Bereich Rechnung getragen und anerkannt, dass das Arbeitsverhältnis nicht alleine dem allgemeinen Zivilrecht und der Vertragsfreiheit unterworfen werden kann. Dies ist in der besonderen Bedeutung der entgeltlichen Arbeit für das wirtschaftliche und soziale Leben der Gesellschaft und für die Existenzsicherung der einzelnen Menschen begründet[400]. Wenn die „Grundformel" von Staat und Gesellschaft die Deckung des Lebensbedarfs durch eigene Arbeit ist, so bedürfen die Bedingungen, unter denen dies geschieht, einer Regelung. Indem ein erheblicher Teil der Regelungskompetenz für das Arbeitsrecht den Tarifparteien und der innerbetrieblichen Normsetzung überlassen ist und an der Rechtsfindung durch die Arbeitsgerichte die Vertreter der Tarifparteien beteiligt sind, besteht ein besonderer Modus der gesellschaftlichen Normsetzung und Normgestaltung. Dadurch wird versucht, Schutz und Regulierung den besonderen Bedingungen der jeweiligen Bereiche des Arbeits- und Wirtschaftslebens anzupassen, ohne die staatliche Rechtssetzungskompetenz zu überfordern.

d) Bedeutung für behinderte Menschen

Für behinderte Menschen ist es wichtig, auch unter den erschwerten Bedingungen einer herabgesetzten, eingeschränkten oder gefährdeten Leistungsfähigkeit oder von Vorurteilen hierüber am Arbeitsleben teilzuhaben. Hierzu ist insbesondere das

---

[395] Übereinkommen Nr. 120 über den Gesundheitsschutz in Handel und in Büros vom 8. Juli 1964, BGBl. II 1973 S. 1255.

[396] Übereinkommen Nr. 132 über den bezahlten Jahresurlaub vom 24. Juni 1970, BGBl. II 1975, S. 745.

[397] Übereinkommen Nr. 159 über die berufliche Rehabilitation und die Beschäftigung der Behinderten vom 20. Juni 1983, BGBl. II 1989 S. 2.

[398] Art. 95 Abs. 1 GG.

[399] Art. 9 Abs. 3 GG; vgl. BVerfG vom 24. Mai 1977, BVerfGE 44, 323, 340 (Allgemeinverbindlicherklärung).

[400] Neuner (1999), S. 102 f.

jetzt im zweiten Teil des SGB IX geregelte Arbeitsrecht schwerbehinderter Menschen[401] von Bedeutung, das individual- und kollektivrechtliche Komponenten umfasst. Daneben sind auch in anderen arbeitsrechtlichen Gesetzen und in Tarifverträgen Normen enthalten, die sich auf behinderte Menschen, ihre Teilhabe am Arbeitsleben und ihre Arbeitsbedingungen beziehen. Das Schwerbehindertenrecht gehörte nach dem ersten Weltkrieg zu den ersten gesetzlichen Normierungen im Bereich des Arbeitsrechts wie des Behindertenrechts[402] und zeigt damit, welche existenzielle Bedeutung besonderen Normen des Arbeitsrechts für die Teilhabe am Arbeitsleben zukommt. Von Anfang an war das Arbeitsvertragsrecht der schwerbeschädigten Menschen dabei eng verknüpft mit öffentlich-rechtlichen Normen, mit denen die Verwirklichung der Rechte und Pflichten von Arbeitgebern und behinderten Beschäftigten unterstützt wird. Mit dem Antidiskriminierungsgesetz ist der Schutz von Beschäftigten vor Benachteiligung wegen Behinderung beim Zugang zu Beschäftigung, bei Beschäftigungs- und Arbeitsbedingungen einschließlich Arbeitsentgelt und Entlassungsbedingungen ausdrücklich geregelt[403].

e) Notwendigkeit

Aus der Koalitionsfreiheit des Grundgesetzes, den Garantien der Landesverfassungen und des internationalen Rechts und der rechtlichen und sozialen Funktion des Arbeitsrechts wird deutlich, dass im sozialen Rechtsstaat eine besondere rechtliche Ordnung dieses Lebensbereichs unter besonderer gesellschaftlicher Beteiligung an der Normsetzung geboten ist[404]. Verfassungsrechtlich geschützt erscheint die Existenz tariflicher Rechtsetzung und eine am sozialen Schutz und Interessenausgleich orientierte staatliche Arbeitsrechtsordnung[405]. Für die konkrete Ausgestaltung dieser Ordnung besteht ein großer Spielraum[406], der von Freiheitsrechten, namentlich der Berufsfreiheit der Arbeitnehmer und Arbeitgeber[407], und Gleichheitsrechten begrenzt wird. Zu diesen Gleichheitsrechten gehört auch das Benachteiligungsverbot wegen einer Behinderung, dessen Bedeutung für die Zivil- und Arbeitsrechtsordnung durch das Europäische Recht gestärkt worden ist[408].

13. Verbraucherschutz

a) Grundgesetz und Landesverfassungen

Der Begriff des Verbraucherschutzes wird im Grundgesetz und den Landesverfassungen nicht erwähnt. Die Kompetenz für Gesetze des Bürgerlichen Rechts mit

---

[401] Vgl. oben II.2.b.(1).; unten V.I.2.
[402] Vgl. oben III.A.8.b.; III.A.11.b.
[403] §§ 2 Abs. 1 Nr. 1 und 2, 6–18 ADG.
[404] Vgl. Frey, ArbuR 1960, S. 298, 302 f.
[405] Vgl. P. Badura, RdA 1999, S. 8 ff.
[406] P. Badura, RdA 1999, S. 8: „*offene Arbeitsverfassung*".
[407] Vgl. zur Bedeutung der Berufsfreiheit für das Arbeitsrecht: P. Badura, RdA 1999, S. 8 ff.; Bryde, NJW 1984, S. 2177 ff.
[408] Vgl. unten IV.B.4.c.(4).

dem Ziel des Verbraucherschutzes ist konkurrierend[409]. Verbraucherschützende Gesetze des öffentlichen Rechts zum Schutz beim Verkehr mit Lebens- und Genussmitteln und Bedarfsgegenständen sind ebenfalls Teil der konkurrierenden Gesetzgebung[410]. Die Landesverfassungen sind zu diesem Bereich weit gehend abstinent. Nur das schützend ausgestaltete Mietrecht ist in der Verfassung von Brandenburg erwähnt[411]. Das Mietrecht gehört jedoch zusammen mit dem Arbeitsrecht zu den vom Bundesverfassungsgericht am stärksten unter verfassungsrechtlichen Gesichtspunkten behandelten zivilrechtlichen Materien[412]. Dies folgt aus der existenziellen Bedeutung der Wohnung und aus der Kollision insbesondere von Eigentumsgrundrechten von Vermieter und Mieter, so dass das geltende Mietrecht nicht ohne Grund als konkretisiertes Verfassungsrecht bezeichnet werden kann[413].

b) Europäisches und Internationales Recht

Die Europäische Gemeinschaft soll nach dem EGV einen Beitrag zum Schutz der Gesundheit, der Sicherheit und der wirtschaftlichen Interessen der Verbraucher sowie zur Förderung ihres Rechts auf Information, Erziehung und Bildung von Vereinigungen zur Wahrung ihrer Interessen leisten[414]. Das deutsche Verbraucherschutzrecht ist bereits seit langem maßgeblich durch europäische Richtlinien mitgeformt worden[415].

c) Ausgestaltung

Die besondere Ausgestaltung des Verbraucherschutzes im bürgerlichen und öffentlichen Recht folgt der Erkenntnis, dass die Bevölkerung in der modernen Gesellschaft zur Deckung wesentlicher Teile ihres Lebensbedarfs auf das Angebot von Waren und Dienstleistungen angewiesen ist, das ihnen von Unternehmen zu bestimmten Bedingungen gemacht wird. Im Markt kann eine bedarfsgerechte Selbstregulierung von Angebot und Nachfrage eintreten. Bei Gütern und Leistungen, die von besonderer Wichtigkeit für den Lebensbedarf sind, und bei einem Ungleichgewicht zwischen Unternehmen und Verbrauchern ist es aber auch möglich, dass bestimmte Bedarfe bestimmter Gruppen von Verbrauchern nicht oder defizitär gedeckt werden. Das öffentliche regulierte Gesundheitswesen zeigt eine mögliche Reaktion des sozialen Rechtsstaats auf eine solche Problemlage.

Die Einführung des gezielten Verbraucherschutzes insbesondere im Zivilrecht dient dem Zweck, die privatrechtlich und marktvermittelte Bedarfsdeckung zu ordnen und dabei bestimmte negative Konsequenzen auszuschließen. Entspre-

---

[409] Art. 74 Abs. 1 Nr. 1 GG.

[410] Art. 74 Abs. 1 Nr. 20 GG.

[411] Art. 47 Abs. 1 BrbVerf.

[412] Vgl. BVerfG vom 8. Januar 1985, BVerfGE 68, 361, 367 ff. (Eigenbedarfskündigung); BVerfG vom 3. Oktober 1979, BVerfGE 52, 214, 221 (Zwangsräumung).

[413] Von Mutius, ZMR 2003, S. 621 ff.

[414] Art. 153 Abs. 1 EGV; Art. III-235 Abs. 1 EVV.

[415] RL 85/577 EWG über Haustürgeschäfte; RL 87/102/EWG über Verbraucherkredite; RL 90/314/EWG über Pauschalreisen u. a.; vgl. Neuner (1999), S. 202.

chend findet sich der Verbraucherschutz in konkreten und traditionellen Ausprägungen vor allem bei Gütern und Leistungen, die existenziell notwendig sind und auf die Nachfrager nicht vollständig verzichten können. So ist das soziale Wohnraumietrecht im BGB[416] als Reaktion auf Ungleichgewichte zwischen Mietern und Vermietern ausgestaltet worden. Der öffentlich-rechtliche Verbraucherschutz ist traditionell und in der Kompetenzordnung ausgewiesen besonders stark beim Handel mit Lebensmitteln und Bedarfsgegenständen des täglichen Lebens[417]. Auch ein Teil des Medizinrechts ist als besonderes Verbraucherschutzrecht ausgestaltet[418]. Im Bürgerlichen Recht ist die Kategorie von Verbrauchern und Unternehmern mit der Schuldrechtsreform verankert und definiert worden[419]. Verbraucherschutz ist im allgemeinen und besonderen Schuldrecht besonders dort ausgestaltet worden, wo besondere Asymmetrien von Information und Verhandlungsmacht zwischen Verbrauchern und Unternehmern vermutet worden sind[420]. Verbraucherschutz kann sich auch als Diskriminierungsschutz für solche Verbraucher darstellen, die aus verschiedenen Gründen keinen oder erschwerten Zugang zur Bedarfsdeckung an Gütern und Leistungen haben.

d) Bedeutung für behinderte Menschen

Verbraucherschutz kann für behinderte Menschen insbesondere dann von Bedeutung sein, wenn bestimmte Bereiche der sozialen Daseinsvorsorge aus dem öffentlich-rechtlichen Bezugssystem gelöst werden. So werden behinderte Menschen bei der Verselbständigung aus dem Heim auf den Wohnungsmarkt oder bei einer privatrechtlich vermittelten Deckung des Bedarfs an Betreuungs-, Assistenz- und Gesundheitsleistungen bei Inanspruchnahme eines Persönlichen Budgets[421] oft erstmalig mit den Bedingungen bestimmter Märkte konfrontiert. Die Eigenschaften, die zur Konsumentensouveränität gehören, wie Marktübersicht, Durchsetzungs- und Artikulationsfähigkeit haben behinderte Menschen nicht immer entwickeln können[422]. Sie sind auf Verbraucherschutz angewiesen. Menschen mit geistigen oder seelischen Behinderungen oder Lernstörungen können ebenfalls darauf angewiesen sein, dass im Rechtsverkehr ihre Behinderung nicht zur Übervorteilung ausgenutzt werden kann. Schließlich können behinderte Menschen auch davon betroffen sein, dass ihnen bestimmte Güter und Leistungen aus faktischen oder rechtlichen Gründen nicht zugänglich sind, weil zum Beispiel Kaufhäuser oder Gaststätten nicht barrierefrei ausgestaltet sind oder Reiseunternehmen oder Vermieter wegen ihrer Behinderung nicht mit ihnen Verträge schließen wollen[423]. In-

---

[416] §§ 549–577a BGB; vgl. unten V.D.3.
[417] Vgl. LBMG.
[418] AMG; MPG.
[419] §§ 13, 14 BGB.
[420] Allgemeine Geschäftsbedingungen, §§ 305–310 BGB; Haustürgeschäfte, Fernabsatzverträge, elektronischer Geschäftsverkehr, §§ 311–312 f BGB; Reisevertrag, §§ 651a–m BGB.
[421] § 17 SGB IX.
[422] Schütte, ArchSozArb 2001, S. 55, 71.
[423] Vgl. unten V.J.3.b., V.J.4., V.J.4.

sofern erweist sich privatrechtlicher Diskriminierungsschutz vor allem als eine besondere Form des Verbraucherschutzes.

e) Notwendigkeit

Verbraucherschutz ist als übergreifendes Rechtsinstitut eine noch junge Kategorie. Der Grundgedanke entspricht einer auf soziale Problemlagen reagierenden Zivilrechtsgestaltung, die auch den Schutz des schwächeren Vertragspartners realisiert. Verbraucherschutz ist insofern kein sozialstaatlicher Selbstzweck, sondern immer abhängig von der konkreten Situation der gesellschaftlichen Verhältnisse, in denen der Bedarf an Gütern und Leistungen gedeckt wird. Die Verpflichtung zum handeln ist dabei umso stärker, je notwendiger der jeweils in Frage stehende Bedarf ist und je weniger eigene Verhandlungsmacht die betroffenen Verbraucher entfalten können.

14. Gleichstellung von Männern und Frauen

a) Grundgesetz und Landesverfassungen

Jede menschliche Gesellschaft ist durch die Dualität der Geschlechter, ihr Zusammenwirken und ihre Arbeitsteilung in der Familie, aber auch in allen anderen Lebensbereichen gekennzeichnet und strukturiert. Nach dem Grundgesetz sind Männer und Frauen gleichberechtigt. Ob es sich bei dieser Norm um ein rein formales Gleichheitsrecht handelte oder ob damit auch die gesellschaftliche Gleichstellung gemeint war, war lange umstritten. Mit der Verfassungsreform von 1994 wurde klar gestellt, dass der Staat die tatsächliche Durchsetzung der Gleichberechtigung fördert und auf die Beseitigung bestehender Nachteile hinwirkt. Damit ist der Auftrag des sozialen Staates zur Gestaltung der Gesellschaft im Hinblick auf das Verhältnis der Geschlechter präzisiert. Die Geschlechter sollen gleiche Rechte haben, diese sollen tatsächlich realisiert werden können und bestehende Nachteile sollen ausgeglichen und beseitigt werden[424].

In allen deutschen Landesverfassungen sind entsprechende Staatsziele und Gleichheitsrechte zu finden[425], wobei sich Hessen auf das Gleichheitsrecht beschränkt[426] und Rheinland-Pfalz und das Saarland zusätzlich die Lohngleichheit nennen[427]. In Nordrhein-Westfalen und Baden-Württemberg ist die Gleichstellung nur durch Verweis auf das Grundgesetz Landesverfassungsrecht[428]. In Brandenburg wird das Staatsziel präzisiert, indem es ausdrücklich auf die Bereiche Beruf,

---

[424]   Vgl. unten IV.6.e.(1).(d).

[425]   Art. 118 Abs. 2 BayVerf; Art. 10 Abs. 3 BerlVerf; Art. 12 Abs. 3 BrbVerf; Art. 2 Abs. 4 BremVerf; Art. 3 Abs. 2 Satz 3 und 4 HmbVerf; Art. 13 MVVerf; Art. 3 Abs. 2 Satz 3 NdsVerf; Art. 8 SächsVerf; Art. 7 Abs. 2, 34 LSAVerf; Art. 6 SHVerf; Art. 2 Abs. 2 ThürVerf.

[426]   Art. 1 HessVerf.

[427]   Art. 17 Abs. 3 RhPfVerf; Art. 56 Abs. 2 RhPfVerf; Art. 12 Satz 2 SLVerf, Art. 47 Satz 4 SLVerf.

[428]   Art. 2 Abs. 1 BWVerf; Art. 4 Abs. 1 NWVerf.

Bildung und Ausbildung, Familie und soziale Sicherung bezogen wird[429], in Bremen werden Familie und Lohngleichheit hervorgehoben[430].

b) Europäisches und Internationales Recht

Die Gleichstellung von Männern und Frauen ist Ziel der Europäischen Gemeinschaft[431] und von ihr in allen Tätigkeitsbereichen zu beachten[432]. Insbesondere ist jeder Mitgliedsstaat verpflichtet die Anwendung des Grundsatzes des gleichen Entgelts für Männer und Frauen sicherzustellen[433]. Die sozialpolitische Zusammenarbeit der Gemeinschaft richtet sich auf Chancengleichheit auf dem Arbeitsmarkt und Gleichbehandlung am Arbeitsplatz[434]. Diese Ziele werden durch mehrere Verordnungen und Richtlinien konkretisiert. Nach der Charta der Grundrechte der Europäischen Union ist die Gleichheit von Männern und Frauen in allen Bereichen, einschließlich der Beschäftigung, der Arbeit und des Arbeitsentgelts, sicherzustellen. Dieser Grundsatz steht spezifischen Vergünstigungen für das unterrepräsentierte Geschlecht nicht entgegen[435].

In den Menschenrechtspakten haben sich die Vertragsstaaten verpflichtet, die Gleichberechtigung von Mann und Frau bei der Ausübung aller in ihnen festgelegten bürgerlichen und politischen, wirtschaftlichen, sozialen und kulturellen Rechte sicherzustellen[436]. Präzisiert sind diese Verpflichtungen im UN-Übereinkommen zur Beseitigung jeder Form von Diskriminierung der Frau[437], in dem für den gesellschaftlichen Bereich insgesamt ausgesagt wird, dass die Vertragsstaaten alle geeigneten Maßnahmen zur Sicherung der vollen Entfaltung und Förderung der Frau treffen, damit sichergestellt wird, dass sie ihre Menschenrechte und Grundfreiheiten gleichberechtigt ausüben und genießen kann[438]. Besonders genannt werden dabei gleicher Zugang zum Bildungsbereich[439] und zum Arbeitsleben[440]. Für Beschäftigung und Beruf ist weiterhin das ILO-Übereinkommen Nr. 111 zu nennen.

c) Ausgestaltung

Die gleichberechtigte Gestaltung des Geschlechterverhältnisses ist als ein besonderes Problem der sozialen Gerechtigkeit identifiziert worden[441]. Das Verhältnis der Geschlechter kann in Staat und Gesellschaft nicht isoliert betrachtet werden, son-

---

[429] Art. 12 Abs. 3 Satz 2 BrbVerf.
[430] Art. 22, 53 BremVerf.
[431] Art. 2 EGV; Art. I-3 EVV.
[432] Art. 3 Abs. 2 EGV; Art. III-116 EVV.
[433] Art. 141 Abs. 1 EGV; Art. III-214 EVV.
[434] Art. 137 Abs. 1 EGV; Art. III-210 EVV.
[435] Art. 21 ChGREU; Art. II-83 EVV.
[436] Art. 3 IPBPR; Art. 3 IPWSKR.
[437] Übereinkommen zur Beseitigung jeder Form der Diskriminierung der Frau vom 18. Dezember 1979, BGBl. II 1985 S. 647.
[438] Art. 3 ÜBDF.
[439] Art. 10 ÜBDF.
[440] Art. 11 ÜBDF.
[441] Vgl. Bieback, Jura 1987, S. 229, 236; P. Badura, Der Staat 1975, S. 17, 41.

dern muss in allen Bereichen der staatlichen Aktivität, vor allem in den sozial ausgerichteten Feldern, berücksichtigt werden. Unter diesen ist die Gleichstellung der
Geschlechter insbesondere dort angesprochen, wo deren Arbeitsteilung und ihre
Folgen ausgeformt werden, also in Familie[442], Kindererziehung, Arbeitsmarkt und
Arbeitsrecht. Von diesen Feldern ausgehend ist das Geschlechterverhältnis auch in
der Sozialversicherung thematisiert worden. Mit dem Antidiskriminierungsgesetz
wird die Gleichbehandlung der Geschlechter in wichtigen Bereichen des Arbeits-
und Zivilrechts geregelt.

Da sich das Geschlechterverhältnis mit der Gesellschaft weiterentwickelt und
vor allem in Familie und Arbeitsleben immer wieder neu konkretisiert, kann die
Gleichberechtigung der Geschlechter nicht als abschließbarer, sondern nur als dynamischer Prozess angesehen werden, der immer wieder neu herzustellen und zu
optimieren ist. Die auf Gleichstellung orientierte Normsetzung der letzten Jahrzehnte ist darum bemüht gewesen, nicht nur einzelne Felder der Benachteiligung
zu bearbeiten, sondern auch Prinzipien und Institutionen zu verankern, welche die
laufende Beobachtung des Geschlechterverhältnisses zum Thema haben, also
durch Behörden und Beauftragte in Staat, Kommunen, gesellschaftlichen Gruppen
und Betrieben, die sich gesondert damit befassen.

d) Bedeutung für behinderte Menschen

Auch behinderte Menschen sind Frauen oder Männer und ihr Leben ist vom Geschlechterverhältnis in Gesellschaft und Staat bestimmt. Es ist zu beachten, ob die
als Behinderung gekennzeichnete Lebenssituation in besonderem Maße durch das
Geschlecht in seiner biologischen oder sozialen Ausprägung bestimmt wird, etwa
bei geschlechtsbezogenen Funktionsstörung oder bei Teilhabestörungen, die sich
auf Elternschaft und Kindererziehung oder eine vom Geschlechterverhältnis vorgeprägte Arbeitswelt beziehen[443]. Auch die im Gesundheits- und Sozialwesen rea-
lisierten helfenden Beziehungen können vom Geschlechterverhältnis mitgeprägt
sein. Es ist für die Pflege und Assistenz behinderter Frauen oder Männer nicht immer unwichtig, ob und wie sie von Männern oder Frauen ausgeführt wird.

e) Notwendigkeit

Da jede gesellschaftliche Wirklichkeit vom Verhältnis von Frauen und Männern
mitgeprägt wird, muss jeder sozial aktive Staat das Geschlechterverhältnis beachten. Das bedeutet, dass der soziale Rechtsstaat immer zumindest zu prüfen hat, ob
die Wirklichkeit des Geschlechterverhältnisses mit den grundlegenden Gleichheits-
und Freiheitsnormen vereinbar ist, die sein gesellschaftliches Eingreifen im Übrigen prägen.

---

[442] BVerfG vom 5. Februar 2002, BVerfGE 105, 1, 13; BVerfG vom 24. Juli 1963, BVerfGE 17,
1, 12 f. zum Unterhaltsrecht.
[443] BT-Drucks. 15/4575, S. 23 f.

D. Normative und institutionelle Konkretisierungen des sozialen Staatsziels für behinderte Menschen und für die Rehabilitation

Das soziale Staatsziel ist besonders konkretisiert in der staatlichen Verantwortung für bestimmte Bereiche staatlicher Tätigkeit und Regulierung, namentlich die oben dargestellten Institute Fürsorge, soziale Entschädigung, Sozialversicherung, Bildungswesen, Gesundheitswesen, Wohnungswesen, Sozialwesen, Arbeitsrecht, Verkehr und Kommunikation, Verbraucherschutz und Gleichstellung der Geschlechter, die alle eine besondere Bedeutung für Rehabilitation und Teilhabe behinderter Menschen haben. Das soziale Staatsziel konkretisiert sich aber auch in einer besonderen Verantwortung des Staates für bestimmte Personen, wie etwa der Mütter[1] und Kinder[2].

Behinderte Menschen gehören zu den Teilen der Bevölkerung, für die dem sozialen Rechtsstaat eine besondere Verantwortung zugeschrieben wird. Normativ konkretisiert ist diese Verantwortung in den besonderen Gleichheitssätzen des Grundgesetzes und der Landesverfassungen, in sozialen Staatszielen der Landesverfassungen, im Europäischen Recht, in der Europäischen Sozialcharta und im Allgemeinen Teil des Sozialgesetzbuchs.

1. Die soziale Bedeutung des Benachteiligungsverbots

In Art. 3 Abs. 3 Satz 2 GG[3] ist festgeschrieben, dass niemand wegen seiner Behinderung benachteiligt werden darf. Dieser besondere Gleichheitssatz ist in identischer oder ähnlicher Form in den Landesverfassungen von Brandenburg[4], Baden-Württemberg[5], Berlin[6], Bremen[7], Niedersachsen[8], Bayern[9] und in der Verfassung des Saarlandes[10] wiederholt[11]. Eine inhaltliche Abweichung ist dabei nur in der Verfassung von Brandenburg zu erkennen, nach der nicht nur eine Benachteiligung, sondern auch eine Bevorzugung wegen einer Behinderung verboten ist. Dies

---

[1] Art. 6 Abs. 4 GG.
[2] Art. 6 Abs. 2 Satz 2 GG.
[3] Vgl. unten IV.B.4.a.
[4] Art. 12 Abs. 2 BrbVerf.
[5] Art. 2a BWVerf.
[6] Art. 11 BerlVerf.
[7] Art. 2 Abs. 3 Satz 1 BremVerf.
[8] Art. 3 Abs. 3 Satz 2 NdsVerf.
[9] Art. 118a Satz 1 BayVerf.
[10] Art. 12 Abs. 4 SLVerf.
[11] Vgl. unten IV.B.4.b.

wird aber dadurch relativiert, dass die Verfassung von Brandenburg fünf Fördergebote für behinderte Menschen beinhaltet[12].

Bei den besonderen Gleichheitssätzen für behinderte Menschen handelt es sich nicht unmittelbar um Staatsziele, sondern um subjektive Rechte. Sie können jedoch bei der Ausformung des sozialen Staatsziels nicht unbeachtet bleiben. Besondere Gleichheitssätze sind verfassungsrechtliche Reaktionen auf die Gefahr von Benachteiligungen in Staat und Gesellschaft und Mängel bei der sozialen Integration zwischen gesellschaftlichen Gruppen. Sie sollen diese Benachteiligungen abbauen und die gesellschaftliche Integration fördern. Entsprechend sind die besonderen Gleichheitssätze als gewichtige Indizien für zu berücksichtigende soziale Bedarfslagen und Defizite anzusehen, die Gesetzgeber, Regierung, Verwaltung und Rechtsprechung aufgeben, besondere Sorgfalt bei der Berücksichtigung der Auswirkungen ihrer Entscheidungen auf die betreffende Gruppe oder das betreffende Verhältnis gesellschaftlicher Gruppen und Einzelner anzuwenden[13]. Sie stehen gegen Typisierungen und Pauschalisierungen, die den besonderen sozialen Lagen und Bedürfnissen nicht gerecht werden[14]. Dass der Abbau von Benachteiligungen behinderter Menschen sowohl eine Frage subjektiver Rechte wie auch der sozialen Staatstätigkeit ist, wird darin deutlich, dass in den Länderverfassungen mehrfach soziale Staatsziele formuliert sind, die das Gleichheitsmotiv behinderter Menschen aufnehmen[15].

Durch das besondere Gleichheitsrecht behinderter Menschen wird insbesondere der integrative Charakter des sozialen Staatsziels konkretisiert, betont und herausgefordert[16]. Die Berücksichtigung behinderter Menschen soll in einer Weise geschehen, die diesen gleiche oder gleichwertige Teilhabe in möglichst vielen Bereichen von Staat und Gesellschaft vermittelt. Die bis 1994 geltende verfassungsrechtliche Fundierung der Berücksichtigung behinderter Menschen allein durch das Sozialstaatsgebot hatte nach Ansicht vieler behinderter Menschen und des Normgebers zu oft eine sondernde und desintegrierende Art der Hilfe und Unterstützung zugelassen. Das Benachteiligungsverbot richtet die soziale Staatstätigkeit nun stärker integrativ aus. Der Gesetzgeber hat dies durch den Bezug auf das Benachteiligungsverbot bei der Schaffung von SGB IX und BGG unterstrichen.

2. Soziale Staatsziele der Landesverfassungen

In zahlreichen Landesverfassungen sind Staatsziele festgeschrieben, welche die Verantwortung des sozialen Rechtsstaats für behinderte Menschen konkretisieren[17]. Diese Staatsziele haben vor allem Bedeutung bei der Setzung und Auslegung des Landesrechts. Sie sind aber darüber hinaus auch für die gesamte Tätigkeit der

---

12 Art. 26 Abs. 1 Satz 2, 29 Abs. 3, 45 Abs. 1 Satz 1, 45 Abs. 3 Satz 1, 48 Abs. 4 BrbVerf.
13 Pitschas, SGb 2003, S. 65, 73 für das Sozialrecht; Berlit, RdJB 1996, S. 145, 150 für das Schulrecht.
14 Vgl. V. Neumann, DVBl. 1997, S. 92, 96.
15 Art. 7 Abs. 2 SächsVerf; Art. 38 Satz 2 LSAVerf; Art. 2 Abs. 4 Satz 2 ThürVerf; Art. 11 Satz 2 BerlVerf; Art. 64 RhPfVerf; Art. 2 Abs. 3 Satz 3 BremVerf; Art. 118a Satz 2 BayVerf.
16 Vgl. Straßmair (2002), S. 248 ff.
17 Vgl. Menzel (2002), S. 483; Stiens (1997), S. 279 ff.; unten IV.B.4.b.(8).

Landesverwaltung, der Kommunen und anderer öffentlich-rechtlicher Körperschaften, Anstalten und Stiftungen sowie die Rechtsprechung in den jeweiligen Bundesländern von Bedeutung und können somit auch die Auslegung von Bundesrecht beeinflussen, soweit sie diesem nicht widersprechen. Aus den sozialen Staatszielen der Landesverfassungen können in der Gesamtbetrachtung auch Hinweise für das Verständnis des Sozialstaatsgebots des Grundgesetzes entnommen werden. Sie sind leges speciales zum Sozialstaatsprinzip[18].

Dass innerhalb von acht Jahren in zwölf von sechzehn Ländern soziale Staatsziele oder Gleichheitsrechte zu Gunsten von behinderten Menschen in die Verfassung aufgenommen worden sind, zeigt, dass für dieses Ziel eine große gesetzgeberische Mehrheit besteht. Von den neuen Bundesländern ausgehend haben sich sehr unterschiedliche politische Mehrheiten zu im Kern ähnlichen Formulierungen zusammengefunden. Hieraus kann geschlossen werden, dass eine insbesondere durch die Begriffe Schutz, Gleichheit und Gleichwertigkeit definierte Staatstätigkeit zugunsten behinderter Menschen zu den Kernbereichen sozialer Staatstätigkeit in Deutschland gehört[19].

a) Brandenburg

Die Brandenburgische Verfassung von 1992 enthält als Staatsziel[20] ein allgemeines Gebot der sozialen Sicherung, das auch mehrere Ausprägungen der Risiken behinderter Menschen umfasst:

„Das Land ist verpflichtet, im Rahmen seiner Kräfte für die Verwirklichung des Rechts auf soziale Sicherung bei Krankheit, Unfall, Invalidität, Behinderung, Pflegebedürftigkeit und im Alter zu sorgen. Soziale Sicherung soll eine menschenwürdige und eigenverantwortliche Lebensgestaltung ermöglichen."[21]

Dazu kommen besondere Fördergebote für Familien mit behinderten Angehörigen[22], beim Zugang behinderter Menschen zu öffentlichen Bildungseinrichtungen[23], bei der Sportförderung[24], für Beratung, Betreuung und Pflege bei Behinderung[25] und das Gebot besonderen Kündigungsschutzes[26]. Damit sind wesentliche Konkretisierungen des sozialen Staatszieles für behinderte Menschen in Brandenburg auf Verfassungsebene festgeschrieben[27].

---

18 So Jutzi in: Linck/Jutzi/Hoppe (1994), Rz 58 zu Art. 2 ThürVerf.
19 Zacher in: Igl/Welti (2001): „gültige Interpretation des Sozialstaatsprinzips"; vgl. bereits: Herdegen, VSSR 1992, S. 245, 247.
20 Vgl. Berlit in: Simon/Franke/Sachs (1994), § 9 Rz 28.
21 Art. 45 Abs. 1 BrbVerf.
22 Art. 26 Abs. 1 Satz 2 BrbVerf.
23 Art. 29 Abs. 3 BrbVerf.
24 Art. 35 Satz 3 BrbVerf.
25 Art. 45 Abs. 3 Satz 1 BrbVerf.
26 Art. 48 Abs. 4 BrbVerf; eine Regelung mit „Reservewirkung", vgl. Berlit in: Simon/Franke/Sachs (1994), Rz 39.
27 Vgl. Herdegen, VSSR 1992, S. 245, 252 f.

b) Sachsen

In der Verfassung des Freistaates Sachsen von 1992 ist festgeschrieben:

„Das Land bekennt sich zur Verpflichtung der Gemeinschaft, alte und behinderte Menschen zu unterstützen und auf die Gleichwertigkeit ihrer Lebensbedingungen hinzuwirken."[28]

Dieser Satz steht im Kontext des Staatsziels eines menschenwürdigen Daseins jeden Menschen, insbesondere des Rechts auf Arbeit, auf angemessenen Wohnraum, auf angemessenen Lebensunterhalt, auf soziale Sicherung und auf Bildung[29]. In der Norm ist auf die Gleichwertigkeit der Lebensbedingungen behinderter Menschen und damit die materielle Gleichheit in Bezug genommen. Mit dem Wort Gleichwertigkeit wird zugleich aufgezeigt, dass Gleichheit der Lebensbedingungen bei ungleichen Vorbedingungen nicht immer möglich und anstrebenswert ist.

c) Sachsen-Anhalt

In der Verfassung des Landes Sachsen-Anhalt von 1992[30] heißt es:

„Ältere Menschen und Menschen mit Behinderung stehen unter dem besonderen Schutz des Landes. Das Land fördert ihre gleichwertige Teilnahme am Leben in der Gemeinschaft."[31]

d) Mecklenburg-Vorpommern

Die Verfassung des Landes Mecklenburg-Vorpommern von 1993 enthält die Bestimmung:

„Land, Gemeinden und Kreise gewähren alten und behinderten Menschen besonderen Schutz. Soziale Hilfe und Fürsorge dienen dem Ziel, das Leben gleichberechtigt und eigenverantwortlich zu gestalten."[32]

Hier sind mit Schutz, Fürsorge, Hilfe, Gleichberechtigung und Eigenverantwortung fünf für die Konkretisierung des sozialen Staatsziels wichtige Begriffe im Kontext behinderter Menschen zusammengefasst.

e) Thüringen

In der Verfassung des Freistaats Thüringen von 1993[33] ist geregelt:

„Menschen mit Behinderung stehen unter dem besonderen Schutz des Freistaats. Das Land und seine Gebietskörperschaften fördern ihre gleichwertige Teilnahme am Leben in der Gemeinschaft."[34]

---

[28] Art. 7 Abs. 2 SächsVerf.
[29] Art. 7 Abs. 1 SächsVerf.
[30] Verfassung des Landes Sachsen-Anhalt vom 16. Juli 1992 (GVBl. S. 600).
[31] Art. 38 LSAVerf.
[32] Verfassung des Landes Mecklenburg-Vorpommern vom 23. Mai 1993 (GVOBl. S. 372).
[33] Verfassung des Freistaats Thüringen vom 25. Oktober 1993 (GVBl. S. 625).
[34] Art. 2 Abs. 4 ThürVerf.

Die Norm ist ähnlich gefasst wie die Staatsziele in Sachsen, Sachsen-Anhalt und Mecklenburg-Vorpommern. Bemerkenswert ist aber, dass sie in Thüringen systematisch in den Grundrechtsteil der Verfassung eingefügt ist, so dass sie als unmittelbare Rechtfertigung einer bevorzugenden Ungleichbehandlung wegen der Behinderung erkennbar ist[35].

f) Berlin

In der Verfassung von Berlin von 1995 ist festgeschrieben:

„Das Land ist verpflichtet, für die gleichwertigen Lebensbedingungen von Menschen mit und ohne Behinderung zu sorgen."[36]

Damit bekennt sich das Land zum Ziel der materiellen Gleichheit in Form der Gleichwertigkeit von Lebensbedingungen als Staatsziel. Dazu kommt die Verpflichtung zur Förderung von Einrichtungen für die Beratung, Betreuung und Pflege im Alter, bei Krankheit, Behinderung, Invalidität und Pflegebedürftigkeit[37].

g) Bremen

In der Landesverfassung der Freien Hansestadt Bremen ist festgeschrieben:

„Menschen mit Behinderungen stehen unter dem besonderen Schutz des Staates. Der Staat fördert die gleichwertige Teilnahme am Leben in der Gemeinschaft und wirkt auf die Beseitigung bestehender Nachteile hin."[38]

Diese Sätze wurden 1997[39] eingefügt. Zusammen mit der Wiederholung des Gleichheitssatzes aus dem Grundgesetz sind hier ein besonderer Schutzauftrag und ein Fördergebot ausgesprochen, das in seiner Formulierung im zweiten Halbsatz an die Formulierung des Gleichstellungsgebots der Geschlechter im Grundgesetz[40] anknüpft.

h) Bayern

In der Verfassung des Freistaates Bayern heißt es:

„Der Staat setzt sich für gleichwertige Lebensbedingungen von Menschen mit und ohne Behinderung ein."[41]

Der Artikel ist mit dem Verfassungsreformgesetz 1998[42] eingefügt worden.

---

[35] Jutzi in: Linck/Jutzi/Hoppe (1994), Rz 58 zu Art. 2 ThürVerf.
[36] Art. 11 Abs. 2 Satz 2 BerlVerf.
[37] Art. 22 Abs. 2 BerlVerf.
[38] Art. 2 Abs. 3 Satz 2 und 3 BremVerf.
[39] Gesetz zur Änderung der Landesverfassung vom 9. Oktober 1997 (GBl. S. 353).
[40] Art. 3 Abs. 2 Satz 2 GG.
[41] Art. 118a Satz 2 BayVerf.
[42] Gesetz zur Änderung der Verfassung (Verfassungsreformgesetz – Weiterentwicklung im Bereich der Grundrechte und Staatsziele) vom 20. Februar 1998 (GVBl. S. 38).

i) Rheinland-Pfalz

Art. 64 der Verfassung für Rheinland-Pfalz lautet:

„Das Land, die Gemeinden und Gemeindeverbände schützen behinderte Menschen vor Benachteiligung und wirken auf ihre Integration und die Gleichwertigkeit ihrer Lebensbedingungen hin."

Dieser Satz wurde 2000 in die Landesverfassung eingefügt[43]. Das Gleichheitsrecht ist hier in ein Schutzgebot eingekleidet. Wiederum ist die Gleichwertigkeit von Lebensbedingungen als Ziel formuliert.

3. Charta der Grundrechte der Europäischen Union

Behinderte Menschen sind in der Charta der Grundrechte[44] im Kapitel „Gleichheit" zunächst im Grundsatz der Nichtdiskriminierung angesprochen. Diskriminierungen wegen einer Behinderung sind verboten[45]. Dieser Grundsatz ist primär individualrechtlich, wirkt sich aber ebenso wie das Benachteiligungsverbot im Grundgesetz auf die Interpretation von Zielen der sozialen Staatstätigkeit aus. Im Kapitel „Gleichheit" ist mit Art. 26 noch eine spezielle Vorschrift zur Integration von behinderten Menschen enthalten:

„Die Union anerkennt und achtet den Anspruch von Menschen mit Behinderung auf Maßnahmen zur Gewährleistung ihrer Eigenständigkeit, ihrer sozialen und beruflichen Eingliederung und ihrer Teilnahme am Leben der Gemeinschaft."

Diese Vorschrift gewährt keine unmittelbaren subjektiven Rechte. Ihre Aufnahme im Kapitel „Gleichheit" der Charta der Grundrechte ist in zweierlei Hinsicht von Bedeutung. Erstens wird im Zusammenhang mit dem Diskriminierungsverbot klargestellt, dass dieses fördernden Maßnahmen mit den genannten Zielen nicht entgegensteht. Zum zweiten wird deutlich, dass die Europäische Union voraussetzt, dass auf nationaler Ebene entsprechende Rechte und Maßnahmen bestehen. Dieses Recht auf Gleichheit und gegen Ausgrenzung hat eine Brückenfunktion zwischen den klassischen Freiheits- und Gleichheitssatz und den im Kapitel „Solidarität" der Charta aufgenommen sozialen Grundrechten[46].

4. Art. 15 Europäische Sozialcharta

Die Europäische Sozialcharta bietet der Verwirklichung des sozialen Staatszieles in der Bundesrepublik Deutschland einen wesentlichen Rückhalt und Hinweise auf thematische Prioritäten[47]. Art. 15 ESC lautet:

---

[43] Vierunddreißigstes Landesgesetz zur Änderung der Verfassung vom 8. März 2000 (GVBl. S. 65).
[44] Vgl. oben III.A.12.e.; III.B.9.; unten IV.B.4.c.(2).
[45] Art. 21 Abs. 1 ChGREU; Art. II-81.
[46] Bieback, ZfSH/SGB 2003, S. 579, 584.
[47] Zacher in: HStR II, 3.A. (2004), § 28 RN 146; vgl. oben III.A.12.b.

„Um die wirksame Ausübung des Rechtes der körperlich, geistig oder seelisch Behinderten auf berufliche Ausbildung sowie auf berufliche und soziale Eingliederung oder Wiedereingliederung zu gewährleisten, verpflichten sich die Vertragsparteien,

1. geeignete Maßnahmen zu treffen für die Bereitstellung von Ausbildungsmöglichkeiten, erforderlichenfalls unter Einschluss von öffentlichen oder privaten Sondereinrichtungen;

2. geeignete Maßnahmen zu treffen für die Vermittlung Behinderter auf Arbeitsplätze, namentlich durch besondere Arbeitsvermittlungsdienste, durch Ermöglichung wettbewerbsgeschützter Beschäftigung und durch Maßnahmen, die den Arbeitgebern einen Anreiz zur Einstellung von Behinderten bieten."

5. Soziales Recht: § 10 SGB I

Die Grundsätze sozialer Staatsaktivität sind für das Sozialrecht im Allgemeinen Teil des Sozialgesetzbuchs (SGB I) niedergelegt. Das Sozialrecht regelt die soziale Staatstätigkeit in den Bereichen der Fürsorge, Sozialen Entschädigung und Sozialversicherung und strahlt auf die Ausgestaltung des Gesundheitswesens, des Wohnungswesens, des Sozialwesens und des Arbeitsrechts aus, mit denen es viele Berührungs- und Überschneidungspunkte hat. An den Anfang des SGB I sind soziale Rechte gestellt, die zwar keine unmittelbare Rechtswirkung entfalten. Sie sind aber wichtige Hinweise für die Auslegung und Systembildung des gesamten Sozialrechts. Dies gilt schon deshalb, weil sie im Gegensatz zum konkret anspruchsbegründenden Sozialrecht Prinzipien beinhalten, die nicht ständig verändert werden und damit die Kontinuität der Ziele des Sozialrechts bei ständig wechselnden Mitteln aufzeigen[48]. § 10 SGB I ist mit dem SGB IX 2001 neu gefasst worden und lautet:

„§ 10 Teilhabe behinderter Menschen

Menschen, die körperlich, geistig oder seelisch behindert sind oder denen eine solche Behinderung droht, haben unabhängig von der Ursache der Behinderung zur Förderung ihrer Selbstbestimmung und gleichberechtigten Teilhabe ein Recht auf Hilfe, die notwendig ist, um

1. die Behinderung abzuwenden, zu beseitigen, zu mindern, ihre Verschlimmerung zu verhüten oder ihre Folgen zu mildern,

2. Einschränkungen der Erwerbsfähigkeit oder Pflegebedürftigkeit zu vermeiden, zu überwinden, zu mindern oder eine Verschlimmerung zu verhüten sowie den vorzeitigen Bezug von Sozialleistungen zu vermeiden oder laufende Sozialleistungen zu mindern,

3. ihnen einen ihren Neigungen und Fähigkeiten entsprechenden Platz im Arbeitsleben zu sichern,

4. ihre Entwicklung zu fördern und ihre Teilhabe am Leben in der Gesellschaft und eine möglichst selbständige und selbstbestimmte Lebensführung zu ermöglichen oder zu erleichtern sowie

5. Benachteiligungen auf Grund der Behinderung entgegenzuwirken."

In § 10 SGB I ist keine Definition der Behinderung enthalten. Diese ist in § 2 Abs. 1 SGB IX zu finden. Im Übrigen gibt § 10 SGB I aber die wesentlichen Ziele

---

[48] Schlenker (1986), S. 68.

des im SGB IX enthaltenen Rechts der sozialrechtlichen Rehabilitationsträger wieder, wie sie auch in den §§ 1, 4 Abs. 1 SGB IX enthalten sind. Darüber hinaus hat § 10 SGB I auch prinzipielle Wirkung auf andere Bereiche des Sozialrechts, die vom SGB IX nicht erfasst sind, gleichwohl aber für behinderte Menschen bedeutsam sein können. Dies gilt namentlich für das Pflegeversicherungsrecht und für das Krankenversicherungsrecht.

6. Institutionelle Konkretisierungen

Die besondere Bedeutung des Umgangs mit Behinderung und behinderten Menschen und der Rehabilitation im sozialen Rechtsstaat zeigt sich auch darin, dass besondere und spezialisierte Institutionen dafür geschaffen worden sind. Dies sind insbesondere die mit der Rehabilitation und anderen Sozialleistungen für behinderte Menschen befassten Sozialleistungsträger. Sozialpolitik und Sozialrecht für behinderte Menschen sind in den letzten Jahrzehnten durch Behindertenpolitik und Behindertenrecht für viele weitere Regelungsbereiche ergänzt worden. Der übergreifende Ansatz hat zusätzliche Institutionen hervorgebracht, insbesondere die Beauftragten für behinderte Menschen und Beiräte behinderter Menschen. Zudem sind die Verbände behinderter Menschen mit besonderen Rechten ausgestattet und damit selbst institutionalisiert worden. Traditionell bestehen bereits institutionelle Rechte der Verbände der freien Wohlfahrtspflege. Die Leistungserbringer im Gesundheitswesen sind ebenfalls traditionell in die öffentlich-rechtliche Ordnung ihres Bereichs einbezogen. In der Rehabilitation ist ihre rechtliche Stellung aber noch schwach ausgeprägt.

a) Sozialleistungsträger

(1) Gegliedertes Sozialleistungssystem

Das System der sozialen Sicherung ist in Deutschland gegliedert. Für die Sozialleistungen nach dem Sozialgesetzbuch sind verschiedene öffentlich-rechtliche Leistungsträger[49] zuständig. Dies sind Körperschaften und Anstalten in Bund und Ländern, Behörden der Länder, Kreise, kreisfreie Städte und kreisangehörige Gemeinden. Sozialleistungen nahezu aller Träger können eine spezifische Bedeutung für behinderte Menschen haben. Träger von Geldleistungen zur Sicherung des Lebensunterhalts bei behinderungsbedingter Erwerbsminderung oder Erwerbsunfähigkeit sind die Rentenversicherungsträger[50], die Sozialhilfeträger[51], die Unfallversicherungsträger[52] und die Träger der sozialen Entschädigung[53]. Als spezielle Geldleistungen bei Behinderung werden von nach Landesrecht bestimmten Trägern Blindengeld, zum Teil auch Gehörlosengeld und Pflegegeld geleistet. Pflegesachleistungen und Pflegegeldleistungen werden für pflegebedürftige behinderte

---

49 § 12 SGB I.
50 § 23 Abs. 1 Nr. 1b, Abs. 2 SGB I.
51 § 28 Abs. 1 Nr. 1a, Abs. 2 SGB I.
52 § 22 Abs. 1 Nr. 3, Abs. 2 SGB I.
53 § 24 Abs. 1 Nr. 3, Abs. 2 SGB I.

Menschen von den Pflegekassen[54], den Sozialhilfeträgern[55], den Unfallversicherungsträgern[56] und den Trägern der sozialen Entschädigung[57] erbracht.

(2) Gegliederte Rehabilitation

Den eigentlichen Kern der Sozialleistungen für behinderte Menschen bilden die Leistungen zur Teilhabe, mit denen das soziale Recht aus § 10 SGB I realisiert wird. Die Leistungen zur Teilhabe werden von den Rehabilitationsträgern erbracht[58]. Rehabilitationsträger sind die Rentenversicherungsträger[59], Krankenversicherungsträger[60], Unfallversicherungsträger[61], die Bundesagentur für Arbeit[62], die Sozialhilfeträger[63], die Träger der Kinder- und Jugendhilfe[64] und die Träger der

---

54 § 21a Abs. 2 SGB I; Die soziale Pflegeversicherung hatte 2003 Ausgaben in Höhe von 17,56 Mrd. € für rund 1,28 Millionen pflegebedürftige Menschen, von denen 610.000 stationär gepflegt wurden, BT-Drucks. 15/4125, S. 35, 37.

55 § 28 Abs. 2 lit. e, Abs. 2 SGB I.

56 § 22 Abs. 1 Nr. 2, Abs. 2 SGB I.

57 § 24 Abs. 1 Nr. 2, Abs. 2 SGB I.

58 BT-Drucks. 15/4575, S. 20 ff.

59 § 23 Abs. 1 Nr. 1, Abs. 2 SGB I, § 6 Abs. 1 Nr. 4 SGB IX; §§ 127–145 SGB VI: Landesversicherungsanstalten, BfA, Knappschaft, Bahnversicherungsanstalt, Seekasse; ALG: Landwirtschaftliche Sozialversicherungsträger. Von den Trägern der gesetzlichen Rentenversicherung wurden 2003 845.618 medizinische und sonstige Leistungen zur Rehabilitation erbracht, für die knapp 3,5 Mrd. € aufgewandt wurden, BT-Drucks. 15/4575, S. 50 f.; 2003 wurden durch die Rentenversicherung 195.552 Leistungen zur Teilhabe am Arbeitsleben erbracht, für die 1,3 Mrd. € aufgewandt wurden, BT-Drucks. 15/4575, S. 83. Vgl. Zur Rehabilitation der BfA: Thode/Klosterhuis/Hansmeier, DAngVers 2004, S. 462 ff.; Gross/Ritter, DAngVers 2003, S. 525 ff.; Skipka/Egner, DAngVers 2003, S. 380 ff.; Rische, DAngVers 2001, S. 273 ff.

60 § 21 Abs. 1 Nr. 2 lit. e, Abs. 2 SGB I; § 6 Abs. 1 Nr. 1 SGB IX; §§ 143–171 SGB V: Ortskrankenkassen, Betriebskrankenkassen, Innungskrankenkassen, See-Krankenkasse, Landwirtschaftliche Krankenkassen, Bundesknappschaft, Ersatzkassen. Von den gesetzlichen Krankenkassen wurden 2003 1.056.178 ambulante Leistungen in anerkannten Kurorten, stationäre Vorsorge- und Rehabilitationsleistungen, medizinische Leistungen für Mütter und Väter für über 2,5 Mrd. € erbracht, BT-Drucks. 15/4575, S. 48 f.

61 § 22 Abs. 1 Nr. 2, Abs. 2 SGB I; § 6 Abs. 1 Nr. 3 SGB IX; §§ 114–120 SGB VII: Unfallkassen des Bundes, der Eisenbahn, Post und Telekom, der Länder, der Gemeinden, der Feuerwehr, gewerbliche Berufsgenossenschaften, landwirtschaftliche Berufsgenossenschaften. Von den Berufsgenossenschaften wurden im Jahr 2000 26.304 Leistungen zur Teilhabe am Arbeitsleben abgeschlossen, vgl. BT-Drucks. 15/4575, S. 86.

62 § 19 Abs. 1 Nr. 3 lit. e, Abs. 2 SGB I, § 6 Abs. 1 Nr. 2 SGB IX; §§ 367–393 SGB III; BT-Drucks. 15/4575, S. 7; vgl. kritisch zur Praxis: Winkel, SozSich 2003, S. 226 ff. Die Bundesagentur für Arbeit hat 2003 die berufliche Ersteingliederung von 52.091 behinderten Menschen mit betreut, 23.474 nahmen an Förderlehrgängen zur Förderung der Ausbildungs- und Berufsreife teil BT-Drucks. 15/4575, S. 69 f. 141.392 behinderte Menschen nahmen an berufsfördernden und berufsvorbereitenden Bildungsmaßnahmen der BA teil, BT-Drucks. 15/4575, S. 74; für die Förderung der Teilhabe behinderter Menschen am Arbeitsleben waren im Haushaltsjahr 2005 2,916 Mrd. € veranschlagt, BT-Drucks. 15/4219, S. 4.

63 § 28 Abs. 1 Nr. 2 lit. c, Abs. 2 SGB I; § 6 Abs. 1 Nr. 7 SGB IX; § 3 SGB XII: örtliche Träger die Kreise und kreisfreien Städte, überörtliche Träger nach Landesrecht. 2003 erhielten 593.125 behinderte Menschen in Deutschland Eingliederungshilfe, davon 437.620 in Einrichtungen. Hierfür wurden fast 11 Mrd. € aufgewandt, nach Rückflüssen von anderen Sozialleistungsträgern ergeben sich Nettoaufwendungen von 9,6 Mrd. €, BT-Drucks. 15/4575, S. 146.

64 § 27 Abs. 1 Nr. 4, Abs. 2 SGB I; § 6 Abs. 1 Nr. 6 SGB IX; §§ 69–72 SGB VIII: örtliche Träger die Kreise und kreisfreien Städte, überörtliche Träger nach Landesrecht; vgl. Kunkel, ZfSH/SGB 2001, S. 707 ff. Nach einem Gesetzentwurf des Bundesrats soll die Zuständigkeit der Kinder-

sozialen Entschädigung[65]. Dazu kommen die Integrationsämter, die nicht als Rehabilitationsträger ausgewiesen sind, aber der Sache und dem Regelungskontext nach Teilhabeleistungen erbringen[66]. Zusammengenommen gibt es in Deutschland ca. 900 Rehabilitationsträger[67]. Die kommunalen Träger von Leistungen nach dem SGB II[68] sind Rehabilitationsträger da sie Leistungen zur Teilhabe erbringen[69]. An den Leistungen für einen behinderten Menschen können mehrere Rehabilitations- und Sozialleistungsträger beteiligt sein und sind es häufig auch.

Das gegliederte System ist nicht nur dadurch zu rechtfertigen, dass es sich historisch entwickelt hat und nun ein institutionelles Faktum ist. Es spiegelt vielmehr durch die jeweilige fachliche und kulturelle Einbettung die Tatsache, dass die Rehabilitation behinderter Menschen zwischen verschiedenen gesellschaftlichen Subsystemen und ihren Handlungslogiken steht und zwischen ihnen vermitteln muss. Diese Verbindungen und Spannungen zwischen Gesundheitswesen, Arbeitsmarkt, Betrieben, Schulen, Heimen und sozialen Diensten ließen sich nicht dadurch beseitigen, dass für Rehabilitation und Teilhabe behinderter Menschen eine einzige Behörde zuständig würde. Die notwendig beteiligten gesellschaftlichen Institutionen wären dennoch vielfältig und in ihren Motiven divergent, da sie eigene Interessen verfolgen und jeweils nicht nur der Rehabilitation und Teilhabe, sondern auch anderen Zielen verpflichtet sind. Dies wird schon daran deutlich, dass auch dort, wo die Verantwortung für Rehabilitation formal unter einem Dach ist, nämlich in den Sozialministerien, immer mehrere Abteilungen für unterschiedliche Aspekte zuständig sind. Zwischen diesen bestehen oft ebensolche Notwendigkeiten der Koordination wie zwischen verschiedenen Rehabilitationsträgern. Dass Leistungen für behinderte Menschen unterschiedlichen Voraussetzungen folgen, ist Ergebnis sozialpolitischer Grundentscheidungen, in denen sich die unterschiedlichen Erscheinungsformen sozialer Gerechtigkeit konkretisieren[70]. Die Privilegierung von Schädigungen, die einer konkreten äußeren Ursache zuzurechnen sind durch Haftungsrecht, Unfallversicherung und soziale Entschädigung verwirklicht bestimmte Gerechtigkeitsvorstellungen und generalpräventive Zwecke. Die Verbindung zwischen Leistung und Gegenleistung in der Sozialversicherung entspricht der Vorstellung solidarischer Gegenseitigkeit. Die Unbedingtheit von Fürsorgeleistungen

---

und Jugendhilfeträger für die Rehabilitation seelisch behinderter Kinder und Jugendlicher beendet werden, BT-Drucks. 15/4532, S. 5, 13 f.; die Bundesregierung lehnt dies ab, BT-Drucks. 15/4532, S. 22.

[65] § 24 Abs. 1 Nr. 1, 2, Abs. 2 SGB I; § 6 Abs. 1 Nr. 5 SGB IX; Versorgungsbehörden nach Landesrecht; vgl. BT-Drucks. 15/4575, S. 87, 148.

[66] Die Integrationsämter haben 2003 Leistungen von 23,78 Mio € an 8.304 schwerbehinderte Leistungsempfänger erbracht, BT-Drucks. 15/4575, S. 96.

[67] 323 Kreise, 116 kreisfreie Städte, 24 überörtliche Sozialhilfeträger, 16 Landesjugendämter, 22 Landesversicherungsanstalten, die Bundesversicherungsanstalt für Angestellte, Seekasse, Knappschaft, Bahnversicherungsanstalt, 232 Betriebskrankenkassen, 17 Allgemeine Ortskrankenkassen, 17 Innungskrankenkassen, 7 Angestelltenersatzkassen, 3 Arbeiterersatzkassen, 9 Landwirtschaftliche Sozialversicherungsträger, 33 öffentliche Unfallkassen, 35 gewerbliche Berufsgenossenschaften, 10 landwirtschaftliche Berufsgenossenschaften, zahlreiche Träger der sozialen Versorgung nach Landesrecht, die Bundesagentur für Arbeit.

[68] § 6b SGB II.

[69] § 16 Abs. 1 SGB II, § 97 SGB III; BT-Drucks. 15/4652, S. 4.

[70] Vgl. Blum (1979), S. 139.

verwirklicht soziale und rechtliche Mindeststandards. Die Gewichtung zwischen diesen Ansätzen zu justieren, ist Aufgabe der Sozialpolitik.

Sowohl die mit Rehabilitation und Teilhabe befassten Sozialversicherungsträger wie die örtlichen Träger der Sozialhilfe und Jugendhilfe sind in jeweils spezifischer Weise selbstverwaltete Körperschaften. Bei den Sozialversicherungsträgern wirken Arbeitgeber und Beschäftigte in der Selbstverwaltung mit. Durch ihre besondere Nähe zum Arbeitsleben können sie gerade für die auf Erwerbsfähigkeit und Teilhabe am Arbeitsleben wertvolle Hinweise aus der gesellschaftlichen Praxis einbringen und Verbindungen zur betrieblichen Rehabilitation, zu den Beauftragten, Schwerbehindertenvertretungen und Betriebsräten herstellen. Die Kreise und kreisfreien Städte als örtliche Träger der Sozialhilfe und Jugendhilfe unterliegen der kommunalen Selbstverwaltung der örtlichen Gemeinschaft[71]. Damit kann eine enge Verknüpfung zur Teilhabe am Leben in der Gemeinschaft hergestellt werden. Bürgerinnen und Bürger können für bürgerschaftliches Engagement aktiviert werden[72]. Kommunale Behindertenbeiräte oder -beauftragte[73] können dies noch verstärken. Das gegliederte System der Rehabilitation ist auch durch die gesellschaftliche Selbstverwaltung der Rehabilitationsträger legitimiert. Diese Legitimation muss jedoch immer wieder neu mit Leben gefüllt werden. Die hauptamtliche Verwaltung muss der ehrenamtlichen Selbstverwaltung Raum geben, um Verknüpfungen zwischen den gesetzlichen Aufgaben der Rehabilitation und Teilhabe und den Betrieben und örtlichen Gemeinschaften herzustellen.

Auch wenn das gegliederte System der Rehabilitation und Teilhabe behinderter Menschen sachlich und normativ begründet ist, birgt es doch die Gefahr erheblicher Nachteile für die betroffenen Menschen. Dies gilt vor allem dann, wenn die aus der Gliederung folgenden institutionellen Eigeninteressen effektiver Rechtsgewährung entgegenstehen, etwa weil unterschiedliche Rehabilitationsträger sich nicht über ihre Zuständigkeit einigen können[74] oder sich bei der Rehabilitation einer Person nicht hinreichend koordinieren. Gegenüber diesen Erscheinungen muss zur Geltung gebracht werden, dass ein gegliedertes Sozialleistungssystem nicht Selbstzweck ist[75]. Das einheitliche Benachteiligungsverbot des Grundgesetzes, das soziale Recht aus § 10 SGB I und das SGB IX stehen dafür, dass das gegliederte System keine rechtlichen und tatsächlichen Nachteile für behinderte Menschen und den Rehabilitationserfolg verursachen sollen.

(3) Einheitlicher Rahmen durch das SGB IX

Für alle Sozialleistungsträger gilt das allgemeine Sozialrecht des SGB I und SGB X. Für die Rehabilitationsträger gilt das SGB IX[76]. Dazu kommen jeweils besondere Regelungen der einzelnen Sozialleistungsbereiche. Das SGB IX enthält allgemeine

---

[71] Art. 28 Abs. 2 GG.
[72] Vgl. grundlegend zu den Funktionen örtlicher Aufgabenerfüllung: von Mutius in: von Mutius (1983), S. 227, 243 ff.; Schmidt-Jortzig, DVBl. 1980, S. 1 ff.
[73] Vgl. unten III.D.6.c.
[74] Erfahrungsbericht bei Nickoleit, ZRP 2003, S. 464 f.
[75] BT-Drucks. 15/4575, S. 21.
[76] Vgl. oben III.A.11.e.

Begriffsbestimmungen, gemeinsame Ziele und Prinzipien, Regelungen und Institutionen für die Leistungen zur Teilhabe. Damit sollen bei Erhalt des gegliederten Systems und seiner Einbindung in jeweilige eigene Regeln und Institutionen eine Gleichbehandlung behinderter Menschen und eine hinreichende Koordination und Kooperation der Rehabilitationsträger sichergestellt werden. Alle Rehabilitationsträger haben ihren Leistungen einen gemeinsamen Behinderungsbegriff[77] und die gemeinsamen Rehabilitationsziele[78] zugrunde zu legen.

(a) Koordinationspflicht. Sind bei für einen behinderten Menschen Leistungen zur Teilhabe oder andere Leistungen unter Berücksichtigung einer Behinderung erforderlich, für die ein handelnder Rehabilitationsträger nicht zuständig ist, so ist er verpflichtet, den entsprechenden Bedarf festzustellen und den zuständigen Rehabilitationsträger einzuschalten[79]. Der zuerst leistende Träger erstellt einen Teilhabeplan, der von allen beteiligten Trägern fortgeschrieben wird[80]. Die Klärung der Zuständigkeit muss innerhalb von zwei Wochen erfolgen, indem der angegangene Träger das Verfahren beginnt oder den Antrag weiterleitet[81]. Der durch Weiterleitung angegangene Träger ist dann zuständig[82]. Bei Unklarheiten über den Antragseingang, die Frist, über die Qualifizierung einer Leistung als Leistung zur Teilhabe oder zwischen zwei Trägern der gleichen Gruppe kann daneben auch die Vorleistungspflicht des allgemeinen Sozialleistungsrechts[83] anwendbar bleiben. So soll in jedem Fall gewährleistet sein, dass die Rechte behinderter Menschen rechtzeitig realisiert werden.

Die besondere Betonung von engen Fristen im SGB IX trägt der Tatsache Rechnung, dass es bei Teilhabeleistungen weit mehr als etwa bei Geldleistungen darauf ankommt, dass sie zum richtigen Zeitpunkt erbracht werden. Sozialmedizinische und sozialwissenschaftliche Erkenntnisse zeigen, dass einmal verlorene gesundheitliche Funktionen und einmal aufgegebene Teilhabe am Arbeitsleben und anderen Bereichen immer schwerer wiederzugewinnen sind, je mehr Zeit etwa seit einem Schlaganfall, dem Eintritt von Arbeitsunfähigkeit oder dem Verlust des Arbeitsplatzes verstrichen ist. Dieser Zeitfaktor ist wesentlich dafür, dass es zur Sicherung einer guten Rehabilitationsverwaltung nicht ausreichend ist, betroffene Menschen auf den Rechtsweg zu verweisen. Vielmehr fehlen für nicht rechtzeitig erbrachte Rehabilitationsleistungen Klagebefugnis und Motivation, um eine sinnlos gewordene Leistung einzuklagen.

---

[77] § 2 Abs. 1 SGB IX.

[78] §§ 1, 4 Abs. 1 SGB IX.

[79] §§ 8 Abs. 1, 10 SGB IX.

[80] § 4 der Gemeinsamen Empfehlung Einheitlichkeit und Nahtlosigkeit; eine Empfehlung zum Teilhabeplan ist im Beratungsverfahren bei der BAR; zum früheren Gesamtplan nach § 5 Abs. 3 RehaAnglG vgl. Blum (1979), S. 146 ff.; zum Gesamtplan nach § 46 BSHG vgl. Kronenberger, NDV 2001, S. 262 ff.

[81] § 14 Abs. 1 und 2 SGB IX; vgl. BT-Drucks. 15/4575, S. 3, 22 f.; dazu: BSG vom 26. Oktober 2004, br 2005, S. 82 ff.; VGH Bayern vom 1. Dezember 2003, RdLH 1/2005, S. 19; zur früheren Regelung des Problems durch die Vorleistungspflicht nach § 6 Abs. 2 RehaAnglG: Blum (1979), S. 141.

[82] § 14 Abs. 2 Satz 3 SGB IX.

[83] § 43 SGB I.

Für zahlreiche Verfahrensfragen hat der Gesetzgeber auf eine detaillierte Regelung verzichtet und den Rehabilitationsträgern aufgegeben, durch gemeinsame Empfehlungen die nötige Koordination sicherzustellen[84]. Gemeinsame Empfehlungen sollen von den Rehabilitationsträgern mit Ausnahme der Sozialhilfeträger und der Kinder- und Jugendhilfeträger vereinbart werden. Bei den Sozialhilfe- und Jugendhilfeträgern hat der Gesetzgeber darauf verzichtet, sie unmittelbar einzubeziehen, um den damit verbundenen Eingriff in die kommunale Selbstverwaltung zu vermeiden. Dazu kommt, dass für diese Träger keine verpflichtungsfähige Repräsentanz auf Bundesebene besteht. Die kommunalen Träger werden an der Vorbereitung der Empfehlungen beteiligt, sollen sich an ihnen orientieren und können ihnen beitreten[85]. Die Bindungswirkung der gemeinsamen Empfehlungen als Verwaltungsvereinbarungen[86] ergibt sich im Innenverhältnis daraus, dass die jeweiligen Rehabilitationsträger, repräsentiert durch ihre Spitzenverbände[87], der gemeinsamen Empfehlung zugestimmt haben und sich damit auch selbst gebunden haben, wenn sie nicht widersprüchlich handeln wollen. Im Außenverhältnis erlangen die gemeinsamen Empfehlungen erst Verbindlichkeit durch ihre Anwendung und den Grundsatz der gleichmäßigen Rechtsanwendung und Ermessensausübung. Die kommunalen Träger müssen die gemeinsamen Empfehlungen als Konkretisierung gesetzlicher Vorgaben beachten, soweit dem nicht landesrechtliche oder kommunale Besonderheiten entgegenstehen.

(b) Gemeinsame Servicestellen. Die Rehabilitationsträger sind verpflichtet, in allen Kreisen und kreisfreien Städten gemeinsame Servicestellen für Rehabilitation einzurichten und zu unterhalten[88]. Hierbei handelt es sich nicht um eine eigenständige Verwaltungseinheit. Die gemeinsamen Servicestellen werden jeweils von einem Rehabilitationsträger betrieben, erfüllen aber Funktionen der Beratung und Koordination[89] für alle behinderten Menschen und alle Rehabilitationsträger. Die Servicestellen sollen in besonderem Maße die Nachteile des gegliederten Systems ausgleichen, indem sie den behinderten Menschen so stellen, als habe er bei Bedarf alle Rehabilitationsträger, das Integrationsamt und die Pflegekasse besucht. Drei Jahre nach Inkrafttreten des SGB IX sind die gemeinsamen Servicestellen formal eingerichtet. Nach den Ergebnissen der sozialwissenschaftlichen Begleitforschung erfüllen jedoch viele Servicestellen nur einen geringen Teil der ihnen zugedachten Auf-

---

[84] §§ 12 Abs. 1, 13 Abs. 1 und 2, 20 Abs. 1, 30 Abs. 3, 113 Abs. 2 SGB IX; bisher sind beschlossen worden Gemeinsame Empfehlungen zur Qualitätssicherung vom 27. März 2003, zur Durchführung von Begutachtungen möglichst nach einheitlichen Grundsätzen vom 22. März 2004, zur Einheitlichkeit und Nahtlosigkeit vom 22. März 2004, zur Förderung der Selbsthilfe vom 22. März 2004 und zur gegenseitigen Information und Kooperation aller beteiligten Akteure vom 22. März 2004. Die gemeinsamen Empfehlungen werden nicht amtlich veröffentlicht, was bereits einen Mangel an Verbindlichkeit aufzeigt.

[85] § 13 Abs. 5 SGB IX; kritisch aus Sicht der Jugendhilfe: Gilcher, TuP 2003, S. 61, 67.

[86] Vgl. zu den früheren Gesamtvereinbarungen nach § 5 Abs. 6 RehaAnglG: Hänlein (2001), S. 250.

[87] § 13 Abs. 4 SGB IX.

[88] § 23 Abs. 1 SGB IX, vgl. Matzeder, br 2003, S. 69 ff.; Diener, Mitteilungen der LVA Oberfranken und Mittelfranken 2002, S. 11 ff.

[89] § 22 Abs. 1 SGB IX.

gaben[90]. Die sozialpolitische Erwartung, dass die Servicestellen eine Einrichtung des umfassenden Fallmanagements werden könnten[91], hat sich nicht erfüllt. Da die Servicestellen in Trägerschaft je eines Rehabilitationsträgers eingerichtet worden sind, bleiben Abstimmungsprobleme zwischen den Rehabilitationsträgern bestehen. Solange die Servicestellen keine eigenen Entscheidungsbefugnisse haben, ist nicht zu erwarten, dass sie die Aufgabe eines Fallmanagements übernehmen können.

(c) Trägerübergreifende Komplexleistungen. Ein weiteres Instrument des SGB IX zur Vermeidung von Nachteilen des gegliederten Systems ist die trägerübergreifende Komplexleistung. Ausgangspunkt ist die Erkenntnis, dass sich die Leistungen zur Teilhabe nicht in allen Fällen trennscharf einer Leistungsgruppe zuordnen lassen. Insbesondere zwischen den Leistungen der medizinischen Rehabilitation und den Leistungen zur Teilhabe am Leben in der Gemeinschaft gibt es einen großen Überschneidungsbereich, in dem die Leistungen nicht eindeutig einem medizinisch-funktionalen oder einem sozial teilhabeorientierten Schwerpunkt zugeordnet werden kann. Häufig ist damit die Abgrenzung der Zuständigkeit zwischen Krankenkassen und Sozialhilfeträger, bei seelischen Störungen auch Jugendhilfeträger verbunden. Gerade bei Kindern und Jugendlichen kommt durch entwicklungs- und erziehungsbedingte Anteile noch ein weiteres erschwerendes Moment für die Zuordnung von Leistungen hinzu. Im SGB IX ist daher insbesondere für die Leistungen zur Früherkennung und Frühförderung sowie die heilpädagogischen Leistungen für behinderte Kinder vorgesehen, dass sie als trägerübergreifende Komplexleistungen erbracht werden können[92]. Die Rehabilitationsträger haben sich hier aber nicht, wie vorgesehen[93], in einer gemeinsamen Empfehlung einigen können. Daher musste Näheres in der Frühförderungsverordnung[94] geregelt werden. Einen weiteren Ansatz für trägerübergreifende Leistungen bildet das persönliche Budget[95], in dem Leistungen verschiedener Rehabilitationsträger, der Pflegekassen und des Integrationsamts zur selbstbestimmten Steuerung durch den behinderten Menschen zusammengefasst werden können. Diese Regelung wird auch unter dem Gesichtspunkt erweiterter Selbstbestimmung behinderter Menschen diskutiert[96]. Die gemeinsame Bemessung eines Budgets durch mehrere Träger ist dabei von einer Einigung in einem Bedarfsfeststellungsverfahren[97] abhängig. Ob mit Komplexleistungen das gesetzgeberische Ziel erreicht werden kann, ist noch ungeklärt. Voraussetzung ist, dass der behinderte Mensch es dabei mit einem verantwortlichen Rehabilitationsträger zu tun hat, der gegenüber den anderen Rehabilitationsträgern eine klare Rechtsstellung hat. Gegen Komplexleistungen wird der Einwand vorgebracht, sie könnten ihren Zweck nicht erreichen, da die Rehabi-

---

90 BT-Drucks. 15/4575, S. 25 ff., 190 ff.
91 Heinz, ZfS 2003, S. 103 ff.
92 § 30 Abs. 1 Satz 2 SGB IX.
93 § 30 Abs. 3 SGB IX.
94 § 32 SGB IX; FrühV.
95 § 17 Abs. 2–6 SGB IX; BudgetV; BT-Drucks. 15/4575, S. 4.
96 Vgl. unten IV.C.6.d.(4).
97 § 3 Abs. 1 BudgetV.

litationsträger gesetzlich verpflichtet seien, Mittel nur zur Erfüllung ihrer eigenen Aufgaben zu verwenden[98]. Dabei wird übersehen, dass die umfassende Zielbestimmung des SGB IX[99] die Aufgaben der Rehabilitationsträger neu definiert hat. Eine umfassendere Leistungserbringung in den Randbereichen zwischen den gesetzlichen Aufgabenbereichen gehört zu den gesetzlichen Aufgaben der Rehabilitationsträger[100]. Dies muss insbesondere dann gelten, wenn Komplexleistungen mit pauschalierenden Erstattungsregelungen eine effektivere und wirtschaftlichere Leistungserbringung ermöglichen als sie bei einer Abgrenzung in jedem Einzelfall möglich wäre. Die Beschränkung der Rehabilitationsträger auf ihren Aufgabenbereich dient dem effektiven Umgang mit öffentlichen Mitteln. Das Austragen von Zuständigkeitskonflikten im Einzelfall kann aber die Effektivität der Leistung so behindern und so viele Verwaltungskapazitäten binden, dass es genau diesem Zweck zuwiderläuft. Solange die Zuständigkeitsgrenzen zwischen den Rehabilitationsträgern die einheitliche Rehabilitation behinderter Menschen gefährden, sind Komplexleistungen daher ein adäquates Mittel zweckwidrige Nebenfolgen des gegliederten Systems zu vermeiden.

(d) Gemeinsames Leistungsrecht. Das SGB IX enthält einen gemeinsamen Leistungsrahmen für die medizinische Rehabilitation[101], die Leistungen zur Teilhabe am Arbeitsleben[102], die unterhaltssichernden und ergänzenden Leistungen[103] und die Leistungen zur Teilhabe am Leben in der Gemeinschaft[104]. Das SGB IX gilt für die Leistungen, soweit sich aus den für die jeweiligen Rehabilitationsträger geltenden Leistungsgesetzen nichts Abweichendes ergibt[105]. Die Zuständigkeit und die Voraussetzungen für die Leistungen zur Teilhabe richten sich nach den jeweiligen Leistungsgesetzen[106]. Mit den Leistungsgesetzen sind jeweils den einzelnen Rehabilitationsträgern zugeordneten Bücher des SGB gemeint. Die Bezeichnung ist irreführend, da das SGB IX ganz überwiegend die Regelungen zum Leistungsumfang enthält. Genauer wäre es von diesen Gesetzen als den Leistungs-Anspruchsgesetzen und vom SGB IX als dem Leistungs-Inhaltsgesetz zu sprechen.

Die einzelnen Leistungs-Anspruchsgesetze regeln, ob nach persönlichen Voraussetzungen[107], versicherungsrechtlichen Voraussetzungen[108] oder Bedürftigkeit[109] ein Anspruch dem Grunde nach vorliegt. Auch die Abgrenzung zwischen der Zuständigkeit der einzelnen Rehabilitationsträger ist diesen Gesetzen zu entneh-

---

[98] § 30 Abs. 1 SGB IV und Haushaltsrecht der kommunalen und staatlichen Träger.
[99] § 4 Abs. 1 SGB IX.
[100] Dies ergibt sich aus § 4 Abs. 2 Satz 2 SGB IX und § 12 Abs. 1 Nr. 2 SGB IX. Beide Normen setzen entsprechende Spielräume voraus.
[101] §§ 26–32 SGB IX; vgl. oben II.B.4.a.; unten V.B.4.b.(2).; V.F.5.b.; V.G.5.c.
[102] §§ 33–43 SGB IX; vgl. oben II.B.6; unten V.H.5.e.; V.G.5.c.; V.H.5.f.; V.I.3.; V.I.4.b.
[103] §§ 44–54 SGB IX; vgl. oben II.B.7.(1).; unten V.C.5.d.
[104] §§ 55–59 SGB IX; vgl. unten V.D.9.b.; V.E.5.b; V.J.6.
[105] § 7 Satz 1 SGB IX.
[106] § 7 Satz 2 SGB IX.
[107] Z. B. § 10 SGB VI.
[108] Z. B. § 11 SGB VI.
[109] §§ 2 Abs. 1, 85–92 SGB XII.

men[110]. Ein verbindendes Prinzip der Zuständigkeit gibt es nicht. Auch der oft zitierte Grundsatz, wonach der Rehabilitationsträger zuständig ist, der das Risiko des Scheiterns trägt, ist in vielen Fällen durchbrochen, so bei der Bundesagentur für Arbeit nach dem Ende des Arbeitslosengeld-Anspruchs oder bei der Krankenversicherung, wenn sie Rehabilitation zur Pflegevermeidung erbringt. Modifiziert wird die Bestimmung der Zuständigkeit nach den Leistungs-Anspruchsgesetzen nur bei der Zuständigkeitsklärung nach dem SGB IX, in deren Ergebnis die Zuständigkeit sich nach diesem Verfahren bestimmt.

Für die Leistungsinhalte gelten die gemeinsamen Vorschriften des SGB IX, soweit nichts Abweichendes bestimmt ist. Dabei ist zu berücksichtigen, dass in den einzelnen Gesetzen zumeist auf das SGB IX zurückverwiesen wird[111]. Um dem Konvergenzanliegen des SGB IX gerecht zu werden, sind die Vorschriften der einzelnen Gesetze im Lichte des allgemeinen Rehabilitationsrechts auszulegen. Eine Abweichung muss explizit sein. Dabei kann diese sowohl in zusätzlichen Leistungen[112] wie in Leistungsausschlüssen[113] bei den jeweiligen Rehabilitationsträger bestehen.

Problematisch ist, dass viele Konkretisierungen des Leistungsrechts nicht dem Gesetz, sondern untergesetzlichen Normen zu entnehmen sind. Dies gilt insbesondere für das Krankenversicherungsrecht, in dem der Leistungsinhalt vom einzelnen Leistungserbringer nach Maßgabe von Verträgen und, wenn es sich um Ärzte oder Krankenhäuser handelt, von Richtlinien des Gemeinsamen Bundesausschusses[114] bestimmt wird. In diesem System ist angelegt, dass das maßgebliche Leistungsrecht auf untergesetzlicher Ebene konkretisiert wird. Zu beachten ist dabei, dass in diesem Normsetzungsprozess die Ziele und Wertungen des SGB IX zu berücksichtigen sind, soweit sie nicht dem Anspruchsgesetz, z. B. dem SGB V, widersprechen. Soll das Vereinheitlichungsanliegen des SGB IX aber stärkere Geltung erlangen, wäre es notwendig, den Bereich des untergesetzlichen Vertrags- und Richtlinienrechts zu erfassen. Hierzu sind zwar im SGB IX Regelungen über Verträge mit Leistungserbringern enthalten[115], die auch durch gemeinsame Empfehlungen und Rahmenverträge koordiniert werden können[116]. Das Verhältnis dieser Regelungen etwa zum Leistungserbringungsrecht des SGB V ist noch ungeklärt. In der Praxis dominiert daher völlig das hergebrachte System der Konkretisierung der einzelnen Leistungsträger mit ihren Leistungserbringern.

(e) Arbeitsgemeinschaften der Rehabilitationsträger. Instrument einer vertieften Zusammenarbeit von Rehabilitationsträgern können Arbeitsgemeinschaften sein.

---

[110] § 2 Abs. 1 SGB XII; § 22 Abs. 2 SGB III; §§ 11 Abs. 4, 40 Abs. 4 SGB V; § 12 Abs. 1 Nr. 1 SGB VI; § 10 Abs. 1 SGB VIII.
[111] § 54 Abs. 1 SGB XII; § 11 Abs. 2 Satz 3 SGB V; §§ 15 Abs. 1, 16 Abs. 1 SGB VI; §§ 26 Abs. 1, 35 Abs. 1 SGB VII.
[112] Z. B. §§ 39–43 SGB VII.
[113] Z. B. § 15 Abs. 1 Satz 2 SGB VI; § 33 Abs. 1 Satz 5 und 7 SGB V (Brillen); vgl. dagegen BSG vom 20. Februar 2001, BSGE 87, 301 (Brille in der Unfallversicherung).
[114] § 92 SGB V.
[115] § 21 Abs. 1 SGB IX.
[116] § 21 Abs. 2 SGB IX.

Arbeitsgemeinschaften von Sozialleistungsträgern zur Erfüllung gemeinsamer sind bereits nach dem SGB X vorgesehen[117]. Dort wird auch Bezug genommen auf die bereits bei Inkrafttreten des SGB X 1981 bestehenden Arbeitsgemeinschaften für Krebsbekämpfung der Träger der gesetzlichen Kranken- und Rentenversicherung im Lande Nordrhein-Westfalen, die Rheinische Arbeitsgemeinschaft zur Rehabilitation Suchtkranker, die Westfälische Arbeitsgemeinschaft zur Rehabilitation Suchtkranker, die Arbeitsgemeinschaft zur Rehabilitation Suchtkranker im Lande Hessen und die Arbeitsgemeinschaft zur Heimdialyse im Lande Hessen[118]. Diese sind bereits traditionell in Teilbereichen der Rehabilitation tätig. Nach dem SGB IX sollen die Rehabilitationsträger und ihre Verbände zur Wahrnehmung von Aufgaben zur Teilhabe behinderter Menschen insbesondere regionale Arbeitsgemeinschaften bilden[119]. Diese Arbeitsgemeinschaften könnten die gemeinsame Verantwortung für die Bereitstellung von Diensten und Einrichtungen[120], für die Qualitätssicherung[121] und für Rahmenverträge[122] wahrnehmen. Durch Auftragsverhältnisse könnten sie auch weitere Aufgaben wie die Trägerschaft für gemeinsame Servicestellen[123] oder für Komplexleistungen[124] übernehmen. Die Rehabilitationsträger sind der Verpflichtung zur Bildung von regionalen Arbeitsgemeinschaften bislang nicht nachgekommen. Durch das Nebeneinander von bundesweiten, landesweiten und kommunalen Rehabilitationsträgern ist auch ein Einwirken der Aufsicht zur Erfüllung dieser Verpflichtungen schwierig, da sich mehrere Aufsichtsbehörden koordinieren müssten. Die in der Bildung von Arbeitsgemeinschaften liegenden Chancen sind insofern nicht genutzt worden.

Keine Arbeitsgemeinschaft im Sinne des SGB X ist die Bundesarbeitsgemeinschaft für Rehabilitation (BAR). Die BAR ist ein privatrechtlicher Zusammenschluss, an dem die Spitzenverbände der Rehabilitationsträger, die Arbeitsgemeinschaft der Integrationsämter, die Bundesländer sowie der Deutsche Gewerkschaftsbund, die Bundesvereinigung Deutscher Arbeitgeberverbände und die Kassenärztliche Bundesvereinigung beteiligt sind. Sie hat im SGB IX die gesetzliche Aufgabe bekommen, das Forum für die Erarbeitung der gemeinsamen Empfehlungen zu bilden[125]. Im Übrigen wurden in der BAR schon bisher Rahmenempfehlungen für die Rehabilitation ausgearbeitet und beschlossen. Eine Aufwertung der Koordinationsaufgabe der BAR würde eine nähere gesetzliche Regelung erfordern. Dabei wäre zu klären, ob nach dem Vorbild des Gemeinsamen Bundesausschusses im SGB V die Mitverantwortung der Leistungserbringer und die beratende Rolle der Verbände behinderter Menschen institutionalisiert werden könnte.

---

117 § 94 SGB X; vgl. Scharmann (1991), S. 38 ff.
118 § 94 Abs. 1 SGB X.
119 § 12 Abs. 2 SGB IX.
120 § 19 Abs. 1 SGB IX.
121 § 20 Abs. 1 SGB IX; vgl. oben III.A.11.j.
122 § 21 Abs. 2 SGB IX; vgl. unten III.D.6.h.
123 § 22 Abs. 1 SGB IX.
124 §§ 17 Abs. 2, 30 Abs. 1 Satz 2 SGB IX.
125 § 13 Abs. 7 Satz 1 SGB IX.

b) Beauftragte für behinderte Menschen

In den 1980er und 1990er Jahren sind im Bund und in allen Bundesländern Beauftragte für behinderte Menschen eingesetzt worden. Ähnliche Einrichtungen sind auch in anderen Bereichen geschaffen worden, die als bisher vernachlässigte Bereiche sozialer Staatätigkeit erfasst wurden, die eines querschnittartigen Politikansatzes bedürften, insbesondere für das Geschlechterverhältnis (Gleichstellungsbeauftragte) und für Kinder und Jugendliche[126]. Mit den Behindertengleichstellungsgesetzen in Bund und Ländern sind für die Arbeit dieser Beauftragten gesetzliche Grundlagen geschaffen worden. Aufgabe der Beauftragten ist jeweils, darauf hinzuwirken, dass die Verantwortung des Staates, für gleichwertige Lebensbedingungen für Menschen mit und ohne Behinderungen zu sorgen, in allen Bereichen des gesellschaftlichen Lebens erfüllt wird[127]. Die Ministerien sind verpflichtet, die Beauftragten bei allen Gesetzes-, Verordnungs- und sonstigen wichtigen Vorhaben zu beteiligen, soweit sie Fragen der Integration von behinderten Menschen behandeln oder berühren[128]. Die Beauftragten haben nach den Gesetzen des Bundes und einiger Länder Akteneinsichtsrecht und müssen von öffentlichen Stellen bei ihrer Aufgabe unterstützt werden[129]. In Sachsen-Anhalt hat der Beauftragte darüber hinaus ein Recht, im Einzelfall aufzuklären, ob behinderte Menschen benachteiligt werden[130] und hat das Recht, Anhörungen durchzuführen[131]. In Schleswig-Holstein kann er bei Verstößen im Einzelfall Stellungnahmen anfordern und Beanstandungen abgeben[132]. Berufen werden sie von der Regierung[133], vom Ministerpräsidenten[134] oder vom Sozialminister[135]. In Sachsen-Anhalt muss die Landesregierung bei der Berufung das Benehmen mit dem Behindertenbeirat des Landes suchen[136].

Die Beauftragten für behinderte Menschen können eine wichtige Rolle für Teilhabe und Gleichstellung in allen Lebensbereichen übernehmen. Ihre Aufgabe ist es insbesondere, auf die Folgen von Regelungen für behinderte Menschen hinzuweisen. Diese Folgen werden oft nicht rechtzeitig erkannt, da die Regelungen zu anderen Zwecken und aus der Sicht einer nichtbehinderten Mehrheit erarbeitet werden. Da auch die Parlamente ganz überwiegend Interessen und Sichtweise der nichtbehinderten Bevölkerung repräsentieren, ist die Notwendigkeit eines Korrektivs er-

---

[126] Vgl. zu Kinderbeauftragten: Jeand'heur (1993), S. 258 ff.
[127] Vgl. in unterschiedlichen Formulierungen: § 15 Abs. 1 Satz 1 BGG; Art. 17 Abs. 2 BayBGG; § 6 Abs. 2 BerlLGBG; § 12 Abs. 1 BbgBGG; § 12 Abs. 1 BGG NRW; § 11 Abs. 2 RhPfLGGBehM; § 16 Abs. 1 Nr. 1 und 2 SBGG; § 10 Abs. 3 SächsIntegrG; § 8 Abs. 1 BGStG LSA; § 5 SHLBGG; § 18 Abs. 2 HessBGG; vgl. BT-Drucks. 15/4575, S. 29.
[128] § 15 Abs. 2 BGG; Art. 17 Abs. 3 BayBGG; § 5 Abs. 3 BerlLGBG; § 12 Abs. 2 BbgBGG; § 12 Abs. 3 Satz 1 BGG NRW; § 11 Abs. 3 Satz 1 RhPfLGGBehM; § 16 Abs. 1 Nr. 3 SBGG; § 10 Abs. 4 Satz 1 SächsIntegrG; § 9 BGStG LSA; § 8 SHLBGG; § 18 Abs. 3 HessBGG.
[129] § 15 Abs. 3 BGG; § 12 Abs. 3 Satz 2 BGG NRW; § 11 Abs. 3 Satz 2–4 RhPfLGGBehM; § 10 Abs. 4 Satz 2 SächsIntegrG; § 10 Abs. 2 BGStG LSA; § 7 Abs. 1 SHLBGG.
[130] § 10 Abs. 1 BGStG LSA.
[131] § 10 Abs. 3 BGStG LSA.
[132] § 7 Abs. 2 SHLBGG.
[133] § 14 Abs. 1 BGG; § 5 Abs. 1 BerlLGBG; § 11 Abs. 1 Satz 1 BGG NRW; § 11 Abs. 1 RhPfLGGBehM; § 15 Abs. 1 SBGG; § 18 Abs. 1 HessBGG.
[134] Art. 17 Abs. 1 Satz 1 BayBGG; § 10 Abs. 1 SächsIntegrG; § 4 Abs. 1 SHLBGG.
[135] § 11 BbgBGG.
[136] § 7 Abs. 1 BGStG LSA.

kennbar. Beauftragte für behinderte Menschen können insofern als Institutionalisierung des Berücksichtigungsgebots gelten. In dieser Institution zeigt sich, dass die Interessen behinderter Menschen nicht alleine in der Gewährung von Sozialleistungen bestehen. Wäre dies so, könnte ihre Berücksichtigung in der Regierungs- und Verwaltungsarbeit hinreichend durch die Sozialministerien sichergestellt werden. Gerade das Anliegen der Barrierefreiheit und anderer verbesserter Kontextfaktoren für behinderte Menschen weist aber über Sozialleistungen hinaus und kann diese auch überflüssig machen.

Eine Aufgabe im Rahmen der Gleichstellung behinderter Menschen erhält auch die Antidiskriminierungsstelle des Bundes beim Bundesministerium für Familie, Senioren, Frauen und Jugend[137]. Sie unterstützt Personen, die sich an sie wenden bei der Durchsetzung ihrer Rechte zum Schutz vor Benachteiligungen, leistet Öffentlichkeitsarbeit und führt wissenschaftliche Untersuchungen zu Benachteiligungen durch[138].

Kreise, Städte und Gemeinden können im Rahmen ihrer Organisationshoheit Beauftragte für behinderte Menschen bestellen, die vergleichbare Aufgaben wahrnehmen. Im Saarland[139] sind Kreise und Gemeinden verpflichtet, ehrenamtliche Beauftragte zu bestellen. In Bayern sollen die Bezirke, Kreise und kreisfreien Städte Beauftragte berufen[140]. In Sachsen-Anhalt sind Kreise und kreisfreie Städte verpflichtet, hauptamtliche Behindertenbeauftragte zu bestellen[141]. Darin liegt ein Eingriff in die Organisationshoheit als Teil der kommunale Selbstverwaltung, der jedoch gerechtfertigt ist, weil damit einem gewichtigen Belang des Bundes- und Landesverfassungsrechts zu effektiver Durchsetzung verholfen wird und ein hinreichender Bereich eigener Organisationsentscheidungen verbleibt[142]. In Berlin sind Bezirksbehindertenbeauftragte vorgesehen[143].

c) Beiräte und Ausschüsse

Beiräte können wie Beauftragte einen Beitrag dazu leisten, dass bestimmte Belange in Gesetzgebung und Verwaltung hinreichend berücksichtigt werden. Zu diesem Zweck gehören ihnen Angehörige fachkundiger und interessierter Kreise an. Je nach der Gewichtung der Interessen und Aufgaben können dort Informations-, Beratungs- oder Interessenvertretungsgesichtspunkte überwiegen.

Beim Bundesministerium für Gesundheit und soziale Sicherung besteht ein Beirat für die Teilhabe behinderter Menschen. Ihm gehören Vertreter der Behindertenverbände, der Arbeitnehmer und Arbeitgeber, der Länder, der kommunalen Spitzenverbände, der Integrationsämter, der Rehabilitationsträger, der freien Wohl-

---

[137] §§ 25–30 ADG.
[138] § 27 ADG.
[139] § 19 Abs. 1 SBGG.
[140] Art. 18 BayBGG.
[141] § 74b GO LSA; § 64b LKrO LSA.
[142] Vgl. BVerfG vom 26. Oktober 1994, BVerfGE 91, 228, 242 ff. (kommunale Gleichstellungsbeauftragte in Schleswig-Holstein); dazu von Mutius in: von Mutius/Rentsch, 5. A. (1998), Rz 9 zu § 2 GO.
[143] § 7 BerlLGBG.

fahrtspflege, der Leistungserbringer der Rehabilitation, der kassenärztlichen Bundesvereinigung und der Bundesärztekammer an[144]. Ebenfalls beim Bundesministerium für Gesundheit und soziale Sicherung besteht ein Ausschuss für Fragen der Pflegeversicherung, dem Vertreter der Bundesressorts, obersten Landesbehörden, kommunalen Spitzenverbände und überörtlichen Sozialhilfeträger, der Krankenkassen und Pflegekassen, der Wohlfahrtspflege, der Bundesverbände der behinderten Menschen und der Leistungserbringer angehören[145]. Die Trennung der Gremien zeigt, dass eine Integration der behinderte Menschen betreffenden Rehabilitations- und Pflegepolitik noch nicht vollzogen worden ist[146]. Ein weiterer Beirat wird der Antidiskriminierungsstelle des Bundes beigeordnet[147].

Auch in einigen Ländern werden Beratungsgremien berufen. In Bayern setzt sich der Landesbehindertenrat aus dem Sozialminister, dem Behindertenbeauftragten und 15 Vertretern der freien Wohlfahrtspflege, der Selbsthilfeorganisationen und der kommunalen Behindertenbeauftragten zusammen[148]. In Berlin werden in den Landesbeirat für Behinderte 15 Vertreter der Vereine oder Verbände berufen, zu deren Aufgaben die Unterstützung der Interessen behinderter Menschen gehört[149]. In Brandenburg besteht der Landesbehindertenbeirat aus je einem Vertreter oder einer Vertreterin aller landesweit tätigen rechtsfähigen Behindertenverbände und Verbände der Wohlfahrtspflege[150]. In Rheinland-Pfalz legt der Landesbeauftragte die Anzahl der Mitglieder des Landesbeirats zur Teilhabe behinderter Menschen fest und beruft sie auf Vorschlag von Verbänden behinderter Menschen, der Spitzenverbände der freien Wohlfahrtspflege, der kommunalen Spitzenverbände und von Gewerkschaften und von Unternehmerverbänden[151]. Im saarländischen Landesbeirat für die Belange von Menschen mit Behinderungen sollen mehrheitlich Vertreter der Organisationen behinderter Menschen vertreten sein und im übrigen Vertreter der freien Wohlfahrtspflege, der Institutionen der beruflichen und sozialen Rehabilitation, des Wirtschafts- und Erwerbslebens, der Arbeitskammer, der Bundesagentur für Arbeit, der Schwerbehindertenvertretungen aus Privatwirtschaft und öffentlichem Dienst, der kommunalen Selbstverwaltung und der kommunalen Behindertenbeauftragten vertreten sein[152]. Die Zusammensetzung und die Aufgaben des sächsischen Landesbeirats für die Belange von Menschen mit Behinderungen werden durch Verwaltungsvorschrift des Sozialministeriums geregelt[153]. In Sachsen-Anhalt besteht ein Runder Tisch für behinderte Menschen, der vom Landesbeauftragten geleitet wird[154]. Der Runde Tisch benennt 16 Mitglieder

---

144 § 64 SGB IX; BT-Drucks. 15/4575, S. 29.
145 § 10 SGB XI; BT-Drucks. 15/4125, S. 79.
146 Vgl. oben II.B.4.b.(4).
147 § 30 ADG.
148 Art. 15 Abs. 2 Satz 1, Abs. 3 Satz 1 BayBGG.
149 § 6 Abs. 2 BerlLGBG.
150 § 13 Abs. 1 BbgBGG.
151 § 12 Abs. 1 RhPfLGGBehM.
152 § 17 Abs. 1 SBGG.
153 § 11 Abs. 2 Satz 2 SächsIntegrG.
154 § 13 BGStG LSA.

für den Behindertenbeirat des Landes, dem außerdem zahlreiche Vertreter von Verbänden und Behörden ohne Stimmrecht angehören[155].

Kreise und Gemeinden sind frei, im Rahmen der kommunalen Selbstverwaltung Beiräte für behinderte Menschen zu berufen[156]. Dabei werden zumeist Regelungen des Kommunalrechts ausgefüllt, die den Kommunen die Bildung von Beiräten freistellen. Diese haben beratende Funktion und erfüllen auf kommunaler Ebene häufig Aufgaben, die auf Bundes- und Landesebene von den Beauftragten ausgefüllt werden, indem sie zum Beispiel Bauvorhaben aus der Sicht behinderter Menschen betrachten. Die Kompetenz kommunaler Behindertenbeiräte kann auch von den Kommunen und von staatlichen Stellen auch bei der Erfüllung gesetzlicher Aufgaben genutzt werden.

d) Wohlfahrtsverbände

Die Verbände der freien Wohlfahrtspflege haben traditionell einen erheblichen Anteil an den sozialen Aufgaben und Leistungen in Deutschland. Sie unterhalten Dienste und Einrichtungen und sind zugleich Mitgliederverbände, die auch Funktionen der Selbsthilfe und Interessenvertretung sozialer Gruppen übernehmen. Die Spitzenverbände der Wohlfahrtspflege sind die Caritas[157], das Diakonische Werk[158], die Zentralwohlfahrtsstelle der Juden, das Deutsche Rote Kreuz, die Arbeiterwohlfahrt[159] und der Deutsche Paritätische Wohlfahrtsverband (DPWV). Diese repräsentieren das konfessionell[160], bürgerlich-humanistisch[161] oder demokratisch-sozialistisch[162] geprägte soziale und bürgerschaftliche Engagement. Der DPWV ist ein Dachverband kleinerer Wohlfahrtsverbände, die nicht den großen Strömungen zuzurechnen sind. Hierzu gehört etwa die Lebenshilfe für geistig behinderte Menschen[163].

Die Wohlfahrtsverbände sind im SGB I[164] und SGB IX[165] als freie und gemeinnützige Träger in ihrer Funktion als Erbringer sozialer Leistungen erwähnt. Sie haben insbesondere im Bereich des Sozialhilferechts[166], des Kinder- und Jugendhilferechts[167] und des Pflegeversicherungsrechts[168] eine gesetzlich hervorgehobene Stellung bei der Leistungserbringung. Im sozialen Rechtsstaat werden so staatliche und gesellschaftliche Verantwortung für soziale Aufgaben systematisch verknüpft.

---

155 § 14 BGStG LSA.
156 Vgl. § 47d, e GO SH; Rentsch in: von Mutius/Rentsch, 5.A. (1998), Rz 2 zu § 47d GO.
157 Vgl. Schümann, TuP 2002, S. 260, 264 f.
158 Vgl. Schümann, TuP 2002, S. 260, 264.
159 Vgl. zu den Grundlagen der Arbeiterwohlfahrt für die Arbeit mit behinderten Menschen: Schümann, TuP 2002, S. 260, 263; R. Forster, TuP 2002, S. 142 ff.
160 Vgl. oben III.A.3.
161 Vgl. oben III.A.7.b.
162 Vgl. oben III.A.8.
163 Vgl. oben III.A.11.c.
164 § 17 Abs. 3 Satz 1 SGB I.
165 §§ 17 Abs. 1 Nr. 3, 19 Abs. 4 SGB IX.
166 § 5 SGB XII.
167 § 4 SGB VIII (als freie Jugendhilfe).
168 § 11 Abs. 2 SGB XI.

Dies kann dazu führen, dass freiwilliges Engagement für soziale Aufgaben mobilisiert wird und die Leistungen in besonderem Maße in der Gesellschaft verankert sind. Es besteht aber auch die Gefahr, dass eine Verstaatlichung der freien Wohlfahrtspflege durch den Zufluss öffentlicher Mittel und den Druck zur Professionalisierung und Ökonomisierung einsetzt[169], mit dem die Bedingungen des gesellschaftlichen Engagements untergraben werden.

Im SGB IX werden die Wohlfahrtsverbände auch mit Beteiligungsrechten bei der Erarbeitung gemeinsamer Empfehlungen[170] und der Infrastrukturplanung[171] ausgestattet. Hier sind sie in ihrer Doppelfunktion als Leistungserbringer und als soziale Verbände angesprochen, die auch viele behinderte Menschen organisieren und ihnen zur Artikulation verhelfen.

e) Selbsthilfe behinderter Menschen

In Deutschland gibt es 70.000 bis 100.000 Selbsthilfegruppen, von denen zwei Drittel mit ca. drei Millionen Mitgliedern auf gesundheitliche Probleme bezogen sind[172]. Im SGB IX sind die Selbsthilfegruppen, Selbsthilfeorganisationen und Selbsthilfekontaktstellen erwähnt. Sie sollen mit ihrem Ziel der Prävention, Rehabilitation, Früherkennung, Behandlung und Bewältigung von Krankheiten und Behinderungen nach einheitlichen Grundsätzen gefördert werden[173]. Die Selbsthilfegruppen werden zudem mit Beteiligungsrechten bei der Erarbeitung gemeinsamer Empfehlungen[174] und der Infrastrukturplanung[175] ausgestattet. Die für die Selbsthilfe chronisch kranker und behinderter Menschen maßgeblichen Organisationen wirken auch am Gemeinsamen Bundesausschuss der Krankenkassen, Ärzte und Krankenhäuser nach dem SGB V beratend mit[176].

Spezifisch an der Selbsthilfe ist, dass sie wesentlich von den behinderten Menschen selbst getragen wird und sich anhand besonderer Behinderungs- und Krankheitsbilder konstituiert. Da die Selbsthilfe einerseits professionelle Hilfe bei der Organisation von Leistungen in Anspruch nimmt, andererseits auch politische und soziale Interessen, die sich aus der jeweiligen Betroffenheit ergeben, vertritt, sind Selbsthilfegruppen und -organisationen weder von der freien Wohlfahrtspflege noch von den Verbänden behinderter Menschen trennscharf abzugrenzen.

---

[169] Vgl. oben III.A.11.j.
[170] § 13 Abs. 6 SGB IX.
[171] § 19 Abs. 1 Satz 3 SGB IX.
[172] BT-Drucks. 15/4575, S. 6; vgl. Badura/Schellschmidt in: Badura/Hart/Schellschmidt (1999), S. 91 ff.
[173] § 29 SGB IX; BT-Drucks. 15/4575, S. 6 f., 55 ff.: 2003 wurden die Selbsthilfeorganisationen, Selbsthilfegruppen und Selbsthilfekontaktstellen durch die gesetzlichen Krankenkassen mit 24,2 Mio € gefördert. 2002 förderte die BfA die Selbsthilfe mit 3,2 Mio €.
[174] § 13 Abs. 6 SGB IX.
[175] § 19 Abs. 1 Satz 3 SGB IX.
[176] § 140 f Abs. 1 SGB V; vgl. zur Forderung bereits: Francke/Hart (1999), S. 237 ff.

f) Verbände behinderter Menschen

Die Bundesregierung nimmt für sich in Anspruch, Politik für behinderte Menschen partnerschaftlich mit ihnen zu entwickeln und hierzu die Verbände und Organisationen behinderter Menschen in das Gesetzgebungsverfahren aktiv einzubeziehen[177]. Die Verbände behinderter Menschen einschließlich der Interessenvertretungen behinderter Frauen haben nach dem SGB IX Beteiligungsrechte bei der Erarbeitung gemeinsamer Empfehlungen[178] und bei der Infrastrukturplanung[179]. Sie sind nach dem SGB IX und den Gleichstellungsgesetzen mit einer besonderen Prozessstandschaft[180] und nach dem Gleichstellungsrecht in Bund und Ländern mit Verbandsklagerechten ausgestattet[181]. Voraussetzung für das Verbandsklagerecht nach dem BGG ist die Anerkennung durch das Bundesministerium für Gesundheit und Soziale Sicherung. Diese soll erteilt werden, wenn der Verband nach seiner Satzung ideell und nicht nur vorübergehend die Belange behinderter Menschen fördert, nach der Zusammensetzung seiner Mitglieder oder Mitgliedsverbände dazu berufen ist, Interessen behinderter Menschen auf Bundesebene zu vertreten, mindestens drei Jahre entsprechend tätig ist, die Gewähr für sachgerechte Aufgabenerfüllung bietet und wegen Verfolgung gemeinnütziger Zwecke von der Körperschaftssteuer befreit ist[182]. Die Landesgesetze verweisen auf die Anerkennung im Bund[183] oder sehen die Anerkennung im Land nach gleichartigen Kriterien vor[184]. In Sachsen-Anhalt sind alle auf Landesebene tätigen Interessenverbände behinderter Menschen genannt[185]. In Berlin sind Verbände klagebefugt, die im Landesbeirat für Behinderte vertreten sind[186]. Mit den Zielvereinbarungen ist den Verbänden behinderter Menschen gesetzlich ein Instrument zur Durchsetzung von Barrierefreiheit gegenüber privaten Unternehmen zugewiesen worden[187]. Als Antidiskriminierungsverbände können Verbände behinderter Menschen in gerichtlichen Verfahren nach dem ADG als Bevollmächtigte und Beistände Benachteiligter auftreten und Schadensersatz- und Entschädigungsklagen nach dem ADG führen[188].

Auf der Bundesebene existieren mit dem Sozialverband Reichsbund und dem Sozialverband VdK zwei große traditionelle Verbände, die aus der Organisation von Kriegsopfern hervorgegangen sind und die behinderte Menschen unabhängig

---

[177] BT-Drucks. 15/4575, S. 2.
[178] § 13 Abs. 6 SGB IX.
[179] § 19 Abs. 1 Satz 3 SGB IX.
[180] § 63 SGB IX; vgl. dazu Bayerischer VGH vom 17. November 2004, RdLH 1/2005, S. 18; § 12 BGG; Art. 15 BayBGG; § 9 Abs. 1 SächsIntegrG; § 17 Abs. 2 BGStG LSA.
[181] § 13 BGG; Art. 16 BayBGG; § 15 BerlLGBG; § 10 BbgGG; § 12 BremBGG; § 6 BGG NRW; § 10 RhPflGGBehM; § 14 BayBGG; § 9 Abs. 2 SächsIntegrG; § 17 Abs. 1 BGStG LSA; § 3 SHLBGG. Vgl. Schlacke, RsDE 52 (2003), S. 60 ff.
[182] § 13 Abs. 3 BGG.
[183] Art. 16 Abs. 1 BayBGG; § 6 Abs. 1 BGG NRW; § 9 Abs. 2 SächsIntegrG
[184] § 10 Abs. 3 BbgBGG; § 12 Abs. 4 BremBGG; § 10 Abs. 4 RhPflLGGBehM; § 14 Abs. 4 SBGG; § 3 Abs. 3 SHLBGG (Kontrolle nur durch das Gericht).
[185] § 17 Abs. 1 BGStG LSA.
[186] § 15 Abs. 1 BerlLGBG.
[187] § 5 BGG; vgl. unten V.J.3.b.
[188] § 23 ADG.

von der Art der Behinderung organisieren. Die Bundesarbeitsgemeinschaft Hilfe für Behinderte (BAGH) umfasst viele kleinere Verbände, die häufig zugleich der Selbsthilfe zuzuordnen sind. Daneben existieren traditionelle Verbände nach Art der Behinderung insbesondere der Blinden und Gehörlosen. Dazu kommen neuere unabhängige Behindertenverbände, die sich in den letzten dreißig Jahren vor allem unter dem Leitbild der Selbstbestimmung formiert haben. Sie haben eine eher geringe Mitgliederzahl, aber eine erhebliche politische Ausstrahlung. Traditionelle Verbände, BAGH und unabhängige Verbände bilden die drei Säulen des Deutschen Behindertenrats, mit dem der Versuch unternommen wird, einen Dachverband zu bilden, mit dessen Hilfe politische Beteiligungs- und Anhörungsrechte besser wahrgenommen werden können. Verbände behinderter Menschen organisieren im Regelfall hauptsächlich behinderte Menschen. In vielen Fällen sind ihnen aber auch Familienangehörige, professionelle Helfer und bürgerschaftlich Engagierte nichtbehinderte Menschen organisiert. Gerade bei den Verbänden, die sich mit der Situation geistig behinderter Menschen befassen, stehen Familienangehörige und advokatorische Interessenvertretung im Vordergrund. Entsprechend sind Verbände behinderter Menschen auch nach dem BGG nicht alleine durch das Behindert-Sein ihrer Mitglieder, sondern durch ihr Ziel definiert. Damit sind auch die Übergänge zur Wohlfahrtspflege fließend, zumal einige Verbände behinderter Menschen auch Träger von sozialen Diensten und Einrichtungen sind.

Mit der gesetzlichen Anerkennung von Verbänden als politische und rechtliche Interessenvertretung behinderter Menschen wird der freie gesellschaftliche Zusammenschluss zur Interessenverfolgung aufgewertet. Wie die Wohlfahrtsverbände im sozial-ökonomischen Bereich werden die Behindertenverbände im sozial-politischen Bereich in die Definition und Erfüllung sozialer Aufgaben durch den sozialen Rechtsstaat einbezogen[189]. Dies entspricht der Einbindung etwa der Gewerkschaften und Arbeitgeberverbände, der Umweltverbände oder der Verbraucherschutzverbände in das politische und rechtliche System. Auch diese Verbände haben jeweils spezifische Klagerechte zur Durchsetzung kollektiver Interessen[190]. Damit soll die gerichtliche Überprüfung von Entscheidungen und Rechtsdurchsetzung gezielt gefördert werden, um sie von der Zufälligkeit der Klagen von Einzelpersonen[191] zu lösen. Gerade im Bereich des für behinderte Menschen relevanten Rechts hat sich zudem gezeigt, dass bestimmten Rechtsvorschriften keine zur Klage berechtigenden subjektiven Rechte zuzuordnen sind. Dies gilt insbesondere für die Pflichten zur Barrierefreiheit. Die Verbandsklagerechte können hier eine Lücke in der Rechtsdurchsetzung schließen.

g) Betreuungsvereine

Besondere Vereine mit einer Zielsetzung der rechtlichen und sozialen Unterstützung behinderter Menschen sind Betreuungsvereine[192]. Kann ein volljähriger be-

---

189 Vgl. oben III.A.11.f.
190 Vgl. § 51c LNatSchG SH; § 10 ArbGG.
191 Vgl. zu Barrieren der Rechtsdurchsetzung: BT-Drucks. 15/4538, S. 20.
192 Vgl. unten IV.c.5.b.(2).(b).

hinderter Mensch durch eine oder mehrere natürliche Personen nicht hinreichend betreut werden, insbesondere, weil sich keine Betreuer finden, soll die zuständige Behörde einen anerkannten Betreuungsverein zum Betreuer bestellen[193]. Dieser überträgt die Wahrnehmung der Betreuung einzelnen Personen[194]. Rechtsfähige Vereine können als Betreuungsvereine anerkannt werden, wenn sie gewährleisten, dass sie eine ausreichende Zahl geeigneter Mitarbeiter haben und diese beaufsichtigen, weiterbilden und versichern können, sich planmäßig um die Gewinnung ehrenamtlicher Betreuer bemüht, über Vorsorgevollmachten und Betreuungsverfügungen informiert und einer Erfahrungsaustausch zwischen den Mitarbeitern organisiert[195]. Das Nähere regeln landesrechtliche Vorschriften.

Durch die Betreuungsvereine soll eine spezifische Form der Kooperation von Berufsbetreuern und bürgerschaftlich engagierten ehrenamtlichen Betreuern gefunden werden. Die Betreuungsvereine sollen gezielt die ehrenamtliche Betreuung fördern. Sie werden hierzu nach Landesrecht gefördert. Diese Förderung wird aber vielfach als unzureichend empfunden. Auch die Betreuungsvereine sind somit ein Instrument geteilter Verantwortlichkeit zwischen Staat, professioneller und bürgerschaftlicher Hilfe für behinderte Menschen.

h) Leistungserbringer der Rehabilitation und für behinderte Menschen

Im sozialen Rechtsstaat bedienen sich Staat und Sozialversicherung traditionell eines gemeinnützig und privatwirtschaftlich verfassten, aber öffentlich-rechtlich regulierten Gesundheits- und Sozialwesens, um die Ansprüche kranker und behinderter Menschen zu erfüllen. Leistungen zur Teilhabe bedürfen einer Erstellung und fachlich begründeten Konkretisierung durch Leistungserbringer. Als solche sind im SGB IX die Dienste und Einrichtungen der Rehabilitation[196] genannt. Namentlich sind dies Berufsbildungswerke und Berufsförderungswerke[197], Integrationsfachdienste[198], Werkstätten für behinderte Menschen[199], ambulante und stationäre Rehabilitationseinrichtungen[200], Einrichtungen des Müttergenesungswerks[201], stationäre und teilstationäre Einrichtungen der Behindertenhilfe[202], interdisziplinäre Frühförderstellen[203] und sozialpädiatrische Zentren[204].

---

[193] § 1900 Abs. 1 Satz 1 BGB.
[194] § 1900 Abs. 2 Satz 1 BGB.
[195] § 1908f Abs. 1 BGB.
[196] §§ 19 Abs. 1, 21 Abs. 1, 9 Abs. 3 SGB IX.
[197] § 35 Abs. 1 SGB IX; in Deutschland bestehen 28 Berufsförderungswerke und 47 Berufsbildungswerke sowie 18 spezielle Einrichtungen der medizinisch-beruflichen Rehabilitation, Voelzke in: V. Neumann (2004), § 11, Rz 110 ff.; BT-Drucks. 15/4575, S. 75 ff.; BT-Drucks. 15/4219, S. 9 f.; BT-Drucks. 15/5204.
[198] §§ 109–115 SGB IX; vgl. BT-Drucks. 15/4575, S. 99 ff. 2003 wurden die IFD für 35.139 Personen tätig. In allen 181 Bezirken der Agenturen für Arbeit sind IFD eingerichtet.
[199] §§ 41, 136 SGB IX. In Deutschland arbeiten ca. 200.000 behinderte Menschen in 671 Werkstätten für behinderte Menschen, BT-Drucks. 15/4575, S. 9, 112.
[200] §§ 40 Abs. 1, 111 SGB V.
[201] § 111a SGB V.
[202] §§ 13, 75 Abs. 1 SGB XII.
[203] § 3 FrühV.
[204] § 4 FrühV; § 119 SGB V.

An Leistungen zur Teilhabe und für behinderte Menschen wirken im Einzelfall auch Ärzte, Zahnärzte, Psychotherapeuten und medizinische Versorgungszentren[205] und Angehörige anderer Gesundheitsberufe, Krankenhäuser[206], Gesundheitshandwerker[207], Pflegedienste[208] und Pflegeheime[209] mit. Die Dienste und Einrichtungen der Rehabilitation und mit Funktionen für die Rehabilitation können Eigeneinrichtungen der Rehabilitationsträger[210], gemeinnützige Einrichtungen oder Selbstständige oder Unternehmen in privater Rechtsform[211] sein. Sie haben eine hohe Verantwortung für die sach- und zielgerichtete Ausgestaltung und Erbringung der Leistungen zur Teilhabe. Sie müssen diese in einem kooperativen Prozess mit den Leistungsberechtigten entwickeln[212]. Die Dienste und Einrichtungen sind zu einem effektiven Qualitätsmanagement verpflichtet[213]. Sie sind beratend an der Erarbeitung gemeinsamer Empfehlungen[214] und an der Infrastrukturplanung[215] beteiligt.

Die Ausführung von Leistungen zur Teilhabe wird von den Rehabilitationsträgern durch Verträge geregelt[216]. Dabei handelt es sich um öffentlich-rechtliche Verträge[217], mit denen geregelt wird, wie die Leistungserbringer die öffentlich-rechtliche Leistungsverpflichtung der Rehabilitationsträger gegenüber den Leistungsberechtigten erfüllen. Die Rehabilitationsträger sollen diese Verträge nach einheitlichen Grundsätzen abschließen. Sie können mit den Arbeitsgemeinschaften der Dienste und Einrichtungen Rahmenverträge vereinbaren[218]. Bisher sind solche Rahmenverträge nicht vereinbart worden. Dies liegt auch daran, dass das Leistungserbringungsrecht des SGB IX durch das gesonderte Leistungserbringungsrecht der einzelnen Rehabilitationsträger zumindest praktisch überlagert wird.

Insbesondere im Krankenversicherungsrecht ist das Vertragsrecht des Sozialleistungsträgers Krankenkasse mit den einzelnen Vertragsärzten, Krankenhäusern und auch Rehabilitationseinrichtungen im Wesentlichen öffentlich-rechtlich und kol-

---

205 §§ 72–76 SGB V.
206 § 108 SGB V.
207 Vgl. § 126 SGB V.
208 § 71 Abs. 1 SGB XI; Am 15. Dezember 1991 waren in Deutschland rund 10.600 ambulante Pflegedienste zugelassen. Von ihnen befanden sich 52 % in privater, 46 % in freigemeinnütziger und 2 % in öffentlicher Trägerschaft. Bei ihnen waren 190.000 Personen beschäftigt, BT-Drucks. 15/4125, S. 53.
209 § 71 Abs. 2 SGB XI. Im Dezember 2001 gab es in Deutschland 9.200 zugelassene vollstationäre oder teilstationäre Pflegeheime mit ca. 675.000 Pflegeplätzen, darunter 649.000 vollstationäre Dauerpflegeplätze. In ihnen waren insgesamt 475.000 Personen beschäftigt. 56 % von ihnen waren in freigemeinnütziger, 36 % in privater, 8 % in öffentlicher Trägerschaft, BT-Drucks. 15/4125, S. 54.
210 Vgl. § 17 Abs. 1 Nr. 1 und 2 SGB IX; § 140 SGB V.
211 Vgl. § 17 Abs. 1 Nr. 3 SGB IX.
212 § 9 Abs. 3 SGB IX.
213 § 20 Abs. 2 SGB IX.
214 § 13 Abs. 6 SGB IX.
215 § 19 Abs. 1 Satz 3 SGB IX.
216 § 21 Abs. 1 SGB IX.
217 Kessler in: V. Neumann (2004), § 9 Rz 64; Kunze/Kreikebohm, NZS 2003, S. 5, 7; Unklar: Eichenhofer, SGb 2003, S. 365, 369; klarer: Eichenhofer, NZS 2002, S. 348, 351.
218 § 21 Abs. 2 SGB IX; vgl. zu den Rahmenverträgen nach dem BSHG: Fakhreshafaei, RsDE 52 (2003), S. 3 ff.

lektivvertraglich überformt. Die Gesamtverträge[219] und Versorgungsverträge[220] nach dem SGB V werden durch Richtlinien des Gemeinsamen Bundesausschusses aus Kassenärztlicher Bundesvereinigung, Deutscher Krankenhausgesellschaft und den Verbänden der Krankenkassen mitbestimmt[221]. Diese Richtlinien konkretisieren die unbestimmten Rechtsbegriffe der Notwendigkeit und Wirtschaftlichkeit und damit das Leistungsrecht nach dem SGB V.

Die Dienste und Einrichtungen der Rehabilitation verfügen über deutlich geringere institutionalisierte Mitentscheidungsrechte als die Ärzte und Krankenhäuser. Dies kann dazu führen, dass die Interessen der Rehabilitations-Leistungserbringer in Konflikt- und Abgrenzungsfragen im Verhältnis zu denen der Ärzte und Krankenhäuser weniger stark zur Geltung kommen[222]. Das kann auch das institutionelle Gewicht der Rehabilitation insgesamt betreffen. Die starke Stellung der Leistungserbringer der ambulanten Krankenbehandlung resultiert auch aus einem faktischen Kontrahierungszwang der Krankenkassen[223], während die übrigen Rehabilitationsträger nicht zum Vertragsabschluss mit Diensten und Einrichtungen verpflichtet sind[224].

Sieht man im Leistungserbringungsrecht des SGB V einen insgesamt bewährten Weg des sachverständigen Interessenausgleichs bei der Bestimmung der Leistungen, so würde es sich anbieten, Elemente davon ins Rehabilitationsrecht zu übertragen. Betrachtet man die Strukturen der Krankenbehandlung als bürokratische und verfassungsrechtlich bedenkliche Überformung des Leistungsrechts, so spricht dies gegen ihre Übernahme. Im Rehabilitationsrecht sind mit dem SGB IX die Grundlagen für kollektivvertragliche Strukturen geschaffen worden[225], Einzelverträge bleiben jedoch möglich. Die Vertreter der Verbände behinderter Menschen sollen beratend in die Schaffung von Rahmenverträgen einbezogen werden[226]. Im Krankenversicherungsrecht ist mit den letzten Reformen das kollektivvertragliche Recht für einzelne Verträge zur integrierten Versorgung[227] geöffnet worden. Im gemeinsamen Bundesausschuss wirken nun auch Vertreter der Interessen der Patienten und der Selbsthilfe chronisch kranker und behinderter Menschen mit[228].

Bei der rechtlichen Gestaltung des Dreiecksverhältnisses[229] zwischen Sozialleistungsträgern, Leistungserbringern und Leistungsberechtigten muss die Gefahr ver-

---

[219] § 83 SGB V.

[220] §§ 109, 111, 111a SGB V mit Rahmenempfehlungen, §§ 111b, 112 SGB V.

[221] § 92 SGB V; zum Rechtscharakter und zur Verfassungsmäßigkeit vgl. BSG vom 16. September 1997, BSGE 81, 73 (immuno-augmentative Therapie); BSG vom 16. September 1997, BSGE 81, 54 (Bioresonanztherapie); BSG vom 20. März 1996, BSGE 78, 70.

[222] Vgl. oben II.B.4.b.(2).

[223] BSG vom 23. Juli 2002, BSGE 89, 294 (stationäre geriatrische Rehabilitation); BSG vom 5. Juli 2000, BSGE 87, 14 (teilstationäre und ambulante Rehabilitation).

[224] Vgl. zu den divergierenden Einschätzungen zum Leistungserbringungsrecht des SGB IX: *Kessler* in: V. Neumann (2004), § 9 Rz 25 f.

[225] § 21 Abs. 2 SGB IX.

[226] § 21 Abs. 2 SGB IX verweist auf § 13 SGB IX und damit auch auf § 13 Abs. 6 SGB IX.

[227] § 140b SGB V.

[228] § 140f SGB V; vgl. BT-Drucks. 15/4575, S. 40.

[229] Zu den unterschiedlichen Positionen zum Dreiecksverhältnis: *Kessler* in: V. Neumann (2004), § 9 Rz 51 ff.

mieden werden, dass durch eine kartellartige Stellung der Leistungserbringer Wettbewerb verhindert wird und die Leistungsberechtigten eine vor allem empfangende statt mitgestaltende Rolle haben, wie es Krankenversicherungsrecht tendenziell der Fall gewesen ist. Ebenso muss aber beachtet werden, dass nicht eine zu starke Stellung der Leistungsträger sich als Gefahr für Innovation und für Wahlfreiheit der Leistungsberechtigten[230] auswirkt, wie es im Rehabilitationsrecht befürchtet werden kann. Zwar ist das Leistungserbringungsrecht unter Beachtung der Berufsfreiheit der Leistungserbringer zu gestalten. Dabei darf jedoch nicht vernachlässigt werden, dass sein primärer Zweck nicht die beruflichen Interessen der Leistungserbringer, sondern die sozialen Rechte der Leistungsberechtigten sind[231]. Die Berufe im Gesundheits- und Sozialwesen erweisen sich insofern als öffentlich gebundene Berufe[232]. Mit dem SGB IX und den Krankenversicherungsreformen der letzten Jahre ist eine Konvergenz der Regelungsbereiche in diesem Sinne zu beobachten, bei der die Position der Leistungsberechtigten aufgewertet worden und das Verhältnis zwischen Leistungserbringern und Leistungsträgern neu justiert worden ist. Die weitere Entwicklung der Strukturen hängt wesentlich von ihrer Ausgestaltung durch die Akteure ab.

7. Notwendigkeit der Teilhabe behinderter Menschen im sozialen Rechtsstaat

Die Verantwortung des sozialen Rechtsstaats für behinderte Menschen ergibt sich schon daraus, dass die als Behinderung definierte Situation von Menschen in der Gesellschaft vorgefunden wird und großen Einfluss darauf hat, wie die betroffenen Menschen an der Gesellschaft und ihren Rechten und Pflichten teilhaben können. Durch das Benachteiligungsverbot des Grundgesetzes und die Staatsziele der Landesverfassungen ist die Verpflichtung verdeutlicht und festgeschrieben worden, eine Kategorie der Behinderung zu bilden und bei der Staatstätigkeit zu beachten, sowie gerade die möglichst gleiche Teilhabe behinderter Menschen in der Gesellschaft als Ziel sozialer Gerechtigkeit anzustreben. Rehabilitation, Teilhabe und Gleichheit als Grundbegriffe der sozialen Staatstätigkeit in Bezug auf behinderte Menschen zeigen deren Bezug zu den Grundrechten der behinderten Menschen auf. Schutz und Realisierung von Menschenwürde, Freiheit und Gleichheit der behinderten Menschen in Staat und Gesellschaft sind deren grundlegende Ziele.

Die Geschichte zeigt, dass zwar die zu Grunde liegenden Phänomene, nicht jedoch die Kategorie Behinderung im heutigen Sinne gesellschaftlich vorgegeben ist, sondern die Bildung eines solchen Tatbestandes und seine Ausformung historisch wandelbar ist. Somit kann auch durch das Sozialstaatsgebot kein historisch konkretes Verständnis von Behinderung und den im Hinblick darauf erforderlichen Interventionen dauerhaft festgeschrieben sein, sondern nur die Beobachtung und Berücksichtigung dieser Phänomene. Dass Menschen durch die unterschiedliche

---

[230] Vgl. unten IV.C.6.c.

[231] Dies bedeutet nicht einen Vorrang des Leistungsrechts vor dem Leistungserbringungsrecht (vgl. BSGE 81, 54, 60), sondern eine Besinnung auf deren gemeinsamen Zweck (vgl. § 1 SGB V).

[232] Vgl. V. Neumann, ZSR 2000, S. 101, 112.

Funktionsfähigkeit von Körper, Geist und Seele unterschiedliche Möglichkeiten der Teilhabe haben, wird aber jeder soziale Staat beachten müssen, weil er gegenüber diesen Unterschieden nicht gleichgültig sein darf. Insofern ist der der besonderen Berücksichtigung behinderter Menschen zu Grunde liegende unabänderliche Kern im sozialen Staatsziel die Erkenntnis, dass Menschen verschieden, aber gleichwertig sind.

IV. Grundlagen für die Rechte behinderter Menschen

Grundlagen für Schutz und Entfaltung einzelner Rechtsgüter behinderter Menschen sind ihre Grundrechte. Die Leitbegriffe der jüngeren Gesetzgebung zu Behinderung und Rehabilitation sind Gleichheit, Selbstbestimmung und Teilhabe[1]. Dies sind Begriffe aus dem Bereich der Grundrechte. Der Gesetzgeber in Bund und Ländern Deutschlands tritt mit dem Anspruch auf, Vorgaben und Prinzipien des Verfassungsrechts in das einfache Recht umzusetzen. Die Ziele des sozialen Rechtsstaats sind durch die individuellen Grundrechte auch behinderter Menschen bestimmt. Gleichheit, Selbstbestimmung und Teilhabe finden ihre gemeinsame Grundlage in der rechtlichen Garantie der Unantastbarkeit und des Schutzes der Menschenwürde. Zu Beginn der verfassungsrechtlichen Darstellung ist daher zu erörtern, wie die Menschenwürde für behinderte Menschen gilt und welche rechtliche Bedeutung sie entfalten kann.

---

[1] Vgl. BT-Drucks. 15/4575, S. 2; C. Adam, TuP 2002, S. 407 ff.

A. Menschenwürde

1. Geltung und Bedeutung des Bekenntnisses zur Menschenwürde

Die Menschenwürde ist unantastbar. Sie zu achten und schützen ist Verpflichtung aller staatlichen Gewalt. Mit diesen Aussagen beginnen das Grundgesetz (Art. 1) und die Charta der Grundrechte der Europäischen Union (Art. 1). Das Bekenntnis zur Menschenwürde ist auch in den Verfassungen Bayerns, Berlins, Brandenburgs, Bremens, Hessens, Mecklenburg-Vorpommerns, des Saarlands, Sachsens, Sachsen-Anhalts und Thüringens enthalten. Die Allgemeine Erklärung der Menschenrechte der Generalversammlung der Vereinten Nationen vom 10. Dezember 1948 beginnt mit dem Satz *„Alle Menschen sind frei und gleich an Würde und Rechten geboren."*[2]

Die systematische Stellung der Menschenwürde am Beginn der grundlegenden Rechtsquellen von Grund- und Menschenrechten weist darauf hin, dass die Anerkennung der Menschenwürde die Basis der Gleichheits- und Freiheitsrechte ist. Alle Formulierungen zeigen auf, dass die Menschenwürde nicht durch die Verfassungen und Erklärungen konstituiert, sondern von ihnen als vorgefundenes Recht anerkannt wird. Die Menschenwürde anzuerkennen bedeutet so auch, dass die Gleichheits- und Freiheitsrechte im Kern dem gesetzten Recht vorgehen und den Menschen von Natur aus zukommen. Das Grundgesetz erkennt dies auch dadurch an, dass der Menschenwürdesatz nicht verändert werden darf[3].

Die Idee der Menschenwürde als unantastbarer Grundlage von Gleichheit und Freiheit ist in der antiken und christlichen Tradition aus der Vorstellung der Gleichgeschaffenheit der Menschen[4] entstanden. Sie wurde in der beginnenden Neuzeit humanistisch und aufklärend mit den Ideen der Freiheit und Vernunft als Möglichkeit und Fähigkeit zu moralischem Handeln und zur Rechtspersonalität verknüpft[5]. *Immanuel Kant* verband diese Ideen systematisch und machte sie zur Grundlage seiner Moral- und Rechtsphilosophie. Er formulierte:

„Allein der Mensch als Person betrachtet, d. i. als Subjekt einer moralisch-praktischen Vernunft, ist über allen Preis erhaben; denn als ein solcher (homo noumenon) ist er nicht bloß als Mittel zu anderer ihren, ja selbst seinen eigenen Zwecken, sondern als Zweck an sich selbst zu schätzen, d. i. er besitzt eine Würde (einen absoluten inneren Wert), wodurch er

---

[2] Vgl. oben III.A.13.b.
[3] Art. 79 Abs. 3 GG.
[4] 1. Buch Mose, 1, 26; vgl. Bieritz-Harder (2001), S. 218 ff.; Enders (1997), S. 177 f.; vgl. oben III.A.2.e., III.A.3.
[5] Vgl. Schmidt-Jortzig, DÖV 2001, S. 925, 927; vgl. oben III.A.5.c.

allen anderen vernünftigen Weltwesen Achtung für ihn abnötigt, sich mit jedem anderen dieser Art messen und auf den Fuß der Gleichheit setzen kann."[6]

Diese Definition *Kants* wird als Umschreibung des jedem Menschen zukommenden Achtungsanspruchs angesehen. Sie enthält nicht nur die Grundlage der Menschenwürde, sondern auch die daraus folgende Ableitung eines grundsätzlichen Anspruchs auf Gleichheit und auf eine Subjektstellung, die Freiheiten umfasst. In der zitierten Fassung wird deutlicher als in der häufig zitierten Kurzform, wonach der Mensch vom Staat oder anderen niemals als bloßes Mittel zum Zweck gebraucht werden dürfe[7], worum es beim Menschenwürdeanspruch geht: Er beinhaltet die gegenseitige Achtung, ein Mindestmaß an Gegenseitigkeit im Verhältnis des Menschen als Rechtsperson zum Staat[8] und als Persönlichkeit im sozialen Verhältnis zum anderen[9]. Gegenseitigkeit muss dabei nicht auf Leistung und Gegenleistung beruhen, sondern kann auch gegenseitige Anerkennung ohne Vorbedingungen bedeuten[10]. Diese Gegenseitigkeit wird aufgekündigt durch den Staat, der töten oder foltern lässt, und in der Gesellschaft, wenn Menschen in Sklaverei oder Leibeigenschaft gehalten[11] oder unfreiwillig zum Gegenstand medizinischer Versuche werden[12]. In der Charta der Grundrechte der EU ist das Verbot dieser Praktiken daher gerade im Kapitel „Würde des Menschen"[13] genannt.

Die Gegenseitigkeit ist bei sozialer Fürsorge gefährdet, wenn sie als einseitiges Almosen erscheint und nicht in ein sozialrechtliches System von Rechten und

---

[6]　Kant, Metaphysik der Sitten, Tugendlehre § 11.

[7]　Kant, Grundlegung zur Metaphysik der Sitten; vgl. Hoerster, JuS 1983, S. 93, 94 zur Missverständlichkeit dieser Formel.

[8]　Bachof, VVDStRL 12 (1954), S. 37, 74; vgl. BGH vom 22. März 1961, BGHZ 35, 1, 7, wo die Prozessfähigkeit einer seelisch behinderten Frau im Verfahren um ihre Gebrechlichkeitspflegschaft mit der Menschenwürde begründet wird.

[9]　Sacksofsky, KJ 2003, S. 274, 289: *„wechselseitige Anerkennung aller Menschen als Freie und Gleiche."*

[10]　Vgl. Denninger, KritV 2003, S. 191, 207; Hofmann, AöR 188 (1993), S. 353, 370; Beispiele sind der Familienstatus, der mit der Anerkennung von Verwandtschaft beginnt, § 1589 BGB, oder der Bürgerstatus, der Zugehörigkeit ausdrückt; vgl. BVerfG vom 12. November 1997, BVerfGE 96, 375, 400 (Haftung bei genetischer Beratung): *„Die personale Anerkennung eines Kindes beruht nicht auf der Übernahme von Unterhaltspflichten durch die Eltern."* Vgl. weiter: Jantzen in: Dederich (2003), S. 76 f.; zur Gegenseitigkeit als Grundlage menschlicher Rechtsordnungen: Wesel (1985), S. 71 ff.; zur Gegenseitigkeit im Geschlechterverhältnis: Kant, Metaphysik der Sitten, §§ 24, 25; Gerhard (1990), S. 46 f.

[11]　Kant, Metaphysische Anfangsgründe der Rechtslehre, 241, setzt „Menschen ohne Persönlichkeit" mit Leibeigenen und Sklaven gleich; Vgl. Dürig, AöR 81 (1956), S. 117, 128.

[12]　Vgl. zum Schutz nichteinwilligungsfähiger behinderter Menschen vor medizinischen Versuchen und der zweifelhaften Konstruktion „gruppennütziger" Forschung als Rechtsfertigungsgrund für unfreiwillige Menschenversuche: Von Freier, MedR 2003, S. 610 ff; Picker, JZ 2000, S. 693 ff.; Wunder, Geistige Behinderung 2000, S. 138 ff.; Höfling/Demel, MedR 1999, S. 540 ff. und Art. 17 Abs. 2 der Bioethik-Konvention des Europarats; vgl. bereits: Dürig, AöR 81 (1956), S. 117, 129.

[13]　Art. 2 Abs. 2 ChGREU; Art. II-62 Abs. 2 EVV (Verbot der Todesstrafe); Art. 3 Abs. 2 ChGREU; Art. II-63 Abs. 2 EVV (Gebot der Einwilligung im Rahmen der Medizin und Biologie); Art. 4 ChGREU; Art. II-64 EVV (Verbot der Folter); Art. 5 Abs. 1 ChGREU; Art. II-65 EVV (Verbot von Sklaverei und Leibeigenschaft); vgl. Art. 3, 4 EMRK; bereits Wintrich, BayVBl. 1957, S. 137, 139.

Pflichten[14] eingebunden ist[15]. Der Grundsatz der Rehabilitation behinderter Menschen entspricht dem Ziel, behinderte Menschen (wieder) an der Gesellschaft teilhaben zu lassen, damit sie nicht nur Hilfeempfänger, sondern auch im Gebrauch ihrer Grundrechte aktiver Teil der Gesellschaft sein können[16]. Jede Hilfe muss darauf abzielen, dass der einzelne sich als Inhaber von Rechten und Pflichten erfahren kann[17]. Rehabilitation ist in diesem Sinne auch rechtlich „*Wiedereinsetzung in den Stand der Würde*" wie schon *Franz Josef von Buß* 1846 definierte[18]. Menschen als nicht rehabilitationsfähig und „reine Pflegefälle" einzustufen, verbietet sich vor diesem Hintergrund[19]. Wenn schon der aus eigenem Verschulden unfrei gewordene Strafgefangene auf Grund seiner Menschenwürde einen Anspruch auf Resozialisierung hat, für den Staat[20] und Gesellschaft[21] in Anspruch genommen werden können, so hat erst recht der unverschuldet in seinen Handlungen unfreie behinderte Mensch den Anspruch, dass seine Hilfe als Rehabilitation ausgestaltet wird.

Die von *Kant* in der zitierten Definition herausgestellte Entgegensetzung von Würde und Preis[22] und damit von vertretbaren und von unvertretbaren Werten verweist besonders auf diejenigen Rechtsgüter, die höchstpersönlich sind und darum nicht durch einen Preis ökonomisierbar sind. Von den Rechtsgütern des Grundrechtsteils des Grundgesetzes sind hier zuerst Leben und Gesundheit zu nennen. Sie sind unvertretbare Rechtsgüter[23]. Dies gilt uneingeschränkt für das Leben. Dennoch sind, wie sich aus dem Text des Grundgesetzes ergibt, Menschenwürdeschutz und das Recht auf Leben nicht identisch[24]. Die Gesundheit ist jedenfalls insoweit unvertretbar, wie ihre Schädigungen nicht reparabel sind und wie gesundheitsbedingten Teilhabestörungen durch marktgängige Güter und Dienstleistungen nicht aufzuheben sind. Kompensationsleistungen in Geld für Schädigungen von Leben und irreparable Gesundheitsstörungen sind kein Preis dieser Rechtsgüter, sondern Entschädigungen für ihren Verlust[25]. Auch andere Rechtsgü-

---

[14] Vgl. §§ 1 („Hilfe zur Selbsthilfe"), 33, 60–67 SGB I; Hannesen/Jacobi/Lachwitz/Vater, VSSR 1992, S. 189, 206.

[15] Vgl. V. Neumann, NVwZ 1995, S. 426, 431 f.

[16] Dies wird auch ausgedrückt in der päpstlichen Enzyklika „Rerum Novarum" vom 14. September 1981, Nr. 22: „*Es wäre des Menschen von Grund auf unwürdig und eine Verleugnung der gemeinsamen Menschennatur, wenn man zum Leben der Gesellschaft und so auch zur Arbeit nur voll Leistungsfähige zuließe.*", zitiert nach W. Schmitt, SF 1983, S. 6.

[17] Bieritz-Harder (2001), S. 267.

[18] Vgl. Blum (1979), S. 131; vgl. oben II.B.1.; III.A.6.b.

[19] Hannesen/Jacobi/Lachwitz/Vater, VSSR 1992, S. 189, 201; vgl. oben II.A.1.g.; II.B.4.b.(4).

[20] BVerfG vom 1. Juli 1998, BVerfGE 98, 169, 200 (Strafgefangenen-Entlohnung); BVerfG vom 24. April 1986, BVerfGE 72, 105, 115 f. (Aussetzung zur Bewährung); BVerfG vom 21. Juni 1977, BVerfGE 45, 187, 238 (lebenslange Freiheitsstrafe).

[21] BVerfG vom 5. Juni 1973, BVerfGE 35, 202, 235 (Fernsehspiel zum Lebach-Mord): „*Nicht nur der Straffällige muss auf die Rückkehr in die freie menschliche Gesellschaft vorbereitet sein; diese muss ihrerseits bereit sein, ihn wiederaufzunehmen. Verfassungsrechtlich entspricht diese Forderung dem Selbstverständnis einer Gemeinschaft, die die Menschenwürde in den Mittelpunkt ihrer Wertordnung stellt und dem Sozialstaatsprinzip verpflichtet ist.*"

[22] Vgl. Speck in: Dederich (2003), S. 104, 120 ff.; V. Neumann, KritV 1993, S. 276, 282.

[23] Daran ändert nichts, dass es einen Preis hat, ihre Voraussetzungen zu sichern, vgl. V. Neumann, NVwZ 1995, S. 426, 428 f.

[24] Schmidt-Jortzig, DÖV 2001, S. 925, 926.

[25] Vgl. unten V.B.5.

ter haben unvertretbare Bereiche, die nicht durch einen Preis zur vertretbaren Ware gemacht werden können. Hier sind zu nennen die selbstbestimmte Religionsausübung, die Bildung einer eigenen Meinung, das selbstbestimmte Familienleben oder das außerhalb reiner ökonomischer Austauschbeziehungen liegende Berufsethos. Es liegt nahe, vor allem diese Bereiche als den für die Menschenwürde relevanten Kern der Grundrechte anzusehen. Behinderte Menschen sind immer am würdenahen Rechtsgut Gesundheit betroffen. Ihre Teilhabe kann im Bereich anderer unvertretbarer Rechtsgüter gestört sein, ohne dass dies durch Entschädigung in Geld aufzuheben wäre.

Die Absolutheit der Menschenwürde als Wert und das Verbot, die einzelne Person einseitig zu instrumentalisieren, wurden von den Verfassungsgebern und in der Interpretation des Grundgesetzes in der Rechtswissenschaft[26], namentlich durch *Günter Dürig*[27], und in der Rechtsprechung als zentrale Inhalte des Menschenwürdesatzes herausgearbeitet. Für das Sozialrecht hat der Menschenwürdesatz eine besondere Bedeutung gewonnen, seit das BVerwG und das BVerfG den Anspruch auf Sicherung des Existenzminimums durch den Staat unmittelbar mit dem Schutz der Menschenwürde begründet haben[28]. Auch der Gesetzgeber hat die Menschenwürde als Motiv und Richtschnur der Gesetzgebung und Politikgestaltung herangezogen. Im Pflegeversicherungsrecht[29] wird ausdrücklich ein Leben, das der Würde des Menschen entspricht, als Ziel der Pflegeleistungen genannt. Eine intensive Erörterung des Menschenwürdesatzes ist dem Schlussbericht der Enquete-Kommission *„Recht und Ethik der modernen Medizin"* der 14. Wahlperiode des Deutschen Bundestages[30] vorangestellt.

Die Enquete-Kommission stellt zusammenfassend fest, dass in vier Bereichen der Menschenwürdeschutz konkretisiert wird. Dies sind elementare Rechtsgleichheit, persönliche Freiheits- und Integritätsrechte, soziale Anspruchsrechte und politische Partizipationsrechte[31]. Damit sind auch die Bereiche umrissen, die in der neueren Gesetzgebung über Behinderung und Rehabilitation besonders hervorgehoben sind[32].

---

[26] Wintrich, BayVBl. 1957, S. 137, 139.

[27] Dürig, AöR 81 (1956), S. 117 ff.

[28] BVerwG vom 24. Juni 1954, BVerwGE 1, 159, 161 (Rechtsanspruch auf Fürsorge); BVerwG vom 26. Januar 1966, BVerwGE 23, 149, 153 (Anrechnung des Elterneinkommens); BVerfG vom 21. Juni 1977, BVerfGE 45, 187, 228 (lebenslange Freiheitsstrafe); BVerfG vom 29. Mai 1990, BVerfGE 82, 60, 85, BVerfG vom 10. November 1998, BVerfGE 99, 216, 233 (Steuerfreiheit des Existenzminimums); vgl. Luthe/Dittmar, SGb 2004, S. 272 ff.; Bieritz-Harder (2001), S. 189; Arango (2001), S. 52 ff.; V. Neumann, NVwZ 1995, S. 426, 427; Schlenker (1986), S. 91; Dürig, AöR 81 (1956), S. 117, 131 f.; vgl. unten IV.A.5.; IV.B.5.b.(3).d.; IV.C.4.a.; IV.D.5.d.(1).

[29] § 2 Abs. 1 Satz 1 SGB XI.

[30] BT-Drucks. 14/9020 vom 14. Mai 2002, S. 9 ff.; vgl. ähnlich: Höfling, JuS 1995, 857, 861.

[31] BT-Drucks. 14/9020, S. 18.

[32] Vgl. den expliziten Bezug zur Menschenwürde in Art. 1 Abs. 3 BayBGG.

2. Unbedingte Geltung und Anerkennung der Menschenwürde für behinderte Menschen?

Die erste Grundfrage ist, ob die Menschenwürde behinderten Menschen uneingeschränkt und ohne weitere Bedingungen zukommt oder ob die Menschenwürde an Bedingungen geknüpft ist, die nicht alle behinderten Menschen erfüllen können. Das BVerfG hat sich mit der Reichweite des Menschenwürdesatzes in seinen Urteilen zum Abtreibungsrecht befasst und, bezogen auf den Nasciturus, eine unbedingte Geltung festgestellt:

„Wo menschliches Leben existiert, kommt ihm Menschenwürde zu; es ist nicht entscheidend, ob der Träger sich dieser Würde bewusst ist und sie selbst zu wahren weiß."[33]

Aus diesem Satz kann gefolgert werden, dass auch schwer geistig oder seelisch behinderte und demente Menschen oder Menschen, die, zum Beispiel im Wachkoma[34], aus körperlichen Gründen nicht zu Äußerungen ihrer Vernunft in der Lage sind, vom Menschenwürdesatz eingeschlossen sind. Diese Auffassung wird von Stimmen in der Literatur in Frage gestellt, die sich zum Teil auch explizit auf die Rechtsstellung behinderter Menschen beziehen. Insbesondere in den Diskussionen über das Recht der Geschäftsfähigkeit und Betreuung[35], über die Embryonenforschung und Präimplantationsdiagnostik, über vorgeburtliche Diagnostik[36] während der Schwangerschaft und Abtreibung wegen einer Behinderung[37] sowie über die Tötung behinderter Neugeborener[38] werden Positionen vertreten, in denen die unbedingte Geltung des Menschenwürdesatzes für behinderte Menschen relativiert wird. Diese Positionen beziehen sich zum Teil darauf, dass Menschenwürde aus der Vernunft der Menschen begründet wird, zu einem anderen Teil darauf, dass sich Würde erst im sozialen Umgang der Menschen herstellen lässt.

a) Würde bedingt durch eine bestimmte Vernunft?

Die Menschenwürde von Menschen in Frage zu stellen, denen die bei anderen Menschen übliche Vernunft fehlt, scheint an die von *Kant* entwickelte Anknüpfung der Menschenwürde an die Vernunftfähigkeit des Menschen anknüpfen zu können. Dabei wird zwischen einem rein biologischen Menschsein und einer an Vernunft geknüpften menschlichen Personalität unterschieden. Bei *Kant* erschien die Kategorie der Person neben derjenigen des Menschen mit der Definition *„Person ist dasjenige Subjekt, dessen Handlungen einer Zurechnung fähig sind."*[39] Als rechtliche Kategorie ist die Person zur gleichen Zeit im Preußischen Allgemeinen Landrecht eingeführt worden. Sie wurde dort auch den *„Rasenden"*, *„Wahnsinnigen"* und *„Blödsinnigen"* zuerkannt, nicht jedoch den *„Geburten ohne menschliche*

---

[33] BVerfG vom 25. Februar 1975, BVerfGE 39, S. 1, 41 (Abtreibung).
[34] Vgl. zur Situation der Wachkoma-Patienten in Deutschland: BT-Drucks. 14/5659.
[35] Vgl. unten IV.C.5.b.
[36] Vgl. unten V.A.3.
[37] Vgl. unten V.A.2.b.
[38] Vgl. unten V.A.2.a.
[39] Einleitung in die Metaphysik der Sitten, IV; vgl. Hattenhauer, JuS 1982, S. 405, 407.

Form und Bildung"[40]. Damit verlangte auch das ALR keine entwickelte Vernunft für die Personalität, sondern grenzte nur von Menschen geborene Wesen aus, über deren Menschsein man sich nach damaligem Stand der Wissenschaft nicht sicher war.

Auf der Unterscheidung zwischen Menschen und Personen aufbauend, wird heute noch von einigen Stimmen im rechtlichen und philosophischen Diskurs von der nicht vorhandenen oder entwickelten Fähigkeit einiger Menschen zu einer in bestimmter Weise sichtbaren Vernunft geschlossen, Personalität und Menschenwürde sei solchen Menschen nicht eigen oder nicht anzuerkennen. Vertreter dieser Auffassungen wie *Peter Singer, Reinhard Merkel* oder *Norbert Hoerster* verlangen Vernunft[41], „Ich-Bewusstsein" und Überlebenswillen als „kritisches Interesse am Leben"[42] für würdefähige Menschen[43].

Der Position der durch individuelle Vernunft bedingten Würde können zunächst pragmatische Argumente entgegengehalten werden. Ein überzeugender und nicht stark definitionsabhängiger Vorschlag für ein Kriterium der Würdefähigkeit außer dem bloßen Menschsein ist nicht erkennbar[44]. Auch neugeborene Kinder haben noch kein so ausgebildetes Ich-Bewusstsein wie vernünftige Erwachsene und eine erst in der Anlage vorhandene Vernunft und Fähigkeit zur Selbstbestimmung. Die Konsequenz einiger Vertreter der bedingten Menschenwürde ist es, auch für Kinder zunächst keinen Menschenwürdeschutz zu akzeptieren. Wird der Mensch in seiner Entwicklungsfähigkeit betrachtet, so ist es aber nahe liegend, die Potenzialität von Vernunft, Bewusstsein und Selbstbestimmung als hinreichend zur Anerkennung von Menschenwürde zu nehmen. Der Menschenwürdeschutz würde sonst konsequenterweise schon bei Bewusstlosigkeit oder sogar im Schlaf entfallen.

Gegen das Argument der Potenzialität könnte eingewandt werden, die Menschenwürde bei schwerstbehinderten Menschen werde zu einer Frage der medizinischen oder sozialen Prognose. Auch dagegen kann zunächst pragmatisch argumentiert werden: Da die Zukunft grundsätzlich ungewiss ist, kann auch über die mögliche Rehabilitation eines behinderten Menschen keine sichere Aussage gemacht werden. Selbst wenn für bestimmte Gesundheits- und Teilhabestörungen noch nie ein Mittel der Rehabilitation gefunden wurde, kann nicht ausgeschlossen werden, dass der Fortschritt von Gesellschaft und Wissenschaft solche noch hervorbringt. Für viele Formen von Gesundheits- und Teilhabestörungen und für viele einzelne behinderte Menschen wurden sichere Unheilbarkeit und Unmöglichkeit einer Rehabilitation angenommen und diese Annahmen später falsifi-

---

[40] ALR I 1 § 17: „Geburten ohne menschliche Form und Bildung haben auf Familien- und bürgerliche Rechte keinen Anspruch."

[41] Werner, ZME 2000, S. 259, 262 f.; vgl. zu den Parallelen in der theologischen Diskussion: Bieritz-Harder (2001), S. 218 ff.

[42] Singer (1994), S. 123; Merkel, JZ 1996, S. 1145, 1154; dagegen: Benda, NJW 2001, S. 2147, 2148.

[43] Vgl. Straßmair (2002), S. 123 f.

[44] Vgl. die Behauptung von Singer (1994), S. 123 und Merkel, JZ 1996, S. 1145, 1152, Neugeborene hätten keinen Lebenswunsch. Eine Begründung erfolgt nicht, nur bei Merkel eine Relativierung, vielleicht bestünden „minimale Lebensinteressen"; zur Kritik: Bleidick in: Dederich (2003), S. 20, 26 f.; Joerden, JuS 2003, S. 1051, 1052.

ziert[45]. Reicht aber die Potenzialität von Vernunft beim Kind für die Zuerkennung von Würde aus, kann sie auch beim schwerstbehinderten Menschen kaum wegen einer geringeren Wahrscheinlichkeit ihrer zukünftigen Entfaltung aberkannt werden[46].

Ein weiteres Argument dafür, die Würde nicht von bestimmten Eigenschaften Einzelner abhängig zu machen, ist die Definitionsabhängigkeit. Sie führt zur Frage, wer über die würderelevanten Eigenschaften und ihr Vorliegen entscheiden sollte. Der Eröffnung eines solchen Diskurses ist die Gefahr der Ausgrenzung immanent[47]. *Hasso Hofmann* fasst dies so zusammen:

„Die versprochene gegenseitige Anerkennung verbietet es, unter uns die Erniedrigung von Menschen zuzulassen. Dieses Verbot kann und muss aber demokratisch auch so gelesen werden, dass sich niemand von uns über andere prinzipiell erheben darf. Das gegenseitige Versprechen, uns als in gleicher Weise würdige Mitglieder des Gemeinwesens anzuerkennen, schließt es folglich aus, irgendjemandem die Befugnis zuzugestehen, einem anderen Individuum diesen Status – aus welchen Gründen auch immer – prinzipiell abzusprechen."[48]

Das Beispiel des Nationalsozialismus, in dem zuerst geistig behinderte Menschen und dann immer größere Teile der Bevölkerung aus Geltung und Anerkennung der Würde hinausdefiniert wurden, zeigt, dass diese Gefahr konkret ist[49]. Die soziale Funktion der Menschenwürde als Grundlage gegenseitiger Anerkennung und Achtung der Menschen würde durch eine Prüfung und Infragestellung von Vernunft, Bewusstsein und Selbstbestimmung in einzelnen Situationen gefährdet[50]. Die soziale und rechtliche Funktion der Menschenwürde bedingt, dass sie nicht an Hand von Rationalität im Einzelfall relativiert werden darf; diese Tabuisierung ist ihrerseits rational[51].

Es sind aber auch grundsätzlichere Argumente gegen einen Bezug der Menschenwürde zu einem je individuell bestimmten Vernunftvermögen zu setzen. Die Vernunft als Begriff für das menschliche Vermögen, bewusst zu sein und zu denken, wurde auch in Abgrenzung zur Körperlichkeit und Emotionalität des Menschen entwickelt. Die Würde des Menschen könnte aber allenfalls dann alleine auf die Vernunft gestützt werden, wenn es sich bei dieser um eine Sphäre menschlichen

---

[45] In typischen Fallbeispielen zur Einschränkung von Menschenwürde oder Lebensrecht fehlt daher selten der Hinweis darauf, dass jemand „keine Überlebenschance" (Merkel, JZ 1996, S. 1145, 1146) hätte oder „nach ärztlicher Erkenntnis unheilbar" sei (Hoerster, NJW 1986, S. 1786, 1792), „niemals über die Fähigkeit vernünftiger Selbstbestimmung verfügen" werde (Werner, ZME 2000, S. 259, 256); Singer/Kuhse (1993) argumentieren anders und stellen bereits das Lebensrecht von Kindern mit Down-Syndrom oder Trisomie 21 wegen ihrer angeblich schlechten Lebensqualität in Abrede; Die Geschichte behinderter Menschen ist voll von Beispielen, in denen Prognosen über Lebenschancen falsifiziert wurden, vgl. die Lebensgeschichte von Christy Brown „Mein linker Fuß". Der Autor ist bis auf den linken Fuß spastisch gelähmt, eine Verständigung mit ihm schien zunächst unmöglich; Schaefer in: Ermert (1994), S. 63, 72.

[46] Vgl. Höffe in: Geyer (2001), S. 65, 69.

[47] Böckenförde, JZ 2003, S. 809, 811; Waldschmidt in: Dederich (2003), S. 138, 160.

[48] Hofmann, AöR 188 (1993), S. 353, 376.

[49] Margalit (1999), S. 104; vgl. oben III.A.9.

[50] Konzediert auch von Merkel, JZ 1996, S. 1145, 1154. vgl. zur sozialen Funktion der Menschenwürde als rationales Tabu: Poscher, JZ 2004, S. 756, 760 ff.; Jantzen in: Dederich (2003), S. 68, 78.

[51] Poscher, JZ 2004, S. 756, 760.

Seins handeln würde, die klar von den anderen „unwürdigen" Sphären abgrenzbar wäre. Eine solche Trennung ist, ebenso wie die schon erörterte Trennung von körperlicher, seelischer und geistiger Behinderung, weder unbestrittener Bestand klassischer Philosophie noch Stand moderner wissenschaftlicher Erkenntnis. So ist schon bei *Baruch Spinoza* das Verhältnis von Vernunft und Affekten als dialektische Einheit beschrieben: Erst die Affekte, wie etwa der Selbsterhaltungstrieb, drängen die menschliche Vernunft zu Tätigkeit und Entfaltung[52]. Die Körperlichkeit, wie das Vorhandensein von Gehirn und Nerven, sind wiederum Entfaltungsgrundlage der Affekte, der Vernunft und der Verantwortungsfähigkeit. Der Mensch wird also ausgemacht durch Vernunftbegabung, Gefühlsabhängigkeit, Sozialität und durch Anlagen zu Musikalität und Sprachentfaltung[53]. Auch *Kant* ist dies bewusst gewesen und so führte er bereits in der Hinleitung zu der zitierten Stelle aus:

„Das verpflichtete als auch das verpflichtende Subjekt ist immer nur der Mensch, und wenn es uns in theoretischer Rücksicht gleich erlaubt ist, im Menschen Seele und Körper als Naturbeschaffenheiten des Menschen voneinander zu unterscheiden, so ist es doch nicht erlaubt, sie als verschiedene den Menschen verpflichtende Substanzen zu denken (...)"[54]

Dies wird von der modernen Psychologie, Anthropologie und Biologie bestätigt. Es ist nicht möglich, ohne Willkür Menschen in solche mit und ohne Vernunft zu trennen[55]. Nur der Entfaltungsgrad und die Entfaltungsart ihrer jeweiligen Vernunft sind unterschiedlich. Es kann eher angenommen werden, dass nur Wesen mit einer perfekt gleich entfalteten Vernunft des Grundsatzes der Unantastbarkeit und Gleichheit der Menschenwürde nicht bedürften. *Kant* selbst nannte dies die Gebrechlichkeit der menschlichen Natur, die alle Pflichten zu unvollkommenen macht[56].

Die bei *Kant* als Fähigkeit zu moralischem Handeln definierte Vernunft entfaltet sich gerade wegen dessen Unvollkommenheit nicht beim isolierten Einzelwesen, sondern nur beim Menschen in seinen sozialen Bezügen. Der Mensch ist vernünftig nur als Gattungswesen. Entsprechend kommt es nur darauf an, dass die Anlage zur Beteiligung an der Menschheit erkennbar ist[57]. *Kant* selbst hat dies berücksichtigt, indem er den kategorischen Imperativ nicht nur auf die einzelnen Menschen, sondern auch auf die Menschheit als Gesamtheit bezogen hat:

„Handle so, dass du die Menschheit, sowohl in deiner Person als in der Person eines jeden anderen, jederzeit zugleich als Zweck, niemals bloß als Mittel brauchest."[58]

Mit dem Begriff der Menschheit sind dabei grundsätzlich alle geborenen Menschen umfasst[59]. In der gemeinsamen Fähigkeit der Menschheit zum Vernunftgebrauch

---

[52] Spinoza, Tractatus Politicus, II, § 5; Jantzen (1992), S. 119.
[53] Schmidt-Jortzig, DÖV 2001, S. 925, 930.
[54] Kant, Metaphysik der Sitten, Tugendlehre § 4.
[55] Vgl. unten IV.C.3.c.
[56] Kant, Metaphysik der Sitten, Tugendlehre § 22.
[57] Vgl. Schmidt-Jortzig, DÖV 2001, S. 925, 930; Wintrich, BayVBl. 1957, S. 137, 138.
[58] Kant, Grundlegung zur Metaphysik der Sitten, 429.
[59] Schmidt-Jortzig, DÖV 2001, S. 925, 930 zitiert Carl Schmitt: *„Mensch ist alles, was Menschenantlitz trägt."*; genauer ist es – um nicht das Menschenantlitz definieren zu müssen – , jedes Wesen einzuschließen, das von Menschen abstammt, Bieritz-Harder (2001), S. 250 f.; V. Neumann, KritV 1993, S. 276, 284.; vgl. Bernhardt, NDV 1967, S. 290, 291.

und zum moralischen Handeln findet sich der Grund für die Würde und damit für den Charakter jedes einzelnen Menschen als Selbstzweck[60]. Von der speziellen Vernunftfähigkeit des einzelnen Menschen kann und muss abstrahiert werden, da sie in jedem einzelnen Individuum graduell unvollkommen ausgeprägt ist[61]. Jede Abstufung nach dem Grad der Vernunftentfaltung wäre demgegenüber willkürlich und somit nicht geeignet, eine allgemeine Norm zu finden. Den Menschen zu definieren, würde die Menschenwürde als Norm zerstören[62]. Der Bezug auf die Menschheit ist also gerade normativ und nicht, wie von Kritikern behauptet[63], ein naturalistischer Fehlschluss von einem Faktum auf eine Norm. Gerade die Einbeziehung aller Menschen in die Menschenwürde, auch der aktuell nicht vernunftfähigen Menschen, vermeidet den Schluss vom natürlichen Zustand dieser Menschen auf die Norm[64]. Darum ist auch nicht die Menschheit oder ihre Mehrheit das Schutzobjekt des Menschenwürdesatzes[65], sondern jeder einzelne Mensch in seinem unvollkommenen Bemühen um Teilhabe an den Fähigkeiten der Menschheit[66], um Entfaltung seiner Vernunftpotenziale[67]. So schrieb *Rudolf Smend* schon 1928:

„Und wenn der völlig Vernunftlose am Staat als einer geistigen Einigung nicht Anteil haben kann, weil er selbst kein Geistwesen ist, so wird er doch aus Achtung vor dem Fragment von Menschlichkeit, das er darstellt, so behandelt, als ob er einen solchen Anteil hätte.“[68]

Dass der alleinige Bezug auf die Spezies Mensch dazu führen könne, dass Tiere von vergleichbarer oder vielleicht sogar überlegener Vernunft aus der Zuerkennung von Würde und Rechten ausgeschlossen sind, mag philosophisch diskutiert werden[69]. Für die Auslegung des Rechtsbegriffs *„Würde des Menschen"* in einer von Menschen für Menschen gemachten Rechtsordnung ist diese Überlegung vollständig irrelevant[70]. Der dabei regelmäßig vorgenommene wertende Vergleich behinderter Menschen oder Neugeborener oder ihres Lebensrechts mit Tieren[71] erscheint in jeder Hinsicht unangemessen.
Überprüft werden kann dieses Ergebnis daran, ob es auch mit einer diskurstheoretischen Begründung der Menschenwürde und Menschenrechte vereinbar ist. Ins-

---

60 Bleidick in: Dederich (2003), S. 20, 24 f.; K. Braun (2000), S. 70 ff.
61 Vgl. Habermas (2001), S. 64 f.; kritisch: Hofmann, AöR 188 (1993), S. 353, 361 f.
62 Bieritz-Harder (2001), S. 250 f.
63 Merkel in: Geyer (2001), S. 51, 55 f.
64 Kreß in Kreß/Kaatsch (2000), S. 11, 25 f.; Tröndle, NJW 1991, S. 2542 f.; vgl. dazu Jutta Limbach: *„Die Rechtswissenschaft ist nicht kompetent, die Frage zu beantworten, wann menschliches Leben beginnt. (..) Die Naturwissenschaft ist auf Grund ihrer Erkenntnisse nicht in der Lage, die Frage zu beantworten, ab wann menschliches Leben unter den Schutz der Verfassung gestellt werden soll."* zustimmend zitiert von Böckenförde, JZ 2003, S. 809, 810; Denninger, KritV 2003, S. 191, 196.
65 Dreier in: Dreier (2004), Rz 116 zu Art. 1 GG:
66 V. Neumann, KritV 1993, S. 276, 284; vgl. Spaemann in: Geyer (2001), S. 73, 79.
67 Dreier in: Dreier (2004), Rz 64 zu Art. 1 GG *„prinzipielle (nicht aktuelle) Fähigkeit zur vernünftigen Selbstbestimmung, wie wir sie jedenfalls jedem lebenden Menschen konzedieren müssen"*; vgl. Alexy (1995), S. 141; Dürig, AöR 81 (1956), S. 117, 125; dagegen: Birnbacher, ARSP-Beiheft 73 (1997), S. 8, 18.
68 Smend (1968), S. 134.
69 Vgl. Birnbacher, ARSP-Beiheft 73 (1997), S. 9, 21; Singer (1994), S. 82 ff.; 141 ff.
70 Joerden, JuS 2003, S. 1051, 1052; Tröndle, NJW 1991, S. 2542, 2543.
71 Merkel, JZ 1996, S. 1145, 1152; Singer (1994), S. 173.

besondere von *Jürgen Habermas*[72] und *Robert Alexy*[73] wird die Begründung moralischer und rechtlicher Normen auf den Diskurs gestützt, der zwischen den Gliedern der Menschheit über diese Normen geführt wird[74]. Aus den Regeln des Diskurses kann dabei die Universalisierbarkeit der Normen folgen. Folgt man dieser Begründung, so stellt sich die Frage, ob die Normen auch für diejenigen Menschen gelten können, deren Lebensphase oder Behinderung ihnen die Teilnahme am Diskurs oder die Befolgung von Diskursregeln[75] erschwert oder unmöglich macht. Hier sind wiederum Kinder, geistig oder seelisch behinderte Menschen oder Komapatienten zu nennen[76]. *Habermas* führt für diese Fälle an, dass die Diskurse advokatorisch für solche Menschen durchgeführt werden müssten[77]. Dies führt aber, wie *Katrin Braun* anmerkt, zu einer Asymmetrie des Diskurses, die dadurch hergestellt wird, dass andere Menschen sich nur unvollkommen in die Situation derjenigen versetzen können, für die sie sich advokatorisch am Diskurs beteiligen. So kann befürchtet und beobachtet werden, dass im Rahmen advokatorisch geführter Diskurse gerade grundlegende Rechte der nicht oder eingeschränkt Artikulationsfähigen geleugnet oder umdefiniert werden. Damit, so führt *Braun* aus, können diskursethische Begründungen von Normen eine offene Flanke gegenüber Willkür und Macht haben[78]. *Rodolfo Arango* sieht so in *Habermas* Begründung von Rechten alleine aus Diskursen eine zu enge Fassung, die gerade die Voraussetzungen von Rechten und Diskursen nicht zu sichern vermag[79]. *Robert Spaemann* spitzt dies so zu: *„Wenn die Diskursgemeinschaft diskursiv darüber befindet, wer an dem Diskurs teilzunehmen berechtigt ist, wer also Subjekt von Menschenrechten ist oder nicht, dann gibt es keine Menschenrechte.“*[80]

Es erweist sich darum als sinnvoll, die Anwendung des Menschheitsbegriffs zu den notwendigen Bedingungen einer idealen Sprechsituation und damit eines Normen hervorbringenden Diskurses zu zählen. Dies bedeutet, anzuerkennen, dass der Diskurs die allgemeinste Lebensform des Menschen ist, es aber konkret höchst unterschiedliche Lebensformen gibt. Die Diskursregeln definieren deshalb nicht eine partikulare Lebensform, sondern etwas, was der Menschheit in aller Unterschiedlichkeit der Ausprägung und des Gelingens gemeinsam ist[81]. Um die Bedenken von *Spaemann* zu zerstreuen, muss ein idealer Diskurs die aktuell nicht zur Artikulation fähigen Personen als Teil der Menschheit einschließen. Er ist dann ein durch Freiheit und Gleichheit definierter Diskurs, der gleiche Würde und gleiche Menschenrechte auch für behinderte Menschen hervorbringen kann[82]. Auf die

---

[72] Habermas (1992), S. 151 ff.
[73] Alexy (1994), S. 493 ff.
[74] Vgl. oben III.A.11.g.
[75] Vgl. Alexy (1995), S. 134.
[76] Arango (2001), S. 194; K. Braun (2000), S. 191.
[77] Vgl. K. Braun (2000), S. 191.
[78] K. Braun (2000), S. 194.
[79] Arango (2001), S. 194.
[80] Spaemann in: Geyer (2001), S. 73, 79.
[81] Alexy (1995), S. 140 f.
[82] Vgl. Alexy (1995), S. 157.

Gleichheit des Diskurses zu Gunsten einer wie immer definierten Gruppe zu verzichten, wäre, wie die Geschichte lehrt, zu riskant[83].

Diese Bedingung ist zwar nicht aus dem aktuellen Diskurs der aktuell Artikulationsfähigen zu gewinnen, wohl aber aus dem menschlichen Diskurs im Zeitverlauf. Da jeder Mensch jederzeit in der Gefahr ist, als bewusstlos oder demenzkrank aus der Gemeinschaft der Artikulationsfähigen herauszufallen und es für alle Menschen potenziell zum Leben gehört, als Eltern von Neugeborenen, Kinder alt gewordener Eltern oder Ehepartner von artikulationsunfähig gewordenen Menschen in einer besonderen und natürlichen Nähe zu noch nicht, nicht mehr oder vorübergehend Artikulationsfähigen zu stehen, muss das Bewusstsein dieser Möglichkeiten zur idealen Sprechsituation gehören, um die Diskursbedingungen des Einschlusses der Betroffenen und der Revisionsfähigkeit von Diskursergebnissen zu sichern[84]. Damit sollte zugleich gesichert sein, dass die Interessen der aktuell nicht Artikulationsfähigen im Diskurs präsent sind. An diese Erkenntnis appellierte *Bischof Clemens August von Galen* in seiner Predigt vom 3. August 1941 gegen die Morde des nationalsozialistischen Staates an behinderten Menschen:

„Wenn einmal zugegeben wird, dass Menschen das Recht haben, unproduktive Menschen zu töten, und dies jetzt zunächst arme und wehrlose Geisteskranke trifft, dann ist grundsätzlich der Mord an allen unproduktiven Menschen, also an unheilbar Kranken, den arbeitsunfähigen Krüppeln, den Invaliden der Arbeit und des Krieges, dann ist der Mord an uns allen, wenn wir alt und schwach und unproduktiv werden, freigegeben."[85]

Galen weist hier darauf hin, dass die grundsätzliche Abstufung der Rechte von Menschen nach Produktivität und Geistesschwäche nicht Ergebnis eines freien Diskurses von Menschen sein könnte, die sich bewusst sind, dass sie selbst behindert werden können[86]. Der gedankliche Rollentausch, das Hineinversetzen in die andere Person (Empathie) werden damit zu einer Grundregel des Diskurses, die Menschenwürde als wechselseitige Anerkennung zu einer Grundlage von Rechtsdenken und Solidarität macht[87].

b) Würde bedingt durch soziale Anerkennung?

In der Literatur findet sich im Kontext der Anerkennung der Würde vor allem geistig behinderter Menschen eine Auseinandersetzung mit *Niklas Luhmann*. Dieser fordert eine schärfere soziologische Betrachtung der sozialen Grundlagen von Würde und Anerkennung ein und stellt fest, dass Würde im sozialen Umgang erst konstituiert werden muss[88], was durch Recht nicht garantiert werden kann[89]. Auch andere Autoren erwähnen den kommunikativen Bezug der Menschenwürde. So

---

[83] Alexy (1995), S. 160.
[84] Vgl. Schlink (2002), S. 16; Werner, ZME 2000, S. 259, 266; Rest (1992), S. 79.
[85] Predigt von Clemens August Graf von Galen, Bischof von Münster, am 3. August 1941 in der Lambertikirche, zitiert nach Klee (1985), S. 193, 197; vgl. oben III.A.9.
[86] Vgl. Birnbacher, ARSP-Beiheft 73 (1997), S. 9, 22.
[87] Volkmann (1998), S. 25.; Bernhardt, NDV 1967, S. 290, 291.
[88] Luhmann (1999), S. 68 f.; vgl. Hofmann, AöR 188 (1993), S. 353, 358.
[89] Luhmann (1999), S. 72.

weist *Edzard Schmidt-Jortzig* darauf hin, dass Würde zwar dem Menschen aus sich selbst heraus zuerkannt ist, zugleich aber von ihrer sozialen Reflektierung abhängig ist[90].

In zustimmender, überwiegend aber in ablehnender Weise wird *Luhmann* so interpretiert, dass der rechtliche Achtungsanspruch der Menschenwürde an ihre wirkliche Anerkennung in der Gesellschaft geknüpft sei[91]. Unter Berufung auf *Luhmann* und auf die empirische Relativität sozialethischer Wertungen folgert *Erwin Quambusch*[92], dass die Menschenwürde davon abhängig sei, inwieweit der einzelne Mensch mit Status und Sozialverhalten den jeweiligen gesellschaftlichen Wertungen entspreche. *Quambusch* führt an, demoskopische Daten und empirische Erfahrungen belegten Distanz zu und Ablehnung von geistig behinderten Menschen durch große Teile der Bevölkerung, so dass ein *„nivellierter Achtungsanspruch"* in Bezug auf die Würde geistig behinderter Menschen angebracht sei.

Gegen eine solche Argumentation ist auf der Unterscheidung von Sein und Sollen zu beharren. Die Menschenwürde und die von ihr abgeleitete Gleichheit des Achtungsanspruchs ist verfassungsrechtlich keine rein empirische Größe. Sie ist in bewusster Abkehr von menschenunwürdiger Praxis von Staat und Gesellschaft gegen behinderte Menschen in den Jahren von 1933 bis 1945 in das Grundgesetz aufgenommen worden[93]. Die Rechtsordnung mit einer empirisch bedingten Menschenwürde primär auf vorfindliche soziale Normen zu gründen, würde der Funktion des Rechts als steuernder und selbst normativer Ordnung widersprechen. Die Anerkennung der Menschenwürde kann durchaus im Lichte ihrer sozialen Funktion betrachtet werden. Diese erschöpft sich aber nicht in der Stabilisierung vorgefundener sozialer Ordnungen, sondern richtet diese normativ aus[94]. Was dem soziologischen Konzept *Luhmanns* fehlt, fügt der normative Achtungsanspruch *Kants* hinzu[95].

Entscheidend ist, ob die Ausführungen *Luhmanns* rechtssoziologisch oder rechtsdogmatisch gelesen werden. Rechtssoziologisch gibt er lediglich einen Hinweis darauf, dass mit der Postulation von Normen diese noch nicht verwirklicht sind. Soweit man versucht, Menschenwürde als empirisch fassbaren Zustand in der Kommunikation und Interaktion von Menschen zu finden, ist sie auch unter dem Grundgesetz als stets bedroht und flüchtig zu erkennen.

Die Menschenwürde kann bedroht oder berührt sein, wenn es für die Entscheidung über die Behandlung eines schwerstbehinderten Neugeborenen entscheidend wäre, ob es als Organspender eingesetzt werden könnte, wenn ein Schüler von Mitschülern als „Ditschi" verspottet oder als Stotterer nachgeäfft[96] oder von Lehrern ohne Anstrengung abgeschrieben wird, wenn Menschen wegen ihrer äußerlichen Erscheinung oder sprachlicher Defizite der soziale Kontakt verweigert wird[97], wenn seelisch behinderte Menschen dauerhaft mit Psychopharmaka ruhig

---

90 Schmidt-Jortzig, DÖV 2001, S. 925, 927.
91 Bieritz-Harder (2001), S. 239 ff.
92 Quambusch, ZfSH/SGB 2003, S. 16, 18; Quambusch, ZfSH/SGB 1989, S. 10 ff.
93 Bieritz-Harder (2001), S. 235 ff.; vgl. oben III.A.9.d.
94 Vgl. Bieritz-Harder (2001), S. 243 f.
95 V. Neumann, KritV 1993, S. 276, 284.
96 Margalit (1999), S. 112.
97 Margalit (1999), S. 130; vgl. Frehe in: Igl/Welti (2001), S. 163.

gestellt werden[98], wenn Arbeitnehmer mit chronischer Krankheit vom Arbeitgeber als „Minderleister" abgeschrieben und von Kollegen als „Wrack" geschnitten werden oder wenn pflegebedürftige ältere Menschen ohne Not gewindelt werden, weil niemand sie auf die Toilette begleitet, oder wenn sie ans Bett gefesselt werden[99].

Es wäre aber auch empirisch falsch, zu behaupten, dass behinderte Menschen ihre spezifische Würde im sozialen Umgang nicht konstituieren könnten. Eine solche Interpretation, wie bei *Quambusch* zu finden, befasst sich gerade nicht empirisch mit der Würdesituation behinderter Menschen, sondern spricht sie diesen normativ ab. Je nach Betrachtungsweise könnte auch gesagt werden, dass sich vor allem die ausgrenzenden Menschen ihrer Würde begeben. Dazu kommt, dass eine vorgefundene soziale Ausgrenzung etwa geistig behinderter Menschen sich kaum als alleiniger oder primärer menschlicher Impuls darstellen lässt. Die menschheitsgeschichtlich konstante Ambivalenz des Verhaltens gegenüber behinderten Menschen, in der sowohl Impulse von Integration und Fürsorge wie auch von Ausgrenzung und Abwehr zu finden sind[100], zeigt vielmehr gerade die Notwendigkeit auf, dass sich menschliche Gesellschaften normativ darüber verständigen, welche Verhaltensweisen als richtig gelten sollen[101].

Wäre *Luhmanns* Kritik dogmatisch gemeint, verfehlte sie den Kern der rechtlichen Anerkennung der Menschenwürde. Diese besagt nur, dass der Staat Konstitution und Entfaltung der Würde schützt, indem er die Rechtssubjekte gleichermaßen, und eben unabhängig von ihrer Anerkennung in der Gesellschaft, als solche anerkennt und ihnen damit den Freiheitsraum schützt, in dem sie ihre Würde konstituieren können[102]. Der rechtliche Würdeschutz umfasst zuerst die Anerkennung als Person[103]. Der soziale Würdebegriff erfasst ihre Entfaltung als Persönlichkeit. Dass die Menschen sich nur selbst entfalten können, und zwar in Kommunikation mit anderen, verweist auf nichts anderes als das Diktum von *Ernst-Wolfgang Böckenförde*, dass der Staat der Grundrechte von Bedingungen lebt, die er nicht selbst garantieren kann. Wo der Staat die Entfaltung der Persönlichkeit als Recht schützen kann[104], kann dies auch dem Würdeschutz geschuldet sein. Unbedingter Garant dafür kann er nicht sein.

c) Unbedingte Geltung der Menschenwürde

Die Menschenwürde und die ihr innewohnende Norm der unbedingten Anerkennung aller Menschen als gleich in Achtungsanspruch und Recht erweist sich damit

---

[98] V. Neumann, KritV 1993, S. 276, 277.

[99] V. Neumann, KritV 1993, S. 276, 282.

[100] Neubert/Cloerkes (2001) zeigen dies am Beispiel von 24 Kulturen aller Stufen mit Ausnahme von Industriegesellschaften. Durchgängig sind Elemente der Hilfe und Fürsorge vorhanden, in vielen Kulturen aber auch extrem negative Reaktionen bis zur Kindstötung, S. 57 ff. Auf dieser empirischen Grundlage sehen Neubert/Cloerkes weder eine positive noch eine negative Entwicklung der Stellung behinderter Menschen als klar sichtbare Entwicklungsrichtung, S. 96.

[101] Vgl. zum Spannungsverhältnis zwischen universellen Normen und partikularer Geltung, einschließlich des möglichen Ausschlusses behinderter Menschen: Joas (1997), S. 272 ff.

[102] BVerfGE 109, S. 279, 319 (Wohnraumüberwachung); vgl. Luhmann (1999), S. 73 f.

[103] Hattenhauer (1996), Rz 807.

[104] Vgl. Hattenhauer, JuS 1982, S. 405, 408 ff.

als die rechtlich geltende Norm. Sie schließt alle Menschen und damit auch alle behinderten Menschen ein[105]. Auch wenn ihr Ausgangspunkt die Vernunftfähigkeit von Individuen und Menschheit ist, kann sie nicht durch die konkrete Entfaltung der Vernunftfähigkeit beim Einzelnen begrenzt werden[106]. Auch wenn die Menschenwürde im sozialen Umgang erst hergestellt werden muss, kann ihre rechtliche Anerkennung nicht in Frage gestellt werden. Behinderte Menschen haben den gleichen Anspruch auf Achtung und Schutz der Menschenwürde wie andere Menschen[107]. Dieses Ergebnis wird auch maßgeblich dadurch gestützt, dass im Grundgesetz die Menschenwürde gerade in bewusster Abkehr vom Nationalsozialismus aufgenommen wurde, zu dessen wesentlichen Kennzeichen es gehörte, behinderte Menschen als lebensunwert anzusehen[108].

3. Rechtliche und soziale Menschenwürde

Die Auseinandersetzung mit der Position *Luhmanns,* der darauf hinweist, dass Menschenwürde erst im sozialen Kontext realisiert wird, führt dazu, zwischen einer rechtlichen und einer sozialen Dimension der Menschenwürde zu differenzieren[109]. Dies ist auch in der Formulierung von Art. 1 Abs. 1 GG angelegt, aus der hervorgeht, dass der Staat zur Achtung und zum Schutz der Menschenwürde verpflichtet ist. Die Menschenwürde im rechtlichen Sinne kann der Staat unmittelbar achten, zu ihrem Schutz wird er im sozialen Raum tätig. Als Rechtssatz bedeuten Unantastbarkeit und Achtung der Menschenwürde, dass alle Menschen als Glieder der Rechtsgemeinschaft anzuerkennen sind, denen Gleichheit, Freiheit, Selbstbestimmung und Teilhabe zukommt und deren Fähigkeit, Rechte zu haben nicht in Frage gestellt werden kann. Die Menschenwürde ist Grund der Rechtsfähigkeit des Menschen als Menschen[110]. Damit werden alle Menschen als Rechtspersonen erkannt. Die auch nach der Allgemeinen Erklärung der Menschenrechte[111] und dem Internationalen Pakt über bürgerliche und politische Rechte[112] verbürgte Anerkennung jedes Menschen als Rechtsperson ist verknüpft mit der rechtlichen Achtung der Menschenwürde[113].

Die soziale Dimension der Menschenwürde besagt, dass alle Menschen die Möglichkeit haben müssen, sich in der Gesellschaft zur Persönlichkeit zu entfalten[114]. So ist mit dem Schutz der Menschenwürde zugleich ein weiter gehender Anspruch

---

[105] BVerwG vom 16. Januar 1964, BVerwGE 19, 1, 5 (NS-Euthanasie als Verbrechen gegen die Menschlichkeit).

[106] Straßmair (2002), S. 114; Buch (2001), S. 3; Lehnert (2000), S. 1 f.

[107] Vgl. dazu auch Lit. 3 der Declaration on the Rights of Disabled Persons der UN-Generalversammlung vom 9. Dezember 1975: *„Disabled persons have the inherent right to respect to their human dignity.";* vgl. Köhler (1987), S. 642.

[108] Vgl. Sacksofsky, KJ 2003, S. 274, 282.

[109] Vgl. Reiter, APuZ 23–24/2004, S. 6 ff. der eine solche Differenzierung bis zur Antike zurückverfolgt.

[110] Enders (1997), S. 502 f.

[111] Art. 6 AEMR.

[112] Art. 16 IPBPR.

[113] Hofmann (1986), S. 42; vgl. BGH vom 22. März 1961, BGHZ 35, 1, 7.

[114] Vgl. Hattenhauer, JuS 1982, S. 405 ff.

an die Rechtsordnung aufgestellt, im sozialen Raum Gefährdungen der Würde, auch durch die Zuordnung gesellschaftlicher Verantwortlichkeit, aufzuheben oder zu verkleinern[115]. Dazu gehört etwa, die Hilfe bei Pflegebedürftigkeit zu sichern[116]. Mit der rechtlichen und der sozialen Dimension der Menschenwürde findet sich in Art. 1 Abs. 1 GG die individualrechtliche Grundlage der beiden zentralen Staatsaufgaben, die im Begriff des sozialen Rechtsstaats enthalten sind. Der Rechtsstaat ist der Staat, der die Würde des Menschen als Rechtsperson achtet. Der soziale Staat ist der Staat, der die Würde des Menschen als gesellschaftlicher Persönlichkeit schützt. Der soziale Rechtsstaat ist der auf die rechtliche und soziale Dimension der Menschenwürde verpflichtete Staat[117].

Wesentlich für die Ordnung eines solchen sozialen Rechtsstaats sind die Grundrechte. Mit der Nennung von Achtung und Schutz sind so bereits die grundlegenden Dimensionen aller Grundrechte angesprochen, die vom Staat zu respektieren, deren Realisierung aber auch zu schützen ist. Dies bedingt die von *Alexy* herausgearbeitete unterschiedliche Funktionsweise des Menschenwürdegrundsatzes. Die Achtung des Menschen als Rechtsperson kann als unverletzliche Regel, ihr rechtlicher Schutz in der Entfaltung der Persönlichkeit als regulatives Prinzip der Grundrechtsinterpretation angesehen werden[118].

Umstritten ist beim Schutz der sozialen Menschenwürde, wann und wie es geboten sein kann, die Würde des Menschen gegen diesen selbst zu behaupten[119]. Im Kontext behinderter Menschen ist hier die Entscheidung zum „Zwergen-Weitwurf" zu nennen[120]. Ein Verwaltungsgericht hat unter Berufung auf den Schutz der Menschenwürde eine Veranstaltung verboten, bei der kleinwüchsige Menschen als Darsteller auftraten, die von Personen aus dem Publikum geworfen werden konnten. Sieht man die soziale Menschenwürde als vor allem durch ein Minimum an Gegenseitigkeit charakterisiert an, so ist nicht klar, warum jemand der seinen ungewöhnlichen Körper freiwillig, bewusst und entgeltlich zur Schau stellt und einsetzt, deswegen seiner sozialen Würde und Anerkennung beraubt sein soll. Wenn ein kleinwüchsiger Schauspieler einen Zwerg spielt, wird er doch weiter als Mensch anerkannt. Zu fragen wäre aber, ob den kleinwüchsigen Menschen genügend Alternativen zur Teilhabe am Arbeitsleben offen stehen. Wenn „Weitwurf-

---

[115] Neuner (1999), S. 153; Volkmann (1997), S. 227 f.; Dürig, AöR 81 (1956), S. 117, 118.

[116] BVerfG vom 3. April 2001, BVerfGE 103, 197, 221 (Versicherungspflicht in der privaten Pflegeversicherung).

[117] Vgl. oben III.B.2.

[118] Alexy (1994), S. 95 ff.; vgl. Borowski (1998), S. 221 ff.; V. Neumann, KritV 1993, S. 276, 288. Die Frage, ob die Menschenwürde Grundrecht oder Prinzip ist, muss also nicht im Sinne eines entweder – oder beantwortet werden, so aber J. Ipsen, JZ 2001, S. 989, 990; vgl. auch Reiter, APuZ 23–24/2004, S. 6, 10; Herdegen in: Maunz/Dürig (2003), Rz 50 ff.

[119] Diese Diskussion wird vor allem über die Rechtsprechung des BVerwG zur Peep-Show als Verstoß gegen die Menschenwürde geführt, BVerwGE 64, 274; sieht man von bestreitbaren Normvorstellungen ab, so ist die entgeltliche und freiwillige Schaustellung in einer Peep-Show wohl kaum als evidenter Würdeverstoß zu werten, kritisch auch Dreier in: Dreier (2004), Rz 152 zu Art. 1 GG; Hoerster, JuS 1983, S. 93, 95 ff.; Olshausen, NJW 1982, S. 2221 ff.

[120] VG Neustadt vom 21. Mai 1992, NVwZ 1993, S. 98, ebenso der französische Conseil d'Etat vom 27. Oktober 1995, L Actualité Juridique – Droit Administratif 1995, S. 942; dazu: Rädler, DÖV 1997, S. 109 ff.; kritisch: Dreier in: Dreier (2004), Rz 154 zu Art. 1 GG.

Zwerg" die einzige Option der Arbeitsvermittlung[121] oder beruflichen Rehabilitation wäre, so müsste in der Tat nach der Menschenwürde gefragt werden. Wird aber eine freiwillige Entscheidung für diesen Beruf versperrt, so ist zu fragen, ob hier die Menschenwürde der Kleinwüchsigen geschützt wird oder die Geschmacksvorstellungen bestimmter sozialer Schichten, denen die Lebenswelt des Jahrmarkts so fremd ist wie diejenige der Kleinwüchsigen.

4. Menschenwürde und Recht auf Leben

In der rechtswissenschaftlichen Diskussion, gerade auch soweit sie den Umgang mit Behinderung betrifft, wird die Menschenwürde häufig im Kontext des Rechts auf Leben und Gesundheit diskutiert. Dies ist naheliegend, weil es sich dabei um unvertretbare Rechtsgüter handelt. Zudem ist die Möglichkeit zur rechtlichen und sozialen Menschenwürde vom Leben des Menschen als ihres Trägers abhängig. Viele Argumente aus der Diskussion über die Unbedingtheit des Menschenwürdeanspruchs werden auch für die Debatte um Tragweite und Inhalt des Rechts auf Leben benutzt. Diese Nähe der Rechte auf Leben und Unversehrtheit wird auch darin deutlich, dass sie in der Charta der Grundrechte der EU im Kapitel „Würde des Menschen" eingefügt sind[122].

Dennoch sind Schutz und Achtung der Menschenwürde mit dem Recht auf Leben nicht identisch[123]. Beide erscheinen im Text des Grundgesetzes getrennt. Das Recht auf Leben kann in Kollisionslagen nur noch eingeschränkten Schutz genießen, etwa bei einer Tötung aus erlaubter Notwehr, ohne dass dadurch die Unbedingtheit des Menschenwürdeanspruchs in Frage zu stellen ist. Festzuhalten ist aber, dass das Recht auf Leben in besonderem Maß durch die Unantastbarkeit der Menschenwürde beeinflusst und verstärkt wird, weil mit jeder Einschränkung des Lebensrechts ein konkreter Träger der Menschenwürde betroffen ist.

5. Menschenwürde und Existenzminimum

Für das Sozialrecht hat der Menschenwürdesatz besondere Bedeutung, weil das Bundesverwaltungsgericht den Anspruch auf Sicherung des Existenzminimums durch den Staat unmittelbar mit dem Schutz der Menschenwürde begründet hat[124].

---

[121] Vgl. § 10 SGB II. Hier kommt es auf eine verfassungskonforme Auslegung von § 10 Abs. 1 Nr. 5 SGB II an.

[122] Art. 2, 3 ChGREU; Art. II-62, Art. II-63 EVV; vgl. auch den Zusammenhang in Art. 1 Abs. 3 Satz 1 BayBGG.

[123] Böckenförde, JZ 2003, S. 809, 813; Denninger, KritV 2003, S. 191, 203; Böckenförde-Wunderlich (2002), S. 160 f.; Schmidt-Jortzig, DÖV 2001, S. 925, 926; Höfling, JuS 1995, S. 857, 859.

[124] BVerwG vom 24. Juni 1954, BVerwGE 1, 159, 161 (Rechtsanspruch auf Fürsorge); BVerwG vom 26. Januar 1966, BVerwGE 23, 149, 153 (Anrechnung des Elterneinkommens); BVerfG vom 21. Juni 1977, BVerfGE 45, 187, 228 (lebenslange Freiheitsstrafe); BVerfG vom 29. Mai 1990, BVerfGE 82, 60, 85, BVerfG vom 10. November 1998, BVerfGE 99, 216, 233 (Steuerfreiheit des Existenzminimums); vgl. Luthe/Dittmar, SGb 2004, S. 272 ff.; Bieritz-Harder (2001), S. 198 ff.; V. Neumann, NVwZ 1995, S. 426, 427; Schlenker (1986), S. 91;. Benda, NJW 1979, S. 1001, 1005; Wollny, DVBl. 1972, S. 525, 527; Löw, DÖV 1958, S. 516, 520; Dürig, AöR 81 (1956), S. 117, 131 f.

Die Begründung des Anspruchs auf Sicherung des Existenzminimums unmittelbar aus dem Schutz der Menschenwürde in Verbindung mit dem Sozialstaatsprinzip, und damit aus dem Prinzip der sozialen Menschenwürde[125], zeigt, dass es in der Begründung des Rechts auf das Existenzminimum erhebliche Unsicherheiten gibt, wenn auch weitgehender Konsens herrscht, dass dem geltenden Verfassungsrecht ein solches Recht zu entnehmen ist.

Das Recht auf das Existenzminimum wird vor allem im Sozialhilferecht konkretisiert[126]. Es soll die Führung eines Lebens ermöglichen, das der Würde des Menschen entspricht[127]. Die sozialrechtlichen Ansprüche bestehen regelmäßig aus einem als Mindestsicherung verstandenen Geldbetrag[128] sowie Sach- und Dienstleistungen verschiedener Art. Welche der Hilfen des Sozialrechts am verfassungsrechtlichen Schutz des Existenzminimums teilhaben, ist im Einzelnen umstritten und ungeklärt. Bei näherer Betrachtung zeigt sich, dass die sozialrechtlichen Ansprüche verschiedenen Teilbereichen des grundrechtlichen Schutzes zuzuordnen ist. Die Auszahlung eines Geldbetrags gibt der berechtigten Person die Möglichkeit, ihren Lebensunterhalt zu decken und sich so zunächst durch Lebensmittel und Wohnung vor dem Verhungern, dem Erfrieren und der Erkrankung zu schützen. So dient das Existenzminimum zuerst dem Schutz von Leben und Gesundheit und damit den tatsächlichen Voraussetzungen für die Möglichkeit, alle anderen Rechte zu gebrauchen[129]. Diese Möglichkeit ist, unter Geltung der Menschenwürde, ein Wert an sich, welcher der aktuell-konkreten Freiheitsausübung nicht bedarf und gerade darum auch Schwerstbehinderten oder Komapatienten zukommt[130]. Darüber hinaus bietet das ausgezahlte Geld als „geprägte Freiheit" die Möglichkeit zu einem Mindestmaß an selbstbestimmter Teilhabe am Gebrauch aller Grundrechte in der Gesellschaft[131]. Diese Teilhabe an den gesellschaftlichen Lebensgewohnheiten kann sich als eigenständiger Anspruch aus Freiheitsrechten oder als abgeleiteter Anspruch aus Gleichheitsrechten ergeben[132].

Über Geldzahlungen hinaus gehende Sach- und Dienstleistungen im Sozialrecht sind dem Schutz von Leben und Gesundheit zuzurechnen, soweit sie der medizinischen Versorgung und Rehabilitation zugehören. Soweit sie der Bildung, der Teilhabe am Leben in der Gemeinschaft oder der Teilhabe am Arbeitsleben dienen, sollen sie vor allem ein Mindestmaß an tatsächlichem Freiheitsgebrauch sichern[133]. Das Recht auf das Existenzminimum ergibt sich so dem Grunde nach aus der Not-

---

125 BVerwGE 23, 149, 153; dazu: Bieritz-Harder (2001), S. 203.
126 Vgl. unten V.C.5.b.
127 § 1 Satz 1 SGB XII; vgl. auch § 1 Abs. 1 Satz 2 SGB I.
128 §§ 27, 28 SGB XII (Hilfe zum Lebensunterhalt); §§ 41, 42 SGB XII (Grundsicherung im Alter und bei Erwerbsminderung); §§ 19, 20 SGB II (Arbeitslosengeld II); § 28 SGB II (Sozialgeld).
129 Vgl. Luthe/Dittmar, SGb 2004, S. 272; Mühlenbruch (2002), S. 292 f.; Spranger, VR 1999, S. 242, 244; Bachof, VVDStRL 12 (1954), S. 37, 42.
130 Vgl. Arango (2001), S. 205 ff.
131 Vgl. Bieritz-Harder (2001), S. 268.
132 Rothkegel, ZfSH/SGB 2003, S. 643, 647.
133 Unzutreffend die Ansicht, es entbehre für alle über die Sicherung der physischen Existenz hinausgehenden Leistungen eines verfassungsrechtlichen Anknüpfungspunktes, wie Spranger, VR 1999, S. 242, 245 meint; vgl. unten IV.C.4.a.

wendigkeit, die Voraussetzungen für rechtlichen und faktischen Freiheitsgebrauch zu schaffen und strahlt so in die Bereiche aller einzelnen Grundrechte aus[134]. Die konkrete Ausgestaltung des Existenzminimums kann nur mit Hilfe des Gleichheitssatzes vorgenommen werden, so dass der Anspruch in seinem Inhalt vom Gleichheitssatz mitbestimmt wird[135]. Das Ausmaß der konkreten Ansprüche über das Unabweisbare hinaus wird vor allem durch einen Vergleich mit dem gesellschaftlichen Niveau von Wohlstand und Freiheit ermittelt.

Die Zuordnung des Rechts auf das Existenzminimum zum Schutz der Menschenwürde folgt daraus, dass das Existenzminimum für alle in der Menschenwürde angelegten Rechte notwendig ist. Dass aus dem Recht ein Anspruch gegen den Staat folgt, ergibt sich aus seinem Charakter als sozialer Rechtsstaat, der die Menschenwürde jedes Menschen schützt. Eine Zuordnung des Existenzminimums allein zum Sozialstaatsprinzip wäre aber nicht hinreichend, weil dadurch der Charakter des Existenzminimums als eines subjektiven Rechts unklar würde[136].

---

[134] Luthe/Dittmar, SGb 2004, S. 272, 273; vgl. unten IV.B.6.e.(6).
[135] V. Neumann, NVwZ 1995, S. 426, 429.
[136] Alexy (1994), S. 389.

B. Gleichheit

Nach der für alle Dimensionen der Grundrechtsgeltung und -verwirklichung wesentlichen Menschenwürde ist die Gleichheit behinderter Menschen zu untersuchen. Diese Abweichung von der klassischen Reihenfolge „Freiheit, Gleichheit, Brüderlichkeit" kann dadurch begründet werden, dass Behinderung im Grundgesetz und im Europäischen Gemeinschaftsvertrag jeweils ausdrücklich nur im Kontext von Gleichheitsrechten angesprochen wird.

Gleichheit, Nicht-Diskriminierung und Gleichstellung sind die wichtigsten Ziele der Reformen im Recht behinderter Menschen in den letzten Jahrzehnten gewesen. Das verfassungsrechtliche Benachteiligungsverbot[1] ist im Kontext der besonderen Gleichheitssätze des Grundgesetzes festgeschrieben. Mit der auf Art. 13 EGV beruhenden RL 2000/78 soll ein allgemeiner Rahmen zur Bekämpfung der Diskriminierung geschaffen werden. Aus der Definition der unmittelbaren und mittelbaren Diskriminierung in der Richtlinie wird deutlich, dass dabei rechtliche und soziale Gleichheit gemeint sind. Im SGB IX sind gleichberechtigte Teilhabe und die Vermeidung von Benachteiligungen als umfassende Ziele des Gesetzes verankert[2]. Insbesondere der Begriff der gleichberechtigten Teilhabe zeigt dabei die für den heutigen Diskussionsstand typische Verschränkung von Rechtsgleichheit (gleichberechtigt) und sozialer Gleichheit (Teilhabe). Das Behindertengleichstellungsgesetz des Bundes und die Gleichstellungsgesetze der Länder nennen als Ziele ebenfalls die gleichberechtigte Teilhabe sowie die Beseitigung von Benachteiligungen[3].

Die Rechtsfragen der Gleichheit behinderter Menschen in Deutschland werden vor allem vom besonderen Gleichheitssatz wegen einer Behinderung bestimmt. Zu seiner Interpretation und zum Verständnis werden im Folgenden die Geschichte und die heute gültigen Rechtsquellen des Gleichheitssatzes dargestellt, die sich (auch) auf behinderte Menschen beziehen. Auf diese ist auch bei der weiteren Interpretation zurückzukommen.

1. Geschichte

Gleichheit und Gerechtigkeit sind zwei eng miteinander verbundene Grundsätze. Mit der Entwicklung des Rechts war der Anspruch der Gleichbehandlung und Gleichheit vor dem Recht verbunden. Der Anspruch auf Gleichheit des Gesetzes und Gleichheit vor dem Gesetz (*isonomia*) ist schon in der griechischen Philoso-

---

[1] Art. 3 Abs. 3 Satz 2 GG.
[2] § 1 Satz 1 SGB IX.
[3] § 1 Satz 1 BGG.

phie als Kriterium der Gerechtigkeit formuliert worden. Zur Begründung der Gleichheit wird in der Tradition des Naturrechts die Gleichgeschaffenheit der Menschen zuerst in der sophistischen Lehre[4], in der stoischen Philosophie[5], im römischen ius gentium[6] und dann im christlichen Naturrecht auf der Grundlage der gleichen gottesebenbildlichen Schöpfung des Menschen[7] formuliert. Schon im Beginn der Moderne[8] und insbesondere durch *Immanuel Kant*[9] wurde die Gleichheit mit der Vorstellung von der Menschenwürde als Grundlage einer Rechtsordnung verknüpft, die auf der gegenseitigen Anerkennung der Menschen als prinzipiell gleich beruht[10].

Im 18. Jahrhundert wurde begonnen, den Gleichheitssatz in Verfassungsurkunden zu verankern. Damit wurde rechtlich das Ende ständischer Ungleichheit des Rechts[11] markiert[12], aber auch das Streben nach mehr sozialer Gleichheit in der Gesellschaft ausgedrückt. Auch in und mit den Freiheitsrechten wurde Gleichheit normiert, da sie Freiheiten für alle festschrieben, die zuvor nur Wenigen zugestanden hatten. Die *Déclaration des droits des hommes* der Französischen Revolution[13] von 1789 formuliert:

„Die Menschen werden frei und gleich an Rechten geboren und bleiben es. Die sozialen Unterschiede können nur mit dem gemeinen Wohl begründet werden."[14]

Auch die französische Revolution setzte diese Deklaration nicht völlig um[15]. Bis in das 20. Jahrhundert hinein wurden fundamentale Gleichheitssätze im Recht negiert. Frauen hatten bis 1919 in Deutschland kein Wahlrecht. Ihre rechtliche Gleichstellung insbesondere im Familienrecht, und dadurch mittelbar auch in Bezug auf Freiheit und Eigentum, wurde erst mit dem Grundgesetz Inhalt der Verfassung und in einem mühsamen Prozess umgesetzt[16]. Das Wahlrecht war in Preußen,

---

[4]　Durch Antiphon, vgl. Böckenförde (2002), S. 59.

[5]　Durch Chrysipp, vgl. Böckenförde (2002), S. 137.

[6]　Gaius, Inst. I § 1, vgl. Böckenförde (2002), S. 137.

[7]　Genesis 1, 27; Epheser 4, 24; vgl. Hattenhauer (1996), Rz 63, 66.; Hannesen/Jacobi/Lachwitz/Vater, VSSR 1992, S. 189, 221.

[8]　Vgl. die Erkenntnis bei Thomas Hobbes: *„Die Natur hat die Menschen hinsichtlich ihrer körperlichen und geistigen Fähigkeiten so gleich geschaffen, dass trotz der Tatsache, dass bisweilen der eine einen offensichtlich stärkeren Körper oder gewandteren Geist als der andere besitzt, der Unterschied zwischen den Menschen alles in allem doch nicht so beträchtlich ist, als dass der eine auf Grund dessen einen Vorteil beanspruchen könnte, den nicht ein anderer ebenso gut für sich verlangen könnte."* Dies ist für Hobbes Ausgangspunkt der natürlichen Bedingungen der Menschheit im Hinblick auf ihr Glück und Unglück und kann rechtliche ebenso wie soziale Gleichheit als Prinzip begründen.

[9]　Vgl. Kant, Metaphysik der Sitten, Rechtslehre § 46.

[10]　Vgl. oben IV.A.

[11]　Vgl. noch die Struktur des Preußischen ALR von 1794 mit der Differenzierung nach Bauern, Bürgern, Adel, Beamten und Geistlichen ALR II 7–11; Hattenhauer (1996), Rz 83.

[12]　Stolleis in: Wolfrum (2003), S. 7, 10 ff.; Straßmair (2002), S. 150; Gerhard (1999), S. 141 f.; Hattenhauer (1996), Rz 62; Huster (1993), S. 25; Jellinek (1905), S. 135.

[13]　Vgl. Pierre Kummer (2003), S. 139; Brunkhorst (2002), S. 91 f.

[14]　Vgl. Stolleis in Wolfrum (2003), S. 7, 15.

[15]　Frauen, Besitzlose und erst recht die Sklaven in den französischen Kolonien waren von politischer, rechtlicher und sozialer Gleichheit ausgeschlossen, Brunkhorst (2002), S. 93 f.; Kocher, KJ 1997, S. 182, 188 f.; Gerhard (1990), S. 49 ff.

[16]　Gerhard (1999), S. 142 ff.

Hamburg und Lübeck bis 1919 ungleich (Klassen-Wahlrecht)[17]. Die ins Werk gesetzte Rechtsgleichheit im Bürgerlichen Recht ging einher mit großer sozialer Ungleichheit. In der Revolution und Diskussion um die Verfassung von 1848 wurden politische, rechtliche und soziale Gleichheit thematisiert, wenn auch zunächst ohne Erfolg[18]. Immerhin wurden in ihrer Folge verbliebene rechtliche Benachteiligungen der Juden aufgehoben[19]. Erst mit der Weimarer Reichsverfassung und dem Grundgesetz wurden diese Formen der Gleichheit zum Bestand des Verfassungsrechts, wenn auch die soziale Gleichheit besonders umstritten blieb. Unterbrochen wurde diese Entwicklung durch die nationalsozialistische Zeit, in der die Ungleichheit der Menschen Grundidee war und in Staat, Recht und Gesellschaft auf die Spitze getrieben wurde[20].

Behinderte Menschen, insbesondere die Sinnesbehinderten, wurden schon in frühen Rechtsordnungen ungleich behandelt. Ihnen wurden bestimmte Rechte abgesprochen, zum Teil bekamen sie auch besondere Rechte und Aufgaben. Geistig und seelisch behinderte Menschen sind bis heute von einem gewissen Schweregrad der Behinderung an nicht mehr gleichberechtigte Rechtssubjekte, sondern unterliegen einem besonderem Recht der Geschäftsunfähigkeit und Betreuung. Damit ist Behinderung ein Tatbestand, der Rechtsungleichheit bewirken kann. Als Gründe hierfür werden der Schutz der behinderten Menschen und der Schutz vor den behinderten Menschen genannt. Schon nach Römischem Recht durften Geisteskranke keine Geschäfte abschließen[21] und hatten keinen rechtlichen Willen[22]. Nach dem Sachsenspiegel durfte ein lahmer Mann oder ein aussätziger Mann nicht zum König gekoren werden[23] und es hieß *„über rechte Toren und einen schwachsinnigen Mann soll man auch nicht richten.“*[24] Später waren die meisten behinderten Menschen zwar grundsätzlich als Rechtssubjekte anerkannt, jedoch durch viele Sonderregelungen benachteiligt[25].

Da Menschen unabhängig davon, ob und wie sie behindert sind, in den Geltungsbereich der Menschenwürde und damit der gleichen Normen für Menschen eingeschlossen sind, ist nicht mehr die Frage nach der Anwendbarkeit, sondern nach der Art der Anwendung des Gleichheitssatzes auf sie *„in Ansehung ihres Zustandes“*[26] zu stellen.

---

[17] Hattenhauer (1996), Rz 99 ff.; vgl. Volkmann (1997), S. 109.
[18] Vgl. Daum, RdA 1968, S. 81, 82 f.; vgl. oben III.A.6.d.
[19] In Preußen bereits durch Emanzipations-Edikt vom 11. März 1812 und im Verfassungsrang durch Art. 12 der preußischen Verfassung vom 31. Januar 1850; in Lübeck erst 1852; in ganz Deutschland erst 1871; vgl. Hattenhauer (1996), Rz 108 ff.
[20] Hattenhauer (1996), Rz 639 ff.; vgl. oben III.A.9.
[21] Digesten, Paulus, 50, 17, 5.; vgl. unten IV.C.5.b.(1).
[22] Digesten, Pomponius, 50, 17, 40.
[23] Sachsenspiegel, III 54 § 3.
[24] Sachsenspiegel, III 3.
[25] Vgl. Perl (1926), S. 49, der § 34 GewO in der damaligen Fassung nennt.
[26] Vgl. Kant, Metaphysik der Sitten, Tugendlehre § 45.

2. Allgemeiner Gleichheitssatz

Der allgemeine Gleichheitssatz („*Alle Menschen sind vor dem Gesetz gleich.*") ist als fundamentaler Rechtssatz im deutschen Grundgesetz in Art. 3 Abs. 1 GG verankert. Er ist auch in mehreren Landesverfassungen enthalten[27]. Der Gleichheitssatz ist Bestandteil der Charta der Grundrechte der Europäischen Union[28] und des Entwurfs der Europäischen Verfassung[29]. In der Allgemeinen Erklärung der Menschenrechte erscheint er im ersten Artikel: „*Alle Menschen sind gleich an Würde und Rechten geboren.*"[30] Dies wird konkretisiert im Internationalen Pakt über bürgerliche und politische Rechte, in dem festgelegt ist, dass alle Menschen vor dem Gesetz gleich sind und ohne Diskriminierung Anspruch auf gleichen Schutz durch das Gesetz haben[31].

3. Staatsbürgerliche Gleichheit

Besondere Gleichheitssätze gelten für staatsbürgerliche Rechte und Pflichten. Im Grundgesetz ist festgeschrieben, dass jeder Deutsche in jedem Lande die gleichen staatsbürgerlichen Rechte und Pflichten hat[32]. Im Besonderen sind im Grundgesetz der gleiche Zugang zu allen öffentlichen Ämtern nach Eignung, Leistung und Befähigung[33], die Gleichheit des Wahlrechts zum Deutschen Bundestag[34] und die Gleichheit herkömmlicher Dienstleistungspflichten geregelt[35], die als Wehrgerechtigkeit auch auf Wehr- und Zivildienst anzuwenden ist. Die Landesverfassungen enthalten entsprechende Regelungen für das Wahlrecht und den Zugang zum öffentlichen Dienst. Diese Verfassungssätze sind im Beamtenrecht und im Recht der Richterinnen und Richter von Bund und Ländern, in den Wahlgesetzen von Bund und Ländern und im Wehrpflichtrecht konkretisiert. Die staatsbürgerlichen Gleichheitssätze sind als strenge Gleichheitssätze ausgestaltet. Das bedeutet, dass eine Differenzierung in ihrem Bereich nur aus zwingenden Gründen gestattet sein kann. Die staatsbürgerlichen (politischen) Gleichheitssätze dienen wesentlich dem demokratischen Prinzip und geben ihm eine rechtsstaatliche Ausgestaltung[36].

Behinderte Menschen werden in allen Bereichen der staatsbürgerlichen Gleichheitssätze ungleich behandelt. Beim Zugang zu staatsbürgerlichen Ämtern im öffentlichen Dienst ist die Frage zu klären, in welchem Verhältnis die durch Behinderung geminderte oder andersartige Leistungsfähigkeit zu den Kriterien der Eig-

---

[27] Art. 10 Abs. 1 BerlVerf; Art. 12 Abs. 1 BrbVerf; Art. 2 Abs. 1 BremVerf; Art. 1 HessVerf; Art. 17 Abs. 1 RhPfVerf; Art. 12 SLVerf; Art. 18 Abs. 1 SächsVerf; Art. 7 Abs. 1 LSAVerf; Art. 2 Abs. 1 ThürVerf.
[28] Art. 20 ChGREU.
[29] Art. I-2 EVV (Werte der Union); Artikel II-80 EVV (Gleichheit vor dem Gesetz).
[30] Art. 1 Satz 1 AEMR.
[31] Art. 26 Satz 1 IPBPR.
[32] Art. 33 Abs. 1 GG.
[33] Art. 33 Abs. 2 GG.
[34] Art. 38 Abs. 1 Satz 1 GG; vgl. unten IV.D.5.e.
[35] Art. 12 Abs. 2 GG.
[36] Huster (1993), S. 352 ff.

nung, Leistung und Befähigung steht[37]. Vom Wahlrecht sind behinderte Menschen ausgeschlossen, wenn für sie zur Besorgung aller ihrer Angelegenheiten eine Betreuerin oder ein Betreuer nicht nur durch einstweilige Anordnung bestellt ist. Von der Wehrpflicht sind behinderte Männer ausgeschlossen, soweit sie die Kriterien der gesundheitlichen Eignung nicht erfüllen. Schwerbehinderte Männer sind generell von der Wehrpflicht befreit[38].

4. Besondere Gleichheitssätze für behinderte Menschen

Der Gleichheitssatz ist im Recht in vielen verschiedenen Ausprägungen enthalten. Besondere Gleichheitssätze beziehen sich auf bestimmte Situationen und Personengruppen, deren Gleichbehandlung vor dem Recht und durch das Recht besonders angeordnet wird. Eine Reihe besonderer Gleichheitssätze beziehen sich auf Behinderung und behinderte Menschen. In ihrem Anwendungsbereich tritt der allgemeine Gleichheitssatz hinter der spezielleren Gleichheitsnorm zurück.

a) Grundgesetz: Art. 3 Abs. 3 Satz 2 GG

Angeregt durch Erfahrungen mit Antidiskriminierungsvorschriften zugunsten behinderter Menschen aus den USA[39], Kanada[40], Australien[41] und Frankreich[42] wurde seit Ende der 1980er Jahre von behinderten Menschen und ihren Organisationen immer häufiger die Aufnahme eines besonderen Gleichstellungssatzes ins Grundgesetz vorgeschlagen[43]. Der Verfassungsentwurf des Runden Tisches der DDR sah eine solche Regelung vor[44]. Im Einigungsvertrag zur Wiederherstellung der Einheit Deutschlands wurde 1990 eine Revision des Grundgesetzes vereinbart[45]. In der Gemeinsamen Verfassungskommission von Bund und Ländern wurde der Antrag eingebracht, eine Norm zur Gleichstellung behinderter Men-

---

[37] Vgl. VG Mainz vom 22. September 2004, br 2005, S. 86 zum erleichterten Zugang für schwerbehinderte Menschen ins Beamtenverhältnis; Castendiek in: Erbguth/F. Müller/V. Neumann (1999), S. 333, 344.

[38] § 11 WPflG.

[39] Americans with Disabilities Act (ADA) of 1990, Pub. L No. 101–336, 104 Stat. 327 in Anknüpfung an Sec. 504 Rehabilitation Act of 1973, Pub. L. No 93–112, Title V, § 504, 87 Stat. 394; dazu Straßmair (2002), S. 285 f.; Buch (2001), S. 21 ff; Degener, KJ 2000, S. 425, 430 ff.; Günzel/Heilmann, RdA 2000, S. 341 ff.; Mensching/D. Nolte, ZfSH/SGB 1993, S. 289 ff.

[40] Art. 15 Charter of rights and freedoms von 1985; dazu Straßmair (2002), S. 134 f.; Theben in: Igl/Welti (2001), S. 33, 56 f.; Albrecht Weber, EuGRZ 1994, S. 537, 542 f.; Herdegen, VSSR 1992, S. 245, 254.

[41] Buch (2001), S. 23 ff.

[42] Dazu Le Friant, ArbuR 2003, S. 51 ff.; Straßmair (2002), S. 284; Hermann, ZfS 2000, S. 239 f.

[43] Vgl. Umbach in: MK-GG (2002), Rz 377 zu Art. 3 GG; G. Jürgens, ZfSH/SGB 1995, S. 353 f.; Sachs, RdJB 1996, S. 154, 156 ff.; A. Jürgens, DVBl. 1997, 410.

[44] Art. 1 Abs. 2 des Entwurfs vom 4. März 1990; Blätter für deutsche und internationale Politik 1990, S. 731 ff.; vgl. Straßmair (2002), S. 111; Herdegen, VSSR 1992, S. 245, 246; Häberle, JöR 39 (1990), S. 319, 335; vgl. oben III.A.10.d.

[45] Art. 5 Vertrag über die Herstellung der Einheit Deutschlands vom 31. August 1990, BGBl. II, S. 889; vgl. Vogel, DVBl. 1994, S. 497 ff.; Straßmair (2002), S. 106 ff.; Buch (2001), S. 14; Lehnert (2000), S. 14 ff.

schen einzufügen[46]. Nachdem der hierzu gestellte Antrag der Mitglieder der Sozialdemokratischen Partei in der Verfassungskommission zunächst nicht die notwendige Zweidrittelmehrheit in der Kommission fand[47], kam es im Zuge der von den Verbänden und Vereinigungen behinderter Menschen intensiv angeregten öffentlichen Debatte[48] im Mai 1994 zu einem Meinungswechsel von Bundeskanzler *Helmut Kohl*[49] und der ihn tragenden Parteien CDU, CSU und FDP. Der Satz *„Niemand darf wegen seiner Behinderung benachteiligt werden"* wurde Bestandteil der Beschlussempfehlung des Vermittlungsausschusses[50] und als Art. 3 Abs. 3 Satz 2 GG unter Zustimmung aller Fraktionen im Deutschen Bundestag und aller Länder im Bundesrat in das Grundgesetz aufgenommen und trat am 15. November 1994 in Kraft.

b) Landesverfassungen

Auch mehrere Landesverfassungen deutscher Länder enthalten besondere Gleichheitssätze für behinderte Menschen oder auf Gleichheit bezogene Staatsziele[51]. Landesverfassungsrecht steht im Rang unter dem Bundesrecht, auch unter einfachem Bundesrecht. Im Rechtsraum der Länder hat es aber erhebliche eigenständige Bedeutung. Damit kann die Fassung besonderer Gleichheitssätze im Landesverfassungsrecht die landesrechtlich geregelten Bereiche etwa des Schulrechts, Bauordnungsrechts und die landesrechtlichen Gleichstellungsgesetze beeinflussen. Dazu kommt, dass die verfassungsrechtliche Praxis und Diskussion im Rechtsraum der Länder schon auf Grund des Homogenitätsgebots[52] in einem engen Zusammenhang zum Verfassungsrecht des Bundes steht. Gleichheitsrechte können dabei stärker als auf Gleichheit gerichtete Staatsziele auch subjektive Rechte begründen.

Gleichheitssätze unter Bezug auf Behinderung wurden vor der Ergänzung des Grundgesetzes 1994 in den Verfassungen der neuen Länder, also Brandenburgs, Mecklenburg-Vorpommerns, Sachsens und Sachsen-Anhalts von 1992 sowie Thüringens von 1993 genannt. Nach der Ergänzung des Grundgesetzes folgten Baden-Württemberg und Berlin (1995), Bremen und Niedersachsen (1997), Bayern (1998), das Saarland (1999) und Rheinland-Pfalz (2000). In Hessen und Nordrhein-Westfalen ist die Verfassung bisher nicht in diesem Sinne geändert worden. Keine landesverfassungsrechtlichen Bestimmungen sind auch in den Verfassungen der Freien und Hansestadt Hamburg und Schleswig-Holsteins enthalten, die auch insgesamt keine Grundrechte und Gleichheitssätze beinhalten. Damit haben zwölf

---

[46] Vgl. Herdegen, VSSR 1992, S. 245 ff.

[47] Bei der Abstimmung am 17. Juni 1993 waren 30 Mitglieder für, 22 gegen den Vorschlag, Firsching in: Wissing/Umbach (1994), S. 167, 175; A. Jürgens, DVBl. 1997, 410 f.; Hagmann (1999), S. 3; Buch (2001), S. 17.

[48] Vgl. Straßmair (2002), S. 111 f.: 36.000 an die GVK gerichtete Eingaben forderten einen verfassungsrechtlichen Behindertenschutz; Buch (2001), S. 14 f.; G. Jürgens, ZfSH/SGB 1995, S. 353, 355; Berlit, RdJB 1996, S. 145 f.

[49] Kohl kündigte auf einer Veranstaltung des VdK Ende Mai 1994 überraschend an, er werde den Vorschlag unterstützen, A. Jürgens, DVBl. 1997, 410, 411.

[50] BT-Drucks. 12/8423.

[51] Vgl. oben III.D.2.

[52] Art. 28 Abs. 1 Satz 1 GG.

von sechzehn Bundesländern innerhalb einer Dekade Verfassungsnormen neu eingeführt, die sich mit der Gleichheit behinderter Menschen befassen.

(1) Brandenburg

In Art. 12 Abs. 2 der Verfassung des Landes Brandenburg vom 20. August 1992 ist festgelegt, dass niemand wegen seiner Rasse, Abstammung, Nationalität, Sprache, seines Geschlechts, seiner sexuellen Identität, seiner sozialen Herkunft oder Stellung, seiner Behinderung, seiner religiösen, weltanschaulichen oder politischen Überzeugung bevorzugt oder benachteiligt werden darf. Behinderung ist hier bei den Merkmalen für strenge Gleichbehandlung eingereiht, ohne dass, wie im Grundgesetz, eine strukturelle Ausnahme für die Bevorzugung und Förderung festgeschrieben worden wäre[53].

Die Brandenburgische Verfassung enthält aber besondere Fördergebote für Familien mit behinderten Angehörigen[54], für Menschen mit Behinderungen beim Zugang zu öffentlichen Bildungseinrichtungen[55], bei der Sportförderung[56], für die Verwirklichung des Rechts auf soziale Sicherung bei Behinderung[57], für Beratung, Betreuung und Pflege bei Behinderung[58] und für besonderen Kündigungsschutz behinderter Menschen[59]. Damit sind Bereiche besonderer Förderung auf der Ebene der Verfassung selbst festgeschrieben. Für diese jedenfalls bedarf es keiner systematischen Ausnahme im Gleichheitssatz, da die jeweils mit der Erfüllung der Fördergebote nötigen Bevorzugungen bereits verfassungsrechtlich gerechtfertigt sind.

(2) Baden-Württemberg

Art. 2a der Verfassung des Landes Baden-Württemberg wiederholt Art. 3 Abs. 3 Satz 2 GG: *„Niemand darf wegen seiner Behinderung benachteiligt werden."* Die Norm wurde mit dem Gesetz zur Änderung der Verfassung vom 15. Februar 1995 eingefügt[60].

(3) Berlin

Art. 11 der Verfassung von Berlin vom 23. November 1995[61] lautet:

„Menschen mit Behinderungen dürfen nicht benachteiligt werden. Das Land ist verpflichtet, für die gleichwertigen Lebensbedingungen von Menschen mit und ohne Behinderung zu sorgen."

---

[53] Kritisch dazu: Sachs in: Simon/Franke/Sachs (1994), § 5 Rz 32, der aber vor allem Probleme bei der Auslegung der anderen Kriterien sieht.
[54] Art. 26 Abs. 1 Satz 2 BrbVerf.
[55] Art. 29 Abs. 3 BrbVerf.
[56] Art. 35 Satz 3 BrbVerf.
[57] Art. 45 Abs. 1 Satz 1 BrbVerf.
[58] Art. 45 Abs. 3 Satz 1 BrbVerf.
[59] Art. 48 Abs. 4 BrbVerf.
[60] Gesetz zur Änderung der Verfassung vom 15. Februar 1995, GBl. S. 269.
[61] Verfassung von Berlin vom 23. November 1995 (GVBl. S. 779).

Art. 11 BerlVerf enthält im ersten Satz ein subjektives Recht und zweiten Satz ein ausdrückliches Bekenntnis zum Ziel der materiellen Gleichheit in Form der Gleichwertigkeit von Lebensbedingungen als Staatsziel und Verfassungsprinzip.

(4) Bremen

Art. 2 Abs. 3 der Landesverfassung der Freien Hansestadt Bremen lautet:

„Niemand darf wegen seiner Behinderung benachteiligt werden. Menschen mit Behinderungen stehen unter dem besonderen Schutz des Staates. Der Staat fördert die gleichwertige Teilnahme am Leben in der Gemeinschaft und wirkt auf die Beseitigung bestehender Nachteile hin."

Diese drei Sätze wurden mit dem Gesetz zur Änderung der Landesverfassung vom 9. Oktober 1997[62] eingefügt. Zusammen mit der Wiederholung des Gleichheitssatzes aus dem Grundgesetz sind hier ein besonderer Schutzauftrag und ein Fördergebot ausgesprochen.

(5) Niedersachsen

In Art. 3 Abs. 3 Satz 1 und 2 der Niedersächsischen Verfassung ist Art. 3 GG wortgleich wiederholt. Diese Ergänzung von Art. 3 NdsVerf, in dem im Übrigen auf die Menschenrechte und die Grundrechte des Grundgesetzes allgemein Bezug genommen wird, wurde mit Gesetz vom 21. November 1997 eingefügt[63].

(6) Bayern

Art. 118a der Verfassung des Freistaates Bayern lautet:

„Menschen mit Behinderungen dürfen nicht benachteiligt werden. Der Staat setzt sich für gleichwertige Lebensbedingungen von Menschen mit und ohne Behinderung ein."

Der Artikel ist mit dem Verfassungsreformgesetz vom 20. Februar 1998[64] eingefügt worden.

(7) Saarland

In Art. 12 Abs. 4 der Verfassung des Saarlandes ist Art. 3 Abs. 3 Satz 2 GG wiederholt. Der Satz ist 1999 eingefügt worden[65].

(8) Gleichheitsrechtliche Staatsziele in vier weiteren Ländern

In weiteren Bundesländern ist zwar kein subjektives Gleichheitsrecht in den Landesverfassungen aufgenommen worden, aber Ziele der sozialen Staatstätigkeit be-

---

[62] Gesetz zur Änderung der Landesverfassung vom 9. Oktober 1997 (GBl. S. 353).

[63] Zweites Gesetz zur Änderung der Niedersächsischen Verfassung vom 21. November 1997 (GVBl. S. 480).

[64] Gesetz zur Änderung der Verfassung (Verfassungsreformgesetz – Weiterentwicklung im Bereich der Grundrechte und Staatsziele) vom 20. Februar 1998 (GVBl. S. 38); vgl. Hahnzog, BayVBl 2003, S. 679.

[65] Gesetz Nr. 1438 zur Änderung der Verfassung vom 25. August 1999 (ABl. S. 1318).

ziehen sich ausdrücklich auf Gleichheit und können darum insbesondere im landesrechtlichen Bereich als Verstärkung des grundgesetzlichen Benachteiligungsverbots in Bezug auf einen Gleichstellungsauftrag herangezogen werden. In Sachsen und Rheinland-Pfalz[66] bekennt sich das Land zur Verpflichtung auf die Gleichwertigkeit der Lebensbedingungen hinzuwirken[67]. Sachsen-Anhalt und Thüringen fördern die gleichwertige Teilnahme behinderter Menschen am Leben in der Gemeinschaft[68]. Mit dem Wort Gleichwertigkeit wird aufgezeigt, dass Gleichheit der Lebensbedingungen bei ungleichen Vorbedingungen nicht immer möglich und anstrebenswert ist.

c) Europäisches Recht

Das Recht der Europäischen Union und Europäischen Gemeinschaften hat für Grundlagen und Anwendung des deutschen Rechts eine dem deutschen Verfassungsrecht vergleichbare Bedeutung erlangt. Es ist auf der Grundlage der Römischen Verträge von 1957 in zahlreichen weiteren Reformschritten weiterentwickelt worden[69]. Dabei wird die Tendenz zu stärkerer rechtlicher Integration durch die Vertragsänderungen insbesondere in den Verträgen von Maastricht 1992, Amsterdam 1997 und Nizza 2000 und die ständige Rechtsprechung des Europäischen Gerichtshofs deutlich. Der EuGH geht vom Grundsatz einer integrationsfreundlichen Auslegung der Verträge und des europäischen Rechts aus. Die Europäischen Verträge haben für die Rechtsordnung der EU eine Bedeutung, die der einer Verfassung für das nationale Recht entspricht. Der Europäische Konvent hat dem Präsidenten des Europäischen Rates am 18. Juli 2003 den Entwurf eines Vertrags über eine Verfassung für Europa überreicht. Dieser ist am 29. Oktober 2004 in veränderter Form vom Rat der Europäischen Union gebilligt worden und soll von den Mitgliedstaaten ratifiziert werden[70].

Das Europäische Recht als eigenständige Rechtsordnung hat Vorrang in der Anwendung vor dem Recht der Mitgliedstaaten. Das Prinzip des Anwendungsvorrangs ist mit dem Europäischen Recht als Bedingung seiner Wirksamkeit entwickelt und anerkannt worden[71]. Das Europäische Vertragsrecht und Verordnungen der EG bzw. EWG[72] wirken unmittelbar, Europäische Richtlinien[73] bedürfen grundsätzlich der Transformation in das Recht der Mitgliedstaaten[74]. Alle Normen

---

[66] Zur Entstehungsgeschichte von Art. 64 RhPfVerf vgl. Firsching in: Wissing/Umbach (1994), S. 167 ff.

[67] Art. 7 Abs. 2 SächsVerf; Art. 64 RhPfVerf.

[68] Art. 38 Satz 2 LSAVerf; Art. 2 Abs. 4 ThürVerf.

[69] Vgl. oben III.A.12.a.

[70] Vertrag über eine Verfassung für Europa, vgl. BT-Drucks. 15/4900; vgl. zur Diskussion um eine Europäische Verfassung insbesondere: Giegerich (2003); A. Peters, Elemente einer Theorie der Verfassung Europas (2001); Schliesky, NdsVBl 2004, S. 57 ff.; Kingreen, EuGRZ 2004, S. 570 ff.; Oppermann, DVBl. 2003, S. 1165 ff; Meyer/Hölscheidt, EuZW 2003, S. 613 ff.; vgl. oben III.A.12.e.

[71] Vgl. Art. I-6 des EVV.

[72] Nach dem EVV: Europäische Gesetze.

[73] Nach dem EVV: Europäische Rahmengesetze.

[74] Vgl. Art. I-33 Abs. 1 des EVV.

der europäischen Rechtsordnung, auch die Richtlinien, können aber auch die Auslegung des deutschen Rechts beeinflussen, die so vorzunehmen ist, dass sie möglichst mit dem europäischen Recht in Übereinstimmung steht. Eine integrations-
und damit auch europarechtsfreundliche Rechtsanwendung und -auslegung durch
Verwaltung und Rechtsprechung in Deutschland folgt auch aus Art. 23 Abs. 1 GG,
wonach die Bundesrepublik Deutschland zur Verwirklichung eines vereinten Europas bei der Entwicklung der Europäischen Union mitarbeitet[75]. Die Feststellung,
dass diese Union demokratischen, rechtsstaatlichen, sozialen und föderativen
Grundsätzen und dem Grundsatz der Subsidiarität verpflichtet ist, markiert die damit verbundenen Erwartungen und zugleich Grenzen des deutschen verfassungsrechtlichen Bekenntnisses zur europäischen Integration. Die europäische Integration darf den Charakter der deutschen Rechtsordnung als sozialem Rechtsstaat,
der die Menschenwürde achtet und schützt, nicht verändern.

Im Europäischen Recht sind seit dem Beginn der Integration durch die Römischen Verträge von 1957 neben institutionellen Fragen der Gemeinschaften auch
mittelbar und unmittelbar Rechte der Bürgerinnen und Bürger der Mitgliedstaaten
begründet worden. Als Gleichheitsrechte haben sich dabei die Freiheiten der beruflichen Betätigung, des Waren- und Kapitalverkehrs insofern dargestellt, als sie
Verbote der Diskriminierung wegen Staatsangehörigkeit und Ansässigkeit in einem
Mitgliedsstaat in jedem anderen Mitgliedsstaat begründet haben. Die Marktfreiheiten der Europäischen Gemeinschaften sind insofern von Anfang an Gleichheitsrechte gewesen[76]. In diesem Kontext hat der Europäische Gerichtshof auch den allgemeinen Gleichheitssatz als Grundprinzip des Gemeinschaftsrechts bezeichnet[77].

Dazu kam das Lohngleichheitsgebot der Geschlechter[78]. Dieses auf unmittelbare Wirkung zwischen Arbeitgebern und Beschäftigten zielende Gebot sollte die
europäische Integration sozial absichern, indem verhindert werden sollte, dass in
ökonomisch und sozial weniger fortgeschrittenen Mitgliedstaaten Wettbewerbs-
vorteile durch Unterbietung des sozialen Gleichheitsstandards realisiert werden
könnten.

Mit dem Vertrag von Maastricht wurde 1992 vor allem die Bedeutung der
Gleichheitsrechte auf dem Gebiet der wirtschaftlichen Betätigung gestärkt. Die europäische Integration in wesentlichen Bereichen der Gesellschaft zu erreichen, war
ein wesentliches Ziel des Amsterdamer Vertrags von 1997[79]. Der Vertrag von
Nizza im Jahre 2000 hat diese Anliegen noch einmal vertieft und zugleich die Erweiterung der Europäischen Union in Mittel- und Osteuropa vorbereitet.

---

[75] Vgl. oben III.B.9.
[76] Vgl. Bieback, ZfSH/SGB 2003, S. 579, 580; Bieback, SGb 1994, S. 301 ff.
[77] EuGH, Rs. 177/76 und 16/77 (Ruckdeschel), Slg. 1977, S. 1753, 1769 f.; vgl. Kischel,
EuGRZ 1997, S. 1, 3 ff.
[78] Art. 141 EGV; Art. III-214 EVV; Straßmair (2002), S. 200; Barnard, McGill Law Journal
2001, S. 953, 958 ff.; Bieback, SGb 1994, S. 301, 303.
[79] Vgl. oben III.A.12.d.

(1) Art. 13 EGV

Mit der Neufassung des Europäischen Gemeinschaftsvertrags im Amsterdamer Vertrag ist mit Art. 13 EGV eine Ermächtigung der Gemeinschaft zu Vorkehrungen eingefügt worden, um im Rahmen der auf sie übertragenen Zuständigkeiten Diskriminierungen aus Gründen des Geschlechts, der Rasse, der ethnischen Herkunft, der Religion oder der Weltanschauung, einer Behinderung, des Alters oder der sexuellen Ausrichtung zu bekämpfen[80]. Diese Kompetenz soll vom Rat einstimmig nach Anhörung der Kommission und nach Anhörung des Europäischen Parlaments ausgeübt werden. Damit ist erstmals die Behinderung im europäischen Vertragsrecht angesprochen worden.

Der Integrationsprozess wurde mit dem Vertrag von Nizza 2000 und der dort proklamierten Charta der Grundrechte der Europäischen Union fortgeführt. Im Vertrag von Nizza ist Art. 13 Abs. 2 EGV angefügt worden, wonach der Rat im Verfahren der Mitentscheidung[81] über gemeinschaftliche Fördermaßnahmen entscheidet, um Maßnahmen zu unterstützen, mit denen die Mitgliedstaaten zur Verwirklichung der Antidiskriminierungsziele von Art. 13 Abs. 1 EGV beitragen.

Art. 13 EGV ist von der Kommission als entscheidender Schritt nach vorn bei der Förderung der Chancengleichheit von behinderten Menschen auf der Ebene der Europäischen Union angesehen worden[82]. Durch Art. 13 EGV hat die Union eine genuine Kompetenz für Regelungen gegen Diskriminierungen wegen einer Behinderung. Diese ist aber mit der relativ hohen Schwelle eines einstimmigen Beschlusses des Ministerrats mit Zustimmung des Europäischen Parlaments verbunden. Aus der Norm selbst lassen sich keine unmittelbaren Rechte ableiten, wohl aber kann sie die Auslegung des Gemeinschaftsrechts beeinflussen[83].

Auf Art. 13 Abs. 1 EGV gestützt ist die Richtlinie 2000/78/EG des Rates zur Festlegung eines allgemeinen Rahmens für die Verwirklichung der Gleichbehandlung in Beschäftigung und Beruf ergangen[84]. Durch den Begriff der Gleichbehandlung wird im Vergleich zum Begriff Diskriminierungsbekämpfung ein offensiverer Akzent gesetzt, da diese Formulierung auf positive statt nur auf defensive Maßnahmen hinweist, wie der Wirtschafts- und Sozialausschuss in seiner Stellungnahme ausführt[85]. In der Sache ergibt sich aber keine Differenz, da die Ermächtigung nach Art. 13 EGV das Spektrum möglicher gleichheitsbezogener Rechtsetzungsakte abdeckt. Eine spezifische Antidiskriminierungsrichtlinie für das Merkmal Behinderung in allen Lebensbereichen, wie sie mit der RL 2000/43/EG (Antirassismusrichtlinie) für den Bereich der rassistischen Diskriminierung geschaffen worden ist,

---

[80] Zur Entstehung: M. Meyer (2002), S. 45 ff.

[81] Art. 251 EGV; Art. III-396 EVV.

[82] KOM (2000) 284, S. 3

[83] Zuleeg in: von der Groeben/Schwarze, Rz 5; vgl. Meyer (2002), S. 48 f.

[84] RL 2000/78/EG des Rates vom 27. November 2000 zur Festlegung eines allgemeinen Rahmens für die Verwirklichung der Gleichbehandlung in Beschäftigung und Beruf, ABlEG Nr. L 303 vom 2. Dezember 2000, S. 16; zum Kontext der Maßnahmen nach Art. 13 EGV: Barnard, McGill Law Journal 2001, S. 955, 966 ff.

[85] Stellungnahme des Wirtschafts- und Sozialausschusses vom 25. Mai 2000 (2000/C 204/17), ABl. C 204/82, Ziffer 2.1.

ist bislang nicht erarbeitet und beschlossen worden, obwohl der Ausschuss der Regionen[86] und das Europäische Parlament[87] dies gefordert haben.

Der Beschluss des Rates über ein Aktionsprogramm zur Bekämpfung von Diskriminierungen[88] und der Beschluss des Rates über das Europäische Jahr der Menschen mit Behinderungen 2003[89] sind als Fördermaßnahmen auf Art. 13 EGV gestützt worden. Bereits in der Schlussakte der Regierungskonferenz von Amsterdam wurde eine Erklärung darüber aufgenommen, dass die Organe der Gemeinschaft bei allen Maßnahmen zur Angleichung von Rechts- und Verwaltungsvorschriften den Bedürfnissen von Personen mit Behinderung Rechnung tragen müssen[90]. Welche Rechtsakte und welche Gesetzgebungsverfahren dabei anzuwenden sind, richtet sich nach den Regelungen der einzelnen Politikbereiche. Die auf diese Weise geschaffene Querschnittskompetenz für die Bekämpfung von Diskriminierungen entspricht den politischen Prinzipien des „Mainstreaming" und „Streamlining", mit deren Hilfe dafür gesorgt werden soll, dass bestimmte Anliegen in der Formulierung aller Politikbereiche umfassend und von Anfang an berücksichtigt werden. Die Union ist bereits bisher in verschiedenen Bereichen entsprechend vorgegangen. So enthält die Richtlinie über die Anwendung des offenen Netzzugangs beim Sprachtelefondienst und den Universaldienst im Telekommunikationsbereich[91] eine Regelung, wonach die Mitgliedstaaten gegebenenfalls besondere Maßnahmen treffen, um den gleichberechtigten Zugang zu und die Erschwinglichkeit von festen Telefondiensten für behinderte Nutzer zu gewährleisten[92], die Richtlinie über Funkanlagen und Telekommunikationsendeinrichtungen[93] ermächtigt die Kommission, nähere Anforderungen an Geräte festzulegen, damit diese von behinderten Benutzern leichter genutzt werden können[94]. Dieses Vorgehen entspricht der in Art. III-3 des Entwurfs einer Europäischen Verfassung festgeschriebenen Querschnittskompetenz. Das sozialstaatliche Gebot, bei staatlichem Handeln die Interessen auch behinderter Menschen zu berücksichtigen, wird

---

[86]   Stellungnahme des Ausschusses der Regionen vom 8. August 2000 (2000/C 226/01), ABl. C 226/1, Ziffer 1.14.

[87]   Bericht des Europäischen Parlaments vom 11. Juli 2003, A5-0270/2003, S. 16.

[88]   Beschluss des Rates vom 27. November 2000 über ein Aktionsprogramm zur Bekämpfung von Diskriminierungen (2001–2006) (2000/750/EG), Abl. L 303/23 vom 2. Dezember 2000.

[89]   Beschluss des Rates vom 3. Dezember 2001 über das Europäische Jahr für Menschen mit Behinderungen 2003 (2001/903/EG); Abl. L 335/15 vom 19. Dezember 2001; vgl. zum EJMB Haack, DAngVers 2003, S. 328 ff.; Thielen, BG 2003, S. 436 ff.; BT-Drucks. 15/4575, S. 15, 172 f.; zu seiner wenig ermutigenden Bilanz: Dahesch, Das Parlament vom 1. März 2004.

[90]   Erklärung 22 zur Schlussakte der Regierungskonferenz von Amsterdam 1997; vgl. KOM (2000) 284, S. 8; Zuleeg in: von der Groeben/Schwarze, Rz 19 zu Art. 13 EGV; Meyer (2002), S. 70.

[91]   RL 98/10/EG des Europäischen Parlaments und des Rates vom 26. Februar 1998 über die Anwendung des offenen Netzzugangs (ONP) beim Sprachtelefondienst und den Universaldienst im Telekommunikationsbereich in einem wettbewerbsorientierten Umfeld vom 26. Februar 1998 (ABl. L 101/24 vom 1. April 1998).

[92]   Art. 8 RL 98/10/EG.

[93]   L 1999/5/EG des Europäischen Parlaments und des Rates vom 9. März 1999 über Funkanlagen und Telekommunikationsendeinrichtungen und die gegenseitige Anerkennung ihrer Konformität vom 9. März 1999 (ABl. L 91/10 vom 7. April 1999).

[94]   Art. 3 Abs. 3 lit. F RL 1999/5/EG.

so auf dem Wege der umfassenden Anwendung des Diskriminierungsverbots verwirklicht.

(2) Art. 21 Charta der Grundrechte

Die Charta der Grundrechte der Europäischen Union wurde vom Europäischen Rat am 7. Dezember 2000 in Nizza proklamiert[95]. Sie ist zu diesem Zeitpunkt nicht Bestandteil der Europäischen Verträge geworden, stellt aber eine verbindliche Willensäußerung des Europäischen Rates dar, die nach Art. 51 Charta der Grundrechte für die Organe, Einrichtungen, Ämter und Agenturen der Union unter Einhaltung des Subsidiaritätsprinzips und für die Mitgliedstaaten ausschließlich bei der Durchführung des Rechts der Union gelten soll. Sie kann somit jedenfalls zur Auslegung des Europäischen Rechts von diesen Behörden und von den Gerichten herangezogen werden.

In der Charta wurde im Kapitel III (Gleichheit) als Art. 21 Abs. 1 der Satz aufgenommen:

„Diskriminierungen insbesondere wegen des Geschlechts, der Rasse, der ethnischen oder sozialen Herkunft, der genetischen Merkmale, der Sprache, der Religion, der Weltanschauung, der politischen oder sonstigen Anschauung, der Zugehörigkeit zu einer nationalen Minderheit, des Vermögens, der Geburt, einer Behinderung, des Alters oder der sexuellen Ausrichtung sind verboten."

Aus der Charta der Grundrechte kann schon heute geschlossen werden, dass Art. 13 EGV nicht nur eine Ermächtigung für die Union zum Handeln ist, sondern auch eine materielle Aussage enthält. In der Kommentarliteratur ist umstritten, ob Art. 13 EGV ein Diskriminierungsverbot enthält oder voraussetzt[96]. Art. 21 der Charta der Grundrechte zeigt klar auf, dass ein solches Verbot gemeineuropäische Rechtsüberzeugung ist. Dies erlaubt auch Schlussfolgerungen darüber, ob das Anliegen der Bekämpfung von Diskriminierungen von der Unionskompetenz in anderen Rechtsbereichen umfasst ist. Wenn das Diskriminierungsverbot ein umfassend geltender Rechtssatz ist, muss es bei der Ausübung aller Kompetenzen beachtet werden.

Nach Art. 21 der Charta der Grundrechte ist auch die Diskriminierung wegen der genetischen Merkmale verboten. Behinderung ist nur in einer Minderheit der Fälle eine Folge genetischer Anlagen. Nicht alle genetischen Anlagen, die zum Anlass einer Diskriminierung genommen werden könnten, führen zu Behinderungen. Dennoch gibt es Berührungspunkte zwischen beiden Diskriminierungsverboten bei denjenigen Behinderungen, die mit von der Mehrheit abweichenden genetischen Merkmalen in der Regel zusammenfallen. Dies gilt z.B. für Menschen, die durch die genetische Konstellation der Trisomie 21 von der Mehrheit abweichen. Für diese Personengruppen ist somit klargestellt, dass Diskriminierungen auch insofern verboten sind, als sie alleine an die genetische Andersartigkeit und nicht an die mit ihr verbundenen Teilhabestörungen anknüpfen.

---

[95] Abl. C 364/1; vgl. oben III.A.12.e.
[96] Dafür: Zuleeg in: von der Groeben/Schwarze, Rz 1 zu Art. 13; Holoubek in: Schwarze, Rz 9 zu Art. 13 EGV.

Das Verbot der Diskriminierung wegen der genetischen Merkmale knüpft an die Konvention über Menschenrechte und Biomedizin[97] an[98]. Art. 11 dieser Konvention verbietet ebenfalls jede Form der Diskriminierung einer Person auf Grund ihres genetischen Erbes[99]. Die im Rahmen des Europarates erarbeitete Konvention ist in der deutschen und europäischen Öffentlichkeit umstritten. Sie ist von Deutschland bisher weder unterzeichnet noch ratifiziert worden. Art. 11 der Konvention gehört aber nicht zu den umstrittenen Regelungen.

(3) Europäischer Verfassungsvertrag

Im Entwurf des Europäischen Verfassungsvertrags[100] ist bereits in den grundlegenden Zielen der Union die Bekämpfung von Ausgrenzung und Diskriminierungen benannt[101]. Die Charta der Grundrechte der Union soll als Teil II vollwertiger Teil des Europäischen Verfassungsvertrags werden[102], so dass das Diskriminierungsverbot aus der Charta in der Europäischen Verfassung verankert sein würde[103].

Für die Europäische Union gilt das Prinzip der begrenzten Einzelermächtigung. Dies soll auch nach dem Verfassungsvertrag so bleiben. Die Union soll nur auf denjenigen Feldern durch Europäische Gesetze, Rahmengesetze, Europäische Verordnungen und Europäische Beschlüsse tätig werden können, wenn ihr eine Zuständigkeit in der Europäischen Verfassung ausdrücklich zugewiesen ist[104]. Nach dem Verfassungsvertrag zielt die Union aber bei der Durchführung und den Maßnahmen der in Teil III des Europäischen Verfassungsvertrags genannten Bereiche darauf ab, Diskriminierungen zu bekämpfen[105]. In Teil III des Verfassungsvertrags sind alle Ermächtigungen der Union in den Bereichen Nichtdiskriminierung und Unionsbürgerschaft, Verwirklichung des Binnenmarkts, Freizügigkeit und freier Dienstleistungsverkehr, freier Warenverkehr, Kapital- und Zahlungsverkehr, Wettbewerbsregeln, Steuerliche Vorschriften, Wirtschaftspolitik, Währungspolitik, Beschäftigung, Sozialpolitik, wirtschaftlicher, sozialer und territorialer Zusammenhalt, Landwirtschaft und Fischerei, Umwelt, Verbraucherschutz, Verkehr, transeuropäische Netze, Forschung, Energie, Asyl und Einwanderung, justizielle Zusammenarbeit, polizeiliche Zusammenarbeit, Gesundheitswesen, Industrie, Kultur, Bildung, Jugend und Sport, Katastrophenschutz, gemeinsame Außen- und Sicherheitspolitik, gemeinsame Handelspolitik, Entwicklungszusammenarbeit, wirtschaftliche, finanzielle und technische Zusammenarbeit mit Drittländern, humanitäre Hilfe, restriktive Maßnahmen und internationale Übereinkünfte enthalten.

---

[97] Convention for the Protection of Human Rights and Dignity of the Human Being with regard to the Application of Biology and Medicine: Convention of Human Rights and Biomedicine, ETS 164; aufgelegt in Oviedo am 4. April 1997.

[98] Vgl. K. Fischer (2001), S. 531.

[99] „*Any form of discrimination against a person on grounds of his or her genetic heritage is prohibited.*"

[100] BT-Drucks. 15/4900.

[101] Art. I-3 Abs. 3 EVV; vgl. oben III.A.12.e.

[102] Art. I-9 EVV.

[103] Art. II-81 Abs. 1 EVV.

[104] Art. I-11 Abs. 1 EVV; zu den Rechtsakten vgl. Art. I-33.

[105] Art. III-118 EVV.

In allen diesen Bereichen soll die Union in ihren Rechtsakten das Prinzip der Nichtdiskriminierung zur Geltung bringen können. Damit soll für die Bekämpfung von Diskriminierungen wegen der Behinderung eine alle Bereiche ihrer Tätigkeit umfassende Kompetenz der Union geschaffen werden. Dem liegt die Erkenntnis zu Grunde, dass in den meisten Gemeinschaftsbereichen für behinderte Menschen relevante Maßnahmen durchgeführt werden, namentlich in den Bereichen Beschäftigung, Bildung, Transport, Binnenmarkt, Informationsgesellschaft, neue Technologien und Verbraucherpolitik[106].

Art. 13 EGV soll im Verfassungsvertrag in so veränderter Form übernommen werden, dass nun die für die Bekämpfung von Diskriminierungen wegen der genannten Merkmale erforderlichen Maßnahmen durch ein Europäisches Gesetz oder Rahmengesetz des Ministerrates festgelegt werden, der hierüber einstimmig nach Zustimmung des Europäischen Parlaments beschließt[107]. Durch die veränderten Entscheidungswege nach dem EVV würde zukünftig das Europäische Parlament im Rahmen der Gesetzgebung beteiligt und müsste zustimmen, statt bisher nur angehört zu werden[108]. Das Europäische Parlament hatte im Hinblick auf eine künftige Europäische Verfassung gefordert, dass alle auf Rechtsgrundlage des Diskriminierungsverbots vorgeschlagenen Maßnahmen künftig nicht mehr einstimmig, sondern mit qualifizierter Mehrheit beschlossen werden sollten[109], hat sich aber damit nicht durchsetzen können. Die Übereinstimmung des Unionsrechts und der Rechtsakte der Union mit der Charta könnte dann im Vertragsverletzungsverfahren[110] und in individuellen Klagen – allerdings nur gegen Einzelakte –[111] vor dem Europäischen Gerichtshof überprüft werden.

(4) Gleichbehandlungsrahmenrichtlinie (RL 2000/78)

Die Richtlinie 2000/78/EG des Rates zur Festlegung eines allgemeinen Rahmens für die Verwirklichung der Gleichbehandlung in Beschäftigung und Beruf ist auf Art. 13 EGV gestützt[112]. In den Begründungserwägungen bezieht sich der Rat auf den Schutz der Behinderten nach der Charta der sozialen Grundrechte der Arbeitnehmer (Lit. 6), auf die beschäftigungspolitischen Leitlinien für 2000 und die Notwendigkeit, einen Arbeitsmarkt zu schaffen, der die soziale Eingliederung fördert (Lit. 7), auf die Bedeutung der Bekämpfung von Diskriminierung für die Ziele des EGV, namentlich für ein hohes Beschäftigungsniveau, ein hohes Maß an sozialem Schutz, die Hebung des Lebensstandards und der Lebensqualität, für den wirt-

---

106 KOM (2000) 284., S. 3
107 Art. III-124 Abs. 1 Satz 1 EVV.
108 Art. III-124 Abs. 1 Satz 2 EVV.
109 Entschließung des Europäischen Parlaments zu der Mitteilung der Kommission „Auf dem Weg zu einem rechtsverbindlichen Instrument der Vereinten Nationen zur Förderung und zum Schutz der Rechte und der Würde der Menschen mit Behinderungen", Dokument A5-0270/2003 vom 11. Juli 2003, S. 7.
110 Art. III-365 Abs. 2 EVV.
111 Art. III-365 Abs. 4 EVV.
112 Vgl. dazu Mohr (2004), S. 188 ff.; Waddington/Bell, CMLR 2001, S. 587 ff.; Thüsing, ZfA 2001, S. 397 ff.; Thüsing,. NZA 2001, S. 1061 ff.; J.-H. Bauer, NJW 2001, S. 2672 ff.; von Koppenfels, WM 2002, S. 1489 ff.; Coen, ArbuR 2000, S. 11 f.

schaftlichen und sozialen Zusammenhalt, die Solidarität und die Freizügigkeit (Lit. 11). Beim Entwurf der Richtlinie hat sich der Gemeinschaftsgesetzgeber insbesondere vom irischen Employment Equality Act inspirieren lassen, der darum bei der Auslegung herangezogen wird[113].

(a) Inhalt. In Art. 1 RL 2000/78 wird als Ziel der Richtlinie die Schaffung eines allgemeinen Rahmens zur Bekämpfung der Diskriminierung wegen der Religion oder der Weltanschauung, einer Behinderung, des Alters oder der sexuellen Ausrichtung in Beschäftigung und Beruf im Hinblick auf die Verwirklichung des Grundsatzes der Gleichbehandlung in den Mitgliedstaaten definiert. Der Gleichbehandlungsgrundsatz bedeutet, dass es keine unmittelbare oder mittelbare Diskriminierung wegen dieser Gründe geben darf[114]. Die unmittelbare und mittelbare Diskriminierung werden definiert[115]. Auch Belästigungen gelten als Diskriminierungen und werden näher umschrieben[116]. Die Richtlinie gilt für alle Personen in öffentlichen und privaten Bereichen einschließlich öffentlicher Stellen in Bezug auf die Bedingungen für den Zugang zu selbstständiger und unselbstständiger Erwerbstätigkeit, zu allen Formen und Ebenen der Berufsberatung, der Berufsausbildung, der beruflichen Weiterbildung und der Umschulung, die Beschäftigungs- und Arbeitsbedingungen und die Mitgliedschaft in Arbeitnehmer-, Arbeitgeber- und Berufsorganisationen[117]. Ausgenommen sind Leistungen jeder Art seitens der staatlichen Systeme der sozialen Sicherheit und des sozialen Schutzes[118]. Die Mitgliedstaaten können vorsehen, dass die Richtlinie hinsichtlich Diskriminierungen wegen einer Behinderung und wegen des Alters nicht für die Streitkräfte gilt[119]. Keine Diskriminierung muss angenommen werden, wenn das betreffende Merkmal aufgrund der Art einer bestimmten beruflichen Tätigkeit oder der Bedingungen ihrer Ausübung eine wesentliche und entscheidende berufliche Anforderung darstellt[120]. Der Gleichbehandlungsgrundsatz hindert die Mitgliedsstaaten nicht daran, zur Gewährleistung der völligen Gleichstellung im Berufsleben spezifische Maßnahmen beizubehalten oder einzuführen, mit denen Benachteiligungen verhindert oder ausgeglichen werden[121].

Speziell auf das Merkmal der Behinderung bezogen ist die Forderung nach angemessenen Vorkehrungen, die Arbeitgeber treffen müssen, um die Anwendung des Gleichbehandlungsgrundsatzes auf behinderte Menschen zu gewährleisten[122]. Weiterhin ist festgelegt, dass der Gleichbehandlungsgrundsatz behinderter Menschen Maßnahmen zum Schutz der Gesundheit und der Sicherheit am Arbeitsplatz

---

[113] Employment Equality Act vom 18. Juni 1998; Pierre Kummer (2003), S. 71.
[114] Art. 2 Abs. 1 RL 2000/78.
[115] Art. 2 Abs. 2 RL 2000/78.
[116] Art. 2 Abs. 3 RL 2000/78.
[117] Art. 3 Abs. 1 RL 2000/78.
[118] Art. 3 Abs. 3 RL 2000/78; vgl. Pierre Kummer (2003), S. 48 f.
[119] Art. 3 Abs. 4 RL 2000/78.
[120] Art. 4 Abs. 1 RL 2000/78; kein Arbeitgeber ist also verpflichtet, einen Rollstuhlfahrer als Bauarbeiter einzustellen, wie Adomeit, NJW 2003, S. 1162, zu vermuten scheint.
[121] Art. 7 Abs. 1 RL 2000/78.
[122] Art. 5 RL 2000/78; vgl. Högenauer (2002), S. 154 f.

sowie Vorkehrungen zur Eingliederung behinderter Menschen in die Arbeitswelt nicht entgegensteht[123].

Die Mitgliedstaaten sind verpflichtet, sicherzustellen, dass alle Personen, die sich durch die Nichtanwendung des Gleichbehandlungsgrundsatzes in ihren Rechten für verletzt halten, ihre Ansprüche aus der Richtlinie rechtlich geltend machen können und dabei auch von Verbänden, Organisationen oder anderen juristischen Personen unterstützt werden können[124]. Zur besseren Durchsetzung des Gleichbehandlungsgrundsatzes sollen die Mitgliedstaaten Maßnahmen ergreifen, die beinhalten, dass immer dann, wenn Personen, die sich durch seine Nichtanwendung für verletzt halten und Tatsachen glaubhaft machen, die das Vorliegen einer Diskriminierung vermuten lassen, es der beklagten Person obliegen soll, zu beweisen, dass der Gleichbehandlungsgrundsatz nicht verletzt ist[125]. Weiterhin sollen die Mitgliedstaaten den sozialen Dialog zwischen Arbeitgebern und Arbeitnehmern[126], sowie mit Nichtregierungsorganisationen[127] fördern, um die Ziele der Richtlinie durchzusetzen.

(b) Umsetzung. Die Mitgliedstaaten waren verpflichtet, die erforderlichen Rechts- und Verwaltungsvorschriften zur Umsetzung der Richtlinie bis zum 2. Dezember 2003 zu erlassen[128]. Dies bedeutet eine Umsetzung in Rechtsvorschriften, die eine vollständige Anwendung der Richtlinie in hinreichend bestimmter und klarer Weise gewährleisten[129]. Um besonderen Bedingungen Rechnung zu tragen, waren die Mitgliedstaaten berechtigt, eine Zusatzfrist von zwei Jahren in Anspruch zu nehmen, um die Bestimmungen der Richtlinie über die Diskriminierung wegen des Alters und einer Behinderung umzusetzen[130]. Die deutsche Bundesregierung hat erklärt, diese Frist für die Umsetzung der Bestimmungen über die Diskriminierung wegen des Alters in Anspruch zu nehmen. Für das Merkmal Behinderung ist die Bundesregierung der Auffassung, dass durch das SGB IX und hier insbesondere die arbeitsrechtlichen Benachteiligungsverbote für schwerbehinderte Menschen[131] die Gleichbehandlungsrahmenrichtlinie zumindest weitgehend umgesetzt sei. Die Kommission hat mittlerweile ein Vertragsverletzungsverfahren gegen Deutschland, Österreich, Belgien, Finnland, Griechenland und Luxemburg eingeleitet, weil sie die Richtlinien nicht hinreichend umgesetzt sieht und hat diesen Staaten zunächst eine Frist von zwei Monaten für eine begründete Stellungnahme eingeräumt[132]. Die Fraktionen SPD und Bündnis 90/Die Grünen haben im Dezember 2004 den

---

123 Art. 7 Abs. 2 RL 2000/78; vgl. Högenauer (2002), S. 153 f.
124 Art. 9 RL 2000/78.
125 Art. 10 RL 2000/78.
126 Art. 13 RL 2000/78.
127 Art. 14 RL 2000/78; vgl. oben III.A.11.f.; III.D.6.f.
128 Art. 18 Satz 1 RL 2000/78; vgl. Husmann, ZESAR 2005, S. 107 ff., 167 ff.
129 EuGH vom 30. Mai 1991, Rs. C-361/88, Slg. I-1991, S. 2567, 2601 (TA Luft); Högenauer (2002), S. 159; von Roetteken, NZA 2001, S. 414, 416.
130 Art. 18 Satz 4 RL 2000/78.
131 § 81 Abs. 2–4 SGB IX.
132 Mitteilung Nr. IP/04/947 vom 19. Juli 2004; kritisch auch das Grünbuch der Kommission, BR-Drucks, 501/04, S. 17; vgl. Högenauer (2002), S. 160 f.

Entwurf eines Gesetzes zur Umsetzung europäischer Antidiskriminierungsrichtlinien in den Bundestag eingebracht[133].

Diese bisher geäußerte Auffassung der Bundesregierung stieß auf Kritik. Es wird bezweifelt, dass der Anwendungsbereich des Schwerbehindertenrechts für eine Umsetzung der Richtlinie hinreichend weit ist. Im europäischen Recht gibt es den besonderen Begriff der schwerbehinderten Menschen nicht. Da es gegenwärtig keinen durch Rechtsnormen oder Entscheidungen des EuGH geklärten Behinderungsbegriff des europäischen Rechts gibt, sind zunächst die Behinderungsbegriffe des nationalen Rechts als maßgebend anzusehen. Da auch im deutschen Recht schwerbehinderte Menschen nur ein Teil der behinderten Menschen im Sinne des Sozialrechts und Gleichstellungsrechts sind, ergibt sich daraus, dass die Richtlinie für behinderte Menschen, die nicht als schwerbehindert anerkannt sind, nicht hinreichend umgesetzt ist[134]. Dazu kommt, dass der in der Richtlinie geforderte Schadensersatzanspruch eines behinderten Beschäftigten für den Fall einer Diskriminierung im Arbeitsverhältnis nicht umgesetzt ist[135].

(c) Richtlinienkonforme Auslegung deutschen Rechts? Sieht man die Gleichbehandlungsrahmenrichtlinie als nicht hinreichend umgesetzt an, so kommt bis zum Inkrafttreten weitergehenden Rechts eine richtlinienkonforme Auslegung des deutschen Rechts in Betracht. Dies könnte bedeuten, die entsprechenden Regelungen des arbeitsrechtlichen Schwerbehindertenrechts entsprechend auf behinderte Menschen anzuwenden, die nicht als schwerbehindert anerkannt sind. Das Gebot der gemeinschaftsrechtskonformen Auslegung folgt aus dem Grundsatz der Gemeinschaftstreue[136]. Es ist in der Rechtsprechung der deutschen Gerichte anerkannt[137]. Das Bundesarbeitsgericht hat aber auch die Grenzen einer richtlinienkonformen Auslegung aufgezeigt. Danach kann diese nur innerhalb der Grenzen des Wortlauts einer Norm erfolgen[138]. Durch die Beschränkung auf schwerbehinderte Menschen sind die entsprechenden Vorschriften des SGB IX nach Wortlaut und gesetzgeberischer Intention eindeutig. Eine über den Wortlaut hinaus gehende Auslegung ist daher nicht möglich. Möglich wäre es aber, die Generalklauseln des Zivilrechts über Treu und Glauben und sittenwidrige Rechtsgeschäfte richtlinienkonform so auszulegen, dass benachteiligende Rechtsgeschäfte davon erfasst werden[139].

(d) Unmittelbare Anwendung der Richtlinie? In Betracht käme auch eine unmittelbare Wirkung der Richtlinie. Grundsätzlich kommt Richtlinien keine unmittel-

---

133 BT-Drucks. 15/4538 vom 16. Dezember 2004.

134 Oppermann, ZESAR 2004, S. 284, 290; Pierre Kummer (2003), S. 125; Högenauer (2002), S. 188.

135 Högenauer (2002), S. 189.

136 Art. 10 EGV; Art. I-5 EVV.

137 BVerfG vom 8. April 1987, BVerfGE 75, 223, 240; BAG vom 2. April 1996, BAGE 82, 349; BGH vom 9. April 2002, BGHZ 150, 248.

138 BAG vom 18. Februar 2003, NZA 2003, S. 742 ff. (Bereitschaftsdienst als Arbeitszeit im Sinne der Arbeitszeitrichtlinie).

139 Dazu und zum begrenzten Nutzen dieser Möglichkeiten: Thüsing, NJW 2003, S. 3441, 3444 f.

bare Wirkung zu, sondern sie bedürfen der Umsetzung durch die Mitgliedstaaten. In Ausnahmefällen können Richtlinien aber auch unmittelbare Wirkung entfalten. Nach ständiger Rechtsprechung des Europäischen Gerichtshofs kann sich ein Mitgliedstaat, der eine Richtlinie nicht ordnungsgemäß und fristgerecht umgesetzt hat, seinen Bürgerinnen und Bürgern gegenüber nicht auf diese Säumigkeit berufen. Im Interesse der praktischen Durchsetzung des Gemeinschaftsrechts kommt der Richtlinie in diesem Fall unmittelbare Wirkung zu, wenn sie hinreichend bestimmt ist[140]. Eine solche unmittelbare Wirkung auf Grund staatlicher Säumnis kann sich aber auch nur gegen den Staat richten. Sie kann zwischen privaten Arbeitgebern und Beschäftigten keine unmittelbare Anspruchsbeziehung begründen[141]. Eine unmittelbare Anwendung der Gleichbehandlungsrahmenrichtlinie kommt somit nur gegenüber dem Staat als Arbeitgeber in Betracht.

d) Europäische Menschenrechtskonvention

Die Konvention zum Schutze der Menschenrechte und Grundfreiheiten (Europäische Menschenrechtskonvention, EMRK) vom 4. November 1950 ist von der Bundesrepublik Deutschland 1952 ratifiziert worden[142] und am 3. September 1953 in Kraft getreten. Ihr sind alle 45 Mitgliedstaaten des Europarats beigetreten. Die EMRK hat in Deutschland als völkerrechtlicher Vertrag den Rang einfachen Rechts[143]. Durch den Grundsatz der Völkerrechtstreue wirkt die EMRK aber auf die Auslegung einfachen Rechts und des Grundgesetzes ein[144]. Die Europäische Union strebt nach politischen Bekundungen und dem Europäischen Verfassungsvertrag den Beitritt zur EMRK an[145] und garantiert ein Schutzniveau, das dem EMRK mindestens entsprechen muss[146]. Der EuGH hat die EMRK schon bisher als Erkenntnisquelle für das Unionsrecht anerkannt[147]. Die Einhaltung der EMRK kann seit 1998 im Individualbeschwerdeverfahren vor dem Europäischen Gerichtshof für Menschenrechte (EGMR) in Straßburg überprüft werden.

(1) Gleiche Freiheiten: Art. 14 EMRK

Nach Art. 14 EMRK ist von den Vertragsstaaten der Genuss der in der Konvention anerkannten Rechte und Freiheiten ohne Diskriminierung insbesondere wegen des Geschlechts, der Rasse, der Hautfarbe, der Sprache, der Religion, der politischen

---

[140] EuGH vom 5. April 1979, Rs. 148/78, Sgl. 1979, 1629 (Ratti); EuGH vom 12. Juli 1990, C-188/89, Sgl. 1990, I-3313, 3343 (Foster); EuGH vom 4. Dezember 1997, C-253/96 bis C-258/96, Sgl. 1997, I-6907 (Kampelmann).
[141] EuGH vom 14. Juli 1994, C-91/92, Slg. 1994, I-3325, 3347 (Faccini Dori); BAG vom 18. Februar 2003, NZA 2003, S. 742 ff. (Arbeitszeit-Richtlinie).
[142] Ratifikation am 5. Dezember 1952, Bekanntmachung vom 15. Dezember 1953 (BGBl. II 1954 S. 14).
[143] Vgl. BVerfG vom 14. Januar 1960, BVerfGE 10, 271, 274 (keine Verfassungsbeschwerde bei Verstoß gegen Menschenrechtskonvention); vgl. oben III.B.10.
[144] A. Peters (2003), S. 3 f.
[145] Art. I-9 Abs. 2 EVV.
[146] Art. II-113 EVV; vgl. A. Peters (2003), S. 31.
[147] EuGH vom 23. Oktober 2003, Rs. C-245/01 (RTL), DVBl. 2004, S. 185 ff.; EuGH, Rs. C-60/00 (Carpenter), Slg. 2002 I-6279; vgl. A. Peters (2003), S. 27 ff.; Kischel, EuGRZ 1997, S. 1, 10.

oder sonstigen Anschauung, der nationalen oder sozialen Herkunft, der Zugehörigkeit zu einer nationalen Minderheit, des Vermögens, der Geburt oder eines sonstigen Status zu gewährleisten. In dieser Aufzählung ist das Merkmal der Behinderung nicht erwähnt. Es ist aber anerkannt, dass für behinderte Menschen ihre Behinderung einen sonstigen Status im Sinne von Art. 14 EMRK darstellen kann[148]. Die Vorschrift soll sicherstellen, dass alle Menschenrechte und Grundfreiheiten von allen der Hoheitsgewalt der Vertragsstaaten unterstehenden Personen in Anspruch genommen werden können[149]. Merkmale und soziale Situationen, die zu Diskriminierungen führen könnten, sind daher als sonstiger Status im Sinne von Art. 14 EMRK anzusehen. Die soziale Erfahrung, die Verfassungsentwicklung der Mitgliedstaaten und der Europäischen Gemeinschaft sowie die Standard Rules der Vereinten Nationen sprechen dafür, dass der Tatbestand der Behinderung Relevanz für Diskriminierungen bei der Ausübung von Menschenrechten und Grundfreiheiten hat.

Art. 14 EMRK ist akzessorisch zu den in der Konvention benannten Menschenrechten und Grundfreiheiten. Mit dem Artikel sind nur diejenigen Ungleichbehandlungen verboten, welche sich auf diese Rechte beziehen. Damit sind aber bereits fundamentale Rechte eingeschlossen wie das Recht auf Leben, das Verbot der Folter, der Sklaverei und Zwangsarbeit, das Recht auf Freiheit und Sicherheit, auf ein faires Verfahren, auf Achtung des Privat- und Familienlebens, Gedanken-, Gewissens- und Religionsfreiheit, Freiheit der Meinungsäußerung, Versammlungs- und Vereinigungsfreiheit, das Recht auf Eheschließung und das Recht auf wirksame Beschwerde[150]. Art. 14 EMRK führt zu einer Prüfung von Diskriminierungen, die strenger ist als eine bloß am allgemeinen Gleichheitssatz orientierte Prüfung, die aber kein striktes Anknüpfungsverbot enthält, wie es bei den strengen Gleichheitssätzen im deutschen Recht der Fall ist. Sie ähnelt damit insofern der Prüfung nach dem strengeren Maßstab der neuen Formel zu Art. 3 Abs. 1 GG, die das BVerfG für diejenigen Fälle entwickelt hat, in denen eine Ungleichbehandlung an einem nicht sachbezogenen, sondern personenbezogenen Merkmal anknüpft[151].

Der EGMR hat in der Rechtssache *Pretty* gegen Vereinigtes Königreich[152] eine Diskriminierung wegen der Behinderung für möglich gehalten, im konkreten Fall aber abgelehnt. In der Rechtssache *Pretty* hatte die gelähmte Beschwerdeführerin gerügt, dass ihr das britische Recht unmöglich mache, sich von ihrem Ehemann töten zu lassen, da dieser für Tötung auf Verlangen bestraft werde. Damit werde sie in ihren Rechten auf Freiheit vor erniedrigender Behandlung und auf Privatleben beeinträchtigt, indem ihr das Recht auf Selbsttötung wegen ihrer Behinderung praktisch verwehrt sei. Der EGMR sah den behaupteten Eingriff in das Recht auf Privatleben als gegeben an, sah ihn und die dabei verwirklichte Ungleichbehandlung bestimmter behinderter Menschen aber als durch die Schutzzwecke des Tö-

---

[148] A. Peters (2003), S. 221.
[149] Vgl. Art. 1 EMRK.
[150] Artt. 2–13 EMRK.
[151] A. Peters (2003), S. 219.
[152] EGMR vom 29. April 2002, NJW 2002, S. 2851; vgl. § 216 StGB und BVerfG vom 23. Juli 1987, BVerfGE 76, 248.

tungsverbots als gerechtfertigt an. Für den Gleichheitssatz ist interessant, dass der EGMR auch die rechtliche Gleichbehandlung, die sich im Schutzbereich einer Grundfreiheit ausgewirkt hat, am Maßstab von Art. 14 EMRK überprüft hat und damit grundsätzlich den Maßstab auf die Rechtfertigung von Gleichbehandlungen bei ungleichen Vorbedingungen ausgedehnt hat.

(2) Gleichheitsrecht (12. Protokoll zur EMRK)

Ein weitergehendes Diskriminierungsverbot enthält das zwölfte Protokoll zur EMRK[153]. Dieses sieht in Art. 1 vor:

„(1) Der Genuss eines jeglichen Rechtes, das gesetzlich eingeräumt ist, soll gewährleistet werden ohne Diskriminierung aufgrund insbesondere des Geschlechts, der Rasse, der Hautfarbe, der Sprache, der Religion, in den politischen oder sonstigen Anschauungen, in nationaler oder sozialer Herkunft, in der Zugehörigkeit zu einer nationalen Minderheit, in Vermögen, in der Geburt oder im sonstigen Status.

(2) Niemand darf von einer öffentlichen Behörde aus einem Grund wie den Obengenannten diskriminiert werden."[154]

Das zwölfte Protokoll ist am 4. November 2000 zur Unterzeichnung aufgelegt worden und bisher von 27 Staaten unterzeichnet worden, darunter Deutschland. Ratifiziert haben das Protokoll erst drei Staaten. Voraussetzung für das Inkrafttreten sind zehn Ratifikationen[155]. Deutschland und die Schweiz haben bei der Ratifizierung einen Vorbehalt angebracht, wonach sie das zwölfte Protokoll nur im Zusammenhang mit den übrigen Garantien des Vertrages gegen sich gelten lassen wollen[156].

Als nicht akzessorisches Diskriminierungsverbot wird das zwölfte Protokoll einen wesentlich weiteren Anwendungsbereich haben als Art. 14 EMRK. Es verbietet jede diskriminierende Ungleichbehandlung in gesetzlichen Regelungen oder behördlichem Handeln. Durch die Anknüpfung an den Wortlaut von Art. 14 EMRK ergibt sich, dass das Merkmal der Behinderung aus den gleichen Gründen und ebenso als sonstiger Status im Sinne des Protokolls angesehen werden muss[157]. In der Präambel des zwölften Protokolls wird ausgeführt, dass das Prinzip der Nichtdiskriminierung Unterzeichnerstaaten nicht hindert, Maßnahmen zu ergreifen, die volle und effektive Gleichheit fördern sollen, wenn es hierfür objektive und vernünftige Gründe gibt[158]. Andere Rechtfertigungsgründe für Ungleichbehandlungen sind im Protokoll nicht aufgeführt. Hieraus kann sich auch ein strengerer Maßstab dafür ergeben, welche Ungleichbehandlungen als willkürlich und damit diskriminierend angesehen werden.

---

[153] Protocol No 12 to the Convention for the Protection of Human Rights and Fundamental Freedoms, ETS No 177, zur Unterzeichnung aufgelegt in Rom am 4. November 2000.
[154] Nicht offizielle Übersetzung, A. Peters (2003), S. 229.
[155] Vgl. A. Peters (2003), S. 229.
[156] Trechsel in: Wolfrum (2003), S. 119, 127.
[157] Vgl. A. Peters (2003),
[158] *„(...) Reaffirming that the principle of non-discrimination does not prevent States Parties from taking measures in order to promote full and effective equality, provided that there is an objective and reasonable justification for those measures, (...)"*

e) Internationale Menschenrechtspakte

Die Internationalen Menschenrechtspakte über bürgerliche und politische Rechte sowie über wirtschaftliche, soziale und kulturelle Rechte von 1966[159] sind von der Bundesrepublik Deutschland ratifiziert worden und gelten als völkerrechtliche Verpflichtungen im Range einfachen Bundesrechts. Sie können also bei der Anwendung und Auslegung von Bundes- und Landesrecht im Sinne einer völkerrechtsfreundlichen Auslegung herangezogen werden. Die Menschenrechtspakte werden durch ein Berichtssystem beim Ausschuss für Menschenrechte[160] und dem Wirtschafts- und Sozialrat der Vereinten Nationen[161] evaluiert und überwacht. Dabei werden regelmäßig auch Fragen der spezifischen Einhaltung der Menschenrechte für behinderte Menschen angesprochen.

(1) Gleiche Menschenrechte

Nach den fast gleichlautenden Einleitungsbestimmungen im Pakt über bürgerliche und politische Rechte[162] und im Pakt über wirtschaftliche, soziale und kulturelle Rechte[163] verpflichten sich die Vertragsstaaten, die in den Pakten anerkannten Rechte zu achten und zu gewährleisten, dass sie ohne Unterschied insbesondere der Rasse, der Hautfarbe, des Geschlechts, der Sprache, der Religion, der politischen oder sonstigen Anschauung, der nationalen oder sozialen Herkunft, des Vermögens, der Geburt oder sonstigen Status ausgeübt werden können. Damit werden diese Pakte als Instrumente der universellen Menschenrechte gekennzeichnet und Tatbestände benannt, die besonders für staatliche und gesellschaftliche Diskriminierung anfällig sind. Der Tatbestand der Behinderung ist nicht genannt. Es besteht jedoch ein breiter Konsens, dass, wie bei Art. 14 EMRK, die Behinderung unter den Begriff des sonstigen Status zu fassen ist[164]. Dies ist für den Pakt über wirtschaftliche, soziale und kulturelle Rechte im General Comment No. 5 „Persons with disabilities" ausdrücklich bestätigt[165].

(2) Gleicher Schutz durch das Gesetz

Im Anschluss an das Recht auf Gleichheit vor dem Gesetz und gleichen Schutz durch das Gesetz ist im Internationalen Pakt über bürgerliche und politische Rechte ausgeführt, dass das Gesetz jede Diskriminierung zu verbieten hat und allen Menschen gegen jede Diskriminierung wie insbesondere wegen der bereits in Art. 2 Abs. 1 IPBPR genannten Merkmale gleichen und wirksamen Schutz zu gewähren haben[166]. Damit deutet der Wortlaut darauf hin, dass die auf Verwirklichung der Rechte in der sozialen Wirklichkeit zielende Schutzkomponente des

---

159   Vgl. oben III.A.13.b.
160   Vgl. Artt. 26–45 IPBPR; Fakultativprotokoll zum IPBPR vom 19. Dezember 1966, BGBl. 1992 II, S. 1247.
161   Vgl. Artt. 16–22 IPWSKR.
162   Art. 2 Abs. 1 IPBPR.
163   Art. 2 Abs. 2 IPWSKR.
164   Degener/Quinn (2002), S. 40 (für den IPBPR), S. 58 (für den IPWSKR).
165   Degener/Quinn (2002), S. 56 ff.
166   Art. 26 Satz 2 IPBPR.

Gleichheitsrechts im IPBPR in besonderem Maße für die von staatlicher und gesellschaftlicher Benachteiligung gefährdeten Gruppen gilt[167]. Die Statuierung einer solchen Schutzpflicht aus dem Pakt ist jedoch umstritten[168]. Entstehungsgeschichte und Wortlaut der Norm sprechen aber für einen auch sozialen Inhalt[169]. Auch für diese Bestimmung kann Behinderung als „sonstiger Status" angesehen werden.

f) Gleichstellungsrecht

Mit den Gesetzen des Bundes und zahlreicher Länder zur Gleichstellung behinderter Menschen hat der besondere Gleichheitssatz wegen einer Behinderung zusätzlich Quellen und Ausgestaltungen im einfachen Recht gefunden[170]. Im Behindertengleichstellungsgesetz des Bundes sind die Bundesverwaltung, die bundesunmittelbaren Körperschaften, Anstalten und Stiftungen des öffentlichen Rechts sowie die unmittelbare und mittelbare Landesverwaltung, soweit sie Bundesrecht ausführt, dazu verpflichtet, behinderte Menschen nicht zu benachteiligen[171]. Sie müssen weiterhin die Ziele des Gesetzes aktiv fördern und sie bei der Planung von Maßnahmen beachten[172]. Zu diesen Zielen gehört, die Benachteiligung von behinderten Menschen zu beseitigen und zu verhindern und ihre gleichberechtigte Teilhabe am Leben in der Gesellschaft zu gewährleisten[173]. Die allgemeinen Benachteiligungsverbote in den Gleichstellungsgesetzen der Länder wenden sich an die mittelbare und unmittelbare Landesverwaltung einschließlich der Gemeinden und Gemeindeverbände und sind ähnlich formuliert[174]. Ausgenommen von der Anwendung sind in Bayern die Staatsanwaltschaften, der Bayerische Rundfunk und die Bayerische Landeszentrale für neue Medien[175]. In Sachsen und Hessen werden die Gemeinden und Landkreise nicht einbezogen, sondern nur auf das Benachteiligungsverbot des Grundgesetzes hingewiesen[176]. Bei Vereinigungen, Einrichtungen und Unternehmen, deren Anteile sich unmittelbar oder mittelbar ganz oder überwiegend in öffentlicher Hand befinden, wirken die Länder Bayern und das Saarland darauf hin, dass sie diese Ziele berücksichtigen[177]. In Berlin und Sachsen-Anhalt gilt das Benachteiligungsverbot für öffentliche Unternehmen uneingeschränkt[178]. In Sachsen-Anhalt sollen auch Empfänger öffentlicher Zuwendungen

---

[167] Kischel, EuGRZ 1997, S. 1, 11.
[168] Dagegen: Tomuschat in FS Schlochauer, S. 691, 705, 716.
[169] Nickel (1999), S. 101.
[170] Vgl. Straßmair (2002), S. 289 ff.; Theben in: Igl/Welti (2001), S. 33 ff.; zu den ersten Forderungen vgl. A. Jürgens, ZRP 1993, S. 129 ff.; vgl. oben III.A.11.e.
[171] § 7 Abs. 2 BGG.
[172] § 7 Abs. 1 Satz 1 und 2 BGG.
[173] § 1 Satz 1 BGG.
[174] Art. 9 Abs. 1 Satz 1 BayBGG; § 1 Abs. 2 Satz 1 BerlLGBG; § 6 Abs. 1 Satz 1 BbgBGG; §§ 5, 6 Abs. 1 BremBGG; § 5 Satz 1 RhPfLGGBehM; §§ 4 Abs. 1, 5 SBGG; § 4 Abs. 2 und 3 BGStG LSA; § 1 Abs. 2 LBGG SH; § 4 Abs. 1 SächsIntegrG; § 9 Abs. 1 HessBGG.
[175] Art. 9 Abs. 1 Satz 1 BayBGG.
[176] § 4 Abs. 2 SächsIntegrG; § 9 Abs. 2 HessBGG (Prüfpflicht).
[177] Art. 9 Abs. 1 Satz 2 BayBGG; § 4 Abs. 2 SBGG.
[178] § 1 Abs. 2 Satz 2 LGBG; § 4 Abs. 2 BGStG LSA.

und institutionelle Empfänger öffentlicher Leistungen darauf verpflichtet werden[179].

Damit wird ein Auftrag zu vorbeugendem Handeln gegen Benachteiligungen und zur Herstellung sozialer Gleichheit für behinderte Menschen formuliert. Dieser Auftrag richtet sich insbesondere auf die planende Staatstätigkeit, die künftiges staatliches, aber auch privates Handeln determiniert, etwa die Bau- und Anlagenplanung oder die Planung öffentlicher Infrastruktur. Die Gleichheit behinderter Menschen wird so in besonderer Weise als Prinzip und relevanter Abwägungsbelang für alle öffentlich-rechtlichen Ermessens- und Planungsentscheidungen verankert. Die Gleichstellungsgesetze von Bund und Ländern haben keinen Verfassungsrang. Sie können insofern entgegenstehendes öffentliches Recht nicht aufheben. Wohl aber können und müssen sie bei der Auslegung öffentlichen Rechts berücksichtigt werden, wenn dieses Raum für die Aufnahme relevanter öffentlicher Belange lässt oder diese vorschreibt. So ist das Gleichstellungsrecht als Teil der Rechtsordnung Bestandteil der öffentlichen Sicherheit im Sinne des Polizei- und Ordnungsrechts[180]. Seine Missachtung kann der Genehmigung von Bauvorhaben entgegenstehen. Es ist bei der Aufstellung von Bebauungs- oder Flächennutzungsplänen zu berücksichtigen.

g) Sozialrecht

Auch mit dem Sozialrecht wird das Ziel der Gleichheit behinderter Menschen angestrebt. Dies ist deutlich gemacht in den Grundsatznormen des SGB I und SGB IX, nach denen die sozialrechtliche Hilfe Benachteiligungen auf Grund der Behinderung entgegenwirken soll[181] und die Leistungen zur Teilhabe eine gleichberechtigte Teilhabe fördern und Benachteiligungen vermeiden oder ihnen entgegenwirken sollen[182]. Das Sozialrecht steht dabei vor allem im Dienste sozialer Gleichheit. Durch die Bezugnahme auf das Benachteiligungsverbot des Grundgesetzes in Text und Begründung der sozialrechtlichen Normen wird indiziert, dass der verfassungsrechtliche Gleichheitssatz in Bezug zu den Voraussetzungen sozialer Gleichheit gesetzt wird.

h) Arbeitsrecht

Im Arbeitsrecht werden nicht nur individuelle Beziehungen zwischen Arbeitnehmern und Arbeitgebern geregelt, sondern auch kollektive Ordnungen für eine Vielzahl von Beschäftigten durch Gesetz, Tarifvertrag und betriebliche Übungen und Regelungen geschaffen. Gerade hierdurch hat der Gleichheitssatz im Arbeitsrecht eine besondere Bedeutung gewonnen, die dazu geführt hat, dass im Arbeitsrecht ein allgemeiner Gleichbehandlungsgrundsatz[183] entwickelt worden ist.

---

[179] § 4 Abs. 4 BGStG LSA.
[180] Vgl. von Mutius, Jura 1986, S. 649, 653.
[181] § 10 Nr. 5 SGB I.
[182] § 1 Satz 1 SGB IX.
[183] Vgl. dazu Oetker, RdA 2004, S. 8, 13; Mohr (2004), S. 46 f.; Högenauer (2002), S. 48 ff.; Fastrich, RdA 2000, S. 65 ff.; Kreutz in: GK-BetrVG (1998), Rz 31 ff. zu § 75 BetrVG.

Im Betriebsverfassungsgesetz ist Arbeitgeber und Betriebsrat gemeinsam aufgegeben, darüber zu wachen, dass alle im Betrieb tätigen Personen nach den Grundsätzen von Recht und Billigkeit behandelt werden, insbesondere dass jede unterschiedliche Behandlung von Personen wegen ihrer Abstammung, Religion, Nationalität, Herkunft, politischen oder gewerkschaftlichen Betätigung oder Einstellung oder wegen ihres Geschlechts oder ihrer sexuellen Identität unterbleibt und dass Arbeitnehmer nicht wegen Überschreitung bestimmter Altersstufen benachteiligt werden[184]. Der allgemeine arbeitsrechtliche Gleichbehandlungsgrundsatz ist, wie auch diese Norm zeigt, vom Gleichheitssatz des Verfassungsrechts[185] und von speziellen arbeitsrechtlichen Gleichheitssätzen zu unterscheiden[186].

Ein besonderer arbeitsrechtlicher Gleichheitssatz im Bezug auf Behinderung ist im SGB IX festgeschrieben. Danach dürfen Arbeitgeber schwerbehinderte Beschäftigte nicht wegen ihrer Behinderung benachteiligen[187]. Diese Norm ist konkretisiert für die Begründung von Arbeitsverhältnissen, den beruflichen Aufstieg, Weisungen und Kündigungen[188]. Die Norm im BetrVG spart das Benachteiligungsverbot wegen einer Behinderung aus. Eine Bindung des Betriebsrats und des Arbeitgebers an das arbeitsrechtliche Benachteiligungsverbot für schwerbehinderte Menschen erfolgt im SGB IX[189].

i) Zivilrecht

Im allgemeinen Zivilrecht kann der Gleichheitssatz bei der Begründung und Ausführung von Schuldverhältnissen als Teil der guten Sitten[190] und der Grundsätze von Treu und Glauben[191] berücksichtigt werden[192]. Eine allgemeine Pflicht zur Gleichbehandlung bei Abschluss und Durchführung von Rechtsgeschäften besteht dabei nicht. Sie ist dann anerkannt worden, wenn, wie im Vereinsrecht und Gesellschaftsrecht, kollektive Ordnungen im Rahmen des Zivilrechts geschaffen werden oder wenn einzelne Anbieter eine Monopolstellung für bestimmte Güter und Leistungen haben. In solchen Situationen kann eine Gleichbehandlungspflicht auch zu einem Kontrahierungszwang führen[193]. So müssen private Busunternehmen Schwerbehinderte unentgeltlich gegen eine pauschale Entschädigung befördern[194]. Generell dürfen öffentliche Verkehrsunternehmen, auch wenn sie in privater Rechtsform organisiert sind, Personen nicht willkürlich von der Beförderung ausnehmen.

---

184 § 75 Abs. 1 BetrVG; vgl. R. Zimmer, AiB 2004, S. 296 ff.; Nickel (1999), S. 122 ff.
185 Kreutz in: GK-BetrVG (1998), Rz 31 zu § 75 BetrVG.
186 Fastrich, RdA 2000, S. 65, 66.
187 § 81 Abs. 2 Satz 1 SGB IX; vgl. Högenauer (2002), S. 183 f.
188 § 81 Abs. 2 Satz 2 SGB IX.
189 §§ 93, 98, 99 SGB IX; vgl. V.I.c.(3).(a).
190 § 138 Abs. 1 BGB.
191 §§ 157, 242 BGB.
192 Vgl. Bezzenberger, AcP 196 (1996), S. 395, 397 ff.
193 Bezzenberger, AcP 196 (1996), S. 395, 404 ff.; Hagmann (1999), S. 113 ff.; Kühner, NJW 1986, S. 1397, 1401; Bydlinski, AcP 180 (1980), S. 1 ff.; vgl. Franzius, Der Staat 2003, S. 493, 508; BT-Drucks. 15/4538, S. 39.
194 § 145 Abs. 1 Satz 1 SGB IX; vgl. unten V.G.5.d.

Umstritten war, ob auch in Umsetzung der Richtlinien 2000/43 EG und 2000/78 EG weitere gesetzliche Grundlagen für die Gleichbehandlung bestimmter Menschen im Zivilrecht geschaffen werden sollen. Ein Diskussionsentwurf des Bundesministeriums für Justiz aus dem Jahre 2001[195] ist intensiv diskutiert worden[196]. Er ist aber nicht in das förmliche Gesetzgebungsverfahren gelangt. Nach diesem Entwurf sollten Benachteiligungen bei der Begründung, Beendigung oder Ausgestaltung von Verträgen, die öffentlich angeboten werden oder die eine Beschäftigung, medizinische Versorgung oder Bildung zum Gegenstand haben, oder beim Zugang zu und bei der Mitwirkung in Organisationen, deren Mitglieder einer bestimmten Berufsgruppe angehören, verboten werden, wenn sie aus Gründen des Geschlechts, der Rasse, der ethnischen Herkunft, der Religion oder Weltanschauung, einer Behinderung, des Alters oder der sexuellen Identität erfolgen[197]. Zulässig sollte eine Unterscheidung sein bei Verträgen, die eine Beschäftigung zum Gegenstand haben, wenn das Vorhandensein oder Fehlen eines der Merkmale entscheidende Voraussetzung für die Tätigkeit ist oder in allen Fällen wenn die Berücksichtigung des Alters oder einer Behinderung durch sachliche Gründe gerechtfertigt ist. Durch einen sachlichen Grund gerechtfertigt sollte eine Unterscheidung nur sein, wenn sie sich auch durch eine zumutbare Anpassung des Vertrags oder seiner Durchführung nicht vermeiden lässt[198].

Nach dem im Dezember 2004 in den Bundestag eingebrachten Entwurf der Fraktionen SPD und Bündnis 90/Die Grünen für ein Gesetz zum Schutz vor Diskriminierung (Antidiskriminierungsgesetz – ADG)[199] sollen Benachteiligungen aus Gründen der Behinderung unzulässig sein in Bezug auf die Bedingungen für den Zugang zu unselbstständiger und selbstständiger Erwerbstätigkeit, die Beschäftigungs- und Arbeitsbedingungen, den Zugang zu allen Formen und Ebenen der Berufsberatung und Berufsbildung, die Mitgliedschaft und die Mitwirkung in einer Beschäftigten- oder Arbeitgebervereinigung oder in einem Berufsverband, den Sozialschutz, die sozialen Vergünstigungen, die Bildung und den Zugang zu und die Versorgung mit Gütern und Dienstleistungen, die der Öffentlichkeit zur Verfügung stehen, einschließlich Wohnraum[200]. Für zivilrechtliche Schuldverhältnisse ist der Anwendungsbereich näher umschrieben mit solchen, die typischerweise ohne Ansehen der Person zu vergleichbaren Bedingungen in einer Vielzahl von Fällen zustande kommen (Massengeschäfte) oder bei denen das Ansehen der Person nach der Art des Schuldverhältnisses nachrangige Bedeutung hat und die zu vergleichbaren Bedingungen in einer Vielzahl von Fällen zustande kommen sowie mit solchen, die eine privatrechtliche Versicherung zum Gegenstand ha-

---

195 Abgedruckt in DB 2002, S. 470 ff.

196 Vgl. Wagner/Kaiser (2004), S. 90 ff.; Högenauer (2002), S. 55 ff.; strikt dagegen: J. Braun, JuS 2002, 424 „totalitär"; Säcker, ZRP 2002, S. 286 ff. „Tugendrepublik"; Adomeit, NJW 2002, S. 1622, 1623 „kein Privatrecht mehr"; dafür: Baer, ZRP 2002, S. 290 ff.; differenziert: Eichenhofer, ZESAR 2003, S. 349, 350; Wiedemann/Thüsing, DB 2002, S. 463 ff.; von Koppenfels, WM 2002, S. 1489 ff.

197 § 319a BGB in der Fassung des Diskussionsentwurfs.

198 § 319d Abs. 1 BGB i. d. F. des Diskussionsentwurfs.

199 BT-Drucks. 15/4538, S. 5 ff.

200 § 2 Abs. 1 ADG.

ben[201]. Keine Anwendung sollen die Vorschriften auf familien- und erbrechtliche Schuldverhältnisse und auf Schuldverhältnisse finden, bei denen ein besonderes Nähe- oder Vertrauensverhältnis der Parteien oder ihrer Angehörigen begründet wird[202].

Eine unmittelbare Benachteiligung soll vorliegen, wenn eine Person wegen einer Behinderung eine weniger günstige Behandlung erfährt als eine andere Person in einer vergleichbaren Situation erfährt, erfahren hat oder erfahren würde[203]. Eine mittelbare Benachteiligung liegt vor, wenn dem Anschein nach neutrale Vorschriften, Kriterien oder Verfahren Personen wegen einer Behinderung gegenüber anderen Personen in besonderer Weise benachteiligen können, es sei denn, die betreffenden Vorschriften, Kriterien oder Verfahren sind durch ein rechtmäßiges Ziel sachlich gerechtfertigt und zur Erreichung dieses Ziels angemessen und erforderlich[204].

Das Benachteiligungsverbot für zivilrechtliche Schuldverhältnisse soll nicht verletzt sein, wenn ein sachlicher Grund vorliegt. Dies kann insbesondere der Fall sein, wenn die unterschiedliche Behandlung der Vermeidung von Gefahren oder Verhütung von Schäden dienen soll, dem Bedürfnis nach Schutz der Intimsphäre oder persönlichen Sicherheit Rechnung trägt, besondere Vorteile gewährt und ein Interesse an der Durchsetzung der Gleichbehandlung fehlt, an die Religion oder Weltanschauung anknüpft und im Hinblick auf das Selbstbestimmungsrecht der Religions- und Weltanschauungsgemeinschaften gerechtfertigt ist, bei versicherungsrechtlichen Verträgen darin besteht, dass Behinderung ein bestimmender Faktor bei einer relevanten und genauen versicherungsmathematischen und auf statistischen Daten beruhenden Risikobewertung ist[205].

5. Behinderte und nichtbehinderte Menschen unter dem allgemeinen Gleichheitssatz

Auch wenn der allgemeine Gleichheitssatz hinter den besonderen Gleichheitssätzen im Falle der Benachteiligung zurücktritt[206], ist es doch für wichtig, Auslegung und Anwendung des allgemeinen Gleichheitssatzes im Hinblick auf behinderte Menschen und vergleichbare Gruppen zu betrachten, um Dogmatik und Auslegungsfragen der besonderen Gleichheitssätze einordnen zu können. Dazu kommt, dass dem allgemeinen Gleichheitssatz ein Anwendungsbereich für Ungleichbehandlungen zwischen behinderten und nichtbehinderten Menschen verbleibt: Machen nichtbehinderte Menschen geltend, eine Bevorzugung behinderter Menschen sei ungerechtfertigt, so ist dies am allgemeinen Gleichheitssatz zu messen[207], dessen Anwendung wiederum vom besonderen Gleichheitssatz beeinflusst werden kann.

---

[201] § 19 Abs. 1 ADG.
[202] § 19 Abs. 4 und 5 ADG.
[203] § 3 Abs. 1 ADG.
[204] § 3 Abs. 2 ADG.
[205] § 20 ADG.
[206] Vgl. Rohlfing/Mittenzwei, FamRZ 2000, S. 654, 658.
[207] Buch (2001), S. 110, 164 f.

a) Rechtliche Gleichheit

Der allgemeine Gleichheitssatz „*Alle Menschen sind vor dem Gesetz gleich*" wird nicht nur als Gleichheit vor dem Gesetz im Sinne einer gleichen Behandlung aller unter dem gleichen Gesetz verstanden, sondern auch als ein umfassendes Prinzip der Gleichheit des Gesetzes, an das der Gesetzgeber bei der Regelung von Sachverhalten gebunden ist[208]. Damit wird den Gerichten, und namentlich dem BVerfG, nicht nur die Kontrolle gleichmäßiger Rechtsanwendung, sondern auch gleichheitsgerechter Rechtsetzung aufgetragen. Damit kann jede Regelung, die behinderte Menschen und Behinderungen in Bezug nimmt, am Maßstab des allgemeinen Gleichheitssatzes gemessen werden. Wird dieser, wie in den ersten Jahren der Grundrechtsdogmatik unter dem Grundgesetz, vor allem als Normbefehl verstanden, „*Gleiches gleich und Ungleiches ungleich zu behandeln*"[209], so ist gegen eine Ungleichbehandlung behinderter Menschen zunächst nichts einzuwenden. Sie sind ja definitionsgemäß den nichtbehinderten Menschen ungleich[210].

Dem Gleichheitssatz wird das Prinzip entnommen, dass die Gleichbehandlung aller Menschen die Regel, die Ungleichbehandlung die begründungsbedürftige Ausnahme ist[211]. Darum muss nach dem Zweck der Ungleichbehandlung gefragt werden. Jede Ungleichbehandlung muss zureichend begründet werden[212]. Die meisten Regelungen der positiven Ungleichbehandlung behinderter Menschen durch Rehabilitation, besondere Förderung und besonderen Schutz können zureichend legitimiert werden, zumal sie durch das Sozialstaatsprinzip begründet werden können[213].

Auf einer nächsten Stufe der Entfaltung der Gleichheitsdogmatik wird die rechtliche Ungleichbehandlung in eine Relation zu ihrem Zweck gesetzt[214]. Die rechtliche Ungleichbehandlung ist nur insoweit gerechtfertigt, als sie geeignet, notwendig und angemessen ist, das legitime gesetzgeberische Ziel zu erreichen. Damit öffnet sich der Raum, verschiedene Möglichkeiten der Zielerreichung und die möglichen Belastungen durch die Ungleichbehandlung gegeneinander abzuwägen. Insbesondere bei denjenigen Ungleichbehandlungen, die zumindest auch belastende Rechtsfolgen haben, wie bei der Einschränkung von Rechtssubjektivität durch Entmündigung oder Betreuung, hat diese Entwicklungsstufe der Gleichheitsdogmatik zu einem Rechtfertigungs- und Veränderungsdruck auf überkommene Regelungen geführt.

Nach der neueren Gleichheitsdogmatik des BVerfG ist eine Ungleichbehandlung umso schwerer zu rechtfertigen, je weniger eine ungleich behandelte Gruppe von Normadressaten der Ungleichbehandlung ausweichen könnte, je mehr sie personenbezogen und nicht sachbezogen ist und je stärker der Bezug zu den Freiheits-

---

[208] Alexy (1994), S. 357 ff.

[209] BVerfGE 1, 14, 52; BVerfGE 49, 148, 165.

[210] Theben in: Igl/Welti (2001), S. 33, 47; Degener, KJ 2000, S. 425, 428 f.; Alexy (1994), S. 361 führt aus, dass das Postulat einer universalistischen Entscheidungspraxis auch nicht die nationalsozialistische Judengesetzgebung verhindern würde, da ja Gleiches gleich behandelt wurde.

[211] Alexy (1994), S. 370 ff.

[212] Alexy (1994), S. 373; Luhmann (1999), S. 169.

[213] Vgl. V. Neumann, DVBl. 1997, S. 92, 94 ff.

[214] Vgl. Brüning, JZ 2001, S. 669 ff.

rechten ist[215]. Damit wird eine Verbindung zu den besonderen Gleichheitssätzen und dem Schutz von Minderheiten vor Benachteiligung als besonderem Zweck des Gleichheitssatzes hergestellt[216]. Für das erste Kriterium lässt sich feststellen, dass behinderte Menschen regelmäßig zu den Gruppen gehören, die einer sie betreffenden Ungleichbehandlung nur schwer ausweichen können. Auch wenn Behinderung im Lebensverlauf änderbar ist[217], so ist es in der jeweiligen Situation gerade nicht. Ob die Ungleichbehandlung damit personen- oder sachbezogen ist, lässt sich vor dem Hintergrund des modernen Behinderungsbegriffs weniger präzise sagen, als es zunächst scheint. Ist das Befahren eines Behördengebäudes mit Rollstühlen verboten oder faktisch unmöglich, so macht sich die Gleichheit an einer Sache fest, wirkt aber persönlich. Es zeigt sich hier, dass das Kriterium der Sach- oder Personenbezogenheit dort an seine Grenzen stößt, wo erst persönliche und sachliche Merkmale zusammen einen sozialen Tatbestand ergeben. Genau dieses ist aber bei der Behinderung wegen der Bedeutung der Kontextfaktoren regelmäßig der Fall. Als aussagekräftiger erweist sich das Kriterium der mangelnden Ausweichmöglichkeit. Behinderte Menschen, die am Leben und am Gebrauch von Grundrechten teilhaben wollen, können den Folgen von Ungleichbehandlungen oder von willkürlichen Gleichbehandlungen regelmäßig nur schwer ausweichen.

Das BVerfG hatte diese *„neueste Formel"*[218] anhand eines Falls zum Transsexuellengesetz[219] entwickelt. Transsexuelle Menschen sind in ihrer Situation mit vielen behinderten Menschen vergleichbar: Ihre besondere, von der Mehrheitsnorm abweichende Disposition führt zu Problemen in der Sozialsphäre, die sich auf die Teilhabe auswirken. Dass Transsexuelle nicht als Behinderte bezeichnet werden, ist eine Frage der Konvention, die sich wohl vor allem daraus ergibt, dass nach erfolgter Geschlechtsumwandlung die Störung im Verhältnis von Mensch und Umwelt als weitgehend behoben angesehen werden kann[220]. Bevor diese Rehabilitation gelungen ist, könnte auch Transsexualität als Auslöser einer Behinderung angesehen werden[221]. Entsprechend kann das Urteil zum Transsexuellengesetz als Hinweis für die Dogmatik des Gleichheitssatzes in Bezug auf behinderte Menschen angesehen werden.

Insgesamt bestehen alleine nach dem allgemeinen Gleichheitssatz ohne Berücksichtigung des Benachteiligungsverbots erhebliche Schranken für die Rechtfertigung einer benachteiligenden rechtlichen Ungleichbehandlung behinderter Menschen. Eine Benachteiligung ist aber nicht ausgeschlossen, wenn die für sie vorgebrachten Gründe erheblich sind[222].

---

215 BVerfG vom 26. Januar 1993, BVerfGE 88, 87 (Transsexuellengesetz); vgl. Jarass, NJW 1997, S. 2545, 2547; kritisch: Osterloh in: Sachs (2003), Rz 27 f.
216 Brüning, JZ 2001, S. 669, 672.
217 Dies wird gelegentlich übersehen, so bei Neuner, JZ 2003, S. 58, 62.
218 Borowski (2003), 4. Kapitel, I. 3, a.cc; Straßmair (2002), S. 194 f.; Buch (2001), S. 5 f.
219 BVerfG vom 26. Januar 1993, BVerfGE 88, 87 (Transsexuellengesetz).
220 Vgl. zur Bewertung von Transsexualität als Krankheit für den Behandlungsanspruch der Krankenversicherung: BSG vom 6. August 1987, BSGE 62, 83 ff.
221 Vgl. dazu auch EGMR vom 12. Juni 2003, NJW 2004, S. 2505, 2509 (van Kück ./. Deutschland).
222 Lehnert (2000), S. 13.

b) Soziale Gleichheit

(1) Unterscheidung von rechtlicher und sozialer Gleichheit

Mit Gleichheitssätzen können Rechtsgleichheit oder soziale Gleichheit angestrebt werden. In der rechtswissenschaftlichen Literatur wird zumeist von realer, faktischer oder materieller Gleichheit als Gegenbegriff zur Rechtsgleichheit gesprochen[223]. Hier wird der Begriff der sozialen Gleichheit bevorzugt[224], weil auch rechtliche Gleichheit real und faktisch ist. Vor allem aber kommt es weniger darauf an, ob sich die faktisch-materielle Substanz des zu Vergleichenden gleicht, sondern ob die Vergleichsgegenstände in der Gesellschaft als wesentlich gleich angesehen und erkannt werden[225]. So ist ein behördliches Dokument, das in Blindenschrift ausgestellt wird, einem üblichen Dokument nicht faktisch oder materiell gleich, sondern in der sozialen Bedeutung für die Person, die es empfängt und den Inhalt wahrnehmen kann[226]. Würde der Blinde nur ein übliches Dokument erhalten, so wäre rein wörtlich genommen kein Problem der materiellen oder faktischen Gleichheit gegeben, wohl aber eines der sozialen Gleichheit.

Bei der Rechtsgleichheit ist zu fragen, ob sich die Normen für verschiedene Menschen unterscheiden. Bei der sozialen Gleichheit ist zu untersuchen, ob die durch Normen geprägte gesellschaftliche Wirklichkeit für verschiedene Menschen ungleich ist. Beide Formen der Gleichheit stehen nicht beziehungslos nebeneinander. Rechtsgleichheit wird durch die Vielfalt und Ungleichheit der zu regelnden Materien begrenzt und mitgeprägt. Soziale Gleichheit kann durch Rechtsgleichheit befördert oder behindert werden, je nachdem welcher Art die gleich behandelten Individuen und Tatbestände sind. Ein Schnittpunkt beider ist im sozialen Rechtsstaat die Möglichkeit zur faktischen Rechtsdurchsetzung. Das BVerfG hat in mehreren Entscheidungen zum Armenrecht und zur Prozesskostenhilfe festgestellt, dass der Gesetzgeber dafür Sorge zu tragen hat, dass auch die unbemittelte Partei in die Lage versetzt wird, ihre Belange vor Gericht geltend zu machen[227]. Dies deutet bereits darauf hin, dass der Gleichheitssatz nicht alleine ein formelles Gebot der Rechtsgleichheit enthält.

(2) Geltung eines Prinzips sozialer Gleichheit

Der allgemeine Gleichheitssatz gebietet primär Rechtsgleichheit. Umstritten ist, ob und wieweit er auch eine Norm sozialer Gleichheit enthält[228]. Diese Frage wird

---

[223] Alexy (1994), S. 380 ff.; Arango (2001), S. 138.
[224] So auch Zacher, AöR 93 (1968), S. 341, 368; vgl. Friauf, DVBl. 1971, S. 674, 678; Nickel (1999), S. 46.
[225] Vgl. dazu BVerfGE 9, 338, 349 (Altersgrenze für Hebammen) mit der Erörterung, wann Lebensbereiche als gleich anzusehen sind.
[226] Vgl. unten V.F.4.
[227] BVerfG vom 26. April 1988, BVerfGE 78, 104, 117 f.; BVerfGE 63, 380, 394; BVerfG vom 28. Januar 1981, BVerfGE 56, 139, 143; BVerfGE 51, 295, 302; BVerfGE 35, 348, 354 f.; BVerfGE 9, 124, 131.
[228] Vgl. dazu befürwortend: Theben in: Igl/Welti (2001), S. 33, 46 ff.; Borowski (1998), S. 352 ff.; Alexy (1994), S. 377 ff.; Huster (1993), S. 413; Scholler (1969), S. 14 ff.; Zacher, AöR 93 (1968), S. 341, 360 ff.; ablehnend: Schoch, DVBl. 1988, S. 867, 869; Podlech (1971), S. 200 ff.

immer dann aufgeworfen, wenn Regelungen zu betrachten sind, die ungleiche Rechtsfolgen bewirken, ohne dabei Rechtssubjekte formal ungleich zu behandeln. Die Regelungsmaterie der Behinderung und der Rechte behinderter Menschen führt rasch zu der Frage nach dem Verhältnis rechtlicher und sozialer Gleichheit. Mit der Annahme, dass eine Behinderung vorliege und mit der Feststellung, dass Menschen in bestimmten Kontexten oder generell als behindert zu betrachten seien, ist wegen des relationalen Charakters des Behinderungsbegriffs notwendig die Voraussetzung gesellschaftlicher Ungleichheit verbunden. Wer von der Norm abweicht und wer weniger Teilhabe hat als die anderen, ist definitionsgemäß ungleich im Verhältnis zu einer anderen Gruppe, zumeist der Mehrheit. Für das Recht ist zu entscheiden, ob Normen diesen Sachverhalten durch gleiche oder durch ungleiche Behandlung gerecht werden.

Die Regelungen und Institutionen der Rehabilitation knüpfen an den Tatbestand der Behinderung an. Durch rehabilitationsrechtliche Normen werden behinderte Menschen stets ungleich behandelt, weil an ihre besonderen Bedürfnisse und Lebensverhältnisse besondere Rechte und Ansprüche geknüpft werden. Auch insofern bedeutet Behinderung Ungleichheit im Recht. Diese Ungleichheit wird regelmäßig mit dem Ziel größerer sozialer Gleichheit in der Teilhabe begründet.

Für behinderte Menschen stellt sich die Frage nach dem Verhältnis rechtlicher und sozialer Gleichheit oft. Wenn das Recht sehende, hörende, bewegungsfähige und arbeitsfähige Menschen voraussetzt und anspricht, sind blinde, gehörlose, mobilitätsbehinderte und erwerbsgeminderte Menschen in ihrer sozialen Realität ungleich betroffen, ohne dass dies im Normtext deutlich wird. Das Europäische Parlament weist in einer Entschließung darauf hin, dass für behinderte Menschen auch Gleichheit vor dem Gesetz in manchen Fällen nicht ohne materielle Unterstützung, nämlich durch Dolmetsch- und Übersetzungsdienstleistungen oder Kommunikationshelfer zu realisieren ist[229]. Dieser Gedanke ist auch im deutschen Recht durch das Recht auf Gebärdensprachdolmetscher im Sozialverwaltungsverfahren[230] und in der Kommunikation mit Trägern öffentlicher Gewalt[231] teilweise realisiert. Entscheidend für die Relevanz des Gleichheitssatzes für diese Sachverhalte ist, ob ein Gebot sozialer Gleichheit im Gleichheitssatz enthalten ist, aus dem sich auch die Verpflichtung ergibt, die tatsächlichen Folgen einer Regelung zu betrachten und die Regelung am Prinzip größtmöglicher Gleichheit ihrer Folgen (soziale Gleichheit) auszurichten. Diese soziale Gleichheit ist dann gerade im Hinblick auf behinderte Menschen als „komplexe Gleichheit" zu verstehen, die Differenzierung für eine Gleichwertigkeit der Ergebnisse und Chancen zulässt[232]. Eine solche komplexe distributive Gleichheit von Lebenschancen beinhaltet und ermöglicht erst Freiheitsausübung, die wiederum Differenz hervorbringt[233]. Auf dieses Wechselverhältnis von allgemeiner Gleichheit und besonderen Verhältnissen bei

---

[229] Entschließung des Europäischen Parlaments vom 11. Juli 2003, Dokument A 5-0270/2003, Ziffer 19j.

[230] § 19 Abs. 1 Satz 2 SGB X.

[231] § 9 Abs. 1 BGG.

[232] Speck (2003), S. 167 f.

[233] Pauer-Studer (2000), S. 253.

der Effektivierung der Menschenrechte weist der Ausschuss für die Freiheiten und Rechte der Bürger, Justiz und innere Angelegenheiten des Europäischen Parlaments hin, wenn er als Erwägung ausführt:

„(...) dass der Grundsatz der Gleichheit und der Nichtdiskriminierung es erfordert, dass die Menschenrechte vor dem speziellen Hintergrund der den verschiedenen Arten von Behinderungen innewohnenden Unterschiede allgemein gelten, so dass durch Rechtsschutzmechanismen Menschen mit Behinderungen die tatsächliche und gleichberechtigte Inanspruchnahme aller Menschenrechte ohne Diskriminierungen garantiert wird, (...)"[234]

Der Gleichheitssatz als grundlegendes Gerechtigkeitsprinzip enthält grundsätzlich beide Gebote: Rechtsgleichheit und soziale Gleichheit. Soweit Gleichheit ihren Kern in der Menschenwürde hat, kann dies schon darin erkannt werden, dass sie nicht nur vom Staat zu achten, sondern auch in der Gesellschaft zu schützen ist. Dieser Schutz ist jedenfalls gegen solche Ungleichheiten des sozialen Raums zu gewähren, die, vor allem wegen ihres Machtgefälles, zur Bedrohung der Menschenwürde werden können[235]. Im sozialen Rechtsstaat können soziale Ungleichheiten bei der Anwendung des Gleichheitssatzes nicht übersehen werden[236]. Der Gesetzgeber muss tatsächliche Gleichheiten oder Ungleichheiten der zu ordnenden Lebensverhältnisse berücksichtigen[237]. Der Gleichheitssatz ist im sozialen Rechtsstaat auch als Prinzip sozialer Gleichheit anzusehen[238]. Als Gleichheit der Rechte, aber auch als soziale Gleichheit schützt der Gleichheitssatz auch die Demokratie davor, dass sich soziale und rechtliche Unterschiede nicht zu dauerhaften Vorrechten verfestigen und so den demokratischen Prozess verschließen[239]. Dies hat auch das BVerfG anerkannt, sich dabei aber einen weiten Spielraum offen gehalten[240]. Einen weiteren Hinweis auf den sozialen Charakter des Gleichheitssatzes gibt der Internationale Pakt über bürgerliche und politische Rechte, in dem sich die Vertragsstaaten nicht nur zur Gleichheit vor dem Gesetz, sondern auch zu gleichem Schutz durch das Gesetz verpflichten[241]. Schutz durch das Gesetz ist aber, verstanden als effektive Anwendung des Gesetzes, eine Kategorie der sozialen Wirklichkeit.

Ein dogmatisch fundierter Hinweis auf den Normcharakter sozialer Gleichheit ist, dass in einer Vielzahl von Konstellationen bei der Prüfung, ob Ungleichbehandlungen gerechtfertigt sind, nicht nur der Zweck einer Norm, sondern auch

---

[234] Stellungnahme des Ausschusses für die Freiheiten und Rechte der Bürger, Justiz und innere Angelegenheiten für den Ausschuss für Beschäftigung und soziale Angelegenheiten zur Mitteilung der Kommission an den Rat und das Europäische Parlament „Auf dem Weg zu einem rechtsverbindlichen Instrument der Vereinten Nationen zur Förderung und zum Schutz der Rechte und der Würde von Menschen mit Behinderungen," vom 1. Juli 2003, A5-0270/2003, S. 21.

[235] Isensee in: HStR (1992), Rz 96 sieht die Schutzpflicht ausgelöst bei einer „Diskriminierung, welche die Würde des Menschen in seiner Gleichheit als Mensch beleidigt."

[236] Vgl. BVerfGE 9, 124, 131; Zacher in: HStR II, 3.A. (2004), § 28 RN 37.

[237] BVerfGE 9, 201, 206.

[238] Straßmair (2002), S. 151 f.; Arango (2001), S. 139; Reichenbach (2001), S. 184; Hagmann (1999), S. 23; V. Neumann, DVBl. 1997, S. 92, 94; Alexy (1994), S. 378; Frey, ArbuR 1961, S. 368, 370; dagegen: Heun in: Dreier, Rz 68 zu Art. 3 GG.

[239] Perels in: Perels (1979), S. 80 f.

[240] BVerfGE 3, 58, 158; vgl. Alexy (1994), S. 381.

[241] Art. 26 Satz 1 IPBPR.

ihre wirklichen Folgen betrachtet werden müssen. Dies ist den Regeln des Verhältnismäßigkeitsprinzips inhärent, weil man die wirklichen Folgen einer Norm betrachten muss, um die Geeignetheit zu prüfen. Verlangt man, dass eine Norm ihren Zweck erreiche, ist zudem zu fragen, ob dies gleichmäßig für alle erreicht wird[242]. Das Prinzip der sozialen Gleichheit kommt so bei der Prüfung des zureichenden Grundes einer Ungleichbehandlung zum Tragen[243]. Mit der Intensivierung des Prüfmaßstabs bei personenbezogenen Ungleichbehandlungen hat sich das BVerfG für diese Fälle damit auch dem Prinzip sozialer Gleichheit angenähert[244]. Hieran wird deutlich, wie das Rechtsstaatsprinzip und das Sozialstaatsprinzip keineswegs in Widerspruch, sondern in positiver Korrespondenz stehen. Ebenso sind die tatsächlichen Auswirkungen einer Norm als Vorfrage relevant für die vom BVerfG entwickelten Kriterien, ob die von Ungleichbehandlung betroffenen Personen der Regelung ausweichen können und ob sie zusätzlich in Freiheitsgrundrechten betroffen sind[245].

Die Theorie der Gerechtigkeit von *John Rawls* zeigt eine mögliche Begründung sozialer Gleichheit[246]. *Rawls* unterstellt dabei, dass Menschen ohne Kenntnis ihrer realen gesellschaftlichen Stellung in einem gedachten Urzustand nur solche Normen akzeptieren würden, die sowohl die rechtliche wie die soziale Gleichheit als primäre Prinzipien gelten lassen[247]. Wird die Gedankenführung von *Rawls* am Beispiel der Behinderung verdeutlicht, so würde keine Person im gedachten Urzustand eine Regelung akzeptieren, die zwar gleiche Rechte für alle verspricht, jedoch „blind" für die ungleichen Folgen gleicher Rechte zum Beispiel für Blinde ist, wenn bekannt ist, dass einige Menschen blind oder in anderer Weise behindert sein werden. Kann also jede Person das Risiko der Behinderung erkennen, würde auch jede Person ein Prinzip präferieren, das im Falle der Behinderung auch soziale Gleichheit als Ziel hat und somit zum Beispiel auch die Möglichkeit der Bildung für Blinde im Schulwesen[248], Kommunikationshilfen im Behördenverkehr[249] und Warneinrichtungen bei Verkehrszeichen schafft. Das *Rawls*che Beispiel ist geeignet aufzuzeigen, warum besondere Grundsätze für behinderte Menschen entwickelt werden. Die Gefahr, im Laufe des Lebens behindert zu werden, ist grundsätzlich bei allen Angehörigen der Gesellschaft real vorhanden, gedanklich und emotional präsent. Durch Unfall, chronische Erkrankung oder den Alterungsprozess werden viele Menschen im Laufe ihres Lebens behindert. Niemand kann diesen Risiken

---

[242] Zur Verhältnismäßigkeitsprüfung beim Gleichheitssatz: Brüning, JZ 2001, S. 669 ff.

[243] BVerfG vom 8. Oktober 1963, BVerfGE 17, 122: „*Was in Ansehung des Gleichheitssatzes sachlich vertretbar oder sachfremd ist, lässt sich nicht abstrakt und allgemein feststellen, sondern stets nur in Bezug auf die Eigenart des konkreten Sachverhalts, der geregelt werden soll.*" vgl. Alexy (1994), S. 383.

[244] BVerfGE 88, 87; vgl. Theben in: Igl/Welti (2001), S. 33, 51 f.

[245] Osterloh in: Sachs (2003), Rz 94 zu Art. 3 GG.

[246] Vgl. oben III.A.11.g.

[247] Rawls (1998), S. 140 ff.; vgl. Straßmair (2002), S. 244 ff.; Huster (1993), S. 437 ff.; vgl. das bei Reichenbach (2001), S. 57 referierte Urteil des VG Hannover vom 10. Februar 1972, Az. VI A 197/69, in dem die Geeignetheit eines Sonderschulbesuchs zur Förderung eines legasthenischen Kindes verneint wurde.

[248] Vgl. oben II.A.1.a.(2).; II.B.5.; III.B.6.d.; unten V.H.

[249] Vgl. unten V.F.4.

ausweichen. Der Wunsch, in diesem Falle fair behandelt zu werden, prägt die Entwicklung idealer Rechtsgrundsätze für behinderte Menschen mit.

(3) Wirkung des Prinzips sozialer Gleichheit

Der allgemeine Gleichheitssatz beinhaltet im sozialen Rechtsstaat die Ziele der Rechtsgleichheit und der sozialen Gleichheit. Dabei ist die Rechtsgleichheit primärer Inhalt des Gleichheitssatzes. Sie bleibt der Regelfall, dessen Ausnahmen zu begründen sind. Beide Dimensionen des Gleichheitssatzes wirken unterschiedlich. Die soziale Gleichheit ist Gegenstand eines bei der Rechtssetzung und Rechtsanwendung zu beachtenden Prinzips[250].

(a) Wirkung als Prinzip. Während die Rechtsgleichheit strikter zu achten ist, lässt das Prinzip der sozialen Gleichheit schon wegen des genuin politischen Konflikts über den Inhalt eines sozialen Gleichheitssatzes einen weit größeren gesetzgeberischen Spielraum[251]. Dazu kommt, dass die soziale Gleichheit wie alle sozialen Rechte vom erreichten Stand der gesellschaftlichen Entwicklung abhängig ist, der sich in einem Vorbehalt des (ökonomisch) Möglichen niederschlägt[252].

Als Prinzip im Rahmen des Gleichheitssatzes kann der Grundsatz sozialer Gleichheit aber eine Abweichung vom Prinzip der Rechtsgleichheit begründen[253]. Sind die Ziele einer kompensatorischen Ungleichbehandlung mit den Zielen der allgemeinen Gleichbehandlung im Rahmen der gleichen Regelung kongruent, so kann die Ungleichbehandlung gerechtfertigt werden. Geraten beide in Konflikt, so ist ein Abwägungsprozess notwendig. Eine der Herstellung sozialer Gleichheit dienende rechtliche Differenzierung ist dabei nur dann geboten, wenn hierfür hinreichende Gründe angeführt werden können[254]. Solche Gründe sind um so mehr anzunehmen, je stärker ein Mindestmaß sozialer Gleichheit als Gebot der Menschenwürde erscheint.

(b) Soziale Gleichheit als Grund für rechtliche Ungleichheit. Das Prinzip der sozialen Gleichheit ist oftmals ein berechtigter Grund für rechtliche Ungleichheit, wie in den Fällen der Progressivbesteuerung oder sozial gestaffelter Kindergartengebühren[255]. Gerade weil rechtliche Gleichheit in einer freien und dynamischen Gesellschaft soziale Ungleichheit fördert, ist soziale Gleichheit ein rechtfertigender Grund für rechtliche Ungleichheit als Korrektur im Rahmen des sozialen Rechtsstaats[256]. Im Rahmen des allgemeinen Gleichheitssatzes kann die Ungleichbehandlung von behinderten Menschen und in behindernden Situationen gerechtfertigt werden, wenn sie der sozialen Gleichheit der behinderten Menschen dient. Behin-

---

[250] Alexy (1994), S. 383.
[251] Alexy (1994), S. 383 ff.; Brunner (1971), S. 19.
[252] Brunner (1971), S. 17 f. unter Hinweis auf Art. 53 der Türkischen Verfassung; vgl. oben III.A.11.k.; unten IV.D.5.b.
[253] Alexy (1994), S. 383.
[254] Alexy (1994), S. 387; vgl. Reichenbach (2001), S. 195.
[255] BVerfG vom 10. März 1998, BVerfGE 97, 332, 344.
[256] Vgl. grundsätzlich die abweichende Meinung von Böckenförde zum Vermögensteuer-Beschluss des BVerfG (BVerfGE 93, 121): BVerfGE 93, 149, 163.

derte Menschen schlechter zu stellen, weil sie behindert sind, kann nach heutiger Auffassung kein legitimer Grund sein. Schon nach dem allgemeinen Gleichheitssatz ist es erforderlich, eine rechtliche Schlechterstellung behinderter Menschen mit einem vernünftigen Grund zu legitimieren. Als ein solcher Grund könnten etwa die Konzentration von Ressourcen auf die Nichtbehinderten oder der Schutz der Nichtbehinderten vor der Konfrontation mit den behinderten Menschen genannt werden. Die Legitimität eines solchen Grundes müsste im Einzelnen ermittelt werden. Würde er anerkannt, so wäre in einer Prüfung der Verhältnismäßigkeit abzuwägen. Der allgemeine Gleichheitssatz schließt somit auch eine soziale Schlechterstellung behinderter Menschen nicht kategorisch aus, sondern erschwert sie nur.

(c) Art der Gleichheit. Soziale Gleichheit kann in verschiedenen Formen angestrebt und verwirklicht werden. Es zeigt sich ein enger Bezug zum Begriff der sozialen Gerechtigkeit[257]. Entsprechend kann zwischen Ergebnisgleichheit, Chancengleichheit und Besitzstandsgleichheit unterschieden werden. Mit diesen Begriffen werden unterschiedliche Perspektiven bei der Herstellung sozialer Gleichheit beschrieben. Es wird verschiedentlich erörtert, ob das Grundgesetz eine Präferenz für eine der genannten Ausprägungen und Ansatzpunkte hat, die letztlich vor allem durch den Zeitpunkt geprägt sind, zu dem ein maßgeblicher Vergleich vorgenommen wird. Ob soziale Gleichheit im konkreten Regelungszusammenhang als Chancengleichheit oder Ergebnisgleichheit verstanden werden soll, ist aber durch das Grundgesetz nicht vorentschieden[258], sondern gehört zum Zwecksetzungsspielraum[259] des sozialgestaltenden Gesetzgebers. Dieser Spielraum kann durch spezielle Verfassungsnormen und die Eigengesetzlichkeit von Regelungsbereichen eingeschränkt sein[260]. Je fundamentaler ein Rechtsgut für die Grundrechtsausübung benötigt wird und je weniger seine Ausprägung vom Einzelnen zu beeinflussen ist, um so eher wird Ergebnisgleichheit angestrebt. Das gilt vor allem für Konkretisierungen des Rechts auf Leben und Gesundheit als individuell knappstem und wichtigstem Gut[261]. Je stärker eigene Anstrengung das Ergebnis beeinflussen kann, um so mehr wird die Chancengleichheit (als Gegenstück der Leistungsgerechtigkeit) in den Vordergrund treten. Das gilt insbesondere im Bereich von Bildung und Beruf[262], so dass der Gleichheitssatz verstanden als Gebot der Chancengleichheit auch nicht in einer Antinomie zur Berufsfreiheit stehen muss[263], sondern gerade den wirtschaftlichen Wettbewerb als eine Bedingung der

---

[257] Müller-Volbehr, JZ 1984, S. 6, 12; vgl. oben III.B.11.
[258] So aber Buch (2001), S. 174 f.; Erichsen, DVBl. 1983, S. 289, 295 im Sinne der Chancengleichheit; Hagmann (1999), S. 23, Rüfner, SGb 1984, S. 147, 148 stellen nur auf Ergebnisgleichheit ab.
[259] Alexy, VVdStRL 61 (2001), S. 17.
[260] Dazu: Alexy, VVdStRL 61 (2001), S. 1, 14 ff.
[261] Luthe/Dittmar, SGb 2004, S. 272, 275.
[262] Vgl. Reichenbach (2001), S. 213 ff.; Scholler (1969), S. 14 ff.; Dürig, AöR 81 (1956), S. 117, 145.
[263] So aber Rüfner, SGb 1984, S. 147, 149, weil er soziale Gleichheit nur als Ergebnisgleichheit versteht.

Berufsfreiheit entfalten hilft. Gerade in diesen Bereichen sind aber verschiedene Verständnisse sozialer Gleichheit möglich. So zielt ein Gebot der gleichen Entlohnung auf Gleichheit im Ergebnis, ein Gebot der Nichtdiskriminierung bei der Einstellung auf Chancengleichheit[264]. Im schulischen Bereich zielt die Zulassung zur Regelschule auf Chancengleichheit, die Einführung von Fördermaßnahmen innerhalb einer Schulart auf Ergebnisgleichheit. Für die als Eigentum geschützten Rechtsgüter ist schließlich eine Präferenz für Besitzstandsgerechtigkeit und ein entsprechendes Gleichheitsverständnis anzunehmen. So wird deutlich, dass die Geltung eines Prinzips sozialer Gleichheit nicht zu einer unangemessenen Einschränkung des Gesetzgebers führt. Nur Maßnahmen, die in jeder Weise als Vertiefung von Ungleichheit der Chancen, Ergebnisse und Besitzstände in der Gesellschaft erscheinen, geraten mit ihm in Konflikt[265].

(d) Soziale Gleichheit und Existenzminimum. Existenzminimum und Mindestsicherung werden wesentlich durch sozialen Vergleich bestimmt und sind so ein Produkt des für unerlässlich gehaltenen Mindestmaßes sozialer Gleichheit[266]. Eine verfassungsrechtliche Garantie des Existenzminimums kann so mit *Robert Alexy* und *Volker Neumann* zumindest auch als Ergebnis des Prinzips sozialer Gleichheit angesehen werden[267]. Dies gilt jedenfalls für den Anteil des Existenzminimums, der über den unmittelbaren Schutz vor Verhungern, Erfrieren und die medizinische Versorgung hinausgeht. Bei der medizinischen Versorgung kommt hinzu, dass auch ihr Maß gesellschaftlich an Hand der Möglichkeiten von Medizin und Gesundheitswesen bestimmt ist. Das Recht auf das Existenzminimum wird somit dann durch das Prinzip sozialer Gleichheit mit begründet, wenn es über das zum Leben Unerlässliche hinausgeht. Es wird dann wesentlich mit Hilfe des Prinzips sozialer Gleichheit ausgefüllt[268]. Seine Konkretisierung durch Gesetzgeber und Verwaltung bestimmt, welches Maß an Möglichkeiten der Teilhabe am Freiheitsgebrauch in einer Gesellschaft als Existenzminimum angesehen wird.

c) Gebotenheit von Ungleichbehandlung

Ob eine kompensatorische oder fördernde Ungleichbehandlung geboten sein könnte, wurde auch nach dem allgemeinen Gleichheitssatz anhand eines möglichen

---

[264] Vgl. Mohr (2004), S. 192 ff.

[265] Vgl. BVerfG vom 24. Juni 1958, BVerfGE 8, 51 67: Im politischen Wettbewerb darf der Gesetzgeber nicht ohne zwingenden Grund eine Regelung treffen, die eine schon bestehende faktische Ungleichheit der Wettbewerbschancen der Parteien verschärft; BVerfG vom 17. August 1956, BVerfGE 5, 85, 206: „*Das Sozialstaatsprinzip soll schädliche Auswirkungen schrankenloser Freiheit verhindern und die Gleichheit fortschreitend bis zu dem vernünftigerweise zu fordernden Maße verwirklichen.*"; vgl. Scholler (1969), S. 54 f.

[266] Alexy (1994), S. 388; dies sieht auch Schlenker (1986), S. 93, der jedoch das Existenzminimum nicht auf den Gleichheitssatz stützt.

[267] Alexy (1994), S. 388 f.; V. Neumann, NVwZ 1995, S. 426, 429; V. Neumann, DVBl. 1997, S. 92, 94.

[268] Vgl. BVerwG vom 21. Januar 1993, BVerwGE 92, 6 (Schultüte); BVerwG vom 18. Februar 1993, BVerwGE 92, 102 (Feier der Erstkommunion); BVerwG vom 18. Februar 1993, BVerwGE 92, 112 (Hochzeitsfeier in schlichter Form); Bieritz-Harder (2001), S. 211 ff.

Gebots, Ungleiches ungleich zu behandeln, diskutiert. Nach *Dürig* soll eine Ungleichbehandlung von Ungleichem dann geboten sein, wenn Gleichbehandlung Willkür wäre[269]. *Alexy* führt aus, dass die Argumentationslast stets gegen die Ungleichbehandlung gerichtet ist. Für die Gebotenheit einer Ungleichbehandlung ist dann ein zureichender Grund zu fordern[270], so dass der Unterschied von Gleichbehandlung und Ungleichbehandlung normativ gewahrt ist. Diese Formeln sind durchaus geeignet, einen Anhaltspunkt für die Notwendigkeit von Kompensation und Förderung zu geben. Die Begriffe der Willkür oder des zureichenden Grunds erscheinen aber zu unscharf, um zweifelsfreie und befriedigende Ergebnisse zu bringen. Erst mit dem Prinzip der sozialen Gleichheit und mit der Existenz eines besonderen Gleichheitssatzes wegen einer Behinderung werden zusätzliche gewichtige Argumente für fördernde Ungleichbehandlung behinderter Menschen eingeführt.

6. Inhalt der besonderen Gleichheitssätze

a) Gewährleistungsbereich Behinderung

(1) Deutsches Verfassungsrecht

Art. 3 Abs. 3 Satz 2 GG war für Rechtwissenschaft und Rechtsprechung eine Neuerung, die erhebliche Unsicherheit auslöste. Unklar war, und ist bis heute, schon der Anwendungsbereich der Norm, also ihr Gewährleistungsbereich. Zunächst orientierten sich viele Stimmen in der Literatur und in der Tendenz auch das BVerfG[271] am Schwerbehindertengesetz und führten entweder aus, dass sich der Anwendungsbereich auf Behinderte im Sinne von § 3 Abs. 1 SchwbG[272] oder auch nur auf Schwerbehinderte[273] beziehe. Andere führten jedenfalls aus, dass es eines gewissen Schweregrades der Behinderung bedürfe, damit das Benachteiligungsverbot angewendet werden könne. In diesen Ansätzen und in der Bezeichnung des Benachteiligungsverbots als „Grundrecht der Behinderten"[274] wurde deutlich ein ausschließlich personaler Behinderungsbegriff zu Grunde gelegt, der voraussetzte, dass es sich bei „den Behinderten" um eine fest abgegrenzte und abgrenzbare Gruppe handele, von der man annahm, sie sei fest umrissen und umfasse etwa 5 Millionen Menschen. Dies war auch im Gesetzgebungsverfahren ausdrücklich festgehalten worden[275]. Es ist auch zutreffend, dass sich der zu schützende Personenkreis bestimmen lässt. Er unterscheidet sich jedoch fundamental von den Gegenständen der anderen besonderen Gleichheitssätze. Behinderung ist kein unabänderliches Merkmal[276], sondern kann im Lebensverlauf eintreten und auch wieder

---

[269] Dürig in: Maunz/Dürig/Herzog, Art. 3 Abs. 1, Rz 265 ff.; vgl. Kischel, EuGRZ 1997, S. 1, 5; Davy in: FS Funk (2003), S. 63, 81.

[270] Alexy (1994), S. 372 f.

[271] BVerfGE 96, 288, 301.

[272] Buch (2001), S. 39 ff.; Sachs, RdJB 1996, S. 154, 163. Dieser Begriff ging über Schwerbehinderte hinaus, was Spranger, DVBl. 1998, S. 1058 ff., nicht hinreichend beachtet hat.

[273] Sannwald, NJW 1994, S. 3313, 3314.

[274] So Buch (2001); Sachs, RdJB 1996, S. 154 ff.

[275] BT-Drucks. 12/6323, S. 7, 11 f.

[276] So aber Mohr (2004), S. 204; Sachs, RdJB 1996, S. 154, 163; vgl. oben II.A.2.c.

aufhören. Behinderung ist graduell, so dass es keinen wirklichen Gegenbegriff gibt[277]. Ihr Vorliegen kann daher nicht immer eindeutig bejaht oder verneint werden. Bei den behinderten Menschen handelt es sich nicht um eine Personengruppe, der man durch Abstammung, Geburt oder Bekenntnis im Regelfall lebenslang angehört, wie es bei den Gruppen der Männer und Frauen, der Katholiken, Protestanten, Juden oder Moslems, der Rheinländer oder Ostpreußen regelmäßig annehmen kann.

Das BVerfG hat in seiner ersten Entscheidung zum Benachteiligungsverbot 1997[278] die Frage nach dem Anwendungsbereich im Ergebnis offen gelassen, weil für das betroffene schwer behinderte Mädchen[279], dessen Recht auf Besuch einer Gesamtschule in Frage stand, kein Zweifel daran bestand, dass sie zu dem geschützten Personenkreis gehörte.

Gegen die Orientierung des verfassungsrechtlichen Behinderungsbegriffs an einem einfachgesetzlichen Behinderungsbegriff wird eingewandt, dass Verfassungsrecht nicht durch einfaches Recht definiert werden könne, das im Geltungsrang unter diesem steht[280]. Gegen eine Beschränkung nur auf schwerbehinderte Menschen spricht auch der Wortlaut[281]. Somit würde eine Orientierung am einfachen Recht nur noch auf dem Weg über die historische Auslegung in Betracht kommen. Die Mitglieder der gemeinsamen Verfassungskommission, Abgeordnete und Landesregierungen haben sich 1994 neben ihren unterschiedlichen Vorstellungen auch am seinerzeit gesetzlich verankerten Behinderungsbegriff orientiert, so dass dieser zunächst richtungweisend wurde[282]. In der Konsequenz könnte dies aber bedeuten, dass das Benachteiligungsverbot dem einfachrechtlichen Stand von 1994 folgen müsste und der mit SGB IX und BGG markierte Wandel zu einem neueren Behinderungsbegriff verfassungsrechtlich nicht nachvollzogen werden könne. Bei einer umfassenderen Betrachtung der Entstehungsgeschichte zeigt sich aber, dass das Benachteiligungsverbot im Kontext des Sozialstaatsprinzips diskutiert und beschlossen wurde, so dass die sachliche Reichweite dahinter nicht zurückbleiben kann[283].

Wie gezeigt ist Behinderung ein Begriff, der sich an Phänomenen der gesellschaftlichen Wirklichkeit und ihrer Wahrnehmung und Bearbeitung durch die betroffenen Personen und Wissenschaft und Praxis von Medizin, Pädagogik, Er-

---

[277] So auch Sachs, RdJB 1996, S. 154, 164.

[278] BVerfG vom 8. Oktober 1997, BVerfGE 96, 288 ff.; dazu A. Jürgens/G. Jürgens, NJW 1997, S. 1052 f.; A. Jürgens, DVBl. 1997, S. 410 ff.; Engelken, DVBl. 1997, S. 762 f.; A. Jürgens, DVBl. 1997, S. 764; Dirnaichner, BayVBl. 1997, S. 545 ff.; Speck, ZHP 1997, S. 233 ff.; Füssel, RdJB 1998, S. 250 ff.; Füssel in: Knauer/Meißner/Ross (1998), S. 209 ff.; Castendiek in: Erbguth/F. Müller/V. Neumann (1999), S. 337 ff.; Lehnert (2000), S. 101 ff.; Reichenbach (2001), S. 72 ff.; Straßmair (2002), S. 215 ff.

[279] Vgl. BVerfGE 96, 288, 294.

[280] Umbach in: MK-GG (2002), Rz 400 zu Art. 3 GG; Spranger, DVBl. 1998, S. 1058, 1060; Beaucamp, DVBl. 2002, S. 997, 998; Pierre Kummer (2003), S. 76.

[281] Schwidden, RiA 1997, S. 70, 71; Spranger, DVBl. 1998, S. 1058, 1060; Caspar, EuGRZ 2000, S. 135, 136; Reichenbach, SGb 2000, S. 660; Lehnert (2000), S. 39; Beaucamp, DVBl. 2002, S. 997, 998; Straßmair (2002), S. 172; Pierre Kummer (2003), S. 76.

[282] Straßmair (2002), S. 167 ff.

[283] Spranger, DVBl. 1998, S. 1058, 1061.

werbsarbeit und Recht entwickelt hat und weiter entwickelt. Ein solcher Begriff ist notwendig stetigem Wandel der Anschauungen ausgesetzt[284]. Auch dies war dem Verfassungsgeber bekannt und gehörte schon 1994 zum gebräuchlichen Begriffsverständnis. Der Begriff der Behinderung ist insofern vergleichbar mit dem Verfassungsbegriff der Familie oder des Eigentums. Auch das empirische Bild der Familie und das Verständnis in der Bevölkerung und Wissenschaft darüber, was eine Familie ist, haben sich seit der Verankerung des Begriffs im Grundgesetz 1949 gewandelt. Bestimmte Rechtspositionen sind dem verfassungsrechtlichen Eigentumsschutz neu unterstellt worden. Rechtsprechung und Gesetzgebung mussten sich diesem Wandel stellen und ihn ihrerseits mitgestalten. Entsprechend hat der Schutzbereich von Art. 6 Abs. 1 GG einerseits einen harten Begriffskern von Familie und Eigentum bewahrt, andererseits konnte er von den gesellschaftlichen Veränderungen nicht unbeeinflusst bleiben. Die Positionierung und Auslegung eines Verfassungsbegriffs im gesellschaftlichen Wandel ist nicht möglich, ohne die teleologische Methode anzuwenden. Durch die möglichst präzise Bestimmung eines zeitbeständigen Ziels (Telos) der Norm muss es der Rechtsanwendung möglich sein, die zeitgemäße Auslegung einer Norm zu finden.

Legt man diese Maxime der Auslegung zu Grunde, so wäre es kaum einsichtig, sich für das Benachteiligungsverbot des Grundgesetzes dauerhaft am SchwbG des Jahres 1994 zu orientieren. Das Schwerbehindertenrecht war auch zu dieser Zeit nur eine von mehreren Formen des rechtlichen Schutzes behinderter Menschen. Der in ihm seit 1986 verankerte Behinderungsbegriff konnte seinerzeit nicht als langjährig gewachsener, unbestrittener allgemeingültiger Behinderungsbegriff angesehen werden[285], sondern entsprach einem vorübergehenden Erkenntnisstand und den besonderen Schutzzwecken des Schwerbehindertenrechts. Aus den genannten Gründen können weder der Behinderungsbegriff aus § 3 Abs. 1 SchwbG noch derjenige aus § 2 Abs. 1 SGB IX/§ 3 BGG eine dauerhafte Definition des Anwendungsbereichs für das verfassungsrechtliche Benachteiligungsverbot liefern. Die Geschichte des Behinderungsbegriffs zeigt vielmehr, dass dieser erheblichen und dauernden Umwälzungen ausgesetzt ist. Versucht man den Telos der Norm und die damit verbundene Gerechtigkeitsvorstellung zu umschreiben, so wird man sagen, dass niemand benachteiligt werden soll, der aus gesundheitlichen Gründen in seiner sozialen Teilhabe beeinträchtigt ist. Auch wenn die Anschauungen über das Verhältnis zwischen individuellen gesundheitlichen und sozialen Faktoren im Fluss sind und weiterentwickelt werden, so ist doch festzuhalten, dass stets beide Dimensionen von Ursachen zusammenwirken müssen, damit eine Behinderung vorliegt[286].

Für den jeweiligen Anwendungsbereich können die jeweils geltenden einfachen Gesetze einen ersten und gewichtigen Anhaltspunkt liefern. Läge aber eine (behauptete) Benachteiligung gerade darin, dass eine bestimmte Gruppe oder eine einzelne Person sich durch einfaches Recht zu Unrecht aus den von Behinderung be-

---

[284] Vgl. oben II.A.3.
[285] G. Jürgens, ZfSH/SGB 1995, S. 353, 358; A. Jürgens, DVBl. 1997, S. 410, 411; Füssel, RdJB 1998, S. 250, 252.
[286] V. Neumann, NVwZ 2003, S. 897, 899 f.; Reichenbach, SGb 2000, S. 660, 661.

troffenen und von Gesetzen geschützten Personen hinausdefiniert sähe, so müsste schon zur Entscheidung dieses Falles ein eigener verfassungsrechtlicher Behinderungsbegriff gebildet werden.

Ein solcher Begriff kann sich nicht weit entfernen von den Behinderungsbegriffen, mit denen in der Wissenschaft operiert wird. Die ICF als international konsentiertes Begriffs- und Klassifikationssystem[287] und ihr bio-psycho-sozialer Ansatz müssten dabei beachtet werden, um die Lebenswirklichkeit und die Benachteiligungen behinderter Menschen und deren Gründe adäquat zu erfassen[288]. In der rechtswissenschaftlichen Literatur finden sich Einwände gegen einen bio-psycho-sozialen Behinderungsbegriff und gegen eine an behindernden Situationen orientierte Begriffsbildung. So wird ausgeführt, eine solche Begriffsbildung mache den Verfassungssatz unanwendbar, da nicht mehr klar bestimmt werden könne, wer geschützt sei und wer nicht[289]. Dem muss schon vom Wortlaut her entgegen gehalten werden, dass das Grundgesetz „Behinderung" und nicht „Behinderte" nennt. Das Anwendungsproblem existiert nicht: Viele Rechts- und Verfassungsnormen beziehen sich auf Situationen statt auf konstante Personengruppen: Die Versammlungsfreiheit schützt Menschen, wenn sie eine Versammlung bilden. Die Vereinigungsfreiheit schützt Menschen, wenn sie einen Verein bilden. Das Benachteiligungsverbot schützt Menschen, wenn sie behindert sind. Durch das Adjektiv „seiner" wird die nötige personale Anbindung geschaffen: Das Benachteiligungsverbot kann individuell erst bemüht werden, wenn eine Behinderung personalisierbar wird. Aus dem häufigen und typischen Erleben behindernder Situationen wird die persönliche Eigenschaft Behinderung[290].

Im Ergebnis sollten detaillierte Definitionen der Behinderung dem einfachen Recht vorbehalten bleiben, während für den verfassungsrechtlichen Behinderungsbegriff nur die Kernelemente seines Telos festgehalten werden sollten: Behinderung ist ein Umstand, in dem jemand aus gesundheitlichen und sozialen Gründen in seiner Teilhabe beeinträchtigt ist[291].

(2) Europäisches Recht

Für das Europäische Recht liegt bislang keine Definition des Begriffs der Behinderung in amtlichen Dokumenten oder der Rechtsprechung des EuGH vor[292]. Die Kommission hat im Jahre 2000 ausgeführt, dass seit jeher konstant 10 % der Gesamtbevölkerung in der Europäischen Union unmittelbar von einer Behinderung betroffen seien. Die aktuell etwa 37 Millionen behinderten Menschen stellten keine homogene Gruppe dar[293]. Die im nationalen Recht verwendeten Begriffe unterscheiden sich zum Teil erheblich. Im Laufe der weiteren Rechtsentwicklung wird

---

[287] Vgl. oben II.A., II.A.2.c.; II.A.2.f.(5).(b).
[288] Vgl. Degener, KJ 2000, S. 425, 427.
[289] V. Neumann, NVwZ 2003, S. 897, 900.
[290] Buch (2001), S. 60.
[291] Vgl. Reichenbach (2001), S. 124.
[292] Vgl. Högenauer (2002), S. 111 f.
[293] Mitteilung der Kommission an den Rat, das Europäische Parlament, den Wirtschafts- und Sozialausschuss und den Ausschuss der Regionen: Auf dem Weg zu einem Europa ohne Hindernisse für Menschen mit Behinderungen vom 12. Mai 2000, KOM(2000) 284, S. 4.

es daher erforderlich sein, den Behinderungsbegriff im Europarecht näher zu definieren. Als Referenzsystem kommt hierbei wohl nur die ICF als international anerkannte Klassifikation in Betracht[294]. Ein weites Verständnis von Behinderung liegt auch dem irischen Recht zu Grunde, das der Gemeinschaftsgesetzgeber für seine Konkretisierung des Diskriminierungsverbots in der Gleichbehandlungsrahmenrichtlinie herangezogen hat[295]. Auch im britischen und französischen Recht gibt es jedenfalls keine Schwellenwerte oder einen festen Behinderungsstatus[296]. Bereits die Standard Rules der UN[297] sind in der Begriffswahl hinter dem Diskussionsstand zurück, welcher dem EGV zu Grunde liegt. Dort wird noch zwischen disability und handicap differenziert, während der EGV alleine den Terminus disability benutzt. Ein zusätzliches Argument für einen eher weiten Behinderungsbegriff im europäischen Recht ist, dass die Gemeinschaft ein hohes Gesundheitsschutzniveau als Ziel anstrebt[298]. Sieht man in Maßnahmen zugunsten behinderter Menschen einen Beitrag zum Gesundheitsschutz, so folgt daraus ein weites Verständnis von Behinderung[299].

b) Grundrechtsträgerschaft

(1) Alle Menschen

Nach dem Wortlaut der Norm darf „niemand" benachteiligt werden. Damit sind alle Menschen in den Schutzbereich einbezogen, die wegen einer Behinderung benachteiligt werden, unabhängig davon, ob sie Deutsche oder Unionsbürgerinnen oder -bürger sind. Mensch ist, wer vom Menschen abstammt. Weitere einschränkende Definitionen, etwa zu Lasten Schwerstbehinderter, sind gerade durch die Achtung der Menschenwürde verboten[300].

Die im Einzelnen umstrittene Konstruktion der Grundrechtsmündigkeit kann die Grundrechtsträgerschaft nicht beschränken. Sie bestimmt, auf welche Weise und von wem Grundrechte geltend gemacht werden können, betrifft jedoch nicht die Frage, ob Menschen Grundrechte haben.

(2) Nascituri

Zu den umstrittenen Fragen der Grundrechtsdogmatik gehört, ob auch Nascituri (Embryonen und Föten) im Mutterleib oder auch außerhalb des Körpers erzeugte Embryonen im Reagenzglas Grundrechtsträger sein können. Diese Frage ist vor allem im Kontext des Abtreibungsrechts und neuerdings des Embryonenschutzes erörtert worden.

Zunächst ist fraglich, ob Nascituri überhaupt als behindert im Sinne des besonderen Gleichheitssatzes gelten können. Die Frage nach der Grundrechtsträger-

[294] Mohr (2004), S. 205.
[295] Pierre Kummer (2003), S. 77.
[296] Pierre Kummer (2003), S. 78.
[297] Vgl. oben II.A.2.a.(1).
[298] Art. 152 Abs. 1 EGV; Art. III-278 EVV.
[299] Meyer (2002), S. 70.
[300] Posselt-Wenzel (2003), S. 29; Bieritz-Harder (2001), S. 250 f.

schaft von Nascituri wird vor allem im Kontext der Regelung von Abtreibungen erörtert, die auf Grund einer vermuteten späteren Behinderung vorgenommen werden[301]. Da ein solcher Nasciturus im Mutterleib aktuell nicht behindert ist, ist also die Einbeziehung drohender Behinderungen, ähnlich wie bei geborenen Personen, deren Erbanlagen oder symptomlose Infektion eine spätere Behinderung erwarten lassen, erste Vorbedingung für die Einbeziehung in den Schutzbereich. Der Schutz wegen drohender Behinderung ist jedenfalls auf Grund der prinzipiellen und objektiven Gehalte des Benachteiligungsverbots zu bejahen, so dass diese Überlegung nicht gegen eine Grundrechtsträgerschaft spricht.

Die Teilhabe an der Grundrechtsträgerschaft ist darauf zurückzuführen, dass Menschen an der unantastbaren Menschenwürde teilhaben. Verneint man, wie oben erörtert, einen Vorbehalt der aktuellen Vernunft- und Artikulationsfähigkeit und des Selbstbewusstseins und sieht die Menschenwürde als alleinige Folge der Zugehörigkeit zur Menschheit, so partizipieren auch Nascituri an der Menschenwürde und den Grundrechten[302]. Diese Position hat auch das BVerfG in den Entscheidungen zum Abtreibungsrecht eingenommen[303]. Die Menschenwürde des Nasciturus ist durch die staatliche Gewalt zu achten und zu schützen.

Mit dieser Erkenntnis ist jedoch die Besonderheit der vorgeburtlichen Situation noch nicht hinreichend berücksichtigt. Diese besteht darin, dass der Nasciturus zwar die Anlage hat, Teil der Menschheit zu sein, aber noch nicht alleine Rechtsperson und gesellschaftliche Persönlichkeit sein kann, sondern dies nur als Teil der Mutter ist („*Zweiheit in Einheit*")[304]. Entsprechend kann die volle Rechtsfähigkeit des Menschen erst nach Vollendung der Geburt beginnen[305]. Diese muss aber mit der Grundrechtsfähigkeit nicht voll übereinstimmen[306]. Die Grundrechte als Prinzipien geben dem von der Menschenwürde eingeschlossenen Nasciturus Rechte auf Schutz und Gewährleistung im Hinblick auf seine aktuelle und künftige Situation. Damit steht der Nasciturus nicht außerhalb von Menschenwürde und Grundrechtsschutz. Seine in höchstem Maß sozial eingebundene Situation führt vielmehr nur dazu, dass ihm im Verhältnis zum Staat der Prinzipiengehalt der sozialen Menschenwürde und der sozialen Gleichheit zu Gute kommt[307], während er als Rechtsperson von der Mutter noch nicht getrennt ist[308]. Der Staat muss im Verhältnis zur werdenden Mutter, auch der behinderten Mutter und der Mutter eines möglicherweise behinderten Kindes, die Schwangerschaft beachten und er muss die künftigen Rechte des noch nicht geborenen Kindes beachten, wie es etwa im

---

[301] Vgl. unten V.A.2.b.

[302] Sacksofsky, KJ 2003, S. 274, 283 f.; Buch (2001), S. 88 f.

[303] BVerfGE 39, 1, 37, 41; BVerfGE 88, 203, 251 f.; vgl. Sacksofsky, KJ 2003, S. 274, 277; Dürig, AöR 81 (1956), S. 117, 126; der Menschenwürdeschutz endet auch nicht mit dem Tod, BVerfGE 30, 173, 194 (Mephisto/Gründgens).

[304] Vgl. die abweichende Meinung der Verfassungsrichter Mahrenholz und Sommer zum Urteil des BVerfG vom 28. Mai 1993 (BVerfGE 88, 203 ff.) BVerfGE 88, 338, 342; vgl. weiter Sacksofsky, KJ 2003, S. 274, 279; Denninger, KritV 2003, S. 191, 206 f.; Böckenförde-Wunderlich (2002), S. 194; Ipsen, JZ 2001, S. 989, 992; Hochreuter, KritV 1996, S. 171, 190 f.

[305] § 1 BGB.

[306] Von Mutius, Jura 1987, S. 109, 110.

[307] Vgl. oben IV.A.3.

[308] Vgl. Sacksofsky, KJ 2003, S. 274, 286.

Unfallversicherungsrecht[309], im Pflegschaftsrecht[310], Erbrecht[311] oder im Strafrecht[312] anerkannt ist. Der möglicherweise nach der Geburt behinderte Nasciturus nimmt damit am Schutz durch Gleichheits-, Freiheits- und Teilhaberechte teil[313]. Dass er später behindert sein könnte, muss dafür ohne Bedeutung sein[314]. Was dies für die umstrittenen Fragen der Abtreibung und Pränataldiagnostik[315] bedeutet, ist keine Frage der Geltung der Grundrechte, sondern eine Frage des Inhalts des Schutzrechts für Leben und Gesundheit im Lichte das Benachteiligungsverbots wegen Behinderung.

Auch Embryonen außerhalb des Mutterleibs stehen als von Menschen abstammende potentielle Menschen nicht außerhalb des Menschenwürdeschutzes. Ist die Grundentscheidung getroffen, dass menschliche Embryonen überhaupt in eine derartige Situation gebracht werden dürfen, so muss der Menschenwürde- und Grundrechtsschutz wiederum ihre besondere Situation berücksichtigen. Bei Embryonen außerhalb des Mutterleibs steht nicht nur die für die Menschwerdung unverzichtbare Bindung zur Mutter einer Anerkennung als eigenständige Rechtsperson entgegen, sondern auch die Abhängigkeit vom Tätigwerden von Ärzten und Forschern[316]. Diese spezifische Art der sozialen Eingebundenheit ist wiederum unter Berücksichtigung des prinzipiellen Gehalts von Menschenwürde und Grundrechten einschließlich des Benachteiligungsverbots wegen einer Behinderung auszugestalten, soweit man nicht zu dem Ergebnis kommt, dass es zu deren Schutz besser wäre, eine solche Situation nicht eintreten zu lassen[317].

(3) Juristische Personen

Die Grundrechte gelten auch für inländische juristische Personen, soweit sie ihrem Wesen nach auch auf diese anwendbar sind[318]. Ob dies auch beim Benachteiligungsverbot wegen einer Behinderung der Fall sein kann, wird bestritten[319]. Entscheidend für die Anwendbarkeit ist, ob die juristische Person ein Medium der Grundrechtsbetätigung der hinter ihr stehenden Mitglieder ist. Insofern sind Vereine und Verbände behinderter Menschen Medium der Vereinigungsfreiheit. Von

---

309 § 12 SGB VII; vgl. BVerfG vom 20. Mai 1987, BVerfGE 75, 348; BVerfG vom 22. Juni 1977, BVerfGE 45, 376, 386 f.
310 § 1912 BGB.
311 § 1923 Abs. 2 BGB.
312 Vgl. § 218 Abs. 2 Satz 2 Nr. 1 StGB (Abtreibung gegen den Willen der Schwangeren); LG Aachen vom 18. Dezember 1970, JZ 1971, S. 507 ff. (Contergan). Eine Abtreibung ohne den Willen einer einwilligungsunfähigen behinderten Schwangeren kommt nur bei Gefahr für die Schwangere in Betracht, vgl. Tröndle/Fischer (2003), Rz 16a zu § 218a StGB.
313 Ebenso: Umbach in: MK-GG (2002), Rz 404 zu Art. 3 GG.
314 Sacksofsky, KJ 2003, S. 274, 287 f.
315 Vgl. unten V.A.3.
316 Denninger, KritV 2003, S. 191, 205.
317 Vgl. zu den Problemen: Böckenförde-Wunderlich (2002); Kollek (2000); zur juristischen Diskussion: C. Wagner, NJW 2004, S. 917 ff.; Sacksofsky, KJ 2003, S. 274 ff.; Frommel, KJ 2002, S. 411 ff.; Schroth, JZ 2002, S. 170 ff.; Faßbender, NJW 2001, S. 2745 ff.; H. Sendler, NJW 2001, S. 2148 f.; J. Ipsen, JZ 2001, S. 989 ff.; Beckmann, MedR 2001, S. 169 ff.
318 Art. 19 Abs. 3 GG.
319 Straßmair (2002), S. 185 ff.

behinderten Menschen gegründete Handelsgesellschaften oder Genossenschaften dienen der Berufsfreiheit, weil das Grundrecht auch korporativ betätigt werden kann[320]. Würde einem Verein behinderter Menschen die Eintragung in das Vereinsregister oder einer juristischen Person, die nur behinderte Menschen beschäftigt, die Eintragung in die Handwerksrolle oder in das Handelsregister verwehrt, so könnte dies am Benachteiligungsverbot gemessen werden. Ebenso könnte überprüft werden, ob es rechtmäßig wäre, wenn eine Werkstatt für behinderte Menschen oder eine aus behinderten Menschen bestehende Genossenschaft bei der Vergabe öffentlicher Aufträge nicht bevorzugt[321], sondern benachteiligt würde. Auch ein Sozialhilfeträger, der eine Wohngemeinschaft für behinderte Menschen betreibt, müsste sich im Konflikt mit Nachbarn auf das Benachteiligungsverbot berufen können[322]. Ob diese Benachteiligung tatsächlich wegen der Behinderung der hinter der juristischen Person stehenden Menschen erfolgt, wäre nicht mehr eine Frage der Grundrechtsfähigkeit, sondern der Zurechnung zwischen Benachteiligung und den Behinderungen.

Eine solche Konstellation ist nicht unwahrscheinlich[323], weil gerade bei geistig oder seelisch behinderten Menschen oft vorausgesetzt wird, dass sie bei der Gründung juristischer Personen auch „normale Menschen" hinzuziehen. Ob dies immer zwingend zu verlangen ist, wäre anhand des Benachteiligungsverbots überprüfbar. Jedenfalls wäre die Gefährdungslage für die betroffenen Rechte vergleichbar[324]. Dazu kommt, dass sich Behinderung gerade erst in der gesellschaftlichen Teilhabe zeigt, zu der auch die eigenständige Gründung und Unterhaltung juristischer Personen gehört. Soziale Benachteiligungen können auch erst offenbar werden, wenn juristische Personen bestehen.

c) Anwendungsbereich der Gleichbehandlungsrahmenrichtlinie

Die Europäische Gleichbehandlungsrahmenrichtlinie gilt grundsätzlich für alle Menschen. Sie ist nicht auf die Staatsangehörigen von Mitgliedstaaten beschränkt[325]. Damit wird anerkannt, dass der Arbeitsmarkt in der Europäischen Union nicht nur von Unionsbürgern gebildet wird und die Ziele der Richtlinie allgemeine Geltung benötigen, um wirksam zu werden. Eine an der Staatsangehörigkeit von Drittstaatsangehörigen anknüpfende Ungleichbehandlung wird damit aber nicht erfasst[326].

---

[320] BVerfG vom 9. Oktober 2002, BVerfGE 106, 28, 43 (Fernmeldegeheimnis).
[321] So heute § 141 SGB IX.
[322] Vgl. OLG Köln vom 8. Januar 1998, JuS 1998, S. 1061, 1062 mit Anm. Sachs; dazu unten V.D.5.
[323] So aber Straßmair (2002), S. 186.
[324] Vgl. Buch (2001), S. 91; von Mutius in: BoK, Art. 19 Abs. 3 GG (1975), Rz 37, 114.
[325] Begründungserwägung 12; Mohr (2004), S. 212 f.
[326] Art. 3 Abs. 2 RL 2000/78; Mohr (2004), S. 213; Pierre Kummer (2003), S. 47.

d) Gebot der Rechtsgleichheit

(1) Benachteiligungsverbot im Kontext der besonderen Gleichheitssätze

Das Benachteiligungsverbot steht im unmittelbaren systematischen Kontext der strengen Gleichheitssätze nach Art. 3 Abs. 3 Satz 1 GG. Nach diesen darf niemand wegen seines Geschlechtes, seiner Abstammung, seiner Rasse, seiner Sprache, seiner Heimat und Herkunft, seines Glaubens, seiner religiösen oder politischen Anschauungen benachteiligt oder bevorzugt werden. Diese strengen Gleichheitssätze sind im Grundgesetz neben dem allgemeinen Gleichheitssatz insbesondere in bewusster Abkehr vom nationalsozialistischen Staat verankert worden, in dem die genannten Merkmale, Eigenschaften und sozialen Konstruktionen Ansatzpunkt vieler gesetzlicher und sozialer Differenzierungen und Diskriminierungen gewesen sind[327]. Daneben hat jedes der genannten Merkmale seine eigene rechtspolitische Geschichte[328]. So ist die Nennung des Geschlechts, zusammen mit dem Gleichberechtigungs- und Gleichstellungsgebot in Art. 3 Abs. 2 GG, in den Kontext der feministischen Emanzipationsbewegung der Frauen zu stellen. Das Merkmal „Heimat" sollte zunächst der Gleichstellung unterschiedlicher Landesangehöriger innerhalb Deutschlands dienen[329], dann auch sicherstellen, dass die aus den früheren deutschen Gebieten im heutigen Polen und Russland und aus anderen Teilen Osteuropas stammenden deutschen Flüchtlinge nicht gegenüber der eingesessenen Bevölkerung Westdeutschlands benachteiligt wurden.

Das Merkmal „Behinderung" hätte angesichts der nationalsozialistischen Gesetzgebung und Vernichtungspolitik gegen behinderte Menschen bereits 1949 gut in den Kontext der strengen Gleichheitssätze gepasst[330]. Ob der Verzicht darauf eher mangelndem Problembewusstsein oder der Überlegung geschuldet war, dass ja viele bestehende und benötigte Rechtsnormen behinderte Menschen bevorzugten, ist nicht sicher aufzuklären[331]. In Rechnung zu stellen ist aber, dass Behinderung im heutigen Sinne als rechtlicher und alltagssprachlicher Begriff seinerzeit noch kaum bekannt war und in den damaligen Kontext eher ein Benachteiligungsverbot „wegen Erbkrankheit" gepasst hätte[332]. Einzelnen Bestrebungen für ein besonderes Gleichheitsrecht behinderter Menschen wurde bis 1994 vor allem der letztere Einwand entgegengehalten. Die 1994 gefundene Lösung hat den Einwand aufgenommen, indem es nur verboten ist, Menschen wegen einer Behinderung zu benachteiligen, nicht jedoch, sie zu bevorzugen.

Die besonderen Gleichheitssätze sind verfassungsrechtliche Wertentscheidungen, die viele Anwendungsfälle des Gleichheitssatzes bestimmen und damit auch der Gefahr vorbeugen, dass zu viele „freie" gerichtliche Wertentscheidungen die

---

[327] Vgl. BVerfG vom 14. Februar 1968, BVerfGE 23, 98, 107 (Ausbürgerung jüdischer Deutscher als gesetzliches Unrecht).
[328] Straßmair (2002), S. 159 f.
[329] Straßmair (2002), S. 159.
[330] A. Jürgens, DVBl. 1997, S. 410.
[331] Vogel, DVBl. 1994, S. 497, 504 bezeichnet die Aufnahme des Merkmals als *„ohne Ausgrenzungswillen Versäumtes."*
[332] Vgl. Straßmair (2002), S. 160 f.

Gestaltungsfreiheit des Gesetzgebers einschränken[333]. Die besonderen Gleichheitssätze betonen zudem die Universalität des Gleichheitssatzes, indem sie partikulare und persönliche Verflechtungen und Bevorzugungen zwischen Verwaltung und Normgeber und Normunterworfenen unterbinden sollen und so dem Entstehen rechtlicher Ungleichbehandlung aus sozialer Ungleichheit vorbeugen[334]. Für behinderte Menschen als strukturelle Minderheit und oftmals von Entscheidungspositionen ausgeschlossene Gruppe bedeutet dies, dass insbesondere diejenige Bevorzugung der Nichtbehinderten eingeschränkt werden soll, die darin liegt, dass die Interessen und Probleme behinderter Menschen bei der Entscheidung und Normgebung nicht reflektiert werden. Damit ist ein Benachteiligungsverbot behinderter Menschen, diskurstheoretisch gesprochen, eine Reaktion auf Defizite der realen Sprechsituation: Um die zur legitimen Normgebung und Entscheidung anzunähernde ideale Sprechsituation zu erreichen oder sich ihren Ergebnissen anzunähern, wird die Pflicht vergegenwärtigt, die Auswirkungen von Norm und Entscheidung auf behinderte Menschen zu reflektieren[335]. Damit sind besondere Gleichheitssätze individualrechtliche Entsprechungen des sozialstaatlichen Gebots, die Interessen aller zu berücksichtigen.

(2) Benachteiligungsverbot als Anknüpfungsverbot

Zu untersuchen ist, welchen Unterschied zu den anderen besonderen Gleichheitssätzen der Verzicht auf das Verbot der Bevorzugung bewirkt. Die anderen besonderen Gleichheitssätze werden als ein generelles Differenzierungsverbot betrachtet, als ein Gebot strikter Rechtsgleichheit. Die dort genannten Anknüpfungspunkte dürfen, außer in zu begründenden Ausnahmefällen, niemals Grund einer rechtlichen Differenzierung sein. Es könnte vermutet werden, dass es sich beim zweiten Satz um ein strukturell anders geartetes Recht handelt. Danach würde es sich beim Benachteiligungsverbot vor allem um ein Schutzrecht handeln, das eher den Abwehrgrundrechten als den Gleichheitssätzen verwandt ist, da es vielfältige Differenzierungen zulässt. *Reichenbach* schlägt ein Verständnis als Begründungsverbot vor. Danach dürfe die Behinderung nicht als Begründung für eine Ungleichbehandlung benutzt werden und zwar nur in Verbindung mit einem „Unwerturteil" über Behinderung[336]. Dieser Vorschlag entstammt einer Literaturansicht zur Auslegung von Art. 3 Abs. 3 Satz 1 GG als Begründungsverbot[337], die sich aber nicht hat durchsetzen können. Grundlage dieser Auffassung ist wohl, Ziel der strengen Gleichheitssätze sei es ganz oder überwiegend, die Übertragung von „Unwerturteilen" über bestimmte Gruppen in die Rechtsordnung zu verhindern. Mit dieser Auffassung ist zwar der Versuch verbunden, die Dogmatik des Benachteiligungsverbots zu vereinfachen. Sie kann jedoch nicht überzeugen.

Die Identifizierung eines Verbots, bestimmte Menschen zu benachteiligen und zu bevorzugen mit einem Verbot, bestimmte Kriterien überhaupt zum Anknüp

---

[333] Alexy (1994), S. 374.
[334] Luhmann (1999), S. 177 f.
[335] Vgl. oben III.A.11.g.
[336] Reichenbach (2001), S. 153 ff.
[337] Podlech (1971), S. 94.

fungspunkt von Ungleichbehandlungen zu machen, ist eine dogmatische Vereinfachung, um nicht prüfen zu müssen, ob eine Ungleichbehandlung bevorzugend oder benachteiligend gemeint ist, also mit einem „Unwerturteil" verbunden ist. Diese Vereinfachung hat ihren guten Sinn: Viele Ungleichbehandlungen können je nach subjektiver Wahrnehmung und Interessen als bevorzugend oder als benachteiligend wahrgenommen werden[338]. Sie werden zudem oft durch ein Motivbündel bestimmt, in dem das verbotene Merkmal eine schwer zu belegende Rolle spielt[339]. Würde die Definition über die Köpfe der betroffenen Personen und Gruppen hinweg vom Gesetzgeber oder dem Bundesverfassungsgericht vorgenommen, bestünde die Gefahr einer zumindest bevormundenden, vielleicht auch diskriminierenden Definition ihres Wohls durch andere[340]. Liegt die Definitionsmacht beim Normgeber, würde alles beim Alten bleiben[341]. Auch der im Hintergrund als abschreckendes Beispiel stets präsente nationalsozialistische Gesetzgeber hatte ja behauptet, niemanden zu benachteiligen, sondern nur „*Jedem das Seine*"[342] zu geben. Im Ergebnis ist ein striktes Differenzierungsverbot (Anknüpfungsverbot) ein sachgerechter Ausgangspunkt für die Dogmatik der besonderen Gleichheitssätze[343] und gerade für behinderte Menschen, wenn diese paternalistische Benachteiligungen rechtlich angreifen wollen. Daraus ergibt sich notwendig eine subjektive Komponente, denn erste Bedingung der Benachteiligung ist, dass eine Ungleichbehandlung als solche empfunden wird[344]. Das der Verfassung zugrundeliegende Bild des durch Ausübung seiner Grundrechte selbstbestimmten Menschen lässt eine rein objektive Beurteilung des rechtlichen Nachteils nicht zu[345]. Objektiviert werden kann die Benachteiligung aber insofern, dass eingeräumte ungleiche Rechte, von denen behinderte Menschen keinen Gebrauch machen müssen, etwa Rechte auf Sozialleistungen oder vergünstigte Eintrittspreise, keine Benachteiligung sein können, auch wenn sie als diskriminierend empfunden werden sollten[346]. Erforderlich ist die Betroffenheit eines Rechtsguts[347].

---

[338] Sacksofsky (1996), S. 141; Sachs (1987), S. 284.
[339] Vgl. BVerfG vom 16. November 1993, BVerfGE 89, 276, 288 f. (arbeitsrechtliches Benachteiligungsverbot nach dem Geschlecht, § 611a BGB).
[340] Straßmair (2002), S. 176 f.; Sachs, RdJB 1996, S. 154, 162: „*Die starre Rechtsfolge der Unterscheidungsverbote ist von hohem Wert, da sie allein es gestattet, allfällige Rationalisierungsversuche für die verschiedensten einschlägigen Differenzierungen a limine zurückzuweisen.*"; anders: Engelken, DVBl. 1997, S. 762, 763.
[341] A. Jürgens, DVBl. 1997, S. 764.
[342] Motto über dem Lagertor des Konzentrationslagers Buchenwald bei Weimar; vgl. Sachs (1987), S. 328, mit weiteren Nachweisen; oben III.A.9.d.
[343] Sachs (1987), S. 428 ff.
[344] Vgl. BVerfGE 96, 288, 303, wonach die Beurteilung von „Wertungen, wissenschaftlichen Erkenntnissen und prognostischen Einschätzungen" abhängt; vgl. Beaucamp, DVBl. 2002, S. 997, 998; dagegen: Dirnaichner, BayVBl. 1997, S. 545, 549; Engelken, DVBl. 1997, S. 762, die sich für einen „objektiven" Benachteiligungsbegriff aussprechen, dagegen: A. Jürgens, DVBl. 1997, S. 764.
[345] Buch (2001), S.111; Lehnert (2000), S. 127; Reichenbach, SGb 2000, S. 660, 663 f.; Castendiek in: Erbguth/F. Müller/V. Neumann (1999), S. 333, 345.
[346] Davy in: FS Funk (2003), S. 63, 85.
[347] Unklar insofern Buch (2001), S. 103, der subjektive Rechte und Interessen nennt.

(3) Neutrale Differenzierung?

Es zeigt sich jedoch, dass es Differenzierungen gibt, welche auch unter Geltung der besonderen Gleichheitssätze gerade nicht vermieden werden sollten. So würde gegenüber der dänischen Minderheit in Schleswig-Holstein und der sorbischen Volksgruppe in Brandenburg und Sachsen die strikte Gleichbehandlung in Bezug auf die gesetzliche Amtssprache Deutsch[348] als Benachteiligung erscheinen. Ertragreich für die Problematik der besonderen Gleichheitssätze ist vor allem die Gleichheit der Geschlechter. Differenzierungen, die weder als Bevorzugung noch als Benachteiligung eingestuft werden sollten, werden hier mit der Begründung gerechtfertigt, sie ergäben sich aus *„der Natur der Sache"*. Als verfassungsdogmatisch komfortabel erweist sich dabei, dass der besondere Schutz von Mutterschaft und Schwangerschaft mit Verfassungsrang verankert ist[349]. Andere überkommene Ungleichbehandlungen sind nicht so leicht einzuordnen. Die „Natur der Sache"[350] ist dabei ein ebenso ideologie- und interessenanfälliger Begriff wie der „Schutz der Frauen", mit dem auch das Festhalten an benachteiligenden Rollenbildern gerechtfertigt werden kann[351]. Ungleichbehandlungen sind somit stets darauf zu überprüfen, ob sie ein Geschlecht benachteiligen. Das Gleichstellungsgebot der Geschlechter ist dabei ein besonderer Rechtfertigungsgrund.

Das Verbot der Benachteiligung wegen einer Behinderung erscheint zusammenfassend betrachtet als ausreichend, um das neue Tatbestandsmerkmal in die Reihe der strengen Gleichheitssätze einzufügen. Es kann im Übrigen gefragt werden, ob der wesentliche Sinngehalt der strengen Gleichheitssätze auch unter Verzicht auf das Verbot der Bevorzugung ausgedrückt werden könnte. Eine Bevorzugung ist ohne dazugehörige Benachteiligung einer anderen schon sprachlogisch nicht möglich. Wird einer vorgezogen, steht der andere ihm nach. So kommen die Ermächtigungsnorm im Europäischen Gemeinschaftsvertrag (Art. 13 EGV) und die Europäische Grundrechtecharta allein mit dem Verbot von Diskriminierungen aus, ohne Bevorzugungen zu erwähnen.

(4) Rechtfertigungsbedürftigkeit von Differenzierungen

Auch für das Benachteiligungsverbot wegen einer Behinderung gilt danach, dass es sich um ein striktes Gebot der Rechtsgleichheit handelt. Behinderung als Eigenschaft oder Situation darf nur dann zum Anknüpfungspunkt rechtlicher Ungleichbehandlung werden, wenn diese keine Benachteiligung ist. Um ein solches Anknüpfungsverbot durchzusetzen, muss die Benachteiligung durch die Ungleichbehandlung zunächst vermutet werden. Wird diese Vermutung nicht dadurch widerlegt, dass es sich um eine Bevorzugung handelt, so ist zu fragen, ob die Un-

---

[348] § 23 Abs. 1 VwVfG; § 82a Abs. 1 LVwG SH; vgl. Sachs (1987), S. 257.

[349] Art. 6 Abs. 4 GG.

[350] R. Schmidt, JZ 1967, S. 402, 403: *„Eine Verfassungsgerichtsbarkeit, die sich vor allem auf eine durch die Tradition bestimmte Natur der Sache stützt, konserviert Besitzstände, statt der Verfassung eigenen Wert und Wirklichkeit zu verleihen.";* vgl. auch Buch (2001), S. 149; Castendiek in: Erbguth/F. Müller/V. Neumann (1999), S. 333, 342; Sachs (1987), S. 372 ff.

[351] Vgl. BVerfGE 87, 234, 258 (Anrechnungsregelung im AFG); BVerfGE 85, 191, 207 (Nachtarbeitsverbot); Buch (2001), S. 74, 153; Bieback, SGb 1994, S. 301, 309.

gleichbehandlung zu rechtfertigen ist. Der Begriff der „Natur der Sache" ist, wie gezeigt, jedoch zu anfällig für die Aufnahme falscher Voraussetzungen und unreflektierter Wertungen zu dem keineswegs unproblematischen Verständnis von Behinderung. Es sollte daher auf den Begriff der zwingenden Gründe zurückgegriffen werden[352]. Das BVerfG hat entsprechend in seiner Entscheidung zum Ausschluss schreib- und sprechunfähiger Menschen von der Testierfähigkeit ausgeführt, dass eine rechtliche Schlechterstellung behinderter Menschen nur zulässig ist, wenn zwingende Gründe dafür vorliegen[353]. Sachliche Gründe alleine genügen entsprechend nicht[354]. Die Entscheidung findet in dieser Formulierung auch in der Literatur breite Zustimmung[355]. Sie bedeutet ein klares Verhältnis zwischen der rechtlichen Gleichbehandlung als Regel und der Ungleichbehandlung als begründungsbedürftiger Ausnahme[356]. Mit dem Gewicht der Begründungslast erhält das Benachteiligungsverbot somit eine verfahrensbestimmende Bedeutung[357] für staatliche Entscheidungen.

Es können zwei Gruppen von zwingenden Gründen unterschieden werden: solche, die in der Behinderung selbst liegen oder solche, die sich als rechtlich geboten erweisen. Bei der Begründung aus der Behinderung selbst handelt es sich um einen internen Unterscheidungszweck, bei der Begründung aus zwingenden rechtlichen Gründen dagegen um einen externen Unterscheidungszweck[358].

(a) Zwingende Gründe in der Behinderung. Zwingende Gründe können in der Behinderung selbst begründet sein. Dies ist dann der Fall, wenn die nachteiligen Auswirkungen unerlässlich sind, um behinderungsbedingten Besonderheiten Rechnung zu tragen[359]. Dies war bei der Entscheidung zur Testierfähigkeit zu klären. Hier ging es darum, ob die Ausübung des Testierrechts an die Fähigkeit zum Schreiben und Sprechen gebunden werden musste. Das BVerfG verneinte dies im Ergebnis, weil es auch für die Testierfähigkeit zwingend nur Kommunikationsfähigkeit und Selbstbestimmung, nicht jedoch Schreib- und Sprechfähigkeit verlangt werden konnten[360]. Der bisherigen Regelung lagen zwar sachliche Gründe zu Grunde, nämlich die befürchtete Unzuverlässigkeit der Übermittlung des Willens der Erblasser bei Einschaltung von Hilfspersonen. Diese Gründe erwiesen sich bei der Prüfung durch das BVerfG aber nicht als zwingend. Als zwingend geboten hat

---

[352] G. Jürgens, ZfSH/SGB 1995, S. 353, 356.

[353] BVerfG vom 19. Januar 1999, BVerfGE 99, 341, 357; dazu weiterführend: Rohlfing/Mittenzwei, FamRZ 2000, S. 654 ff.; vgl. Straßmair (2002), S. 218 ff.; vgl. aus der Rechtsprechung schon: OVG Schleswig-Holstein vom 19. September 1996, Az. 3 M 81/96.

[354] So aber Spranger, ZfSH/SGB 2001, S. 266, 269.

[355] A. Jürgens, DVBl. 1997, S. 410, 412; Frowein in: FS Zacher (1998), S. 157, 165.

[356] A. Jürgens, DVBl. 1997, S. 410, 413.

[357] BVerfGE 96, 288, 310; Füssel, RdJB 1998, S. 250, 254; Caspar, EuGRZ 2000, S. 135, 138; Lehnert (2000), S. 155 f.

[358] Buch (2001), S. 159.

[359] BVerfGE 99, 341, 357; ebenso: BayVerfGH vom 9. Juli 2002, BayVBl. 2003, S. 44, 46 (Ausschluss vom Wahlrecht); vgl. Straßmair (2002), S. 224; Umbach in: MK-GG (2002), Rz 385 spricht von der „Unvergleichbarkeit der Situation" als Ursache der Ungleichbehandlung; Buch (2001), S. 159 spricht von der Rechtfertigung mit der „Natur der Behinderung".

[360] BVerfGE 99, 341, 356 f.; vgl. Buch (2001), S. 256.

das BVerfG hingegen die Praxis angesehen, blinde Menschen als ungeeignet von der Schöffenliste zu streichen. Die Sehfähigkeit sei für die unmittelbare Beweisaufnahme im Strafprozess zwingend geboten[361]. Im Zivilrecht werden etwa Beschränkungen des Zugangs zu Fahrgeschäften in Freizeitparks für körperlich behinderte Menschen als Beispiele zwingender Gründe für eine Ungleichbehandlung genannt[362].

(b) Zwingende rechtliche Gründe. Zwingende Gründe für eine nachteilige Ungleichbehandlung können auch in kollidierendem Verfassungsrecht liegen[363], etwa im Schutz von Leben und Gesundheit anderer oder der behinderten Menschen selbst[364]. Hier ist das Benachteiligungsverbot einem vorbehaltlos gewährten Grundrecht gleichzusetzen[365]. Einen ungeschriebenen einfachen Gesetzesvorbehalt anzunehmen, würde dem besonderen Gewicht nicht gerecht, das bei der Verfassungsreform 1994 durch die Gleichstellung des Merkmals Behinderung mit den anderen besonderen Gleichheitssätzen ausgedrückt werden sollte. Das bedeutet auch, dass zwischen dem entgegenstehenden Verfassungsrecht und dem Benachteiligungsverbot ein schonender Ausgleich zu finden ist. Solche Fälle können bei der Einschränkung der Selbstbestimmung behinderter Menschen durch das Betreuungsrecht[366] oder öffentlich-rechtliches Unterbringungsrecht vorliegen. Neben den Grundrechten der behinderten Menschen selbst oder anderer Grundrechtsträger können auch Staatsstrukturprinzipien kollidierendes Verfassungsrecht sein. So ist der Ausschluss bestimmter behinderter Menschen vom Wahlrecht mit dem Schutz des demokratischen Prinzips zu begründen. Für die Demokratie ist aktuelle und nicht nur potenzielle Vernunft- und Diskursfähigkeit zu fordern[367]. Ob der Ausschluss Blinder vom Schöffenamt nach dem Rechtsstaatsgrundsatz rechtlich geboten (und nicht nur zulässig) ist, hat das BVerfG offen gelassen[368].

Zu beachten ist, dass nicht, wie verschiedentlich auch in der Rechtsprechung des BVerfG, reine Organisations- und Kompetenznormen als kollidierendes Verfassungsrecht angesehen werden. Insbesondere die staatliche Schulaufsicht ist nicht verfassungsrechtlicher Selbstzweck[369], sondern dient der Verwirklichung des sozialen Rechtsstaats und seiner Integrationszwecke sowie der Grundrechte der Schüler und Eltern und kann insofern nicht alleine gegen das Benachteiligungsverbot abgewogen werden[370], sondern nur wenn die Schulaufsicht geltend macht, zu Gunsten insbesondere der Grundrechte anderer Schüler oder Eltern tätig zu werden.

---

361 BVerfG-Kammerentscheidung vom 10. März 2004, NJW 2004, S. 2150.
362 BT-Drucks. 15/4538, S. 41.
363 Umbach in: MK-GG (2002), Rz 411 zu Art. 3 GG.
364 Beaucamp, DVBl. 2002, S. 997, 999.
365 Castendiek in: Erbguth/F. Müller/V. Neumann (1999), S. 333, 342.
366 Vgl. unten IV.C.5.b.
367 Vgl. unten IV.D.5.e.
368 BVerfG-Kammerentscheidung vom 10. März 2004, NJW 2004, S. 2150.
369 Unklar bei Lehnert (2000), S. 132 f.
370 Vgl. Reichenbach (2001), S. 261, der meint, beide könnten gar nicht in Konflikt geraten.

(c) Erfordernis gesetzlicher Regelung. Für zwingende Gründe zur Begründung einer rechtlichen Benachteiligung ist eine gesetzliche Regelung zu fordern. Da das Benachteiligungsverbot keinen Gesetzesvorbehalt hat, ist es erst recht erforderlich, dass die Definition zwingender Gründe und das Finden eines schonenden Ausgleichs zwischen den Positionen dem Gesetzgeber vorbehalten werden[371].

(5) Diskriminierungsverbot im Europäischen Recht

In Art. 13 EGV wird die Diskriminierung wegen einer Behinderung in die Reihe weiterer verbotener Merkmale gestellt. Anders als in Art. 3 Abs. 3 GG wird hier nicht nach Merkmalen unterschieden, welche ein striktes Differenzierungsverbot im Sinne eines Verbots von Bevorzugungen und Benachteiligungen begründen und dem Merkmal der Behinderung, das ein bloßes Benachteiligungsverbot begründet. Vielmehr kann das allgemeine Diskriminierungsverbot als Benachteiligungsverbot übersetzt werden. Dies entspricht der in der RL 2000/78 vorgenommen Definition einer unmittelbaren Diskriminierung:

„Im Sinne des Abs. 1 liegt eine Diskriminierung vor, wenn eine Person wegen der in Art. 1 genannten Gründe in einer vergleichbaren Situation eine weniger günstige Behandlung erfährt als eine andere Person erfährt, erfahren hat oder erfahren würde; (...)"[372]

Die Existenz eines Diskriminierungsverbots führt aber dazu, dass jede Ungleichbehandlung zu rechtfertigen und darauf zu überprüfen ist, ob sie sich als jeweils sachlich gerechtfertigt erweist. Dies wird in der Definition der Gleichbehandlungsrahmenrichtlinie in Fortsetzung der oben zitierten Definition so ausgedrückt:

„(...), es sei denn diese Vorschriften, Kriterien oder Verfahren sind durch ein rechtmäßiges Ziel sachlich gerechtfertigt, und die Mittel sind zur Erreichung dieses Ziels angemessen und erforderlich, (...)"

Damit ist die Diskriminierung im europäischen Recht als die verbotene Ungleichbehandlung definiert. An die Erlaubtheit einer Ungleichbehandlung werden Anforderungen gestellt, die denjenigen nach dem strengen Prüfungsmaßstab zum allgemeinen Gleichheitssatz im deutschen Recht entsprechen. Diese Anforderungen liegen niedriger als das im deutschen strengen Gleichheitssatz verankerte Erfordernis des zwingenden Grundes.

(6) Benachteiligungsverbot im Gleichstellungsrecht

Der Begriff der Benachteiligung ist im Behindertengleichstellungsgesetz des Bundes definiert worden:

„Eine Benachteiligung liegt vor, wenn behinderte und nicht behinderte Menschen ohne zwingenden Grund unterschiedlich behandelt werden und dadurch behinderte Menschen in

---

[371] Buch (2001), S. 162 f.
[372] Art. 2 Abs. 2 lit a) RL 2000/78/EG; vgl. den damit weitgehend übernommenen Vorschlag des Wirtschafts- und Sozialausschusses in seiner Stellungnahme vom 25. Mai 2000 (2000/C 204/17), ABl. C 204/82 vom 18. Juli 2000, Ziffer 5.2.

der gleichberechtigten Teilhabe am Leben in der Gesellschaft unmittelbar oder mittelbar beeinträchtigt werden."[373]

Diese Definition ist in den Gleichstellungsgesetzen der Länder Schleswig-Holstein, Rheinland-Pfalz, Bayern, Sachsen, des Saarlandes und Bremens übernommen worden[374]. Sie berücksichtigt sowohl die Ungleichbehandlung „aus der Natur der Sache" als auch die Möglichkeit, dass Ungleichbehandlungen bevorzugend oder neutral wirken. Sie orientiert sich durch den Bezug auf die Teilhabe am modernen Behinderungsbegriff[375]. Die Definition der Benachteiligung entspricht den für das verfassungsrechtliche Benachteiligungsverbot gefundenen Ergebnissen.

Im schleswig-holsteinischen Behindertengleichstellungsgesetz ist die Definition der Benachteiligung ergänzt durch die Sätze:

„Eine unterschiedliche Behandlung ist insbesondere dann nicht gerechtfertigt, wenn sie ausschließlich oder überwiegend auf Umständen beruht, die in unmittelbarem oder mittelbarem Zusammenhang mit der Behinderung stehen. Ist eine Benachteiligung aus zwingenden Gründen nicht zu vermeiden, ist für den Ausgleich ihrer Folgen Sorge zu tragen, soweit hiermit nicht ein unverhältnismäßiger Mehraufwand verbunden ist."[376]

Damit werden im schleswig-holsteinischen Gleichstellungsrecht bereits im Gesetz Aussagen über die Rechtfertigung von Ungleichbehandlungen verankert. Die zitierten Sätze schließen an die Dogmatik der strikten Gleichheitssätze als Anknüpfungsverbot an und stellen für die Rechtfertigung einer Ungleichbehandlung das Erfordernis eines zwingenden Grundes auf. Liegt ein solcher zwingender Grund vor, ist die Ungleichbehandlung regelmäßig mit einem Ausgleich der Folgen zu verbinden. Dieser Satz weist bereits aus der Bestimmung der Benachteiligung heraus auf ein positives Gleichstellungsgebot.

Im Landesgleichberechtigungsgesetz von Berlin ist im Jahre 1999 nicht die Benachteiligung, sondern die Diskriminierung definiert worden:

„Eine Diskriminierung im Sinne dieses Gesetzes ist jede nicht gerechtfertigte Ungleichbehandlung. Nicht gerechtfertigt ist eine Ungleichbehandlung, wenn sie ausschließlich oder überwiegend auf Umständen beruht, die in mittelbarem oder unmittelbarem Zusammenhang mit der Behinderung stehen. Eine nicht gerechtfertigte Ungleichbehandlung ist nicht gegeben, wenn eine Berücksichtigung der Behinderung der Sache nach unverzichtbar geboten oder zur Wahrung der Interessen der Behinderten erforderlich ist."[377]

Dass der Berliner Landesgesetzgeber dabei Benachteiligung und Diskriminierung als Synonyme angesehen hat, wird aus dem vorangehenden Satz deutlich, dass niemand wegen seiner Behinderung diskriminiert werden darf[378].

Differenzierter werden die Begriffe im Gesetz für Chancengleichheit und gegen Diskriminierung behinderter Menschen im Land Sachsen-Anhalt definiert. Dort wird zwischen Diskriminierung und Benachteiligung unterschieden. Dabei wird

---

373 § 7 Abs. 2 Satz 2 BGG.
374 § 2 Abs. 2 Satz 1 LBGG; § 2 Abs. 2 LGGBehM; Art. 5 BayBGG; § 4 Abs. 3 SächsIntegrG; § 3 Abs. 2 SBGG; § 3 BremBGG.
375 § 2 Abs. 1 Satz 1 SGB IX, § 3 BGG.
376 § 2 Abs. 2 Satz 2 und 3 LBGG.
377 § 3 Abs. 1 LGBG.
378 § 2 Abs. 1 LGBG.

die Berliner Definition von Diskriminierung mit einigen Änderungen übernommen:

„Eine Diskriminierung im Sinne dieses Gesetzes ist jede nicht gerechtfertigte Ungleichbehandlung durch Maßnahmen und Regelungen des Staates oder der Gesellschaft. Nicht gerechtfertigt ist eine Ungleichbehandlung, wenn sie ausschließlich oder überwiegend auf Umständen beruht, die in unmittelbarem oder mittelbarem Zusammenhang mit der Behinderung stehen. Eine nicht gerechtfertigte Ungleichbehandlung ist nicht gegeben, wenn eine Berücksichtigung der Behinderung der Sache nach unverzichtbar geboten oder zur Wahrung der Interessen der behinderten Menschen erforderlich ist.[379]

Eine Benachteiligung im Sinne dieses Gesetzes liegt vor, wenn Regelungen oder Maßnahmen des Staates oder der Gesellschaft behinderte Menschen schlechter stellen als nichtbehinderte Menschen. Eine Benachteiligung ist auch dann gegeben, wenn ein Ausschluss von Entfaltungs- und Betätigungsmöglichkeiten nicht durch eine auf die Behinderung bezogene Förderungsmaßnahme ausreichend ausgeglichen wird."[380]

Damit wird das Verbot der Diskriminierung vor allem als Gebot strikter Rechtsgleichheit angesehen. Da aber nicht nur Maßnahmen und Regelungen des Staates, also rechtsförmige Normen und Entscheidungen, sondern auch „der Gesellschaft" als Diskriminierung erfasst sein sollen, ist in dem Diskriminierungsbegriff nach in Sachsen-Anhalt auch ein Element sozialer Gleichstellung enthalten. Ob eine Regelung benachteiligend ist, wird nach dem Benachteiligungsbegriff in Sachsen-Anhalt am Ergebnis einer faktischen Schlechterstellung gemessen. Damit differenziert das Gesetz zwischen rechtlicher Gleichheit als Nichtdiskriminierung und sozialer Gleichheit als Nichtbenachteiligung, wobei diese Unterscheidung durch die unklare Bezugnahme auf „Maßnahmen und Regelungen der Gesellschaft" nicht voll durchgehalten ist. Da sich das Gesetz an Landesbehörden, Kommunen und öffentlich-rechtliche Körperschaften wendet[381] ist die Bezugnahme auf die Gesellschaft in Diskriminierungsdefinition wohl im Wesentlichen eine Bekräftigung der Deklaration, wonach die Gleichstellung und Eingliederung behinderter Menschen eine Aufgabe des Staates und der Gesellschaft ist[382]. Der Diskriminierungsbegriff in Sachsen-Anhalt stimmt im Übrigen mit dem Benachteiligungsbegriff der anderen Gleichstellungsgesetze und damit auch mit dem verfassungsrechtlichen Benachteiligungsbegriff weitgehend überein und betont im dritten Satz die Möglichkeit von gebotenen Ungleichbehandlungen aus der Natur der Sache oder zur Wahrung der Interessen behinderter Menschen. Der Benachteiligungsbegriff in Sachsen-Anhalt weist über die Rechtsgleichheit hinaus zum Gebot sozialer Gleichheit.

e) Prinzip sozialer Gleichheit

Wie für den allgemeinen Gleichheitssatz ist auch für die besonderen Gleichheitssätze umstritten, ob sie neben dem Gebot der Rechtsgleichheit auch einen Rechts-

---

[379] § 2 Abs. 2 BGStG LSA.
[380] § 2 Abs. 3 BGStG LSA.
[381] § 4 Abs. 2–4 BGStG LSA.
[382] § 4 Abs. 1 BGStG LSA.

satz für soziale Gleichheit, also für eine gesellschaftliche Gleichstellung der mit ihnen hervorgehobenen oder differenzierten Gruppen enthalten[383]. Dafür kann zunächst wie beim allgemeinen Gleichheitssatz die Bedeutung des Sozialstaatsprinzips angeführt werden: Nach *Zacher* sollen die besonderen Gleichheitssätze im sozialen Rechtsstaat auch einer Gleichheit der Chancen im Leben dienen[384]. Die besonderen Gleichheitssätze heben Gruppen und Differenzen hervor, die zumeist durch staatliche ebenso wie durch gesellschaftliche Benachteiligungen gefährdet sind[385]. Wird durch die Verfassung geregelt, dass diese Gruppen vom Staat nicht benachteiligt werden sollen, so ist es naheliegend anzunehmen, dass auch ihre Benachteiligung im gesellschaftlichen Spiel der Kräfte unerwünscht ist[386].

Dagegen kann angeführt werden, dass besondere Gleichheitssätze als Ausnahmen vom allgemeinen Gleichheitssatz einer restriktiven Interpretation unterliegen sollten, zumal ihre Hervorhebung eine Relativierung und Schwächung des allgemeinen Gleichheitssatzes bedeuten kann. Auch kann angeführt werden, dass nicht jede Differenzierung, die dem Staat verboten ist, in der Gesellschaft unerwünscht sein muss. Vielmehr kann es auch Zweck besonderer Gleichheitssätze sein, dass in der Gesellschaft gängige und erwünschte Ungleichheiten für den Staat und die Gesellschaft als Ganzes handhabbar gemacht werden.

(1) Soziale und rechtliche Gleichheit im Kontext der besonderen Gleichheitssätze

Die besonderen Gleichheitssätze müssen differenziert nach ihren einzelnen Tatbeständen betrachtet werden, um zu ermitteln, ob und in welcher Weise sie auch als Gebote sozialer Gleichheit wirken. Hieraus können sich dann Hinweise darauf ergeben, ob das Benachteiligungsverbot wegen einer Behinderung auch ein Element sozialer Gleichheit enthält.

(a) Religion. Bei dem historisch am weitesten zurückreichenden besonderen Gleichheitssatz wegen Glauben und Religion sind in früheren Konfliktsituationen durchaus auch Elemente sozialer Gleichheit enthalten gewesen. So beinhaltete der Augsburger Religionsfrieden nicht nur Rechtsgleichheit, sondern auch Vorkehrungen, um beiden Konfessionen Zugang zu Ämtern und Berufen zu geben[387]. Zu einem späteren Zeitpunkt wurde dieser Gleichheitssatz auf ein reines rechtliches Anknüpfungsverbot reduziert, weil soziale Ungleichheiten der Konfessionen nicht mehr bestanden oder von deren Angehörigen aus eigener Kraft überwunden werden konnten. Die Benachteiligung der Juden und Zeugen Jehovas sowie nichtkonformer Christen in Staat und Gesellschaft zur Zeit des Nationalsozialismus zeigte jedoch die Aktualität dieses Gleichheitssatzes insbesondere in Bezug auf religiöse Minderheiten. Heute ist durch die RL 2000/78 EG auch für den Bereich des Be-

---

[383] Dafür: G. Jürgens, ZfSH/SGB 1995, S. 353, 356; tendenziell dagegen: Sachs, RdJB 1996, S. 154, 170 f.

[384] Zacher in: BMA (2001), S. 379.

[385] Vgl. BVerfGE 88, 87, 96 zur Gefährdung der in Art. 3 Abs. 3 GG genannten Gruppen.

[386] Mahlmann, ZEuS 2002, S. 407, 421.

[387] Vgl. Scholler (1969), S. 62 f.

rufslebens die Gleichstellung wegen der Religion geboten. Ob hierfür ein Bedürfnis besteht, ist umstritten. Allerdings zeigen Normen des Sozialrechts und Schulrechts sowie Konflikte im Arbeitsrecht auf, dass dort, wo Religionsgemeinschaften über gesellschaftlichen Einfluss verfügen, etwa als Träger sozialer Einrichtungen oder Schulen, auch die Gleichheit gesellschaftlicher Chancen zwischen den Angehörigen verschiedener Glaubensrichtungen strittig ist und der besondere Gleichheitssatz auch hierfür aktualisiert wird. In Regionen Europas, in denen sich das Verhältnis der Religionsgemeinschaften an einem historisch prekären Punkt befindet, wird die rechtliche Gleichheit oft durch Regelungen zur sozialen Gleichstellung ergänzt, wie auch an der Nordirland-Klausel der Gleichbehandlungsrahmenrichtlinie deutlich wird[388].

(b) Heimat. Die Gleichheit nach der Heimat erschöpft sich heute in einem Gebot der Rechtsgleichheit, das insbesondere beim gleichen Zugang zu öffentlichen Ämtern konkretisiert wird[389], zumal strittig ist, ob ihr nach der Integration der Flüchtlinge aus den ehemaligen deutschen Ostgebieten noch ein relevanter Anwendungsbereich zukommt. Eine Anwendung auf das Verhältnis zwischen alten und neuen Bundesländern wurde vom BVerfG abgelehnt[390]. Nach dem zweiten Weltkrieg wurde der besondere Gleichheitssatz für diese Gruppe allerdings durch eine Lastenausgleichsgesetzgebung mit dem Ziel sozialer Gleichheit massiv ergänzt, die keinesfalls als Benachteiligung der anderen Bürger angesehen wurde[391].

(c) Rasse und ethnische Herkunft. Die Gleichheit ethnischer Gruppen nach dem Merkmal „Rasse" wird heute zum Teil als ein reines Gebot der Rechtsgleichheit und als Differenzierungsverbot angesehen. Dies geschieht jedoch unter historischen und sozialen Bedingungen, unter denen zum einen in Erinnerung an die nationalsozialistische Zeit die Berechtigung des Merkmals als Unterscheidungskriterium insgesamt negiert wird und zum anderen soziale Unterschiede zwischen ethnisch unterscheidbaren Gruppen in Europa vor allem als Folge eines freiwilligen Einwanderungsprozesses erscheinen. Andererseits wird Rassismus im Alltag zum Anlass genommen, dem Grundgesetz auch ein Gebot gegen Rassendiskriminierung in der Gesellschaft zu entnehmen[392], wie es sich auch in den Antidiskriminierungsrichtlinien der EG niedergeschlagen hat. Dagegen ist in den USA vor dem Hintergrund der früheren Versklavung des schwarzen Bevölkerungsteils und der Landnahme zu Lasten von Freiheit und Eigentum des indianischen Bevölkerungs-

---

[388] Art. 15 RL 2000/78; dazu Waddington/Bell, CMLR 2001, S. 587, 600 f. Danach gilt die unterschiedliche Behandlung der Religionsgemeinschaften bei der Einstellung im Polizeidienst und von Lehrkräften nicht als Diskriminierung. Die Herstellung sozialer und politischer Gleichheit zwischen Katholiken und Protestanten rechtfertigt die Abweichung von der Rechtsgleichheit.
[389] Art. 33 Abs. 1 GG.
[390] BVerfGE vom 14. März 2000, BVerfGE 102, 41, 53 f; abweichende Meinung: BVerfGE 102, 63 ff.
[391] Vgl. Buch (2001), S. 80; Scholler (1969), S. 37.
[392] Frowein in: FS Zacher (1998), S. 157, 159.

teils[393] ein Verständnis deutlicher vorherrschend, dass dem Verbot ethnischer Diskriminierung auch ein Gebot sozialer Gleichstellung entnimmt[394].

(d) Geschlecht. Bei der Gleichheit der Geschlechter ist über das Verhältnis von Gleichheit und Gleichstellung eine intensive verfassungsrechtliche und rechtspolitische Diskussion geführt worden[395]. Dabei erkannte das BVerfG, dass dem Gesetzgeber Ungleichbehandlungen mit dem Ziel der Gleichstellung erlaubt sind[396] und dass der Gleichberechtigungssatz ein Gleichstellungsgebot für die gesetzliche Wirklichkeit enthält[397]. Mit der Verfassungsreform 1994 wurde dies auch im Text deutlich gemacht[398]. Die weitere juristische Diskussion hierzu wurde und wird vor allem darüber geführt, ob und unter welchen Bedingungen das Gleichstellungsgebot eine Bevorzugung von Frauen vor Männern rechtfertigen oder sogar erfordern kann. Dabei wird deutlich, dass eine solche Rechtfertigung möglich sein muss, wenn das Gleichstellungsgebot nicht leer laufen soll.

Die getrennte Normierung von Gleichberechtigung und Gleichstellung der Geschlechter (Art. 3 Abs. 2 GG) und ihrer Gleichheit (Art. 3 Abs. 3 Satz 1 GG) zeigen eine normative Sonderlage auf. Auch das gesellschaftliche Problem ist besonders. Anders als bei den Situationen, die alle anderen strengen Gleichheitssätze gesellschaftlich prägen, stehen sich mit Frauen und Männern nicht Mehrheit und Minderheit, sondern zwei annähernd gleich große Gruppen gegenüber, deren Lebenswirklichkeit und Rechtssphären sich beständig treffen. Die Zuordnung von Lebenschancen und Rechten zwischen den Geschlechtern hat sich dabei zu einem zentralen Handlungsfeld des sozialen Rechtsstaats entwickelt.

(e) Ehe und Familie. Das Verfassungsgebot zum Schutz von Ehe und Familie[399] ist in der Rechtsprechung des BVerfG zu einem besonderen Gleichheitssatz weiterentwickelt worden. Eine an Ehe und Familie anknüpfende Regelung darf diese gegenüber nicht-ehelichen und nicht-familiären Lebensformen nicht benachteiligen[400]. Damit ist verdeutlicht worden, dass strenge Gleichheitssätze mit einer bestimmten Schutzrichtung und Fördergebote rechtlich gleichgesetzt werden können. Das BVerfG hat in seinen jüngsten Urteilen auch die Auswirkungen von nicht an den Tatbeständen Ehe und Familie anknüpfenden Regelungen daran gemessen,

---

[393] Vgl. für die kanadische Antidiskriminierungsgesetzgebung: Albrecht Weber, EuGRZ 1994, S. 537, 540 f.

[394] Vgl. Mohr (2004), S. 281 f.; zu den Wurzeln des US-amerikanischen Antidiskriminierungsrechts in den Nachwirkungen der Sklavenbefreiung (Civil Rights Act 1875) vgl. Nickel (1999), S. 174 ff.; Sacksofsky (1996), S. 217; zu empirischen Fragen vgl. BT-Drucks. 15/5015, S. 31 f.

[395] Vgl. Welti, JA 2004, S. 310 ff.; Fastrich, RdA 2000, S. 65 ff.; Sacksofsky (1996); Ebsen, Jura 1990, S. 515 ff.; Pfarr/Fuchsloch, NJW 1988, S. 2201 ff.; vgl. oben III.B.14.

[396] BVerfG vom 28. Januar 1987, BVerfGE 74, 163, 180 (unterschiedliches Rentenalter von Frauen und Männern).

[397] BVerfGE 85, 191, 207 (Nachtarbeitsverbot); vgl. bereits Zacher, AöR 93 (1968), S. 341, 373 f.

[398] Art. 3 Abs. 2 Satz 2 GG; vgl. Kokott, NJW 1995, S. 1049 ff.; König, DÖV 1995, S. 837 ff.

[399] Vgl. oben III.C.5.a, unten V.E.1.

[400] BVerfG vom 17. Juli 2002, BVerfGE 105, 313, 346 (Lebenspartnerschaftsgesetz); BVerfG vom 10. November 1998, BVerfGE 99, 216, 232 (Haushaltsfreibetrag); BVerfG vom 14. Juli 1970, BVerfGE 29, 57 (Heiratsklausel bei Waisenrente); BVerfG vom 26. November 1964, BVerfGE 18, 257, 269 (Ausschluss der bei ihren Ehegatten beschäftigten Personen von der Rentenversicherung).

ob sie Ehe und Familie in der gesellschaftlichen Wirklichkeit benachteiligen. Damit zeigt sich Art. 6 Abs. 1 GG als Rechtssatz, der ein Gebot der Gleich- oder Besserbehandlung und ein Prinzip sozialer Gleichheit oder Förderung von Ehe und Familie umfasst.

(f) Uneheliche Kinder. Das Gleichstellungsgebot für uneheliche Kinder[401] ist schon textlich deutlich als ein Gebot auch der sozialen Gleichheit ausgewiesen. Dort heißt es, dass den unehelichen Kindern durch die Gesetzgebung die gleichen Bedingungen für ihre Entwicklung und ihre Stellung in der Gesellschaft zu schaffen sind wie ehelichen Kindern. Das BVerfG hat in seiner Rechtsprechung klargestellt, dass dieser Verfassungsauftrag sogar primär auf soziale Gleichheit gerichtet ist und dass der Gesetzgeber durch ihn auch zu Regelungen berechtigt ist, bei denen uneheliche und eheliche Kinder rechtlich ungleich behandelt werden[402].

(g) Sexuelle Ausrichtung. Das im EG-Vertrag, der Charta der Grundrechte der Europäischen Union und in den Landesverfassungen von Brandenburg, Berlin, Bremen und Thüringen[403] angesprochene Verbot der Diskriminierung wegen der sexuellen Ausrichtung wirft besondere Probleme im Hinblick auf seine Schutzrichtung auf. Sicher kann angenommen werden, dass mit ihm rechtliche und soziale Gleichheit zwischen Heterosexuellen und Homosexuellen angestrebt wird[404]. Als rechtliches Anknüpfungsverbot ist es für das deutsche Recht praktisch ohne Anwendungsbereich, da nach der Reform des Sexualstrafrechts[405] kaum noch Normen den Tatbestand der sexuellen Ausrichtung beinhalten. Entscheidend für die Bedeutung dieses Diskriminierungsverbots ist, ob die Auswirkungen von Normen des Ehe- und Familienrechts an ihm zu messen sind, also ein Prinzip der sozialen Gleichstellung von (auch) sexuell bestimmten Lebensgemeinschaften zur Ehe darin enthalten ist[406]. Dies wird aber auch in den Erwägungsgründen der Richtlinien verneint[407]. Einem solchen Verständnis steht entgegen, dass damit Definition und Inhalt des auch im Grundgesetz und in der Charta der Grundrechte[408] enthaltenen Schutzes der Familie betroffen wäre. Der Streit darüber, ob eine homosexuelle Lebensgemeinschaft den gleichen rechtlichen Status und sozialen Schutz erhalten soll wie eine herkömmliche Familie, kann so gerade nicht entschieden werden[409]. Da die homosexuelle Lebensgemeinschaft in der sozialen Wirklichkeit zumindest re-

---

[401] Art. 6 Abs. 5 GG.

[402] BVerfG vom 11. März 1964, BVerfGE 17, 280, 284: *„Nicht jede dem Recht des ehelichen Kindes gleiche Vorschrift gewährt dem unehelichen Kind die gleichen Lebensbedingungen im Ganzen."*; vgl. auch BVerfG vom 29. Januar 1969, BVerfGE 25, 167, 197.

[403] Art. 12 Abs. 2 BrbVerf; Art. 10 Abs. 2 BerlVerf; Art. 2 BremVerf; Art. 12 Abs. 3 ThürVerf; vgl. Pierre Kummer (2003), S. 126.

[404] Pierre Kummer (2003), S. 80 ff.

[405] Vgl. BVerfGE 36, 41; BVerfGE 6, 389; Pierre Kummer (2003), S. 81 f.

[406] Vgl. BT-Drucks. 15/3445 vom 29. Juni 2004, Entwurf eines Gesetzes zur Überarbeitung des Lebenspartnerschaftsrechts der Fraktionen SPD und Bündnis 90/Die Grünen. Als Ziel wird formuliert „künstliche Unterscheidungen zwischen Ehe und Lebenspartnerschaft" zu beseitigen.

[407] Begründungserwägung 22 zur RL 2000/78; vgl. Högenauer (2002), S. 108.

[408] Art. 33 Abs. 1 ChGREU; Art. II-69 EVV.

[409] Vgl. BVerfGE 105, 313, 351; Sachs (1987), S. 262 f.

gelmäßig gerade nicht durch die Pflege und Erziehung von Kindern gekennzeichnet ist, sind gerade an diesem Punkt Sinn und Zweck sowie angesichts des zumindest im deutschen Verfassungsrecht verankerten Gleichheitssatzes zu Gunsten der Familie auch die Zulässigkeit eines solchen Prinzips der Gleichstellung umstritten. Im übrigen sozialen Kontext gibt es zwar einzelne Beobachtungen über soziale Benachteiligungen von Homosexuellen[410], insgesamt jedoch keine empirische Evidenz, dass diese nicht im Ergebnis etwa beim Zugang zu Erwerbsarbeit oder Wohnungen nicht durch soziale Vorzüge, insbesondere das Fehlen von Unterhalts- und Betreuungspflichten für Kinder, mindestens kompensiert werden. Das Gemeinschaftsrecht hat jedoch ausdrücklich die Zielrichtung sozialer Gleichstellung im Arbeits- und Berufsleben vorgegeben[411].

(h) Integration als zusätzliche Begründung sozialer Gleichheit. Es stellt sich im Zusammenhang mit der sexuellen Ausrichtung, möglicherweise auch mit Religion und Rasse, die Frage, ob ein Gebot sozialer Gleichheit auch für ein Merkmal bestehen kann, das nicht evident mit sozialer Benachteiligung verbunden ist. Als möglicher Grund hierfür kann die soziale Integration gelten, die ein Ziel des sozialen Rechtsstaats ist[412]. Es kann ein politisches und rechtliches Interesse daran geben, dass soziale Gruppen mit stark divergierenden Lebenswelten gesellschaftlich stärker angenähert werden, weil Separation die Gefahr künftiger Benachteiligungen und vor allem einer Desintegration des politischen Diskurses und damit eine Gefährdung der Demokratie birgt. Insofern können besondere Gleichheitssätze auch eine gruppenbezogene Komponente entfalten[413]. Ob ihre Anwendung für das Integrationsziel funktional ist, ist wiederum jeweils besonders zu betrachten.

(2) Soziale Gleichheit trotz Behinderung

Behinderung als soziale Situation und behinderte Menschen als von ihr betroffene Personen und Gruppen unterscheiden sich von allen geschilderten Differenzierungsmerkmalen[414]. Behinderung ergibt sich definitionsgemäß aus einer im Vergleich zur Mehrheit eingeschränkten Teilhabe. Eine Dichotomie zwischen behinderten und nichtbehinderten Menschen als zwei einander gegenüberstehenden Gruppen gibt es nicht. Vielmehr kann die Situation Behinderung im Lebensverlauf jeden Menschen treffen. Nur eine kleine Minderheit behinderter Menschen ist von Geburt an und in so vielen Situationen so behindert, dass sie als feste andersartige Gruppe zusammenzufassen wäre, etwa die durch eine besondere genetische Konstellation (Trisomie 21) andersartigen Menschen. Ob Menschen behindert sind, ist

---

[410] Vgl. BT-Drucks. 15/4538, S. 21, dort wird das Verschweigen der Homosexualität am Arbeitsplatz als Beleg für Diskriminierung angeführt; BAG vom 23. Juni 1994, EzA § 242 BGB Nr. 39 (Kündigung wegen Homosexualität); BVerfG vom 5. Juni 1973, BVerfGE 35, 202, 242 (Fernsehspiel über homosexuellen Straftäter – Lebach); Pierre Kummer (2003), S. 131 ff. Es ist sicher nicht richtig, das Vorkommen von Diskriminierungen wegen der sexuellen Ausrichtung völlig abzustreiten, wie es Adomeit, NJW 2003, S. 1662, tut.

[411] Vgl. Mohr (2004), S. 200.

[412] Vgl. oben II.B.3.

[413] Neuner, JZ 2003, S. 57, 58, 61.

[414] Wiedemann/Thüsing, DB 2002, S. 463, 468.

vielfach nur situativ oder in einem Kontinuum abgestuft feststellbar. Eine besondere Identität als „behindert" möchte niemand von sich aus annehmen. Der Begriff soll etwas Negatives beschreiben[415]. Wer sich als behindert ansehen muss, für den ist die Lebensführung im Verhältnis zum Nichtbehinderten grundsätzlich schwieriger[416]. Dies kann durch empirische Evidenz in Bezug auf das Einkommen, den Zugang zur Erwerbsarbeit und zum Wohnungsmarkt belegt werden[417]. Viele einzelne behinderte Menschen oder Gruppen von behinderten Menschen, etwa Gehörlose[418] oder Blinde, begreifen ihre jeweilige Besonderheit durchaus als Teil ihrer Persönlichkeit, für den sie Anerkennung und Gleichwertigkeit einfordern[419]. Am Abstraktum „behindert" ist aber keine solche individuelle oder kollektive Identität orientiert. Rechte, die sich auf die Behinderung von Menschen beziehen, sind darum keine Rechte einer gesonderten Gruppe[420], sondern Rechte für jeden, für die „normalen Menschen"[421]. Insofern fordert das Benachteiligungsverbot, Behinderung zu bekämpfen, behinderte Menschen aber zu fördern und zu akzeptieren[422].

Dass das Benachteiligungsverbot für behinderte Menschen auch ein Prinzip sozialer Gleichheit enthält, ist normativ daran erkennbar, dass im Verfassungstext das Verbot der Bevorzugung ausgespart ist. Damit wird anerkannt und vorausgesetzt, dass Maßnahmen zur Förderung der sozialen Gleichheit erlaubt, nicht ohne weiteres geboten, aber doch zum Teil erforderlich sind[423]. Würde dies negiert, könnte reine Rechtsgleichheit die soziale Ungleichheit vergrößern[424]. Ein Ausschluss von Entfaltungs- und Betätigungsmöglichkeiten ohne kompensierende Förderungsmaßnahme kann darum eine Benachteiligung sein[425]. Dies ergibt sich aus dem besonderen Merkmal der Behinderung[426], nämlich aus dem inneren Telos des Behinderungsbegriffs[427], der eigens geformt worden ist, um eine Gruppe zu bezeichnen, die unter einem Defizit an sozialer Gleichheit auf Grund einer gesundheitlichen Beeinträchtigung leidet. Diese Besonderheit hebt den Behinderungsbegriff aus den anderen Tatbeständen der besonderen Gleichheitssätze heraus. Das Benachteiligungsverbot war in seiner Entstehung von allen Beteiligten mit der Erwartung verbunden,

---

[415] Engelken, DVBl. 1997, S. 762 formuliert unglücklich: *„praktisch immer nachteilig abhebende Eigenschaft"*.

[416] BVerfGE 96, 288, 302.

[417] Vgl. BT-Drucks. 15/5015, S. 121 ff.

[418] Vgl. dazu Bock (2002), S. 44 ff.; Heßmann in Sasse/Eberwein (1998), S. 170, 174.

[419] Vgl. Fröhlich in: Ermert (1994), S. 49, 50.

[420] Entgegen einer immer wieder – in polemischer Absicht – geäußerten Behauptung kann und soll kein besonderer Gleichheitssatz, auch nicht der wegen einer Behinderung, vergangenes „an einer Gruppe begangenes Unrecht" beseitigen, wie es etwa Huster (AöR 118, 1993, S. 109, 125) für die Geschlechtergleichheit annimmt. Das Recht ist auf gegenwärtige Benachteiligungen bezogen; vgl. aber Brohm, JZ 1994, S. 213, 220.

[421] Dagegen grenzt Firsching in: Wissing/Umbach (1994), S. 167, 183 geschützte Minderheiten von „normalen" Menschen ab.

[422] Zum Widerspruchspotenzial: Fröhlich in: Ermert (1994), S. 49, 58.

[423] BVerfGE 96, 288, 302 f.; Heun in: Dreier (2004), Rz 134 zu Art. 3 GG; Straßmair (2002), S. 227 ff.; vgl. Frowein in: FS Zacher (1998), S. 157, 161; dieser Zusammenhang wird übersehen von Lehnert (2000), S. 22.

[424] Vgl. Beaucamp, DVBl. 2002, S. 997, 1001.

[425] BVerfGE 96, 288, 303.

[426] BVerfGE 96, 288, 302.

[427] Vgl. oben II.A.3.

einen Beitrag zu mehr sozialer Gleichstellung und Integration der behinderten Menschen und zu weniger Behinderung der behinderten Menschen zu leisten[428]. Durch ein Verständnis als Prinzip sozialer Gleichheit kann diese Hoffnung erfüllt werden. Der Schutzgehalt des Benachteiligungsverbots wird durch eine positive Konkordanz mit dem Prinzip des sozialen Rechtsstaats verstärkt und enthält so eine staatliche Verpflichtung, die Lebensbedingungen behinderter Menschen durch subjektive Rechtspositionen zu sichern[429]. Es ist nicht zutreffend, dass das Benachteiligungsverbot in Bezug auf diese Erwartungen unzureichend[430] oder missglückt[431] formuliert ist. Seine Fassung ist knapp, aber an sich präzise. Eine ausdrückliche Erwähnung von Gleichstellung und Integration, wie in vielen Landesverfassungen oder in der österreichischen Verfassung, hätte dennoch auftretende Unklarheiten vermeiden können[432]. Auch Autoren die wie *Michael Sachs* einem im Benachteiligungsverbot enthaltenen Gebot sozialer Gleichheit kritisch gegenüber stehen, kommen im Übrigen durch die Annahme von grundrechtlichen Schutzpflichten vor Benachteiligungen in der Gesellschaft zu annähernd gleichen Ergebnissen[433].

Aus diesen Spezifika des Behinderungsbegriffs ergibt sich auch, dass Gleichstellung behinderter Menschen weit weniger eindeutig und durchgängig als Gleichstellung von Frauen eine Bevorzugung und vor allem eine Benachteiligung anderer bedeutet. Eine Maßnahme, die für nichtbehinderte Menschen an einer Stelle des Lebenslaufs eine Posteriorisierung ihrer Interessen bedeutet, kann ihnen nach Eintritt einer Behinderung zu Gute kommen.

Noch weniger als ein Kollektiv „behinderte Menschen" ist ein Kollektiv „nichtbehinderte Menschen" erkennbar. So können viele Gleichstellungsmaßnahmen, gerade im Bereich der Barrierefreiheit, als Förderungsmaßnahmen identifiziert werden, die auch Nichtbehinderten nutzen können[434]. Es gibt aber auch Situationen, etwa im Bereich personeller Auswahl im Arbeitsleben, wo Bevorzugung oder Förderung behinderter Menschen eine Zurückstellung von nichtbehinderten Menschen bedeuten kann.

Einen wichtigen Beitrag zur dogmatischen Einordnung dieses besonderen Verhältnisses von Rechtsgleichheit und sozialer Gleichheit bei den besonderen Gleichheitssätzen hat *Ute Sacksofsky* geleistet, die die Struktur des Gebots der Gleichberechtigung der Geschlechter untersucht und mit den insbesondere auf rassische Diskriminierung abzielenden Antidiskriminierungsnormen in den USA verglichen hat. Sie ordnet die besonderen Gleichheitssätze nicht als Differenzierungsverbot, sondern als Dominierungsverbot[435] ein. Entscheidend ist danach nicht, ob eine Ungleichbehandlung vorliegt, sondern ob diese mit einer rechtlichen oder materi-

---

[428] Reichenbach (2001), S. 192; Buch (2001), S. 174; Caspar, EuGRZ 2000, S. 135, 137; oben III.D.7.
[429] Pitschas, SGb 2003, S. 65, 73.
[430] So Sachs, RdJB 1996, S. 154, 162.
[431] So Beaucamp, DVBl. 2002, S. 997, 1004.
[432] So vorgeschlagen bei Herdegen, VSSR 1992, S. 245, 258 f.
[433] Sachs, RdJB 1996, S. 154, 171.
[434] H. Fuchs, SozSich 2002, S. 429, 432.
[435] Sacksofsky (1996), S. 312 ff.; ihr folgen: Baer, ZRP 2001, S. 500, 501 f.; Theben in: Igl/Welti (2001), S. 33, 53 ff.; Reichenbach (2001), S. 224 f.; Degener, KJ 2000, S. 425, 429.

ellen Schlechterstellung der Angehörigen einer Gruppe verbunden ist. Dies entspricht dem Wortlaut von Art. 3 Abs. 3 Satz 1 GG, wonach eben nur Bevorzugungen und Benachteiligungen, nicht jedoch jede Differenzierung anhand der genannten Kriterien verboten sind.

Auch das Gebot, niemanden wegen seiner Behinderung zu benachteiligen, kann als ein solches Dominierungsverbot gewertet werden: Behinderte Menschen sollen gegenüber nichtbehinderten Menschen nicht im Nachteil sein. Dass dabei die Dominierung von Nichtbehinderten durch Behinderte nicht verboten worden ist, ergibt sich daraus, dass eine solche Situation praktisch mit dem Behinderungsbegriff unvereinbar ist. Wer behindert ist, gehört definitionsgemäß einer in ihrer Teilhabe beeinträchtigten und nicht bevorzugten Gruppe an. Das vergleichende und auf Normalität bezogene Element im Behinderungsbegriff führt dazu, dass der Gleichheitssatz behinderter und nichtbehinderter Menschen nicht symmetrisch gedacht werden kann. Wie bereits *Platon* erkannte, bedarf es für die Beurteilung der Gleichheit einer vorausgesetzten Idee des Gleichen[436]. Die Gleichheit behinderter Menschen mit nichtbehinderten Menschen ist durch die Definition der Behinderung und das in ihr enthaltene vergleichende Element bereits a priori die Gleichheit der Teilhabe auf dem Niveau der nichtbehinderten Menschen. Daraus ergibt sich auch, dass für die Beurteilung der Gleichheit behinderter Menschen deren tatsächliche Teilhabe[437] immer zu betrachten ist.

In einer mehrheitlich aus Blinden bestehenden menschlichen Gesellschaft könnte davon ausgegangen werden, dass Normen und gestaltete Umwelt so auf die Unfähigkeit zu sehen eingerichtet wären, dass Blinde keine behinderten Menschen im heutigen Sinne wären[438]. Die allerdings denkbare Dominierung einer an gesundheitlichen Merkmalen definierten Mehrheit durch eine andersartige privilegierte Minderheit wäre ein Problem, das jenseits des heutigen Behinderungsbegriffs liegt und mit neuen Begriffen und Normen zu belegen wäre. Entsprechende Situationen lässt die Entwicklung der Nutzung von Genetik und Gentechnik befürchten. In der europäischen Charta der Grundrechte ist entsprechend ein Verbot der Diskriminierung wegen der genetischen Eigenschaften aufgenommen worden.

(3) Soziale Gleichheit im Europarecht

Artikel 13 EGV ermächtigt zu Vorkehrungen, um Diskriminierungen zu bekämpfen. Schon aus dieser Formulierung und seinem Zweck, die gesellschaftliche Integration in Europa zu verbessern und zu ermöglichen. wird deutlich, dass das europäische besondere Gleichheitsrecht auf soziale Gleichheit abzielt[439]. Dies wird bestätigt durch die Gleichbehandlungsrahmenrichtlinie, deren Ziel die Gleichbehandlung im gesellschaftlichen Bereich von Beruf und Beschäftigung ist[440].

---

[436] Platon, Phaidon 74b – 75a, vgl. Böckenförde (2002), S. 74.

[437] Vgl. unten IV.D.

[438] Da Blinde aber immer in der Minderheit sind, ist Blindheit auch empirisch immer unerwünscht: Niemand möchte in der heutigen Welt freiwillig blind sein, Neubert/Cloerkes (2001), S. 40 f.

[439] Vgl. Meyer (2002), S. 208 ff.

[440] Vgl. Mohr (2004), S. 203 ff.

Schließlich ist Art. 26 der Charta der Grundrechte zu nennen, in dem der Anspruch von Menschen mit Behinderung auf Maßnahmen zur Gewährleistung ihrer Eigenständigkeit, ihrer sozialen und beruflichen Eingliederung und ihrer Teilnahme am Leben in der Gemeinschaft in das Kapitel „Gleichheit" eingeordnet ist. Die Vorschrift erfüllt so eine Brückenfunktion zwischen klassischem Gleichheitsrecht und sozialen Grundrechten[441]. Das europäische Recht ist also ein weiterer Hinweis darauf, dass der besondere Gleichheitssatz wegen Behinderung auch auf die soziale Wirklichkeit zielt.

(4) Erlaubte Ungleichbehandlungen zur Herstellung sozialer Gleichheit

Die Förderung und Gleichstellung behinderter Menschen mit dem Ziel größerer Gleichheit von Teilhabe und Chancen ist nicht alleine aus dem besonderen Gleichheitssatz zu begründen, dessen primärer Ansatzpunkt die Rechtsgleichheit bleibt. Im Benachteiligungsverbot wegen einer Behinderung ist bewusst das Verbot der Bevorzugung ausgespart. Damit ist vorausgesetzt, dass es zur Herstellung von mehr sozialer Gleichheit der Chancen und Teilhabe erlaubt sein kann, Menschen wegen einer Behinderung, auch bevorzugend, anders zu behandeln als Menschen ohne behindernde Eigenschaften oder außerhalb behindernder Situationen. Dieses Gebot ergibt sich aus dem Benachteiligungsverbot selbst, dessen objektiver Normgehalt in einem Gebot der Minimierung von behindernden Situationen in der Gesellschaft besteht. Weil es sich um ein individuelles Recht handelt, darf dies niemals mit einem auf Minimierung behinderter Menschen gerichteten Prinzip verwechselt werden[442]. Wenn niemand wegen seiner Behinderung benachteiligt werden darf, kann dieses Ziel erreicht werden, indem ein individuelles Recht auf Gleichheit der Rechte besteht. Es wird aber auch erreicht, wenn der Staat verhindert, dass behindernde Situationen eintreten oder wenn er Maßnahmen gegen diese ergreift, indem die gesundheitlichen und sozialen Verhältnisse durch Rehabilitation[443] und Barrierefreiheit[444] verändert werden[445]. Ein solches Optimierungsgebot für soziale Gleichheit und Integration[446] wird verstärkt durch das fundamentale Prinzip der Sozialstaatlichkeit[447] und die objektiven Gehalte einzelner Grundrechte, welche die unterschiedlichen Dimensionen der Teilhabe schützen. Damit ist dem Staat ein weiter Raum für gleichstellende Regelungen gegen Behinderungen und zu Schutz und Förderung behinderter Menschen eröffnet und den behinderten Menschen die Möglichkeit gegeben, diese rechtlich einzufordern.

Generell für ein Gebot sozialer Gleichstellung wirkt der bereits zitierte Begriff der Benachteiligung[448] im Gesetz für Chancengleichheit und gegen Diskriminie-

---

[441] Bieback, ZfSH/SGB 2003, S. 579, 584.
[442] So aber Roellecke in: Geyer (2001), S. 161, 163, der ausführt, wer gegen Behinderungen sei, müsse deshalb für die Aussonderung von Embryonen sein, aus denen Behinderte entstehen können.
[443] Vgl. oben II.B.
[444] Vgl. oben II.A.1.k; II.A.2.e.; unten V.F.2.; V.F.4.; V.G.2.; V.J.2.; V.J.3.; V.J.4.
[445] Berlit, RdJB 1996, S. 145, 147.
[446] Straßmair (2002), S. 155; Caspar, EuGRZ 2000, S. 135, 139; vgl. Alexy (1994), 75 f.
[447] Vgl. oben III.B.
[448] § 2 Abs. 3 BGStG.

rung behinderter Menschen im Land Sachsen-Anhalt. Mit dem dort geregelten Benachteiligungsbegriff wird versucht, eine allgemeine Begriffsbestimmung für ein Gleichstellungs- und Fördergebot aufzustellen. Danach wird auf die faktischen Wirkungen einer Norm oder Entscheidung abgestellt. Stellen diese, auch durch Unterlassen von Förderung, behinderte Menschen faktisch schlechter, so ist danach eine Benachteiligung gegeben. Eine so weitgehende Norm kann einfachrechtlich verankert werden. Es ist aber zu fragen, ob durch eine solche Generalklausel im einfachen Recht alle Probleme faktisch benachteiligenden Rechts gelöst werden können. Da ein und dieselbe Norm in der Anwendung verschiedene behinderte Menschen ebenso fördern wie behindern kann, kann die Direktive, die sich aus dem Gleichstellungsrecht von Sachsen-Anhalt ergibt, im Einzelfall als Hinweis an die Rechtsanwendung nützlich sein, indem sie für jede Entscheidung gebietet, die Wirkungen auf behinderte Menschen zu untersuchen. Da die Norm keinen Verfassungsrang hat, kann sie diese Wirkung jedoch nur innerhalb bestehender Auslegungs- und Abwägungsspielräume erreichen. Die Auslegung des Benachteiligungsverbots aus dem Grundgesetz gegenüber gesetzlichen Normen wird das einfachgesetzliche Gleichstellungsrecht im Land Sachsen-Anhalt nicht bestimmen können. Die Verfassung von Sachsen-Anhalt hingegen beinhaltet kein subjektivrechtliches Benachteiligungsverbot, sondern nur ein Staatsziel, die gleichwertige Teilnahme behinderter Menschen am Leben in der Gemeinschaft zu fördern[449], das durch das Gleichstellungsrecht des Landes konkretisiert wird.

Erlaubte Ungleichbehandlungen behinderter Menschen zur Förderung ihrer sozialen Gleichheit sind eine Ausnahme von der Regel strikter Rechtsgleichheit zwischen behinderten und nichtbehinderten Menschen. Bei der Prüfung, ob Nachteile vorliegen und wie sie auszugleichen sind, hat der Gesetzgeber grundsätzlich einen weiten empirischen und einen weniger weiten normativen Einschätzungsspielraum[450]. Es bedarf aber der Transparenz, welches Förderungsziel im Einzelfall mit welchen Mitteln verfolgt werden soll, um zu verhindern, dass fördernd gedachte Regelungen in der Hand der Verwaltung zu Sonderrecht werden, die Ungleichbehandlung auf das der Förderung sozialer Gleichheit angemessene Maß zu begrenzen[451] und zurückgesetzten nichtbehinderten Menschen Klarheit über Sinn, Zweck und Reichweite der ihnen auferlegten Ungleichheit zu geben. Das probate Mittel hierzu ist ein Vorbehalt gesetzlicher Regelung für alle wesentlichen fördernden Ungleichbehandlungen. Das bedeutet nicht, dass jede Differenzierung und Förderung im Einzelfall einer gesetzlichen Grundlage bedürfte. Insbesondere dort, wo sich die erlaubte Bevorzugung behinderter Menschen aber als unmittelbarer Nachteil nichtbehinderter Menschen darstellen kann, ist aber eine gesetzliche Grundlage erforderlich[452].

---

[449] Art. 38 LSAVerf.
[450] Dazu: Alexy, VVdStRL 61 (2001), S. 1, 27 ff.; vgl. BVerfG vom 28. Januar 1987, BVerfGE 74, 163, 180 (unterschiedliches Rentenalter von Frauen und Männern).
[451] Vgl. Ebsen, RdA 1993, S. 11, 16.
[452] Vgl. V. Neumann, DVBl. 1997, S. 92, 99.

(5) Gebotene Ungleichbehandlungen zur Herstellung sozialer Gleichheit

Für das Verfassungsrecht des Bundes bleibt die Frage zu klären, ob sich schon aus ihm ein garantiertes Mindestmaß staatlicher Maßnahmen zur Gleichstellung behinderter Menschen ergibt, ob und wie also die fördernde Ungleichbehandlung behinderter Menschen geboten sein kann. Soziale Gleichstellung behinderter Menschen kann mit anderen staatlichen Zielen und Aufgaben in Konkurrenz treten und mit den rechtlich geschützten Sphären von Grundrechtsträgern in Konflikt geraten. Das Mindestmaß staatlicher Maßnahmen zu Schutz und Förderung mit dem Ziel sozialer Gleichheit ist dann in Abwägungsprozessen zu bestimmen, deren Ergebnis jeweils von der konkreten Konstellation abhängt[453].

Die besonderen Belange behinderter Menschen in solchen Abwägungsprozessen zu berücksichtigen, ist das Mindestmaß. Damit kann zunächst auf die von *Dürig* geprägte Formel zurückgegriffen werden, dass Ungleichbehandlung geboten ist, wo Gleichbehandlung Willkür wäre. Müssten blinde Kandidaten das schriftliche Examen, gehörlose Kandidaten das mündliche Examen in Rechtswissenschaft unter genau gleichen Bedingungen absolvieren wie alle anderen, so wäre die Willkürgrenze überschritten[454]. Sie hätten keine Chance, ihr Wissen zu zeigen. Der Staat muss hier die Prüflinge soweit ungleich behandeln, dass soziale Chancengleichheit beim Zugang zum juristischen Beruf zu einem Mindestmaß erreicht wird.

Die Verpflichtung zur ausgleichenden Förderung behinderter Menschen ist dann besonders groß, wenn der sozial aktive Staat die Entfaltungs- und Betätigungsmöglichkeiten der Bürgerinnen und Bürger selbst gestaltet oder diese Gestaltung ihm zuzurechnen ist[455], sei es bei öffentlichen Einrichtungen wie dem Schulwesen, sei es bei der öffentlich-rechtlichen Kontrolle und Lenkung privater Sozialgestaltung wie im Baurecht. Die sich daraus ergebenden Leistungsansprüche ergeben sich zumeist abgeleitet aus dem Vergleich mit den Möglichkeiten anderer[456] Sie sind im sozialen Staat für viele Bereiche der Teilhabe entscheidend[457]. Da es sich beim Benachteiligungsverbot in diesen Kontexten um ein Rechtsprinzip handelt, kann, anders als in den Fällen des strikten Anknüpfungsverbots, sein Inhalt nur im Rahmen einer Abwägung ermittelt werden:

„Wann ein (...) Ausschluss durch Förderungsmaßnahmen so weit kompensiert ist, dass er nicht benachteiligend wirkt, lässt sich nicht generell und abstrakt festlegen. Ob die Ablehnung einer vom Behinderten erstrebten Ausgleichsleistung und der Verweis auf eine andere Entfaltungsalternative als Benachteiligung anzusehen sind, wird regelmäßig von Wertungen, wissenschaftlichen Erkenntnissen und prognostischen Einschätzungen abhängen. Nur auf-

---

[453] BVerfGE 96, 288, 303; vgl. VG Berlin vom 30. April 2003, NJW 2003, S. 2927, 2929 (nicht barrierefreies Holocaust-Mahnmal) zur Abwägung von Benachteiligungsverbot und Kunstfreiheit.

[454] Reichenbach (2001), S. 200; Vgl. zu der Frage, ob die Legasthenie bei der Bewertung der Rechtschreibleistungen berücksichtigt werden muss: VGH Bayern vom 7. November 1996, JuS 1998, S. 263 mit Anm. Sachs.; dazu Reichenbach (2001), S. 91; vgl. unten V.H.3.; V.H.4.

[455] Straßmair (2002), S. 235.

[456] Vgl. BVerfGE 96, 288, 304.

[457] Vgl. bereits Bernhardt, NDV 1967, S. 290, 292.

grund des Gesamtergebnisses dieser Würdigung kann darüber befunden werden, ob eine Maßnahme im Einzelfall benachteiligend ist."[458]

Terminologische Unklarheiten im Verhältnis von rechtlicher Benachteiligung (durch Anknüpfung in einer Regelung) und sozialer Benachteiligung (durch Folgen einer Regelung) sind unverkennbar. Das BVerfG unterscheidet hier nicht hinreichend[459]. Die gerügte Verweisung auf die Sonderschule zur Erfüllung der Schulpflicht statt der Möglichkeit zur Teilnahme an der Regelschule war eine an die Behinderung (in Gestalt des sonderpädagogischen Förderbedarfs)[460] anknüpfende Regelung. Sie war benachteiligend, weil sie unerwünscht war und ein rechtliches Interesse (Besuch der Regelschule) tangierte. Weil in der Regelschule Fördermaßnahmen nötig gewesen wären, für die Ressourcen fehlten, hat das BVerfG diese Benachteiligung für zwingend erforderlich gehalten. Zutreffender wäre es also, von einer ausnahmsweise erlaubten Benachteiligung zu sprechen[461], weil sonst die Grundentscheidung der Norm verdeckt würde und ein Einfallstor dafür geschaffen würde, das selbstbestimmte Interesse wieder durch ein objektiviert-fremdbestimmtes Interesse zu ersetzen[462]. Dass eine ausnahmsweise erlaubte Benachteiligung möglichst zu kompensieren und dadurch idealiter aufzuheben ist, folgt aus dem Prinzip, sozialen Benachteiligungen entgegenzuwirken. Die mögliche Kompensation wäre es gewesen, eben diese Fördermaßnahmen in der Regelschule bereitzustellen. Dies hat das BVerfG nicht für geboten gehalten[463]. Den prinzipiell gebotenen Ausgleich zwingend gebotener benachteiligender Wirkungen bezeichnet *Michael Sachs* als *„Kompensierungsobliegenheit"*, um so den Unterschied zu einer strikten Kompensierungspflicht deutlich zu machen[464]. Die Obliegenheit hat ein solches Gewicht, dass erhebliche Bemühungen verlangt werden können[465]. Erst ein solches Verständnis der Norm entspricht den Erwartungen behinderter Menschen, mit ihrer Hilfe Verbesserungen für ein als gleichberechtigt zu empfindendes Leben zu erreichen[466].

Das Verständnis des sozialen Benachteiligungsverbots wird von *Stefan Straßmair* so zusammengefasst:

„Je mehr die rechtlichen und tatsächlichen Folgen einer staatlichen Regelung oder Maßnahme dem staatlichen Verantwortungsbereich zugerechnet werden können und je gewichtiger diese Folgen im Hinblick auf Art und Intensität der eintretenden Nachteile für den Betroffenen sind, umso gewichtiger müssen die Gründe sein, die diese Regelung rechtfertigen."[467]

---

[458] BVerfGE 96, 288, 303; vgl. 306 zum Vorbehalt des Machbaren.
[459] Vgl. auch sehr kritisch: Castendiek/Hoffmann (2002), Rz 305 ff.
[460] Vgl. oben II.A.1.f.; unten IV.B.6.f.(3).
[461] Ebenso: Heun in: Dreier (2004), Rz 137 zu Art. 3 GG.
[462] Vgl. Castendiek in: Erbguth/F. Müller/V. Neumann (1999), S. 333, 349 f.
[463] Kritisch daher Krajewski, JuS 1999, L 72, 76, der das Benachteiligungsverbot hier auf eine reine Willkürprüfung reduziert sieht.
[464] Sachs, JuS 1998, S. 553, 554.
[465] Krajewski, JuS 1999, L 72, 77.
[466] U. Hase in: Igl/Welti (2001), S. 25, 26 f.
[467] Straßmair (2002), S. 237.

Das entsprechende Verhältnis von Regel und Ausnahme sowie das Gebot der Abwägung werden auch in § 2 Abs. 2 Satz 3 des schleswig-holsteinischen LBGG deutlich:

„Ist eine Benachteiligung aus zwingenden Gründen nicht zu vermeiden, ist für den Ausgleich ihrer Folgen Sorge zu tragen, soweit hiermit nicht ein unverhältnismäßiger Mehraufwand verbunden ist."

Sein hohes verfassungsrechtliches Gewicht erhält das Benachteiligungsverbot, weil es mit keinerlei einschränkenden Zusätzen versehen ist. Ebenso wie den anderen besonderen Gleichheitssätzen kann dem Benachteiligungsverbot und dem von ihm repräsentierten Prinzip der Minimierung von Behinderung ein Rang zugewiesen werden, der dem eines vorbehaltlos gewährten Grundrechts, etwa der Glaubens-, Kunst- oder Wissenschaftsfreiheit, entspricht[468].

(6) Soziale Gleichheit und Existenzminimum behinderter Menschen

Ein materielles Mindestmaß für Maßnahmen von Schutz und Förderung behinderter Menschen kann nicht ohne Bezug zum allgemeinen Mindestmaß von Schutz und Förderung entwickelt werden. Aus dem Schutzgebot für die Menschenwürde ergibt sich die Pflicht des Staates, das Existenzminimum der Menschen als Voraussetzung einer menschenwürdigen Existenz zu sichern[469]. Das Existenzminimum wird aus einer konkreten und vergleichenden Betrachtung des allgemeinen Lebensstandards bestimmt. Ist es für behinderte Menschen wegen ihrer Behinderung nur anders, schwieriger oder aufwändiger möglich, das Existenzminimum zu erreichen, so ist dieses unter Berücksichtigung der Behinderung und des Gleichstellungsziels zu ermitteln. Insofern nehmen die für das Existenzminimum bestimmten Teile der Eingliederungshilfe für behinderte Menschen und von Pflegeleistungen am verfassungsrechtlich gesicherten Status des Existenzminimums teil[470]. Der besondere Gleichheitssatz steht hier einer Pauschalierung des Existenzminimums entgegen, bei der die Situation behinderter Menschen nicht berücksichtigt wird und sie dadurch gesellschaftlich benachteiligt werden. Versteht man die individualrechtlichen Komponenten von Sozialstaatsgrundsatz, Menschenwürde und allgemeinem Gleichheitssatz richtig, so stehen auch diese einer die Behinderung ignorierenden Pauschalierung entgegen[471]. Das Benachteiligungsverbot verstärkt dieses Ergebnis. So kann das Benachteiligungsverbot wegen einer Behinderung, anders als das BVerwG meint[472], auch zu Leistungsansprüchen führen, nämlich dann, wenn ein durch die Behinderung geprägtes besonderes Minimum an existenzieller Teilhabe verfehlt wird. Verkennt der Gesetzgeber solche verfassungsrechtlichen Teilhabe- oder Leistungsansprüche, so ist, wiederum gegen das BVerwG[473], daran zu erinnern, dass diese Ansprüche auch subjektive Rechte und nicht nur objektiv-rechtliche Pflichten sind.

---

[468] Castendiek in: Erbguth/F. Müller/V. Neumann (1999), S. 333, 342.

[469] Vgl. oben IV.A.5.

[470] Neuner, NJW 2000, S. 1822, 1823; offen gelassen bei Schlenker (1986), S. 92 ff.

[471] Vgl. Luthe/Dittmar, SGb 2004, S. 272, 276 f.; Buch (2001), S. 196; Hannesen/Jacobi/Lachwitz/Vater, VSSR 1992, S. 189, 202.

[472] BVerwG vom 30. Juni 1997, Buchholz 11 Art. 3 GG Nr. 434 (Schülerbeförderung).

[473] BVerwG vom 14. August 1997, Buchholz 421 Kultur- und Schulwesen Nr. 123 (Schaffung von Integrationsklassen).

Daraus folgt aber nicht im Umkehrschluss, dass Förderungsmaßnahmen für behinderte Menschen, die über das behinderungsspezifische Existenzminimum hinausgehen, nicht auch durch verfassungsrechtliche Positionen geschützt sind. So gebietet die zentrale Bedeutung der Erwerbsfähigkeit und der Erwerbsarbeit im System der sozialen Sicherung und für die Teilhabe an der Gesellschaft insgesamt, dass das Prinzip der Behinderungsminimierung durch Maßnahmen ins Werk gesetzt wird, die Teilhabe am Arbeitsleben möglich machen[474]. Dass dieser Lebensbereich vor allem zivilrechtlich verfasst ist, führt zur Bedeutung des Benachteiligungsverbots für den Zivilrechtsverkehr hin[475]. Somit bestimmen sich auch die Mindestanforderungen an die staatlichen Maßnahmen zur sozialen Gleichstellung stets im Verhältnis zu den rechtlichen Regelungen und Systementscheidungen und den gesellschaftlichen Verhältnissen.

f) Zusammenhang zwischen Ungleichbehandlung und Behinderung

Das Benachteiligungsverbot wegen einer Behinderung ist, wie schon bei der Erörterung seines Gewährleistungsbereichs gezeigt, kein Verbot, eine bestimmte und abschließend bestimmbare Gruppe in jeder denkbaren Frage nicht zu benachteiligen. Um nicht eine sozialstaatswidrige Gedankenlosigkeit für die Folgen zu prämieren, kann es nicht darauf ankommen, dass eine Benachteiligung vom Gesetzgeber oder Rechtsanwender als Zweck intendiert ist[476]. Der Wortlaut macht deutlich, dass zwischen Behinderung und Benachteiligung eine Kausalität[477] oder besser gesagt ein Zurechnungszusammenhang bestehen muss, der durch das Wort „wegen" ausgedrückt wird. Es ist daher zu untersuchen, welche Anforderungen erfüllt sein müssen, um eine Benachteiligung der Behinderung zuzuordnen.

(1) Anknüpfung an Behinderung

Als einfachste Konstellation erscheinen diejenigen Fälle, in denen in einer Norm oder einer Vorgehensweise eines Trägers öffentlicher Gewalt eine Rechtsfolge an den Tatbestand „Behinderung" oder „behinderter Mensch" anknüpft. Hier werden schon durch Norm oder Vorgehensweise zwei unterschiedlich behandelte Gruppen gebildet werden können, von denen eine aus behinderten Menschen besteht und die andere nicht. Ist dies der Fall, ist das Benachteiligungsverbot anzuwenden[478].

(2) Anknüpfung an drohende Behinderung

Da der Staat nicht gegenüber einer verbotenen Benachteiligung nicht alleine deswegen tatenlos bleiben kann, weil sie erst in Zukunft eintreten wird, ist auch die

---

[474] Vgl. unten V.I.1.
[475] Vgl. P. Badura, RdA 1999, S. 8, 11.
[476] G. Jürgens, ZfSH/SGB 1995, S. 353, 357; Rüfner in: FS Friauf (1996), S. 331, 332; Sachs, RdJB 1996, S. 164, 169.
[477] Vgl. Arango (2001), S. 144 ff.: Richtig verstanden hat Kausalität im Recht keinen faktischen, sondern normativen Charakter.
[478] Straßmair (2002), S. 180 ff.; Buch (2001), S. 114 ff.

drohende Behinderung[479] ein Tatbestand, der regelmäßig die Anwendung des Benachteiligungsverbots bedingt[480]. Verliert jemand, etwa wegen HIV-Infektion oder genetischer Disposition, im Hinblick auf eine drohende zukünftige Behinderung ein Recht, so ist dies nicht weniger eine Benachteiligung wegen Behinderung als wenn der Rechtsverlust erst bei Eintritt der Behinderung einträte[481].

(3) Anknüpfung an behinderungsnahen Tatbestand

Behinderte Menschen werden im Recht oft nicht mit diesem Begriff bezeichnet, sondern mit anderen Bezeichnungen, die in gewisser Regelmäßigkeit mit Behinderung in Verbindung stehen. Für diese Fälle ist zu untersuchen, ob auch hier aus Gründen effektiven Grundrechtsschutzes[482] das Benachteiligungsverbot anzuwenden ist. Jedenfalls anwendbar ist die Norm für Tatbestände aus Begriffen, die sich, zumindest weitgehend, als Synonyme für Behinderung darstellen wie Gebrechen und Versehrtheit. Näher zu untersuchen sind Begleitmerkmale, die nicht bei allen behinderten Menschen auftauchen. Bei den besonderen Gleichheitssätzen wird unterschieden zwischen spezifischen Begleitmerkmalen und typischen Begleitmerkmalen[483]. Spezifische Begleitmerkmale eines Differenzierungsmerkmals sind solche, die nur bei dessen Trägern auftreten. Dagegen sind nur typische Begleitmerkmale solche, die zwar besonders häufig, aber nicht ausschließlich im Zusammenhang mit einem Merkmal auftreten. Spezifische Begleitmerkmale liegen vor bei Begriffen, die eine Teilmenge von Behinderungen oder behinderten Menschen bezeichnen[484] wie geistige, körperlich oder seelische Behinderung, Gehörlosigkeit oder Blindheit[485] oder, wie in der Entscheidung des BVerfG zur Testierfähigkeit, Stummheit[486]. Einige andere Begriffe bezeichnen bestimmte Aspekte von Behinderung wie Pflegebedürftigkeit[487], Hilflosigkeit[488], Erwerbsunfähigkeit und Erwerbsminderung[489]. Die damit bezeichneten Sachverhalte und Personen sind in aller Regel auch dem Bereich der Behinderung zuzuordnen und können höchstens in atypischen Fällen nicht darunter fallen, was auch nach Ansicht des BVerfG nicht gegen die Anwendung des Benachteiligungsverbots spricht[490].

Werden „chronisch Kranke"[491] und „psychisch Kranke", die meist auch chronisch krank sind, in Bezug genommen, so bedeutet dies nicht in jedem Fall, dass auch eine Behinderung vorliegt, wohl aber in den meisten Fällen. Bei den Begriffen

---

[479] Vgl. oben II.A.2.f.(7).
[480] Vgl. Straßmair (2002), S. 173 f.
[481] Buch (2001), S. 69.
[482] Castendiek in Erbguth/F. Müller/V. Neumann (1999), S. 333, 341.
[483] Vgl. Krajewski, Jus 1999, L 73, 75; Sachs (1987), S. 459.
[484] Reichenbach (2001), S. 157.
[485] Dies wird offen gelassen bei Sachs, RdJB 1996, S. 154, 170; vgl. oben II.A.1.a.
[486] BVerfGE 99, 341, 356; Buch (2001), S. 94 f.
[487] Vgl. oben II.A.1.g.
[488] Vgl. oben II.A.1.h.
[489] Vgl. oben III.A.1.c.
[490] BVerfGE 99, 341, 357.
[491] Für regelmäßige Einbeziehung chronisch Kranker auch Straßmair (2002), S. 173; Umbach in: MK-GG (2002), Rz 402 zu Art. 3 GG; Buch (2001), S. 63; Caspar, EuGRZ 2000, S. 135, 137; für Abgrenzung: Sannwald, NJW 1994, S. 3313, 3314; vgl. oben II.A.1.d.(4).

„krank" und „Krankheit" oder „gesundheitlich" besteht die Möglichkeit, dass diese Begriffe häufig einen behinderten Personenkreis bezeichnen[492]. Sind sie nicht behindert, so droht zumindest Behinderung.

Wird jemandem „aus gesundheitlichen Gründen" die Zulassung zu einem Beruf oder einer öffentlichen Einrichtung verwehrt, so ist diese Person schon deswegen regelmäßig behindert, weil die gesundheitlichen Gründe hier zu einer Einschränkung der Teilhabe führen. Im französischen Arbeitsrecht wird die Abgrenzung entbehrlich, weil auch der Gesundheitszustand als verbotenes Kriterium benannt wird[493]. Ist diese Teilhabestörung aber nur vorübergehend, etwa weil es sich um eine kurz andauernde ansteckende Infektionskrankheit handelt, so fällt der ganze Tatbestand nicht unter den Behinderungsbegriff, der in jedem Fall eine gewisse Dauerhaftigkeit und Nachhaltigkeit auch der Teilhabestörung erfordert[494]. Bei den auf Gesundheit und Krankheit bezogenen Tatbeständen des Rechts ist also jeweils aus dem Kontext zu erschließen, ob die dadurch abgegrenzte Gruppe insgesamt oder eine betroffene Person aus der Verbindung zwischen Gesundheitsstörung und Teilhabestörung heraus als behindert zu bezeichnen ist.

Schwieriger abzugrenzen sind Merkmale, die nicht die gesundheitliche Seite, sondern die sozialen Auswirkungen von Gesundheitsstörungen bezeichnen. Das gilt etwa für die im Schulrecht verwendeten Begriffe der Lernstörungen, der Verhaltensstörungen, des sonderpädagogischen Förderbedarfs[495] oder der Legasthenie (Lese- und Rechtschreibschwäche) und Dyskalkulie (Rechenschwäche)[496]. Insbesondere beim sonderpädagogischen Förderbedarf und damit bei den Fällen, die den Regelschulbesuch behinderter Kinder betreffen, ist umstritten, ob sie unter das Benachteiligungsverbot fallen[497]. Nach richtiger Ansicht ist beim sonderpädagogischen Förderbedarf zu differenzieren[498]. Bei den meisten Sonderschularten ist der Förderbedarf ein spezifisches Begleitmerkmal der Behinderung. Anders ist dies bei den Sonderschulen für lernbehinderte und verhaltensauffällige Kinder. Diese Art von Förderbedarf kann durch eine geistige oder seelische Behinderung oder allein durch soziale Faktoren bedingt sein. Hier ist Förderbedarf nur ein typisches Begleitmerkmal. Die Anknüpfung daran kann allenfalls als mittelbare Benachteiligung angesehen werden.

---

[492] Zu kurz greift daher Lepke, RdA 2000, S. 87, 93, der eine Kündigung wegen HIV-Infektion schon deswegen nicht als Anwendungsfall des Benachteiligungsverbots sieht, weil Krankheit in Art. 3 Abs. 3 GG nicht genannt ist; vgl. dazu Thüsing, ZfA 2001, S. 399, 402, der darauf hinweist, dass die französische und US-amerikanische Rechtsprechung schon bei Kündigung wegen symptomloser HIV-Infektion eine Diskriminierung wegen einer Behinderung annehmen; zum amerikanischen Recht: D. Nolte/Mensching, ZfSH/SGB 1993, S. 289, 292.

[493] Art. L. 122-45 Abs. 1 CT; vgl. Thüsing, ZfA 2001, S. 399, 401; dies gilt nicht, wenn der Beschäftigte für die Arbeit aus gesundheitlichen Gründen ungeeignet ist.

[494] Vgl. Reichenbach (2001), S. 131.

[495] Vgl. oben II.A.1.f.

[496] Dazu Reichenbach (2001), S. 158 ff.

[497] Für eine Anwendung: Reichenbach, SGb 2000, S. 660; Lehnert (2000), S. 119 ff.; A. Jürgens, DVBl. 1997, S. 410, 411; gegen eine Anwendung: die beklagte Bezirksregierung in BVerfGE 96, 288, 296; Dirnaichner, BayVBl. 1997, S. 545, 549.

[498] Krajewski, Jus 1999, L 73, 75 f.

(4) Ungleichbehandlung zwischen behinderten Menschen

Als besonderes Problem stellt sich die Frage dar, ob eine Ungleichbehandlung zwischen verschiedenen Gruppen behinderter Menschen in den Schutzbereich des besonderen Gleichheitssatzes fällt. In der Rechtsprechung und bei den ganz überwiegenden Stimmen in der Literatur wird dies abgelehnt. Die Differenzierung zwischen behinderten Menschen unterfalle nur dem allgemeinen Gleichheitssatz und sei nicht am besonderen Gleichheitssatz zu messen[499]. Als Begründung wird angeführt, das Ziel des besonderen Gleichheitssatzes bestehe in der Gleichheit behinderter mit nichtbehinderten Menschen. Dieses Ziel könne durch Gleichbehandlung verschiedener behinderter Menschen nicht erreicht werden. Eine solche Position erscheint aber zu undifferenziert. Für das Gleichstellungsgebot der unehelichen mit den ehelichen Kindern hat das BVerfG 1963 entschieden, dass dieses dem Gesetzgeber auch eine Differenzierung zwischen verschiedenen unehelichen Kindern verbiete[500]. Für den besonderen Gleichheitssatz wegen einer Behinderung haben die Gerichte bisher abgelehnt, Ungleichbehandlungen zwischen verschiedenen behinderten Menschen an ihm zu messen[501].

Der Wortlaut *„Niemand darf wegen seiner Behinderung benachteiligt werden,"* weist den besonderen Gleichheitssatz als ein individuelles Recht aus, das nicht einer Gruppengleichstellung dient, bei der die Vorteile eines Behinderten mit den Nachteilen eines anderen behinderten Menschen saldiert oder aufgerechnet werden könnten[502]. Dazu kommt, dass auch in der für die Entstehung des besonderen Gleichheitssatzes relevanten Geschichte Ungleichbehandlungen zwischen behinderten Menschen eine große Rolle gespielt haben. So differenzierten die Nationalsozialisten zwischen den unterstützenswerten „Körperbehinderten" und den zu benachteiligenden „Erbkranken" und „Krüppeln"[503]. Auch in der Geschichte der sozialstaatlichen Hilfsangebote und der staatlichen Sonderregelungen sind erhebliche Unterschiede zwischen körperlichen Behinderungen einerseits, geistigen und seelischen Behinderungen andererseits zu verzeichnen. Auch zwischen den körperlichen Behinderungen sind Unterschiede zu verzeichnen, bei denen klar abzugrenzende und organisierbare Gruppen wie Blinde oder Gehörlose sich eher politisches Gehör verschaffen können als Personen, die chronische Krankheiten mit eher diffusen aber schwerwiegenden Folgen für die Teilhabe haben, wie etwa Lepra, Tuberkulose oder Aids. Schließlich wird spätestens seit Beginn der sozialrechtlichen Rehabilitation diskutiert, ob und wie eine Differenzierung nach Ursache der Behinderung, etwa zwischen Kriegsverletzten und Zivilbehinderten, oder Status, zwischen Sozialversicherten und Nicht-Sozialversicherten, zulässig ist. Damit bestehen grundsätzlich zwei unterscheidbare Differenzierungsmöglichkeiten zwischen behinderten Menschen und Behinderungen: Die erste Differenzierung ist

---

[499] Buch (2001), S. 96 ff.; Sachs, RdJB 1996, S. 154, 165.
[500] BVerfG vom 30. Oktober 1963, BVerfGE 17, 148, 155 (verbotene Benachteiligung der nach Anerkennung der Beschädigung gezeugten unehelichen Kinder Schwerbeschädigter).
[501] BVerfG vom 22. Mai 2003, Az. 1 BvR 452/99, Rz 18; BVerfG vom 7. September 2000, SozR 3-7833 § 6 Nr. 23.
[502] Vgl. Nickel (1999), S. 63 f.
[503] Vgl. oben II.A.1.j.(1); III.A.9.

an der Art der Gesundheitsstörung festzumachen, die zweite an den gesellschaftlichen Kontextfaktoren der behinderten Person.

(a) Anknüpfung am Gesundheitszustand. Wenn die individuelle Zuordnung des aus dem Benachteiligungsverbot folgenden Rechts bei der gesundheitlich beeinträchtigten Person erfolgt, kann eine Differenzierung zwischen verschiedenen Gesundheitsstörungen unter das Benachteiligungsverbot fallen. Im Verhältnis zwischen Behinderungen anhand der Gesundheitsstörung besteht eine Möglichkeit für staatliche Ungleichbehandlung nur, wenn sie durch zwingende Gründe geboten ist, nicht jedoch wenn sie Folge einer ungleichen Bewertung ist. Damit wird die Unterscheidung zwischen personenbezogenen und sachbezogenen Differenzierungen aufgegriffen, die bei der Prüfung des allgemeinen Gleichheitssatzes eine differenzierte Intensität begründet[504]. So mag zwar der Unterschied zum allgemeinen Gleichheitssatz gering sein, wenn auch in dessen Rahmen ein verschärfter Prüfungsmaßstab angelegt würde[505]. Dass ein verschärfter Prüfungsmaßstab für wertende Ungleichbehandlungen zwischen verschiedenen behinderten Menschen anzulegen ist, kann jedoch am zuverlässigsten aus dem Wortlaut des Benachteiligungsverbots geschlossen werden, wonach niemand wegen *seiner* Behinderung benachteiligt werden darf[506]. Da im Sozialrecht verschiedene Gesundheitsstörungen seit geraumer Zeit in allen grundsätzlichen Normen gleich gestellt sind, sind auch Tradition und Systemgerechtigkeit keine Argumente mehr für die Möglichkeit, Hilfen nach Art der Gesundheitsstörung statt nach Hilfebedarf zu differenzieren, sondern sprechen dagegen dies zu tun[507].

Eine Gesetzgebung, die blinden Menschen Kommunikationshilfen vor Gericht und bei Behörden gewährte, sie gehörlosen Menschen aber verweigerte, würde nicht nur gegen den allgemeinen, sondern auch gegen den besonderen Gleichheitssatz verstoßen, da sie gehörlose Menschen wegen *ihrer* Behinderung gegenüber anderen Menschen benachteiligen würde, auch wenn die Vergleichsgruppe ihrerseits behindert ist. Dagegen kann der Gesetzgeber einen pauschalierten Nachteilsausgleich für Blinde durch Blindengeld gewähren und ihn Gehörlosen versagen, wenn er annehmen darf, dass es sich um eine Differenzierung wegen unterschiedlichen Bedarfs und nicht um eine Diskriminierung wegen unterschiedlicher Wertigkeit handelt[508]. Die in der Pflegeversicherung vorgenommene unterschiedliche Bewertung eines Pflegebedarfs je nach Art des Hilfebedarfs grenzt Hilfe im Bereich der Kommunikation und Beaufsichtigung und damit den Pflegebedarf der Demenzkranken und geistig behinderten Menschen aus[509]. Es ist nicht ersichtlich, dass hierin eine sachliche Differenzierung nach dem Pflegebedarf liegt. Vielmehr zeigt sich darin eine unterschiedliche Bewertung, durch die geistig behinderte und de-

---

[504] BVerfGE 88, 87, 96.
[505] So Buch (2001), S. 98.
[506] Vgl. Welti/Sulek in: Igl/Welti (2001), S. 131, 143.
[507] Vgl. BVerfG vom 11. März 1975, BVerfGE 39, 148, 154 (Freifahrt im Personennahverkehr nur für Blinde und Körperbehinderte); BVerfG vom 7. Mai 1974, BVerfGE 37, 154, 165 (unzulässige Differenzierung zwischen Blinden und schwer Sehbehinderten); BSGE 46, 286, 292.
[508] Vgl. oben II.A.1.a.(2) und (3); unten V.B.4.d.
[509] Vgl. BT-Drucks. 15/2372, S. 4; J. Sendler, SozSich 2004, S. 263, 264 f.

menzkranke Menschen benachteiligt werden. Entgegen der Ansicht des Bundessozialgerichts war der Gesetzgeber bei der Setzung der Leistungstatbestände der Pflegeversicherung auch für das Verhältnis zwischen den Pflegebedürftigen an den besonderen Gleichheitssatz gebunden und hätte diese Differenzierung wohl nicht vornehmen dürfen. Erst recht kann im Übrigen die Knappheit der Mittel kein Grund für die Nichtanwendung eines Gleichheitssatzes sein. Mangel erhöht die Notwendigkeit einer gerechten Verteilung und setzt sie nicht außer Kraft.

Wenn Pflegeleistungen für bestimmte Gruppen behinderter Menschen die unerlässliche Unterstützung für ein Minimum an Teilhabe verfehlen, so ist dies also, entgegen einer Kammerentscheidung des BVerfG[510], vor dem besonderen Gleichheitssatz problematisch. Auch bei Anwendung des allgemeinen Gleichheitssatzes hätte die Unausweichlichkeit der Differenzierung für die Betroffen zu einem strengeren Prüfungsmaßstab führen müssen[511]. Dass die Pflegeversicherung anderen behinderten Menschen die für sie unerlässliche Unterstützung gibt, kann gerade nicht belegen, dass der besondere Gleichheitssatz hier nicht berührt sei, wie das BVerfG und das BSG annehmen, die die behauptete Ungleichbehandlung körperlich und geistig behinderter Menschen nur am Maßstab des allgemeinen Gleichheitssatzes geprüft haben[512].

(b) Anknüpfung an äußeren Faktoren. Andere Differenzierungen werden an Kontextfaktoren außerhalb der Person festgemacht, wie etwa der Ursache einer Gesundheitsschädigung[513]. Zwar erhält eine durch Unfall geschädigte Person nach der geltenden Rechtsordnung oft bessere Ausgleichsleistungen als eine seit Geburt oder durch Krankheit gleichartig geschädigte Person. Bei einer solchen Ungleichbehandlung fehlt es jedoch an der unmittelbaren Zurechnung. Die Benachteiligung erfolgt nicht wegen der Behinderung, sondern weil die Rechtsordnung den Ausgleich eines Arbeitsunfalles oder einer schuldhaften Schädigung vor dem Ausgleich eines als zufällig empfundenen Geburts- oder Krankheitsschadens privilegiert hat. Diese Entscheidung ist so wie andere sozialpolitische Strukturentscheidungen[514] nur am allgemeinen Gleichheitssatz zu messen[515] und im Übrigen politisch zu verteidigen oder anzugreifen[516].

Auch eine Unterscheidung, die an der Art der Hilfe festgemacht ist, kann nicht als Benachteiligung wegen einer Behinderung betrachtet werden, soweit nicht die Hilfeart typischerweise nur einer bestimmten Kategorie von behinderten Men-

---

510   BVerfG vom 22. Mai 2003, NZS 2003, S. 535.

511   Baumeister, NZS 2004, S. 191, 193.

512   BVerfG vom 7. September 2000, SozR 3-7833 § 6 Nr. 23.

513   Vgl. Hannesen/Jacobi/Lachwitz/Vater, VSSR 1992, S. 189, 191.

514   Vgl. BVerfG vom 8. Februar 1994, BVerfGE 89, 365, 376 ff. (ungleiche Beiträge in der gesetzlichen Krankenversicherung); BVerfG vom 4. Oktober 1983, BVerfGE 65, 104 (Ausschluss nicht erwerbstätiger Mütter vom Mutterschaftsgeld); Zacher in: Igl/Welti (2001), S. 1, 11.

515   Vgl. BVerfG vom 17. Juli 1984, BVerfGE 67, 231 (Ungleichbehandlung der unfallbedingten Erwerbsunfähigkeit); BVerfG vom 9. Februar 1983, BVerfGE 63, 152, 166 (Ausschluss der Beamten von der medizinischen Rehabilitation der gesetzlichen Rentenversicherung); BVerfG vom 18. Juni 1975, BVerfGE 40, 121, 139 (ungleiche Leistungen für behinderte Waisen in der Sozialversicherung und in der Beamtenversorgung).

516   Kritisch: Hannesen/Jacobi/Lachwitz/Vater, VSSR 1992, S. 189, 210 f.

schen zukommt. Eine Differenzierung zwischen den Bedingungen für die Pflegesachleistung und die Pflegegeldleistung fällt also nicht unter den strengen Gleichheitssatz[517].
Eine völlig klare Trennung zwischen beiden Kategorien der Ungleichbehandlung zwischen behinderten Menschen wird nicht möglich sein. So ist zu bedenken,
dass mit den unterschiedlichen Ursachen der Behinderung auch unterschiedliche
Schädigungsarten korrelieren, so dass die Schlechterstellung von Geburt an behinderter Personen in ihren Auswirkungen vor allem geistig behinderte Menschen
trifft. Hier wird zu bedenken sein, dass auch bei Anwendung des allgemeinen
Gleichheitssatzes ein strengerer Maßstab für die Rechtfertigung einer Differenzierung angelegt wird, je weniger die betroffenen Personen der Ungleichbehandlung
ausweichen können.

(5) Folgen für behinderte Menschen: Mittelbare Benachteiligung

(a) Bedeutung einer folgenorientierten Betrachtungsweise. Bei der Anwendung des
Gleichheitssatzes kann grundsätzlich zwischen einer aktbezogenen und einer fol-
genbezogenen Betrachtung unterschieden werden[518]. Schon bei der Betrachtung
von Normen, die mit Tatbeständen aus dem gesundheitlichen Bereich versehen
sind, kann die Zuordnung zum Feld der Behinderung nicht vorgenommen werden,
ohne die Folgen zu betrachten, die eine solche Norm hat. Benachteiligungen bestimmter Gruppen von Menschen in der sozialen Sphäre durch Rechtsnormen entstehen oft durch die Folgen von Regelungen, die sich nicht explizit auf sie beziehen
und die oftmals auch nicht auf diese Gruppen abzielen. Es handelt sich dabei oft
um unbeabsichtigte Nebenfolgen, die erst die Barrieren für behinderte Menschen
schaffen wie die Unzugänglichkeit des öffentlichen Raums[519], die Nutzbarkeit von
Wohnungen, Arbeitsplätzen, Transportmitteln oder Medien[520]. Erst eine folgenorientierte Betrachtung und Überprüfung kann soziale Gleichheit durchsetzen helfen.
Durch sie wird dem sozialstaatlichen Gebot Rechnung getragen, bei der Normsetzung die Interessen aller Menschen zu berücksichtigen und Regelungen nicht ohne
Rücksicht auf die Interessen von Gruppen zu gestalten, die möglicherweise in Staat
und Gesellschaft weniger politisches Gehör haben. Es würde Gedankenlosigkeit
und sozialstaatswidriges Verhalten prämieren, wenn es alleine auf eine benachteiligende Absicht ankäme und „zufällige" Folgen einer Handlung niemals am Benachteiligungsverbot zu messen wären[521]. Auch die Unterscheidung zwischen staatlichem Handeln und Unterlassen relativiert sich bei einer folgenorientierten
Betrachtungsweise, weil ein typischer Anwendungsfall derjenige ist, dass bei staatlichem Handeln unterlassen wurde, die Belange behinderter Menschen zu beachten[522].

---

517 BSG vom 24. Juli 2003, NZS 2004, S. 428, 430.
518 Alexy (1994), S. 377 f.
519 Straßmair (2002), S. 182.
520 Davy in: FS Funk (2003), S. 63, 72.
521 Wie hier: Pierre Kummer (2003), S. 6 f.; Nickel (1999), S. 71 f.; G. Jürgens, NVwZ 1995,
S. 452, 453; anders aber Hagmann (1999), S. 45.
522 Nicht überzeugend die Differenzierung bei Lehnert (2000), S. 40.

Wird das Ziel sozialer Gleichheit und damit einer Minimierung von Behinderung als Rechtsprinzip erkannt, das im Benachteiligungsverbot enthalten ist, so kann jede Norm daran gemessen werden, ob sie diesem Rechtsprinzip entspricht. Entscheidend ist dann nicht mehr, ob die Norm an Behinderung oder einem behinderungsnahen Tatbestand anknüpft, sondern ob ihre Folgen dazu führen, dass Menschen behindert werden oder behinderte Menschen benachteiligt werden[523], also die Gleichheit der Ergebnisse im sozialen Raum[524].

(b) Geltung der folgenorientierten Betrachtung. Eine folgenorientierte Betrachtungsweise ist im europäischen Recht für das Gleichbehandlungsgebot wegen der Staatsangehörigkeit und insbesondere bei der Auslegung des besonderen Gleichheitssatzes der Geschlechter als Verbot mittelbarer Diskriminierung entwickelt worden[525]. Im Europäischen Recht gilt für die Gleichheitssätze, dass zu ihrer Effektivierung auch solche Ungleichheiten als verboten oder zumindest rechtfertigungsbedürftig betrachtet werden, die nicht an einem verbotenen Kriterium anknüpfen, sondern sich nur im Schutzbereich eines besonderen Gleichheitssatzes auf eine vor Benachteiligung zu schützende Gruppe ungleich auswirken[526].

In der Gleichbehandlungsrahmenrichtlinie wird die mittelbare Diskriminierung auch für das Merkmal Behinderung so definiert:

„(...) liegt eine mittelbare Diskriminierung vor, wenn dem Anschein nach neutrale Vorschriften, Kriterien oder Verfahren Personen mit (...) einer bestimmten Behinderung (...) gegenüber anderen Personen in besonderer Weise benachteiligen können, (...)"[527]

Auch die Gleichstellungsgesetze in Bund und Ländern haben die mittelbare Benachteiligung jeweils ausdrücklich in ihre Definitionen der Benachteiligung oder Diskriminierung aufgenommen, so dass dem europäischen[528] und dem einfachen Bundes- und Landesrecht deutliche Hinweise darauf zu entnehmen sind, dass eine an den Folgen orientierte Betrachtung im Benachteiligungsverbot eingeschlossen sein soll.

Das BVerfG misst auch die benachteiligenden Folgen von Regelungen am allgemeinen Gleichheitssatz, insbesondere im Steuerrecht durch das Gebot der Besteuerung nach der Leistungsfähigkeit und im Sozialrecht, [529] und am Gebot der Ge-

---

[523] Widersprüchlich G. Jürgens, ZfSH/SGB 1995, S. 353, der einerseits ein Gleichstellungsgebot befürwortet (356), andererseits die mittelbare Benachteiligung für ausgeschlossen hält (357).

[524] Thüsing, ZfA 2001, S. 397, 399.

[525] Das Kriterium der mittelbaren Diskriminierung erschien zuerst in RL 76/207/EWG; vgl. Högenauer (2002), S. 95 ff.; Straßmair (2002), S. 200; Waddington/Bell, CMLR 2001, S. 587, 592 ff.; Bieback, SGb 1994, S. 301, 304 ff.; Ebsen, RdA 1993, S. 11, 12 ff.

[526] Vgl. Mohr (2004), S. 280 ff.; Kischel, EuGRZ 1997, S. 1, 8.

[527] Art. 2 lit. b RL 2000/78.

[528] Vgl. für die Anwendung im österreichischen Recht: Davy in: FS Funk (2003), S. 63, 86 f.

[529] BVerfG vom 6. März 2002, BVerfGE 105, 73, 111 (Besteuerung von Renten und Pensionen: Abstellen auf die steuerliche Belastung, nicht auf die Steuertatbestände); BVerfG vom 14. Oktober 1997, BVerfGE 96, 315, 326 (unterschiedliche Auswirkungen des Ausschlusses vom Wohngeld für Studierende, die berufsbegleitend und solche, die nicht berufsbegleitend studieren); BVerfG vom 22. Juni 1995, BVerfGE 93, 121, 146 (Besteuerung von Grundvermögen und Geldvermögen: unterschiedliche Auswirkungen der Regelungen); BVerfG vom 9. August 1978, BVerfGE 49, 148, 165; vgl. Reichenbach (2001), S. 180; Huster (1993), S. 358 ff., 413.

schlechtergleichheit[530]. So hat das BVerfG ausgeführt: „*Der Gleichheitssatz verlangt für das Steuerrecht, dass die Steuerpflichtigen rechtlich und tatsächlich gleich belastet werden,*" und die Überprüfung einer Regelung auch auf ihr „*normatives Umfeld*" erstreckt[531]. Auch bei der Gleichheit der Staatsbürger im Bereich der Parteienfinanzierung hat das BVerfG tatsächlichen Auswirkungen der Spendenregelungen als gleichheitswidrig angesehen[532]. Gegen eine Anwendung des Verbots der mittelbaren Diskriminierung auf alle besonderen Gleichheitssätze wurde eingewandt, dass eine solche Ausdehnung eines Sondertatbestands nicht ohne weitere Gründe erfolgen könne[533]. Erste Voraussetzung für die Anwendung einer folgenorientierten Betrachtungsweise ist, dass der jeweilige Gleichheitssatz auch als Prinzip sozialer Gleichheit anzusehen ist. Wird dies, wie dargelegt, bejaht, sind Reichweite und Bedeutung der folgenorientierten Betrachtungsweise zu klären.

In der Tat wäre eine Ausdehnung des Benachteiligungsverbots auf alle benachteiligenden Folgen aller Normen und Maßnahmen unpraktikabel und würde politische Spielräume unangemessen verengen, wenn das Verbot mittelbarer Diskriminierung ebenso als strikte Regel angesehen würde wie das Gebot der Rechtsgleichheit[534]. Da es sich jedoch um die dem Gebot sozialer Gleichheit angemessene Anwendung eines Prinzips handelt, ist das Benachteiligungsverbot hier nur als, allerdings schwerwiegender, Abwägungsbelang anzusehen. Je stärker die sozial benachteiligende Wirkung auf behinderte Menschen ist, umso gewichtiger müssen die Gründe sein, um die ihr zu Grunde liegende Maßnahme oder Regelung zu rechtfertigen. Insofern relativiert sich in diesem Bereich die Unterscheidung zwischen dem besonderen und dem allgemeinen Gleichheitssatz[535].

(c) Signifikant ungleiche Auswirkungen. Die folgenorientierte Betrachtungsweise ermöglicht es, alle Normen daraufhin zu kontrollieren, ob sie dem Prinzip sozialer Gleichheit behinderter Menschen entsprechen. Damit diese Weite potenzieller Prüfungen nicht zu einer unangemessenen Einengung des politischen Spielraums und einer justizförmigen Festlegung der Politik zur Verwirklichung des Gleichheits- und Integrationsziels führt, muss bestimmt werden, unter welchen Bedingungen die durch eine Regelung hervorgebrachten ungleichen Folgen „wegen einer Behinderung" eintreten. Zu fordern ist dabei zunächst, dass behinderte und nichtbehinderte Personen in signifikanter Weise ungleich betroffen sind. Problematisch ist dabei, dass behinderte Menschen keine homogene Gruppe sind. So sind Zugangsbarrieren zu öffentlichen Gebäuden ein typischer Anwendungsfall des Prin-

---

530 BVerfGE 109, 64, 91 (Zahlungspflicht der Arbeitgeber für Mutterschaftsgeld); BVerfGE 97, 35, 43 (Hamburgisches Ruhegeldgesetz); BVerfG vom 17. November 1992, BVerfGE 87, 234, 258 (Auswirkungen der Anrechnungsregelungen im AFG bei unterschiedlicher Familiengestaltung); vgl. Buch (2001), S. 122 f.
531 BVerfG vom 27. Juni 1991, BVerfGE 84, 239, 268 (Besteuerung von Kapitalvermögen).
532 BVerfG vom 9. April 1992, BVerfGE 85, 264, 302.
533 Rüfner in: FS Friauf (1996), S. 331, 334.
534 Buch (2001), S. 126; Rüfner in: FS Friauf (1996), S. 331, 334 f.
535 Rüfner in: FS Friauf (1996), S. 331, 337 hatte vorgeschlagen, mittelbare Benachteiligungen der besonders geschützten Gruppen nur am allgemeinen Gleichheitssatz zu messen. Dies wird aber dem herausgehobenen Gewicht des Schutzes dieser Gruppen vor sozialer Benachteiligung gerade nicht gerecht.

zips sozialer Gleichheit. Lässt sich eine bestimmte Gruppe behinderter Menschen abgrenzen (z. B. Rollstuhlfahrer, Blinde) und führte eine bestimmte Gestaltung öffentlicher Einrichtungen dazu, dass die Nutzung für diese ganz ausgeschlossen oder in einer messbaren signifikanten Weise im Vergleich zu allen anderen Personen erschwert ist, so ist die Prüfung am Maßstab des Prinzips sozialer Gleichheit behinderter Menschen eröffnet. Dabei kann es keine Rolle spielen, dass z. B. Gehörlose die gleiche Einrichtung ungehindert nutzen können. Die Signifikanz der ungleichen Auswirkungen wird regelmäßig durch messbare Evidenz zu belegen sein, die den Zusammenhang als deutlich nicht zufällig erscheinen lässt[536]. Eine feste statistische Größe festzulegen, erscheint jedoch angesichts der Vielzahl möglicher Konstellationen als unangemessen. Im einfachen Recht können für bestimmte Bereiche nähere Anforderungen an das Verfahren festgeschrieben werden, mit dem die Signifikanz zu ermitteln ist. Im Umsetzungsbereich der Gleichbehandlungsrahmenrichtlinie (RL 2000/78)[537] ist zu beachten, dass diese nur darauf abstellt, ob Maßnahmen Beschäftigte mit einem bestimmten Merkmal benachteiligen können. Es kann also im Einzelfall auf statistische Evidenz verzichtet werden[538]. Für die Beurteilung, ob eine benachteiligende Wirkung möglich ist, kann jedoch nicht von Belegen abgesehen werden, will man den Anwendungsbereich nicht unangemessen ausweiten.

(d) Unmittelbarer Zurechnungszusammenhang. Um eine Benachteiligung durch die Folgen einer Regelung zu bejahen, ist weiterhin zu prüfen, ob zwischen der signifikant benachteiligenden Wirkung und der Behinderung ein unmittelbarer Zurechnungszusammenhang besteht. Dabei handelt es sich um eine wertende Zuordnung, die gesellschaftliche Benachteiligungen aus dem Schutzbereich ausschließen soll, die zwar statistisch häufiger bei behinderten Menschen auftreten, für die aber kein wesentlicher Zusammenhang zwischen der Behinderung und dem Nachteil festzustellen ist[539].

Ein Zurechnungszusammenhang ist beispielsweise zu bejahen zwischen der Entscheidung, öffentliche Neubauten nicht barrierefrei auszuführen und den dadurch entstehenden Nachteilen behinderter Menschen. Statistisch sind aber für viele behinderte Menschen soziale Benachteiligungen festzustellen, die sich als nur mittelbare Folgen der Behinderung darstellen. So haben behinderte Menschen ein niedrigeres Einkommen[540] oder eine formal niedrigere Qualifikation[541] als nichtbehinderte Menschen. Es könnten also Vergleichsgruppen gebildet werden, durch die sich die Benachteiligung behinderter Menschen durch jede Regelung aufzeigen ließe, die Menschen mit höherer Kaufkraft oder höherem Bildungsabschluss bevorzugt. Eine so extensive Regelung würde aber Normzweck und Anwendungsbe-

---

536 Erwägungsgründe 16 der RL 2000/78; Waddington/Bell, CMLR 2001, S. 587, 594.
537 Vgl. oben IV.B.4.c.(4).
538 Pierre Kummer (2003), S. 11 f.
539 Mohr (2004), S. 299; Buch (2001), S. 132 spricht von „Kausalität", was dem wertenden Charakter dieser Entscheidung nicht gerecht wird; gegen einen qualifizierten Zusammenhang spricht sich Pierre Kummer (2003), S. 13, aus.
540 BT-Drucks. 15/5015, S. 123.
541 BT-Drucks. 15/5015, S. 120.

reich des Benachteiligungsverbots wegen einer Behinderung unangemessen ausweiten[542]. So führt die Anknüpfung der Rentenhöhe an die eingezahlten Beiträge und eine Vorversicherungszeit dazu, dass behinderte Menschen, die diese Anforderungen nicht erfüllen können, keinen Rentenanspruch erwerben. Ein Zurechnungszusammenhang dieser Benachteiligung zur Behinderung kann nicht bejaht werden, zumal das Rentenversicherungssystem selbst das Risiko von Erwerbsminderung versichert[543]. Die sozialen Probleme ungleicher Einkommens- und Bildungsverteilung müssen politisch und rechtlich nach eigenen Kriterien und Prioritäten bearbeitet werden können, damit das Benachteiligungsverbot nicht als „multifunktionales Sozialgrundrecht" das Gesamtgefüge des Grundrechtskatalogs aus den Angeln hebt und den Spielraum des sozialgestaltenden Gesetzgebers übermäßig einschränkt[544].

Für die Zurechnung einer Ungleichheit zur Behinderung ist daher zu fordern, dass sie gerade unmittelbare Folge des Zusammenspiels von gesundheitlicher Beeinträchtigung und Umwelt ist, das die Behinderung ausmacht. Dies ist etwa bei der Regelung anzunehmen, durch die Kündigungen von Arbeitsverhältnissen wegen krankheitsbedingter Fehlzeit erlaubt sind. Ist der Zurechnungszusammenhang erfüllt, ist die Anwendung des besonderen Gleichheitssatzes in seiner Form als Rechtsprinzip angemessen. Dies kommt zwar der Anwendung des allgemeinen Gleichheitssatzes mit einem strengen Maßstab annähernd gleich. Der strenge Maßstab ist jedoch auch hier aus dem besonderen Gleichheitssatz zu gewinnen, so dass die Zuordnung mittelbarer Benachteiligungen zum allgemeinen Gleichheitssatz[545] nicht zur Klarheit beitragen würde. Für die Prüfung der Erlaubtheit krankheitsbedingter Kündigungen[546] ist dann mit den entgegenstehenden Grundrechten des Arbeitgebers und weiteren Erwägungen des Gesetzgebers abzuwägen. Auf der individualrechtlichen Ebene würde sich nach Umsetzung der Gleichbehandlungsrahmenrichtlinie eine vergleichbare Prüfung ergeben[547].

7. Gleichheit im öffentlichen Recht

Der allgemeine Gleichheitssatz und die besonderen Gleichheitssätze des Verfassungsrechts und des Europäischen Rechts richten sich an Gesetzgeber, Verwaltung und Rechtsprechung. Sie haben eine Bedeutung als subjektive öffentliche Rechte der betroffenen Personen und binden die öffentliche Gewalt. Öffentliches Recht ist ein Medium, durch das in Rechtssetzung und Rechtsanwendung Rechtsgleichheit, aber auch materielle Gleichheit der Möglichkeiten im Rechtsgebrauch durchgesetzt werden.

---

[542] So der Einwand bei Buch (2001), S. 134.
[543] Vgl. BSG vom 24. April 1996, BSGE 78, 161, 167 (EU-Rente bei Arbeit in der Werkstatt für Behinderte).
[544] Reichenbach, SGb 2000, S. 660, 662.
[545] So Buch (2001), S. 134 f.
[546] Vgl. unten V.I.2.b.(1).(a).
[547] Högenauer (2002), S. 237.

a) Leistungsverwaltung

Die Leistungsverwaltung zielt auf gleiche Freiheit[548]. Entsprechend ist er bei seinen Leistungen an den Gleichheitssatz gebunden. Im Sozialrecht, in der leistenden Verwaltung und bei öffentlichen Einrichtungen bewirkt der Gleichheitssatz gegenüber dem status positivus behinderter Menschen, dass sie von Leistungen und vom Zugang nicht wegen ihrer Behinderung ausgeschlossen werden dürfen, soweit dies nicht durch zwingende Gründe geboten ist[549]. Für jedes Merkmal, das mit Behinderung in Beziehung steht, also insbesondere für gesundheitlich fundierte Merkmale eines Ausschlusses, erhöht der besondere Gleichheitssatz wegen einer Behinderung die Begründungslast, ob in dieser Regelung eine Benachteiligung wegen der Behinderung liegt. Gesonderte Regelungen, die unterschiedliche Leistungen für nichtbehinderte und behinderte Menschen vorsehen, sind im öffentlichen Recht häufig. Sie sind mit starker Begründungslast darauf zu untersuchen, ob in der Differenzierung eine benachteiligende Ungleichbehandlung liegt. Das bedeutendste Beispiel für dieses Problem ist die Frage des Zugangs zu Regelschulen und Sonderschulen.

b) Staatsbürgerliche Rechte

Bei den staatsbürgerlichen Rechten und den Rechten auf Mitgliedschaft in öffentlich-rechtlichen Körperschaften wirkt der Gleichheitssatz so, dass behinderte Menschen ihren status activus nur aus zwingenden Gründen verlieren dürfen[550]. Dies gilt insbesondere für den Ausschluss behinderter Menschen vom aktiven und passiven Wahlrecht. Die öffentlich-rechtlichen Mitgliedschaftsrechte haben einen sachlichen Überschneidungsbereich mit den Leistungsrechten, weil sie oft deren Voraussetzung sind, insbesondere bei der Sozialversicherung. Auch hier ist für jeden Ausschluss behinderter Menschen von Rechten ein zwingender Grund zu fordern.

c) Eingriffsverwaltung

In der Eingriffsverwaltung ist durch den Gleichheitssatz als Abwehrrecht zu sichern, dass behinderte Menschen staatlichen Geboten und Verboten nach gleichen Kriterien unterliegen wie andere Menschen und dass diese Kriterien nicht selbst diskriminierend sind[551]. Hier ist an die strafrechtliche Unterbringung in einer Heil- oder Pflegeanstalt[552], das öffentlich-rechtliche Unterbringungsrecht und an allgemein ordnungsrechtliche Eingriffe insbesondere gegen psychisch behinderte Menschen zu denken, deren Verhalten als abweichend und auffällig wahrgenommen wird. Die Toleranzschwelle darf hier nicht wegen der Behinderung niedriger liegen als bei gleichen Störungen oder Gefährdungen durch andere Personen.

---

548 Erichsen, DVBl. 1983, S. 289, 295.
549 Berlit, RdJB 1996, S. 145, 149.
550 Vgl. unten IV.D.5.e.
551 Beaucamp, DVBl. 2002, S. 997, 999.
552 § 63 StGB; vgl. BVerfG vom 8. Oktober 1985, BVerfGE 70, 297.

8. Gleichheit im Zivilrecht

Streitig diskutiert wird die Frage nach der Geltung der Gleichheitssätze im Zivilrecht und deren Reichweite. Untersucht man die Motive für die Verankerung der besonderen Gleichheitssätze für behinderte Menschen, so wird deutlich, dass sie auch auf die Durchsetzung von Gleichheit in den Rechtsverhältnissen von Menschen und anderen Privatrechtssubjekten untereinander abzielen. Betont wird dies in den explizit auf diese Rechtsverhältnisse abzielenden Regelungen der Europäischen Gleichbehandlungsrahmenrichtlinie und des Antidiskriminierungsgesetzes. Gründe dafür sind das Bestreben nach materieller Gleichheit oder jedenfalls Gleichheit der Chancen für behinderte Menschen und die Erkenntnis, dass auch für den Grundsatz der Rechtsgleichheit effektive Gefahren dort drohen, wo Rechtsgleichheit auf zu ungleiche Voraussetzungen ihrer Wahrnehmung trifft[553]. Es ist also zu fragen, in welchem Ausmaß und unter welchen Bedingungen privatrechtliche Subjekte Adressaten der besonderen Gleichheitssätze sind und sein können.

a) Unmittelbare oder mittelbare Wirkung auf Privatrechtssubjekte?

Fraglich ist, ob die Gleichheitssätze des Verfassungsrechts und hier insbesondere das Benachteiligungsverbot wegen einer Behinderung neben ihrer Wirkung auf die staatlichen Gewalten auch unmittelbar den privaten Rechtsverkehr binden. Die Formulierung des Benachteiligungsverbots schließt eine solche Geltung nicht aus. Im systematischen Kontext des Grundgesetzes ist aber zu beachten, dass eine unmittelbare Geltung der Grundrechte für Gesetzgebung, vollziehende Gewalt und Rechtsprechung[554], nicht jedoch für alle Bürgerinnen und Bürger angeordnet ist[555]. Die unmittelbare Geltung der Grundrechte für alle Bürgerinnen und Bürger würde ihre Freiheitssphären in einer Weise begrenzen, die in der rechtsstaatlichen Demokratie der Regelung durch den Gesetzgeber vorbehalten sein muss oder ganz unverhältnismäßig wäre[556]. Dies gilt für die Freiheitsrechte wie für die Gleichheitsrechte. Wären die Bürgerinnen und Bürger in gleichem Maße wie die staatliche Gewalt an die Differenzierungsverbote des Grundgesetzes gebunden, würde dies zu erheblichen und unverhältnismäßigen Einbußen ihrer Freiheitsentfaltung führen. Eine Pflicht zur Gleichbehandlung nach Religion, Weltanschauung oder politischen Anschauungen in allen Lebensbereichen würde den entsprechenden Freiheitsrechten genau zuwiderlaufen. Auch das Benachteiligungsverbot wegen einer Behinderung hat keine unmittelbare Wirkung auf private Rechtssubjekte[557].

Insbesondere als Rechtsprinzipien sind die Grundrechte jedoch nicht ohne Einfluss für die Interpretation des einfachen Rechts einschließlich des Privatrechts. Das BVerfG hat diese Wirkung der Grundrechte auf den privaten Rechtsverkehr in

---

[553] Vgl. BT-Drucks. 15/4538, S. 19.
[554] Art. 1 Abs. 3 GG.
[555] BT-Drucks. 15/4538, S. 20.
[556] Mohr (2004), S. 59 f.; Pierre Kummer (2003), S. 122; Forsthoff (1971), S. 149 f.
[557] Buch (2001), S. 207.

seiner Lehre von der mittelbaren Drittwirkung entfaltet[558]. Das Verbot der Benachteiligung behinderter Menschen kann zur Überprüfung privatrechtlicher Gesetze und der Auslegung des Privatrechts durch die Gerichte zwingen[559]. Die Gleichheit behinderter Menschen kann aber als Rechtsprinzip auch auf die Setzung und Auslegung privatrechtlicher Normen einwirken. Adressat des Gleichheitsprinzips bleibt der Staat, der es aber im Rahmen seiner sozialen Gestaltungsaufgabe durchsetzen kann. So hat das Prinzip sozialer Gleichheit behinderter Menschen mittelbare Drittwirkung[560].

b) Maß der Einwirkung auf das Zivilrecht

Fraglich ist jedoch, wie weit diese Einwirkung reichen muss und reichen darf. Um dem Benachteiligungsverbot als Prinzip im sozialen Raum Geltung zu verschaffen, wird vom Gesetzgeber und von der Rechtsprechung gefordert, das Gleichbehandlungsgebot auch im Zivilrecht zu verankern[561]. Dem steht aber gegenüber, dass die Rechtsverhältnisse unter Privaten zunächst von den Grundrechten als Freiheitsrechten geprägt sind, zu denen die Freiheit zur Ungleichbehandlung unter den Rechtssubjekten gehört[562]. Das öffentliche Recht erscheint, wie es *Gustav Radbruch* dargestellt hat, als von der Verteilungsgerechtigkeit (iustitia distributiva) beherrscht, während das Privatrecht von der Austauschgerechtigkeit (iustitia commutativa) geprägt ist[563]. Dies gilt jedenfalls dann, wenn das öffentliche Recht im Sinne sozialer Gleichheit tätig wird und die mit ihm gewährten Rechte durch die Gleichheit abgeleiteten Teilhaberechten entsprechen. Soweit das öffentliche Recht dem Schutz des Existenzminimums dient, liegt, wie *Rodolfo Arango* überzeugend dargelegt hat, zumindest auch ein Anwendungsfall der ausgleichenden Gerechtigkeit vor[564].

Darüber hinaus kann aber an der Zuordnung festgehalten werden. Ihr entspricht eine materiale Verantwortungsethik im öffentlichen Recht und eine formale Freiheitsethik im Zivilrecht[565]. Die verteilende Gerechtigkeit ist vom Grundsatz der Gleichheit, allerdings zumeist nicht in Form von Ergebnisgleichheit, sondern von Zielgerichtetheit und Bedarfsgerechtigkeit beherrscht[566]. In der vor allem das Vertragsrecht beherrschenden ausgleichenden Gerechtigkeit sind Gesichtspunkte gleichen Zugangs und gleicher Teilhabe nicht a priori vorherrschend. Überlässt eine Gesellschaft die Organisation wichtiger Lebensbereiche dem Markt und Wettbe-

---

[558] BVerfG vom 15. Januar 1958, BVerfGE 7, 198, 204 (Lüth); vgl. Högenauer (2002), S. 43 f.; Buch (2001), S. 166 f.

[559] BVerfGE 99, 341, 356.

[560] Beaucamp, DVBl. 2002, S. 997, 1000; für das österreichische Recht: Davy in: FS Funk (2003), S. 63, 89 ff.; Hagmann (1999), S. 49 f.

[561] Vgl. oben IV.B.4.i.

[562] Vgl. Bezzenberger, AcP 196 (1996), S. 395 ff.; G. Hueck (1958), S. 103.

[563] Vgl. Mohr (2004), S. 39 f.; Fastrich, RdA 2000, S. 65, 70; Neuner (1999), S. 228; Canaris (1997), S. 3 f.; Reuter, DZWir 1993, S. 45, 46; Scholler (1969), S. 51 f.; zu den Kategorien der Gerechtigkeit: Aristoteles, Nikomachische Ethik, Rn 1130b ff.; vgl. oben III.A.8.e.

[564] Arango (2001), S. 249 ff.

[565] Vgl. Reuter, AcP 189 (1989), S. 199 ff.

[566] Canaris (1997), S. 19 ff.; Benda, RdA 1981, S. 137, 140.

B. Gleichheit 481

werb und damit den Prinzipien ausgleichender Gerechtigkeit, so ist wahrscheinlich, dass behinderte Menschen benachteiligt werden, obwohl diese keine Verantwortlichkeit für Ihre Defizite trifft[567]. Dieses Ergebnis auszugleichen, wird primär
dem öffentlichen Recht, namentlich dem Sozialrecht zugewiesen. Problematisch
wird dies dann, wenn bestimmte Ziele mit den Mitteln des öffentlichen Rechts
nicht oder nicht hinreichend ausgeglichen werden können. Für gleichen Zugang zu
Erwerbsarbeit, Wohnraum oder Gaststätten[568] kann der Gesetzgeber mit Mitteln
des öffentlichen Rechts alleine nicht sorgen[569]. Sollen also die durch Privatauto-
mie unter dem Primat der Austauschgerechtigkeit erreichten Ergebnisse korrigiert
werden, so ist es erlaubt, Elemente der iustitia distributiva im Privatrecht zu verankern[570] und dieses in eine verfassungsrechtliche materiale Ethik sozialer Verantwortung einzubetten[571]. So kann der Gesetzgeber einen Teil der Kosten für den
Mutterschutz[572] und die Beschäftigung schwerbehinderter Menschen den Arbeitgebern auferlegen[573]. Dies knüpft an die Sozialpflichtigkeit des Eigentums an[574]
und kann im Sinne einer Haftungslösung diejenigen Privatrechtssubjekte in Pflicht
nehmen, die durch ihren Freiheitsgebrauch soziale Interessen berühren, indem Ef-
fekte ökonomisch internalisiert werden, die ohne privatrechtliche Regulierung im
Wirtschaftsverkehr externalisiert werden könnten[575]. Wenn der Gesetzgeber durch
Privatrechtsgestaltung gleichen Zugang behinderter Menschen zu Arbeit oder
Wohnraum zu sichern sucht, schützt er damit zugleich die öffentlich-rechtlichen
Sozialsysteme vor Überforderung. Einen solchen Diskriminierungsschutz im Pri-
vatrecht hat das BVerfG auch statuiert, als es entschied, dass ein entmündigter
Mensch nicht verpflichtet sei, die Entmündigung seinem Vermieter vor Vertragsab-
schluss zu offenbaren[576].

Private Rechtssubjekte kommen so als (mittelbare) Adressaten der Gleichheitssätze für behinderte Menschen in Betracht, weil die bezweckte soziale Gleichheit
in den Chancen und Lebensverhältnissen durch eine Bindung alleine des Staates
nicht erreicht werden kann[577]. Geht man davon aus, dass distributive Gerechtigkeit
primär mit öffentlich-rechtlichen Mitteln verfolgt wird, ist ein entsprechender Eingriff in den privaten Rechtsverkehr die Ausnahme von der Regel[578]. Sie bedarf
wegen des Konflikts mit Grundrechten Einzelner auch in vielen Fällen einer Regelung durch Gesetz[579]. Einen generellen Gesetzesvorbehalt für die Einwirkung der

[567] Canaris (1997), S. 69, 120.
[568] Vgl. § 4 Abs. 1 Satz 1 Nr. 2a GastG; dazu Pöltl, GewArch 2003, S. 231, 236; BT-Drucks. 15/4538, S. 21.
[569] Canaris (1997), S. 88 zur Beschäftigungspflicht Schwerbehinderter.
[570] Mohr (2004), S. 45 f.
[571] BVerfGE 89, 214, 232 f. (Bürgschaften); Volkmann (1997), S. 257 f.
[572] BVerfGE 109, 64, 87 f.
[573] Vgl. unten V.I.2.a.(3).
[574] BVerfGE 109, 64, 88 f.
[575] Reuter, AcP 189 (1989), S. 199, 220.
[576] BVerfG vom 11. Juni 1991, BVerfGE 84, 192.
[577] G. Jürgens, ZFSH/SGB 1995, S. 353, 359.
[578] Canaris (1997), S. 119, 126; vgl. Reichold, JZ 2004, S. 384, 391; Fastrich, RdA 2000, S. 65, 73; Neuner, NJW 2000, S. 1822, 1823.
[579] Fastrich, RdA 2000, S. 65, 76 f.; Berlit, RdJB 1996, S. 145, 147.

Gleichheit behinderter Menschen ins Privatrecht anzunehmen, würde jedoch zu weit gehen, da alle objektiven Verfassungswerte auch im Rahmen von Treu und Glauben, guten Sitten und anderen Generalklauseln in das Zivilrecht hineinwirken können[580]. Erst wenn, etwa durch Kontrahierungszwänge, eine wesentliche Modifikation der Austauschgerechtigkeit hergestellt werden soll, wird eine gesetzliche Regelung erforderlich. Die Zuordnung von besonderen Verantwortlichkeiten, und damit besonderen Lasten, durch Gesetz bedarf eines besonderen sachlichen Grundes[581].

Kritiker monieren zudem, mit der Geltung von Benachteiligungsverboten im Zivilrecht solle eine diesem fremde Kontrolle der Motive und damit eine Aufhebung der Trennung zwischen privater und öffentlicher Moral[582] eingeführt werden, nach denen Verträge geschlossen oder verweigert werden. Diese Kritik geht jedenfalls dann fehl, wenn die Setzung von Gleichheit fördernden Normen im Zivilrecht mit den Folgen und nicht mit den Motiven gesellschaftlicher Benachteiligungen begründet wird. Dies ist jedenfalls immer dann der Fall, wenn existenziell wichtige Bereiche wie das Arbeitsrecht[583], das Mietrecht[584], die Versorgung mit Gesundheitsleistungen[585] oder der Zugang zum öffentlichen Raum betroffen sind und wirtschaftliche Ungleichgewichtslagen und Knappheitssituationen[586] bestehen, also ein zumutbares Ausweichen auf andere Anbieter verschlossen ist[587]. Zutreffend ist, dass im sozialen Rechtsstaat aus sozialen Gründen niemals die Meinungs- oder Gewissensfreiheit beschränkt werden dürfen. Gibt es keine beachtlichen Gefährdungen sozialer Gleichheit und Selbstbestimmung der geschützten Gruppen, darf Antidiskriminierung im sozialen Raum nicht Selbstzweck sein[588]. Pädagogisches Vorgehen gegen für falsch gehaltene Diskriminierungen kann Recht weder ersetzen noch ist es der Zweck von Recht. Die Ausübung von Freiheitsrechten darf aber beschränkt werden, wo die Freiheit anderer bedroht ist[589]. Wer behinderte Menschen als „Leid auf der Welt" während seines Urlaubs nicht sehen möchte[590], darf diese Meinung behalten. Die Rechtsordnung muss ihm aber dafür keinen Anspruch auf Minderung des Reisepreises geben, wenn dadurch die Möglichkeit vieler behinderter Menschen, Urlaub zu machen, gefährdet wird[591]. Wenn

---

[580] Spranger, ZMR 2001, S. 11, 13; G. Hueck (1958), S. 106 ff.

[581] BVerfG vom 9. November 1999, BVerfGE 101, 141, 149 (keine besondere Verantwortlichkeit der Arbeitgeber für Jugendarbeit); Zacher in: Igl/Welti (2001), S. 1, 16.

[582] Säcker, ZRP 2002, S. 286 f.; J. Braun, JuS 2002, S. 424; diese Trennung ist allerdings in der deutschen Rechtsordnung niemals vollständig durchgeführt gewesen, wie § 138 BGB zeigt.

[583] §§ 2 Abs. 1 Nr. 1 und 2, 6–18 ADG.

[584] § 2 Abs. 1 Nr. 8 ADG.

[585] § 2 Abs. 1 Nr. 5 ADG.

[586] Für diese akzeptiert auch Säcker (ZRP 2002, S. 286, 289) Einschränkungen der Privatautonomie.

[587] Reichold, JZ 2004, S. 384, 392.

[588] Baer, ZRP 2001, S. 500, 502.

[589] Fraglich ist aber, ob dies bei jeder öffentlich gesuchten oder angebotenen Leistung der Fall ist. Baer (ZRP 2001, S. 500, 503) bejaht dies und verfolgt damit eher doch edukative Zwecke; vgl. Nickel (1999), S. 56.

[590] Vgl. LG Frankfurt am Main, NJW 1980, S. 1169, 1170; AG Flensburg, NJW 1993, S. 272.

[591] AG Kleve vom 12. März 1999, NJW 2000, S. 84; Straßmair (2002), S. 265; Beaucamp, JA 2001, S. 36, 37; Caspar, EuGRZ 2000, S. 135, 142; Brox, NJW 1980, S. 1939; vgl. unten V.J.5.

bestimmte Gruppen behinderter Menschen keine Wohnung finden können und nur Privatpersonen dem abhelfen können, ist die Einschränkung der Freiheit der Vermieter legitim[592].

Über den Schutz individueller Freiheit hinaus kann der soziale Staat aber auch die gesellschaftliche Integration schützen und fördern: Finden die von Benachteiligung bedrohten Gruppen keine Arbeit, keinen Platz im öffentlichen Raum und nur in bestimmten Stadtvierteln eine Wohnung, kann die Gefahr gesellschaftlicher Segmentierung ein gewichtiger Grund für staatliches Handeln sein[593]. Im Bereich der Wohnraumvermietung kann dem unterschiedlichen Gewicht von Eingriffsgründen in die Privatautonomie etwa mit einer Differenzierung danach entsprochen werden, wie viele Wohnungen vermietet werden[594] und ob der Vermieter auf demselben Grundstück lebt[595].

Im Ergebnis sind für die Übertragung des Gleichbehandlungsgrundsatzes ins Zivilrecht Übermaßverbot und Untermaßverbot zu beachten. Die Anordnung von Gleichbehandlung unter Zivilrechtssubjekten ist eine begründungsbedürftige Ausnahme von den Freiheiten, die für deren Handeln gelten. Ihre Zwecke sind die Sicherung sozialer Gleichheit und gesellschaftlicher Freiheit von sozialer Benachteiligung bedrohter Gruppen und die gesellschaftliche Integration. Diese Zwecke begrenzen das Ausmaß gebotener staatlicher Intervention für Gleichbehandlung im privaten Rechtsverkehr auf das geeignete, erforderliche und angemessene Maß. Das Prinzip sozialer Gleichheit behinderter Menschen bestimmt auch das Untermaß staatlichen Eingreifens[596]. Führt die Ungleichbehandlung im privaten Rechtsverkehr dazu, dass die Freiheitsentfaltung behinderter Menschen und ihre Voraussetzungen empfindlich gestört werden und ist eine gleichwertige Kompensation dieser Defizite allein mit öffentlich-rechtlichen Mitteln nicht möglich, so ist der Staat zum Handeln verpflichtet.

9. Zusammentreffen besonderer Gleichheitssätze

Der besondere Gleichheitssatz für behinderte Menschen kann in einer konkreten Lebenssituation mit einem anderen besonderen Gleichheitssatz zusammentreffen. Hier sind zwei Grundsituationen vorzustellen: Zum einen kann die Zuordnung der Behinderung zu einer Person damit zusammentreffen, dass diese auch einem anderen besonderen Gleichheitssatz unterliegt. Zum zweiten kann aber auch eine

---

[592] Diese Position wird auch von Bundesjustizministerin Brigitte Zypries geteilt, wie sie bei der Veranstaltung „Antidiskriminierung in Deutschland – Bilanz und Perspektiven der Rechtspolitik" am 24. Juni 2004 in Berlin ausführte. Es wurde aber auch deutlich, dass eine solche differenzierte Position eine genaue Betrachtung des Sachverhalts erfordert. Zypries führte aus: *„Außerdem haben wir bei der Versorgung von Behinderten mit Wohnraum in Deutschland kein Problem. Das öffentliche Baurecht hat nämlich dafür gesorgt, dass genügend behindertengerechter Wohnraum zur Verfügung steht."* Diese Position ist empirisch bestreitbar. Seelisch und geistig behinderte Menschen sind ersichtlich nicht mitgemeint. vgl. auch Neuner, NJW 2000, S. 1822, 1823; unten V.D.3.a.

[593] Bezzenberger, AcP 196 (1996), S. 395, 412, 433.

[594] So auch Säcker, ZRP 2002, S. 286, 290.

[595] § 19 Abs. 5 ADG; Bezzenberger, AcP 196 (1996), S. 395, 408 f., 416.

[596] Vgl. Buch (2001), S. 192 f., 209.

andere Person in einem Rechtsverhältnis, an dem ein behinderter Mensch beteiligt ist, einem besonderen Gleichheitssatz unterliegen. Es ist weiterhin nach der Art der besonderen Gleichheitssätze zu unterscheiden, die in je unterschiedlicher Weise alle oder nur einige Personen und Situationen erfassen und die auch in differenzierter Art mit Gleichstellungsgeboten gekoppelt sind oder werden können.

a) Behinderung und Geschlecht

In grundsätzlich jeder Konstellation trifft der besondere Gleichheitssatz wegen einer Behinderung mit dem Gleichheitssatz wegen des Geschlechts (Art. 3 Abs. 3 Satz 1 GG) und dem Gleichstellungsgebot der Geschlechter (Art. 3 Abs. 2 GG) zusammen. Alle behinderten Menschen haben auch ein Geschlecht. Beide Rechtssätze sind stets gemeinsam zu beachten, wenn der jeweils spezifische Zurechnungszusammenhang erfüllt wird.

b) Behinderung und andere besondere Gleichheitssätze

Bei den primär als Anknüpfungsverboten wirkenden besonderen Gleichheitssätzen wegen der Abstammung, Rasse, Sprache, Heimat und Herkunft, des Glaubens, der religiösen oder politischen Anschauungen bestehen keine weiteren besonderen Konkurrenzprobleme mit dem Gleichheitssatz wegen einer Behinderung. Konkordanz- und Konvergenzfragen stellen sich im Bereich der Teilhabe behinderter Menschen und werden hier hauptsächlich von den korrespondierenden Freiheitsrechten geprägt. Bei der Anwendung etwa der Glaubensfreiheit auf die Teilhabe behinderter Menschen an der Religionsausübung, etwa durch das Wunsch- und Wahlrecht für und gegen konfessionell geprägte Einrichtungen[597], ist jedoch zu berücksichtigen, dass der besondere Gleichheitssatz in diesem Bereich stets Regelungen verlangt, die verschiedene Glaubensgemeinschaften und Bekenntnisse gleich behandeln.

c) Konkurrenz besonderer Gleichheitssätze

Soweit die besonderen Gleichheitssätze als Differenzierungsverbote wirken, geraten sie nicht in Konflikt: Es ist grundsätzlich weder eine Anknüpfung an das Geschlecht noch an die Behinderung erlaubt. Anwendungsprobleme können sich jedoch ergeben, wenn die Anknüpfungsverbote jeweils zu Gunsten der Gleichstellung des benachteiligten Geschlechts und der behinderten Menschen durchbrochen werden. Im klassischen Konfliktfall zum Beispiel bei der Entscheidung über eine Einstellung im öffentlichen Dienst können eine der Gleichstellung und Teilhabe behinderter Menschen dienende bevorzugte Behandlung schwerbehinderter Menschen[598] und die der Gleichstellung des unterrepräsentierten Geschlechts dienende bevorzugte Behandlung von Frauen[599] kollidieren. In diesem wie auch in

---

[597] § 2 Abs. 3 SGB XI; vgl. Art. 140 GG mit Art. Art. 141 WRV; dazu Borowski (2003), 3. Kapitel, IV.3.b.
[598] §§ 71 Abs. 1 Satz 1, 82 SGB IX.
[599] Z. B. §§ 3–8 GStG Schleswig-Holstein.

den meisten anderen Fällen einer Kollision von Gleichstellungsnormen werden diese jedoch nicht verfassungsunmittelbar angewandt, sondern sind einfachgesetzlich konkretisiert, so dass die Lösung eines Kollisionsproblems sich mit Hilfe der gesetzlichen Normen herstellen lässt. Es ist dann jeweils anhand der Stärke der jeweiligen Bevorzugungsnorm eine Abwägung herbeizuführen. Wären die Normen identisch formuliert, so wäre Raum für die Berücksichtigung von Umständen des Einzelfalls, die mit dem Gleichstellungszweck zusammenhängen, so der Stärke der Behinderung des Bewerbers und dem Grad der Unterrepräsentation von Frauen in dem jeweiligen Bereich. Die Möglichkeit solcher Konfliktsituationen erweist sich als Argument dafür, dass bei wichtigen und normierten Entscheidungen die Durchbrechung von strengen Gleichheitssätzen zur Gleichstellung einer benachteiligten Gruppe einem Gesetzesvorbehalt unterliegt.

Die Existenz besonderer Gleichheitssätze bedeutet nicht, dass die jeweils unterschiedlichen Merkmalsträger miteinander gleich behandelt werden müssen. So kann nicht geltend gemacht werden, dass eine Rechtschreibschwäche, auch wenn sie als Behinderung angesehen wird, nach gleichen Kriterien behandelt wird wie eine fremde Muttersprache[600]. Hier zeigt sich die Gefahr einer Schematisierung deutlich.

d) Kumulation besonderer Gleichheitssätze

Soweit strenge Gleichheitssätze auch eine Gleichstellungskomponente haben, wirken sie auch als Berücksichtigungsgebot[601]. Bei der gesetzgeberischen oder behördlichen Entscheidung, Sachverhalte gleich oder ungleich zu behandeln, muss beachtet werden, dass sich Gesetze und Entscheidungen auf behinderte und nichtbehinderte Menschen wie auch auf Männer und Frauen unterschiedlich auswirken können. Entsprechend ist auch zu berücksichtigen, dass Behinderung Frauen und Männer in unterschiedlicher Weise betrifft. Dies gilt auf der Ebene der Gesundheitsstörungen, wie am Beispiel der Haarlosigkeit deutlich wird. Noch stärker ist zu berücksichtigen, dass Teilhabestörungen und mögliche an ihnen ansetzende Mittel der Rehabilitation bei Frauen und Männern auf eine unterschiedlich vorgeprägte Teilhabe stoßen[602]. Dies ist im SGB IX und im Gleichstellungsrecht durch das Gebot berücksichtigt, den besonderen Bedürfnissen behinderter und von Behinderung bedrohter Frauen Rechnung zu tragen[603] und bei Entscheidungen über Wünsche besonders auf das Geschlecht Rücksicht zu nehmen[604]. Dies kann das Recht auf Assistenz durch weibliche Hilfs- und Pflegekräfte betreffen[605]. Beson-

---

600 VGH Bayern vom 7. November 1996, JuS 1998, S. 263 mit Anm. Sachs.
601 Berlit, RdJB 1996, S. 145 f.; vgl. Reichenbach (2001), S. 101.
602 Generell ist die sozialwissenschaftliche Forschungslage hierzu nicht befriedigend: vgl. Schildmann, APuZ Nr. 8/2003, S. 29 ff.; Korsukéwitz/Klosterhuis/Winnefeld/Beckmann, DAngVers 2001, S. 7 ff.; Eiermann/Häußler/Helfferich (1999), S. 38 ff.
603 § 1 Satz 2 SGB IX; § 2 BGG; Art. 3 BayBGG; § 10 BerlLGBG; § 2 BbgBGG; § 2 BGG NRW; § 4 RhPfLGGBehM; § 2 SBGG; § 1 Abs. 3 BGStG LSA; § 1 Abs. 3 LBGG SH; vgl. Zinsmeister, Streit 2002, S. 3 ff.; vgl. oben III.C.14.d.
604 § 9 Abs. 1 Satz 2 SGB IX; Welti, SGb 2003, S. 379, 386.
605 VGH Hessen vom 12. Oktober 1987, RsDE 3 (1989), S. 89 mit Anmerkung V. Neumann; vgl. dazu Igl/Dünnes, RsDE 56 (2004), S. 17 ff.; Degener (1994), S. 224; vgl. BT-Drucks. 15/3154, S. 9.

ders hervorgehoben ist die geschlechtsspezifisch differenzierte Teilhabe am Arbeitsleben. Bei den Leistungen zur Teilhabe am Arbeitsleben sollen behinderten Frauen gleiche Chancen gesichert werden, insbesondere durch in der beruflichen Zielsetzung geeignete, wohnortnahe und auch in Teilzeit nutzbare Angebote[606]. Bei der Beschäftigungspflicht der Arbeitgeber sind schwerbehinderte Frauen besonders zu berücksichtigen[607]. Im Behindertengleichstellungsgesetz ist festgeschrieben, dass die besonderen Belange behinderter Frauen zur Durchsetzung der Gleichberechtigung von Frauen und Männern zu berücksichtigen sind und dass bestehende Benachteiligungen zu beseitigen sind. Besondere Maßnahmen sollen hierzu zulässig sein[608]. Weiterhin ist bei der Anwendung von Gesetzen zur tatsächlichen Durchsetzung der Gleichberechtigung von Frauen und Männern den besonderen Belangen behinderter Frauen Rechnung zu tragen[609].

Bei der Kumulation besonderer Gleichheitssätze ist besonders zu beachten, dass nicht schematisch vorgegangen wird, sondern für jedes Merkmal einzeln geprüft wird, ob die Ungleichbehandlung oder ungleiche Ergebnisse in der jeweiligen Konstellation diesen Merkmalen zurechenbar sind. Dies bedeutet einerseits, dass eine Kumulation von Erschwernissen nicht unbeachtet bleiben darf, weil beispielsweise Rehabilitationsträger nur auf das Merkmal Behinderung, nicht jedoch auf andere Lebensumstände achten, andererseits, dass eine solche Kumulation nicht schematisch vermutet wird, um betroffene Personen nicht in die Ecke der multipel geschützten Minderheit zu bringen, in der das Finden einer gesellschaftlich integrierten Normalität erst recht erschwert ist[610].

10. Der besondere Gleichheitssatz im sozialen Rechtsstaat

Der besondere Gleichheitssatz für behinderte Menschen hat sich zu einem gemeineuropäischen und deutschen Verfassungssatz entwickelt, in dem die besondere Berücksichtigung behinderter Menschen im sozialen Rechtsstaat subjektiv-rechtlich ausgeformt wird und in Rechtsprechung und Gleichstellungsgesetzgebung konkretisiert werden kann. Dieser Gleichheitssatz ist im Europäischen Gemeinschaftsvertrag, dem Grundgesetz und mehreren Länderverfassungen in unterschiedlicher Form, aber mit gemeinsamen Zwecken und weitgehend auch gemeinsamen Inhalten zu finden. Die strikte Rechtsgleichheit für behinderte Menschen ist ein Ziel des strengen Gleichheitssatzes, um diskriminierende Rechtsnormen und Rechtsauslegungen zu beseitigen und so materielle Rechtsstaatlichkeit für behinderte Menschen zu schaffen. Einen größeren Anwendungsbereich und rechtsdogmatisch anspruchsvollere Begründungen und Voraussetzungen hat der Zweck des besonderen

---

[606] § 33 Abs. 2 SGB IX; zur bisherigen Unterrepräsentation von Frauen in der beruflichen Rehabilitation: Eiermann/Häußler/Helfferich (1999), S. 43 ff.; vgl. unten IV.C.6.c.

[607] § 71 Abs. 1 Satz 2 SGB IX.

[608] § 2 BGG.

[609] § 7 Abs. 1 Satz 4 BGG.

[610] Man denke an das erfolgreiche Spottlied der Rockband Die Toten Hosen: *„Auch lesbische schwarze Behinderte können ätzend sein (...).“*; vgl. Roellecke, NJW 1996, S. 3261 mit der Figur des dunkelhäutigen homosexuellen bayerischen katholischen Königskinds, das vom schönen deutschen Mädchen wegen Antidiskriminierungsvorschriften nicht mehr abgewiesen werden dürfe.

Gleichheitssatzes, der in der Effektivierung der sozialen Gerechtigkeit durch soziale Gleichheit behinderter Menschen besteht. Mit Hilfe des besonderen Gleichheitssatzes soll es behinderten Menschen ermöglicht werden, Rechte in gleicher Weise und Effektivität auszuüben wie andere Menschen. Dieser Zweck kann in einzelnen Fällen mit der Herstellung materieller Gleichheit konvergieren. In anderen Fällen erfordert die effektive Gleichheit der Rechte bei ungleichen Ausgangsbedingungen eine materielle Ungleichheit.

C. Freiheit und Selbstbestimmung

1. Begriff der Selbstbestimmung

Der Begriff der Selbstbestimmung ist in der deutschen Sprache erst seit dem 19. Jahrhundert nachweisbar. Er steht im Zusammenhang mit der Herausbildung eines eigenständigen „selbst" im Übergang zur Moderne, in der das Individuum aus früheren Bindungen gelöst worden war[1]. In seiner Bedeutung ist Selbstbestimmung weithin synonym mit dem älteren Wort Freiheit, betont jedoch durch die Umschreibung „selbst bestimmen" einen materiellen Gehalt gegenüber dem in der Geistesgeschichte vielfach umdefinierten und umstrittenen „frei sein". Ideengeschichtlich und rechtlich ist der Begriff der Selbstbestimmung jedoch nicht von dem der Freiheit zu trennen. Der rechtliche Gehalt des Anspruchs, seine Handlungen und sein Leben selbst zu bestimmen, ist wesentlich in den Freiheitsrechten des Grundgesetzes enthalten.

Im antiken Griechenland war die *autonomia* der Stadtstaaten und ihrer Bürger ein Begriff für ihre äußere und innere Freiheit von Fremdherrschaft und Tyrannis[2]. Die Verwendung von Autonomie oder Selbstbestimmung auch im Kontext juristischer Personen, Staaten und gesellschaftlicher Einheiten (Selbstbestimmungsrecht der Staaten und der Völker) ist auch heute noch erhalten[3].

Ob sich individuelle Freiheit und Selbstbestimmung primär aus der Vernunft (ratio) oder dem freien Willen (voluntas) begründen und in welchem Verhältnis beide zu einander stehen, ist umstritten. Diese Frage ist wichtig für Freiheit und Selbstbestimmung aller Personen, denen wegen einer seelischen oder geistigen Behinderung die Fähigkeit fehlt oder abgesprochen wird, ihre Vernunft im üblichen Sinne zu betätigen. Als Kategorie individueller Freiheit wurde Autonomie in der stoischen Philosophie durch die Vernunft und Einsicht in das Gesollte begründet[4]. Für das römische Vertragsrecht wurde die Devise geprägt: „*Stat pro ratione voluntas*", um die Freiheit privatautonomer Entscheidung auch zur Willkür auszudrücken. In der christlichen Philosophie wurde für den Schöpfergott und ihm ebenbildlich seine Geschöpfe ein Vorrang des Wollens vor der Vernunft im Blick auf das Handeln gesehen[5]. Autonomie wurde in der konfessionellen Diskussion über die Religionsfreiheit nach dem Augsburger Religionsfrieden thematisiert[6].

---

[1] Vgl. Waldschmidt (1999), S. 7 ff., 14 ff.
[2] Pohlmann in Ritter (1980), S. 701 unter Bezug auf Herodot.
[3] Vgl. Art. 1 Nr. 2 Charta der Vereinten Nationen.
[4] Böckenförde (2002), S. 138.
[5] Vgl. Böckenförde (2002), S. 266 mit der Darstellung von Johannes Duns Scotus.
[6] Pohlmann in Ritter (1980), S. 702.

Grundlegend wurden die Ideen der Freiheit und Selbstbestimmung von *Immanuel Kant* weiter entfaltet. Dabei verknüpfte *Kant* Vernunft und freien Willen. Er zeigte die Notwendigkeit auf, die Freiheiten der Individuen in der Gesellschaft voneinander abzugrenzen, um die Idee der Freiheit zu verwirklichen. Dabei unterschied er zwischen der den moralischen und Rechtsgesetzen zu Grunde liegenden Vernunft, die er mit dem Willen gleichsetzte, und der den einzelnen Handlungen (Maximen) zu Grunde liegenden Willkür[7]. Entsprechend definierte *Kant* die Freiheit als Unabhängigkeit von eines Anderen nötigender Willkür, die dem Menschen als kraft Menschheit angeborenes Recht zusteht, sofern sie mit jedes Anderen Freiheit nach einem allgemeinen Gesetz zusammen bestehen kann[8]. Zu beachten dabei ist, dass die dem Einzelnen mögliche Vernünftigkeit immer nur ein begrenzter Ausschnitt der in der Menschheit möglichen Vernunft ist. Diese Begrenztheit und Fehlbarkeit des Menschen muss in einem rechtlichen System berücksichtigt sein[9].

Im modernen sozialen Rechtsstaat ist dieses Verständnis von Freiheit und Selbstbestimmung und ihrer Schranken von den Grundrechten ausgehend im öffentlichen Recht und Zivilrecht ausgeformt. Dabei ist im öffentlichen Recht vor allem der verfassungsrechtliche Schutz der Freiheit vor ungerechtfertigen Beschränkungen durch Staat und Recht, im Zivilrecht die Abgrenzung der Freiheitssphären der Individuen voneinander bedeutend.

2. Selbstbestimmung behinderter Menschen

Die Selbstbestimmung und selbstbestimmte Lebensführung behinderter Menschen sind Ziele der neueren Gesetzgebung im Sozialrecht und Gleichstellungsrecht[10]. Die Charta der Grundrechte der EU nennt mit gleicher Zielrichtung die „Eigenständigkeit" von Menschen mit Behinderung[11]. Selbstbestimmung wird zusammen mit Gleichheit und Teilhabe als Leitbegriff der Behindertenpolitik und Gesetzgebung seit den 1970er Jahren benannt[12]. Die Verbindung zwischen Gesundheit und Selbstbestimmung wird auch in der Definition der Gesundheitsförderung durch das Präventionsgesetz hergestellt[13].

Insbesondere im Zusammenhang mit der Lebensführung ist „selbstbestimmt" dabei auch eng verknüpft mit „unabhängig". So ist die Organisation „Interessen-

---

[7] Kant, Metaphysische Anfangsgründe der Rechtslehre, 225 f.: „*Von dem Willen gehen die Gesetze aus; von der Willkür die Maximen. Die letztere ist im Menschen eine freie Willkür; der Wille, der auf nichts anderes, als bloß auf Gesetze geht, kann weder frei noch unfrei genannt werden, weil er nicht auf Handlungen, sondern unmittelbar auf die Gesetzgebung für die Maxime der Handlungen (also die praktische Vernunft selbst) geht, daher auch schlechterdings notwendig und selbst keiner Nötigung fähig ist. Nur die Willkür also kann frei genannt werden.*"

[8] Kant, Metaphysische Anfangsgründe der Rechtslehre, 237.

[9] Rönnau, Jura 2002, S. 665, 672 f.

[10] § 10 Nr. 4 Satz 1 SGB I; §§ 1, 55 Abs. 2 Nr. 6 SGB IX; § 2 SGB XI; § 1 BGG; Art. 1 Abs. 3 Satz BayBGG; § 2 Abs. 2 LGBG; § 1 BbgBGG; § 1 BremBGG; § 1 RhPfLGGBehM; § 1 SBGG; § 1 Abs. 2 BGStG LSA; § 1 Abs. 1 SHLBGG.

[11] Art. 26 ChGREU; Art. II-86 EVV.

[12] Vgl. Haines, ZSR 2004, S. 404, 409; A. Reimann, ZSR 2003, S. 461, 466; C. Adam, TuP 2002, S. 407 ff.; Waldschmidt (1999), S. 8 ff.

[13] § 2 Nr. 4 PrävG: „*Aufbau von individuellen Fähigkeiten sowie gesundheitsförderlichen Strukturen, um das Maß an Selbstbestimmung über Gesundheit zu erhöhen.*"

vertretung Selbstbestimmt Leben" (ISL) in Deutschland die Entsprechung der 1972 gegründeten US-amerikanischen Organisation „*Center for Independent Living*"[14]. Die für Selbstbestimmung und unabhängiges Leben eintretenden Verbände behinderter Menschen konstituierten sich in Abgrenzung zu einer als bevormundend empfundenen Politik für und über behinderte Menschen und auch von den klassischen Mitteln der Rehabilitation, die auf eine Eingliederung im Sinne von Anpassung an die Gesellschaft setzte[15]. So wurde 1980 „*Disabled People International*" gegründet, als auf dem Weltkongress von Rehabilitation International (RI) ein Antrag abgelehnt wurde, die Hälfte der Delegierten jedes Landes müsse selbst behindert sein. 1981 fand in Dortmund das „Krüppeltribunal" statt, bei dem aus Anlass des UNO-Jahrs der Behinderten Protest gegen Ausgrenzung und Fremdbestimmung artikuliert wurde[16].

Über den Bereich dauerhaft behinderter Menschen hinaus ist in den letzten Jahren die Selbstbestimmung von Patienten im Gesundheitswesen im Verhältnis zu Ärztinnen und Ärzten, Krankenhäusern und dem Versorgungssystem insgesamt diskutiert und Defizite festgestellt worden. Dabei sind aus rechtlicher Sicht die Einwilligung in die Heilbehandlung und die Aufklärung, Information und Beratung sowie die Beteiligung der Patienten, namentlich der chronisch kranken Menschen hervorgehoben worden[17].

Für seelisch und geistig behinderte Menschen war lange Zeit vor allem in Frage gestellt, ob ihr „unvernünftiges" Handeln überhaupt den Schutz grundrechtlicher Freiheiten vor dem Staat genießt und welches Maß an zivilrechtlichen Möglichkeiten der Freiheitsbetätigung in der Gesellschaft ihm zukommen sollte. Für alle behinderten Menschen stellt sich die Frage, ob sie über die nötigen Voraussetzungen verfügen, ihren Willen in selbstbestimmtes und freies Handeln umzusetzen und ob sie in der gesellschaftlichen Betätigung ihrer Freiheiten besonderen Problemen ausgesetzt sind. Die Einschränkungen der Selbstbestimmung behinderter Menschen sind also differenziert zu betrachten.

Wenn ein geistig behinderter Mensch nicht geschäftsfähig ist, so sind ihm rechtliche Möglichkeiten der Selbstbestimmung verwehrt, weil von ihm abgeschlossene Verträge in der Rechtsordnung nicht anerkannt werden. Er kann nicht selbst einen wirksamen Mietvertrag schließen. Das Institut der rechtlichen Betreuung[18] bewirkt, dass andere für ihn oder mit ihm Selbstbestimmungsrechte ausüben. Anders ist die Situation eines geschäftsfähigen behinderten Menschen, der wegen seiner erkennbaren seelischen Behinderung keinen Vertragspartner findet, der ihm eine Wohnung vermieten will[19]. Seine Selbstbestimmung wird faktisch im gesellschaftlichen Raum begrenzt. Wiederum anders zu betrachten ist die Lage eines gelähmten Menschen, der keinen Mietvertrag abschließen kann, weil es kein Angebot an barrierefreien Wohnungen gibt, die er benutzen kann oder weil er die Mittel für einen

---

14 Vgl. Zander in: HKWM 6/II (2004), Sp. 878.
15 Vgl. oben III.a.11.f.
16 C. Adam, TuP 2002, S. 407, 409.
17 Vgl. grundlegend Francke/Hart (1999); Francke/Hart in: Badura/Hart/Schellschmidt (1999), S. 136 ff..
18 Vgl. unten IV.C.5.b.; V.D.2.
19 Vgl. unten V.D.3.a.

Umbau einer Wohnung nicht aufbringen kann[20]. In allen Fällen könnte die einge-schränkte Selbstbestimmung zum Ergebnis haben, dass ein behinderter Mensch ge-ringere Möglichkeiten der Selbstbestimmung hat als andere und im Ergebnis in ei-nem Heim[21] leben muss. Es kann aber unterschieden werden zwischen rechtlichen und sozialen Barrieren der Selbstbestimmung. Dabei können letztere weiter unter-teilt werden in Voraussetzungen der Selbstbestimmung, die primär an den Mög-lichkeiten des behinderten Menschen ansetzen und gesellschaftliche Barrieren, die vor allem eine Folge des Handelns anderer sind.

3. Rechtliche Freiheit und Selbstbestimmung

a) Schutz der rechtlichen Freiheit durch die Grundrechte

Die Freiheit, selbstbestimmt zu handeln, ist im deutschen Verfassungsrecht durch das System der Freiheitsrechte umfassend anerkannt und gesichert[22]. Die Freiheits-rechte des Grundgesetzes benennen bestimmte Bereiche des Handelns, wie die Freiheit des Glaubens, der Meinungsäußerung, die Freiheit eine Familie zu bilden, Vereine zu bilden, einen Beruf zu wählen und auszuüben, Eigentum zu haben usw., und die jeweils besonderen Voraussetzungen, unter denen durch Gesetz diese Frei-heiten beschränkt werden können. Für alle nicht gesondert genannten Erschei-nungsformen menschlichen Handelns gilt die allgemeine Handlungsfreiheit[23]. Die freie Entfaltung der Persönlichkeit gilt durch die allgemeine Handlungsfreiheit in allen Lebensbereichen als vor staatlichem Zwang geschützt, der nicht gerechtfertigt ist. Zur umfassenden Überprüfung, ob Freiheit zu Recht eingeschränkt wird, wird der Grundsatz der Verhältnismäßigkeit eingesetzt. Dabei wird für jede Freiheitsbe-schränkung ein legitimer Zweck verlangt, der aus der Freiheit anderer oder aus le-gitimen Zwecken der Staatstätigkeit folgen muss, zu denen auch die sozialstaatliche Gestaltung der Gesellschaft gehört. Die Freiheitsbeschränkungen müssen geeignet, erforderlich und angemessen sein, um diese Zwecke zu verfolgen. Durch die Prü-fung der Geeignetheit werden immer auch die gesellschaftliche Wirklichkeit und die (vermuteten) Folgen einer Regelung in den Blick genommen. Eine Regelung, die ihrem Zweck überhaupt nicht gerecht werden kann, ist nicht geeignet und kann nicht legitimiert werden. Die Prüfung der Erforderlichkeit und Angemessenheit misst den Eingriff in die rechtliche Sphäre an dem Gewicht der betroffenen Frei-heit. Dabei ist die Prüfung der Erforderlichkeit als Frage nach dem „mildesten Mit-tel" zur Erreichung des legitimierenden Zwecks wiederum ein Bindeglied zur ge-sellschaftlichen Realität. Das Erfordernis der Angemessenheit (Verhältnismäßig-keit im engeren Sinne) schützt den Kernbereich der Freiheit auch gegen hochrangig begründete Freiheitsbeschränkungen.

---

[20] Vgl. unten V.D.9.b.

[21] Vgl. unten V.D.6.

[22] Rupp, AöR 101 (1976), S. 160, 167: „*Grundrechte nach dem Verständnis des Grundgesetzes (…) sind personale Selbstbestimmungsrechte.*"

[23] BVerfG vom 6. Juni 1989, BVerfGE 80, 137 (Reiten im Walde); BVerfG vom 23. Mai 1980, BVerfGe 54, 143 (Taubenfüttern).

b) Grundrechtsfähigkeit behinderter Menschen

Wenn die Grundrechte die rechtliche Selbstbestimmung behinderter Menschen schützen sollen, so muss zunächst anerkannt sein, dass diese auch für sie uneingeschränkt gelten. Geht man von der unbedingten Geltung der Menschenwürde für alle Menschen unabhängig von der konkreten Ausprägung ihrer Fähigkeiten zur Vernunft aus, so ist diese Frage beantwortet: Die Freiheitsrechte des Grundgesetzes stehen jedem Menschen, „*kraft seiner Menschheit*"[24], zu[25].

c) Sicherung umfassender Grundrechtsfähigkeit durch Schutz allen willentlichen Handelns

Es verbietet sich, die Grundrechtsfähigkeit geistig und seelisch behinderter Menschen durch eine Beschränkung des Schutzbereichs der Grundrechte auf „vernünftiges Handeln" zu beschränken. Zwar setzen einige Grundrechte ein je bestimmtes Maß an vernünftigem Handeln voraus, damit etwa die Kriterien einer Versammlung oder eines Berufs erfüllt sind. In den Schutzbereich der allgemeinen Handlungsfreiheit jedoch sind alle gewollten menschlichen Handlungen einzuordnen. Die Handlungsfreiheit schützt auch das, was unvernünftig erscheint, die natürliche Willkür und nicht nur den vernünftigen Willen[26]. Es kommt auch nicht darauf an, welches Gewicht oder welche Wertigkeit der Betätigung für die Persönlichkeitsentfaltung zukommt, so dass auch das Verbot des Cannabiskonsums, des Reitens im Walde oder des Motorradfahrens ohne Helm an der allgemeinen Handlungsfreiheit zu messen ist[27]. Ob die Freiheit zu solchen Handlungen beschränkt werden kann, richtet sich nach den allgemeinen Regeln, also vor allem nach dem Grundsatz der Verhältnismäßigkeit.

d) Grundrechtsmündigkeit behinderter Menschen

Einschränkungen der Selbstbestimmung in Bezug auf die Grundrechte können sich aber daraus ergeben, ob behinderte Menschen das Recht und die Fähigkeit haben, ihre Grundrechte selbstständig geltend zu machen. Diese Fähigkeit wird als Grundrechtsmündigkeit bezeichnet[28]. Vielfach wird dieses Problem nur im Kontext von Minderjährigen diskutiert. Es stellt sich aber auch für seelisch und geistig behinderte Menschen. Ihnen könnte das Recht der Selbstbestimmung fehlen, wenn sie nicht in der Lage sind, die Grundrechte selbst gegen den Willen der Betreuer

---

24 Kant, Metaphysische Anfangsgründe der Rechtslehre, 237.
25 Posselt-Wenzel (2003), S. 29.
26 Es ist daher auch im Kontext der Diskussion über Schutz- und Gewährleistungsrechte ein nur begrenzt taugliches Argument, wenn Spranger (VR 1999, S. 242, 243) anführt, ein Fernseher diene nicht zur Grundrechtsverwirklichung, wenn er nur zur Unterhaltung, nicht aber zur Information genutzt werde. Vgl. zum Fernseher als Teil des Lebensbedarfs: BVerwG vom 24. Februar 1994, BVerwGE 95, 145. Aus strafrechtlicher Sicht vgl. Rönnau (2001), S. 215 ff. Vgl. zur Beachtlichkeit auch des unvernünftigen natürlichen Willens BT-Drucks. 15/2494, S. 28.
27 BVerfG vom 9. März 1994, BVerfGE 90, 145, 171 (Cannabiskonsum); BVerfGE 80, 137, 152 f. (Reiten im Walde); BVerfGE 59, 275, 279 (Motorradfahren ohne Helm).
28 Von Mutius, Jura 1987, S. 272.

auszuüben. *Wolfgang Rüfner* bemerkt hierzu: „*Die möglichen Konflikte sind (...) ähnliche wie bei Minderjährigen, freilich interessieren sie die Öffentlichkeit weit weniger.*"[29] *Rüfner* benennt auch als wichtigen Anwendungsbereich die Rechtsverhältnisse der in Heimen lebenden „*nicht mehr voll lebenstüchtigen Menschen.*"[30]

Die Grundrechtsmündigkeit volljähriger behinderter Menschen muss zunächst eng gefasst werden als Recht und Fähigkeit, die Grundrechte selbst im Rechtsverkehr geltend zu machen. Ob Grundrechte ausgeübt werden, ist alleine eine Frage der Grundrechtsfähigkeit. Nach objektivem Recht müssen behinderte Menschen den vollen Schutz aller Grundrechte genießen, zu deren Ausübung sie in der Lage sind und Gesetzgeber, Behörden und Gerichte haben dies zu beachten. Jeder mehr als formale und verfahrensbezogene Begriff der Grundrechtsmündigkeit ist daher abzulehnen[31].

Als Grundrechtsmündigkeit ist alleine die Möglichkeit zu bezeichnen, dass behinderte Menschen sich selbst bei Gerichten und Behörden auf ihre Grundrechte berufen können. Grundsätzlich wird dies nicht anders zu beurteilen sein als die Frage, ob und wie behinderte Menschen überhaupt ihre Interessen wahrnehmen können. Volljährige, die geschäftsunfähig sind, weil sie sich in einem nicht nur vorübergehenden Zustand krankhafter Störung ihrer Geistestätigkeit befinden[32] können nur nichtige Willenserklärungen abgeben[33]. Soweit diese Regelung verfassungsgemäß ist, gilt sie auch für Rechtshandlungen, die unter Berufung auf Grundrechte vorgenommen werden. *Claus-Wilhelm Canaris* und *Klaus Lachwitz* sehen in der Rechtsfolge der generellen Nichtigkeit einen nicht gerechtfertigten übermäßigen Eingriff in das allgemeine Persönlichkeitsrecht geistig und seelisch behinderter Menschen, insbesondere da auch rechtlich nur vorteilhafte Willenserklärungen erfasst sind und, vor Einführung von § 105a BGB, Massengeschäfte des täglichen Lebens erfasst waren[34]. Würde ein betroffener Mensch anstreben, diese Rechtsfolge der Geschäftsfähigkeit anhand eines Einzelfalles gerichtlich überprüfen zu lassen, würde er als prozessunfähig angesehen, da die Prozessunfähigkeit der Geschäftsunfähigkeit folgt[35]. Die Grundrechtsmündigkeit wäre so faktisch ausgeschlossen. Ob es zur verfassungsgerichtlichen Kontrolle von § 105 BGB käme, könnten die betroffenen Menschen nicht beeinflussen. Es zeigt sich, dass die Grundrechtsmündigkeit eine Kategorie von Prozess und Verfahren ist, die so gestaltet sein müssen, dass dieser Zirkel vermieden wird.

An diesem Beispiel wird auch deutlich, dass die Grundrechtsmündigkeit nicht alleine von der Ausgestaltung und Auslegung einfachen Rechts abhängig gemacht werden kann. Die Rechtsschutzgarantie[36] wäre so zur Disposition des einfachen Rechts gestellt. Das Bundesverfassungsgericht hat daher bereits 1951 entschieden,

---

[29] Rüfner in: HStR V, § 116 Rz 27.
[30] Rüfner in: HStR V, § 116, Rz 28.
[31] Ebenso Sachsen Gessaphe (1999), S. 59.
[32] § 104 Nr. 2 BGB.
[33] § 105 BGB.
[34] Lachwitz, DAVorm 1989, S. 343, 348; Canaris, JZ 1987, S. 993, 996, ebenso: Hagmann (1999), S. 86 f.
[35] § 52 ZPO, § 62 VwGO.
[36] Art. 19 Abs. 4 Satz 1 GG.

dass die Voraussetzungen der Prozessfähigkeit im verwaltungsgerichtlichen Verfahren nicht ohne weiteres auf das verfassungsgerichtliche Verfahren übertragen werden können[37]. Es hat 1960 ausgeführt, es sei ein *allgemeiner Grundsatz unserer Rechtsordnung"*, dass auch Entmündigte und Geisteskranke für Verfahren, in denen über die wegen ihres Geisteszustands zu treffenden Verfahren entschieden wird, zur Wahrung ihrer Rechte als prozessfähig gelten[38]. Sie sind von Verfassungs wegen vor einer Freiheitsentziehung anzuhören[39]. Auch die Europäische Menschenrechtskonvention beinhaltet das Recht auf ein gerichtliches Verfahren bei Freiheitsentziehung ausdrücklich in den Fällen, in denen der Freiheitsentzug wegen Geisteskrankheit, Alkoholismus oder Rauschgiftsucht erfolgt[40]. Der BGH hat 1961 in Abkehr von der früheren Spruchpraxis anerkannt, dass geisteskranke Menschen selbst gerichtlich gegen eine Zwangspflegschaft vorgehen konnten[41]. Entsprechend ist ein Rechtsmittel, das darauf gestützt wird, die Prozessfähigkeit sei falsch beurteilt worden, unabhängig von den sonst für die Prozessfähigkeit erforderlichen Voraussetzungen zulässig[42].

Entsprechend werden die Prozessordnungen ausgelegt. Unter ausdrücklichem Bezug auf die Grundrechtsmündigkeit wird dabei auch Geschäftsunfähigen das Recht gegeben, Grundrechtsbeschränkungen anzugreifen, die sie betreffen. Als geschäftsunfähig geltende Personen müssen nicht nur die Möglichkeit haben, den Tatbestand ihrer Geschäftsunfähigkeit, sondern auch deren Rechtsfolgen grundrechtsspezifisch rechtsförmig überprüfen zu lassen. Dies entspricht insgesamt der prozessrechtlichen Regel, im Streit um einen Status diesen zunächst zu unterstellen. In einer weiteren Entscheidung des BVerfG aus dem Jahr 1965 ist zwar die Prozessfähigkeit im Streit über Angelegenheiten verneint worden, *„die im normalen Vollzug einer einmal ausgesprochenen Pflegerbestellung liegen,*[43] so dass die Grundrechtsmündigkeit auf den Streit beschränkt blieb, ob ein Pfleger bestellt werden durfte. Der Rechtsgedanke der außerordentlichen Prozessfähigkeit kann aber insgesamt als tragfähig zur Sicherung des nötigen Grundrechtsschutzes behinderter Menschen angesehen werden. Besser wäre jedoch eine gesetzliche Klarstellung in den Prozessordnungen.

Bei Personen, für die ein Betreuer bestellt ist, ist die Fähigkeit, Grundrechte gegenüber Behörden und Gerichten geltend zu machen, abhängig davon, für welche Aufgabenkreise die Betreuung eingerichtet ist. Nur dann, wenn die Betreuung sich ausdrücklich auf den Umgang mit Behörden und Gerichten erstreckt oder wenn der Betreuer für alle Angelegenheiten des Betreuten bestellt ist, ist es Sache des Be-

---

37 BVerfG vom 28. November 1951, BVerfGE 1, 87, 89.

38 BVerfG vom 10. Februar 1960, BVerfGE 10, 302, 306, Für die Einweisung in Anstalten ist das Recht „geistig oder körperlich Kranker", gegen diese Maßnahme den Richter anzurufen, auch in Art. 23 der Hessischen Verfassung verankert.

39 BVerfG vom 7. Oktober 1981, BVerfGE 58, 208, 222 f.

40 Art. 5 Abs. 4 mit Art. 5 Abs. 1 lit e EMRK; vgl. EGMR vom 12. Juni 2003 (Herz./.Deutschland), NJW 2004, S. 2209, 2211.

41 BGH vom 22. März 1961, BGHZ 35, 1, 7; dagegen noch: BGH vom 26. November 1954, BGHZ 15, 262; RGZ 145, 284; vgl. Weinriefer (1987), S. 97.

42 BGH vom 23. Februar 1990, BGHZ 110, 294.

43 BVerfG vom 13. Juli 1965, BVerfGE 19, 93, 101.

treuers, die Grundrechte geltend zu machen. Er muss dabei den Maßgaben des Betreuungsrechts folgen. Deutlich wird der Ausnahmecharakter der umfassenden Betreuung in Bezug auf die Wahrnehmung von Grundrechten daran, dass betreute Personen nur dann vom Wahlrecht ausgeschlossen sind, wenn ein Betreuer zur Besorgung aller Angelegenheiten bestellt ist[44].

4. Faktische Freiheit und Selbstbestimmung

Selbstbestimmung und selbstbestimmte Lebensführung sind nicht nur eine Frage rechtlicher Freiheit, also der Anerkennung als Rechtsperson und der Tragweite und Einschränkung grundrechtlicher Freiheiten. Selbstbestimmung ist vielmehr gerade für behinderte Menschen abhängig davon, ob sie die tatsächlichen Voraussetzungen zur Freiheitsausübung haben und ob diese in der Gesellschaft verwirklicht werden können. Im Kontext der Probleme und Forderungen behinderter Menschen wird weiterhin deutlich, dass der Wunsch nach Selbstbestimmung nicht nur rechtliche Freiheiten umfasst (*liberté de droit*), sondern auch die Möglichkeiten, sie tatsächlich auszuüben (*capacité; liberté de fait*)[45]. Die Forderung nach Selbstbestimmung betrifft nicht nur behinderte Menschen, die ganz oder teilweise geschäftsunfähig sind. Selbstbestimmung ist auch die reale Möglichkeit, Freiheiten auszuüben und Entscheidungen zu treffen, mit denen das Leben kurzfristig und vor allem langfristig gestaltet wird. Wenn für behinderte Menschen eine von zehn Gaststätten barrierefrei zu besuchen ist[46], wenn nur wenige faktisch realisierbare Möglichkeiten der Berufswahl bestehen oder wenn eine Heimunterbringung nur von vermögenden behinderten Menschen vermieden werden kann, so wird Selbstbestimmung als real eingeschränkt erfahren. In Abgrenzung zur rechtlichen Freiheit ist es hier sinnvoll von faktischer Selbstbestimmung zu sprechen, da sich diese auch materiell in der Welt des Faktischen feststellen lässt. Je nach den Gründen, die der faktischen Selbstbestimmung entgegenstehen, können Voraussetzungen der Selbstbestimmung und Selbstbestimmung in der Gesellschaft unterschieden werden.

a) Materielle Voraussetzungen der Selbstbestimmung: Leben, Gesundheit, Existenzminimum

Manche Voraussetzungen von Selbstbestimmung bestehen unbedingt und in gewisser Weise unabhängig von den konkreten gesellschaftlichen Bedingungen. Diese Voraussetzungen herzustellen oder zu sichern, muss nicht unmittelbar die Freiheitssphäre anderer Personen beschränken. Ein sozialer Zusammenhang besteht mittelbar, wenn andere in verpflichtender Solidarität dazu herangezogen werden, zu diesen Voraussetzungen beizutragen. Bestimmte Voraussetzungen der Selbstbe-

---

[44] § 13 Nr. 2 BWahlG und Landeswahlgesetze; dazu BayVerfGH vom 9. Juli 2002, BayVBl. 2003, S. 44; Jürgens/Kröger/Marschner/Winterstein (2002), Rz 138 ff.; zum früheren Recht: BVerfG vom 29. Mai 1984, BVerfGE 67, 146.

[45] Vgl. Murswiek (1992), Rz 28 f.

[46] Vgl. Pöltl, GewArch 2003, S. 231, 234; unten V.J.4.

stimmung sind bei gesunden Menschen weitgehend vorhanden. Sie werden für die Grundrechtsausübung benötigt und vorausgesetzt. So ist Kommunikationsfähigkeit Voraussetzung fast aller Grundrechte, insbesondere der Meinungsfreiheit. Auch Mobilität ist Voraussetzung, um zur gemeinschaftlichen Religionsausübung, zur Versammlung, zum Verein oder zum Arbeitsplatz zu gelangen. Erste Voraussetzung der Selbstbestimmung ist das Leben[47]. Wer tot ist, kann weder rechtlich noch faktisch Entscheidungen treffen. Weitere materielle Voraussetzungen der Selbstbestimmung sind abhängig vom Gesundheitszustand des betreffenden Menschen[48]. *Hans F. Zacher* fasst dies so zusammen:

„Man gehe die Kataloge der Freiheitsrechte und die Kommentare ihrer Auslegung durch und versuche sich vorzustellen, was ein Blinder, ein Gelähmter, ein Ohnhänder, ein Taubstummer, ein permanent Bettlägeriger von diesen Rechten noch hat."[49]

Wer durch Behinderung pflegebedürftig ist, kann elementare Verrichtungen des täglichen Lebens nicht mehr ohne Hilfe ausführen. In diesen Verrichtungen, wie der eigenen Körperpflege, der Gestaltung der Wohnung und des Umfelds, dem Einkaufen, der Auswahl von Gesprächspartnern[50], äußert sich selbstbestimmte Lebensführung. Wer dazu nicht in der Lage ist, benötigt Hilfe, um die materiellen Voraussetzungen von Selbstbestimmung unter den Bedingungen der Behinderung herzustellen. Die Pflegeleistungen sollen die durch Behinderung gestörte selbstbestimmte Teilhabe wieder herstellen, indem sie den Pflegebedürftigen helfen, trotz ihres Hilfebedarfs ein möglichst selbstständiges und selbstbestimmtes Leben zu führen[51]. Behinderte Menschen können durch Blindheit, Gehörlosigkeit, Lähmung oder Fehlen von Gliedmaßen gehindert sein, Handlungen selbstbestimmt vorzunehmen, die anderen Menschen möglich sind. Wenn die Wahrnehmung visueller oder akustischer Reize, die Mobilität zu einem bestimmten Ort oder die Fähigkeit, ein Buch selbst aus dem Regal der Bibliothek zu nehmen, Voraussetzungen für selbstbestimmtes Handeln und die Ausführung selbstbestimmter Entscheidungen sind, benötigen behinderte Menschen Rehabilitation durch Hilfsmittel, Assistenz oder eine besonders gestaltete Umwelt als Voraussetzung für die Selbstbestimmung. Diese Voraussetzungen sind konkret gesellschaftlich, aber sie sind auch spezifisch auf die Gesundheitsstörung der behinderten Menschen bezogen. Sie können auch im Verhältnis zu nicht oder nur rudimentär menschlich gestalteten Lebensbereichen[52] relevant sein. Viele behinderte Menschen werden nicht durch ein Verbot daran gehindert, im Walde zu reiten, sondern durch ihre Gesundheitsstörung. Zu der für rechtliche Selbstbestimmung vor allem relevanten Entscheidungsautonomie tritt die Handlungsautonomie, also die Fähigkeiten, Entscheidungen in Handlungen umzusetzen[53]. Selbstbestimmung ist etwas anderes als rechtliche Freiheit, weil

---

[47] Vgl. unten V.A.2.
[48] Vgl. Arango (2001), S. 170.
[49] Zacher in: Igl/Welti (2001), S. 1, 9; vgl. bereits: Zacher, AöR 93 (1968), S. 341, 343.
[50] Vgl. § 14 Abs. 4 SGB XI; vgl. unten V.F.5.a.
[51] § 2 Satz 1 SGB XI.
[52] Vgl. § 4 BGG.
[53] Waldschmidt in: Dederich (2003), S. 138, 150.

sie die Handlungsautonomie mit umfasst[54]. Sie entspricht dann der faktischen Freiheit, wenn diese als tatsächliche Möglichkeit, zwischen Erlaubtem zu wählen, definiert wird. Schon *Lorenz von Stein* erkannte:

„Die Freiheit ist erst eine wirkliche in dem, der die Bedingungen derselben, die materiellen und geistigen Güter als die Voraussetzungen der Selbstbestimmung besitzt." [55]

Selbstbestimmung hat also Voraussetzungen, die nicht für alle Menschen gleichermaßen gegeben sind. Viele behinderte Menschen benötigen spezifische Unterstützung, um selbstbestimmte Entscheidungen in bestimmten Lebensbereichen auch umzusetzen. Soweit diese Voraussetzungen für Mindestmaß an Selbstbestimmung unerlässlich sind, gehört die Unterstützung, die diese Voraussetzungen schafft, zum Existenzminimum als grundrechtlich verbürgter Entstehungssicherung menschlicher Freiheit[56]. *Günter Dürig* formulierte dies so:

„Ohne ein Minimum an äußeren materiellen Leibes- und Lebensbedingungen hat der Mensch als solcher nicht das, was seine Würde ausmacht, nämlich die Fähigkeit, sich in freier Entscheidung über seine unpersönliche Umwelt zu erheben."[57]

Dieses vom Gesetzgeber anerkannte Minimum an Freiheitsvoraussetzungen ist im Pflegeversicherungs- und Sozialhilferecht durch die Kriterien der gewöhnlichen und regelmäßig wiederkehrenden Verrichtungen im Ablauf des täglichen Lebens konkretisiert worden.

Dazu kommen diejenigen Voraussetzungen der Selbstbestimmung, die durch das Recht der Rehabilitation und Teilhabe gewährt werden und die, bei Bedarf und Bedürftigkeit, insbesondere nach dem Krankenversicherungs- und dem Sozialhilferecht allen behinderten Menschen zustehen. Hier handelt es sich um die medizinische Rehabilitation einschließlich der Hilfsmittel, die erforderlich sind, um eine Behinderung bei der Befriedigung von Grundbedürfnissen des täglichen Lebens auszugleichen[58] und die Leistungen zur Teilhabe am Leben in der Gemeinschaft[59], bei denen etwa die Förderung der Verständigung mit der Umwelt[60], die Beschaffung, Ausstattung und Erhaltung einer bedarfsgerechten Wohnung[61] und die Teilhabe am gemeinschaftlichen und kulturellen Leben[62] angestrebt werden[63].

In der durch Kultur und gesellschaftliche Arbeitsteilung geprägten menschlichen Gesellschaft gehört zum Existenzminimum weiterhin die Bildung und Ausbildung in den zur Teilhabe unerlässlichen Kulturtechniken und der Ausübung ei-

---

[54] Waldschmidt in: Dederich (2003), S. 138, 153.
[55] Zitiert nach Alexy (1994), S. 458.
[56] Schmeling, SGb 1976, S. 313, 315; Rupp, AöR 101 (1976), S. 160, 176.
[57] Dürig, AöR 81 (1956), S. 117, 131; vgl. dazu Waldschmidt (1999), S. 153; oben IV.A.5.
[58] §§ 26–31 SGB IX, insbesondere § 31 Abs. 1 Nr. 3 SGB IX; vgl. zur Zurechnung zum Existenzminimum: BSG vom 6. August 1998, SozR 3-2500, § 33 Nr. 29; Bieritz-Harder in: V. Neumann (2004), § 10, Rz 132.
[59] §§ 55–58 SGB IX.
[60] Vgl. unten V.F.5.b.
[61] Vgl. unten V.D.9.b.
[62] Vgl. unten V.J.6.
[63] § 55 Abs. 2 Nr. 4–7 SGB IX.

nes Berufs[64]. Zumindest bis zum Ende der Schulpflicht gehört Bildung nicht zum selbstbestimmten Lebensbereich, sondern ist gesetzlich als notwendiger Lebensbedarf definiert[65]. Voraussetzung von Selbstbestimmung ist schließlich auch die Deckung des Grundbedarfs. Diese in unserer Gesellschaft überwiegend durch Markt und Geld vermittelt und erfordert daher ein Minimum an Geld- und Sacheigentum[66]. Das Eigentum hat die Aufgabe, die Entfaltung und eigenverantwortliche Gestaltung des Lebens zu ermöglichen[67]. Wenn die Möglichkeit fehlt oder eingeschränkt ist, selbst durch Arbeit Geldeigentum zu erwerben, können zivilrechtliche oder öffentlich-rechtliche Ersatzansprüche an ihre Stelle treten, die erst recht diesen Eigentumsschutz genießen[68]. Wo es an einem solchen Anspruch fehlt, wird nicht erwerbsfähigen behinderten Menschen ein Minimum an Geldeigentum durch die Grundsicherung bei dauerhafter Erwerbsminderung[69] verschafft. Auch das Grundsicherungsrecht dient also der Herstellung der Voraussetzungen von Selbstbestimmung. Hier wird am stärksten deutlich, das die Voraussetzungen der Selbstbestimmung nicht unabhängig von der Gesellschaft bestimmt werden können. Noch stärker als bei den unmittelbaren Pflege- und Gesundheitsleistungen ist hier das Existenzminimum nicht nur von den Bedürfnissen der menschlichen Natur, sondern auch von einem Vergleich abhängig, der den gesellschaftlichen Mindeststandard aufzeigt.

Auch wenn die Gewährleistung des Existenzminimums durch den sozialen Staat sich als zweipolige Beziehung zwischen Individuum und Staat darstellt, darf nicht vergessen werden, dass auch dieses Existenzminimum auf Selbstbestimmung und Teilhabe in der Gesellschaft gerichtet ist und nicht auf Teilhabe am Staat. Lebensmittel, Pflegeleistungen und Wohnraum werden in der Gesellschaft von anderen produziert. Die staatliche Gewährleistung ist nur darauf gerichtet, dass jeder an diesen von anderen hergestellten Voraussetzungen eigener Freiheit teilhaben kann[70]. Die Teilhabe am Staat und seinen Einrichtungen ist hier, anders als bei der demokratischen Teilhabe, nur Mittel zum Zweck. Der Staat kann nur Grundrechtsmöglichkeiten, nicht unmittelbare Grundrechtswirklichkeit schaffen[71].

---

64 Luthe/Dittmar, SGb 2004, S. 271, 275 (vorsichtig bejahend); Arango (2001), S. 170 f.; Alexy (1994), S. 466; Abelein, DÖV 1967, S. 375, 378.

65 Vgl. BVerwG vom 29. Oktober 1997, BVerwGE 105, 281, 286 (sozialhilferechtliche Zuordnung von Schulmaterialien).

66 Löw, DÖV 1958, S. 356, 361.

67 BVerfGE 42, 263, 293; BVerfGE 40, 65, 83 f.; BVerfGE 31, 229, 239.

68 BVerfG vom 8. Juli 1976, BVerfGE 42, 263, 293 (Contergan).

69 § 41 Abs. 1 SGB XII.

70 Suhr, EuGRZ 1984, S. 529, 538: „*Teilhabe als Freiheit durch andere auf dem Umweg über den Staat.*"

71 Häberle, DÖV 1972, S. 729, 731.

b) Selbstbestimmung in der Gesellschaft

(1) Beschränkungen der Selbstbestimmung durch Andere

Selbstbestimmung findet in der Gesellschaft statt. Menschen sind eingebunden in Gemeinschaften und in die Gesellschaft mit ihrer Arbeitsteilung. Selbstbestimmung ist unter diesen Umständen immer nur diejenige Willkür des einen, die mit der Willkür des anderen nach einem allgemeinen Gesetz der Freiheit zusammen vereinigt werden kann (*Immanuel Kant*)[72]. Damit kann Selbstbestimmung nie absolut sein, sondern muss in Bezug gesetzt werden zu den in der Gesellschaft gegebenen Möglichkeiten und zu der Freiheit, die allgemein zugestanden wird. Selbstbestimmung ist so größtmögliche und gleiche Freiheit. Sie ist bezogen auf den Menschen in Koexistenz mit anderen Menschen[73]. In der Gesellschaft realisiert sich Freiheit erst in Geselligkeit und durch Geselligkeit. Freiheit ohne andere ist bei vielen Freiheitsrechten nicht denkbar: keine Ehe ohne Gatten, kein Vertrag ohne Partner, keine Meinung ohne Zuhörer, kein Beruf ohne Arbeitsteilung[74]. Gesellschaftliche Selbstbestimmung äußert sich in den faktischen und rechtlichen Handlungen, in denen die Menschen ihre Freiheitssphären schaffen, koordinieren und voneinander abgrenzen. Die Lebensmöglichkeiten und die Selbstbestimmung behinderter Menschen werden so in der Gesellschaft konkretisiert[75].

Zu den typischen rechtlichen Mitteln, seine Selbstbestimmung und Teilhabe als Freiheit durch andere zu realisieren, gehört der Vertrag[76]. Die Möglichkeit, Verträge auszuhandeln und zu schließen, ist ein elementarer Bestandteil von Selbstbestimmung in der Gesellschaft. Diese besteht aus der vom Recht der Geschäftsfähigkeit und Betreuung bestimmten grundsätzlichen Möglichkeit, Verträge zu schließen, und der sozialen Möglichkeit, die eigenen Interessen in Verträgen zur Geltung zu bringen. Diese ist zunächst durch die Verfügbarkeit materieller Ressourcen bestimmt, insbesondere von Geld als „geprägter Freiheit"[77]. Weiterhin ist sie abhängig davon, ob man vertragsbereite Partner findet und ob sich in der Anbahnung, Aushandlung und Durchführung des Vertrages ein Verhältnis der Gegenseitigkeit entwickeln kann, das nicht durch ein soziales Machtgefälle gestört ist. In diesem Sinne hat auch das BVerfG das Prinzip gesellschaftlicher Selbstbestimmung als materieller Vertragsfreiheit anerkannt, „um zu verhindern, dass sich für einen Vertragsteil die Selbstbestimmung in eine Fremdbestimmung verkehrt"[78]. Die Grundrechte sind eben zum Schutze der Selbstbestimmung als Prinzipien auch bei der Auslegung des Zivilrechts zu berücksichtigen[79].

---

[72] Kant, Metaphysik der Sitten, A 33.

[73] Kollmer (1992), S. 25; Maihofer (1968), S. 17.

[74] Suhr, EuGRZ 1984, S. 529, 533; ganz anders: Rupp, AöR 101 (1976), S. 160, 180 mit der schroffen Gegenüberstellung von Freiheit als ‚Eigenhabe‘ und Teilhabe.

[75] Zacher in: Igl/Welti (2001), S. 1, 15.

[76] Suhr, EuGRZ 1984, S. 529, 541.

[77] BVerfGE 97, 350 (Währungsunion).

[78] BVerfGE 103, 89, 101 (Ehevertrag); BVerfGE 89, 214, 232 (Bürgschaften); vgl. Eichenhofer, ZESAR 2003, S. 349, 350.

[79] BVerfG vom 9. Februar 1994, BVerfGE 90, 27, 31 (Informationsfreiheit und Mietvertragsrecht: Recht auf Parabolantenne); BVerfG vom 19. Mai 1992, BVerfGE 86, 122, 127 (Übernahme

Für behinderte Menschen ist das Prinzip gesellschaftlicher Selbstbestimmung wichtig, soweit sie wegen ihrer Behinderung in der gesellschaftlichen Ausübung ihrer Freiheiten beeinträchtigt sind, namentlich, weil sie Verträge über Arbeit[80], Miete[81] oder Versicherungsschutz nicht oder nur zu sehr erschwerten Bedingungen schließen können. Auch außerhalb des Vertragsrechts ist der gesellschaftliche Anteil an faktischer Selbstbestimmung zu beachten, so wenn die Ausübung der Vereinigungsfreiheit davon abhängt, ob ein Verein auch behinderte Menschen aufnimmt oder wenn die Meinungs- und Kommunikationsfreiheit durch gesellschaftliche Isolation leer läuft[82].

Die Abgrenzung zwischen den individuellen Voraussetzungen der Selbstbestimmung und ihrer gesellschaftlichen Realisierung kann nicht in jedem einzelnen Fall trennscharf gelingen. Die Zuordnung zu einer der beiden Kategorien bestimmt oft, wer die Verantwortlichkeit dafür hat, behinderten Menschen selbstbestimmten Freiheitsgebrauch zu ermöglichen. So ist es eindeutig dem gesellschaftlichen Bereich zuzuordnen, wenn eine Gaststätte oder ein Hotel einem behinderten Menschen die Bedienung verweigert, weil sein Anblick andere Gäste abschrecken könnte[83]. Hier geht es um eine Abgrenzung von Freiheitssphären. Steht in Frage, ob ein behinderter Mensch einen Rollstuhl bekommt, der ihm das Erreichen und Besuchen der Gaststätte ermöglicht, so ist der Bereich der Voraussetzungen von Selbstbestimmung betroffen. Eine Grenzfrage ist jedoch, welchem Bereich der faktischen Selbstbestimmung die Stufen am Eingang zuzuordnen sind, welche dem Rollstuhlfahrer den Besuch der Gaststätte faktisch unmöglich machen. Während der erste Fall rechtlich eindeutig dem öffentlichen Sozialrecht zuzuordnen ist, das den Anspruch auf den Rollstuhl regelt[84] und der zweite Fall die Frage betrifft, ob, sei es durch Zivilrecht oder Gewerberecht, die Freiheit des Gaststättenbetreibers zu Gunsten derjenigen des behinderten Menschen einzuschränken ist[85], können für die Barrierefreiheit sowohl der Staat oder ein Rehabilitationsträger wie auch der Gaststättenbetreiber verantwortlich gemacht werden.

(2) Zivilrecht als eine Grundlage von Selbstbestimmung in der Gesellschaft

Das Zivilrecht wird, unter der Devise *„stat pro ratione voluntas!"*, als Domäne der natürlichen Willkür gegen den rationalisierten Willen angesehen. Wer Verträge schließt, soll über deren Vernünftigkeit keine Rechenschaft schuldig sein. Andererseits wird auf die Bedeutung vernünftiger Freiheitsausübung für die Zivilrechtsordnung eindringlich hingewiesen. Selbstbestimmung soll im zivilrechtlichen Sinne die Fähigkeit umfassen, seine Lebensverhältnisse frei und verantwortlich selbst zu gestalten, sich Ziele zu setzen und selbst Schranken aufzuerlegen[86]. Recht-

---

eines Auszubildenden trotz kritischer Meinungsäußerung); BVerfG vom 26. Februar 1969, BVerfGE 25, 256, 264 (Blinkfüer).

80 Vgl. unten V.I.2.a.
81 Vgl. unten V.D.3.a.
82 Vgl. unten V.F.2.
83 Zacher in: Igl/Welti (2001), S. 1, 15; vgl. Nickel (1999), S. 82 mit konkretem Fallbeispiel.
84 Vgl. unten V.F.5.b.
85 Vgl. unten V.J.3., V.J.4., V.J.5.
86 Sachsen Gessaphe (1999), S. 56; vgl. Maihofer in HVerfR, 2.A. (1995) § 12, Rz 104.

licher Wille und Vernunftfähigkeit werden im Zivilrecht durchaus verknüpft, wie an der Rechtsprechung zur Geschäftsunfähigkeit abgelesen werden kann. Das Tatbestandsmerkmal der freien Willensbetätigung[87] wird dabei als Möglichkeit vernünftig wertender und von pathologischen Einflüssen freier Willensbildung und -betätigung angesehen[88]. Die Unvernünftigkeit der Willensbildung wird dann damit beschrieben, die betroffene Person unterliege fremden Willenseinflüssen oder (ihren eigenen) unkontrollierten Trieben und Vorstellungen[89].

Im Zivilrecht ist die Freiheit unvernünftigen willkürlichen Handelns danach zunächst nur dem gegeben, der zu vernünftigem Handeln in der Lage ist. Diese Beschränkung erscheint als funktional für eine reibungslos funktionierende Zivilrechtsordnung im Ganzen. Sie kann jedoch zum Ausschluss einzelner, insbesondere behinderter, Menschen von der Freiheitsausübung in der Gesellschaft führen, dessen Rechtfertigung fragwürdig ist. Der Schutz auch des unvernünftig erscheinenden freien Willens erscheint in dieser Perspektive als ein verfassungsrechtliches Anliegen, das auch im Privatrecht durchgesetzt werden muss[90]. Es kommt dabei immer darauf an, wessen Selbstbestimmung in den Blick genommen wird. Wer weder am Arbeits- noch am Konsumprozess in der erwarteten Weise teilnehmen kann, dessen Selbstbestimmung ist aus der Sicht der Arbeits- und Gütermärkte und ihrer Teilnehmer nicht unbedingt funktional[91]. Die Selbstbestimmung behinderter, gar „verrückter" Menschen ist kein klassisches Ziel des bürgerlichen und des sozialen Rechtsstaats gewesen, sondern bis in die jüngste Zeit hinein vernachlässigt worden[92]. Dies erklärt, warum heute, über 200 Jahre nach der Grundlegung des Selbstbestimmungsgedankens in Aufklärung und den Revolutionen des ausgehenden 18. Jahrhunderts ein Nachholbedarf in Gesetzgebung, Rechtsprechung und sozialer Praxis artikuliert wird. Das Recht der Geschäftsfähigkeit und der rechtlichen Betreuung war und ist vor diesem Hintergrund darauf zu überprüfen, ob es den verfassungsrechtlichen Anforderungen an die Selbstbestimmung behinderter Menschen entspricht.

Geschäftsfähigkeit und Betreuung sind Schnittstellen zwischen rechtlicher und gesellschaftlicher Selbstbestimmung. Geht man davon aus, dass sich die Vernunftfähigkeit nur im sozialen Kontext realisieren kann, so ist auch die Beschränkung von Selbstbestimmung durch Vormundschaft oder Betreuung nur eine Aktualisierung des sozialen Bezuges, der verbindlich hergestellt wird, um die Fähigkeit auch des seelisch oder geistig behinderten Menschen zu vernünftigen Entscheidungen zu realisieren. Einschränkungen der Selbstbestimmung behinderter Menschen sind damit immer nur legitimiert durch den Zweck, die individuell mögliche Selbstbestimmung und das Wohl der Betroffenen zu verwirklichen. *Rawls* fasst dies so zusammen, dass die Grundsätze des legitimen Paternalismus diejenigen seien, welche

---

87   § 104 Nr. 2 BGB.
88   Sachsen Gessaphe (1999), S. 327 f.
89   BGH vom 19. Juni 1970, NJW 1970, S. 1680 f.
90   Dröge (1997), S. 39.
91   Vgl. Waldschmidt (1999), S. 36; Jantzen (1992), S. 40 f.
92   Forster in: Thom/Wulff (1990), S. 135 ff.

die Parteien im Urzustand anerkennen würden, um sich gegen Schwäche und Versagen ihrer Vernunft und ihres Willens in der Gesellschaft zu schützen[93].

Rechtliche Betreuung ist, wenn sie dieser Vorgabe gerecht wird, die Realisierung von Selbstbestimmung als Teilhaberecht, wo Selbstbestimmung in der Gesellschaft nur abwehrrechtlich nicht gesichert werden kann[94]. Nimmt man, wie *Volker Lipp*, an, dass diese Selbstbestimmung bei bestimmten Personen gar nicht vorliegt, weil die Eigenverantwortlichkeit fehlt, schränkt man deren Freiheit zu willkürlicher Selbstbestimmung schon tatbestandlich ein, statt Betreuung als Schranke des Selbstbestimmungsrechts zu betrachten[95]. Auch *Lipp* erkennt aber die zu Grunde liegende Konstellation, wenn er ausführt, dass es zu den Aufgaben des Betreuers gehört, die Freiheitsgrundrechte des Betreuten gegenüber dem Staat geltend zu machen[96] und die Betreuung in der Schutzpflicht für die Würde des Menschen und dem Gebot der Rechtsgleichheit verfassungsrechtlich fundiert sieht[97]. *Norbert Kollmer* formuliert als modernen Schutzzweck des Betreuungsrechts „*die Konservierung, Förderung und maximal mögliche Achtung der Persönlichkeit, der verbliebenen Fähigkeiten, Selbständigkeit und Selbstbehauptung*"[98], der neben die traditionellen Schutzzwecke des nur fürsorglichen Schutzes der betroffenen Person und des Rechtsverkehrs[99] treten.

Soweit die gesellschaftlichen Bezüge behinderter Menschen anders organisiert sind als diejenigen anderer Menschen, etwa weil sie in Heimen oder Anstalten leben, in geschützten Werkstätten arbeiten oder Leistungen der Rehabilitation nicht durch einen Markt vermittelt, sondern von Rehabilitationsträgern gestellt bekommen, ist die Frage zu stellen, ob diese Bezüge gleiche oder gleichwertige Freiheit und Selbstbestimmung ermöglichen. Dabei wird im Vergleich privatrechtlich und öffentlich-rechtlich ausgestalteter Rechtsbeziehungen deutlich, dass sich aus einer rationalistischen und einer voluntaristischen Begründung unterschiedliche Ausformungen von Selbstbestimmung ergeben können.

Das Prinzip der Selbstbestimmung setzt, wie gezeigt, im Recht die Fähigkeit voraus, als Rechtssubjekt über die eigenen Handlungen zu bestimmen. Es hat aber auch eine wesentliche Bedeutung bei der Bestimmung, wie weit die Rechtssphäre der einzelnen Personen reichen soll. Selbstbestimmung kann so als Freiheit übersetzt werden, die eigenen Grundrechte im Rahmen ihrer legitimen Schranken auszuüben. Damit ist Selbstbestimmung zunächst der klassische status negativus der durch die Grundrechte konstituiert wird: Der Staat soll nicht mehr als notwendig in die Freiheitssphäre der einzelnen Rechtssubjekte eingreifen. Mit diesem Gedanken ist die Stärkung der Rechtspositionen behinderter Menschen durch die Reform

---

[93] Rawls (1998), S. 281.
[94] Ebenso: Jürgens/Kröger/Marschner/Winterstein (2002) Rz 154; vgl. Neuner (1999), S. 107 f. zum Zusammenspiel des sozialen und liberalen Gedankens beim rechtlichen Schutz der Selbstbestimmung.
[95] Lipp (1999), S. 131.
[96] Lipp (1999), S. 136.
[97] Lipp (1999), S. 142.
[98] Kollmer (1992), S. 21 f.
[99] Vgl. BVerfGE 78, 77, 85 (Verfassungswidrigkeit der Bekanntmachung einer Entmündigung).

des Betreuungsrechts zu begründen. Sie hatte zumindest den Anspruch, in allen Bereichen von Freiheitsbetätigung mehr selbstbestimmte Freiheit behinderter Menschen zu schaffen, soweit diese zuvor der Entmündigung unterlegen waren. In diesem Kontext ist Selbstbestimmung behinderter Menschen abwehrrechtlich umgesetzt worden, soweit die Restriktionen eigener Rechtsbetätigung aufgehoben oder gelockert worden sind. Die Menschenwürde wird insoweit geachtet, als auch den behinderten Menschen die Regelung ihrer Angelegenheiten soweit als möglich selbst überlassen wird.

Fehlt es an der Fähigkeit, die eigenen Angelegenheiten ohne Hilfe zu regeln, bedarf die Selbstbestimmung des Schutzes und der Gewährleistung durch staatliche Hilfe und Leistung. Die Menschenwürde wird insoweit geschützt, als behinderte Menschen Unterstützung bekommen, ihre Angelegenheiten möglichst selbstbestimmt zu regeln. Achtung und Schutz der Selbstbestimmung hängen eng zusammen. Sie können aber auch in einem Spannungsverhältnis stehen[100]. Im Betreuungsrecht wie in der Rehabilitation können Maßnahmen, die behinderten Menschen helfen sollen, zugleich deren Selbstbestimmung einschränken. Betreuung und Rehabilitation können nicht nur als faktische Freiheit, sondern auch Bevormundung über den richtigen Freiheitsgebrauch sein. Wenn Betreuer oder Sozialleistungsträger vorgeben, was richtig und vernünftig ist, wird Selbstbestimmung verkleinert[101]. Ein dem Selbstbestimmungsrecht verpflichteter sozialer Rechtsstaat muss Regeln für die Lösung dieser Konflikte aufstellen. Lösungsprinzip ist die Konkordanz zwischen nötiger Hilfe und möglicher Selbstbestimmung. Auch die zu Schutz und Unterstützung von Freiheitsgebrauch aufgestellten fürsorglichen Regeln müssen noch im Lichte der Freiheit ausgelegt werden. Grundsatznormen solcher Konfliktlösung sind im Betreuungsrecht und im Rehabilitationsrecht Wunsch- und Wahlrechte[102], die jeweils das Verhältnis eines objektivierten Wohls oder Bedarfs der behinderten Menschen zu ihren subjektiven Wünschen behandeln. Dabei ist für die Konkordanznormen ein gesetzgeberischer Abwägungsspielraum[103] vorhanden. Es sind je nach betroffener Freiheitssphäre unterschiedliche Normen möglich und auch geboten, wie etwa aus dem besonders starken Gewicht der Familien- und Privatsphäre der behinderten Menschen im Betreuungsrecht und Sozialrecht[104] deutlich wird.

5. Geschäftsfähigkeit und rechtliche Betreuung

Selbstbestimmung im rechtlichen Sinne setzt Rechtssubjektivität als das Recht, Rechte zu haben, voraus[105]. Rechtssubjektivität ist im deutschen Recht nicht ein-

---

[100] Vgl. Weinriefer (1987), S. 18.
[101] Vgl. unten IV.C.6.
[102] § 1901 BGB; § 9 Abs. 1 SGB IX; dazu Welti, SGb 2003, S. 379 ff.; unten IV.C.6.c.
[103] Alexy, VVdStRL 61 (2001), S. 1, 18 ff.
[104] § 1905 BGB; § 9 Abs. 1 Satz 2 und 3 SGB IX; vgl. BSG vom 6. Juni 2002, SGb 2002, S. 494 (C-Leg); Welti, SGb 2003, S. 379, 386.
[105] Vgl. Igl, VSSR 1978, S. 201, 248: *„So gesehen kann sich der sozialstaatliche Gestaltungsauftrag auch in der Ausgestaltung und Sicherung der Rechtssubjektivität des Individuums realisieren."*

heitlich geregelt. Grundrechtsfähig sind, wie gezeigt, alle Menschen. Die Rechtsfähigkeit des Menschen im Sinne des Bürgerlichen Rechts beginnt mit der Vollendung der Geburt[106]. Auch diese Regelung setzt den Begriff des Menschen voraus. Die aus der Rechtsfähigkeit folgende Geschäftsfähigkeit als Möglichkeit der Selbstbestimmung in der Gesellschaft in den Formen des Rechts wird jedoch im BGB durch den ersten Titel des dritten Abschnitts[107] und, für behinderte Menschen, durch die rechtliche Betreuung[108] eingeschränkt. Das öffentliche Recht[109] und das Sozialrecht[110] knüpfen an diese zivilrechtlichen Vorschriften an. Im Sozialrecht besteht mit der Handlungsfähigkeit[111] auch eine eigene Kategorie.

a) Geschäftsfähigkeit

Schon nach Römischem Recht durften Geisteskranke keine Geschäfte abschließen[112] und hatten keinen rechtlichen Willen[113]. Nach dem Bürgerlichen Recht[114] ist geschäftsunfähig, wer sich in einem nicht nur vorübergehenden, die freie Willensbestimmung ausschließenden Zustand krankhafter Störung der Geistestätigkeit befindet. Die Bestimmungen des BGB über die Geschäftsunfähigkeit dienen vorrangig dem Schutz der geschäftsunfähigen Personen, aber auch dem Schutz des Rechtsverkehrs[115]. An die Geschäftsfähigkeit im bürgerlichen Recht knüpfen auch die Fähigkeit zur Vornahme von Verfahrenshandlungen im öffentlichen Recht einschließlich des Sozialrechts[116] und die Prozessfähigkeit[117] an. Geschäftsunfähige Personen sind regelmäßig geistig oder seelisch behinderte Menschen.

Bis zum 1992 in Kraft getretenen Betreuungsgesetz waren auch wegen Geisteskrankheit Entmündigte generell geschäftsunfähig[118]. Diese Regelung ist zusammen mit dem Institut der Entmündigung entfallen, das durch das differenzierte System der Betreuung ersetzt worden ist, mit dem die vorhandenen Fähigkeiten der betroffenen Personen besser berücksichtigt werden sollen[119]. Personen unter Betreuung können nach heutigem Recht sowohl generell geschäftsfähig wie auch geschäftsunfähig sein[120]. Das Zusammenwirken beider Regelungskreise wirft daher noch zahlreiche Probleme auf.

[106] § 1 BGB.
[107] §§ 104–113 BGB.
[108] §§ 1896–1908 BGB.
[109] § 12 VwVfG.
[110] § 11 SGB X.
[111] § 36 SGB I.
[112] Digesten, Paulus, 50, 17, 5.
[113] Digesten, Pomponius, 50, 17, 40.
[114] § 104 Nr. 2 BGB.
[115] Hagmann (1999), S. 72 sieht alleine den Schutz der Geschäftsunfähigen bezweckt. Dies ist zwar in der konkreten Normanwendung der vorrangige Zweck, nicht jedoch im Hinblick auf das Institut der Geschäftsunfähigkeit im Ganzen.
[116] §§ 12 Abs. 1 Nr. 1 VwVfG, 11 Abs. 1 Nr. 1 SGB X.
[117] §§ 62 VwGO, § 52 ZPO.
[118] § 104 Nr. 3 BGB a. F.
[119] BT-Drucks. 11/4528, S. 49.
[120] Larenz/Wolf (2004), § 6, Rz 18.

Rechtsfolge der Geschäftsunfähigkeit ist die Nichtigkeit aller Willenserklärungen geschäftsunfähiger Menschen[121]. Diese Regelung ist als zu starr, hinderlich für die Integration behinderter Menschen und von *Canaris* und *Lachwitz* als unverhältnismäßiger und damit verfassungswidriger Eingriff in die Selbstbestimmung behinderter Menschen kritisiert worden, weil sie auch Geschäfte des täglichen Lebens und rechtlich lediglich vorteilhafte Willenserklärungen umfasste[122].

Im Jahre 2002 ist § 105a BGB eingefügt worden. Danach gilt für Geschäfte des täglichen Lebens, die mit geringwertigen Mitteln bewirkt werden können, dass die dabei geschlossenen Verträge als wirksam gelten, sobald Leistung und Gegenleistung bewirkt sind. Dies gilt nicht bei einer erheblichen Gefahr für die Person oder das Vermögen des Geschäftsunfähigen. Eine Regelung über die Geschäfte des täglichen Lebens war auch im Diskussionsentwurf des Bundesministeriums für Justiz für ein zivilrechtliches Antidiskriminierungsgesetz enthalten, der aber in der 14. Wahlperiode nicht eingebracht worden ist[123]. Die Norm ist dann in den Beratungen des Rechtsausschusses in einen anderen Gesetzentwurf der Bundesregierung eingefügt worden[124]. Die Regelung soll zu einer differenzierteren Behandlung geistig behinderter Menschen führen, ohne dabei den nötigen Schutz der Betroffenen aufzuheben[125]. Daher bleibt es bei der Nichtigkeit aller Willenserklärungen Geschäftsunfähiger und fingiert lediglich einen wirksamen, erfüllten Vertrag im Hinblick auf bewirkte Leistung und Gegenleistung. Die Rückabwicklung nach Bereicherungsrecht soll damit ausgeschlossen sein. Erfasst sind entgeltliche und unentgeltliche Geschäfte. Es sollen nach der Begründung des Gesetzes vor allem der Erwerb von Gegenständen des täglichen Bedarfs und von einfachen Dienstleistungen erleichtert werden. Die Beschränkung auf den Aufwand geringer Mittel soll sich objektiv am durchschnittlichen Preis- und Einkommensniveau orientieren und dem Schutz der Geschäftsunfähigen vor Verschwendung dienen.

In der Kritik an der Regelung wird vorgebracht, dass zwar viele tatsächlich geschlossene Geschäfte betroffen sind, Rechtsstreitigkeiten hierüber aber nicht bekannt seien[126]. Dennoch erscheint das Gesetz durch seine Signalwirkung geeignet, die Integration geistig behinderter Menschen in den Rechtsverkehr zu fördern und Recht und Wirklichkeit anzunähern[127]. Das Regelungskonzept wird insofern als halbherzig kritisiert, als auch eine volle oder zumindest halbseitige Wirksamkeit des Rechtsgeschäfts anstelle der bloßen Wirksamkeitsfiktion in Betracht gekommen wäre[128].

Unabhängig davon kann jedoch festgestellt werden, dass mit der Einfügung von § 105a BGB die beachtlichen verfassungsrechtlichen Kritikpunkte von *Canaris*

---

[121] § 105 BGB.

[122] Lachwitz, DAVorm 1989, S. 343, 348; Canaris, JZ 1987, S. 993, 996, ebenso: Hagmann (1999), S. 86 f.

[123] Vgl. Casper, NJW 2002, S. 3425, 3428, Fußnote 18.

[124] Gesetz zur Änderung des Rechts der Vertretung durch Rechtsanwälte vor den Oberlandesgerichten; BT-Drucks. 14/9266 vom 5. August 2002, S. 42 f.; vgl. Casper, NJW 2002, S. 3425.

[125] BT-Drucks. 14/9266, S. 43.

[126] Casper, NJW 2002, S. 3425, 3428.

[127] Casper, NJW 2002, S. 3425, 3429.

[128] Casper, NJW 2002, S. 3425, 3429.

und *Lachwitz* zu einem erheblichen Teil ausgeräumt sind. Wichtig ist aber, dass das Institut der Geschäftsunfähigkeit wegen seiner sehr schwerwiegenden Folgen für die Selbstbestimmung der betroffenen behinderten Menschen einer ständigen verfassungsrechtlichen Prüfung und damit der Suche nach milderen Mitteln zum Schutz geistig und seelisch behinderter Menschen und des Rechtsverkehrs ausgesetzt bleibt. Ob die völlige Geschäftsunfähigkeit in Zukunft im Recht der beschränkten Geschäftsfähigkeit und Betreuung aufgehen könnte, hängt davon ab, wie ein entsprechendes Konzept mit dem Problem von geschäftsunfähigen Personen ohne Betreuer umgeht.

b) Betreuung

(1) Historische Entwicklung

Die heute im BGB geregelte Betreuung steht in der Tradition zivilrechtlicher Fürsorge und Vormundschaft. Schon im Römischen Recht wurden die Institute der *cura furiosi* und *cura mente capti* für geisteskranke Menschen und der *cura debilium personum* für gebrechliche Menschen entwickelt. Diese Rechtsinstitute entwickelten sich aus der Familie und wurden zunehmend gerichtlicher Kontrolle unterworfen. In der Spätzeit des Kaiserreiches wurde ein gerichtlicher Einsetzungsakt obligatorisch. Dabei wurde zwischen der Rechtsmacht zur Mitwirkung bei Rechtsakten, über Vermögen und Person des Mündels differenziert[129].

Im mittelalterlichen deutschen Recht hing die rechtliche Handlungsfähigkeit von der Waffenfähigkeit ab. Menschen, die als geisteskrank oder bresthaft eingestuft wurden, waren nicht waffenfähig. Bresthaftigkeit war ein Sammelbegriff für Sieche, Blinde, Stumme, Lahme, Verkrüppelte und Missgeburten[130]. Für die nicht waffenfähigen Personen handelten ihre wehrhaften Familienmitglieder (Schwertmagen). Die Überwindung dieser Ansicht war ein wichtiger Punkt für die Anerkennung der Rechtsfähigkeit behinderter Menschen[131]. Mit der Rezeption des römischen in das gemeine Recht war der Vormund privatrechtliches Institut, das von der Obrigkeit berufen und beaufsichtigt wurde[132].

Im Preußischen Allgemeinen Landrecht war ein differenziertes Instrumentarium für Personen vorgesehen. Im Wohlfahrtsstaat[133] wurde die Vormundschaft als staatliche Institution verstanden:

„Personen, welche für sich selbst zu sorgen nicht in der Lage sind, stehen unter der besonderen Aufsicht und Vorsorge des Staats."[134]

---

[129] Sachsen Gessaphe (1999), S. 83 f.
[130] Grimmsches Wörterbuch, Bd. 2 (1860), Sp. 373 f.; auch gelegentlich: bresshaft, presshaft; vgl. oben II.A.1.b.(1).
[131] Perl (1926), S. 8.
[132] Sachsenspiegel I 41; vgl. Wagner/Kaiser (2004), S. 7; J. Dieckmann, ZRP 2002, S. 425, 428; Sachsen Gessaphe (1999), S. 87 f.; für das lübische Recht vgl. Kranz (1967), S. 131 ff.
[133] Vgl. oben III.A.5.b.
[134] ALR II 18 § 1.; vgl. J. Dieckmann, ZRP 2002, S. 425, 428.

Der Vormund war nur Beauftragter der Behörde. Ein Vormund war obligatorisch für „Wahnsinnige" und „Blödsinnige" vorgesehen[135]. Für Taubstumme wurde differenziert: Waren sie taub und stumm geboren oder als Kind in diesen Zustand geraten, mussten sie bevormundet werden[136]. War ihnen durch Taubstummheit die Geschäftsbesorgung nur erschwert, so sollte ihnen nur mit Zustimmung ein Vormund bestellt werden[137]. Taubstumme hatten im Übrigen ebenso wie Blinde, beständig Kranke und Analphabeten beim Abschluss von Verträgen einen Beistand zu wählen[138]. Mit dem preußischen Landrecht und dem Code Civil wurde auch erst die allgemeine Geschäftsunfähigkeit der Bevormundeten eingeführt[139], um die Sicherheit des Rechtsverkehrs zu schützen[140].

Mit der preußischen Vormundschaftsordnung von 1875[141] wurde die Vormundschaft wieder als privatrechtliches Verhältnis unter staatlicher Aufsicht verstanden[142]. Im BGB waren bis 1992 zwei Institute der rechtlichen Bestimmung über erwachsene Personen vorgesehen. Dies waren die Vormundschaft[143] und die Gebrechlichkeitspflegschaft[144]. Beide orientierten sich an der Vormundschaft über Minderjährige und damit letztlich am Leitbild der elterlichen Sorge[145]. Die Führung der Vormundschaft oblag dem Vormund, der dabei vom Vormundschaftsgericht beaufsichtigt wurde. Während die Vormundschaft die umfassende gesetzliche Vertretungsmacht und das tatsächliche Sorgerecht für Person und Vermögen des Mündels umfasste, hing die Reichweite der Gebrechlichkeitspflegschaft von der gerichtlichen Übertragung im Einzelfall ab. Die Vormundschaft war somit mit einer umfassenden Entmündigung verbunden und stellte die bevormundeten Personen grundsätzlich Kindern gleich[146].

Um ein flexibleres Instrument zwischen der Entmündigung und der freiwilligen Pflegschaft zu schaffen, wurde in der Rechtsprechung die Zwangspflegschaft entwickelt[147]. 1970 wurden die Amts- und Vereinsvormundschaft, die bis dahin nur im Jugendrecht vorgesehen waren, auch für unter Pflegschaft und Vormundschaft gestellte Personen ermöglicht[148].

---

[135] ALR II 18 § 12.

[136] ALR II 18 § 15.

[137] ALR II 18 § 17.

[138] §§ 5, 18, 51 lit 3, 4, 5 ALR II 18.

[139] Weinriefer (1987), S. 20 f.

[140] Waldschmidt (1999), S. 36: „*Um die Unvernünftigen und Vernunftlosen in die Vertragsgesellschaft einzupassen, wird das Institut der Vormundschaft errichtet.*"; Weinriefer (1987), S. 35.

[141] Preußische Vormundschaftsordnung vom 5. Juli 1875, GS 431; vgl. J. Dieckmann, ZRP 2002, S. 425, 428.

[142] Lipp (1999), S. 120.

[143] §§ 1896–1908 BGB a. F.

[144] §§ 1910, 1920 BGB a. F.; vgl. BVerfG vom 24. Februar 1987, BVerfGE 74, 236.

[145] Sachsen Gessaphe (1999), S. 11.

[146] Zur diskriminierenden Wirkung vgl. BVerfG vom 11. Juni 1991, BVerfGE 84, 192 (keine Offenbarungspflicht der Entmündigung bei Abschluss eines Mietvertrags); BVerfG vom 9. März 1988, BVerfGE 78, 77 (Verfassungswidrigkeit der öffentlichen Bekanntmachung der Entmündigung wegen Verschwendung oder Trunksucht nach § 68 ZPO).

[147] RGZ 52, 240, 244; RGZ 65, 199, 202, BGHZ 48, 147, 159; BVerfGE 19, 93, 97; vgl. Weinriefer (1987), S. 96.

[148] Gesetz vom 9. August 1970, BGBl. I, S. 1197, mit dem § 54a JWG eingefügt wurde; vgl. Weinriefer (1987), S. 44.

In der Handhabung des Gesetzes in der Bundesrepublik Deutschland wurde eine erhebliche Divergenz zwischen Bundesländern und Gerichten beklagt. Es wurde kritisiert, durch die Verwendung von Formularen und eine schematische Praxis seien Mündel und Pfleglinge ohne hinreichende Berücksichtigung des Einzelfalls objekthaft behandelt worden[149]. Verfassungsrechtlich fundierte Kritik am Vormundschafts- und Pflegschaftsrecht wurde 1971 von *Egon Arnold*, einem Mitglied der Kommission zur Reform der Freiwilligen Gerichtsbarkeit, geäußert[150]. Er schlug ein neues Rechtsinstitut der Betreuung vor, bei dessen Anwendung der Verhältnismäßigkeitsgrundsatz stärkere Beachtung finden sollte. Die Enquête-Kommission des Deutschen Bundestages hatte in ihrem Bericht über die Lage der Psychiatrie in Deutschland 1975[151] eine Gesamtreform des Vormundschafts- und Pflegschaftsrechts gefordert. Das bisherige Recht solle durch ein abgestuftes System von Betreuungsmaßnahmen ersetzt werden, bei welchem die Entmündigung durch die Feststellung der Betreuungsbedürftigkeit und die Bestellung eines Betreuers mit Regelung seines Aufgabenkreises ersetzt werden solle[152]. Die Kommission wies darauf hin, dass mit jeder Entmündigung und jeder anderen die rechtliche Handlungsfähigkeit einschränkenden Maßnahme das Recht auf Selbstbestimmung betroffen sei und die Notwendigkeit dieser Beschränkung zunächst überprüft und festgestellt werden müsse[153]. In der weiteren Diskussion wurde aus psychiatrischer Sicht betont, dass psychisch Kranken und geistig Behinderten regelmäßig Selbstbestimmungsrechte verblieben, die es durch ein flexibleres System zu achten und zu aktivieren gelte[154].

Das Betreuungsgesetz ist 1990 beschlossen worden und am 1. Januar 1992 in Kraft getreten[155] und als *„beeindruckendes Beispiel für eine an den Grundrechten orientierte Gesetzgebung"*[156] bewertet worden. Es ist zum 1. Juli 1998 und 1. Januar 1999 durch das Betreuungsrechtsänderungsgesetz[157] und zum 1. Juli 2005 durch das Zweite Betreuungsrechtsänderungsgesetz[158] reformiert worden. Am 31. Dezember 2001 waren in Deutschland 985.099 Betreuungen bestellt. Ende 1992 waren es noch 435.931 gewesen[159]. Zur Erklärung für diese Steigerung wird angeführt, dass die Betreuung im Vergleich zur Entmündigung als weniger diskriminierend empfunden werde und das Rechtsbewusstsein für die Notwendigkeit gewachsen sei, während früher vielfach die Einwilligung Angehöriger als hinreichend für Eingriffe in die Rechte behinderter Menschen empfunden worden sei[160].

---

149 Sachsen Gessaphe (1999), S. 14 f.; BT-Drucks. 7/4200, S. 372 f.
150 Arnold, FamRZ 1971, 291; vgl. Sachsen Gessaphe (1999), S. 17.
151 BT-Drucks. 7/4200.
152 BT-Drucks. 7/4200, S. 34, 371 ff.
153 BT-Drucks. 7/4200, S. 374; vgl. Sachsen Gessaphe (1999), S. 17.
154 Sachsen Gessaphe (1999), S. 18.
155 BT-Drucks. 11/4528 (Regierungsentwurf), 11/6949 (Bericht des Rechtsausschusses); Beschlussfassung am 25. April 1990 im Bundestag und am 1. Juni 1990 im Bundesrat; verkündet am 12. September 1990, BGBl. I 2002.
156 Hannesen/Jacobi/Lachwitz/Vater, VSSR 1992, S. 189, 199.
157 Betreuungsrechtsänderungsgesetz vom 29. Juni 1998, BGBl. 1580.
158 Zweites Gesetz zur Änderung des Betreuungsrechts vom 21. April 2005, BGBl. 1073.
159 Jürgens/Kröger/Marschner/Winterstein (2002) Rz 17 ff.
160 Jürgens/Kröger/Marschner/Winterstein (2002) Rz 18.

(2) Grundzüge des Betreuungsrechts

Die Betreuung ist die zentrale zivilrechtliche Einrichtung, mit der die Selbstbestimmung von behinderten Menschen eingeschränkt wird, indem eine andere Person für sie Rechte ausüben kann. Ziel der Reform und auch gesetzlich formuliertes Leitbild ist zugleich der Schutz der Selbstbestimmung der betreuten Personen. Dies wird dadurch erreicht, dass Errichtung und Ausmaß einer Betreuung an ihre Erforderlichkeit gebunden sind[161]. Auch innerhalb der Betreuung ist der Betreuer an das Wohl des Betreuten gebunden, das auch darin besteht, im Rahmen seiner Fähigkeiten sein Leben nach eigenen Wünschen und Vorstellungen zu gestalten[162]. Der Betreuer ist an Wünsche des Betreuten gebunden, soweit sie dessen Wohl nicht zuwiderlaufen und dem Betreuer zuzumuten sind[163]. Der Betreuer hat innerhalb seines Aufgabenkreises dazu beizutragen, dass Möglichkeiten genutzt werden, die Krankheit und Behinderung des Betreuten zu beseitigen, zu bessern, ihre Verschlimmerung zu verhüten und ihre Folgen zu mildern[164].

(a) Voraussetzungen der Betreuung. Die Eingangsschwelle für die mit der Betreuung verbundene Einschränkung der Selbstbestimmung ist in § 1896 Abs. 1 BGB festgelegt. Danach bestellt das Vormundschaftsgericht auf Antrag oder von Amts wegen einen Betreuer, wenn eine volljährige Person auf Grund einer psychischen Krankheit oder einer körperlichen, geistigen oder seelischen Behinderung seine Angelegenheiten ganz oder teilweise nicht besorgen kann. Soweit die Ursache dafür, dass die Person ihre Angelegenheiten nicht selbst besorgen kann, eine körperliche Behinderung ist, darf der Betreuer nur auf Antrag der Person selbst bestellt werden, es sei denn, dass diese ihren Willen nicht kundtun kann.

Dass neben der seelischen Behinderung auch die psychische Krankheit[165] genannt wird, erscheint vor dem Hintergrund des modernen Behinderungsbegriffs als entbehrlich. Sieht man die Teilhabestörung in der Unfähigkeit, seine Angelegenheiten zu besorgen, so ist seelische Behinderung nichts anderes als die aus einer psychischen Krankheit folgende Teilhabestörung. Der Gesetzgeber des Betreuungsgesetzes ist 1990 noch vom Krankheitsfolgenmodell ausgegangen und hat zur Vermeidung von Unklarheiten die Doppelung von psychischen Krankheiten und seelischen Behinderungen aufgenommen, zumal die psychiatrische Terminologie uneinheitlich war und ist[166].

Die Behinderung und die Unfähigkeit zur Besorgung eigener Angelegenheiten müssen kumulativ vorliegen und miteinander verknüpft sein. Auch das Erfordernis der Verknüpfung ist angesichts des modernen Behinderungsbegriffs kritisch zu sehen: Die Unfähigkeit zur Besorgung eigener Angelegenheiten ist nicht Folge der Behinderung, sondern Teil der gestörten Teilhabe und damit Teil der Behinderung. Damit ist auch die strittige Frage relativiert, ob die Worte „auf Grund" eine kausale

---

[161] § 1896 Abs. 2 BGB.
[162] § 1901 Abs. 1 Satz 2 BGB.
[163] § 1901 Abs. 2 BGB.
[164] § 1901 Abs. 3 BGB.
[165] Vgl. oben II.A.1.a.(1).
[166] Jürgens/Kröger/Marschner/Winterstein (2002) Rz 49.

oder eine nur wertend zuordnende Beziehung beschreiben[167]. Die Verknüpfung ist aber, und das ist entscheidend, positiv zu werten als tatbestandliche Verankerung des Erforderlichkeitsprinzips. Jede Betreuung ist ein Eingriff in die allgemeine Handlungsfähigkeit der betreuten Person, auch wenn ihre Geschäftsfähigkeit fortbesteht[168]. Nur diejenige Behinderung, die sich in der Unfähigkeit zur Besorgung eigener Angelegenheiten äußert, kann Grund einer Betreuung sein. Eine körperliche Behinderung kann dies nur ausnahmsweise sein[169]. Damit soll jeder schematischen Verknüpfung einer bestimmten Gesundheitsstörung mit der Bestellung eines Betreuers entgegengewirkt werden.

Das Gesetz stellt auf die Unfähigkeit zur Besorgung der eigenen Angelegenheiten ab. Damit wird betont, dass es nicht auf eine abstrakte Fähigkeit zur Besorgung von Angelegenheiten, sondern darauf ankommt, was die konkrete Person zu besorgen hat und ob sie dazu in der Lage ist[170]. Die Angelegenheiten können genuin rechtlicher oder tatsächlicher Art sein, auch wenn die Tätigkeit des Betreuers auf das rechtliche Besorgen der Angelegenheiten beschränkt ist[171]. Entscheidend ist die Notwendigkeit rechtswirksamer Sozialkontakte, die sich bei der Organisation verschiedenster Angelegenheiten ergibt[172].

Die Betreuung soll nicht erforderlich sein, soweit die Angelegenheiten durch eine bevollmächtigte Person oder durch andere Hilfen, bei denen kein gesetzlicher Vertreter bestellt wird, ebenso gut wie durch einen Betreuer besorgt werden können[173]. Diese Norm ist nicht nur für den Umfang, sondern auch für die Begründung der Betreuung von Bedeutung. Sie verweist darauf, dass eine selbst bestimmte Bevollmächtigung oder die faktische Unterstützung durch Angehörige und Sozialdienste ausreichend sein können. Die Behinderung im Sinne des Betreuungsrechts kann also nur bei vollständiger Würdigung der Kontextfaktoren eines behinderten Menschen beurteilt werden.

Umstritten ist, in welchem Verhältnis zur Geschäftsfähigkeit die Voraussetzungen der Betreuung stehen. So wird teilweise vertreten, dass die Bestellung eines Betreuers bei geschäftsunfähigen Personen immer zulässig sei. Zutreffend wird dagegen angeführt, dass es Konstellationen geben kann, in denen die Geschäftsfähigkeit nicht zwingend erforderlich ist, da ausschließlich Angelegenheiten zu regeln sind, bei denen es auf die Einwilligungsfähigkeit ankommt[174], also insbesondere gesundheitliche Angelegenheiten bei Personen, die in Einrichtungen untergebracht sind. Dazu kommt, dass durch § 105a BGB erhebliche Spielräume für die eigenständige Besorgung rechtlicher Angelegenheiten Geschäftsunfähiger geschaffen worden sind.

---

[167] Vgl. Jürgens/Kröger/Marschner/Winterstein (2002) Rz 57.
[168] Dröge (1997), S. 45.
[169] OLG Köln vom 5. November 2001, OLGR Köln 2002, S. 45 (keine Betreuung bei Blindheit); Diederichsen in: Palandt, 63. A. (2004), Rz 6–8 zu § 1896 BGB; Jürgens/Kröger/Marschner/ Winterstein (2002) Rz 57; Bienwald in: Staudinger (1999), Rz 31 zu § 1896 BGB.
[170] Jürgens/Kröger/Marschner/Winterstein (2002) Rz 53.
[171] § 1901 Abs. 1 BGB.
[172] Jürgens/Kröger/Marschner/Winterstein (2002) Rz 53a.
[173] § 1896 Abs. 2 Satz 2 BGB.
[174] Jürgens/Kröger/Marschner/Winterstein (2002) Rz 63a.

(b) Auswahl des Betreuers. Ob der Betreuer Helfer der Selbstbestimmung der betreuten Person sein kann, wird dadurch entschieden, nach welchen Kriterien er ausgewählt wird. Das Vormundschaftsgericht bestellt eine natürliche Person, die geeignet ist, in dem gerichtlich bestimmten Aufgabenkreis die Angelegenheiten des Betreuten zu besorgen und ihn hierbei im erforderlichen Umfang persönlich zu betreuen[175]. Für die Geeignetheit sind positive und negative Kriterien im Gesetz genannt.

Dem Vorschlag der zu betreuenden Person für eine Betreuerbestellung ist zu entsprechen, wenn es ihrem Wohl nicht zuwiderläuft[176]. Diese Regelung entspricht der zentralen Bedeutung, welche die verbliebenen Möglichkeiten der Selbstbestimmung und Artikulation haben sollten und berücksichtigt, dass persönliches Vertrauen Fundament einer Betreuung ist[177], die im Interesse des Schutzes von Selbstbestimmung und Teilhabe bestellt wird. Das bedeutet, dass ein Wunsch der betreuten Person vom Vormundschaftsgericht auch dann zu respektieren ist, wenn die vorgeschlagene Person nicht als die bestgeeignete Person erscheint oder geringe potenzielle Interessenkonflikte bestehen[178]. Dies gilt nicht gleichermaßen, wenn die zu betreuende Person vorschlägt, einen bestimmten Betreuer nicht zu bestellen. Hierauf soll nur Rücksicht genommen werden[179]. Der Vorrang des Willens der betreuten Person bedeutet auch, dass ihre Anhörung, soweit möglich, Voraussetzung für eine richtige Entscheidung des Vormundschaftsgerichts ist[180].

Die Eignung ist im Übrigen nicht abstrakt, etwa nach der Ausbildung, sondern wiederum konkret nach der Persönlichkeit und den zu besorgenden Angelegenheiten zu beurteilen[181]. Damit ist die Entscheidung nicht nur subjektiv, sondern auch objektiv an den individuellen Verhältnissen zu orientieren. Dem entspricht die Vorgabe, dass bei der Auswahl, wenn kein Wunsch vorliegt, auf die verwandtschaftlichen und sonstigen persönlichen Bindungen, insbesondere zu Eltern, Kindern und Ehegatten Rücksicht zu nehmen ist[182]. Im gleichen Absatz wird als weiteres Entscheidungskriterium die Vermeidung von Interessenskonflikten hervorgehoben. Dieser Gesichtspunkt ist konkretisiert in dem Verbot einer Betreuerbestellung von Personen, die in einem Abhängigkeitsverhältnis oder in einer engen Beziehung zu einer Anstalt, einem Heim oder einer Einrichtung stehen, in welcher die betreute Person untergebracht ist[183]. Dieses Kriterium dient dem Schutz des Instituts der Betreuung vor seinem Missbrauch durch Betreuer, die primär eigenen Interessen verpflichtet sind und darum gerade nicht der Selbstbestimmung und den Handlungsmöglichkeiten des Betreuten zur Entfaltung verhelfen. So könnte ein Betreuer aus dem Heimpersonal wohl selten Wunsch oder Interesse an einem Heimwechsel oder auch nur Beschwerden über die Unterbringungsqualität artiku-

---

175 § 1897 Abs.1 BGB.
176 § 1897 Abs. 4 Satz 1 BGB.
177 Vgl. Diercks (1997), S. 25 ff.
178 Jürgens/Kröger/Marschner/Winterstein (2002) Rz 119.
179 § 1897 Abs. 4 Satz 2 BGB.
180 Jürgens/Kröger/Marschner/Winterstein (2002) Rz 114.
181 Jürgens/Kröger/Marschner/Winterstein (2002) Rz 108.
182 § 1897 Abs. 5 BGB.
183 § 1897 Abs. 3 BGB.

lieren. Andererseits bedeutet das Kriterium auch eine erhebliche Einschränkung des in Frage kommenden Personenkreises. So können nahe Verwandte als potenzielle Erben unter Umständen ungeeignete Betreuer sein[184]. Konflikte können so gelöst werden, dass für verschiedene Aufgabenkreise unterschiedliche Betreuer bestellt werden[185].

Der Gesetzgeber verfolgte mit dem Betreuungsgesetz das Leitbild der ehrenamtlichen Betreuung im Rahmen bürgerschaftlichen Engagements. Hierzu sind Betreuungsvereine vorgesehen[186], welche die Tätigkeit der einzelnen Betreuer unterstützen sollen. In der Praxis finden sich aber nicht genügend ehrenamtliche Betreuer, so dass viele Betreuungen durch einen Betreuungsverein[187] oder durch eine Behörde[188] übernommen werden. Dies sind faktisch beruflich ausgeübte Betreuungen. Schon zur Vormundschaft hatte das BVerfG entschieden, dass Anwälte, die für eine Vielzahl von Betreuungen bestellt waren, wegen ihrer Berufsfreiheit und zum Schutze mittelloser Mündel ein Entgelt erhalten mussten[189]. Unter der Geltung des Betreuungsgesetzes bildet sich der Berufsbetreuer als neues Berufsbild mit eigenen Verbänden und Interessen heraus. Mit dem Betreuungsrechtsänderungsgesetz ist versucht worden, die ehrenamtliche Betreuung zu stärken und die Berufsbetreuung neu zu regeln[190]. Dabei ist verankert worden, dass Berufsbetreuer nur dann bestellt werden sollen, wenn keine geeignete Person zur ehrenamtlichen Führung der Betreuung bereit ist[191]. Auch hier ist zu erkennen, dass, neben finanziellen Erwägungen, auch die persönliche und die Selbstbestimmung fördernde Dimension der Betreuung gestärkt werden sollte. Dies setzt aber voraus, dass ehrenamtliche Betreuer zur Verfügung stehen.

Ein Betreuer kann von Amts wegen auch gegen den natürlichen Willen der betroffenen Person bestimmt werden, der von ihrem freien Willen zu unterscheiden ist[192]. Hier liegt ein schwerer Eingriff in die Selbstbestimmung vor, der besonders sorgfältiger Abwägung bedarf. Gegen den Willen der betreuten Person kann ein Betreuer daher nur bestellt werden, wenn positiv feststeht, dass die betroffene Person ihre Rechte nicht selbst wahrnehmen kann, sondern hierzu der Hilfe bedarf, weil sie sonst sich selbst oder andere schädigen würde[193].

(c) Entlassung des Betreuers. Der Betreuer kann vom Vormundschaftsgericht entlassen werden. An erster Stelle ist hierfür als objektiver Grund genannt, dass seine Eignung nicht mehr gewährleistet ist oder ein anderer wichtiger Grund vorliegt[194].

---

184 Jürgens/Kröger/Marschner/Winterstein (2002) Rz 111.
185 § 1899 Abs. 1 BGB.
186 § 1908 f BGB; vgl. oben III.D.6.g.
187 § 1900 Abs. 1 BGB.
188 § 1900 Abs. 4 BGB.
189 BVerfG vom 1. Juli 1980, BVerfGE 54, 251, 270 ff.; dazu Lücke, AöR 107 (1982), S. 15, 59.
190 Jürgens/Kröger/Marschner/Winterstein (2002) Rz 24 ff.
191 § 1897 Abs. 6 Satz 1 BGB.
192 § 1896 Abs. 1a BGB in der Fassung des Zweiten Betreuungsrechtsänderungsgesetzes gibt dem „freien Willen" gegen eine Betreuung absoluten Vorrang, nicht jedoch einem Willen, der ohne Einsichtsfähigkeit gebildet wird, BT-Drucks. 15/2494, S. 28.
193 Jürgens/Kröger/Marschner/Winterstein (2002) Rz 63a f.
194 § 1908b Abs. 1 Satz 1 BGB.

Weiterhin soll das Vormundschaftsgericht die Nachrangigkeit der Berufsbetreuung durch Entlassung des Berufsbetreuers durchsetzen, wenn eine ehrenamtliche Betreuung möglich wird[195]. Der Wunsch der betreuten Person nach Entlassung des Betreuers ist dagegen, ebenso wie der negative Wunsch bei der Bestellung, alleine nicht hinreichend. Die betreute Person muss eine gleich geeignete Person, die zur Übernahme bereit ist, als neuen Betreuer vorschlagen. Dann kann das Gericht den alten Betreuer entlassen[196]. Diese Regelung erscheint restriktiv, wenn man bedenkt, dass bei der Erstbestellung der Wunsch sich auch gegen geeignetere Alternativen durchsetzen kann. Daraus folgt, dass die Ermessensausübung sich vor allem an der Selbstbestimmung orientieren muss und das Vormundschaftsgericht einem Alternativvorschlag im Regelfall folgen muss, wenn ihm nicht das Wohl des Betroffenen entgegensteht[197].

Der Betreuer ist verpflichtet, dem Vormundschaftsgericht Umstände mitzuteilen, die ermöglichen, den Aufgabenkreis einzuengen oder die Betreuung aufzuheben[198]. Betreuer sollen sich selbst überflüssig und entbehrlich machen und jederzeit bereit sein, einer authentischen Artikulation der Selbstbestimmung der betreuten Person wieder Raum zu geben. Dieses Ziel verträgt sich nur schwer mit der Existenz von Berufsbetreuern, die darauf achten müssen, ihren Lebensunterhalt durch Fortsetzung von Betreuungen zu verdienen.

(d) Bestimmung des Betreuungsumfangs. Der Umfang der Betreuung wird nach seiner Erforderlichkeit festgelegt[199]. Mit dieser knappen Regelung ist im Betreuungsgesetz eine Absage an jede pauschale und weit gehende Anordnung von Betreuungen enthalten. Ausdrücklich festgehalten ist, dass als Aufgabenkreis auch die Geltendmachung von Rechten des Betreuten gegenüber seinem Bevollmächtigten bestimmt werden kann[200]. Damit ist die Gefahr berücksichtigt, dass bevollmächtigte Personen ihre Vollmacht zu Lasten der Selbstbestimmung ausnutzen könnten. Die Entscheidung über den Fernmeldeverkehr des Betreuten, das Öffnen und Anhalten seiner Post werden vom Aufgabenkreis des Betreuers nur umfasst, wenn das Gericht dies ausdrücklich angeordnet hat[201]. Damit wird der besonderen Bedeutung des Post- und Telefongeheimnisses[202] und der unbeschränkten Kommunikation für die Selbstbestimmung Rechnung getragen. Eine Bestellung für „alle Angelegenheiten" soll nach dem gesetzlichen Leitbild der Ausnahmefall sein[203]. Auch pauschale Bezeichnungen von Angelegenheiten wie etwa die gesamte Gesundheitssorge sind zwar in der Praxis häufig, verstoßen jedoch gegen den Erforderlichkeitsgrundsatz[204].

---

[195] § 1908b Abs. 1 Satz 2, Abs. 5 BGB.
[196] § 1908b Abs. 3 BGB.
[197] A. Jürgens, BtR, 2.A. (2001), Rz 10 zu § 1908b.
[198] § 1901 Abs. 5 BGB.
[199] § 1896 Abs. 2 Satz 1 BGB.
[200] § 1896 Abs. 3 BGB.
[201] § 1896 Abs. 4 BGB.
[202] Art. 10 Abs. 1 GG.
[203] Jürgens/Kröger/Marschner/Winterstein (2002) Rz 82.
[204] Jürgens/Kröger/Marschner/Winterstein (2002) Rz 84.

Als besonders einschneidende Form der Betreuung ist die Anordnung eines Einwilligungsvorbehalts möglich[205]. Dies bedeutet, dass der Betreute zu einer Willenserklärung, die den Aufgabenkreis des Betreuers betrifft, dessen Einwilligung bedarf. Diese Regelung weicht von der regelmäßigen Konstellation ab, in der Willenserklärungen eines geschäftsfähigen Betreuten gültig sind und auch im Aufgabenkreis des Betreuers weiter erfolgen können. Der Einwilligungsvorbehalt hat somit für seinen Bereich praktisch die Wirkung einer gerichtlichen Feststellung der Geschäftsunfähigkeit und ähnelt damit der Entmündigung. Der Einwilligungsvorbehalt erstreckt sich nicht auf Willenserklärungen, die der betreuten Person lediglich einen rechtlichen Vorteil bringen[206]. Soweit das Gericht nichts anderes anordnet, gilt dies auch, wenn die Willenserklärung eine geringfügige Angelegenheit des täglichen Lebens betrifft[207]. Die Anordnung eines Einwilligungsvorbehalts ist nur zulässig, soweit dies zur Abwendung einer erheblichen Gefahr für die Person oder das Vermögen der betreuten Person erforderlich ist. Damit wird der Ausnahmecharakter des Einwilligungsvorbehalts deutlich[208]. Bei den im Jahr 2000 erfolgten Neubestellungen sind im Bundesdurchschnitt in 4,15 % der Fälle auch Einwilligungsvorbehalte angeordnet worden[209].

(e) Stellung des Betreuers. Betreuer haben eine rechtliche Stellung, die sich durch ihre in ihrem Aufgabenkreis umfassende zivilrechtliche Vertretungsmacht[210] und angestrebte persönliche Vertrauensstellung und durch ihre hoheitliche Bestellung definiert. Sie betreiben insofern öffentliche Fürsorge durch Wahrnehmung privater Angelegenheiten[211]. Das verbindende Element ist die Verpflichtung des Betreuers auf die Hilfe für die betreute Person zur Verwirklichung ihrer Selbstbestimmung[212] und damit zur möglichst umfassenden Teilhabe am Grundrechtsgebrauch.

Dem entspricht, dass Betreuer bei der Besorgung der Angelegenheiten der betreuten Person auf deren Wohl verpflichtet sind und das Gesetz näher präzisiert:

„Zum Wohl des Betreuten gehört auch die Möglichkeit, im Rahmen seiner Fähigkeiten sein Leben nach seinen eigenen Wünschen und Vorstellungen zu gestalten." (§ 1901 Abs. 2 Satz 2 BGB).

Damit erhält die Förderung der individuellen Selbstbestimmung eine objektive Komponente, die vom Betreuer auch dann zu beachten ist, wenn von der betreuten Person zunächst keine Wünsche artikuliert werden. Ein von der Person gewählter Lebensstil ist darum soweit wie möglich zu respektieren[213]. Das Ziel des Gesetzes, die Selbstbestimmung der betreuten Person zu sichern, wird auch daran deutlich,

---

205 § 1903 Abs. 1 BGB.
206 § 1903 Abs. 3 Satz 1 BGB.
207 § 1903 Abs. 3 Satz 2 BGB.
208 Jürgens/Kröger/Marschner/Winterstein (2002) Rz 101.
209 Jürgens/Kröger/Marschner/Winterstein (2002) Rz 106.
210 § 1902 BGB.
211 BVerfGE 10, S. 302, 311 für die Pflegschaft, als für den Betreuer ebenso zutreffend zitiert bei Jürgens/Kröger/Marschner/Winterstein (2002) Rz 154.
212 Jürgens/Kröger/Marschner/Winterstein (2002) Rz 154.
213 Jürgens/Kröger/Marschner/Winterstein (2002) Rz 160.

dass der Betreuer vor der Erledigung wichtiger Angelegenheiten diese mit ihr zu besprechen hat[214].

Wenn Wünsche vorhanden sind, hat der Betreuer ihnen zu entsprechen, soweit dies dessen Wohl nicht zuwiderläuft und dem Betreuer zuzumuten ist[215]. Die Wünsche müssen gerade nicht auf der Basis von Geschäftsfähigkeit und Vernünftigkeit geäußert werden, sondern sie sind, bis zur Grenze des Wohls der betreuten Person, Ausdruck derjenigen Selbstbestimmung, die der Betreuer schützen und verwirklichen helfen soll. Dabei ist aber zu beachten, dass das Prinzip der persönlichen Betreuung keine Selbstverleugnung des Betreuers verlangt, sondern dessen Einsatz als Mitmensch mit eigenen Präferenzen und Werten voraussetzt. Insofern kann es, neben den Fällen des Interessenkonflikts, auch Rechtsgeschäfte geben, an denen sich der Betreuer aus Gründen des eigenen Gewissens nicht beteiligen will und muss[216]. Er wird dies gegenüber der betreuten Person deutlich machen müssen. Kommt eine solche Situation häufiger vor, ist der Betreuer aber nicht berufen, die betreute Person zu „bessern", sondern muss beim Vormundschaftsgericht seine Entlassung verlangen[217].

(f) Betreuung und Rehabilitation. Innerhalb seines Aufgabenkreises hat der Betreuer dazu beizutragen, dass Möglichkeiten genutzt werden, die Krankheit oder Behinderung der betreuten Person zu beseitigen, zu bessern, ihre Verschlimmerung zu verhüten oder ihre Folgen zu mildern[218]. Damit ist eine inhaltliche Bindung des Betreuerhandelns an die Ziele der Rehabilitation und Teilhabe festgeschrieben, wie sie im Sozialrecht[219] formuliert sind. Diese Bindung soll deutlich machen, dass Ziel der Betreuung auch ist, diejenigen Voraussetzungen zu verändern und aufzuheben, die sie nötig gemacht haben. Dieses Ziel geht dahin, möglichst viel Selbstbestimmung und Handlungsmöglichkeiten der betreuten Person wiederherzustellen. Es kann in einem Spannungsverhältnis zur aktuellen Verpflichtung der Betreuung auf die Selbstbestimmung der betreuten behinderten Person stehen. So erscheint es fraglich, ob die Selbstbestimmung, wie plakativ formuliert wird, auch ein Recht auf Verwirrtheit und ein Recht auf Verwahrlosung umfasst[220]. Allerdings ist in der Norm vorausgesetzt, dass Möglichkeiten zur Rehabilitation bestehen. Dies setzt voraus, dass die betreute Person bereit und in der Lage ist, sie zu nutzen. Rehabilitation gegen den Willen der betroffenen Person kann auf der Grundlage des Betreuungsrechts nicht erzwungen werden und ist auch sozialrechtlich aus gutem Grund nicht vorgesehen[221]. Sehr wohl kann und muss aber der Betreuer im Rahmen seines Aufgabenkreises offen dafür sein, die Möglichkeiten der Rehabilitation und Teilhabe für die betreute Person zu erkennen und zu erschließen[222].

---

[214] § 1901 Abs. 3 Satz 3 BGB.

[215] § 1901 Abs. 3 Satz 1 BGB.

[216] Anders: Jürgens/Kröger/Marschner/Winterstein (2002) Rz 168, wonach es dem Betreuer immer zumutbar sei, im Interesse der betreuten Person zu handeln.

[217] § 1908b Abs. 2 BGB.

[218] § 1901 Abs. 4 BGB.

[219] § 10 SGB I; §§ 1, 4 Abs. 1 SGB IX.

[220] So Jürgens/Kröger/Marschner/Winterstein (2002) Rz 164.

[221] § 9 Abs. 4 SGB IX.

[222] Vgl. § 61 Abs. 3 SGB IX; vgl. Bienwald in: Staudinger (1999), Rz 33 zu § 1901 BGB.

c) Vertretungsmacht von Ehepartnern und Angehörigen

Behinderte Menschen können auch von ihren Ehepartnern und Angehörigen vertreten werden. Bei der Auswahl des Betreuers ist, soweit volljährige Personen keine Vorschläge machen, auf verwandtschaftliche und persönliche Bindungen, insbesondere zu Eltern, zu Kindern, zum Ehegatten und zum Lebenspartner Rücksicht zu nehmen[223]. Bei minderjährigen behinderten Kindern und Jugendlichen gelten die elterliche Sorge für die Person und das Vermögen des Kindes und die gesetzliche Vertretungsmacht der Eltern[224]. Sie kann hier intensiver sein als bei nichtbehinderten Kindern und Jugendlichen, wenn Fähigkeit und Bedürfnis des Kindes zu selbstständigem verantwortungsbewusstem Handeln[225] geringer ausgeprägt sind als bei anderen Kindern und Jugendlichen.

Ehegatten können zur angemessenen Deckung des Lebensbedarfs der Familie Geschäfte auch mit Wirkung für den anderen Ehegatten besorgen[226]. Im Übrigen bestehen zwischen Ehegatten und zwischen volljährigen Verwandten keine gesetzlichen Vertretungsbefugnisse. Diese können aber durch Vollmacht übertragen werden. Eine solche Vollmacht kann für den Fall des Eintritts einer geistigen oder seelischen Behinderung oder einer Bewusstlosigkeit auch vorbeugend erteilt werden (Vorsorgevollmacht). Darüber hinaus können Ehegatten und volljährige Verwandte auch als vollmachtlose Vertreter eines behindert gewordenen Ehegatten oder Verwandten auftreten. Diese Möglichkeit ist jedoch mit erheblicher Rechtsunsicherheit verbunden[227] und ist für persönlich zu leistende Rechtsgeschäfte oder die Zustimmung bei Heilbehandlungen nicht geeignet.

Der geltende Rechtszustand verweist Ehegatten und Verwandte einer behindert gewordenen Person auf das Betreuungsrecht, soweit keine vorsorgliche Vollmacht vorliegt. Dies wird kritisiert, da Ehegatten untereinander sowie Eltern für ihre Kinder zum Beistand verpflichtet sind[228], diesen aber mangels Rechtsmacht oft nicht leisten können[229]. Zudem wird angenommen, dass in der Bevölkerung überwiegend angenommen wird, eine entsprechende rechtliche Vertretungsmacht bestehe. Schließlich wird in der Verweisung auf das Betreuungsverfahren ein unnötiger staatlicher Eingriff in die Familie und eine kostenintensive Belastung des Staates gesehen. Der Bundesrat hat mit diesen Gründen den Entwurf eines Betreuungsrechtsänderungsgesetzes eingebracht[230]. Darin wird eine gesetzliche Vertretung durch Ehegatten für die Vermögenssorge bei Bankguthaben bis 3000 €, in

---

[223] § 1897 Abs. 5 BGB-
[224] §§ 1626 Abs. 1, 1629 Abs. 1 BGB.
[225] Vgl. § 1626 Abs. 2 BGB.
[226] § 1357 Abs. 1 BGB; vgl. zur Kritik an der Anknüpfung hieran: Chiusi, ZRP 2004, S. 119, 121.
[227] §§ 177–179 BGB.
[228] §§ 1363, 1618a BGB.
[229] Vgl. kritisch: Chiusi, ZRP 2004, S. 119, 121 f.; Gödicke, FamRZ 2003, S. 1894.
[230] BR-Drucks. 865/03, entspricht BT-Drucks. 15/2494, S. 5. Vgl. zur Diskussion vor dem Entwurf: Probst/Knittel, ZRP 2001, S. 55 ff.; J. Dieckmann, ZRP 2002, S. 425 ff.; Die hier referierten Regelungen der §§ 1358, 1358a, 1618b BGB-E sind wiedergegeben bei Gödicke, FamRZ 2003, S. 1894, 1895, 1898. Sie sind von der Bundesregierung abgelehnt worden, BT-Drucks. 15/2494, S. 24 ff., und nicht Gesetz geworden, BT-Drucks. 15/4874, S. 26.

sozial- und steuerrechtlichen Angelegenheiten und bei Mietverhältnissen vorgeschlagen. Die Vertretungsmacht soll einsetzen, wenn ein Ehegatte erklärt, dass er
nicht getrennt lebt, keine Vollmacht, keine Betreuung und kein entgegenstehender
Wille des anderen Ehegatten vorliegt und ein ärztliches Zeugnis dessen Handlungsunfähigkeit bescheinigt. Unter den gleichen Voraussetzungen soll der andere
Ehegatte auch die Gesundheitssorge für Erklärungen zur Untersuchung des Gesundheitszustands, zu einer Heilbehandlung oder einem ärztlichen Eingriff erhalten[231]. Eine entsprechende gesetzliche Vertretungsbefugnis in der Gesundheitssorge soll auch für Eltern und volljährige Kinder einer handlungsunfähigen Person
entstehen. Dabei sind Kinder vor Eltern erklärungsbefugt und von mehreren Kindern und Elternteilen jeder alleinvertretungsberechtigt; der Widerspruch eines einzelnen soll beachtlich sein.

Den für diesen Vorschlag geäußerten Argumenten stehen erhebliche Einwände
gegenüber. So besteht die Gefahr interessenwidrigen Handelns insbesondere bei
einander entfremdeten Ehepartnern und Angehörigen. Im Entwurf wird die
pflichtbewusste gegenseitige Fürsorge vorausgesetzt[232], was sicher nicht immer der
familiären Realität entspricht[233]. Korrekturen durch eine Überwachung der Vertretungsmacht oder die Möglichkeit zum Entzug sind in dem Entwurf nicht vorgesehen[234]. Schließlich kann auch eingewandt werden, dass Ehegatten und Familienangehörige gerade durch die sofort per Gesetz eintretende Vertretungsmacht etwa
nach einem Unfall oder in einer gesundheitlichen Krise überfordert sein könnten[235]. Für die von Geburt oder Kindheit an behinderten Menschen würde die Regelung dazu führen, dass die Volljährigkeit eine geringere rechtliche Zäsur wäre.
Zu den großen sozialen Problemen dieses Personenkreises gehört, dass die Ver-
selbstständigung vom Elternhaus oft sehr schwierig ist. Eine rechtliche Regelung,
die die elterliche Vertretungsmacht in einem wichtigen Bereich fortschriebe,
könnte dies verschärfen. Bei dem Entwurf wurden wohl insgesamt eher kurzfristige Situationen der Handlungsunfähigkeit als dauerhafte Behinderungen in Betracht gezogen[236]. Insgesamt handelt es sich bei dem Vorschlag um eine bedenkliche Beschränkung des Selbstbestimmungsrechts behinderter und nicht handlungs-
fähiger Personen, die gegenüber dem geltenden Recht als Rückschritt zu werten
wäre.

6. Selbstbestimmung im Sozialrecht

Sozialleistungen können und sollen behinderten Menschen helfen, selbstbestimmt
zu leben. Die Art, wie sie gewährt werden, kann aber auch Selbstbestimmung einschränken. Dies betrifft die Frage, ob Leistungen zur Teilhabe freiwillig in Anspruch genommen werden oder ob behinderte Menschen Pflichten oder Obliegen-

---

[231] Vgl. unten V.B.3.
[232] Vgl. Probst/Knittel, ZRP 2001, S. 55, 58 f.
[233] Gödicke, FamRZ 2003, S. 1894, 1897.
[234] Chiusi, ZRP 2004, S. 119, 120.
[235] Gödicke, FamRZ 2003, S. 1894, 1899.
[236] Chiusi, ZRP 2004, S. 119, 123.

heiten zur Rehabilitation haben. Weiter ist zu untersuchen, ob und wie behinderte Menschen selbst bestimmen oder mitbestimmen können, welche Leistungen zur Teilhabe sie in Anspruch nehmen und wie diese ausgestaltet werden. Diese Frage betrifft das einzelne Sozialleistungsverhältnis. Sie kann aber auch für das System der sozialrechtlichen Leistungserbringung im Ganzen gestellt werden. Dieses ist für Leistungen zur Teilhabe ganz überwiegend auf dem Sach- und Dienstleistungsprinzip aufgebaut. In den letzten Jahren wird verstärkt diskutiert, ob eine Erbringung der Leistungen als Geldleistung zu mehr Selbstbestimmung führen könnte.

a) Freiwilligkeit der Rehabilitation

Die Leistungen zur Teilhabe der meisten Rehabilitationsträger und Pflegeleistungen werden nur auf Antrag erbracht[237]. Eine Leistungserbringung von Amts wegen ist nur im Unfallversicherungsrecht[238] und im Sozialhilferecht[239] möglich. Durch das Antragsrecht ist die Frage, ob Leistungen zur Teilhabe in Anspruch genommen werden, Gegenstand selbstbestimmter Entscheidung der leistungsberechtigten behinderten oder von Behinderung bedrohten Menschen.

Nach dem SGB IX bedürfen Leistungen zur Teilhabe der Zustimmung der Leistungsberechtigten[240]. Damit wird klargestellt, dass nicht nur die generelle Einleitung eines Leistungsverfahrens, sondern jede einzelne Leistung zur Disposition der berechtigten Person steht. Eine Leistung zur Teilhabe darf nicht gegen den Willen einer Person erbracht werden. Sind Kinder[241] oder Personen unter Betreuung[242] leistungsberechtigt, so ist im Rahmen des Möglichen immer auch deren natürlicher Wille zu beachten und als maßgeblich anzusehen. Die Freiwilligkeit der Leistungen zur Teilhabe ist nicht nur eine Folge der verfassungsrechtlich gebotenen Selbstbestimmung. Eine Rehabilitation gegen den Willen der betroffenen Personen ist schon definitionsgemäß kaum möglich. Während Gesundheitsstörungen in besonderen Fällen gegen den Willen der betroffenen Person behandelt werden können, ist eine auch auf die Teilhabe gerichtete Leistung kaum ohne Mitwirkung und Willen der Person möglich, die an etwas teilhaben soll. Auch der Vorrang von Rehabilitation vor Rente modifiziert diesen Grundsatz nur: Wer auf eine Rente fixiert ist, bei dem hat Rehabilitation kaum Erfolgsaussicht[243]. Rechtlich sind somit nur Anreize möglich, die diesen Willen im Sinne der Rehabilitation beeinflussen sollen[244].

---

[237] § 19 Satz 1 SGB IV; § 33 Abs. 1 SGB XI.
[238] § 19 Satz 2 SGB IV.
[239] § 18 Abs. 1 SGB XII.
[240] § 9 Abs. 4 SGB IX.
[241] Vgl. § 1626 Abs. 2 BGB.
[242] Vgl. § 1901 Abs. 2 BGB.
[243] Schütte, ZSR 2004, S. 473, 479.
[244] Bieback, ZSR 2003, S. 403, 432.

b) Mitwirkungspflichten und Obliegenheiten

Begrenzungen der Selbstbestimmung ergeben sich aus allgemeinen und besonderen sozialrechtlichen Mitwirkungspflichten. Diese verknüpfen insbesondere den Anspruch auf Geldleistungen für behinderte Menschen mit Obliegenheiten, die Leistungen zur Teilhabe betreffen.

(1) Allgemeines Sozialrecht

Wer wegen Krankheit oder Behinderung Sozialleistungen beantragt oder erhält, soll sich auf Verlangen des zuständigen Leistungsträgers einer Heilbehandlung unterziehen, wenn zu erwarten ist, dass sie eine Besserung des Gesundheitszustands herbeiführen oder eine Verschlechterung verhindern wird[245]. Wer wegen Minderung der Erwerbsfähigkeit oder wegen Arbeitslosigkeit Sozialleistungen beantragt oder erhält, soll auf Verlangen des zuständigen Leistungsträgers an Leistungen zur Teilhabe am Arbeitsleben teilnehmen, wenn bei angemessener Berücksichtigung seiner beruflichen Leistungsfähigkeit zu erwarten ist, dass sie seine Erwerbs- oder Vermittlungsfähigkeit auf Dauer fördern und erhalten werden[246]. Die Sozialleistungsberechtigten müssen danach an ihrer Rehabilitation aktiv mitwirken[247].

Diese Mitwirkungspflichten bestehen nicht, wenn ihre Erfüllung nicht in einem angemessenen Verhältnis zu der in Anspruch genommenen Sozialleistung steht oder wenn ihre Erfüllung der betroffenen Person aus wichtigem Grund nicht zugemutet werden kann[248]. Behandlungen und Untersuchungen, bei denen ein Schaden für Leben und Gesundheit nicht mit hoher Wahrscheinlichkeit ausgeschlossen sind, die mit erheblichen Schmerzen verbunden sind oder die einen erheblichen Eingriff in die körperliche Unversehrtheit bedeuten, können abgelehnt werden[249]. Obwohl diese Normen im SGB I als Mitwirkungspflichten bezeichnet sind, handelt es sich um Obliegenheiten, deren Erfüllung nicht verlangt werden kann[250]. Kommt ein behinderter Mensch, der eine Sozialleistung wegen Pflegebedürftigkeit, wegen Arbeitsunfähigkeit, wegen Gefährdung oder Minderung der Erwerbsfähigkeit oder wegen Arbeitslosigkeit beantragt oder erhält, diesen Mitwirkungspflichten nicht nach und ist unter Würdigung aller Umstände anzunehmen, dass deshalb die Fähigkeit zur selbstbestimmten Lebensführung, die Arbeits-, Erwerbs- oder Vermittlungsfähigkeit beeinträchtigt oder nicht verbessert wird, kann der Sozialleistungsträger die Leistung bis zur Nachholung der Mitwirkung ganz oder teilweise versagen oder entziehen[251]. Die leistungsberechtigte Person muss auf diese Folgen fehlender Mitwirkung hingewiesen werden und ihr muss eine angemessene Frist gesetzt werden[252]. Wird die Mitwirkung nachgeholt und liegen die Leistungsvoraussetzungen vor, kann der Sozialleistungsträger die versagten Sozialleistungen

---

245 § 63 SGB I.
246 § 64 SGB I.
247 Keller, SozVers 1999, S. 281, 283.
248 § 65 Abs. 1 Nr. 1 und 2 SGB I.
249 § 65 Abs. 2 SGB I.
250 Keller, SozVers 1999, S. 281, 284.
251 § 66 Abs. 2 SGB I.
252 § 66 Abs. 3 SGB I.

nachträglich ganz oder teilweise erbringen[253]. Zur Untätigkeit ist der Sozialleistungsträger nicht berechtigt, wenn er meint, Mitwirkungspflichten würden nicht erfüllt[254].

Die Folgen fehlender Mitwirkung zeigen den Charakter der Mitwirkungspflichten als Obliegenheiten innerhalb des Sozialrechtsverhältnisses auf. Es handelt sich nicht um Sanktionen für Fehlverhalten, sondern um einen Teil gegenseitiger Pflichten im Sozialrechtsverhältnis. Die Minderung des Risikos, durch Arbeitsunfähigkeit, Erwerbsminderung, Arbeitslosigkeit oder Pflegebedürftigkeit auf öffentliche Leistungen angewiesen zu sein, wird von behinderten und Behinderung bedrohten Menschen verlangt, wenn sie wegen dieser Risiken gesichert sein wollen. Sie können aus faktischen Gründen ebenso wie auf Grund ihres allgemeinen Persönlichkeitsrechts[255] nicht zu Rehabilitation und Teilhabe gezwungen werden, ihnen können aber Geldleistungen versagt werden, wenn sie zumutbare Bemühungen unterlassen, die Voraussetzungen ihrer Teilhabe zu verbessern. Zweck der Regelung ist auch, keine Anreize zu schaffen, dass Personen sich in Krankheit und Behinderung flüchten, um so etwa sozialen Notlagen zu entkommen und Geldleistungen zu erhalten. Damit wird deutlich gemacht, dass Rehabilitation und Teilhabe nicht nur im Individualinteresse, sondern auch auf Grund gesellschaftlicher Interessen, insbesondere an der Vermeidung von Geldleistungen und an einer hohen Erwerbsbeteiligung, gewährt werden. Die gesetzlichen Grenzen der Mitwirkung zeigen, dass die damit verbundene Einschränkung der Selbstbestimmung nur im Verhältnis zu dem damit verfolgten Zweck zulässig ist[256]. Die Zweckmäßigkeit begrenzt die Mitwirkungspflicht in allen Fällen, in denen die fehlende Einsicht in Möglichkeit oder Notwendigkeit von Rehabilitation Teil einer Behinderung ist, also insbesondere bei seelischen und geistigen Behinderungen.

Die Mitwirkungspflichten finden ihre Grenzen bei den für das Existenzminimum bestimmten Geldleistungen und bei Sach- und Dienstleistungen, die für die Gesundheit notwendig sind. So können die Leistungen bei Pflegebedürftigkeit nicht entzogen werden, wenn sie nicht von anderer Seite gewährt werden. Im Bereich der Pflegebedürftigkeit ist ein Anwendungsbereich für die Mitwirkungspflichten daher nur beim Pflegegeld zu erkennen, das eine Pflege durch Angehörige oder andere Pflegepersonen voraussetzt, nicht jedoch bei der Pflegesachleistung, die die pflegebedürftige Person unmittelbar erhält.

Die Mitwirkungspflichten der Leistungsberechtigten sind eingebunden in durch das SGB IX statuierten Vorrang der Leistungen zur Teilhabe vor Renten, Geldleistungen und Pflegeleistungen[257], der vor allem eine Verpflichtung der Rehabilitationsträger ist, stets die Möglichkeit von Leistungen zur Teilhabe zu prüfen und diese den Leistungsberechtigten anzubieten.

---

253 § 67 SGB I.
254 VG Karlsruhe vom 18. Mai 2004, Az. 5 K 2630/03.
255 Vgl. Rolfs (2000), S. 366.
256 Vgl. Castendiek/Hoffmann (2002), Rz 522 f.
257 §§ 4 Abs. 1 Nr. 2, 8 SGB IX; vgl. Butzer (2001), S. 504.

(2) Krankenversicherung

Erhalten Versicherte auf Grund von Arbeitsunfähigkeit Krankengeld, so kann die Krankenkasse ihnen eine Frist von zehn Wochen setzen, um Leistungen zur medizinischen Rehabilitation oder Leistungen zur Teilhabe am Arbeitsleben zu beantragen, wenn ihre Erwerbsfähigkeit gefährdet oder gemindert ist[258]. Stellen sie diesen Antrag innerhalb der Frist nicht, entfällt ihr Anspruch auf Krankengeld[259]. Die Selbstbestimmung des erkrankten Versicherten, abzuwarten, ob die Arbeitsunfähigkeit ohne Mittel der medizinischen Rehabilitation aufgehoben wird, ist so faktisch eingeschränkt.

Diese Norm dient dazu, dass arbeitsunfähige Versicherte nicht versäumen, ihre Möglichkeiten zur Rehabilitation zu nutzen, weil sie bis zu 78 Wochen einen Anspruch auf Krankengeld haben. Sie aktualisiert die Eigenverantwortung der Versicherten für ihren Gesundheitszustand[260], indem sie Grenzen einer voraussetzungslosen Leistungspflicht aufstellt. Die Regelung dient auch der Differenzierung zwischen den Sicherungssystemen bei Krankheit und bei Erwerbsminderung und damit oft zwischen der Zuständigkeit von Krankenversicherung und Rentenversicherung. Während das Krankengeld eine Sicherung im vorübergehenden Leistungsfall der Krankheit ist, sind bei einer dauerhaften Einschränkung der Arbeits- und Erwerbsfähigkeit andere Leistungsträger zuständig.

(3) Arbeitsförderung

Arbeitslose, deren Leistungsfähigkeit gemindert ist, sollen von der Agentur für Arbeit aufgefordert werden, innerhalb eines Monats einen Antrag auf Leistungen zur Teilhabe am Arbeitsleben oder auf medizinische Rehabilitation zu stellen[261]. Stellen sie diesen Antrag nicht, so ruht ihr Anspruch Arbeitslosengeld vom Tag nach Ablauf der Frist bis sie einen Antrag auf Leistungen zur Teilhabe oder auf Rente wegen Erwerbsminderung stellen[262]. Diese Norm schränkt die Selbstbestimmung des Arbeitslosen, ob er seine Leistungsfähigkeit verbessern will, faktisch ein. Damit soll verhindert werden, dass Arbeitslose, die gesundheitlich beeinträchtigt sind, sich der Pflicht zur Bemühung um eine zumutbare Beschäftigung[263] entziehen können und während des Leistungsbezugs von Arbeitslosengeld sich gesundheitliche Störungen verfestigen. Zudem dient die Norm wiederum der Trennung der Risikobereiche, indem dauerhaft erwerbsgeminderte Personen in die für das Risiko Erwerbsminderung vorgesehenen Systeme der Rentenversicherung oder Grundsicherung bei dauerhafter Erwerbsminderung verwiesen werden sollen.

Bei der Grundsicherung für Arbeitssuchende sind die Erhaltung, Verbesserung und Wiederherstellung der Erwerbsfähigkeit einschließlich der Überwindung behindertenspezifischer Nachteile als Ziele der Leistungen beschrieben[264] und die er-

---

258 § 51 Abs. 1 Satz 1 SGB V.
259 § 51 Abs. 3 Satz 1 SGB V.
260 § 1 Satz 2 SGB V.
261 § 125 Abs. 2 Satz 1 SGB III.
262 § 125 Abs. 2 Satz 3 SGB III.
263 §§ 118 Abs. 1 Nr. 2, 119, 121 SGB III.
264 § 1 Satz 4 Nr. 2 und 5 SGB II.

werbsfähigen Hilfebedürftigen sind generell verpflichtet, alle Möglichkeiten zur Beendigung und Verringerung der Hilfebedürftigkeit auszuschöpfen und an allen Maßnahmen zur Eingliederung in Arbeit mitzuwirken[265]. Für die Hilfebedürftigen sollen die notwendigen Maßnahmen in einer Eingliederungsvereinbarung individuell konkretisiert werden[266]. Zu den Leistungen können dabei auch Leistungen zur Teilhabe am Arbeitsleben gehören[267]. Ein besonderer Hinweis auf Leistungen der medizinischen Rehabilitation ist im SGB II nicht enthalten. Die Verbindung ist hier über die allgemeine Prüfpflicht des Leistungsträgers[268] und die Mitwirkungspflicht der Hilfebedürftigen[269] herzustellen. Die Grundsicherung für Arbeitssuchende ist normativ auf einer starken Einschränkung der Selbstbestimmung der Arbeitssuchenden aufgebaut („fördern und fordern"), die konkret in der Eingliederungsvereinbarung umgesetzt werden soll[270]. Diese Beschränkung erweist sich für behinderte und gesundheitlich eingeschränkte Hilfebedürftige nur dann als verhältnismäßig, wenn sie mit dem Angebot von Rehabilitation und Teilhabeleistungen unterlegt werden kann, die der individuellen Situation entsprechen.

(4) Pflegeversicherung

Wer Pflegegeld für selbst beschaffte Pflegehilfen erhält, muss zweimal oder viermal im Jahr eine Beratung in der eigenen Häuslichkeit oder eine von der Pflegekasse beauftragte Pflegefachkraft abrufen. Diese Beratung dient der Sicherung der Qualität der häuslichen Pflege[271]. Das BSG hat den „Kontrollbesuch" weder als Eingriff in die Unverletzlichkeit der Wohnung noch als Benachteiligung wegen einer Behinderung qualifiziert und die damit verbundene Einschränkung der allgemeinen Handlungsfreiheit als verhältnismäßig angesehen[272]. Es handelt sich um eine Obliegenheit, mit der die zweckentsprechende Verwendung der Sozialleistung sichergestellt werden soll.

c) Individualisierung der Leistungen

Sozialleistungen, deren Inhalt nach Art und Umfang nicht im Einzelnen bestimmt ist, müssen so ausgestaltet werden, dass die persönlichen Verhältnisse der berechtigten Person, ihr Bedarf, ihre Leistungsfähigkeit und die örtlichen Verhältnisse berücksichtigt werden[273]. Dabei soll ihren Wünschen entsprochen werden, soweit sie angemessen sind[274]. Diese Regelung des allgemeinen Sozialrechts ist vor allem für

---

[265] § 2 Abs. 1 Satz 1 und 2 SGB II.
[266] § 15 SGB II; vgl. Eichenhofer, SGb 2004, S. 203, 205 ff.; Genz/Schwendy, TuP 2004, S. 8, 11.
[267] § 16 SGB II mit § 97 SGB III.
[268] § 8 Abs. 1 SGB IX; vgl. oben II.B.7.a.
[269] § 64 SGB I.
[270] Kritisch: Korenke, SGb 2004, S. 525, 532.
[271] § 37 Abs. 3 Satz 1 und 2 SGB XI; vgl. BT-Drucks. 15/4125, S. 21, 61.
[272] BSG vom 24. Juli 2003, SGb 2003, S. 366 mit Anmerkung Pilz.
[273] § 33 Satz 1 SGB I.
[274] § 33 Satz 2 SGB I; vgl. zur Individualisierung der Leistungen vor Inkrafttreten des SGB IX: Welti/Sulek, VSSR 2000, S. 453 ff.; Krasney, DOK 1982, S. 705 ff.

Sach- und Dienstleistungen einschließlich der Rehabilitation und Teilhabe relevant. Ein genereller Finanzkraftvorbehalt besteht nicht; er ist 2004 in einem Gesetzentwurf des Bundesrates gefordert werden[275].

Im SGB IX sind das Gebot der Individualisierung der Leistungen und das Wunsch- und Wahlrecht weiter ausgeformt worden. Danach sind bei der Entscheidung über die Leistungen und bei ihrer Ausführung die persönliche Lebenssituation, das Alter[276], das Geschlecht, die Familie, die Situation behinderter Eltern und behinderter Kinder und die religiösen und weltanschaulichen Bedürfnisse der Leistungsberechtigten besonders zu berücksichtigen[277]. Berechtigten Wünschen der Leistungsberechtigten ist zu entsprechen[278]. Auch Leistungen, Dienste und Einrichtungen der Rehabilitation sind verpflichtet, den Leistungsberechtigten möglichst viel Raum zu eigenverantwortlicher Gestaltung ihrer Lebensumstände zu lassen und ihre Selbstbestimmung zu fördern[279]. Normen, die das Selbstbestimmungsrecht bei der Gestaltung der Leistungen und das Wunsch- und Wahlrecht bei ihrer Konkretisierung betreffen, sind auch im Sozialhilferecht[280], Jugendhilferecht[281] und Pflegeversicherungsrecht[282] enthalten.

Das Individualisierungsgebot des allgemeinen Sozial- und Rehabilitationsrechts enthält zwei Komponenten. In allen Fällen sind die Rehabilitationsträger verpflichtet, den Bedarf individuell zu ermitteln. Dieses objektive Individualisierungsprinzip konkretisiert den Grundsatz der Amtsermittlung aller entscheidungserheblichen Tatsachen[283]. Das Wunsch- und Wahlrecht ist der subjektive Teil des Individualisierungsprinzips. Dem Rehabilitationsträger wird damit aufgegeben, die Meinungen und Wünsche des behinderten oder von Behinderung bedrohten Menschen in Bezug auf seine Gesundheits- und Teilhabestörung und auf die mögliche dagegen gerichtete Leistung anzuhören und zu beachten. Damit wird deutlich, dass der behinderte Mensche Experte in Angelegenheiten seiner eigenen Gesundheit und vor allem Teilhabe ist[284]. Der mögliche Konflikt zwischen dem Selbstbestimmungsrecht des behinderten Menschen über Art und Ziel seiner Rehabilitation und dem fachlichen und institutionellen Gewicht der Praxis von Verwaltung und Leistungerbringern wird so geregelt[285]. Das Gebot der Individualisierung betrifft da-

---

275 BT-Drucks. 15/4532, S. 11, 19; abgelehnt von der Bundesregierung, S. 27.

276 Vgl. BSG vom 3. November 1999, SozR 3-2500 § 33 Nr. 34; BSG vom 16. April 1998, SozR 3-2500 § 33 Nr. 27; VGH Baden-Württemberg vom 14. März 1997, FEVS 48, S. 96; VGH Hessen vom 5. Juli 1991, FEVS 43, S. 118 zur Praxis, jüngere behinderte Menschen in Altenheime zu schicken.

277 § 9 Abs. 1 Satz 2 und 3 SGB IX; vgl. zur Individualisierung unter dem SGB IX: BT-Drucks. 15/4575, S. 24; Welti, ZSR 2004, S. 423 ff.; V. Neumann, ZfSH/SGB 2003, S. 392 ff.; Schütte, NDV 2003, S. 416 ff.; Jabben, NZS 2003, S. 529 ff.; Welti, SGb 2003, S. 379 ff.; A. Reimann, Nachrichten der LVA Hessen 2003, S. 78, 81 f.; Laschet, BG 2002, S. 367 ff.; Liebig, BArbBl. 11/2001, S. 12.

278 § 9 Abs. 1 Satz 1 SGB IX.

279 § 9 Abs. 3 SGB IX.

280 § 3 BSHG/§ 9 Abs. 2 SGB XII; vgl. V. Neumann, RsDE 1 (1987), S. 1 ff.; Igl/Giese, ZfSH/1982, S. 65 ff.; Giese, ZfSH 1976, S. 1 ff.

281 § 5 SGB VIII; vgl. Münder, RsDE 38 (1998), S. 55 ff.; Gerlach, NDV 1997, S. 330 ff.

282 § 2 Abs. 2 und 3 SGB XI.

283 § 20 Abs. 2 SGB X.

284 Haines, ZSR 2004, S. 404, 409 f.

285 Schütte, NDV 2003, S. 416, 419: *„Alle noch so gut gemeinte Fürsorglichkeit in der kurativen wie rehabilitativen Versorgung muss sich vor dem Gericht der Freiheitswahrung verantworten.*

bei das Verfahren und seine materiellen Ergebnisse. Wünsche und Präferenzen der Leistungsberechtigten sind in jeder Verfahrensphase anzuhören und zu erfragen und Planungsprozesse und Fallmanagement sind dialogisch auszurichten[286]. Das Wunsch- und Wahlrecht gilt auch im Rahmen der Ermessensentscheidungen über Rehabilitation in der Rentenversicherung, Krankenversicherung und Arbeitsförderung[287]. Das BSG hat dazu für den Streitfall über ein geeignetes Mobilitätshilfsmittel ausgeführt:

> „Unter verschiedenartigen, aber (..) gleichermaßen geeigneten und wirtschaftlichen Hilfsmitteln (..) hat der Versicherte gemäß § 33 SGB I die Wahl. (..) Auch dort, wo nicht speziell ein Wahlrecht des Versicherten gesetzlich hervorgehoben wird, wie z. B. bei der freien Arztwahl (§ 76 SGB V) oder der Wahl des Krankenhauses (§ 39 Abs. 2 SGB V), will § 33 SGB I nach der Begründung des Regierungsentwurfs (BT-Drucks 7/868 S. 27) mit der Berücksichtigung der persönlichen Verhältnisse und der Wünsche des Betroffenen sicherstellen, dass nicht nur die Menschenwürde und die Freiheit des einzelnen gewahrt wird, sondern auch Gesichtspunkte der Effizienz zum Tragen kommen. Denn unter mehreren objektiv gleichwertigen Versorgungsmöglichkeiten weiß der Betroffene im Zweifel besser als der Versicherungsträger, welches Mittel seinen Bedürfnissen am ehesten gerecht wird."[288]

Leistungen zur Teilhabe und Rehabilitation müssen individuell gestaltet werden, damit sie effektiv auf die individuelle Behinderungssituation ausgerichtet sein können, die durch jeweils eigene persönliche und äußere Kontextfaktoren geprägt ist. Stärker als bei rein medizinischen Leistungen ist daher eine Schematisierung unangemessen und ineffektiv, welche die persönlichen Verhältnisse nicht berücksichtigt. Rehabilitation und Teilhabeleistungen werden als persönliche Dienstleistungen erbracht. Dabei findet ein Prozess der Koproduktion dieser Dienstleistung zwischen behindertem Menschen und Leistungserbringer statt[289], dem eine kooperativ gestaltete Leistungsverwaltung entspricht[290]. Teilhabeleistungen werden also im Regelfall nicht ausgezahlt wie Geldleistungen oder wie Massenwaren an Kunden ausgegeben[291], sondern in einem individuellen Prozess gemeinsam entwickelt[292]. Wo dieses Leitbild in der Praxis nicht entfaltet ist, werden auch Mängel bei der Wirksamkeit der Leistungen deutlich[293], weil die individuelle Teilhabe nicht hinreichend berücksichtigt wird. Subjektive Vorstellungen und Wünsche der behinderten Menschen sind Teil der individuellen Kontextfaktoren. Sie können bei der Ausgestal-

---

Oder in der Sprache der Grundrechtsdogmatik: Bei der Ausführung sozialstaatlicher rehabilitativer Leistungen müssen Gesundheitsschutz und Teilhabe einerseits und allgemeines Freiheitsrecht in eine praktische Konkordanz geführt werden."

[286] Froese, BG 2002, S. 122, 124 ff.

[287] Zur Begründungspflicht: BSG vom 31. Mai 1989, SozR 2200 § 1236 Nr. 50.

[288] BSG vom 3. November 1999, SozR 3-1200 § 33 Nr. 1 (Shoprider).

[289] Maleri (1994), S. 145, 153; Huber/Hungeling in: Badura/Hart/Schellschmidt (1999), S. 118 f.; vgl. Schulz-Nieswandt, SF 2004, S. 3010, 316.

[290] Bieback, GMH 2003, S. 22, 28; Wilmerstadt, SDSRSV 49 (2002), S. 61, 68; Degener (1994), S. 104 f.; Hill, NJW 1986, S. 2602, 2609.

[291] Vgl. zur Kritik: Zander in: HKWM 6/II (2004), Sp. 880.

[292] Auch in der Krankenbehandlung ist es rechtlich und faktisch unzutreffend, dass die Versicherten nicht selbst aktiv in die Leistungserbringung einbezogen sind, sondern die Leistungen nur entgegennehmen; so aber das BSG, BSGE vom 20. März 1996, BSGE 78, 70, 77 (Methadon).

[293] M. Zimmermann/A. Weber in: Rische/Blumenthal (2000), S. 240 ff.; Pitschas, VSSR 1998, S. 163, 168; Wacker/Metzler in: Schubert/Zink (1997), S. 44, 51; Schott (1996), S. 177 f.

tung von Teilhabeleistungen schon aus Gründen der Effektivität nicht außer Acht bleiben[294].

Dass dabei bestimmte Lebensbereiche durch die Grundrechte besonders hervorgehoben sind, wird im SGB IX und SGB XI durch die besondere Hervorhebung religiöser und familiärer Belange deutlich. In den Schutzbereichen starker Freiheitsrechte sind auch im Sozialleistungsverhältnis Einschränkungen besonders rechtfertigungsbedürftig. Die ungetrennte Familie[295] und das selbstbestimmte religiöse Bekenntnis haben hier ein hohes Gewicht. Andere Lebens- und Rechtsbereichen sind besonders gesellschaftlich eingebunden. Dies gilt insbesondere für die Teilhabe am Arbeitsleben, die durch die Vorgaben des Arbeitsmarktes und staatlicher Arbeitsmarktpolitik besonders beeinflusst wird. Hier sind Eignung, Neigung, bisherige Tätigkeit und Lage und Entwicklung auf dem Arbeitsmarkt bei der Entscheidung über die Leistungen zu einem schonenden Ausgleich zu bringen[296]. Das individuelle Merkmal „Neigung" ist also angemessen zu berücksichtigen[297]. Das BSG stellte 1991 fest:

„Mit dem Begriff der Neigung wird die selbstbestimmte Berufswahl zum Tatbestandsmerkmal und damit zu einem Entscheidungskriterium, das die Verwaltung mit Rücksicht auf Art. 12 GG besonders dann beachten muss, wenn sich die Neigung tatsächlich zu einer Berufswahl verdichtet hat."[298]

Die Berufsfreiheit der behinderten Menschen darf nicht zu Gunsten einer staatlichen Berufslenkung aufgegeben werden[299], zumal sich viele Lenkungsmaßnahmen angesichts eines dynamischen Arbeitsmarkts als wenig zweckmäßig erweisen. Motivation und Selbsthilfefähigkeit[300] als entscheidende Faktoren der Teilhabe am Arbeitsleben[301] dürfen nicht durch Rehabilitations-Dirigismus überspielt werden. Im SGB II ist die Anspruchsnorm anders akzentuiert, indem die Neigung neben der Eignung nicht mehr erwähnt ist[302]. Der Verweis auf die Inhaltsnorm der Leistungen zur Teilhabe am Arbeitsleben führt für behinderte Menschen aber wieder zum Merkmal der Neigung[303]. Insgesamt ist ein „fördern und fordern" behinderter und

---

[294]   A. Reimann, Nachrichten der LVA Hessen 2003, S. 78, 81; Krasney in: FS von Maydell (2002), S. 365, 373.

[295]   § 4 Abs. 3 Satz 1 SGB IX; VG Stuttgart vom 7. September 2000, ASR 2002, S. 29 ff.; VG Leipzig vom 11. Juni 1998, VwRR MO 1998, S. 316 ff.

[296]   § 33 Abs. 4 SGB IX; zur begrenzenden Wirkung fehlender Eignung: BSG vom 19. März 1997, HVBG-Info 1977, S. 2154; 17 % der Rehabilitanden von BfA und LVA sind der Meinung, dass bei der Auswahl von Leistungen zur Teilhabe am Arbeitsleben ihre Interessen nur teilweise, knapp 10 % der Ansicht, dass ihre Interessen gar nicht berücksichtigt wurden: Thode/Klosterhuis/Hansmeier, DAngVers 2004, S. 462, 467.

[297]   BSG vom 28. Januar 1993, BSGE 72, 77; BSG vom 15. März 1979, BSGE 48, 88 ff.; vgl. LSG Bayern vom 12. März 1998, SGb 1998, S. 657: *„Auch ist der Versicherungsträger nicht gehalten der Neigung des Versicherten schlechthin zu folgen, wie es ebenso wenig Sache des Rentenversicherungsträgers ist, dem Versicherten das Arbeitsmarktrisiko in vollem Umfang abzunehmen."*

[298]   BSG vom 3. Juli 1991, BSGE 69, 128, 130.

[299]   Vgl. BSG vom 28. März 1990, BSGE 66, 275 ff.; Voelzke in: V. Neumann (2004), § 11, Rz 136.

[300]   Vgl. § 33 Abs. 6 Nr. 2, 4 und 7 SGB IX.

[301]   Von Seggern, SozSich 2004, S. 110, 115.

[302]   Zur Kritik: Spindler, SozSich 2003, S. 338, 342; Spindler, SF 2003, S. 296, 298; Welti, ZSR 2003, S. 423, 434.

[303]   § 16 Abs. 1 SGB II verweist auf § 97 Abs. 1 SGB III.

nichtbehinderter Menschen kaum denkbar und kaum rechtmäßig, bei dem die individuellen Präferenzen im Hinblick auf die Berufsausübung völlig ausgeblendet werden.

Als problematisch erweist sich die gesetzliche Begrenzung der Dauer von Leistungen der Weiterbildung zur Teilhabe am Arbeitsleben auf regelmäßig nicht länger als zwei Jahre[304]. Da viele Berufe in dieser Zeit nicht erlernt werden können und die zeitliche Befristung nicht den gesundheitlichen und familiären Kontextfaktoren vieler behinderter Menschen, insbesondere Frauen, entspricht, schränkt die Regelung die Selbstbestimmung bei der Berufswahl erheblich ein. Weil die zeitliche Befristung nur mit Kostenbegrenzungen gerechtfertigt werden kann, ist es zumindest geboten, weitgehend kostenneutrale Lösungen wie die Eigenfinanzierung eines dritten Jahres oder das Angebot von längeren Teilzeit-Maßnahmen zu ermöglichen,. Ob die Regelung insgesamt geeignet ist, möglichst gleiche Teilhabe behinderter Menschen am Arbeitsleben zu erreichen, kann bezweifelt werden.

Als berechtigte Wünsche im Sinne des SGB IX sind alle Wünsche anzusehen, denen kein rechtlicher Grund entgegensteht[305]. Ein solcher rechtlicher Grund kann insbesondere die fehlende Wirksamkeit einer Leistung sein. Ein genereller Finanzvorbehalt für das Wunsch- und Wahlrecht besteht nicht. Berechtigte Wünsche können teurer sein als der Vorschlag eines Rehabilitationsträgers für die Leistung[306]. Entscheidend ist, ob dem höheren Preis eine dem individuellen Bedarf angemessenere Leistung entspricht[307]. So konnte eine Mutter zweier kleiner Kinder eine moderne computergesteuerte Prothese (C-Leg) beanspruchen, weil sie ihre familiär bedingte individuelle Bedarfslage zu recht geltend machen konnte[308]. Ein Rehabilitationsträger muss gegen einen Wunsch eine konkrete und bedarfsdeckende Alternative benennen können[309]. Kann eine teurere Leistung nicht beansprucht werden, muss es möglich sein, die Kosten der notwendigen Leistung erstattet zu bekommen und die teurere Leistung mit Zuzahlung zu wählen[310].

Rechtlicher Grund gegen einen Wunsch kann auch sein, dass ein Rehabilitationsträger mit einem gewünschten Leistungserbringer keine vertraglichen Beziehungen hat[311]. Das Fehlen eines Vertrages muss aber sachlich begründet sein, insbesondere mit Qualitätsgründen[312]. Eine Freiheit zur Auswahl unter Leistungserbrin-

---

[304] § 37 Abs. 2 SGB IX; vgl. BSG vom 28. Januar 1993, BSGE 72, 77.

[305] Welti, SGb 2003, S. 379, 384; Haines in: LPK-SGB IX, Rz 6 zu § 9; Mrozynski, SGB IX, Rz 6 zu § 9; Liebig, BArbBl. 11/2001, S. 12.

[306] Haines, ZSR 2004, S. 404, 410; Vgl. zum Sozialhilferecht: VGH Baden-Württemberg vom 25. Februar 2000, NVwZ-RR 2000, S. 515 ff.; VGH Baden-Württemberg vom 14. März 1997, FEVS 48, S. 96 ff.

[307] BSG vom 29. September 1997, BSG SozR 3-2500 § 33 Nr. 25: *„Erforderlich kann ein Hilfsmittel nur dann sein, wenn nicht der Behinderungsausgleich in gleichem Umfang mit einem kostengünstigeren Hilfsmittel durchgeführt werden kann.";* vgl. § 275 Abs. 2 Satz 1 BGB.

[308] BSG vom 6. Juni 2002, SGb 2002, S. 494; vgl. zum C-Leg als Standard die Urteile des BSG vom 16. September 2004, Az. B 3 RK 20/04 R; B 3 RK 1/04 R; B 3 KR 6/04 R; B 3 KR 2/04 R.

[309] BVerwG vom 20. Oktober 1994, BVerwGE 97, 53, 57; BVerwG vom 2. September 1993, BVerwGE 94, 127, 130 f.; BVerwG vom 22. Oktober 1992, BVerwGE 91, 114; Schellhorn, SGB VIII, Rz 29 zu § 5; V. Neumann, RsDE 1 (1988), S. 1, 13.

[310] § 31 Abs. 3 SGB IX; § 18 Abs. 2 BVG; BSG vom 11. November 2004, Az. B 9 V 3/03 R.

[311] BSG vom 23. Januar 2003, BSGE 90, 220.

[312] § 21 Abs. 1 Nr. 1 SGB IX.

gern steht primär den Leistungsberechtigten, nicht aber den Rehabilitationsträgern zu[313]. Hier können sich die Selbstbestimmung der Leistungsberechtigten und die Berufsfreiheit der Leistungserbringer verstärken und zu einem Anspruch auf Vertragsschluss zwischen Leistungserbringer und Rehabilitationsträger führen[314].

Ein Problem des Wunsch- und Wahlrechtes ist, dass es grundsätzlich nur innerhalb eines Hilfesystems ausgeübt werden kann. So haben behinderte Menschen keine geregelten Wahlmöglichkeiten zwischen sozialrechtlich und schulrechtlich geregelten Ausbildungsmöglichkeiten[315]. Auch bei der Entscheidung zwischen einer Behinderteneinrichtung der Eingliederungshilfe und einer Pflegeeinrichtung sind die Wünsche der betroffenen Personen nur zu berücksichtigen[316], nicht aber zu beachten. Damit wirken gewachsene Verwaltungsgliederungen als Schranke der Selbstbestimmung behinderter Menschen. Dies verdeutlicht die Notwendigkeit, dass alle an Rehabilitation und Teilhabe beteiligten öffentlichen Träger so koordiniert werden, dass unnötige Beschränkungen der behinderten Menschen vermieden werden.

d) Leistungserbringung und Selbstbestimmung

(1) Sachleistungsprinzip im Rehabilitationsrecht

Leistungen zur Teilhabe und Rehabilitation werden in der Renten-, Kranken- und Unfallversicherung traditionell als Sach- und Dienstleistungen erbracht[317]. Über Inhalte und Vergütung der Leistungen bestehen vertragliche Beziehungen zwischen Rehabilitationsträger und Leistungserbringern. In der Arbeitsförderung, Sozialhilfe[318] und Jugendhilfe sind die Leistungsbeziehungen nicht ausschließlich dem Sachleistungsprinzip zuzuordnen. Sie werden jedoch in aller Regel ebenso abgewickelt. Das SGB IX sieht nun allgemein vor, dass über Leistungen zur Teilhabe Verträge zwischen Rehabilitationsträgern und Leistungserbringern abgeschlossen werden, in denen Qualitätsanforderungen an Ausführung, Personal und begleitende Fachdienste, Vergütungen, Rechte, Pflichten und Mitwirkungsmöglichkeiten der Teilnehmer und Datenschutz geregelt werden[319]. Über diese Verträge können die Rehabilitationsträger gemeinsame Empfehlungen und Rahmenverträge vereinbaren[320]. Die Rentenversicherung und Unfallversicherung erbringen Leistungen zur Teilhabe zudem in nennenswertem Umfang in eigenen Einrichtungen.

---

313 Anders das LSG Rheinland-Pfalz vom 12. Januar 2004, Nachrichten der LVA Hessen 2004, S. 77. Dort wird das Wunsch- und Wahlrecht als Einschränkung einer Vertragsfreiheit der Rehabilitationsträger begriffen. Eine solche ist im Gesetz aber nicht vorgesehen. Die Rehabilitationsträger handeln zur Erfüllung öffentlich-rechtlicher Leistungsansprüche, nicht um eigene Freiheiten zu verwirklichen.

314 LSG Rheinland-Pfalz vom 20. März 2000, Az. L 2 RJ 9/99; Welti, SGb 2003, S. 379, 385; Haines in: LPK-SGB IX, Rz 6 zu § 9.

315 BVerwG vom 23. November 1995, BVerwGE 100, 50, 53.

316 § 55 Satz 2 SGB XII.

317 § 2 Abs. 1 Satz 1 SGB V; § 26 Abs. 4 Satz 2 SGB VII.

318 § 10 SGB XII.

319 § 21 Abs. 1 SGB IX.

320 § 21 Abs. 2 SGB IX.

Das Sach- und Dienstleistungsprinzip hat verschiedene Funktionen. Es entlastet die Leistungsberechtigten von der Abrechnung und erspart ihnen, mit Geld in Vorleistung zu treten. Zugleich gibt es den Leistungsträgern die Möglichkeit, die Versorgungsstruktur und die Inhalte der einzelnen Leistungsverhältnisse zu steuern. Dies kann der Wirtschaftlichkeit, Sparsamkeit und Wirksamkeit dienen. Es besteht aber die Gefahr, dass hierdurch die Selbstbestimmung der leistungsberechtigten Menschen eingeschränkt wird. Dies ist insbesondere dann der Fall, wenn durch das Sach- und Dienstleistungsprinzip Zahl und Vielfalt der möglichen Leistungserbringer eingeschränkt werden und sich die Leistungsberechtigten auf ein beschränktes Angebot verwiesen sehen. Um dieser Gefahr zu begegnen, sind die normativen Vorgaben des Wunsch- und Wahlrechts gestärkt worden. Auch ist den Rehabilitationsträgern aufgegeben, die Auswahl zwischen verschiedenen Diensten und Einrichtungen nach deren Eignung vorzunehmen und freie und gemeinnützige Träger entsprechend ihrer Bedeutung zu berücksichtigen[321]. Wird das Wunsch- und Wahlrecht so verstanden, dass Rehabilitationsträger auch verpflichtet sein können, neue Verträge mit berechtigt gewünschten Diensten und Einrichtungen zu schließen, so erscheinen die Beschränkungen der Selbstbestimmung durch das Sach- und Dienstleistungsprinzip gering und vertretbar. Ihnen stehen zudem auch Vorteile gegenüber. Die Rehabilitationsträger haben die Verantwortung für die Sicherstellung der Leistungen zur Teilhabe im Einzelfall[322] und für die generell bedarfsgerechte Bereitstellung von Diensten und Einrichtungen[323]. Gerade bei Gesundheitsdienstleistungen besteht ein Informationsgefälle darüber, welche Leistung im Einzelfall notwendig ist[324]. Die Anbieter dieser Leistungen haben so gegenüber dem einzelnen kranken oder behinderten Menschen fachliche Definitionsmacht und können diese nutzen oder ausnutzen, um auch ihre wirtschaftlichen Interessen zu verfolgen. Dieses Problem ist eine der wesentlichen Ursachen für steigende Gesundheitskosten[325]. Da die Nachfrage nach Gesundheitsleistungen und Leistungen zur Teilhabe zumeist dringlich und nicht elastisch ist, hätten behinderte Menschen bei für sie stärker marktförmigen Ausgestaltung der Leistungserbringung vermutlich oft größere Schwierigkeiten, ihre Selbstbestimmung geltend zu machen, als im heutigen System. Dazu kommt, dass für teilweise seltene Gesundheitsstörungen möglicherweise überhaupt keine Angebote bereitgestellt würden, wenn die Verantwortung hierfür nicht bei den Rehabilitationsträgern läge. Soweit die Rechtsbeziehungen zwischen Rehabilitationsträgern, Leistungserbringern und Leistungsberechtigten am Ziel der Selbstbestimmung und Teilhabe ausgerichtet werden und Formen der Konfliktbewältigung geschaffen sind, mit denen die Interessenkonflikte in dieser Dreiecksbeziehung rechtsförmig und ausgewogen ausgetragen werden können, ist das Sach- und Dienstleistungsprinzip eine zweckmäßige und zulässige Gestaltungsform.

---

321 § 19 Abs. 4 SGB IX.
322 § 17 Abs. 1 Satz 2 SGB IX.
323 § 19 Abs. 1 SGB IX.
324 Neumann, ZSR 2000, S. 101, 105 ff.
325 Berger, GGW 2/2003, S. 29, 33; Welti, SF 2001, S. 69, 76.

(2) Sachleistung und Geldleistung im Pflegeversicherungsrecht

Im Leistungsrecht der sozialen Pflegeversicherung haben die Pflegebedürftigen die Möglichkeit, zwischen ambulanten oder stationären Pflegesachleistungen und der Pflegegeldleistung zu wählen. Die Pflegesachleistung bei häuslicher Pflege[326] wird durch zugelassene Pflegedienste[327], die stationäre Pflege[328] in zugelassenen Pflegeheimen[329] nach dem Sachleistungsprinzip erbracht. Nachrangig kann häusliche Pflege auch durch andere Einzelpersonen erbracht werden, mit denen die Pflegekasse einen Vertrag schließt[330]. Das Pflegegeld für selbst beschaffte Pflegehilfen[331] wird ausgezahlt, wenn die Pflegebedürftigen ihre häusliche Pflege mit Hilfe von Angehörigen oder anderen Pflegepersonen[332] sicherstellen. Beide Leistungsformen können auch kombiniert werden[333]. Mit diesem System haben die Pflegebedürftigen die selbstbestimmte Wahl zwischen verschiedenen Möglichkeiten, ihre Pflege sicherzustellen. Allerdings unterscheiden sich die Leistungen der Höhe nach erheblich. So ist bei gleicher Pflegestufe der Wert der Pflegesachleistung für häusliche Pflege rund doppelt so hoch wie der Betrag des Pflegegeldes[334]. Der Wert der stationären Sachleistung ist in den Pflegestufen I und II noch einmal beträchtlich höher[335].

In diesem System werden Pflegebedürftige ungleich behandelt, je nachdem, wie sie ihre Pflege sicherstellen können. Dies könnte als Beeinträchtigung der Selbstbestimmung angesehen werden[336], weil jedenfalls den nominellen Werten nach die Sachleistung bevorzugt wird. Diese Regelung kann aber unter dem Gesichtspunkt der Bedarfsgerechtigkeit gesehen werden. Wer seine Pflege nicht in der Familie oder im Bekanntenkreis sicherstellen kann, hat einen höheren Bedarf, da er auf professionelle Pflege angewiesen ist. Die Pflegeversicherung schützt auch vor dem Risiko, in Bezug auf die Pflege ungünstige soziale Kontextfaktoren zu haben, wobei die Beträge hier für viele Pflegebedürftige noch nicht einmal bedarfsdeckend sind. Insofern könnte die Gestaltung der Pflegeleistungen als ein Kompromiss zwischen Bedarfsorientierung und Selbstbestimmung angesehen werden, der notwendig ist, weil die Mittel für eine insgesamt bedarfsdeckende und für alle gleich hohe Leistung nicht zur Verfügung stehen. Negativ wirkt sich dabei für die Sachleistungsempfänger vor allem von stationärer Pflege aus, dass sie an der Konkretisierung der Pflege durch gesetzliche Finanzierungsgrenzen[337] und untergesetzliches

---

[326] § 36 SGB XI.
[327] § 71 Abs. 1 SGB XI.
[328] § 43 SGB XI.
[329] § 71 Abs. 2 SGB XI.
[330] §§ 36 Abs. 1 Satz 4, 77 SGB XI.
[331] § 37 SGB XI.
[332] § 19 SGB XI.
[333] § 38 SGB XI.
[334] Pflegesachleistung nach § 36 Abs. 3 SGB XI: Pflegestufe I 384 €, II 921 €, III 1432 €; Pflegegeld nach § 37 Abs. 1 Satz 3 SGB XI: 205/410/665 €.
[335] § 43 Abs. 5 SGB XI: Pflegestufe I 1023 €, II: 1279 €, III: 1432 €.
[336] Vgl. Schulin, NZS 1994, S. 433, 441.
[337] § 70 SGB XI: Beitragssatzstabilität.

Vertragsrecht nicht beteiligt sind und ihre Lebensbedingungen so vollständig fremdbestimmt erscheinen[338].

Problematisch erscheint das Leistungssystem für Menschen, die ihre Pflege auf selbstbestimmte Weise sicherstellen und hierfür keine zugelassenen Pflegedienste oder Heime nutzen wollen. Vor Einführung der Pflegeversicherung hatten schwerstbehinderte Menschen im Rahmen der Hilfe zur Pflege oder Eingliederungshilfe der Sozialhilfe ihre Pflege und Rehabilitation sichergestellt, indem sie Assistenzkräfte in einem Arbeitsverhältnis beschäftigt hatten. Eine solche Ausgestaltung ist im Rahmen der Pflegeversicherung ausdrücklich ausgeschlossen[339]. Versorgungsverträge für häusliche Pflege können ausschließlich von der Pflegekasse abgeschlossen werden. Verträge mit Verwandten oder Verschwägerten sowie mit Personen, die mit dem Pflegebedürftigen in häuslicher Gemeinschaft leben, sind ausgeschlossen[340]. Nur behinderte Menschen, die bereits vor dem 1. Mai 1996 als Arbeitgeber ihrer Assistenzkräfte aufgetreten sind, können diese Praxis fortführen[341]. Andere können nur im Rahmen der Sozialhilfe bei Bedürftigkeit Assistenzkräfte beschäftigen[342]. Begründet wird diese Regelung damit, dass die Differenzierung zwischen Pflegesachleistung und Pflegegeld unterlaufen würde sowie mit Erwägungen der Qualitätssicherung. Die Regelung ist aber sogar in dem Fall anzuwenden, dass schwer pflegebedürftige Menschen ihre Ehefrau als häusliche Pflegeperson wünschen und diese Pflegefachkraft ist[343]. Das BSG und das BVerfG haben die mit dieser Regelung verbundene Einschränkung der Selbstbestimmung der Pflegbedürftigen als verfassungskonform eingestuft, da sie die Systementscheidung der Pflegeversicherung konsequent umsetze. Es erscheint aber fragwürdig, ob das System der Pflegeversicherung nur bei einer derart restriktiven Handhabung zu sichern ist. Soweit schwer und schwerstpflegebedürftige Menschen durch die Ausgestaltung der Pflegeversicherung gezwungen werden, auf häusliche Pflege zu verzichten und Pflege im Heim in Anspruch zu nehmen, erscheint dies nur schwerlich als vereinbar mit den verfassungsrechtlichen Vorgaben und den Zielbestimmungen der Pflegeversicherung[344] selbst. Eine Orientierung am individuellen Pflege- und Assistenzbedarf würde § 77 SGB XI einen weiteren Anwendungsbereich sichern[345].

---

[338] Schlüter, ZRP 2004, S. 75 ff.
[339] § 77 Abs. 1 Satz 3 und 4 SGB XI; vgl. Frehe in: Igl/Welti (2001), S. 163 ff.; Waldschmidt (1999), S. 13; Bieback, SGb 1995, S. 579, 576.
[340] § 77 Abs. 1 Satz 1 SGB XI.
[341] § 77 Abs. 1 Satz 5 SGB XI.
[342] § 69c Abs. 4 Satz 2 BSHG/§ 66 Abs. 4 Satz 2 SGB XII; vgl. BVerwG vom 3. Juli 2003, ZfSH/SGb 2004, S. 42.
[343] BSG vom 18. März 1999, NJW 2000, S. 1813 ff.; dazu Welti, PKR 2000, S. 39 ff.
[344] § 2 Abs. 1 Satz 1 SGB XI: selbstständiges und selbstbestimmtes Leben; § 3 SGB XI: Vorrang der häuslichen Pflege; § 8 Abs. 2 Satz 3 SGB XI: neue Kultur des Helfens und der mitmenschlichen Zuwendung.
[345] In diesem Sinne VG Freiburg vom 28. April 2004, Az. S 5 P 3179/03; dazu: Klie, Forum Sozialstation 11/2004, S. 19 ff.

(3) Sachleistung als Geldleistung im Rehabilitationsrecht

Im allgemeinen Rehabilitationsrecht ist vorgesehen, dass Sachleistungen zur Teilhabe, die nicht in Rehabilitationseinrichtungen auszuführen sind, auf Antrag der Leistungsberechtigten als Geldleistungen erbracht werden können, wenn die Leistung hierdurch bei gleicher Wirksamkeit wirtschaftlich zumindest gleichwertig ausgeführt werden können[346]. Mit dieser Norm ist eine Ausnahme vom Sachleistungsprinzip im Gesetz aufgenommen worden. Nach ihrer systematischen Stellung und ihrem Sinn und Zweck gilt sie für Sach- und Dienstleistungen, da kein Grund ersichtlich ist, beispielsweise Hilfsmittel (Sachleistungen) anders zu behandeln als Heilmittel (Dienstleistungen)[347]. Ausführung einer Sachleistung als Geldleistung bedeutet, dass den leistungsberechtigten Personen auf Antrag ein Geldbetrag zur Verfügung gestellt wird, mit dem sie sich die Leistung selbst beschaffen können. Damit werden Beschränkungen der Selbstbestimmung bei der Leistungsbeschaffung ausgeschlossen, die sich durch Vertragsrecht der Rehabilitationsträger ergeben. Es müssen keine zugelassenen Leistungserbringer in Anspruch genommen werden. Ebenso kann die Sachleistung als Geldleistung im Ausland beschafft oder in Anspruch genommen werden. Die gesetzlichen Bedingungen für diese Form der Leistungserbringung zeigen die Gründe auf, aus denen der Gesetzgeber im Grundsatz am Sachleistungsprinzip festhält: Es werden gleiche Wirksamkeit und Wirtschaftlichkeit verlangt. Die Wirksamkeit ist durch die leistungsberechtigte Person zu belegen[348].

Kann der Leistungsberechtigte eine gleich wirksame und wirtschaftliche Leistung selbst beschaffen, gibt es ihm gegenüber keinen Grund, am Sachleistungsprinzip festzuhalten. Dies ist bei ambulanten Leistungen wie Hilfsmitteln gut nachvollziehbar. Der stationäre Sektor der Rehabilitationseinrichtungen ist allerdings generell ausgenommen. Dies ist damit zu begründen, dass angesichts der Komplexität stationärer Rehabilitationsleistungen die meisten Leistungsberechtigten strukturell nicht in der Lage ist, Wirksamkeit und Wirtschaftlichkeit zu beurteilen, jedenfalls dann nicht, wenn sie nur selten derartige Leistungen in Anspruch nehmen müssen. Dazu kommt, dass im stationären Sektor die bedarfsgerechte Versorgung mit Einrichtungen quantitativ und qualitativ intensiver geplant werden muss. Bei der Ausführung von Sachleistungen als Geldleistungen handelt es sich um eine nach Anwendungsbereich und Schranken sachgerechte Erweiterung der Selbstbestimmung in der Rehabilitation.

(4) Persönliches Budget in Rehabilitation und Pflege

Eine wesentlich weitergehende Modifizierung des Sach- und Dienstleistungsprinzips ist das Persönliche Budget als Konzept der Leistungserbringung[349]. Das Per-

---

[346] § 9 Abs. 2 Satz 1 SGB IX; vgl. Welti, SGb 2003, S. 379, 386 f.
[347] Haines, ZSR 2004, S. 404, 411.
[348] § 9 Abs. 2 Satz 2 IX.
[349] Vgl. BT-Drucks. 15/4575, S. 24 f.; Dreyer, ErsK 2005, S. 106 ff.; Baur, BlWPfl 2004, S. 130 ff.; Hagelskamp, Sozialwirtschaft aktuell 12/2004, S. 1 ff.; Niermann, BlWPfl 2004, S. 123 ff.; V. Neumann, NZS 2004, S. 281 ff.; Kaas/Fichert, SF 2003, S. 309 ff.; S. Peiffer, NDV 2003, S. 471, 473; Hajen, NDV 2001, S. 66 ff., 113 ff.; zum Desiderat bereits Schulin, ZfS 1982, S. 249, 253; oben III.D.6.a.(3).(c).

sönliche Budget ist mit dem SGB IX als eine Option der Ausführung von Leistungen eingeführt worden[350]. Dabei wurde beachtet, dass in anderen Ländern, wie etwa den Niederlanden[351] und Kanada, bereits Erfahrungen mit ähnlichen Formen der Leistung bestanden. Das Persönliche Budget wurde im Bereich der Eingliederungshilfe von mehreren Sozialhilfeträgern, insbesondere in Rheinland-Pfalz und Baden-Württemberg, erprobt. Insgesamt ist von der Möglichkeit des Persönlichen Budgets nach Inkrafttreten des SGB IX wenig Gebrauch gemacht worden[352]. Der Gesetzgeber hat mit der Reform des Sozialhilferechts zum 1. Juli 2004 die Grundlagen des Persönlichen Budgets im SGB IX geändert[353] und durch die Budget-Verordnung genauere Regelungen geschaffen. Im Sozialhilferecht[354], in den Anspruchsgesetzen der meisten anderen Rehabilitationsträger[355] und im Pflegeversicherungsrecht[356] ist die Möglichkeit des Persönlichen Budgets zum 1. Juli 2004 neu aufgenommen worden. Das Persönliche Budget wird bis 2007 in mehreren Regionen modellhaft erprobt[357] und soll danach eine reguläre Form der Leistungserbringung werden. Im Pflegeversicherungsrecht ist seit 2002 die Erprobung von personenbezogenen Budgets vorgesehen[358].

Das Persönliche Budget ist konzipiert als monatliche Geldzahlung an behinderte Menschen[359]. Das Budget kann auch ganz oder teilweise durch Gutscheine erbracht werde, was für die Einbeziehung von Pflegesachleistungen vorgeschrieben ist[360]. Sein Zweck ist es, den Leistungsberechtigten in eigener Verantwortung ein möglichst selbstbestimmtes Leben zu ermöglichen[361]. Das Persönliche Budget kann als trägerübergreifende Leistung erbracht werden[362]. Beteiligt sein können daran die Rehabilitationsträger, die Pflegekassen und die Integrationsämter. Der zuerst durch Antrag angegangene Träger übernimmt als Beauftragter der anderen Träger die Federführung und stellt mit diesen gemeinsam den gesamten Bedarf an budgetfähigen Leistungen fest[363]. Budgetfähige Leistungen beziehen sich auf alltägliche und regelmäßig wiederkehrende Bedarfe[364]; ihre Kennzeichnung als „regiefähig" hat der Gesetzgeber nach kurzer Zeit wieder korrigiert. Nach der Budgetverordnung ist eine Zielvereinbarung zwischen leistungsberechtigter Person und Rehabilitationsträger

---

350 § 17 Abs. 1 Nr. 4 SGB IX a. F.; nun § 17 Abs. 2–6 SGB IX.
351 Vgl. Baur, ZfS 1999, S. 321 ff.
352 Zu Ansätzen auf der Basis des bereits bestehenden Unfallversicherungsrechts: Brandenburg, ZSR 2004, S. 398, 400 f.
353 Art. 8 des Gesetzes zur Einordnung des Sozialhilferechts in das Sozialgesetzbuch vom 27. Dezember 2003, BGBl. I, S. 3022, 3056 f.: § 17 Abs. 2–6 neuer Fassung.
354 § 57 SGB XII.
355 § 2 Abs. 2 Satz 2 SGB V; § 13 Abs. 1 Satz 2 SGB VI; § 26 Abs. 1 Satz 2 SGB VII.
356 § 35a SGB XI.
357 § 17 Abs. 6 SGB IX.
358 § 8 Abs. 3 SGB XI; dazu: BT-Drucks. 15/4125, S. 33 f.; Arntz/Spermann, SF 2004, S. 11 ff.; Klie, Forum Sozialstation 2/2004, S. 12 ff.; R. Schmidt, BlWPfl 2004, S. 134 ff.; R. Schmidt, TuP 2003, S. 29 ff.
359 § 17 Abs. 3 Satz 1 SGB IX.
360 § 17 Abs. 3 Satz 2 SGB IX; § 35a Satz 1 SGB XI.
361 § 17 Abs. 2 Satz 1 SGB IX.
362 § 17 Abs. 2 Satz 3 SGB IX.
363 § 17 Abs. 4 SGB IX; § 3 BudgetV.
364 § 17 Abs. 2 Satz 4 SGB IX.

zu vereinbaren, in der die individuellen Förder- und Leistungsziele, mögliche Nachweise für die Bedarfsdeckung und die Qualitätssicherung geregelt sein sollen[365].

Mit dem Persönlichen Budget soll vor allem dauerhaft und schwer behinderten Menschen mehr Selbstbestimmung ermöglicht werden, die oft Pflege- und Teilhabeleistungen mehrerer Rehabilitationsträger in Anspruch nehmen. Ihre Lebensführung ist besonders durch diese Leistungen geprägt. Das Wunsch- und Wahlrecht kann ihnen insbesondere im Verhältnis zwischen den Leistungsträgern nicht helfen. Sie sind durch ihr von Behinderung, Rehabilitation und Pflege geprägtes Leben oft in besonderer Weise Experten für die Bedürfnisse ihrer eigenen Teilhabe geworden. Durch das Persönliche Budget sollen vor allem für diese behinderten Menschen Schranken der Selbstbestimmung im Sozialleistungsbezug abgebaut werden. Ihre Kompetenz in der Definition und Organisation der eigenen Teilhabe soll aufgebaut und genutzt werden. Davon werden Kosteneinsparungen ohne Verlust von Qualität der Hilfe erhofft. Insbesondere könnte durch das Budget eine Nachfrage nach ambulanten Hilfen und betreuten Wohnformen artikuliert werden, die bisher nicht zur Geltung kommt. Es könnten sich hierdurch die Strukturen der Rehabilitations- und Pflegeeinrichtungen verändern. Da das Leben in Pflege- und Behindertenheimen tendenziell mit größeren Beschränkungen der Selbstbestimmung verbunden ist, könnte das Budget auf diese Weise sein Ziel erreichen.

Ob mit dem vorgesehenen Verfahren der trägerübergreifenden Zusammenarbeit und Bedarfsfeststellung die gesetzlichen Ziele erreicht werden können, ist noch offen. Bisher hat sich die Koordination verschiedener Träger immer als schwierig erwiesen. Insbesondere die Integration von Rehabilitations- und Pflegeleistungen wäre zur Zielerreichung für diejenigen behinderten Menschen sehr wichtig, die auf Pflege angewiesen sind. Die strukturellen und fachlichen Verwerfungen im Verhältnis der Ziele und Konzepte sozialer Sicherung bei Pflegebedürftigkeit und Rehabilitation könnten durch das Persönliche Budget überwunden werden. Problematisch ist aber, dass die Gewährung des Budgets bei Sachleistungen der Pflegeversicherung weiterhin an Gutscheine und damit an die zugelassenen Pflegedienste und -einrichtungen gebunden ist. Damit ist eine vollständig selbstbestimmte Organisation von Hilfen etwa nach dem Modell von behinderten Menschen als Arbeitgeber ihrer Assistenzkräfte weiterhin erschwert oder unmöglich gemacht. Ungeklärt ist auch noch, wie geistig oder seelisch behinderte Menschen an der erweiterten Selbstbestimmung durch das Budget teilhaben können. Sie benötigen oft Unterstützung, um mit dem Budget operieren zu können. Diese Aufgabe könnte zum Teil von Betreuern wahrgenommen werden. Im Betreuungsrecht und im Sozialrecht sind aber keine besonderen Vorkehrungen hierfür getroffen worden, so dass viele Betreuer sich damit zeitlich oder nach ihrer Kompetenz hierdurch überlastet sehen könnten. Die Zielvereinbarungen könnten ein sinnvolles Instrument sein, um individuelle Rehabilitations- und Teilhabeziele zu vereinbaren und eine zweckentsprechende Verwendung des Budgets zu sichern. Es besteht aber auch die Gefahr, dass durch Zielvereinbarungen das Selbstbestimmungsziel des Gesetzes in den Hintergrund gerät.

---

[365] § 4 Abs. 1 BudgetV.

D. Teilhabe behinderter Menschen

1. Begriff der Teilhabe

Teilhabe ist die deutsche Entsprechung des international gebräuchlichen Begriffs der Partizipation. Das lateinische *participatio* und das englische und französische *participation* sind etymologisch auf *pars* (Teil) und *cipere* (nehmen) zurückzuführen. Damit kann das Wort mit Teilhabe, aber auch mit Teilnahme übersetzt werden. Nur Teilhabe hat jedoch einen doppelten Sinn[1]. So kann man sagen, dass eine Person an einer Arbeit teilnimmt oder an ihr teilhat. An den Früchten der Arbeit kann die Person nur teilhaben. Partizipation ist grammatisch eine universelle Kategorie, bei der die Art der Beteiligung (Partizipation) eines Teilhabers (Partizipanten) an etwas (Partizipatum) sprachlich ausgedrückt wird[2]. Teilhabe ist eine Kategorie des Verhältnisses, der Zugehörigkeit und Zuteilung. Teilhabe kann als erkenntnistheoretische Kategorie und als politischer, rechtlicher und sozialer Begriff für das Verhältnis der einzelnen Person zu Staat und Herrschaft und zur Verteilung materieller und ideeller Güter gebraucht werden[3]. Wechselseitige Teilhabe von Menschen an den Leistungen anderer Menschen kann als eine soziale Grundtatsache in der arbeitsteiligen Gesellschaft begriffen werden[4], die Voraussetzung für Selbstbestimmung ist und ihr nicht entgegensteht[5].

2. Geschichte des Teilhabebegriffs

Platon sah in der Teilhabe (*metexis*) einen zentralen Begriff für das Verhältnis der Dinge zu ihren Ideen und der Ideen zueinander[6]. *Aristoteles* benutzte ihn als politische wie als logische Kategorie. Für ihn war der Bürger der polis definiert durch seine Teilhabe an Rechtsprechung und Herrschaft[7], das Individuum durch seine Teilhabe an der Art[8]. Daraus wurde der Satz: *„Durch die Teilhabe an der Art sind die vielen Menschen eines."*[9] In der stoischen Philosophie von *Cicero* wird die indi-

---

[1] Vgl. Stahlmann, Heilpädagogik.de 4/2003, S. 15 f.
[2] Vgl. Premper in: Seiler/Premper (1991), S. 3 ff.
[3] Vgl. den zweiten Armuts- und Reichtumsbericht, BT-Drucks. 15/5015, S. 12: *„Bezugspunkt sozial gerechter Politik ist für die Bundesregierung die Schaffung sozialer und ökonomischer Teilhabe- und Verwirklichungschancen für alle Mitglieder der Gesellschaft."*
[4] Suhr, EuGRZ 1984, S. 529, 539.
[5] Vgl. aber Rupp, AöR 101 (1976), S. 160, 180: *„Teilhabe ist der Gegensatz freiheitlichen Eigenhabens."*
[6] Platon, Phaidon, 101.
[7] Aristoteles, Politik III, 1, 1275a, 7–8, 22–23; vgl. Böckenförde (2002), S. 119; Stern (1988), S. 58.
[8] Porphyrios zitiert nach: Schönberger in: Ritter/Gründer (1998), S. 962.
[9] Zitiert nach Schönberger in: Ritter/Gründer (1998), S. 962.

viduelle Vernunft (logos) in Bezug gesetzt zu ihrer Teilhabe (participatio) an der ewigen göttlichen Vernunft, die gerichtet ist auf das der menschlichen Natur als vernünftiger Natur Zukommende als das sittlich Gute[10].

Thomas von Aquin sah die participatio als Teilhabe am Göttlichen in der Form eigener Erkenntniskraft der Vernunft an[11]. Mit diesem Gedanken wurde die bei *Kant* erscheinende Einordnung der individuellen Vernunft in die Fähigkeit der Menschheit zum Vernunftgebrauch[12] und damit auch die Erkenntnis der sozialen Einbindung von Selbstbestimmung angedeutet und vorbereitet. Im Teilhabegedanken sind Gleichheit und Selbstbestimmung verknüpft. Eine Teilhabe ohne andere Teilhaber ist begrifflich nicht denkbar, da sich das Teil auf ein Ganzes beziehen muss. Die Teilhaber haben in der Teilhabe ein gemeinsames Gleiches. Dieses ist Teil der wie immer eingeordneten Bestimmung über das menschliche Schicksal. Bestimmen die Menschen ihr Schicksal selbst, so haben die Teilhaber gemeinsam an der Selbstbestimmung teil.

In der philosophischen und politischen Diskussion des 19. Jahrhunderts wurde der Begriff der Teilhabe zunächst kaum noch benutzt[13]. Andere Kategorien, insbesondere die Menschheit und die Brüderlichkeit, hatten den Problemgehalt aufgenommen. *Hegel* sah das besondere Vermögen der einzelnen Menschen als Möglichkeit der *Teilnahme*[14] am allgemeinen Vermögen und setzte diese Teilnahme in das Verhältnis zur gesellschaftlichen Arbeitsteilung[15]. Der durch die Natur gesetzten Ungleichheit der Menschen als Ungleichheit ihrer Geschicklichkeit, ihres Vermögens und ihrer Bildung die Forderung nach Gleichheit entgegenzusetzen, war, so meinte *Hegel*, eine abstrakte Forderung des leeren Verstandes[16]. Im konkreten Vernünftigen existierten unterschiedliche Stände, die Gleichheit ihrer Angehörigen vermittele sich nur abstrakt durch das rechtlich geschützte Eigentum[17]. Damit beschrieb *Hegel* das Grundproblem der modernen Gesellschaft und Rechtsordnung: abstrakte Gleichheit der Freiheiten bei ungleicher Teilhabe am Vermögen. Mit der *„unterschiedlichen Geschicklichkeit"* sprach er eine der Ursachen an, die heute auch unter dem Begriff der Behinderung gefasst wird.

Die Brüderlichkeit (*fraternité*) erscheint in der Französischen Revolution von 1789 als ein erster moderner Ausdruck eines politischen und staatsrechtlichen Teilhabegedankens[18]. Mit der Brüderlichkeit sollte dort weniger das vielleicht warmherzige Gefühl unter Geschwistern zum Ausdruck gebracht werden, als vielmehr an die kooperierenden und solidarischen Zünfte und Bruderschaften erinnert wer-

---

10 Cicero, De legibus, I, 7, 22 f.; Böckenförde (2002), S. 136 f., 156 f.
11 Böckenförde (2002), S. 228; vgl. Schönberger in: Ritter/Gründer (1998), S. 966 und Ratzinger (1968), S. 68 f. zur Teilhabe an Wahrheit und Glauben.
12 Kant, Grundlegung zur Metaphysik der Sitten, 429.
13 Schönberger in: Ritter/Gründer (1998), S. 967.
14 Im Grimmschen Wörterbuch von 1890 ist kein Eintrag für Theilhabe, sondern nur für Theilnahme verzeichnet. Es kann also durchaus gesagt werden, dass Hegel den Begriff der participatio hier in einen neuen Kontext gestellt hat.
15 Hegel, Grundlinien §§ 198–200; vgl. oben III.A.6.c.
16 Hegel, Grundlinien § 200.
17 Hegel, Grundlinien, § 208.
18 Vgl. Volkmann (1997), S. 94; Murswiek (1992), Rz 31.; Frey, ArbuR 1960, S. 298; oben III.A.5.d.

den[19]. Darüber hinaus mochte wohl der gemeinsame und gleiche Erbanspruch der Brüder einer Familie[20] zum brüderlichen Anspruch aller auf das gemeinsame Erbe der gesellschaftlichen Güter erweitert werden. Dieser Anspruch auf fraternité wurde in der Französischen Revolution von 1848 konkret übersetzt mit den Forderungen nach dem Recht zu arbeiten und von seiner Arbeit zu leben, dem Recht auf Bildung und Ausbildung und einer gleichmäßigen Verteilung des Eigentums[21]. Im Diskurs des 20. Jahrhunderts wurden die Begriffe der Teilhabe und Partizipation dann wieder stärker als materieller Anteil an Gütern und Entscheidungskompetenzen benutzt.

3. Teilhabe behinderter Menschen

Teilhabe ist als besondere Kategorie und als Ziel der Gesetzgebung für behinderte Menschen bereits durch den Behinderungsbegriff im Recht und in der ICF vorgegeben[22]. Indem dort die Behinderung anhand des Defizits von Teilhabe konstituiert wird, ist bereits das Ziel impliziert, dieses Defizit aufzuheben. Teilhabe (*participation*) wird im System der Internationalen Klassifikation der Funktionsfähigkeit, Behinderung und Gesundheit (ICF) definiert als Einbezogensein in eine Lebenssituation (*involvement in a life situation*). Beeinträchtigung der Teilhabe ist ein Problem, das ein Mensch im Hinblick auf sein Einbezogensein in Lebenssituationen erleben kann[23]. Die ICF benennt neun Bereiche der Teilhabe: Lernen und Wissensanwendung, Allgemeine Aufgaben und Anforderungen, Kommunikation, Mobilität, Selbstversorgung, Häusliches Leben, Interpersonelle Interaktionen und Beziehungen, Bedeutende Lebensbereiche und Gemeinschafts-, soziales und staatsbürgerliches Leben[24]. Die ICF klassifiziert die Beeinträchtigung der Teilhabe durch den beeinträchtigten Teilhaber (den behinderten Menschen), die Art der Beeinträchtigung und die beeinträchtigte Lebenssituation.

Das Sozialrecht hat das Ziel, die gleichberechtigte Teilhabe behinderter Menschen am Leben in der Gesellschaft zu fördern[25]. Dieses wird als dauerhafte Sicherung der Teilhabe am Arbeitsleben[26] und als Teilhabe am Leben in der Gemeinschaft[27] weiter präzisiert. Auch das Gleichstellungsrecht dient der gleichberechtigten Teilhabe behinderter Menschen am Leben in der Gesellschaft[28].

---

19 Zoll (2000), S. 39 ff.; vgl. Tönnies (1963), S. 12.
20 § 745 CC.
21 Zoll (2000), S. 35, zitiert den Manuel Républicain de l'homme et du citoyen von Charles Renouvier.
22 Vgl. oben II.A.2.f.(5).(b).
23 ICF, Einführung, 4.2.; vgl. BT-Drucks. 15/4575, S. 17 f.
24 ICF, Einführung, 4.2.1.; Aktivitäten und Partizipation, Kapitel 1–9.
25 § 10 SGB I; § 1 SGB IX.
26 § 4 Abs. 1 Nr. 3, 33 SGB IX.
27 §§ 4 Abs. 1 Nr. 4, 55 Abs. 1 SGB IX.
28 § 1 BGG; Art. 1 Abs. 3 BayBGG; § 2 Abs. 2 LGBG; § 1 BbgBGG; § 1 BremBGG; § 1 RhPflLGGBehM; § 1 SBGG; § 1 Abs. 2 BGStG LSA; § 1 LBGG SH; § 1 Abs. 1 SächsIntegrG; § 1 Abs. 1 BGG NRW.

4. Teilhabe im Recht

Teilhabe ist auch für das Recht eine notwendige Kategorie zur Beschreibung von Relationen zwischen Personen, Rechten und Sachen[29]. Deutlich wird dies auch in der seit dem römischen Recht bestehenden zivilrechtlichen Bedeutung der *participatio* im Gesellschaftsrecht. Auch heute werden die Mitglieder einer Gemeinschaft[30] als Teilhaber bezeichnet. Im Zivilrecht ist die Gemeinschaft Oberbegriff für Mehrheiten von Personen, denen Rechte und Pflichten gemeinschaftlich zustehen. Diese Personengruppen können rechtsgeschäftlich gebildet werden wie Personengesellschaften[31] oder durch Gesetz entstehen wie Erbengemeinschaften[32]. In Personengesellschaften ist Teilhabe das Verhältnis aller Personen, die an einem Unternehmen teilhaben, indem sie Anteile von Arbeit, Geld- und Sachwerten[33] leisten und an den Ergebnissen teilhaben können[34]. Damit weist die participatio in einer gemeinsam füreinander haftenden Gesellschaft (*obligatio in solidum*)[35] eine Nähe zur Solidarität auf: Solidarität ist der Rechtsgrund, für das auch schwächere Glied der Gesellschaft zu haften, Teilhabe am Ganzen ist die Rechtsfolge[36].

In der modernen Verfassungsgeschichte wird die Diskussion über das Recht auf Teilhabe am materiellen gesellschaftlichen Vermögen und faktischer Freiheit seit der Französischen Revolution auch unter dem Begriff der sozialen Grundrechte geführt[37]. Während in der Erklärung der Menschenrechte von 1789 und der Verfassung von 1791 das Recht auf Arbeit nach Diskussionen ausgespart wurde, ist im Verfassungsentwurf von 1793 das Recht auf Arbeit und öffentliche Unterstützung enthalten gewesen[38]. Auch in der Diskussion um die deutsche Verfassung von 1848 konnte sich die Forderung nach einem Recht auf Arbeit und Unterhalt nicht durchsetzen[39]. Erst in der Verfassung von 1919 wurden verschiedene soziale Grundrechte verankert. Sie wurden jedoch kaum rechtlich und politisch umgesetzt[40].

---

[29] Zur entsprechenden Struktur von sozialen Grundrechten bzw. Teilhaberechten: Arango (2001), S. 56 f.

[30] §§ 741–748 BGB; vgl. oben II.A.2.f.(5).(a).

[31] §§ 705 ff. BGB; HGB.

[32] § 2032 BGB.

[33] Vgl. § 706 Abs. 1–3 BGB.

[34] Vgl. § 722 BGB.

[35] Vgl. Brunkhorst (2002), S. 10; Zoll (2000), S. 17.

[36] Im Zusammenhang damit kann eine neuere terminologische Differenzierung im englischen Sprachraum betrachtet werden. Dort wird versucht, verschiedene Dimensionen von Teilhabe im gesellschaftlichen Raum durch die Gegenüberstellung von *shareholder* und *stakeholder* auszudrücken. Während shareholder einen Anteil (*share*) an einer Aktiengesellschaft haben, der sie im Wesentlichen zum Profit an den Ergebnissen berechtigt, sollen stakeholder Teilhabe in einem weiteren Sinn sein. Auch *stake* kann Anteil bedeuten, hat aber die zusätzliche Bedeutung von Einsatz. Unter den stakeholdern eines Unternehmens werden daher nicht nur die Teilhaber im engen Sinne (Aktionäre), sondern auch alle, die am Unternehmen durch Einsatz Anteil haben, verstanden. Dies sind insbesondere die Beschäftigten, aber auch Kunden und Konsumenten. Zu diesem Gedanken vgl. bereits Suhr, EuGRZ 1984, S. 529, 544.

[37] Borowski, JöR 50 (2002), S. 301, 306: *„Soziale Grundrechte zielen auf faktische Freiheit".*

[38] Vgl. Brunner (1971), S. 6.

[39] Schambeck (1969), S. 35; Paech, DuR 1992, S. 265, 267.

[40] Paech, DuR 1992, S. 265, 268.

Das Recht auf Teilhabe wurde vielfach verknüpft mit den Grundsätzen der Gleichheit und der Selbstbestimmung, wenn diese als soziale Gleichheit der Möglichkeiten, als faktischer selbstbestimmter Freiheitsgebrauch und als soziale Gleichheit des Freiheitsgebrauchs thematisiert werden[41]. Damit wurde soziale Staatstätigkeit eingefordert, um die Teilhabe zu sichern. In der Diskussion um Verfassungen und in der Rechtswissenschaft ist dies in der Forderung nach sozialen Grund- und Menschenrechten und nach einer Teilhabedimension der bereits positivierten Grund- und Menschenrechte geschehen. Die scharfe Trennung zwischen individuellen Freiheitsrechten und sozialen Rechten gründet so weniger in den rechtlichen Kategorien und auch nicht in den ursprünglichen politischen und philosophischen Wurzeln der Grundrechte, sondern in den politischen Konflikten der jeweiligen Zeit[42].

John Rawls thematisiert das Problem der Teilhabe in seiner Theorie der Gerechtigkeit unter dem Begriff der sozialen Gerechtigkeit[43]. Er differenziert dabei zwischen der Freiheit und ihrem Wert. Während die Freiheit im System der bürgerrechtlichen Freiheiten für alle gleich sei, sei ihr Wert für diejenigen geringer, die wegen Armut, Unwissenheit oder sonstiger Mängel, hierzu ist Behinderung zu zählen, von den Rechten und Möglichkeiten weniger Gebrauch machen können. Die Grundstruktur des gesamten Systems der Freiheiten, so *Rawls*, sei darum so zu gestalten, dass der Wert des gesamten Systems der Freiheiten für die am wenigsten begünstigten möglichst groß wird. Dieses Prinzip fasst er als soziale Gerechtigkeit zusammen[44].

Jürgen Habermas begründet die wachsende Bedeutung von sozialen Teilhaberechten 1996 mit der Ausdifferenzierung und Heterogenität der Gesellschaft und sieht in ihnen eine politische Sicherung für den sozialen Rechtsstaat und seine integrative Wirkung:

„Ich vermute, dass multikulturelle Gesellschaften durch eine noch so bewährte politische Kultur nur dann zusammengehalten werden können, wenn sich Demokratie nicht nur in Gestalt von liberalen Freiheits- und politischen Teilnahmerechten auszahlt, sondern auch durch den profanen Genuss sozialer und kultureller Teilhaberechte. Die Bürger müssen den Gebrauchswert ihrer Rechte auch in der Form sozialer Sicherheit und der reziproken Anerkennung verschiedener kultureller Lebensformen erfahren können. Die demokratische Staatsbürgerschaft wird eine integrative Kraft nur entfalten, d. h. Solidarität zwischen Fremden stiften, wenn sie sich als ein Mechanismus bewährt, über den die Bestandsvoraussetzungen für erwünschte Lebensformen tatsächlich realisiert werden."[45]

Zugespitzter sehen *Ulrich Rödel, Günter Frankenberg* und *Helmut Dubiel* das Recht auf soziale Teilhabe primär im Staatsbürgerrecht und in der Sicherung der Bedingungen für die Teilnahme an den gemeinsamen öffentlichen Angelegenheiten fundiert, mit dem das Problem des drohenden oder faktischen Ausschlusses aus der öffentlichen Sphäre zu thematisieren und zu lösen sei[46]. Dagegen hält *Haber-*

---

[41] Murswiek (1992), Rz 26 ff.
[42] Paech, DuR 1992, S. 265, 268.
[43] Vgl. oben III.A.11.g.
[44] Rawls (1998), S. 233.
[45] Habermas (1996), S. 143.
[46] Rödel/Frankenberg/Dubiel (1992), S. 182 ff.

mas zu Recht daran fest, dass soziale Teilhaberechte gleichermaßen der Verwirklichung öffentlicher wie privater Autonomie dienen[47].

Die politischen Wissenschaften und die Sozialwissenschaften haben in vielfältiger Weise untersucht und kategorisiert, in welcher Weise Menschen faktisch an Staat und Politik, an Entscheidungen, an materiellen und immateriellen Gütern teilhaben. Eine Frucht dieser Kategorisierung ist die Übernahme der participation als grundlegender Kategorie zur Bestimmung von Behinderung in die International Classification of Functioning, Disability and Health gewesen. Mit dieser Definition von Behinderung verbindet sich in teleologischer Begriffsbildung die Aussage, dass die Möglichkeit voller Teilhabe gesellschaftliches Idealbild ist.

Mit den öffentlich-rechtlichen und zivilrechtlichen Wurzeln des Rechtsbegriffs Teilhabe wird deutlich, dass Rechte und Pflichten aus Teilhabe sich auf sehr unterschiedliche Gemeinschaften und Gesellschaften beziehen und universell wie partikular ausgeprägt sein können. Die Diskussion über soziale Grundrechte[48] hat sich dabei auf universelle Teilhabeansprüche konzentriert, während in der politischen Debatte über Diskriminierung behinderter Menschen und Defizite der Selbstbestimmung auch der stärker privatrechtlich konstituierte gesellschaftliche Raum thematisiert wird.

5. Grundrechte als Teilhaberechte

a) Begriff der Teilhaberechte

Unter Teilhaberechten im verfassungsrechtlichen Sinn wird hier eine Wirkungsweise von Grundrechten verstanden, die über die abwehrrechtliche Garantie von Freiheiten hinaus Ansprüche vermittelt[49], die dem Ziel der tatsächlichen Freiheitsverwirklichung dienen. Es sind Ansprüche auf Erweiterung der gegebenen Verhaltensmöglichkeiten oder des gegebenen Vermögens[50]. Damit wird der Begriff in einem weiteren Sinne gebraucht als in einem Teil der verfassungsrechtlichen Literatur, wo mit verfassungsrechtlichen Teilhaberechten nur unmittelbar gegen den Staat gerichtete Leistungsansprüche bezeichnet werden[51]. Dies entspricht aber nicht der Ordnung der Verantwortlichkeiten im sozialen Rechtsstaat, in dem eben nicht der Staat alle Aufgaben selbst übernehmen und an sich ziehen kann und soll.

Stellt man alleine auf das Ziel einer Teilhabe an Freiheiten und ihren materiellen Voraussetzungen ab, so kommt es zunächst nicht darauf an, gegen wen sich die mit diesem Ziel konstituierten Ansprüche richten und ob es sich um Abwehr- oder Leistungsansprüche handelt. Ein solcher Sprachgebrauch wird im Bezug auf die Rechte behinderter Menschen durch das SGB IX und BGG nahe gelegt, in denen die Behinderung allgemein durch den Mangel an Teilhabe definiert ist. Übergreifendes Gesetzesziel ist die Teilhabe am Leben in der Gesellschaft[52]. Einzelne Leis-

---

47 Habermas (1996), S. 385; vgl. oben III.A.11.g.
48 Vgl. Borowski, JöR 50 (2002), S. 301 ff; Daum, RdA 1968, S. 81 ff.
49 Zum Charakter als subjektive Rechte: Borowski, JöR 50 (2002), S. 301, 310 f.
50 Murswiek (1992), Rz 2.
51 Dagegen auch Murswiek (1992), Rz 8.
52 § 1 SGB IX.

tungen dienen der Teilhabe am Leben in der Gemeinschaft[53] und der Teilhabe am Arbeitsleben[54]. Die der Verwirklichung dieser Ziele dienenden Rechte und Ansprüche können nicht ausschließlich staatsbezogen sein und sind es auch nicht. Unter Teilhaberechten werden im Folgenden Rechte auf Schutz vor Grundrechtsgefährdungen und Rechte auf Gewährleistung von Teilhabe am Grundrechtsgebrauch verstanden. Diese Gewährleistungsrechte können eigenständig allein am grundrechtlich geschützten Rechtsgut orientiert sein oder, vermittelt über Gleichheitsrechte, von den Rechten oder faktischen Möglichkeiten anderer Menschen abgeleitet werden[55].

b) Geltung der Grundrechte als Teilhaberechte

Die Erkenntnis, dass Grundrechte über einen Abwehrcharakter gegen den Staat hinaus wirken können, ist in der Status-Lehre von *Georg Jellinek* angelegt[56]. Während der Inhaber eines Abwehrrechtes zum Schutz seiner Freiheitssphäre sich im *status libertatis* befindet[57], betrifft der *status positivus* diejenigen Situationen, in denen der einzelne seine Freiheit nicht ohne den Staat haben kann[58]. Mit dieser Formulierung kann auch die Situation behinderter Menschen angesprochen werden, für die staatliche Teilhabeleistungen Voraussetzungen der Freiheit sind[59]. Auch der *status activus*, der sich auf die Teilhabe an Staat und Demokratie bezieht[60], ist nur mit dem Staat denkbar. Betrifft der status positivus also die private faktische Selbstbestimmung durch Schutzansprüche und Verfahrensteilhabe (*status positivus libertatis*) und soziale Teilhabe (*status positivus socialis*)[61], so betrifft der *status activus* die rechtliche und faktische Mitbestimmung in öffentlichen Angelegenheiten. *Jellinek* sah den positiven Status als notwendige Folge der Anerkennung einer rechtlichen Persönlichkeit jedes Menschen an. Der positive Status im Sinne Jellineks umfasst wesentliche Kennzeichen sozialer Rechtsstaatlichkeit als individuelle Rechte:

„Ihn zu realisieren sind die drei an ihrer Wurzel zusammentreffenden Ansprüche gegeben: der Rechtsschutz-, der Interessenbefriedigungs- und der Interessenberücksichtigungsanspruch. (..) Nur durch den Inhalt dessen, worauf diese Ansprüche gehen, nicht aber in der Zahl und Masse dieser Ansprüche ist heute ein Unterschied unter den Personen denkbar. Als konkretes Minimum des positiven Status kommen sie aber notwendigerweise jedem zu; ihr Verlust würde dem bürgerlichen Tode, dem Erlöschen der Persönlichkeit gleichkommen. (..) Der Staat hat nicht zu allen Zeiten den Menschen schlechthin Persönlichkeit gegeben. Sobald er aber irgendjemand eine Persönlichkeit zuerkannte, konnte er es nur dadurch tun, dass er

---

53 § 55 SGB IX.
54 § 33 SGB IX, vgl. oben II.B.6.; unten V.I.4.b.
55 Lücke, AöR 107 (1982), S. 15, 31; Hesse, EuGRZ 1978, S. 427, 433.
56 Vgl. oben III.A.7.h.; III.B.2.
57 Jellinek (1905), S. 94 ff.; oft auch als *status negativus* bezeichnet.
58 Jellinek (1905), S. 121: *„die rechtlich geschützte Fähigkeit, positive Leistungen vom Staate zu verlangen"*; vgl. Kingreen (2003), S. 133.
59 Wenn auch Jellinek die öffentliche Gesundheitspflege nur als Beispiel einer Fürsorge kannte, der kein subjektives Recht gegenüberstand (S. 115).
60 Jellinek (1905), S. 136 ff.
61 Isensee (1983), vgl. Murswiek (1992), Rz 12.

ihm jene drei Ansprüche, wenn auch namentlich die beiden letzten in noch so rudimentärer Form gewährte."[62]

Die grundsätzliche Möglichkeit und Geltung von Schutz-, Verfahrens- und Teilhabefunktionen der Grundrechte ist in Rechtsprechung und Rechtslehre in Deutschland und Europa mittlerweile tief verankert[63]. Für eine Teilhabefunktion der Grundrechte spricht zunächst die Schutzpflicht des Staates für die Menschenwürde. Bereits bei der Menschenwürde als dem Kern der Grundrechte wird der staatlichen Gewalt die Verpflichtung übertragen, diese nicht nur zu achten, sondern auch zu schützen. Die staatliche Gewalt hat danach explizit eine Schutzpflicht auch gegen reale Gefährdungen der Menschenwürde im gesellschaftlichen Bereich[64]. Das gewichtigste Argument dafür, dass das Grundgesetz der faktischen Möglichkeit möglichst aller, am Grundrechtsgebrauch auch wirklich teilzuhaben, nicht neutral gegenübersteht, ist der Grundsatz des sozialen Rechtsstaats, der die Interpretation der Grundrechte und ihrer Tragweite beeinflusst[65]:

„Das Grundgesetz (..) hat (..) das zentrale Problem der liberalen Staatsauffassung: die relative Blindheit gegenüber den sozialen Voraussetzungen der Realisierung grundrechtlicher Freiheit, aufgenommen und durch die Festlegung des Sozialstaatsauftrags als eines verbindlichen, dem Rechtsstaat nebengeordneten Verfassungsprinzips einer positiven Lösung zugeführt. Dem Staat ist damit von Verfassungs wegen eine Verantwortung für die Schaffung und Sicherung der notwendigen sozialen Voraussetzungen grundrechtlicher Freiheit zuerkannt. (…) Dies freilich nicht, um die Freiheit der einzelnen und eine freie Gesellschaft zu überwinden, sondern um beide (…) sozial zu unterfangen, d. h. aus der Erhaltungs- und Gewährleistungsfunktion für die Freiheit der einzelnen und eine freie Gesellschaft."[66]

Für die meisten Grundrechte gilt, dass sie textlich nicht ausdrücklich als staatsgerichtete Abwehrrechte formuliert sind, sondern dass im Wesentlichen der geschützte Bereich benannt und als Schutzgut definiert ist. Als Verpflichtete sind Gesetzgebung, vollziehende Gewalt und Rechtsprechung benannt[67]. Damit ist aber der Charakter der Verpflichtung und die Reichweite der Verantwortung des Staates für die Grundrechte gerade nicht geklärt, sondern nur eine unmittelbare Drittwirkung ausgeschlossen, die keiner weiteren Vermittlung über Gesetze und ihre Anwendung bedürfen. Somit sind auch diese Normen keine stichhaltigen Argumente für eine rein abwehrrechtliche Funktion der Grundrechte. Im Gegenteil kann in den Grundrechten regelmäßig die Aussage erkannt werden, dass die in ihnen benannten Rechtsgüter positiv zu bewerten sind und die Grundrechtssubjekte an ihnen teilhaben sollen. Teilhabe ist ein Aspekt der Freiheit selbst[68].

---

[62] Jellinek (1905), S. 132 f.
[63] Vgl. positiv: Schmeling, SGb 1976, S. 313, 315; Böckenförde, NJW 1974, S. 1529, 1538; Schimanke, JR 1973, S. 45 ff.; Häberle, DÖV 1972, S. 729 ff.; Scheuner, DÖV 1971, S. 505 ff.; Friauf, DVBl. 1971, S. 674, 676; auch: Rupp, AöR 1976, S. 160, 165, der sich allerdings für Gewährleistungsrechte, aber vehement gegen den Teilhabebegriff ausspricht.
[64] Vgl. Neuner (1999), S. 158; Isensee in: HStR (1992), Rz 13.
[65] Zacher in: BMA (2001), S. 380; Benda in: HVerfR, 2.A. (1995), § 17 RN 57; Bieback, Jura 1987, S. 229, 232; Haverkate (1983), S. 59; oben: III.B.13.; vgl. eher ablehnend Murswiek (1992), Rz 87 ff
[66] Böckenförde, NJW 1974, S. 1529, 1538.
[67] Art. 1 Abs. 3, 20 Abs. 3 GG.
[68] Häberle, DÖV 1972, S. 729, 734.

Das Bundesverfassungsgericht hat zunächst 1951 sehr vorsichtig formuliert, dass ein Anspruch auf Schutz und Fürsorge in die Grundrechte nur „*in beschränktem Maße*" Eingang gefunden hat und der Sache nach ein Berücksichtigungsgebot für soziale Bedürfnisse statuiert[69]. Die Wirkungsweise der Grundrechte als Teilhaberechte zu ihrem effektiven Gebrauch kann, wie vom BVerfG formuliert, begriffen werden als Wirkung einer objektiven Wertordnung, welche die Auslegung des gesamten Rechts einschließlich der Grundrechte selbst bestimmt[70]. Präzise formuliert sind Grundrechte mit *Robert Alexy* als Optimierungsgegenstände anzusehen[71]. Diese Optimierung kann dann auch durch Schutz- und Gewährleistungsfunktionen erfolgen, die durch Teilhabe an Rechten und Ressourcen die Voraussetzungen für den Grundrechtsgebrauch schaffen und seine Möglichkeiten in der Gesellschaft sichern. Ein solches Verständnis öffnet zugleich den Weg zu einer angemessenen Differenzierung, die jedem Grundrecht als Prinzip eine spezifische Wertigkeit und die jeweils notwendigen Funktionen zuordnen kann. Damit kann auch das Argument entkräftet werden, der Staat könne Leistungsansprüche aus Teilhaberechten im versprochenen Umfang nicht oder nur durch unangemessene Eingriffe in geschützte Freiheiten erfüllen[72]. Werden Teilhaberechte als Prinzipien verstanden, so werden ein Vorbehalt des Möglichen[73], ein Vorbehalt möglicher Rechte anderer[74] und divergierender Teilhabeziele als konkurrierende Prinzipien mitgedacht[75]. Teilhaberechte werden damit nicht wirkungslos, sondern erhalten eine angemessene Rolle als Abwägungsbelange zugewiesen[76], die, wie in dem Sonderschul-Beschluss des BVerfG[77], eine gesteigerte Begründungspflicht bei der Rechtssetzung und -anwendung bedingen. Damit können sie aber auch als subjektive Rechte auf Berücksichtigung eben dieser Prinzipien und Belange wirken und je nach Stärke dieser Belange zum Interessenberücksichtigungs- oder Interessenbefriedigungsanspruch erstarken.

Freiheitsgebrauch auf Kosten der Möglichkeiten anderer zum Freiheitsgebrauch wird damit vor die Schranken einer Rechtsetzung und Rechtsanwendung gezogen, die auch ihre faktischen Folgen beachten muss[78]. Die Grundrechte als Teilhabe-

---

69 BVerfG vom 19. Dezember 1951, BVerfGE 1, S. 97, 104 f (Hinterbliebenenversorgung).
70 Häberle, DÖV 1972, S. 729, 731: *„Die oft kritisierte Argumentation mit der ‚Wertordnung' führt das BVerfG also nicht in abstrakte Höhen, sondern in die soziale Wirklichkeit."*; vgl. P. Badura, Der Staat 1975, S. 17, 37; Scheuner, DÖV 1971, S. 505, 510; Schwabe, NJW 1969, S. 2274, 2275.
71 Alexy (1994), S. 71 ff.; vgl. Borowski, JöR 50 (2002), S. 301, 313 ff.; Borowski (1998), S. 61 ff.; zu den Folgen für das Sozialrecht: Luthe/Dittmar, SGb 2004, S. 272, 274. vgl. bereits P. Badura, Der Staat 1975, S. 17, 27: *„Der größere Teil der sozialen Grundrechte hat rechtlich die Bedeutung von an den Gesetzgeber gerichteten Verfassungsprinzipien, Richtlinien und Aufträgen."*
72 Brohm, JZ 1994, S. 213, 216.
73 BVerfGE 96, 288, 306; BVerfGE 30, 303, 336; Luthe/Dittmar, SGb 2004, S. 272, 275; auch für Schutzpflichten: Isensee in: HStR (1992), Rz 144; zur Abstufung: Murswiek (1992), Rz 22, 58; vgl. Stern (1988), S. 716, 718, der zu Recht darauf hinweist, dass der Vorbehalt des Möglichen – ultra posse nemo obligatur – auch für Abwehrrechte gelten kann.
74 Vgl. Haverkate (1983), S. 113 f., der fordert, weniger Freiheit als Teilhabeproblem und stärker Teilhabe als Freiheitsproblem zu begreifen. Beides schließt sich jedoch nicht aus.
75 Borowski, JöR 50 (2002), S. 301, 314 f.; Häberle, DÖV 1972, S. 729, 734 f.
76 Paech, DuR 1992, S. 265, 273.
77 BVerfGE 96, 288, 310.
78 Vgl. oben IV.B.6.f.(5).

rechte wirken selten verfassungsunmittelbar, sondern konkretisieren sich in der Gesetzgebung und Rechtsanwendung[79]. Ihre Funktion liegt in der Gesetzgebung zu einem erheblichen Teil in der Legitimation von Grundrechtseinschränkungen und Regelungen, die den Freiheitsspielraum anderer erhalten sollen. In dieser Funktion können sich bei der Gesetzgebung und ihrer verfassungsgerichtlichen Überprüfung auch das je unterschiedliche Gewicht der teilhaberechtlichen Belange zur Geltung bringen und mit dem Verhältnismäßigkeitsgrundsatz auf ihre Stichhaltigkeit überprüft werden. Für behinderte Menschen, die schon definitionsgemäß in der Teilhabe an bestimmten Freiheiten eingeschränkt sind, bedeutet dies, dass staatliche Regelungen zu ihrem Schutz und ihrer Förderung, welche oft mit Grundrechtseinschränkungen oder Belastungen anderer verbunden sind, durch die Teilhabefunktionen der Grundrechte eine höhere Legitimität erlangen können. Dabei ist klar, dass Teilhaberechte nicht die Gesetzgebung der Zukunft vollständig determinieren können und dürfen[80], sondern einer demokratischen Gesetzgebung einen großen Spielraum bei der Ermittlung empirischer Evidenz und der Abwägung gegenläufiger Prinzipien belassen müssen[81]. Das Beispiel der Teilhaberechte behinderter Menschen zeigt jedoch, dass diese in der Demokratie auch ein berechtigter Schutz der Minderheit gegen die Mehrheit sein können. Eine teilhaberechtliche Dimension der Grundrechte unter Berücksichtigung der besonderen Gleichheitssätze schränkt in der Tat die Freiheit der nichtbehinderten Mehrheit ein, das Interesse einer behinderten Minderheit am Freiheitsgebrauch zu überstimmen und negieren und fordert ein Mindestmaß an Rücksicht und Solidarität ein[82]. Sie aktualisiert damit den Sozialstaatsgrundsatz auf der Ebene subjektivierbarer Rechte. *Hans F. Zacher* hat dies bereits 1968 so formuliert:

„Die egalitäre Demokratie ist ein System der politischen Gleichheit vieler, aber nicht aller. Sie ist allenfalls das System der kleinsten auf Dauer vernachlässigten Minderheit. Diese zu schützen ist die klassische Aufgabe der Demokratie. Und sie ruht im Felde sozialer Teilhabe in besonderem Maße auf dem Gleichheitssatz."[83]

c) Rechte auf Schutz

In den Grundrechten ist ein Recht des einzelnen auf Schutz seiner in den Grundrechten genannten Rechte und Interessen und eine Pflicht des Staates, diesen Schutz zu gewähren oder zu gewährleisten erkannt worden. Die Schutzfunktion kann auf das in der amerikanischen Verfassung von 1776 und der französischen Erklärung der Menschen- und Bürgerrechte von 1789 enthaltene Recht auf Sicherheit zurückgeführt werden[84], wie es auch heute noch in der Bayerischen Verfassung zu

---

[79] Stern (1988), S. 694.
[80] So die Befürchtungen von Spranger, VR 1999, S. 242, 243; Dreier, Jura 1994, S. 505, 508; Stern (1988), S. 695; Hesse, EuGRZ 1978, S. 427, 434.
[81] Borowski, JöR 50 (2002), S. 301, 322; vgl. Alexy, VVdStRL 61 (2001), S. 1, 14 ff.
[82] Vgl. Knab, ZIAS 2004, S. 81, 83.
[83] Zacher, AöR 93 (1968), S. 341, 358 f.
[84] Dreier, Jura 1994, S. 505, 512; Isensee in: HStR (1992), Rz 27; Stern (1988), S. 932; Art. 8 der Erklärung von 1789: *„Die Sicherheit besteht in dem Schutz, den die Gemeinschaft einem jeden ihrer Mitglieder für die Erhaltung seiner Person, seiner Rechte und seiner habe gewährt."*

finden ist[85]. Insbesondere für die Schutzfunktion kann die staatliche Verpflichtung zum Menschenwürdeschutz geltend gemacht werden[86]. Die Schutzfunktion wird bei den Grundrechten in unterschiedlicher Weise aktualisiert. Je näher die Grundrechte dem Kern der Menschenwürde kommen, desto stärker wird die Optimierung dieser Grundrechtsgehalte ihren Schutz erfordern. Schließlich werden Schutzpflichten als eigenständiger objektiv-rechtlicher Gehalt der Grundrechtsbestimmungen angesehen[87]. Betrachtet man den Inhalt grundrechtlicher Schutzpflichten näher, so relativiert sich der Unterschied zwischen Abwehrrechten und Teilhaberechten, weil kaum ein Grundrecht in der heutigen Gesellschaft Freiheit gewährleisten kann, wenn der Staat nicht zu ihrem Schutz und ihrer Verwirklichung Infrastrukturen schafft oder in die Rechte anderer eingreift[88]. Deutlich wird das gerade am Eigentumsrecht, dessen Schutz eine der wesentlichen Funktionen von Staat und Recht ist[89].

Schutzpflichten werden jedenfalls dann aktualisiert, wenn eine irreparable Grundrechtsverletzung droht, die Entwicklung, die das Grundrecht gefährdet, unbeherrschbar scheint oder nicht autonom regulierbar ist[90]. Mit dem letzten Punkt ist die zentrale Rolle der Kontextfaktoren bei der Teilhabestörung behinderter Menschen angesprochen. Ihre Gesundheitsstörung führt oft zu einer Fülle von grundrechtsrelevanten Konflikten, die bei anderen Menschen nicht auftauchen, weil sie für diese autonom regulierbar sind. Die Regulationsmechanismen zwischen Privaten sind darauf zugeschnitten, dass die Beteiligten der gesundheitlichen Norm entsprechen. Einschränkungen der Kommunikation oder Mobilität können aber gerade die Fähigkeit zu denjenigen Aktivitäten herabsetzen, die notwendig sind, um die eigene Freiheitssphäre autonom entfalten und schützen zu können. Wer zur Notwehr für Gesundheit, sexuelle Selbstbestimmung[91] oder Eigentum nicht in der Lage ist, bedarf stärkeren Schutzes als andere.

Die Schutzpflicht ist insbesondere für das Recht auf Leben und Gesundheit vom BVerfG und in der Literatur allgemein anerkannt worden[92]. Nach der Rechtsprechung des BVerfG sind die Rechte auf Leben und Gesundheit nicht nur vor unmit-

[85] Art. 99 BayVerf: *„Die Verfassung dient dem Schutz und dem geistigen und leiblichen Wohl aller Einwohner. Ihr Schutz gegen Angriffe von außen ist gewährleistet durch das Völkerrecht, nach innen durch die Gesetze, die Rechtspflege und die Polizei."*

[86] Vgl. Isensee in: HStR (1992), Rz 13; Dürig, AöR 81 (1956), S. 117, 123 f.

[87] Stern (1988), S. 931.

[88] Bieback, ZfSH/SGB 2003, S. 579, 585.

[89] Hesse, EuGRZ 1978, S. 427, 436.

[90] Pieroth/Schlink (2002), Rz 92.

[91] Vgl. §§ 174a, c, 179 StGB in der Fassung des Gesetzes zur Änderung der Vorschriften über die Straftaten gegen das sexuelle Selbstbestimmung und zur Änderung anderer Vorschriften vom 27. Dezember 2003, BGBl. 3007; dazu: Reichenbach, GA 2003, S. 550 ff; Duttge/Hörnle/Renzikowski, NJW 2004, S. 1065 ff.; BT-Drucks. 15/3154 zur Bedrohungssituation, 2003 wurden 959 Fälle des sexuellen Missbrauchs Widerstandsunfähiger erfasst; BT-Drucks. 15/4575, S. 137 f., 139 f.; BT-Drucks. 15/4928.

[92] BVerfG-Kammerentscheidung vom 19. März 2004, NJW 2004, S. 3100 (neue Behandlungsmethoden); BVerfG 46, 160, 164 (Schleyer); BVerfG vom 25. Februar 1975, BVerfGE 39, 1, 36 ff. (Abtreibung); für die Schutzpflicht auch die abweichende Meinung: BVerfGE 39, 68 ff.; vgl. Sacksofsky, KJ 2003, S. 274, 277; Pieroth/Schlink (2002), Rz 88; Dietlein (1992), S. 76 f.; Stern (1988), S. 941 f.; Hesse, EuGRZ 1978, S. 427, 437.

telbaren Angriffen, sondern auch vor Gefährdungen zu schützen, die von den Gefahren der Entwicklung von Technik und Produktivkräften ausgehen[93]. Insgesamt werden die Schutzpflichten aus den objektiv-rechtlichen Gehalten der Grundrechte als Prinzipien mit Verwirklichungstendenz[94] begründet.

Auch für elementare Bereiche der Selbstbestimmung können Schutzpflichten bestehen. So hat der Europäische Gerichtshof für Menschenrechte 1985 die Niederlande wegen eines Verstoßes gegen den Anspruch auf Achtung des Privatlebens[95] verurteilt, weil es für eine geistig behinderte Frau nicht möglich war, die Strafverfolgung gegen einen Vergewaltiger einzuleiten, weil dies nach dem niederländischen Strafrecht ihre eigene Klage vorausgesetzt hätte, zu der sie wegen Entmündigung nicht berechtigt war[96]. Das Fehlen tatsächlichen und effektiven Schutzes wurde als Verletzung der Konvention gewertet[97]. Zumindest elementare Bereiche der Selbstbestimmung wie die sexuelle Selbstbestimmung und andere Bereiche der Privatsphäre haben ihren Kern im Schutz der Menschenwürde, so dass eine staatliche Verpflichtung zu ihrem Schutz gegen Private aus der Verfassung abzuleiten ist[98]. Auch der Europäische Gerichtshof hat aus den Grundfreiheiten Schutzpflichten der Mitgliedstaaten abgeleitet. So wurde Frankreich verurteilt, weil es eine Beeinträchtigung der Warenverkehrsfreiheit durch militante Bauernproteste nicht hinreichend effektiv unterbunden hatte[99].

Für den durch eine Gesundheitsbeeinträchtigung konstituierten Tatbestand Behinderung ist das Schutzpflichtkonzept absehbar relevant. Schutzpflichten können sich darauf beziehen, Menschen vor dem Eintritt von Behinderung zu schützen und sie können der besonderen Verwundbarkeit bereits gesundheitlich beeinträchtigter Menschen im Rechtsgut Leben und Gesundheit, aber auch bei anderen Rechtsgütern Rechnung tragen[100]. So können Schutzpflichten für Leben, Gesundheit und die Selbstbestimmung über die körperliche Integrität bewirken, dass medizinische Behandlungen nicht gegen den Willen und die Interessen behinderter Menschen an diesen ausgeführt werden.

Schutzpflichten werden auch für den Fall angenommen, dass privatrechtliche Konflikte so ungleich sind, dass eine Seite gegenüber der anderen mit ihren grundrechtlich geschützten Interessen keine Chance hat[101]. Von *Isensee* wird allerdings bestritten, dass diese Fallgruppe den Schutzpflichten zuzuordnen sei. Es fehle im privaten Vertragsverhältnis am Übergriff in die grundrechtliche Sphäre des Schwächeren. Schutzpflichten setzten bereits definierte Rechtspositionen voraus und

---

[93] BVerfG vom 20. Dezember 1979, BVerfGE 53, 30, 57 (Kernkraftwerk Mülheim-Kärlich); dazu: von Mutius, Jura 1984, S. 529 ff.; BVerfG vom 8. August 1978, BVerfGE 49, 89, 132, 140 (Kernfusionsanlage Kalkar); BVerfG 56, 54 (Fluglärm); vgl. zum Zusammenhang von Lärm und Gesundheit: BT-Drucks. 15/5015, S. 114.
[94] Alexy (1994), S. 420 f.; H.-H. Klein, DVBl. 1994, S. 489 ff.; Pietrzak, JuS 1994, S. 748.
[95] Art. 8 Abs. 1 EMRK.
[96] EGMR vom 26. März 1985, EuGRZ 1985, S. 297 ff.
[97] EGMR, EuGRZ 1985, S. 297, 299.
[98] Eher ablehnend: Dietlein (1992), S. 83.
[99] EuGH vom 9. Dezember 1997, Slg. 1997, I-6959, vgl. Meyer (2002), S. 227 ff.
[100] Kingreen (2003), S. 137.
[101] BT-Drucks. 15/4538, S. 37; BVerfG vom 7. Februar 1990, BVerfGE 81, 242, 255 f. (nachvertragliches Wettbewerbsverbot für Handelsvertreter); Pieroth/Schlink (2002), Rz 92.

könnten nicht für deren Definition in Anspruch genommen werden[102]. Dieser Kritik ist zuzugeben, dass die Konstellationen deutlich unterscheidbar sind und dass beim Schutz vor dem Machtgefälle im Privatrecht Schutzfunktion und Gewährleistungsfunktion im Einzelfall nahe beieinander liegen können. Der systematische Einwand von *Isensee* ist nicht zutreffend, wenn die unangemessenen Ergebnisse, die sich aus disparaten Privatrechtsbeziehungen ergeben, bereits von vornherein als rechtswidrig erkennbar sind, wie dies etwa beim Lohnwucher oder bei einer ansonsten grundlosen Benachteiligung behinderter Menschen etwa beim Restaurantzugang der Fall sein kann. Anders liegt der Fall, wenn die „Schutzpflicht" erst in einer Gesamtschau von Verfahren und Ergebnis erkennbar wird. Dann ist die Schutzpflicht eher eine Gewährleistungspflicht.

Schutzpflichten des Staates für die Grundrechte dienen der Sicherung der Selbstbestimmung im Bereich der Gesellschaft. Sie sollen sicherstellen, dass Freiheitsrechte im gesellschaftlichen Raum ausgeübt werden können und die Freiheitssphären der Individuen so abgegrenzt werden, dass nicht einzelne von ihnen unangemessen in ihrem Freiheitsgebrauch und ihren Grundbedürfnissen eingeschränkt werden. Sie sind aus dem prinzipiellen Gehalt der Grundrechte abzuleiten. Für behinderte Menschen bestehen Schutzpflichten vor allem dort, wo sie in der Gesellschaft wegen ihrer Behinderung nicht wie andere Menschen ihre Freiheitssphären selbst behaupten können, sei es wegen körperlich bedingter Schutzlosigkeit, sei es wegen psychisch bedingter Schwierigkeiten, am Rechtsverkehr oder der Kommunikation so wie andere teilzunehmen. Den Staat trifft hier die Pflicht, die Teilhabe behinderter Menschen an den Sphären gesellschaftlicher Selbstbestimmung und des Freiheitsgebrauchs gegen andere Rechtssubjekte zu sichern. Diese Schutzpflichten werden durch das Benachteiligungsverbot wegen der Behinderung verstärkt[103], weil dieses das Prinzip sozialer Gleichheit der behinderten Menschen[104] enthält.

d) Rechte auf Gewährleistung

Die Schutzfunktion stellt sich dar als staatliche Reaktion auf die Gefährdung der Teilhabe an grundrechtlich geschützten Freiheiten durch private Mächte und Interessen. Sie beschränkt sich weitgehend darauf, die Integrität bestehender Rechtsgüter zu verteidigen. Einen Schritt weiter[105] gehen Gewährleistungsfunktionen, mit denen der Staat nicht nur bestehende Rechtsgüter verteidigt, sondern für die Voraussetzungen der Teilhabe an Freiheiten eine Gewährleistung übernimmt und diese Voraussetzungen hierzu, falls nötig, als Realisierungshilfe aktiv schafft[106]. Bereits die letztgenannte Gruppe der Schutzpflichten im strukturell ungleichgewichtigen Privatrechtsverkehr[107] zeigt jedoch, dass die Übergänge zwischen bewahren-

---

[102] Isensee in: HStR (1992), Rz 131.
[103] Dagegen: Heun in: Dreier (2004), Rz 138 zu Art. 3 GG.
[104] Vgl. oben IV.B.5.b.
[105] Zur historischen Abfolge der Grundrechtsfunktionen: Isensee in: HStR (1992), Rz 34, 35.
[106] H.-H. Klein, DVBl. 1994, S. 489, 497; Stern (1988), S. 745.
[107] Vgl. oben IV.B.8.

dem Schutz und aktiver Schaffung der Voraussetzungen von Teilhabe am Freiheitsgebrauch fließend sind. Diese Unklarheit liegt in der Sache selbst begründet. Viele
Freiheiten müssen sich im täglichen Gebrauch immer aufs Neue realisieren. Ist die
Teilhabe am Arbeitsleben nach einem Unfall oder Schlaganfall bedroht, so dienen
arbeits- und sozialrechtliche Schutzvorschriften zunächst dem Schutz des bestehenden Arbeitsverhältnisses. Bald jedoch können sich die gleichen Gesetze darauf
richten, die Voraussetzungen für seine Fortsetzung unter geänderten Bedingungen
oder für ein neues Arbeitsverhältnis zu schaffen. Gerade dieses bei vielen Rechtsgütern zu beobachtende Kontinuum zwischen Schutz bestehender Teilhabe und
Gewährleistung neuer Teilhabe rechtfertigt es, beide Kategorien in ihrer Gesamtheit als Teilhaberechte zu bezeichnen.

Der Begriff der Gewährleistung erfasst sowohl diejenigen Konstellationen, in
denen der Staat selbst die Bedingungen der Teilhabe an Freiheiten schafft wie auch
diejenigen Fälle, in denen rechtliche Regelungen darauf beschränkt sind, die Rahmenbedingungen zu schaffen, unter denen die Teilhabe von möglichst vielen Menschen selbst hergestellt werden kann. Die Kategorie der Gewährleistung ist insofern weiter als diejenige der Leistung, mit der impliziert wird, dass die Teilhabevoraussetzungen stets vom Staat selbst zu schaffen seien[108]. Dieser Unterschied
besteht dann nicht, wenn man in der staatlichen Leistung jedes staatliche Handeln
unter Einschluss der Ordnung von Verantwortlichkeiten durch Gesetz sieht[109].
Die Gewähr der Freiheit setzt die Leistung einer Ordnung voraus[110]. Der Begriff
der Gewährleistung ist insofern vor allem gegen das Missverständnis gerichtet, ein
Leistungsrecht gegen den Staat sei stets ein Recht auf unmittelbar materielle Leistung. Damit eröffnet die Kategorie der Gewährleistung bei grundsätzlich gleichem
Ziel eine größere Spannbreite politischer und rechtlicher Umsetzungen. Es sind
also nicht der gewährleistende Rechtsstaat und der gewährende Sozialstaat gegen-
überzustellen, sondern der soziale Rechtsstaat ist der durch geteilte und geordnete
Verantwortung gewährleistende Staat[111]. Entsprechend sind auch nicht die Teilhabe an staatlichen Leistungen und die Solidarität in der Gesellschaft einander entgegengesetzt[112], sondern Teilhabe ist in Staat und Gesellschaft das Ergebnis einer
freiwilligen oder organisierten Solidarität.

Die Kategorie der Gewährleistung ist zugleich geeignet, Missverständnisse und
Fixierungen zu überwinden, die in der Diskussion über eine leistungsrechtliche
Funktion der Grundrechte aufgetaucht sind. Diese Diskussion wurde vielfach stärker über die Mittel als über die Ziele geführt[113] und hat somit den Blick darüber
versperrt, welche Ziele zum Beispiel bei der Teilhabe behinderter Menschen über-

---

[108]   Vgl. M. Nolte (2003), § 10, C.V.1.
[109]   Borowski, JöR 50 (2002), S. 301, 304.; Arango (2001), S. 96 ff. der zwischen positiven rechtlichen Handlungen und positiven faktischen Handlungen differenziert; vgl. zum divergierenden
Sprachgebrauch: P. Badura, Der Staat 1975, S. 17, 23.
[110]   Franzius, Der Staat 2003, S. 493, 496.
[111]   Suhr, Der Staat 1970, S. 67, 75; oben III.B.2., III.B.4.
[112]   So aber Erichsen, DVBl. 1983, S. 289, 297.
[113]   Vgl. Dreier, Jura 1994, S. 505, 508, der im Recht auf Arbeit sogleich einen unmöglichen
Verschaffungsanspruch sieht; anders z. B. Meyer/Engels, ZRP 2000, S. 368, 370; Daum, RdA 1968,
S. 81, 84.

haupt zu verfolgen sind. Mit dem Begriff der Gewährleistung sind auch die bisher entwickelten sozialstaatlichen Regelungsformen in ihrem Verhältnis zu den Grundrechten weit besser erfasst als mit dem schlichten Begriff der Leistung. So sind das gesamte Sozialgesetzbuch und im Besonderen das Sozialhilferecht und die Arbeitsförderung seit ihrem Bestehen unter das Prinzip der Hilfe zur Selbsthilfe[114] gestellt. Die Ziele, Gewährleistung von Lebensunterhalt und Teilhabe am Arbeitsleben auch behinderter Menschen, wurden nicht primär durch staatliche Leistungen erfüllt, sondern die Leistungen der medizinischen und beruflichen Rehabilitation sollten und sollen einer möglichst eigenständigen Teilhabe am Arbeitsleben durch den Arbeitsmarkt dienen. Auch im Schwerbehindertenrecht wurde von vornherein der Weg eingeschlagen, Teilhabe am Arbeitsleben durch Rahmenbedingungen für private Arbeitgeber, Beschäftigungspflicht und Förderung der Beschäftigung schwerbehinderter Menschen, zu erreichen. Erst in zweiter Linie wurde die Gewährleistung von Teilhabe etwa durch den Aufbau von Werkstätten für behinderte Menschen realisiert. Beide Interventionsformen lassen sich unter den Begriff der Gewährleistung fassen, nur die letztere unter den Begriff der Leistung. An diesem Beispiel zeigt sich auch, dass Gewährleistung oft ein komplexes Konzept erfordert, in dem, verschiedene Formen und Ebenen der Realisierung der Teilhabe ineinander greifen. Wird die Teilhabe am Freiheitsgebrauch dabei wiederum als optimierungsfähiges Prinzip gesehen, so können etwa die Vorteile einer Integration in den regulären Arbeitsmarkt mit der dabei nur unvollkommen erreichten Teilhabe aller abgewogen werden und auch die je nötigen Eingriffe in Freiheitssphären anderer (Arbeitgeber, Steuerzahler) berücksichtigt werden. Als grundlegende Kategorien können unter den Gewährleistungsrechten eigenständige und abgeleitete Gewährleistungsrechte unterschieden werden.

(1) Eigenständige Rechte auf Gewährleistung von Grundrechtsvoraussetzungen

In Rechtsprechung und Wissenschaft ist die Unterscheidung nach eigenständigen (originären) und abgeleiteten (derivativen) Leistungsrechten oder, wie hier, Gewährleistungsrechten üblich[115]. Durch diese Differenzierung werden Unterschiede in der Reichweite von Gewährleistungsansprüchen für die Teilhabe am Freiheitsgebrauch aufgezeigt. Während eigenständige Gewährleistungen für sich stehend unmittelbar in Bezug auf das jeweilige Freiheitsrecht gesetzt werden können, werden abgeleitete Gewährleistungen mit Hilfe der Gleichheitsrechte konstruiert. Bei einer eigenständigen Gewährleistung handelt es sich um ein staatliches Einstehen für eine bestimmte Voraussetzung der Teilhabe am Freiheitsgebrauch, die als Minimalstandard[116] in jedem Falle und unabhängig davon zu garantieren ist, ob ein solches Einstehen auch für andere erfolgt. Ein eigenständiges Gewährleistungsrecht kann also auch nur einer einzigen Person zustehen, wenn alle anderen es nicht benötigen[117]. Damit besteht gerade im Bezug auf behinderte Menschen die Möglich-

---

114 § 1 Abs. 1 Satz 2 SGB I.
115 Borowski, JöR 50 (2002), S. 301, 302 f.
116 Vgl. Murswiek (1992), Rz 98.
117 Borowski, JöR 50 (2002), S. 301, 303.

keit, die konkrete Person und ihre Möglichkeiten (*„capabilities"*) zu berücksichtigen[118]. Dies entspricht zum Teil der oben entwickelten Unterscheidung zwischen den Voraussetzungen der Selbstbestimmung und der gesellschaftlichen Selbstbestimmung.

Abgeleitete Gewährleistungsrechte sind solche Rechte, die von einer Person beansprucht werden können, weil sie auch von einer anderen Person beansprucht werden. Hier geht es um die gleiche Teilhabe an Leistungen und tatsächlichen oder rechtlichen Institutionen des Staates. Das BVerfG hat in seiner Waisenrenten-Entscheidung von 1975 eine entsprechende Einteilung vorgenommen, wenn es ausführt:

„Die staatliche Gemeinschaft muss ihnen jedenfalls die Mindestvoraussetzungen für ein menschenwürdiges Dasein sichern und sich darüber hinaus bemühen, sie soweit möglich in die Gesellschaft einzugliedern."[119]

Dabei wird auch der gesellschaftliche Bezug der abgeleiteten Gewährleistungen (Eingliederung) im Vergleich zu den unbedingten Mindestvoraussetzungen deutlich. Da sich aber auch elementare menschliche Bedürfnisse nicht in einem gesellschafts- und gemeinschaftsfreien Raum entwickeln und konkretisieren, ist eine trennscharfe Abgrenzung schwierig.

Eigenständige Gewährleistungsrechte sind für solche Rechte zu erwarten, die eine so hohe Wertigkeit und Wichtigkeit haben, dass die reale Teilhabe an ihnen auch unabhängig davon gewährleistet werden soll, ob andere zur Teilhabe daran staatliche und rechtliche Hilfe benötigen. Solche Rechte sind insbesondere durch ihre Nähe zum Menschenwürdekern der Grundrechte zu erkennen. Herausragendes Beispiel für ein eigenständiges Teilhaberecht ist die Gewährleistung des Existenzminimums[120], die vom Bundesverwaltungsgericht aus Menschenwürde und Grundrechten begründet worden ist, da das Existenzminimum Voraussetzung für die Teilhabe an allen Freiheitsrechten ist[121]. Ebenso können das Recht auf Leben und weithin das Recht auf Gesundheit als Grundlage eigenständiger Teilhaberechte am rechtlichen Lebensschutz und an der gesundheitlichen Versorgung angesehen werden. Am Beispiel der gesundheitlichen Versorgung wird aber auch wieder deutlich, dass auch Teilhaberechte, die man für den Einzelnen nicht davon abhängig machen möchte, was anderen gewährleistet wird, zumindest davon abhängen, was anderen gewährleistet werden kann. Auch eigenständige Teilhaberechte können sich nicht von einem Vorbehalt des Möglichen befreien. Angesichts ihrer hohen Wertigkeit werden aber dem Gesetzgeber und der Gesellschaft größere Anstrengungen abverlangt, um sie zu gewährleisten.

Mit *Alexy* kann eine Verdichtung von Gewährleistungsrechten zu leistungsrechtlichen Positionen dann angenommen werden, wenn das Prinzip der faktischen Freiheit sie dringend fordert und das Demokratieprinzip und gegenläufige materielle Prinzipien, namentlich die Rechte anderer in relativ geringem Maße be-

---

[118] Vgl. Arango (2001), S. 131 f. im Anschluss an Sen.
[119] BVerfGE 40, 121, 133.
[120] Murswiek (1992), Rz 99; Schlenker (1986), S. 91 ff.; oben IIV.A.3.
[121] Bieritz-Harder (2001), S. 268.

einträchtigt werden[122]. Dabei ist die Dringlichkeit der Situation das Merkmal, durch das die soziale Wirklichkeit im Einzelfall Eingang in die Abwägung findet[123].

Für behinderte Menschen sind eigenständige Teilhaberechte wichtig. Sie benötigen rechtliche oder tatsächliche Unterstützung als Voraussetzung der Teilhabe an Freiheitsrechten, die nicht behinderte Menschen ohne Unterstützung wahrnehmen und entfalten können. So sind viele behinderte Menschen nicht in der Lage, ohne besonders auf ihre Situation bezogene rechtliche Gewährleistungen ihren Lebensunterhalt zu decken. In bestimmten Situationen der Behinderung sind sie auf Gewährleistungen angewiesen, um am Leben zu bleiben oder ihre Gesundheitsschädigung zu beseitigen, mildern oder ihre Verschlimmerung zu verhindern. Diese eigenständigen Gewährleistungen von Teilhabe folgen nicht aus dem Benachteiligungsverbot[124], da dieses als Gleichheitsrecht Teilhabe nur als abgeleitetes Recht vermittelt. Sie sind also als eigenständige Teilhaberechte anzusehen.

Das Recht auf das Existenzminimum im Sinne des Rechts auf staatliche Gewährleistung von Leben, Gesundheit und eines Minimums an Voraussetzungen für faktische Selbstbestimmung im Bereich aller Freiheitsrechte ist also ein eigenständiges Teilhaberecht, das aus dem Recht auf Leben und körperliche Unversehrtheit und allen betroffenen Grundrechten im Sozialstaat folgt. Weil es jeweils nur einen Kern der Voraussetzungen für Selbstbestimmung schützt, wird es vereinfacht auf die staatliche Verpflichtung zum Schutz der Menschenwürde gestützt, die diesen Kern begrifflich zusammenfasst[125]. Als subjektives Recht kann ein solches eigenständiges Teilhaberecht nicht alleine auf das Sozialstaatsgebot gestützt werden[126]. Das subjektive Recht auf ein Minimum an Teilhabe ist im Gegenteil ein entscheidender Schritt vom Wohlfahrtsstaat zum sozialen Rechtsstaat. Darum ist das Sozialstaatsgebot ein ausschlaggebendes Argument für eine Auslegung der Grundrechte, nach der niemand ohne die elementaren Voraussetzungen dafür bleiben darf, von ihnen Gebrauch zu machen.

---

[122] Alexy (1994), S. 466; ebenso: Borowski (1998), S. 315; kritisch: Arango (2001), S. 196 ff.

[123] Arango (2001), S. 236 ff. Ein Beispiel für die eine Situation, in welcher die Voraussetzungen der Freiheit dringlich bedroht ist und sich die staatliche Pflicht zum Tätigwerden aktualisiert, ist die Schwangerschaft, vgl. Art. 6 Abs. 4 GG; BVerfGE 103, 89, 103 (Pflicht zur staatlichen Korrektur eines benachteiligenden Ehevertrags); BVerfG vom 7. April 1993, BVerfGE 88, 169 ff. (keine Einweisung einer psychisch kranken und schwangeren Frau in eine Obdachlosenunterkunft); BVerfG vom 28. Mai 1993, BVerfGE 88, 203, 259 ff. (Abtreibung); BVerfG vom 22. Oktober 1980, BVerfGE 55, 154 und BVerfG vom 13. November 1979, BVerfGE 52, 357 (Kündigungsschutz in der Schwangerschaft); BVerfG vom 22. März 1977, BVerfGE 44, 211, 215 (Verbeamtung in der Schwangerschaft).

[124] Das BVerfG zitiert nur ablehnende Stimmen, hatte die Frage aber nicht zu entscheiden, BVerfGE 96, 288, 304; gegen eigenständige (Gewähr-)leistungsrechte aus Art. 3 Abs. 3 Satz 2 GG: Umbach in: MK-GG (2002), Rz 393 zu Art. 3 GG.

[125] Vgl. oben IV.A.3.

[126] So aber Dreier in: Dreier (2004), Vorbemerkung, Rz 90; Ossenbühl, NJW 1976, S. 2100, 2105.

(2) Abgeleitete Rechte auf Gewährleistung von Teilhabe an Rechten und Ressourcen

Abgeleitete Gewährleistungsrechte beziehen sich auf Rechte, Einrichtungen und Leistungen, die bereits bestehen. Wer eine abgeleitete Gewährleistung begehrt, macht geltend, dass diese auch ihm zugute kommen solle. Damit unterliegt die abgeleitete Gewährleistung vor allem den Gleichheitssätzen. Die Herkunft der Gewährleistung von Teilhabe am Freiheitsgebrauch aus den Freiheitsrechten lässt diese jedoch nicht im Gleichheitssatz aufgehen, sondern beeinflusst diesen und weist auch über ihn hinaus. In der Dogmatik des allgemeinen Gleichheitssatzes macht sich der Gedanke der Teilhabe an Freiheitsrechten dadurch geltend, dass die Relevanz einer begehrten Gleichbehandlung für Ausübung und Verwirklichung eines Freiheitsrechts dazu führen kann, dass für die Rechtfertigung einer Ungleichbehandlung ein strengerer Maßstab angelegt wird.

Das bekannteste Beispiel für abgeleitete Gewährleistungen ist die Teilhabe an staatlichen Bildungseinrichtungen, welche der Teilhabe am Grundrecht der Berufsfreiheit dient[127]. Im Numerus-Clausus-Urteil hat das Bundesverfassungsgericht eine verstärkte Rechtsposition der Hochschulzugangsberechtigten zum Hochschulzugang daraus geschlossen, dass diese zur Entfaltung ihrer Berufsfreiheit auf staatliche Hochschulen angewiesen sind:

> „Je stärker der moderne Staat sich der sozialen Sicherung und kulturellen Förderung der Bürger zuwendet, desto mehr tritt im Verhältnis zwischen Bürger und Staat die komplementäre Forderung nach grundrechtlicher Verbürgung der Teilhabe an staatlichen Leistungen. (...) Demgegenüber zielt die freie Wahl der Ausbildungsstätte ihrer Natur nach auf freien Zugang zu Einrichtungen; das Freiheitsrecht wäre ohne die tatsächliche Voraussetzung, es in Anspruch nehmen zu können, wertlos."[128]

Diese Rechtsposition bedeutet, dass die vorhandenen Ressourcen der Hochschulen voll ausgeschöpft werden müssen und gleichmäßig und nach sachlichen Kriterien zu verteilen sind. Das BVerfG führt aus, sich aus dem Gleichheitssatz in Verbindung mit Art. 12 Abs. 1 GG und dem Sozialstaatsprinzip Ansprüche auf Zutritt zu staatlich geschaffenen Bildungseinrichtungen ergeben[129]. Ob die Notwendigkeit staatlicher Bildungseinrichtungen zur Grundrechtsentfaltung auch zu einem eigenständigen Teilhaberecht führen könnte – mit dem Ergebnis, dass die Hochschulkapazitäten nicht nur auszuschöpfen, sondern zu erweitern wären – hatte das BVerfG nicht zu entscheiden. Es hat die Frage zwar gesehen, aber nicht beantwortet[130]. Für die Bereiche nicht primär staatlich organisierter Bildung, insbesondere die von der Bereitstellung von betrieblichen Ausbildungsplätzen abhängige Berufsausbildung[131], hat sich eine eigenständige Gewährleistungspflicht des Staates als verfassungsrechtlich fundierte Pflicht nicht durchgesetzt. Darum ist eine eigenständige staatliche Gewährleistungspflicht für Bildung bisher nur für die Dauer der allge-

---

127 Vgl. unten V.H.1.
128 BVerfG vom 18. Juli 1972, BVerfGE 33, 303, 330 f.; dazu Schimanke, JR 1973, S. 45 ff.; Häberle, DÖV 1972, S. 729 ff.
129 BVerfGE 33, 303, 331.
130 BVerfGE 33, 303, 333.
131 Vgl. unten V.H.3., V.H.5.e.

meinen Schulpflicht erkennbar. Staatliche Pflichten zur Teilhabe an Bildung und Beruf nach dem Ende der allgemeinen Schulpflicht sind eher abgeleitete Teilhaberechte.

Für den Bereich der sozialen Sicherung hat das BVerfG den Gedanken der abgeleiteten Teilhabe in einer Entscheidung aus dem Jahr 1975 mit dem allgemeinen Gleichheitssatz und dem Sozialstaatsgrundsatz begründet. Es hat ausgeführt, ein Verstoß liege erst vor, wenn die gewährte Hilfe für Gebrechliche nicht den Anforderungen sozialer Gerechtigkeit entspreche, weil der Kreis ihrer Empfänger sachwidrig abgegrenzt sei oder bei einer Gesamtbetrachtung der soziale Schutz einer ins Gewicht fallenden Gruppe vernachlässigt werde[132]. Damit ist das abgeleitete Teilhaberecht in allgemeiner Form ein Interessenberücksichtigungsgebot. Auch in der Rechtsprechung des EuGH ist das abgeleitete Teilhaberecht als Funktion der Grundfreiheiten anerkannt, die Unionsbürgern einen diskriminierungsfreien Zugang zu staatlichen Einrichtungen und Leistungen gewähren können[133].

Für behinderte Menschen haben abgeleitete Teilhaberechte eine hohe Bedeutung, wenn bei ihrer gleichheitsrechtlichen Ableitung der besondere Gleichheitssatz Anwendung findet. Wenn sie auf dem Wege über abgeleitete Teilhabe Leistungen begehren, die der nichtbehinderten Mehrheit bereits zugänglich sind, so wird die rein gleichheitsrechtlich vertretbare Lösung, dass die Leistungen für alle entfallen[134], nur selten in Betracht gezogen werden. Für die Hochschule ist damit die Frage aufgeworfen, ob das auf die Berufsfreiheit zu stützende Teilhaberecht besondere Rechte für behinderte Menschen begründen kann. Dazu können etwa eine barrierefreie Ausgestaltung des Vorlesungs- und Bibliotheksbetriebs oder die kompensierenden Hilfen zu den entsprechenden Defiziten gehören[135], wenn ohne sie behinderte Menschen von einer Hochschulzugangsberechtigung faktisch keinen Gebrauch machen können.

Die Frage nach abgeleiteten Teilhaberechten betrifft das Bildungswesen aber schon bei der Frage, ob und wie bestimmte Gruppen behinderter Menschen die Chance haben, eine Hochschulzugangsberechtigung zu erwerben. Eine solche Chance besteht nur bei integrativer Ausrichtung des Schulwesens, weil auf Sonderschulen der Hochschulabschluss meist nicht erworben werden kann. Damit ist zu fragen, ob und wie abgeleitete Teilhaberechte auch in der Form der Gewährleistung vom besonderen Gleichheitssatz beeinflusst werden. In seinem Sonderschul-Beschluss[136] ist das BVerfG grundsätzlich davon ausgegangen, dass das Benachteiligungsverbot wegen einer Behinderung auch für den Bereich der Teilhabe an staatlichen Einrichtungen Wirkung entfaltet[137], ohne explizit auf die Begründung von Teilhaberechten zurückzukommen[138]. Eine Benachteiligung kann danach auch

---

[132] BVerfG vom 18. Juni 1975, BVerfGE 40, 121, 133 f.
[133] EuGH, Rs. 186/87, EuGHE 1989, 195 (*Cowan*), vgl. Kühling in: von Bogdandy (2003), S. 583, 604; Meyer (2002), S. 264 ff.
[134] Stern (1988), S. 749.
[135] Vgl. unten V.H.4., V.H.5.d.
[136] BVerfG vom 8. Oktober 1997, BVerfGE 96, 288.
[137] BVerfGE 96, 288, 303.
[138] Dies war nur in der Stellungnahme des Niedersächsischen Ministeriums der Justiz und für Europaangelegenheiten geschehen, BVerfGE 96, 288, 299 f.

vorliegen, wenn behinderte Menschen von Entfaltungs- und Betätigungsmöglichkeiten ausgeschlossen werden, die die öffentliche Gewalt eröffnet hat. Dem haben
sich andere Gerichte angeschlossen[139]. Damit ist grundsätzlich bejaht, dass Teilhaberechte für behinderte Menschen nicht nur mit dem allgemeinen Gleichheitssatz,
sondern auch mit dem besonderen Gleichheitssatz wegen einer Behinderung begründet werden können. Inhaltlich ist damit eine entsprechende Schärfung des
Maßstabs verbunden. Eine vollständige Übertragung des für den besonderen
Gleichheitssatz entwickelten Maßstabs der strikten Gleichbehandlung, soweit
diese nicht durch zwingende Gründe oder durch die Förderung sozialer Gleichheit
legitimiert ist, auf die abgeleitete Gewährleistung der Teilhabe an Freiheitsrechten
hätte jedoch weitgehende Folgen. So müsste sie bedeuten, ein Recht auf Integration
in die Regelschule anzuerkennen, soweit dem nicht zwingende Gründe entgegenstehen. Diese Konsequenz hat das BVerfG nicht gezogen, sondern hat den besonderen Gleichheitssatz im Bereich der Teilhabe nur abgeschwächt mit einem allgemeinen Vorbehalt des Möglichen zur Anwendung gebracht. Der Vorbehalt des
Möglichen ist in der hier gewählten Form ein Vorbehalt politischer und haushalts-
rechtlicher Ressourcenzuteilung[140], der aus dem Prinzipiencharakter der sozialen
Gleichheit behinderter Menschen folgt.

Abgeleitete Teilhaberechte werden über staatlich gewährte Rechte, Einrichtungen und Leistungen sowie das Prinzip der sozialen Gleichheit vermittelt. Sie sichern eine nicht willkürliche Verteilung von Rechten und Ressourcen, die der Staat
ausbringt, um die Voraussetzungen der Selbstbestimmung zu schaffen und zu verbessern. Abgeleitete Teilhaberechte sind schwächer als eigenständige Teilhaberechte, weil und soweit sie Rechte und Einrichtungen betreffen, die der soziale Stat
schaffen kann, aber nicht schaffen muss. Je stärker eine insbesondere verfassungsrechtliche Verpflichtung des Staates ist, entsprechende Einrichtungen zu schaffen,
desto größer muss das Gewicht von Gründen sein, die Teilhabe an ihnen Einzelnen
vorzuenthalten. Das Gewicht der abgeleiteten Teilhaberechte behinderter Menschen ist durch den besonderen Gleichheitssatz wegen einer Behinderung gewachsen[141], weil er das Prinzip sozialer Gleichheit für behinderte Menschen verstärkt
hat.

e) Rechte auf politische Teilhabe

Politische Teilhaberechte dienen der demokratischen Teilhabe der Bürgerinnen
und Bürger am Staat. Sie sind für die Bürgerinnen und Bürger zumeist universell
ausgestaltet und unterliegen schon für sich einem Gebot strenger Gleichheit. Jede
Ungleichbehandlung beim Wahlrecht ist eine Verweigerung der politischen Autonomie[142]. Der Staat ist hier verpflichtet, die Voraussetzungen zur Teilhabe schaf-

---

139 BerlVerfGH vom 18. Juni 1998, JR 1999, S. 365, 366 (Telebus).
140 Vgl. BVerfGE 40, 121, 133: *„unter Berücksichtigung der vorhandenen Mittel und anderer
gleichrangiger Staatsaufgaben.“*
141 Ebenso: Heun in: Dreier (2004), Rz 138 zu Art. 3 GG; Umbach in: MK-GG (2002), Rz 387
zu Art. 3 GG:
142 Alexy (1995), S. 162.

fen[143]. Jeder rechtliche und tatsächliche Ausschluss behinderter Menschen von politischen Teilhaberechten ist durch die strengen Gleichheitssätze der staatsbürgerlichen Gleichheit und der Rechtsgleichheit behinderter Menschen einer besonders strengen Rechtfertigungspflicht unterworfen. So muss der Staat im Wahlrecht durch die Briefwahl, barrierefreie Wahllokale und Wahlvorrichtungen die Möglichkeit für behinderte Menschen schaffen, an Wahlen und Abstimmungen und damit an der Willensbildung des Staates teilzuhaben. Ähnliches gilt auch für die Teilhabe an politischen Ämtern und am gerichtlichen Verfahren[144]. Behinderte Menschen müssen die Möglichkeit erhalten, sich als Abgeordnete zur Wahl zu stellen und das Mandat effektiv auszuüben[145]. Für den öffentlichen Dienst ist der Staat an die Kriterien der Eignung, Leistung und Befähigung gebunden, die bereits für sich als Gleichheitssätze wirken und mit dem Gebot rechtlicher Gleichheit von Menschen mit Behinderung in praktische Konkordanz zu bringen sind.

Soweit die politische Teilhabe im gesellschaftlichen Bereich beginnt und vorbereitet wird, namentlich bei den politischen Parteien, ist die Verantwortlichkeit für die Teilhabe behinderter Menschen zunächst primär in der Gesellschaft zu verorten. Der Staat muss jedoch beachten, ob die Voraussetzungen der politischen Teilhabe, und damit des Grundrechtsgebrauchs, von behinderten Menschen bestehen. Behinderte Menschen können darum auch Anspruch auf Kommunikations- und Mobilitätshilfen haben, die ihnen politische Betätigung ermöglichen. Politische Teilhabe kann in der Demokratie zu den eigenständigen Teilhaberechten, zum demokratischen Existenzminimum, gehören.

---

[143] Vgl. Dreier in: Dreier (2004), Vorbemerkung, Rz 89; BT-Drucks. 15/4575, S. 121 f. insbesondere zu Wahlschablonen für sehbehinderte Menschen.

[144] Vgl. § 191a Abs. 1 GVG; BT-Drucks. 15/4575, S. 123; § 397a Abs. 1 Satz 2 StPO, BT-Drucks. 15/4575, S. 140.

[145] Welti (1998), S. 224, vgl. § 13 LSAAbgG.

V. Rechte behinderter Menschen

In diesem Abschnitt werden die Rechte behinderter Menschen untersucht. Es wird in Grundzügen dargestellt, welche Rechte behinderte Menschen in den wichtigsten Bereichen ihrer Teilhabe durch das Grundgesetz und das einfache Recht haben können. Die Anzahl der Rechtspositionen, die behinderte Menschen im sozialen Rechtsstaat unter besonderer Berücksichtigung ihrer Behinderung haben können, ist so unbegrenzt und vielfältig wie es Rechte einerseits, Behinderungen andererseits sein können. Grundlagen für die besonderen Rechte behinderter Menschen sind begrifflich die in den bisherigen Abschnitten dargestellte Definition der Behinderung als einer Situation, die besondere gesellschaftliche Beachtung und besondere Rechte erfordert, und der Rehabilitation als eines Prinzips und der Grundlage von Ansprüchen. Die Verantwortung des sozialen Rechtsstaats für die Berücksichtigung der Interessen und Grundrechte behinderter Menschen formt sich als besonderer Gleichheitssatz, als Recht auf Selbstbestimmung und in Rechten auf Teilhabe aus.

Zu unterscheiden ist zwischen den subjektiven Rechtspositionen behinderter Menschen, wie sie sich etwa in den Selbstbestimmungsansprüchen nach dem Betreuungsrecht oder den Leistungsansprüchen nach dem Sozialrecht äußern und der zunächst nur objektiv-rechtlichen Pflicht des sozialen Rechtsstaats, behinderte Menschen zu berücksichtigen. Während das Recht auf einen Rollstuhl als Hilfsmittel der gesetzlichen Krankenversicherung eine subjektive Rechtsposition ist, kann die Möglichkeit, mit diesem Rollstuhl barrierefrei Straßen, öffentliche Gebäude oder private Einrichtungen zu befahren, nur in Ausnahmefällen eingeklagt werden. Gibt es keine bedarfsgerechten Rehabilitationseinrichtungen für eine bestimmte Behinderung oder chronische Krankheit, so läuft der Anspruch auf medizinische Rehabilitation gegen die Rentenversicherung ins Leere. Die subjektiven Rechte behinderter Menschen sind also im Zusammenhang zu sehen mit den objektiv-rechtlichen Verantwortlichkeiten im sozialen Rechtsstaat, deren Grundzüge bereits dargestellt worden sind.

Mit der Annahme von Schutzpflichten, eigenständigen und abgeleiteten Teilhaberechten können jedoch bei entsprechender Dringlichkeit und Zuordnung nur objektiv-rechtliche Positionen sich zu subjektiven Rechten verdichten. Die Geschichte des Rechts bedürftiger Menschen zeigt, dass mit der Entwicklung des sozialen Rechtsstaats immer mehr Rechte subjektiviert worden sind. Herausragendes Beispiel hierfür ist das Recht auf das Existenzminimum, das vor dem Grundgesetz nur als Leistung des Staats verstanden wurde, der keine subjektive Rechtsposition gegenüber stand.

A. Leben

Das Recht auf Leben ist an erster Stelle zu nennen. Ohne das Leben fehlt es an der Basis zur personalen Entfaltung jeder anderen Rechtsposition. In der jüngeren Geschichte ist behinderten Menschen das Recht auf Leben bestritten worden und sie sind Objekt staatlichen organisierten Mordes geworden. Auch in der Gesellschaft ist das Recht auf Leben zu schützen. Insbesondere hilflose und pflegebedürftige Menschen sind mehr als andere bedroht, getötet oder durch das Unterlassen nötiger Hilfe ums Leben gebracht zu werden.

Als primäres Medium des Lebensschutzes ist das Strafrecht zu nennen, mit dem das Rechtsgut Leben in besonderer Weise geschützt wird. Dem Schutz des Lebens von Menschen, die in ihrer Selbstbestimmung eingeschränkt sind, dient das Betreuungsrecht, das die Frage berührt, ob eine Tötung durch das Unterlassen ärztlicher Hilfe oder lebensbeendende Maßnahmen zulässig sein kann.

Auch in anderen Rechtsgebieten ist das Recht auf Leben betroffen. So dient das Polizei- und Ordnungsrecht auch dem präventiven Lebensschutz. Für behinderte Menschen ist hier namentlich die Heimaufsicht von Bedeutung. Das Haftungsrecht schützt das Leben durch den besonderen Wert der Ersatzansprüche Hinterbliebener für dieses Rechtsgut. Die sozialrechtlichen Ansprüche, insbesondere auf das Existenzminimum an Pflege- und Gesundheitsleistungen sowie für den Lebensunterhalt, schützen auch das Recht auf Leben, werden aber hier bei den Rechten auf Gesundheit und den Lebensunterhalt behandelt.

1. Verfassungsrecht

Das Recht auf Leben steht auch im Katalog der Grundrechte an prominenter Stelle[1]. Der Schutz des Lebens ist einer der wichtigsten Zwecke des Staates. Entsprechend ist die staatliche Schutzpflicht für das Leben als verfassungsrechtliche Position anerkannt[2]. Diese Schutzpflicht kann grundsätzlich in allen betroffenen Rechtsgebieten auch zur subjektiven Rechtsposition erstarken. Eine strafrechtliche Schutzlosstellung behinderter Menschen könnte mit der Verfassungsbeschwerde verfolgt werden. Auf das Einschreiten der Heimaufsicht gegen lebensgefährliche Pflege kann ein Anspruch bestehen, wenn Hilfe anders nicht zu erlangen ist.

---

[1] Art. 2 Abs. 2 Satz 1 GG.
[2] BVerfG vom 28. Mai 1993, BVerfGE 88, 203, 251 (Abtreibung); BVerfGE 46, 160, 164 (Schleyer); BVerfG vom 25. Februar 1975, BVerfGE 39, 1, 36 ff. (Abtreibung); für die Schutzpflicht auch die abweichende Meinung: BVerfGE 39, 68 ff.; vgl. oben IV.D.5.c.

2. Strafrecht

a) Tötungsdelikte

Die Tötung behinderter Menschen ist als Mord, Totschlag oder fahrlässige Tötung[3] ebenso strafbar wie andere Tötungen auch. Eine Tötung behinderter Menschen „aus Mitleid" kann auch Mord sein, wenn der Täter nach eigenen Wertmaßstäben selektiert und selbstherrlich bestimmt, wen er durch eine von niemandem erbete Tötung „erlösen" will[4]. Das strafrechtliche Verbot der Aussetzung einer wegen Gebrechlichkeit oder Krankheit hilflosen Person[5], soll Leben und Gesundheit gerade derjenigen schützen, die auf Hilfe und Obhut besonders angewiesen sind. Eine Regelung, die besonders die Situation hilfloser Menschen betreffen kann, ist die Strafbarkeit der Tötung auf Verlangen[6]. Diese Regelung schränkt vordergründig die Selbstbestimmung über das eigene Lebensrecht ein. Das Urteil des EGMR in der Rechtssache *Pretty* hat bestätigt, dass eine solche Strafbarkeit mit dem Selbstbestimmungsrecht und der Gleichheit behinderter Menschen vereinbar ist[7]. Ein wesentlicher Grund für die Strafbarkeit der Tötung auf Verlangen ist, dass es schwierig ist, zu beweisen, ob ein ernstliches Verlangen der Tötung vorlag oder nicht, und dass gerade in Situationen der sozialen Abhängigkeit wie bei Hilflosigkeit und Pflegebedürftigkeit das Verlangen durch äußeren Druck oder innere Probleme bestimmt sein könnte. Die Irreversibilität des Todes rechtfertigt es gerade wegen der Häufigkeit solcher Konstellationen, die Tötung auf Verlangen insgesamt zu pönalisieren[8].

Relativiert wird das strafrechtliche Tötungsverbot in der Diskussion um die sogenannte Früheuthanasie. Dabei geht es um den Umgang mit behinderten Neugeborenen. Dabei ist, wie im übrigen Kontext der sogenannten Sterbehilfe, die Tötung durch aktives Tun (aktive Sterbehilfe) oder das Unterlassen möglicher medizinischer Hilfe (Behandlungsabbruch) abzugrenzen vom bloßen Zulassen eines Sterbeprozesses, der in absehbarer Zeit zum Tode führt (passive Sterbehilfe)[9]. In den letzteren Fällen kann bei der Entscheidung über die Art der Behandlung eine Abwägung zwischen der Verlängerung des Lebens und anderen Werten wie etwa Schmerzlinderung angezeigt sein[10]. Ein darüber hinaus gehendes Unterlassen von

---

[3] §§ 211–213, 222 StGB; vgl. zur fahrlässigen Tötung eines Schwerstbehinderten: BGH vom 20. Mai 2003, NJW 2003, S. 2326.

[4] BGH vom 8. Mai 1991, BGHSt 37, 376 (Wuppertaler Patiententötungen durch Krankenschwester); vgl. auch BGH vom 21. Juli 1996, NStZ-RR 1997, S. 42 (Tötung eines Kindes wegen erblicher Vorbelastung) und BVerwG vom 16. Januar 1964, BVerwGE 19, 1, 5 (NS-Euthanasie „aus Mitleid" als Verbrechen gegen die Menschlichkeit).

[5] § 221 StGB; vgl. zum Schutzgut: Laue (2002), S. 19: „Leben und Gesundheit besonders schutzbedürftiger Tatobjekte",

[6] § 216 StGB; vgl. BVerfG vom 23. Juli 1987, BVerfGE 76, 248, 252 (kein Anspruch auf aktive Sterbehilfe); zum verfassungsrechtlichen Spielraum bei der Strafbarkeit der Tötung auf Verlangen: Knopp, MedR 2003, S. 379, 387.

[7] EGMR vom 29. April 2002, NJW 2002, S. 2851; vgl. Knopp, MedR 2003, S. 379, 382.

[8] Kritisch: Rönnau, Jura 2002, S. 665, 667 f.

[9] Vgl. Posselt-Wenzel (2003), S. 168 ff.; Francke/Hart (1999), S. 220 ff.; zum europäischen Vergleich: Zimmermann-Acklin, APuZ 23/24 2004, S. 31 ff.

[10] Tröndle/Fischer (2003), Rz 18 vor §§ 211–216 StGB.

gebotener Handlung oder Tötungshandlungen fallen in den Tatbestand der Tötungsdelikte[11].

Einige Stimmen in der Diskussion bestreiten generell, dass Neugeborene einen anderen Menschen vergleichbaren Lebensschutz haben müssten, da es ihnen noch an einem Ich-Bewusstsein fehle[12]. Für die Berücksichtigung dieser Position fehlt jeglicher rechtliche Ansatzpunkt. Als Begründungen zur Rechtfertigung der „Früheuthanasie" werden im Übrigen zumeist antizipierte Interessen der behinderten Kinder angeführt, die nach *Merkel* einen rechtfertigenden Notstand bei aktiver Sterbehilfe begründen könnten[13]. Es wird behauptet, diesen fehle ein Überlebensinteresse, da sie auf Grund ihrer Behinderung kein lebenswertes Leben zu erwarten hätten. An dieser Position ist kritikwürdig, dass sie ein Wissen über den weiteren Verlauf des Lebens der behinderten Menschen in Anspruch nimmt, dass nicht sicher sein kann. Medizinische Möglichkeiten der Heilung und Rehabilitation und gesellschaftliche Möglichkeiten der Teilhabe entwickeln sich im Zeitverlauf, so dass scheinbar „aussichtslose Fälle" eine bei der Geburt kaum absehbare Lebensqualität erreichen können[14]. Diese Unsicherheit in eine Abwägung einzubeziehen, funktioniert wiederum nur unter der Prämisse, es könne gewichtige Interessen des behinderten Kindes am eigenen Tod geben[15]. Es ist aber zweifelhaft, überhaupt extern beurteilen zu wollen, ob ein Kind sein künftiges Leben als lebenswert ansehen würde. Da das behinderte Kind nur dieses Leben hat, würde es diese Beurteilung nur nach eigenen Kriterien und nicht nach denen des nichtbehinderten Arztes, Juristen oder Elternteils vornehmen können. Der grundsätzliche Respekt vor dem anderen und auch dem andersartigen Leben sollte also eine externe Lebenswert-Beurteilung als suspekt erscheinen lassen[16]. Dieses Misstrauen in die Prognose über künftigen Lebenswert wird gestärkt, wenn man betrachtet, dass die Vertreter

---

[11] Tröndle/Fischer (2003), Rz 17 vor §§ 211–216 StGB; Horn in: SK-StGB (2000), Rz 26d zu § 212 StGB; vgl. H.-G. Koch in: Leonhardt (2004), S. 99, 104; vgl. B. Schröder (2003), S. 132 ff.; zum empirischen Vergleich in Europa: Zimmermann-Acklin, APuZ 23/24 2004, S. 31, 33. Aktive Sterbehilfe gegen Neugeborene wird danach nur in Frankreich und den Niederlanden in größerem Umfang betrieben.

[12] Vgl. Merkel, JZ 1996, S. 1145, 1152; Singer (1994), S. 123. Eine Begründung erfolgt nicht, nur die Relativierung, vielleicht bestünden „minimale Lebensinteressen"; zur Kritik: Bleidick in: Dederich (2003), S. 20, 26 f.; Joerden, JuS 2003, S. 1051, 1052; Tolmein (1993), S. 57 ff.

[13] Merkel (2001), S. 528 ff.; dagegen für viele: Tröndle/Fischer (2003), Rz 17 vor §§ 211–216 StGB.

[14] In typischen Fallbeispielen zur Einschränkung von Menschenwürde oder Lebensrecht fehlt selten der Hinweis darauf, dass jemand „keine Überlebenschance" (Merkel, JZ 1996, S. 1145, 1146) hatte oder „nach ärztlicher Erkenntnis unheilbar" sei (Hoerster, NJW 1986, S. 1786, 1792), „niemals über die Fähigkeit vernünftiger Selbstbestimmung verfügen" werde (Werner, ZME 2000, S. 259, 256). Die Geschichte behinderter Menschen ist voll von Beispielen, in denen Prognosen über Lebenschancen falsifiziert wurden, vgl. die Lebensgeschichte von Christy Brown „Mein linker Fuß". Der Autor ist bis auf den linken Fuß spastisch gelähmt, eine Verständigung mit ihm schien zunächst unmöglich; vgl. auch die Lebenserinnerungen von Fredi Saal (2002); Schaefer in: Ermert (1994), S. 63, 72; Fallbeispiele bei Tolmein (1993), S. 36 ff.

[15] Merkel (2001), S. 542 f.; ähnlich auch Hoerster (1995), S. 120.

[16] So auch BGHZ 86, 252; vgl. empirische Ergebnisse bei van den Daele in: Leonhardt (2004), S. 177, 184 f: „Das projizierte Bild, das Nichtbehinderte von sich haben, wenn sie sich als behindert denken, ist dramatisch schlechter als das Selbstbild der Behinderten."; vgl. weiter Baumgärtner (2003), S. 54 ff. Fredi Saal (2002) drückt dies mit dem Titel seiner Lebenserinnerungen aus: „Warum sollte ich jemand anders sein wollen?"

dieser Position im Zeitverlauf immer schwerere Behinderungen als Beispielsfälle heranziehen. So würde früher das Leben mit Trisomie 21 (Down-Syndrom) in diesem Diskurs als nicht lebenswert angesehen[17], während dieses Beispiel heute angesichts neuer Erkenntnisse über die Lebensmöglichkeiten dieser Menschen[18] nicht mehr oft genannt wird. Dass die externe Prognose über den vermuteten Unwert des Lebens wegen einer Behinderung erfolgt, lässt sich nicht wirksam leugnen[19]. Eine externe Lebenswert-Beurteilung ist im sozialen Rechtsstaat abzulehnen.

Ehrlicher erscheint die Rechtfertigung mit Interessen, die außerhalb des behinderten Menschen liegen. Hier wird mit der Belastung und Enttäuschung der Eltern und den Kosten für Staat und Gesellschaft argumentiert, die durch das behinderte Kind in Zukunft verursacht würden[20]. Mit solchen Überlegungen kann und darf jedoch das allgemeine Tötungsverbot nicht relativiert werden. Folgt man nicht der Position, wonach Neugeborene einen minderen Schutzstatus hätten als ältere Personen, tritt das Kind mit der Geburt in den Status der familiären Kindschaft und des rechtsfähigen Trägers von Grundrechten ein. Beide sind aus gutem Grund voraussetzungslos, so dass Eltern[21] und Staat kein Recht haben, die Annahme des Kindes zu verweigern.

b) Abtreibung

Dem strafrechtlichen Lebensschutz dient auch die Regelung der Abtreibung. Sie wird hier im Kontext der Rechte behinderter Menschen erörtert, weil die Abtreibungsregelungen vom BVerfG im Kontext der Schutzpflicht für das Recht auf Leben geprüft worden sind. Da der Nasciturus noch keine von der Mutter unterschiedene Rechtsperson ist, geht es hier um objektiv-rechtliche Wirkungen dieser Schutzpflicht.

Die Abtreibung eines Nasciturus gilt als nicht tatbestandsmäßig, wenn die Schwangere sich einer Beratung unterzieht[22], der Abbruch von einem Arzt vorgenommen wird und seit der Empfängnis nicht mehr als zwölf Wochen vergangen sind[23]. Der Schwangerschaftsabbruch ist unter den gleichen Bedingungen nicht strafbar, wenn seit der Empfängnis nicht mehr als 22 Wochen verstrichen sind[24]. Eine Abtreibung ist auch dann nicht rechtswidrig, wenn sie von einem Arzt vorgenommen wird und unter Berücksichtigung der gegenwärtigen und zukünftigen Le-

---

[17] Vgl. die Beispiele bei Merkel (2001), S. 42 ff. Merkel sieht, in Abgrenzung zu einem 1982 in den USA zu verzeichnenden Fall, die aktive Sterbehilfe gegen ein Kind mit Down-Syndrom als nicht zulässig an (S. 52 f.); anders Kuhse/Singer (1993), S. 47 ff.

[18] In Bonn wird mittlerweile eine Zeitschrift von Menschen mit Down-Syndrom selbst gestaltet, vgl. Hildebrandt, Frankfurter Rundschau vom 25. Oktober 2003, S. 8.

[19] Merkel (2001), S. 547, löst das Problem für sich, indem er es als „irreführend" bezeichnet, die von ihm gemeinten Neugeborenen als behinderte Menschen zu bezeichnen.

[20] Vgl. Kuhse/Singer (1993), S. 188 ff.

[21] Im römischen Recht gab es das Recht des Vaters zur Tötung eines behinderten Kindes nach der Geburt, Tafel IV der Zwölftafelgesetze nach Cicero, De legibus 3, 18, 19, was aber im Einzelnen umstritten ist und wohl in seiner Bedeutung überschätzt wird. Zur Bedeutung des Zeitkontextes für die Deutung der antiken Quellen: Thomann in: Ermert (1994), S. 4 f.

[22] § 219 StGB.

[23] § 218a Abs. 1 StGB.

[24] § 218a Abs. 4 StGB.

bensverhältnisse der Schwangeren nach ärztlicher Erkenntnis angezeigt ist, um eine Gefahr für das Leben oder die Gefahr einer schwerwiegenden Beeinträchtigung des körperlichen oder seelischen Gesundheitszustands der Schwangeren abzuwenden und die Gefahr nicht auf eine andere für sie zumutbare Weise abgewendet werden kann[25]. Für diese sozial-medizinische Indikation gilt keine Frist.

Der Regelung liegt im Ganzen das gesetzgeberische Konzept zu Grunde, dass ein wirksamer Schutz des Nasciturus vor Abtreibung nicht primär in einer Strafandrohung gegen die Schwangere, sondern in einem Hilfsangebot gesehen wird, das dann einsetzen soll, wenn die Schwangere eine Abtreibung erwägt. Dieses Konzept ist vom BVerfG als vereinbar mit der Schutzpflicht für den Nasciturus angesehen worden, soweit die Beratung dem Schutz des ungeborenen Lebens dient[26]. Der weitgehende Verzicht auf die Strafbarkeit der Abtreibung kann damit begründet werden, dass eine Rechtspflicht zur Schwangerschaft gegen den Willen einer Frau gegen deren Persönlichkeits- und Selbstbestimmungsrecht verstößt[27]. Eher pragmatisch ist eine Begründung mit der kriminologischen Erkenntnis, dass eine zur Abtreibung entschlossene Frau sich auch durch eine Strafandrohung nicht daran hindern lassen wird.

Im Kontext des Schutzes behinderter Menschen steht die Frage, ob und wieweit eine erwartete Behinderung des Nasciturus die strafrechtliche Beurteilung einer Abtreibung verändert. Nach bis 1996 geltendem Recht war die embryopathische Indikation als ein Fall anerkannt, in dem die Abtreibung nicht rechtswidrig war[28]. Folgt man dem Konzept des gegenwärtigen Strafrechts zur Abtreibung, so ist die Motivation der Frau zur Abtreibung innerhalb der Frist von längstens 22 Wochen praktisch nicht überprüfbar. Hat sie sich einer Beratung unterzogen, so können alle Gründe der Frau als so wohlerwogen gelten, dass sie zur Tatbestandslosigkeit oder Straffreiheit führen. Sieht man die Abtreibungspraxis in den ersten Schwangerschaftsmonaten als Diskriminierungsproblem an, weil eine erwartete Behinderung häufig Abtreibungsgrund ist[29], so muss der rechtliche Lebensschutz bei den durch

---

[25] § 218a Abs. 2 StGB.

[26] BVerfGE 88, 203, 264 ff.; vgl. § 219 StGB.

[27] Vgl. die abweichende Meinung der Richter Mahrenholz und Sommer, BVerfGE 88, 203, 338, 340; Sacksofsky, KJ 2003, S. 274, 286; Frommel, KJ 2002, S. 411, 425.

[28] Rechtfertigungsgrund § 218a Abs. 3 StGB a. F.: „*Die Voraussetzungen des Absatzes 2 gelten auch als erfüllt, wenn nach ärztlicher Erkenntnis dringende Gründe dafür sprechen, dass das Kind infolge einer Erbanlage oder schädlicher Einflüsse vor der Geburt an einer nicht behebbaren Schädigung des Gesundheitszustandes leiden würde, die so schwer wiegt, dass von der Schwangeren die Fortsetzung der Schwangerschaft nicht verlangt werden kann.*" Vgl. dazu BVerfGE 88, 203, 299 f.; Hochreuter, KritV 1996, S. 171 ff.; Wolff in: Zwierlein (1996), S. 94, 105 ff.

[29] Vgl. Frommel, KJ 2002, S. 411, 423 f. Eine Befragung in zwölf europäischen Ländern ergab 1997, dass in ca. 90 % der Fälle nach einer Diagnose von Trisomie 21 eine Abtreibung vorgenommen wurde. Eine in Deutschland durchgeführte Studie ergab ein differenzierteres Bild. Dort wurde von Schwangeren die Bereitschaft zur Abtreibung bei der Befürchtung von Spina bifida (85 %), Duchenne/Muskeldystrophie (75 %) und Trisomie 21 (62,9 %) und Chorea Huntington (62,9 %) überwiegend bejaht, beim Fehlen einer Hand (24,7 %), genetisch bedingter Fettleibigkeit (18,4 %) und Lippen-Kiefer-Gaumen-Spalte (10 %) überwiegend abgelehnt, vgl. van den Daele in: Leonhardt (2004), S. 177, 179. Die Zahl von 90 % ist insofern überhöht, als diejenigen Frauen nicht mitgerechnet werden, die sich keiner vorgeburtlichen Diagnostik unterzogen haben, vgl. Kollek (2000), S. 135.

Beratung, Diagnostik und die zu erwartenden Lebensumstände von Müttern mit einem behinderten Kind gesetzten Rahmenbedingungen ansetzen[30]. Im Übrigen ist der Lebensschutz in die Entscheidung der Schwangeren gelegt, mithin eine Frage individueller und gesellschaftlicher Meinungsbildung, die rechtlich nicht unmittelbar zu beeinflussen ist.

Problematisch erscheint die Strafbarkeit der Abtreibung nach der Frist von 22 Wochen[31]. Wird eine Notlage der Frau bejaht, so ist eine Abtreibung bis zur erwarteten Lebensfähigkeit des Nasciturus zulässig. In dieser Phase ist es in die strafrechtliche Beurteilung gestellt, ob eine entsprechende Notlage der Schwangeren bejaht wird. Der Gesetzgeber hat ausdrücklich die Ansicht vertreten, dass in dieser Indikation die bisherige embryopathische Indikation aufgehe[32]. Eine Abtreibung ist danach zulässig, wenn die erwartete Behinderung des Kindes zu einer Gefahr für den körperlichen oder seelischen Gesundheitszustand der Schwangeren führt und diese Gefahr nur durch eine Abtreibung abzuwenden ist. Diese Regelung wird als Verstoß gegen das Benachteiligungsverbot wegen einer Behinderung kritisiert[33]. Es wird zudem darauf hingewiesen, dass nach der 22. Schwangerschaftswoche Kinder bereits außerhalb des Mutterleibs lebensfähig sein können, so dass ein Wertungswiderspruch auftrete, der insbesondere dann manifest wird, wenn das Kind einen Abtreibungsversuch überlebt, da Arzt und Mutter dann zur Lebenserhaltung verpflichtet sind[34]. Außerdem entfalle gerade in diesen Fällen die Beratungspflicht[35].

Sieht man in der Frist von 22 Wochen eine Reaktion auf die wachsende eigene Lebensfähigkeit des Kindes und eine daraus folgende Verstärkung des externen Lebensschutzes für den Nasciturus[36], so wäre es konsequent, die straffreie Abtreibung in diesem Schwangerschaftsabschnitt auf Fälle einer unmittelbaren Konfliktlage zwischen Leben und Gesundheit der Mutter und dem Leben des Kindes zu reduzieren[37]. Die Regelung hat ihren Grund nicht in der Schädigung des Kindes, sondern in der Gesundheit der Schwangeren[38]. Die Berücksichtigung zukünftiger Lebensverhältnisse öffnet den Tatbestand in recht unbestimmter Weise[39]. Ein Verstoß gegen das Benachteiligungsverbot wegen einer Behinderung könnte darin ge-

---

[30] Vgl. BT-Drucks. 15/4148 vom 10.11.2004, Antrag der Fraktionen SPD und Bündnis 90/die Grünen; BT-Drucks. 15/3948 vom 19. Oktober 2004, Antrag der CDU/CSU-Fraktion; BT-Drucks. 15/5034, Antrag der FDP-Fraktion vom 9. März 2005, BT-Drucks. 15/5034.

[31] Es handelt sich um eine empirisch geringe Anzahl von Fällen, vgl. H.-J. Koch in: Leonhardt (2004), S. 99, 102 f.

[32] BT-Drucks. 13/1850, S. 26; vgl. Otto, Jura 1996, S. 135, 141 f.

[33] Beckmann, MedR 1998, S. 159 f.

[34] Merkel (2001), S. 592 f.; Helmke, ZRP 1995, S. 441 f.

[35] Kritisch: Dreier, ZRP 2002, S. 377, 381.

[36] Dies bedeutet kein zeitlich gestuftes Werturteil über das menschliche Leben, sondern ein situativ unterschiedliches Schutzkonzept, anders aber: Cramer, ZRP 1992, S. 136, 139, der die Frist für willkürlich hält; vgl. differenzierter: Hochreuter, KritV 1996, S. 171, 179; vgl. auch Faßbender, NJW 2001, S. 2745, 2750.

[37] Vgl. BGH vom 29. Mai 1959, BGHSt 14, 1 zur Annahme eines übergesetzlichen Notstands als Rechtfertigung eines Schwangerschaftsabbruchs.

[38] G. Müller, NJW 2003, S. 697, 702 f.; Tröndle/Fischer (2003), Rz 21 zu § 218a StGB; vgl. Frommel, KJ 2002, S. 411, 423; Otto, Jura 1996, S. 135, 142.

[39] Vgl. Böckenförde-Wunderlich (2002), S. 197.

sehen werden, dass diese Regelung zwar auf den Gesundheitszustand der Schwangeren abstellt, in den Auswirkungen jedoch überwiegend Nascituri betrifft, bei denen eine Behinderung erwartet wird. Wegen der vom Gesetzgeber gesehenen und konkret beobachtbaren Anwendung in diesen Fällen[40] ist auch der Zurechnungszusammenhang zwischen der Norm und ihren Auswirkungen auf von einer Behinderung bedrohte Nascituri zu bejahen. In einem solchen Fall der mittelbaren Benachteiligung ist das Benachteiligungsverbot als Prinzip zu berücksichtigen. Damit ist eine enge Auslegung des Tatbestands verfassungsrechtlich geboten, bei der die zu erwartende Behinderung eines Kindes nicht schon alleine als Indizwirkung für eine sozial-medizinische Notlage gewertet wird[41]. Problematisch ist dabei, dass die Indikation an die ärztliche Erkenntnis gebunden ist und damit diesem praktisch eine umfassende Wertungsentscheidung überlassen werden könnte. Die Formulierung „nach ärztlicher Erkenntnis" ist daher nur als Maßstab für die gerichtliche Sachverhaltserforschung anzulegen[42].

3. Pränataldiagnostik

Im Zusammenhang mit der Frage der Abtreibung wegen einer erwarteten Behinderung steht die rechtliche Regulierung der Pränataldiagnostik[43]. Durch die vorgeburtliche Diagnostik mit Hilfe von genetischen Tests, Ultraschall- oder Fruchtwasseruntersuchungen[44] wird erst die Möglichkeit geschaffen, dass die Eltern eines Nasciturus erfahren, dass das zu erwartende Kind behindert sein könnte. In den meisten Fällen handelt es sich dabei um eine Wahrscheinlichkeitsaussage[45]. Rechtlich reguliert ist die Pränataldiagnostik sozialrechtlich durch ihre Zurechnung zur ärztlichen Behandlung wegen einer Schwangerschaft[46] und haftungsrechtlich durch die Frage, ob und mit welchen Zielen solche Untersuchungen zur geschuldeten ärztlichen Leistung bei Schwangerschaft gehören.

Angesichts der gesetzlichen Regelung des Abtreibungsrechts ist zunächst zu fragen, ob in der auf das Erkennen möglicher Behinderungsursachen beim Nasciturus gerichteten Pränataldiagnostik überhaupt ein Problem zu sehen ist. Soweit die Rechtsordnung die nach Beratung getroffene Entscheidung zur Abtreibung zwar nicht gutheißt, aber akzeptiert, könnte die Information der Eltern über mögliche Eigenschaften und Lebensumstände des Kindes rein positiv als Erweiterung ihrer

---

[40] Von den gemeldeten Abbrüchen sind dies 3.000 im Jahr, so Rau, ZfSH/SGB 2004, S. 124, 125; van den Daele in: Leonhardt (2004), S. 177; BT-Drucks. 15/4148: 2003 3.421 medizinisch indizierte Abbrüche, 217 Abbrüche ab der 23. Schwangerschaftswoche.

[41] Vgl. zu den Folgerungen für die Selektion bei der Präimplantationsdiagnostik: Böckenförde-Wunderlich (2002), S. 207 ff.

[42] Vgl. Süfke (1995), S. 194.

[43] Im rechtswissenschaftlichen Schrifttum der letzten Jahre wird fast ausschließlich die Präimplantationsdiagnostik als neues Faszinosum ausführlich behandelt. Auf die sich seit Jahrzehnten entwickelnde Pränataldiagnostik wird dabei oft nur beiläufig eingegangen. Wegen der praktischen Relevanz für behinderte Menschen und den gesellschaftlichen Umgang mit Behinderung wird hier anders verfahren; vgl. zum normativen Kontext: Art. 1 Abs. 1 BayBGG.

[44] Vgl. Baumgärtner (2003), S. 9 ff.

[45] Vgl. Hochreuter, KritV 1996, S. 171, 175 f.

[46] § 195 RVO.

Entscheidungsgrundlagen gesehen werden. Im speziellen wird angeführt, dass Eltern, die aus genetischen Gründen eine Behinderung des Kindes befürchten, durch die Information auch zur Fortsetzung der Schwangerschaft motiviert werden könnten[47]. Dazu kommt das Argument, dass es im sozialen Leben üblich und zulässig sei, die Eigenschaften von Personen zu prüfen, mit denen man in näheren Kontakt treten wolle[48]. So sei niemand verpflichtet, einen behinderten Menschen zu heiraten. Ebenso könne niemand verpflichtet werden, ein behindertes Kind haben zu wollen.

Mit diesen Argumenten kann das Problem der Pränataldiagnostik nicht angemessen erfasst werden. Problematisch ist zunächst, dass die vorgeburtlichen Untersuchungen ein Bild von Normalität und Abweichung zeichnen, das viele Eltern erst in den Konflikt bringt, ob sie ein möglicherweise behindertes Kind haben wollen. Die Diagnostik bringt erst eine Entscheidungssituation hervor, die den individuellen und gesellschaftlichen Umgang mit behinderten Kindern belastet. Erscheinen behinderte Kinder als vermeidbar, kann ein sozialer Rechtfertigungsdruck erzeugt werden, der die Entscheidung für das behinderte Kind erschwert[49]. Vorhersagende Diagnostik kann so auch als Widerspruch zu Selbstbestimmung empfunden wurden[50], gerade von selbst behinderten Eltern[51]. Ein solcher Druck darf rechtlich nicht gefördert werden[52]. Zu kurz greifen die Argumente einer „liberalen Eugenik", bei denen die Geburt eines Kindes mit einer frei gewählten und wieder lösbaren Eheschließung oder einer vertraglichen Beziehung verglichen wird. Das rechtliche Leitbild der Elternschaft ist anders und passt nicht in die Raster der liberalen Vertragsgesellschaft. Mit der Elternschaft wird für ein Kind mindestens bis zu dessen Volljährigkeit eine Verantwortung übernommen, die nicht bei Nichtgefallen aufgegeben werden kann. Kinder können in dieser Zeit auch durch Geburtskomplikationen, Krankheit oder Unfälle behindert werden. Insofern ist der Satz, niemand habe das Recht auf ein gesundes Kind, keine edukatorische Bevormundung, sondern eine Beschreibung der rechtlichen und sozialen Realität[53].

Aus diesen Gründen muss die Pränataldiagnostik, soweit sie nicht auf die Vermeidung von Schwangerschaftskomplikationen und Schäden für Mutter und Nasciturus gerichtet ist, sondern allein auf Vorhersagen über erwartete Eigenschaften des Kindes, zumindest nicht als rechtlich gebotener Teil der ärztlichen Behandlung

---

47 Vgl. Koppenrock (1997), S. 126 ff.; Gaidzik/Teige in: Nippert/Tünte (1990), S. 67, 70.
48 Lübbe, MedR 2003, S. 148, 150.
49 Empirische Daten dazu bei van den Daele in: Leonhardt (2004), S. 177, 182 f.; vgl. Rau, ZfSH/SGB 2004, S. 124, 125; Kollek (2000), S. 128 ff.; Weiske/de Braganca in: Aktion Grundgesetz (1997), S. 55 ff.; Hochreuter, KritV 1996, S. 171, 176. In der Süddeutschen Zeitung vom 5. Februar 2004 erschien z.B. ein Kommentar, von Tina Baier, der alleine unter dem Gesichtspunkt der Kosten, die Kinder mit Down-Syndrom verursachen, eine Ausweitung der kassenfinanzierten Pränataldiagnostik forderte.
50 Kreß in: Kreß/Kaatsch (2000), S. 11, 17.
51 Vgl. Boll in: Hermes (2001), S. 69 ff.
52 Koppenrock (1997), S. 128.
53 Damit wird nicht bestritten, dass die Priorität eines wirksamen Konzepts bei der Verbesserung der Lebensbedingungen der Familien mit behinderten Kindern liegen muss; vgl. dazu Heckmann (2004).

bei Schwangerschaft angesehen werden. Ihre mittelbaren Auswirkungen auf von Behinderung bedrohte Nascituri sind negativ[54]. Ob die gesellschaftliche Einstellung zu geborenen behinderten Menschen dadurch negativ beeinflusst wird, ist umstritten[55]. Eine gesetzliche Beschränkung der Pränataldiagnostik wäre zwar verfassungsrechtlich zulässig[56], wenn sie sich allein gegen die Selektion von Behinderung bedrohter Nascituri richtete[57]. Da jedoch die Übergänge der dem Schutz der Gesundheit der Mutter und der alleine auf die erwarteten Eigenschaften des Kindes gerichteten Diagnostik fließend sind, erscheint diese Möglichkeit wenig realistisch und zweckmäßig.

Entsprechend sind das Leistungsrecht der gesetzlichen Krankenkassen[58] und der im Haftungsrecht vorausgesetzte Sorgfaltsmaßstab ärztlicher Behandlung[59] zu überprüfen. Haftungsrechtlich kann eine Verpflichtung zur Aufklärung über vorgeburtliche Untersuchungsmöglichkeiten und zur Durchführung pränataler Diagnosen nur entstehen, wenn sie medizinisch indiziert sind[60]. Einen Maßstab hierfür kann die an der Gesundheit der Mutter zu orientierende sozial-medizinische Indikation des Strafrechts geben[61]. Im Übrigen kann es nicht Pflicht des Arztes sein, zu einer darüber hinaus reichenden Untersuchung aktiv zu raten[62] und die Geburt eines behinderten Kindes als unerträglich und furchtbar darzustellen[63]. Die Ableh-

---

[54] Dies kann nicht alleine durch die Forderung aufgefangen werden, eine Selektion dürfe nicht willkürlich sein, wie es Schroth (JZ 2002, S. 170, 178) für die PID fordert. Art. 3 Abs. 3 Satz 2 GG spricht vielmehr gegen die Selektion nach dem Behinderungskriterium; so auch Beckmann, MedR 2001, S. 169, 173.

[55] Van den Daele in: Leonhardt (2004), S. 177, 191 ff. kommt zu dem Ergebnis, dass ein solcher Zusammenhang nicht besteht, weil sich parallel zur Pränataldiagnostik die gesellschaftlichen Einstellungen zu behinderten Menschen empirisch messbar positiv entwickelt haben. Dies ist ein gewichtiges Indiz, kann jedoch einen Zusammenhang nicht belegen oder widerlegen. Anders z.B.: Speck in: Leonhardt (2004), S. 31, 24 ff., 54 f.; Beckmann, MedR 2001, S. 169, 172 f.

[56] So Faßbender, NJW 2001, S. 2745, 2753.

[57] Vgl. BVerfG-Kammerentscheidung vom 30. November 2001, Az. 1 BvR 1764/01: keine Gleichbehandlung der Behandlung von Fertilitätsstörungen mit Embryonenvorauswahl „zur Vermeidung erbkranken Nachwuchses" geboten.

[58] Vgl. BVerfGE 88, 203, 319 ff. zu den Grenzen der Gewährung von sozialversicherungsrechtlichen Leistungen für Schwangerschaftsabbrüche.

[59] Vgl. BVerfGE 88, 203, 295 f.; BGH vom 13. Juli 2004, NJW 2004, S. 3176; BGHZ 124, 128; BGHZ 89, 95; BGHZ 86, 240; vgl. kritisch Picker, AcP 195 (1995), S. 483, 491.

[60] Kritisch zur gegenwärtigen Praxis: Kern, MedR 2001, S. 9, 11: *„geringe Ausgeprägtheit der Indiziertheit"*; vgl. Hochreuter, KritV 1996, S. 171, 183; Wolff in: Zwierlein (1996), S. 94, 102 f.

[61] BGH vom 15. Juli 2003, NJW 2003, S. 3411 f.; BGH vom 18. Juni 2002, BGHZ 151, 133; OLG Düsseldorf vom 10. Januar 2002, VersR 2003, S. 1542; KG vom 18. März 2002, MedR 2003, S. 520. Die Entscheidungen verdeutlichen, wie wertungsabhängig dieser Tatbestand ist; vgl. H.-G. Koch in: Leonhardt (2004), S. 99, 112 ff.; G. Müller, NJW 2003, S. 697 ff.; Gaidzik/Teige in: Nippert/Tünte (1990), S. 67, 72.

[62] So aber BGH vom 7. Juli 1987, NJW 1987, S. 2923.

[63] So aber OLG Düsseldorf, NJW 1989, S. 1548: *„Der Frau muss darüber hinaus klar gemacht werden, dass das Gesetz bei nachgewiesener genetischer Entgleisung und daraus drohender Schädigung der Leibesfrucht die straffreie und rechtmäßige Beendigung einer Schwangerschaft zulässt. (...) Danach musste und muss der Arzt (..) unmissverständlich klar machen, dass das Risiko auch die Entwicklung eines schwerstgeschädigten Kindes beinhalte und dass die Geburt eines so ebschädigten Kindes erfahrungsgemäß zu unerträglichen und furchtbaren Belastungen führe, vielfach verbunden mit der Notwendigkeit lebenslanger Pflege und Betreuung des genetisch geschädigten Menschen."* vgl. Tolmein (1993), S. 23.

nung der Untersuchung muss für die Schwangere eine gleichwertige Alternative sein[64].

Sozialrechtlich ist zu überprüfen, ob bestimmte Untersuchungen der Pränataldiagnostik in der gegenwärtigen Form weiterzuführen sind oder mit einem veränderten Konzept versehen werden sollten. Gegenwärtig sind vorgeburtliche Untersuchungen durch ein medizinisches Konzept dominiert, das durch soziale Beratung ergänzt werden müsste, die berechtigte von unbegründeten Erwartungen und Ängsten trennen helfen könnte. Der medizinische Umgang mit Behinderung muss schon vorgeburtlich durch einen rehabilitativen Ansatz ergänzt werden, damit auch der von Behinderung bedrohte Nasciturus die Chance hat, wieder in den Stand eines erwünschten Kindes eingesetzt zu werden.

4. Betreuungsrecht: Entscheidung über Sterbehilfe

Auch im Zusammenhang mit dem Betreuungsrecht stellen sich Fragen der sogenannten „Sterbehilfe". Die kontroverse Frage des Selbstbestimmungsrechts über Leben und Sterben[65] ist im Grundsatz für behinderte Menschen nicht anders zu beurteilen als für nichtbehinderte Menschen. In vielen konkreten Fällen sind Menschen betroffen, die durch körperliche, geistige oder seelische Behinderung in ihrer aktuellen Selbstbestimmung oder der Fähigkeit zu selbstbestimmten Handlungen beeinträchtigt sind. Zu bedenken ist, dass pflegebedürftige und hilflose Menschen stärker als andere sozialem Druck durch Pfleger und Angehörige ausgeliefert sein können. Je nach den individuellen und gesellschaftlichen Rahmenbedingungen kann also die Selbstbestimmung über das eigene Leben auch Raum geben für faktische Fremdbestimmung. Der Rechtfertigungsdruck dafür, anderen durch die eigene Existenz Kosten, Umstände und Rücksicht abzuverlangen, kann erst entstehen, wenn eine rechtlich und gesellschaftlich akzeptierte Alternative zum Weiterleben besteht[66]. Dazu kommt, dass die Äußerung eines Todeswunsches bei kranken und behinderten Menschen auch der schlichte Wunsch nach Zuwendung, Hilfe oder Schmerzlinderung sein kann, der nicht wörtlich zu nehmen ist[67]. Somit sprechen aus der Sicht behinderter Menschen beachtliche Schutzargumente gegen jede Rechtmäßigkeit der aktiven Sterbehilfe. Die Ablehnung der Sterbehilfe kann dazu dienen, inhumane Folgen für kranke und behinderte Menschen abzuwenden[68]. Für geistig behinderte Menschen, die nie volle Selbstbestimmungsfähigkeit erreichen konnten, wäre Sterbehilfe nur als faktische Fremdbestimmung denkbar[69].

Das Betreuungsrecht enthält keine Regelung der Frage, ob und wann der Betreuer berechtigt ist, einem Unterlassen von ärztlicher Behandlung oder anderen ärztlichen Maßnahmen zuzustimmen, die den Todeseintritt beschleunigen oder

---

[64] Wolff in: Zwierlein (1996), S. 94, 103.
[65] Vgl. Hohenstein (2003), S. 131; B. Schröder (2003), S. 291 ff.
[66] Vgl. Hohenstein (2003), S. 62 ff.
[67] Vgl. Hohenstein (2003), S. 114 ff.
[68] Kutzer, ZRP 2003, S. 209, 212.
[69] Posselt-Wenzel (2003), S. 173.

herbeiführen. Nach der Rechtsprechung des BGH[70], der im Ergebnis den OLG Karlsruhe und Frankfurt am Main[71] gefolgt ist, können Betreuer die Einwilligung in den Abbruch einer künstlichen Ernährung erklären, müssen hierzu aber entsprechend dem Einwilligungsvorbehalt für Heilbehandlungen[72] die Genehmigung des Vormundschaftsgerichts einholen. Voraussetzungen für den Abbruch der Heilbehandlung sind, dass das Grundleiden einen irreversiblen tödlichen Verlauf angenommen hat und ein tatsächlicher oder mutmaßlicher Wille des Patienten bestand, im eingetreten Falle auf lebensverlängernde Maßnahmen zu verzichten.

Der BGH sieht in der Anwendung des Einwilligungsvorbehalts keine Analogie, sondern eine Fortbildung des Betreuungsrechts, die geboten sei, um dem Schutz der Betroffenen in ihren Grundrechten auf Leben, Selbstbestimmung und Menschenwürde ausgewogen Rechnung zu tragen[73]. Für diese Rechtsprechung wird vorgebracht, sie sei vorzugswürdig gegenüber einer alleinigen Entscheidung durch Angehörige und Ärzte und trage der Selbstbestimmung der betroffenen Personen Rechnung, da bei der Entscheidung ihr mutmaßlicher Wille entscheidend sei[74]. Praktisch trage sie dazu bei, dass durch die gerichtliche Kontrolle nur ein selbstbestimmter Tod, nicht jedoch ein erbenbestimmter Tod ermöglicht werde[75]. Es werde klargestellt, dass die Gesundheitssorge auch die Ermöglichung selbstbestimmten Sterbens umfasse[76]. Gegen die Zulässigkeit einer Betreuerentscheidung über lebensverkürzende Maßnahmen wird angeführt, dass eine zum Tode führende Handlung niemals dem Wohl der betreuten Person entsprechen kann, dass auch eine Tötung auf Verlangen strafbar ist und dass der Gesetzgeber des Betreuungsrechts Handlungen, die zum Tod der betreuten Person führen, bewusst nicht geregelt hat[77].

Die grundsätzliche Kritik bleibt beachtlich. Das Selbstbestimmungsrecht behinderter und nichtbehinderter Menschen ist gleichermaßen durch das Verbot der Tötung auf Verlangen begrenzt, das auch aus Gründen des Lebensschutzes gefährdeter Personen in der Rechtsordnung besteht. Die gesetzgeberische bewusste Entscheidung, die Zustimmung zu lebensverkürzenden Maßnahmen im Betreuungsrecht nicht zu regeln[78], sollte daher nicht durch gerichtliche Rechtsfortbildung

---

[70] BGH vom 17. März 2003, NJW 2003, S. 1588; vorgehend die Entscheidung des OLG Schleswig-Holstein, SHAnz 2003, S. 119 mit der gegenteiligen Auffassung; dazu Heyers, JuS 2004, S. 100; Lipp, FamRZ 2004, S. 317; Saliger, MedR 2004, S. 237; Strätling/Fieber/Sedemund-Adib/Schmucker, MedR 2004, S. 433; Weimer, PKR 2003, S. 105 und PKR 2004, 43; Deutsch, NJW 2003, S. 1567; Stackmann, NJW 2003, S. 1568.
[71] OLG Karlsruhe vom 29. Oktober 2001, NJW 2002, S. 685 ff; OLG Frankfurt am Main vom 20. November 2001, NJW 2001, S. 689; OLG Frankfurt am Main vom 15. Juli 1998, NJW 1998, S. 2747; zu letzterem: Posselt-Wenzel (2003), S. 177 f.
[72] § 1904 Abs. 1 BGB; dazu Francke/Hart (1999), S. 163 ff.
[73] BGH, NJW 2003, S. 1588; für die Rechtsfortbildung schon: Fröschle, JZ 2000, S. 72, 79; vgl. insgesamt kritisch: Francke/Hart (1999), S. 170 f.
[74] Frantzioch, KJ 2003, S. 111, 114.
[75] Heyers, JuS 2004, S. 100, 104; Lipp, FamRZ 2004, S. 317, 323.
[76] Saliger, MedR 2004, S. 237, 239.
[77] LG München I, NJW 1999, S. 1788; LG Augsburg vom 4. August 1999, NJW 2000, S. 2363; Jürgens/Kröger/Marschner/Winterstein (2002) Rz 207a; kritisch dazu: Gründel, NJW 1999, S. 3391.
[78] BT-Drucks. 11/4528, S. 142; vgl. Posselt-Wenzel (2003), S. 181.

überspielt werden. Der Gesetzesvorbehalt für Eingriffe in das Recht auf Leben bleibt zu beachten[79]. Im Zweifel ist zudem das Betreuerhandeln unter den Vorrang der Rehabilitation gestellt[80]. Das bedeutet, jede noch bestehende Möglichkeit fortgesetzter Teilhabe zu nutzen[81]. Auf diesen Vorrang der Rehabilitation sind im Übrigen Betreuer, Ärzte und Pflegepersonal gleichermaßen verpflichtet. Deutlich werden die damit verbundenen Probleme auch in einer Entscheidung des OLG München, in der dargelegt wird, dass sich aus einem Heimvertrag keine vertraglichen Ansprüche auf Mitwirkung an der Tötung eines Wachkoma-Patienten durch Einstellung der künstlichen Ernährung ergeben können, da dies weder mit dem Gebot des Lebensschutzes noch mit dem Recht der Pflegekräfte vereinbar ist, nicht an einem solchen Vorgang teilzunehmen[82].

Der Einwilligungsvorbehalt im Betreuungsrecht wird danach nur dann berührt, wenn die Entscheidung zwischen verschiedenen Behandlungsmethoden zu treffen ist, die mit unterschiedlichen Wahrscheinlichkeiten der Lebensverlängerung einerseits und Risiken oder Schmerzen andererseits verbunden sind, nicht jedoch bei der Entscheidung über einen schlichten Behandlungsabbruch.

Auch wenn man der Rechtsprechung des BGH folgt, kann allenfalls bei einer sicheren Feststellung des tatsächlichen Willens des Patienten, etwa durch eine früher abgegebene Patientenverfügung[83], eine Genehmigung des Behandlungsabbruchs in Betracht kommen[84]. Auch nach dem Beschluss des BGH vom 17. März 2003[85] scheidet eine aktive Sterbehilfe an behinderten Menschen aus, die nicht deren geäußertem oder mutmaßlichem Willen entspricht[86]. Zudem ist die durch Rechtsfortbildung gewonnene Fortbildung des Betreuungsrechts nur akzeptabel, wenn sie auf die Fälle begrenzt bleibt, in denen der Tod voraussichtlich in kurzer Zeit bevorsteht[87].

In einer Strafsache hatte der BGH 1994 für den Fall, dass sich der individuelle mutmaßliche Wille nicht ermitteln lasse, einen Rückgriff auf „allgemeine Wertvorstellungen" für möglich gehalten, wobei jedoch im Zweifel der Schutz des Lebens Vorrang habe[88]. Bei einem solchen nicht-freiwilligen Behandlungsabbruch läge mindestens eine Tötung durch Unterlassen vor. Auch in der Entscheidung des BGH von 2003 wird es im obiter dictum für möglich gehalten, die Entscheidung bei unbekanntem Willen nach „einem objektiv zu mutmaßenden Willen des Betroffenen" den behandelnden Ärzten zu überlassen[89]. Dies könnte dazu führen, dass

---

[79] Art. 2 Abs. 2 Satz 1 GG; Posselt-Wenzel (2003), S. 194, 200 f.; in der Tendenz auch: Stackmann, NJW 2003, S. 1568 f.; Knieper, NJW 1998, S. 2720.

[80] § 1901 Abs. 4 BGB.

[81] Fröschle, JZ 2000, S. 72, 78.

[82] OLG München vom 13. Februar 2003, NJW 2003, S. 1743 (nicht rkr).

[83] Vgl. LG Heilbronn vom 3. September 2003, NJW 2003, S. 3783.

[84] B. Schröder (2003), S. 150; Jürgens/Kröger/Marschner/Winterstein (2002), Rz 207a.

[85] BGH vom 17. März 2003, NJW 2003, S. 1588.

[86] Diederichsen in: Palandt, 63. A., (2004), Rz 10 vor § 1896 BGB; vgl. Bienwald in: Staudinger (1999), Rz 45 zu § 1904 BGB.

[87] Anders: OLG Karlsruhe vom 26. März 2004, NJW 2004, S. 1882.

[88] BGH vom 13. September 1994, BGHSt 40, 257; vgl. Tröndle/Fischer (2003), Rz 21 vor §§ 211–26 StGB; kritisch dazu: Posselt-Wenzel (2003), S. 173 ff.; zustimmend dazu: Coeppicus, NJW 1998, S. 3381 ff.

[89] Dem folgt das OLG Karlsruhe, Beschluss vom 26. März 2004, NJW 2004, S. 1882.

die Ärzte nach ihren Auffassungen über würdiges Leben, sinnvolle Ressourcenverteilung und Zumutbarkeiten für Beteiligte über das Lebensrecht der nicht selbstbestimmungsfähigen Menschen entscheiden würden[90]. Ein solches Verständnis von Selbstbestimmung und Lebensrecht findet im Betreuungsrecht und im Grundgesetz keine Stütze. Gibt es keinen selbstbestimmten Willen zur passiven Sterbehilfe, hat das Lebensrecht Vorrang[91].

Die Enquête-Kommission „Ethik und Recht der modernen Medizin" in der 15. Wahlperiode des Deutschen Bundestages hat sich mit einer möglichen Regelung von Patientenverfügungen befasst, in denen voll entscheidungsfähige Personen ihre Präferenzen im Hinblick auf eine spätere Behandlungssituation festlegen können[92]. Festzuhalten ist, dass diese Möglichkeit für bereits geistig und seelisch behinderte Menschen nicht gegeben ist. Patientenverfügungen können eine Hilfe für Menschen sein, die durch Krankheit oder Behinderung den Zustand der Selbstbestimmungsfähigkeit verlieren. Auch in diesen Fällen existiert aber das Dilemma, dass Menschen, die nicht behindert sind, ihre Präferenzen und die Bewertung ihres Lebens für diesen Fall nur unvollkommen vorhersehen können. Weil Menschen sich selbst in einem behinderten Zustand fremd sind, bevor er eintritt, kann die Bestimmung über sich für eine solche Zukunft eine Fremdbestimmung über sich selbst sein[93]. Dieses Argument spricht dafür, dass eine Regelung des Behandlungsabbruchs durch Patientenverfügung nur für die überschaubare Situation des bereits eingetretenen Sterbeprozesses vorgenommen wird, wie es die Enquête-Kommission auch mehrheitlich vorgeschlagen hat[94].

5. Sozialrecht: Hospizförderung

Alle medizinischen, rehabilitativen und pflegerischen Sozialleistungen und die Leistungen, die der Deckung des Lebensunterhalts dienen, sind auch Voraussetzung für die Erhaltung des Rechtsguts Leben. Sie werden hier aber erst im Kontext von Gesundheit und Lebensunterhalt erörtert. Spezifisch auf die Situation sterbender Menschen gerichtet sind die Leistungen der Krankenkassen zur Förderung stationärer Hospize und ambulanter Hospizdienste. Diese Einrichtungen und Dienste erbringen eine schmerzlindernde palliativ-medizinische Behandlung und fördern die ehrenamtliche Sterbebegleitung in Familie und Haushalt. Die Einrichtung von Hospizen und Hospizdiensten ist eine Reaktion auf die Erkenntnis, dass bei der Hilfe für sterbende Menschen in Krankenhäusern bisher die Behandlung einer Gesundheitsstörung ganz im Vordergrund steht und durch diese intensive Behandlung die Teilhabe der sterbenden Menschen und ihrer Angehörigen beeinträchtigt worden ist. Auch in der letzten Lebensphase gibt es das Bedürfnis nach

---

[90] Saliger, MedR 2004, S. 237, 245; Frantzioch, KJ 2003, S. 111, 114; vgl. zum „lebensbeendigen Handeln ohne ausdrückliche Bitte" in den Niederlanden: Finger, MedR 2004, S. 379, 380: Weder die Zahl der Fälle noch die Gründe der Ärzte sind angemessen erfasst; vgl. auch Janssen, KJ 2003, S. 107 ff.
[91] Posselt-Wenzel (2003), S. 174.
[92] BT-Drucks. 15/3700 vom 13. September 2004.
[93] Vgl. BT-Drucks. 15/3700, S. 12 f.
[94] BT-Drucks. 15/3700, S. 38 f.

einer spezifischen Form der Teilhabe vor allem durch Kommunikation, die sich zugleich als besonders wichtig für die Familie und das soziale Umfeld der Sterbenden erweisen können. Dies ist mit dem Wunsch verbunden, dass die letzte Lebensphase, wenn möglich und absehbar, im eigenen häuslichen Umfeld oder zumindest in einer nicht durch die Bedürfnisse der Akutmedizin geprägten Umgebung stattfindet. Zur Förderung der Hospize ist ein Zuschuss der Krankenkasse für die Versorgung von Versicherten[95], zur Förderung von Hospizdiensten ist eine institutionelle Förderung vorgesehen[96]. Diese Leistungen sind geeignet, die in der strafrechtlichen und betreuungsrechtlichen Diskussion vorhandene Gegenüberstellung von beschleunigtem Tod und menschenunwürdiger Sterbephase für viele Menschen überflüssig zu machen und damit auch die allgemeinen Wertvorstellungen über die Schutzwürdigkeit des Rechtsguts Leben am Lebensende zu beeinflussen. Insofern handelt es sich bei den Hospizleistungen um rehabilitative Leistungen, weil sie sterbende Menschen wieder in den Stand sozialer Teilhabe in der letzten Lebensphase einsetzen können.

---

[95] § 39a Abs. 1 SGB V.
[96] § 39a Abs. 2 SGB V.

B. Gesundheit

Eine Gesundheitsstörung liegt bei behinderten Menschen definitionsgemäß vor. Allen Behinderungen liegen gesundheitliche Funktionsstörungen zu Grunde. Die Dienste, Systeme und Handlungsgrundsätze sind bedeutende Kontextfaktoren behinderter Menschen[1].

Insofern betreffen alle spezifischen Rechte behinderter Menschen und alle Leistungen zur Teilhabe das Rechtsgut Gesundheit. Die Selbstbestimmung über den eigenen Körper und die Vornahme medizinischer Behandlungen ist ein wichtiger Aspekt des Schutzes der körperlichen Unversehrtheit. Dem Schutz dieser gesundheitlichen Selbstbestimmung für geistig und seelisch behinderte Menschen dienen Regelungen des Betreuungsrechts.

Speziell auf das Rechtsgut Gesundheit beziehen sich die von Sozialleistungsträgern und anderen Verantwortlichen erbrachten oder geschuldeten Leistungen der akuten Krankenbehandlung, medizinischen Rehabilitation und Pflege. Ihr Zweck ist es, die Gesundheit zu erhalten, wiederherzustellen oder die Folgen von Gesundheitsstörungen auszugleichen oder zu lindern[2]. Leistungen zur Rehabilitation und Teilhabe und Pflegeleistungen sind darauf gerichtet, diese Gesundheitsstörung oder die mit ihr verbundenen Teilhabeeinschränkungen aufzuheben oder zu mindern, also die funktionale Gesundheit behinderter Menschen zu verbessern. Rehabilitation dient stärker der Wiederherstellung gesundheitlicher Funktionen, Pflege dem Ausgleich verlorener Funktionen.

Eine Reaktion auf Verletzungen des Rechtsguts Gesundheit können auch Entschädigungsleistungen in Geld sein. Sie werden nach dem zivilen Schadensersatzrecht geschuldet. Zum Teil werden auch sozialrechtlichen Geldleistungen Entschädigungszwecke zugeschrieben. Zu untersuchen ist, ob damit auch Einbußen der funktionalen Gesundheit adäquat ausgeglichen werden können.

1. Verfassungsrecht

Das Recht auf Gesundheit ist im Grundgesetz zusammen mit dem Recht auf Leben genannt[3]. Das Recht auf Gesundheit ist ein Abwehrrecht gegen staatliche Eingriffe in die körperliche Unversehrtheit[4], das zugleich als objektive Wertentscheidung stets bei staatlichem Handeln zu berücksichtigen ist. Es bestehen staatliche Schutz-

---

[1] ICF, e580.
[2] §§ 1 Satz 1, 27 Abs. 1 Satz 1 SGB V; § 4 Abs. 1 SGB IX.
[3] Art. 2 Abs. 2 Satz 1 GG.
[4] Seewald (1981), S. 70 f.

pflichten für die Gesundheit[5], so dass der Staat die Selbstbestimmung und die Integrität gerade behinderter Menschen schützen muss. Als individuelles Recht ist der Zugang zur Gesundheitsversorgung Bestandteil des verfassungsrechtlich geschützten Existenzminimums[6]. Der soziale Rechtsstaat gewährleistet einen Zugang zur Gesundheitsversorgung jedenfalls für diejenigen Personen, denen dieser Zugang fehlt. Soweit ist das Recht auf Gesundheit ein originäres Teilhaberecht[7]. Darüber hinaus ist das Recht auf Gesundheit im System der gesundheitlichen Versorgung in Deutschland ein abgeleitetes Teilhaberecht[8]. Da der Zugang zum öffentlich-rechtlichen System der gesetzlichen Krankenversicherung und Pflegeversicherung sowie zu den ergänzenden Systemen der gesundheitlichen Versorgung breit angelegt ist, ist jeder Ausschluss zu rechtfertigen. Wegen der hohen Bedeutung der Gesundheit und der Unausweichlichkeit des Bedarfs ist ein strenger Maßstab an die Gleichheit der Teilhabe am öffentlich-rechtlich verfassten Gesundheitswesen anzulegen[9]. Dieser Maßstab wird durch den besonderen Gleichheitssatz noch einmal verschärft, wenn Regelungen sich ausschließlich gegen behinderte Menschen auswirken. Der hohe Wert des Rechtsguts Gesundheit bedingt zudem, dass die Verantwortung des sozialen Rechtsstaats für ein funktionierendes Gesundheitswesen hoch ist. Entsprechend ist die Funktionsfähigkeit der gesetzlichen Krankenversicherung als Gemeinschaftsgut von überragender Bedeutung anerkannt[10].

2. Strafrecht: Körperverletzungsdelikte

Im Strafrecht ist das Rechtsgut Gesundheit durch die Strafbarkeit der Körperverletzungsdelikte geschützt. Der Gesetzgeber hat durch die Anhebung des Strafrahmens für Körperverletzungsdelikte im Verbrechensbekämpfungsgesetz und im sechsten Strafrechtsreformgesetz[11] deutlich gemacht, dass dem Schutz der Gesundheit auch strafrechtlich Priorität unter den Rechtsgütern zukommt. Mit dem Qualifizierungstatbestand der schweren Körperverletzung[12] hat der Gesetzgeber eine Körperverletzung als besonders strafwürdig gekennzeichnet, die dazu führt, dass das Opfer dauerhaft erheblich behindert wird. Wegen Gebrechlichkeit oder Krankheit in Fürsorge und Obhut stehenden Menschen sind innerhalb von Für-

---

5 Vgl. oben IV.D.5.c.; BVerfG-Kammerentscheidung vom 19. März 2004, NJW 2004, S. 3100.
6 Vgl. oben IV.A.3.
7 Vgl. Rothkegel, ZfSH/SGB 2003, S. 643, 652; Seewald (1981), S. 74.
8 Seewald (1981), S. 75 ff.
9 Vgl. E. Jung (1982), S. 250 f.; Seewald (1981), S. 234; vgl. oben III.C.7.
10 Vgl. BVerfG vom 26. März 2003, BVerfGE 108, 45, 50 (Rabatte der pharmazeutischen Unternehmen nach § 130a SGB V); BVerfG vom 15. Januar 2003, BVerfGE 106, 351, 358 (Absenkung der Preise für zahntechnische Leistungen); BVerfG vom 15. Januar 2003, BVerfGE 106, 359, 365 (Apothekenrabatt nach § 130 Abs. 1 SGB V); BVerfG vom 15. Januar 2003, BVerfGE 106, 369, 374 (Großhandelsrabatt bei Arzneimitteln); BVerfG vom 20. März 2001, BVerfGE 103, 172, 182 ff. (Altersgrenze für Erstzulassung von Vertragsärzten).
11 Verbrechensbekämpfungsgesetz vom 28. Oktober 1994, BGBl. I, S. 3186; 6. Strafrechtsreformgesetz vom 26. Januar 1998, BGBl. I, S. 164 ff.; Strafrahmenanhebungen bei §§ 223, 224, 225, 226 StGB.
12 § 226 StGB.

sorge- und Obhutsverhältnissen, im Haushalt und in Arbeitsverhältnissen strafrechtlich vor der Misshandlung von Schutzbefohlenen geschützt[13].

3. Betreuungsrecht: Selbstbestimmung über Heilbehandlung

Die Selbstbestimmung über das Rechtsgut Gesundheit ist in der ärztlichen Behandlung dadurch geschützt, dass ärztliche Maßnahmen und Heilbehandlungen nur mit Einwilligung vorgenommen werden dürfen[14]. Dies gilt auch für betreute Menschen. Nur wenn diese im konkreten Fall einwilligungsunfähig sind und ein Betreuer für die Gesundheitsfürsorge allgemein oder in dem jeweiligen Bereich bestellt ist, kann die Einwilligung des Betreuers die Einwilligung der betreuten Person ersetzen[15]. Damit wird die Rechtmäßigkeit des medizinischen Eingriffs bewirkt. Dies kann auch gegen den natürlichen Willen der betreuten Person erfolgen. Voraussetzung einer Behandlung gegen den Willen der betroffenen Person ist aber, dass der Schutz seines Lebens der seiner Gesundheit oder die Rechtsgüter anderer diese zwingend erfordern[16]. Darüber hinaus haben Menschen die Freiheit zur Krankheit[17]. Die Entscheidung des Betreuers ist im gleichen Umfang an Wohl und Willen der betreuten Person und an das Ziel ihrer Rehabilitation gebunden wie andere Betreuerentscheidungen[18]. Damit kann das darin enthaltene Spannungsverhältnis besonders wirksam werden, wenn eine Behandlung als Möglichkeit erscheint, Krankheit oder Gesundheitsstörung zu bessern, von der betreuten Person aber abgelehnt wird. Besonders zugespitzt erscheint dies bei Behandlungsformen, welche die Voraussetzungen der Willensbetätigung und Selbstbestimmung betreffen, also vor allem bei der Behandlung mit Psychopharmaka, die persönlichkeitsverändernde Wirkung haben kann.

Wenn bei einer Untersuchung des Gesundheitszustands, einer Heilbehandlung oder einem ärztlichen Eingriff die begründete Gefahr besteht, dass die betreute Person auf Grund der Maßnahme stirbt oder einen länger dauernden gesundheitlichen Schaden erleidet, bedarf die Einwilligung durch den Betreuer der Genehmigung des Vormundschaftsgerichts[19]. Als begründete Gefahr gilt die konkrete und nahe liegende, nicht notwendig überwiegende Möglichkeit des Schadenseintritts[20]. Die Entscheidung, wann ein schwerer Gesundheitsschaden im Sinne dieser Regelung vorliegt, kann an § 226 StGB orientiert werden, ist aber jeweils im Einzelfall zu treffen[21]. Jedenfalls muss die Beurteilung individuell vorgenommen werden und

---

13 § 225 StGB.
14 BGHZ 106, 391, 397; ständige Rechtsprechung seit RGZ 88, 433, 436; vgl. Posselt-Wenzel (2003), S. 32 ff.
15 § 1904 Abs. 2 BGB; Posselt-Wenzel (2003), S. 40; vgl. Kern, NJW 1994, S. 753 ff.
16 OLG Schleswig-Holstein vom 25. Januar 2002, SHAnz 2002, S. 215 (Magersucht); OLG Thüringen vom 5. Februar 2000, NJ 2000, S. 377.
17 BVerfG-Kammerentscheidung vom 23. März 1998, NJW 1998, S. 1774; vgl. BVerfGE 58, 228, 224; Posselt-Wenzel (2003), S. 86 ff.; zum Freiheitsentzug behinderter Menschen nach den Unterbringungsgesetzen der Länder vgl. OLG Frankfurt am Main vom 23. Juli 1987, NJW 1988, S. 1527.
18 Posselt-Wenzel (2003), S. 74 f.
19 § 1904 Abs. 1 BGB; vgl. Posselt-Wenzel (2003), S. 90 ff.
20 Jürgens/Kröger/Marschner/Winterstein (2002) Rz 206.
21 Vgl. LG Hamburg vom 31. März 1994, FamRZ 1994, S. 1204 (Elektrokrampfbehandlungen); Posselt-Wenzel (2003), S. 96; Jürgens/Kröger/Marschner/Winterstein (2002) Rz 207 nennen:

vor allem die mögliche Irrevisibilität eines Gesundheitsschadens berücksichtigen. Nach dem Normzweck des Betreuungsrechts liegt es nahe, besonders die Auswirkungen auf Teilhabe und Selbstbestimmung der betroffenen Person zu beachten. Damit wird vor allem das Problem der Psychopharmaka aufgeworfen[22]. Liegen die Voraussetzungen einer stationären Zwangsbehandlung, und damit eines Freiheitsentzugs, nicht vor, kommt auch keine ambulante Zwangsbehandlung durch Depot-Medikation in Betracht[23]. Wegen der schwerwiegenden möglichen Wirkungen und Nebenwirkungen im Kernbereich der Voraussetzungen von Selbstbestimmung ist hier im Zweifel die gerichtliche Kontrolle auszuweiten.

4. Soziale Sicherung

Das Recht auf Gesundheit wird im Sozialrecht für behinderte Menschen konkretisiert durch die Ansprüche auf Leistungen zur akuten Krankenbehandlung, medizinischen Rehabilitation und Pflegeleistungen. Zu untersuchen ist, ob alle behinderten Menschen Ansprüche auf das notwendige Maß an Gesundheitsleistungen haben und ob damit der Schutz des Rechtsguts Gesundheit im notwendigen Maß verwirklicht ist. Dies könnte auch in Frage stehen, weil in den sozialrechtlichen Systemen der sozialen Entschädigung und der gesetzlichen Unfallversicherung kein Schmerzensgeldanspruch bei Gesundheitsschäden besteht.

a) Anspruch auf Krankenbehandlung

(1) Grundverhältnis

Ein Anspruch auf Krankenbehandlung wird in Deutschland für die meisten Personen in den meisten Fällen durch die gesetzliche Krankenversicherung vermittelt. Zugang zur gesetzlichen Krankenversicherung kann durch die Pflichtversicherung und die freiwillige Versicherung vermittelt werden. Die wichtigsten Pflichtversicherungstatbestände betreffen nicht geringfügig abhängig Beschäftigte[24] mit einem Einkommen bis zur Pflichtversicherungsgrenze[25], Rentner, soweit sie in der zweiten Hälfte ihres Erwerbslebens in neun Zehnteln der Zeit der gesetzlichen Krankenversicherung angehörten[26], Personen, die Arbeitslosengeld, Arbeitslosengeld II, Sozialgeld oder Unterhaltsgeld nach dem SGB III beziehen[27], Landwirte[28],

---

Pneumencephalographie, Leberblindpunktion, Liquorentnahme, Herzkatheterisierung, bei älteren und gebrechlichen Menschen auch Arthroskopie, Herzoperationen, Transplantationen, neurochirurgische Eingriffe, Amputationen und Organentfernungen, Chemotherapie, Strahlenbehandlungen, Elektroschockbehandlung.

[22] Posselt-Wenzel (2003), S. 98 ff.; Jürgens/Kröger/Marschner/Winterstein (2002) Rz 207 nennen die Gabe von Leponex, Lithium, Glianimon, Atosil, Neurocil.

[23] BGH vom 11. Oktober 2000, BGHZ 145, 297; Castendiek/Hoffmann (2002), Rz 375.

[24] §§ 7, 8 SGB IV.

[25] §§ 5 Abs. 1 Nr. 1, 6 Abs. 1 Nr. 1, Abs. 6, 7, 8 SGB V. Im Jahr 2004 betrug die Einkommensgrenze 45.594,05 €.

[26] § 5 Abs. 1 Nr. 11 SGB V.

[27] § 5 Abs. 1 Nr. 2 SGB V.

[28] § 5 Abs. 1 Nr. 3 SGB V; KLVG.

Künstler und Publizisten[29], Studierende[30] und Kinder, Ehegatten und Lebenspartner von Versicherten[31]. Von diesen Gruppen sind die Bezieher einer Erwerbsminderungsrente regelmäßig behindert. Pflichtversichert sind auch Teilnehmer an Leistungen zur Teilhabe am Arbeitsleben[32], behinderte Menschen, die in anerkannten Werkstätten für behinderte Menschen oder Blindenwerkstätten tätig sind[33] und behinderte Menschen, die in Anstalten, Heimen oder gleichartigen Einrichtungen in gewisser Regelmäßigkeit eine Leistung erbringen, die mindestens einem Fünftel der Leistung eins voll erwerbsfähigen Beschäftigten entspricht[34]. Die Familienversicherung behinderter Menschen, die außerstande sind, sich selbst zu unterhalten, wird ohne Altersgrenze fortgesetzt[35].

Zur freiwilligen Versicherung sind Personen berechtigt, die aus einer vorher bestehenden Versicherungspflicht ausscheiden oder die erstmals eine Beschäftigung aufnehmen[36]. Weiterhin sind schwerbehinderte Menschen zur freiwilligen Versicherung berechtigt, wenn sie, ein Elternteil, Ehegatte oder Lebenspartner in den letzten fünf Jahren vor dem Beitritt mindestens drei Jahre versichert waren. Sie sind auch dann zur freiwilligen Versicherung berechtigt, wenn sie diese Voraussetzung wegen ihrer Behinderung nicht erfüllen können. Die Krankenkassen können dieses Recht in ihrer Satzung von einer Altersgrenze abhängig machen[37]. Diese Beschränkung wird damit gerechtfertigt, dass die wirtschaftlichen und sozialen Verhältnisse regelmäßig mit zunehmendem Alter gefestigt seien und darum auch der Versicherungsstatus geklärt sein müsste[38]. Diese Begründung ist aber gerade bei schwerbehinderten Menschen nicht immer tragfähig, da ihre Lebensverhältnisse von einer gesundheitlichen Verschlechterung geprägt sein können. Die Möglichkeit der freiwilligen Versicherung ist zudem daran geknüpft, einen Mindestbeitrag zu zahlen[39]. Für Empfänger der Grundsicherung bei dauerhafter Erwerbsminderung und der Hilfe zum Lebensunterhalt kann der Sozialhilfeträger Beiträge für eine freiwillige Krankenversicherung übernehmen[40].

Ein Krankenversicherungsschutz kann fehlen für Personen, die aus der Privatversicherung ausscheiden, behindert werden und wegen ihres Alters keinen Zu-

---

29 § 5 Abs. 1 Nr. 3 SGB V; KSVG.

30 § 5 Abs. 1 Nr. 9 SGB V.

31 § 10 SGB V.

32 § 5 Abs. 1 Nr. 6 SGB V.

33 § 5 Abs. 1 Nr. 7 SGB V; zur Abgrenzung vgl. BSG vom 14. Februar 2001, SozR 3-2500 § 44 Nr. 8; BSG vom 14. Dezember 1994, SozR 3-2500 § 5 Nr. 19: Es genügt, wenn ein Mindestmaß an Arbeitsfähigkeit angestrebt wird.

34 § 5 Abs. 1 Nr. 8 SGB V.

35 § 10 Abs. 2 Nr. 4 SGB V; dieser Versicherungstatbestand wird zum Teil als „versicherungsfremd" angesehen: vgl. Butzer (2001), S. 67, 449.

36 § 9 Abs. 1 Nr. 1–3 SGB V; vgl. zur Vorgängerregelung § 176c RVO: BVerfGE 67, 239.

37 § 9 Abs. 1 Nr. 4 SGB V; zum Beispiel 45 Jahre, vgl. LSG Schleswig-Holstein vom 22. August 2000, Az. L 1 KR 37/99.

38 LSG Schleswig-Holstein vom 22. August 2000, Az. L 1 KR 37/99; Verfassungsmäßigkeit auch bejaht vom LSG Niedersachsen, Urteil vom 17. Juli 1996, Az. L 4 Kr 133/95.

39 § 240 Abs. 4 Satz 1 SGB V: Beiträge auf ein Neunzigstel der monatlichen Bezugsgröße pro Tag, also 2004 bei einem Monat mit 30 Tagen der volle Beitragssatz auf 804,90 € (West). Bei einem Beitragssatz von 14 % sind dies 112,69 €.

40 §§ 32, 42 Nr. 4 SGB XII.

gang mehr zur freiwilligen Versicherung bekommen. Weitere Lücken für erwerbsfähige behinderte Menschen sind kaum noch ersichtlich, wenn diese mit der
Einführung der Grundsicherung für Arbeitssuchende zum 1. Januar 2005 pflichtversichert werden. Nicht erwerbsfähige behinderte Menschen können entweder
durch Arbeit in Werkstätten oder im Heim versicherungspflichtig werden oder
durch den Sozialhilfeträger Zugang zur freiwilligen Versicherung erhalten.

Für die Beamten wird Krankenbehandlung durch die freie Heilfürsorge oder
durch die Beihilfe in Verbindung mit einer Privatversicherung erbracht[41]. Dies bedeutet, dass die Kinder von Beamten keinen Zugang zur gesetzlichen Krankenversicherung haben[42]. Die private Krankenversicherung ist berechtigt, Personen wegen ihres Risikos nicht aufzunehmen oder an einem hohen Krankheitsrisiko orientierte Beiträge zu verlangen. Für Kinder von Privatversicherten ist eine gesetzliche
Regelung geschaffen worden, die ihnen bei Geburt die Aufnahme in die Versicherung ohne Risikoprüfung garantiert[43]. Krankenbehandlung, die einem Arbeitsunfall oder einer Berufskrankheit zugeordnet werden kann, wird von den Unfallversicherungsträgern übernommen[44]. Ist die Behandlung einem Entschädigungstatbestand zuzuordnen, wird sie von deren Trägern durch die Krankenkassen
erbracht[45].

Empfänger von Grundsicherung wegen dauerhafter Erwerbsminderung und
Hilfe zum Lebensunterhalt, die nicht krankenversichert sind, erhalten vom Sozialhilfeträger Hilfe bei Krankheit, die den Leistungen nach dem SGB V entspricht[46].
Im Ergebnis ist damit für alle inländischen Personen mit dauerhaftem Aufenthaltsstatus gesichert, dass sie entweder durch eine Krankenkasse oder zumindest bei
Bedürftigkeit durch den Sozialhilfeträger Leistungen der Krankenbehandlung erhalten können, die dem Umfang nach den Leistungen der gesetzlichen Krankenversicherung entsprechen. Einen Anspruch nur auf die erforderliche Krankenbehandlung akuter Krankheiten und Schmerzzustände und die im Übrigen zur
Sicherung der Gesundheit unerlässlichen Leistungen[47] haben Asylbewerber und
Flüchtlinge[48].

(2) Leistungsumfang

Die Leistungen sollen diejenige Behandlung umfassen, die notwendig ist, um eine
Krankheit zu erkennen, zu heilen, ihre Verschlimmerung zu verhüten oder Krank-

---

[41] § 6 BhV.
[42] Unter den Bedingungen von § 10 Abs. 3 SGB V: Zugang nur, wenn ein Ehepartner gesetzlich versichert ist und dessen Einkommen höher ist oder wenn ein Ehepartner gesetzlich versichert
ist und der Beamte ein geringeres Einkommen hat als die Pflichtversicherungsgrenze. Kinder von
zwei Beamten haben keinen Zugang.
[43] § 178d VVG (Kinder-Nachversicherung).
[44] § 11 Abs. 4 SGB V, § 27 Abs. 1 SGB VII; vgl. empirisch: BT-Drucks. 15/5015, S. 113.
[45] §§ 11 Abs. 1, 18c Abs. 1 Satz 3 BVG.
[46] §§ 47–52 SGB XII.
[47] Vgl. OVG Mecklenburg-Vorpommern vom 28. Januar 2004, Az. 1 O 5/04: Dialyse unerlässlich, Nierentransplantation aufschiebbar.
[48] §§ 4 Abs. 1, 6 AsylBLG; vgl. auch § 120 Abs. 3 BSHG: für Ausländer, die zur Erlangung
einer verbesserten medizinischen Versorgung nach Deutschland einreisen, besteht kein Anspruch
auf Sozialhilfe, dazu OVG Bremen vom 8. Oktober 2003, NordÖR 2004, S. 84.

heitsbeschwerden zu lindern[49]. Dazu gehören ärztliche Behandlung einschließlich Psychotherapie, zahnärztliche Behandlung, Versorgung mit Arznei-, Verband-, Heil- und Hilfsmitteln, Krankenhausbehandlung und Leistungen zur medizinischen Rehabilitation, soweit diese in diesem Kontext zu erbringen sind[50]. Bei Leistungen an behinderte und chronisch kranke Menschen ist deren besonderen Belangen Rechnung zu tragen[51]. Dies bedeutet, dass auch die Krankenbehandlung der gesetzlichen Krankenversicherung an den Zielen der Rehabilitation und Teilhabe auszurichten ist[52].

Das Recht auf Krankenbehandlung ist belastet durch eine Zuzahlungsregelungen und Leistungsausschlüsse. So sind ausgeschlossen Sehhilfen, wenn nicht eine schwere Sehbeeinträchtigung vorliegt[53], nicht verschreibungspflichtige Arzneimittel[54], Arzneimittel bei Erkältungskrankheiten, Abführmittel und Arzneimittel, bei deren Anwendung eine Erhöhung der Lebensqualität im Vordergrund steht[55]. Ob die Abwertung der Lebensqualität als Behandlungsziel durch diese Norm praktisch handhabbar ist und ob sie mit der gleichzeitig durch das GKV-Modernisierungsgesetz eingefügten Norm zur besonderen Berücksichtigung behinderter und chronisch kranker Menschen gleichgerichtet ist, kann bezweifelt werden. Für chronisch kranke und behinderte Menschen steht bei Gesundheitsleistungen die Herstellung von Lebensqualität trotz Krankheit und Behinderung im Vordergrund. Der Gesetzgeber hat sich bei diesen Leistungsausschlüssen ersichtlich von vordergründigen Erwägungen leiten lassen, wie sich an der beispielhaften Aufzählung von Medikamenten zur Behandlung der erektilen Dysfunktion, zur Steigerung und Anreizung der sexuellen Potenz, zur Raucherentwöhnung, zur Abmagerung oder Appetitzügelung, zur Regulierung des Körpergewichts oder zur Verbesserung des Haarwuchses zeigt. So hat der öffentlich thematisierte Gebrauch des Medikaments Viagra als „Party-Droge" wohl auch zu einer Streichung des Rechts behinderter Menschen geführt, Arzneimittel zur Wiederherstellung ihrer funktionalen Gesundheit für den elementaren Teilhabebereich der Sexualität im Rahmen der Krankenversicherung in Anspruch zu nehmen[56].

Zahlreiche Zuzahlungsregelungen für Leistungen der gesetzlichen Krankenkassen[57] sind insgesamt durch eine Belastungsgrenze von 2 % der jährlichen Bruttoeinnahmen begrenzt. Für schwerwiegend chronisch kranke Menschen beträgt diese Grenze 1 % vom Bruttoeinkommen[58]. Die Leistungsausschlüsse und Zuzah-

---

49 § 27 Abs. 1 Satz 1 SGB V.
50 § 27 Abs. 1 Satz 2 SGB V.
51 § 2a SGB V.
52 So auch § 27 SGB IX.
53 § 33 Abs. 1 Satz 5–7 SGB V.
54 § 34 Abs. 1 Satz 1 SGB V.
55 § 34 Abs. 1 Satz 6–8 SGB V.
56 Vgl. andererseits die Anerkennung der impotentia coeundi im Schwerbehindertenrecht, BSG vom 15. Juli 2004, Az. B 9 SB 46/03 B; Vgl. Schuren in: Bannasch (2002), S. 200 ff.
57 §§ 23 Abs. 6 (Vorsorge), § 24 Abs. 3 (Vorsorge für Eltern) 28 Abs. 4 (ärztliche Behandlung) 30 Abs. 2 (Zahnersatz), 31 Abs. 3 (Arzneimittel), 32 Abs. 2 (Heilmittel), 33 Abs. 2 Satz 5 (Hilfsmittel), 37 Abs. 5 (Häusliche Krankenpflege), 38 Abs. 5 (Haushaltshilfe), 39 Abs. 4 (Krankenhaus), 40 Abs. 5 (Rehabilitation), 41 Abs. 3 (Rehabilitation für Eltern) jeweils i. V. m. 61 SGB V.
58 § 62 SGB V.

lungen sollen der Stabilisierung der Krankenkassenbeiträge dienen und zugleich die Versicherten zu einer verantwortungsbewussten Inanspruchnahme der Leistungen anhalten[59]. Die Zuzahlungen belasten behinderte Menschen stärker als andere Personengruppen. Durch die Belastungsgrenze soll aber sichergestellt sein, dass alle Menschen und insbesondere auch chronisch Kranke alle notwendigen Leistungen der Krankenbehandlung erhalten. Gehören Zuzahlungen zum allgemeinen gesundheitspolitischen Konzept, so hat der Gesetzgeber durch diese Belastungsgrenze die benachteiligende Wirkung abgemildert, so dass dem Benachteiligungsverbot, das bei mittelbaren Nachteilen als Prinzip gilt, Genüge getan ist[60].

Die Zuzahlungen und Leistungsausschlüsse gelten nach der Neuregelung durch das GKV-Modernisierungsgesetz und die Sozialhilfereform auch für krankenversicherte Empfänger der Grundsicherung für Arbeitsuchende, der Grundsicherung für dauerhaft Erwerbsgeminderte und der Hilfe zum Lebensunterhalt und für den Leistungsumfang der Hilfen zur Gesundheit[61]. Die Aufwendungen für ausgeschlossene notwendige Leistungen und für Zuzahlungen sollen hier aus dem Regelsatz bestritten werden[62]. Dies kann insbesondere behinderte und pflegebedürftige Menschen in Einrichtungen sowie Menschen in besonderen sozialen Schwierigkeiten vor erhebliche Probleme stellen. Diesem Personenkreis stehen zumeist noch deutlich geringere Barmittel zur Verfügung als den anderen Sozialhilfeberechtigten. Es besteht die Gefahr, dass diese Menschen in der Versorgung mit notwendigen Gesundheitsleistungen beeinträchtigt werden[63]. Bei der Gesetzgebung scheint an diesen Personenkreis nicht gedacht worden zu sein[64]. Es wird diskutiert, die entsprechende Regelung im Sozialhilfe- und Grundsicherungsrecht zu ändern. Wird dies nicht getan, wäre nach den konkreten Auswirkungen zu überprüfen, ob hier der Fall eines verfassungsunmittelbaren Leistungsanspruchs gegeben ist, weil das Existenzminimum an Gesundheitsleistungen nicht mehr gesichert ist. Dies könnte zum Beispiel Sehhilfen bei mittlerer Sehbeeinträchtigung betreffen. Diese sind zur Teilhabe am Leben in der Gesellschaft unabdingbar[65], können aber von einem Barbetrag in Höhe von 26 % des Eckregelsatzes[66] kaum in jedem Fall erworben werden[67]. Behinderte Menschen benötigen zum Teil wegen ihrer Behinderung spezifische nicht verschreibungspflichtige Medikamente, die nun aus dem Leistungskatalog ausgegrenzt sind[68]. Die Gewährung bedarfsdeckender Hilfe als Dar-

---

[59]   Vgl. bereits BSG vom 9. Juni 1998, SozR 3-2500 § 61 Nr. 7.

[60]   So zur früheren Belastung chronisch kranker Menschen mit Zuzahlungen: BSG vom 9. Juni 1998, SozR 3-2500 § 61 Nr. 7.

[61]   Vgl. zur Berechtigung des Rechtszustands nach § 38 Abs. 2 BSHG bis zum 31. Dezember 2003: Hammel, ZfSH/SGB 2004, S. 323, 326, 330; grundsätzlich zur zuzahlungsfreien Krankenhilfe: BVerwG vom 30. September 1993, NDV 1994, S. 150, 151.

[62]   VGH Hessen vom 20. April 2004, ZfSH/SGB 2004, S. 487; vgl. Spindler, SozSich 2004, S. 55 ff.

[63]   Hammel, ZfSH/SGB 2004, S. 323, 343.

[64]   Vgl. Hammel, ZfSH/SGB 2004, S. 323, 333; zu den Überlegungen des Gesetzgebers: BT-Drucks. 15/1525, S. 85.

[65]   Deutscher Verein 2004, S. 265, 266.

[66]   § 35 Abs. 2 Satz 2 SGB XII; gegenüber § 21 Abs. 3 BSHG abgesenkt (zuvor 30 %).

[67]   Der Regelsatz beinhaltet 4,77 € für „Verbrauchsgüter für Gesundheitspflege", vgl. Spindler, SozSich 2004, s. 55, 57.

[68]   Deutscher Verein, NDV 2004, S. 265 f.

lehen, wie vom Gesetzgeber vorgesehen[69], würde sich bei behinderten Menschen, bei denen keine Verbesserung ihrer Einkommens- und Lebenssituation zu erwarten ist, als sinnlos erweisen. Sie könnte den hilfebedürftigen Menschen immer tiefer in die Verschuldung verstricken[70] und sich so als untauglich erweisen, die verfassungsrechtlichen Aufgaben der Sozialhilfe zu erfüllen[71]. Dazu kommt, dass manche behinderte Menschen in besonderer Weise mit dem für die Belastungsgrenze der Zuzahlungen vorgesehenen Verfahren überfordert sein können, bei dem Belege zu sammeln und der Krankenkasse einzureichen sind[72]. SGB II und SGB XII erweisen sich so als verfassungsrechtlich problematisch und reformbedürftig. Als verfassungskonforme Lösungen des Problems kommen im SGB XII eine abweichende Bedarfsfestsetzung[73] und im SGB II eine Darlehensgewährung mit möglichem Verzicht auf die Aufrechnung mit der laufenden Leistung in Betracht[74].

b) Anspruch auf medizinische Rehabilitation

(1) Grundverhältnis

Ansprüche auf Leistungen der medizinischen Rehabilitation können gegen verschiedene Rehabilitationsträger bestehen. Vorrang haben Ansprüche gegen die an der Schädigungsursache orientierten Rehabilitationsträger Unfallversicherung und soziale Entschädigung[75]. Bei Vorliegen der persönlichen und versicherungsrechtlichen Voraussetzungen erbringen die Rentenversicherungsträger Leistungen der medizinischen Rehabilitation für Versicherte, wenn sie erwerbstätig sind, dem Erwerbsleben nahe stehen oder eine Rente wegen verminderter Erwerbsfähigkeit beziehen[76]. Zu den versicherungsrechtlichen Voraussetzungen gehören entweder eine in den letzten zwei Jahren bestehende Pflichtversicherung oder eine seit 15 Jahren bestehende Versicherung[77]. Die Pflichtversicherung in der Rentenversicherung umfasst alle nicht geringfügig abhängig Beschäftigten[78] und verschiedene Gruppen von Selbstständigen[79], Wehr- und Zivildienstende[80], Bezieher von Krankengeld, Verletztengeld, Versorgungskrankengeld, Übergangsgeld, Unterhaltsgeld, Arbeitslo-

---

69 § 37 Abs. 1 SGB XII; so auch OVG Lüneburg vom 6. Mai 2004, Az. 4 ME 88/04.
70 Deutscher Verein, NDV 2004, S. 265, 267.
71 Vgl. Mrozynski, ZfSH/SGB 2004, S. 198, 219.
72 Hammel, ZfSH/SGB 2004, S. 323, 340; Spindler, SozSich 2004, S. 55, 60; Deutscher Verein, NDV 2004, S. 265, 268. Nur einige Krankenkassen praktizieren daher in Absprache mit den Sozialhilfeträgern ein vereinfachtes Verwaltungsverfahren.
73 § 28 Abs. 1 Satz 2 SGB XII.
74 § 43 SGB II; Münder, NJW 2004, S. 3209, 3212.
75 § 26 Abs. 1 SGB VII, § 6 Abs. 1 Nr. 3 SGB IX; § 1 BVG, § 6 Abs. 1 Nr. 5 SGB IX; Vorrang vor der Rentenversicherung: § 12 Abs. 1 Nr. 1 SGB VI; Vorrang vor der Krankenversicherung: § 11 Abs. 4 SGB V.
76 §§ 9–11 SGB VI; § 6 Abs. 1 Nr. 4 SGB IX; ein Ausschluss der Rehabilitation für „eingebrachte Leiden" und damit eine Begrenzung der Risikoübernahme besteht nicht mehr, vgl. BSGE 45, 183; Majerski (1984), S. 41 ff.
77 § 11 Abs. 1, 2 SGB VI.
78 § 1 Abs. 1 SGB VI; §§ 7, 8 SGB IV.
79 § 2 SGB VI.
80 § 3 Satz 1 Nr. 2 SGB VI.

sengeld, Arbeitslosengeld II und Sozialgeld[81] und Personen in Kindererziehungs-
und Pflegezeiten[82]. Sie reicht somit weiter als die Pflichtversicherung in der gesetzlichen Krankenversicherung. Auch hier sind behinderte Menschen als pflichtversichert einbezogen, die in Werkstätten oder Anstalten arbeiten[83]. Auch mit den Be-
ziehern von Erwerbsminderungsrenten und Übergangsgeld sind Personengruppen
einbezogen, die in der Regel behindert oder von Behinderung bedroht sind. Versicherungspflichtig können auf Antrag auch selbstständig Tätige werden, wenn sie
dies innerhalb von fünf Jahren nach Aufnahme der Tätigkeit beantragen[84]. Geringfügig beschäftigte Personen haben die Möglichkeit, auf ihre Versicherungsfreiheit
zu verzichten und werden dann versicherungspflichtig[85]. Freiwillig versichern können sich alle weiteren Personen, soweit sie nicht als Beamte versicherungsfrei sind[86].

Soweit rentenversicherte Personen nicht die persönlichen oder versicherungsrechtlichen Voraussetzungen für Leistungen der medizinischen Rehabilitation erfüllen, können sie medizinische Rehabilitation als Leistung der gesetzlichen Krankenversicherung erhalten[87]. Diese gilt insbesondere für Nichterwerbstätige und
Rentner sowie für Personen, bei denen voraussichtlich nicht das Ziel Erwerbsfähigkeit erreicht werden kann, sondern nur andere Ziele der medizinischen Rehabilitation erreicht werden können, etwa die Vermeidung von Pflegebedürftigkeit.
Kinder von Versicherten und Rentnern können stationäre Heilbehandlung als
Leistung der Rentenversicherung erhalten[88]. Im Übrigen fällt die medizinische Rehabilitation von Kindern in die Verantwortung der Krankenversicherung, wenn sie
dort versichert sind. Bei seelischer Behinderung von Kindern und Jugendlichen
kann die medizinische Rehabilitation Leistung des Kinder- und Jugendhilfeträgers
sein[89]. Beamte haben Anspruch auf medizinische Rehabilitation als Leistung der
Beihilfe[90]. In der privaten Krankenversicherung muss medizinische Rehabilitation
nicht Bestandteil des Versicherungsumfangs sein, soweit nicht ein an der gesetzlichen Krankenversicherung orientierter Tarif vorliegt.

Die Leistungen der gesetzlichen Rentenversicherung und Krankenversicherung
zur medizinischen Rehabilitation sind im Gesetz als Ermessensleistungen ausgewiesen[91]. Das Ermessen ist jedoch nach dem Zweck der Ermächtigung auszuüben[92]. In der Rentenversicherung sind dies die Sicherung und Wiederherstellung
der Erwerbsfähigkeit[93], in der Krankenversicherung die Erhaltung der Gesundheit
und Vermeidung von Pflegebedürftigkeit[94]. Das Ermessen über das „ob" der medi-

---

81 § 3 Satz 1 Nr. 3 SGB VI.
82 §§ 3 Satz 1 Nr. 1 und 1a, 56 (Kindererziehungszeiten) SGB VI; § 44 SGB XI (Pflegezeiten).
83 § 1 Satz 1 Nr. 2 SGB VI.
84 § 4 SGB VI.
85 § 5 Abs. 2 Satz 2 SGB VI.
86 § 7 SGB VI; vgl. § 5 Abs. 1 SGB VI.
87 §§ 11 Abs. 2, 40 Abs. 1 SGB V; § 6 Abs. 1 Nr. 1 SGB IX.
88 § 31 Abs. 1 Nr. 4 SGB VI.
89 § 35a SGB VIII.
90 § 6 Abs. 1 Nr. 3, 7 (Sanatoriumsbehandlung), 8 (Heilkur) BhV.
91 § 40 Abs. 1 SGB V; § 9 Abs. 2 SGB VI.
92 § 39 Abs. 1 SGB I.
93 § 9 Abs. 1 SGB VI.
94 § 11 Abs. 2 SGB V.

zinischen Rehabilitation ist durch die Zwecke gebunden. Wenn die Ziele erreicht werden können, besteht ein Anspruch dem Grunde nach und das Ermessen ist auf das „wie" der medizinischen Rehabilitation beschränkt.

Personen, die nicht gesetzlich krankenversichert und bedürftig sind, können Anspruch auf Leistungen der medizinischen Rehabilitation als Leistung der Eingliederungshilfe der Sozialhilfe haben[95]. Für Leistungen der medizinischen Rehabilitation werden unterhaltspflichtige Personen nur für die Kosten zum Lebensunterhalt herangezogen[96].

Asylbewerber und Flüchtlinge können nur unerlässliche Leistungen zur Sicherung ihrer Gesundheit erhalten[97]. Damit sind Asylbewerber und Flüchtlinge der einzige Personenkreis in Deutschland[98] der auch bei Bedürftigkeit keinen Anspruch dem Grunde nach auf Leistungen der medizinischen Rehabilitation hat. Dies kann damit gerechtfertigt werden, dass der Status der Asylbewerber und Flüchtlinge in Deutschland durch die Ungewissheit gekennzeichnet ist, ob sie einen dauerhaften Aufenthaltsstatus in Deutschland erhalten werden[99]. Faktisch werden die meisten Asylbewerber nicht als asylberechtigt anerkannt und halten sich nur vorübergehend in Deutschland auf. Vor diesem Hintergrund ist das Ziel einer dauerhaften Teilhabe an der deutschen Gesellschaft für diesen Personenkreis kaum zu verfolgen. Als weitere Begründung für den Ausschluss wird angeführt, dass für diesen Personenkreis keine Anreize geschaffen werden sollen, zur Inanspruchnahme von Sozialleistungen nach Deutschland einzureisen.

(2) Leistungsumfang

Für die Leistungen zur medizinischen Rehabilitation der Rehabilitationsträger wird der Leistungsumfang einheitlich durch das SGB IX bestimmt[100]. Dieser Umfang soll alle erforderlichen Leistungen umfassen, um die Ziele der medizinischen Rehabilitation zu erreichen. Der Leistungsumfang ist in der gesetzlichen Krankenversicherung[101] und Rentenversicherung[102] sowie in der Eingliederungshilfe der Sozialhilfe durch Zuzahlungen belastet. Dies kann für bedürftige behinderte Menschen, insbesondere in Einrichtungen, zu Problemen der Bedarfsdeckung führen. Dabei ist allerdings zu beachten, dass Leistungen der medizinischen Rehabilitation in Pflegeeinrichtungen und Behinderteneinrichtungen vielfach zum Umfang der stationären Pflege oder der Hilfe in der Einrichtung gehören. Ob Lücken in der Bedarfsdeckung bei notwendigen Leistungen der medizinischen Rehabilitation auftreten, muss also im Einzelfall betrachtet werden.

---

[95] § 54 Abs. 1 SGB XII; § 6 Abs. 1 Nr. 7 SGB IX.
[96] § 92 Abs. 2 Satz 1 Nr. 5 SGB XII/§ 43 Abs. 2 BSHG; vgl. Zeitler, NDV 2001, S. 318 ff.
[97] § 6 AsylBLG.
[98] Abgesehen von den ohne Aufenthaltsstatus faktisch im Land lebenden Menschen ausländischer Staatsbürgerschaft.
[99] BT-Drucks. 12/4451, S. 7; BVerwG vom 29. September 1998, NVwZ 1999, S. 669; vgl. kritisch: Classen (2000), S. 19 ff.
[100] §§ 26–31 SGB IX.
[101] Siehe oben.
[102] § 32 SGB VI.

Für Asylbewerber, die keinen Anspruch gegen einen Rehabilitationsträger haben, muss ein menschenrechtlich gebotener Leistungsstandard gewährleistet sein[103]. Daher können bestimmte Leistungen der medizinischen Rehabilitation als unerlässliche Leistungen auch für Asylbewerber und Flüchtlinge zu erbringen sein[104]. Dies muss immer dann gelten, wenn nach deren Zielsetzung ein unerlässliches Maß von Teilhabe in der gegenwärtigen Situation im Vordergrund steht oder wenn sich die Leistungen im Hinblick auf jede Teilhabemöglichkeit als unerlässlich darstellen[105]. Letzteres ist insbesondere bei den Leistungen für Kinder und Jugendliche der Fall, deren besondere Bedürfnisse im Gesetz genannt sind und deren Teilhabe entwicklungsbedingt nicht aufgeschoben werden kann[106]. Ebenfalls zu decken ist ein Rehabilitationsbedarf, wenn Asylbewerber wegen ihrer Krankheit oder Behinderung nicht reisefähig sind, so dass ihr Aufenthaltsstatus gerade bis zu einer gelungen Rehabilitation gar nicht verändert werden könnte[107]. Wird das Asylverfahren nach den Grundsätzen eines sozialen Rechtsstaats durchgeführt, so muss der behinderte Asylbewerber in den Stand gesetzt werden, an ihm auch aktiv teilzunehmen.

c) Anspruch auf Pflegeleistungen

(1) Grundverhältnis

Ansprüche auf Leistungen bei Pflegebedürftigkeit können in den gesonderten Systemen der gesetzlichen Unfallversicherung[108], sozialen Entschädigung[109] und der Beamtenversorgung[110] bestehen und sind dann vorrangig[111]. Für den größten Teil der Fälle und Personen werden Ansprüche auf Leistungen bei Pflegebedürftigkeit durch die Versicherungspflicht in der sozialen oder privaten Pflegeversicherung sowie durch die Hilfe zur Pflege der Sozialhilfe vermittelt. Die Versicherungspflicht in der sozialen Pflegeversicherung folgt grundsätzlich derjenigen in der gesetzlichen Krankenversicherung[112]. Darüber hinaus werden die in der sozialen Entschädigung wegen Gesundheitsschäden Leistungsberechtigten[113], Soldaten auf Zeit[114] und Abgeordneten[115] einbezogen. Für Kinder von Versicherten, die wegen Behinderung außerstande sind, sich selbst zu unterhalten, wird die Versicherungspflicht abweichend

---

[103] VG Augsburg vom 17. Oktober 2000, NVwZ 2001, Beilage Nr. 4, S. 46, 48.

[104] Vgl. Schellhorn/Schellhorn, 16. A. (2002), Rz 16 zu § 6 AsylBLG; Classen (2000), S. 156 f.

[105] Vgl. OVG Schleswig-Holstein vom 9. September 1998, FEVS 49, S. 325: *„Zweck und Aufgabe der Eingliederungshilfe ist es, die Behinderung oder deren Folgen zu beseitigen oder zu mildern und dem Behinderten damit die Teilnahme am Leben in der Gemeinschaft zu ermöglichen. Ob das letztlich die deutsche oder die türkische Gemeinschaft sein wird, dürfte – wenn der Eingliederungshilfebedarf (...) jetzt besteht und jetzt erfüllt werden muss – unerheblich sein."*

[106] Vgl. VG Sigmaringen vom 2. April 2003, Az. 5 K 781/02 (Unterbringung in Sehbehindertenschule); VG München vom 26. Juni 2002 (Sonderkindergarten), RdLH 2002, S. 162 f.

[107] VG Augsburg vom 17. Oktober 2000, NVwZ 2001, Beilage Nr. 4, S. 46 ff.

[108] § 44 SGB VII.

[109] § 35 BVG.

[110] § 9 BhV.

[111] § 13 Abs. 1 SGB XI; § 2 Abs. 1 SGB XII.

[112] §§ 20, 25 SGB XI.

[113] § 21 Nr. 1–3 SGB XI.

[114] § 21 Nr. 6 SGB XI.

[115] § 24 SGB XI; vgl. Welti (1998), S. 219 ff.

von der Krankenversicherung ohne Altersgrenze fortgeführt[116]. Personen, die gegen das Risiko der Krankheit privat versichert sind, sind zum Abschluss einer privaten Krankenversicherung verpflichtet[117]. Die privaten Krankenversicherungsunternehmen sind zum Abschluss einer solchen Pflegeversicherung mit einem der gesetzlichen Versicherung entsprechendem Leistungsumfang verpflichtet[118]. Sie dürfen dabei Zugang, Beitragshöhe oder Leistungen nicht vom Gesundheitszustand oder Geschlecht abhängig machen[119]. Für Beamte müssen mit dem System der Beihilfe vereinbare private Pflegeversicherungen angeboten und abgeschlossen werden[120].

Das BVerfG hat 2001 auf eine Verfassungsbeschwerde hin entschieden, dass bei einem wegen des allgemeinen Risikos praktisch als Volksversicherung ausgestalteten System wie der Pflegeversicherung auch eine freiwillige Beitrittsmöglichkeit zu öffnen ist[121]. Daher sind befristete Beitrittsmöglichkeiten für diejenigen Personen geschaffen worden, die außerhalb der gesetzlichen Krankenversicherung standen, als die Pflegeversicherung 1995 geschaffen wurde[122]. Darüber hinaus besteht ein unbefristetes Beitrittsrecht für Personen, die als Zuwanderer oder Rückkehrer nach Deutschland keinen Tatbestand der Versicherungspflicht erfüllen und noch nicht 65 Jahre alt sind[123]. Das Beitrittsrecht ist daran geknüpft, dass diese Personen zur Beitragszahlung in der Lage sind. Sie müssen einen Mindestbeitrag zahlen[124].

Für Personen, die, insbesondere aus Altersgründen, keinen Zugang zur sozialen oder privaten Pflegeversicherung haben, werden bei Bedürftigkeit die Leistungen der Hilfe zur Pflege der Sozialhilfeträger erbracht[125]. Im Übrigen werden die Leistungen der Hilfe zur Pflege nachrangig[126] und ergänzend zu den Leistungen der Pflegeversicherung erbracht. Asylbewerber haben Anspruch zumindest auf Pflegesachleistungen als unerlässliche Gesundheitsleistungen[127].

(2) Leistungsumfang

Die soziale und private Pflegeversicherung haben einen grundsätzlichen einheitlichen Leistungsumfang. Dieser erfasst Pflegesachleistungen bei stationärer[128] und ambulanter Pflege[129] sowie als Alternative zur Pflegesachleistung die häusliche Pflegehilfe als Geldleistung[130]. Diese Ansprüche sind der Höhe nach begrenzt und nicht bedarfsdeckend. Durch ihren Pflegebedürftigkeitsbegriff erfassen sie auch

---

[116] § 25 Abs. 2 Nr. 4 SGB XI.
[117] § 23 Abs. 1 SGB XI.
[118] § 23 Abs. 6 SGB XI.
[119] § 110 Abs. 1 SGB XI.
[120] § 23 Abs. 3 SGB XI.
[121] BVerfG vom 3. April 2001, BVerfGE 103, 225, 237.
[122] § 26a Abs. 1 und 2 SGB XI.
[123] § 26a Abs. 3 SGB XI.
[124] § 57 Abs. 4 SGB XI mit § 240 Abs. 4 Satz 1 SGB XI: 1,7 % von einem dreißigstel der Bezugsgröße, dies ist 2004 ein Monatsbeitrag von 13,68 €.
[125] §§ 61–66 SGB XI.
[126] §§ 2 Abs. 1, 66 Abs. 1 SGB XII; § 13 Abs. 3 Nr. 1 SGB XI.
[127] Vgl. BVerwG vom 20. Juli 2001, FEVS 53, S. 1 f.
[128] § 43 SGB XI.
[129] § 36 SGB XI.
[130] § 37 SGB XI.

nicht alle Bedarfslagen. Sie sind nur eine Teil-Absicherung des Risikos der Pflegebedürftigkeit. Für den darüber hinausreichenden Pflegebedarf wird bei Bedürftigkeit die Hilfe zur Pflege der Sozialhilfe erbracht[131]. Für behinderte Menschen in
Einrichtungen der Behindertenhilfe sind die notwendigen Pflegeleistungen Teil der
Eingliederungshilfe[132]. Der Bedarf an Pflegeleistungen kann auch im Rahmen eines
trägerübergreifenden persönlichen Budgets gedeckt werden, an dem die Pflegekasse und der Sozialhilfeträger beteiligt sein können[133].

Der Bedarf an Leistungen und Hilfe bei Pflegebedürftigkeit ist damit zu einem
geringeren Teil durch Ansprüche der sozialen Sicherung gedeckt als die Krankenbehandlung und medizinische Rehabilitation. Dies wird damit begründet, dass die
Sicherung bei Pflegebedürftigkeit in besonderem Maße in der Verantwortlichkeit
der Familie sowie der gesellschaftlichen Hilfe verwirklicht werden könne und
müsse[134], um die sozialen Sicherungssysteme nicht zu überlasten. Dies soll auch
durch das Pflegegeld, die soziale Sicherung der Pflegepersonen und Hilfen für Pflegepersonen erleichtert werden.

Ein solches Konzept liegt im Rahmen der im sozialen Rechtsstaat möglichen
Lösungen für einen Bedarf an sozialer Sicherheit. Dies gilt solange, wie gesichert
ist, dass der notwendige Pflegebedarf als Teil eines Existenzminimums von Teilhabe und Teilhabevoraussetzungen gesichert ist. Menschen ohne notwendige Pflegeleistungen zu lassen, wäre im sozialen Rechtsstaat mit dem Gebot der Menschenwürde nicht vereinbar. Es besteht für den Gesetzeber im Hinblick auf das bestehende Sicherungssystem die Pflicht, die Prämissen des Systems empirisch zu
überprüfen. Dies betrifft die Frage, ob und wie durch Familie und Gesellschaft
notwendiger Pflegebedarf gedeckt wird und welche Unterstützung notwendig ist,
um eine solche Verantwortlichkeit aufrecht zu erhalten[135].

d) Spezielle Leistungen

(1) Blindengeld, Gehörlosengeld und Pflegegeld der Länder

In allen Bundesländern werden in unterschiedlichem Umfang Blindengeldleistungen gewährt. Es handelt sich dabei um eine nicht zweckgebundene Geldleistung,
deren wesentliche Voraussetzung Blindheit oder eine vergleichbare Sehbehinderung und der Wohnsitz oder gewöhnliche Aufenthalt im jeweiligen Land sind. Das
Blindengeld ist gesetzlich in einem festen Geldbetrag bestimmt[136] oder an das Pflegegeld oder die Blindenhilfe nach dem Sozialhilferecht geknüpft[137]. In Berlin wird

---

131 § 61 Abs. 1 Satz 2 SGB XII.
132 § 55 Satz 1 SGB XII.
133 § 17 Abs. 2 SGB IX.
134 Vgl. § 8 Abs. 1, Abs. 2 Satz 3 SGB XI.
135 Vgl. etwa Klie, TuP 2004, S. 4 ff.
136 Jeweils für Blinde: Art. 2 Abs. 1 BayBlindG: 545 €; § 2 Abs. 1 BWBLIHG: 409,93 €; § 2
Abs. 1 BremLPflGG: 332,50 €; § 1 Abs. 2 MVLBlGG: 546,10 €; § 2 Abs. 1 NdsBliGG: 491,50 €;
§ 2 RhPfLBliGG: 529,50 €; § 2 Abs. 1 SächsLBlGG: 333 €; § 1 Abs. 4 LSAGBGHG: 215 €; § 1
Abs. 2 SHLBlGG: 450 €; § 2 Abs. 1 ThürLBlGG: 486 €
137 § 3 Abs.1 BrbLPflGG; § 2 Abs. 1 HmbBLInGG; § 2 Abs. 1 HessLBLIGG; § 2 Abs. 1
NWGHBG.

die Leistung als Pflegegeld bezeichnet und nach dem Grad der Hilfsbedürftigkeit gestaffelt[138]. In Berlin, Brandenburg, Nordrhein-Westfalen, Sachsen und Sachsen-Anhalt sind mit jeweils niedrigeren Leistungen auch Gehörlose einbezogen[139], in Brandenburg und Bremen auch Personen, mit schweren Lähmungen oder Bewegungseinschränkungen einbezogen[140], in Sachsen schwerstbehinderte Kinder[141]. Die Leistungen werden unabhängig vom sonstigen Einkommen gewährt. Es werden jedoch in unterschiedlicher Weise Leistungen der Pflegeversicherung[142] und voll Entschädigungsansprüche[143] angerechnet. Von den Blindengeldempfängern wird in einigen Ländern verlangt, zumutbare Arbeit zu leisten[144]. Tun sie dies nicht, können sie den Anspruch verlieren.

Das Blindengeld knüpft an der gesundheitlichen Schädigung an und ist daher nicht primär als unterhaltssichernde, sondern als gesundheitsorientierte Leistung zu qualifizieren. Es soll die Nachteile der Blindheit kompensieren und dem Leistungsempfänger die Möglichkeit geben, selbstbestimmt Leistungen in Anspruch zu nehmen, die ihm Teilhabe trotz Blindheit ermöglichen[145]. Insofern hat das Blindengeld den Charakter eines pauschalierten persönlichen Budgets. Es ist bemerkenswert, dass gleichzeitig mit der Einführung des persönlichen Budgets im Sozialleistungsrecht in verschiedenen Bundesländern über diese bereits seit langer Zeit bestehende[146] Budgetleistung gesenkt[147] und über ihre Abschaffung diskutiert wird.

---

[138] § 2 Abs. 1 BerlPflegeG.

[139] § 2 Abs.2 BerlPflegeG; § 2 Nr. 3 BrbLPflGG; § 5 NWGHBG; § 1 Abs. 4 SächsLBlGG; § 1 Abs. 3 LSAGBlGHG.

[140] § 2 Nr. 1 BrbLPflGG; § 1 Abs. 3 BremLPflGG.

[141] § 1 Abs. 5 LBlindG; Leistungshöhe nach § 2 Abs. 1 Nr. 3 LBlindG: 77 €.

[142] § 3 Abs. 2 BWBLIHG; Art. 4 BayBlindG; § 3 Abs. 2 Satz 2 BerlPflegeG; § 5 BrbLPflG; § 4 Abs. 2 BremLPflGG; § 3 Abs. 2 HmbBLInGG; § 4 Abs. 1 HessLBLIGG; § 3 Abs. 1 MVLBlGG; § 3 Abs. 2 NdsLBliGG; § 3 Abs. 2 NWGHBG; § 4 Abs. 2 RhPfLBliGG; § 3 Abs. 2 SL Gesetz NR. 761; § 5 Abs. 2 SächsLBlindGG; § 2 Abs. 2 LSABGHG; § 4 Abs. 2 SHLBlGG; § 4 Abs. 2 ThürLBlGG; vgl. zum Verhältnis zwischen SGB XI und Blindengeld: Demmel (2003), S. 161 ff.

[143] § 3 Abs. 1 BWBLIHG; Art. 3 BayBlindG (Leistungsausschluss); § 3 Abs. 2 Satz 1 BerlPflegeG; § 4 Abs. 3 BrbLPflG; § 4 Abs. 1 BremLPflGG; § 3 Abs. 1 HmbBLInGG; § 3 Abs. 2 MVLBlGG; § 3 Abs. 1 NdsLBliGG; § 3 Abs. 1 NWGHBG; § 4 Abs. 1 RhPfLBliGG; § 3 Abs. 1 SL Gesetz Nr. 761; § 3 SächsLBlindg (Leistungsausschluss); § 2 Abs. 3 LSABGHG; § 4 Abs. 1 SHLBlGG; § 3 Abs. 1 ThürLBlGG (Leistungsausschluss), zu den Anrechnungsregelungen: Demmel (2003), S. 362 ff.

[144] § 8 Nr. 1 BremLPflGG; § 3 Abs. 1 Nr. 1 HessLBLIGG; § 6 Abs. 1 lit. a MVLBlGG; § 6 Abs. 1 lit. a NdsLBliGG; § 7 Abs. 1 lit. a SHBLGG; dazu kritisch: Demmel (2003), S. 411: „praktisch wirkungslos".

[145] Demmel (2003), S. 267 f.

[146] In den westdeutschen Ländern wurde bereits 1949 in Bayern, in den meisten Ländern bis 1954 ein Blindengeldgesetz erlassen. Zuletzt wurden Blindengeldgesetze in Baden-Württemberg (1970) und Schleswig-Holstein (1971) geschaffen. Alle neuen Länder haben zum 1. Januar 1992 Blindengeldgesetze in Kraft gesetzt; vgl. Demmel (2003), S. 61 f.

[147] Zu den Senkungen seit 1994: Demmel (2003), S. 179 ff.

(2) Blindenhilfe der Sozialhilfe

Blinden Menschen wird zum Ausgleich der durch die Blindheit bedingten Mehraufwendungen Blindenhilfe in Höhe von 585 € monatlich[148] durch die Sozialhilfeträger gewährt, soweit sie keine gleichartigen Leistungen nach anderen Rechtsvorschriften erhalten[149]. Die Leistung hängt grundsätzlich von der Bedürftigkeit ab.
Es gilt aber eine besondere höhere Einkommensgrenze[150]. Auf die Blindenhilfe
werden Leistungen der Pflegeversicherung teilweise angerechnet[151]. Leistungen in
stationären Einrichtungen verringern die Blindenhilfe[152]. Neben der Blindenhilfe
wird ambulante Hilfe zur Pflege nicht gewährt[153]. Im Regelfall entfällt auch der
Mehrbedarfssatz zur Grundsicherung oder Hilfe zum Lebensunterhalt[154]. Durch
die Nachrangigkeit zu den Blindengeldleistungen der Länder gewinnt die Blindenhilfe in dem Maß an Bedeutung, wie die Länder diese Leistungen kürzen. In vielen
Fällen handelt es sich hier nur um eine Verschiebung der Verantwortlichkeit vom
Land auf den Sozialhilfeträger. Trotz der Nachrang- und Anrechnungsregelungen
ist auch die Blindenhilfe geeignet, einen selbstbestimmten Nachteilsausgleich für
blinde Menschen zu ermöglichen. Die Blindenhilfe ist nach Zweck und systematischer Stellung als besondere Teilhabeleistung und nicht als versorgungsähnliche
Leistung einzuordnen.

5. Haftung für Behinderung

Das Rechtsgut Gesundheit und die Rechte behinderter Menschen sind nicht nur
durch sozialrechtliche Ansprüche auf Gesundheitsleistungen geschützt, sondern
auch durch das Recht auf Entschädigung für die durch äußere Einflüsse geschädigte Gesundheit. Dieses ist im zivilrechtlichen Schadensersatz durch Verschul-
dens- und Gefährdungshaftung und im Sozialrecht in der Unfallversicherung und
im sozialen Entschädigungsrecht realisiert. Dabei bestehen Unterschiede zwischen
den einzelnen Tatbeständen von Schadensersatz und Entschädigung in der Art, wie
der Schaden bestimmt wird und dem Umfang der Entschädigungsleistung. Die gesundheitliche Schädigung und ihre Folgen für die Teilhabe und die Rechtspositionen der geschädigten Person sind vielschichtig, schwer messbar und vergleichbar,
von vielen Einflüssen außerhalb der geschädigten Person abhängig und erstrecken
sich oft über lange Zeit. Die Lebensverläufe von Menschen, die in Kindheit, Jugend
oder mittlerem Alter an der Gesundheit geschädigt werden, unterscheiden sich
nach einem solchen Ereignis so wie sie sich auch ohne Schädigung unterschieden
hätten.

---

[148] § 72 Abs. 2 SGB XII; für unter 18-jährige blinde Menschen 293 €; die Blindenhilfe ist an die
Entwicklung des aktuellen Rentenwerts geknüpft.
[149] § 72 Abs. 1 Satz 1 SGB XII.
[150] § 87 Abs. 1 Satz 3 SGB XII.
[151] § 72 Abs. 1 Satz 2 und 3 SGB XII.
[152] § 72 Abs. 3 SGB XII.
[153] § 72 Abs. 4 Satz 1 SGB XII.
[154] § 72 Abs. 4 Satz 2 SGB XII.

a) Verschuldenshaftung nach dem Bürgerlichen Recht

Das Recht des Ersatzes für Körperschäden wurde im 1900 in Kraft getretenen BGB im Kontext des allgemeinen Schuldrechts und Deliktsrechts nur knapp geregelt. Der Grundsatz der Wiederherstellung (Naturalrestitution)[155] wurde für den Fall der Verletzung einer Person mit dem Recht zum Geldersatz[156] der nötigen Aufwendungen verbunden[157]. Für den Ausfall der Arbeitskraft wurde die Ersatzfähigkeit des entgangenen Gewinns festgeschrieben[158]. Dies wurde (nur) im Deliktsrecht präzisiert auf den Ersatz der Nachteile für den Erwerb und das Fortkommen einer Person[159]. Für den Fall der Aufhebung oder Minderung der Erwerbsfähigkeit oder der Vermehrung der Bedürfnisse wurde im Deliktsrecht die Zahlung einer Geldrente festgeschrieben[160], die aus wichtigem Grund auch als Kapitalabfindung beansprucht werden kann[161]. Bei Verletzung des Körpers oder der Gesundheit konnte nur in der deliktischen Haftung für den Schaden, der nicht Vermögensschaden ist, Schmerzensgeld als Entschädigung verlangt werden[162]. Mit der Reform des Schadensrechts wurde das Schmerzensgeld 2002 in das allgemeine Schuldrecht und damit auch in außerdeliktische Schuldverhältnisse wegen einer körperlichen Schädigung übernommen[163].

Die zivilrechtliche Haftung beruht darauf, dass die schädigende Person für den Schaden der geschädigten Person ursächlich geworden ist. Erste Voraussetzung ist eine naturwissenschaftlich verstandene Kausalität von Handlungen oder Unterlassungen für Folgen. Angesichts der Fülle von Geschehensabläufen und Wirkungszusammenhängen, die zu einer Gesundheitsschädigung führen können, beinhaltet auch die Prüfung der Kausalität wertende Element, die bestimmte Schädigungsursachen dem Schaden zurechnen, andere hingegen als haftungsrechtlich unwesentlich betrachten. Die Verschuldenshaftung war seit dem Römischen Recht bis zum heutigen Zivilrecht der prinzipiell dominierende Typ zivilrechtlicher Haftungsbegründung[164]. Die schädigende Person haftet für ihr zurechenbare schädigende Folgen, wenn diese vorsätzlich oder fahrlässig begangen sind. Dabei können Abstufungen nach dem geforderten Maß und Grad von Sorgfalt gemacht werden. Der Haftungsgrund der Verschuldenshaftung setzt Verantwortung und Entscheidungsfreiheit für das eigene Handeln und die grundsätzliche Vorhersehbarkeit und Vermeidbarkeit von Handlungsfolgen voraus. Mit der Verschuldenshaftung steht die Beurteilung von Tun und Unterlassen der schädigenden Person im Mittelpunkt der Haftung. Dem Verschuldensprinzip kann präventive Wirkung zugeschrieben werden, indem der Anreiz geschaffen wird, schädigendes Handeln zu unterlassen und

---

155 Vgl. dazu Degenkolb, AcP 76 (1890), S. 1 ff.
156 § 249 Satz 2 BGB.
157 Vgl. Clausnizer (1958), S. 80 f.
158 § 252 BGB.
159 § 842 BGB.
160 § 843 Abs. 1 BGB; § 11 StVG; vgl. Clausnizer (1958), S. 82 f.
161 § 843 Abs. 3 BGB.
162 § 847 Abs. 1 BGB.
163 Dazu Katzenmeier, JZ 2002, S. 1029 ff.; Däubler, JuS 2002, S. 625, 626; Karczewski, VersR 2001, S. 1070, 1071.
164 Rohe, AcP 201 (2001), S. 117, 124 ff.; Schulin (1981), S 13.

Verantwortung eingefordert wird[165]. Das Risiko des Schadens liegt im Grundsatz bei der schädigenden Person, es sei denn, dieser kann einer schuldhaft handelnden Person zugerechnet werden. Damit verwirklicht die am Verschulden ausgerichtete Haftung nach dem Bürgerlichen Recht eine wichtige Funktion für den Schutz des Rechtsguts Gesundheit. Gesundheit verwirklicht sich aber in einem ständigen Prozess, der von vielfältigen Kontextfaktoren geprägt wird. Ob anstelle von Gesundheit Behinderung tritt, ist häufig nur schwer auf ein einzelnes Schädigungsereignis zurückzuführen. Darin liegt der Grund, warum der Haftungstatbestand des Verschuldens nicht ausreicht, einen hinreichenden Schutz des Rechtsguts Gesundheit zu erreichen.

b) Gefährdungshaftung

Die zivilrechtliche Haftung für Körperschäden nach dem BGB wird durch Tatbestände der Gefährdungshaftung ergänzt, die häufig mit dem obligatorischen Abschluss einer Haftpflichtversicherung verbunden wurden. Dies sind insbesondere die Haftung für die Gefahren durch Kraftfahrzeuge, Eisenbahn, Luftfahrt und gefährliche Anlagen sowie die Arzneimittel- und Produkthaftung. Für die zivilrechtliche Praxis hat im 20. Jahrhundert auch über diese Bereiche hinaus die private Haftpflichtversicherung potenzieller Schädiger eine wichtige Bedeutung für Körperschäden Einzelner gewonnen[166].

Bei der Gefährdungshaftung wird bei Schädigungen, die bestimmten Gefahrenquellen zugerechnet werden können, auf das Erfordernis eines Verschulden des Eigentümers oder Betreibers der Gefahrenquelle verzichtet und die Haftung am Erfolgsunrecht festgemacht. Gefährdungshaftung für bestimmte Gefahrenquellen ist kein neues Rechtsinstitut. So haftet der Halter nicht gewerblich genutzter Tiere für Schäden durch sein Tier nach dem BGB auch ohne persönliches Verschulden[167], was bereits auf das germanische und römische Recht zurückzuführen ist[168]. Durch den Fortschritt der Technik sind viele Gefahrenquellen hinzugekommen, für deren Betrieb eine Gefährdungshaftung eingeführt wurde. Dies gilt insbesondere für die Schäden durch den Bergbau bereits seit dem Mittelalter[169], durch Bahnverkehr 1838 in Preußen[170] und 1871 im Reich[171], für Kraftfahrzeuge 1909[172], für Luftver-

---

[165]   Rohe, AcP 201 (2001), S. 117, 124; Harrje (1997), S. 80; Stark, VersR 1981, S. 1, 3; W. Bogs, ZSR 1969, S. 654, 658; Esser, JZ 1963, S. 129 ff.

[166]   Schulin (1981), S. 148 ff.

[167]   § 833 BGB.

[168]   Schmid (1971), S. 15 f.; vgl. II 40 § 1 Sachsenspiegel; § 1385 Code Civil; I 6 § 72 ALR.

[169]   Vgl. Schmid (1971), S. 17; Allgemeines Preußisches Landrecht von 1794 (ALR) I, 6 § 112; Allgemeines Berggesetz für die preußischen Staaten vom 24. Juni 1865; heute § 114 Abs.1 BBergG.

[170]   § 25 Preußisches Eisenbahnhaftpflichtgesetz vom 3. November 1838; vgl. Barta, (1983), S. 90 ff.; Schulin (1981), S. 17.

[171]   § 1 Reichshaftpflichtgesetz (RHG) vom 7. Juni 1871, RGBl. 207.

[172]   § 7 Gesetz über den Verkehr mit Kraftfahrzeugen (KFG) vom 3. Mai 1909, RGBl. 437, neu bekannt gemacht als Straßenverkehrsgesetz vom 19. Dezember 1952; Schulin (1981), S. 22 f.; zur wahrgenommenen Dimension der Gefahr: Macke, DAR 2000, S. 506: *„In meiner Jugend hieß es, dass es keine Familie gebe, die nicht einen Toten als Opfer des Weltkriegs zu beklagen habe. Heute gilt Entsprechendes für den Straßenverkehr."*

kehr 1922[173], für Elektrizitäts- und Gasversorgungsanlagen 1943[174], für wassergefährdende Anlagen 1957[175], für Atomanlagen 1969[176], für Arzneimittel 1976[177], für gentechnische Anlagen[178] und für fehlerhafte Produkte 1990[179] und für umweltgefährdende Anlagen 1991[180]. Die Gefährdungshaftung hat damit bereits seit dem 19. Jahrhundert einen immer größeren Anteil der Haftung gerade für Personenschäden abgedeckt, wurde aber von der Rechtswissenschaft lange Zeit nicht zur Kenntnis genommen oder als Ausnahme angesehen[181] und vom Gesetzgeber bis heute nicht in ein kohärentes System gebracht[182].

Die Gefährdungshaftung ist dadurch begründet, dass der Betreiber oder Eigentümer die Einwirkungsmöglichkeit auf die Gefahrenquelle hat, von ihr profitiert und dieser Nutzen auch mit der typischen Gefährlichkeit zusammenhängt[183]: Das Tier kann selbst laufen und ist darum nützlich, aber auch gefährlich. Das Automobil kann schnell fahren und ist darum nützlich, aber auch gefährlich. Bei den Tatbeständen der Gefährdungshaftung handelt es sich typischerweise auch um solche, bei denen komplexe Ursachenzusammenhänge einen Beweis des Verschuldens erschweren, was den geschädigten Personen nicht zugemutet werden soll[184]. Sowohl für Schädiger wie für Geschädigte sind die Risiken der Haftung und des Haftungsausfalls bei den Tatbeständen der Gefährdungshaftung so groß, dass erst ihre verschuldensunabhängige und oft haftungsbegrenzende Neuregelung Rechtssicherheit herstellte[185]. Die präventive Wirkung erscheint nicht aufgehoben, sondern nur verlagert, da ein Anreiz geschaffen wird, die Gefährlichkeit der Gefahrenquelle herabzusetzen[186], das Tier zu dressieren, das Auto verkehrssicher zu halten usw.

---

173 Luftverkehrsgesetz vom 1. August 1922, RGBl. I, 681, neu bekannt gemacht am 16. Mai 1968, BGBl. I, 1113; heute § 33 LuftVG; Schulin (1981), S. 23 f.

174 § 1a RHG; heute § 2 HaftPflG; Schulin (1981), S. 24 f.

175 § 22 Abs. 2 Wasserhaushaltsgesetz (WHG) vom 27. Juli 1957, BGBl. I, 1110; Schulin (1981), S. 28 f.

176 §§ 25, 26 AtomG vom 23. Dezember 1969, BGBl. I, 814; Schulin (1981), S. 25 f.

177 § 84 Arzneimittelgesetz (AMG) vom 24. August 1976, BGBl. I, 2245; Schulin (1981), S. 27 f.

178 §§ 32 ff. Gentechnikgesetz von 1990.

179 § 1 Gesetz über die Haftung für fehlerhafte Produkte (Produkthaftungsgesetz – ProdHG) vom 15. Dezember 1989, BGBl. I, 2198; geht zurück auf die Richtlinie des Europäischen Rates vom 25. Juli 1985 zur Angleichung der Rechts- und Verwaltungsvorschriften der Mitgliedstaaten über die Haftung für fehlerhafte Produkte, RL 85/374/EWG, ABl. L 210/95 vom 7. August 1985; vgl. schon Schulin (1981), S. 51 f.

180 § 1 Umwelthaftungsgesetz vom 10. Dezember 1990, BGBl. I, S. 2634.

181 Vgl. Lorenz von Stein, Zur Eisenbahnrechtsbildung (1873), S. 15: *„Deutschland ist geradewegs unerschöpflich in Abhandlungen über Ulpian und Papian, aber vom Eisenbahnrecht weiß es so gut wie nichts."*; Schmid (1971), S. 23.

182 So auch Schulin (1981), S. 39 f.

183 Vgl. bereits Hegel, Grundlinien der Philosophie des Rechts, § 116; Freise, VersR 2001, S. 539, 541; Rohe, AcP 201 (2001), S. 117, 138 ff.; Barta (1983), S. 233 ff.; Deutsch, Jura 1983, S. 617; Schmid (1971), S. 24 ff.; Wannagat, NJW 1960, S. 1597, 1598.

184 Vgl. Von Bar, Gutachten A zum 62. DJT (1998), S. 15 ff., 68 f.; Schulin (1981), S. 15;

185 Rohe, AcP 201 (2001), S. 117, 139; Schulin (1981), S. 15.

186 Deutsch, Jura 1983, S. 617; Stark, VersR 1981, S. 1, 4; Mataja (1888), S. 23 ff.; ablehnend: Harrje (1997), S. 79 f.

Durch die Rechtsprechung sind auch komplexe Bereiche, die der Verschuldenshaftung unterliegen, der Gefährdungshaftung angenähert worden, indem hohe Sorgfaltsstandards aufgestellt wurden (Verkehrssicherungspflichten), der Komplexität von Arbeitsteilung durch das Institut des Organisationsverschulden begegnet wurde und die Beweislast zum Schädiger verlagert wurde[187]. Der Anwendungsbereich der Vertragshaftung wurde im Zuge dieser Entwicklung gegenüber der Deliktshaftung ausgedehnt, um die stärkere Haftung für Erfüllungsgehilfen[188] zu verbreitern[189]. Dies gilt gerade für Bereiche, in denen Gesundheitsschädigungen typisch sind, insbesondere die Arzt- und Krankenhaushaftung. Generell kann festgestellt werden, dass die typischen Quellen von Gesundheitsschäden in besonderem Maße unter Tatbestände der Gefährdungshaftung gefasst worden sind. Darin kommt die Wertung zum Ausdruck, dass bei solchen Schäden der Realisierung einer Entschädigung besonderes Gewicht beigelegt wird.

c) Private Haftpflichtversicherung

Für verschiedene Bereiche der Gefährdungshaftung ist eine Haftpflichtversicherung[190] gesetzlich vorgeschrieben[191]. Dies gilt insbesondere für die Haftung für Kraftfahrzeugschäden[192] und Arzneimittelschäden[193]. Die verpflichtende Privatversicherung bewirkt, dass für die geschädigte Person in praktisch jedem Fall Schadensersatz geleistet werden kann. Dies ist wiederum besonders wichtig für die Haftung für Personenschäden, da diese oft die Leistungsfähigkeit des Schädigers übersteigen und die Selbsthilfefähigkeit des Geschädigten herabsetzen können. Die Pflichtversicherung ist also ein weiterer Ausdruck der Wertung, dass im Falle von Gesundheitsschäden ein Schadensersatz geleistet werden sollte und Hindernisse der Rechtsdurchsetzung dabei verringert werden sollten[194]. Durch die Verteilung des Haftungsrisikos mit dem Mittel der Versicherung wird für viele Betreiber von Gefahrenquellen das Risiko überhaupt kalkulierbar. Damit bringt die Versicherungspflicht auch zum Ausdruck, dass die jeweilige Gefahrenquelle sozial akzeptiert ist, soweit ein Ausgleich für die von ihr geschaffenen Gefahren besteht[195].

Die Versicherung führt zu einem gemeinsamen Einstehen der potenziellen Schädiger für das Risiko. Hierfür kann in der Tradition des römischen Rechts der Begriff der Solidarhaftung verwendet werden. Es handelt sich hierbei um staatlich veranlasste und geforderte private Solidarität der Schädiger. Diese Art der Solidar-

---

[187] Wannagat, NJW 1960, S. 1597, 1598; Esser, JZ 1953, S. 129, 131; vgl. Deutsch, JuS 1967, S. 152, 157 zu den Verkehrssicherungspflichten; Schulin (1981), S. 29, 47 ff.
[188] § 278 BGB.
[189] Wieacker (1974), S. 36, 47, 51.
[190] Vgl. §§ 149 ff. Gesetz über den Versicherungsvertrag (VVG) vom 30. Mai 1908, RGBl. 263.
[191] Hierzu §§ 158b ff. VVG.
[192] Gesetz über die Pflichtversicherung für Kraftfahrzeughalter (Pflichtversicherungsgesetz) vom 7. November 1939, RGBl. 2223, Neufassung vom 5. April 1965, BGBl. I, 213.
[193] § 94 Abs. 1 Satz 3 Nr. 1 AMG.
[194] Vgl. Schulin (1981), S. 148.
[195] Schulin (1981), S. 15.

haftung beruht nicht auf jener sozialstaatlichen Solidarität, die Unbedingtheit und Umverteilung einschließt. Dennoch bewirkt sie eine Sozialbindung im Sinne von größerer Verlässlichkeit der Entschädigung für die Geschädigten und von Kontrolle durch die Versicherungsinstitution, welche ein Interesse an Schadensvermeidung entwickelt und durch ihre Versicherungsbedingungen das Schädigungsrisiko der privaten Willkür des Schädigers ein Stück weit entziehen kann.

d) Restitution vor Geldersatz, Rehabilitation vor Rente

Der Grundsatz zivilrechtlicher Haftung ist heute die Naturalrestitution des entstandenen Schadens, also zuerst der Restitution und dann der Kompensation[196]. Im Römischen und Gemeinen Recht und heute im angelsächsischen Common Law ist zivilrechtlicher Schadensersatz als Kompensation in Geld ausgeformt[197]. Der Vorrang der Restitution als naturrechtlicher Gedanke[198] prägt dagegen das deutsche zivile Schadensrecht. Mit der Naturalrestitution wird der Schutz des verletzten Rechtsguts in den Mittelpunkt gestellt und damit der präventive Charakter des Schadensrechts betont. Dieser Gedanke findet auch in den negatorischen Klagen seinen Ausdruck, durch welche die Möglichkeit gegeben wird, auch präventiv gegen eine drohende Rechtsgutsverletzung vorzugehen[199].

Eine Restitution durch den Schädiger selbst kommt jedoch bei der Schädigung von Körper und Gesundheit meist von vornherein nicht in Betracht, da der Schädiger zur Rehabilitation nichts beitragen kann. Selbst wenn er dazu in der Lage ist, als Arzt oder Arbeitgeber, fehlt es häufig am nötigen Vertrauen der geschädigten Person, sich auf eine derartige Lösung einzulassen[200].

Ein Grundproblem des Schadensersatzes bei Gesundheitsschäden ist, dass eine Gesundheitsverletzung nie ungeschehen gemacht wird[201], sondern der Schadenersatz nur einen „Gegenvorteil" darstellt[202]. Im Lebensverlauf werden zwar durch Rehabilitation Körperfunktionen oder Teilhabe hergestellt und wieder hergestellt. Eine Identität zwischen dem vorherigen Zustand und dem Zustand nach Rehabilitation besteht aber umso weniger, je komplexer der Schaden und je langwieriger oder schwieriger die Rehabilitation war. Eine Umschulung bedeutet keine Wiederherstellung des vorigen beruflichen Zustands, sondern die Herstellung eines neuen Zustandes.

Der Vorrang der Naturalrestitution bedeutet grundsätzlich, dass der geschädigten Person die Mittel zur Verfügung zu stellen sind, mit denen sie sich so weit als möglich in die Lage versetzen kann, in der sie sich ohne Unfall befinden würde.

---

[196] § 249 Satz 1 BGB.
[197] „*Omnis condemnatio est pecunaria*", Gai Inst. 4, 48; Vgl. Stoll (1973), S. 6 f.; Weychardt (1965), S. 22; Degenkolb, AcP 76 (1890), S. 1, 9 ff.
[198] Stoll (1973), S. 6; vgl. Mataja (1888), S. 156 f.
[199] § 1004 BGB; vgl. Stoll (1973), S. 10.
[200] Vgl. OLG Schleswig-Holstein vom 30. Oktober 2002, Blutalkohol 2003, S. 310 (Angebot des alkoholisierten Arztes an das von im angefahrene Unfallopfer zur Behandlung in eigener Praxis); Degenkolb, AcP 76 (1890), S. 1, 44.
[201] Harrje (1997), S. 85.
[202] Degenkolb, AcP 76 (1890), S. 1, 24 f., 67.

Das materielle oder immaterielle Integritätsinteresse am geschädigten Rechtsgut soll durch den Vorrang der Restitution geschützt werden[203]. Dies bedeutet, dass die Herstellung im Sinne von § 249 BGB nicht alleine funktional zu betrachten ist, sondern grundsätzlich auch die Beseitigung von Spuren (Narben) umfasst[204]. Dieser weitgehende Vorrang ist jedoch durch die Zumutbarkeit für den Schuldner beschränkt. Dabei soll zwar das Interesse an der körperlichen Integrität nicht mit dem Maßstab der Wirtschaftlichkeit gemessen werden, bei einer unbedeutenden Narbe aber durch Treu und Glauben beschränkt sein[205].

Der so verstandene Vorrang der Naturalrestitution geht in Bezug auf die unmittelbare Körperschädigung damit grundsätzlich weit, da die Verweisung auf Geldersatz grundsätzlich nur in Ausnahmefällen in Betracht kommt. Zumindest in Bezug auf den Körperschaden bewirkt der Grundsatz der Naturalreparation vor allem eine individuelle Ermittlung von Schadensumfang und geschuldetem Ersatz[206]. Die Naturalrestitution des Schadens an der Gesundheit ist in erster Linie die Rehabilitation. Dies hat Auswirkungen auch auf die Bemessung der kompensatorischen Geldleistung[207]. Nicht so klar ist die Situation bei den Folgen der Körperschädigung für die Teilhabe der geschädigten Person. Im allgemeinen Schadensrecht ist nicht normiert, in welchem Verhältnis die Bemühungen zur Rehabilitation der verletzten Person zur Zahlung von Schadensersatz in Geld stehen sollen.

Für die deliktsrechtliche Kompensation ist geregelt, dass bei Aufhebung oder Minderung der Erwerbsfähigkeit oder Vermehrung der Bedürfnisse der Schadensersatz in Form einer Geldrente zu leisten ist. Der Anspruch auf Geldrente steht neben dem Anspruch auf Zahlung der Rehabilitationskosten. Dem Schädiger ist durch § 843 BGB kein Recht gegeben, die geschuldeten Rehabilitationsmaßnahmen zu verweigern. Dies ergibt sich auch aus der Erwähnung vermehrter Bedürfnisse in der Norm. Zu solchen Bedürfnissen können gerade dauerhaft notwendige Teilhabeleistungen gehören[208]. Die Teilhabe am Arbeitsleben und die dazu nötigen Maßnahmen sind Teil des geschuldeten Schadensausgleichs[209].

Ein Vorrang der Rehabilitation für die geschädigte Person kann aus dem allgemeinen Grundsatz der Schadensminderungspflicht[210] entnommen werden[211]. Die geschädigte Person ist verpflichtet, zumutbare Anstrengungen zur Rehabilitation durch eine Heilbehandlung[212] oder eine Umschulung[213] zu unternehmen und ihre

---

[203] Stoll (1973), S. 7.
[204] BGH vom 3. Dezember 1974, BGHZ 63, 295, 296 (Unfallnarbe).
[205] BGHZ 63, 295, 300 f.
[206] Degenkolb, AcP 76 (1890), S. 1, 82 f.: „*Der wirkliche Grundzug des modernen Rechts geht auf individualisierende Behandlung der Reparation, wie rücksichtlich ihres Maßes, so rücksichtlich des spezifischen Inhalts der Leistung.*"
[207] Stoll (1973), S. 12.
[208] Vgl. Eckelmann/Nehls/Schäfer, DAR 1983, S. 337, 343, 351.
[209] BGH, NJW 1982, S. 1638; M. Fuchs (1992), S. 214 ff.
[210] § 254 BGB.
[211] RG vom 27. Juni 1913, RGZ 83, 15, 19 (Fingeramputation); Steffen, VersR 1985, S. 606, 610.
[212] RGZ 83, 15, 19; Stürner, JZ 1981, S. 461, 466.
[213] RG vom 4. März 1912, JW 1912, S. 597 f. (Beweislast für zumutbaren anderweitigen Erwerb); BGH vom 13. Dezember 1951, BGHZ 4, 170, 172 ff. (zumutbare Erwerbstätigkeit einer

Arbeitskraft auch einzusetzen[214] und hat ihrerseits kein Wahlrecht für eine Geldrente anstelle von Rehabilitation. Die Zumutbarkeit von Maßnahmen der medizinischen Rehabilitation oder einer beruflichen Neuorientierung ist aber am Maßstab der Grundrechte zu bestimmen. Dabei sind namentlich das Selbstbestimmungsrecht der Person und die Berufswahlfreiheit zu berücksichtigen[215].

Fraglich ist, ob dies bei den unmittelbaren Herstellungskosten für die Heilbehandlung anders ist. *Steffen* sieht hier aus § 249 Satz 2 BGB ein Wahlrecht begründet[216]. So kann nach einem Urteil des OLG Celle[217] eine unfallbedingt entstellte
Person die Kosten einer Operation auch verlangen, wenn sie das Geld nicht für die
Operation verwendet. Dieses Ergebnis ist allerdings zu begrenzen. Da die Entstellung zu weiteren Nachteilen im Erwerbsleben führen kann, ist hier auch die Pflicht
zur Schadensminderung angesprochen. Auch das OLG Celle hat in dem zitierten
Urteil angesprochen, dass der Grundsatz der freien Verwendung des Ersatzbetra-
ges bei Folgeansprüchen eine Grenze findet. Entsprechend hat das OLG Stuttgart
einen auf die Entstellung gestützten Schmerzensgeldanspruch auf den Zeitraum bis
zur möglichen Operation beschränkt[218]. Auch zivilrechtlich kann keine Rehabilitation gegen den Willen der betroffenen Person verlangt werden[219]. Würde aber ein
weiterer Erwerbsschaden geltend gemacht, müsste die Geeignetheit und Zumutbarkeit einer Operation zur Schadensminderung geprüft werden[220].

Der Grundsatz der Rehabilitation vor Rente liegt auch der Rechtsprechung zu
den so genannten Rentenneurosen zu Grunde. Eine Haftungseinschränkung gegenüber einer nach der haftungsbegründenden Schädigung eingetretenen neuroti-
schen Fixierung auf den Rentenbezug ist nach Auffassung des BGH dadurch
begründet, dass es dem Sinn des Schadensausgleichs zuwiderliefe, wenn die
Schadensersatzregelung selbst die Wiedereinführung in das soziale Leben erschwere[221].

Das Prinzip des Vorrangs der Rehabilitation wird in der Rechtspraxis mitgestaltet und modifiziert durch die angebotenen und abgeschlossenen Versicherungen
gegen das Risiko durch Körperschäden. Hier ist insbesondere die private Berufsunfähigkeits-Zusatzversicherung (BUZ) zu nennen. In der BUZ wird grundsätzlich das Risiko versichert, dass die versicherte Person aus gesundheitlichen Gründen außerstande wird, ihren Beruf oder eine andere Tätigkeit auszuüben, die auf
Grund ihrer Ausbildung und Erfahrung ausgeübt werden kann und ihrer bisherigen Lebensstellung entspricht[222]. Von den Versicherten wird nicht verlangt, einen

---

Witwe); BGH vom 13. Mai 1953, BGHZ 10, 18, 20 (wohnortferne Umschulung); BGH vom 26.
September 1961, VersR 1961, S. 1018, 1019 (Zahnarzt mit Beckenbruch); vgl. Tauch (1971), S. 27 f.

214 BGH vom 3. Juli 1962, VersR 1962, S. 1100, 1101 (keine Pflicht zum Wohnortwechsel);
BGH vom 29. Oktober 1968, VersR 1969, S. 75, 77.
215 Bauer, DAR 1959, S. 113, 114.
216 Steffen, VersR 1985, S. 605, 611.
217 OLG Celle vom 27. Januar 1972, VersR 1972, S. 468, 469.
218 OLG Stuttgart vom 30. August 1977, VersR 1978, S. 178, 180.
219 Vgl. § 9 Abs. 4 SGB IX.
220 RGZ 83, 15, 20.
221 BGH vom 29. Februar 1956, BGHZ 20, 137, 142 (Rentenneurose); vgl. Tauch (1971),
S. 125 ff.
222 Vgl. Herold, VersR 1991, 376, 377.

Beruf auszuüben oder zu erlernen, der nicht der Lebensstellung entspricht[223]. Allerdings wird dabei versucht, das durch die gesundheitliche Schädigung bedingte Risiko vom Arbeitsmarktrisiko zu trennen. Das Risiko, dass eine Tätigkeit gleichen Niveaus allein wegen der Arbeitsmarktlage nicht ausgeübt werden kann, soll nicht versichert sein[224]. Verlangt werden aber zumutbare Heilbehandlungen[225]. Die BUZ ist Ausdruck individueller Präferenzen, die Rente in bestimmten Konstellationen der Rehabilitation vorzuziehen, nämlich dann, wenn Rehabilitation zur Teilhabe am Arbeitsleben mit einem beruflichen Abstieg in Bezug auf Einkommen und Sozialprestige verbunden ist. Die Schadensminderungspflicht wird aufgehoben, indem der Schaden anders definiert und versichert wird. Schaden im Sinne der BUZ ist nicht alleine der Einkommensschaden, sondern auch der Teilhabeschaden, der in der Notwendigkeit eines Berufswechsels gesehen wird.

e) Bemessung des Schadensersatzes

(1) Konkreter Schaden nach der Theorie der Vermögensdifferenz

In der Rechtswissenschaft wurde im 19. Jahrhundert durch *Friedrich Mommsen* die Lehre vom zu ersetzenden Schaden als Vermögensdifferenz (Interesse) entwickelt[226]. Nichtvermögensschaden ist danach auch jede Einbuße an wirtschaftlichen Werten, die an die Person des Geschädigten gebunden ist und deshalb möglicherweise nicht als Vermögensdifferenz in Geld ausgedrückt werden kann[227]. Gesundheitsschäden, denen keine Vermögenseinbußen entsprechen, werden damit als immaterielle Schäden angesehen. Ihr Schutz wird teilweise als Sache allein des Strafrechts angesehen[228]. Damit waren die Einbußen der funktionalen Gesundheit und Teilhabe durch Gesundheitsschäden unterteilt in kommerzialisierbare Schäden wie den Erwerbsschaden und *„immaterielle Schäden"*, zu denen gestörte Teilhabe in Familie und Gesellschaft gehören konnte, wenn diese nicht in Geld ausgedrückt werden konnte.

Die Schadensberechnung im Zivilrecht nach dem BGB folgt im Grundsatz der konkreten Schadensbemessung[229]. Es wird dabei versucht, die vermögenswerten Positionen der geschädigten Person zu vergleichen, wie sie sich vor und nach dem schädigenden Ereignis darstellen und die Differenz als Schadensersatz zu definieren. Mit dieser Methode kann der Ersatz von Kosten der Heilbehandlung und anderer Rehabilitationsmaßnahmen erreicht werden[230]. Schon dies kann aber proble-

---

[223] Herold, VersR 1991, S. 376, 378.

[224] Herold, VersR 1991, S. 376, 378 f.

[225] OLG Saarbrücken vom 10. Januar 2001, MedR 2003, S. 522; vgl. zur Rehabilitation in der privaten Personenversicherung: F. Ramsauer/C. Rexrodt, Versicherungsmedizin 2002, S. 65 ff.

[226] Mommsen (1855), S. 3. Anders der natürliche Schadensbegriff z.B. im ALR I 6 § 1: *„Schade heißt jede Verschlimmerung des Zustands eines Menschen, in Absicht seines Körpers, seiner Freyheit, oder Ehre, oder seines Vermögens."* vgl. zur Kritik an Mommsen etwa Weychardt (1965), S. 24, 26 ff.; zum Schadensersatz im ALR: Ebert (2004), S. 111 ff.; vgl. zum Schadensbegriff: Eckert (2003), Rz 884 ff.

[227] Stoll (1973), S. 19.

[228] RG vom 27. Juni 1882, RGZ 7, 295, 296; vgl. Schmid (1971), S. 32.

[229] Heinrichs in: Palandt, 63. A. (2004), Rz 8 vor § 249 BGB.

[230] Harrje (1997), S. 89 f.

matisch werden, wenn diese sich, etwa wegen bereits vorhandener Schäden, auch auf andere Ursachen als das schädigende Ereignis zurückführen lassen[231]. Jedenfalls trägt die schädigende Person das Risiko, dass der Heilerfolg nicht eintritt und ist auch für die Kosten vergeblicher Behandlung ersatzpflichtig, soweit diese vernünftigerweise versucht werden konnte[232].

Noch problematischer wird die Ermittlung der Einbuße an Erwerbsfähigkeit und Teilhabe am Arbeitsleben durch den Gesundheitsschaden. Hier sind hypothetische Überlegungen anzustellen, in welchem Maße die Erwerbstätigkeit überhaupt beeinflusst wurde[233] und wie sich Einkommen und Erwerb der geschädigten Person ohne das schädigende Ereignis entwickelt hätten[234]. Der Kontextfaktor Arbeitsmarktlage ist zu berücksichtigen[235]. Dies ist etwa dann schwierig, wenn die geschädigte Person durch besondere Anstrengungen ein unverändertes Einkommen erzielen kann oder wenn der bisherige Arbeitsplatz erhalten werden kann, die Chancen für einen Arbeitsplatzwechsel aber gesunken sind. Vor allem bei jüngeren Geschädigten müssen hypothetische Überlegungen über Art und Erfolg der noch zu absolvierenden Ausbildung angestellt werden[236] und eine schädigungsbedingt verlängerte Ausbildung führt nur dann zu einem Anspruch, wenn die geschädigte Person belegt, dass für diesen Zeitraum Verdienstausfall vorliegt[237]. Bei vor der Schädigung erwerbslosen Geschädigten besteht das Problem, dass sich ein konkreter Unterschied der Vermögenspositionen gar nicht finden lässt, so dass zu schätzen ist, ob und wie die Erwerbslosigkeit ohne Schädigung hätte überwunden werden können[238] oder ob die geschädigte Person dies überhaupt gewollt hätte[239]. In der Konsequenz konkreter Schadensberechnung liegt es auch, später hinzutretende Ursachen einzubeziehen und die Minderung des Erwerbsvermögens dann in fremd verschuldete und selbst verschuldete Anteile zu scheiden[240] und insbesondere nachgehende psychische Krankheiten einer an die Grenzen der medizinischen Erkennbarkeit reichenden Untersuchung auf ihren Zusammenhang mit dem Schädigungsereignis zu unterziehen[241]. Eine vollkommen konkrete Schadensberechnung würde voraussetzen, dass die ökonomische und gesellschaftliche Entwicklung ebenso wie die individuelle Entwicklung der geschädigten Person und die Wechsel-

---

[231] Dazu ausführlich: Harrje (1997), S. 91 ff.

[232] Harrje (1997), S. 135 ff., 172 f.

[233] RG vom 25. Februar 1908, JW 1908, S. 273; vgl. Steffen, VersR 1985, S. 605, 606 f.

[234] RG vom 7. Februar 1940, RGZ 163, 40, 42 f.; BGH vom 13. April 1953, DB 1953, S. 420; BGH vom 22. Februar 1973, NJW 1973, S. 700 f; Stürner, JZ 1984, S. 461; Tauch (1971), S. 22 f.

[235] BGH vom 26. Oktober 1955, VersR 1956, S. 174, 175 (52-jähriger Geschädigter).

[236] RG vom 1. März 1906, JW 1906, S. 236; OLG Düsseldorf vom 30. Dezember 1968, VersR 1969, S. 671 (verzögerter Studienabschluss); OLG Köln vom 21. September 1971, NJW 1972, S. 59 (Unfall mit 12 Jahren); Stürner, JZ 1984, S. 461 f.; Eckelmann/Nehls/Schäfer, DAR 1983, S. 337 ff.

[237] BGH vom 11. Februar 1992, NJW-RR 1992, S. 791 (verlängerte Schulzeit).

[238] Stürner, JZ 1984, S. 412, 414; Clausnizer (1958), S. 30, 87.

[239] RG, JW 1908, S. 273; OGHBrZ vom 16. Juni 1950, NJW 1950, S. 619; vgl. Clausnizer (1958), S. 31.

[240] RG vom 11. Mai 1908, RGZ 68, S. 352 ff. (hinzukommende Trunksucht); RG vom 23. Dezember 1879, RGZ 1, S. 66 ff. (spätere Zuchthausstrafe).

[241] OLG Frankfurt am Main vom 1. September 1981, JZ 1982, 201 ff (Unfallneurose) mit ausführlicher ablehnender Besprechung von Hans Stoll, JZ 1982, S. 203 ff.

wirkung beider über viele Jahre vorhergesehen werden könnte[242]. Dies ist aber unmöglich.

Die Probleme der konkreten Schadensberechnung kommen zusammen mit der Unterscheidung materieller und immaterieller Schäden, die zu schwierigen Aussagen über hypothetische Lebensverläufe zwingt. Hatten die geschädigten Personen ihre Teilhabefähigkeit nicht als Arbeitskraft kommerzialisiert, sondern in Kindererziehung, Pflege, freiwilliger und ehrenamtlicher Tätigkeit verwendet, ist nach der herrschenden Berechnungsweise kein oder nur ein geringer konkreter Schaden nachweisbar[243]. Das soll sogar dann gelten, wenn wegen der Kindererziehung mit einer solchen Entwicklung zu rechnen sein müsste[244]. Die Schädigung der Gesundheit selbst ist danach kein zu entschädigender Vermögenswert[245]. Die prinzipiell freie Verwendung der Gesundheit als Vermögen zur Teilhabe wird in der herrschenden Rechtsprechung negiert[246].

Die Rechtsprechung ist den Problemen mit oft erheblichem Aufwand an Überlegungen und Schätzungen im Einzelfall begegnet. *Rolf Stürner* hat dabei Großzügigkeit bei der rechnerischen Ermittlung von Frühschadensfolgen damit erklärt und gerechtfertigt, dass das Schadensereignis oft selbst die Unaufklärbarkeit des Schadensumfanges verursacht[247]. Eine solche Vorgehensweise ruft ihrerseits Kritik hervor, die sich auf die Vergleichbarkeit und Gerechtigkeit von Ergebnissen richtet. Zudem sind in der Auseinandersetzung mit den genannten Problemen Korrektive entwickelt worden, die den Boden der rein konkreten Schadensberechung verlassen und der normativen Schadensberechnung zuzurechnen sind[248]. Hierzu gehört etwa die Figur der überobligatorischen Anstrengung der geschädigten Person, mit der dieser ein Teil des erreichten Rehabilitationserfolgs selbst so zugerechnet wird, dass dadurch der Schadensersatz nicht geschmälert wird[249].

Für den konkreten Schadensbegriff wird geltend gemacht, nur dieser vermeide, dass das Schadensvolumen um fiktive und konstruierte Schäden aufgebläht werden könne und somit Raum für Geschäftspraktiken zu Lasten der Beteiligten geschaffen werde[250]. Diese Bewertung von *Erich Steffen* bezieht sich offensichtlich auf den von der Privatversicherung geprägten Sektor der Verkehrsunfallschäden und beschreibt Probleme, die wohl auch auf anderem Wege als über den Schadensbegriff zu lösen wären, etwa durch Regeln der Beweislast.

Im Ergebnis zeigt sich, dass der konkrete Schadensbegriff bei der Entschädigung von Gesundheitsschäden zu einer Reihe von Problemen führt, die um so schwerwiegender werden, je schwerer und länger andauernd eine aus der Schädigung fol-

---

[242] D. Schäfer (1972), S. 101; Mataja (1888), S. 196 f.

[243] Stürner, JZ 1984, S. 412, 415.

[244] Steffen, VersR 1985, S. 605, 609.

[245] BGH vom 5. Mai 1970, BGHZ 54, S. 45, 50 ff. (fiktive Kosten der Ersatzkraft eines Selbstständigen); im Ergebnis zustimmend: Lieb, JZ 1971, S. 358 ff.; ablehnend dazu: Knobbe-Keuk, VersR 1976, S. 401, 408; kritisch auch Gitter, ZSR 1973, S. 525, 533.

[246] Hagen, JuS 1969, S. 61, 68; H. Ruland (1984), S. 171.

[247] Stürner, JZ 1984, S. 461, 462; ähnlich Steffen, VersR 1985, S. 605, 608.

[248] Vgl. BGHZ 98, 212, 217; Eckert (2003), Rz 888 f.

[249] Stürner, JZ 1984, S. 461, 466 f.; Eckelmann/Nehls/Schäfer, DAR 1983, S. 337, 338; Tauch (1971), S. 28.

[250] Steffen, VersR 1985, S. 605.

gende Behinderung ist. Um diese Betrachtungsweise aufzugeben, muss man entgegen dem herrschenden Schadensbegriff die Gesundheit oder ihre Nutzung als Arbeitskraft selbst als Vermögenswert begreifen. Dass die gesunde Arbeitskraft selbst das wichtigste und schutzbedürftigste Eigentum der meisten Menschen ist, dessen Schutz für Rechtsordnung und Gesundheitswesen gleichermaßen bedeutsam ist, hatte schon einer der Begründer deutschen Sozialmedizin, *Salomon Neumann*, 1847 erkannt[251]. Dieses Eigentum am eigenen Körper und seinen Entfaltungsmöglichkeiten hat verfassungsrechtlich seinen Schutz im Recht auf körperliche Unversehrtheit und im Persönlichkeitsschutz gefunden. Die Gesundheit als Basis der Teilhabe lässt sich so auch als Gegenstand des verfassungsrechtlichen Persönlichkeitsschutzes verstehen[252]. So kann jegliche Nutzung der Arbeitskraft gleich behandelt und schon die abstrakte Schädigung der Arbeitskraft als ersatzfähiger Schaden angesehen werden[253].

(2) Abstrakter Schaden

Bis zur Geltung des BGB hatte das Reichsgericht nach gemeinem Recht einen Schadensersatz auch für die künftig geringere Arbeitsfähigkeit, die „Verringerung der Erwerbsfähigkeit als solche", entgegen der engen Ansicht der Vermögensdifferenzhypothese als ersatzfähigen wirtschaftlichen Schaden angesehen[254]. Im BGB ist eine abstrakte Bemessung des Schadens bei Körperschädigungen nur noch als Ausnahme von der Regel der engen konkreten Betrachtungsweise angesehen.

(a) Entgangener Gewinn. In § 252 BGB ist der Schadensersatz für entgangenen Gewinn geregelt. Danach gilt als entgangen der Gewinn, welcher nach dem gewöhnlichen Lauf der Dinge oder nach den besonderen Umständen mit Wahrscheinlichkeit erwartet werden konnte. Damit ist eine Regelung getroffen, die als prozessuale Beweiserleichterung[255] und als materielle Grundlage einer abstrakten Schadensberechnung[256] eingeordnet werden kann. Für den Bereich der Körperschäden hat diese Vorschrift Bedeutung, da insbesondere der Erwerbsschaden in Folge einer Körperschädigung durch diese Vorschrift leichter geltend zu machen und zu berechnen ist[257]. Allerdings ist der entgangene Gewinn nur ein Teilbereich des Problems der abstrakten und konkreten Schadensberechnung[258]. § 252 BGB bedeutet auch keine Abkehr von dem Prinzip, dass der Schaden sich in einer Ver-

---

[251] S. Neumann (1847): „*Auch die physische Kraft des Menschen haben wir, wenn auch als das am mindesten geschätzte, so doch als das allgemeinste Eigenthum des Menschen kennen gelernt; so erkenne der Staat des Eigenthumsrechts diese Arbeitskraft als ein Eigenthum mit voller Berechtigung an, so schätze er in der physischen Arbeitskraft, d. h. in der Gesundheit, das Eigenthumsrecht jedes seiner Mitbürger (...)*" (in: Karbe, Salomon Neumann, Ausgewählte Texte, S. 87, 92).

[252] Hartmuth (1970), S. 14 ff.; Lieb, JZ 1971, S. 358, 360.

[253] Klekamp-Lübbe (1991), S. 106 ff.

[254] RG vom 29. April 1895, RGZ 35, 141, 143 f unter Berufung auf § 10 Inst. de lege Aq. 4, 3; l. 21 § 2 l.22 l.23 pr. § 2 Dig. ad leg. Aq. 9,2.

[255] Steffen, VersR 1985, S. 605, 608; Knobbe-Keuk, VersR 1976, S. 401, 403 ff; vgl. § 287 ZPO.

[256] Steindorff, AcP 158 (1958), S. 431 ff.; dagegen: Steffen, VersR 1985, S. 605, 608.

[257] Vgl. Bauer, DAR 1959, S. 113 ff.

[258] Steindorff, AcP 158 (1958), S. 431, 443.

mögensdifferenz ausdrücken muss, sondern modifiziert lediglich deren Berechnung[259]. Wer also nie erwerbstätig war und keine Erwerbstätigkeit aufnehmen wollte, kann nach keiner der beiden zur Wahl gestellten Methoden den Verlust von Arbeitsfähigkeit als entgangenen Gewinn geltend machen. Dies entspricht der Feststellung, dass die abstrakte Schadensberechnung nach § 252 BGB bei einer nicht marktgängigen Ware nicht in Betracht kommt[260].

(b) Nachteile für Erwerb oder das Fortkommen. Die Ersatzpflicht entgangenen Gewinns in Folge eines Gesundheitsschadens wird in § 842 BGB für die deliktische Haftung konkretisiert. Dort ist festgehalten, dass die Verpflichtung zum Schadensersatz sich auf die Nachteile für Erwerb und Fortkommen erstreckt. Damit wird im Grundsatz deutlich, dass mit dem Fortkommen auch die weitere Entfaltung und Teilhabe der geschädigten Arbeitskraft zu berücksichtigen ist[261]. *Stoll* sieht daher in der Vorschrift den Sinn, auch solche Nachteile zu erfassen, die auf der Grenze zwischen Vermögensschaden und Nichtvermögensschaden liegen und die Ersatzpflicht über die Grenzen der Differenzlehre hinaus zu erweitern[262]. Besonders schwer ist die Schätzung bei Personen, die noch nicht in das Erwerbsleben eingetreten waren[263].

(c) Vermehrung der Bedürfnisse. Während die Rechtsprechung bei der Berechnung des Schadens durch Minderung der Erwerbsfähigkeit an der konkreten Schadensberechnung nach der Differenzmethode festhält, wird bei der Berechnung des Schadens wegen vermehrter Bedürfnisse[264] ein anderer Weg beschritten. Der Anspruch wegen vermehrter Bedürfnisse dient dem Ersatz schadensbedingter Mehraufwendungen[265]. Ein solcher Schaden wird auch ohne konkrete Vermögensdifferenz angenommen und kann etwa einen Rollstuhl oder die Kosten für den behinderungsgerechten Umbau einer Wohnung umfassen[266]. Dem liegt die Annahme zu Grunde, dass der Anspruch wegen Vermehrung der Bedürfnisse schon mit deren Eintritt und nicht erst mit ihrer Befriedigung eintritt[267]. Diese Art der Schadensberechnung verlässt die Differenzmethode und entschädigt für das verletzte Rechtsgut der Gesundheit[268] und der beeinträchtigten Teilhabe, deren Kompensation gerade im Begriff der vermehrten Bedürfnisse erfasst wird. Der Schadensersatz-

---

[259] Eckert (2003), Rz 900; Eckelmann/Nehls/Schäfer, DAR 1983, S. 337, 347; Kollpack (1960), S. 49.

[260] R. Neuner, AcP 133 (1933), S. 277, 287; Steindorff, AcP 158 (1958), S. 431, 462; vgl. RGZ 101, 217.

[261] Lange/Schiemann (2003), S. 313: „*Grenzbereich von materiellem und immateriellem Schaden*".

[262] Stoll (1973), S. 21 f.; ebenso H. Ruland (1984), S. 154 ff.

[263] Lange/Schiemann (2003), S. 315.

[264] § 843 Abs. 1 BGB.

[265] Vgl. BGH vom 15. Juni 2004, NJW 2004, S. 2892 ff.

[266] BGH, NJW 1982, S. 757; Lange/Schiemann (2003), S. 311.

[267] RG vom 23. Mai 1935, RGZ 148, 68, 70; RG vom 11. Juni 1936, RGZ 151, 298, 302 f.; BGH vom 29. Oktober 1957, NJW 1958, S. 627; BGH vom 18. Februar 1992, NJW-RR 1992, S. 792; Zeuner, AcP 163 (1963), S. 380, 395; Sprau in: Palandt, 63. A., (2004), Rz 3 zu § 843.

[268] Weychardt (1965), S. 117.

anspruch wegen vermehrter Bedürfnisse ist für die deliktische Haftung bei Gesundheitsschäden ein wichtiges Korrektiv für die unzureichende Erfassung des Teilhabeschadens durch eine konkrete Vermögensdifferenz. Es werden aber auch hier nur diejenigen Bedürfnisse erfasst, die im Grundsatz kommerzialisierbar sind.

(d) Ausländische Rechtsordnungen. Im österreichischen Recht ist bereits seit vielen Jahren im Schadensersatzrecht die dort so genannte abstrakte Rente für Körperschäden in der Rechtsprechung durch den Obersten Gerichtshof verankert worden. Diese Rente wird unabhängig von einer konkreten Einkommenseinbuße bei Minderung der Erwerbsfähigkeit gewährt. Sie soll zum einen sicherstellen, dass vermehrte Anstrengungen der geschädigten Person nicht dem Schädiger zu Gute kommen und die grundsätzlich verschlechterte Lage der geschädigten Person auf dem Arbeitsmarkt ausgleichen[269].

Die Tendenz zu einer in Wirklichkeit weitgehend abstrakten Schadensberechnung nach festen Formeln wird aber auch gefördert, wenn, wie im britischen und dänischen Recht, nach dem Prinzip *once for all* der Schadensersatz mit einem einzigen Urteil festgesetzt werden soll[270]. Insofern kann eine abstrakte Schadensberechnung als dem Rechtsfrieden förderlich angesehen werden.

f) Normativer Schaden

Bei einem normativen Schadensbegriff wird der Schaden nicht oder nicht nur im Rahmen einer konkreten Vergleichsberechnung ermittelt, sondern durch eine allgemeine Norm. Die Entschädigungen für Gesundheitsschäden in frühen Rechtsordnungen, etwa durch das Wergeld, folgten insofern einem normativen Schadensbegriff[271]. Der normative Schadensbegriff ist, anders als die bisher referierten Ansätze, offen für die Aufnahme auch anderer Zwecke als der Kompensation, so von Prävention und Strafe[272]. Nach der Durchsetzung des konkreten Schadensbegriffs im Zivilrecht wurden gerade beim Ausgleich von Körperschädigungen eine Reihe von Schwierigkeiten deutlich, die nur durch normative Überlegungen befriedigend gelöst werden konnten. Insofern dient die normative Schadensberechnung vor allem der Korrektur der Ergebnisse der Differenzhypothese[273]. *Hans Stoll* hat ausgeführt, dass im Rahmen der Restitution der Schadensbegriff normativ wird, weil er aus dem Inhalt des verletzten Rechtsguts zu verstehen und abzuleiten ist[274]. Ist die Rehabilitation als Restitution des Gesundheitsschadens zu verstehen, so kann sie nur durch normative Erwägungen im Hinblick auf die verletzten Rechtsgüter erschlossen werden.

---

[269] Ausführliche Darstellung bei Piegler, VersR 1965, S. 103 ff.
[270] Von Bar (1999), § 1 Rz 176 f.
[271] Vgl. Mataja (1888), S. 191.
[272] Hartmuth (1970), S. 41.
[273] Vgl. Eckelmann, NJW 1971, S. 355, 357. Deutlich wird dies auch an der Suche nach Begründungen für das als korrekturbedürftig angesehene Ergebnis der Differenzhypothese bei der Schädigung von Hausfrauen, etwa bei Figert, MDR 1962, S. 621 ff.
[274] Stoll (1973), S. 9.

(1) Überobligatorische Anstrengung

Es ist typisch, dass eine geschädigte Person durch eigene Anstrengungen versucht, die Behinderung zu minimieren und möglichst volle Teilhabe in allen Lebensbereichen zu erreichen. Bei konsequenter Durchführung der konkreten Schadensberechnung nach der Differenzhypothese entlasten diese Anstrengungen stets einen ersatzpflichtigen Schädiger[275]. So wurde für die durch große Anstrengungen der geschädigten Person erreichte Rehabilitation der Begriff der überobligatorischen Anstrengung eingeführt[276], der voraussetzt, dass eine Norm für die übliche und daher obligatorische eigene Anstrengung zur Rehabilitation zu finden sei[277].

(2) Arbeitskraft zur Haushaltsführung

Der Ersatz für die Schädigung der Gesundheit von Hausfrauen wurde vom BGH mit der normativen Überlegung begründet, dass ihre Arbeit im Rahmen der familiären Arbeitsteilung und der Gleichstellung der Geschlechter nicht schlechter behandelt werden dürfe als die Erwerbsarbeit[278]. In dem zu ersetzenden Umfang sei der geschuldete Schadensersatz auch zweckidentisch mit der Erwerbsunfähigkeitsrente[279]. Wird diese Überlegung akzeptiert, so folgen Beweisschwierigkeiten, bei denen etwa das OLG Frankfurt am Main die Minderung der Erwerbsfähigkeit (MdE) nach sozialrechtlichen Grundsätzen als entscheidendes Indiz für die Beeinträchtigung der Fähigkeit zur Hausarbeit angesehen hat[280]. Dass die Minderung des Unterhalts für eine getötete Ehefrau nicht konkret gegen den durch § 845 BGB ersatzfähigen Schaden durch den Ausfall ihrer Familienarbeit gerechnet wird, verdankt sich ebenfalls normativen Erwägungen[281]. Der BGH hat die grundsätzliche Anerkennung der Arbeitskraft der Hausfrau als ersatzfähigen Schaden im weiteren Verlauf relativiert, indem er die Berechnungsgrundlage des Schadensersatzes und die Schadensminderungspflichten so verändert hat, dass im Ergebnis sehr geringe Entschädigungssummen gezahlt wurden[282].

---

[275] Vgl. Bauer, DAR 1959, S. 113, 114.

[276] RG vom 8. April 1937, JW 1937, S. 1916 f. (*„keine Energieleistung, die weit über das Durchschnittsmaß hinausgeht"*); BGH vom 16. Februar 1971, VersR 1971, S. 544 f. (nachgeholte Fahrstunden); BGH vom 25. September 1973, NJW 1974, S. 602, 603 f. (Ärztin); anders z. B. explizit ALR I 6 § 119.

[277] Vgl. Steffen, VersR 1985, 606, 610; kritisch: Stürner, JZ 1984, S. 461, 467; kritisch auch Eckelmann/Nehls/Schäfer, DAR 1983, S. 337, 338.

[278] BGH vom 9. Juli 1968, BGHZ 50, 304 ff.; BGH vom 19. Mai 1962, BGHZ 38, 55 ff.; vgl. Eckert (2003), Rz 892; Klekamp-Lübbe (1991), S. 28 ff.; Steffen, VersR 1985, S. 605, 607, der von *„arbeitswertorientierter Entschädigung"* spricht; Medicus, JuS 1979, S. 233; Knobbe-Keuk, VersR 1976, S. 401, 403; Nies (1973), S. 50 ff.: *„In Wahrheit (...) ein abstrakter Schaden."*; Tauch (1971), S. 16 f.; Wussow, NJW 1970, S. 1393 ff.; rechtsvergleichend: von Bar, Bd. II (1999), § 1 Rz 15; zur älteren Diskussion Clausnizer (1958), S. 89 ff; Boehmer, FamRZ 1960, S. 173, 178; bereits Endemann, Recht 1909, Spalte 6 ff. sieht einen eigenen Vermögensschaden der Hausfrau; vgl. auch RG vom 26. November 1900, RGZ 47, 84, 90.

[279] BGH vom 25. September 1973, NJW 1974, S. 41, 43.

[280] OLG Frankfurt am Main vom 2. Juli 1980, VersR 1980, S. 1122; dagegen: Schmalzl, VersR 1981, S. 388.

[281] RG vom 1.Oktober 1936, RG 152, 208, 209.

[282] Zur Kritik: Eckelmann, DAR 1973, S. 255 ff.; Eckelmann/Boos/Nehls, DAR 1984, S. 297 ff.

(3) Vorteilsausgleichung

Der Ersatz des Lohns bei verletzungsbedingter Arbeitsunfähigkeit trotz Entgelt-fortzahlungspflicht des Arbeitgebers wird damit begründet, dass es gerade nicht Normzweck der Entgeltfortzahlungspflicht ist, Schädiger zu entlasten[283]. Muss die geschädigte Person ein Studium abbrechen und erlernt stattdessen einen Lehrbe-ruf, so soll der schädigenden Person nicht zugute kommen, dass die geschädigte Person überhaupt Arbeitsentgelt verdient[284]. Die Differenzhypothese wird jeweils durch normative Überlegungen korrigiert. In der zivilrechtlichen Literatur wird der normative Schadensbegriff zum Teil nur für Fälle verwendet in denen, wie bei der Entgeltfortzahlung, eine anderweitige Übernahme des Schadens die Schadens-ersatzpflicht nicht verhindern soll (Vorteilsausgleichung)[285]. Die Fälle der eigenen überobligatorischen Leistung sind aber auch nach diesem Verständnis hinzuzu-rechnen, da bei ihnen die geschädigte Person selbst den Vorteil schafft, welcher dem Schädiger nicht zu Gute kommen soll[286]. Solche Fallgestaltungen treten be-sonders häufig beim Körperschaden auf, da weder die geschädigte Person noch die Rechtsordnung hier hinnehmen, dass Schaden über längere Zeit nicht ausgeglichen wird.

g) Behinderung als Schaden

Der konkrete Schadensbegriff bedarf einer Ergänzung durch normative Erwägun-gen. Wenn solche Erwägungen in der gesetzlichen und dogmatischen Grundlage der Schadensberechnung fehlen, werden sie mit großer Wahrscheinlichkeit in der tatrichterlichen Schätzung und Würdigung vorgenommen. Dabei geht es nicht al-lein um Billigkeitserwägungen[287], sondern um die Erkennbarkeit des Schadens selbst. Eine Rechtspraxis, welche die mit der Ermittlung des Schadens notwendig verknüpften Wertungen negieren würde, ginge zu Lasten derjenigen Personen, die auf den Klageweg verzichten und würfe zudem erhebliche Probleme der Gleichbe-handlung auf.

In einer gesamteuropäisch vergleichenden Perspektive kritisiert *Francesco Bus-nelli* das Konzept des normativen Schadens als Irrweg. Mit ihm werde versucht, die Probleme der überkommenen Differenzierung zwischen Vermögens- und Nicht-vermögensschäden zu lösen[288]. Im Ergebnis würde die Entschädigung zu stark auf der Ebene des Körperschadens und zu wenig bei seinen sozialen Folgen bemessen.

Die Probleme des Schadensersatzes bei Gesundheitsschäden können durch einen Rückgriff auf den Begriff der Behinderung gelöst werden, der bislang im zivilen Schadensersatzrecht nur eine untergeordnete Rolle spielt. Der über die Restitution

[283] BGH vom 27. April 1965, BGHZ 43, 378, 381; Sieg, JZ 1954, S. 337, 339; Tauch (1971), S. 15 f.; Medicus, JuS 1979, S. 233 f.; Steffen, VersR 1985, S. 605, 609.
[284] OLG Frankfurt am Main vom 7. April 1983, VersR 1983, S. 1083.
[285] Medicus, JuS 1979, S. 233, 238 f.; Wieacker (1967) sieht hierin ein „*Vordringen letzthin des pädagogisch-moralisch gemeinten Bußgedankens im Privatrecht*", S. 529.
[286] BGH, VersR 1971, S. 544, 545; Steffen, VersR 1985, S. 606, 610.
[287] Vgl. aber Medicus, JuS 1979, S. 233, 239.
[288] Busnelli, VersR 1987, S. 952, 956.

oder ihren Versuch hinaus gehende Schaden bei einer Gesundheitsschädigung ist die Behinderung. Jede Teilhabestörung, die aus einer Gesundheitsschädigung folgt, ist grundsätzlich als Teil des Schadens anzuerkennen. Die für das Rechtsgut Eigentum geschaffene Lehre, nur Vermögensdifferenzen als Schaden anzuerkennen, ist für das Rechtsgut Gesundheit nicht geeignet. Wird diese Änderung des Schadensbegriffs als Konsequenz des verfassungsrechtlichen Stellenwerts des Rechtsguts Gesundheit grundsätzlich anerkannt, kann die Pflicht zur Haftung auch begrenzt werden. Da Behinderung immer auch Folge von Kontextfaktoren ist, muss normativ begrenzt werden, wie weit die Haftung für Behinderung reichen kann.

h) Schmerzensgeld wegen Behinderung

Neben der Gewährung und Sicherstellung von Gesundheitsleistungen durch Sozialrecht oder Haftungsrecht und den Schadensausgleich für Vermögensschäden kann ein auf Gesundheitsschäden bezogenes Recht auch in einer Entschädigung für den Schaden, der nicht Vermögensschaden ist, in Geld (Schmerzensgeld) bestehen. Dies ist bei bürgerlich-rechtlichen Ansprüchen aus Delikt, Vertrag und Gefährdungshaftung der Fall[289]. Dabei ist erst durch die Schadensrechtsreform 2002 dieser Entschädigungsanspruch im allgemeinen Schuldrecht eingefügt worden. Zuvor war er nur im Deliktsrecht enthalten gewesen[290]. Ein Schmerzensgeld kann bei einer zu einer Behinderung führenden Verletzung von Körper und Gesundheit eine wichtige Funktion beim Ausgleich der durch die Gesundheitsbeeinträchtigung eingetretenen Teilhabestörung haben. In den sozialrechtlichen Ausgleichssystemen für Gesundheitsschäden ist ein Schmerzensgeldanspruch nicht vorgesehen.

(1) Anspruch auf Schmerzensgeld

Zu überprüfen ist, ob die unterschiedliche Behandlung des Gesundheitsschadens in den verschiedenen Entschädigungssystemen des Zivilrechts und Sozialrechts mit dem Gleichheitssatz vereinbar ist. Insbesondere im Hinblick auf den Ausschluss des Schmerzensgeldes in den an einer konkret feststellbaren Schädigungsursache orientierten Systemen der Unfallversicherung und sozialen Entschädigung ist geltend gemacht worden, dass dies gleichheitswidrig ohne sachlichen Grund geschehe[291], sozialstaatswidrig nur die schwächere Partei treffe und Leben und Gesundheit unangemessen gegenüber Sachwerten einem geringeren Schutz unterstelle[292].

Dem ist entgegengehalten worden, der Ausschluss von Schmerzensgeld im Sozialrecht werde durch Vorteile kompensiert, zu denen die abstrakte Schadensberechnung, der Verzicht auf die Verschuldensprüfung des Schädigers und die sichere Solvenz des Entschädigungsschuldners gehörten[293]. Die Schäden müssten weiterhin

---

[289] § 253 Abs. 2 BGB; zur erweiternden Neuregelung: Katzenmeier, JZ 2002, S. 1029 ff.
[290] § 847 BGB a. F.
[291] So Tamm, RdA 1960, S. 412 ff.; Dockhorn, SozSich 1955, S. 19 f.; Rietschel, JZ 1955, S. 35 ff.
[292] Böhmer, MDR 1961, S. 110, 111; Tamm, RdA 1960, S. 412, 415.
[293] Wolber, BB 1968, S. 876 ff.; Brackmann, SozSich 1967, S. 35 f.; Wannagat, NJW 1952, S. 806; im Ergebnis: Schönberger, BB 1961, S. 939, 942.

kalkulierbar bleiben, um versicherbar zu sein[294]. Das BVerfG hat auf die Vorlage mehrerer Gerichte hin 1972 entschieden, dass der Ausschluss eines Schmerzensgeldanspruchs in der Gesetzlichen Unfallversicherung nicht gegen das Grundgesetz verstoße[295]. Dabei hat das Gericht auf die Vorteile des Systems für Geschädigte und Arbeitgeber hingewiesen[296] und konstatiert, jedenfalls bei leichten und mittelschweren Schädigungen werde auch derjenige Schadensanteil ausgeglichen, der nicht Vermögensschaden sei[297]. Ebenso beurteilt wurde der Ausschluss weitergehender Ansprüche in der Soldatenversorgung, den das BVerfG auf einen Vorlagebeschluss hin 1971 als verfassungskonform angesehen hatte[298]. Zu einem anderen Ergebnis kam bei fast gleicher Ausgangslage 1991 der italienische Verfassungsgerichtshof, der die Beschränkung der Arbeitsunfallversicherung auf den Vermögensschaden (*danno patrimoniale*) zwar billigte, den Haftungsausschluss des Arbeitgebers für den nicht abgedeckten *danno biologico* aber als verfassungswidrig ansah[299].

Bei grob fahrlässig durch Unternehmer oder Arbeitskollegen verursachten Arbeitsunfällen mit schweren Schädigungen der Gesundheit konnten Fälle vorkommen, in welchen das Schmerzensgeld eine dominierende Stellung innerhalb der ausgeschlossenen zivilrechtlichen Ansprüche einnahm. So erschien der Haftungsausschluss der Arbeitgeber für das Schmerzensgeld im Bereich der Arbeitsunfallschäden als unbillig und systemwidrig[300]. *Hans F. Zacher* hatte entsprechend für den Bereich der sozialen Entschädigung formuliert:

„Je mehr die soziale Entschädigung dem konkreten Schaden entspricht, desto eher kann sie an Stelle des Schadensersatzes treten; je weiter sie sich dagegen in Richtung auf ‚Durchschnittliches‘ oder ‚sozial Angemessenes‘ entfernt, desto mehr besteht die Notwendigkeit, Aufopferungsansprüche und, mehr noch Schadensersatzansprüche konkurrierend zuzulassen."[301]

Die Schutzlücke für schwer geschädigte Personen wurde vom Gesetzgeber gesehen. Mit dem Rentenreformgesetz 1992 wurde die Anrechnung von Erwerbsminderungsrenten der gesetzlichen Rentenversicherung für Unfallverletzte gelockert. Ein Betrag in Höhe der fiktiven Grundrente nach dem Bundesversorgungsgesetz, die sich nach dem Grad der Schädigung richtet, bleibt anrechnungsfrei[302]. Damit wurde erreicht, dass derjenige Schadensersatzanteil, den die Geschädigten durch Schmerzensgeld zu kompensieren suchen würden, praktisch von der gesetzlichen Rentenversicherung übernommen wird. Das BVerfG hat mit dieser Begründung 1995 die Verfassungsbeschwerde eines grob fahrlässig von einem Arbeitskollegen

---

294 Gitter, ZSR 1973, S. 525, 528.
295 BVerfG vom 7. November 1972, BVerfGE 34, 118 ff.; zustimmend: Gitter/Nunius, in Schulin, HS-UV § 4 Rz 97 ff.
296 BVerfGE 34, 118, 132; vgl. BAG vom 25. September 1957, BAGE 5, 1, 9 f.
297 BVerfGE 34, 118, 134.
298 BVerfG vom 22. Juni 1971, BVerfGE 31, 212 ff.
299 Corte Costituzionale vom 15. Februar 1991, n. 87, Foro it. 1991, I, 1664; vgl. von Bar, Bd I, § 6 Rz. 574.
300 Gitter (1969), S. 198; vgl. noch Rohe, AcP 201 (2001), S. 117, 152.
301 Zacher, DÖV 1972, S. 461, 469.
302 § 93 Abs. 2 Nr. 2 SGB VI.

schwer verletzten Querschnittgelähmten gegen den Haftungsausschluss nicht zur Entscheidung angenommen[303]. Die gefundene Lösung trägt jedoch nicht in allen Fällen, da der Versicherungsschutz in Unfallversicherung und Rentenversicherung durch Unterschiede im einbezogenen Personenkreis und die Wartezeiten der Rentenversicherung nicht kongruent ist.

Deutlich werden die Unterschiede zwischen zivilrechtlichem und sozialrechtlichem Ersatzanspruch auch im Regress des Sozialversicherungsträgers. Erhält eine unfallverletzte Person Leistungen der Berufsgenossenschaft für einen abstrakten Schaden, ist aber weiter beschäftigt und hat daher keinen konkreten Erwerbsschaden, so kann der Unfallversicherungsträger keinen Regress bei einem privaten Schädiger nehmen. Diese Konsequenz der unterschiedlichen Berechnungsmethoden hat schon 1940 dem *„gesunden Rechtsempfinden des Volkes"* standgehalten[304] und wird auch heute noch für verfassungsgemäß gehalten.

Eine Revision des Haftungsausschlusses stand bei der Neukodifikation des Unfallversicherungsrechts im SGB VII nicht zur Diskussion[305]. Allerdings wurde die Haftung bei vorsätzlicher Herbeiführung des Versicherungsfalls verschärft. Der Vorsatz muss sich nun nicht mehr auf den Verletzungserfolg beziehen, sondern nur noch auf die Verletzungshandlung[306].

Für die Differenzierung im BGB, wonach nur in Fällen deliktischer Haftung, nicht jedoch bei vertraglicher Haftung und Gefährdungshaftung ein Schmerzensgeld zu zahlen war, hatte das Reichsgericht bereits 1906 keinen inneren Grund finden können[307]. Sie war immer wieder kritisiert worden[308], etwa bei den Arzneimittelschäden[309], und in Europa zuletzt singulär gewesen[310]. Nachdem durch die Reform des Schadensrechts 2002 die Beschränkung des Schmerzensgeldanspruchs auf die deliktische Haftung aufgehoben ist, kann dieses als Ausgleichsinstrument für die Schwächen der Schadensberechnung nun auch im Rahmen von vertraglicher Haftung und Gefährdungshaftung genutzt werden. Mit der Erweiterung des zivilrechtlichen Schmerzensgeldanspruchs auf Tatbestände der Gefährdungshaftung durch die Reform des Schadensrechts ist die Frage nach der Gleichbehandlung erneut aufgeworfen worden[311]. Im Ergebnis kann die Ungleichbehandlung nicht als gleichheitswidrig angesehen werden, solange den jeweiligen Entschädigungszahlungen des Zivilrechts und Sozialrechts unterschiedliche Funktionen zugerechnet werden.

---

[303] BVerfG-Kammerentscheidung vom 8. Februar 1995, NJW 1995, S. 1607.

[304] RG vom 16. November 1940, RGZ 165, 236, 241 (Straßenbahnunfall); vgl. Clausnizer (1958), S. 31.

[305] Rolfs, NJW 1996, S. 3177.

[306] Rolfs, NJW 1996, S. 3177, 3178.

[307] RG vom 13. Dezember 1906, RGZ 65, 17, 21.

[308] Deutsch, Jura 1983, S. 617, 624; Tauch (1971), S. 52 f.; Schmid (1971), S. 144.

[309] Von Bar (1998), S. 72.

[310] Freise, VersR 2001, S. 539, 541; Von Bar, Bd. I (1996), § 6, Rz. 576.

[311] Katzenmeier, JZ 2002, S. 1029, 1036; Huber, DAR 2000, S. 20, 30.

(2) Funktion des Schmerzensgelds

Um die Funktion des Schmerzensgeldes bei Schäden der funktionalen Gesundheit zu ermitteln, muss die historische Entwicklung des Schadensersatzes bei Gesundheitsschäden betrachtet werden. Die ursprüngliche Haftung durch Bußbeträge (Wergeld) hatte auch eine starke Genugtuungs- und Straffunktion. In der frühen Neuzeit rückte die Ausgleichsfunktion in den Vordergrund und es wurde das Rechtsinstitut des Schmerzensgeldes bei Körperschäden entwickelt, das nun als Ausgleich und nicht als Strafe verstanden wurde[312], zumal es sich wohl ursprünglich aus einer staatlichen Entschädigungspflicht für unschuldig gefolterte Personen entwickelt hat[313]. Im Preußischen Allgemeinen Landrecht von 1794 wurde in jedem Fall der Ersatz von Heilungskosten bei Körperverletzung geschuldet[314]. Dagegen war das Schmerzensgeld nur Personen aus den unteren Ständen bei vorsätzlicher und grob fahrlässiger Verletzung geschuldet und auf eine Spanne zwischen der Hälfte und dem Doppelten der erforderlichen Kurkosten limitiert[315]. Beide Schadensbestandteile waren getrennt, aber in Beziehung zueinander gesetzt.

Nach der Entwicklung der konkreten Schadensberechnung als Vermögensdifferenz änderte sich das Verständnis des Schmerzensgelds. Schmerzensgeld für Körperschäden wurde nach der Lehre vom Interesse nur noch geschuldet, wenn es ausdrücklich in der anspruchsbegründenden Norm vorgesehen war, also zum Beispiel nicht bei der Arbeitsunfallhaftung nach dem Reichshaftpflichtgesetz[316]. Das Reichsgericht hatte aber noch 1895 auch den abstrakten Schaden an der Erwerbsfähigkeit als *„wirklichen Schaden"* angesehen und dem Schmerzensgeld gegenübergestellt[317]. Im BGB ist die Einteilung nach Vermögensschäden und Nichtvermögensschäden übernommen worden und hat sich bis heute mit Modifikationen durchgesetzt.

Die Schadensberechnung nach dem konkreten Interesse wird als ungeeignet kritisiert, Kriterien für eine Abgrenzung von materiellen und immateriellen Schäden zu liefern, da sie die Gebrauchsfunktion eines Vermögenswerts nicht erfassen kann[318]. Die Einordnung der nicht dem konkreten Vermögensschadensbegriff unterfallenden Gesundheitsschäden als immateriell ist zweifelhaft. Gesundheitsschäden sind materielle Schäden, die sich in der Materie des Körpers erkennbar niederschlagen. Mit dem Fortschritt der medizinischen Wissenschaft werden selbst die materiellen Vorgänge erkennbar, die Schmerzen zu Grunde liegen. Schmerzen haben auf der Ebene der Teilhabe materiell messbare Folgen[319]. *Dieter Schäfer* hat 1972 herausgearbeitet, dass die Unterscheidung zwischen den so definierten Vermögensschäden und Nichtvermögensschäden in Wirklichkeit nicht materielle von immateriellen Schäden, sondern bereits marktgängig gemachte von nicht markt-

---

312 Wesel (1997), S. 383 f.; Schmid (1971), S. 31.
313 Schmid (1971), S. 29 f.; Art. 20 der Peinlichen Gerichtsordnung Karls V (Constitutio Criminalis Carolina) von 1532.
314 ALR I 6 § 111.
315 ALR I 6 § 113; vgl. Ebert (2004), S. 117 ff.
316 RG vom 28. März 1884, RGZ 11, 61, 63.
317 RG vom 29. April 1895, RGZ 35, 141, 144.
318 Hartmuth (1970), S. 45 f.
319 Vgl. Mrozynski, br 1989, S. 1 ff.

gängig gemachten Gütern abgrenzt und damit Gesundheitsschäden diskriminiert[320]. So sind auch die Forderung oder der eingerichtete und ausgeübte Gewerbebetrieb oder das Urheberrecht als Vermögensbestandteile anerkannt, ohne insgesamt materiell im traditionellen Verständnis zu sein[321].

In der europäischen Rechtswissenschaft wird die Unterscheidung zwischen materiellen und immateriellen bzw. Vermögensschäden und Nichtvermögensschäden kritisch diskutiert und teilweise für die Gesundheitsschäden ganz aufgegeben[322]. *Busnelli* knüpft an die Diskussionen im italienischen Zivilrecht an und hält eine Entschädigung von Gesundheitsschäden als Vermögensschäden für grundsätzlich praktikabel, soweit die ökonomische Bewertung ihrer Folgen nicht alleine anhand eines Marktwerts, sondern nach einer typischen sozialen Bewertung unter Beachtung grundlegender Verfassungsprinzipien vorgenommen werde[323]. Kaum anders hatte für das deutsche Recht schon 1933 *Robert Neuner* argumentiert, der die Bewertung der geschädigten Arbeitskraft als Vermögensschaden bejaht und ihrem Träger die Behauptung, dass er sie auch ausgenützt hätte nicht versagen will, weil jede gegenteilige Aussage *„im Widerspruch zu dem in unserer Zeit herrschenden Arbeitsethos"* stehen würde[324].

Auch *Macke* stellte 2000 fest, dass ausländischen Rechtsordnungen die scharfe dogmatische Unterscheidung zwischen materiellem und immateriellem Gesundheitsschaden fremd und die deutsche Rechtslage ihren Vertretern kaum begreiflich zu machen sei. Gerade bei fortwirkenden Beeinträchtigungen, also Teilhabeschäden, ließen sich materielle und immaterielle Elemente kaum sinnvoll trennen, da beide in einer dynamischen Wechselbeziehung stehen[325]. *Schmid* hatte schon 1971 dargelegt, dass die bisherigen Nichtvermögensschäden in objektive und subjektive Schäden aufgeteilt werden können, von denen nur die subjektiven – *Schmid* spricht von *„reinen Seelenschmerzen"* – nicht vergleichbar und messbar und darum schwer ersatzfähig seien[326]. Die Rechtsprechung ist in Bezug auf Gesundheits- und Ehrverletzungen bislang fast den umgekehrten Weg gegangen[327].

Der menschliche Körper, seine Gesundheit und sein Arbeitsvermögen, soweit es von der konkreten Schadensberechnung nicht erfasst wird, sind im traditionellen Begriff des konkret-materiellen Schadens unzureichend erfasst, weil dieser für das Rechtsgut Eigentum entwickelt worden ist. Das Rechtsgut Gesundheit wurde dabei weitgehend ausgeblendet. Dabei ist die Erkenntnis, dass die gesunde Arbeitskraft das hauptsächliche wirtschaftliche Potenzial des größten Teils der Bevölkerung ist[328], bereits in den Beratungen zum BGB bei der Formulierung von § 842

---

[320] Schäfer (1972), S. 105; im Ergebnis ebenso: Nies (1973), S. 64 ff.

[321] H. Ruland (1984), S. 57 f.

[322] Siehe bereits Nörr, AcP 158 (1958), S. 1, 2, 4 unter Verweis etwa auf Art. 1382 CC; Busnelli, VersR 1987, S. 952, 954 ff.

[323] Busnelli, VersR 1987, S. 952, 958; vgl. dazu Knobbe-Keuk, VersR 1976, S. 401, 408 zur möglichen Berechnung des Werts der Arbeitskraft gegen BGHZ 54, 45, 50 ff.

[324] R. Neuner, AcP 133 (1933), S. 277, 313.

[325] Macke, DAR 2000, S. 506, 512.

[326] Schmid (1971), S. 109 ff.

[327] Vgl. etwa den Herrenreiter-Fall, BGH vom 14. Februar 1958, BGHZ 26, 349; dazu Nörr, AcP 158, S. 1.

[328] H. Ruland (1984), S. 43 f.; Hagen, JuS 1969, S. 61, 67.

BGB berücksichtigt worden[329], ohne dass diese Erkenntnis später voll für die Auslegung der Norm ausgeschöpft wurde. Ein Schaden am Körper kann also stets als Vermögensschaden angesehen werden, er ist nur nicht immer mit der Differenztheorie erfassbar[330]. Dass das Schmerzensgeld bei Körperschäden eine Entschädigung für Teilhabestörungen ist wird an der Kontroverse deutlich, ob das Schmerzensgeld für Querschnittgelähmte an den objektiven Verletzungsfolgen oder am individuellen Grad der Anpassung an die Behinderung zu bemessen sei[331].

Unter Berufung auf den normativen Schadensbegriff hat das Bundesarbeitsgericht in einer Entscheidung 1970 die Arbeitskraft als (dem Arbeitgeber) ersetzbaren Schaden angesehen[332]. Die Arbeitskraft ist als objektivierter Schaden auch in Österreich und der Schweiz anerkannt. Ihre Einordnung als materieller Schaden unabhängig von der Vermögensdifferenz würde auch die Koordination mit dem Sozialrecht erleichtern[333].

Diese Orientierung des Bürgerlichen Rechts am Sacheigentum und die Vernachlässigung des Rechtsgutes Gesundheit[334] hat sich auch in der konkreten Bemessung des Schmerzensgeldes für Körperverletzungen im Rahmen der deliktischen Haftung geäußert. Diese ist traditionell sehr niedrig und, auch im Vergleich zur Entschädigung des wahrlich immateriellen Rechtsgut der Ehre, schon seit Jahrzehnten anhaltender Kritik ausgesetzt[335]. Mit dem Übergang von einer statischen zu einer dynamischen Wirtschaftsform und dem Anstieg von Personenschäden in der Industriegesellschaft rückte der Personenschaden in den Vordergrund[336].

Dem Schmerzensgeld in der zivilrechtlichen Haftung werden eine Genugtuungsfunktion und eine Ausgleichsfunktion zugeschrieben. Im Hinblick auf Behinderung ist vor allem die Ausgleichsfunktion bedeutsam. Beim Ausgleich kommt es auf die Schwere der Beeinträchtigung an und nicht auf eine individuelle zuzuordnende Schuld[337]. Wer durch leichte Fahrlässigkeit schwer behindert wird, ist auch schwer in seiner Teilhabe beeinträchtigt. Die Genugtuungsfunktion hat sich auch im Hinblick auf schwerste Gesundheitsschädigungen als zweifelhaft erwiesen, deren Opfer durch ein Schmerzensgeld zwar keine Genugtuung empfinden, wohl aber positiven Ausgleich erhalten können. Der BGH hat auch in diesen Fällen Schmerzensgeld zugesprochen[338]. Eine Neubewertung des Schmerzensgeldes bei Gesundheitsschäden kommt heute darin zum Ausdruck, dass die Ausgleichsfunktion als vorrangig vor der Genugtuungsfunktion angesehen wird und sie nahezu

---

[329] Mugdan II, S. 1106.
[330] H. Ruland (1984), S. 58 f.; Weychardt (1965), S. 122; Nörr, AcP 158 (1958), S. 1, 6.
[331] Ulrich, NJW 1970, S. 1956, 1957 zu BGH vom 10. März 1970, NJW 1970, S. 1037.
[332] BAG vom 24. April 1970, JZ 1971, S. 380, 381.; vgl. auch BAG vom 24. August 1967, NJW 1968, S. 221, 222 und LAG Frankfurt am Main vom 5. Juli 1966, NJW 1967, S. 1103, 1104 (Ersatzfähigkeit der Kosten der fiktiven Ersatzkraft). Ablehnend dazu: Lieb, JZ 1971, S. 358 ff.
[333] M. Fuchs (1992), S. 224 ff.; Gitter, ZSR 1973, S. 525, 534, 537.
[334] Diedrich, MDR 1994, S. 525, 529.
[335] Vgl. Teplitzky, NJW 1966, S. 388 ff.
[336] M. Fuchs (1992), S. 171; Busnelli, VersR 1987, S. 952.
[337] Ebert (2004), S. 464 ff.; G. Wagner, JZ 2004, S. 319, 321 unter Hinweis auf das französische Recht; Katzenmeier, JZ 2002, S. 1029, 1031.
[338] BGH vom 13. Oktober 1992, NJW 1993, S. 781, 783, dazu: Hagmann (1999), S. 93 f.; vgl. auch OLG Brandenburg vom 9. Oktober 2002, VersR 2004, S. 199 f.

ganz überlagert[339]. Nur ein solches Verständnis vermeidet es, durch Schädigung besonders schwer behinderte Menschen zu benachteiligen[340]. Das liegt daran, dass beim Gesundheitsschaden durch Teilhabeeinschränkungen immer ein Bedarf für Ausgleich besteht[341]. Schon das Reichsgericht stellte 1911 fest, dass dieser Bedarf ohne Unterscheidung nach sozialer Klasse besteht[342], also gerade nicht von Vermögensdifferenz und damit von Vermögen abhängig ist. Ein ähnlicher Gedanke wurde im italienischen Recht bei der Berechnung von Gesundheitsschadenersatz angewandt und führte zu einem Mindestbetrag unabhängig vom Einkommen[343].

Die Anwendung rechtstechnischer Operationen, wie der Differenzmethode, findet auch nach der 1952 geäußerten Auffassung des BGH ihre Grenzen im von der Rechtsordnung vorgefundenen und anzuerkennenden Lebensgut der Gesundheit selbst[344]. Die Gesundheit besteht aber nicht isoliert, sondern ihre Funktion für die Menschen ist, Voraussetzung von Selbstbestimmung und Teilhabe zu sein. Es kann also nicht *„das verletzte Rechtsgut als solches"* unbedingt entschädigungspflichtig sein, wie *Karl Larenz* 1963 gemeint hat[345]. Eine *„Gesundheit als solche"* ist praktisch nicht isolierbar[346].

Für die gesamteuropäische Rechtsentwicklung stellte *Busnelli* 1987 fest, dass sich eine europäische *Communis opinio* herausbilde, den Personenschaden auch dann zu ersetzen, wenn er sich nicht auf die Erwerbsfähigkeit, sondern unabhängig von dieser auswirke[347]. Diese Diskussion wurde in Italien unter dem Stichwort der *danni alla salute* bzw. *danni biologici*[348] und im Common Law als *loss of amenities of life* diskutiert[349]. Dabei wird überwiegend die Gesundheitsverletzung per se mit einem Schaden, zumeist einem immateriellen Schaden, gleichgesetzt[350]. An den psycho-physischen (*danno biologico*) Schaden wird im italienischen Recht der *danno alla vita di relazione* (Teilhabeschaden) angeknüpft[351]. Auch im französischen Recht ist die Entschädigung von Teilhabeschäden bereits weiter ausdifferenziert worden als im deutschen Recht. Dort wird unter anderem zwischen Entschädigung für Schmerzen (*préjudice de souffrance*), für Lebensfreude (*préjudice*

---

[339] OLG Köln vom 14. Januar 1981, VersR 1981, S. 690 (Oberschenkelhalsbruch, schwere Bewegungseinschränkung); OLG Düsseldorf vom 22. April 1996, VersR 1996, S. 1508 (Schädel-Hirn-Trauma); Heinrichs in: Palandt, 63. A. (2004), Rz 11 zu § 253 BGB für eine Beschränkung der Genugtuungsfunktion auf vorsätzliche Schädigungen; Karczewski, VersR 2001, S. 1070, 1071; Macke, DAR 2000, S. 506, 508; Huber, DAR 2000, S. 20, 29; Busnelli, VersR 1987, S. 952, 954; Schmid (1971), S. 99; kritisch Katzenmeier, JZ 2002, S. 1029, 1031.
[340] Heinrichs in: Palandt, 63. A. (2004), Rz 16 zu § 253 BGB; Hagmann (1999), S. 99.
[341] Däubler, JuS 2002, S. 625, 626: *„Wer (...) einem anderen das Leben schwer macht, soll durch seine Geldleistung dafür sorgen, dass dieses wieder leichter wird (...)."*
[342] RG vom 24. April 1911, RGZ 76, 174, 176 (Verunstaltung).
[343] Von Bar, Bd. II, § 1, Rz 20.
[344] BGH vom 20. Dezember 1952, BGHZ 8, 243, 248 (geschädigter Nasciturus).
[345] Larenz, VersR 1963, S. 1, 5 f.; vgl. dazu Hartmuth (1970), S. 39 ff.
[346] Dazu Gadamer (1993) in seinem Vortrag *„Die Verborgenheit der Gesundheit"* (S. 144): *„Gesundheit ist eben überhaupt nicht ein Sich-Fühlen, sondern ist Da-Sein, In-der-Welt-Sein, Mit-den-Menschen-Sein, von den eigenen Aufgaben des Lebens freudig erfüllt sein."*
[347] Busnelli, VersR 1987, S. 952, 954.
[348] Von Bar, Bd. I (1996), § 6 Rz 573 f.
[349] Busnelli, VersR 1987, S. 952, 953.
[350] Von Bar, Bd. II (1999), § 1 Rz 5.
[351] Von Bar, Bd. II (1999), § 1 Rz. 19.

d'agrément), für Erwerbsfähigkeit unabhängig vom Verdienstausfall (*incapacité permanente partielle*) und für Entstellung (*préjudice esthétique*) unterschieden[352].

Sieht man Behinderung als gesellschaftlich verursachte Folge einer Gesundheitsschädigung an und erkennt wesentliche Teile des immateriellen Gesundheitsschadens in den Teilhabestörungen, so wäre es konsequent, jeder Entschädigung bei Behinderung, unabhängig von ihrer Verursachung, einen Anteil zum Ausgleich des Teilhabeschadens beizulegen. Das Schmerzensgeld könnte als Ausgleich für alle diejenigen Teilhabestörungen in Folge einer Schädigung der Gesundheit verstanden werden, welche durch einen vermögensrechtlich orientierten Schadensbegriff nicht erfasst werden. Ein solches Verständnis des Schmerzensgeldes wäre vom Gesetz gedeckt. Es liegt jedoch der bisherigen Rechtspraxis nicht zu Grunde. Mit einer solchen Öffnung des Schmerzensgeldes von den unmittelbaren schädigungsbezogenen Schmerzen zu den gesellschaftsbezogenen Teilhabeschäden stellt sich auch die Frage nach dem Verhältnis von privater und gesellschaftlicher Verantwortung für die Folgen eines einmal verursachten Gesundheitsschadens. Ein durch Unfall schuldhaft geschädigter Gelähmter erleidet auch seine verschlechterten Freizeitmöglichkeiten und die Barrieren des öffentlichen Raums. Diese sind aber nicht dem Schädiger allein zuzurechnen. Die Diskussion über Funktion und Begründung des Rechts auf Schmerzensgeld im Zivilrecht und Sozialrecht gibt also Anlass, allgemein über die Verteilung der Lasten von Behinderung und die Geldentschädigung als Mittel der Rehabilitation nachzudenken.

(3) Exkurs: Ausgleich immateriellen Gesundheitsschadens im Sozialrecht

In den sozialrechtlichen Systemen wird bei der Entschädigung mit Geldleistungen bei Behinderung nicht nach materiellem und immateriellem Schaden differenziert. Die abstrakte Methode der Schadensberechnung lässt eine solche Differenzierung als nicht vordringlich erscheinen. Mit ihr ist es grundsätzlich möglich, auch diejenigen Schadensbestandteile zu erfassen, die im Bürgerlichen Recht ausgeklammert bleiben[353].

Es ist umstritten, ob dies bedeutet, dass das Schmerzensgeld in der abstrakt berechneten Leistung enthalten ist oder ob diese Leistung in der sozialrechtlichen Entschädigung ausgeschlossen ist[354]. Im Bundesversorgungsgesetz sind Schmerzen als zu berücksichtigende Größe ausdrücklich erwähnt[355]. Der Begriff der Erwerbsfähigkeit bezieht sich zwar generell auf Bereiche, die im Zivilrecht als Vermögensschäden angesehen werden. *Otto Ernst Krasney* hat 1973 ausgeführt, schon der Begriff der Minderung der Erwerbsfähigkeit mache deutlich, dass eben nicht die Minderung des Erwerbseinkommens gemeint sei und somit der immaterielle Schaden, insbesondere der erhöhte Kräfteeinsatz der geschädigten Person, zu den zu ent-

---

352 G. Wagner, JZ 2004, S. 319, 324: *„Im Vergleich zu der Komplexität und Differenziertheit des französischen Rechts wirkt das deutsche Schmerzensgeld wie ein grober Klotz, weil es die Vielgestaltigkeit der Einbußen, die durch Körper- und Gesundheitsverletzungen verursacht werden können, gar nicht zur Kenntnis nimmt."*

353 Vgl. Schönberger, BB 1961, S. 939, 940.

354 Gitter (1969), S. 157.

355 § 30 Abs. 1 BVG.

schädigenden Positionen gehöre[356]. Dem könnte aber entgegengehalten werden, dass mit dem Schmerzensgeld auch nicht kommerzialisierbare Teile der abstrakten Erwerbsfähigkeit erfasst würden. Dies wird dadurch gestützt, dass nach der Rechtsprechung Schmerzensgeld auch für diejenige ideelle Beeinträchtigung zugesprochen werden kann, die darin liegt, dass die verletzte Person an der Verwendung der eigenen Arbeitskraft gehindert wird und daraus folgendem Erfolg und Selbstbestätigung verloren hat. Jedenfalls der Grundrente nach dem Bundesversorgungsgesetz[357] wird die Funktion zugeschrieben, zusammen mit materiellen auch immaterielle Schäden auszugleichen[358]. Die Verletztenrente der gesetzlichen Unfallversicherung kann ebenfalls als eine Leistung gedeutet werden, die auch immateriellen Schaden ausgleicht[359]. *Wolfgang Gitter* hat dagegen eingewandt, dass dies angesichts der Realität der Unfallentschädigung allenfalls in sozialpolitisch unbefriedigender Weise geschehe. Da leichter verletzte Personen oft keinen realen Erwerbsschaden hätten, erhielten sie eine höhere Entschädigung für immaterielle Schadensbestandteile als schwer verletzte Personen, welche die gesamte Rente zum Ausgleich des Erwerbsschadens benötigten[360]. *Gitter* kommt zu dem Ergebnis, dass Schadensbestandteile, welche im Zivilrecht als immaterielle Schäden der Gesundheit entschädigt werden können, im Unfallversicherungsrecht nicht oder nicht adäquat erfasst sind und dass dies nicht sachgerecht ist[361]. Erhalten geschädigte Personen Krankengeld der gesetzlichen Krankenversicherung, so ist anerkannt, dass ihnen weiterhin Schmerzensgeld zustehen kann, da die Ansprüche inkongruent sind[362]. Ein hiervon abweichendes Ergebnis beim Verletztengeld der Unfallversicherung erscheint nicht folgerichtig, ist aber ausdrücklich vorgesehen[363].

Im Ergebnis ist das Problem der Unterscheidung zwischen materiellem und immateriellem Schaden zwar dem sozialrechtlichen Entschädigungssystem nicht immanent, da dort andere Kategorien der Schadensermittlung angewandt werden. Es wird die Entwertung der Arbeitskraft als solcher entschädigt[364]. In der sozialrechtlichen Rehabilitation wird versucht, den Teilhabeschaden möglichst konkret durch Sach- und Dienstleistungen auszugleichen. Soweit dies nicht möglich ist, bleibt der Teilhabeschaden in Gesellschaft und Familie ohne Entschädigung. Stärker pauschalierende Systeme der Leistung wie das persönliche Budget könnten dies aufbrechen, weil sie stärker in die Disposition des behinderten Menschen stellen, wie er einen Ausgleich für gestörte Teilhabe erlangen kann.

---

[356] Krasney, ZSR 1973, S. 681, 683 f.
[357] § 31 BVG.
[358] Gitter, VersR 1976, S. 505, 506; eher zurückhaltend: BGH vom 10. November 1964, NJW 1965, S. 102, 103.
[359] So Wolber, BB 1968, S. 876, 878; Schnapp in: Ebsen (1992), S. 13, 19.
[360] Gitter, VersR 1976, S. 505, 509.
[361] Gitter (1969), S. 198; ebenso Ebsen in: Ebsen (1992), S. 79 f.
[362] H. Möller, JuS 1961, S. 10, 11.
[363] § 104 SGB VII.
[364] Ebsen, in: Ebsen (1992), S. 69, 70.

i) Mindestmaß an Haftung für Körperschäden

Bei Inkrafttreten des Grundgesetzes wurde ein umfangreiches System der rechtlichen Bearbeitung von Körperschäden vorgefunden, das in seinen deliktsrechtlichen Wurzeln Tausende von Jahren, in seiner sozialrechtlichen Ausprägung Hunderte von Jahren Tradition aufweist. Ein Rechtssystem, in dem sich keine Regelungen mit dem Körperschaden befassen, ist nicht bekannt. Auch ist weder historisch noch international eine Rechtsordnung zu finden, in welcher das Risiko des Körperschadens völlig individualisiert würde. Als historische Tendenz ist vielmehr eine immer weiter gehende Entschädigung gesundheitlicher Schäden zu verzeichnen.

Die Existenz solcher Regelungen kann zu den Grundlagen unserer Rechtsordnung gezählt werden. Man kann dies heute mit der objektiven Wertordnung der Grundrechte begründen, in der Leben und Gesundheit[365] einen so hohen Stellenwert einnehmen, dass Verletzungen dieser Rechtsgüter stets Unrechtscharakter haben müssen und Schutz und Wiederherstellung der verletzten Rechtsgüter zu den Aufgaben der Rechtsordnung gehören[366]. Das BVerfG hat bei einer Entscheidung zur gebotenen Haftung bei Freiheitsentzug ausgeführt, dass die deliktische Haftung sich als Ausprägung des besonderen Schutzgehalts des Rechts auf Freiheit der Person darstelle und darum jedenfalls bei grober Fahrlässigkeit Haftung geboten sei[367]. Diese Erwägungen sind auf das Grundrecht der körperlichen Unversehrtheit übertragbar.

Christian von Bar führt aus, dass das Deliktsrecht insgesamt im heutigen Europa mehr und mehr als eine Form der Konkretisierung der verfassungsrechtlich verbürgten Freiheitsrechte begriffen wird[368]. Im Französischen Recht wird unmittelbar deutlich, dass der Grundsatz, niemandem zu schaden (*neminem laedere*) die Kehrseite der Freiheitsrechte ist, weil die Erklärung der Menschen und Bürgerrechte von 1789 genau dies zum Vorbehalt der Freiheit macht[369]. Im Kernbestand sind Ersatzansprüche für Gesundheitsschäden als *„Äquivalent für Einbußen an Lebenstüchtigkeit"* auch von der Eigentumsgarantie erfasst, weil sie die Entfaltung und eigenverantwortliche Gestaltung des Lebens ermöglichen und von existenzieller Bedeutung sind[370].

Dies wird bestätigt durch den präventiven Wert zivilrechtlicher wie sozialrechtlicher Regelungen zur Entschädigung. Jedenfalls solange einzelnen Gefahren verursachenden und erhöhenden Bereichen ein Haftungsrisiko individuell oder über Ausgleichsregelungen zugeordnet wird, können Haftungs- und Entschädigungsregelungen bewirken, dass verstärkt vorgesorgt wird, um Schäden zu vermeiden.

Bejaht man grundsätzlich, dass die Entschädigung von Körperschäden verfassungsrechtlich fundiert ist, so ist zu fragen, ob damit ein Gebot verbunden ist, Lü-

---

[365] Art. 2 Abs. 2 Satz 1 GG.
[366] Hohloch, VersR 1979, S. 199, 204.
[367] BVerfG vom 11. Oktober 1978, JZ 1979, S. 60, 62.
[368] Von Bar (1996), § 6 Rz. 554.
[369] Art. 4 der Erklärung der Menschen- und Bürgerrechte vom 26. August 1789 – nach der Präambel der Verfassung vom 4. Oktober 1958 Bestandteil der Französischen Verfassung: *„La liberté consiste à pouvoir faire tout ce qui ne nuit pas à autrui (...)"*; vgl. von Bar, Bd I, § 6 Rz 555.
[370] BVerfGE 42, 263, 293 (Contergan).

cken im Entschädigungssystem zu schließen. Hier ist zu differenzieren. Zunächst ist eine Untergrenze des Schutzes der Gesundheit durch Entschädigungsregelungen zu bestimmen, die keinesfalls unterschritten werden dürfte, ohne das verfassungsrechtliche Untermaßverbot zu berühren.

Die Haftung für vorsätzliche Körperschädigungen ist weder in der Arbeitsunfallversicherung noch in anderen Systemen der Pflichtversicherung aus der individuellen Verantwortung gelöst worden. Es erscheint naheliegend, dass die Haftung für vorsätzliche Gesundheitsschädigung ein Kernbestand des Rechtsgüterschutzes ist, der nicht zur Disposition steht.

Die Haftung für fahrlässig oder durch Gefahrenquellen herbeigeführte Gesundheitsschäden ist in vielen Bereichen, insbesondere beim Arbeitsunfall und im Straßenverkehr mit Kraftfahrzeugen, durch kollektive Systeme des Schadensausgleichs übernommen worden. Durch die Tarifgestaltung der privaten Versicherung und der Sozialversicherung ist jedoch ein Element präventiven Rechtsgüterschutzes in diesen Systemen enthalten. Hier besteht ein Gestaltungsspielraum, mit welchen Mitteln der Gesetzgeber das Rechtsgut Gesundheit vor Verletzungen schützt.

Angesichts der Dimension von Schäden, die, gerade an Personen, in der modernen Gesellschaft verursacht werden können, kritisiert *Claus-Wilhelm Canaris* eine summenmäßig nicht begrenzte Gefährdungshaftung, etwa des Tierhalters, in Verbindung mit dem Prinzip des vollen Schadensersatzes (Totalreparation) als tendenziell unverhältnismäßig und damit als möglichen Verstoß gegen das verfassungsrechtliche Übermaßverbot[371], da die Interessen der geschädigten und der schädigenden Person nicht hinreichend abgewogen seien[372]. Hiergegen wird angeführt, dass soziale Not des Schuldners wirksam durch Pfändungsfreigrenzen und Verbraucherinsolvenz verhindert werde und gegen fahrlässig verursachte Schäden die Möglichkeit der Haftpflichtversicherung eröffnet ist[373]. Dies trifft zu. Die Instrumente der zivilrechtlichen Gefährdungshaftung und erst recht des sozialrechtlichen Schutzes bei Körperschäden dienen bereits seit langem der Entlastung der zivilrechtlichen Verschuldenshaftung auch im Interesse ihrer Versicherbarkeit und der Berechenbarkeit von Haftungsfolgen für die Schädiger dienen[374]. Die Entwicklung vom individuellen zum kollektiven Haftungssystem in immer größeren Bereichen ist also eine Entwicklung, die sich auch im Interesse von Verfassungswerten vollzieht.

Zu fragen ist, ob ein Mindestmaß an Schadensausgleich auch für diejenigen Schäden geboten ist, die sich keinem Schädiger zuordnen lassen, sondern durch Zufall, Natureinwirkung oder Krankheit entstehen. Das staatliche oder staatlich garantierte Einstehen für solche Schäden, wie es insbesondere durch Sozialhilfe und gesetzliche Krankenversicherung verwirklicht wird, ist nicht mehr dem Rechtskreis des Schadensersatzes, sondern der sozialstaatlichen Fürsorge oder Solidarität zuzuordnen. Die Existenz dieser Sicherung beeinflusst aber die verfas-

---

[371] Canaris, JZ 1987, S. 993, 1001; Bedenken auch bei Schulin (1981), S. 59.
[372] Canaris, JZ 1987, S. 993, 995 f.
[373] Macke, DAR 2000, S. 506, 507.
[374] Vgl. das Beispiel der (Nicht-)Haftung der Firma Grünenthal für die Schädigungen durch das Arzneimittel Contergan, dargestellt bei Derleder/Winter, DuR 1976, S. 260 ff.

sungsrechtliche Beurteilung der Schadensersatzsysteme. Je stärker Gesundheitsschädigungen zu Ansprüchen und Hilfe durch universelle Systeme führen, desto
größer ist der verbleibende Spielraum in der Gestaltung des Haftungsrechts. Sozialstaatlich lückenhafte Systeme wie die vorrömischen Rechtsordnungen oder die
angelsächsischen Länder tendieren daher zu einer Ausweitung des Haftungsrechts.

j) Mindestumfang des zu ersetzenden Schadens

Es gibt verschiedene Methoden und Grundsätze, den Umfang der Ersatzleistungen
für Körperschäden zu bemessen, die zu deutlich unterschiedlichen Ergebnissen
führen können. Es fragt sich, ob verfassungsrechtliche Wertungen zu einem Min-
destumfang des zu ersetzenden Schadens führen.

Zunächst wird deutlich, dass in allen Systemen die aufzuwendenden Heilungskosten der akuten Krankenbehandlung und medizinischen Rehabilitation oder
diese Leistungen selbst als Sach- und Dienstleistung unbestrittener Inhalt der Entschädigung sind. Diese Kosten stehen der Wiederherstellung des verfassungsrechtlich geschützten Rechtsguts Gesundheit am nächsten. Ihren Ersatz im Rahmen von
Schadensersatz oder sozialer Entschädigung zu beschränken, würde das Untermaßverbot beim Schutz der Gesundheit ebenso tangieren wie ein Wegfall der Haftung.

Dagegen sind die Kosten der weiteren Rehabilitation und Teilhabeleistungen
und Entschädigung kein unbestrittener Teil der Gesamtentschädigung. Sie werden
unterschiedlich berechnet, weil sie sich nur durch die weitere Einwirkung von
Kontextfaktoren auf die geschädigte Person realisieren. Ihre Zuordnung zu einem
Bereich des individuellen oder sozialen Risikos ist daher notwendig variabel. Dies
wird in den unterschiedlichen Anspruchsinhalten in den sozialrechtlichen Systemen deutlich. Der Gesetzgeber hat bei dieser Zuordnung einen Handlungsspiel-
raum[375]. Wird dieser wieder verengt, so kann sich dies nicht allein aus dem Schutz
des Rechtsguts Gesundheit ergeben. Es müssen vielmehr andere Rechtsgüter, etwa
die Berufsfreiheit, oder der Gleichbehandlungsgrundsatz hinzutreten.

k) Verhältnis des Gesundheitsschadens zu anderen Rechtsgütern

Die Wertigkeit des Gesundheitsschadens und damit des Rechtsguts Gesundheit im
Verhältnis zu anderen Rechtsgütern, namentlich des Persönlichkeitsrechts, ist wiederholt bei der Bemessung des Schmerzensgelds diskutiert und schließlich in einem
Verfassungsbeschwerdeverfahren dem Bundesverfassungsgericht vorgelegt worden. Das BVerfG hat hierzu in einer Kammerentscheidung ausgeführt, dass die bei
Ehrverletzungen gezahlten Entschädigungen mittlerweile nicht mehr auf eine Analogie zum Schmerzensgeld gestützt würden[376] und im übrigen auf Grund des Ge-
winnstrebens der Schädiger (Medien) eine spezielle präventive Funktion hätten,
welche dem Schmerzensgeld bei Gesundheitsschädigungen nicht zukomme[377]. Das

---

[375] Schulin (1980), S. 143.
[376] Dazu Steffen, NJW 1997, S. 10 ff.
[377] BVerfG vom 8. März 2000, NJW 2000, S. 2187.

BVerfG hat es daher nicht für nötig gehalten, die Wertigkeit der Rechtsgüter gegeneinander abzuwägen.

Angesichts der vielschichtigen Funktion des Schmerzensgeldes wäre eine solche Abwägung auch sehr schwierig. Durch die in den letzten Jahren bereits stark gestiegenen Schmerzensgeldbeträge bei Gesundheitsschädigungen[378] und die Ausweitung des Schmerzensgeldanspruchs in der Schadensrechtsreform[379] ist durch Rechtsprechung und Gesetzgebung bereits deutlich ausgedrückt worden, dass dem Rechtsgut Gesundheit eine überragende Bedeutung zukommt. Ein verfassungswidriges Untermaß an Schutz für das Rechtsgut ist in den zivilrechtlichen und sozialrechtlichen Gesetzen nicht feststellbar. Soweit sich die Kritik gegen die Rechtsprechung richtet, bieten die Gesetze hinreichende Spielräume für eine angemessene Wertung.

6. Unterschiede zwischen verschiedenen Entschädigungssystemen

Es wird diskutiert, ob die gänzliche Ablösung individueller Haftung für Körperschäden durch eine umfassende Entschädigungsregelung, etwa eine allgemeine Schadensversicherung, verfassungsrechtlich erlaubt oder sogar aus Gründen der Gleichheit geboten ist[380]. Dafür kann angeführt werden, dass sie zu einer dem Grunde und der Höhe nach gleichen Entschädigung gleicher Schäden führen würde und damit Unterschiede im Schutzniveau beseitigen würde, die sich für die geschädigte Person als zufällig und schicksalhaft darstellen. Ob Sturz, schwere Kopfverletzung und folgende Behinderung von einem Arbeitsunfall (gesetzliche Pflichtversicherung), Kraftfahrzeug (private Pflichtversicherung und Gefährdungshaftung), Pferd (Gefährdungshaftung ohne Pflichtversicherung), Rennrad (Verschuldenshaftung ohne Pflichtversicherung) oder einer Orkanbö (keine Haftung) herrühren, kann zu erheblichen Unterschieden in Entstehen, Verfolgung und Umfang von Entschädigungsansprüchen führen. Dabei sind insbesondere diejenigen Schädigungen angesprochen, die nach heutigem Rechtszustand keinen Haftungsgrund auslösen und nur durch die final orientierten Systeme der Sozialversicherung und Fürsorge aufgefangen werden. Soweit aber festgestellt werden kann, dass diese Systeme ein nötiges Mindestmaß leisten, wird die Besserstellung derjenigen Geschädigten, die einen spezifischen Schädiger oder Schädigungstatbestand vor dem Gleichheitssatz durch die spezifische ratio dieser Tatbestände gerechtfertigt[381]. Diese Rechtfertigung ist allerdings gerade bei den Tatbeständen der Gefährdungshaftung und sozialen Entschädigung insofern stets dünn, als deren Auswahl und Abgrenzung in der historischen Entwicklung keineswegs zwingenden Prinzipien gefolgt ist. Stellt man alleine auf die Gefährlichkeit einer Gefahrenquelle oder die soziale Gebundenheit eine Tätigkeit ab, so werden jeweils viele Tatbestände zu finden sein, welche den jetzt privilegierten Schäden sehr ähnlich sind. Dieses Argu-

---

378 Nachweise bei Scheffen, ZRP 1999, S. 189 ff.; vgl. Macke, DAR 2000, S. 506, 512; C. Huber, DAR 2000, S. 20, 21.
379 § 253 Abs. 2 BGB; vgl. Rauscher, Jura 2002, S. 577 ff.; Katzenmeier, JZ 2002, S. 1029 ff.
380 Schäfer (1972), S. 165.
381 Kritisch: Hohloch, VersR 1979, S. 199, 204.

ment streitet rechtspolitisch für konsistentere Lösungen, verfassungsrechtlich zwingend erscheint es nicht.

7. Verhältnis zwischen ziviler Haftung und sozialrechtlicher Entschädigung

Im Grundsatz stehen die Entschädigungssysteme des Zivilrechts und des Sozialrechts nebeneinander. Geschädigte Personen können Ansprüche aus beiden Systemen haben. Eine Ausnahme bildet der Arbeitsunfall. Für Personenschäden aus diesem Grund haften die Unternehmer nicht[382].

Im Übrigen geht der Schadensersatzanspruch der Geschädigten auf denjenigen Sozialleistungsträger über, der wegen dieses Schadens Sozialleistungen erbracht hat[383]. Damit wird deutlich, dass das sozialrechtliche System häufig früher und umfassender leistet als der haftungsverpflichtete Schädiger. Gründe dafür sind Rechtsdurchsetzungs- und Beweisschwierigkeiten, Summenbegrenzung der Gefährdungshaftung oder mangelnde Leistungsfähigkeit des Schuldners[384]. Zugleich statuiert die Regelung den Vorrang der zivilrechtlichen Haftung dem Grunde nach. Wo ein zivilrechtlich haftender Schädiger vorhanden ist, sollen die Sozialleistungsträger nicht ihn vom Haftungsrisiko entlasten, sondern nur sicherstellen, dass die geschädigte Person nicht ohne Leistungen bleibt.

---

[382] § 104 Abs. 1 Satz 1 SGB VII.
[383] § 116 SGB X.
[384] M. Fuchs (1992), S. 181.

C. Lebensunterhalt

Der Lebensunterhalt der Menschen steht im Mittelpunkt individueller und politischer Bemühungen um Teilhabe von Menschen. In der ICF ist ein Teilhabebereich umschrieben als „wirtschaftliche Eigenständigkeit" und so definiert: *„Die Verfügungsgewalt über wirtschaftliche Ressourcen aus privaten oder öffentlichen Quellen zu haben, um die wirtschaftliche Sicherheit für den gegenwärtigen und künftigen Bedarf zu gewährleisten."*[1] Damit wird jedoch eine unmittelbare Deckung des Lebensunterhalts durch andere, wie bei Kindern oder schwer geistig behinderten Menschen, kaum erfasst. Wie der Lebensbedarf behinderter Menschen gedeckt wird, die dies nicht aus eigener Kraft tun können, hängt vor allem von den Kontextfaktoren der Unterstützung und Beziehungen[2] und der Dienste, Systeme und Handlungsgrundsätze der sozialen Sicherheit[3] ab. Haushalte mit behinderten Menschen sind tendenziell häufiger in niedrigen Einkommensgruppen vertreten als andere Haushalte[4].

Der Lebensunterhalt hat Aspekte aller Teilhabebereiche, aus denen er sich zusammensetzt. Dabei kann Bedarfsdeckung, die unmittelbar gewährt wird, wie es bei Gesundheits- und Bildungsleistungen oft der Fall ist, mit zum Lebensunterhalt gezählt werden oder als separater Bereich neben dem Lebensunterhalt angesehen werden. Im Folgenden werden unter dem Lebensunterhalt diejenigen Geldleistungen verstanden, die neben öffentlichen Sach- und Dienstleistungen beansprucht werden können. Der notwendige Teil dieser Geldleistungen bildet zusammen mit den notwendigen Sach- und Dienstleistungen das Existenzminimum.

1. Verfassungsrecht

Auf den Lebensunterhalt nimmt das Grundgesetz nur mittelbar Bezug. So ist dem Recht auf Leben und Gesundheit eine Schutzpflicht und dieser im sozialen Rechtsstaat der Schutz des für die Lebenserhaltung nötigen Unterhalts zu entnehmen. Schutz und Gewährleistung des Existenzminimums sind anerkannt, ihrer Herleitung aus Menschenwürde, Gleichheitssatz, Freiheitsrechten und Sozialstaatsgebot ist aber durchaus kontrovers[5]. Als wichtige Quellen des gesellschaftlich vermittel-

---

[1] ICF, d870.
[2] ICF, e310–399.
[3] ICF, e575.
[4] BT-Drucks. 15/5015, S. 30, 123.
[5] Vgl. BVerwG vom 24. Juni 1954, BVerwGE 1, 159, 161 (Rechtsanspruch auf Fürsorge); BVerwG vom 26. Januar 1966, BVerwGE 23, 149, 153 (Anrechnung des Elterneinkommens); BVerfG vom 21. Juni 1977, BVerfGE 45, 187, 228 (lebenslange Freiheitsstrafe); BVerfG vom 29. Mai 1990, BVerfGE 82, 60, 85, BVerfG vom 10. November 1998, BVerfGE 99, 216, 233 (Steuerfreiheit

ten Lebensunterhalts sind Familie, Beruf und Eigentum geschützt. Sie haben auch verfassungsrechtlich Vorrang vor einer Deckung des Lebensunterhalts aus öffentlichen Mitteln, sind aber als Rechtskreise und Teilhabebereiche nicht auf ihre Funktion für die Unterhaltssicherung zu reduzieren. Sozialrechtliche Bestimmungen des Rechts derjenigen, die mit diesen Instituten nicht aus eigener Kraft ihren Unterhalt bestreiten können, finden sich nicht. In mehreren Landesverfassungen wird das Recht auf den Lebensunterhalt, für den, der keine Arbeit ausüben kann, garantiert[6].

2. Familienrecht

a) Unterhaltsanspruch

Ein rechtlicher Anspruch auf den notwendigen Lebensunterhalt besteht im Familienrecht. Ehegatten[7] und Verwandte in gerader Linie[8] sind einander zum Unterhalt verpflichtet. Ansprüche gegen Ehegatten gehen denen gegen Verwandte vor[9], denen ihrer eigenen Kinder stehen die Ansprüche der Ehegatten gleich[10]. Ansprüche der Kinder gegen ihre Eltern sind grundsätzlich nicht durch das Alter der Kinder begrenzt[11]. Unterhaltsberechtigt gegen Verwandte ist aber nur, wer außerstande ist, sich selbst zu unterhalten[12]. Für Menschen, die sich wegen Behinderung nicht selbst unterhalten können, sind die familiären Unterhaltsansprüche grundsätzlich die erste Realisierung des Rechts auf den Lebensunterhalt. Dies gilt für behinderte Ehegatten, für behinderte Kinder und für Eltern oder Großeltern, die altersbedingt behindert und pflegebedürftig werden. Das Bestehen von familiären Unterhaltsansprüchen wird grundsätzlich von der Institutsgarantie der Ehe und Familie erfasst und steht so zwar zur Gestaltung, nicht jedoch zur Disposition des Gesetzgebers im sozialen Rechtsstaat[13].

Faktisch ist diese Form der Unterhaltssicherung durch sozialrechtliche Systeme begrenzt, die verhindern, dass Ehegatten, Kinder oder Eltern bedürftig werden oder für einen Teil des Bedarfs aufkommen[14]. Bestehen sozialrechtliche Ansprüche

---

des Existenzminimums); vgl. Luthe/Dittmar, SGb 2004, S. 272 ff.; Zacher in: HStR II, 3.A. (2004), § 28 RN 86; Bieritz-Harder (2001), S. 198 ff.; V. Neumann, NVwZ 1995, S. 426, 427; Schlenker (1986), S. 91;. Benda, NJW 1979, S. 1001, 1005; Wollny, DVBl. 1972, S. 525, 527; Löw, DÖV 1958, S. 516, 520; Dürig, AöR 81 (1956), S. 117, 131 f.; vgl. oben IV.A.3.; IV.B.5.b.(3).(d).; IV.C.4.a.; IV.D.5.d.(1).

[6] Art. 168 Abs. 3 BayVerf; Art. 18 Satz 3 BerlVerf; Art. 45 Abs. 2 BrbVerf; Art. 49 Abs. 3 und Art. 58 Abs. 1 BremVerf; Art. 28 Abs.3 HessVerf.

[7] § 1360 BGB.

[8] §§ 1601, 1602 Abs. 1 BGB.

[9] § 1608 BGB.

[10] § 1609 Abs. 2 BGB.

[11] OLG Köln vom 18. November 1999, NJW 2000, S. 1201. Im internationalen Vergleich ist dies für behinderte Kinder auch in Rechtsordnungen so geregelt, in denen im Übrigen die Unterhaltspflicht für Kinder zu einem bestimmten Alter endet, vgl. Battes, FuR 1993, S. 253, 258.

[12] § 1602 Abs. 1 BGB.

[13] BVerfG vom 10. Januar 1984 BVerfGE 66, 84, 93; BVerfG vom 28. Februar 1980, BVerfGE 53, 257, 296; vgl. Martiny, Gutachten zum 64. DJT (2002), A 25 f.

[14] Vgl. grundsätzlich: Naendrup in Posser/Wassermann (1981), S. 183, 187 ff.

auf Gesundheitsleistungen, so mindern diese vor allem den Bedarf[15]. Haben behinderte Menschen Ansprüche auf Leistungen zum Lebensunterhalt von Sozialleistungsträgern, so können diese dazu führen, dass keine Bedürftigkeit besteht. Während Leistungen der Sozialversicherungsträger so die familiäre Unterhaltssicherung uneingeschränkt entlasten, ist bei Leistungen der Fürsorgeträger im Einzelfall das Rangverhältnis zwischen familiärer und staatlicher Bedarfsdeckung zu klären[16]. Die hierfür geltenden Regelungen bestimmen insbesondere bei behinderten Menschen, die dauerhaft zu eigenem Erwerb unfähig sind, wer für den Lebensunterhalt aufkommen muss[17].

In den letzten Jahrzehnten ist durch die gesetzliche Rentenversicherung, Pflegeversicherung und Grundsicherung bei dauerhafter Erwerbsminderung und im Alter die Unterhaltspflicht von Kindern für ihre pflegebedürftigen Eltern stark entlastet worden. Auch die Unterhaltspflicht von Eltern für erwachsene behinderte Kinder ist durch die Grundsicherung bei dauerhafter Erwerbsminderung, erweiterten Kranken- und Pflegeversicherungsschutz sowie einen verminderten Rückgriff der Sozialhilfeträger faktisch verringert worden. Die faktische und rechtliche Unterhaltsverpflichtung für Ehegatten ist nicht in gleichem Maße reduziert worden. Dies ist nicht nur darauf zurückzuführen, dass die Ehe freiwillig eingegangen wird, während die Generationenfolge einen höheren Grad von Zwangsläufigkeit hat. Auch die gesellschaftliche Normalität der Erwerbstätigkeit beider Geschlechter hat dazu beigetragen, dass eine Entlastung der Unterhaltspflicht von Ehegatten in geringerem Maße ein sozialpolitisches Anliegen war und ist als die Entlastung der Familie vom Verwandtenunterhalt. Zu bedenken ist aber, dass diese Begründungen für die Unterhaltspflicht von behinderten Ehegatten nur bedingt tragfähig sind, wenn diese auf Grund ihrer Behinderung außerstande sind, sich selbst zu unterhalten.

Das Unterhaltsrecht begrenzt den Grad der Leistungsfähigkeit, bei dem Eltern und Ehegatten noch zum Unterhalt herangezogen werden. Gegenüber minderjährigen Kindern sind Eltern verpflichtet, alle verfügbaren Mittel zu ihrem und der Kinder Unterhalt gleichmäßig zu verwenden[18]. Im Verhältnis zu volljährigen Kindern und beim Unterhalt von Kinder für ihre Eltern oder zwischen Enkeln und Großeltern und umgekehrt besteht die Unterhaltspflicht nicht, wenn der eigene angemessene Unterhalt gefährdet wird. Dabei muss zwar der eigene Lebenszuschnitt nicht verändert werden, wohl aber muss auf Vermögen zurückgegriffen werden[19].

Die eheliche Unterhaltspflicht während der Ehe ist durch die freie Entscheidung der Ehegatten über die Aufteilung von Erwerb und Haushaltsführung geprägt[20].

---

15 Vgl. § 1610a BGB; dazu OLG München vom 9. Februar 1994, OLGR München 1994, S. 126; vgl. auch G. Müller, NJW 2003, S. 697, 706; Eichenhofer, Gutachten zum 62. DJT (2002), B 14.

16 Insbesondere §§ 91 BSHG/§ 41, 94 SGB XII; vgl. Oelkers/Kraeft, FamRZ 2002, S. 790, 794; Martiny, Gutachten 62. DJT (2002), A 44 f. (Kindesunterhalt), A 50 f. (Elternunterhalt).

17 Vgl. Lipp, NJW 2002, S. 2201, 2204.

18 § 1603 Abs. 2 Satz 1 BGB.

19 § 1603 Abs. 1 BGB; dazu BGH vom 14. Januar 2004, NJW 2004, S. 769 ff. (Heranziehung auch des Ehegattenunterhalts zur Bestimmung der Leistungsfähigkeit – Schwiegerkinderunterhalt); BGH vom 23. Oktober 2002, BGHZ 152, 217 (keine Änderung des Lebenszuschnitts zu fordern); OLG Karlsruhe vom 27. März 2003, NJW 2004, S. 296 ff. (Vermögensstamm verwertbar); vgl. Zeiss/Wachtling, ZfSH/SGB 2004, S. 286 ff.

20 § 1360 BGB.

Bei der behinderungsbedingten Unfähigkeit eines Gatten zu Erwerb und Haushaltsführung ist sie grundsätzlich nur durch die Leistungsfähigkeit des anderen Gatten begrenzt. Unter Geschiedenen werden Unterhaltsansprüche begründet, wenn von einem geschiedenen Ehegatten zum Zeitpunkt der Scheidung, oder der Beendigung der Unterhaltspflicht wegen Pflege oder Erziehung eines gemeinschaftlichen Kindes, der Beendigung der Ausbildung, Fortbildung, Umschulung oder der Erwerbslosigkeit (Einsatzzeitpunkt) wegen Gebrechen eine Erwerbstätigkeit nicht erwartet werden kann[21]. Damit ist behinderungsbedingte Erwerbsminderung ein eigener Tatbestand der nachehelichen Unterhaltspflicht. Sie wird durch die Leistungsfähigkeit, Bedürftigkeit[22] und Billigkeit[23] beschränkt. Unter Umständen kann es etwa unbillig sein, dass eine schon vor Eheschließung bestehende Behinderung einen zeitlich dauerhaften Anspruch auf nachehelichen Unterhalt begründen soll[24]. Stark begrenzt worden ist vom BGH auch eine Unterhaltspflicht für Fälle, in denen zwar die Gesundheitsstörung, nicht aber die Erwerbsunfähigkeit zum Einsatzpunkt schon vorhanden waren. Hier ist ein enger zeitlicher Zusammenhang zu fordern[25]. Der Unterhalt wegen Krankheit hat zwar besondere Bedeutung für die geforderte nacheheliche Solidarität, kann aber jedenfalls dann ehevertraglich ausgeschlossen werden, wenn eine Krankheit oder Behinderung bei Vertragsschluss nicht besteht oder absehbar ist[26]. Die Verantwortlichkeit der Ehegatten für den Unterhalt bei Behinderung ist also für die Ehezeit unbedingt ausgestaltet, während für einen nachehelichen Unterhalt ein hinreichender Bezug der Behinderung zur Ehezeit gefordert wird.

Die Unterhaltspflicht des Vaters für die nichteheliche Mutter seines Kindes wirkt über die Mutterschutzfrist hinaus, wenn die Mutter wegen einer durch Schwangerschaft oder Entbindung verursachten Krankheit zu einer Erwerbstätigkeit außerstande ist[27] oder wenn von der Mutter wegen Pflege oder Erziehung des Kindes eine Erwerbstätigkeit nicht erwartet werden kann[28]. Hat das Kind wegen einer Behinderung einen erhöhten Betreuungsbedarf wäre es auch über das dritte Lebensjahr des Kindes hinaus grob unbillig, der das Kind betreuenden Mutter den Unterhaltsanspruch zu versagen[29].

---

[21] § 1572 BGB; vgl. OLG Schleswig-Holstein vom 16. September 1996, OLGR Schleswig 1997, S. 11 (Schlaganfall in der Trennungszeit vor Scheidung noch unterhaltsauslösend); vgl. Brudermüller in: Palandt, 63. A. (2004), Rz 8–11 zu § 1572 BGB.

[22] § 1577 BGB.

[23] § 1579 BGB.

[24] OLG Brandenburg vom 11. Januar 1996, FamRZ 1996, S. 866 (Querschnittlähmung schon vor der Ehe); AG Münster vom 2. September 2002, FamRZ 2003, S. 875 (Psychische Krankheit schon vor der Ehe).

[25] BGH vom 27. Juni 2001, NJW 2001, S. 789 (rheumatische Erkrankung zwei Jahre nach Scheidung); anders in der Tendenz noch: OLG Schleswig-Holstein vom 15. Februar 2000, OLGR Schleswig 2000, S. 256 (Krebserkrankung zwei Jahre nach Scheidung); restriktiv auch: Brudermüller in : Palandt, 63. A. (2004), Rz 11 zu § 1572 BGB.

[26] BGH vom 12. Januar 2005, NJW 2005, S. 1370, 1372.

[27] § 1615 l Abs. 2 Satz 1 BGB.

[28] § 1615 l Abs. 2 Satz 2 BGB.

[29] § 1615 l Abs. 2 Satz 3 BGB; OLG Hamm vom 4. November 2004, NJW 2005, S. 297 (schwere motorische Behinderung des Kindes auf Grund rheumatischer Polyarthritis).

b) Umfang des Anspruchs

Der Umfang des Unterhaltsanspruchs wird im Familienrecht grundsätzlich individuell in Geld bestimmt[30]. Er richtet sich nach der Lebensstellung der bedürftigen Person und soll den gesamten Lebensbedarf, mindestens das Existenzminimum, umfassen[31]. Der Unterhaltsanspruch von Kindern gegen ihre Eltern wird von der Rechtsprechung nach Unterhaltstabellen bemessen, aus denen sich der Anspruch abstrakt nach dem Alter des Kindes und dem Einkommen der unterhaltsverpflichteten Eltern ergibt[32]. Der Bedarf im Sinne des familiären Unterhaltsrechts deckt sich nicht in jedem Fall mit dem Bedarf im Sinne des Sozialhilferechts, sondern kann nach den individuellen Verhältnissen höher liegen[33]. Die individuelle Lebensstellung ist auch bei behinderten Menschen zu beachten, die sich nicht selbst unterhalten können[34]. Zum Normalbedarf können bei behinderten Menschen behinderungsbedingter Mehrbedarf und Sonderbedarf kommen. Mehrbedarf wird konkret nach den mit einer Behinderung unmittelbar und typisch zusammenhängenden Belastungen bemessen[35]. Er ist von den unterhaltsverpflichteten Eltern dann zu leisten, wenn diese Belastungen den Normalbedarf regelmäßig so übersteigen, dass sie aus dessen Sätzen nicht gedeckt werden können. Dazu können Sonderbedarfe kommen, die bei einmaligen sehr hohen behinderungsbedingten Ausgaben anfallen[36].

Für den nachehelichen Scheidungsunterhalt ist zu berücksichtigen, dass zwischen rentenversicherten Ehegatten ein Versorgungsausgleich durchgeführt wird, bei dem einem Ehegatten Rentenanwartschaften übertragen werden. Auf den Unterhalt wegen Erwerbsunfähigkeit ist folgerichtig der Teil einer Erwerbsminderungsrente anzurechnen, der auf diesen übertragenen Anwartschaften beruht[37].

c) Unterhaltsansprüche und Sozialhilfe

Das Verhältnis zwischen dem Anspruch auf Unterhalt gegen Verwandte und Ehegatten und den Ansprüchen gegen Sozialhilfeträger wird grundsätzlich durch das Prinzip des Nachrangs der Sozialhilfe ausgedrückt. Danach müssen bedürftige Menschen zuerst ihre familiären und ehelichen Unterhaltsansprüche ausschöpfen, bevor sie Leistungen der Sozialhilfe beanspruchen können. Dieses Prinzip wird jedoch insbesondere für behinderte Menschen modifiziert und durchbrochen. Für

---

[30] § 1612 Abs. 1 Satz 1 BGB.

[31] § 1610 BGB; Diederichsen in: Palandt, 63. A., Rz 6 zu § 1601 BGB.

[32] Oelkers/Kraeft, FamRZ 2002, S. 790, 791, zum Beispiel die Düsseldorfer Tabelle und andere unterhaltsrechtliche Tabellen und Leitlinien der Oberlandesgerichte; vgl. Beilage zu NJW 32/2003, S. 4 ff.

[33] BGH vom 23. Juli 2003, FamRZ 2003, S. 1468; OLG Brandenburg vom 11. März 2004, Az. 10 UF 176/03; a.M.: Oelkers/Kraeft, FamRZ 2002, S. 790, 792.

[34] OLG Brandenburg vom 11. März 2004, Az. 10 UF 176/03 mit Begründung durch Art. 3 Abs. 3 Satz 2 GG; a.M.: OLG Hamm vom 1. Oktober 2003, FamRZ 2004, S. 1061 ff.

[35] BFH, FamRZ 2000, S. 665; OLG Düsseldorf vom 11. September 2000, FamRZ 2000, S. 444 (Psychotherapie); Oelkers/Kraeft, FamRZ 2002, S. 790, 791 f.

[36] OLG Karlsruhe, FamRZ 1990, S. 88; OLG Köln vom 21. Juli 1989, FamRZ 1990, S. 310, 312 (Fahrradergometer, Schreibmaschine); Oelkers/Kraeft, FamRZ 2002, S. 790, 792.

[37] OLG Schleswig-Holstein vom 20. Mai 1999, NJW-RR 2000, S. 738.

die Grundsicherung im Alter und bei dauerhafter Erwerbsminderung sind Unterhaltsansprüche der Leistungsberechtigten gegenüber ihren Kindern und Eltern nicht zu berücksichtigen, sofern deren jeweiliges jährliches Gesamteinkommen[38] unter einem Betrag von 100.000 € liegt. Damit ist der Unterhaltsanspruch gegen Kinder und Eltern in den meisten Fällen nicht zu berücksichtigen[39]. Da die Grundsicherung bei dauerhafter Erwerbsminderung bei erwachsenen Personen für einen Teil der Anspruchsberechtigten bereits einen behinderungsbedingten Mehrbedarf zuzüglich zum notwendigen Lebensunterhalt enthält[40], besteht so für viele dauerhaft erwerbsgeminderte Personen ein Unterhaltsanspruch gegen Verwandte nur noch für diejenigen Mehr- und Sonderbedarfe, bei denen die familienrechtlichen Kriterien über die sozialhilferechtlichen Bedarfssätze hinausgehen[41]. Dies ist jedenfalls dann der Fall, wenn der Mehrbedarf mehr als das Doppelte des Regelsatzes beträgt[42]. Grundsicherung mindert die familiäre Unterhaltspflicht[43]. Realisierbarer Unterhalt kann zwar die Grundsicherung mindern[44], dies kann jedoch nicht für die Differenz zwischen dem Bedarf im Sinne der Sozialhilfe und dem Bedarf im Sinne des Familienrechts gelten[45]. Die staatliche Grundsicherung sichert ein Minimum an Teilhabe, die angemessene Teilhabe soll im Übrigen durch die Familie gedeckt werden können.

Sind behinderte Menschen nur teilweise oder gar nicht erwerbsgemindert und erhalten Arbeitslosengeld II oder Sozialgeld, so kann der Träger der Grundsicherung für Arbeitsuchende einen bestehenden Unterhaltsanspruch der hilfebedürftigen Person bis zur Höhe der erbrachten Leistungen auf sich überleiten[46]. Dies ist dann nicht ausgeschlossen, wenn die unterhaltsberechtigte Person mit dem Verpflichteten in einer Bedarfsgemeinschaft lebt oder mit dem Verpflichteten verwandt ist und den Unterhaltsanspruch nicht geltend macht[47]. Der Unterhaltsanspruch gegen Verwandte kann aber dann übergeleitet werden, wenn die Hilfebedürftigen minderjährig sind oder unter 25 Jahre alt sind und die Erstausbildung noch nicht abgeschlossen haben[48]. Damit ist in den meisten Fällen des Bezugs von Arbeitslosengeld II und Sozialgeld die Unterhaltspflicht zwischen Eltern und Kindern für den Normalbedarf und einen behinderungsbedingten Mehrbedarf bis zum doppelten Normalbedarf[49] ausgeschlossen.

---

[38] § 16 SGB IV; § 2 EStG.

[39] Vgl. Hoffmann/Huck, BArbBl. 11/2001, S. 28 ff.

[40] § 30 Abs. 1 Nr. 2, Abs. 4, Abs. 5 SGB XII.

[41] Vgl. zum Zweck der Grundsicherung: BT-Drucks. 14/5150, S. 49; Klinkhammer, FamRZ 2003, S. 1793, 1795 f.

[42] § 30 Abs. 6 SGB XII.

[43] OLG Brandenburg vom 11. März 2004, Az. 10 UF 176/03.

[44] OLG Nürnberg vom 21. April 2004, JAmt 2004, S. 335; VGH Bayern vom 5. Februar 2004, RdLH 2004, S. 63 f. mit Anmerkung Wendt; vgl. Klinkhammer, FamRZ 2003, S. 1793, 1799 zur inkonsequenten Konzeption des Grundsicherungsgesetzes.

[45] OLG Brandenburg vom 11. März 2004, Az. 10 UF 176/03; OLG Oldenburg vom 18. November 2003, FamRZ 2004, S. 295 f.

[46] § 33 Abs. 1 Satz 1 SGB II.

[47] § 33 Abs. 2 Nr. 1 und 2 SGB II.

[48] § 33 Abs. 2 Nr. 2, 2. Hs. SGB II.

[49] § 21 Abs. 6 SGB II.

Erhalten hilfsbedürftige behinderte Menschen Hilfe zum Lebensunterhalt, Eingliederungshilfe, Krankenhilfe oder Hilfe zur Pflege, gehen bestehende Unterhaltsansprüche der leistungsberechtigten Person gesetzlich auf den Sozialhilfeträger über[50]. Der Anspruch einer volljährigen unterhaltsberechtigten Person, die wesentlich behindert oder pflegebedürftig ist, gegen ihre Eltern geht wegen Leistungen der Hilfe zum Lebensunterhalt nur in Höhe von bis zu 20 €, wegen Leistungen der Hilfe zur Pflege und Eingliederungshilfe nur in Höhe von bis zu 26 € über[51]. Bei diesem Anspruchsübergang handelt es sich praktisch um eine Kostenbeteiligung. Ihre Höhe ist dynamisch an das Kindergeld geknüpft[52]. Der Anspruchsübergang ist ausgeschlossen, wenn die unterhaltspflichtige Person selbst bedürftig ist oder durch die Erfüllung des Anspruchs bedürftig würde oder wenn der Übergang des Anspruchs eine unbillige Härte bedeuten würde[53]. Eine unbillige Härte ist dabei nach materiellen und immateriellen Gesichtspunkten zu bestimmen. Sie kann etwa dann eintreten, wenn sich die Eltern intensiv um ihr volljähriges behindertes Kind kümmern[54].

3. Arbeitsrecht

Erwerbsarbeit ist der wichtigste und durch das Sozialrecht vielfach, auch durch Rehabilitation, geforderte und geförderte Weg, den Lebensunterhalt zu decken. Das staatliche Arbeitsrecht enthält jedoch keine Vorschriften, die sich unmittelbar auf den Lebensunterhalt beziehen, insbesondere keine Vorschrift über einen den Lebensunterhalt sichernden Mindestlohn. Ob das Arbeitsentgelt für die Bedarfsdeckung ausreicht, wird durch Tarifvertrag oder individuellen Arbeitsvertrag entschieden. Gerade für leistungsgeminderte behinderte Beschäftigte kann die Situation eintreten, dass das Arbeitsentgelt nicht das zum Lebensunterhalt nötige Minimum erreicht. Um dies zu verhindern, können auf sozialrechtlicher Grundlage an Arbeitgeber Eingliederungszuschüsse für die Beschäftigung schwerbehinderter Menschen durch die Agentur für Arbeit, andere Rehabilitationsträger oder das Integrationsamt gezahlt werden[55]. Damit kann erreicht werden, dass auch stark leistungsgeminderte Personen ein Arbeitsentgelt erlangen, das für sie unterhaltssichernd ist. Einer Unterhaltssicherung bei Arbeit in den Werkstätten für behinderte Menschen dienen die Vorschrift, dass in jedem Fall ein leistungsunabhängiger

---

50 § 94 Abs. 1 Satz 1 SGB XII.
51 § 94 Abs. 2 Satz 1 SGB XII; vgl. zu der durch das SGB IX für die Eingliederungshilfe eingeführten Regelung (§ 91 Abs. 2 BSHG): Wendt, RdLH 2001, S. 61 f. und zur Erweiterung auf die Hilfe zur Pflege durch das SGB XII: Klinkhammer, FamRZ 2004, S. 266, 268 f. Die Regelung war bis zum SGB XII auf die vollstationäre Unterbringung beschränkt, zur Kritik daran: Castendiek/Hoffmann (2002), Rz 387 ff.
52 § 94 Abs. 2 Satz 3 SGB XII.
53 § 94 Abs. 3 SGB XII.
54 BGH vom 23. Juli 2003, FamRZ 2003, S. 1468 ff.; OLG Koblenz vom 27. November 2000, FamRZ 2001, S. 1237 ff.; OLG Köln vom 18. November 1999, NJW 2000, S. 1201 f.
55 §§ 218 Abs. 2, 219 SGB III; § 16 Abs. 1 SGB II; § 54 Abs. 1 Satz 2 SGB XII; §§ 34 Abs. 1 Satz 1 Nr. 2, Abs. 3, 102 Abs. 3 Nr. 2b SGB IX; vgl. Flüthmann, DRV 2003, S. 293 ff.

Grundbetrag zu zahlen ist[56], und das Arbeitsförderungsgeld[57]. Mit dem Arbeitsförderungsgeld der Rehabilitationsträger soll das Werkstattentgelt einem existenzsichernden Betrag angenähert werden.

4. Steuerrecht

Das Steuerrecht berührt die Deckung des Lebensbedarfs indirekt. Indem der Staat Einkommen besteuert, mindert er das zur Bedarfsdeckung zur Verfügung stehende Einkommen. Das BVerfG hat aus dem Grundsatz, dass niemand durch Besteuerung so bedürftig werden darf, dass er seinen Lebensunterhalt nicht mehr aus eigenem Einkommen decken kann, weitgehende Grundsätze für das Steuerrecht entwickelt. Zu diesen gehört insbesondere, dass ein Betrag in Höhe des Existenzminimums für alle steuerpflichtigen Personen von der Besteuerung ausgenommen werden muss. Für steuerpflichtige behinderte Menschen ist im Steuerrecht sicherzustellen, dass bei der Bemessung ihres verfügbaren Einkommens eine durch die Behinderung bedingte besondere Belastung berücksichtigt wird. Dies gilt auch für Personen, die ihnen Unterhalt leisten oder sie betreuen. Um die Steuerfreiheit des Existenzminimums auch für Familien zu konkretisieren, ist der früher im Sozialrecht geregelte Familienleistungsausgleich ins Steuerrecht integriert worden. Er soll die steuerliche Freistellung des Existenzminimums von Kindern bewirken und die Familie fördern[58]. Damit hat der Familienleistungsausgleich auch eine wichtige Funktion für die Unterhaltssicherung behinderter Kinder.

a) Steuerliche Entlastung behinderter Menschen

Die Besteuerung behinderter Menschen folgt dem Grundsatz, dass Steuerpflichtige, denen zwangsläufig größere Aufwendungen erwachsen als der überwiegenden Mehrzahl der Steuerpflichtigen gleicher Einkommensverhältnisse, gleicher Vermögensverhältnisse und gleichen Familienstands steuerlich entlastet werden sollen. Damit wird das Prinzip sozialer Gleichheit im Steuerrecht umgesetzt. Das Steuerrecht soll nicht ohne Betrachtung der Auswirkungen gleiche Einkommen gleich besteuern, sondern berücksichtigen, wie stark die Steuerpflichtigen auf dieses Einkommen angewiesen sind.

Als zwangsläufige Aufwendungen werden solche angesehen, denen sich die Steuerpflichtigen aus rechtlichen, tatsächlichen oder sittlichen Gründen nicht entziehen können, wenn sie notwendig und angemessen sind[59]. Belastungen wegen einer Behinderung zählen zu den aus tatsächlichen Gründen entstehenden Aufwendungen. Das Kriterium der Unausweichlichkeit streitet hier nicht, wie im Verfassungsrecht[60], für Gleichbehandlung, sondern für rechtliche Ungleichbehandlung

---

[56] § 138 Abs. 2 Satz 1 SGB IX; zur Unabdingbarkeit: BAG vom 3. März 1999, ArbuR 1999, S. 359 mit Anm. Wendt.

[57] § 43 SGB IX; vgl. Lachwitz, RdLH 2001, S. 55 ff.

[58] § 31 Satz 1 und 2 EStG.

[59] § 33 Abs. 2 Satz 1 EStG.

[60] BVerfG vom 26. Januar 1993, BVerfGE 88, 87 (Transsexuellengesetz).

mit dem Ziel sozialer Gleichheit bei den Ergebnissen der Besteuerung. Obwohl sie behinderungsbedingt sind, werden die Kosten für Diäternährung gesetzlich ausdrücklich von den außergewöhnlichen Belastungen ausgeschlossen, weil diese an die Stelle anderer Nahrungsmittel tritt[61].

Das Prinzip der Berücksichtigung außergewöhnlicher Belastungen ist für behinderte Menschen durch einen Pauschbetrag umgesetzt worden[62]. Solche pauschalierten Steuerentlastungen dienen der Verwaltungsvereinfachung für Bürger und Behörden. Die mit einer Behinderung verbundenen vielfältigen Belastungen rechtfertigen eine Pauschalierung[63]. Die Ungewissheit über die tatsächlichen Aufwendungen rechtfertigt dabei auch, dass die Beträge nicht regelmäßig angepasst werden[64]. Besonders hohe Belastungen im Einzelfall können weiterhin berücksichtigt werden, indem behinderte Menschen sie im Einzelnen anstelle des Pauschbetrages geltend machen[65]. Besondere Belastungen außerhalb der alltäglichen Kosten können auch neben dem Pauschbetrag zum Abzug zugelassen werden[66]. Dies gilt auch für Kosten einer behinderungsbedingten Heimunterbringung[67] und für Heilkuren[68]. Wichtig ist die im Pauschbetrag und in der Anerkennung zusätzlicher Bedarfe enthaltene Wertung, dass unausweichlich für behinderte Menschen nicht nur Aufwendungen sind, dem dem Existenzminimum entsprechen, sondern darüber hinaus auch solche, die einem üblichen Maß an Teilhabe und der Rehabilitation dienen.

Behinderten-Pauschbeträge können nur von behinderten Menschen geltend gemacht werden, deren Grad der Behinderung auf mindestens 50 festgestellt ist oder deren GdB zwischen 25 und 50 beträgt, wenn ihnen wegen der Behinderung Renten oder andere laufende Bezüge zustehen oder wenn die Behinderung zu einer dauernden Einbuße der Beweglichkeit geführt hat oder wenn sie auf einer Berufskrankheit beruht[69]. Der Pauschbetrag ist nach dem GdB gestaffelt[70]. Im Falle der Hilflosigkeit erreicht er den Höchstbetrag von 3.700 € jährlich[71].

Behinderte Menschen, deren GdB mindestens 70 beträgt oder deren GdB zwischen 50 und 70 beträgt und die in ihrer Bewegungsfreiheit im Straßenverkehr erheblich beeinträchtigt sind, können bei der Bemessung ihrer Werbungskosten die Aufwendungen für den Weg zwischen Wohnung und Arbeitsstätte auch einzeln nachweisen und sind nicht auf die Entfernungspauschale verwiesen[72]. Damit wird

---

61 § 33 Abs. 2 Satz 3 EStG; dazu BFH vom 10. Oktober 1991, BFHE 165, 534; BFH vom 29. Oktober 1987, HFR 1989, 152.

62 § 33b EStG (Behinderten-Pauschbetrag); vgl. dazu Schoor, Versicherungswirtschaft 2000, S. 1140 f.

63 BFH vom 20. März 2003, BFH/NV 2003, 1164; BFHE 92, 3.

64 BFH/NV 2003, 1164.

65 BFHE 176, 398; BFH vom 28. Februar 1968, BStBl. II 1968, 437.

66 BFH vom 4. Juli 2002, BFHE 199, 400 (Begleitperson für Urlaubsreise); BFH vom 26. März 1993, BFHE 171, 428 (Fahrerlaubnis für schwer gehbehinderte Tochter).

67 BFH vom 18. April 2002, HFR 2002, S. 889 mit Anm. Hettler.

68 BFH vom 11. Dezember 1987, BFHE 152, 131.

69 § 33b Abs. 2 EStG.

70 § 33b Abs. 3 Satz 2 EStG: GdB 25 und 30: 310 €; GdB 35 und 40: 430 €; GdB 45 und 50: 570 €; GdB 55 und 60: 720 €; GdB 65 und 70: 890 €; GdB 75 und 80: 1060 €; GdB 85 und 90: 1230 €; GdB 95 und 100: 1420 €.

71 § 33 b Abs. 3 Satz 3 EStG.

72 § 9 Abs. 2 EStG.

dem Umstand Rechnung getragen, dass es für diese behinderten Menschen deutlich aufwändiger sein kann als für andere Personen, den Arbeitsweg zu bewältigen.

Steuerpflichtige, die selbst schwerbehindert oder hilflos sind oder in deren Haushalt eine solche Person lebt, können bis 924 € im Jahr für eine Hilfe im Haushalt als außergewöhnliche Belastung ansetzen[73]. Der gleiche Betrag kann auch für vergleichbare Kosten abgesetzt werden, wenn steuerpflichtige Personen zur dauernden Pflege im Heim leben[74].

b) Familienleistungsausgleich für Eltern behinderter Kinder

Der Familienleistungsausgleich wird durch Steuerfreibeträge oder durch die Zahlung von Kindergeld als Steuervergütung bewirkt. Die Steuerfreibeträge liegen bei 3648 € für das sächliche Existenzminimum und 2160 € für den Betreuungs-, Erziehungs- und Ausbildungsbedarf des Kindes jährlich[75]. Das Kindergeld beträgt für das erste, zweite und dritte Kind jeweils 154 € monatlich, für jedes weitere Kind 179 € monatlich[76]. Für grundsätzlich alle Personen, die ihren Wohnsitz im Inland haben oder aus anderen Gründen in Deutschland einkommensteuerpflichtig sind[77] wird für Kinder, denen sie unterhaltspflichtig sind[78], das Kindergeld gezahlt oder die Freibeträge werden berücksichtigt, je nachdem, welche Variante sich günstiger auswirkt[79]. Berücksichtigt werden grundsätzlich auch Pflegekinder[80], was gerade für behinderte Kinder von Bedeutung ist, die häufig in Familienpflege genommen werden müssen. Voraussetzung ist aber, dass die Pflegeeltern für einen nicht unwesentlichen Teil des Unterhalts selbst aufkommen[81].

Für behinderte Kinder, die noch nicht volljährig sind, bestehen beim Familienleistungsausgleich keine Unterschiede zu anderen Kindern. Der Behinderten-Pauschbetrag wegen der außergewöhnlichen Belastungen durch die Behinderung kann aber vom Kind auf die Eltern übertragen werden, wenn ihn das Kind nicht in Anspruch nimmt, und so eine steuerliche Entlastung der Eltern bewirken[82]. Diese Entlastung hat kein Gegenstück bei Eltern, deren Einkommen so niedrig ist, dass sie von dem Behinderten-Pauschbetrag nicht profitieren. Es wäre insofern systemgerecht, einen entsprechenden Kindergeldzuschlag für die Eltern behinderter Kinder zu schaffen, um für ihre Mehraufwendungen beim Unterhalt auch gering verdienende Eltern zu entlasten. Der BFH hat aber die Ermittlung des Existenzminimums ohne Berücksichtigung individueller Sonderbedarfe als verfassungsgemäß angesehen[83]. Weiterhin können auch Unterhaltszahlungen an behinderte Kinder

---

73   § 33a Abs. 3 Satz 1 Nr. 2 EStG.
74   § 33a Abs. 3 Satz 2 Nr. 2 EStG.
75   § 32 Abs. 6 Satz 1–3 EStG.
76   § 66 Abs. 1 EStG.
77   § 1 Abs. 1 und 2 EStG.
78   Vgl. § 63 EStG für seltene Ausnahmen.
79   § 31 Satz 4 und 5 EStG.
80   § 32 Abs. 1 Nr. 2 EStG; §§ 44 ff. SGB VIII.
81   BFH vom 29. Januar 2003, BFH/NV 2003, 1296.
82   § 33b Abs. 5 EStG.
83   BFH vom 5. Februar 2002, BFH/NV 2002, 781.

als außergewöhnliche Belastung berücksichtigt werden[84]. Hierfür gilt ebenfalls, dass die steuerliche Entlastung nur einkommensstärkeren Eltern behinderter Menschen zugute kommt.

Haben Kinder das 18. Lebensjahr vollendet, werden sie weiter berücksichtigt, wenn sie arbeitssuchend sind (bis zum 21. Lebensjahr)[85], wenn sie noch in der Ausbildung sind (bis zum 27. Lebensjahr)[86] oder wenn sie wegen[87] Behinderung außerstande sind, sich selbst zu unterhalten. In diesem Fall werden sie ohne Altersgrenze berücksichtigt. Damit wird der weiter bestehenden Unterhaltspflicht der Eltern Rechnung getragen. Voraussetzung ist, dass die Behinderung und die Unfähigkeit zum Selbstunterhalt vor dem 27. Lebensjahr eingetreten sind[88]. Inkonsequent ist, dass die nach dem 27. Lebensjahr eingetretene Behinderung nicht berücksichtigt wird, obwohl auch in diesem Falle ein Unterhaltsanspruch des behinderten Kindes gegen die Eltern besteht. Es wird aber davon ausgegangen, dass in diesen Fällen typischerweise durch die bis zum Eintritt der Behinderung erreichte Lebensstellung des Kindes eine hinreichende eigene Vorsorge möglich gewesen ist.

Ob ein Kind wegen Behinderung außerstande ist, sich selbst zu unterhalten, wird konkret und nicht nach abstrakten rentenrechtlichen Grundsätzen bestimmt, so dass auch das konkret erhöhte Arbeitsmarktrisiko berücksichtigt wird[89]. Der Unterhaltsbedarf wird konkret bestimmt. Es werden der für den Familienleistungsausgleich gesetzlich normierte Grundbedarf[90] und konkrete behinderungsbedingte Mehrbedarfe berücksichtigt[91]. Dies führt dazu, dass gewährte bedarfsorientierte Leistungen zur Teilhabe für das Kind einem Kindergeldanspruch der Eltern nicht entgegenstehen. Der BFH hat klargestellt, dass zum notwendigen Bedarf des Kindes neben Ernährung, Unterkunft, Kleidung, Körperpflege, Hausrat und Heizung auch persönliche Bedürfnisse des täglichen Lebens gehören. Zu diesen werden auch Kontakte zur Umwelt und Familie und eine Teilhabe am kulturellen Leben gerechnet[92]. Zum behinderungsbedingten Mehrbedarf gehören auch persönliche Betreuungsleistungen der Eltern, die über Grundpflege in dem von der Pflegeversicherung abgedeckten Maß hinausgehen[93]. Dem Bedarf wird das Einkommen des Kindes gegenübergestellt. Dazu gehören die Einkünfte im steuerrechtlichen Sinne und Sozialleistungen von Sozialversicherungsträgern[94]. Auch andere Sozialleistungen wie Pflegegeld, Grundrenten, Grundsicherung und Hilfe

---

[84] FG Köln vom 28. März 2003 (nicht rkr), EFG 2003, S. 1167.

[85] § 32 Abs. 4 Satz 1 Nr. 1 EStG.

[86] § 32 Abs. 4 Satz 1 Nr. 2 EStG.

[87] Zum Zusammenhang: FG Baden-Württemberg vom 3. April 2002, EFG 2002, S. 1100; Hillmoth, INF 2003, S. 94, 95.

[88] § 32 Abs. 4 Satz 3 EStG; vgl. BFH vom 23. September 2003, Az. VIII B 286/02; BFH vom 26. Juli 2001, BFH/NV 2002, 177; FG Niedersachsen vom 1. Juli 2003 (nicht rkr), EFG 2004, S. 275 mit Anm. Siegers.

[89] BFH vom 28. Januar 2004, BFH/NV 2004, S. 784.

[90] § 32 Abs. 4 Satz 2 EStG: 7680 €.

[91] BFH vom 15. Oktober 1999, BFHE 189, 449; die Mehrbedarfe können mindestens in Höhe des Behinderten-Pauschbetrags angesetzt werden, BFH vom 15. Oktober 1999, BFHE 189, 442; BFH vom 24. Mai 2000, RdLH 2000, 145.

[92] BFHE 189, 449; vgl. dazu Pentenrieder/Zeitler, NDV 2000, S. 69 ff.

[93] DA-FamEStG 63.3.6.3.2 Abs. 3 BStBl. I 2002, S. 398 f.: Die Stunde ist mit 8 € anzusetzen.

[94] BFH vom 15. Oktober 1999, BFHE 189, 457 (Unfallrente); Hillmoth, INF 2003, S. 94, 95.

zum Lebensunterhalt sind zu den Einkünften zu zählen, wenn sie im Einzelfall die Unterhaltspflicht der Eltern mindern[95]. Vermögen mindert nach der Rechtsprechung des BFH die Bedürftigkeit nur durch seine Erträge, nicht durch seinen Bestand[96]. Muss der Vermögensstamm nicht verwertet werden, kann für behinderte Kinder aus vermögenden Familien eine eigenständige Sicherung aufgebaut werden. Dies verwirklicht Besitzstandsgerechtigkeit, geht aber zu Lasten sozialer Gleichheit und Bedarfsgerechtigkeit im Verhältnis zwischen behinderten Menschen.

Aufwendungen für Dienstleistungen zur Betreuung eines zum Haushalt einer steuerpflichtigen Person gehörenden behinderten Kindes können als außergewöhnliche Belastungen geltend gemacht werden, wenn beide Eltern entweder erwerbstätig, in Ausbildung oder selbst behindert oder krank sind, soweit sie je Kind 1548 € übersteigen[97].

c) Steuerliche Entlastung von Pflegepersonen

Steuerpflichtige, die eine hilflose Person pflegen, können die hierdurch erwachsende außergewöhnliche Belastung steuermindernd geltend machen. Sie können stattdessen auch einen Pflege-Pauschbetrag von ihrem zu versteuernden Einkommen abziehen[98]. Voraussetzung ist, dass sie für die Pflege keine Einnahmen erhalten[99]. Das Pflegegeld nach SGB XI gilt dabei als Einnahme, wenn es von der pflegebedürftigen Person an die pflegende Person weitergeleitet wird. Das weitergeleitete Pflegegeld ist dafür bereits im Regelfall eine steuerfreie Einnahme[100].

5. Sozialrecht

Im Sozialrecht wird das Risiko behinderter Menschen, sich nicht selbst unterhalten zu können, vor allem unter dem Begriff der Erwerbsminderung gefasst. Die Erwerbsminderungsrente[101] und die Grundsicherung wegen dauerhafter Erwerbsminderung[102] sind die wichtigsten sozialrechtlichen Realisierungen des Rechts auf den Lebensunterhalt für behinderte Menschen. Voll erwerbsgemindert sind Personen, die wegen Krankheit oder Behinderung auf nicht absehbare Zeit außerstande sind, unter den allgemeinen Bedingungen des allgemeinen Arbeitsmarktes mindes-

---

[95]	BFH vom 26. November 2003, BFH/NV 2004, 699.

[96]	BFH vom 19. August 2002, FR 2003, S. 41; dazu ablehnend: Nolde, FR 2003, S. 180; zustimmend: Bilsdorfer, StStud 2003, S. 220; Schumacher, NDV 2003, S. 55 ff.; vgl. für das Familienrecht: OLG Karlsruhe vom 10. November 1999, FamRZ 2001, S. 47.

[97]	§ 33 c Abs. 1 Satz 1 und 2 EStG; Als steuerlicher Freibetrag können dann 1500 € abgezogen werden, § 33c Abs. 2 EStG.

[98]	§ 33 b Abs. 6 Satz 1 EStG: 924 € jährlich.

[99]	§ 33b Abs. 6 Satz 2 EStG.

[100]	§ 3 Nr. 36 EStG.

[101]	Ende 2002 wurden in Deutschland 642.973 Erwerbsminderungsrenten gezahlt. Es wurden 2002 121.209 Renten beantragt und 56.441 bewilligt, vgl. Moll/Stichnoth, DAngVers 2003, S. 419 ff.

[102]	Die Grundsicherung wegen dauerhafter Erwerbsminderung wurde zum 1. Januar 2003 durch das Grundsicherungsgesetz eingeführt. Zur Statistik vgl. § 8 GrSiG. Erste Daten werden für November 2004 erwartet, vgl. Weber in: LPK-GSiG, Rz 19 zu § 8.

tens drei Stunden täglich erwerbstätig zu sein[103]. Teilweise erwerbsgemindert sind Personen, die zwischen drei und sechs Stunden täglich arbeiten können[104]. Mit diesen Definitionen wird das spezifisch auf die Behinderung zurückzuführende Risiko des Lebensunterhalts abgegrenzt von dem Risiko, wegen Arbeitslosigkeit oder aus anderen Gründen sich nicht selbst unterhalten zu können, das behinderte Menschen auch treffen kann, aber durch andere Leistungen zu anderen Bedingungen gesichert ist.

a) Allgemeine Sicherung bei Erwerbsminderung: Zugang

Bei voller Erwerbsminderung können Erwerbsminderungsrente oder Grundsicherung bei dauerhafter Erwerbsminderung beansprucht werden. Der Anspruch auf eine Erwerbsminderungsrente setzt voraus, dass ein Versicherungsverhältnis zur gesetzlichen Rentenversicherung besteht, vor Eintritt der Erwerbsminderung insgesamt fünf Jahre lang Beitragszeiten vorliegen[105] und in den letzten fünf Jahren vor Eintritt der Erwerbsminderung drei Jahre Pflichtbeiträge für eine versicherte Beschäftigung oder Tätigkeit gezahlt worden sind[106]. Damit ist eine Nähe zum Erwerbsleben erforderlich. Diese Anforderung wird kritisiert, weil sie Frauen und Personen mit besonderen Schwierigkeiten der Teilhabe benachteiligt. Wer wegen gesundheitlicher Schwierigkeiten schon in den letzten fünf Jahren überwiegend ohne Beitragszeiten gewesen ist, kann die versicherungsrechtlichen Voraussetzungen nicht erfüllen.

Der Anspruch auf Grundsicherung bei voller Erwerbsminderung setzt voraus, dass die erwerbsgeminderte Person sich ihren Lebensunterhalt nicht aus Einkommen und Vermögen selbst beschaffen kann[107]. Dabei sind Einkommen und Vermögen eines Ehegatten oder Lebenspartners oder Partners einer eheähnlichen Gemeinschaft zu berücksichtigen. Es gilt aber nicht die Vermutung, dass ihr Bedarf schon innerhalb der Haushaltsgemeinschaft gedeckt wird[108]. Unterhaltsansprüche gegen Kinder und Eltern bleiben unberücksichtigt, soweit deren jährliches Gesamteinkommen 100.000 € nicht übersteigt[109]. Zum Einkommen gehören alle Einkünfte, Unterhaltsleistungen[110] und unterhaltssichernden Sozialleistungen[111] außer Sozialhilfeleistungen und Grundrenten der sozialen Entschädigung[112]. Abzusetzen sind Steuern, Sozialversicherungsbeiträge, Werbungskosten und das Arbeitsförde-

---

[103] § 43 Abs. 2 Satz 2 SGB VI, § 41 Abs. 1 Nr. 2 SGB XII, § 8 SGB II.
[104] § 43 Abs. 1 Satz 2 SGB VI.
[105] §§ 43 Abs. 2 Satz 1 Nr. 3, 51 Abs. 1, 54 Abs. 1 Nr. 1, 55, 56 SGB VI. Diese Anforderung kann bei Arbeitsunfall oder Berufskrankheit, Wehr- oder Zivildienstbeschädigung oder Eintritt der Erwerbsminderung vor Ablauf von sechs Jahren nach Ende der Ausbildung vorzeitig erfüllt sein, § 53 SGB VI.
[106] § 43 Abs. 2 Satz 1 Nr. 2 SGB VI.
[107] §§ 41 Abs. 2, 82–84, 90 SGB XII.
[108] § 43 Abs. 1 SGB XII.
[109] § 43 Abs. 2 Satz 1 SGB XII.
[110] OLG Nürnberg vom 21. April 2004, JAmt 2004, S. 335.
[111] Vgl. zur Abgrenzung: OLG Brandenburg vom 11. März 2004, Az. 10 UF 176/03; Brühl in: LPK-BSHG, 6.A. (2003), Rz 9 zu § 77.
[112] § 82 Abs. 1 SGB XII.

rungsgeld[113]. Schmerzensgelder und Zuwendungen der Wohlfahrtspflege bleiben außer Betracht[114]. Vermögen muss grundsätzlich verwertet werden[115]. Ausgenommen sind Kapital der öffentlich geförderten zusätzlichen Altersvorsorge[116], ein angemessener Hausrat[117], Gegenstände für den beruflichen, künstlerischen und wissenschaftlichen Bedarf, Familien- und Erbstücke[118] und ein selbst bewohntes angemessenes Hausgrundstück. Die Angemessenheit bestimmt sich auch nach einem behinderungsbedingten Wohnbedarf[119]. Vermögen, das nachweislich zur baldigen Beschaffung oder Erhaltung eines Hausgrundstücks für den Wohnbedarf behinderter oder pflegebedürftiger Menschen dient, muss ebenfalls nicht verwertet werden[120]. Personen, deren Einkommen oder Vermögen diese Grenzen übersteigt und die die rentenversicherungsrechtlichen Voraussetzungen nicht erfüllen, können also trotz voller Erwerbsminderung auf keine der beiden Leistungen Anspruch haben. Keinen Anspruch auf Grundsicherung haben auch Personen, bei denen die Erwerbsminderung (noch) nicht als dauerhaft angesehen wird. Für sie kommen unterhaltssichernde Leistungen während der Rehabilitation oder Hilfe zum Lebensunterhalt zur Deckung des Lebensbedarfs in Betracht.

b) Allgemeine Sicherung bei Erwerbsminderung: Umfang

Die Höhe der Erwerbsminderungsrente bestimmt sich individuell nach den geleisteten Beiträgen. Die Zeit zwischen dem Eintritt der Erwerbsminderung und dem 60. Lebensjahr wird als Zurechnungszeit betrachtet[121]. Für diese Zeit wird eine Gesamtleistungsbewertung durchgeführt[122], die sich an den bisher gezahlten Beiträgen orientiert. Dadurch werden die für die Rentenhöhe entscheidenden persönlichen Entgeltpunkte ermittelt. Damit soll der Versicherungsfall der Erwerbsminderung im Ergebnis zu einer vergleichbaren Rente führen wie der Versicherungsfall Alter. Die Versicherten werden so gestellt, als hätten sie ohne Erwerbsminderung das 60. Lebensjahr erreicht. Die Gesamtleistungsbewertung entspricht einer Hochrechnung, bei der jedoch die Möglichkeit eines beruflichen Aufstiegs außer Betracht bleibt. Die Abschläge, die bei einer Verrentung im 60. Lebensjahr in Kauf zu nehmen wären, treffen aber auch sie. Ein gesetzliches Sicherungsziel der Erwerbsminderungsrente ist nicht bestimmt. Sie hat aber den gleichen Rentenartfaktor wie die Altersrente[123], so dass angenommen werden kann, dass die Erwerbsminderungsrente im Grundsatz den Lebensunterhalt sichern soll. Die Rente wegen teil-

---

113 § 82 Abs. 2 SGB XII.
114 §§ 83 Abs. 2, 84 SGB XII.
115 § 90 Abs. 1 SGB XII.
116 § 90 Abs. 2 Nr. 2 SGB XII.
117 § 90 Abs. 2 Nr. 4 SGB XII.
118 § 90 Abs. 2 Nr. 5–7 SGB XII.
119 § 90 Abs. 2 Nr. 8 SGB XII.
120 § 90 Abs. 2 Nr. 3 SGB XII.
121 § 59 SGB VI.
122 §§ 71–74 SGB VI.
123 § 67 Nr. 3 SGB VI; allerdings wird die Erwerbsminderungsrente gegenüber der Altersrente durch den Zugangsfaktor gemindert: § 77 Abs. 2 SGB VI. Dadurch soll sichergestellt werden, dass die Erwerbsminderungsrente nicht in übermäßigem Umfang als vorgezogene Altersrente genutzt

C. Lebensunterhalt 633

weiser Erwerbsminderung hat den halben Rentenartfaktor[124], so dass sie nur die Funktion einer zusätzlichen Unterhaltssicherung neben Teilzeitarbeit haben soll.

Die Höhe der Erwerbsminderungsrente wird neben den individuellen Faktoren (persönliche Entgeltpunkte) durch den aktuellen Rentenwert[125] bestimmt. Diese Berechnungsgröße wird jährlich angepasst[126]. Dabei richtet sich die Anpassung im Grundsatz nach der Entwicklung der Einkommen der Rentenversicherten unter Berücksichtigung ihrer Rentenbeitragsbelastung[127]. In den Rentenreformen der Jahre 2001 und 2004 sind jedoch Modifikationen vorgenommen worden, die den Anstieg des Rentenniveaus verlangsamen sollen, indem typische Belastungen für die private Altersvorsorge[128] sowie ein weiterer mindernder Faktor in die Anpassungsformel aufgenommen worden sind. Dies wird damit begründet, dass wegen der demografischen Entwicklung und wirtschaftspolitischen Erwägungen einer Stabilisierung des Rentenbeitragssatzes Vorrang vor der Erreichung eines unveränderten Sicherungsziels eingeräumt wird. Für den weiteren Bedarf an sozialer Sicherung werden die Versicherten darauf verwiesen, verstärkt private Altersvorsorge zu betreiben, die steuerlich begünstig und gefördert wird („Riester-Rente")[129].

Problematisch ist, dass die am aktuellen Rentenwert ansetzenden Veränderungen in gleicher Weise die jährliche Anpassung der Erwerbsminderungsrenten betreffen. Ihnen steht jedoch nicht in gleicher Weise die Möglichkeit privater öffentlich geförderter Vorsorge gegenüber. Zwar können diese nach den Regelungen über zertifizierte und förderungsfähige Altersvorsorgeverträge auch eine Leistung im Fall der Erwerbsminderung vorsehen[130]. Dies ist jedoch nicht obligatorisch. Da Abschluss und Konditionen eines Vertrages über eine private Vorsorge unter Einschluss des Erwerbsminderungsrisikos von einer Gesundheitsprüfung abhängig gemacht werden können, haben gerade behinderte und von Behinderung bedrohte Menschen nur stark erschwerte Möglichkeiten, für die Erwerbsminderung privat vorzusorgen. Sie werden daher vom abgesenkten Sicherungsziel getroffen, ohne dies durch eigene Vorsorge kompensieren zu können. Diese Gestaltung der sozialen Sicherung erweist sich insofern in ihren Wirkungen als benachteiligend für behinderte Menschen. Durch diese Entwicklung ist in Frage gestellt, ob für den Fall der Erwerbsminderung ein soziales Sicherungssystem zur Verfügung steht, das auch einkommensschwächeren und gesundheitlich vorgeschädigten Personen eine Lebensstandardsicherung ermöglicht. Der Gesetzgeber kann diese Sicherungslücke beheben, indem er die Entwicklung der Erwerbsminderungsrente von der Altersrente abkoppelt oder indem er eine für alle zugängliche und öffentlich geförderte private Vorsorge für Erwerbsminderung ermöglicht. Bereits im Jahre 2002,

wird. Es wird aber auch für andere Altersgruppen eine Rentenminderung bewirkt, vgl. kritisch: Köhler-Rama, SF 2004, S. 7, 10.
[124] § 67 Nr. 2 SGB VI.
[125] §§ 68 Abs. 1, 255a SGB VI. Der aktuelle Rentenwert beträgt vom 1. Juli 2003 an 26,13 € (West) und 22,97 € (Ost).
[126] §§ 68 Abs. 1 Satz 3, Abs. 2–5, 255d–255f SGB VI.
[127] § 68 Abs. 1 Satz 3 SGB VI.
[128] § 68 Abs. 4 und 5 (Faktor AVA2009), § 255e Abs. 3 und 4 (Faktor AVAt-1).
[129] §§ 10a, 79–99 EStG; AltZertG.
[130] § 1 Abs. 1 Satz 1 Nr. 3 AltZertG: bis 15 % der Gesamtbeiträge.

und damit vor der vollen Wirkung der genannten Reformen, betrug die durchschnittliche Rente wegen voller Erwerbsminderung beim Neuzugang nur 796 €[131]. Es ist daher zu überprüfen, ob die Erwerbsminderungsrente in ihrer heutigen Gestaltung eine hinreichende Sicherung bei Erwerbsminderung verwirklicht.

Die Grundsicherung bei dauerhafter Erwerbsminderung umfasst den Regelsatz, der durch Rechtsverordnung festgesetzt wird[132], die angemessenen tatsächlichen Aufwendungen für Unterkunft und Heizung, Kranken- und Pflegeversicherungsbeiträge[133] sowie nur in Sonderfällen die Übernahme von Schulden[134]. Dazu kommen ein Mehrbedarf für behinderte Menschen, die erheblich gehbehindert sind von 17 %[135] und für wesentlich behinderte Menschen, die Hilfen zur Bildung oder Ausbildung erhalten, von 35 %[136]. Ein Mehrbedarf für kostenaufwändige Ernährung kann anerkannt werden[137].

Die Grundsicherung bei dauerhafter Erwerbsminderung ist vom Gesetzgeber bei ihrer Einführung ausdrücklich als bedarfsorientierte Grundsicherung bezeichnet worden. Deckt sie im Einzelfall einen notwendigen Lebensbedarf nicht, kommt dennoch der Rückgriff auf die Hilfe zum Lebensunterhalt in Betracht[138]. Ebenso kann bei einer nicht bedarfsdeckenden Erwerbsminderungsrente aufstockende Hilfe zum Lebensunterhalt beansprucht werden. Die Rentenversicherungsträger sind verpflichtet, in Angelegenheiten der Grundsicherung mit den Sozialhilfeträgern zu kooperieren, und erwerbsgeminderte Personen auf ihren möglichen Grundsicherungsanspruch hinzuweisen und Anträge entgegenzunehmen.

c) Besondere Sicherung bei Erwerbsminderung

Eine besondere Sicherung des Lebensunterhalts bei Erwerbsminderung besteht, wenn deren Ursache ein Arbeitsunfall oder eine Berufskrankheit ist. Die Renten der gesetzlichen Unfallversicherung folgen dem Entschädigungsprinzip. Sie richten sich nach dem Grad der Minderung der Erwerbsfähigkeit (MdE) und werden ab einer MdE von 20 gezahlt[139]. Eine Vollrente wird bei einer MdE von 100 geleistet. Sie beträgt zwei Drittel des Jahresarbeitsverdienstes[140]. Bei einer niedrigeren MdE werden ihrem Grad entsprechende Teilrenten geleistet[141]. Die Unfallrenten können so bei voller Minderung der Erwerbsfähigkeit eine Lebensstandardsicherung von zwei Dritteln gewährleisten. Bei niedrigeren Minderungsgraden ist zu-

---

131 Köhler-Rama, SF 2004, S. 7, 9 f.: Bis 30-jährige Bezieher von Erwerbsminderungsrenten erhalten im Schnitt nur ca. 500 € monatlich.
132 §§ 42 Nr. 1, 28 SGB XII.
133 § 42 Nr. 2 SGB XII.
134 §§ 42 Nr. 5, 34 SGB XII.
135 §§ 42 Nr. 3, 30 Abs. 1 SGB XII.
136 §§ 42 Nr. 3, 30 Nr. 4 SGB XII.
137 §§ 42 Nr. 4, 30 Abs. 5 SGB XII.
138 Klinkhammer, FamRZ 2003, S. 1793, 1794; Schwanitz-Pazzaglia, Mitteilungen der LVA Rheinprovinz 2003, S. 207, 213.
139 § 56 Abs. 1 SGB VII.
140 § 56 Abs. 3 Satz 1 SGB VII.
141 § 56 Abs. 3 Satz 2 SGB VII.

meist noch eine Erwerbstätigkeit möglich, so dass die Sicherung einem typisierten Verlust an Arbeitseinkommen für den Lebensunterhalt entspricht.

In der sozialen Entschädigung werden bei Vorliegen eines Entschädigungstatbestands Grund- und Ausgleichsrenten geleistet. Grundrenten sind mit einem festen Betrag beziffert, der dem Grad der MdE folgt[142]. Sie betragen bei voller Erwerbsunfähigkeit 621 €. Die Grundrente dient einem typisierten Schadensausgleich, der neben der unterhaltssichernden auch eine schmerzensgeldähnliche Funktion hat. Können schwerbeschädigte Personen mit einer MdE von 50 oder mehr infolge ihres Gesundheitszustands einer Erwerbstätigkeit nicht zumutbar nachgehen, so erhalten sie zusätzliche eine Ausgleichsrente, die bei Erwerbsunfähigkeit maximal weitere 621 € beträgt[143]. Auf diese Ausgleichsrente wird tatsächliches Einkommen angerechnet[144]. Schließlich erhalten Beschädigte, deren Einkommen aus gegenwärtiger oder früherer Tätigkeit durch Schädigungsfolgen gemindert ist, unter weiteren Voraussetzungen einen Berufsschadensausgleich, der 42,5 % des Einkommensverlustes erfassen soll[145]. Die soziale Entschädigung folgt dem Ziel einer weitgehenden Sicherung des Lebensstandards, soweit die Betroffen bereits im Erwerbsleben standen.

Außerhalb des Sozialrechts erfolgt die Sicherung der Beamten. Sie erhalten bei Dienstunfähigkeit ein Ruhegehalt oder Unfallruhegehalt. Die Zeit zwischen der Dienstunfähigkeit und dem Erreichen des 60. Lebensjahres wird dabei als Zurechnungszeit zu zwei Dritteln hinzugerechnet[146]. Das Ruhegehalt beträgt dann für jedes Jahr der so errechneten Dienstzeit 1,875 % der ruhegehaltsfähigen Dienstbezüge, maximal 75 % und mindestens 35 % der ruhegehaltsfähigen Dienstbezüge[147]. Ist die Dienstunfähigkeit Folge eines Dienstunfalls beträgt das Unfallruhegehalt mindestens zwei Drittel und höchstens 75 % der ruhegehaltsfähigen Dienstbezüge[148].

d) Unterhaltssicherung während Leistungen zur Teilhabe

Ein für Behinderung spezifisches Risiko des Unterhaltsausfalls besteht bei Leistungen zur Teilhabe, während derer behinderte oder von Behinderung bedrohte Menschen nicht zur Erwerbsarbeit in der Lage sind, insbesondere stationären Leistungen zur Teilhabe am Arbeitsleben und zur medizinischen Rehabilitation und während der stufenweisen Wiedereingliederung ins Arbeitsleben.

Behinderte Menschen haben bei Arbeitsverhinderung infolge einer Maßnahme der medizinischen Rehabilitation das Recht, dass ihnen der Arbeitgeber das Entgelt bis zu sechs Wochen weiterzahlt[149]. Der Lebensunterhalt während Leistungen zur Teilhabe wird im Übrigen sozialrechtlich abgedeckt. Im Zusammenhang mit

---

142 § 31 Abs. 1 BVG.
143 § 32 BVG.
144 § 33 BVG.
145 § 30 Abs. 3–16 BVG; vgl. *Voß*, ZfS 2003, S. 161, 164 f. zum Reformbedarf.
146 § 13 BeamtVG; beachte für das Unfallruhegehalt § 36 Abs. 2 BeamtVG.
147 § 14 Abs. 1 Satz 1, Abs. 4 BeamtVG.
148 § 36 Abs. 3 BeamtVG.
149 §§ 9 Abs. 1, 3–4a EFZG.

den Leistungen zur medizinischen Rehabilitation leisten die gesetzlichen Krankenkassen Krankengeld[150], die Träger der Unfallversicherung Verletztengeld[151], die
Rentenversicherungsträger Übergangsgeld[152] und die Träger der sozialen Entschädigung Versorgungskrankengeld[153]. Bei Leistungen zur Teilhabe am Arbeitsleben
wird durch die Rentenversicherung, Unfallversicherung, Versorgungsverwaltung
und die Agentur für Arbeit bei Leistungen nach dem SGB III und teils noch nach
dem SGB II Übergangsgeld gezahlt, das der Bezeichnung, Höhe und Berechnung
nach vereinheitlicht ist[154]. Die Agentur für Arbeit setzt dabei eine Vorbeschäfti-
gungszeit oder einen Berufsabschluss voraus[155]. Diese Leistungen orientieren sich
am Einkommen der versicherten Personen[156]. Damit wird bei Teilnahme an einer
Teilhabeleistung der Lebensstandard weitgehend gesichert.

Behinderte Menschen, deren Ausbildung von der Bundesagentur für Arbeit gefördert wird und die die Voraussetzungen für ein Übergangsgeld nicht erfüllen, erhalten Ausbildungsgeld, mit dem das Existenzminimum gedeckt werden soll[157].
Der Lebensunterhalt während einer Maßnahme der Eingliederungshilfe ist von den
behinderten Menschen selbst oder durch die Hilfe zum Lebensunterhalt[158], Arbeitslosengeld II[159] oder Sozialgeld[160] zu decken. Für behinderte Hilfebedürftige,
denen Leistungen zur Teilhabe am Arbeitsleben erbracht werden, und für behinderte Menschen, denen Eingliederungshilfe zur Erlangung einer angemessenen
Schulbildung oder Ausbildung gewährt wird, ist ein Mehrbedarfszuschlag von jeweils 35 % der Regelleistung von Arbeitslosengeld II, Grundsicherung bei dauerhafter Erwerbsminderung oder Hilfe zum Lebensunterhalt vorgesehen[161].

---

[150] § 45 Abs. 1 Nr. 1 SGB IX; §§ 46–51 SGB V; §§ 8 Abs. 2, 12, 13 KVLG.
[151] § 45 Abs. 1 Nr. 2 SGB IX; §§ 45–48, 52, 55 SGB VII.
[152] §§ 45 Abs. 1 Nr. 3, 46–52 SGB IX; §§ 20, 21 SGB VI.
[153] § 45 Abs. 1 Nr. 4 SGB IX; §§ 16–16h, 18a BVG.
[154] § 45 Abs. 2, 46–52 SGB IX.
[155] §§ 160–162 SGB III.
[156] § 46 Abs. 1 SGB IX; § 47 Abs. 1 SGB V; § 47 Abs. 1 SGB VII; § 16b BVG.
[157] §§ 104–108 SGB III.
[158] §§ 27–40 SGB XII.
[159] §§ 19–27 SGB II.
[160] § 28 SGB II.
[161] § 21 Abs. 4 SGB II; §§ 30 Abs. 4, 42 Nr. 3, 54 Abs. 1 Nr. 1–3 SGB XII; zum früheren
Taschengeld und Mindestübergangsgeld während einer Rehabilitation vgl. BSG vom 28. Juni 1989,
BSGE 65, 174 ff.

D. Wohnung

Die Wohnung im Sinne eines Obdachs ist eine Voraussetzung menschlichen Überlebens. Als abgeschlossener Entfaltungsraum ist sie wesentlich für die Entfaltung der Persönlichkeit, das Leben der Familie und die Teilhabe am gesellschaftlichen Leben, das zu einem erheblichen Teil voraussetzt, dass soziale Kontakte in Wohnungen stattfinden können. In der ICF ist die Beschaffung und Ausstattung von Wohnraum als Bestandteil der Teilhabe behinderter Menschen genannt[1]. Dass dies erfolgreich sein kann, ist Voraussetzung der Teilhabe im gesamten Bereich des Häuslichen Lebens[2]. Abhängig ist dies von Entwurf, Konstruktion, Bauprodukten und Technologie von privaten Gebäuden[3] sowie den Diensten, Systemen und Handlungsgrundsätzen des Architektur- und Bauwesens, der Stadt- und Landschaftsplanung und des Wohnungswesens[4].

1. Verfassungsrecht

Die Wohnung findet sich im Grundgesetz als besondere menschliche Freiheitssphäre. Sie ist geschützt als ein elementarer Lebensraum, in dem einzelne Menschen und Familien in Ruhe gelassen werden und ihre Privatsphäre entfalten können[5]. Das Grundrecht der Unverletzlichkeit der Wohnung[6] setzt voraus, dass Menschen eine Wohnung haben. Eine Wohnung zu haben, kann als Bestandteil des menschlichen Existenzminimums angesehen werden. Dabei ist die Gewährleistung der Wohnung im Sinne des Obdachs als originäres, im Sinne eines abgeschlossenen Freiheitsraums weitgehend als ein abgeleitetes Teilhaberecht anzusehen. Ein Recht auf Wohnung ist in den Verfassungen Bayerns, Berlins, Bremens enthalten[7]. Die meisten anderen Landesverfassungen geben der Versorgung mit Wohnraum das Gewicht eines Staatsziels[8] und Handlungsauftrags[9].

Das Recht auf eine eigene abgeschlossene Wohnung ist zwar kein unbedingtes originäres Teilhaberecht. Die Wohnung gehört jedoch derartig stark zum gesell-

---

[1] ICF, d610.
[2] ICF, d610–d699.
[3] ICF, e155.
[4] ICF, e515–e525; vgl. zur Situation in Deutschland: BT-Drucks. 15/5015, S. 123.
[5] BVerfG vom 3. März 2004, BVerfGE 109, 279, 309 (akustische Wohnraumüberwachung).
[6] Art. 13 GG.
[7] Art. 106 Abs. 1 BayVerf; Art. 28 Abs. 1 Satz 1 BerlVerf; Art. 14 Abs. 1 BremVerf.
[8] Art. 6a NdsVerf; Art. 7 Abs. 1 SächsVerf.
[9] Art. 106 Abs. 2 BayVerf; Art. 28 Abs. 1 Satz 2 BerlVerf; Art. 47 Abs. 1 BrbVerf; Art. 17 Abs. 3 Satz 2 MVVerf; Art. 29 Abs. 2 NWVerf („Wohnheimstätten"), Art. 63 RhPfVerf; Art. 40 Abs. 1 LSAVerf; Art. 15 ThürVerf; vgl. oben III.C.8.

schaftlichen Lebensstandard, dass im sozialen Rechtsstaat der staatlichen Politik durch ein starkes Prinzip aufgegeben ist, allen Menschen die Möglichkeit zu geben, in einer eigenen Wohnung zu leben.

2. Betreuungsrecht

a) Selbstbestimmung über Wohnungsaufgabe

Für behinderte Menschen, die unter Betreuung stehen, ist geregelt, unter welchen Umständen der Betreuer ihre Wohnung aufgeben darf. Für die Kündigung oder Aufhebung eines Mietsverhältnisses über Wohnraum für die betreute Person bedarf der Betreuer der Genehmigung des Vormundschaftsgerichts[10]. Dies trägt der Bedeutung der eigenen Wohnung für selbstbestimmtes Leben Rechnung und schützt die Selbstbestimmung der betreuten Person beim Wechsel von der eigenen Wohnung in ein Heim oder eine Anstalt. Die Veräußerung eines Grundstücks oder einer Eigentumswohnung bedarf ebenfalls der Genehmigung des Vormundschaftsgerichts[11], das dabei die zentrale Bedeutung der eigenen Wohnung als Mittelpunkt selbstbestimmten Lebens beachten muss[12]. Die Genehmigung kommt darum in ungewissen Situationen erst in Betracht, wenn die Rückkehr in die eigene Wohnung ausgeschlossen ist[13].

b) Betreten der Wohnung durch Betreuer

Ein besonderes Problem ist das Betreten der Wohnung durch den Betreuer gegen den Willen der betreuten Person. Insbesondere bei seelisch behinderten Menschen wird das Bedürfnis gesehen, dem Betreuer die Gelegenheit zur Entrümpelung der Wohnung zu geben. Vermüllung und Verwahrlosung der Wohnung können als Mietvertragsverletzungen das Verbleiben der betreuten Person in der Wohnung gefährden. Dagegen, einem Betreuer die Aufgabe zuzuweisen, die Wohnung auch gegen den Willen der betreuten Person zu betreten und aufzuräumen, spricht, dass eine solche Zwangsbefugnis wegen der Unverletzlichkeit der Wohnung nur durch Gesetz angeordnet werden dürfe, es an einer solchen gesetzlichen Ermächtigung aber fehlt[14]. Für die Möglichkeit einer Zwangs-Entrümpelung durch den Betreuer wird vorgebracht, dass der Schutz der Wohnung vor dem unerwünschten Betreten nicht im Ergebnis zum Verlust der Wohnung führen dürfe. Es liege eine Lücke im Betreuungsrecht vor, die durch analoge Anwendung der Vorschriften zur Wohnungskündigung geschlossen werden könne, weil diese einen stärkeren Eingriff in das Recht auf die eigene Wohnung zulasse[15]. Dieser Position kann bei strikter An-

---

[10] § 1907 Abs. 1 BGB.
[11] §§ 1908i, 1821 Nr. 1 BGB.
[12] Jürgens/Kröger/Marschner/Winterstein (2002), Rz 227.
[13] OLG Oldenburg vom 5. Juli 2002, NJW-RR 2003, S. 587.
[14] BayObLG vom 19. Juni 2001, NJW-RR 2001, S. 1513; LG Frankfurt am Main vom 19. Juli 1994, FamRZ 1994, S. 1617; Jürgens/Kröger/Marschner/Winterstein (2002), Rz 227; Bienwald in: Staudinger (1999), Rz 43 zu § 1901 BGB.
[15] Abram, FamRZ 2004, S. 11, 14 f.

wendung des Verhältnismäßigkeitsgrundsatzes gefolgt werden. In einer vergleichbaren Konfliktlage kann ein Betreuer auch eine betreute Person in ihrer Wohnung
einschließen, wenn dies hilft, eine sonst erforderliche Heimunterbringung zu vermeiden[16]. Eine gesetzliche Regelung des Problems erscheint wünschenswert.

3. Wohnraummietrecht

a) Begründung des Mietverhältnisses

Das Mietrecht regelt für die meisten Menschen Grundlagen und Bedingungen ihres
Zugangs zu einer Wohnung. Das Mietrecht enthält bisher keine Regelungen über
den Vertragsabschluss. Mit dem ADG wird die Benachteiligung bei einem Vertragsabschluss über den Zugang zu Wohnraum verboten[17]. Dieses Verbot findet
keine Anwendung auf Mietverhältnisse, bei denen ein besonderes Nähe- oder Vertrauensverhältnis der Parteien oder ihrer Angehörigen begründet wird. Bei Mietverhältnissen kann dies insbesondere der Fall sein, wenn die Parteien oder ihre
Angehörigen Wohnraum auf demselben Grundstück nutzen[18].

Ob eine solche Regelung eine verfassungskonforme Inhaltsbestimmung des Ei-
gentumsrechts und Einschränkung der Berufsfreiheit von Vermietern ist, muss
durch eine Verhältnismäßigkeitsprüfung ermittelt werden. Dabei kommt es zunächst auf den Zweck an. Die Gleichbehandlung behinderter Menschen als Selbstzweck kann eine solche schwerwiegende Beschränkung wohl nicht tragen. Hinzu-
kommen muss also der Zweck, die Wohnraumversorgung und soziale Integration
behinderter Menschen zu fördern. Ob diesem Zweck hinreichendes Gewicht zukommt, muss an Hand empirischer Daten zur Wohnraumsituation behinderter
Menschen festgestellt werden. Vorliegende Untersuchungen weisen vor allem darauf hin, dass bei körperlich behinderten Menschen die Barrierefreiheit von Wohnungen defizitär ist[19]. Geistig und seelisch behinderte Menschen haben sicher ein
Problem mit der Akzeptanz bei Vermietern und Nachbarn. Da das selbstständige
Wohnen dieses Personenkreises gegenwärtig vor allem in betreuten Wohnformen
realisiert wird[20] und deren Träger als Mieter oder Eigentümer des Wohnraums auftreten, bedarf die Frage, ob eine mietrechtliche Kontrahierungspflicht hier ein geeignetes Mittel zur Problemlösung ist, weiterer Untersuchungen. Festzuhalten ist
aber, dass durch die Einschränkung des Anwendungsbereichs des ADG der Eingriff nicht sehr schwer wiegt und durch die Regelbeispielmethode die Möglichkeit
besteht, atypische Konstellationen in verfassungskonformer Auslegung zu bewältigen.

---

[16] LG Hamburg vom 9. September 1994, FamRZ 1994, S. 1619.
[17] § 2 Abs. 1 Nr. 8, 19 Abs. 1 ADG.
[18] § 19 Abs. 5 ADG.
[19] Häußler/Wacker/Wetzler (1996), S. 452.
[20] Vgl. M. Seifert (2002), S. 55 ff., 230.

b) Beendigung des Mietverhältnisses

Mieter sind davor geschützt, dass ein Mietverhältnis über Wohnraum ohne berechtigtes Interesse des Vermieters gekündigt wird[21]. Bei der Entscheidung über den Kündigungsgrund und das berechtigte Interesse kann die Behinderung des Mieters berücksichtigt werden. So sind Störungen durch altersverwirrte Menschen zu tolerieren[22]. Behinderung und daraus folgende besondere Teilhabeinteressen im bisherigen Wohnumfeld können bei der Abwägung über eine Eigenbedarfskündigung das eigene Nutzungsinteresse des Vermieters überwiegen[23]. Andererseits kann auch zu berücksichtigen sein, wenn der Vermieter Eigenbedarf für eine behinderte Person geltend macht[24]. Behinderung kann kein berechtigter Grund für die Kündigung eines Mietverhältnisses sein. Werden bestimmte Erscheinungsformen seelischer oder geistiger Behinderung als Störung aufgefasst ist hier – wie im Nachbarrecht – im Lichte des Benachteiligungsverbots und der Wertentscheidung des ADG eine erhöhte Toleranz zu fordern. Diese findet ihre Grenze an der Abwehr von Gefahren und Schäden für Rechtsgüter und persönliche Sicherheit[25].

c) Ausgestaltung des Mietverhältnisses

Das Dauerschuldverhältnis über Wohnraum wird durch die Behinderung mitgeprägt. Der Mieter kann vom Vermieter die Zustimmung zu baulichen Veränderungen oder sonstigen Einrichtungen verlangen, die für eine behindertengerechte Nutzung der Mietsache oder den Zugang zu ihr erforderlich sind, wenn er ein berechtigtes Interesse dran hat[26]. Dagegen ist das Interesse des Vermieters an der unveränderten Erhaltung der Mietsache abzuwägen[27]. Das Recht des Mieters ist nur auf die Zustimmung gerichtet. Er muss die Vorrichtungen für die Barrierefreiheit selbst bezahlen, soweit sie nicht von einem Rehabilitationsträger übernommen werden. Durch diese Norm können etwa Treppenlifte, Rampen, Überwachungsanlagen[28], Lichtklingelanlagen oder Sitzbadewannen[29] installiert werden. Das BVerfG hatte, bevor diese Norm im BGB eingefügt wurde, in einer Kammerentscheidung[30] zum Konflikt über einen Treppenlift aus dem eigentumsgleichen Be-

---

[21] § 573 Abs. 1 BGB.

[22] OLG Karlsruhe vom 14. Dezember 1999, MDR 2000, S. 578 mit Begründung durch Art. 3 Abs. 3 Satz 2 GG.

[23] LG Essen vom 23. März 1999, ZMR 1999, S. 713; abgelehnt bei LG Berlin vom 25. Oktober 1991, Das Grundeigentum 1992, S. 103.

[24] Vgl. BGH vom 20. Oktober 2004, NZM 2005, S. 143 (Abwägung des Bestandsinteresses einer 82-jährigen krebskranken Mieterin gegen Eigenbedarf für Pflegepersonen der krebskranken Vermieterin); AG Lübeck vom 26. September 2002, WuM 2003, S. 214 (Abwägung des Bestandsinteresses einer 93-jährigen Pflegebedürftigen gegen Eigenbedarf für Rollstuhlfahrer).

[25] § 20 Nr. 1 und 2 ADG.

[26] § 554a Abs. 1 Satz 1 BGB; eingefügt durch das 3. Mietrechtsreformgesetz 19. Juni 2001, BGBl. I, S. 1149; vgl. BT-Drucks. 15/4575, S. 127.

[27] § 554a Abs. 1 Satz 2 BGB.

[28] AG Berlin-Köpenick vom 13. November 2002, MM 2004, S. 79.

[29] Wagner/Kaiser (2004), S. 76 f.; Neuner, NJW 2000, S. 1822, 1832.

[30] BVerfG vom 28. März 2000, NJW 2000, S. 2658; dazu Spranger, ZMR 2001, S. 11 ff.

sitzrecht des Mieters[31] im Lichte des Benachteiligungsverbots abgeleitet, dass diesem auch die tatsächliche Nutzung ermöglicht werden müsse. Maßstab für die zu duldenden Maßnahmen muss es grundsätzlich sein, dass dem Mieter die weitere Nutzung der Wohnung uneingeschränkt möglich ist[32]. Auch in anderen Aspekten kann die Behinderung dem Vermieter erhöhte Duldungspflichten auferlegen. So muss er die Haltung eines Blindenhundes auch bei mietvertraglichem Tierhaltungsverbot dulden[33]. Mietrecht erweist sich so als *„konkretisiertes Verfassungsrecht"*[34], das behinderten Menschen Teilhabe am häuslichen Bereich sichert.

4. Wohnungseigentumsrecht

Die gemeinsamen Angelegenheiten und der Ausgleich divergierender Interessen von Wohnungseigentümern in gemeinschaftlichen Häusern und Anlagen sind im Wohnungseigentumsgesetz geregelt. Auch hier kann das Interesse behinderter Menschen bestehen, Maßnahmen zur Barrierefreiheit und Berücksichtigung ihrer besonderen Interessen zu verlangen. So kann die Anlage eines rollstuhlgerechten Weges mit Rampe[35] oder eines Treppenlifts[36] verlangt werden. Dabei ist das Benachteiligungsverbot in der Wertung der Interessen zu berücksichtigen[37].

5. Nachbarrecht: Toleranz gegen behinderte Nachbarn

In der Nachbarschaft zwischen Menschen bestehen Rechtsverhältnisse, die das Maß der gegenseitigen Rücksichtnahme und Toleranz regeln und die Rechtssphären der Nachbarn voneinander abgrenzen. Diese Rechtsverhältnisse können entscheidend für die Realisierung des Rechts auf Wohnung sein. Besondere Aufmerksamkeit hat ein Urteil des OLG Köln aus dem Jahre 1998 erlangt, in dem das Gericht einer Wohngruppe geistig behinderter Menschen auf Klage ihres Nachbarn Ruhezeiten auferlegt hatten, in denen sie den Garten nicht benutzen sollten, da ihre Lautäußerungen den Nachbarn störten[38]. Dieses Urteil konkretisierte den Schutz vor Lärmimmissionen als wesentlichen Beeinträchtigungen der Nachbarschaft[39]. Das Gericht betonte, dass das Benachteiligungsverbot wegen einer Behinderung die Beurteilung der Wesentlichkeit mitbestimme. Das Toleranzgebot ende jedoch,

---

31 BVerfGE 89, 1, 5; dazu von Mutius, ZMR 2003, S. 621, 626 f.

32 Weidenkaff in: Palandt, 63. A. (2004), Rz 8 zu § 554a BGB; Rolfs in: Staudinger (2002) Rz 3 zu § 554a BGB.

33 AG Hamburg-Blankenese, WM 1985, S. 256; LG Köln, ZMR 1958, S. 20; für aus Gründen der Rehabilitation indizierte Hundehaltung durch Rollstuhlfahrer: AG Münster vom 7. Oktober 1991, WM 1992, S. 116.

34 Von Mutius, ZMR 2003, S. 621 ff.

35 AG Pinneberg vom 19. Januar 2004, WuM 2004, S. 227; AG Dortmund vom 28. Februar 1996, MDR 1996, S. 468; AG Köln vom 26. September 1988, Az. 204 II 230/88.

36 BayObLG vom 25. September 2003, ZMR 2004, S. 209; LG Erfurt vom 19. Februar 2002, NJW-RR 2003, S. 731; LG Hamburg vom 6. Juni 2001, NZM 2001, S. 767.

37 BayObLG vom 25. September 2003, ZMR 2004, S. 209 (Treppenlift); BayObLG vom 25.Oktober 2001, NJW-RR 2002, S. 226 (für Rehabilitation wichtiger Hund).

38 OLG Köln vom 8. Januar 1998, NJW 1998, S. 763 f.: Ruhezeiten Sonn- und Feiertags ab 12.30 h, Mittwochs und Samstags ab 15.30 h, abends ab 18.30 h.

39 §§ 906, 1004 BGB; § 3 Abs. 1 BImSchG.

wenn Beeinträchtigungen unzumutbar seien. Die Lautäußerungen der geistig behinderten Menschen würden von einem unvoreingenommenen Zuhörer als misslungene Sprechversuche, unharmonisch, fehlmoduliert und damit als unangenehm empfunden und hätten einen besonders hohen „Lästigkeitsfaktor"[40].

Das Urteil ist auf erhebliche Kritik gestoßen[41]. Insbesondere ist kritisiert worden, dass das Gericht keine richtige Abwägung zwischen den divergierenden Interessen vorgenommen, sondern durch die verfügten starren Ruhezeiten einseitig die behinderten Menschen in ihrer Entfaltung beeinträchtigt hat[42]. Die Bewertung der vom Durchschnittsmenschen abweichenden Kommunikation der geistig behinderten Menschen spreche dieser die persönliche Kommunikationsqualität ab[43]. Die Kritik ist beachtlich. Beim nachbarschaftlichen Interessenausgleich müssen zunächst die Interessen definiert werden. Indem das Gericht die Kommunikation geistig behinderter Menschen nicht als elementare Persönlichkeitsäußerung im eigenen Wohnbereich erkannt hat, verkennt es deren Bedeutung und bewirkt eine Benachteiligung durch falsche Wahl des Vergleichsmaßstabs. Diese Wertung misst die Bedeutung der Äußerungen behinderter Menschen mit dem Maßstab, der an gleich klingende Laute nicht behinderter Menschen angelegt würde – oder umgekehrt: Sie misst sie nicht mit dem Maßstab, der an kommunikative Lautäußerungen anderer Menschen angelegt würde[44]. Eine solche Interessenbewertung durch ein Gericht benachteiligt Menschen wegen ihrer Behinderung. Erst wenn die Interessen richtig erkannt sind, kann eine Abwägung vorgenommen werden. Selbst wenn unterstellt wird, dass das Gericht mit seiner Behauptung Recht hätte, diese Geräusche würden vom Durchschnittsmenschen reflexhaft als störend empfunden, ohne dass dieser überhaupt in den vom verständigen Nachbarn zu fordernden Reflektionsprozess eintreten könne[45], so fehlt es an einer Interessenabwägung, die behinderte Menschen als gleichwertig anerkennt. Indem ihnen die Benutzung ihres Gartens an jedem Samstag und Sonntag Nachmittag untersagt wird, werden ihre Wohninteressen als Restgröße behandelt, die von den Bedürfnissen des Nachbarn abhängt. Im Übrigen sind auch innerhalb der Abwägung Zweifel an der besonderen Betonung der unzumutbaren Lästigkeit von Lautäußerungen geistig behinderter Menschen angebracht. Auch Kinder-, Sport- und Tierlärm kann als lästig empfunden werden. Dennoch hat die Rechtsprechung vielfach betont, dass gegenüber diesen menschlichen und natürlichen Lebensäußerungen erhöhte Toleranz angezeigt ist[46]. Sieht man geistig behinderte Menschen mit ihren spezifischen Kommu-

---

[40] OLG Köln, NJW 1998, S. 763, 765.

[41] Castendiek/Hoffmann (2002), Rz 18 ff.; Theben in: Jantzen/Lanwer-Koppelin/Schulz (1999), S. 285 ff.; Lachwitz, NJW 1998, S. 881 ff.;; zustimmend zum Urteil: Roth in: Staudinger (2002), Rz 163 zu § 906 BGB.

[42] Lachwitz, NJW 1998, S. 881, 882.

[43] Theben in: Jantzen/Lanwer-Koppelin/Schulz (1999), S. 285, 290 f.

[44] Würde ein norddeutscher Kläger die ihm unverständlichen Gespräche seiner schwäbischen, arabischen oder dänischen Nachbarn als fehlmoduliert und unwillkürlich lästig kennzeichnen, würde ihm das Gericht das Verständnis versagen; vgl. Castendiek/Hoffmann (2002), Rz 19.

[45] OLG Köln, NJW 1998, S. 763, 765.

[46] Vgl. BGH vom 5. Februar 1993, BGHZ 121, 248 (Jugendzeltplatz); BGH vom 20. November 1992, BGHZ 121, 248, 255 (Froschteich); BVerwG vom 24. April 1991, BVerwGE 88, 143 (Sportlärm).

nikationsformen als Teile der menschlichen Gesellschaft an, so müssen sie in die Rechtsstellung eingesetzt werden, als gleichwertige Nachbarn anerkannt zu werden. Dies bedeutet nicht, dass ihnen keine Rücksichtnahme auch gegen ihren Willen auferlegt werden könnte[47]. Voraussetzung ist aber, dass ihre rechtlichen Interessen im Streitfalle mit denen der anderen gleich definiert und gewichtet werden. Dann ist nach einem schonenden Ausgleich zu suchen, der die Nutzungsinteressen aller Beteiligten an ihrem Wohnraum berücksichtigt[48].

6. Heimrecht

Viele behinderte und pflegebedürftige Menschen leben nicht in eigenen Wohnungen, sondern in Heimen. Für die dort begründeten Vertragsverhältnisse gilt das Heimrecht, das 2001 zuletzt grundlegend reformiert worden ist[49]. Heime im Sinne des Heimgesetzes sind Einrichtungen, die dem Zweck dienen, ältere Menschen oder pflegebedürftige oder behinderte Volljährige aufzunehmen, ihnen Wohnraum zu überlassen sowie Betreuung und Verpflegung zur Verfügung zu stellen oder vorzuhalten, und die in ihrem Bestand von Wechsel und Zahl der Bewohnerinnen und Bewohner unabhängig sind und entgeltlich betrieben werden[50]. Dies können auch Rehabilitationseinrichtungen sein[51]. Heime sind von Einrichtungen des betreuten Wohnens abzugrenzen, in denen nur partiell und individuell Betreuungsleistungen erbracht werden[52]. Diese unterliegen dem allgemeinen Mietrecht und Vertragsrecht[53]. Im Jahr 2000 gab es bundesweit 4.107 Heime für erwachsene behinderte Menschen mit 160.346 Plätzen[54].

Zu den Zwecken des Gesetzes gehört, die Würde, das Interesse, die Bedürfnisse, die Selbstständigkeit, Selbstbestimmung und Selbstverantwortung der Bewohnerinnen und Bewohner zu fördern, die Einhaltung der Pflichten des Trägers zu fördern, die Mitwirkung der Bewohnerinnen und Bewohner und eine dem allgemein anerkannten Stand der fachlichen Erkenntnisse entsprechende Qualität des Wohnens und der Betreuung zu sichern[55]. Bei diesen gesetzlichen Zielbeschreibungen wird die Selbstbestimmung stark betont. Dies bedeutet, dass trotz der Hilfsbedürftigkeit und trotz der institutionellen Abhängigkeit das Wohnen im Heim diejeni-

---

[47] Unzutreffend insofern die Bewertung der Kritik bei Roth in: Staudinger (2002), Rz 162 zu § 906 BGB.
[48] Vgl. OLG Karlsruhe vom 9. Juni 2000, FamRZ 2001, S. 1147 (psychisch kranker Nachbar); kritisch hierzu; Roth in Staudinger (2002), Rz 162 zu § 906 BGB.
[49] Drittes Gesetz zur Änderung des Heimgesetzes vom 5. November 2001, BGBl. I S. 2960.
[50] § 1 Abs. 1 Satz 2 HeimG.
[51] VGH Baden-Württemberg vom 19. März 2003, NDV-RD 2003, S. 109 ff.
[52] Vgl. VGH Bayern vom 14. August 2003, Az. 22 CS 03.1664 (Betreutes Wohnen); VGH Baden-Württemberg vom 26. Juni 2003, RdLH 2004, S. 83 (Heim).
[53] Vgl. dazu LG Kiel vom 10. Januar 2002, WuM 2003, S. 572. Wird das betreute Wohnen im Hinblick auf Normalisierung und Selbstbestimmung deutlich vom Heim abgegrenzt, ist es bedenklich, wenn das LG Kiel die isolierte Kündigung des Betreuungsvertrags im Rahmen des Betreuten Wohnens für unzulässig hält.
[54] BT-Drucks. 15/4575, S. 128.
[55] § 2 Abs. 1 Nr. 1–5 HeimG.

gen Qualitäten aufweisen soll, die auch das Wohnen in der eigenen Wohnung hat, nämlich ein Raum der personalen Entfaltung zu sein.

Um diese Ziele zu erreichen, wird der Inhalt des Heimvertrags geregelt. Er muss eine Leistungsbeschreibung enthalten[56], die für pflegebedürftige oder wesentlich behinderte Menschen eng mit den Leistungsinhalten der Pflegeversicherung oder der Eingliederungshilfe verknüpft ist[57]. Das Entgelt muss angemessen und innerhalb des Heims nach einheitlichen Grundsätzen bemessen sein[58]. Der Träger muss seine Leistungen, soweit ihm dies möglich ist, einem erhöhten oder verringerten Betreuungsbedarf anpassen[59]. Entgelterhöhungen müssen durch eine Änderung der Bemessungsgrundlage gerechtfertigt sein[60]. Der Heimvertrag darf nur aus wichtigem Grund vom Heimbetreiber gekündigt werden[61]. Bewohnerinnen und Bewohner haben das Recht, durch einen Heimbeirat in den Angelegenheiten des Heims mitzuwirken[62]. Ist kein Heimbeirat gebildet, kann auch ein ehrenamtlicher Heimfürsprecher eingesetzt werden[63]. An den Betrieb eines Heims werden umfangreiche Anforderungen gestellt, zu denen gehört, eine angemessene Qualität der Betreuung und des Wohnens sicherzustellen, die Eingliederung der Bewohnerinnen und Bewohner zu fördern und Pflege- und Hilfeplanungen aufzustellen[64]. Die Betreiber müssen zuverlässig sein, die angemessene Anzahl, persönliche und fachliche Eignung ihrer Beschäftigten sicherstellen[65] und ein Qualitätsmanagement betreiben[66]. Das Heim ist der öffentlich-rechtlichen Heimaufsicht unterstellt[67].

Mit dem Heimrecht wird den Bewohnerinnen und Bewohnern von Behinderten- und Pflegeheimen eine rechtliche Stellung gegeben, die kompensieren soll, dass sie auf Grund ihrer Behinderung und geringen Mobilität nur eingeschränkte Möglichkeiten haben, ihre Rechte zu verfolgen und ihre Wohnsituation zu gestalten[68]. Dem Ausgleich ihrer individuell schwachen Situation dienen individuelle, kollektive, advokatorische und staatliche Instrumente. Zudem wird so versucht, die spezifischen Probleme zu lösen, die durch das institutionell geprägte und enge Zusammenleben entstehen können. In der Praxis wird beklagt, dass die Realität in den Heimen oft noch stark hinter den gesetzlichen Zielen zurückbleibt.

---

[56] § 5 Abs. 3 Satz 2 HeimG.
[57] § 5 Abs. 5 und 6 HeimG; vgl. BGH vom 8. November 2001, BGHZ 149, 146.
[58] § 5 Abs. 7 HeimG.
[59] § 6 HeimG.
[60] § 7 HeimG.
[61] § 8 Abs. 3 HeimG.
[62] § 10 Abs. 1–3 HeimG.
[63] § 10 Abs. 4 HeimG.
[64] § 11 Abs. 1 HeimG.
[65] Vgl. dazu die HeimPersV, insbesondere die Fachkraftquote, § 5 Abs. 1 HeimPersV, dazu: OVG Nordrhein-Westfalen vom 21. Juni 2004, Az. 4 A 151/01; VGH Bayern vom 20. Juni 2001, Sz. 22 CS 01.966.
[66] § 11 Abs. 2 HeimG.
[67] §§ 15–19, 23 HeimG.
[68] Vgl. BT-Drucks. 14/7567 zu Missständen in Pflegeheimen.

7. Baurecht: Heime in Wohngebieten

Das öffentliche Baurecht dient der Regelung von Konflikten bei der Nutzung der knappen Ressource Boden. Insbesondere das Bauplanungsrecht ist dabei auch in den Dienst der sozialen Integration auch der behinderten Menschen gestellt[69]. Für behinderte Menschen ist von Bedeutung, ob Heime und betreute Wohnformen, die ihrem besonderen Wohnbedarf dienen, in Wohngebieten planungsrechtlich zulässig sind. Je eher Heime und Pflegeeinrichtungen auch im Umfeld allgemeiner und reiner Wohngebiete zulässig sind, desto stärker kann die Integration ihrer Bewohnerinnen und Bewohner in das örtliche Leben gelingen und desto eher haben behinderte und pflegebedürftige Menschen die Möglichkeit, in der Nähe ihres bisherigen sozialen Umfeldes und ihrer Familie zu leben. Entsprechende Rechte von Heimbetreibern und Bauherren betreuter Wohnformen sind Voraussetzung dafür, dass behinderte Menschen Wohnmöglichkeiten in Wohngebieten haben.

Welche Wohnformen in Wohngebieten zulässig sind, wird durch die Baunutzungsverordnung entschieden. In reinen Wohngebieten zulässige Wohngebäude sind danach auch solche, die ganz oder teilweise der Betreuung und Pflege ihrer Bewohner und dem dauerhaften Aufenthalt altersverwirrter oder behinderter Menschen in Betreuungseinrichtungen dienen[70] und in denen neben der häuslichen Unterbringung auch ein dem persönlichen Bedarf entsprechendes intensives Pflege- und Betreuungsangebot vorhanden ist, selbst wenn in solchen Fällen die eigene Haushaltsführung in den Hintergrund treten muss[71]. Der behinderte Mensch im Heim ist insofern mit dem zu vergleichen, der in familiärer Betreuung wohnt und zur Haushaltsführung gleichermaßen Hilfe benötigt. Wohnen soll insofern erst dann nicht mehr vorliegen, wenn Menschen gegen ihren Willen in einem Heim untergebracht werden[72]. Werden Heime als Wohnnutzung definiert, sind sie entsprechend im Gewerbegebiet regelmäßig unzulässig[73].

8. Wohnraumförderung

Die soziale Wohnraumförderung dient der Förderung des Wohnungsbaus und anderer Maßnahmen zur Unterstützung von Haushalten bei der Versorgung mit Mietwohnraum, einschließlich genossenschaftlich genutzten Wohnraums, und bei der Bildung von selbst genutztem Wohneigentum[74]. Zielgruppe der sozialen Wohnraumförderung sind Haushalte, die sich am Markt nicht angemessen mit Wohnraum versorgen können und auf Unterstützung angewiesen sind. Dazu ge-

---

[69] § 1 Abs. 5 Nr. 3 BauGB; vgl. BT-Drucks. 15/4575, S. 125 f.
[70] § 3 Abs. 4 BauNVO.
[71] OVG Hamburg vom 27. April 2004, Az. 2 Bs 108/04; OVG Lüneburg vom 21. August 2002, ZfBR 2003, S. 281; OVG Nordrhein-Westfalen vom 9. Januar 1997, Az. 7 A 2175/95; vgl. Stock in: König/Roeser/Stock, 2.A. (2003), Rz 30 zu § 3.
[72] VGH Bayern vom 27. Oktober 1999, VwRR BY 2000, S. 230 (Wohnheim für psychisch Kranke).
[73] § 8 Abs. 3 BauNVO, vgl. BVerwG vom 13. Mai 2002, NVwZ 2002, S. 1384; Stock in: König/Roeser/stock, 2.A. (203), Rz 49 zu § 8.
[74] § 1 Abs. 1 WoFG.

hören insbesondere auch ältere und behinderte Menschen[75]. Instrument der sozialen Wohnraumförderung ist die Förderung der Bauherrn von Neubau- und Modernisierungsvorhaben[76]. Die Zweckerreichung kann durch Kooperationsverträge zwischen den Eigentümern und Verfügungsberechtigten und öffentlichen Stellen konkretisiert und gesichert werden[77]. Ob Haushalte unterstützt werden, hängt von ihrem Einkommen ab[78]. Bei der Ermittlung des Einkommens werden besondere Freibeträge für im Haushalt lebende schwerbehinderte und pflegebedürftige Menschen abgesetzt[79]. Bei der Förderung sind die Anforderungen des barrierefreien Bauens für die Nutzung von Wohnraum und seines Umfelds durch Personen zu berücksichtigen, die infolge von Alter, Behinderung oder Krankheit dauerhaft oder vorübergehend in ihrer Mobilität eingeschränkt sind[80]. Damit kann die soziale Wohnraumförderung einen Beitrag dazu leisten, die Voraussetzungen des Rechts auf Wohnung für behinderte Menschen zu sichern.

9. Sozialrecht

a) Allgemeine Förderung der Wohnung

Nach dem SGB I besteht für alle Personen, die für eine angemessene Wohnung Aufwendungen erbringen müssen, die ihnen nicht zugemutet werden können, ein Recht auf Zuschuss zur Miete oder vergleichbaren Aufwendungen[81]. Im Sozialrecht wird das Grundbedürfnis Wohnen berücksichtigt, indem bei den Leistungen der Grundsicherung[82] und der Hilfe zum Lebensunterhalt[83] der angemessene Wohnbedarf jeweils in der entstehenden Höhe übernommen wird. Eine Pauschalierung auch dieses Postens würde die Gefahr mit sich bringen, dass die Besonderheiten des regionalen Wohnungsmarktes und der individuellen Situation nicht berücksichtigt werden könnten. Gerade behinderte Menschen mit herabgesetzter Mobilität oder besonderen Anforderungen an das soziale Umfeld, etwa Nähe zur Familie oder zu Betreuungsreinrichtungen, sind auf eine individuelle Beurteilung des angemessenen Wohnraumbedarfs angewiesen.

Für Menschen, deren Lebensunterhalt durch Erwerbseinkommen oder Leistungen der Sozialversicherung gedeckt wird, ist mit dem Wohngeldgesetz[84] ein besonderes Instrument der sozialen Förderung geschaffen worden, um Zuschüsse für eine angemessene Wohnung zu zahlen. Das Wohngeld kann als Mietzuschuss oder

---

[75]   § 1 Abs. 2 WoFG; vgl. BT-Drucks. 15/4575, S. 126.

[76]   §§ 11–13 WoFG.

[77]   §§ 14, 15 WoFG.

[78]   §§ 9, 21 WoFG. Im Regelfall beträgt die Einkommensgrenze für einen Einpersonenhaushalt 12.000 €, für einen Zweipersonenhaushalt 18.000 €, für jedes Kind weitere 500 €.

[79]   § 24 Abs. 1 Nr. 1 WoFG: 4.500 € Abzugsbetrag für schwerbehinderte Menschen mit GdB 100 oder wenigstens GdB 80, wenn der schwerbehinderte Mensch häuslich pflegebedürftig im Sinne von § 14 SGB XI ist; § 24 Abs. 1 Nr. 2 WoFG: 2.100 € Abzugsbetrag für jeden schwerbehinderten Menschen mit einem GdB von unter 80, wenn er häuslich pflegebedürftig ist.

[80]   § 6 Satz 2 Nr. 8 WoFG.

[81]   § 7 SGB I.

[82]   § 42 Nr. 2 SGB XII; § 22 SGB II.

[83]   § 29 SGB XII.

[84]   WoGG; nach § 68 Nr. 10 SGB I besonderer Teil des SGB.

als Lastenzuschuss zu den Aufwendungen für Wohnraum geleistet werden[85]. Wohngeld kann auch von Personen bezogen werden, die in einem Heim wohnen[86]. Die Gewährung von Wohngeld ist vom Einkommen abhängig[87]. Bei der Ermittlung des Einkommens werden Freibeträge für besonders schwerbehinderte und pflegebedürftige Menschen abgesetzt[88].

b) Besondere Förderung für behinderte Menschen

Neben die Instrumente, mit denen (auch) behinderten Menschen die nötigen Mittel verschafft werden, um eine angemessene Wohnung zu erlangen und zu unterhalten treten sozialrechtliche Förderungen, um eine Wohnung so auszustatten, dass sie von behinderten Menschen genutzt werden können. Nach dem SGB IX gehören zu den Leistungen zur Teilhabe am Leben in der Gemeinschaft Hilfen bei der Beschaffung, Ausstattung und Erhaltung einer Wohnung, die den besonderen Bedürfnissen behinderter Menschen entspricht[89] und Hilfen zum selbstbestimmten Leben in betreuten Wohnmöglichkeiten[90]. Diese Leistungen werden von den Unfallversicherungsträgern, den Trägern der sozialen Entschädigung, den Trägern der Kinder- und Jugendhilfe und bei Bedürftigkeit von den Trägern der Sozialhilfe als Eingliederungshilfe geleistet. Wenn die Beschaffung, Ausstattung und Erhaltung einer behinderungsgerechten Wohnung im Zusammenhang zur Teilhabe am Arbeitsleben steht, etwa weil ein berufsbedingter Umzug notwendig ist, kann die Übernahme der Kosten hierfür Bestandteil der Leistungen zur Teilhabe am Arbeitsleben sein[91]. Diese werden von allen Rehabilitationsträgern außer den Krankenkassen geleistet. Entsprechende Hilfen können an schwerbehinderte Menschen auch vom Integrationsamt erbracht werden[92]. Ein weitergehender Tatbestand der Wohnungshilfe ist nach dem Unfallversicherungsrecht gegeben[93].

Die Pflegekassen können finanzielle Zuschüsse zur Verbesserung des individuellen Wohnumfelds der Pflegebedürftigen gewähren, beispielsweise für technische Hilfen im Haushalt, wenn dadurch im Einzelfall die häusliche Pflege ermöglicht oder erheblich erleichtert oder eine möglichst selbstständige Lebensführung des Pflegebedürftigen wiederhergestellt wird[94]. Diese Hilfen sind subsidiär zu anderen

---

[85] § 1 Abs. 1 WoGG.
[86] § 3 Abs. 2 Nr. 5 WoGG.
[87] § 2 WoGG.
[88] § 13 Abs. 1 Nr. 1 und 2 WoGG; Freibeträge bei GdB 100 oder GdB 80 und Pflegebedürftigkeit im Sinne von § 14 SGB XI sowie bei GdB zwischen 50 und 80 und Pflegebedürftigkeit.
[89] § 55 Abs. 2 Nr. 5 SGB IX.
[90] § 55 Abs. 2 Nr. 6 SGB IX.
[91] § 33 Abs. 3 Nr. 1–6, Abs. 8 Nr. 6 SGB IX; vgl. LSG Nordrhein-Westfalen vom 7. Januar 2004, Az. L 12 AL 202/03 (Zusammenhang zum Arbeitsleben für behinderungsgerechte Küche abgelehnt).
[92] § 102 Abs. 3 Satz 1 Nr. 1 lit. d SGB IX.
[93] § 41 SGB VII.
[94] § 40 Abs. 4 Satz 1 SGB XI; vgl. BSG vom 13. Mai 2004, SuP 2004, S. 380 (Personenaufzug); BSG vom 30. Oktober 2001, NZS 2002, S. 431 (Sicherungstüren für Demenzkranke); BSG vom 28. Juni 2001, NZS 2002, S. 153 (Gegensprechanlage); BSG vom 26. April 2001, Breithaupt 2001, S. 840 (Fenstergriffe in rollstuhlgerechter Höhe).

Hilfen. Sie werden mit einem angemessenen Eigenanteil der Pflegebedürftigen und nur bis zu 2557 € je Maßnahme geleistet[95].

c) Hauswirtschaftliche Versorgung als Teil der Pflege

Die Hauswirtschaftliche Versorgung gehört in der Pflegeversicherung zu denjenigen Leistungen, die als gewöhnliche und wiederkehrende Verrichtungen des täglichen Lebens den Leistungsbedarf und Leistungsinhalt bestimmen[96]. Zur hauswirtschaftlichen Versorgung gehören das Einkaufen, Kochen, Reinigen der Wohnung, Spülen, Wechseln und Waschen der Wäsche und Kleidung und das Beheizen. Die Erledigung dieser Verrichtungen ist Voraussetzung für das Leben in einem eigenen Haushalt. Damit hat die Einbeziehung dieser Verrichtungen in den notwendigen Pflegebedarf auch die Funktion, Pflegebedürftigen den Verbleib in der eigenen Wohnung zu sichern.

d) Pflegewohngeld

Stationäre Pflegeeinrichtungen werden nach Landesrecht gefördert[97]. Dabei sollen insbesondere die Investitionskosten gefördert werden, um die pflegerische Infrastruktur zu verbessern. Diese Förderung dient somit verbesserten Lebens- und Wohnverhältnissen behinderter Menschen in Pflegeheimen. Die Förderung ist in den meisten Ländern nicht als subjektives Recht der Pflegebedürftigen ausgestaltet, sondern alleine im Verhältnis zwischen Land und Betreiber der Pflegeeinrichtung gewährt (Objektförderung). In Hamburg, Niedersachsen, Nordrhein-Westfalen, im Saarland und in Schleswig-Holstein sind jedoch subjektiv-rechtliche Komponenten aufgenommen worden. Dort wird die Investitionsförderung für sozialhilfebedürftige Bewohnerinnen und Bewohner von Pflegeheimen gezahlt[98]. Die Förderung ist damit allein auf die bedürftigen Heimbewohner gerichtet und entlastet als Sozialleistung eigener Art der Länder die Pflegebedürftigen und ihre Sozialhilfeträger[99]. Durch diese subjektiv-rechtliche Komponenten wird die Investitionsförderung stärker wettbewerblich ausgestaltet. Die pflegebedürftigen Menschen entscheiden selbst, wem die Investitionskostenförderung zufließt, indem sie sich für eine Einrichtung entscheiden. Aus diesem Grund werden die entsprechenden Länderregelungen für vorzugswürdig gehalten, da sie besser als zentrale Planungsentscheidungen den Präferenzen der Betroffenen entsprechen können[100]. Zum Teil werden die Länderregelungen, die eine reine Objektförderung vorsehen, sogar für verfassungswidrig gehalten, weil es für die Differenzierung zwischen geförderten und nicht geförderten Einrichtungen an einem sachlichen Grund fehle[101]. Diese Auffassung ist

---

95 § 40 Abs. 4 Satz 2 und 3 SGB XI.
96 § 14 Abs. 4 Nr. 4 SGB XI.
97 Vgl. BT-Drucks. 15/4125, S. 130 ff.
98 § 12 Abs. 1 HmbLPG; § 13 NdsPflegeG; § 14 PfG NW; § 6 SL VO zur Planung und Förderung von Pflegeeinrichtungen; § 6 Abs. 4 LPflegeG mit §§ 6–8 LPflegeGVO.
99 BSG vom 24. Juli 2003, BSGE 91, 182; vgl. Klie, VSSR 1999, S. 327, 328, 334.
100 Aus ökonomischer Sicht: Rothgang, ZSR 2000, S. 147 ff.
101 Staegemann (2003), S. 109; vgl. auch V. Neumann, SDSRV 43 (1997), S. 7, 21.

wohl unzutreffend. Der Gesetzgeber in den Ländern kann abwägen, ob er die Investitionskosten nach einem eher politisch antizipierten Bedarf oder nach der tatsächlichen Belegung der Pflegeeinrichtungen oder nach einem Mischsystem fördert. Bei Versorgungslücken regionaler oder fachlicher Art muss ein subjekt-orientiertes Fördersystem durch Objektförderung ergänzt werden, da Wahlfreiheit ohne Angebote ins Leere läuft. Mit dem Pflegewohngeld und den subjekt-orientierten Fördersystemen der Länder Hamburg, Niedersachsen, Nordrhein-Westfalen, Saarland und Schleswig-Holstein ist aber ein zusätzliches Recht pflegebedürftiger Menschen geschaffen worden, mit dem die Deckung ihres Wohnbedarfs in Pflegeinrichtungen unterstützt wird. Damit wird die Selbstbestimmung bei der Auswahl der Einrichtung eher gestützt als bei den Investitionskostenförderungen anderer Länder, die nur objektiv-rechtlich dem Wohnbedarf der Pflegebedürftigen dienen.

e) Vorrang der eigenen Wohnung vor dem Heim

Bei allen Leistungen zur Teilhabe haben ambulante und teilstationäre Leistungen Vorrang, wenn die Ziele nach Prüfung des Einzelfalls mit vergleichbarer Wirkung erreichbar sind[102]. Damit ist für dauerhaft betreuungsbedürftige behinderte Menschen ein Vorrang für die eigene Wohnung vor der Unterbringung im Heim verbunden. Dies betrifft insbesondere die Leistungen der Eingliederungshilfe. Als Konfliktfall erscheinen dabei besonders diejenigen Fälle, in denen die Kosten einer ambulanten Hilfe und das Verbleiben im eigenen Haushalt teurer sind als eine Heimunterbringung. Im Sozialhilferecht ist dazu geregelt, dass der Vorrang der ambulanten Leistung nicht gilt, wenn eine Leistung für eine geeignete stationäre Leistung zumutbar und eine ambulante Leistung mit unverhältnismäßigen Mehrkosten verbunden ist[103].

Auch in der Pflegeversicherung hat die häusliche Pflege Vorrang vor der stationären Pflege[104]. Problematisch ist dabei, dass nach dem Konzept der Pflegeversicherung die Leistungen der ambulanten Pflege nicht bedarfsdeckend sind. Zumindest für pflegebedürftige Personen, die Anspruch auf Hilfe zur Pflege der Sozialhilfe haben oder deren familiäre Unterstützung schwach ausgeprägt ist, kann ein Anreiz bestehen, stationäre Pflege in Anspruch zu nehmen, da diese dann eine bessere Bedarfsdeckung verspricht. Diesem Problem wird aber kaum wirksam dadurch zu begegnen sein, dass die Leistungen der stationären Pflege in der Pflegeversicherung gesenkt werden. Die individuellen Präferenzen für häusliche Pflege sind bereits hoch, können jedoch von vielen Personen nicht realisiert werden, weil die entsprechende soziale Unterstützung und bedarfsgerechte ambulante Pflegeleistungen nicht zur Verfügung stehen. Eine Senkung der Versorgungsstandards in den Pflegeheimen, etwa durch weitere Pauschalisierung der Sozialhilfe, würde dazu führen, dass der notwendige Pflegebedarf nicht mehr gewährleistet wäre. Eine Verbesserung der ambulanten Leistungen könnte dagegen die bedarfsgerechte Versorgung einer größeren Zahl Pflegebedürftiger im eigenen Haushalt ermöglichen und so auch die Aufwendungen für stationäre Pflege entlasten.

---

[102] § 19 Abs. 2 SGB IX; vgl. BT-Drucks. 15/4575, S. 42 ff.
[103] § 13 Abs. 1 Satz 3 SGB XII/§ 3a BSHG.
[104] § 3 SGB XI.

E. Familie, Elternschaft, Ehe

Die Zugehörigkeit zu einer Familie, die eigene Elternschaft und das Eingehen einer Ehe sind elementare Bereich der Teilhabe[1]. Sie gehören zugleich für viele behinderte Menschen zu denjenigen Kontextfaktoren, die darüber entscheiden, wie stark eine Gesundheitsstörung im Alltag behindernd wirkt[2]. In etwa 3 % der Familienhaushalte in Deutschland lebt ein behindertes Kind[3].

Die Familie ist schon durch die Verpflichtung zum Lebensunterhalt ein wichtiger Teil der sozialen Sicherung. In Familie und Ehe werden wohl die meisten Betreuungs- und Pflegeleistungen für behinderte Menschen erbracht[4]. Sie sind familienrechtlich oftmals geschuldet, können aber nicht wirksam eingeklagt werden. Das Bestehen familiärer Bindungen kann also vom Recht und vom sozialen Sicherungssystem nicht erzwungen werden, sondern ist ihm vorausgesetzt. Für die Reproduktion der Gesellschaft ist es essentiell. Entsprechend muss sich der soziale Rechtsstaat fördernd zur Familie verhalten.

1. Verfassungsrecht

Der besondere Schutz der Ehe und Familie ist im Grundgesetz festgeschrieben[5]. Diese Verfassungsnorm erscheint zunächst als Institutsgarantie, kann jedoch auch als Abwehrrecht, Gleichheitsrecht, Schutzrecht und Teilhaberecht wirken[6]. Über die Schutzverpflichtung hinaus sind nach der Rechtsprechung des Bundesverfassungsgerichts insbesondere Steuerrecht und Sozialrecht so auszugestalten, dass Ehe und Familie nicht benachteiligt, sondern im Ergebnis gefördert werden. Pflege und Erziehung der Kinder werden als natürliches Recht der Eltern und ihnen zuvörderst obliegende Pflicht anerkannt. Über diese Betätigung der Eltern wacht die staatlichen Gemeinschaft[7]. Damit wird die Anerkennung von Recht und Pflicht zugleich zum Recht der Kinder auf Schutz vor Eltern, die diese nicht erfüllen können oder wollen.

Der Schutz von Ehe und Familie gilt auch für Familien, in denen einzelne Mitglieder, ob Kinder oder Eltern, behindert sind. Auch sie können und müssen an den zu Schutz und Förderung der Familien geschaffenen Regelungen ihrer besonderen Situation gemäß teilhaben. Hieraus kann sich in Verbindung mit dem Be-

---

[1] Vgl. ICF, d760–d7702.
[2] Vgl. ICF, e310, e410.
[3] BT-Drucks. 15/4575, S. 135.
[4] BT-Drucks. 15/4575, S. 135.
[5] Art. 6 Abs. 1 GG.
[6] Tünnemann (2002), S. 110 ff.; Jeand'heur (1993), S. 95 ff.; vgl. oben III.C.5.
[7] Art. 6 Abs. 2 GG.

nachteiligungsverbot wegen einer Behinderung das Recht der Familien mit behinderten Mitgliedern auf besondere Berücksichtigung und besonderen Schutz ergeben.

Im Grundgesetz ist als soziales Teilhaberecht der Anspruch jeder Mutter auf den Schutz und die Fürsorge der Gemeinschaft[8] ausgewiesen. Schutz und Fürsorge bezeichnen hier die Schutz- und Gewährleistungsfunktionen des Grundrechts. Der verfassungsrechtliche Mutterschutz gründet in der besonderen Angewiesenheit der Schwangeren und Mütter auf staatliche und gesellschaftliche Unterstützung[9] und zugleich der elementaren Angewiesenheit der Gesellschaft auf den Beitrag der Mütter zu ihrer biologischen und sozialen Reproduktion und Weiterentwicklung.

In den meisten Landesverfassungen sind der Schutz der Familie[10], der Mütter[11] und der Kinder oder Jugend[12] angesprochen, zum Teil auch der Alleinerziehenden[13] und aller Kindererziehenden[14]. Die soziale Förderung der Familien durch den Staat wird in Bayern[15], die Vereinbarkeit von Kindererziehung mit der Erwerbstätigkeit in Berlin[16] erwähnt. In Brandenburg wird besondere Fürsorge für Familien mit behinderten Angehörigen festgeschrieben[17]. Besonderer Schutz für Familien mit pflegebedürftigen Angehörigen wird in Berlin[18] und Rheinland-Pfalz[19] geregelt. Das Saarland, Sachsen, Sachsen-Anhalt und Thüringen sprechen die Förderung und Entlastung aller an, die in häuslicher Gemeinschaft für Hilfsbedürftige oder für „andere" sorgen[20].

2. Betreuungsrecht: Selbstbestimmung über Sterilisation

Besonders geregelt sind im Betreuungsrecht ärztliche Eingriffe zur Sterilisation der betreuten Person. Die Sterilisation bewirkt den Ausschluss von den Voraussetzungen der Elternschaft und damit nicht nur von der persönlichen Selbstbestimmung, sondern auch von der Teilhabe an Elternschaft als einem konstituierenden Element

---

   8   Art. 6 Abs. 4 GG; Tünnemann (2002), S. 188 ff.

   9   Vgl. BVerfG vom 18. November 2003 (Mutterschutzumlage), BVerfGE 109, 64, 87.

  10   Art. 124 BayVerf; Art. 12 Abs. 1 BerlVerf; Art. 26 Abs. 1 BrbVerf; Art. 21 BremVerf; Art. 4 HessVerf; Art. 5 Abs. 1 Satz 1 NWVerf; Art. 23 Abs. 1 RhPfVerf; Art. 22 SLVerf; Art. 22 Abs. 1 SächsVerf; Art. 24 Abs. 1 LSAVerf; Art. 17 Abs. 1 ThürVerf.

  11   Art. 125 Abs. 1 Satz 2 BayVerf; Art. 12 Abs. 6 BerlVerf; Art. 26 Abs. 1 Satz 2 BrbVerf; Art. 21 BremVerf; Art. 5 Abs. 1 Satz 3 NWVerf; Art. 23 Abs. 2 RhPfVerf; Art. 23 Satz 1 SLVerf; Art. 22 Abs. 5 SächsVerf; Art. 17 Abs. 3 ThürVerf.

  12   Art. 125 Abs. 1 Satz 1 BayVerf; Art. 27 BrbVerf; Art. 25 BremVerf; Art. 14 MVVerf; Art. 6 NWVerf; Art. 24 RhPfVerf; Art. 25 SLVerf; Art. 9 SächsVerf; Art. 24 Abs. 3 und 4 LSAVerf; Art. 19 ThürVerf.

  13   Art. 12 Abs. 7 BerlVerf; Art. 23 Abs. 2 RhPfVerf.

  14   Art. 12 Abs. 5 BerlVerf; Art. 23 Satz 2 SLVerf; Art. 22 Abs. 2 SächsVerf; Art. 24 Abs. 2 LSA-Verf; Art. 17 Abs. 2 ThürVerf.

  15   Art. 125 Abs. 2 und 3 BayVerf.

  16   Art. 12 Abs. 7 Satz 1 BerlVerf.

  17   Art. 26 Abs. 1 Satz 2 BrbVerf.

  18   Art. 12 Abs. 7 Satz 1 BerlVerf.

  19   Art. 23 Abs. 2 RhPfVerf.

  20   Art. 23 Satz 2 SLVerf; Art. 22 Abs. 2 SächsVerf; Art. 24 Abs. 2 Satz 1 LSAVerf; Art. 17 Abs. 2 ThürVerf; Ein typischer Fall dieser Sorge ist diejenige für behinderte Menschen: Jutzi in: Linck/Jutzi/Hoppe (1994), Rz 20 zu Art. 17 ThürVerf.

von Familie und Ehe[21]. Für die Entscheidung über eine Sterilisation im Namen einer einwilligungsunfähigen betreuten Person muss ein besonderer Betreuer bestellt werden[22] und ist die Genehmigung des Vormundschaftsgerichts einzuholen[23]. Sie ist nur dann zulässig, wenn die Sterilisation dem Willen der betreuten Person nicht widerspricht, sie auf Dauer einwilligungsunfähig bleiben wird, anzunehmen ist, dass es ohne die Sterilisation zu einer Schwangerschaft kommen würde, infolge dieser Schwangerschaft eine Gefahr für das Leben oder die Gefahr einer schwerwiegenden Beeinträchtigung des körperlichen oder seelischen Gesundheitszustands der Schwangeren zu erwarten wäre, die nicht auf zumutbare Weise abgewendet werden kann und die Schwangerschaft nicht durch andere zumutbare Mittel verhindert werden kann[24]. Als schwerwiegende Gefahr für den seelischen Gesundheitszustand der Schwangeren gilt auch die Gefahr eines schweren und nachhaltigen Leides, das ihr drohen würde, weil vormundschaftsgerichtliche Maßnahmen, die mit einer Trennung vom Kind verbunden wären[25] oder sogar die Annahme des Kindes durch andere bedeuten würden[26], zum Wohl des Kindes gegen sie ergriffen werden müssten[27].

Die gesetzliche Regelung der Entscheidung über die Sterilisation einwilligungsunfähiger Personen soll der besonderen Schwere des Eingriffs in Grundrechte Rechnung tragen und die erhebliche Gefahr berücksichtigen, dass in eine solche Entscheidung eugenische Ideologien oder fremde Interessen einfließen, etwa von Verwandten, die eigenen Aufwand für das Kind oder seine Erbrechte befürchten. Solche Gründe dürfen in die Entscheidung nicht einfließen[28].

Die Voraussetzungen für eine Sterilisation können nur in Ausnahmefällen gegeben sein[29]. Es sind mehrere Prognoseentscheidungen zu treffen, nämlich über die dauerhaft bestehende Einwilligungsunfähigkeit, die konkrete Schwangerschaftserwartung[30] und die Gefahr für Leib und Leben oder Gesundheit bei Eintreten einer Schwangerschaft[31]. Damit wird beachtet, dass eine Rehabilitation der betroffenen Person oft möglich ist und dass eine solche Chance stets zu achten und zu fördern ist. Gerade bei geistig behinderten Personen setzt die körperliche, seelische und geistige Reife oft mit erheblicher Verzögerung ein[32], so dass die Maßstäbe von Prognosen nicht am Durchschnitt orientiert werden können. Anders als bei anderen Entscheidungen ist der natürliche Wille der betreuten Person in jedem Fall zu beachten. Dabei ist zu ermitteln, ob die betreute Person eine Sterilisation will. Wider-

---

21 Vgl. Pro familia (1998), S. 19 ff.
22 § 1899 Abs. 2 BGB.
23 § 1905 Abs. 2 Satz 1 BGB.
24 § 1905 Abs. 1 Satz 1 BGB.
25 §§ 1666, 1666a BGB.
26 § 1747 Abs. 3 BGB.
27 § 1905 Abs. 1 Satz 2 BGB.
28 Jürgens/Kröger/Marschner/Winterstein (2002), Rz 218.
29 Jürgens/Kröger/Marschner/Winterstein (2002), Rz 209; 2003 wurden 80 Sterilisationen genehmigt und 26 Anträge abgelehnt, BT-Drucks. 15/4575, S. 138.
30 Dazu: BayObLG vom 23. Mai 2001, FamRZ 2001, S. 1560.
31 Nicht ausreichend ist eine erhöhte Wahrscheinlichkeit, dass das Kind selbst behindert sein wird, Diederichsen in: Palandt, 63. A. (2004), Rz 8 zu § 1905 BGB.
32 Jürgens/Kröger/Marschner/Winterstein (2002), Rz 214.

stand allein gegen den ärztlichen Eingriff hindert die Sterilisation[33], schafft aber noch keine Lage, in der endgültig für oder gegen den Eingriff entschieden werden könnte[34].

3. Kindschaftsrecht

Das Kindschaftsverhältnis zwischen behinderten Eltern und ihren Kindern und zwischen Eltern und ihren behinderten Kindern wird nach den gleichen Regeln begründet und vermittelt die grundsätzlich gleichen Rechte und Pflichten wie bei in anderen Familien[35] auch.

a) Beendigung des Kindschaftsverhältnisses durch Adoption

Das Kindschaftsverhältnis kann durch die Annahme als Kind (Adoption) durch andere Personen beendet werden[36]. Hierzu ist die Einwilligung der Eltern des Kindes erforderlich[37]. Diese Einwilligung kann durch das Vormundschaftsgericht ersetzt werden, wenn ein Elternteil wegen einer besonders schweren psychischen Krankheit oder einer besonders schweren geistigen oder seelischen Behinderung zur Pflege und Erziehung des Kindes dauernd unfähig ist und wenn das Kind bei Unterbleiben der Annahme nicht in einer Familie aufwachsen könnte und dadurch in seiner Entwicklung schwer gefährdet wäre[38]. Dabei handelt es sich um einen besonders schweren Eingriff in den Schutz der Familie, der nur mit dem staatlichen Wächteramt für das Wohl des Kindes gerechtfertigt ist[39]. Das Anknüpfen an der Behinderung ist nur dann zwingend und nicht benachteiligend, wenn die Behinderung des Elternteils zu Nachteilen für das Kind führt, die denen vergleichbar sind, die zu einer Adoption gegen den Willen der Eltern bei nichtbehinderten Eltern führen können, nämlich grobe Pflichtverletzung oder Gleichgültigkeit[40]. Die Adoption gegen den Willen eines Elternteils ist nicht zulässig wegen einer körperlichen Behinderung. Sie setzt voraus, dass eine Rehabilitation des Elternteils in die Elternrechte und -pflichten in absehbarer Zeit ausgeschlossen ist und dass das Kind nicht von anderen Familienangehörigen oder ohne Adoption in einer Pflegefamilie betreut werden kann[41]. Die Prognose ist insofern auch abhängig von den Hilfsangeboten für behinderte Eltern.

---

[33] Jürgens/Kröger/Marschner/Winterstein (2002), Rz 215.

[34] Vgl. OLG Hamm vom 28. Februar 2000, NJW 2001, S. 1800, 1802; im Zweifel gegen den Eingriff: Bienwald in: Staudinger (1999), Rz 43 zu 3 1905 BGB.

[35] §§ 1591–1717 BGB.

[36] §§ 1754, 1755 BGB.

[37] § 1747 BGB.

[38] § 1748 Abs. 3 BGB; BayObLG vom 15. Juli 1999, FamRZ 1999, S. 1688.

[39] Vgl. BVerfG vom 29. Juli 1968, BVerfGE 24, 119, 144.

[40] Vgl. § 1748 Abs. 1 BGB; AG Melsungen, FamRZ 1996, S. 53, 55; OLG Hamm vom 19. Oktober 1993, Jugendwohl 1994, S. 284; OLG Hamm vom 28. Oktober 1977, FamRZ 1978, S. 150; BayObLG vom 18. Mai 1977, Rechtspfleger 1977, S. 303; Engler, FamRZ 1975, S. 125, 131.

[41] Vgl. Mrozynski, ZfJ 2003, S. 748; zu einer besonderen Konstellation vgl. OLG Schleswig-Holstein vom 15. Januar 2003, SHAnz 2003, S. 253 (Adoption für Verbleib bei dänischen Pflegeeltern nötig).

b) Einschränkung des elterlichen Sorgerechts

Die elterliche Sorge kann durch das Familiengericht eingeschränkt werden, wenn das Wohl des Kindes oder sein Vermögen auch durch unverschuldetes Versagen der Eltern gefährdet ist[42]. Eine Trennung des Kindes von der elterlichen Familie oder gar der Entzug der gesamten Personensorge sind nur als letztes Mittel zulässig, wenn der Gefahr nicht auf andere Weise, auch nicht durch öffentliche Hilfen begegnet werden kann[43]. Ein unverschuldetes Versagen der Eltern kann auch vorliegen, wenn diese auf Grund einer Behinderung den Pflichten der elterlichen Sorge nicht nachkommen können. Auf Grund des verfassungsrechtlichen Vorrangs der ungetrennten Familie[44] ist bereits im Kindschaftsrecht angesprochen, dass öffentliche Hilfen einer Trennung des Kindes von den Eltern vorgehen. Dies wirkt als verfassungsrechtliches Gebot, im Rahmen des Möglichen derartige Hilfsangebote zur Rehabilitation der Eltern in ihren Elternpflichten im Rahmen des Jugendhilfe- und Rehabilitationsrechts anzubieten und zu schaffen[45]. So kann nicht angenommen werden, dass die Gehörlosigkeit von Eltern eines hörenden Kindes ein Grund für trennende Eingriffe ist. Vielmehr ist die sprachliche Entwicklung des Kindes durch andere Hilfen sicherzustellen. Die Trennung des Kindes von den Eltern kommt daher wohl im Wesentlichen nur bei schweren geistigen und seelischen Behinderungen, insbesondere bei Suchtkrankheiten[46], in Betracht.

4. Recht behinderter Menschen zur Eheschließung

Behinderte Menschen können grundsätzlich nach den gleichen Regeln wie andere Menschen die Ehe eingehen und auflösen. Es ergeben sich daraus die gleichen Rechte und Pflichten[47]. Sind behinderte Menschen geschäftsunfähig, dürfen sie aber eine Ehe nicht eingehen[48]. Ist die Ehe gegen diese Vorschrift geschlossen worden, kann sie ohne Scheidung aufgehoben werden[49]. Dies gilt nicht, wenn die Geschäftsunfähigkeit weggefallen ist und der vorher geschäftsunfähige Gatte die Ehe fortsetzen will[50]. Dieser schwere Eingriff in die Freiheit der Eheschließung kann nur dadurch gerechtfertigt werden, dass die geschäftsunfähige Person die Tragweite der Entscheidung über die Eheschließung grundsätzlich nicht erkennen kann. Damit dieser Eingriff verhältnismäßig ist, ist die Geschäftsfähigkeit an Hand dieser Frage gesondert im Hinblick auf die Ehe als Ehegeschäftsfähigkeit zu beurteilen[51]. Wegen

---

[42] § 1666 Abs. 1 BGB.
[43] § 1666a BGB; vgl. BVerfG vom 17. Februar 1982, BVerfGE 60, 79, 94; LG Berlin vom 2. August 1988, FamRZ 1988, S. 1308.
[44] Art. 6 Abs. 3 GG.
[45] Vgl. Diederichsen in: Palandt, 63. A. (2004), Rz 2 zu § 1666a BGB: das gebotene Mittel wird vom Bedarf her bestimmt.
[46] OLG Frankfurt am Main vom 14. Februar 1983, FamRZ 1983, S. 530.
[47] §§ 1354–1588 BGB.
[48] § 1304 BGB; § 104 Nr. 2 BGB.
[49] § 1314 Abs. 1 BGB.
[50] § 1315 Abs. 1 Nr. 2 BGB.
[51] BayObLG vom 14. November 2002, FamRZ 2003, S. 373; LG Osnabrück vom 14. Februar 2001, RdLH 2002, S. 86; BayObLG vom 24. April 1996, FamRZ 1997, S. 294; vgl. AG Kaiserslau-

dieser Möglichkeit einer verfassungskonform restriktiven Auslegung hat das BVerfG keine Veranlassung gesehen, die Verfassungsmäßigkeit der Norm auf eine Richtervorlage hin zu überprüfen[52]. Rehabilitation kann sich auch darauf richten, bei behinderten Menschen die Einsichtsfähigkeit für die Tragweite der Eheschließung herzustellen, um diesen die Teilhabe am Institut der Ehe zu ermöglichen.

Die Verpflichtung zu ehelicher Lebensgemeinschaft und gegenseitigen Verantwortung[53] wird durch eine bestehende oder eintretende Behinderung eines Ehegatten nicht berührt[54]. Die eheliche Lebensgemeinschaft wird durch eine Behinderung mitgeprägt. Zur Lebensgemeinschaft gehört der gegenseitige Beistand. Bei behinderten Menschen kann dies erhebliche Leistungen der Assistenz und Pflege umfassen. Zu berücksichtigen ist dabei immer, dass die eheliche Lebensgemeinschaft zwar im Grundsatz einklagbar ist, jedoch aus gutem Grund das eheliche Leben nicht durch gerichtlichen Zwang durchgesetzt werden kann[55]. Durch das Zerrüttungsprinzip im Scheidungsrecht wird bewirkt, dass Verletzungen des ehelichen Beistands auch bei der Scheidung der Ehe keine Folgen haben[56]. Der eheliche Beistand ist also rechtlich eine unvollkommene Verpflichtung, die vom täglich neu betätigten übereinstimmenden Willen der Ehegatten abhängt. Diese auch in den Persönlichkeitsrechten der Ehegatten begründete Ansicht über die Grenzen des ehelichen Beistands hat in der Rechtsprechung auch zu einer Beschränkung der ehelichen Pflichten beigetragen. Die Pflege eines schwerstbehinderten Ehegatten kann nach einem Urteil des BGH nicht als eheliche Pflicht erwartet werden[57]. Diese eherechtlichen Grenzen müssen Einfluss darauf haben, was sozialrechtlich von der Ehe verlangt werden kann. Zwar kann das Sozialrecht den Vorrang der gegenseitigen familiären Hilfe voraussetzen[58]. Sozialrechtliche Normen können eheliche und familiäre Hilfe aber nur soweit einfordern, wie sie deren nicht erzwingbare Voraussetzungen nicht zerstören. Ein unbedingtes Selbsthilfegebot an die Familien würde viele Ehegatten behinderter und pflegebedürftiger Menschen in Trennung und Scheidung treiben. Mit dem Schutzgebot für Ehe und Familie wäre es nicht vereinbar.

Anders verhält es sich beim ehelichen Unterhaltsrecht. Hier wird dem ehelichen Unterhalt in Geld sozialrechtlich Vorrang vor dem Einsatz staatlicher Mittel eingeräumt[59]. Da der Unterhalt auch bei Trennung und Scheidung einklagbar ist und

---

tern vom 19. Mai 1995, RdLH 3/1995, S. 28; AG Rottweil vom 15. November 1989, FamRZ 1990, S. 626; Brudermüller in: Palandt, 63. A. (2004), Rz 1 zu § 1304 BGB; Castendiek/Hoffmann (2002), Rz 443 ff.

52 BVerfG-Kammerentscheidung vom 18. Dezember 2002, NJW 2003, S. 1382.

53 § 1353 Abs. 1 BGB.

54 BGH vom 7. November 2001, JZ 2002, S. 710: Die Ehe ist nicht ohne weiteres gescheitert, weil ein Ehegatte geistig behindert geworden ist.

55 § 888 Abs. 3 ZPO.

56 § 1565 BGB.

57 BGH vom 22. Februar 1995, NJW 1995, S. 1486, 1488; eine unbeschränkte Verantwortlichkeit für die Betreuung eines behinderten Ehegatten kann auch nicht aus der Entscheidung des RG vom 23. November 1908, RGZ 70, 48, 49 entnommen werden. Dort wurde eine deliktsrechtliche Verantwortlichkeit des Mannes als Haushaltsvorstand für seine psychisch kranke Ehefrau erörtert; vgl. Brudermüller in: Palandt, 63. A. (2004), Rz 9 zu § 1353 BGB.

58 § 37 Abs. 3 SGB V; § 3 Satz 1 SGB XI.

59 §§ 2 Abs. 1 19, 43 Abs. 1 SGB XII; § 9 Abs. 2 Satz 1 SGB II.

dieser Anspruch auf den Sozialleistungsträger übergehen kann[60], ist der eheliche und nacheheliche Beistand bei behinderungsbedingter Einkommenslosigkeit in Form von Unterhalt stark ausgeprägt. Die Verantwortlichkeit des Ehegatten und ehemaligen Ehegatten für die Folgen von Behinderung für den Lebensunterhalt ist im Wesentlichen nur durch seine Leistungsfähigkeit begrenzt[61]. Die Verantwortlichkeit des geschiedenen Ehegatten endet erst, wenn eine Behinderung nach Ende der Ehe und aller übrigen Unterhaltspflichten eingetreten ist. Um die Ehe insofern vor Benachteiligung zu schützen, ist ihr die eheähnliche Gemeinschaft sozialrechtlich gleichgestellt[62].

5. Sozialrecht

a) Allgemeine Unterstützung der Familie

(1) Geldleistungen und Sozialversicherungsschutz

Die Minderung des Familienaufwands ist als soziales Recht im SGB I enthalten[63]. Der Familienleistungsausgleich zur Minderung der familiären Unterhaltslast ist aber in das Steuerrecht integriert worden. Im Sozialrecht ist als soziale Förderung der Familie das Erziehungsgeldrecht enthalten, mit dem Elternteile unterstützt werden, die wegen der Betreuung eines Kindes bis zum Alter von zwei Jahren keine volle Erwerbstätigkeit ausüben[64]. Das Erziehungsgeld wird abhängig vom Einkommen gezahlt. Dabei wird für ein behindertes Kind in der Familie der steuerrechtliche Pauschbetrag bei der Einkommensberechnung abgezogen[65]. Neben dem Kindergeld erhalten bedürftige Eltern für den Lebensunterhalt ihrer Kinder Sozialgeld[66] oder Hilfe zum Lebensunterhalt[67]. Durch die Familienversicherung ist den Kindern gesetzlich versicherter Personen Kranken- und Pflegeversicherungsschutz garantiert[68]. Für Kinder privat krankenversicherter Personen besteht der Anspruch auf Aufnahme in die private Krankenversicherung[69].

(2) Kinder- und Jugendhilfe

Die Leistungen der Kinder- und Jugendhilfe sollen junge Menschen in ihrer Entwicklung fördern und dazu beitragen, Benachteiligungen zu vermeiden und abzubauen, Eltern und andere Erziehungsberechtigte bei der Erziehung beraten und unterstützen, Kinder und Jugendliche vor Gefahren für ihr Wohl schützen und positive Lebensbedingungen für junge Menschen und ihre Familien zu schaf-

---

60 § 33 SGB II; § 94 SGB XII.
61 § 1581 BGB.
62 §§ 20, 36 SGB XII; § 9 Abs. 2 Satz 1 SGB II.
63 § 6 SGB I.
64 §§ 1 Abs. 1, 4 Abs. 1 BErzGG; der erste Abschnitt des BErzGG ist besonderer Teil des SGB, § 68 Nr. 15 SGB I.
65 § 6 Abs. 1 Nr. 3 BErzGG, § 33 b Abs. 1–3 EStG.
66 § 28 SGB II.
67 § 27 Abs. 1 und 2 SGB XII; vgl. § 31 Abs. 1 Nr. 2 und 3 SGB XII.
68 §§ 10 SGB V; § 25 SGB XI.
69 § 178d VVG (Kinder-Nachversicherung).

fen[70]. An dem Ziel, Benachteiligungen zu vermeiden, wird bereits deutlich, dass alle Leistungen der Kinder- und Jugendhilfe dazu beitragen können, behinderte Kinder und Jugendliche zu fördern. Dort wo Familie und Eltern unterstützt werden, können sie auch Familien mit behinderten Elternteilen helfen.

Die Leistungen zur Teilhabe umfassen nur sehr begrenzt Hilfen für behinderte Eltern. Gerade aus diesem Grund können die Leistungen zur Förderung der Erziehung in der Familie[71] mit Beratungs- und Entlastungsangeboten für behinderte Eltern von Bedeutung sein. Allein erziehende Eltern mit einem Kind bis zu sechs Jahren können gemeinsam mit dem Kind in einer geeigneten Wohnform betreut werden[72]. Diese Leistungsform kann für behinderte Eltern genutzt werden. An ihren Voraussetzungen ist aber ersichtlich, dass die Anspruchsnorm für einen anderen Personenkreis geschaffen wurde.

Die Förderung von Kindern in Tageseinrichtungen gehört zu den wichtigsten Leistungen der Kinder- und Jugendhilfe. Vom vollendeten dritten Lebensjahr bis zum Schuleintritt besteht ein Rechtsanspruch auf den Besuch eines Kindergartens[73]. Dieser Anspruch ist landesrechtlich näher ausgeformt. Die nötige Infrastruktur der Kindergärten wird auf der Ebene der Kreise, kreisfreien Städte und Gemeinden durch diese als örtliche Jugendhilfeträger und durch Träger der freien Jugendhilfe bereitgestellt[74]. In allen Bundesländern ist gesetzlich festgeschrieben, dass der Anspruch auf einen Kindergartenplatz für behinderte Kinder möglichst integrativ zu erfüllen ist[75]. Einige Bundesländer behalten sich ausdrücklich vor, den Rechtsanspruch in einer Sondereinrichtung zu erfüllen[76]. In Bayern und im Saarland werden behinderte Kinder und ihre Integration im Kindertagesstättenrecht nicht, in Hessen nur im Kontext einer Kostenregelung[77] erwähnt. Diese Regelungen sind ein wichtiger Beitrag zur sozialen Integration behinderter Kinder und zur Entlastung ihrer Eltern. Die Integration im Kinderharten wird im Einzelfall durch Leistungen der Eingliederungshilfe unterstützt[78]. Der Besuch des Kindergartens ist nicht kostenfrei, sondern regelmäßig gebührenpflichtig[79]. Die Kosten sind von den

---

[70] § 1 Abs. 3 SGB VIII.

[71] §§ 16–20 SGB VIII.

[72] § 19 Abs. 1 SGB VIII; vgl. Mrozynski, ZfJ 2003, S. 458 ff.

[73] § 24 SGB VIII.

[74] Vgl. §§ 3, 4 SGB VIII (freie Träger); § 69 SGB VIII (örtliche Träger); vgl. BT-Drucks. 14/6249, S. 21 f.

[75] § 2 Abs. 2 BWKGaG; § 5 Abs. 1 BerlKitaG; § 12 Abs. 2 Satz 1 BrbKitaG; § 3 Abs. 4 BremKitaG; § 6 Abs. 4 HmbKibeG; §§ 1 Abs. 2 Satz 3, 2 Abs. 6 MVKiföG; § 3 Abs. 6 Satz 1 NdsKiTaG; § 2 Abs. 3 Satz 2 und 3 NWGTK; § 2 Abs. 3 RhPfKitaG; § 2 Abs. 4 SächsKitaG; § 5 Abs. 1 Satz 3 LSAKiFöG; § 5 Abs. 7 SHKiTaG; § 5 Abs. 1 ThürKitaG. 2002 standen in 9801 Integrativen Tageseinrichtungen 356053 Plätze zur Verfügung, davon 32552 für behinderte Kinder; in 299 Tageseinrichtungen für behinderte Kinder standen 9569 Plätze zur Verfügung, BT-Drucks. 15/4575, S. 61 f.

[76] § 12 Abs. 2 NdsKiTaG; § 5 Abs. 1 Satz 3 ThürKitAG. Zum Vorrang der Integration in Niedersachsen: VG Stade vom 13. Juli 2001, ZfF 2003, S. 231.

[77] § 9 Abs. 2 HessKitaG.

[78] VG Hannover vom 1. Oktober 2001, RdLH 2001, S. 159 mit Anmerkung Schumacher; VG Sigmaringen vom 25. Oktober 1999, RdLH 2000, S. 124; vgl. Castendiek/Hoffmann (2002), RZ 252.

[79] § 90 Abs. 1 Nr. 3 SGB VIII.

Eltern behinderter Kinder in gleichem Unfang zu tragen wie von den Eltern anderer Kinder[80].

b) Rehabilitation und Familie

Auf Grund ihrer traditionellen Orientierung an Erwerbsarbeit und Erwerbsfähigkeit ist die Rehabilitation als Voraussetzung der Teilhabe an der Familie und der Leistung der gesellschaftlich notwendigen Familienarbeit kein traditionelles Feld der Leistungen zur Teilhabe. Bei der Entscheidung über Leistung zur Teilhabe und ihrer Ausführung ist auf die Familie Rücksicht zu nehmen. Den besonderen Bedürfnissen behinderter Eltern bei der Erfüllung ihres Erziehungsauftrages und den besonderen Bedürfnissen behinderter Kinder ist Rechnung zu tragen[81]. Diese mit dem SGB IX eingefügte Norm ist vom BSG berücksichtigt worden bei der Prüfung eines Leistungsanspruchs wegen eines Hilfsmittels. Eine besonders leistungsfähige Beinprothese (C-Leg)[82] kann von einer behinderten Mutter als Hilfsmittel zum Ausgleich ihrer Behinderung bei den Grundbedürfnissen des täglichen Lebens beansprucht werden, weil ihr erst dadurch die Beaufsichtigung ihrer Kinder in gebotenem Maße ermöglicht wird. Das Tatbestandsmerkmal der Bedürfnisse des täglichen Lebens bietet beim Anspruch auf Hilfsmittel den Ansatzpunkt, die Familie im verfassungsrechtlich und rehabilitationsrechtlich gebotenen Maß zu berücksichtigen[83]. Andere Hilfsmittel für die Grundbedürfnisse des täglichen Familienlebens sind etwa unterfahrbare Wickeltische für Rollstuhlfahrer[84]. Weitere Hilfsmittel für das Familienleben können als Leistungen zur Teilhabe am Leben in der Gemeinschaft beansprucht werden[85].

Die Bedürfnisse der Familie werden auch berücksichtigt, wenn für Eltern, die wegen der Kinderbetreuung an einer stationären Rehabilitation nicht teilnehmen wollen oder können, der Vorrang ambulanter und teilstationärer Hilfen realisiert wird. Ist dies nicht möglich, sollen familienentlastende und familienunterstützende Dienste eingesetzt werden[86]. Ist eine stationäre medizinische Rehabilitation oder Leistung zur Teilhabe am Arbeitsleben notwendig, wird für Leistungsberechtigte mit Kindern Haushaltshilfe geleistet, wenn keine andere im Haushalt lebende Person den Haushalt weiterführen kann[87] oder das Kind kann auswärts untergebracht werden[88]. Kosten für die Kinderbetreuung können auch während anderer

---

[80] BVerwG vom 29. April 1999, DVBl. 1999, S. 1130; vgl. Castendiek/Hoffmann (2002), Rz 264.

[81] § 9 Abs. 1 Satz 2 und 3 SGB IX; vgl. zu den Verbesserungen für Familien und Kinder durch das SGB IX: Wilmerstadt, BArbBl. 11/2001, S. 36 ff.

[82] BSG vom 6. Juni 2002, SGb 2002, S. 494.

[83] Bieritz-Harder in: V. Neumann (2004), § 10, Rz 150; Bieritz-Harder, SGb 2002, S. 198, 199 f.

[84] Bieritz-Harder, SGb 2002, S. 198, 200. Als Eigenanteil ist die Differenz zu den Kosten eines üblichen Wickeltischs zu tragen.

[85] § 55 Abs. 2 Nr. 1 SGB IX; Bieritz-Harder, SGb 2002, S. 198, 201.

[86] § 19 Abs. 2 SGB IX; vgl. BT-Drucks. 15/4575, S. 136; empirisch: Heckmann (2004), S. 183 ff.

[87] § 54 Abs. 1 IX; weitergehend im Unfallversicherungsrecht: § 42 SGB VII.

[88] § 54 Abs. 2 SGB IX; bis zur Höhe der Kosten der Haushaltshilfe.

Leistungen zur Teilhabe übernommen werden[89]. Eine Haushaltshilfe bei behinderungsbedingtem laufendem Bedarf ist gesetzlich nicht vorgesehen[90].

Leistungen für behinderte oder von Behinderung bedrohte Kinder müssen so geplant und gestaltet werden, dass nach Möglichkeit Kinder nicht von ihrem sozialen Umfeld, und damit der Familie, getrennt werden[91]. Die Leistungen der Früherkennung und Frühförderung müssen die Beratung der Erziehungsberechtigten einschließen[92]. Eltern sind gehalten, ihre behinderten Kinder einer gemeinsamen Servicestelle für Rehabilitation oder einem Arzt zur Beratung über die geeigneten Leistung zur Teilhabe vorzustellen. Hebammen, Entbindungspfleger, Medizinalpersonen, Lehrer, Sozialarbeiter, Jugendleiter und Erzieher sind verpflichtet, Personensorgeberechtigte auf von ihnen wahrgenommen Behinderungen und auf die Beratungsangebote hinzuweisen[93].

Als besondere Form der familienorientierten Rehabilitation erbringt die gesetzliche Krankenkasse unter den Voraussetzungen der Krankenbehandlung aus medizinischen Gründen erforderliche Leistungen der Rehabilitation in einer Einrichtung des Müttergenesungswerks oder einer gleichartigen Einrichtung[94]. Diese Leistung kann auch als Maßnahme für Mutter und Kind oder Vater und Kind erbracht werden. Die Medizinische Rehabilitation für Mütter und Väter ist damit auf die Fälle begrenzt, in denen bereits eine Krankheit eingetreten ist. Wird die Leistung aus Gründen der medizinischen Vorsorge erbracht, handelt es sich um eine Vorsorgeleistung für Mütter und Väter[95]. Bei diesen aus den traditionellen Mütterkuren hervorgegangen Leistungen handelt es sich der Sache nach um familienorientierte Leistungen zur Teilhabe, bei denen ganz überwiegend die Wechselwirkung von Gesundheitsstörungen und familiärer Situation mit dem Ziel aufgearbeitet werden, beide Faktoren zu verbessern. Sie richten sich somit gleichermaßen auf häufig psychische Gesundheitsstörungen wie auf den Kontextfaktor der familiären Beziehungen und Familienarbeit[96]. Es erscheint geboten, die Leistungen der medizinischen Vorsorge und Rehabilitation für Eltern stärker in den Gesamtkontext der Leistungen zur Teilhabe und des SGB IX einzubetten. Waren früher die klassischen Kuren der Rentenversicherung für die erwerbstätigen Väter, die Mütterkuren der Krankenkasse für die Hausfrauen gedacht, so ist in der heutigen Lebenssituation von Müttern und Vätern oftmals die gesundheitliche Belastungssituation im Dreiecksverhältnis zwischen Gesundheitsstörung, Erwerbstätigkeit und Familienpflichten aufzuarbeiten. Entsprechend müsste die leistungsrechtliche Trennung der Problembereiche überdacht werden.

---

[89] § 54 Abs. 3 SGB IX.
[90] Vgl. Seipelt-Holtmann in: Hermes (2001), S. 195, 197 f.
[91] § 4 Abs. 3 Satz 1 SGB IX; vgl. BVerwG vom 22. Oktober 1992, BVerwGE 91, 114.
[92] § 30 Abs. 1 Nr. 2, 30 Abs. 2 SGB IX; vgl. Castendiek/Hoffmann (2002), Rz 213 f.
[93] § 61 Abs. 2 SGB IX.
[94] § 41 Abs. 1 SGB V.
[95] § 23 Abs. 1 SGB V.
[96] Vgl. BT-Drucks. 15/4575, S. 47; BT-Drucks. 15/4477, S. 43 f.; 2003 wurden 181.362 medizinische Leistungen für Mütter und Väter mit einer durchschnittlichen Verweildauer von 21,2 Tagen erbracht. 1999 waren es noch 229.122 Leistungen mit einer Verweildauer von 24,2 Tagen gewesen. Hierfür wurden 359 Millionen € aufgewandt (1999: 421 Mio €).

Leistungen der Rehabilitation mit familienorientierter Zielsetzung können im Übrigen als Leistungen zur Teilhabe am Leben in der Gemeinschaft erbracht werden, die vor allem bei Bedürftigkeit durch die Eingliederungshilfe beansprucht werden können. Danach können auch Leistungen zur gemeinsamen Betreuung behinderter Eltern mit ihren Kindern erbracht werden, die nicht unter das Leistungsrecht der Kinder- und Jugendhilfe fallen. Die Verknüpfung der sozialrechtlichen Ziele der Rehabilitation behinderter Eltern und der Jugendhilfe für ihre Kinder würde es nahe legen, in diesem Bereich auch über das SGB IX hinaus Komplexleistungen mehrerer Sozialleistungsträger für einen einheitlichen Lebenssachverhalt zu ermöglichen[97]. Insgesamt sind insbesondere bei Assistenzleistungen für körperlich behinderte Mütter noch erhebliche Lücken in Gesetz und Verwaltungspraxis zu verzeichnen[98].

Die Sexualität ist nicht nur allgemeiner Teil der Persönlichkeitsentfaltung, sondern sie ist als Reproduktionsfähigkeit Voraussetzung für Familie und als Geschlechtsgemeinschaft verpflichtender Teil[99] der Institution Ehe. Gesundheitsstörungen, die sich auf die sexuelle Funktion auswirken, haben insofern erhebliche Auswirkungen auf die Teilhabe am verfassungsrechtlich geschützten Lebensbereich Ehe und Familie. Nicht für jede Betätigung im Schutzbereich des verfassungsrechtlichen Fördergebots für die Familie ist auch eine fördernde Leistung geboten. Dass aber mit dem GKV-Modernisierungsgesetz die Leistungen der künstlichen Befruchtung erheblich eingeschränkt und mit einem hohen Eigenanteil belastet worden sind[100] und Arzneimittel zur Behandlung der erektilen Dysfunktion völlig aus der Leistungspflicht der Krankenkassen herausgenommen worden sind[101], zeigt eine Geringerbewertung der für die Teilhabe an Ehe und Familie relevanten Körperfunktionen im Vergleich zu anderen auf, der im Missverhältnis zur hohen verfassungsrechtlichen Wertigkeit von Ehe und Familie steht. Der Gesetzgeber ist zwar grundsätzlich berechtigt, das Leistungsrecht auch durch Ausschlüsse nicht essentiell notwendiger Leistungen zu gestalten und reproduktive und sexuelle Funktionsstörungen als Beeinträchtigungen anzusehen, die noch in der Bandbreite des Normalen liegen[102]. Es bleibt aber festzuhalten, dass die Rehabilitation in den Stand der Ehe- und Familienfähigkeit auch durch diese Regelungen im deutschen Sozialleistungssystem geringer geschätzt wird als die Rehabilitation in den Stand der Erwerbsfähigkeit[103].

---

[97] Mrozynski, ZfJ 2003, S. 458, 461.

[98] Seipelt-Holtmann in: Hermes (2001), S. 195, 201.

[99] § 1353 Abs. 1 Satz 2 BGB; BGH, NJW 1967, S. 1079; Brudermüller in: Palandt, 63. A. (2004), Rz 7 zu § 1353 BGB; vgl. ICF d7701, d7702.

[100] § 27a Abs. 3 SGB V.

[101] § 34 Abs. 1 Satz 8 SGB V; vgl. LSG Baden-Württemberg vom 28. Februar 2003, Az. L 4 KR 516/02 zum bisherigen Anspruch auf Viagra für einen verheirateten behinderten Menschen mit multipler Sklerose.

[102] Vgl. zur sexuellen Rehabilitation körperlich behinderter Menschen: Pro familia (1997), S. 15 ff.

[103] Vgl. kritisch Zinsmeister, Streit 2002, S. 3, 8 f.

F. Kommunikation

Die Fähigkeit, insbesondere durch Sprechen, Hören und Sehen, auf der heutigen Kulturstufe auch durch Lesen und Schreiben, zu kommunizieren, gehört zu den wichtigen Aktivitäten, die gesellschaftliche Teilhabe in allen Lebensbereichen vermitteln und ermöglichen[1]. Die Fähigkeit zur Kommunikation ist Voraussetzung für die Ausübung nahezu aller menschlichen Rechte[2]. Entsprechend sind Behinderungen der Sprach-, Hör- und Sehfähigkeit Gegenstand besonderer Bemühungen der Rehabilitation und Regelungen der Teilhabe behinderter Menschen. Kommunikation ist abhängig von den Umweltfaktoren der Produkte und Technologien zur Kommunikation[3] und der Dienste, Systeme und Handlungsgrundsätze des Kommunikations- und Medienwesens[4].

1. Verfassungsrecht

Alle Grundrechte und politischen Rechte setzen Kommunikation voraus. In besonders reiner Form wird Kommunikation durch die Meinungsfreiheit, Informationsfreiheit, Pressefreiheit, Rundfunkfreiheit und Filmfreiheit gewährleistet[5]. Diese Rechte zeigen auf, dass Kommunikation nicht nur ein Abwehrrecht gegen staatliche Verbote und Zensur ist, sondern auch die Teilhabe an den bestehenden Informationsmöglichkeiten schützt. Der soziale Rechtsstaat ist nicht nur gehalten, die Kommunikation in der Gesellschaft nicht zu stören, sondern er muss sie in Bereichen, die der staatlichen Regulierung ohnehin unterliegen (wie dem Straßenrecht)[6] oder ihrer bedürfen (wie Fernsehen und Rundfunk) und in Konflikten zwischen Privaten[7] auch unterstützen und dazu beitragen, dass möglichst alle Menschen und Interessen eine Chance haben, gehört zu werden. Dies ist insbesondere in der Rechtsprechung des BVerfG zu den Grundlagen des öffentlich-rechtlichen Rundfunks deutlich geworden[8]. Kommunikation zwischen Arzt und Patienten ist für

---

[1] Vgl. ICF, d310–399 (Kommunikation) und insbesondere d110–199 (Lernen und Wissensanwendung).

[2] Vgl. oben IV.C.2., IV.C.4.

[3] ICF, e125.

[4] ICF, e535, e560.

[5] Art. 5 Abs. 1 GG.

[6] Vgl. BVerwGE 56, 56.

[7] Vgl. BVerfG vom 9. Februar 1994, BVerfGE 90, 27 (Mietrechtlicher Streit um Satellitenschüssel); BVerfG vom 15. Januar 1958, BVerfGE 7, 198, 204 (Lüth).

[8] Vgl. BVerfG vom 24. März 1987, BVerfGE 74, 297, 323; BVerfGE 59, 231, 257; BVerfGE 57, 295, 320.

letzteren Ausdruck seines durch grundrechtliche Wertungen geprägten Selbstbestimmungsrechts und seiner personalen Würde[9].

Dass der Staat die allgemeine Teilhabemöglichkeit an den kommunikativ geführten Diskursen der Gesellschaft fördern muss, ergibt sich auch aus der besonderen Funktion der kommunikativen Freiheiten für den demokratischen Prozess. Ohne eine die Gesellschaft überspannende Kommunikation ist der für die Demokratie notwendige Prozess der öffentlichen Meinungsbildung nicht möglich. Ein Ausschluss von blinden, gehörlosen oder sprachbehinderten Menschen aus dem gesellschaftlichen Leben ist mit dem demokratischen und sozialen Rechtsstaat nicht vereinbar.

Auch die individuelle Kommunikation ist heute in großem Maße auf eine öffentliche gewährleistete Infrastruktur von Kommunikationsmitteln, insbesondere von Post und Telekommunikation, angewiesen. Dies wird abwehrrechtlich durch das Post- und Fernmeldegeheimnis[10] ausgedrückt und durch die Gewährleistung von angemessenen und ausreichenden Post- und Telekommunikationsdienstleistungen[11] auch teilheberechtlich verdeutlicht. Die Gewährleistung von Post und Telekommunikation gilt für alle Bürgerinnen und Bürger und damit auch für behinderte Menschen, die in Bezug darauf besondere Bedürfnisse haben.

2. Medienrecht

a) Barrierefreies Angebot

Ein wichtiger Teil der gesellschaftlichen Kommunikation findet durch Medien statt, zu denen insbesondere Zeitungen und Zeitschriften, Fernsehen, Rundfunk, Film und Internet gehören. Für seh- oder hörbehinderte Menschen kann die Aufnahme jeweils eines Teils dieser Medien gestört sein. Zwar ist ihnen durch die Verschiedenheit der Medien jeweils der Zugang zu einem Teilbereich möglich, wenn sie nicht seh- und hörbehindert sind. Dennoch ist für eine gleichwertige Teilhabe am öffentlichen Leben eine Aufnahmemöglichkeit aller dieser Medien erforderlich. Dies kann aufwändig durch individuelle Hilfen, z. B. das Vorlesen der Zeitung oder das individuelle Gebärdensprachdolmetschen des Fernsehprogramms[12], geschehen. Als einfacherer Weg erscheinen zumeist technische Vorkehrungen, die behinderten Menschen die Möglichkeit schaffen, Medien trotz einer Seh- oder Hörbehinderung aufzunehmen. Hierzu gehören Zeitungen in Blindenschrift, Fernsehsendungen mit Untertiteln oder Gebärdensprachübersetzung und barrierefrei gestaltete Internetseiten. Angesprochen sind hier die rechtlich regulierten Handlungsgrundsätze des Medienwesens[13].

9　BVerfG-Kammerentscheidung vom 18. November 2004, NJW 2005, S. 1103; dazu: BT-Drucks. 15/4575, S. 54.

10　Art. 10 GG.

11　Art. 87f GG.

12　Vgl. Prittwitz in: ULR Schleswig-Holstein (2001), S. 291, 294: 25 % der Gehörlosen können darauf gelegentlich zurückgreifen.

13　ICF, e560.

Für Fernsehen und Rundfunk sind keine expliziten rechtlichen Gebote ersichtlich, barrierefreie Angebote zu realisieren. Die öffentlich-rechtlichen Rundfunkanstalten sind aber durch ihren allgemeinen Auftrag zur Grundversorgung[14] stärker gehalten, die Teilhabe behinderter Menschen an ihren Programmen zu ermöglichen. Dies ist in Bayern, Hessen und im Saarland ausdrücklich als gesetzlicher Auftrag festgeschrieben[15]. Zwar wird in der Rechtsprechung zum Grundversorgungsauftrag nur ausgeführt, die Programme müssten für alle zu empfangen sein[16]. Nach Sinn und Zweck darf dabei aber nicht völlig unberücksichtigt bleiben, ob die Programme auch die unterschiedliche Fähigkeit der Empfänger berücksichtigen, sie wahrzunehmen. Die öffentlich-rechtlichen Rundfunkanstalten realisieren bereits in stärkerem Maße als die privaten Rundfunksender Untertitelung und blenden Gebärdensprachdolmetscher ein[17]. Ob damit das gebotene Mindestmaß an Rücksicht gegenüber den behinderten Bürgerinnen und Bürgern erfüllt ist, wäre zu klären. Diese Frage ist insofern abhängig von der technischen Entwicklung, als durch die erweiterten Übertragungsmöglichkeiten des digitalen Rundfunks[18] Untertitelungen und Dolmetschereinblendungen zukünftig ohne Störung anderer Zuschauer möglich sind.

Für das Internet sind Träger öffentlicher Gewalt durch die Gleichstellungsgesetze verpflichtet, ihre Internetauftritte und -angebote sowie die von ihnen zur Verfügung gestellten grafischen Programmoberflächen, die mit Mitteln der Informationstechnik dargestellt werden, nach Maßgabe der Barrierefreie Informationstechnik-Verordnung technisch so zu gestalten, dass sie von behinderten Menschen uneingeschränkt genutzt werden können[19]. Damit sind wenige, aber für ein Mindestmaß an Information besonders wichtige Internet-Angebote erfasst, durch die behinderte Menschen sich insbesondere über Rechtsnormen, Sozialleistungen und öffentliche Einrichtungen informieren können. Gewerbsmäßige Anbieter von Internetseiten sind an die Verpflichtung zur Barrierefreiheit nicht gebunden. Sie können sich durch Zielvereinbarungen mit Verbänden behinderter Menschen dazu verpflichten, ein barrierefreies Internet-Angebot vorzuhalten[20]. Die Bundesregierung wirkt darauf hin, dass auch gewerbliche Anbieter von Internetseiten durch Zielvereinbarungen ihre Produkte entsprechend gestalten. Entsprechende Zielvereinbarungen sind bislang nicht geschlossen worden. Die Ursachen müssten evaluiert werden. Zu bemerken ist auch, dass die Internetangebote nicht gewerblicher Vereinigungen von keiner Regelung erfasst sind. Wegen ihrer staatlichen Stellen vergleichbaren Bedeutung für das gesellschaftliche Leben könnte erwogen werden,

---

[14] BVerfG vom 6. Oktober 1992, BVerfGE 87, 181, 199 (HR 3); BVerfGE 73, 118, 157 f. (NDR); vgl. Herrmann/Lausen, 2.A. (2004), § 10, Rz 148.

[15] Art. 14 BayBGG; § 9 SBGG; § 15 HessBGG.

[16] BVerfGE 74, 297.

[17] Zum empirischen Stand der Angebote für Gehörlose im Fernsehen vgl. Schulz in: ULR Schleswig-Holstein (2001), S. 199 ff.

[18] Vgl. zum dynamischen Grundversorgungsauftrag: BVerfG vom 5. Februar 1991, BVerfGE 83, 283 (WDR).

[19] § 11 Abs. 1 BGG; Art. 13 BayBGG; § 9 BbgBGG; § 9 BremBGG; § 10 BGG NRW; § 7 RhPfLGGBehM; § 8 SBGG; § 7 SächsIntegrG; § 12 LBGG SH; § 14 HessBGG; dazu BT-Drucks. 15/4575, S. 120 f.; Eickermann, BG 2003, S. 452 ff.

[20] § 5 BGG.

die Internetangebote von politischen Parteien, Arbeitgeberverbänden und Gewerkschaften sowie Wohlfahrtsverbänden in die Verpflichtung zu barrierefreien Internetseiten einzuschließen.

b) Rundfunkgebührenbefreiung

Die Erhebung von Gebühren für den öffentlich-rechtlichen Rundfunk ist im Rundfunkgebührenstaatsvertrag und Gesetzen und Verordnungen der Länder geregelt. Im Staatsvertrag ist vorgesehen, dass die Landesregierungen durch übereinstimmende Rechtsverordnungen Befreiungen oder Ermäßigungen von der Rundfunkgebührenpflicht bestimmen können[21]. Von der Gebührenpflicht sind danach befreit Schwerstbeschädigte im Sinne des sozialen Entschädigungsrechts[22], Blinde und wesentlich sehbehinderte Personen, Gehörlose, Behinderte mit einem GdB von mindestens 80, die wegen ihres Leidens an öffentlichen Veranstaltungen nicht teilnehmen können[23], Empfänger von Hilfe zur Pflege sowie Pflegeheimbewohner, denen nur der Barbetrag nach dem Sozialhilferecht zur Verfügung steht[24]. Zudem sind Empfangsgeräte in Krankenhäusern, Heilstätten, Heimen und Werkstätten für behinderte Menschen von der Gebührenpflicht befreit[25]. Weitere Befreiungstatbestände betreffen insbesondere die Empfänger laufender Hilfe zum Lebensunterhalt.

Das BSG hat in einem *obiter dictum* die Auffassung vertreten, die Gebührenbefreiung sei nicht gerechtfertigt, weil ihr kein Mehraufwand im Vergleich zu anderen gegenüberstehe, da ohnehin nahezu die gesamte Wohnbevölkerung über Radio und Fernsehen verfüge[26]. Das BSG verkennt in seiner Argumentation die Gründe der Gebührenbefreiung. Für die in der Kommunikation behinderten Menschen ist die Befreiung teils eine Kompensation für die nur eingeschränkte Nutzbarkeit und Barrierefreiheit der Medien (Radiogebühr für Gehörlose), auf die die behinderten Menschen gleichwohl nicht verzichten können. Zum Teil ist sie auch ein Beitrag dazu, dass behinderte Menschen auf jeden Fall das für sie besonders bedeutsame Medium nutzen können (Radiogebühr für Blinde). Angesichts der erheblichen Mehraufwendungen, die Blinde und Gehörlose ohnehin im Bereich der Kommunikation haben, ist die Gebührenermäßigung sachgerecht. Die verfügbaren Geldmittel behinderter Menschen in Einrichtungen sind so gering, dass bei ihnen die tatsächliche Gefahr bestünde, dass sie trotz der ihnen meist stark erschwerten Teilnahme am gesellschaftlichen Leben auch auf Fernsehen und Rundfunk verzichten müssten, wenn sie laufende Gebühren aufbringen müssten. Auch für diesen Personenkreis erweist sich die Gebührenbefreiung als sachgerecht, wenn man die Teilhabe an den Medien nicht als bloße Privatsache betrachtet, sondern als Mittel der gesellschaftlichen Integration.

---

21   § 6 RGebStV.
22   § 27e BVG.
23   Merkzeichen RF, vgl. Gaa-Unterpaul, NZS 2002, S. 406, 408 f.
24   § 1 der Landesverordnungen.
25   § 3 der Verordnungen.
26   BSG vom 28. Juni 2000, NJW 2001, S. 1966.

3. Urheberrecht: Erleichterung des Zugangs zu geschützten Werken

Die Vervielfältigung eines urheberrechtlich geschützten Werkes ist zulässig, wenn sie der dem Zweck dient, dieses Werk behinderten Menschen zugänglich zu machen, die ansonsten keine Zugangsmöglichkeit hätten und nicht Erwerbszwecken dient[27]. Dies betrifft vor allem die Aufnahme von schriftsprachlichen Werken auf Tonträger oder ihre Übertragung in Blindenschrift[28]. Dem Urheber ist, wenn es sich nicht um Einzelstücke handelt, über eine Verwertungsgesellschaft eine angemessene Vergütung zu zahlen[29].

Die Regelung ist eine Schrankenbestimmung des als Eigentum geschützten Urheberrechts. Sie dient dem erleichterten Zugang behinderter Menschen zu Werken, die im Übrigen allgemein zugänglich sind. Der Urheber kann so nicht verhindern, dass seine Werke in barrierefreier Form vervielfältigt und weitergegeben werden[30]. Nicht erfasst ist die öffentliche Wiedergabe, um eine hinreichende Abgrenzung zur kommerziellen Nutzung zu finden. Sind Bücher bereits als Hörbuch erhältlich, ist die Norm nicht einschlägig; genügt ein Hörbuch im Einzelfall nicht einem z. B. wissenschaftlichen Nutzungsinteresse, lebt sie auf[31]. Die Vorschrift schafft eine Voraussetzung für gleiche Teilhabe behinderter Menschen an öffentlicher Kommunikation und berücksichtigt mit der Vergütungspflicht auch die Interessen der Urheber. Dieser darf aber nicht aus kommerziellen oder sonstigen Gründen behinderte Menschen von der ansonsten öffentlichen Nutzungsmöglichkeit seiner Werke ausschließen.

4. Gebärdensprache und barrierefreie Dokumente im behördlichen und gerichtlichen Verfahren

Ein wesentliches Mittel zur Teilhabe an Kommunikation ist für gehörlose Menschen die Gebärdensprache. Nachdem die Gebärdensprache über viele Jahrzehnte nicht als gleichberechtigte Kommunikationsform anerkannt wurde, ist sie heute als eine Ausdrucksform erkannt worden, die Gehörlosen die Möglichkeit gibt, sich untereinander in einer der Lautsprache entsprechenden differenzierten Form zu verständigen. Zur Verständigung gehörloser Menschen mit hörenden Menschen bedarf es daher Gebärdensprachdolmetschern, die Kommunikation zwischen hörenden und gehörlosen Menschen herstellen. Diese Kommunikationsform ist jedenfalls bei komplexeren Kommunikationsvorgängen anderen Möglichkeiten wie der Zuhilfenahme von Schrift und dem Lippenlesen durch Gehörlose deutlich überlegen. Im Gleichstellungsrecht ist das Recht auf Verwendung der Gebärdensprache im Verwaltungsverfahren anerkannt, soweit es zur Wahrnehmung eigener

---

27 § 45a Abs. 1 UrhG; eingefügt durch das Gesetz zur Regelung des Urheberrechts in der Informationsgesellschaft vom 10. September 2003, BGBl. I, S. 1774; vgl. von Olenhusen, ZRP 2003, S. 232, 235.
28 BT-Drucks. 15/38, S. 18; T. Dreier in Dreier/Schulze (2004), Rz 3 zu § 45a.
29 § 45a Abs. 2 UrhG.
30 Vgl. §§ 16, 17 UrhG.
31 T. Dreier in Dreier/Schulze (2004), Rz 5 zu § 45a.

Rechte erforderlich ist[32]. Für das Sozialverwaltungsverfahren ist dies im SGB X festgeschrieben[33]. Die Kosten sind von den Verwaltungsbehörden zu übernehmen. Die Gebärdensprache kann auch im gerichtlichen Verfahren benutzt werden. Die garantierte und gebührenfreie Heranziehung von Gebärdensprachdolmetschern oder anderen Kommunikationshelfern vor den Gerichten[34] entspricht dem Grundsatz des rechtlichen Gehörs[35]. Die Zusicherung rechtlichen Gehörs und eines fairen Verfahrens wäre wertlos für Menschen, die wegen einer Behinderung nicht hören oder sprechen können, wenn diese Behinderung nicht ausgeglichen würde.

Im behördlichen Verfahren sind Dokumente barrierefrei zu gestalten. Schriftliche Bescheide, Allgemeinverfügungen, öffentlich-rechtliche Verträge und Vordrucke müssen darauf eingerichtet sein, dass sie auch von behinderten Menschen wahrgenommen werden können[36]. Dieser Anspruch ist in der Verordnung über barrierefreie Dokumente in der Bundesverwaltung und der Kommunikationshilfenverordnung sowie entsprechendem Landesrecht konkretisiert[37]. Insbesondere kommt in Betracht, die Dokumente für sehbehinderte Menschen in Blindenschrift und Großdruck zugänglich zu machen[38]. Möglich ist auch, den Inhalt der Dokumente auf Tonträger zu sprechen oder mündlich zugänglich zu machen[39].

5. Vertragsrecht

Beim Vertragsschluss ist auf die besondere Kommunikationssituation eines behinderten Vertragspartners Rücksicht zu nehmen. Dies gilt auch bei einer standardisierten Einbeziehung Allgemeiner Geschäftsbedingungen in den Vertrag. Ist eine Behinderung des Vertragspartners für den Verwender von AGB erkennbar, so muss diesem die Möglichkeit gegeben werden, vom Inhalt der AGB Kenntnis zu nehmen[40]. Dies kann etwa durch Übergabe in akustischer Form oder in Braille-Schrift geschehen[41].

6. Sozialrecht

a) Kommunikation in der Pflege

Im Pflegeversicherungsrecht ist die Kommunikation trotz ihrer elementaren alltäglichen Bedeutung nicht in die das Leistungsrecht bestimmende Aufzählung der ge-

---

[32] § 9 Abs. 1 BGG; Art. 6 Abs. 1, 11 Abs. 1 BayBGG; § 12 BerlLGBG; § 7 BbgBGG; § 10 BremBGG; § 8 BGG NRW; § 8 RhPflLGGBehM; § 11 SBGG; § 5 SächsIntegrG; § 16 BGStG LSA; § 10 LBGG SH; § 8 HessBGG; dazu BT-Drucks. 15/4575, S. 118; Kraiczek, SozVers 2003, S. 259 ff.
[33] § 19 Abs. 1 Satz 2 SGB X.
[34] § 186 GVG; § 12 Abs. 5a ArbGG.
[35] Art. 103 Abs.1 GG.
[36] § 10 Abs. 1 Satz 1 BGG; Art. 12 BayBGG; § 8 BbgBGG; § 11 BremBGG; § 9 BGG NRW; § 6 RhPflLGGBehM; § 7 SBGG; § 8 SächsIntegrG; § 13 LBGG SH; § 12 HessBGG.
[37] BT-Drucks. 15/4575, S. 119.
[38] § 3 Abs. 2 Satz 1 VBD; dazu Kraiczek, SozVers 2003, S. 259, 261 f.
[39] Kraiczek, SozVers 2003, S. 259, 262.
[40] § 305 Abs. 2 Nr. 2 BGB.
[41] Wagner/Kaiser (2004), S. 75.

wöhnlichen und regelmäßig wiederkehrenden Verrichtungen im Ablauf des täglichen Lebens aufgenommen worden[42]. Diese Ausgrenzung der Kommunikation
hat leistungsbegrenzende Funktion. Der auch durch soziale Isolierung und im Alter auftretende Kommunikationsbedarf sollte trotz seiner Dringlichkeit nicht leis-
tungsindizierend wirken, sondern seine Befriedigung sollte der gesellschaftlichen
Verantwortung überlassen bleiben. Damit wurde aber nicht allein der durch Bettlä-
gerigkeit und Mobilitätsstörungen induzierte Mangel an Kommunikation durch
fehlende Erreichbarkeit von Kommunikationspartnern ausgegrenzt, sondern auch
primär durch Seh-, Hör- und Sprachbehinderungen entstandener Hilfebedarf, wie
er sich etwa bei verlangsamter oder erschwerter Kommunikation nach Schlaganfall
oder bei Demenz zeigt. Ebenso ist erhöhter Kommunikationsbedarf bei der Betreuung und Beaufsichtigung dementer und geistig behinderter Menschen ausgeschlossen. Die Kommunikation wird somit nach dem Pflegeversicherungsrecht nur
ohne Mehraufwand bei der Leistungserbringung berücksichtigt[43]. BSG und
BVerfG haben diese Beschränkung im Leistungskonzept der Pflegeversicherung
trotz der Benachteiligung geistig behinderter Menschen für verfassungsgemäß gehalten[44]. An der Richtigkeit dieser Entscheidung ist zu zweifeln, wenn man einen
strengen Maßstab an die Ungleichbehandlung verschiedener Arten von Behinderung anlegt. Kommunikative Bedürfnisse können darüber hinaus in der Hilfe zur
Pflege durch die Sozialhilfeträger berücksichtigt werden, die bei Bedürftigkeit geleistet wird[45].

b) Kommunikation in der Rehabilitation

Die Rehabilitation körperlicher Funktionen, die für die Kommunikation wichtig
sind, ist Bestandteil der medizinischen Rehabilitation[46]. Als Hilfsmittel können für
hörbehinderte Menschen Hörgeräte oder Cochlear-Implantate gewährt werden.
Für sehbehinderte Menschen kommen Brillen in Betracht. Diese sind aber im
Krankenversicherungsrecht und ihm folgend im Sozialhilferecht für Volljährige
mit einem Leistungsausschluss belegt worden. Brillen werden nur noch bei schwerer Sehbeeinträchtigung und ohne die Kosten des Gestells übernommen[47]. Dieser
Leistungsausschluss ist sicher auch Folge der Tatsache, dass die Mehrheit der Bevölkerung leichte und mittlere Sehbeeinträchtigungen hat, so dass diese als Teil des
allgemeinen Lebensrisikos angesehen wurden. Durch die Gewährung ergänzender
Sozialhilfe für Hilfsmittel nur als Darlehen[48] kann im Einzelfall die bedarfsgerechte Versorgung mit Sehhilfen gefährdet sein. Sehen gehört zu denjenigen Körperfunktionen, die auf Grund ihrer hohen Relevanz für die Teilhabe und den

---

42 § 14 Abs. 4 SGB XI.
43 § 28 Abs. 4 Satz 2 SGB XI; zu den Grenzen aktivierender Pflege z. B. BSG vom 10. Februar
2000, BSGE 85, 278, 284; LSG Baden-Württemberg vom 28. November 1997, Az. L 4 P 1556/97.
44 BVerfG vom 22. Mai 2003, FamRZ 2003, S. 1084; BSG vom 26. November 1998, NZS 1999,
S. 453; kritisch dazu: Baumeister, NZS 2004, S. 191.
45 § 61 Abs. 1 Satz 2 XII.
46 Zum verfassungsrechtlichen Bezug: Bieritz-Harder in: V. Neumann (2004), § 10, Rz 133.
47 § 33 Abs. 1 Satz 5–7 SGB V.
48 § 37 SGB XII.

Schutz vor Gesundheitsgefahren unabhängig vom Lebensalter und den weiteren Kontextfaktoren unbedingt ausgeglichen werden muss. Insofern können Sehhilfen zum Existenzminimum gerechnet werden. Für blinde Menschen werden als Hilfsmittel insbesondere Geräte übernommen, die das Lesen und Schreiben in Braille-Schrift ermöglichen und ggf. auch Texte am Computer in Braille-Texte umwandeln[49]. Dabei sieht das BSG eine qualifizierte Ausbildung nicht mehr als Grundbedürfnis der Kommunikation an[50]. Weiterhin können Blindenführhunde als Hilfsmittel für blinde Menschen[51] oder Schreibtelefone für hörbehinderte Menschen[52] übernommen werden. Für schwer sehbehinderte Menschen können Vergrößerungshilfen geleistet werden. Der Kommunikation kann auch ein Freisprechtelefon für mobilitätsbehinderte Menschen dienen[53].

Hörbehinderte Menschen haben bei der Ausführung aller Sozialleistungen das Recht, Gebärdensprache auf Kosten des zuständigen Leistungsträgers zu verwenden[54]. Dies gilt insbesondere bei ärztlichen Untersuchungen und Behandlungen. Damit ist an alle Dienste und Einrichtungen, die Sozialleistungen erbringen, die Anforderung gestellt, die Realisierung dieses Rechts zu ermöglichen. Gebärdensprachdolmetscher müssen in angemessener Frist verfügbar sein und Ärzte und andere Leistungserbringer müssen zu ihrer Heranziehung bereit sein[55]. Hörbehinderten und sprachbehinderten Menschen werden zur Verständigung mit der Umwelt aus besonderem Anlass die erforderlichen Hilfen als Leistung zur Teilhabe am Leben in der Gemeinschaft zur Verfügung gestellt oder ihre Kosten erstattet[56]. Ein Anspruch kann nur gegen die Unfallversicherung, Träger der sozialen Entschädigung oder Sozialhilfe geltend gemacht werden. Als besonderer Anlass müssen alle für die Teilhabe und Selbstbestimmung besonders wichtigen Anlässe gewertet werden, bei denen eine entsprechende Hilfe notwendig ist. Hierzu können Vertragsverhandlungen[57], Versammlungen des öffentlichen Lebens oder wichtige Ereignisse aus familiärem oder weltanschaulichem Anlass (Einschulung, Elternabend[58], Tauffeier, Kommunion, Konfirmation, Jugendweihe) gehören.

---

[49] BSG vom 16. April 1998, br 1999, S. 14.

[50] BSG vom 30. Januar 2001, SozR 3-2500 § 33 Nr. 40 (kein blindengerechtes Notebook für blinde Jura-Studenten); vgl. den bejahten Anspruch in der Eingliederungshilfe: BVerwG vom 31. August 1995, BVerwGE 99, 149.

[51] BSG vom 25. Februar 1981, BSGE 51, 206; BSG vom 14. Januar 1981, NJW 1981, S. 648; anders noch: BSG vom 10.11.1977, BSGE 45, 133; vgl. Riederle, SGb 2003, S. 674 ff.

[52] Hoffmann in: V. Neumann (2004), § 13, Rz 10.

[53] LSG Baden-Württemberg vom 9. September 2003, Az. L 11 KR 1850/03.

[54] § 17 Abs. 2 SGB I.

[55] Vgl. § 19 Abs. 1 Satz 2 SGB IX.

[56] § 57 SGB IX.

[57] Lachwitz in: HK-SGB IX, Rz 14 zu § 57 SGB IX.

[58] Vgl. Art. 11 Abs. 1 Satz 3 BayBGG.

G. Mobilität

Die Mobilität von Menschen ist abhängig von ihrer körperlichen Funktionsfähigkeit. Sie ist Voraussetzung vieler Bereiche der Teilhabe, angefangen von der Beweglichkeit im eigenen Haushalt über die Fähigkeit, Arbeitsplatz, Bildungsstätte, Einkaufsmöglichkeiten oder kulturelles Leben zu erreichen bis hin zur aktiven Mobilität in Sport und Reise[1]. Behinderte Menschen sind oft ihrer Mobilität eingeschränkt. Damit sind für sie die Bedingungen für selbstbestimmtes Handeln und die Teilhabe in Gesellschaft und Staat erschwert. Mobilität hängt auch von den Kontextfaktoren der Produkte und Technologien zur persönlichen Mobilität im Haus und außer Haus und zum Transport[2] und den Diensten, Systemen und Handlungsgrundsätzen des Transportwesens ab[3].

1. Verfassungsrecht

Mobilität ist Voraussetzung für die Ausübung der meisten Grundrechte[4]. Sie lässt sich keinem Grundrecht in besonderer Weise zuordnen und ist, sei es in Form der Reisefreiheit[5] oder des Reitens im Walde[6], Teil der allgemeinen Handlungsfreiheit[7]. Mobilität ist in besonderer Weise Gegenstand der staatlichen Gewährleistung von Infrastruktur der Straßen und Wege[8], Wasserstraßen[9], Schienenwege[10] und des Flugverkehrs[11]. Soweit öffentliche Leistungen die Mobilität erst ermöglichen, besteht jedenfalls ein Recht auf Teilhabe an diesen Leistungen. Für behinderte Menschen ist dabei entscheidend, ob und wie sie die allgemeine Infrastruktur nutzen können, wenn diese für sie mit Barrieren ausgestattet ist. Insbesondere der Straßenverkehr ist ein stark regelungsbedürftiger Bereich, der für schwächere und behinderte Teilnehmer viele Gefahren birgt. Der Staat hat hier die Schutzpflicht, diesen ein sicheres Teilhaben am Verkehr und öffentlichen Raum zu ermöglichen.

---

1 Vgl. ICF, d410–499.
2 ICF, e120.
3 ICF, e 540.
4 Vgl. oben IV.C.2., IV.C.4.
5 BVerfGE 6, 32, 35 (Elfes).
6 BVerfGE 80, 137, 154 f. (Reiten im Walde).
7 Art. 2 Abs. 1 GG.
8 Art. 90 GG (Bundesautotobahnen und Bundesstraßen).
9 Art. 89 GG (Bundeswasserstraßen).
10 Art. 87e Abs. 3 Satz 2 und 3 GG (Schienenwege des Bundes).
11 Art. 87d Abs. 1 GG (Luftverkehrsverwaltung).

2. Verkehrsinfrastrukturrecht

Das Gleichstellungsrecht von Bund und Ländern enthält die Vorgabe, öffentliche Wege, Plätze und Straßen sowie öffentlich zugängliche Verkehrsanlagen und Beförderungsmittel nach Maßgabe der einschlägigen Rechtsvorschriften barrierefrei zu gestalten[12]. Diese Vorschriften verweisen im Wesentlichen auf die speziellen Regelungen. Sie müssen aber insbesondere bei der Planung neuer Straßen und Verkehrsanlagen herangezogen werden.

Im Straßen- und Wegerecht des Bundes und mehrerer Länder ist vorgeschrieben, die Belange von behinderten Menschen und Menschen mit anderen Mobilitätseinschränkungen zu berücksichtigen[13]. Dies kann auch bedeuten, bestimmte Sondernutzungen nicht zu gestatten[14]. Nach der Eisenbahnbetriebsordnung sind Eisenbahnen verpflichtet, Programme zur Gestaltung von Bahnanlagen und Fahrzeugen zu erstellen, mit dem Ziel, eine möglichst weitgehende Barrierefreiheit für deren Nutzung zu erreichen[15]. Dies betrifft insbesondere die Gestaltung von Bahnsteigen und Bahnhofsgebäuden sowie der Züge selbst. Das Personenbeförderungsgesetz schreibt vor, dass im regional vom öffentlichen Aufgabenträger und den Verkehrsunternehmen zu erstellenden Nahverkehrsplan die Belange behinderter und anderer Menschen mit Mobilitätseinschränkungen mit dem Ziel zu berücksichtigen sind, für die Nutzung des öffentlichen Personennahverkehrs eine möglichst weitgehende Barrierefreiheit zu erreichen[16]. Dabei sind Behindertenbeauftragte und -beiräte anzuhören[17]. Damit ist insbesondere der Busverkehr[18] angesprochen, aber auch die Versorgung mit barrierefreien Taxen. Wer sich an der öffentlichen Personenbeförderung beteiligen will, muss in seinem Genehmigungsantrag die Maßnahmen darstellen, mit denen eine möglichst weitgehende barrierefreie Nutzung des beantragten Verkehrs erreicht werden soll[19]. In den Personennahverkehrsgesetzen der Länder sind zum Teil genauere Vorschriften für die Barrierefreiheit von Fahrzeugen und baulichen Anlagen enthalten[20]. Nach dem Gemeindeverkehrsfinanzierungsgesetz (GVFG) ist sichergestellt, dass eine Förderung von Vorhaben des Personennahverkehrs nur erfolgt, wenn die Barrierefreiheit dargelegt und berücksichtigt wird[21]. Auch die Unternehmer von Flughäfen und die

---

[12] § 8 Abs. 2 Satz 1 BGG; Art. 10 Abs. 2 BayBGG; § 9 BerlLGBG (nur ÖPNV); § 8 BremBGG; § 7 BGG NRW; § 9 RhPfLGGBehM; § 10 SBGG; § 11 LBGG SH; vgl. DIN 18024, Teil 1 Barrierefreies Bauen im öffentlichen Verkehrsraum.

[13] § 3 Abs. 1 Satz 2 FStrG; Art. 9 Abs. 5 BayStrWG; § 7 Abs. 3 BerlStrG; § 10 Abs. 1 BremL-StrG; § 9 Abs. 2 Satz 2 StrWG NRW; § 10 Abs. 2 Satz 2 StrWG SH; BT-Drucks. 15/4575, S. 132 ff.

[14] Ausdrücklich: § 18 Abs. 1 StrWG NRW.

[15] § 2 Abs. 3 EBO; vgl. Sellmann, NVwZ 2004, S. 51; A. Jürgens, ZfSH/SGB 2003, S. 589, 592.

[16] § 8 Abs. 3 Satz 3 PBefG; eingefügt durch das BGG; vgl. dazu BT-Drucks. 15/4575, S. 12; Sellmann, NVwZ 2004, S. 51, 56; A. Jürgens, ZfSH/SGB 2003, S. 589, 592; Schlacke, RsDE 52 (2003), S. 60, 70; OVG Lüneburg vom 8. Oktober 2003, br 2004, S. 149.

[17] § 8 Abs. 3 Satz 4 PBefG.

[18] Dazu auch die EU-Busrichtlinie 2001/85/EC und § 30d StVZO; vgl. BT-Drucks. 15/4575, S. 134 f.

[19] § 12 Abs. 1 lit c. PBefG.

[20] Art. 4 Abs. 3 Satz 3 und 4 BayÖPNVG; § 2 Abs. 8 Satz 2 und 3 BerlÖPNVG; § 4 Abs. 3 Satz 2 BremÖPNVG; § 3 Abs. 7 RhPfNVG; § 4 Abs. 3 Nr. 5a SHÖPNVG.

[21] BT-Drucks. 15/4575, S. 12, 129 ff.

Luftfahrtunternehmen sind verpflichtet, bei der Gestaltung von Anlagen und Flugzeugen die Belange von behinderten Menschen besonders zu berücksichtigen mit dem Ziel, Barrierefreiheit zu erreichen[22]. Den entwickelten gesetzlichen Verpflichtungen stehen viele praktische Schwierigkeiten gegenüber[23].

Ist die Barrierefreiheit nicht näher konkretisiert, ist auf die allgemeine Definition zurückzugreifen[24]. Dabei wird Barrierefreiheit im praktischen Planungsprozess immer ein Abwägungsbelang unter vielen sein, zumal verschiedene und nicht immer kongruente Bedürfnisse behinderter Menschen zu berücksichtigen sind. Verstöße gegen die Barrierefreiheit der Verkehrsinfrastruktur können zwar kaum individuell, aber von Verbänden behinderter Menschen mit dem Verbandsklagerecht angegriffen werden[25].

3. Straßenverkehrsrecht

a) Rücksichtnahme auf behinderte Menschen

Das Straßenverkehrsrecht dient allgemein der Zuordnung von Rechten und Pflichten der Verkehrsteilnehmer. Mit dem allgemeinen Gebot, keinen anderen Verkehrsteilnehmer mehr als unvermeidbar zu behindern[26], enthält die Straßenverkehrsordnung eine der wenigen Normen, in denen die Behinderung explizit von der Seite des Behinderers behandelt wird. Dabei spielt der Schutz schwächerer Verkehrsteilnehmer, zu denen vielfach auch behinderte Menschen gehören, eine besondere Rolle[27]. Präzisiert ist dies im Gebot, sich gegenüber Kindern, Hilfsbedürftigen und älteren Menschen durch Verminderung der Fahrgeschwindigkeit und Bremsbereitschaft so zu verhalten, dass ihre Gefährdung ausgeschlossen ist[28].

Die Einhaltung vieler Normen der Straßenverkehrsordnung ist für behinderte Menschen wichtiger als für nichtbehinderte Menschen. Dazu gehören insbesondere Parkverbote auf dem Gehweg, an Grundstücksausfahrten und Bordsteinabsenkungen[29]. Während nichtbehinderte Fußgänger vorschriftswidrig geparkten Autos zumeist ausweichen können, kann für Rollstuhlfahrer und Sehbehinderte damit eine erhebliche Mobilitätsbeeinträchtigung verbunden sein. Daher treffen die vielerorts anzutreffenden Vollzugsdefizite im Straßenverkehrsrecht, die nicht selten durch Medien und Kommunalpolitik gefordert und gefördert werden, behinderte Menschen besonders. Zwar kann im Einzelfall auch ein Anspruch auf Tä-

---

[22] §§ 19,d, 20b LuftVG; vgl. BT-Drucks. 15/4575, S. 13, 131 f.; A. Jürgens, ZfSH/SGB 2003, S. 589, 592 f.

[23] Vgl. BT-Drucks. 15/3631 zum Fehlen barrierefreier Fahrkartenautomaten im öffentlichen Personenverkehr.

[24] § 4 BGG.

[25] § 13 Abs. 1 Nr. 1 BGG; dazu Schlacke, RsDE 52 (2003), S. 60, 68 f.

[26] § 1 Abs. 2 StVO.

[27] BGH, VRS 17, S. 204; Heß in Janiszewski/Jagow/Burmann (2000), Rz 37 zu § 1 StVO.

[28] § 3 Abs. 2a StVO; vgl. BGH vom 19. April 1994, NJW 1994, S. 2829 zum Sorgfaltsmaßstab gegenüber älteren Menschen.

[29] § 12 Abs. 3 Nr. 3, Abs. 3 Nr. 8 lit. c mit Abs. 4a, Zeichen 315; Abs. 3 Nr. 9 StVO.

tigwerden der Straßenverkehrs- oder Ordnungsbehörden bestehen[30]. Eine nachhaltige Lösung kann jedoch nur in der konsequenten Durchsetzung des geltenden Rechts oder einer präventiv wirkenden Gestaltung des Verkehrsraums bestehen.

b) Behindertenparkplätze

Dem Schutz der Mobilität behinderter Menschen dienen auch Behindertenparkplätze[31]. Auf diesen Parkplätzen dürfen ausschließlich behinderte Menschen parken, denen das Merkzeichen „aG" (außergewöhnlich gehbehindert) zuerkannt ist. Die Verleihung dieses Merkmals richtet sich letztlich nach einer zum Straßenverkehrsgesetz ergangenen Verwaltungsvorschrift[32]. Zweck dieser Parkplätze ist es, in ihrer Mobilität stark behinderten Menschen einen stets verfügbaren Parkplatz in der Nähe eines wichtigen Zieles zu sichern. Der häufig geäußerte Einwand, Behindertenparkplätze seien fast immer frei, geht also an der Sache vorbei, da dauernd belegte Behindertenparkplätze ihren Zweck nicht erfüllen könnten. Entsprechend der Zweckbestimmung können rücksichtslose nichtbehinderte Verkehrsteilnehmer, die auf einem Behindertenparkplatz parken, stets ohne Vorwarnung abgeschleppt werden[33].

4. Steuerrecht

Im Einkommensteuerrecht ist die zusätzliche Belastung behinderter Menschen bei der Mobilität durch die Möglichkeit berücksichtigt, anstelle des pauschalen Freibetrags bei den Kosten des Arbeitswegs die tatsächlichen Kosten geltend zu machen[34]. Schwerbehinderte Menschen, die durch Merkzeichen als blind, hilflos oder außergewöhnlich gehbehindert ausgewiesen sind, sind von der Kraftfahrzeugsteuer befreit[35]. Schwerbehinderte Menschen, die in ihrer Bewegungsfähigkeit im Straßenverkehr erheblich eingeschränkt sind[36], erhalten eine Ermäßigung von 50 % auf die Kraftfahrzeugsteuer[37], soweit sie nicht die Freifahrt im öffentlichen Nahverkehr in Anspruch nehmen. Durch diese Regelungen wird der Tatsache

---

[30] VG Saarland vom 20. März 2001, ZfSch 2001, S. 287 (Anspruch eines Rollstuhlfahrers gegen die Straßenverkehrsbehörde auf Maßnahmen zur Freihaltung des Verkehrsraums vor seiner Haustür, damit er das Haus verlassen kann).

[31] § 42 Abs. 4 Nr. 2 StVO; vgl. B. Wagner (2001), S. 172 ff.

[32] § 3 Abs. 1 Nr. 1 SchwbAV auf der Grundlage von § 69 Abs. 5 SGB IX verweist auf § 6 Abs. 1 Nr. 14 StVG, § 46 Abs. 1 Nr. 11 StVO, Allgemeine Verwaltungsvorschrift vom 22. Juli 1976, BAnz 1976 Nr. 142 S. 3 ff.; vgl. BT-Drucks. 15/4927.

[33] BVerwG vom 11. August 2003, Az. 3 B 74/03; BVerwG vom 14. Mai 1992, BVerwGE 90, 189, 193; VGH Baden-Württemberg vom 7. Februar 2003, NVwZ-RR 2003, S. 558; OVG Schleswig-Holstein vom 19, März 2002, NordÖR 2002, S. 376 ff.; OVG Nordrhein-Westfalen vom 21. März 2000, DAR 2000, S. 427; VGH Bayern vom 29. Januar 1996, NJW 1996, S. 1979; Wagner/Kaiser (2004), S. 165 f.

[34] § 9 Abs. 2 Satz 3 EStG; gilt für behinderte Menschen mit einem GdB von mindestens 70 oder zwischen 50 und 70, wenn sie in ihrer Bewegungsfähigkeit im Straßenverkehr erheblich beeinträchtigt sind.

[35] § 3a Abs. 1 KraftStG.

[36] § 146 Abs. 1 SGB IX.

[37] § 3a Abs. 2 KraftStG; vgl. B. Wagner (2001), S. 183 ff.

Rechnung getragen, dass dieser Personenkreis stärker als andere Menschen auf das Auto angewiesen ist und die Nutzung des eigenen Autos andere Mobilitätshilfen wie Hilfsmittel oder Fahrtkostenerstattungen überflüssig machen kann.

5. Sozialrecht

a) Mobilität als Grundbedürfnis in der Pflege

Mobilität ist Bereich gewöhnlicher und regelmäßig wiederkehrender Verrichtungen, der im Pflegeversicherungsrecht erwähnt ist. Genannt sind das selbstständige Aufstehen und Zu-Bett-Gehen, An- und Auskleiden, Gehen, Stehen, Treppensteigen und das Verlassen und Wiederaufsuchen der Wohnung[38]. Ein Hilfebedarf in diesem Bereich wirkt leistungsbegründend und leistungsbestimmend. Der relevante Hilfebedarf ist dabei durch die Rechtsprechung insbesondere beim Bereich Verlassen und Wiederaufsuchen der Wohnung eng begrenzt worden. Als außerhäusliche Ziele werden nur solche anerkannt, bei denen das Erscheinen der pflegebedürftigen Person unerlässlich ist, insbesondere Ärzte[39], Rehabilitationseinrichtungen[40] und Behörden. Das Aufsuchen des integrativen Kindergartens[41], der Schule[42], einer Werkstatt für behinderte Menschen[43], des Arbeitsplatzes[44] oder des Gottesdienstes[45] wird dagegen nicht unterstützt.

Damit stützt die Pflegeversicherung nur die Möglichkeit, in der Wohnung zu bleiben und sich innerhalb der Wohnung zu bewegen[46]. Die Verbindung zu außerhäuslichen sozialen Bezügen wird kaum unterstützt[47]. Dies ist auch daran ersichtlich, dass die Pflegeversicherung das Einkaufen in den Bereich der hauswirtschaftlichen Versorgung einordnet. Gemeint ist also die Erledigung der Einkäufe durch die Pflegeperson. Damit liegt der Pflegeversicherung das Leitbild der im Haus mobilen, aber den Haushalt nur noch wenig verlassenden Person zu Grunde.

b) Mobilität als Grundbedürfnis in der Rehabilitation

Als Leistungen der medizinischen Rehabilitation mit dem Ziel der Mobilität werden neben therapeutischen Maßnahmen vor allem Hilfsmittel erbracht, die die Mobilitätsbehinderung bei der Befriedigung von Grundbedürfnissen des täglichen Lebens ausgleichen sollen. Solche Hilfsmittel sind etwa Gehwagen, Rollstühle und Prothesen. Das angestrebte Maß der Mobilität ist dabei von Verwaltung und

---

[38] § 14 Abs. 4 Nr. 3 SGB XI.
[39] BSG, Breithaupt 2000, S. 117.
[40] BSG vom 28. Mai 2003, NZS 2004, S. 206.
[41] BSG vom 29. April 1999, RdLH 1999, S. 163.
[42] BSG vom 5. August 1999, Breithaupt 2000, S. 281.
[43] BSG vom 24. Juni 1998, BSGE 82, 27.
[44] BSG, Breithaupt 1999, S. 147.
[45] BSG vom 10. Oktober 2000, NJW 2001, S. 2197.
[46] Klie in: LPK-SGB-XI, Rz 12 zu § 14; vgl. BSG vom 10. Oktober 2000, NJW 2001, S. 2197: *„Statt eines mindest einstündigen Spaziergangs im Freien kommt z. B. ein kontinuierliches Gehen in der eigenen Wohnung in Betracht, wo der Kläger jederzeit Halt finden kann."*
[47] Kritisch zur Rechtsprechung des BSG: Castendiek/Hoffmann (2002), Rz 226 ff.

Rechtsprechung an Hand des Begriffs der Grundbedürfnisse des täglichen Lebens zu konkretisieren. Dabei geht das BSG von einem Grundbedürfnis des *„Erschlie-ßens eines gewissen körperlichen Freiraums"* aus, das im Sinne eines Basisausgleichs und nicht eines völligen Gleichziehens mit den Möglichkeiten nichtbehinderter Menschen zu verstehen sei. So sei nur auf die Entfernungen abzustellen, die ein gesunder Mensch gewöhnlich zu Fuß zurücklegt[48]. Zusätzliche Elemente können dabei die soziale Integration in der jugendlichen Entwicklungsphase[49] oder das Erreichen der Schule[50] sein. Weitergehende Bedürfnisse seien nicht mehr Teil der medizinischen Rehabilitation, sondern der Teilhabe am Leben in der Gemeinschaft zuzurechnen. Für entsprechende Hilfen wurde auf die meist mangels Bedürftigkeit nicht gegebene Leistungspflicht der Eingliederungshilfe verwiesen. Zuletzt wurde mit der genannten Begründung die Gewährung eines *„Rollstuhl-Ladeboy"* abgelehnt[51]. Dieses Hilfsmittel ermöglicht es gehbehinderten Menschen, einen Rollstuhl mit dem Auto zu transportieren und ein- und auszuladen, um so am Zielort einer Autofahrt selbstständig mobil zu sein. Das BSG sah damit den von ihm als Grundbedürfnis definierten Nahbereich nicht eingehalten.

Die Rechtsprechung des BSG zum Hilfsmittel der medizinischen Rehabilitation ist im Hinblick auf das Grundbedürfnis Mobilität auf beachtliche Kritik gestoßen[52]. Sowohl im SGB IX[53] wie in der Anspruchsnorm im SGB V[54] ist die entsprechende Einschränkung nicht begründet. Der Anspruch ist durch das Ziel des Ausgleichs der Behinderung und die Ziele der medizinischen Rehabilitation sowie die allgemeinen Ziele des SGB IX definiert. Danach sind die erforderlichen Leistungen zum Behinderungsausgleich mit den Zielen der Selbstbestimmung und Teilhabe zu erbringen. Der *„Basisausgleich"* findet keine Stütze im Gesetz. Andererseits ist nicht zu befürchten, dass, wie es das BSG annimmt, ein Verzicht auf dieses Merkmal zu einem schrankenlosen Anspruch auf das *„Gleichziehen mit den praktisch unbegrenzten Möglichkeiten Gesunder"* bedeuten würde. Da die Ansprüche nach dem SGB IX auf das erforderliche Maß begrenzt sind, können sehr wohl normative Schranken des Leistungsanspruchs gefunden werden. Diese bestehen jedoch nicht im zusätzlichen Kriterium eines Basisausgleichs, sondern in der Betrachtung der individuell erforderlichen Teilhabe. Die Klägerin, die den Rollstuhl-Ladeboy beantragt hatte, hatte geltend gemacht, dass in ihrem Nahbereich Ärzte, Krankengymnasten, Schwimmbäder und Einkaufsmöglichkeiten nicht zu erreichen seien.

---

[48] BSG vom 16. September 1999, B 3 KR 9/98 R (Therapie-Tandem); BSG vom 6. August 1998, Az. B 3 KR 3/97 R; BSG vom 3. November 1987, BKK 1988, S. 275 (Verladerampe für Rollstuhl).

[49] BSG vom 23.Juli 2002, NZS 2003, S. 482 (Therapie-Dreirad); BSG vom 16. April 1998, Soz-Sich 1999, S. 214 (Rollstuhl-Bike); BSG vom 9. September 1997, SozR 3-2500 § 33 Nr. 25 (Therapie-Tandem); vgl. Castendiek/Hoffmann (2002), Rz 322 ff.

[50] BSG vom 2. August 1979, ErsK 1979, S. 534.

[51] BSG vom 26. März 2003, SGb 2004, S. 512 mit Anmerkung Davy; vgl. aber differenziert: BSG vom 16. September 2004, GesR 2005, S. 158 (schwenkbarer Autositz für Wachkoma-Patientin bejaht); BSG vom 16. September 2004, Die Leistungen, Beilage 2005, S. 16 (schwenkbarer Autositz für Polyarthritis-Patientin versagt).

[52] Davy, SGb 2004, S. 315 ff.

[53] § 31 Abs. 1 Nr. 3 SGB IX.

[54] § 33 Abs. 1 Satz 1 SGB V.

Angesichts der auf erweiterte Mobilität ausgerichteten Lebensverhältnisse ist es Normalität, dass derartige Grundbedürfnisse auch von Gesunden oft nicht zu Fuß erledigt werden können, sondern diese dafür Auto oder öffentliche Verkehrsmittel nutzen müssen. Die Rechtsprechung des BSG ist im Hinblick auf das Grundbedürfnis Mobilität zu restriktiv. Sie nähert das Leitbild des behinderten Menschen ohne überzeugende Stütze im Gesetz dem eines pflegebedürftigen Menschen an, der das Haus nur im Nahbereich verlässt. Mit dem Ziel einer Rehabilitation zur Teilhabe am Leben in der Gesellschaft ist dies nicht vereinbar.

Für das über den Nahbereich hinaus gehende Bedürfnis behinderter Menschen zu reisen ist im Sozialrecht kaum berücksichtigt. Behinderte Menschen, die ständigen Betreuungs- und Assistenzbedarf haben, sind aber oft darauf angewiesen, dass Betreuung und Assistenz unterwegs und am Urlaubsort fortgesetzt werden[55]. Grundsätzlich können die Kosten einer Begleitperson bei Hilfen zur Teilhabe am gemeinschaftlichen und kulturellen Leben übernommen werden[56]. In der Praxis werden für diesen Personenkreis vor allem Gruppenreisen der Einrichtungen und ihrer Träger veranstaltet, die dem Bedürfnis nach Selbstbestimmung und sozialer Integration durch Reisen nicht immer entsprechen[57]. Somit bieten die Pflege mit Pflegegeld[58] und in Zukunft das persönliche Budget[59] mehr Möglichkeiten, selbstbestimmte Mobilität zu verwirklichen.

c) Kraftfahrzeughilfe

Die Kraftfahrzeughilfe nach dem SGB IX ist Bestandteil der Leistungen zur Teilhabe am Arbeitsleben[60]. Sie wird gewährt, um die Mobilität für den Arbeitsweg zu sichern. Voraussetzung ist, dass nur auf diese Weise die Teilhabe am Arbeitsleben konkret[61] gesichert werden kann und die Übernahme der Kosten durch den Arbeitgeber nicht möglich oder nicht zumutbar ist[62]. Die Kraftfahrzeughilfe wird als Hilfe zur Beschaffung eines Kraftfahrzeugs abhängig vom Einkommen und mit einem Höchstbetrag von 9.500 € gefördert[63]. Gefördert werden können auch eine behinderungsbedingte Zusatzausstattung für ein Auto[64], das Erlangen einer Fahrerlaubnis[65] oder Taxikosten[66]. Die Kraftfahrzeughilfe ist zwar an der Teilhabe am Arbeitsleben orientiert. Sie erhöht aber auch die Teilhabe an anderen Lebensbereichen. Insofern steht diese Regelung im Kontrast zu der starken Begrenzung der Mobilitätshilfe in der medizinischen Rehabilitation. Kraftfahrzeughilfe dient dem

---

55 Vgl. BT-Drucks. 15/4575, S. 152 ff.
56 § 58 SGB IX; § 22 EinglHVO.
57 Dietrich, WzS 2003, S. 104, 106 f.
58 § 37 SGB XI.
59 § 17 Abs. 2 SGB IX.
60 § 33 Abs. 8 Nr. 1 SGB IX; KfzHV.
61 Vgl. BSG vom 21. März 2001, SozSich 2002, S. 105 ff.
62 § 3 Abs. 3 KfzHV.
63 §§ 5, 6 KfzHV.
64 § 7 KfzHV; vgl. zum unzureichenden Angebot von behinderungsgerechten Autos durch die Hersteller: S. Neumann, ACE Lenkrad 12/2003, S. 27 ff.
65 § 8 KfzHV.
66 § 9 KfzHV; vgl. BSG vom 20. Februar 2002, SozR 3-5765 § 9 Nr. 2.

Zweck, die Voraussetzungen der Erwerbsfähigkeit wiederherzustellen und die sozialrechtlichen Anforderungen an arbeitsbezogene Mobilität zu erfüllen. Wird mit Leistungen der Mobilitätshilfe erreicht, dass versicherte Personen eine Arbeitsstelle erreichen können, kann dies dazu führen, dass die Voraussetzungen einer Erwerbsminderungsrente entfallen[67].

d) Freifahrt schwerbehinderter Menschen

Unternehmer, die öffentlichen Personenverkehr betreiben, sind verpflichtet, schwerbehinderte Menschen, die infolge ihrer Behinderung in ihrer Bewegungsfähigkeit im Straßenverkehr beeinträchtigt oder hilflos oder gehörlos sind, gegen Vorzeigen ihres Ausweises unentgeltlich zu befördern[68]. Im Nah- und Fernverkehr werden unentgeltlich notwendige Begleitpersonen schwerbehinderter Menschen, ihr Handgepäck, Krankenfahrstühle, Blindenhunde und andere Hilfsmittel befördert[69]. Die Freifahrt wird gegen eine Selbstbeteiligung gewährt[70]. Diese entfällt bei Blindheit und bei laufendem Bezug von Hilfe zum Lebensunterhalt, Grundsicherungsleistungen oder Kriegsopferfürsorge[71]. Keine Freifahrt wird Personen gewährt, die die Ermäßigung der Kraftfahrzeugsteuer in Anspruch nehmen[72].

Diese Verpflichtung enthält eine Präzisierung des im öffentlichen Personennahverkehrs ohnehin geltenden Kontrahierungszwangs und die soziale Förderung durch die Freifahrt. Eine Verpflichtung zum Angebot bestimmter Verkehrsverbindungen oder zum Vorhalten eines barrierefreien Nahverkehrs ergibt sich daraus nicht. Die Barrierefreiheit soll über das Personenbeförderungsrecht durchgesetzt werden[73]. Ein Anspruch auf Schaffung zusätzlicher Verkehrsverbindungen ergibt sich daraus nicht[74]. Zum Nahverkehr gehört nur der Linienverkehr, so dass Verkehrsformen wie das Anruf-Sammel-Taxi ausscheiden[75].

Den Unternehmern des öffentlichen Nahverkehrs und Fernverkehrs werden die entstehenden Fahrgeldausfälle pauschaliert nach einem Anteil ihrer allgemeinen Fahrgeldeinnahmen erstattet[76], wobei die Verkehrsunternehmen eine höhere Erstattung beanspruchen können, wenn sie einen besonders hohen Anteil freifahrtberechtigter behinderter Menschen befördern[77]. Beförderungspflicht und Erstattungsverfahren sind Belastungen, die den Unternehmern verfassungsgemäß zur Erfüllung einer öffentlichen Aufgabe auferlegt sind[78]. Sie rechtfertigen sich daraus,

---

67 BSG vom 14. März 2002, SGb 2002, S. 329.
68 § 145 Abs. 1 Satz 1 SGB IX.
69 § 145 Abs. 2 SGB IX.
70 § 145 Abs. 1 Satz 2–4 SGB IX: jährlich 60 €.
71 § 145 Abs. 1 Satz 5 SGB IX.
72 § 145 Abs. 1 Satz 6 SGB IX.
73 § 8 Abs. 3 Satz 3 PBefG; vgl. BVerwG vom 17. Januar 2003, NVwZ 2003, S. 866, 868.
74 BVerwG vom 17. Januar 2003, NVwZ 2003, S. 866, 868.
75 § 147 Abs. 1 Nr. 2 SGB IX, §§ 42, 43 PBefG; OVG Lüneburg vom 8. Oktober 2003, br 2004, S. 149.
76 § 148 SGB IX.
77 § 148 Abs. 5 SGB IX; zur Bedeutung für die Verfassungsmäßigkeit der Norm: BVerwG, NVwZ 2003, S. 866, 867.
78 BVerfGE 68, 155, 170; BVerwG, NVwZ 2003, S. 866.

dass der öffentliche Nahverkehr alleine für das gesetzgeberische Ziel in Anspruch genommen werden kann. Die Pauschalierung der Erstattungen ist zur Reduzierung des Verwaltungsaufwandes gerechtfertigt. Der Bund trägt die Kosten für den Fernverkehr[79]. Für den Nahverkehr trägt der Bund die Kosten, soweit Unternehmen betroffen sind, die sich mehrheitlich in seinem Besitz befinden, also insbesondere zur Deutschen Bahn AG gehören, und soweit die schwerbehinderten Menschen Leistungen der sozialen Entschädigung beziehen[80]. Im Übrigen sind die Länder kostenpflichtig[81].

6. Zivilprozessrecht

Die Mobilität behinderter Menschen wird auch durch das Zivilprozessrecht geschützt. Das Kraftfahrzeug eines außergewöhnlich gehbehinderten Schuldners unterliegt im Regelfall nicht der Pfändung. Der BGH hat dies auch mit dem Benachteiligungsverbot für behinderte Menschen begründet[82].

---

[79] § 151 Abs. 1 Satz 1 Nr. 3 SGB IX.
[80] § 151 Abs. 1 Satz 1 Nr. 1 und 2 SGB IX.
[81] § 151 Abs. 1 Satz 2 SGB IX.
[82] § 811 Abs. 1 ZPO; BGH vom 19. März 2004, NJW-RR 2004, S. 789; vgl. LG Lübeck, DGVZ 1979, S. 25.

H. Bildung

Bildung als ein Prozess, bei dem Fertigkeiten und Wissen gelernt und angewendet werden, ist ein für die einzelnen Menschen und die Gesellschaft elementarer Teil des Lebens, auf dem Arbeit, Kultur und Recht aufbauen. Bildung bedeutet für die Menschen die Möglichkeit der Teilhabe an den Erfahrungen und Potenzialen der Menschheit. Das Kapitel „Lernen und Wissensanwendung" als persönliche Aktivität steht auch darum in der ICF am Anfang des Abschnitts über Aktivität und Partizipation[1], der Bereich Erziehung und Bildung steht am Anfang der Aufzählung bedeutender Lebensbereiche[2], seine Dienste, Systeme und Handlungsgrundsätze sind bedeutende Kontextfaktoren behinderter Menschen[3]. Bildung hat für behinderte Menschen einen besonderen Stellenwert. Bildung in Sondereinrichtungen wird von behinderten Menschen zunehmend als diskriminierend abgelehnt, so dass die Nachfrage nach integrativen Bildungsangeboten das Angebot übersteigt[4]. Nur 2 % der Studierenden in Deutschland (32.000 Menschen) werden nach der 16. Sozialerhebung des Deutschen Studentenwerks als behindert eingestuft[5]. 15 % der behinderten Menschen zwischen 25 und 45 Jahren hatten 2003 keinen Schulabschluss, nur 11 % erreichten die Hochschulreife[6]. Zugang zu Bildung hat auch erhebliche gesellschaftliche, politische und symbolische Bedeutung[7].

1. Verfassungsrecht

Bildung ist im Verfassungsrecht im Kontext der staatlichen Aufgabe Schule und des Grundrechts auf freie Wahl der Ausbildungsstätte erwähnt. Nach dem Grundgesetz[8] und den Landesverfassungen[9] übt der Staat die Schulaufsicht aus[10]. Die

---

[1] ICF, d110–d199.

[2] ICF, d810–d839.

[3] ICF, e585.

[4] BT-Drucks. 15/4575, S. 7, 60 ff.

[5] BT-Drucks. 15/4575, S. 65; aber 13 % (208.000) gelten als chronisch krank. Nach dem Armuts- und Reichtumsbericht schlossen 4 % der behinderten Männer und Frauen ein Studium ab, BT-Drucks. 15/5015, S. 120.

[6] BT-Drucks. 15/5015, S. 120.

[7] Als Beginn der „Independent Living"-Bewegung in den USA gilt das Jahr 1962, als der behinderte Ed Roberts seine Zulassung zur Universität Berkeley gegen den Willen des Dekans durchsetzt, vgl. Zander in: HKWM 6/II (2004), Sp. 878.

[8] Art. 7 Abs. 1 GG.

[9] Art. 17 Abs. 2 BWVerf; Art. 130 BayVerf; Art. 30 Abs. 2 BrbVerf; Art. 28 BremVerf; Art. 56 Abs. 1 Satz 3 HessVerf; Art. 15 Abs. 1 HessVerf; Art. 4 Abs. 2 Satz 2 NdsVerf; Art. 8 Abs. 3 Satz 3 NWVerf; Art. 27 Abs. 3 RhPfVerf; Art. 27 Abs. 2 SLVerf; Art. 29 Abs. 1 LSAVerf; Art. 8 Abs. 3 SHVerf; Art. 23 Abs. 2 ThürVerf.

[10] Vgl. oben III.C.6.

Schulpflicht hat in den meisten Bundesländern Verfassungsrang[11]. Sie ist zum Teil verfassungsrechtlich[12], immer im einfachen Recht auch mit einem allgemeinen Recht auf Schulbesuch verknüpft. Wegen ihrer Behinderung dürfen behinderte Kinder und Jugendliche nicht von der Schulpflicht und dem Recht auf den Schulbesuch ausgeschlossen werden. Der bis in die 1960er Jahre fortgeschriebene Ausschluss geistig behinderter Kinder von der Schulpflicht und dem Recht auf Schulbesuch[13] wäre heute als Verstoß gegen das Benachteiligungsverbot verfassungswidrig. Nur zwingende Gründe können im Einzelfall einen Ausschluss rechtfertigen. In diesem Fall zwingt der prinzipielle Gehalt des Benachteiligungsverbots dazu, kompensierende Bildungsmöglichkeiten zu suchen[14]. Innerhalb des Schulsystems hat für behinderte Kinder und Jugendliche der Besuch der Regelschulen durch das Benachteiligungsverbot Vorrang vor einer gesonderten Beschulung auf Sonder- oder Förderschulen[15]. Da Schulpflicht und Recht zum Schulbesuch allgemeine Rechte und Pflichten sind, ist die Gewährleistung der Teilhabe behinderter Kinder am Schulbesuch vor allem ein abgeleitetes Teilhaberecht[16]. Bildung ist aber auch eine elementare Voraussetzung des Überlebens und der Fähigkeit zur Selbstbestimmung in einer Gesellschaft, in der in Alltag, Arbeitsleben und gemeinschaftlichem Leben vorausgesetzt wird, dass viele Kulturtechniken beherrscht werden. Insofern gehört ein elementares Maß an Bildung einschließlich des Lesens und Schreibens (soweit möglich) zum Existenzminimum in der Gesellschaft[17]. Insofern verdichten sich die Regelungen über Schulpflicht und Recht auf Schulbesuch und die schlichten Voraussetzungen des Lebens und Grundrechtsgebrauchs zu einem Recht auf Bildung[18]. Dies wird noch dadurch verstärkt, dass im Sozialrecht vielfach die Teilhabe am Arbeitsleben als Obliegenheit ausgestaltet ist. Verlangt die Rechtsordnung, dass jeder sich nach seinen Möglichkeiten am Arbeitsleben beteiligt[19], so

---

[11]   Art. 14 Abs. 1 BWVerf; Art 129 Abs. 1 BayVerf; Art. 30 Abs. 1 BrbVerf; Art. 30 BremVerf; Art. 56 Abs. 1 Satz 1 HessVerf; Art. 4 Abs. 2 Satz 1 NdsVerf; Art. 8 Abs. 2 NWVerf; Art. 25 Abs. 2 LSAVerf; Art. 8 Abs. 1 SHVerf; Art. 23 Abs. 1 ThürVerf.

[12]   Art. 11 Abs. 1 BWVerf; Art. 128 BayVerf; Art. 20 BerlVerf; Art. 29 BrbVerf; Art. 27 Abs. 1 BremVerf; Art. 4 Abs. 1 NdsVerf; Art. 8 Abs. 1 Satz 1 NWVerf; Art. 25 Abs. 1 LSAVerf; Art. 20 ThürVerf.

[13]   Rudloff, ZSR 2003, S. 863, 871; Reichenbach (2001), S. 26; Vgl. noch das bei Reichenbach (2001), S. 56 f. referierte Urteil des OVG Lüneburg vom 16. Juni 1970, Az. A 41/70, mit dem die Befreiung eines Schülers von der Schulpflicht aufgehoben wurde. Die Schulpflicht war aufgehoben worden, weil der Rollstuhl des Schülers nicht in den Schulbus passte.

[14]   BVerfGE 96, 288, 303.

[15]   BVerfGE 96, 288, 304 f.; OVG Sachsen-Anhalt vom 26. August 1997, NVwZ 1999, S. 898; OVG Schleswig-Holstein vom 19. September 1996, Az. 3 M 81/96; restriktiver: OVG Saarland vom 9. Februar 2004, Az. 3 Q 16/03; Bayerischer VGH vom 9. Juli 1997, BayVBl 1998, S. 180; Bayerischer VGH vom 11. Dezember 1996, BayVBl 1997, S. 561; VGH Baden-Württemberg vom 3. September 1996, Az. 9 S 1971/96; vgl. Füssel in: Igl/Welti (2001), S. 81, 83; G. Jürgens, NVwZ 1999, S. 847 ff.; Dirnaichner, BayVBl 1997, S. 545.

[16]   BVerfGE 96, 288, 303; vgl. OVG Berlin vom 30. September 2002, NVwZ-RR 2003, S. 35; anders noch: BVerwG vom 14. August 1997, Buchholz 421 Kultur- und Schulwesen Nr. 123; vgl. Hinrichs, ZfSH/SGB 2004, S. 353, 355 f.

[17]   Luthe/Dittmar, SGb 2004, S. 271, 275 (vorsichtig bejahend); Arango (2001), S. 170 f.; Alexy (1994), S. 466; Abelein, DÖV 1967, S. 375, 378.

[18]   Vgl. Jarass, DÖV 1995, S. 674, 677; P. Badura, Der Staat 1975, S. 17, 43; Abelein, DÖV 1967, S. 375 ff.

[19]   § 64 SGB I; § 2 Abs. 1 SGB XII; § 2 Abs. 1 SGB II; §§ 2 Abs. 4, 121 Abs. 1 SGB III.

muss auch gewährleistet sein, dass die Voraussetzungen dafür erworben werden können, zu denen ein wachsendes Maß an Bildung gehört.

Das Recht auf freie Wahl der Ausbildungsstätte[20] akzentuiert das Recht auf Bildung als ein Freiheitsrecht. Nach der allgemeinen Schulbildung ist die Entscheidung über den weiteren Bildungsgang durch Berufsausbildung und Hochschulstudium ein wesentlicher Teil der Entfaltung der Persönlichkeit[21] und der Vorbereitung auf die freie Berufswahl und -ausübung. Dieser Abschnitt im persönlichen Bildungsprozess ist stärker aus der Teilhabe an staatlichen Institutionen in die individuelle und gesellschaftliche Verantwortung verlegt. Ein Recht auf Bildung ist hier nicht zu einer staatlichen Gewährleistung eines Ausbildungsplatzes oder Studienplatzes verdichtet. Da jedoch öffentliche Einrichtungen wie das Berufsschulwesen, Fachschulen und Hochschulen einen erheblichen Anteil auch an der berufsorientierten Bildungsphase haben, können insoweit Teilhaberechte geltend gemacht werden, wenn die jeweiligen Eingangsvoraussetzungen erfüllt werden[22]. Gerade für diejenigen behinderten Menschen, die aus eigener Kraft nicht den Zugang zum System der Berufsausbildung in Betrieben oder Fachschulen oder in den Hochschulen finden können, ist die Frage aufgeworfen, ob sie von Verfassungs wegen ein Recht auf eine berufsqualifizierende Bildung haben. Im sozialen Rechtsstaat kann die Bedarfslage dieses Personenkreises nicht ignoriert werden. Der prinzipielle Gehalt der Berufsfreiheit streitet dafür, diese Bedarfslage nicht durch Versorgung oder unterwertige Beschäftigung, sondern in der Entfaltung der persönlichen Potenziale zur Berufsausübung zu sichern. Solange ein allgemeiner Anspruch auf eine berufsqualifizierende Ausbildung aber nicht rechtlich verankert ist, können sich diese Ausstrahlungen des sozialen Staatszieles und der Berufsfreiheit nicht zu einem abgeleiteten Teilhaberecht verdichten. Solange es in der Gesellschaft in größerer Zahl Möglichkeiten der Erwerbsarbeit gibt, die nicht auf einem Berufsabschluss beruhen, wird man die berufsqualifizierende Bildung auch nicht als Teil des Existenzminimums betrachten können. Das Recht auf berufliche Qualifikation ist somit ein soziales Recht[23] ohne volle verfassungsrechtliche Sicherung. Für behinderte Jugendliche ist aber zu beachten, dass sie unter anderen Voraussetzungen in die Phase der beruflichen Qualifikation eintreten als andere. Ihnen ist aus gesundheitlichen Gründen erschwert, eigenverantwortlich ihren Platz im Berufsleben zu finden. Daraus ergibt sich ein zusätzliches Argument dafür, dass zumindest die aus der Behinderung folgenden Nachteile auszugleichen sind.

Behinderte Menschen sind oft durch eine eingetretene Behinderung gezwungen, ihren Beruf zu wechseln und einen anderen Beruf zu erlernen. Der Bildungsabschnitt der Weiterbildung nach dem Eintritt ins Berufsleben hat die geringste verfassungsrechtliche Aufmerksamkeit gefunden, ist aber immerhin in vielen Landes-

---

[20] Art. 12 Abs. 1 Satz 1 GG.

[21] Zur Begründung eines Rechts auf Bildung aus dem allgemeinen Persönlichkeitsrecht: Jarass, DÖV 1995, S. 674, 675 ff.

[22] BVerfG vom 18. Juli 1972, BVerfGE 33, 303, 330 f. (Numerus Clausus); vgl. Jarass, DÖV 1995, S. 674, 675; Schimanke, JR 1973, S. 45 ff.; Häberle, DÖV 1972, S. 729 ff.

[23] Vgl. §§ 3 Abs. 2, 10 Nr. 3 SGB I.

684 V. Rechte behinderter Menschen

verfassungen erwähnt[24]. Auch hier sind für behinderte Menschen vor allem die Berücksichtigung der gesundheitlich bedingten Bedarfslage als Gebot des sozialen Rechtsstaats und die prinzipielle Entscheidung des Grundgesetzes für den Beruf als ein wesentliches Medium der Persönlichkeitsentfaltung und gesellschaftlichen Integration zu beachten. Dort wo Entschädigungs- und Sozialversicherungsansprüche für den Fall der Behinderung bestehen, verdichten sich auch die verfassungsrechtlichen Argumente zu einem Vorrang der Rehabilitation[25] einschließlich ihrer Bildungskomponenten.

2. Schulrecht

Das Recht auf schulische Bildung ist primär im Schulrecht ausgeformt. Die Schulgesetze aller Länder statuieren die Schulpflicht grundsätzlich aller Kinder und Jugendlichen bis zum 15. oder 16. Lebensjahr. Für behinderte Kinder und Jugendliche mit sonderpädagogischem Förderbedarf ist in allen Schulgesetzen mit Ausnahme von Nordrhein-Westfalen, Bayern und Hessen ein grundsätzlicher Vorrang der integrativen Beschulung in den allgemeinen Schulen vorgesehen[26]. Weiterhin werden Sonder- oder Förderschulen verschiedener Ausprägung unterhalten, um behinderten Kindern und Jugendlichen mit sonderpädagogischem Förderbedarf den Schulbesuch zu ermöglichen.

Die Voraussetzungen für den Schulbesuch behinderter Kinder und Jugendlicher zu schaffen liegt zum Teil in der Verantwortlichkeit der Schule und des Schulträgers, zum Teil bei den Betroffenen und den Rehabilitationsträgern. Hier ist die konkrete Grenzziehung zwischen den primär der individuellen Gesundheitsstörung zuzuordnenden Faktoren und dem Kontextfaktor der Handlungsgrundsätze des Bildungs- und Ausbildungswesens[27] vorzunehmen. Generell sind die dem pädagogischen Bereich zuzuordnenden Mittel des jeweiligen Förderbedarfs der Schule, die nicht-pädagogische Assistenz der Verantwortung der Rehabilitationsträger zuzuordnen. In vielen Fällen kann eine solche Trennung jedoch nicht genau vorgenommen werden, weil Hilfskräfte auch pädagogische Unterstützung leisten. Für den Bereich der Schule empfiehlt sich daher, in weit stärkerem Maße als bisher vom Mittel der Komplexleistung bei Kostenteilung der beteiligten öffentlichen Träger Gebrauch zu machen. An Komplexleistungen der Frühförderung können auch die Kultusverwaltungen beteiligt werden, wenn Landesrecht dies vorsieht[28]. Von dieser Öffnung zwischen Sozialrecht und Schulrecht haben die Landesgesetzgeber bisher keinen Gebrauch gemacht. Präzisiert sind die Anforderungen an öf-

---

[24] Art. 22 BWVerf; Art. 139 BayVerf; Art. 33 BrbVerf; Art. 35 BremVerf; Art. 16 Abs. 4 MVVerf; Art. 17 NWVerf; Art. 32 SLVerf; Art. 11 Abs. 2 Satz 2 SächsVerf; Art. 30 Abs. 2 Satz 2 LSAVerf; Art. 9 Abs. 3 SHVerf; Art. 29 ThürVerf.
[25] Vgl. den französischen Begriff der rééducation.
[26] § 5 Abs. 2 SH SchulG, § 15 Abs. 3 SchulG BW, § 4 NSchG, § 4 Abs. 1 Satz 2 SchOG SL, § 13 Abs. 3 SächsSchulG, § 1 Abs. 3 und 3a SchulG LSA, § 1 Abs. 2 ThürFSG, § 35 Abs. 1 SchulG MV, § 4 Abs. 5 BremSchulG, § 3 Abs. 4 BbgSchulG, § 4 Abs. 3 Satz 3 BerlSchulG, § 1b Abs. 5 SchulG RhPf, § 12 Abs. 1 Satz 2 HmbSG.
[27] ICF, e5852.
[28] § 30 Abs. 3 Satz 2 SGB IX.

fentliche Schulträger durch die Gleichstellungsgesetze der Länder. Die Verpflichtung zur Barrierefreiheit gilt auch für die Schulen. Damit kann eine Verschiebung der Verantwortlichkeiten verbunden sein: Wenn Schulen in stärkerem Maße als bisher barrierefrei ausgestaltet werden, so kann der Bedarf an Assistenzleistungen für behinderte Schülerinnen und Schüler zurückgehen. Für die Entscheidung darüber, ob behinderte Menschen für einen schulischen Bildungsgang geeignet sind, ist ein Primat des Schulrechts festzustellen. Sozialleistungsträger können die Unterstützung der schulischen Ausbildung nicht unter Verweis auf einen kostengünstigeren anderen Ausbildungsgang, insbesondere an einer Sonderschule, verweigern.

3. Berufsbildungsrecht

Zwischen der Nachfrage und dem Angebot an betrieblichen Ausbildungs- und Beschäftigungsmöglichkeiten für behinderte junge Menschen besteht ein Ungleichgewicht. Im Jahre 2002 wurden nur 4729 schwerbehinderte junge Menschen in Betrieben ausgebildet[29].

Im Berufsbildungsrecht sind die Voraussetzungen geregelt, unter denen Jugendliche und Erwachsene eine betriebliche Ausbildung absolvieren können[30]. Für das Handwerk sind die Berufsausbildungsverhältnisse und das Prüfungswesen in der Handwerksordnung normiert[31]. Viele berufsrechtliche Gesetze enthalten weitere Regelungen über die jeweils spezifischen Ausbildungsverhältnisse und Prüfungsanforderungen.

Nach dem Berufsbildungsgesetz darf für die Ausbildung behinderter Menschen von der jeweiligen Ausbildungsordnung abgewichen werden, soweit es Art und Schwere der Behinderung erfordert[32]. Damit wird generell ein Freiraum dafür geschaffen, in Bezug auf die Ausbildungsdauer, Berufsbild und den Ausbildungsrahmenplan[33] von dem üblichen Ablauf der Ausbildung abzuweichen. In anerkannten Ausbildungsberufen sollen die Prüfungsordnungen und Regelungen der Ausbildung[34] die besonderen Verhältnisse behinderter Menschen berücksichtigen. Dies gilt insbesondere für die zeitliche und sachliche Gliederung der Ausbildung, die Dauer von Prüfungszeiten, die Zulassung von Hilfsmitteln und die Inanspruchnahme Dritter wie Gebärdensprachdolmetscher[35]. Durch diese Regelungen wird eine generelle Grundlage geschaffen, dass im einzelnen Berufsbildungsverhältnis und auf der generellen Ebene der Ausbildungsordnungen[36] Behinderungen berücksichtigt und zugleich die Ausbildungsziele erreicht werden können. Im Handwerksrecht sind entsprechende Regelungen aufgenommen worden[37].

---

29 Bei 1,1 Millionen Ausbildungsplätzen; BT-Drucks. 15/4575, S. 8, 72.
30 Vgl. §§ 1 Abs. 2 und 5 BBiG.
31 §§ 28–41a HwO.
32 §§ 48, 28 BBiG.
33 Vgl. § 25 Abs. 2 Satz 1 BBiG.
34 §§ 41, 44 BBiG.
35 § 48a Abs. 1 BBiG.
36 Durch Rechtsverordnung, vgl. § 25 Abs. 1 BBiG.
37 §§ 42b–42e HwO in der Fassung des dritten Gesetzes zur Änderung der Handwerksordnung und anderer handwerksrechtlicher Vorschriften vom 24. Dezember 2003 (BGBl. I S. 2934).

4. Hochschulrecht

Die Aufgaben der Hochschulen und der rechtlichen Vorgaben für ihre Erfüllung werden im Hochschulrecht festgelegt. Im Hochschulrahmengesetz des Bundes und den Hochschulgesetzen der Länder ist als Aufgabe der Hochschulen vorgegeben, dass behinderte Studierende in ihrem Studium nicht benachteiligt werden und die Angebote der Hochschule möglichst ohne fremde Hilfe in Anspruch nehmen können[38]. Zum Teil ist auch ein Anspruch auf Integrationshilfe hochschulrechtlich verankert[39]. Die Barrierefreiheit wird durch die Gleichstellungsgesetze der Länder gefordert[40]. Wichtige Beiträge zur behinderungsgerechten Ausstattung der Hochschulen leisten auch die Studentenwerke[41].

Die Hochschulen regeln ihre Angelegenheiten im Rahmen ihrer Selbstverwaltung unter Aufsicht der Länder. Studienordnungen und Prüfungsordnungen werden durch Satzung aufgestellt, die jeweils der Genehmigung bedarf. Ob diese den besonderen Bedürfnissen behinderter Studierender gerecht werden, indem etwa Prüfungszeiten verlängert, Hilfsmittel zugelassen oder Gebärdensprachdolmetscher in Anspruch genommen werden können, liegt in der Verantwortlichkeit der Hochschulen und ihrer Aufsicht. Die Hochschulrektorenkonferenz und die Kultusministerkonferenz haben in den allgemeinen Bestimmungen für Diplomprüfungsordnungen an Fachhochschulen und an Hochschulen, für Magister-Prüfungsordnungen folgende Regelung aufgenommen:

„Macht der Kandidat glaubhaft, dass er wegen lang andauernder oder ständiger körperlicher Behinderung nicht in der Lage ist, Prüfungsleistungen ganz oder teilweise in der vorgesehenen Form abzulegen, so wird dem Kandidaten gestattet, die Prüfungsleistungen innerhalb einer verlängerten Bearbeitungszeit oder gleichwertige Prüfungsleistungen in einer anderen Form zu erbringen. Dazu kann die Vorlage eines ärztlichen Attests verlangt werden. Entsprechendes gilt für Studienleistungen."[42]

Behinderte Studierende haben ein Recht auf die Modifizierung ihrer Prüfungsbedingungen, wenn sich eine Gleichbehandlung als willkürlich darstellen würde. Dies ist jedenfalls dann der Fall, wenn die Behinderung nur den Nachweis der vorhandenen Befähigung erschwert, etwa weil die Schreib- oder Lesefähigkeit herabgesetzt ist[43]. Hilfsmittel zum Ausgleich der Behinderung, wie sie auch im Arbeits-

---

[38] § 2 Abs. 5 HRG; z. B. § 2 Abs. 5 Satz 2 SHHSG; § 3 Abs. 5 Satz 3 und 4 BbgHSG.

[39] § 9 Abs. 2 BerlHSG.

[40] Zum Stand vgl. Harmening/Müller in: Drolshagen/Rothenberg (1999), S. 140 ff. aus Sicht von Studierenden; Mirbach in: Drolshagen/Rothenberg (1999), S. 148 ff. aus Sicht des Ministeriums für Bau und Wohnen NRW.

[41] Vgl. Drechsel in: Drolshagen/Rothenberg (1999), S. 121 ff.; zu den gesetzlichen Aufgaben z. B. § 3 Abs. 1 StudWG SH.

[42] § 6 Abs. 2 Muster-Rahmenordnung für Diplomprüfungsordnungen – FH – und § 5 Abs. 2 Muster-Rahmenordnung für Diplomprüfungsordnungen – Universitäten –, beschlossen jeweils von der HRK und KMK; Bericht zum Stand der Umsetzung der KMK-Empfehlung „Verbesserung der Ausbildung für Behinderte im Hochschulbereich" vom 25. Juni 1982, Beschluss der KMK vom 8. September 1995, Ziffer II.2.

[43] Vgl. VGH Baden-Württemberg vom 26. August 1993, DVBl 1993, S. 1315; OVG Nordrhein-Westfalen vom 26. Februar 1992, DVBl 1992, S. 1054.

leben eingesetzt werden, müssen auch in der Prüfung zulässig sein[44]. Dabei ist die Behinderung im Einzelfall in ihren Auswirkungen auf die Prüfung zu betrachten[45]. Dieser Grundsatz war in der Rechtsprechung schon auf den allgemeinen Gleichheitssatz und das besondere Gewicht der Berufsfreiheit im Prüfungsrecht gestützt worden[46]. Er muss erst recht unter dem Benachteiligungsverbot wegen einer Behinderung gelten. Die prüfungsrechtlichen Grundsätze sind genauso anzuwenden, wenn ein Studium durch eine Staatsprüfung abgeschlossen wird.

5. Sozialrecht

a) Ausbildungsförderung

Im SGB I ist festgeschrieben, dass wer an einer Ausbildung teilnimmt, die seiner Neigung, Eignung und Leistung entspricht, ein Recht auf individuelle Förderung seiner Ausbildung hat, wenn ihm die hierfür erforderlichen Mittel nicht anderweitig zur Verfügung stehen[47]. Dieses soziale Recht ist ausgeformt im Bundesausbildungsförderungsgesetz[48]. Es ist von besonderer Bedeutung für Studierende, denen eine Erwerbstätigkeit während des Studiums erschwert ist. Die Ausbildungsförderung hat für den normalen Lebensbedarf behinderter Studierender Vorrang vor speziellen Leistungen wegen der Behinderung[49]. Bei den Voraussetzungen für das Höchstförderungsalter, die Förderungsdauer, die einkommensabhängige Rückzahlung und die Anrechnung von Einkommen wird eine Behinderung berücksichtigt.

Ausbildungsförderung wird gewöhnlich nur bis zum 30. Lebensjahr geleistet[50]. Dies gilt nicht bei einer einschneidenden Änderung der persönlichen Verhältnisse[51], die insbesondere im Eintritt einer Behinderung liegen kann[52]. Über die Förderungshöchstdauer[53] hinaus wird Ausbildungsförderung für eine angemessene Zeit geleistet, wenn die Höchstdauer infolge einer Behinderung überschritten worden ist[54]. Wird die Ausbildungsförderung als Darlehen gewährt, so kann der Darlehensnehmer von der Rückzahlung freigestellt werden, wenn sein Einkommen einen bestimmten Betrag nicht überschreitet. Dieser Betrag wird bei behinderten Menschen um den Pauschbetrag nach dem Einkommensteuergesetz erhöht[55]. Auf die Ausbildungsförderung werden Einkommen des Auszubildenden und seiner Eltern angerechnet. Nicht als Einkommen gelten Grundrenten und Schwerstbeschädigtenzulage nach dem sozialen Entschädigungsrecht[56] und zweck-

---

44 Zimmerling (1998), Rz 196; Niehues (1994), Rz 156.
45 Tiemann, BayVBl. 1976, S. 650, 651.
46 BVerwG vom 30. August 1977, Buchholz 421.0 Prüfungswesen Nr. 85.
47 § 3 Abs. 1 SGB I.
48 BAföG; besonderer Teil des SGB, § 68 Nr. 1 SGB I.
49 BVerwG vom 19. Oktober 1995, NVwZ-RR 1996, S. 509; vgl. BVerwG vom 9. Oktober 1973, BVerwGE 44, 110; OVG Nordrhein-Westfalen vom 24. November 1992, FEVS 43, S. 341.
50 § 10 Abs. 3 Satz 1 BAföG.
51 § 10 Abs.3 Satz 2 Nr. 4 BAföG.
52 BVerwG vom 12. Dezember 2002, NVwZ-RR 2003, S. 499.
53 § 15a BAföG.
54 § 15 Abs. 3 Nr. 5 BAföG.
55 § 18a Abs. 1 Satz 6 BAföG.
56 § 21 Abs. 4 Nr. 1 BAföG.

gebundene Leistungen der Rehabilitation wie das Blindengeld oder Pflegegeld[57]. Beim Einkommen der Eltern werden zur Vermeidung unbilliger Härten auf besonderen Antrag außergewöhnliche Belastungen wegen einer Behinderung und Unterhaltsleistungen an behinderte Menschen vom anzurechnenden Einkommen abgesetzt[58].

b) Vorschulische Bildung

Dem Besuch des Kindergartens, einschließlich des integrativen Kindergartens, wird in Deutschland immer noch vor allem die Funktion der Betreuung und allgemeinen Förderung der Kinder als Hilfe für die Familie zugeordnet. Die Förderung von Kindern in Tageseinrichtungen dient aber auch nach ihrem gesetzlichen Auftrag der Betreuung, Bildung und Erziehung des Kindes[59]. In zunehmendem Maße wird mittlerweile die Bildungsfunktion des Kindergartens realisiert, was sich auch in gewandelten Verwaltungszuständigkeiten spiegelt. Der Rechtsanspruch auf eine vorrangig integrative Betreuung behinderter Kinder im Kindergarten ist entsprechend wichtig, um sie auf eine integrative Beschulung vorzubereiten.

Heilpädagogische Leistungen werden als Leistungen zur Teilhabe am Leben in der Gemeinschaft durch Unfallversicherung, soziale Entschädigung und Eingliederungshilfe für alle behinderten Kinder, einschließlich schwerstbehinderter und schwerstmehrfachbehinderter Kinder, erbracht[60]. Schon aus dem Begriff der Heilpädagogik wird der Anspruch deutlich, rehabilitative und pädagogische Elemente zusammenzuführen. Die heilpädagogischen Leistungen werden in Verbindung mit Leistungen zur Früherkennung und Frühförderung und schulvorbereitenden Maßnahmen der Schulträger[61] als Komplexleistung erbracht[62]. Das SGB IX beruht auf dem Grundsatz der Bildungsfähigkeit aller Kinder. Durch Leistungen zur Teilhabe soll versucht werden, den Stand möglichst altersgemäßer normaler Schulfähigkeit zu erreichen.

c) Rehabilitation und schulische Bildung

Leistungen zur Teilhabe können die Voraussetzungen schaffen, dass behinderte Kinder und Jugendliche Recht und Pflicht zum Schulbesuch überhaupt wahrnehmen können. So können Therapien und Hilfsmittel als Leistungen der medizinischen Rehabilitation dazu beitragen, dass Kinder und Jugendliche die Schule erreichen und in der Schule die nötige Fähigkeit zur Mobilität und Kommunikation erreichen können[63]. Den entsprechenden Anspruch gegen die Krankenkassen auf

---

57 § 21 Abs. 4 Nr. 4 BAföG.
58 § 25 Abs. 6 Satz 2 BAföG.
59 § 22 Abs.2 Satz 1 SGB VIII.
60 §§ 55 Abs. 2 Nr. 2, 55 Abs. 1 Satz 2 SGB IX.
61 Gemeint sind die Schulen.
62 § 55 Abs. 2 SGB IX.
63 Vgl. BSG vom 6. Februar 1997, SozSich 1998, S. 38 (PC – hier als Gebrauchsgegenstand des täglichen Lebens abgelehnt); BSG vom 26. Mai 1983, SozR 2200 § 182b Nr. 28 (Mikroport-Anla-

Kinder und Jugendliche im schulpflichtigen Alter zu beschränken[64] verkennt, dass ein Schulabschluss auch nach Beendigung der Schulpflicht ein gesellschaftliches Grundbedürfnis ist und dass behinderte Jugendliche behinderungsbedingt Schwierigkeiten haben, den Schulabschluss in der Regelzeit zu erreichen.

Leistungen der Kinder- und Jugendhilfeträger für seelisch behinderte und von seelischer Behinderung bedrohte Kinder und Jugendliche[65] können darauf gerichtet sein, zu verhindern, dass gesundheitlich bedingte Teilleistungsstörungen in den zentralen Lernbereichen Lesen und Schreiben sowie Rechnen zu Störungen der psychischen Entwicklung führen und sich chronifizieren[66]. Der Umgang mit den Problembereichen Legasthenie und Dyskalkulie zeigt ein weiteres Problem in der Teilung der Verantwortlichkeiten zwischen Schule und Rehabilitationsträgern auf. Ob und wieweit es sich hierbei um primär pädagogische[67] oder um primär gesundheitliche Probleme und Aufgaben handelt, ist stark umstritten und letztlich nur normativ zu entscheiden[68]. Eine hinreichend klare Abgrenzung der Verantwortlichkeiten ist jedoch dem Sozialrecht und Schulrecht nicht zu entnehmen, so dass sie in vielen Einzelfällen vorzunehmen ist. Dies kann auch zur Folge haben, dass schulische und rehabilitative Bemühungen nicht hinreichend koordiniert sind.

Leistungen der Sozialhilfeträger können Hilfen zu einer angemessenen Schulbildung, insbesondere im Rahmen der allgemeinen Schulpflicht und zum Besuch weiterführender Schulen einschließlich der Vorbereitung hierzu[69] sowie Hilfe zur schulischen Ausbildung für einen angemessenen Beruf[70] sein[71]. Damit hat die Eingliederungshilfe im Falle der Bedürftigkeit eine wichtige ergänzende Funktion zu den Leistungen der anderen Rehabilitationsträger und der Schule. Die Rehabilitationsträger sind an die schulrechtlich bestimmte Entscheidung über die Schullaufbahn gebunden und können ihr gegenüber keinen Vorrang einer kostengünstigeren Sonderbeschulung geltend machen[72]. Eine davon abweichende schulrechtliche

---

ge); BSG vom 2. August 1979, ErsK 1979, S. 534 (Faltrollstuhl für Schulbesuch); vgl. Castendiek/ Hoffmann (2002), Rz 312 ff.

[64] So das BSG in einem Urteil vom 22. Juli 2004 (Notebook-PC für Blinde), SozR 4-2500 § 33 Nr. 6.

[65] § 35a SGB VIII.

[66] Vgl. BVerwG vom 26. November 1998, ZfS 2000, S. 146 (ADS); BVerwG vom 5. Juli 1995, Buchholz 436.0 § 39 BSHG Nr. 12 (Legasthenie); BVerwG vom 19. Juni 1984, ZfSH/SGB 1985, S. 185 (Legasthenie); Bayerischer VGH vom 31. März 2004, Az. 12 CE 03.3431 (Dyskalkulie); OVG Nordrhein-Westfalen vom 30. Januar 2004, ZfSH/SGB 2004, S. 498; Mrozynski in: Igl/Welti (2001), S. 117, 126 ff.

[67] OVG Nordrhein-Westfalen vom 14. April 1999, ZfSH/SGB 2000, S. 32.

[68] Vgl. Hinrichs, ZfSH/SGB 2004, S. 353, 362 fasst pointiert zusammen: *„Schule soll selektieren, Jugendhilfe soll integrieren."*

[69] § 40 Abs.1 Nr. 1 SGB XII.

[70] § 40 Abs. 1 Nr. 2 SGB XII.

[71] BVerwG vom 10. September 1992, NVwZ-RR 1993, S. 198 (Taxikosten zur Schule); OVG Lüneburg vom 22. Januar 2003, RdLH 2003, S. 63 mit Anm. Schumacher (Petö-Therapie); Bayerischer VGH vom 13. Januar 2003, Az. 12 CE 02.2494 (Hortbetreuung); VGH Hessen vom 14. Januar 1999, RdLH 1999, S. 20 (Hortbetreuung).

[72] OVG Rheinland-Pfalz vom 25. Juli 2003, ZfSH/SGB 2003, S. 614; VGH Baden-Württemberg vom 14. Januar 2003, DVBl. 2003, S. 474 (gestützte Kommunikation); VGH Baden-Würt-

Entscheidung des OVG Nordrhein-Westfalen[73] negiert zu Unrecht die sozial-rechtlichen Verpflichtungen für die Teilhabe am Bildungswesen. Die Rehabilitation ist so Mittel zur Teilhabe an Bildung und nicht Schranke der Freiheit von Bildung und Berufswahl.

d) Rehabilitation und Hochschule

Auch der Hochschulbesuch kann durch Leistungen zur Teilhabe unterstützt wer-den. Dies ist für die Eingliederungshilfe ausdrücklich vorgesehen[74]. Nach der Rechtsprechung des BSG ist ein Hochschulstudium nicht mehr zu den Grundbe-dürfnissen zu zählen, die durch Hilfsmittel der medizinischen Rehabilitation un-terstützt werden[75]. Angesichts der Bedeutung der Hochschulen als Medium der freien Berufswahl für ein Drittel jedes Jahrgangs wird in dieser Rechtsprechung die Aufgabe der Rehabilitation verkannt. Entsprechende Hilfsmittel können bei Vor-liegen der Voraussetzungen als Eingliederungshilfe beansprucht werden[76].

e) Rehabilitation und berufliche Erstausbildung

(1) Unterstützung betrieblicher Ausbildung

Ein Anspruch behinderter Menschen auf eine berufliche Ausbildung in einem Be-trieb besteht nicht[77]. Bei der Begründung eines Ausbildungsverhältnisses dürfen sie aber nicht wegen ihrer Behinderung benachteiligt werden[78]. Für das Rehabilita-tionsrecht hat aber die Förderung einer betrieblichen Ausbildung grundsätzlich Vorrang vor einer außerbetrieblichen Ausbildung[79]. Eine berufliche Ausbildung kann durch Leistungen zur Teilhabe in ähnlicher Weise unterstützt werden wie eine schulische Ausbildung. Dies ist im Sozialhilferecht ausdrücklich als Leistungs-inhalt der Eingliederungshilfe vorgesehen[80]. Die Vermittlung schwerbehinderter

---

temberg vom 14. Januar 2003, NVwZ-RR 2003, S. 435; OVG Nordrhein-Westfalen vom 15. Juni 2000, br 2000, S. 179; VGH Baden-Württemberg vom 29. Mai 1995, RsDE 32 (1996), S. 69; VG Karlsruhe vom 18. März 2004, Az. 2 K 2139/03; Füssel in: Igl/Welti (2001), S. 81, 87; Klerks, RsDE 45 (2000), S. 1, 20. Die schulische Empfehlung kann dann im Einzelfall für die sozialrechtli-che Entscheidung Vorrang vor dem Wunsch der Eltern haben, so OVG Brandenburg vom 12. Sep-tember 2002, ZfSH/SGB 2002, S. 736; OVG Nordrhein-Westfalen vom 12. Juni 2002, RdLH 2002, S. 104; Bayerischer VGH vom 14. Mai 2001, BayVBl 2002, S. 434.

[73] OVG Nordrhein-Westfalen vom 9. Juni 2004, Az. 19 A 1757/02.

[74] § 40 Abs. 1 Nr. 2 SGB XII; vgl. VGH Baden-Württemberg vom 18. Dezember 1996, br 1997, S. 164 (Einführungsseminar für hörbehinderte Studierende).

[75] BSG vom 30. Januar 2001, SozR 3-2500 § 33 Nr. 40 (kein blindengerechtes Notebook für blinden Jura-Studenten).

[76] BVerwG vom 31. August 1995, BVerwGE 99, 149 (blindengerechter PC für blinden Jura-Studenten).

[77] 2003 fand nur noch jeder zehnte behinderte Jugendliche einen betrieblichen Ausbildungs-platz, vgl. von Seggern, SozSich 2004, S. 110, 118.

[78] § 2 Abs. 1 Nr. 3, 6 Abs. 1 ADG.

[79] §§ 19 Abs. 2 SGB IX.

[80] § 54 Abs. 1 Nr. 3 SGB XII; vgl. OVG Lüneburg vom 24. Mai 2000, FEVS 52, S. 262; OVG Sachsen-Anhalt vom 28. August 1997, FEVS 49, S. 67.

Menschen in betriebliche Ausbildung und die Beratung der Arbeitgeber bei der Besetzung von Ausbildungsplätzen ist Aufgabe der Bundesagentur für Arbeit[81].

Die betriebliche berufliche Ausbildung behinderter Jugendlicher und junger Erwachsener wird durch verschiedene Anreize und Fördermaßnahmen unterstützt. Arbeitgeber mit Stellen zur beruflichen Bildung haben im Rahmen der Beschäftigungspflicht einen angemessenen Anteil der Ausbildungsstellen mit schwerbehinderten Menschen zu besetzen[82]. Ein schwerbehinderter Mensch, der ausgebildet wird, wird auf zwei Pflichtarbeitsplätze für schwerbehinderte Menschen angerechnet[83]. Die Agentur für Arbeit kann zulassen, dass ein Auszubildender auf drei Pflichtarbeitsplätze angerechnet wird, wenn er wegen Art und Schwere der Behinderung besonders schwer in ein Ausbildungsverhältnis zu vermitteln ist[84]. Arbeitgeber können für die Ausbildung behinderter und von Behinderung bedrohter Menschen Ausbildungszuschüsse der Rehabilitationsträger für die gesamte Dauer einer Ausbildungsmaßnahme erhalten, die die im letzten Ausbildungsjahr zu zahlende monatlichen Ausbildungsvergütung nicht übersteigen sollen[85]. Das Integrationsamt leistet für die Ausbildung schwerbehinderter Menschen Zuschüsse an Arbeitgeber zu den Kosten der Ausbildung und zu Prüfungsgebühren[86]. Um diese Regelung anwenden zu können, werden behinderte Jugendliche auch mit einem Grad der Behinderung von unter 30 für die Zeit ihrer Berufsausbildung schwerbehinderten Menschen gleichgestellt, während die Schutzvorschriften nicht anzuwenden sind[87].

(2) Leistungen zur Erstausbildung, insbesondere in Berufsbildungswerken

Eine berufliche Erstausbildung kann als Leistung zur Teilhabe am Arbeitsleben von allen Rehabilitationsträgern außer den Krankenkassen bei Vorliegen der Voraussetzungen erbracht werden[88]. Diese Leistungen werden in Berufsbildungswerken durchgeführt, soweit Art und Schwere der Behinderung oder die Sicherung des Erfolges die besonderen Hilfen dieser Einrichtungen erforderlich machen[89]. Dort sind die Auszubildenden keine Arbeitnehmer[90]. Wenn möglich, sollen Teile dieser Ausbildung in Betrieben oder Dienststellen durchgeführt werden[91]. Sind zuständige Rehabilitationsträger die gesetzliche Unfallversicherung, soziale Entschädigung oder Sozialhilfe, kann ein Rechtsanspruch auf eine solche Leistung bestehen. Bei den Trägern der Rentenversicherung, bei der Agentur für Arbeit oder der

---

81 § 104 Abs. 1 Nr. 1und 2 SGB IX.
82 § 72 Abs. 2 SGB IX.
83 § 76 Abs. 2 Satz 1 SGB IX.
84 § 76 Abs. 2 Satz 2 SGB IX.
85 § 34 Abs. 1 Nr. 1, Abs. 2 SGB IX; restriktiver im Bereich der BA: §§ 235a, 236 SGB III; empirisch: BT-Drucks. 15/4575, S. 93 f.; vgl. zu den Folgen für das Berufsbildungsverhältnis: BAG vom 16. Januar 2003, NZA-RR 2003, S. 607; BAG vom 15. November 2000, BAGE 96, 237; BAG vom 6. September 1989, NZA 1990, S. 105.
86 § 102 Abs. 3 Satz 1 Nr. 2 Lit. b und c SGB IX.
87 § 68 Abs. 4 SGB IX; dazu von Seggern, SozSich 2004, S. 110, 119.
88 § 33 Abs. 3 Nr. 4 SGB IX.
89 § 35 Abs. 1 Satz 1 SGB IX.
90 § 36 SGB IX; vgl. BAG vom 26. Januar 1994, BAGE 75, 312.
91 § 35 Abs. 2 SGB IX; vgl. Kaiser, BG 2003, S. 446 ff.

Jugendhilfe kann sich das Ermessen über die Leistungsgewährung zu einem Anspruch dem Grunde nach verdichten, wenn die Teilhabe am Arbeitsleben anders
nicht erreicht werden kann.

(3) Berufsbildungsbereich der Werkstätten für behinderte Menschen

Leistungen im Berufsbildungsbereich von anerkannten Werkstätten für behinderte
Menschen werden erbracht, wenn die Leistungen erforderlich sind, um die Leis-
tungs- und Erwerbsfähigkeit von behinderten Menschen so weit wie möglich zu
verbessern oder wiederherzustellen und erwartet werden kann, dass der behinderte
Mensch nach Teilnahme in der Lage ist, wenigstens ein Mindestmaß an wirtschaftlich verwertbarer Arbeitsleistung zu erbringen[92]. Die Leistung im Berufsbildungsbereich soll zwei Jahre dauern, sie wird zunächst für ein Jahr bewilligt und dann im
Regelfall verlängert[93]. Der Berufsbildungsbereich der Werkstätten wurde vor dem
SGB IX als Arbeitstrainingsbereich bezeichnet. Die Namensänderung bedeutet
eine programmatische Annäherung an die allgemeine Berufsbildung und hebt stärker als bisher den Bildungsauftrag der Werkstätten hervor[94]. Die berufliche Bildung in den Werkstätten ermöglicht behinderten Menschen, die zu einer betrieblichen oder außerbetrieblichen Ausbildung nach dem Berufsbildungsgesetz nicht in
der Lage sind, zumindest die Arbeitsfähigkeit in einer Werkstatt für behinderte
Menschen auszubilden. Damit ist der Übergang auf den allgemeinen Arbeitsmarkt
nicht ausgeschlossen. Dieses Ziel soll ausdrücklich verfolgt werden[95].

Die Leistungen im Berufsbildungsbereich der Werkstätten werden bei Zuständigkeit von der Unfallversicherung, Rentenversicherung oder Kriegsopferfürsorge,
überwiegend von der nachrangig zuständigen Agentur für Arbeit erbracht[96]. Behinderte Menschen, die nach Art und Schwere ihrer Behinderung nicht auf dem
allgemeinen Arbeitsmarkt beschäftigt werden können, haben einen Anspruch darauf, im Berufsbildungsbereich der Werkstatt für behinderte Menschen aufgenommen zu werden, wenn nicht eine erhebliche Fremd- oder Selbstgefährdung zu erwarten ist und oder wenn nicht das Ausmaß der erforderlichen Betreuung und
Pflege der Teilnahme entgegensteht[97]. Damit hat dieser Personenkreis vor allem
geistig behinderter Menschen einen Rechtsanspruch auf berufliche Bildung in der
Werkstatt. Dies ist konsequent, da die für diesen Zweck geschaffene Werkstatt für
behinderte Menschen zumindest zunächst die einzige Möglichkeit für diesen Personenkreis ist, Teilhabe am Arbeitsleben zu erlangen.

---

[92] § 40 Abs. 1 Nr. 2 SGB IX; vgl. Jobs, ZTR 2002, S. 515, 518; Baur, ZFSH/SGB 2002, S. 708,
711.
[93] § 40 Abs. 3 SGB IX.
[94] Vater in: HK-SGB IX, Rz 6 zu § 40 SGB IX.
[95] Vgl. §§ 41 Abs. 2 Nr. 3, 136 Abs. 1 Satz 3 SGB IX; § 5 Abs. 4 WVO; zu den empirisch unzureichenden Ergebnissen: BT-Drucks. 15/1295, S. 32; BT-Drucks. 15/4575, S. 116.
[96] § 42 Abs. 1 SGB IX.
[97] Vgl. LSG Baden-Württemberg vom 14. August 2002, RdLH 2003, S. 30 mit Anmerkung
Wendt (kein Anspruch bei ständigem Einzelbetreuungsbedarf).

f) Rehabilitation und berufliche Weiterbildung

(1) Rehabilitation im Arbeitsverhältnis

Soweit behinderte Menschen in einem Arbeitsverhältnis stehen, kann berufliche Weiterbildung dazu beitragen, ihre Teilhabe am Arbeitsleben zu sichern. Schwerbehinderte Menschen haben einen Anspruch auf bevorzugte Berücksichtigung bei innerbetrieblichen Maßnahmen der beruflichen Bildung zur Förderung ihres beruflichen Fortkommens[98] und Erleichterungen in zumutbarem Umfang zur Teilnahme an außerbetrieblichen Maßnahmen der beruflichen Bildung[99]. Auch für behinderte Menschen, die nicht als schwerbehindert anerkannt sind, können sich Rechte auf Weiterbildung im Arbeitsverhältnis aus der Verpflichtung des Arbeitgebers zur Prävention zum Erhalt des Arbeitsverhältnisses[100] und aus dem Antidiskriminierungsrecht im Arbeitsverhältnis[101] ergeben. Innerbetriebliche Leistungen der Weiterbildung können für Arbeitgeber von den zuständigen Rehabilitationsträgern[102] und für schwerbehinderte Menschen durch das Integrationsamt[103] gefördert werden.

(2) Weiterbildung als Leistung zur Teilhabe am Arbeitsleben

Leistungen zur Teilhabe am Arbeitsleben für behinderte und von Behinderung bedrohte Menschen, die bereits im Arbeitsleben stehen oder gestanden haben, sind häufig Leistungen der beruflichen Anpassung oder Weiterbildung[104]. Auf Leistungen zur beruflichen Weiterbildung kann unter den gleichen Bedingungen ein Rechtsanspruch bestehen wie auf Leistungen zur Erstausbildung. Sie werden betrieblich oder in Berufsförderungswerken[105] erbracht. In der Regel sollen sie nicht länger als zwei Jahre dauern, es sei denn, dass das Teilhabeziel nur durch eine länger dauernde Leistung erreicht werden kann oder die Eingliederungsaussichten nur durch eine länger dauernde Leistung wesentlich verbessert werden[106]. Diese Regelung wird als zu unflexibel kritisiert, da sie den Lebensbedingungen vor allem von Frauen nicht gerecht wird, die durch familiäre Arbeit Angebote nicht in Vollzeit nutzen können[107]. Auch behinderten Menschen, die gleichzeitig an zeitaufwändigen Maßnahmen der medizinischen Rehabilitation oder Krankenbehandlung teilnehmen müssen, kann die Vorgabe einer Maßnahmedauer von zwei Jahren nicht gerecht werden. Schließlich werden auch die immer höheren Qualifikationsanforderungen des Arbeitsmarktes durch die Regel nur unzureichend reflektiert. Die Entscheidung über die konkrete Weiterbildung als Leistung zur Teilhabe am Ar-

---

[98] § 81 Abs. 4 Nr. 2 SGB IX; vgl. bereits BAG vom 28. Mai 1975, AP Nr. 6 zu § 12 SchwBeschG; vgl. Welti, ArbuR 2003, S. 445, 447 f.
[99] § 81 Abs. 4 Nr. 3 SGB IX.
[100] § 84 Abs. 2 SGB IX; Welti, ArbuR 2003, S. 445, 448; BT-Drucks. 15/4575, S. 5, 34 f.
[101] § 2 Abs. 1 Nr. 2, 6, 7 ADG.
[102] § 34 Abs. 1 Satz 1 SGB IX; vgl. Flüthmann, DRV 2003, S. 293 ff.
[103] § 102 Abs. 3 Satz 1 Nr. 1 lit e SGB IX.
[104] § 33 Abs. 3 Nr. 3 SGB IX.
[105] § 35 Abs. 1 SGB IX.
[106] § 37 Abs. 2 SGB IX.
[107] Vgl. § 33 Abs. 2 SGB IX.

beitsleben hat berufslenkende Wirkung. Entsprechend ist die Berufsfreiheit der behinderten Menschen durch sie nicht stärker einzuschränken, als es zur Erreichung des Rehabilitationszwecks unter den Möglichkeiten der Rehabilitationsträger nötig ist[108]. Gefährdet ist die Beteiligung an behinderten Menschen an der Weiterbildung, wenn deren Gewährung an zu enge Anforderungen für die Erfolgsaussicht geknüpft wird. Entsprechende Regelungen der Agentur für Arbeit, mit denen eine Übergangsquote von der Weiterbildung in eine Beschäftigung von 70 % verlangt wurde, führten zu einem starken Rückgang der Beteiligung behinderter Menschen[109]. Werden auf diese Weise durch einen der sozialen Förderung verpflichteten Rehabilitationsträger gleiche Maßstäbe an ungleiche Vorbedingungen gelegt, kann eine nicht gerechtfertigte Benachteiligung sein.

[108] BSG vom 28. März 1990, BSGE 66, 275; LSG Nordrhein-Westfalen vom 25. November 1997, Az. L 15 U 138/95.
[109] Vgl. Winkel, SozSich 2003, S. 226 ff.

I. Arbeit

Arbeit als Stoffwechsel von Mensch und Natur und als arbeitsteilig organisierter Prozess zur Herstellung von Produkten und Dienstleistungen für sich selbst und für den Austausch gehört zu den konstituierenden und integrierenden Elementen der menschlichen Gesellschaft. Für die einzelnen Menschen ist Arbeit Persönlichkeitsentfaltung und zugleich Notwendigkeit[1]. Die gesellschaftliche und in der Rechtsordnung vielfach reflektierte Norm ist die Erwerbsarbeit für den eigenen Lebensunterhalt. Arbeit und Beschäftigung sind ein bedeutender Lebensbereich[2], an dem teilzuhaben behinderten Menschen erschwert sein kann. Dies kann eine Folge der Gesundheitsstörung und etwa von Beeinträchtigungen der Kommunikation, Mobilität oder Bildung sein, aber auch erst eine Folge des Zusammenwirkens von Gesundheitsstörung und im Arbeitsprozess verwendeten Produkten und Technologien[3], der fehlenden Unterstützung durch Kollegen[4] und der Dienste, Systeme und Handlungsgrundsätze des Arbeits- und Beschäftigungswesens[5]. Schwerbehinderte Menschen sind in Deutschland nach wie vor von Arbeitslosigkeit überdurchschnittlich betroffen[6]. Umgekehrt bewirkt lang andauernde Arbeitslosigkeit eine signifikante Verschlechterung des Gesundheitszustands, chronische Krankheit und Behinderung[7]. 2003 betrug die Erwerbsquote behinderter Menschen zwischen 15 und 65 Jahren in Deutschland nur 26 %[8].

1. Verfassungsrecht

Die Berufsfreiheit im Grundgesetz wird auch als Grundrecht der Arbeit bezeichnet[9]. Die Freiheit der Berufswahl und Berufsausübung ist zunächst ein Abwehrrecht gegen staatliche Beschränkungen[10]. Die vielfältigen staatlichen Regulierungen des Zugangs zu Berufen und ihrer selbstständigen und abhängig beschäftigten Ausübung müssen gerechtfertigt werden. Dabei ist an Beschränkungen der Berufswahl ein strengerer Maßstab anzulegen als an solche der Berufsausübung[11]. Bei den

---

1 BT-Drucks. 15/4575, S. 66: *„von elementarer Bedeutung.“*
2 ICF, e840–e859.
3 ICF, e135.
4 ICF, e330, e425.
5 ICF, e585.
6 BT-Drucks. 15/5015, S. 26, 122: 2003 17 % Arbeitslosenquote; BT-Drucks. 15/4219, S. 3.
7 BT-Drucks. 15/5015, S. 114.
8 BT-Drucks. 15/5015, S. 121, gegen 61,5 % bei nichtbehinderten Menschen.
9 Bryde, NJW 1984, S. 2177.
10 BVerfGE 7, 377 (Apotheken).
11 BVerfGE 7, 377 (Apotheken).

Zugangsschranken sind solche eher zu rechtfertigen, die an der Person anknüpfen (subjektive Berufswahlschranken)[12]. Dies betrifft auch behinderte Menschen, die durch Gesetz vom Zugang zu Berufen ferngehalten werden, für die sie gesundheitlich nicht geeignet sind[13]. Die Berufsfreiheit gibt kein subjektives Recht auf einen Beruf und eine Arbeit[14]. Die Leitvorstellung der Berufsfreiheit ist zunächst, dass der Zugang zur Arbeit im gesellschaftlichen Raum zu finden ist. Im sozialen Rechtsstaat nimmt jedoch die staatliche Intervention in den Arbeitsmarkt mit dem Ziel, Erwerbstätigkeit zu ermöglichen und zu steigern, großen Raum ein. In den Landesverfassungen ist teilweise ein Recht auf Arbeit enthalten[15], gelegentlich auch die Pflicht zur Arbeit[16]. Es finden sich Konkretisierungen des sozialen Staatsziels, die verdeutlichen, dass der Zugang zu bezahlter Arbeit ein sozialer Bedarf ist, der nicht ignoriert werden kann[17].

Ein Recht auf Arbeit besteht nicht im Sinne eines vom Staat einklagbaren Verschaffungsanspruchs. Aus dem sozialen Staatsziel ergibt sich aber die Pflicht des Staates, die Bedeutung der Arbeit für den Einzelnen als Teil der Persönlichkeitsentfaltung und als Notwendigkeit für Unterhalt und Bedarfsdeckung zu beachten[18]. Daraus folgt, dass Staat und Recht im Umgang mit sozialen Bedarfslagen nicht frei sind, den Bedarf der Individuen an Zugang zur Arbeit zu ignorieren. Für sich und in Kooperation mit anderen zu arbeiten, ist eine Voraussetzung für die selbstbestimmte Ausübung von Freiheitsrechten. Rehabilitation zur Erwerbsfähigkeit und zur Teilhabe am Arbeitsleben hat darum für behinderte Menschen auch nach den Wertungen des Grundgesetzes Vorrang vor Versorgung. Dazu kommt, dass nicht nur die gesellschaftliche Wirklichkeit, sondern auch die Rechtsordnung erwachsenen Menschen die Obliegenheit zum eigenen Erwerb durch Arbeit auferlegt[19]. Wer nicht zu den wenigen gehört, die von den Erträgen ihres Vermögens leben können, soll nach dem Leitbild des Familien- und Sozialrechts für seinen Unterhalt arbeiten. Der soziale Rechtsstaat darf aber von seinen Bürgerinnen und Bürgern nichts Unmögliches verlangen, sondern muss ihnen, wo es nötig ist, helfen, ihre Erwerbsobliegenheit erfüllen zu können. Der soziale Rechtsstaat darf Arbeit fordern, er muss dann aber auch Arbeit fördern. Das Beispiel der Werkstätten für behinderte Menschen zeigt, dass der soziale Rechtsstaat für Menschen, die keine andere Chance haben, ein einklagbares Recht auf Arbeit bereits geschaffen hat[20]. Je stärker Menschen aus eigener Kraft Arbeit suchen und finden können, desto mehr kann und muss auch der soziale Rechtsstaat auf eigene Anstrengung verweisen.

---

12   BVerfGE 9, 338, 345 (Altersgrenze für Hebammen).
13   Vgl. Art. 4 (Bundes-Apothekenordnung), Art. 7 (Bundesärzteordnung), Art. 10 (Psychotherapeutengesetz).
14   BVerwGE 8, 170, 171.
15   Art. 166 Abs. 2 BayVerf; Art. 28 Abs. 2 HessVerf; Art. 24 Abs. 1 Satz 3 NWVerf; Art. 45 Satz 2 SLVerf; Art. 7 Abs. 1 SächsVerf.
16   Art. 166 Abs. 3 BayVerf; Art. 28 Abs. 2 HessVerf („sittliche Pflicht").
17   Art. 18 Satz 3 BerlVerf; Art. 17 Abs. 1 MVVerf; Art. 48 Abs. 1 BrbVerf; Art. 39 Abs. 2 LSA-Verf; Art. 36 ThürVerf; Art. 49 Abs. 2 BremVerf; Art. 6a NdsVerf; vgl. oben III.C.4.
18   Vgl. Wank (1980), S. 71 f.
19   § 64 SGB I; § 2 Abs. 1 SGB XII; § 2 Abs. 1 SGB II; §§ 2 Abs. 4, 121 Abs. 1 SGB III; § 1569 BGB; § 1602 Abs. 1 BGB.
20   § 136 Abs. 2 Satz 1 SGB IX.

Das Recht auf Arbeit wird im einfachen Recht als eine mehr oder weniger starke Förderung des Staates für die Erwerbsfähigkeit und die konkrete Teilhabe am Arbeitsleben realisiert, die sich im Konflikt mit anderen Staatszielen und dem Vorbehalt des Möglichen behaupten muss. Diese Förderung kann in den öffentlich-rechtlichen Leistungen des Sozialrechts oder in der zivilrechtlichen Regulierung durch Arbeitsrecht bestehen. Bei der Gestaltung des Zivilrechts hat der Staat dabei vor allem den Schutz der tatsächlichen und rechtlichen Voraussetzungen der beruflichen Arbeit zu beachten. Die Vertragsfreiheit endet, wo Arbeitsverhältnisse zur Zerstörung der Arbeitskraft führen[21] oder Vertragsgestaltungen die freie Berufsausübung unangemessen einschränken[22]. Gerade bei behinderten Menschen kann ein verfassungsrechtlich gebotenes Maß an arbeitsrechtlichem Schutz und sozialrechtlicher Förderung unterschritten werden. Das gebotene Maß an Förderung bestimmt sich für behinderte Menschen auch als abgeleitetes Teilhaberecht. Wenn der soziale Rechtsstaat Regelungen und Institutionen der Arbeitsförderung schafft, darf er behinderte Menschen nicht wegen ihrer Behinderung davon ausschließen. Benutzt er Kriterien wie die Leistungsfähigkeit, muss er ihre Auswirkungen auf behinderte Menschen prüfen und kann, wie bei Bildungseinrichtungen[23], verpflichtet sein, einen daraus folgenden Ausschluss durch Fördermaßnahmen zu kompensieren.

2. Arbeitsrecht

a) Begründung des Arbeitsverhältnisses

(1) Benachteiligungsverbot bei der Einstellung

Nach dem SGB IX dürfen Arbeitgeber schwerbehinderte Beschäftigte nicht wegen ihrer Behinderung benachteiligen[24]. Nach dem ADG gilt dies auch für andere behinderte Beschäftigte[25]. Das bedeutet, dass bei der Begründung eines Arbeits- oder sonstigen Beschäftigungsverhältnisses ein behinderter Mensch nicht wegen seiner Behinderung benachteiligt werden darf[26]. Eine unterschiedliche Behandlung wegen der Behinderung ist jedoch zulässig, soweit eine bestimmte körperliche Funktion, geistige Fähigkeit oder seelische Gesundheit wesentliche und entscheidende berufliche Anforderung für die Tätigkeit ist[27]. Dies bedeutet, dass der Arbeitgeber seine Arbeitsplätze weiterhin nach den Kriterien von Eignung und Leistungsfähigkeit besetzen darf[28]. Er soll jedoch gehindert sein, eine für die zu leistende Arbeit unerhebliche Behinderung als Grund für die Nichteinstellung heranzuziehen[29].

---

21 § 618 BGB; § 3 Abs. 1 ArbSchG; BVerfGE 85, 191 (Nachtarbeitsverbot).
22 BVerfG vom 7. Februar 1990, BVerfGE 81, 242, 255 f. (nachvertragliches Wettbewerbsverbot für Handelsvertreter).
23 BVerfGE 96, 288, 303.
24 § 81 Abs. 2 Satz 1 SGB IX.
25 § 2 Abs. 1 Nr. 1, 6 ADG.
26 § 81 Abs. 2 Nr. 1 SGB IX.
27 § 81 Abs. 2 Nr. 1 Satz 2 IX; § 8 Abs. 1 ADG; vgl. Art. 4 RL 2000/78.
28 BAG vom 28. Mai 1975, SAE 1976, S. 158.
29 Entsprechend scheidet die Anwendung aus, wenn dem Arbeitgeber die Behinderung nicht bekannt war: LAG Nürnberg vom 1. April 2004, Az. 7 SHa 4/04.

Das heißt, dass allgemeine Vorurteile über behinderte Menschen wie die Befürchtung vermehrter Fehlzeiten oder schlechterer Integration im Kollegenkreis als Motive ebenso außer Betracht bleiben sollen wie die besonderen Schutzrechte schwerbehinderter Menschen.

Macht der schwerbehinderte Mensch im Streitfall Tatsachen glaubhaft, die eine Benachteiligung wegen der Behinderung vermuten lassen, trägt der Arbeitgeber die Beweislast dafür, dass die Nichteinstellung aus sachlichen Gründen erfolgt, die nicht auf die Behinderung bezogen sind oder dass eine bestimmte gesundheitliche Anforderung für die Tätigkeit entscheidend oder wesentlich ist[30]. Diese Beweislastregelung soll sicherstellen, dass die Norm überhaupt Anwendung finden kann. Sie verweist zunächst den behinderten Menschen darauf, Anhaltspunkte vorzutragen, dass er wegen seiner Behinderung benachteiligt wurde. Liegen solche vor, etwa die Einstellung eines geringer qualifizierten anderen Bewerbers oder eine entsprechende Begründung des Arbeitgebers, so muss der Arbeitgeber belegen, dass keine Benachteiligung vorliegt, sondern der behinderte Mensch für den Arbeitsplatz ungeeignet oder zumindest weniger geeignet ist als der eingestellte Mitbewerber.

Liegt nach diesen Kriterien eine Benachteiligung vor, besteht kein Anspruch auf Einstellung[31]. Der behinderte Bewerber kann aber eine angemessene Entschädigung verlangen[32]. Diese ist gesetzlich nicht begrenzt und richtet sich nach dem Einzelfall. In der Literatur werden als Bemessungskriterien die Höhe des Monatsverdienstes, Alter, Unterhaltspflichten, der Gesundheitszustand und das Maß der Sozialwidrigkeit der Nichteinstellung vorgeschlagen. Diese Kriterien orientieren sich an der Entschädigung beim Kündigungsschutz und damit an anerkannten Messgrößen des Interesses an einer Beschäftigung.

Eine Entschädigung kann auch in dem Fall verlangt werden, dass der Bewerber auch bei benachteiligungsfreier Auswahl nicht eingestellt worden wäre[33]. Dies betrifft etwa Fälle, in denen ein Bewerber nur wegen seiner Behinderung nicht einmal zum Vorstellungsgespräch eingeladen wurde, ihm aber auch nach einem Vorstellungsgespräch ein qualifizierter Bewerber hätte vorgezogen werden können. Diese Regelung soll die Bedeutung eines möglichst vorurteilsfreien Einstellungsverfahrens für behinderte Menschen unterstreichen. Die Entschädigung ist in diesen Fällen auf höchstens drei Monatsverdienste beschränkt. Diese Regelung zeigt, dass die Entschädigung im Fall einer einstellungsrelevanten Benachteiligung deutlich höher liegen muss.

Die Regelung ist ein Eingriff in die Freiheit des Arbeitgebers. Sie ist zu rechtfertigen aus der schwierigen Arbeitsmarktsituation behinderter Menschen, die deutlich häufiger arbeitslos oder unter ihrer Qualifikation beschäftigt sind als andere Menschen. Es ist zu vermuten, dass Vorurteile über die Leistungsfähigkeit behinderter Menschen und der Wunsch, Rücksichtnahme auf behinderte Menschen vermeiden zu können, zu dieser sozialen Situation beitragen. Behinderte Menschen

---

[30] § 81 Abs. 2 Nr. 1 Satz 3 SGB IX; § 22 ADG; vgl. Art. 10 Abs. 1 RL 2000/78. Dazu: LAG Bremen vom 9. September 2003, Az. 1 Sa 77/03.

[31] § 15 Abs. 6 ADG.

[32] § 81 Abs. 2 Nr. 2 SGB IX; § 15 Abs. 1 ADG.

[33] § 81 Abs. 2 Nr. 3 SGB IX; § 15 Abs. 2 ADG.

haben besondere Schutzrechte und die Organisation der Arbeitsabläufe kann wegen der Behinderung für Vorgesetzte und Kollegen ungewohnt und vielleicht auch aufwändiger sein. Der Wunsch, die damit verbundene Mühe und möglicherweise auch Kosten vermeiden zu wollen, ist ein einzelwirtschaftlich nachvollziehbares Motiv. Würde es jedoch durchgängig angewandt, wäre die Integration von Millionen behinderter Menschen in das Erwerbsleben gefährdet. Die Folge wären höhere Kosten für die sozialen Sicherungssysteme und private Unterhaltspflichtige sowie volkswirtschaftliche Schäden durch eine geringere Erwerbsquote und ein geringeres Volkseinkommen. Eine Integration behinderter Menschen in das Arbeitsleben kann im Wesentlichen nur durch private Arbeitgeber geleistet werden, da diese den größten Teil der Arbeitsplätze organisieren[34]. Eine öffentlich-rechtliche Lösung etwa durch Werkstätten auch für weniger stark behinderte Menschen ist wegen der dadurch entstehenden Kosten und wegen des Verzichts auf die Integrationswirkung weit weniger zielführend. Der Staat ist also berechtigt, die durch Behinderung entstehende soziale Frage durch Statuierung einer Verantwortlichkeit der privaten Arbeitgeber und Unternehmen in der Gesellschaft zu lösen. Das Benachteiligungsverbot bei der Einstellung ist ein Mittel dazu. Durch seine Ausgestaltung wird versucht zu erreichen, dass Unternehmen, die behinderte Menschen einstellen, keinen Nachteil im wirtschaftlichen Wettbewerb haben, weil ihre Mitbewerber ebenfalls dazu verpflichtet sind. Da keine Verpflichtung besteht, für eine Arbeit ungeeignete Menschen einzustellen, ist das Benachteiligungsverbot bei der Einstellung auch verhältnismäßig.

Ein Benachteiligungsverbot bei der Einstellung ist auch durch die Gleichbehandlungs-Rahmenrichtlinie gefordert[35] und entspricht in seiner Ausgestaltung ihren Anforderungen. Problematisch ist aber, dass nach deutschem Recht nur schwerbehinderte Menschen in seinem Anwendungsbereich sind. Eine solche Beschränkung ist dem europäischen Recht nicht zu entnehmen, das nur allgemein das Merkmal Behinderung nennt. Eine analoge Anwendung der Regelungen des Schwerbehindertenrechts auf andere behinderte Menschen kommt aber auch nicht als richtlinienkonforme Auslegung in Betracht. Die damit verbundene Belastung von Arbeitgebern bedarf einer Regelung durch Gesetz. Die mangelhafte Umsetzung der Richtlinie müsste also durch die Kommission oder andere Mitgliedstaaten angegriffen werden[36]. Auch könnte unter bestimmten Bedingungen ein Schadensersatzanspruch behinderter Menschen gegen die Bundesrepublik Deutschland in Betracht kommen, wenn ihnen der durch die Richtlinie gebotene Benachteiligungsschutz vorenthalten wird.

(2) Die Frage nach Behinderung bei der Einstellung

Ein Wertungswiderspruch zum Benachteiligungsverbot kann in der Rechtsprechung zum Fragerecht nach dem Vorliegen der Schwerbehinderteneigenschaft ge-

---

[34] BVerfGE 57, 139, 170 (Ausgleichsabgabe); bestätigt durch BVerfG-Kammerentscheidung vom 1. Oktober 2004, NJW 2005, S. 737.

[35] Art. 3 Abs. 1 lit a. RL 2000/78.

[36] Vgl. Art. 226, 227 EGV; Art. III-360, III-361 EVV.

sehen werden. Wonach im Einstellungsverfahren gefragt und worüber gesprochen wird, ist rechtlich und tatsächlich zunächst eine Frage zwischen Arbeitgeber und Bewerber. Bedeutung gewinnt der Inhalt des Bewerbungsverfahrens, wenn ein Arbeitgeber den Arbeitsvertrag anficht, weil ein Bewerber die Frage nach der Schwerbehinderteneigenschaft nicht wahrheitsgemäß beantwortet hat. Das Bundesarbeitsgericht sieht den Arbeitgeber in diesem Fall als zur Anfechtung des Arbeitsvertrags berechtigt an[37]. Will er diese Rechtsfolge vermeiden, muss der Bewerber die Frage wahrheitsgemäß beantworten. Für diese Rechtsprechung wird angeführt, dass der Arbeitgeber wegen der Beschäftigungspflicht und der besonderen Rechte schwerbehinderter Menschen über die Schwerbehinderteneigenschaft informiert sein müsse[38]. Dagegen wird angeführt, dass die Intention, das Bewerbungsverfahren möglichst von Motivationen frei zu halten, die sich allein auf die Behinderung beziehen[39], am Besten erfüllt werden kann, wenn der Arbeitgeber über die Behinderung gar nicht informiert ist. Um dieses Ziel zu erreichen, wäre es ihm zuzumuten, von der Schwerbehinderteneigenschaft erst nachträglich Kenntnis zu nehmen[40]. Zudem könnte so auch denjenigen behinderten Menschen Rechnung getragen werden, die im Bemühen um Normalität und Integration zunächst insgesamt darauf verzichten wollen, ihrem Arbeitgeber gegenüber den Status geltend zu machen. Auch das Gegenargument, ein Verzicht auf das Fragerecht des Arbeitgebers benachteilige offensichtlich behinderte Menschen gegenüber solchen, denen man die Behinderung nicht ansieht, vermag nicht zu überzeugen. Auch diesen behinderten Menschen könnte es zu Gute kommen, wenn die Behinderung insgesamt nur noch im für die arbeitsvertraglichen Pflichten erforderlichen Maß bei der Einstellung thematisiert würde.

(3) Beschäftigungspflicht schwerbehinderter Menschen

Private und öffentliche Arbeitgeber mit jahresdurchschnittlich monatlich mindestens zwanzig Arbeitsplätzen haben auf wenigstens 5 % der Arbeitsplätze schwerbehinderte Menschen zu beschäftigen[41]. Bis zu 40 Arbeitsplätzen ist ein schwerbehinderter Mensch, bis zu sechzig Arbeitsplätzen sind zwei schwerbehinderte Menschen zu beschäftigen[42]. Bei der Beschäftigungspflicht sind behinderte Frauen besonders zu berücksichtigen[43] und es soll durch besondere Anrechnungsregelungen die Beschäftigung besonders schwer in ihrer Teilhabe am Arbeitsleben beein-

---

[37] BAG vom 18. Oktober 2000, AiB 2002, S. 379; BAG vom 5. Oktober 1995, AiB 1996, S. 742; BAG vom 1. August 1985, BB 1986, S. 1643; anders: ArbG Siegburg vom 22. März 1994, NZA 1995, S. 943.

[38] H. P. Moritz, NZA 1987, S. 329, 335; Hümmerich, BB 1979, S. 428, 430.

[39] Von Koppenfels-Spies, ArbuR 2004, S. 43, 46.

[40] S. Braun, MDR 2004, S. 64, 69; von Koppenfels-Spies, ArbuR 2004, S. 43, 46; Joussen, NJW 2003, S. 2857 ff.; Brors, DB 2003, S. 1734 ff.; Messingschlager, NZA 2003, S. 301, 303 ff.; Leuchten, NZA 2002, S. 1254, 1256; Rolfs/Paschke, BB 2002, S. 1260, 1261; Thüsing/Lambrich, BB 2002, S. 1146, 1148 ff; a.M. Schaub, NZA 2003, S. 299 ff.

[41] § 71 Abs. 1 Satz 1 SGB IX.

[42] § 71 Abs. 1 Satz 3 SGB IX.

[43] § 71 Abs. 1 Satz 2 SGB IX.

trächtigter schwerbehinderter Menschen und Auszubildender sowie die Teilzeitbeschäftigung schwerbehinderter Menschen gefördert werden[44].

Die Beschäftigungspflicht kann weder individualrechtlich noch behördlich durchgesetzt werden. Eine Zwangseinstellung, wie noch in der Weimarer Republik im Schwerbeschädigtenrecht vorgesehen, gibt es nicht. Die Beschäftigungspflicht ist vor allem Grundlage für die Zahlung der Ausgleichsabgabe[45]. Diese wird von Arbeitgebern erhoben, die die Beschäftigungsquote unterschreiten. Sie ist nach dem Grad der Nichterfüllung progressiv gestaffelt[46]. Die mit der Ausgleichsabgabe erhobenen Mittel werden ausschließlich für besondere Leistungen zur Förderung der Teilhabe schwerbehinderter Menschen am Arbeitsleben durch die Integrationsämter und den Ausgleichsfonds beim Bundesministerium für Gesundheit und Soziale Sicherung verwendet[47].

Die Ausgleichsabgabe hat eine doppelte Wirkung. Sie ist zunächst ökonomischer Anreiz, die Beschäftigungspflicht zu erfüllen. Sie wirkt zusätzlich als Lastenausgleich für die mit der Beschäftigung schwerbehinderter Menschen verbundenen besonderen Lasten im betrieblichen Leben[48]. Indem die Integrationsämter denjenigen Betrieben, in denen schwerbehinderte Menschen arbeiten, eine Vielzahl von begleitenden Hilfen im Arbeitsleben zur Verfügung stellt[49], werden die Mittel der Ausgleichsabgabe genau zum Ausgleich derjenigen Lasten verwendet, die sich die nicht-beschäftigenden Betriebe ersparen wollen. Durch die Existenz der Leistungen des Integrationsamts wird zumindest für informierte und verständige Unternehmen ein Anreiz geschaffen, schwerbehinderte Menschen einzustellen, da sie mit den möglicherweise auftretenden Lasten nicht alleine gelassen werden. Für Betriebe, in denen etwa wegen der Altersstruktur oder einer verschleißenden Tätigkeit viele ältere schwerbehinderte Menschen arbeiten, wird durch die dann erfüllte Beschäftigungspflicht und ersparte Ausgleichsabgabe zumindest teilweise kompensiert, dass sie sich dieser Beschäftigten nicht entledigt haben und nun, durch den besonderen Kündigungsschutz[50], auch schwerer entledigen können.

Die Pflichtplatzquote und die Ausgleichsabgabe als Sonderabgabe sind mit der Berufsfreiheit der Arbeitgeber vereinbar, weil alleine sie über die Möglichkeit verfügen, schwerbehinderte Menschen in Arbeit und Beruf einzugliedern[51]. Die lange Tradition des Systems von Beschäftigungspflicht und Ausgleichsabgabe spricht nicht dagegen, in ihr ein modernes Instrument geteilter gesellschaftlicher Verant-

---

[44] § 76 SGB IX.
[45] § 77 SGB IX.
[46] § 77 Abs. 2 SGB IX.
[47] §§ 77 Abs. 5–8, 78 SGB IX; für das Veranlagungsjahr 2002 betrug das Aufkommen 571.699.733 €, BT-Drucks. 15/4575, S. 107 f.
[48] BVerfG vom 26. Mai 1981, BVerfGE 57, 139, 167: Antriebsfunktion und Ausgleichsfunktion; bestätigt durch BVerfG-Kammerentscheidung vom 1. Oktober 2004, NJW 2005, S. 737.
[49] § 102 SGB IX.
[50] § 85 SGB IX.
[51] BVerfG vom 26. Mai 1981, BVerfGE 57, 139, 170; bestätigt durch BVerfG-Kammerentscheidung vom 1. Oktober 2004, NJW 2005, S. 737.

wortung[52] im sozialen Rechtsstaat zu sehen. Unverständlich ist das gelegentlich gegen die Ausgleichsabgabe geäußerte Argument, mit ihr könnten sich Betriebe von der Beschäftigungspflicht „freikaufen". Damit könnte sinnvoll nur für eine Zwangseinstellung argumentiert werden. Die Zuordnung des Lastenausgleichs zu den Arbeitgebern erscheint sachgerecht, da nur sie behinderte Menschen beschäftigen können.

(4) Prüfpflicht bei der Einstellung

Der Sicherung einer Chance der schwerbehinderten Menschen, ohne Benachteiligung im Einstellungsverfahren von Arbeitgebern berücksichtigt zu werden, dient auch die Prüfpflicht der Arbeitgeber. Diese sind verpflichtet, zu prüfen, ob freie Arbeitsplätze mit schwerbehinderten Menschen besetzt werden können und sollen deswegen frühzeitig Verbindung zur Agentur für Arbeit aufnehmen[53]. Die Agentur für Arbeit oder ein von ihr beauftragter Integrationsfachdienst schlägt den Arbeitgebern geeignete schwerbehinderte Menschen vor[54]. Bei der Prüfung muss der Arbeitgeber die Schwerbehindertenvertretung und den Betriebsrat oder Personalrat beteiligen[55]. Erfüllt der Arbeitgeber seine Beschäftigungspflicht nicht, muss der Arbeitgeber seine Entscheidung mit der Schwerbehindertenvertretung und dem Betriebsrat oder Personalrat erörtern[56]. Dieses Verfahren soll der Einhaltung des Benachteiligungsverbots und der Beschäftigungspflicht dienen, indem besonders auf den Zugang schwerbehinderter Menschen zum Einstellungsverfahren geachtet wird und eine zusätzliche Begründungslast für den fall statuiert wird, dass schwerbehinderte Menschen nicht eingestellt werden. Bei öffentlichen Arbeitgebern gilt die Prüfpflicht in besonderem Maße. Hier müssen schwerbehinderte Bewerber zum Vorstellungsgespräch eingeladen werden, wenn sie nicht offensichtlich ungeeignet sind[57].

b) Beendigung des Arbeitsverhältnisses

(1) Behinderungsbedingte Kündigung

(a) Die krankheitsbedingte Kündigung als behinderungsbedingte Kündigung. Die Beendigung von Arbeitsverhältnissen wird in Betrieben, in denen mehr als fünf Arbeitnehmer beschäftigt sind, durch das Kündigungsschutzgesetz reguliert. Danach sind Kündigungen unwirksam, wenn sie sozial ungerechtfertigt sind[58]. Sozial ungerechtfertigt sind Kündigungen, wenn sie nicht durch Gründe, die in der Person oder im Verhalten des Arbeitnehmers liegen, oder durch dringende betriebli-

---

[52] Vgl. auch BVerfG vom 18. November 2003, BVerfGE 109, 64, 88 (Mutterschutzumlage); BVerfG vom 15. Dezember 1987, BVerfGE 77, 288 (bezahlter Bildungsurlaub); zu den Grenzen: BVerfG vom 11. Februar 1992, BVerfGE 85, 226 (Sonderurlaub für ehrenamtliche Jugendarbeit).

[53] § 81 Abs. 1 Satz 1 SGB IX; vgl. Rolfs/Paschke, BB 2002, S. 1260 f.

[54] § 81 Abs. 1 Satz 3 SGB IX.

[55] § 81 Abs. 1 Satz 4–9 SGB IX.

[56] § 81 Abs. 1 Satz 7 SGB IX.

[57] § 82 Abs. 1 SGB IX; dazu ArbG Berlin vom 10. Oktober 2003, PersR 2004, S. 280 (Schadensersatzanspruch bei Verletzung).

[58] § 1 Abs. 1 KSchG.

che Erfordernisse bedingt sind[59]. Die besondere Situation behinderter Menschen ist durch die Frage betroffen, ob eine Behinderung als Grund einer Kündigung angesehen werden kann, der in der Person des Arbeitnehmers liegt. Kündigungen aus Gründen, die in der Gesundheit des Arbeitnehmers liegen, sind in Rechtsprechung und Literatur als krankheitsbedingte Kündigung bekannt und grundsätzlich zulässig[60]. Es wäre in den meisten so bezeichneten Fällen zutreffender, von einer behinderungsbedingten Kündigung zu sprechen. Kündigungsgrund kann nämlich niemals eine Krankheit oder Gesundheitsstörung als solche sein, sondern nur deren Auswirkung auf das Arbeitsverhältnis. Es geht also um die durch eine Gesundheitsstörung verursachte Beeinträchtigung der Teilhabe am konkreten Arbeitsverhältnis, wie sie sich insbesondere in Fehlzeiten und Leistungsminderung äußert. Da eine Kündigung praktisch immer nur dann gerechtfertigt ist, wenn entsprechende Störungen deutlich länger als ein halbes Jahr anhalten, kann auch im Sinne des Behinderungsbegriffs des SGB IX und ADG letztlich fast immer von einer behinderungsbedingten Kündigung gesprochen werden.

Eine Kündigung ist nach den vom BAG entwickelten Grundsätzen dann zulässig, wenn auf Grund objektiver Umstände zu erwarten ist, dass in Zukunft das Arbeitsverhältnis durch krankheitsbedingte Fehlzeiten oder Leistungsminderung gestört sein wird und das Festhalten am Arbeitsverhältnis dem Arbeitgeber darum unzumutbar ist[61]. An der geforderten Prognose wird deutlich, dass eine behinderungsbedingte Kündigung keine Sanktion für bisherige Störungen ist, sondern nur eine Reaktion auf zukünftig zu erwartende und nicht anders zumutbar zu behebende Störungen ist. Damit ist bereits ein Vorrang der Rehabilitation vor Kündigung angedeutet. Die Abwägung, ob das Festhalten am Arbeitsverhältnis unzumutbar ist, zeigt auf, dass nicht jede Leistungsminderung eine schwerwiegende Störung des Arbeitsverhältnisses ist, sondern dass Leistungsschwankungen bei einer Person und zwischen Personen zur Normalität des Arbeitslebens gehören. Der Gesetzgeber hat durch die Entgeltfortzahlungspflicht im Krankheitsfall aufgezeigt, dass eine krankheitsbedingte Leistungsstörung von bis zu sechs Wochen Dauer im Rahmen der Normalität liegt[62]. Entsprechend wird es in der Rechtsprechung zum Kündigungsschutz als kritisches Indiz für eine schwerwiegende Leistungsstörung angesehen, wenn in mehreren Jahren die Entgeltfortzahlung im Krankheitsfall sechs Wochen übersteigt[63]. Bei der Interessenabwägung ist auch zu berücksichtigen, ob Krankheit oder Behinderung zumindest auch durch die Arbeitsbedingungen verursacht sind[64] und ob der Arbeitnehmer schwerbehindert ist[65].

---

[59] § 1 Abs. 2 Satz 1 KSchG.

[60] Pro Jahr werden in Deutschland 400.000 Arbeitsverhältnisse aus gesundheitlichen Gründen beendet, vgl. von Seggern, SozSich 2004, S. 110, 114.

[61] BAG vom 12. April 2002, BAGE 101, 39; BAG vom 21. Februar 2001, NZA 2001, S. 1071; BAG vom 20. Januar 2000, BAGE 93, 255; BAG vom 26. September 1991, NZA 1992, S. 1073; BAG vom 5. Juli 1990, NZA 1991, S. 185; BAG vom 10. Mai 1990, EzA § 1 KSchG Krankheit Nr. 31; kritisch: Kasper, NJW 1994, S. 2979 ff.

[62] § 3 Abs. 1 Satz 1 EFZG.

[63] BAG vom 10. Mai 1990, EzA § 1 KSchG Nr. 31.

[64] BAG vom 5. Juli 1990, NZA 1991, S. 185 (Atemwegserkrankung).

[65] § 1 Abs. 3 Satz 1 KSchG; BAG vom 20. Januar 2000, BAGE 93, S. 255; vgl. Brors, ArbuR 2005, S. 41, 43.

Grundsätzlich ist die Zulässigkeit der behinderungsbedingten Kündigung ein wichtiger Faktor für die prekäre Teilhabe behinderter Menschen am Arbeitsleben. Sie wird bei schwerbehinderten Menschen zum Teil kompensiert durch deren besonderen Kündigungsschutz[66] und die durch das Integrationsamt durchgeführten begleitenden Hilfen zum Arbeitsleben[67]. Gerade für Menschen, die nicht den wesentlich durch die Funktionsstörung indizierten Grad der Behinderung für die Schwerbehinderteneigenschaft erreichen, deren Arbeitsverhältnis gleichwohl durch viele Ausfallzeiten belastet ist, entsteht die Gefahr, ihr Arbeitsverhältnis behinderungsbedingt zu verlieren. Fraglich ist, ob in der Zulässigkeit der behinderungsbedingten Kündigung eine nach der Gleichbehandlungsrahmenrichtlinie oder auf Grund der Ausstrahlung des Verfassungsrechts verbotene Benachteiligung wegen der Behinderung zu sehen ist[68]. Die Kündigung ist zwar durch die Behinderung bedingt. Sie erfolgt jedoch nicht wegen der Behinderung, sondern wegen der schwerwiegenden Leistungsstörung im Arbeitsverhältnis. Es dürfen also für die Kündigung nur Gründe herangezogen werden, die den Arbeitgeber auch berechtigen würden, das Arbeitsverhältnis gar nicht erst zu begründen. Die staatliche Pflicht zu Schutz und Förderung der behinderten Menschen im Arbeitsverhältnis kann nicht dazu führen, dass die Interessen des Arbeitgebers an einem im Kern funktionierenden Austauschverhältnis negiert werden[69]. Eine dauerhafte Fortsetzung schwerwiegend gestörter Arbeitsverhältnisse kann nicht verlangt werden.

(b) Betriebliches Eingliederungsmanagement als Vorrang der Rehabilitation im Arbeitsverhältnis. Schutz und Förderung behinderter Menschen müssen daran ansetzen, dass eine Situation, in der eine behinderungsbedingte Kündigung berechtigt wäre, gar nicht eintritt. Hierzu bedarf es des Vorrangs der Rehabilitation im Arbeitsverhältnis. Schon nach der bisherigen Rechtsprechung zum Kündigungsschutzrecht durfte der Arbeitgeber die behinderungsbedingte Kündigung grundsätzlich nur als letztes Mittel anwenden. War eine Beschäftigung auf einem anderen „leidensgerechten" Arbeitsplatz möglich[70], waren die gesetzlich vorgeschriebenen Maßnahmen des Arbeitsschutzes nicht durchgeführt[71] oder war die Rehabilitation durch Maßnahmen der Rehabilitationsträger eingeleitet[72], so war die Kündigung

---

[66] § 85 SGB IX.

[67] § 102 SGB IX.

[68] Vgl. Brors, ArbuR 2005, S. 41 ff.

[69] Vgl. BAG vom 23. Januar 2001, NZA 2001, S. 1020; BAG vom 10. Juli 1991, NZA 1992, S. 27 (kein Lohnanspruch bei behinderungsbedingter Leistungsunfähigkeit); BVerwG vom 19. Oktober 1995, BVerwGE 99, 336, 339 (Grenze des Sonderkündigungsschutzes).

[70] LAG Schleswig-Holstein vom 23. Januar 2001, Az. 1 Sa 485 b/00. Dieser Anspruch wird durch die betriebliche Organisationsmacht begrenzt. Fällt der leidensgerechte Arbeitsplatz weg, ist eine betriebsbedingte Kündigung sozial gerechtfertigt, BAG vom 6. November 1997, NZA 1998, S. 143. Der Arbeitgeber ist auch nicht verpflichtet, einen mit einem anderen Arbeitnehmer besetzten leidensgerechten Arbeitsplatz freizukündigen, LAG Hamm vom 31. März 2004, Az. 18 Sa 2219/03.

[71] LAG Hessen vom 15. September 2000, Az. 2 Sa 1833/99 (degeneratives Wirbelsäulensyndrom/Lastenhandhabungsverordnung).

[72] BAG vom 21. Februar 2001, NZA 2001, S. 1071 (Therapeutischer Druck durch MDK).

nicht sozial gerechtfertigt. Zudem ist eine Kündigung sozial ungerechtfertigt, wenn die Weiterbeschäftigung des Arbeitnehmers nach zumutbaren Umschulungs- oder Fortbildungsmaßnahmen oder eine Weiterbeschäftigung unter geänderten Arbeitsbedingungen möglich ist und der Arbeitnehmer sein Einverständnis hierzu gibt[73].

Mit dem SGB IX ist die Verpflichtung zur Prävention und Rehabilitation vor Kündigung durch ein betriebliches Eingliederungsmanagement eingeführt worden[74]. Die Norm ist zwar im schwerbehindertenrechtlichen Teil des Gesetzes enthalten, gilt jedoch für alle Beschäftigten. Der Arbeitgeber ist danach verpflichtet, immer dann, wenn Beschäftigte innerhalb eines Jahres länger als sechs Wochen ununterbrochen oder wiederholt arbeitsunfähig krank sind, mit dem Betriebsrat oder Personalrat, bei schwerbehinderten Menschen außerdem mit der Schwerbehindertenvertretung, zu klären, wie die Arbeitsunfähigkeit möglichst überwunden werden kann und mit welchen Leistungen oder Hilfen erneuter Arbeitsunfähigkeit vorgebeugt und der Arbeitsplatz erhalten werden kann[75]. Der Arbeitgeber soll diese Klärung als betriebliches Eingliederungsmanagement organisieren. Dies bedeutet einen umfassenden Prozess, bei dem der Betriebs- oder Werksarzt, die örtlichen gemeinsamen Servicestellen der Rehabilitationsträger und das Integrationsamt hinzugezogen werden können[76]. Damit sind die innerbetrieblichen und außerbetrieblichen Akteure einzubeziehen, die dazu beitragen können, dass die Arbeitsfähigkeit des behinderten Menschen erhalten und verbessert werden kann. Es sind alle Leistungen zur Teilhabe der Rehabilitationsträger in die Prüfung möglicher Maßnahmen einzubeziehen.

Das betriebliche Eingliederungsmanagement setzt, wie jede Rehabilitation, die Zustimmung des betroffenen Beschäftigten voraus[77]. Hier ist eine Schwachstelle des gesetzlichen Konzepts zu sehen. Die Rechtsprechung zur krankheits- bzw. behinderungsbedingten Kündigung zeigt eine durchaus nicht unbegründete Kultur des Misstrauens in den Betrieben zwischen kranken und behinderten Beschäftigten und ihren Arbeitgebern auf[78]. Um ihr Arbeitsverhältnis zu sichern und um ihre Persönlichkeitsrechte zu wahren, bemühen sich Beschäftigte häufig, dem Arbeitgeber keinen Einblick in die Ursachen ihrer Gesundheitsstörung und Arbeitsunfähigkeit zu gewähren. Erhalten Arbeitgeber Kenntnis von schweren Gesundheitsstörungen mit der Vorhersage einer schweren chronischen Krankheit, so können sie nämlich genau darauf die Prognose einer schwerwiegenden dauerhaften Störung des Arbeitsverhältnisses gründen. Besteht aber nicht ein Mindestmaß an Offenheit zwischen Beschäftigten und Arbeitgeber über Art und Ursache der Behinderung und an Vertrauen, dass das dabei gewonnene Wissen nicht gegen den

---

[73] § 1 Abs. 2 Satz 3 KSchG.
[74] § 84 SGB IX, geändert durch das Gesetz zur Förderung der Ausbildung und Beschäftigung schwerbehinderter Menschen vom 23. April 2004 (BGBl. I, S. 606); vgl. dazu Dienstgerichtshof für Richter beim OLG Rostock vom 14. Juli 2003, NJW 2003, S. 3282; Feldes, SozSich 2004, S. 270 ff.; BT-Drucks. 15/4575, S. 5, 34 f.
[75] § 84 Abs. 2 Satz 1 SGB IX.
[76] § 84 Abs. 1 Satz 2–4 SGB IX; vgl. Kaiser, BG 2003, S. 148 ff.
[77] § 84 Abs. 2 Satz 1 SGB IX; § 9 Abs. 4 SGB IX; vgl. Feldes, SozSich 2004, S. 270, 275; BT-Drucks. 15/4575, S. 5, 34 f.
[78] Vgl. nur BAG vom 12. April 2002, BAGE 101, 39.

Bestand des Beschäftigungsverhältnisses verwendet wird, so kann ein Eingliederungsmanagement mit der Suche nach langfristigen Beschäftigungsmöglichkeiten nicht gelingen. Das gesetzgeberische Konzept des betrieblichen Eingliederungsmanagements baut also auf Voraussetzungen auf, die es selbst nicht sichern kann. Nötig sind betriebliche und unternehmerische Konzepte und Interessen, bei denen der langfristige Erhalt von Beschäftigung als Humankapital Vorrang vor kurzfristiger Kostenminimierung hat, die auch durch einen Austausch gesundheitlich beeinträchtigter älterer gegen junge gesunde Beschäftigte möglich ist. Fachkräftebedarf und demografische Entwicklung können Rahmenbedingungen für betriebliche Strategien sein, in denen das Eingliederungsmanagement Aussicht auf Erfolg hat. Die wichtige Position des Betriebsrats oder Personalrats beim Eingliederungsmanagement lässt erwarten, dass die Regelung auch in Betrieben erfolgreicher sein kann, in denen die Institutionen der betrieblichen Mitbestimmung vorhanden und funktionsfähig sind. Die betriebliche Interessenvertretung kann hier die nötige Mittlerrolle einnehmen, um dafür zu sorgen, dass behinderte Beschäftigte berechtigtes Vertrauen in die Eingliederungsbemühungen des Betriebs entwickeln können. Institutionell müssten hierzu wohl externe Stellen einbezogen werden, die das Eingliederungsmanagement unterstützen und sicherstellen, dass die gesundheitsbezogenen Daten der Arbeitnehmer nur für diesen Zweck verwendet werden.

In jedem Fall bestehen starke gesellschaftliche Interessen daran, dass der Vorrang der Rehabilitation im Betrieb realisiert wird. Die Verankerung des Eingliederungsmanagements könnte bewirken, dass Leistungen der medizinischen Rehabilitation und zur Teilhabe am Arbeitsleben früher als bisher und damit effektiver in Anspruch genommen werden. Gelingt es, Ausgliederung und Verlust des Arbeitsplatzes zu vermeiden, können Erwerbsminderungsrenten und andere Unterhaltsleistungen erspart werden. Die Beschäftigungsquote älterer Arbeitnehmer könnte steigen. Die Rehabilitationsträger haben insofern ein Interesse daran, dass die Norm angewandt wird und könnten über die gemeinsamen Servicestellen eine initiative Rolle einnehmen. Sie haben die gesetzliche Möglichkeit, das Eingliederungsmanagement durch einen Bonus zu fördern[79]. Rechtlich kann das Eingliederungsmanagement kaum als unmittelbar einklagbares Recht der betroffenen Beschäftigten durchgesetzt werden. Es kann Bedeutung erlangen, wenn die Arbeitsgerichte in der Norm eine Konkretisierung des ultima-ratio-Grundsatzes im Kündigungsrecht erkennen. Eine krankheits- oder behinderungsbedingte Kündigung könnte nur noch dann sozial gerechtfertigt sein, wenn ein Eingliederungsmanagement tatsächlich versucht oder zumindest angeboten worden ist. Ein solches Verständnis der Norm liegt auch deswegen nahe, weil sie mit der sechswöchigen Krankheitsfrist und dem Bezug auf die Gefährdung des Arbeitsverhältnisses erkennbar an das Kündigungsschutzrecht und seine Voraussetzungen anknüpft. Entsprechend muss die Zustimmung des Integrationsamts zur Kündigung eines schwerbehinderten Menschen daran geknüpft werden, dass zumindest die Anforderungen des betrieblichen Eingliederungsmanagements eingehalten worden sind[80].

---

[79] § 84 Abs. 3 SGB IX.
[80] Kohte, ZSR 2003, S. 443, 457 f.

(2) Schutz behinderter Menschen bei betriebsbedingter Kündigung

Die betriebsbedingte Kündigung knüpft an Schwierigkeiten für das Arbeitsverhältnis an, die außerhalb der Person des gekündigten Arbeitnehmers liegen. Kommen jedoch mehrere Beschäftigte für eine betriebsbedingte Kündigung in Frage, so ist bei der Auswahl zu kündigender Arbeitnehmer auf persönliche Gesichtspunkte zu achten und eine soziale Auswahl vorzunehmen. Dabei sind die Dauer der Betriebszugehörigkeit, das Lebensalter, die Unterhaltspflichten und eine Schwerbehinderung des Arbeitnehmers zu berücksichtigen[81]. Mit diesem als abschließend gedachten Katalog von zu beachtenden Kriterien wollte der Gesetzgeber die Auswahl im Vergleich zur früheren offeneren Rechtslage einfacher gestalten. Problematisch ist aber, dass neben dem Merkmal der Schwerbehinderung für eine weitergehende Berücksichtigung gesundheitlicher Gesichtspunkte kein Raum zu sein scheint. Die Wahl des Kriteriums ist insofern systematisch unbefriedigend, als schwerbehinderte Menschen ohnehin einen besonderen Kündigungsschutz genießen[82]. Menschen, die zwar durch gesundheitliche Störungen in ihrer Teilhabe am Arbeitsleben gefährdet sind, jedoch nicht schwer genug beeinträchtigt für den Schwerbehindertenstatus sind, könnten auch an dieser Stelle in einer Schutzlücke stehen. Die Schutzlücke kann zum Teil über das Instrument der Gleichstellung behinderter Menschen mit schwerbehinderten Menschen[83] geschlossen werden. Es ist darüber hinaus nicht auszuschließen, dass die Rechtsprechung im Einzelfall das Kriterium der Schwerbehinderung als zu eng ansieht, um dem Gesetzeszweck einer sozialen Auswahl gerecht zu werden.

(3) Kündigungsschutz schwerbehinderter Menschen

Die Kündigung des Arbeitsverhältnisses eines schwerbehinderten Menschen durch den Arbeitgeber bedarf der Zustimmung des Integrationsamts[84]. Schwerbehinderten Menschen können behinderte Menschen gleichgestellt werden, deren Grad der Behinderung zwischen 30 und 50 beträgt. Die Gleichstellung wird durch die Agentur für Arbeit ausgesprochen, wenn ohne sie der Arbeitsplatz bedroht ist[85]. Die Gleichstellung mit schwerbehinderten Menschen hat also eine wichtige Funktion für den Anwendungsbereich des besonderen Kündigungsschutzes. Die Zustimmung des Integrationsamts zur Kündigung ist nicht erforderlich, wenn das Arbeitsverhältnis noch nicht länger als sechs Monate besteht, bei behinderten Menschen in betrieblichen Leistungen zur Teilhabe oder Arbeitsbeschaffungsmaßnah-

---

81 § 1 Abs. 3 Satz 1 KSchG.
82 § 85 SGB IX.
83 §§ 2 Abs. 3, 68 Abs. 2 SGB IX.
84 § 85 SGB IX; der Anwendungsbereich ist neuerdings durch § 90 Abs. 2a SGB IX eingeschränkt, dazu ArbG Kassel vom 19. November 2004, br 2005, S. 85; kritisch: Stevens-Bartol, AiB 2004, S. 206 f. Nach dem Jahresbericht der Arbeitsgemeinschaft der Integrationsämter und Hauptfürsorgestellen 2003/2004 wurden 31.400 Verfahren durchgeführt, von denen 83 % mit der Beendigung des Arbeitsverhältnisses abgeschlossen wurden, BT-Drucks. 15/4575, S. 111.
85 §§ 68 Abs. 2, 1 Abs. 3 SGB IX.

men und bei Personen, die ab dem 58. Lebensjahr Anspruch auf eine Abfindung oder Entschädigung nach einem Sozialplan haben[86].

Die Zustimmung des Integrationsamts zur Kündigung wird nach Ermessen erteilt. Das Integrationsamt holt dazu Stellungnahmen des Betriebsrats oder Personalrats und der Schwerbehindertenvertretung ein und hört den schwerbehinderten Menschen an[87]. Es wirkt im Verfahren auf eine gütliche Einigung hin. Die Ermessensentscheidung des Integrationsamts ist eingeschränkt, wenn Betriebe oder Dienststellen nicht nur vorübergehend aufgelöst oder eingestellt werden, unter bestimmten Bedingungen im Insolvenzverfahren oder wenn dem schwerbehinderten Menschen ein anderer angemessener und zumutbarer Arbeitsplatz gesichert ist[88]. Im Übrigen dient das Verfahren der Erhaltung der Arbeitsplätze schwerbehinderter Menschen. Das Integrationsamt kann im Verfahren Möglichkeiten der Weiterbeschäftigung und des betrieblichen Eingliederungsmanagements, der begleitenden Hilfe im Arbeitsleben und der Hilfen durch Rehabilitationsträger aufzeigen und so den Grundsatz der Rehabilitation vor Kündigung durchsetzen helfen[89]. Das Erfordernis der Zustimmung des Integrationsamts zur Kündigung schwerbehinderter Menschen dient so auch und gerade der Durchsetzung des materiellen Kündigungsschutzrechts. Es soll behinderungsbedingte Kündigungen vermeiden, während bei anderen Kündigungsgründen im Regelfall die Zustimmung erteilt wird[90]. Hierzu muss es das Maß der behinderungsbedingten Leistungseinschränkung untersuchen und überzogene Leistungsanforderungen des Arbeitgebers zurückweisen[91]. Schwerbehinderte Menschen sind an dem entsprechenden Verfahren beteiligt und können als betroffene Beteiligte eine Zustimmungsentscheidung des Integrationsamts durch Widerspruch und Klage angreifen. Das Kündigungsverfahren schwerbehinderter Menschen kann einer doppelten gerichtlichen Kontrolle durch Arbeitsgerichte und Verwaltungsgerichte unterliegen[92].

c) Ausgestaltung des Arbeitsverhältnisses

(1) Allgemeine arbeitsrechtliche Verpflichtungen

Das Arbeitsverhältnis als Dauerschuldverhältnis wird auch durch die persönlichen Verhältnisse des Arbeitnehmers und die gemeinsame Gestaltung von Unternehmen und Arbeitsergebnissen durch Arbeitgeber und Arbeitnehmer mitgeprägt. Es handelt sich nicht um einen punktuellen Austauschvorgang, sondern um ein Schuldverhältnis, in dem ein besonderes Maß an gegenseitiger Rücksichtnahme und Kooperation im Hinblick auf die gemeinsamen und die jeweils eigenen und diver-

---

[86] § 90 SGB IX.

[87] § 87 Abs. 2 SGB IX; zu Neuregelungen vgl. Kossens/Wollschläger, ZfSH/SGB 2004, S. 346, 350.

[88] § 89 SGB IX.

[89] Kohte, ZSR 2003, S. 443, 457 f.

[90] BVerwG vom 10. September 1992, BVerwGE 91, 7; BVerwG vom 2. Juli 2992, BVerwGE 90, 275.

[91] BVerwG vom 19. Oktober 1995, BVerwGE 99, 336, 339 f.

[92] Vgl. BAG vom 26. September 1991, NZA 1992, S. 1073 (Ermessen des Arbeitsgerichts, ob es das Verfahren bis zur verwaltungsgerichtlichen Klärung aussetzt).

gierenden Interessen geschuldet wird. Dies wird im Arbeitsrecht mit den überkommenen Begriffen der Fürsorgepflicht des Arbeitgebers und der Treuepflicht des Arbeitnehmers beschrieben. Mit diesen Begriffen kann zwar zusammengenommen das besondere Gegenseitigkeitsverhältnis teilweise erfasst werden. Sie erscheinen dennoch für den Inhalt heutiger Arbeitsverhältnisse erklärungsbedürftig. So ist im Sozialrecht der Begriff der Fürsorge inzwischen ungebräuchlich, weil er im Wesentlichen eine einseitige Hilfsverpflichtung im hoheitlichen Verhältnis beschrieben hat. Für behinderte Menschen ist er im Sozialhilferecht durch die Begriffe der Eingliederung und neuerdings der Teilhabe ersetzt worden. Diese Entwicklung ist nun im Arbeitsrecht durch das SGB IX vollzogen worden, wenn vom betrieblichen Eingliederungsmanagement[93] die Rede ist. Auch hier wird nun der Akzent verschoben von einer paternalistischen Fürsorgepflicht, die in bestimmten Grenzen auch für leistungsgeminderte Beschäftigte gilt, hin zur aktiven Teilhabe der behinderten Menschen, die auch deren Recht und Pflicht umfasst, in den Stand versetzt zu werden, ihren Beitrag zum Unternehmensgeschehen und Unternehmenserfolg zu leisten.

Der Arbeitgeber bestimmt im Arbeitsverhältnis Inhalt, Ort und Zeit der Arbeitsleistung nach billigem Ermessen näher, soweit diese Arbeitsbedingungen nicht durch Arbeitsvertrag, Bestimmungen einer Betriebsvereinbarung, eines anwendbaren Tarifvertrags oder gesetzliche Vorschriften festgelegt sind[94]. Bei der Ausübung des Ermessens hat der Arbeitgeber auf Behinderungen des Arbeitnehmers Rücksicht zu nehmen[95]. Er darf ihn wegen der Behinderung nicht benachteiligen[96]. Mit dieser Regelung wird verdeutlicht, dass Arbeitgeber und Arbeitnehmer in jedem Fall einer Behinderung gemeinsam verantwortlich sind, dem Arbeitnehmer durch die Gestaltung der Arbeitsbedingungen, Arbeitsabläufe und Arbeitsmittel die Möglichkeit zu geben, seine arbeitsvertraglichen Verpflichtungen zu erfüllen. Der Arbeitgeber kann sich im Rahmen des Zumutbaren nicht darauf berufen, alleine die Arbeitsbedingungen für Beschäftigte zu schaffen, die der gesundheitlichen Norm entsprechen, sondern er muss das Arbeitsverhältnis mit dem konkreten Beschäftigten in seiner gesundheitlichen Konstitution gestalten.

Diese Verpflichtung des Arbeitgebers steht in einem engen Bezug zu den Anforderungen des Arbeitsschutzes. Der Arbeitgeber ist verpflichtet, die erforderlichen Maßnahmen des Arbeitsschutzes unter Berücksichtigung der Umstände zu treffen, die Sicherheit und Gesundheit der Beschäftigten bei der Arbeit beeinflussen[97]. Zu den zu berücksichtigenden Umständen gehört, dass Beschäftigte behindert oder von Behinderung bedroht sein können. Zu den Grundsätzen des Arbeitsschutzes gehört, Maßnahmen mit dem Ziel zu planen, Technik, Arbeitsorganisation, sonstige Arbeitsbedingungen, soziale Beziehungen und den Einfluss der Umwelt auf den Arbeitsplatz sachgerecht zu verknüpfen[98]. Damit enthält das Arbeitsschutz-

---

93 § 84 Abs. 2 Satz 1 SGB IX; BT-Drucks. 15/4575, S. 5, 34 f.
94 § 106 Satz 1 GewO; vgl. § 315 Abs. 1 BGB.
95 § 106 Satz 3 GewO.
96 § 2 Abs. 1 Nr. 2 ADG.
97 § 3 Abs. 1 Satz 1 ArbSchG.
98 § 4 Nr. 4 ArbSchG.

recht grundsätzlich die Verpflichtung, den Kontextfaktor Arbeitsplatz so auszuge-stalten, dass Behinderungen vermieden oder gemindert werden.

(2) Besondere Verpflichtungen für schwerbehinderte Menschen

Das Verbot der Benachteiligung behinderter Menschen gilt auch für die Ausgestal-tung des Arbeitsverhältnisses und bindet dort auch die Tarif- und Betriebspar-teien[99]. Die besondere Verpflichtung des Arbeitgebers, auch behinderte Beschäf-tigte in den Betrieb einzugliedern und in den zur Arbeit erforderlichen Stand zu setzen, ist im Arbeitsrecht schwerbehinderter Beschäftigter näher ausgeformt. Schwerbehinderte Beschäftigte haben Anspruch auf Beschäftigung, bei der sie ihre Fähigkeiten und Kenntnisse möglichst voll verwerten und weiterentwickeln kön-nen[100], auf bevorzugte Berücksichtigung bei innerbetrieblichen Maßnahmen der beruflichen Bildung zur Förderung ihres beruflichen Fortkommens[101], auf Er-leichterungen im zumutbaren Umfang zur Teilnahme an außerbetrieblichen Maß-nahmen der beruflichen Bildung[102], auf behinderungsgerechte Einrichtung und Unterhaltung der Arbeitsstätten[103] und auf Ausstattung ihres Arbeitsplatzes mit den erforderlichen technischen Arbeitshilfen[104]. Bei der Durchführung der unmit-telbar arbeitsbezogenen Verpflichtungen werden sie dabei von der Bundesagentur für Arbeit und den Integrationsämtern unterstützt[105]. Der Anspruch ist durch die Zumutbarkeit für den Arbeitgeber begrenzt[106]. Mit diesen Rechten schwerbehin-derter Beschäftigter soll sichergestellt werden, dass sie die Chance haben, sich zu gleichwertigen und leistungsfähigen Arbeitnehmern zu entwickeln. Der Charakter dieser Maßnahmen ist nicht durch Fürsorge für Hilfsbedürftige geprägt, sondern ihr Ziel ist die Entwicklung der Arbeits- und Leistungsfähigkeit der behinderten Menschen in einem vollwertigen Austauschverhältnis.

Schwerbehinderte Menschen haben einen Anspruch auf Teilzeitbeschäftigung, wenn die kürzere Arbeitszeit wegen Art und Schwere der Behinderung notwendig ist und die entsprechende Arbeitsorganisation dem Arbeitgeber zumutbar ist[107]. Mit dieser Regelung wird der Tatsache Rechnung getragen, dass es noch zu wenige Arbeitsplätze gibt, die behinderten Menschen ermöglichen, ihre Leistungsfähigkeit in einem Teilzeitarbeitsverhältnis zur Geltung zu bringen. Der Gesetzgeber musste darauf reagieren und den Mangel an Teilzeitarbeitsplätzen als noch übliche Bedin-

---

[99] § 81 Abs. 2 Satz 1 SGB IX; § 7 Abs. 2 ADG; BAG vom 18. November 2003, DB 2004, S. 1106; vgl. zum Zusammenhang von Barrierefreiheit und Prävention am Arbeitsplatz: Buhmann, BG 2003, S. 457 ff.

[100] § 81 Abs. 4 Satz 1 Nr. 1 IX; vgl. BAG vom 10. Juli 1991, NZA 1992, S. 27; BAG vom 12. November 1980, BAGE 34, 250 (bei Verletzung der Pflicht Schadensersatzansprüche möglich); LAG Niedersachsen vom 1. Juli 2003, Az. 13 Sa 1853/02; LAG Hamm vom 18. Februar 2002, NZA 2002, S. 793.

[101] § 81 Abs. 4 Satz 1 Nr. 2 SGB IX.

[102] § 81 Abs. 4 Satz 1 Nr. 3 SGB IX.

[103] § 81 Abs. 4 Satz 1 Nr. 4 SGB IX.

[104] § 81 Abs. 4 Satz 1 Nr. 5 SGB IX.

[105] § 81 Abs. 4 Satz 2 SGB IX.

[106] § 81 Abs. 4 Satz 3 SGB IX; vgl. Art. 5 RL 2000/78.

[107] § 81 Abs. 5 Satz 3 SGB IX; dazu BAG vom 14. Oktober 2003, Az. 9 AZR 100/03; Rolfs/Paschke, BB 2002, S. 1260, 1263.

gung des Arbeitsmarktes im Recht der Erwerbsminderungsrenten berücksichtigen[108]. Renten wegen teilweiser Erwerbsminderung werden also geleistet, weil die betroffenen Personen keine Chance haben zu arbeiten, obwohl sie bei einem Angebot von Teilzeitarbeitsplätzen dazu in der Lage wären. Die Fixierung vieler Arbeitgeber auf Vollzeitstellen erweist sich für die sozialen Sicherungssysteme als dysfunktional und kostentreibend. Der Eingriff in die Dispositionsfreiheit der Arbeitgeber erscheint dadurch gerechtfertigt. Der Rücksicht auf schwerbehinderte Menschen, die in der Dauer der möglichen Arbeitszeit eingeschränkt sind, dient auch das Gebot, sie auf Verlangen von Mehrarbeit freizustellen[109]. Schließlich wird die besondere Belastung arbeitender behinderter Menschen durch einen bezahlten Zusatzurlaub von fünf Arbeitstagen im Kalenderjahr berücksichtigt[110]. Diese Regelung kann am ehesten dem traditionellen Fürsorgecharakter zugeordnet werden, da sie nicht an der individuellen Behinderung orientiert ist, sondern eine pauschale Vergünstigung enthält. Sie ist daher auch in stärkerem Maß der Kritik ausgesetzt. Die Regelung ist zu rechtfertigen als pauschaler Ausgleich für denjenigen gesundheitsbezogenen Aufwand, den schwerbehinderte Menschen in Freizeit und Urlaub betreiben, um ihre Arbeitskraft zu erhalten.

(3) Kollektive Rechte schwerbehinderter Beschäftigter

(a) Betriebsrat und Personalrat. Regelungen des kollektiven betrieblichen Arbeitsrechts dienen der gemeinsamen Interessenvertretung der Arbeitnehmerinnen und Arbeitnehmer im Betrieb und statuieren eine Betriebsverfassung, die Arbeitgebern und Arbeitnehmern als den am Betrieb Beteiligten Rechte und Verantwortlichkeiten zuweist und den Ausgleich divergierender und die Verfolgung gemeinsamer Interessen regelt. Schwerbehinderte Beschäftigte werden ebenso wie ihre Kolleginnen und Kollegen durch den Betriebsrat, im öffentlichen Dienst durch den Personalrat, vertreten.

Dem Betriebsrat oder Personalrat ist durch das das Betriebsverfassungsrecht und das SGB IX ausdrücklich aufgegeben, die Eingliederung schwerbehinderter Menschen zu fördern und darauf zu achten, dass die dem Arbeitgeber obliegende Beschäftigungspflicht sowie die Benachteiligungsverbote und Berücksichtigungsgebote des Schwerbehindertenrechts erfüllt werden[111]. Damit ist für die vielen vor allem kleinen und mittleren Betriebe, in denen keine Schwerbehindertenvertretung besteht, dem Betriebsrat die wesentliche Verantwortlichkeit im Betrieb zugewiesen, auf die Rechtsdurchsetzung zu Gunsten schwerbehinderter Menschen zu achten. Der Betriebsrat hat zudem das Recht, bei groben Verstößen gegen das ADG beim Arbeitsgericht zu beantragen, dass der Arbeitgeber diese zu unterlassen hat[112].

Um diese Pflicht zu erfüllen, kann sich der Betriebsrat im Wesentlichen seiner Mitbestimmungs- und Informationsrechte bedienen. Der Betriebsrat hat Mitbe-

---

[108] § 43 Abs. 1 Satz 2 SGB VI.
[109] § 124 SGB IX.
[110] § 125 SGB IX.
[111] § 80 Abs. 1 Nr. 1 und 4 BetrVG; § 93 SGB IX; vgl. R. Zimmer, AiB 2004, S. 296, 299 f.
[112] § 17 Abs. 2 ADG; § 23 Abs. 3 Satz 1 BetrVG.

stimmungsrechte in wichtigen Fragen, die sich auch auf die Arbeitsbedingungen behinderter Menschen auswirken, so beim betrieblichen Gesundheitsschutz[113] und der Form oder Ausgestaltung und Verwaltung betrieblicher Sozialeinrichtungen[114]. Bei den Informationsrechten des Betriebsrats[115] und bei seiner Mitbestimmung bei personellen Einzelmaßnahmen[116] und bei Kündigungen[117] kann der Betriebsrat darauf achten, dass behinderte Menschen nicht benachteiligt werden. Solidarität zwischen behinderten und nichtbehinderten Beschäftigten kann sich hier als zusätzliche Kontrolle der Einhaltung des Benachteiligungsverbots auswirken.

(b) Schwerbehindertenvertretung. Die kollektive betriebliche Interessenvertretung schwerbehinderter Beschäftigter erfolgt nicht alleine durch den Betriebsrat. In Betrieben und Dienststellen, in denen wenigstens fünf schwerbehinderte Beschäftigte nicht nur vorübergehend arbeiten, werden von diesen eine Vertrauensperson und wenigstens ein stellvertretendes Mitglied gewählt[118]. Die Vertrauenspersonen arbeiten ehrenamtlich[119]. Sie werden, soweit erforderlich, von ihrer beruflichen Tätigkeit ohne Minderung der Bezüge befreit[120]. In Betrieben und Dienststellen mit wenigstens 200 schwerbehinderten Beschäftigten wird die Vertrauensperson auf ihren Wunsch freigestellt[121]. Die Vertrauenspersonen haben gegenüber dem Arbeitgeber die gleiche Rechtsstellung wie Mitglieder des Betriebsrats oder Personalrats[122]. Vertrauenspersonen der schwerbehinderten Menschen sind auch im kirchlichen Arbeitsrecht vorgesehen[123].

Die Schwerbehindertenvertretung soll die Interessen der schwerbehinderten Beschäftigten im Betrieb vertreten und ihre Eingliederung fördern und hierzu über die Einhaltung der schwerbehindertenrechtlichen Vorschriften wachen[124]. Die Schwerbehindertenvertretung hat das Recht, an den Sitzungen des Betriebrats oder Personalrats beratend teilzunehmen[125]. Sie kann dort Angelegenheiten auf die Tagesordnung setzen. Sieht sie durch einen Beschluss wichtige Interessen schwerbehinderter Menschen erheblich beeinträchtigt, kann sie seine Aussetzung für eine Woche verlangen[126]. Der Arbeitgeber hat die Schwerbehindertenvertretung in allen Angelegenheiten, die einen einzelnen schwerbehinderten Beschäftigten oder die schwerbehinderten Menschen als Gruppe berühren, unverzüglich und umfassend zu unterrichten und vor einer Entscheidung anzuhören[127]. Beachtet der Arbeitge-

---

[113] § 87 Abs. 1 Nr. 7 BetrVG.
[114] § 87 Abs. 1 Nr. 8 BetrVG.
[115] § 90 BetrVG.
[116] § 99 BetrVG.
[117] § 102 BetrVG.
[118] § 94 Abs. 1 Satz 1 SGB IX.
[119] § 96 Abs. 1 SGB IX.
[120] § 96 Abs. 4 Satz 1 SGB IX.
[121] § 96 Abs. 4 Satz 2 SGB IX.
[122] § 96 Abs. 3 Satz 1 SGB IX.
[123] § 46 Abs. 1 MAVO der katholischen Kirche; § 50 Abs. 1 MVG der evangelischen Kirche, vgl. Wagner/Kaiser (2004), S. 47 f.
[124] § 95 Abs. 1 Satz 1, Satz 2 Nr. 1 SGB IX.
[125] § 96 Abs. 4 Satz 1 SGB IX.
[126] § 96 Abs. 4 Satz 2 SGB IX.
[127] § 96 Abs. 2 Satz 1 SGB IX.

ber dieses Recht nicht, ist die Durchführung oder Entscheidung auszusetzen und die Beteiligung ist nachzuholen[128].

Diese beiden Rechte der Schwerbehindertenvertretung zeigen eine doppelte Funktion auf: Sie soll die schwerbehinderten Menschen sowohl innerhalb der mehrheitlich nicht behinderten Belegschaft wie gegenüber dem Arbeitgeber vertreten und dafür sorgen, dass ihre besonderen Interessen und Rechte beachtet werden[129]. Dabei ist die Schwerbehindertenvertretung als besondere Interessenvertretung eines Belegschaftsteils aber eindeutig auf der Arbeitnehmerseite des Betriebs positioniert. Ihr steht der Beauftragte des Arbeitgebers in Angelegenheiten schwerbehinderter Menschen gegenüber, der diesen verantwortlich vertritt[130]. Dieser Beauftragte soll nach Möglichkeit selbst ein schwerbehinderter Mensch sein[131]. Innerbetrieblich sollen Arbeitgeber, Betriebsrat, Schwerbehindertenvertretung und Beauftragter eng zusammenarbeiten[132]. Schwerbehindertenvertretung und Beauftragter sind zugleich Verbindungspersonen zur Bundesagentur für Arbeit und zum Integrationsamt[133]. Sie sollen mit den Rehabilitationsträgern in wechselseitiger Unterstützung zusammenarbeiten[134]. Damit wird vom Gesetz eine spezielle fachliche Kooperation zwischen innerbetrieblichen und außerbetrieblichen Stellen gefordert, die für die Eingliederung der schwerbehinderten Menschen in Betrieb und Arbeitsmarkt verantwortlich sind.

(c) Integrationsvereinbarungen. Ein spezielles Instrument des kollektiven Arbeitsrechts für schwerbehinderte Menschen ist die Integrationsvereinbarung[135]. An ihrem Zustandekommen müssen die genannten betrieblichen Akteure und können auch die außerbetrieblichen Akteure beteiligt sein. Integrationsvereinbarungen werden vom Arbeitgeber mit Betriebsrat oder Personalrat und Schwerbehindertenvertretung getroffen. Der Beauftragte des Arbeitgebers ist zu beteiligen[136]. Die Schwerbehindertenvertretung kann die Aufnahme von Verhandlungen verlangen[137]. Auf Antrag von Schwerbehindertenvertretung oder Arbeitgeber kann das Integrationsamt eingeladen werden, sich an den Verhandlungen zu beteiligen[138]. Ist im Betrieb keine Schwerbehindertenvertretung vorhanden, übernimmt der Betriebsrat ihre Aufgabe[139].

Die Integrationsvereinbarung soll Regelungen zur Eingliederung schwerbehinderter Menschen, insbesondere zur Personalplanung und Arbeitsorganisation enthalten[140]. Es können nähere Regelungen zur Konkretisierung und Erweiterung der

---

128 § 96 Abs. 2 Satz 2 SGB IX.
129 Vgl. Feldes, AiB 2003, S. 94 ff.; Feldes, AiB 2002, S. 291 ff.
130 § 98 Satz 1 SGB IX, dazu S. Braun, ZTR 2003, S. 18 ff.
131 § 98 Satz 2 SGB IX.
132 § 99 Abs. 1 SGB IX.
133 § 99 Abs. 2 Satz 2 SGB IX.
134 § 99 Abs. 2 Satz 1 SGB IX.
135 § 83 SGB IX, dazu vgl. BT-Drucks. 15/4575, S. 103; Laskowski/Welti, ZESAR 2003, S. 215 ff.; Feldes/Scholz, AiB 2001, S. 327 ff.
136 § 83 Abs. 1 Satz 1 SGB IX.
137 § 83 Abs. 1 Satz 2 SGB IX.
138 § 83 Abs. 1 Satz 4 SGB IX.
139 § 83 Abs. 1 Satz 3 SGB IX.
140 § 83 Abs. 2 SGB IX.

gesetzlichen Vorschriften insbesondere zur Stellenbesetzung, Beschäftigungsquote, Teilzeitarbeit zur Ausbildung und zum betrieblichen Eingliederungsmanagement vereinbart werden[141]. Die Integrationsvereinbarung ist eine Betriebsvereinbarung eigener Art, die durch den besonderen Bezug zur Gruppe der schwerbehinderten Menschen und zu ihren besonderen Rechten geprägt wird. Im Gesetz sind keine weiteren Aussagen über die Durchsetzbarkeit des Rechts auf eine Integrationsvereinbarung enthalten[142]. Die Regelung ist aber so formuliert, dass es daraus eindeutig eine Verpflichtung des Arbeitgebers hervorgeht, Verhandlungen aufzunehmen. Diese kann auch mit einem Beschlussverfahren durchsetzbar sein. Es ist aber nicht erkennbar, dass das Arbeitsgericht eine Integrationsvereinbarung anstelle der Betriebsparteien entwerfen und beschließen könnte[143]. Die der Integrationsvereinbarung zu Grunde liegende Nutzung der betrieblichen Sachkenntnis zur Vereinbarung verbindlicher Regeln und Ziele muss aus dem Betrieb heraus erfolgen. Sollte sich erweisen, dass nur wenige Integrationsvereinbarungen geschlossen werden, so müsste der Gesetzgeber ein durchsetzbares und praktikables Schlichtungsverfahren erwägen. Hier könnte etwa das Integrationsamt eine Aufgabe übernehmen.

3. Arbeitsbereich der Werkstatt für behinderte Menschen

Behinderte Menschen, bei denen eine Beschäftigung auf dem allgemeinen Arbeitsmarkt oder Berufsvorbereitung, berufliche Anpassung und Weiterbildung oder berufliche Ausbildung wegen Art und Schwere der Behinderung nicht in Betracht kommen und die in der Lage sind, wenigstens ein Mindestmaß an wirtschaftlich verwertbarer Arbeitsleistung zu erbringen, haben einen Anspruch auf Leistungen im Arbeitsbereich einer Werkstatt für behinderte Menschen[144]. Auch diejenigen behinderten Menschen, die diese Anforderungen nicht erfüllen, sollen in Tagesförderstätten betreut werden, die an die Werkstätten angegliedert sind, so dass auch für diese Personen eine gewisse Arbeitsnähe im Tagesablauf realisiert wird[145]. Für die Leistungen im Arbeitsbereich sind die Träger der Unfallversicherung, Kriegsopferfürsorge und Jugendhilfe, in den meisten Fällen die Sozialhilfeträger zuständig[146]. Die Leistungen in der Werkstatt für behinderte Menschen sollen eine der Eignung und Neigung der behinderten Menschen entsprechende Beschäftigung sichern, ihnen helfen, ihre Leistungsfähigkeit und Persönlichkeit weiterzuentwickeln und ihren Übergang auf den allgemeinen Arbeitsmarkt fördern[147].

---

[141] § 83 Abs. 2a SGB IX.

[142] Kritisch: von Seggern, SozSich 2004, S. 110, 117.

[143] Laskowski/Welti, ZESAR 2003, S. 215, 219.

[144] §§ 41 Abs. 1, 136 Abs. 2 Satz 1 SGB IX; zur Neuregelung durch das SGB IX: Schorn, SozSich 2003, S. 19 ff.; Jobs, ZTR 2002, S. 515 ff.; Baur, ZfSH/SGB 2002, S. 707 ff.; Schell/Cleavenger, BArbBl. 11/2001, S. 22 ff.; Baur, ZfSH/SGB 1999, S. 262 ff.; kritisch: Quambusch, ZfSH/SGB 2001, S. 515 ff. In Deutschland arbeiten ca. 200.000 behinderte Menschen in 671 Werkstätten für behinderte Menschen, BT-Drucks. 15/4575, S. 9, 112, davon 197.022 in Trägerschaft der Eingliederungshilfe, für diese wurden 2003 3,26 Mrd € aufgewandt, BT-Drucks. 15/4575, S. 146; Schorn, SozSich 2003, S. 19.

[145] § 136 Abs. 3 SGB IX; vgl. kritisch: Quambusch, ZfSH/SGB 2004, S. 140 ff.

[146] § 42 Abs. 2 SGB IX.

[147] § 41 Abs. 2 SGB IX.

Behinderte Menschen in Werkstätten stehen in einem arbeitnehmerähnlichen Verhältnis zu den Werkstätten, das durch das Sozialleistungsverhältnis mitgeprägt wird[148]. Sie erhalten aus ihrem Arbeitsergebnis ein Arbeitsentgelt, das sich aus dem Betrag des Ausbildungsgelds nach dem SGB III und einem Steigerungsbetrag zusammensetzt, der sich nach der individuellen Arbeitsleistung bemisst[149]. Dieses Entgelt wird durch ein Arbeitsförderungsgeld[150] soweit aufgestockt, dass in möglichst vielen Fällen ohne weitere Hilfen das Existenzminimum erreicht wird.

Behinderte Menschen in Werkstätten wirken unabhängig von ihrer Geschäftsfähigkeit durch Werkstatträte in den ihre Interessen berührenden Angelegenheiten mit[151]. Die Werkstatträte werden von allen seit mindestens sechs Monaten beschäftigten behinderten Menschen in der Werkstatt gewählt[152]. Die Werkstätten müssen zudem Betreuer und Erziehungsberechtigte in einer Eltern- und Betreuerversammlung informieren und können sie in einem Eltern- und Betreuerbeirat beteiligen[153].

Durch den Rechtsanspruch auf Aufnahme in den Arbeitsbereich der Werkstatt für behinderte Menschen ist ein Recht auf Arbeit für diejenigen Personen verwirklicht, die einerseits keine Möglichkeit haben, auf dem allgemeinen Arbeitsmarkt Arbeit zu finden, andererseits aber noch wirtschaftlich verwertbare Arbeit leisten können. Dieser Anspruch hängt aber nicht davon ab, dass die von ihnen erbrachte Arbeitsleistung rentabel ist. Vielmehr können Betreuung und Anleitung der behinderten Menschen mehr kosten, als die Werkstatt mit ihrer Arbeit erlösen kann[154]. Die Differenz wird vom jeweiligen Leistungsträger übernommen[155]. Dazu kommt eine institutionelle Förderung durch die Bundesagentur für Arbeit[156].

Die Werkstatt für behinderte Menschen nimmt behinderte Menschen mit ihrem persönlichen Leistungsvermögen in die Pflicht, einen Beitrag zu den Kosten ihres Lebensunterhalts zu erwirtschaften. Arbeit wird aber auch als Form der Beteiligung am gesellschaftlichen Leben und als Entfaltung der Persönlichkeit der Vorrang vor Verwahrung und Versorgung gegeben. Dies entspricht auch dem Anliegen, den Alltag behinderter Menschen so nahe wie möglich an der gesellschaftlichen Normalität zu gestalten. Es wird so versucht, in der Sondereinrichtung ein hohes Maß an Rehabilitation und Teilhabe am Arbeitsleben zu verwirklichen. Dazu kommt, dass die Werkstätten den Übergang der behinderten Menschen auf den allgemeinen Arbeitsmarkt fördern sollen[157]. Das Ziel bleibt also auch in der

---

[148] § 138 Abs. 1 SGB IX; Jobs, ZTR 2002, S. 515, 516 f.

[149] § 138 Abs. 2 SGB IX; zur Unabdingbarkeit des Grundbetrags: BAG vom 3. März 1999, ArbuR 1999, S. 359 mit Anm. Wendt; Schorn, SozSich 2003, S. 19, 21. 2003 betrug das durchschnittliche Arbeitsentgelt 159,81 €, BT-Drucks. 15/5015, S. 122.

[150] § 43 SGB IX; vgl. Schorn, SozSich 2003, S. 19, 22 f.

[151] § 139 Abs. 1 SGB IX; WMVO.

[152] § 139 Abs. 3 SGB IX.

[153] § 139 Abs. 4 SGB IX.

[154] Der durchschnittlich erwirtschaftete Arbeitslohn beträgt 175 € im Monat, Baur, ZfSH/SGB 2002, S. 707, 708.

[155] § 41 Abs. 3 SGB IX; die Sozialhilfeträger haben hierfür 2002 annähernd 3 Milliarden € ausgegeben, Baur, ZfSH/SGB 2002, S. 707, 708.

[156] § 248 SGB III; vgl. Mrozynski, SGb 2004, S. 259, 260.

[157] § 41 Abs. 2 Nr. 3 SGB IX.

Werkstatt die möglichst vollständige Rehabilitation in die übliche Teilhabe am Arbeitsleben.

Problematisch bleibt, dass für den betroffenen Personenkreis eine große Kluft zwischen der Sondereinrichtung Werkstatt und der Arbeit in einem Betrieb auf dem allgemeinen Arbeitsmarkt bestehen bleibt. Haben sie unter günstigen Bedingungen und durch Unterstützung der Rehabilitationsträger oder des Integrationsamts den Sprung in die Normalität der Arbeitsmarkt geschafft, bleibt ihnen das Risiko des Scheiterns. Sie haben einerseits bewiesen, dass sie auf dem Arbeitsmarkt arbeiten können, finden aber möglicherweise keine zweite Chance. Die Trennung des SGB II zwischen erwerbsfähigen und nicht erwerbsfähigen Hilfsbedürftigen[158] erscheint für diesen Personenkreis als zu starr. Für sie hängt die Erwerbsfähigkeit nicht alleine von der körperlichen Funktionsfähigkeit, sondern entscheidend von günstigen Kontextfaktoren ab. Liegen diese nicht mehr vor, muss die Rückkehr in die Werkstatt für behinderte Menschen möglich sein. Würde die Gefahr bestehen, durch die Integration in den allgemeinen Arbeitsmarkt in das volle Risiko der Arbeitslosigkeit integriert zu werden, bestünde die Gefahr, dass die behinderten Menschen keine Motivation für den Weg aus der Werkstatt aufbringen könnten. Hier gilt: Wer Risikobereitschaft fördern will, muss Sicherheit gewährleisten.

Durch die Aufnahme in den Arbeitsbereich der Werkstatt für behinderte Menschen wird auch der Zugang zur Krankenversicherung[159], Pflegeversicherung[160] und Rentenversicherung[161] und zum Unfallversicherungsschutz[162] vermittelt. Die Werkstätten vermitteln so auch Integration durch eine eigenständige soziale Sicherung. Die Sozialversicherung behinderter Menschen in Werkstätten wird in der rechtswissenschaftlichen Literatur als versicherungsfremde Fürsorgeleistung kritisiert[163]. Da diese behinderten Menschen keine nennenswerten eigenen Beiträge leisten könnten, sei ihr Schutz keine Aufgabe der speziellen Solidargemeinschaft der Sozialversicherungsträger, sondern müsse aus allgemeinen Steuermitteln als Fürsorgeleistung finanziert werden. Für behinderte Menschen in Einrichtungen erhalten die Träger der Werkstätten einen Zuschuss des Bundes[164], durch den sie die Beiträge auf der Basis von 80 % des Durchschnittsentgelts der Rentenversicherten[165] zahlen können. Damit wird für die Alters- und Invaliditätssicherung der behinderten Menschen praktisch ein Bundeszuschuss gezahlt[166]. In der Krankenversicherung gibt es traditionell keine Zuschüsse aus Steuermitteln. Sie ist in den Versicherungstatbeständen nicht strikt an Erwerbstätigkeit gebunden, wie sich bei der Familienversicherung[167] zeigt. Es besteht also kein Anlass, die Krankenversicherung eines Personenkreises, der noch nach seinen Möglichkeiten Arbeit leistet, als

---

[158] § 8 SGB II.
[159] § 5 Abs. 1 Nr. 7 SGB V.
[160] § 20 Abs. 1 Nr. 7 SGB XI.
[161] § 1 Nr. 2 SGB VI.
[162] § 2 Abs. 1 Nr. 4 SGB VII.
[163] Butzer (2001), S. 449; 651; F. Hase (2000), S. 393 f. (unentschieden).
[164] § 179 Abs. 1 Satz 1 SGB VI.
[165] § 162 Nr. 2 SGB VI.
[166] Hierfür wurden 2004 rund 919 Mio € aufgewandt, BT-Drucks. 15/4575, S. 114.
[167] § 10 SGB V.

versicherungsfremd anzusehen. Die Pflegeversicherung ist ohnehin nahezu als Volksversicherung ausgestaltet[168]. Bei der Unfallversicherung ist der den Versicherungsschutz begründende innere Zusammenhang zwischen Beschäftigung und Versicherung nicht an der gewinnbringenden Produktivität der Arbeit, sondern am Betriebsrisiko festzumachen. Ein solches besteht aber auch in Werkstätten. Der Sozialversicherungsschutz von Werkstattbeschäftigten kann also in keinem Zweig der Sozialversicherung zu Recht als versicherungsfremd bezeichnet werden. Dazu kommt, dass der solidarische Charakter der Sozialversicherung dazu führt, dass gerade nicht jeder einzelne in jedem Abschnitt einen Beitrag leisten muss, welcher dem üblichen Niveau entspricht, sondern dass gerade auch Personen einbezogen werden, die weniger leistungsfähig sind. Werkstattbeschäftigte erfüllen die grundsätzliche Anforderung der Sozialversicherung, nach ihrer Leistung beizutragen, um dadurch Ansprüche zu erwerben. Die Teilhabe behinderter Menschen an der Solidargemeinschaft der Sozialversicherungsträger entspricht darum dem sozialen Versicherungsgedanken.

4. Sozialrecht

a) Allgemeine Leistungen der Arbeitsförderung

Behinderte Menschen können wie andere Menschen auch die Leistungen der Arbeitsförderung durch die Agentur für Arbeit in Anspruch nehmen. Soweit diese Leistungen nicht der Deckung des Lebensbedarfs bei Arbeitslosigkeit dienen, sollen sie ihre Empfänger in ihrer individuellen Beschäftigungsfähigkeit unterstützen[169] und dazu beitragen, dass sie einen Arbeitsplatz finden und behalten können. Zu diesen Leistungen gehören insbesondere Arbeitsvermittlung und Berufsberatung, Maßnahmen der Eignungsfeststellung, Trainingsmaßnahmen zur Verbesserung der Eingliederungsaussichten, Mobilitätshilfen, Arbeitnehmerhilfe zur Aufnahme einer Beschäftigung, Überbrückungsgeld zur Aufnahme einer selbstständigen Beschäftigung und Maßnahmen zur beruflichen Bildung und Weiterbildung[170]. Diese Maßnahmen sind, mit Ausnahme der Arbeitnehmerbeihilfe, für behinderte Menschen als allgemeine Leistungen zur Teilhabe am Arbeitsleben ausgewiesen[171]. Sie haben solange Vorrang, wie Art und Schwere der Behinderung nicht erfordern, besondere Leistungen zur Teilhabe am Arbeitsleben zu erbringen[172]. Für die allgemeinen Leistungen zur Teilhabe am Arbeitsleben bestehen einigen Besonderheiten, um der Situation behinderter Menschen gerecht zu werden. So kann Mobilitätshilfe[173] auch erbracht werden, wenn ein behinderter Mensch nicht arbeitslos ist und durch die Hilfe die Teilhabe am Arbeitsleben gesichert werden kann[174]. Aus- und Weiterbildungsmaßnahmen werden unter vereinfachten Bedingungen geför-

---

168 VGl. BVerfG vom 3. April 2001, BVerfGE 103, 197, 221.
169 § 1 Abs. 2 Nr. 3 SGB III.
170 § 3 Abs. 1 Nr. 1–6 SGB III.
171 § 100 SGB III.
172 § 102 Abs. 1 Satz 1 SGB III.
173 §§ 53–55 SGB III.
174 § 101 Abs. 1 SGB III.

dert[175]. Bei der allgemeinen Arbeitsvermittlung ist wichtig, dass möglichst frühzeitig ein Bezug zu der Situation und den besonderen Vermittlungs- und Beschäftigungsproblemen behinderter Menschen hergestellt wird. Zu diesem Zweck ist jede Arbeitsförderungsleistung an behinderte Menschen als Leistung unter Berücksichtigung einer Behinderung[176] zu qualifizieren. Suchen behinderte Menschen um Arbeitsvermittlung nach oder melden sich arbeitslos, ist immer zu prüfen, ob Leistungen eines Rehabilitationsträgers ihre Teilhabe am Arbeitsleben oder Erwerbsfähigkeit fördern können.

b) Leistungen zur Teilhabe

Zu den allgemeinen Zielen aller Leistungen zur Teilhabe gehört, Einschränkungen der Erwerbsfähigkeit zu vermeiden, mindern oder überwinden und die Teilhabe am Arbeitsleben entsprechend den Neigungen und Fähigkeiten dauerhaft zu sichern[177]. Die Einsetzung in den Stand der Arbeitsfähigkeit ist ein grundlegendes Motiv der Rehabilitation. Dies muss auch bei denjenigen Rehabilitationsträgern gelten, deren Leistungsvoraussetzungen nicht auf das Arbeitsleben verweisen, insbesondere bei der medizinischen Rehabilitation der Krankenkassen[178]. Auch der medizinischen Rehabilitation ist das Ziel der Erwerbsfähigkeit zugeordnet[179]. Sie ist insofern bei Personen im erwerbsfähigen Alter immer auch auf die Voraussetzungen der Teilhabe am Arbeitsleben auszurichten. Die medizinische Rehabilitation umfasst auch Belastungserprobung und Arbeitstherapie[180], Information und Beratung von Vorgesetzten und Kollegen[181] sowie die stufenweise Wiedereingliederung[182]. Die Orientierung am Arbeitsleben wird verdeutlicht durch die Pflicht jedes Trägers einer medizinischen Rehabilitation, gleichzeitig mit der Einleitung einer Leistung, während ihrer Ausführung und nach ihrem Abschluss zu prüfen, ob durch geeignete Leistungen zur Teilhabe die Erwerbsfähigkeit erhalten, gebessert oder wiederhergestellt wird[183]. Wird während einer medizinischen Rehabilitation erkennbar, dass der Arbeitsplatz konkret gefährdet ist, muss der Rehabilitationsträger unverzüglich abklären, ob entsprechende Leistungen erforderlich sind[184]. Die Bundesagentur für Arbeit und das Integrationsamt sind zu beteiligen[185].

Die Leistungen zur Teilhabe am Arbeitsleben werden von allen Rehabilitationsträgern außer den Krankenkassen bei Vorliegen der jeweiligen Voraussetzungen erbracht. Dabei sind die Leistungen der Unfallversicherung und sozialen Entschädigung vorrangig[186]. Wenn die persönlichen und versicherungsrechtlichen Vorausset-

---

175 § 101 Abs. 2–5 SGB III.
176 § 8 Abs. 1 SGB IX.
177 § 4 Abs. 1 Nr. 2 und 3 SGB IX.
178 Zur umfassenden Prüfpflicht der Rehabilitationsträger vgl. Gagel, SGb 2004, S. 464, 468.
179 § 26 Abs. 1 Nr. 2 SGB IX.
180 § 26 Abs. 2 Nr. 7 SGB IX.
181 § 26 Abs. 3 Nr. 3 SGB IX.
182 § 28 SGB IX; vgl. BT-Drucks. 15/4575, S. 51.
183 § 11 Abs. 1 SGB IX.
184 § 11 Abs. 2 SGB IX; vgl. Koch/Scheer/Kahl, DAngVers 2004, S. 322, 324.
185 § 11 Abs. 1 Satz 2, Abs. 3 SGB IX.
186 §12 Abs. 1 Nr. 1 SGB VI; § 22 SGB III.

zungen erfüllt sind, sind die Rentenversicherungsträger vorrangig vor der Agentur für Arbeit zuständig[187].

Im Übrigen ist die Bundesagentur für Arbeit zuständig. Der von ihr zu fördernde Personenkreis ist nach dem SGB III nicht explizit begrenzt. Das SGB II beschränkt die Zuständigkeit der Agentur für Arbeit auf erwerbsfähige Hilfebedürftige, die mindestens drei Stunden am Tag arbeiten können[188]. Damit ist für Personen, die ohne vorherige Erwerbstätigkeit oder nach einjähriger Arbeitslosigkeit in den Bereich des SGB II fallen, die Erwerbsfähigkeit Leistungsvoraussetzung. Personen, die aus einer Beschäftigung arbeitslos werden, werden bei Vorliegen von Erwerbsunfähigkeit in den Bereich der gesetzlichen Rentenversicherung oder der Grundsicherung bei Erwerbsminderung verwiesen[189]. Nach Sinn und Zweck der Teilhabeleistungen besteht ein Anspruch arbeitsloser erwerbsfähiger behinderter Menschen gegen die Agentur für Arbeit auf geeignete und erforderliche Leistungen zur Teilhabe am Arbeitsleben immer dann, wenn deren Ziele damit erreicht werden können. Das eingeräumte Ermessen verdichtet sich zu einem Anspruch dem Grunde nach, weil die Agentur für Arbeit von den Arbeitslosen und Beschäftigten den Einsatz ihrer Möglichkeiten verlangt, Arbeitslosigkeit und unterwertige Beschäftigung zu beenden oder zu vermeiden. Können diese Möglichkeiten durch Teilhabeleistungen verbessert werden, so muss darauf ein Anspruch bestehen[190].

Auch behinderte Menschen, die nicht erwerbsfähig im Sinne des Rentenversicherungs-, Arbeitsförderungs- und Sozialhilferechts sind, haben ein Recht auf Teilhabe am Arbeitsleben. Die Feststellung der vollen Erwerbsminderung bedeutet nur, dass von ihnen sozialrechtlich eine Erwerbstätigkeit nicht verlangt wird. Können und wollen voll erwerbsgeminderte Menschen arbeiten, ist dies als Betätigung der Berufsfreiheit zu respektieren und sozialrechtlich auch zu unterstützen. Für die Leistungen zur Teilhabe am Arbeitsleben für voll erwerbsgeminderte Personen sind regelmäßig die Sozialhilfeträger im Rahmen der Eingliederungshilfe zuständig. Auch sie unterliegen dem Vorrang der Rehabilitation in Arbeitsfähigkeit[191], um Grundsicherung oder Hilfe zum Lebensunterhalt zu vermeiden.

Die Leistungen zur Teilhabe am Arbeitsleben werden in einem offenen Leistungsprogramm nach ihrem Zweck gewährt, behinderten Menschen eine angemessene und geeignete berufliche Tätigkeit zu ermöglichen und zu erhalten[192]. Anders als die medizinische Rehabilitation sind sie nicht an eine leitende Profession gebunden, sondern nehmen die Kompetenz verschiedener Berufe und Institutionen gleichwertig in Anspruch. Insbesondere umfassen die Leistungen Beratung und Vermittlung, Berufsvorbereitung, Anpassung und Weiterbildung, Ausbildung und Überbrückungsgeld[193]. Zu den Leistungen gehören auch die Übernahme von Unterkunft und Verpflegung, wenn die Maßnahmen stationär durchgeführt werden müssen, sowie die erforderlichen Kosten für Lehrgänge, Arbeitsmittel, Prüfungs-

---

187 § 22 SGB III.
188 § 8 SGB II.
189 § 125 Abs. 1 SGB III.
190 Bieritz-Harder in: HK-SGB IX, Rz 7 zu § 33 SGB IX.
191 § 14 Abs. 1 SGB XII.
192 Vgl. § 33 Abs. 3 Nr. 6 SGB IX.
193 § 33 Abs. 3 Nr. 1–5 SGB IX; vgl. BT-Drucks. 15/4575, S. 69 ff.

gebühren, Arbeitskleidung und Arbeitsgerät[194]. Besonders genannt sind weiterhin Hilfen, mit denen die Voraussetzungen und Kontextfaktoren für Erwerbsfähigkeit geschaffen werden, nämlich die Kraftfahrzeug-Hilfe, Hilfsmittel, die für Arbeit oder Arbeitsweg erforderlich sind, technischer Arbeitshilfen oder die Kosten einer behinderungsgerechten Wohnung, wenn diese mit der Teilhabe am Arbeitsleben zusammenhängt[195]. Übernommen werden auch die Kosten einer notwendigen Arbeitsassistenz für schwerbehinderte Menschen als Hilfe zur Erlangung eines Arbeitsplatzes[196]. Mit der Arbeitsassistenz wird auch Menschen mit schwereren Behinderungen die Möglichkeit geschaffen, am Arbeitsleben teilzuhaben[197]. Die Arbeitsassistenz kann insbesondere Kommunikations- und Mobilitätsbehinderungen in einer Weise ausgleichen, die durch Hilfsmittel und Arbeitshilfen nicht möglich ist. Dabei soll sie nicht anstelle des behinderten Menschen die Arbeit erledigen, sondern diesem ermöglichen, seine Leistungsfähigkeit zu entfalten, z. B. als Vorlesekraft für blinde Menschen. Leistungen zur Teilhabe am Arbeitsleben können auch an die Arbeitgeber behinderter Menschen erbracht werden, insbesondere als Eingliederungszuschüsse und Zuschüsse zu einer befristeten Probebeschäftigung[198].

c) Leistungen des Integrationsamts

Das Integrationsamt unterstützt die Teilhabe schwerbehinderter Menschen am Arbeitsleben durch die begleitende Hilfe im Arbeitsleben. Diese Leistungen werden aus der Ausgleichsabgabe finanziert[199]. Ihr Ziel ist, dass schwerbehinderte Menschen in ihrer sozialen Stellung nicht absinken, auf Arbeitsplätzen beschäftigt werden, auf denen sie ihre Fähigkeiten und Kenntnisse voll verwerten und weiterentwickeln können und befähigt werden, sich am Arbeitsplatz und im Wettbewerb mit nichtbehinderter Menschen zu behaupten[200]. Das Integrationsamt arbeitet dazu eng mit den Arbeitgebern und Rehabilitationsträgern zusammen[201]. Es kooperiert auch mit den Handwerkskammern und Industrie- und Handelskammern[202]. Bei seinen Leistungen kann das Integrationsamt Integrationsfachdienste beteiligen[203].

Das Integrationsamt erbringt auch Geldleistungen der begleitenden Hilfe an Beschäftigte und Arbeitgeber[204]. Diese entsprechen zu einem erheblichen Teil den Leistungen der Rehabilitationsträger und sind wie diese insbesondere durch ihren Zweck definiert. Besonders genannt sind Leistungen für außergewöhnliche Belas-

---

194   § 33 Abs. 7 SGB IX.
195   § 33 Abs. 8 Nr. 1, 4–6 SGB IX.
196   § 33 Abs. 8 Nr. 3 SGB IX.
197   Vgl. Mrozynski, SGb 2004, S. 259, 262 ff.; Benz, BG 2002, S. 528 ff.
198   § 34 Abs. 1 Nr. 2, 4 SGB IX; §§ 218, 219 SGB III; zu den arbeitsrechtlichen Folgen: BAG vom 4. Juni 2003, NZA 2003, S. 1143.
199   § 77 Abs. 5 SGB IX.
200   § 102 Abs. 2 Satz 2 SGB IX.
201   § 102 Abs. 2 Satz 2, 101 Abs. 1 SGB IX.
202   § 102 Abs. 1 Satz 7 SGB IX.
203   § 102 Abs. 1 Satz 5 SGB IX.
204   § 102 Abs. 3 SGB IX.

tungen durch die Beschäftigung von besonders stark betroffenen schwerbehinderten Menschen (Minderleistungsausgleich)[205]. Durch diese Leistungen kann auch schwerbehinderten Menschen eine Beschäftigung ermöglicht werden, die nicht die auf dem Arbeitsmarkt gesuchte Leistungsfähigkeit aufweisen. Nach dem Grundsatz des Vorrangs der Rehabilitation vor Rente kann dies auch unbefristet geschehen[206]. Schwerbehinderte Menschen haben Anspruch auf Übernahme der Kosten für eine Arbeitsassistenz[207], wenn die Förderung zur Aufnahme der Tätigkeit durch einen Rehabilitationsträger beendet ist. Grundsätzlich sind die Leistungen des Integrationsamts nachrangig gegenüber den Verpflichtungen der Rehabilitationsträger und der Arbeitgeber[208].

---

[205] § 102 Abs. 3 Nr. 2 lit. e SGB IX; vgl. Mrozynski, SGb 2004, S. 259, 264 ff.
[206] Mrozynski, SGb 2004, S. 259, 265.
[207] § 102 Abs. 4 SGB IX.
[208] § 102 Abs. 5 SGB IX.

J. Kultur und gemeinschaftliches Leben

Das Leben in der Gemeinschaft und die Kultur bilden den großen Teil gesellschaftlicher Aktivität von Menschen, der nicht spezifisch im Arbeits- oder Wirtschaftsleben oder zielorientierten öffentlichen Institutionen wie dem Bildungs- oder Gesundheitswesen stattfindet. Das gemeinschaftliche Leben besteht aus dem großen Bereich sozialer Kontakte von unmittelbarer Freundschaft oder Nachbarschaft über die informelle Begegnung in Gaststätten oder Gemeinschaftshäusern bis zum Zusammenschluss in mehr oder weniger zweckorientierten Vereinen und Verbänden. Zur gemeinschaftlichen Kultur gehören vor allem als öffentlich angelegte Aktivitäten wie Darbietungen oder Konzerte, Sportereignisse, Spiele oder Feste. Gemeinsam ist diesen Bereichen, dass sie auf freiwillige öffentliche Teilhabe an ihnen angelegt sind. Ihr Charakter als Teil der Persönlichkeitsbildung und -entfaltung wie auch der gesellschaftlichen Formierung und Differenzierung ergibt sich gerade aus der freien Entscheidung jedes Einzelnen, an welchen dieser Aktivitäten er teilhaben möchte und an welchen nicht.

Der Zugang behinderter Menschen zur Kultur und zum gemeinschaftlichen Leben und damit auch die Voraussetzung einer selbstbestimmten Entscheidung ist in erheblichem Maße davon abhängig, ob öffentliche Gebäude und öffentliche Veranstaltungen barrierefrei errichtet und ausgelegt sind. Ist dies der Fall, können individuelle Beeinträchtigungen der Mobilität und Kommunikation überwunden werden oder können die hierfür nötigen Hilfen überhaupt erst zum Einsatz kommen. Beim Zugang zu einem städtischen Gemeinschaftshaus oder einer Gaststätte kommt es für Rollstuhlfahrer auf Rampen, Fahrstühle, Türbreiten und Rangierraum, für Blinden zum Teil auf akustische Signalsysteme an. Findet dort eine Diskussionsveranstaltung statt, sind Gehörlose darauf angewiesen, dass Gebärdensprachdolmetscher oder andere Verständigungssysteme vorgehalten sind. Geht es um öffentliche Büchereien und private Buchhandlungen stellt sich für Rollstuhlfahrer vor allem die Frage der Zugänglichkeit, für Blinde diejenige nach einem Angebot in Braille-Schrift. Zu einem wesentlichen Teil sind also die für die Funktionsbereiche Mobilität und Kommunikation relevanten Gesundheitsstörungen und Kontextfaktoren angesprochen[1]. Als spezifischer Kontextfaktor kommt dazu, ob die Lebenswelten und Interessen behinderter Menschen im kulturellen Angebot hinreichend berücksichtigt sind. Sport behinderter Menschen findet zu einem großen Teil als Behindertensport statt[2], weil integrative sportliche Betätigung in vielen Sportarten nicht in Betracht kommt. Daraus ergibt sich, dass Sport-

---

[1] Vgl. weitere Beispiele bei A. Jürgens, ZfSH/SGB 2003, S. 589, 591.

[2] Ende 2002 haben 338.298 Menschen in 3545 Vereinen des Deutschen Behindertensportverbandes Sport getrieben, BT-Drucks. 15/4575, S. 150 f.

stätten[3], Fördermittel[4] und Möglichkeiten, die Öffentlichkeit zu erreichen, zur Verfügung stehen müssen, um eine dem Sport der Nichtbehinderten vergleichbare Teilhabe am kulturellen Leben zu erlangen[5].

1. Verfassungsrecht

Die kulturelle und gemeinschaftliche Betätigung ist durch die allgemeine Handlungsfreiheit[6] geschützt. Soweit sie geschieht, indem Menschen sich in Vereinen zusammenschließen, genießt sie auch den Schutz der Vereinigungsfreiheit[7]. Die kulturellen Erscheinungen Rundfunk und Film[8] sowie Kunst[9] sind für ihre Urheber besonders geschützt In vielen Landesverfassungen sind die Förderung von Kultur[10], Kunst[11] und Sport[12] als Staatsaufgaben benannt, in einigen Bundesländern auch explizit die Büchereien[13], Theater, Museen, Archive, Gedenkstätten und Sportstätten[14]. Diese Förderverpflichtungen vermitteln zwar den Nutzerinnen und Nutzer keine unmittelbaren Rechte. Sie zeigen aber auf, dass diese Einrichtungen von öffentlichem und allgemeinem Interesse sind[15]. Auch Orte des sozialen Lebens in privater Trägerschaft wie private Theater, Kinos oder Gaststätten sind Orte öffentlichen und bürgerlichen Lebens[16]. Damit wird jede Regelung, die zu einem Ausschluss Einzelner von der Nutzung führt, rechtfertigungsbedürftig.

2. Baurecht

Die Bauordnungen der Länder regeln die Zulässigkeit von Bauvorhaben im Einzelfall. Alle Bauordnungen enthalten Vorschriften über barrierefreies Bauen. Danach sind bauliche Anlagen und andere Anlagen, zu denen ein allgemeiner Besucherverkehr führt, so herzustellen und instand zu halten, dass sie von behinderten Men-

---

3 Vgl. BT-Drucks. 15/4575, S. 151.

4 So § 10 Abs. 2 Satz 2 und 3 Berliner Sportförderungsgesetz.

5 Vgl. BT-Drucks. 15/4575, S. 59. Aus Bundesmitteln wurden dem Deutschen Behindertensportverband 2004 224000 € zur Verfügung gestellt.

6 Art. 2 Abs. 1 GG.

7 Art. 9 Abs. 1 GG.

8 Art. 5 Abs. 1 GG.

9 Art. 5 Abs. 3 GG.

10 Art. 3c BWVerf; Art. 140 Abs. 3 BayVerf; Art. 20 Abs. 2 BerlVerf; Art. 34 Abs. 2 und 3 BrbVerf; Art. 11 Abs. 3 BremVerf; Art. 16 Abs. 1 MVVerf; Art. 6 NdsVerf; Art. 18 Abs. 1 NWVerf; Art. 40 Abs. 1 RhPfVerf; Art. 11 Abs. 1 SächsVerf; Art. 36 Abs. 1 LSAVerf; Art. 9 Abs. 3 SHVerf; Art. 30 Abs. 1 ThürVerf.

11 Art. 140 Abs. 1 BayVerf; Art. 34 Abs. 1 BrbVerf; Art. 16 Abs. 1 MVVerf; Art. 6 NdsVerf; Art. 18 Abs. 1 NWVerf; Art. 40 Abs. 1 RhPfVerf; Art. 11 Abs. 1 SächsVerf; Art. 36 Abs. 1 LSAVerf; Art. 30 Abs. 1 ThürVerf.

12 Art. 3c BWVerf; Art. 140 Abs. 3 BayVerf; Art. 32 BerlVerf; Art. 35 BrbVerf; Art. 16 Abs. 1 MVVErf; Art. 6 NdsVerf; Art. 18 Abs. 3 NWVerf; Art. 11 Abs. 1 SächsVerf; Art. 36 Abs. 1 LSAVerf; Art. 9 Abs. 3 SHVerf; Art. 30 Abs. 3 ThürVerf.

13 Art. 37 Satz 1 RhPfVerf; Art. 32 SLVerf; Art. 11 Abs. 2 Satz 2 SächsVerf; Art. 36 Abs. 3 LSAVerf; Art. 9 Abs. 3 SHVerf.

14 Art. 11 Abs. 2 Satz 2 SächsVerf; Art. 36 Abs. 3 LSAVerf.

15 Vgl. oben III.C.10.

16 Pöltl, GewArch 2003, S. 231, 234.

schen, alten Menschen und Personen mit Kleinkindern ohne fremde Hilfe zweck-
entsprechend genutzt und aufgesucht werden können[17]. Der Geltungsbereich dieser Vorschriften ist unterschiedlich. Die Aufzählung umfasst regelmäßig die dem
Besucherverkehr dienenden Teile von Einrichtungen der Kultur und des Bildungswesens, Einrichtungen des Gesundheitswesens, Büro-, Verwaltungs- und Ge-
richtsgebäude, Verkaufsstätten, Versammlungsstätten, Stellplätze, Garagen und
Toilettenanlagen. In Brandenburg und Berlin sind anstelle einer Aufzählung alle
öffentlich zugänglichen Gebäude eingeschlossen[18]. Dies ist die weitestgehende Regelung. Einrichtungen für behinderte Menschen, alte Menschen sind regelmäßig
insgesamt barrierefrei auszuführen, in manchen Ländern[19] sind hier auch Kinder-
einrichtungen eingeschlossen. Eine verstärkte Barrierefreiheit für Kindereinrich-
tungen ist eine wichtige Vorbedingung für Integration im Kindesalter[20]. In vielen
Bundesländern ist die Geltung nach dem Wortlaut auf solche baulichen Anlagen
beschränkt, die von behinderten und alten Menschen nicht nur gelegentlich aufgesucht werden[21]. Eine solche Beschränkung entspricht nicht dem Gedanken gleichwertiger Teilhabe. Sie ist zudem in der Gefahr eines Zirkelschlusses: Eine nicht
barrierefreie Anlage wird von behinderten Menschen oft nicht einmal gelegentlich
aufgesucht. Diese Normen sind daher so zu verstehen, dass es darauf ankommt, ob
behinderte Menschen die Einrichtungen häufiger als gelegentlich aufsuchen könnten. Zur Klarstellung sollte auf das Merkmal verzichtet werden. Eine restriktivere
Formulierung zum Ausschluss unangemessenen Aufwandes wurde in Niedersachsen gefunden, wo bauliche Anlagen nur dann ausgeschlossen sind, wenn wegen deren Eigenart oder Zweckbestimmung nicht damit zu rechnen ist, dass sie von behinderten Menschen besucht oder genutzt werden[22]. In Mecklenburg-Vorpommern ist die Geltung bei Gaststätten auf solche mit mehr als 50 Plätzen, bei
Beherbergungsbetrieben auf solche mit mehr als 30 Betten und bei Tankstellen auf
solche mit mehr als 12 Tankplätzen beschränkt[23]. In Hessen, Hamburg, Niedersachsen, Sachsen-Anhalt und Thüringen sind Gaststätten gar nicht erwähnt[24]. Sie
können zwar durch die Generalklausel erfasst werden, die Aussparung ist dennoch
auch im Hinblick auf das Verhältnis zwischen Bauordnungsrecht und Gaststättenrecht[25] eine missliche Unklarheit.

---

[17] § 42 Abs. 1 BWBauO; Art. 51 Abs. 1 BayBauO; § 51 Abs. 1 BerlBauO; § 45 Abs. 2 und 3
BbgBauO; § 53 Abs. 1 BremLBO; § 52 Abs. 1 HBauO; § 73 Abs. 1 HBO; § 52 Abs. 1 MVLBauO
§ 48 Abs. 1 NBauO; § 55 BauO NRW; § 51 Abs. 1 RhPflBauO; § 54 Abs. 1 SLBO; § 53 Abs. 1
SächsBauO; § 57 Abs. 1 BauO LSA; § 59 Abs. 1 SHLBauO; § 53 Abs. 2 ThürBO; vgl. BT-Drucks.
15/4575, S. 124 zur Musterbauordnung der Länder vom 8. November 2002.
[18] § 45 Abs. 3 BbgBauO; § 51 Abs. 1 BerlBauO.
[19] § 42 Abs. 1 Nr. 3 BWBauO; Art. 51 Abs. 2 Nr. 3 BayBO; § 53 Abs. 3 Nr. 3 BremLBO; § 52
Abs. 1 Nr. 3 HBO; § 54 Abs. 3 Nr. 3 SLBO; § 59 Abs. 3 Nr. 3 SHLBauO.
[20] Vgl. § 4 Abs. 3 SGB IX.
[21] § 42 Abs. 2 BWBauO; § 53 BremLBO; § 73 Abs. 1 HBO; § 52 Abs. 1 MVLBauO; § 51
Abs. 2 RhPfLBAuO; § 54 Abs. 1 SBO.
[22] § 48 Abs. 3 NBauO.
[23] § 52 Abs. 2 Nr. 3 und 12 MVLBauO; letztere Beschränkung auch in Bremen: § 53 Abs. 2
Nr. 13 BremLBO.
[24] § 73 Abs. 2 HBO; § 52 Abs. 3 HBauO; § 48 Abs. 1 NBauO; § 57 Abs. 2 BauO LSA; § 53
Abs. 2 ThürBO.
[25] Vgl. die Bezugnahme auf Baugenehmigungen in § 4 Abs. 1 Nr. 2a GastG.

Die Vorschriften der Bauordnung werden bei der Erteilung von Baugenehmigungen[26] sowie unter Umständen auch durch Beseitigungsanordnungen[27] durchgesetzt. Eine Anpassung bestehender baulicher Anlagen kann nur verlangt werden, wenn dies zur Erhaltung der öffentlichen Sicherheit erforderlich ist[28]. Die Verpflichtungen des Bauordnungsrechts erscheinen als sehr weitgehende Anordnungen der Barrierefreiheit im öffentlichen Raum. Sie können jedoch im Wesentlichen nur Neu- und Umbauten beeinflussen[29]. Die Änderung bestehender baulicher Anlagen ist dagegen im Wesentlichen durch das Behindertengleichstellungsrecht durchzusetzen. Für die bereits seit längerem bestehenden bauordnungsrechtlichen Vorschriften wird auch bei Neubauten ein erhebliches Vollzugsdefizit beklagt[30]. Im Baugenehmigungsverfahren für öffentliche Gebäude sind potenzielle Nutzerinnen und Nutzer nicht beteiligt und nicht klagebefugt, so dass die Durchsetzung alleine vom Willen und der Kompetenz der Bauordnungsbehörden abhängt. Die Verbandsklagerechte behinderter Menschen sind auf das Bauordnungsrecht nicht erstreckt worden.

3. Gleichstellungsrecht

a) Öffentlich-rechtliche Verpflichtung

Die Barrierefreiheit öffentlicher Gebäude und Einrichtungen, die vom Staat, den Kommunen oder anderen öffentlich-rechtlichen Trägern vorgehalten werden, ist durch das Gleichstellungsrecht geregelt. Das Gleichstellungsrecht des Bundes und der Länder enthält insbesondere die Vorschrift, dass Um- und Erweiterungsbauten entsprechend den allgemein anerkannten Regeln der Technik barrierefrei gestaltet werden sollen und dass bauliche oder andere Anlagen, öffentliche Wege, Plätze und Straßen barrierefrei zu gestalten sind. Diese Regelungen dienen nicht nur der Mobilität, sondern ermöglichen auch den Zugang zu öffentlichem und kulturellem Leben.

Die Barrierefreiheit kann von anerkannten Verbänden behinderter Menschen in ihrem satzungsgemäßen Bereich mit der Verbandsklage verfolgt werden[31]. Damit wird dem Problem begegnet, dass Verletzungen der Barrierefreiheit sich bisher in den wenigsten Fällen als einklagbare individuelle Rechtsverletzungen dargestellt haben. Die Verbandsklage ist im Umweltrecht ein erprobtes Instrument, um Interessen zur rechtlichen Durchsetzung zu verhelfen, die durch Individualklagen nicht verfolgt werden können.

Die Verpflichtung zur Barrierefreiheit aus den Behindertengleichstellungsgesetzen könnte darüber hinaus bei der Auslegung unbestimmter Rechtsbegriffe in verschiedenen Regelungsbereichen eine Rolle spielen. So könnte damit im Kommunalrecht klargestellt sein, dass die Gemeinden verpflichtet sind, den Zugang zu öf-

---

26 § 68 Abs. 1 SHLBauO.
27 § 86 SHLBauO.
28 § 93 Abs. 1 SHLBauO.
29 Vgl. U. Hase in: Igl/Welti (2001), S. 25, 31.
30 U. Hase in Igl/Welti (2001), S. 25, 30 zitiert eine untere Bauaufsichtsbehörde eines schleswig-holsteinischen Landkreises mit der Äußerung, § 59 SHLBauO werde „künftig mehr Beachtung finden" und resümiert, in der behördlichen Praxis handele es sich um eine Good-will-Leistung.
31 § 13 Abs. 1 Nr. 1 BGG; vgl. Schlacke, RsDE 52 (2003), S. 60, 68 f.

fentlichen Einrichtungen nicht nur in rechtlicher, sondern auch im Rahmen des Möglichen in tatsächlicher Weise allen Bürgerinnen und Bürgern der Gemeinde zu öffnen[32]. Das Benutzungsverhältnis öffentlicher Einrichtungen ist vom Gleichheitssatz mitgeprägt[33], so dass auch der soziale Gleichheitsanspruch des Benachteiligungsverbots als Prinzip zu berücksichtigen ist. Ähnliches könnte im Benutzungsverhältnis anderer öffentlicher Anstalten wie Landesmuseen gelten. Diese Rechte können im Wege der Leistungsklage verfolgt werden. Bei Entscheidungen im Denkmalschutzrecht kann die Barrierefreiheit als konkurrierender Belang berücksichtigt werden, um verstärkt Veränderungen geschützter Denkmale zu Gunsten ihrer allgemeinen Zugänglichkeit zu ermöglichen, wie in mehreren Ländern bereits explizit festgeschrieben ist[34].

b) Zielvereinbarungen mit Unternehmen oder Unternehmensverbänden

Viele Einrichtungen des kulturellen und gemeinschaftlichen Lebens sind private Unternehmen wie Einkaufszentren und Kaufhäuser, private Konzert- und Veranstaltungszentren oder Gaststätten und Hotels. Außerhalb der baurechtlichen Vorschriften für den Neubau unterliegen sie nur wenigen Vorschriften über die Gestaltung ihrer Zugänglichkeit und ihres Angebots nach den besonderen Bedürfnissen behinderter Menschen. Nach dem Konzept des Behindertengleichstellungsgesetzes des Bundes sollen für die nicht geregelten Bereiche[35] Zielvereinbarungen zur Herstellung von Barrierefreiheit getroffen werden können. Vertragspartner dieser Zielvereinbarungen sind Verbände behinderter Menschen und Unternehmen oder Unternehmensverbände[36]. Sie sollen Mindestbedingungen darüber festlegen, wie gestaltete Lebensbereiche im Sinne der Barrierefreiheit zu verändern sind, um dem Anspruch behinderter Menschen auf Zugang und Nutzung zu genügen und hierfür einen Zeitpunkt oder Zeitplan enthalten[37]. Die anerkannten Verbände behinderter Menschen können die Aufnahme von Verhandlungen verlangen[38]. Diese Absicht wird gegenüber dem Zielvereinbarungsregister beim Bundesministerium für Gesundheit und Soziale Sicherung angezeigt, um in einem Verfahren zu klären, welche Verbände behinderter Menschen sich an den Verhandlungen beteiligen[39], etwa um die divergenten Interessen verschiedener Gruppen behinderter Menschen zur Geltung zu bringen. Verhandlungen oder ihr Abschluss mit einer Zielvereinbarung sind aber nicht erzwingbar. Entsprechende Regelungen sind landesrechtlich in Nordrhein-Westfalen[40], im Saarland[41] und in Sachsen[42] verankert.

---

32 Vgl. § 18 Abs. 1 GO SH.
33 Von Mutius (1996), Rz 95.
34 Vgl. Art. 6 Abs. 4 BayDSchG; § 11 Abs. 5 BerlDSchG; § 15 RhPfDSchG; § 9 Abs. 2 DSchG LSA; § 9 Abs. 2 Satz 3 SHDSchG.
35 Zur Subsidiarität: A. Jürgens, ZfSH/SGB 2003, S. 589 f.
36 § 5 Abs. 1 Satz 1 BGG; vgl. BT-Drucks. 15/4575, S. 10; Frehe, BArbBl. 6/2002, S. 12 f.
37 § 5 Abs. 2 Satz 1 BGG; Beispiele bei A. Jürgens, ZfSH/SGB 2003, S. 589, 590 f.
38 § 5 Abs. 1 Satz 2 BGG.
39 § 5 Abs. 3 BGG.
40 § 5 BGG NRW.
41 § 12 SBGG.
42 § 14 SächsIntegrG.

Das Instrument der Zielvereinbarung erscheint auf den ersten Blick als modernes Regelungsinstrument, indem es die Verantwortlichkeit für Barrierefreiheit an die betroffenen Personen und an diejenigen delegiert, welche sie herstellen können. Der Staat beschränkt sich auf eine beaufsichtigende Rolle. Über zwei Jahre nach Inkrafttreten des BGG ist jedoch festzustellen, dass es nur in einem Fall zum Abschluss einer überregionalen und unternehmensübergreifenden Zielvereinbarung gekommen ist. Als erste über eine Region oder ein Unternehmen hinausweisende Zielvereinbarung ist am 12. März 2005 die Vereinbarung „Standardisierte Erfassung, Bewertung und Darstellung barrierefreier Angebote in Hotellerie und Gastronomie" zwischen dem Deutschen Hotel- und Gaststättenverband (DEHOGA) sowie dem Hotelverband Deutschland (IHA) mit dem Sozialverband VdK, der Bundesarbeitsgemeinschaft Hilfe für Behinderte (BAGH), dem Deutschen Blinden- und Sehbehindertenverband, dem Deutschen Gehörlosen-Bund und der Interessenvertretung Selbstbestimmt Leben Deutschland geschlossen worden.

Dieses Ergebnis ist wohl nicht darauf zurückzuführen, dass es an Problemen mangelt. Vielmehr ist übersehen worden, dass kollektivvertragliche Regelungsinstrumente sich nur in solchen Bereichen bewähren können, in denen beide Vertragspartner im jeweiligen sozialen Raum Interesse und Verhandlungsmächtigkeit aufweisen oder in denen der Abschluss einer Vereinbarung rechtlich durchgesetzt werden kann. Mängel der Barrierefreiheit im von Privatunternehmen strukturierten öffentlichen Raum sind gerade darauf zurückzuführen, dass diese, sei es zutreffend oder nicht, behinderte Menschen nicht für eine Gruppe von Kunden oder Besuchern halten, deren Kaufkraft oder sonstige Relevanz den Aufwand einer Um- oder Neugestaltung rechtfertigen würde. Diese Einschätzung wird alleine durch die Möglichkeit von Zielvereinbarungen wohl nur in Ausnahmefällen verändert werden. Soweit also der freie Zugang behinderter Menschen zu Hotels, Einkaufs- oder Veranstaltungszentren im sozialen Rechtsstaat als wesentliches Regelungsanliegen verfolgt werden soll, müsste das Konzept des Gleichstellungsrechts wohl so verändert werden, dass entweder den Verbänden behinderter Menschen erzwingbare Rechte auf Abschluss zustehen oder staatliche Regulierung als das bewährtere Konzept für den Schutz des strukturell Schwächeren wieder aktiviert wird.

Dazu kommt, dass für kulturelle und gemeinschaftliche Einrichtungen, die weder von Trägern der öffentlichen Gewalt noch von Unternehmen betrieben werden, keine Regelung über die Herstellung von Barrierefreiheit besteht. Dies betrifft etwa die Einrichtungen von Wohlfahrtsverbänden, Bürgervereinen und Kirchen, soweit sie nicht der Ausführung von Sozialleistungen[43] dienen. Dies ist unbefriedigend, da diese Einrichtungen vielerorts eine wesentliche Rolle in der Organisation des kulturellen oder gemeinschaftlichen Lebens spielen und sogar in Dörfern oder Kleinstädten ohne Alternative sein können. In diesen Einrichtungen werden öffentliche Aufgaben erfüllt und sie sind oft überwiegend aus öffentlichen Mitteln finanziert. Dies würde rechtfertigen, sie entweder in die Pflicht zur Barrierefreiheit

---

[43] Hier gilt § 17 Abs. 1 Nr. 4 SGB I.

einzubeziehen oder zumindest den Abschluss von Zielvereinbarungen zu ermöglichen[44]. Letzteres könnte mehr Erfolg versprechen als bei privaten Unternehmen,
da Kirchen und Wohlfahrtsverbände weit stärker auf das ideelle Kapital angewiesen sind, dass sich aus ihrer Rolle in der Fürsorge für behinderte Menschen und Solidarität mit den schwächeren Gliedern der Gesellschaft ergibt.

4. Gewerberecht

Das allgemeine Gewerberecht beruht auf dem Grundsatz der Gewerbefreiheit.
Für Gewerbebetriebe ist keine Genehmigung erforderlich, sondern ihr Betrieb ist
nur anzuzeigen. Ein Instrumentarium zur Durchsetzung der Barrierefreiheit in
Gewerbebetrieben ist daher nur schwer zu entwickeln. Durch besonderes Gewerberecht sind aber zahlreiche Gewerbezweige einer Erlaubnispflicht unterworfen.
Unter den für die Teilhabe an Kultur und gemeinschaftlichem Leben relevanten
Gewerbezweigen ist hier besonders das Gaststättenrecht zu nennen. Wer ein
Gaststättengewerbe betreiben will, bedarf der Erlaubnis[45]. Die Erlaubnis ist zu
versagen, wenn die zum Betrieb der Gaststätte bestimmten Räume von behinderten Menschen nicht barrierefrei[46] genutzt werden können. Dies gilt aber nur,
wenn diese Räume in einem Gebäude liegen, für das nach dem 1. November 2002
eine Baugenehmigung für die erstmalige Errichtung, für einen wesentlichen Umbau oder eine wesentliche Erweiterung erteilt wurde oder das, wenn eine Baugenehmigung nicht erforderlich ist, nach dem 1. Mai 2002 fertig gestellt oder wesentlich umgebaut oder erweitert wurde[47]. Die Mindestanforderungen können
durch landesrechtliche Verordnungen bestimmt werden[48]. Mit dieser Regelung
wird im Gaststättenrecht an die bereits bauordnungsrechtlichen Regelungen angeknüpft und ein Interesse von Bauherrn geschaffen, deren Einhaltung zu beachten.
Wie im Bauordnungsrecht gilt auch hier, dass die Regelung nur für Neubauten
und wesentliche Umbauten gilt. Die Initiative für gezielte Umgestaltungen bestehender Gaststätten ist den Zielvereinbarungen nach dem Gleichstellungsrecht
überlassen.

5. Vertragsrecht

Über den Zugang zum gemeinschaftlichen und kulturellen Leben in privatrechtlich
verfassten öffentlichen Räumen entscheidet nicht nur die Barrierefreiheit, sondern
auch die Bereitschaft, behinderte Menschen als Vertragspartner zu akzeptieren.
Auch in barrierefreien Hotels, Gaststätten oder Veranstaltungszentren können sich
Betreiber weigern, behinderte Menschen aufzunehmen und mit ihnen in ein Aus-

---

[44] Anders A. Jürgens, ZfSH/SGB 2003, S. 589, 590, der aber irrigerweise darauf abstellt, es
könne für die Kirchen um „Zielvereinbarungen über ihren Verkündigungsauftrag" gehen. Dieser
wäre durch ein barrierefreies Pfarrgemeindezentrum nicht betroffen.
[45] § 2 Abs. 1 Satz 1 GastG; BT-Drucks. 15/4575, S. 11 f.
[46] Zur Auslegung vgl. Pöltl, GewArch 2003, S. 231, 236.
[47] § 4 Abs. 1 Nr. 2a GastG; vgl. Pöltl, GewArch 2003, S. 231, 232.
[48] § 4 Abs. 3 Satz 2 lit. a GastG; zur Entstehung: Pöltl, GewArch 2003, S. 231, 233.

tauschverhältnis zu treten. Ein allgemeines Diskriminierungsverbot beim Schluss von ohne Ansehen der Person abzuschließenden Verträgen wird durch das ADG eingeführt[49].

Zu beachten ist, dass in den Rechtsbeziehungen der Anbieter von kulturellen und gemeinschaftlichen Leistungen nicht nur das zweipolige Verhältnis zwischen Anbieter und einem möglicherweise behinderten Kunden zu beachten ist. Vielmehr bestehen bestimmte Beziehungen zu den Rechtsverhältnissen anderer Kunden, die Mitbenutzer des gleichen Angebots sind. Deutlich wird dies insbesondere in der Rechtsprechung zum Reiserecht. Hier ist verschiedentlich über die Frage zu entscheiden gewesen, ob die Anwesenheit behinderter Menschen und von ihnen ausgehende oder wegen ihrer Anwesenheit empfundene Störungen einen Reisemangel[50] darstellen. Einige Gerichte haben dies bejaht[51]. Obwohl an dem Rechtsverhältnis zwischen dem Reiseanbieter und seinem nichtbehinderten Kunden hier keine behinderten Menschen beteiligt sind, haben die Entscheidungen dieser Rechtsfälle entscheidenden Einfluss auf die Teilhabe behinderter Menschen an den Möglichkeiten des gemeinschaftlichen Lebens. Stellt ihre Anwesenheit nämlich für die anderen einen Reisemangel dar, so werden Reiseveranstalter wegen des Risikos entsprechender Entscheidungen davor zurückschrecken, behinderte Menschen als Kunden zu akzeptieren. In der Bestimmung der Gewährleistungsrechte nichtbehinderter Reisender wird also über deren Pflicht zu Rücksichtnahme und Toleranz und mittelbar über die Teilhabechancen behinderter Menschen entschieden. Diese Reflexwirkungen sind der Grund für erhebliche Kritik an entsprechenden Urteilen gewesen[52], die sich im Ergebnis auch als zutreffend erweist. Wer Dienstleistungen in öffentlich zugänglichen Einrichtungen in Anspruch nimmt, hat dort, ähnlich wie im Nachbarrecht, seine Mitmenschen zu ertragen. Damit ist die Pflicht zur gegenseitigen Rücksichtnahme nicht in Frage gestellt. Das Behindert-Sein behinderter Menschen ist aber keine Rücksichtslosigkeit. So müssen behindertenspezifische Kommunikationsformen so ertragen werden wie fremde Sprachen oder Dialekte. Führen Behinderungen zu darüber hinausführenden Belästigungen anderer Personen (z. B. durch besondere Lautstärke), so gebietet die gegenseitige Rücksichtnahme einen schonenden Ausgleich. Nur wenn dieser mit erheblichen Einschränkungen der Reisequalität verbunden ist, kann sich mittelbar ein Reisemangel ergeben[53]. Noch stärker gilt das Gebot gegenseitiger Rücksichtnahme bei Einrich-

---

[49] § 2 Abs. 1 Nr. 8, 19 Abs. 1 ADG; vgl. dazu: Högenauer (2002), S. 55 ff.; dagegen: J. Braun, JuS 2002, 424; Säcker, ZRP 2002, S. 286 ff.; Adomeit, NJW 2002, S. 1622, 1623; dafür: Baer, ZRP 2002, S. 290 ff.; differenziert: Eichenhofer, ZESAR 2003, S. 349, 350; Wiedemann/Thüsing, DB 2002, S. 463 ff.; von Koppenfels, WM 2002, S. 1489 ff.

[50] § 651c Abs. 1 BGB.

[51] LG Frankfurt am Main vom Februar 1980, NJW 1980, S. 1169; AG Flensburg, NJW 1993, S. 272; anders: AG Bad Homburg vom 12. August 1999, Az. 2 C 2096/99 (15); AG Kleve vom 12. März 1999, NJW 2000, S. 84.

[52] Wagner/Kaiser (2004), S. 78 f.; Straßmair (2002), S. 265; Beaucamp, JA 2001, S. 36, 37; Caspar, EuGRZ 2000, S. 135, 142; D. Reuter, SHAnz 1992, S. 217 f.; Brox, NJW 1980, S. 1939.

[53] Vgl. D. Reuter, SHAnz 1992, S. 217, 218; zur Differenzierung: AG Frankfurt am Main vom 8. Dezember 1977, NJW 1980, S. 1965 (Anwesenheit von Behinderten kein Reisemangel, häufiges Erbrechen der Behinderten ins Schwimmbecken ist Reisemangel).

tungen, die bereits von ihrem Zweck her der sozialen Integration verpflichtet sind wie etwa Kindergärten[54].

6. Sozialrecht

Nach dem SGB IX sollen die Leistungen zur Teilhabe am Leben in der Gemeinschaft den behinderten Menschen die Teilhabe am Leben in der Gesellschaft ermöglichen oder sichern[55]. Besonders genannt sind Hilfsmittel, die über diejenigen der medizinischen Rehabilitation und der Leistungen zur Teilhabe am Arbeitsleben hinausgehen und andere Hilfen, mit denen in der Kommunikation die Voraussetzungen für gemeinschaftliche und kulturelles Leben geschaffen werden können. Besonders genannt sind Hilfen zur Teilhabe am gemeinschaftlichen und kulturellen Leben[56]. Diese umfassen Hilfen zur Förderung der Begegnung und des Umgangs mit nichtbehinderten Menschen, Hilfen zum Besuch von Veranstaltungen oder Einrichtungen, die der Geselligkeit, der Unterhaltung oder kulturellen Zwecken dienen und die Bereitstellung von Hilfsmitteln, die der Unterrichtung über das Zeitgeschehen und kulturelle Ereignisse dienen. Diese Leistungen sind offen von ihrem Zweck her definiert und können insbesondere Fahrdienste, Assistenz und spezielle Kommunikationsmittel umfassen. Diese Hilfen können auch in der Organisation von Veranstaltungen bestehen, mit denen die intendierte Teilhabe und Integration erst möglich wird, wie gemeinsame Ferienfreizeiten[57].

---

[54] Vgl. LG Mannheim vom 3. März 1982, NJW 1982, S. 1335 (Kündigungsgrund verneint); AG Frankfurt am Main vom 9. November 2001, NJW-RR 2001, S. 1131 (Kündigungsgrund bejaht).
[55] § 55 Abs. 1 Satz 1 SGB IX.
[56] §§ 55 Abs. 2 Nr. 7, 58 SGB IX.
[57] Dietrich, WzS 2003, S. 105, 107.

VI. Zusammenfassung

A. Vom Phänomen zum Rechtsbegriff

1. Behinderung als Problem und als Rechtsbegriff

Behinderung ist ein Begriff, mit dem eine individuelle und gesellschaftliche Problemlage beschrieben wird. Sie wird im sozialen Rechtsstaat in vielfältiger Weise durch Rechtsnormen geregelt. Im Allgemeinen und im rechtlichen Sprachgebrauch werden zahlreiche Begriffe gebraucht, die einzelne Aspekte von Behinderung beschreiben. Dazu gehören die Bezeichnungen einzelner gesundheitlicher Funktionsstörungen wie Geisteskrankheit, Blindheit, Gehörlosigkeit und Gehbehinderung. Als frühere Umschreibungen erscheinen im Recht noch Gebrechlichkeit, Beschädigung und Versehrtheit.

Mit den Begriffen der Invalidität, Erwerbsunfähigkeit und heute im deutschen Recht vor allem Erwerbsminderung wird der Aspekt von Behinderung beschrieben, der dazu führt, dass Menschen aus gesundheitlichen Gründen nicht mehr in der Lage sind für ihren Lebensunterhalt zu arbeiten. Sie weichen damit von der Grundformel von Sozialpolitik und Sozialrecht ab, wonach jeder erwachsene Mensch selbst für seinen Lebensunterhalt aufkommen kann und soll. Dieses soziale Risiko erfordert eine Reaktion des sozialen Rechtsstaats. Mit der konkreten Beschreibung des Invaliditätsrisikos in den verschiedenen Bereichen des Rechts der sozialen Sicherung werden sozialpolitische Entscheidungen über Ziel und Umfang der Sicherung verbunden. Durch eine eher konkrete Betrachtung des Invaliditätsrisikos werden auch Arbeitsmarktrisiken gesichert, durch eine abstrakte Betrachtung, wie sie gegenwärtig vorherrscht, werden die betroffenen Personen auf die zumeist geringere Sicherung bei Arbeitslosigkeit verwiesen. Damit entsteht wiederum die Notwendigkeit, leistungsgeminderte und gesundheitlich beeinträchtigte Arbeitslose besonders zu definieren und ihre spezifischen Probleme zu bearbeiten. Eine weiter gehende Sicherung bei Invalidität gewährt auch Schutz gegen behinderungsbedingte Beeinträchtigung eines konkreten Berufs. Diese mit den Begriffen Berufsunfähigkeit und Dienstunfähigkeit verbundene Sicherung ist in den letzten Jahren abgebaut worden.

Behinderung hat einen engen Bezug zu den Begriffen Gesundheit und Krankheit. Behinderung beschreibt eine Störung der funktionalen Gesundheit, die sich auf die Aktivitäten und die Teilhabe von Menschen bezieht. Krankheit im Sinne des Sozialrechts ist eine akute und behandlungsbedürftige Gesundheitsstörung. Krankheit und Behinderung als sozialrechtliche Begriffe bezeichnen jeweils eine Abweichung von der gesundheitlichen Norm. Ihnen folgen aber unterschiedliche Leistungen, die von den Systemen entweder der Krankenbehandlung oder der Rehabilitation erbracht werden. Chronische Krankheit ist ein wesentlicher Überschneidungsbereich zwischen Krankheit und Behinderung. Das gesundheitspolitische und sozialrechtliche

Interesse für chronische Krankheit führt damit zu einer Neubestimmung des Verhältnisses von Krankheit und Behinderung. Krankheit im arbeitsrechtlichen Sinne ist vor allem Arbeitsunfähigkeit und damit eine funktionale Gesundheitsstörung. Im Arbeitsrecht liegen Krankheit und Behinderung nahe zusammen, sobald die Arbeitsunfähigkeit zu einer ernsthaften Leistungsstörung führt. Entsprechend werden hier Verknüpfungen zwischen Arbeitsrecht und Behindertenrecht hergestellt.

Die sozialen Risiken der Erwerbsminderung und des Alters werden heute weit gehend getrennt betrachtet. Die Sicherung des Lebensunterhalts in beiden Fällen durch Rentenversicherung und Sozialhilfe erfolgt aber in miteinander verknüpften Systemen. Es bestehen noch Bezugspunkte, da mit steigendem Alter das Risiko einer auch gesundheitsbedingten Ausgliederung aus dem Erwerbsleben wächst. Ein weiterer Berührungspunkt ist das Risiko der Pflegebedürftigkeit, das vor allem im hohen Alter auftritt. Hier besteht noch eine enge Verknüpfung zwischen den sozialen Hilfssystemen der Altenhilfe und der Pflegeeinrichtungen.

Pflegebedürftigkeit ist eine besonders schwere Form der Behinderung, die mit einem Hilfebedarf bei Grundfunktionen des täglichen Lebens verbunden ist. Die soziale Sicherung bei Pflegebedürftigkeit ist auch sozialrechtlich noch von der Sicherung bei Behinderung getrennt, obwohl teilweise die gleichen Personen betroffen ist und sich das soziale Risiko nur im Schweregrad unterscheidet. Diese Trennung erweist sich in verschiedenen Zusammenhängen als sachlich und normativ nicht mehr begründbar.

Im schulischen Bereich werden die Phänomene der Behinderung vor allem mit dem Begriff des sonderpädagogischen Förderbedarfs erfasst und damit aus der Sicht des helfenden Systems beschrieben. Sonderpädagogischer Förderbedarf wird zumeist durch gesundheitliche Störungen ausgelöst. Insbesondere bei Lernbehinderungen und Verhaltensstörungen kann die Ursache aber auch ganz oder wesentlich im sozialen und erzieherischen Bereich liegen. Gerade weil die Ursachen eines Förderbedarfs bei Kindern und Jugendlichen schwer voneinander abzugrenzen sind, gibt es gute Gründe für die begriffliche Sonderentwicklung im pädagogischen und schulrechtlichen Bereich.

Behinderung ist erst 1919 durch den Selbsthilfebund der Körperbehinderten in den sozialpolitischen Sprachgebrauch eingeführt worden und hat sich seitdem mit einem immer stärker ausgreifenden Bedeutungsgehalt in die Alltagssprache und das Recht eingegangen. Seit dem Körperbehindertengesetz von 1957 hat sich Behinderung zunächst im Sozialrecht und Arbeitsrecht als ein Leitbegriff für Leistungsrechte und Schutzrechte durchgesetzt. Erst in den 1990er Jahren hat Behinderung als Rechtsbegriff Bedeutung über diesen Bereich hinaus gewonnen und ist im Europäischen Recht, im Verfassungsrecht, im Bürgerlichen Recht und in zahlreichen Gesetzen des öffentlichen Rechts relevant geworden. Mit den Behindertengleichstellungsgesetzen in Bund und Ländern entsteht ein eigenständiges Behinderungsrecht, das über einen engeren sozialpolitischen Ansatz in die Gestaltung vieler Rechts- und Lebensbereiche ausgreift. Dabei sind die Begriffe der Barriere und der Barrierefreiheit neu in das Recht eingeführt worden, um den gesellschaftliche Aspekt und Gründe von Behinderung angemessen darzustellen.

Behinderung ist heute ein Begriff, der auch im internationalen Recht und in den internationalen Organisationen Bedeutung hat. Die Standard Rules der Generalversammlung der Vereinten Nationen und die Internationale Klassifikation der Funktionsfähigkeit, Behinderung und Gesundheit (ICF) der Weltgesundheitsorganisation befassen sich mit dem Behinderungsbegriff. In ihnen wird das internationale fachliche und politische Bestreben deutlich, Behinderung als einen Begriff zu definieren, der die Verknüpfung zwischen Gesundheitszustand, gesellschaftlichem Kontext und individueller Teilhabe beschreibt und handlungsleitende Funktionen für das Gesundheitswesen und die Sozial- und Gesellschaftspolitik hat.

Behinderung ist im deutschen Recht vor allem im Kontext des Schwerbehindertenrechts als Status verstanden worden. Der Schwerbehindertenstatus wird einer Person als Eigenschaft zugeordnet, die entsprechende Schutz- und Leistungsrechte verleiht. Im Kontext der Rehabilitation wird aber zugleich als Ziel von Sozialleistungen definiert, Behinderung zu vermeiden, aufzuheben oder zu mindern. Das Spannungsverhältnis von Behinderung als Status und Behinderung als zu überwindendem Zustand findet sich auch im Rentenrecht und ist dort in der Formel „Rehabilitation vor Rente" zusammengefasst worden.

In Politik und Wissenschaft ist in den letzten dreißig Jahren eine intensive Diskussion um den Behinderungsbegriff geführt worden. Diese hat sich niedergeschlagen in dem neuen Klassifikationssystem der ICF und im deutschen Recht in dem Behinderungsbegriff des SGB IX und des Gleichstellungsrechts. Behinderung ist danach weder allein eine persönliche Eigenschaft, die mit medizinischen Mitteln bestimmt werden könnte noch ausschließlich ein soziales Verhältnis, das durch die behindernden gesellschaftlichen Faktoren bestimmt würde. Der moderne Behinderungsbegriff zeigt sich als Synthese eines medizinisch-personalen und eines sozialen Behinderungsbegriffs. Behinderung wird gerade durch die Wechselwirkung zwischen einer individuellen Gesundheitsstörung und behindernder Kontextfaktoren ausgemacht. Dieses rechtlich zu erfassen und dabei zu einer sachgerechten Zuordnung von Schutz- und Leistungsrechten zu kommen, ist die Herausforderung an die Rechtswissenschaft.

Der Behinderungsbegriff nach § 2 Abs. 1 SGB IX und § 3 BGG enthält mehrere Elemente, die verschiedene zentrale Probleme des modernen Behinderungsbegriffs aufnehmen. Der Behinderungsbegriff ist gekennzeichnet durch eine Abweichung von der gesundheitlichen Norm. Betroffene Menschen, Recht und Medizin müssen beim Umgang mit dem Behinderungsbegriff reflektieren, dass die Entscheidung über eine gesundheitliche Normabweichung nicht vollständig aus der Natur der Sache vorgegeben ist, sondern eine Wertung beinhaltet. Die damit verbundenen Probleme werden verstärkt durch den im Gesetz enthaltenen Bezug der Norm auf das Lebensalter. In vielen Bereichen der Funktionsfähigkeit und Teilhabe lassen sich unbestrittene Normen dafür, was altersgemäß ist, nicht aufstellen. Mit dem sozialen Element und dem Fortschritt der Rehabilitation ist auch eine stärkere Dynamik in den Behinderungsbegriff gekommen. Das früher vorherrschende Verständnis von Behinderung als einer dauerhaften, meist lebenslangen Eigenschaft muss überprüft werden. Der soziale Anteil im modernen Behinderungsbegriff wird vor allem repräsentiert durch den Begriff der Teilhabe und die Verknüpfung zwischen Gesundheitsstörung und Teilhabestörung. In der ICF wird Teilhabe als Einbezogensein in eine Lebenssituation definiert. Für Sozialpolitik und Recht kommt es darauf an, die wesentlichen Bereiche der Teilhabe zu identifizieren. Hierzu sind die

Grundrechte und die in ihnen enthaltenen Wertungen unverzichtbar. Der Zusammenhang zwischen Gesundheit und Teilhabe wird auch durch die behindernden Kontextfaktoren vermittelt. Sie als Barrieren zu erkennen und zu minimieren, ist Aufgabe einer modernen Behinderungspolitik. Der Behinderungsbegriff im Recht erweist sich so als sinnhaltiger konkreter Begriff, der nur aus seiner Wertungsbezogenheit heraus verstanden werden kann. Wer als behinderter Mensch angesehen wird, soll Schutz und Leistungen erhalten, weil im sozialen Rechtsstaat gesundheitlich bedingte Beeinträchtigungen der Teilhabe ausgeglichen werden sollen. Die Arbeit am Behinderungsbegriff ist also Teil des gesellschaftlichen Diskurses über eine wesentliche Aufgabe des sozialen Rechtsstaats.

2. Rehabilitation als Rechtsbegriff und als Institution

Ein wesentlicher Begriff für die Ziele und Mittel zur gleichwertigen Teilhabe behinderter Menschen ist Rehabilitation. Rehabilitation bezeichnet als Rechtsbegriff die Wiedereinsetzung in einen vorherigen Zustand oder in eine Rechtsposition. Zum ersten Mal in den sozialpolitischen Kontext gestellt wurde Rehabilitation im Deutschen 1846 durch *von Buß*, der damit die Wiedereinsetzung des heilbaren Armen in den Stand seiner Würde bezeichnete. Als medizinischer und sozialpolitischer Begriff wurde Rehabilitation erst nach dem zweiten Weltkrieg wieder in Deutschland eingeführt. Rehabilitation wird auch international als Bezeichnung für die Befähigung behinderter Menschen zu Arbeit und funktionaler Gesundheit gebraucht, insbesondere in der Internationalen Arbeitsorganisation. Seit den 1970er Jahren wurde Rehabilitation zu einem Leitbegriff für die sozialrechtlichen Ansprüche und Institutionen für behinderte Menschen. Mit medizinischer Rehabilitation werden sowohl ein spezialisierter Sektor als auch eine allgemeine Zielbestimmung des Gesundheitswesens beschrieben. Als besonderen Sektor bezeichnet Rehabilitation die auf den Umgang mit Behinderung und die Gewinnung funktionaler Gesundheit gerichteten Teile des Gesundheitswesens. Rehabilitation ist dabei vor allem durch ihre Ziele definiert. Unter den Mitteln dominiert nach wie vor die stationäre Rehabilitation in einem zeitlichen Block. Ambulante Rehabilitation mit fließenden Übergängen zur Krankenversorgung gewinnt an Bedeutung. Die ärztliche Profession hat dabei eine leitende Stellung, ohne jedoch die Rehabilitation so zu dominieren wie die Krankenversorgung. Die stärker auf Teilhabe gerichteten Ziele machen es notwendig, dass die Kompetenz anderer Berufe und der Betroffenen selbst in stärkerer Weise einbezogen wird als im akutmedizinisch geprägten Teil des Gesundheitswesens. In den Gesundheitsreformen der letzten Jahre ist erkannt und normativ verankert worden, dass insbesondere beim Umgang mit chronischen Krankheiten der Ansatz der Rehabilitation als Zielbeschreibung des gesamten Gesundheitswesens gelten muss. Teilhabe, Erwerbsfähigkeit und Lebensqualität trotz Gesundheitsstörung gewinnen an Bedeutung. Dies betrifft alle Bereiche des Gesundheitswesens. Betrachtet man die menschliche Gesundheit im Lebenslauf, so sind Rehabilitation und Prävention oft kaum zu trennen. Die neuen strukturierten Behandlungsprogramme für chronisch kranke Menschen können als Hinwendung des akutmedizinischen Sektors zu rehabilitativen Ansätzen verstanden werden. Sie müssen auch institutionell entsprechend eingebunden werden.

Auch Pflege kann Rehabilitation sein. Die Meinung, für Pflegebedürftige komme Rehabilitation nicht in Betracht, ist weder mit dem Erkenntnisstand von Pflegewissenschaft und Medizin noch mit den normativen Vorgaben des Sozialrechts vereinbar. Auch pflegebedürftige Menschen können und müssen in den ihnen möglichen Stand der Würde und Teilhabe wieder eingesetzt werden.

Das Verhältnis zwischen Rehabilitation und Bildungswesen ist geprägt vom institutionellen Misstrauen zwischen Medizin und Pädagogik. Begrifflich zwischen den Disziplinen steht am ehesten die Heilpädagogik, die sowohl im sozialrechtlich wie im schulrechtlich dominierten Bereich erscheint, ohne jedoch über einen einheitlichen Kanon von Zielen und Mitteln zu verfügen. Begriff und Ansatz der Sonderpädagogik sind in der Kritik, weil sie traditionell über die Existenz gesonderter Einrichtungen definiert ist. Heilpädagogik, Sonderpädagogik und die so bezeichnete Integrationspädagogik sind jedoch einig in dem Ziel, mit pädagogischen Mitteln möglichst viel Integration und damit Teilhabe behinderter Kinder und Jugendlicher in das allgemeine Bildungswesen zu erreichen. Medizinische Rehabilitation und Leistungen zur Teilhabe am Leben in der Gemeinschaft können dabei eine Hilfe sein. Nötig ist jedoch eine bessere Verknüpfung der Systeme.

Teilhabe am Arbeitsleben ist das Ziel der beruflichen Rehabilitation. Noch stärker als die medizinische Rehabilitation ist sie alleine durch das Ziel definiert, während die Mittel medizinisch, pädagogisch und praktisch sein können. Teilhabe am Arbeitsleben findet in den Betrieben und in Arbeitsverhältnissen statt. Die systematische Verknüpfung von Arbeitsrecht und Sozialrecht zu einem Vorrang der Rehabilitation vor krankheitsbedingter Beendung des Arbeitsverhältnisses ist darum eine vorrangige Aufgabe, die vom Gesetzgeber des SGB IX auch erkannt worden ist. Rehabilitation ist zugleich eingebunden in die Regulierung und in die Mechanismen des Arbeitsmarkts. Unter den Bedingungen von hoher Arbeitslosigkeit ist Rehabilitation schwieriger, aber auch noch wichtiger als zu Zeiten der Vollbeschäftigung. Für behinderte Menschen ist das Risiko der Arbeitslosigkeit und unterqualifizierten Beschäftigung größer. Entsprechend brauchen sie berufliche Rehabilitation, um gleichwertiger Teilhabe am Arbeitsleben näher zu kommen.

Rehabilitation dient nicht nur individueller Teilhabe. Dies wird bereits deutlich bei der regulatorischen Wirkung für den Arbeitsmarkt. Noch klarer ist die gesellschaftliche Funktion beim Vorrang der Rehabilitation vor Renten und anderen Geldleistungen. Rehabilitation soll damit die sozialpolitische Grundformel der Bedarfsdeckung durch eigene Erwerbsarbeit durchsetzen. Es ist ein erklärtes Ziel der Europäischen Union, aus sozialpolitischen, ökonomischen und demografischen Gründen die Quote der Erwerbstätigen an der Bevölkerung wesentlich zu steigern. Dies wird ohne eine Aktivierung und Rehabilitation gesundheitlich eingeschränkter Menschen nicht möglich sein. Rehabilitation vor Rente und vor Ausgliederung aus dem Arbeitsmarkt ist damit ein zeitgemäßes Prinzip. Es bedarf aber auch im Sozialrecht noch der Durchsetzung der entsprechenden Normen gegenüber gegenläufigen institutionellen Imperativen. Im Verhältnis von betrieblicher zu öffentlicher Sphäre wie im Verhältnis zwischen den Leistungsträgern im gegliederten Sozialleistungssystem ist die Versuchung nach wie vor groß, der Rente den Vorrang vor der Rehabilitation zu geben, wenn so das eigene Budget kurzfristig entlastet wird.

Umso wichtiger ist die Durchsetzung von Rehabilitation als Prinzip in den Leistungssystemen und als individueller Anspruch der behinderten Menschen. Leistungen zur Teilhabe sind in Rentenversicherung, Krankenversicherung und Arbeitsförderung als Ermessensleistungen ausgewiesen. Der Zweck der Leistungen
zur Teilhabe weist jedoch auf ein intendiertes Ermessen hin. Können sie zur Erreichung ihrer Zwecke zumindest beitragen, besteht ein Anspruch dem Grunde nach.
Rehabilitation soll die Anspruchsleistungen Erwerbsminderungsrente, Arbeitslosengeld, Krankenbehandlung und Pflege vermeiden. Kann sie diese Ziele erreichen,
ist ein Anspruch auf Rehabilitation geboten und rational.

B. Die Verantwortung des sozialen Rechtsstaats

1. Entwicklung und geistige Grundlagen

Die Verantwortung des sozialen Rechtsstaats für behinderte Menschen und für die Rehabilitation muss aus der geschichtlichen Entwicklung und den geistigen Grundlagen heraus begriffen werden. Seit dem Beginn der Entwicklung menschlicher Gesellschaften und von Recht hat erweiterte Gegenseitigkeit die sozialen Beziehungen der Menschen zueinander geprägt. Erweiterte Gegenseitigkeit ist die Wurzel von Solidarität und Fürsorge, die auch diejenigen behinderten Menschen einschließt, die in ihrer Leistungsfähigkeit gemindert sind. Gesellschaften, in denen Solidarität und Fürsorge für behinderte Menschen praktiziert wurden, haben sich in der menschlichen Geschichte als überlegen gezeigt und die nachhaltigeren Beiträge zur Entwicklung von Demokratie und sozialem Rechtsstaat geleistet. So sind im sozialen Rechtsstaat der Gegenwart Elemente griechischen Polis-Denkens, römischer Solidarhaftung und christlicher voraussetzungsloser Fürsorge enthalten. Im Übergang zur Neuzeit bildeten sich neben der christlichen Fürsorge staatliche und kommunale Armenfürsorge heraus. Im absolutistischen Wohlfahrtsstaat wurden arme und behinderte Menschen erstmals in Anstalten vom Rest der Gesellschaft abgesondert und einem Arbeitszwang unterworfen. In der Aufklärung wurde der Übergang vom Wohlfahrtsstaat zum Sozialstaat vorbereitet.

Die Differenzierung von Staat und Gesellschaft durch französische Revolution und preußische Reformen öffnete neuen Formen der gesellschaftlichen und wissenschaftlichen Initiative in Medizin und Armenpflege den Weg, mit denen in der ersten Hälfte des 19. Jahrhunderts die Grundlagen der modernen Rehabilitation, Sozialmedizin und Public Health gelegt wurden. *Hegel* zeigte die Bedeutung der Arbeitsteilung und des Wechselverhältnisses von Staat und Gesellschaft für die Entwicklung des Rechts auf. Gleichzeitig führten die Arbeits- und Lebensbedingungen der industriellen Revolution zur sozialen und gesundheitlichen Verelendung großer Teile der Bevölkerung. Die verkrüppelnden und verschleißenden Arbeits-, Wohn- und Hygienebedingungen machten ein gesellschaftliches Bedürfnis nach sozialer Sicherheit bei Invalidität und Krankheit und öffentlicher Gesundheitspflege deutlich. Nachdem 1848 der Durchbruch zur sozialen Demokratie verpasst wurde, wurden in der zweiten Hälfte des 19. Jahrhunderts in einem langen Prozess die Grundlagen der heutigen sozialen Sicherung gelegt. Hilfsschulen, Heilanstalten, Armenpflege, Krüppelfürsorge am Wohnort, kommunale Daseinsvorsorge, Soldatenversorgung, Krankenversicherung, Unfallversicherung und Invalidenversicherung wurden begründet. Staatliche und gesellschaftliche Sozialverantwortung wurden systematisch verknüpft, um die in einer modernen Industriegesellschaft nötige organische Solidarität und Sicherung gerade für das Risiko der

Behinderung zu organisieren. In der Staats- und Rechtslehre wurden durch *von Mohl*, *von Stein* und *Jellinek* die Grundlagen für ein materielles und soziales Rechtsstaatsverständnis gelegt. Dem Staat wurde die Aufgabe zugedacht die Interessen aller, auch der Schwachen und der behinderten Menschen, zumindest zu berücksichtigen. Ohne Demokratie und entfaltete Grundrechte entsprachen dieser objektiven Interessenberücksichtigung in der Fürsorge keine subjektiven Rechten. Rechte auf soziale Sicherung wurden nur der in der Gesellschaft durchsetzungskräftiger gewordenen Arbeiterschaft in der Sozialversicherung zugestanden.

In der Weimarer Republik bekam die soziale Staatstätigkeit Verfassungsrang. Zur Integration von Millionen Kriegsversehrten wurde das arbeits- und sozialrechtliche Schwerbeschädigtenrecht geschaffen. Der in der Sozialversicherung von Anfang an angelegte Vorrang der Rehabilitation wurde in allen Zweigen der sozialen Sicherung weiter entfaltet. *Smend*, *Radbruch* und *Heller* fügten der Theorie des sozialen Rechtsstaats ein demokratisches Element hinzu, zeigten die Bedeutung der sozialen Staatstätigkeit für die Integration von Staat und Gesellschaft und die soziale Einbindung des Privatrechts auf.

Im Nationalsozialismus wurde deutlich, dass der modernen Gesellschaft nicht nur die Tendenz zur Integration, sondern auch der gegenläufige Impuls zum gewaltsamen Ausschluss der nicht leistungsfähigen Menschen innewohnt. Tendenzen der Sozialhygiene, des Nützlichkeitsdenkens und des Arbeitszwangs aus Sozialpolitik, Medizin und Recht wurden radikalisiert und äußerten sich in Zwangssterilisierung, Absonderung und Ermordung behinderter Menschen. Dabei bediente sich der nationalsozialistische Staat sowohl der Rechtsform wie auch der Gewalt außerhalb des Rechts. Die strafrechtliche Ahndung und sozialrechtliche Entschädigung dieser Verbrechen und ihrer Opfer in der Bundesrepublik Deutschland waren unzureichend. Staatliches und gesellschaftliches Gedenken an die nationalsozialistischen Verbrechen gegen behinderte Menschen haben auch für die heutige Gesellschaft eine wichtige mahnende und falsifizierende Funktion.

Die DDR definierte ihren Staatszweck wesentlich über die soziale Staatstätigkeit. Auch für behinderte Menschen wurde gesorgt. Soweit sie noch arbeitsfähig waren, wurden sie in das Arbeitsleben integriert. Dabei wurde die Gesellschaft durch den Staat gesteuert. Gesellschaftliche Impulse für soziale Bedarfslagen, insbesondere der nicht arbeitsfähigen behinderten Menschen, wurden nur unzureichend aufgenommen und konnten sich nicht selbst entfalten. Das Bewusstsein, das erreichte Maß sozialer Sicherheit zugleich gegenüber den befürchteten Nachteilen einer kapitalistischen Gesellschaft schützen wie gegenüber den erlebten Nachteilen eines demokratisch und rechtsstaatlich defizitären Staates weiterentwickeln zu wollen, führte im deutschen Vereinigungsprozess zu wesentlichen Anregungen für die Weiterentwicklung des Verfassungsrechts. Die Aufnahme von Rechten behinderter Menschen in das Grundgesetz und zwölf Landesverfassungen zwischen 1992 und 2000 geht auch auf Impulse aus der Revolution von 1989 in der DDR zurück.

Die Bundesrepublik Deutschland baute auf dem hergebrachten System der sozialrechtlichen Leistungen und des arbeitsrechtlichen Schutzes für behinderte Menschen auf. Eine erste wesentliche Modernisierung erfolgte 1957 durch die Rentenreform und das Körperbehindertengesetz. Der Vorrang von Rehabilitation vor Rente wurde kodifiziert, die Renten bei Erwerbsunfähigkeit wurden an die Entwicklung des Lebensstandards angepasst und ein Rechtsanspruch auf Fürsorgeleistungen wurde anerkannt. Mit dem subjektiven Recht auf das Existenzminimum, das von den Gerichten zunächst unmittelbar aus dem Grundgesetz begründet worden war, wurde ein leistungsrechtlicher Gehalt der Grundrechte anerkannt. In den 1960er Jahren wurde mit der Schulpflicht für prinzipiell alle behinderten Menschen ein weiterer wichtiger Schritt zur Teilhabe an den staatlichen Leistungen des Bildungswesens gegangen. In einem weiteren wesentlichen Reformen wurde 1974 und 1975 mit dem Schwerbehindertengesetz die Privilegierung der Kriegsopfer im Arbeits- und Sozialrecht zu Gunsten allgemeiner Schutz- und Leistungsrechte für behinderte Menschen aufgegeben, mit dem Reha-Angleichungsgesetz ein gemeinsamer Rahmen für die Rehabilitation in der Sozialversicherung geschaffen und mit dem SGB I das soziale Recht auf Eingliederung behinderter Menschen kodifiziert. In der Rechtswissenschaft wurde der Gedanke des abgeleiteten Teilhaberechts an staatlichen Leistungen in Folge des Numerus-Clausus-Urteils des BVerfG diskutiert und verankert. In den darauf folgenden Jahren wurde das System in vielfältiger Weise modifiziert und kodifiziert, die soziale Infrastruktur in den Ländern und Kommunen wurde umgebaut und ausgebaut. Das Betreuungsgesetz von 1990 schaffte im BGB neue, an Freiheit und Selbstbestimmung orientierte Grundlagen für die Rechtssubjektivität behinderter Menschen.

Mit dem Benachteiligungsverbot wegen einer Behinderung erhielt die Verantwortung des sozialen Rechtsstaats für behinderte Menschen 1994 einen expliziten verfassungsrechtlichen Anknüpfungspunkt, an dem sich Forderungen nach gleichwertiger Teilhabe und Selbstbestimmung festmachen konnten. Mit dem SGB IX 2001 und dem Behindertengleichstellungsgesetz 2002 hat der Bundesgesetzgeber diese Leitbegriffe im Sozialrecht und allgemein im öffentlichen Recht verankert.

Politik und Rechtsetzung über Behinderung und Rehabilitation in der Bundesrepublik Deutschland sind geprägt von der Mitwirkung gesellschaftlicher Akteure, zu denen die Verbände behinderter Menschen und die in der Rehabilitation tätigen Berufsgruppen gehören. Sie haben dazu beigetragen, dass im gesellschaftlichen Diskurs auch die Interessen behinderter Menschen vertreten sind. In dem in der Bundesrepublik Deutschland entwickelten Verständnis vom sozialen Rechtsstaat werden soziale Rechte anerkannt als eine Voraussetzung für Demokratie und als Teil eines materiellen Rechtsstaats, die jeweils in einem offenen Diskurs näher zu bestimmen sind. Dabei haben die Theorien von *Marshall* und *Rawls* zur Begründung sozialer Bürgerrechte und sozialer Gerechtigkeit und von *Habermas* und *Alexy* zu ihrer diskursiven Bestimmung und Verknüpfung mit den Grundrechten Verbreitung gefunden. Die feministische Kritik des Sozialstaats und des Rechts hat darauf hingewiesen, dass diese Prozesse in einer Gesellschaft stattfinden, die nach wie vor von ungleichen Lebenschancen der Geschlechter geprägt ist.

Gefährdet wird das Wechselspiel von Staat und Gesellschaft im sozialen Rechtsstaat durch jede Form von Machtkonzentration, wie sie insbesondere im ökonomischen und medialen Bereich aus dem freien Spiel der Kräfte hervorgehen kann. Spezielle Gefährdungen für Teilhabe und Selbstbestimmung behinderter Menschen können sich auch im System der Rehabilitation und der Sozialverwaltung selbst herausbilden. Die Professionalisierung und Bürokratisierung von Hilfen bringt Interessen hervor, die nicht denen der behinderten Menschen entsprechen. Dazu kommen wachsende ökonomische Interessen an der Hilfeleistung, die dem Vorrang der Rehabilitation entgegenlaufen können. Die Abhängigkeit behinderter Menschen von Hilfen kann im Interesse der helfenden Berufe, der verteilenden Verwaltung und der profitierenden Leistungserbringer sein, die darum ein politisches Gegengewicht benötigen. Die soziale Staatstätigkeit ist von einer funktionierenden Ökonomie abhängig. Umgekehrt übernimmt der soziale Staat notwendige ökonomische Funktionen. Wer von einer Krise des sozialen Staatsziels redet, muss daher stets begründen, wer die notwendigen Funktionen von Risikosicherung und organischer Solidarität anstelle der heute verantwortlichen Instanzen übernehmen soll. Ein Zurück zur individuellen und familiären Verantwortlichkeit für Behinderung und Rehabilitation ist angesichts der Zufälligkeit und Gesellschaftlichkeit des Risikos Behinderung keine Alternative. Wer Reformen und Verteilungskämpfe als Symptome einer grundsätzlichen Krise des sozialen Staatsziels deutet, übersieht, dass Konflikt und Veränderung Wesensmerkmale des demokratischen und sozialen Rechtsstaats sind. Sie können weder durch das Sozialstaatsgebot noch durch seine Negation stillgestellt oder entschieden werden. Dies gilt auch unter den Bedingungen ökonomischer Globalisierung. Diese birgt jedoch die Gefahr, das Gewicht international agierender Akteure unangemessen zu verstärken und damit die Artikulation weniger mobiler Teile der Gesellschaft zu erschweren.

Die Europäisierung des sozialen Rechtsstaats ist die politische und rechtliche Antwort auf die wachsende ökonomische Verflechtung. Die Europäische Wirtschaftsgemeinschaft betätigte sich seit 1957 vor allem in denjenigen sozialen Handlungsfeldern, die für die Freizügigkeit der Beschäftigten von Bedeutung waren. Dazu gehörte auch ihre Sicherung bei Invalidität und ihre Rehabilitation. Sozialpolitik wurde vor allem durch Koordinierung grenzüberschreitender Sachverhalte betrieben. Ergänzende Mindeststandards wurden durch die Europäische Sozialcharta des Europarats gesetzt. Seit 1987 ist ein dynamischer Prozess der Erweiterung der sozialen Kompetenzen der Europäischen Gemeinschaft in Gang gekommen. Seit dem Amsterdamer Vertrag 1997 hat die Gemeinschaft eine explizite Kompetenz zum Abbau der Diskriminierung behinderter Menschen. Damit soll die integrative Kraft der Nichtdiskriminierung für den europäischen Integrationsprozess nutzbar gemacht werden. Die Gleichbehandlungsrahmenrichtlinie, die Charta der Grundrechte der Europäischen Union und der Europäische Verfassungsvertrag vertiefen die europäische Behindertenpolitik. Deutlich wird dabei, dass die Unionsbürgerschaft zunehmend einen sozialen Inhalt bekommt. Zugleich haben viele Mitgliedstaaten der staatlichen Verantwortung für behinderte Menschen Verfassungsrang gegeben. Defizitär bleibt auf europäischer Ebene ein Wechselspiel von Staat und Gesellschaft, wie es den sozialen Rechtsstaat auf nationaler Ebene ausmacht. Gegen sprachliche und kulturelle Barrieren entwickeln sich aber immer mehr Elemente einer europäischen Öffentlichkeit. So haben sich auch behinderte Menschen in der Deklaration von Madrid auf europäischer Ebene artikuliert. Auch die wachsende internationale Verflechtung, die Bedeutung der internationalen Organisationen und der Menschenrechte zeigen sich als Reaktion auf den globalen Fortschritt von Ökonomie und Kommunikationsmitteln. Die Arbeit an einem globalen Menschenrechtspakt für behinderte Menschen im Rahmen der Vereinten Nationen ist aufgenommen worden.

2. Normative Bedeutung des sozialen Staatsziels

Das soziale Staatsziel des Grundgesetzes ist verbindliche Norm, die Gesetzgebung, Regierung, Verwaltung und Rechtsprechung aufgibt, im Rahmen ihrer Kompetenzen die Gesellschaft zu gestalten und dabei alle Interessen zu berücksichtigen. Dies schließt auch und gerade ein, die Interessen von Menschen zu beachten, die durchsetzungsschwach, vermindert leistungsfähig, arm oder behindert sind. Das soziale Staatsziel zielt auf die Integration der Gesellschaft, damit dem einen demokratischen Staat eine Gesellschaft mit einer gemeinsamen Lebenswelt gegenübersteht, in der ein übergreifender Diskurs möglich ist. Die soziale Gestaltung wird durch geteilte Verantwortlichkeit verwirklicht. Der soziale Staat muss nicht alle Leistungen selbst erbringen. Er ordnet die Gesellschaft und teilt Verantwortlichkeiten zu. dabei können gesellschaftliche Probleme in den jeweiligen Lebensbereichen internalisierend gelöst werden, etwa durch Nichtdiskriminierungsregeln unter Privaten, oder externalisiert werden, indem der Staat Leistungen erbringt oder organisiert. Der soziale Staat leistet seinen Beitrag zur notwendigen Daseinsvorsorge, ohne dass sich seine Aktivität darin erschöpfen würde. Er organisiert die notwendige organische Solidarität gegen Lebensrisiken. Der demokratische soziale Staat ist offen in der Definition und Lösung sozialer Aufgaben. Der damit verbundenen diskursive Prozess kann als institutionalisierter sozialer Fortschritt verstanden werden. Im Bundesstaat wird die föderale Ordnung in den Dienst des sozialen Staatsziels gestellt. Sie kann dies durch Wettbewerb um soziale Aufgabenerfüllung tun, aber nicht auf Kosten der sozialen Aufgaben. Der soziale Rechtsstaat Bundesrepublik Deutschland ist eingebunden in die europäische Rechtsordnung. Diese tritt bei der Sozialgestaltung nicht an die Stelle der nationalen Rechtsordnungen, sondern ergänzt und respektiert sie. Die europäische Integration soll wirtschaftliche Dynamik freisetzen, ohne soziale Bindung zu zerstören. Ziel des sozialen Staats ist die soziale Gerechtigkeit, die sich in verschiedenen Formen konkretisiert. Als Bedarfsgerechtigkeit gewährleistet sie notwendige Leistungen auch ohne Vorbedingungen. Als Leistungsgerechtigkeit fordert und belohnt sie Vorleistungen an Gesellschaft und Staat. Als Besitzstandsgerechtigkeit schützt sie die erworbenen Rechte. Die drei Grundformen der sozialen Gerechtigkeit zu justieren ist Aufgabe der Sozialpolitik. Im sozialen Rechtsstaat wird das Streben nach sozialer Gerechtigkeit durch die Grundrechte der Menschen bestimmt und begrenzt. Dies bedeutet, ihre Gleichheit und Freiheit zu respektieren und, wo nötig, auch zu gestalten und die Bedingungen für die Teilhabe an Freiheit zu schaffen.

3. Realisierungen des sozialen Staatsziels

Das soziale Staatsziel hat in den Gesetzen und Institutionen der Bundesrepublik Deutschland viele Realisierungen gefunden, die in unterschiedlicher Weise durch das Verfassungsrecht und das europäische Recht determiniert werden und die ihre jeweils eigene Bedeutung für behinderte Menschen haben. Als Lösungen sozialer Probleme haben sie jeweils ihre eigene Notwendigkeit. Die Realisierungen des sozialen Staatsziels sind nicht unabänderlich wie dieses selbst, sondern können verändert oder aufgehoben werden. Jede Änderung bedarf jedoch der Reflektion über die Folgen auch für behinderte Menschen und einer neuen Lösung des sozialen Problems, das den Institutionen und Verantwortlichkeiten zu Grunde liegt.

Öffentliche Fürsorge als voraussetzungslose und bedarfsorientierte soziale Leistung liegt der Sozialhilfe, Jugendhilfe und dem sozialrechtlichen Schwerbehindertenrecht zu Grunde. Elemente der Fürsorge sind in die Sozialversicherung integriert worden. Menschen können so schwer behindert sein, dass sie auf voraussetzungslose und bedarfsorientierte Fürsorge angewiesen sind. Der soziale Staat kann nicht auf diese Fürsorge verzichten. Die soziale Entschädigung verwirklicht besondere öffentliche Verantwortung für Gesundheitsschäden. Die Sozialversicherung verwirklicht organische Solidarität nach einer je spezifischen Mischung aus Leistungs- und Bedarfs- und Besitzstandsgerechtigkeit. Die Einbeziehung in die Solidargemeinschaften der Rentenversicherung, Unfallversicherung, Krankenversicherung, Pflegeversicherung und Arbeitsförderung ist die bedeutendste soziale Sicherung für das Risiko Behinderung. Weil die Sozialversicherung besonders dem Aufbau und Schutz von Rechtspositionen der sozialen Sicherheit dient, erscheint sie auch selbst als besonders geschützt in ihrem Bestand. Die Sozialversicherung, insbesondere die Arbeitsförderung, ist zugleich ein Instrument der staatlichen Intervention in den Arbeitsmarkt, die durch die Sorge für Qualifikation und Humankapital notwendige ökonomische Funktionen erfüllt. Damit sollen auch behinderte Menschen vor der Ausgliederung aus dem Arbeitsmarkt geschützt werden. Der soziale Rechtsstaat baut auf dem vorgefundenen sozialen Sicherungssystem der Familie auf, ordnet ihre Verantwortlichkeit und unterstützt sie. Von Verfassungs wegen ist die Familie als Voraussetzung von Gesellschaft und Staat zu respektieren, zu schützen und zu fördern. Dies gilt gerade auch für die Funktionen, die die Familie für ihre behinderten Mitglieder erbringt.

Für das öffentliche Bildungswesen trägt der Staat auch nach dem Verfassungsrecht die Verantwortung. Durch Recht und Pflicht zum Schulbesuch ist das Bildungswesen als eine der wesentlichen allgemeinen Institutionen staatlicher Sozialverantwortung ausgestaltet. Das öffentliche Bildungswesen ist grundlegend und unverzichtbar für eine gleichwertige Teilhabe und Integration behinderter Menschen. Keine explizite verfassungsmäßige Ausformung hat die öffentliche Verantwortung für das Gesundheitswesen gefunden. Sie realisiert sich vor allem durch die Verantwortung der Sozialversicherungsträger, Länder und Kommunen für eine Infrastruktur der Krankenversorgung, Rehabilitation und Pflege, die in einem komplexen Geflecht von Planungs-, Selbstverwaltungs- und Kollektivvertragsregelungen ausgestaltet ist. Aus dem hohen Gewicht des Rechtsguts Gesundheit ergibt sich auch ohne explizite verfassungsrechtliche Regelungen ein hohes Gewicht für die öffentliche Regulierung mit dem Ziel eines leistungsfähigen und allgemein zugänglichen Gesundheitswesens. Ohne Regulierung würden behinderte Menschen als Personen mit hohem Gesundheitsrisiko vielfach vom Zugang zu Gesundheitsleistungen ausgeschlossen. Auch die Wohnung ist ein menschliches Grundbedürfnis. Staat und Kommunen greifen regulierend in das Wohnungswesen ein, wenn nicht sicher gestellt ist, dass alle Menschen Zugang zu Wohnraum haben. Behinderte Menschen haben besondere Bedarfe und Zugangsschwierigkeiten und können daher auf diese Regulierung besonders angewiesen sein.

In den Bereichen des Sozialwesens, der Kultur, des Verkehrs und der Kommunikation betreibt der soziale Staat Daseinsvorsorge, deren Ausmaß stark davon abhängt, wie die entsprechenden Funktionen im gesellschaftlichen Raum erfüllt werden und werden können. Der Staat hat hier insbesondere für einen allgemeinen Zugang zu den Grundbedürfnissen eine Gewährleistungsverpflichtung, der er durch öffentliche Leistungen oder die Regulierung privater Leistungserbringung gerecht werden kann. Behinderte Menschen sind darauf zum Teil besonders angewiesen, weil die Befriedigung ihrer Bedürfnisse weniger marktgängig ist als diejenige der nichtbehinderten Mehrheit.

Grundlegende soziale Beziehungen werden durch Verträge im Rechtsverkehr unter Privaten vermittelt. Dies gilt insbesondere für das Arbeitsrecht, das Mietrecht und die allgemeine Bedarfsdeckung der Verbraucher. Der soziale Rechtsstaat reguliert in diesen Bereichen die privaten Rechtsbeziehungen soweit, dass bestimmte Standards der Bedarfsdeckung und sozialen Gerechtigkeit erreicht werden können und schützt so insbesondere schwächere Vertragspartner vor der Ausnutzung existentieller Angewiesenheit auf Arbeit, auf Wohnung oder auf Produkte des täglichen Bedarfs. Behinderte Menschen befinden sich dabei zum Teil in besonders regelungsbedürftigen Situationen, weil sie von Diskriminierung bei Zugang, Ausgestaltung und Beendigung von Vertragsverhältnissen gefährdet sind.

Als ein in andere Regelungen und Institutionen integrierter Bereichs sozialen Staatshandelns erweist sich die Gleichstellung von Männern und Frauen, die dem sozialen Staat nach dem Verfassungsrecht aufgegeben ist. Sie betrifft grundsätzlich alle Regelungsbereiche, weil das Geschlechterverhältnis das soziale Leben strukturiert. Der soziale Staat muss daher die Auswirkungen seines Handelns auf das Geschlechterverhältnis reflektieren und am Gleichstellungsziel orientieren.

4. Konkretisierungen für behinderte Menschen und für die Rehabilitation

Das soziale Staatsziel hat für behinderte Menschen eine Konkretisierung im Benachteiligungsverbot wegen einer Behinderung gefunden. Diese Norm weist prinzipiell auf das Ziel gleichwertiger Teilhabe von behinderten Menschen hin. Näher ausgeführt ist dies in den sozialen Staatszielen von neun Landesverfassungen, in denen die gleichwertige Teilhabe von behinderten Menschen explizit benannt und zum Teil näher beschrieben ist. Auch die Charta der Grundrechte der Europäischen Union und die Europäische Sozialcharta enthalten entsprechende Normen, die beim Verständnis des sozialen Staatsziels beachtet werden können. Für das Sozialrecht ist die Teilhabe behinderter Menschen als soziales Recht in § 10 SGB I grundlegend verankert.

Im gegliederten Sozialleistungssystem erbringen nahezu alle Sozialleistungsträger Leistungen, deren Voraussetzungen durch Behinderung bestimmt oder modifiziert werden. Die wesentlichen Geldleistungen bei Erwerbsminderung tragen die Rentenversicherungsträger, die Sozialhilfe, die Unfallversicherung und die soziale Entschädigung. Die Pflegeleistungen werden vor allem von der Pflegeversicherung und den Sozialhilfeträgern erbracht. Die wesentliche Realisierung des Rechts auf Teilhabe erbringen die Rehabilitationsträger, für deren Handeln im SGB IX ein gemeinsamer Rahmen enthalten ist. Die Rehabilitation wird im gegliederten System durch die Träger der Rentenversicherung, Krankenversicherung, Unfallversicherung, Arbeitsförderung, sozialen Entschädigung, Sozialhilfe und Kinder- und Jugendhilfe sowie durch die Integrationsämter geleistet. Das gegliederte System ist Gegenstand immer neuer Kritik und Reformen. Es könnte jedoch nicht einfach abgeschafft werden, da es institutioneller Ausdruck der Tatsache ist, dass Rehabilitation Berührungspunkte zu den verschiedenen gesellschaftlichen Subsystemen insbesondere des Gesundheitswesens, des Bildungswesens, des Arbeitsmarkts und der Betriebe hat. Soweit das gegliederte System Ausdruck einer Privilegierung von Behinderungen ist, die Folge zurechenbar schädigender Ereignisse sind, ist dies als Konkretisierung sozialer Gerechtigkeitsvorstellungen zu respektieren. Dennoch ist der soziale Rechtsstaat gehalten, die negativen Folgen des gegliederten Systems für die behinderten Menschen zu minimieren. Zu diesem Zweck sind mit dem SGB IX Koordinationspflichten, gemeinsame Servicestellen, trägerübergreifende Komplexleistungen, ein gemeinsames Leistungsrecht und Arbeitsgemeinschaften der Rehabilitationsträger geschaffen oder ermöglicht worden.

Beauftragte für behinderte Menschen, Beiräte und Ausschüsse auf behinderte Menschen auf der Ebene des Bundes, der Länder oder der Kommunen erweisen sich als besonderer institutioneller Ausdruck des Gebots der Interessenberücksichtigung. Sie zeigen die besondere Notwendigkeit auf, grundsätzlich alle Akte der Gesetzgebung und Verwaltung auf besondere und möglicherweise ungewollte Folgen und Nebenfolgen für behinderte Menschen zu überprüfen und hierzu fachlich und personell geeignete Stellen zu schaffen.

Wohlfahrtsverbände und Selbsthilfegruppen behinderter Menschen werden durch Staat und Recht einbezogen und in Dienst genommen, um besondere gesellschaftliche Kompetenz und Engagement für soziale Aufgaben zu mobilisieren. Dabei können sie eine doppelte Rolle als soziale Organisatoren von Teilhabe und als politische Interessenvertretung wahrnehmen. Als politische und rechtliche Interessenvertretung fungieren die Verbände behinderter Menschen. Sie treten im politischen Prozess auf und können durch Verbandsklagerechte und Zielvereinbarungen auch in der rechtlichen und gesellschaftlichen Auseinandersetzung die Interessen und Rechte behinderter Menschen wahrnehmen, um Defizite im individuellen Rechtsschutz auszugleichen.

Die Leistungserbringer der Rehabilitation sind durch das Sozialrecht in vielfältiger Weise für die Konkretisierung der Rehabilitation verantwortlich. Dies beschränkt sich nicht auf die individuelle Erbringung der Leistungen, sondern wird auch über kollektive Beteiligungsrechte und Verträge geregelt. Die Leistungserbringer der Rehabilitation haben dabei außerhalb des Systems der gesetzlichen Krankenversicherung eine wesentlich schwächere Rolle als innerhalb dieses durch starke kollektivvertragliche Elemente und einen Kontrahierungszwang der Krankenkassen geprägten Rechtsbereichs. In den letzten Jahren ist eine Konvergenz der sozialrechtlichen Systeme der Leistungserbringung zu beobachten, bei der die Rolle der betroffenen Personen im Dreiecksverhältnis zwischen Sozialleistungsträger, Leistungserbringer und leistungsberechtigter Person gestärkt wird. Dies ist auch nötig, wenn die Selbstbestimmung der Leistungsberechtigten nicht hinter den gewichtigen Interessen von Bürokratie und Professionalität zurücktreten soll.

C. Grundlagen für die Rechte behinderter Menschen

1. Menschenwürde

Der Grundsatz, dass die staatliche Gewalt die Menschenwürde zu achten und zu schützen hat, ist zusammen mit den Staatsgrundsätzen der Demokratie, des Bundesstaats, des Rechtsstaats und des Sozialstaats der unabänderliche Kern des Grundgesetzes. Die Menschenwürde ist so das individualrechtliche Gegenstück zu diesen objektiv-rechtlichen Grundsätzen. Die Achtung des Menschen in seiner Würde als Rechtsperson ist der Zweck des Rechtsstaats und der Demokratie, der Schutz des Menschen in seiner Würde als gesellschaftlicher Persönlichkeit der Zweck des Sozialstaats, zwischen beiden Dimensionen vermittelt die bundesstaatliche Demokratie. Entsprechend kann unterschieden werden zwischen einer rechtlichen Würde, deren Anerkennung als Regel und einer sozialen Würde, deren Schutz durch den Staat als Prinzip begriffen werden kann, weil sie im sozialen Raum mit dem jeweiligen Würdeschutz der anderen Rechtssubjekte kollidieren kann. Entscheidend für alle Rechte behinderter Menschen ist, ob sie an Achtung und Schutz der Menschenwürde uneingeschränkt teilhaben. Insbesondere für geistig behinderte Menschen wird dies unter Verweis auf ihre fehlende Vernunft und fehlende soziale Anerkennung in Frage gestellt. Diese Versuche, den Menschenwürdesatz zu relativieren, sind zurückzuweisen. Sie widersprechen dem historischen Anliegen des Grundgesetzes, in Abgrenzung vom Nationalsozialismus die rechtliche und soziale Menschenwürde aller Menschen außerhalb der Diskussion und Definition zu stellen. Würde kommt in diesem Verständnis jedem Menschen zu. Mensch ist, wer vom Menschen abstammt. Menschenwürdesatz und das Gebot des sozialen Rechtsstaats verbieten dabei jede utilitaristische Abwägung der Würde eines Menschen gegen den anderen. Die Kritiker der Menschenwürde geistig behinderter Menschen können sich auch nicht auf *Kant* berufen. Zwar begründet *Kant* die Menschenwürde aus der Vernunftfähigkeit des Menschen. Er abstrahiert dabei jedoch vom einzelnen Menschen, in dem die Vernunft notwendig immer unvollständig ausgebildet ist und verweist auf die Menschheit, die in ihrer Gesamtheit der Vernunft nachstreben kann. Dass sie dies im Diskurs tut, berechtigt aber nicht dazu, diejenigen aus der Gemeinschaft würdefähiger Menschen auszuschließen, die am Diskurs teilzunehmen behindert sind. Denn ein idealer Diskurs findet unter allen Teilnehmern nur statt, wenn keiner Angst haben muss, dass seine Interessen wegen der Unfähigkeit zur Artikulation übergangen werden. Da jeder jederzeit behindert werden kann, ist die Berücksichtigung der behinderten Menschen eine notwendige Diskursbedingung. Diejenigen Kritiker der Menschenwürde geistig behinderter Menschen, die auf die empirisch zu beobachtende soziale Ausgrenzung hinweisen, berufen sich zu Unrecht auf *Luhmann*. Dieser wollte auf die mögliche

Diskrepanz zwischen Sein und Sollen hinweisen, die auch dem Schutz der Menschenwürde in der Gesellschaft innewohnt.

2. Gleichheit

Fundamentale Bedeutung für das Recht behinderter Menschen hat die Gleichheit. Das Benachteiligungsverbot wegen einer Behinderung im Grundgesetz ist ein besondere Gleichheitssatz. Sieben Landesverfassungen enthalten teilweise wortgleich Gleichheitssätze für behinderte Menschen, die sozialen Staatsziele sind mit dem Begriff der Gleichwertigkeit versehen. Die Rechtsgrundlagen der Europäischen Gemeinschaft für den Schutz behinderter Menschen in Art. 13 EGV, in der Charta der Grundrechte und in der Gleichbehandlungsrahmenrichtlinie beziehen sich auf den Schutz vor Diskriminierung, also ungerechtfertigter Gleichbehandlung. Die Gleichstellungsgesetze in Bund und Ländern regeln die Herstellung von Gleichheit im öffentlichen Recht und das außer im Schwerbehindertenrecht noch nicht beschlossene Antidiskriminierungsrecht verfolgt dieses Ziel im Zivilrecht.

Schon für den allgemeinen Gleichheitssatz ist zwischen Rechtsgleichheit und sozialer Gleichheit zu unterscheiden. Obwohl vielfach diskutiert und auch in der Rechtsprechung angewandt ist die Geltung eines Prinzips sozialer Gleichheit immer noch umstritten. Im sozialen Rechtsstaat kann Rechtsgleichheit nicht ohne Beachtung ihrer Folgen angewandt werden. Wird dies akzeptiert, muss auch das Prinzip sozialer Gleichheit akzeptiert werden, denn die im Verhältnismäßigkeitsgrundsatz angelegte Folgenbetrachtung bezieht sich immer auf die Verhältnisse in der Wirklichkeit. Soziale Gleichheit bedeutet nicht Gleichheit in der Substanz, sondern Gleichwertigkeit. Ob diese als Gleichheit der Ergebnisse oder der Chancen begriffen werden soll, liegt im Spielraum der Gesetzgebung und der Eigengesetzlichkeit des jeweiligen Rechtsguts. Geht es um Leben oder Gesundheit, wird Gleichheit eher als Ergebnisgleichheit, geht es um Bildung und Beruf eher als Chancengleichheit begriffen. Das Prinzip sozialer Gleichheit kann auch rechtliche Ungleichheit legitimieren. Mindestens dann, wenn Gleichbehandlung von Ungleichem Willkür wäre, ist dies schon seit langem akzeptiert. Dass dies gerade auf die Notwendigkeit zutrifft, behinderte Menschen wegen ihrer Behinderung ungleich zu behandeln, um ihnen gleiche Chancen zu ermöglichen, liegt nahe.

Der Behinderungsbegriff des Verfassungsrechts muss notwendig offen für Veränderungen des Verständnisses von Behinderung sein. Er kann nicht durch das einfache Recht definiert werden, wird sich aber normalerweise an das Verständnis im einfachen Recht und in der Wissenschaft anlehnen. Wegen unterschiedlicher Definitionen gibt es noch keinen Behinderungsbegriff des Europarechts. Auch er wird aber nicht weit von der ICF entfernt sein können. In den besonderen Gleichheitssatz sind alle Menschen einbezogen. Für das ungeborene Leben gilt er als Prinzip, das die Ausgestaltung von Schutzregeln beeinflussen kann. Juristische Personen sind dann einzubeziehen, wenn sie gerade der Grundrechtsentfaltung von behinderten Menschen dienen.

Das Benachteiligungsverbot ist zunächst ein Gebot der Rechtsgleichheit. Es verbietet jede benachteiligende Ungleichbehandlung. Dadurch wird jede rechtliche Differenzierung, die an einer Behinderung anknüpft, begründungsbedürftig. Ist ein behinderter Mensch davon durch einen Nachteil betroffen, kann ihm nicht entgegengehalten werden, die Regelung sei zu seinem Schutz und zu seinem Besten gedacht. Zur Rechtfertigung einer Benachteiligung sind zwingende Gründe erforderlich, die in der Behinderung selbst oder in den Rechten anderer liegen können. Sie muss gesetzlich geregelt werden.

Das Benachteiligungsverbot ist weiterhin ein Gebot sozialer Gleichheit. Erst durch ein solches Prinzip wird erklärt, das auch unterbliebene Förderung, wie im vom BVerfG entschiedenen Fall der Sonderschul-Zuweisung gegen den Willen von Kind und Eltern, am Benachteiligungsverbot zu messen ist. Dass das Benachteiligungsverbot auch ein Prinzip sozialer Gleichheit enthält, kann nicht nur mit den Erwartungen der Betroffenen, sondern auch mit dem Wortlaut erklärt werden, der Förderung mit diesem Ziel gerade nicht verbietet. Der immanente Zweck des Behinderungsbegriffs ist es gerade, eine Zielgruppe sozialer Gleichstellung zu definieren. Auch andere besondere Gleichheitssätze wirken je nach normativem und historischem Kontext als soziale Gleichheitsprinzipien. Dies gilt heute insbesondere für die Gleichstellung der Frauen, der unehelichen Kinder und die gebotene Förderung der Familie. Soziale Gleichheit von Gruppen, die von Ausgrenzung bedroht sind, erklärt sich zudem aus dem integrativen Gehalt des sozialen Staatsziels. Dass fördernde Ungleichbehandlung von behinderten Menschen erlaubt ist, ergibt sich aus dem Wortlaut des Benachteiligungsverbots. Wann sie geboten ist, ergibt sich aus einer Abwägung, in der insbesondere einzustellen ist, wie stark der jeweilige Lebensbereich durch soziale Staatstätigkeit gestaltet ist, wie schwer die Folgen einer unterlassenen Förderung sind und welche Möglichkeiten dem Staat zur Verfügung stehen.

Eine Ungleichbehandlung ist dann verboten, wenn sie an der Behinderung anknüpft. Dies ist nicht nur dann der Fall, wenn Behinderung ein Tatbestandsmerkmal der Regelung ist, sondern auch, wenn an spezifischen Begleitmerkmalen angeknüpft wird, die immer mit einer Behinderung verbunden sind. Auch die Ungleichbehandlung zwischen behinderten Menschen ist an einem strengen Maßstab zu messen, weil niemand wegen seiner individuellen Behinderung benachteiligt werden darf. Eine wertende Differenzierung zwischen behinderten Menschen ist dem Staat dadurch verwehrt. Die Ungleichbehandlung muss aber gerade am Gesundheitszustand anknüpfen und nicht an äußeren Faktoren.

Für das Prinzip sozialer Gleichheit bedeutsam ist die mittelbare Benachteiligung. Wird sie einbezogen, müssen die Folgen einer jeden Regelung für behinderte Menschen betrachtet werden. Hat die Regelung signifikant ungleiche Auswirkungen auf behinderte Menschen und sind diese ungleichen Auswirkungen gerade der Behinderung zuzurechnen, liegt eine mittelbare Benachteiligung vor, die vom Benachteiligungsverbot erfasst ist.

Soziale Gleichheit ist ein Ziel auch in Bereichen, die durch Zivilrecht gestaltet werden. Umstritten ist aber das Maß der Einwirkung des Gleichheitssatzes auf zivilrechtliche Normen. Ihm kommt keine unmittelbare Wirkung zu, sondern er wirkt nur als Prinzip auf deren Setzung und Auslegung ein. Dabei ist zu beachten, dass das Zivilrecht zunächst vom freien Ausgleich der Kräfte und Interessen bestimmt ist und der korrigierende Eingriff zu Gunsten von Gleichstellungszielen die Ausnahme ist. Diese kann jedoch zu Gunsten behinderter Menschen geboten sein, wenn ihnen ohne rechtliche Hinwirkung gleichwertiger Zugang zu wichtigen Gütern und Lebensbereichen verwehrt ist. Vor diesem Hintergrund ist das Antidiskriminierungsrecht nicht als edukatorische Maßnahme zu verstehen, sondern als Korrektur von nicht akzeptablen Marktergebnissen, deren Erforderlichkeit im einzelnen Bereich zu belegen ist. Dabei können für allgemein zugängliche Angebote etwa des Verkehrs oder der Kultur auch Kontrahierungszwänge erforderlich sein.

Das Benachteiligungsverbot wegen einer Behinderung kann mit anderen besonderen Gleichheitssätzen zusammentreffen. Dabei können sich Konkurrenz- und Kumulationsfragen stellen. Insbesondere Konkurrenzfragen sind dabei idealerweise durch Gesetz zu lösen, im Übrigen nach dem Prinzip des schonenden Ausgleichs zu entscheiden.

3. Freiheit und Selbstbestimmung

Selbstbestimmung ist ein wichtiges Ziel von Politik und Gesetzgebung für behinderte Menschen. Selbstbestimmung umfasst mehr als rechtliches Dürfen, sie ist auch faktische Freiheit, etwas tun zu können. Selbstbestimmung kann eingeschränkt sein durch rechtliche Verbote, durch gesellschaftliche Bedingungen und durch fehlende Voraussetzungen der Selbstbestimmung. Diese Schranken der Selbstbestimmung sind in unterschiedlicher Weise rechtlich regulierbar.

Der Schutz der rechtlichen Selbstbestimmung setzt voraus, dass behinderte Menschen Rechte haben. Da ihnen die Achtung der Würde als Rechtsperson zukommt, sind sie auch grundrechtsfähig und ist jedes Handeln grundsätzlich geschützt, ob vernünftig oder nicht. Ob behinderte Menschen ihre Grundrechte selbst geltend machen können, ist eine Frage ihrer Geschäfts- und Prozessfähigkeit. Zur Sicherung der Grundrechte ist es dabei erforderlich, dass sie für den Rechtsstreit über Einschränkungen der Geschäfts- und Prozessfähigkeit in jedem Fall selbst führen dürfen.

Als Voraussetzungen von Selbstbestimmung benötigt jeder Mensch Leben, die mögliche Gesundheit und das Existenzminimum. Der grundrechtliche Schutz des Existenzminimums wird herkömmlich in der Menschenwürde verankert. Dies ist eine Umschreibung dafür, dass mit dem Existenzminimum die Voraussetzungen zum Freiheitsgebrauch im Bereich aller Grundrechte geschaffen werden. Insofern ist das Existenzminimum dem Schutz der sozialen Menschenwürde zuzuordnen, die darin besteht, überhaupt als Persönlichkeit im Grundrechtsgebrauch an der Gesellschaft teilzuhaben. Für die Selbstbestimmung in der Gesellschaft ist es erforderlich, dass die Freiheit nicht durch Andere übermäßig eingeschränkt werden kann. Hierfür ist der Schutz des Einzelnen vor sozialer Übermacht erforderlich.

Die Selbstbestimmung in der Gesellschaft ist durch die Beschränkungen der Geschäftsfähigkeit und die rechtliche Betreuung eingeschränkt. Betreuung dient aber zugleich dem Schutz und der Unterstützung der verbliebenen Fähigkeit zur Selbstbestimmung. Betreuung ist in ihrer Begründung und ihrem Umfang strikt an die Erforderlichkeit geknüpft. Körperlich behinderte Menschen benötigen nur ausnahmsweise einen Betreuer. Auswahl und Entlassung sollen sich, wenn möglich, am Wohl und Wünschen des Betreuten orientieren und nicht an dem, was andere für gut für ihn halten. Betreuer sind an Wünsche der betreuten Person soweit wie

möglich gebunden. Sie sollen auch die Rehabilitation der betreuten Personen fördern, um diese wieder in den Stand der Selbstbestimmung einzusetzen. Die rechtspolitisch diskutierte gesetzliche Vertretungsmacht von Ehepartner und Angehörigen kann diese Funktionen nicht in gleicher Weise erfüllen. Sie wäre für die Selbstbestimmung in manchen Fällen ein Rückschritt.

Selbstbestimmung kann auch durch die sozialrechtlichen Regelungen der Rehabilitation eingeschränkt sein. Rehabilitation muss immer freiwillig sein. Jede andere Regelung wäre sinnwidrig und nicht vollziehbar. Wer Sozialleistungen beantragt oder erhält, unterliegt aber Mitwirkungspflichten und Obliegenheiten. So
kann der Verzicht auf eine mögliche Rehabilitation zur Versagung einer Rente führen. Auch aus dem Bezug von Krankengeld und Arbeitslosengeld kann der Weg
zur Rehabilitation gewiesen werden. Wird er nicht beschritten, droht Leistungs-
verlust. In der Pflegeversicherung müssen Leistungsberechtigte die zweckentsprechende Verwendung des Pflegegelds bei einem gesetzlichen Kontrollbesuch belegen. Diese Einschränkungen von Selbstbestimmung sind gerechtfertigt, wenn ihnen echte Möglichkeiten der Leistungsberechtigten gegenüberstehen und wenn sie
nicht als Sanktion, sondern im Gegenseitigkeitsverhältnis angewandt werden.

Selbstbestimmung im Sozialrecht wird auch durch die individuelle Gestaltung
der Leistungen und das Wunsch- und Wahlrecht der Leistungsberechtigten gesichert. Die Selbstbestimmung der Leistungsberechtigten soll durch die Sozialleistung nicht mehr als notwendig eingeschränkt werden. Sie sollen nicht bevormundet, sondern in ihrer Teilhabe unterstützt werden. Dies gilt gerade bei der Teilhabe
am Arbeitsleben, deren Leistungen die freie Berufswahl nicht mehr als nötig einschränken sollen. Auch das Sach- und Dienstleistungsprinzip bei der Erbringung
von Sozialleistungen wird unter dem Gesichtspunkt der Selbstbestimmung kritisiert. Aber längst nicht in jedem Fall würde eine Geldleistung mehr Freiheit der
Wahl und Ausgestaltung bedeuten. Vielmehr kann die öffentliche Verantwortung
für die Bereitstellung der bedarfsgerechten Leistung auch notwendig und vorteilhaft sein, weil nicht alle Sozialleistungen durch Marktprozesse bereitgestellt würden. Wo eine stärkere Selbststeuerung möglich scheint, soll in den nächsten Jahren
durch das Persönliche Budget eine neue Form der Sozialleistungserbringung erprobt und eingeführt werden, bei der behinderte Menschen für Auswahl und Steuerung ihrer Leistungen selbst verantwortlich sind.

4. Teilhabe

Teilhabe ist ein Bestandteil des modernen Behinderungsbegriffs der ICF und des
deutschen Rechts. Mit dem Begriff der Teilhabe in der ICF wird beschrieben, dass
Menschen in Lebenssituationen einbezogen sind. Ins Recht übersetzt, kann Teilhabe heißen, dass Menschen in Rechtsgüter und Rechtsbeziehungen sowie deren
Voraussetzungen einbezogen sind.

Teilhabe ist auch ein Begriff des Verfassungsrechts. Am Begriff der Teilhabe wird
festgemacht, ob und wie Grundrechte einen Charakter als soziale Grundrechte haben, der über die Abwehr staatlicher Eingriffe hinausreicht. Werden Grundrechte
im sozialen Rechtsstaat als Prinzipien verstanden, deren jeweilige Gehalte zu
schützen, gewährleisten oder optimieren sind, so können sie als Rechte verstanden

werden, die Teilhabe an Grundrechtsvoraussetzungen, Rechten und Ressourcen der Gesellschaft sichern sollen. Solche sozialen Grundrechtsgehalte müssen im sozialen Rechtsstaat nicht bedeuten, dass der Staat selbst leistet, sondern dass er gewährleistet, dass eine Teilhabe an bestimmten Rechtsgütern in der Gesellschaft besteht.

Als Rechte auf Schutz sind solche Rechte in der Grundrechtsdogmatik weithin anerkannt. Der Staat darf nicht nur nicht Leben und Gesundheit nehmen, er muss sie in der Gesellschaft auch vor Angriffen schützen. Behinderte Menschen bedürfen im Hinblick auf mehr Rechtsgüter als andere Menschen des Schutzes des Staates. Abgeleitete Teilhaberechte sind anerkannt, soweit es um den gleichen Zugang zu staatlichen Einrichtungen insbesondere des Bildungswesens geht. Abgeleitete Teilhaberechte ergeben sich aus einer Kombination von Freiheits- und Gleichheitsrechten. Schafft der Staat den Raum der Freiheitsbetätigung, muss er dies gleichmäßig tun. Entsprechend wirkt im Bereich der abgeleiteten Teilhaberechte auch der besondere Gleichheitssatz. Eigenständige Teilhaberechte sind unabhängig davon, ob andere auch über die entsprechende Gewährleistung verfügen. Insofern handelt es sich bei der Gewährleistung elementarer Voraussetzungen der Selbstbestimmung wie Leben, Gesundheit und Existenzminimum um eigenständige Teilhaberechte.

D. Rechte behinderter Menschen

1. Leben

Behinderte Menschen haben ein Recht auf Leben. Es ist nicht erlaubt sie zu töten, auch nicht aus Mitleid. Angesichts der nationalsozialistischen Vergangenheit und immer neuer Diskussionen über unverlangte Sterbehilfe an einwilligungsunfähigen Personen ist daran immer wieder zu erinnern. Der Schutz behinderter Menschen vor fremdbestimmter Tötung beeinflusst auch die Schranken selbstbestimmten Sterbens, um sozialem Druck und Missbrauch von Sterbehilfe zu begegnen. Auch die Tötung auf Verlangen ist in Deutschland strafbar. Dieses Verbot dient dem Schutz des unwiederbringlichen Rechtsguts Leben. Behindert geborenen Kindern kommt der gleiche Schutz des Rechtsguts Leben zu wie anderen Menschen. Entscheidungen über den Wert ihres Lebens sind nicht zu treffen. Aktive Sterbehilfe an einwilligungsunfähigen Menschen ist verboten. Zulässig kann es nur sein, bei Menschen, die sich bereits in der Phase des Sterbens befinden, Schmerzlinderung und sozialen Bedürfnissen des sterbenden Menschen Vorrang vor Lebensverlängerung zu geben. Das Sozialrecht unterstützt die Rehabilitation des Sterbenden in den Stand einer der letzten Lebensphase angemessenen Teilhabe an Familie und sozialem Leben durch die Förderung von Hospizen.

Enge Grenzen gelten auch für die Zustimmung des Betreuers zum Tod eines betreuten behinderten Menschen. Wer im gesunden Zustand ein Leben als behinderter Mensch für nicht lebenswert hält, wird diese Meinung oft später ändern. Daher ist Zurückhaltung gegenüber dem Erklärungswert vorsorglicher Verfügungen der Gesunden über ihren späteren Lebenswillen geboten. Entscheidungen des Betreuers, die mit einer erlaubten lebensverkürzenden Wirkung verbunden sein können, bedürfen der Zustimmung des Vormundschaftsgerichts.

Die strafrechtliche Regelung der Abtreibung ist geprägt von einer Zurücknahme strafrechtlichen Schutzes des ungeborenen Lebens in der besonderen Situation der „Einheit in Zweiheit". Der Lebensschutz des Nasciturus muss in dieser Situation Prinzip sein, das gegen das Selbstbestimmungsrecht der Mutter nur sehr eingeschränkt, gegen alle anderen uneingeschränkt durchgesetzt werden kann. Ob wegen einer drohenden Behinderung des Nasciturus eine Abtreibung erfolgt, ist durch den Ausschluss der Strafbarkeit nach Beratung in der ersten Phase der Schwangerschaft praktisch in die Entscheidung der Mutter gelegt. In der letzten Phase der Schwangerschaft ist eine Abtreibung nur noch bei Gefahr für die Gesundheit der Mutter zulässig. Das Benachteiligungsverbot wegen der Behinderung verbietet es, einen solchen Fall schematisch bei drohender Behinderung des Kindes anzunehmen. Der Staat muss und darf eine durch drohende Behinderung motivierte Abtreibung nicht fordern oder eine solche Motivation unterstützen. Soweit möglich, muss er durch Beratung und Hilfen versuchen, den Nasciturus wieder in den Stand eines erwünschten Kindes einzusetzen[1]. Entsprechend ist die vorgeburtliche Diagnostik in Zielrichtung und Begleitung am Gesundheitszustand der Schwangeren auszurichten. Sozialer Druck auf die Schwangere, wegen einer drohenden Behinderung abzutreiben, darf von öffentlicher Seite nicht ausgeübt oder unterstützt werden.

2. Gesundheit

Ein Recht auf Gesundheit besteht vor allem in einer Schutzpflicht des Staates und dem Recht auf Teilhabe an einem funktionsfähigen und allgemein zugänglichen Gesundheitswesen. Die Schutzpflicht wird auch durch die Strafbarkeit der Körperverletzung verwirklicht, die besonders qualifiziert ist, wenn sie in einer bestimmten Weise an hilflosen Personen erfolgt (Aussetzung) oder wenn sie schwere Behinderungen zur Folge hat. Über die eigene Gesundheit und die ihr zugewandten Heilbehandlungen ist so weit wie möglich Selbstbestimmung geboten, so dass für schwerwiegende Heilbehandlungen betreuter Menschen eine Zustimmung des Vormundschaftsgerichts erforderlich ist. Unfreiwillige Menschenversuche sind verboten.

Das Recht auf Teilhabe an der Krankenbehandlung wird vor allem durch den Zugang zu den Leistungen der gesetzlichen Krankenversicherung verwirklicht. Dieser ist durch die Fortsetzung der Familienversicherung und die Krankenversicherung der Werkstattbeschäftigten auch für behinderte Menschen verwirklicht, die wegen ihrer Behinderung keinen Zugang zum Erwerbsleben bekommen. Durch die Pflicht zur Aufnahme von Kindern Privatversicherter in die private Krankenversicherung ist eine systembedingte Schutzlücke geschlossen worden. Weitere Lücken in der Krankenversorgung soll die Krankenhilfe der Sozialhilfe schließen. Weil deren Leistungsumfang der gesetzlichen Krankenversicherung angepasst worden ist und diese durch Leistungsausschlüsse und Zuzahlungen keinen umfassenden Schutz bei Krankheit mehr bietet, ist für mittellose behinderte Menschen neuerdings eine Schutzlücke entstanden. Diese kann durch eine darlehensweise Gewährung von Sozialhilfe nur unzureichend geschlossen werden. Soweit dadurch im Einzelfall das Minimum der gebotenen Versorgung unterschritten ist, muss diese Lücke aus Verfassungsgründen geschlossen werden.

Der Zugang zur medizinischen Rehabilitation wird durch Leistungen der Rehabilitationsträger, insbesondere der Rentenversicherung, Krankenversicherung und Sozialhilfe gewährleistet. Aus den genannten Gründen kann eine Schutzlücke bei der Versorgung mit benötigten Hilfsmitteln auftreten. Es ist nicht mit dem Mindestmaß an Teilhabe zu vereinbaren, einen mittellosen behinderten Menschen ohne Sehhilfe zu belassen.

Der Zugang zu Pflegeleistungen wird vor allem durch Leistungen der Pflegeversicherung und der Sozialhilfe gesichert. Der Leistungsumfang der Pflegeversicherung ist durch einen eingeengten Begriff der im Alltag nötigen Verrichtungen für

---

[1] Ebenso: Castendiek/Hoffmann (2002), Rz 285.

Personen unzureichend, die auch aus Familie und Gesellschaft keine Unterstützung insbesondere bei der Kommunikation haben. Lücken werden hier durch die Sozialhilfe geschlossen.

Spezielle auf Gesundheitsstörungen bezogene Leistungen sind die Geldleistungen Blindengeld, Gehörlosengeld und Pflegegeld nach Landesrecht sowie die Blindenhilfe der Sozialhilfe. Diese Leistungen gleichen vor allem die Nachteile durch die Gesundheitsstörung Blindheit pauschaliert aus und geben den betroffenen Menschen dabei weit gehende Selbstbestimmung. Während der Gedanke erweiterter Selbstbestimmung im Leistungsrecht durch das persönliche Budget gestärkt werden soll, werden diese bewährten Formen zum Teil abgebaut.

Das Rechtsgut Gesundheit ist durch das bürgerliche Haftungsrecht gegen Schädigungen durch andere geschützt. Die Verschuldenshaftung ist für wichtige Bereiche des sozialen Lebens durch Gefährdungshaftung ergänzt, um die Verantwortlichen für typische Gesundheitsgefahren zur Entschädigung zu verpflichten, wenn diese sich realisieren. Der Grundsatz der Restitution vor Geldersatz entspricht dem der Rehabilitation vor Rente. Er ist auf der Seite des Schädigers in der Ersatzpflicht für Rehabilitationsaufwendungen und auf der Seite des Geschädigten in der Schadensminderungspflicht realisiert. Die Bemessung des Schadensersatzes muss der hohen Wertigkeit des Rechtsguts Gesundheit gerecht werden. Dies ist durch die am Rechtsgut Sacheigentum orientierte konkrete Schadensbemessung nach der Theorie der Vermögensdifferenz nur eingeschränkt möglich, weil sich Gesundheitsschäden nicht immer als Nachteil im Geldvermögen ausdrücken lassen. Daher sind korrigierende Elemente einer abstrakten Schadensbemessung im Bürgerlichen Recht enthalten, die insbesondere im entgangenen Gewinn, in den Nachteilen für Erwerb und Fortkommen und der Vermehrung der Bedürfnisse ausgedrückt werden. Elemente eines vollständigen Ausgleichs des Gesundheitsschadens werden auch durch normative Schadensberechnung bei überobligatorischen Anstrengungen des Geschädigten zu seiner Rehabilitation und bei der Haushaltsführung realisiert. Im europäischen Vergleich ist jedoch festzustellen, dass die Methoden der Bemessung des Gesundheitsschadens noch defizitär sind. Eine weitere Korrektur der unzureichenden Erfassung von Gesundheitsschäden erfolgt durch das Schmerzensgeld, das erst im Rahmen der Schadensrechtsreform 2002 in das allgemeine Schuldrecht eingefügt worden ist. Das Schmerzensgeld hat eine Genugtuungsfunktion und eine Ausgleichsfunktion. Bei Gesundheitsschäden ist dabei die Ausgleichsfunktion ganz in den Vordergrund getreten, so dass man von einem Ausgleich für den Teilhabeschaden sprechen kann. Die Prämisse des Schmerzensgelds, es handele sich um einen immateriellen Schaden, ist jedoch zweifelhaft. Angezeigt wäre es, den Schadensersatz bei Gesundheitsschäden eigenständig vom Sachschaden zu regeln und die Behinderung als wesentliches Element des Gesundheitsschadens zu begreifen. Im Unfallversicherungsrecht, wo zivilrechtliche Haftung durch sozialrechtlichen Ausgleich abgelöst ist, wird das Fehlen eines Schmerzensgeldanspruchs durch spezifische Vorteile kompensiert. Es wäre sozialpolitisch erlaubt, einheitlichere Grundsätze für den sozialrechtlichen und zivilrechtlichen Ausgleich des Gesundheitsschadens zu schaffen. Verfassungsrechtlich geboten ist es nur, in jedem System angemessene Entschädigung für Gesundheitsschäden zu gewährleisten.

3. Lebensunterhalt

Die Sicherung des Lebensunterhalts ist verfassungsrechtlich vor allem dort fundiert, wo sie das Existenzminimum betrifft, das als eigenständiges Teilhaberecht zu gewährleisten ist, um die notwendige Voraussetzung für jeglichen selbstbestimmten Grundrechtsgebrauch zu schaffen. Vorrang hat die Sicherung des Lebensunterhalts durch Familie und eigene Arbeit. Der Unterhaltsanspruch vor allem von Kindern gegen ihre Eltern, Eltern gegen ihre Kinder und von Ehegatten untereinander ist auch ein wesentlicher Beitrag zur Sicherung behinderter Menschen. Der Unterhaltsanspruch umfasst neben dem Grundbedarf für den Lebensunterhalt auch den jeweils behinderungsspezifischen Mehrbedarf. Der Umfang des tatsächlich zu leistenden Unterhalts für Familienangehörige und Ehegatten, die sich nicht selbst unterhalten können, wird wesentlich bestimmt durch die Vorrangigkeit oder Nachrangigkeit unterhaltssichernder Sozialleistungen. Sozialversicherungsleistungen entlasten grundsätzlich die Familie, während dies bei Fürsorgeleistungen auf Regelung und Verhältnisse im Einzelfall ankommt. Durch die Grundsicherung bei dauerhafter Erwerbsminderung und durch die Anrechnungsregelungen bei der Eingliederungshilfe und Hilfe zur Pflege im Sozialhilferecht ist der Verwandtenunterhalt in den letzten Jahren entlastet worden.

Das Steuerrecht muss die Verpflichtung zum Selbstunterhalt und die Unterhaltspflichten der Familie respektieren. Aus diesem Grund ist das Existenzminimum der steuerpflichtigen Personen und ihrer Familienangehörigen steuerfrei. Dies wird im Familienleistungsausgleich durch Kindergeld oder Kinderfreibeträge realisiert. Für Eltern behinderter Kinder sind zusätzliche Freibeträge, nicht jedoch zusätzliches Kindergeld vorgesehen, so dass die Entlastung für den behinderungsbedingten Mehrbedarf geringer verdienenden Steuerpflichtigen nicht zugute kommt. Auch familiäre Pflege ist durch Freibeträge begünstigt.

Im Sozialrecht wird die allgemeine Sicherung des Lebensunterhalts bei behinderungsbedingter Erwerbsminderung durch das an der Bedarfsgerechtigkeit orientierte System der Grundsicherung bei dauerhafter Erwerbsminderung durch die Sozialhilfeträger und durch das an der Leistungsgerechtigkeit orientierte System der Erwerbsminderungsrenten der gesetzlichen Rentenversicherung realisiert. Problematisch ist, dass die Grundsicherung durch ihre starke Pauschalierung in Einzelfällen nicht dem behinderungsbedingten Mehrbedarf gerecht wird, so dass weiterhin Hilfe zum Lebensunterhalt erforderlich ist. Die Rentenreformen der letzten Jahre haben auch das Niveau der Erwerbsminderungsrenten relativ zum Erwerbseinkommen abgesenkt. Problematisch ist, dass diese Senkung von vielen gesundheitlich beeinträchtigten Personen nicht adäquat durch private Vorsorge kompensiert werden kann, weil sie zu dieser keinen Zugang finden. Damit besteht ein Defizit in der am Lebensstandard orientierten Sicherung des Risikos behinderungsbedingter Erwerbsminderung. Als besondere Systeme der Sicherung des Lebensunterhalts fungieren Unfallversicherung und soziale Entschädigung.

4. Wohnung

Die Wohnung ist ein notwendiges Grundbedürfnis und grundrechtlich geschützter Freiheitsraum. Ob betreute Personen ihre Wohnung aufgeben müssen, kann der Betreuer darum nur mit Zustimmung des Vormundschaftsgerichts entscheiden. Gegen den Willen der betreuten Person kann der Betreuer die Wohnung allenfalls betreten, um diesem die Wohnung zu sichern.

Vorschriften gegen Diskriminierung bei der Begründung eines Mietverhältnisses über Wohnraum bestehen nicht und sind heftig umstritten, da sie im Einzelfall erheblich in Rechte des Vermieters eingreifen können. Ihre Zulässigkeit ist an die Erforderlichkeit für die Wohnraumversorgung und Integration behinderter Menschen und an die Zumutbarkeit für Vermieter geknüpft. Bei der Kündigung eines Mietverhältnisses kann eine Behinderung in der Abwägung der Interessen berücksichtigt werden. Bei seiner Ausgestaltung muss der Vermieter insbesondere im Hinblick auf die Barrierefreiheit Rücksicht auf behinderte Menschen nehmen. Entsprechend ist auch das Verhältnis zwischen den Eigentümern von Wohnraum auszugestalten. Im Verhältnis zwischen behinderten und nichtbehinderten Nachbarn ist gegenseitige Rücksichtnahme erforderlich. Dabei ist es nötig, behinderungsspezifische Lebensäußerungen wie etwa sprachliche Besonderheiten und Verhaltensauffälligkeiten in ihrer Bedeutung für die Entfaltung der Persönlichkeit behinderter Menschen zu würdigen und nicht einen rein standardisierten Maßstab anzulegen.

Das Heimrecht dient der Ausgestaltung der besonderen Beziehungen von behinderten und pflegebedürftigen Heimbewohnern zu den Heimbetreibern. Dabei ist die Selbstbestimmung der Heimbewohner zu achten und das Leben im Heim muss soweit wie möglich dem Maß an Persönlichkeitsentfaltung angenähert werden, das in der eigenen Wohnung möglich ist. Heime sollen zur sozialen Integration dort gelegen sein, wo auch andere Menschen wohnen. Dies wird durch das Bauplanungsrecht ermöglicht.

Die soziale Wohnraumförderung dient der Schaffung von Wohnraum für Bevölkerungsgruppen, deren Zugang zu Wohnraum defizitär ist. Zu diesen Gruppen gehören auch schwerbehinderte und pflegebedürftige Menschen und ihre Familien. Im Sozialrecht werden Unterkunft und Wohnung als besonderer Teil des Lebensbedarfs anerkannt, der nach Gesichtspunkten der Bedarfsgerechtigkeit durch Grundsicherung und Wohngeld unterstützt wird. Dabei bietet die Grundsicherung hier Raum für die Berücksichtigung behinderungsspezifischen Wohnraumbedarfs. Indem hauswirtschaftliche Versorgung als Teil des Pflegebedarfs anerkannt ist, sind die Leistungen der Pflegeversicherung besonders auf den Vorrang der eigenen Wohnung vor dem Heim ausgerichtet. Dieser Vorrang soll im Übrigen auch im Rehabilitationsrecht durchgesetzt werden. Dazu kann es im Einzelfall erforderlich sein, auch ambulante Leistungen zu erbringen, die teurer sind als stationäre Leistungen. Eine zusätzliche Sozialleistung in einigen Bundesländern ist das Pflegewohngeld, mit dem die Förderung von Pflegeheimen an den Präferenzen der Heimbewohner ausgerichtet wird.

5. Familie

Die Familie als soziales Sicherungssystem und Raum der Bildung und Entfaltung der Persönlichkeit ist durch den Staat zu respektieren, zu schützen und zu fördern. Für behinderte Menschen sind die elementaren Voraussetzungen der Bildung einer Familie zu schützen. Betreute behinderte Menschen dürfen nicht gegen ihren Willen, nur unter strengen Voraussetzungen und mit Zustimmung des Vormundschaftsgerichts sterilisiert werden. Die Beendung des Kindschaftsverhältnisses gegen den Willen behinderter Eltern ist nur ausnahmsweise zulässig. Auch vor der Einschränkung des elterlichen Sorgerechts haben öffentliche Hilfen für die Familie Vorrang. Behinderte Menschen dürfen eine Ehe schließen, wenn ihnen nicht spezifisch hierfür das Verständnis fehlt (Ehegeschäftsfähigkeit).

Im Sozialrecht werden Familien durch den Familienleistungsausgleich, Erziehungsgeld, den Sozialversicherungsschutz der Familienangehörigen unterstützt. Dabei werden auch besondere Bedarfslagen von Familien mit behinderten Angehörigen berücksichtigt. Die Leistungen der Kinder- und Jugendhilfe helfen Familien bei der Wahrnehmung ihrer Erziehungsaufgaben. Dies kann sowohl behinderten Eltern wie auch Eltern mit behinderten Kindern zugute kommen. Eine hohe Bedeutung hat dabei der Rechtsanspruch auf einen Kindergartenplatz, der integrativ ausgestaltet und auszugestalten ist.

Leistungen zur Teilhabe unterstützen die Familie, indem Familienarbeit als Grundbedürfnis und nötige Teilhabedimension in der medizinischen Rehabilitation berücksichtigt wird, indem bei allen Leistungen der hohe Wert der ungetrennten Familie berücksichtigt wird und durch Unterstützungsleistungen der Leistungen zur Teilhabe am Leben in der Gemeinschaft. Eine besondere Rehabilitationsleistung, die sich auf den Zusammenhang zwischen Gesundheitsstörung und familiärer Teilhabe bezieht, sind die Mütter- und Väterkuren in der gesetzlichen Krankenversicherung. Insgesamt ist festzuhalten, dass die Familie in der Ausgestaltung der Leistungen zur Teilhabe noch einen geringeren Stellenwert einnimmt als das Arbeitsleben.

6. Kommunikation

Kommunikation ist eine wichtige Voraussetzung für die Teilhabe an fast allen Bereichen selbstbestimmten Lebens. Ihr hohes Gewicht ist im Grundgesetz insbesondere in der Meinungs- und Informationsfreiheit berücksichtigt. Diese kann sich als Abwehr- und als Teilhaberecht ausformen. Im durch das Verfassungsrecht geprägten Medien- und Rundfunkrecht wird der besondere Bedarf behinderter Menschen an barrierefreien Informationsquellen bisher nur wenig berücksichtigt. Zum Grundversorgungsauftrag des öffentlich-rechtlichen Rundfunks muss es gerade gehören, auch sinnesbehinderten Menschen Zugang zu Informationen zu gewährleisten. Die Rundfunkgebührenbefreiung kann dieses Defizit nicht kompensieren, findet aber ihre Rechtfertigung in der besonderen Lage sinnesbehinderter Menschen, denen viele Informationsquellen fehlen, die anderen Menschen zugänglich sind. Die Verpflichtung von Urhebern, geschützte Werke auch einer Veröffentlichung für sinnesbehinderte Menschen zugänglich zu machen und die Verpflichtung der öffentlichen Gewalt, im behördlichen und gerichtlichen Verfahren Gebärdensprache zuzulassen und barrierefreie Dokumente herzustellen, soll ein Mindestmaß an notwendiger Teilhabe an Kommunikation und Information ermöglichen. Berücksichtigung und Abbau von Kommunikationsbarrieren in Behörden und vor Gericht sind im sozialen Rechtsstaat geboten.

In der Pflegeversicherung wird die Kommunikation als Grundbedürfnis pflegebedürftiger Menschen bei Anspruchsberechtigung und Leistungsumfang nicht berücksichtigt. Dies ist eine bedenkliche Benachteiligung von Menschen, die vor allem in der Kommunikation behindert sind. In der Rehabilitation wird Kommunikation als Grundbedürfnis des täglichen Lebens anerkannt, so dass Sinnesbehinderungen ausgeglichen werden können.

7. Mobilität

Mobilität ist eine Voraussetzung und Ausdrucksform der verfassungsrechtlich geschützten Handlungsfreiheit als Teil der Persönlichkeitsentfaltung. Die Teilhabe an dem gesellschaftlich üblichen Maß an Mobilität kann durch Barrieren der Verkehrsinfrastruktur eingeschränkt sein. Verpflichtungen zur Barrierefreiheit im Recht der Eisenbahn, des Luftverkehrs und des öffentlichen Personennahverkehrs sowie des Straßenrechts sind erst vor kurzer Zeit eingefügt worden und bedürfen noch der praktischen Bewährung. Ihrer Durchsetzung können insbesondere Anhörungs- und Klagerechte der Verbände behinderter Menschen dienen.

Im Straßenverkehrsrecht wird es den Verkehrsteilnehmern allgemein aufgegeben, niemanden zu behindern. In diesem Rechtsgebiet wird Behinderung über den Behinderer und nicht über die behinderte Person definiert. Als besonderes Schutzrecht für gehbehinderte Menschen dienen Behindertenparkplätze. Zur Durchsetzung von Schutz und Rücksichtnahme ist hier vor allem der stärkere Vollzug des geltenden Rechts gefordert.

Mobilität wird in der Pflege vor allem im häuslichen Bereich als Grundbedürfnis anerkannt. Eine darüber hinaus reichende Mobilisierung und Aktivierung wird kaum gefördert. Auch in der Rehabilitation ist Mobilität nur im unmittelbaren häuslichen Nahbereich als Grundbedürfnis anerkannt. Dies entspricht nicht mehr den gesellschaftlichen Lebensgewohnheiten und Anforderungen. Ein weiterer Mobilitätsradius wird nur im Kontext der Teilhabe am Arbeitsleben gefördert, um den Arbeitsweg möglich zu machen. Einen gewissen Ausgleich für die Teilhabe in anderen Lebensbereichen bietet nur die Freifahrt schwerbehinderter Menschen im öffentlichen Nahverkehr.

8. Bildung

Bildung ist eine wesentliche Voraussetzung für Selbstbestimmung und Teilhabe am gesellschaftlichen Leben. Sie ist verfassungsrechtlich im Kontext der Berufsfreiheit und durch die staatliche Verantwortung für das Schulwesen und die Wissenschaft besonders angesprochen. Grundrechtliche Gehalte und institutionelle Gewährleistungen verdichten sich jedenfalls für die schulische Allgemeinbildung zu einem Recht auf Bildung. Dass dieses abgeleitete Teilhaberecht behinderte Menschen besonders betrifft und dass es für sie mit einer besonderen Verpflichtung des Staates zur Kompensation behinderungsbedingter Nachteile verbunden sein kann, hat das BVerfG in seiner Sonderschul-Entscheidung anerkannt. Das Schulrecht enthält insofern einen mehr oder weniger ausgeformten und im Kern verfassungsrechtlich gebotenen Vorrang der integrativen Beschulung, durch den dem Staat die Begründungslast für eine gesonderte Erfüllung der Schulpflicht durch behinderte Menschen auferlegt ist. Nach dem Hochschulrecht sind die Hochschulen gehalten, die besonderen Bedürfnisse behinderter Menschen zu berücksichtigen. Dies gilt bei der Gestaltung von Prüfungen. Die Barrierefreiheit der Hochschulen ist vor allem eine Frage des Gleichstellungsrechts.

Im Berufsbildungsrecht ist die besondere Berücksichtigung behinderter Menschen bei der Gestaltung von Ausbildungsgängen und Prüfungen vorgesehen. Betriebliche Ausbildung, Erstausbildung in Berufsbildungswerken und im Berufsbildungsbereich der Werkstätten für behinderte Menschen werden auf sozialrechtlicher Grundlage bereitgestellt. Behinderte Menschen, die keine andere Chance auf eine Ausbildung haben, haben ein Recht auf Aufnahme in den Berufsbildungsbereich der Werkstätten. Hierfür ist vor allem die Agentur für Arbeit zuständig. Die Berufsbildung in den Werkstätten soll auch eine spätere Beschäftigung auf dem allgemeinen Arbeitsmarkt ermöglichen.

Durch das Sozialrecht wird im Übrigen der Lebensunterhalt während einer Ausbildung durch Ausbildungsförderung sichergestellt. Dabei wird die Behinderung in den Voraussetzungen, nicht jedoch im Leistungsumfang berücksichtigt. Durch Leistungen zur Teilhabe werden Voraussetzungen für schulische, betriebliche und akademische Bildung unterstützt. Die Leistungen zur Teilhabe am Arbeitsleben unterstützen auch im besonderen Maße die Weiterbildung behinderter Menschen innerhalb und außerhalb des Arbeitslebens.

9. Arbeit

Arbeit ist im Verfassungsrecht als Beruf geschützt. Die Freiheit des Berufs ist vor allem als Abwehrrecht gegen staatliche Beschränkungen ausgestaltet. Die allgemeine Teilhabe am Arbeitsleben ist im sozialen Rechtsstaat ein wichtiges staatliches Ziel, das mit den Mitteln der sozialen Sicherungssysteme und der Arbeitsmarktintervention verfolgt wird. Ein Recht auf Arbeit im Sinne eines Leistungsrechts oder einer unbedingten Gewährleistung besteht nicht. Wohl aber besteht ein Zusammenhang zwischen der Forderung des Unterhalts- und Sozialrechts nach vorrangiger Deckung des eigenen Lebensunterhalts durch Erwerbsarbeit mit der Intensität der sozialstaatlichen Förderung der Voraussetzungen und der Aufnahme beruflicher Arbeit. Je intensiver der soziale Rechtsstaat Arbeit fordert, desto stärker muss er Arbeit vor allem für diejenigen fördern, für die der Zugang zu Arbeit erschwert ist.

Beim Zugang zu einem Arbeitsverhältnis dürfen schwerbehinderte Menschen nicht benachteiligt werden. Das Benachteiligungsverbot ist mit einem Entschädigungsanspruch bewehrt. Arbeitgeber dürfen berufliche Anforderungen definieren. Sie sollen jedoch behinderte Menschen nicht wegen Vorurteilen und Befürchtungen auf Grund ihrer Behinderung benachteiligen, die mit dem Arbeitsverhältnis nichts zu tun haben. Zur Durchsetzung dieser Norm wäre es sinnvoll, wenn auch die Frage nach dem Status als schwerbehinderter Mensch bei der Einstellung nicht beantwortet werden müsste. Arbeitgeber sind verpflichtet, 5 % schwerbehinderte Menschen zu beschäftigen. Diese Pflicht ist nicht erzwingbar. Ihre Nichterfüllung wird mit einer Ausgleichsabgabe belegt, die eine Antriebs- und eine Ausgleichsfunktion hat. Zur Erfüllung der Ausgleichsfunktion werden die Mittel aus der Ausgleichsabgabe ausschließlich für die Hilfen an schwerbehinderte Menschen im Arbeitsleben verwendet. Ein solcher Lastenausgleich ist sachgerecht und verfassungsgemäß. Die Arbeitgeber werden zu Recht besonders in die Pflicht genommen, weil nur sie über die Mittel verfügen, Teilhabe am Arbeitsleben sicherzustellen.

Bei der Beendigung des Arbeitsverhältnisses wegen Krankheit liegt zumeist eine behinderungsbedingte Kündigung vor. Sie ist zulässig, wenn das Leistungsverhältnis nachhaltig gestört ist und das Festhalten daran dem Arbeitgeber nicht zuzumuten ist. Durch die Verpflichtung zum betrieblichen Eingliederungsmanagement nach dem SGB IX in allen Fällen einer Arbeitsunfähigkeit von mehr als sechs Wochen im Jahr hat der Gesetzgeber den Vorrang von Rehabilitation vor der Beendigung des Arbeitsverhältnisses klargestellt. Bei betriebsbedingter Kündigung ist die Situation der behinderten Menschen in der sozialen Auswahl zu berücksichtigen. Insbesondere die Einhaltung des materiellen Kündigungsschutzrechts wird beim Zustimmungsverfahren des Integrationsamts zur Kündigung schwerbehinderter Menschen überprüft. Es kann damit dazu beitragen, den Charakter einer behinderungsbedingten Kündigung als ultima ratio zu verdeutlichen und den Arbeitgeber auf die öffentlichen Hilfen zur Rehabilitation im Arbeitsverhältnis hinzuweisen.

Bei der Ausgestaltung des Arbeitsverhältnisses ist der Arbeitgeber verpflichtet, auf Behinderungen Rücksicht zu nehmen. Insbesondere die Verpflichtungen des Arbeitsschutzes sind so zu erfüllen, dass Menschen nicht durch Arbeit zu behinderten Menschen werden und dass behinderte Menschen ihre Arbeit leisten können. Für schwerbehinderte Menschen ist dies durch einen Anspruch auf förderliche Beschäftigung, Bildung im Arbeitsverhältnis und behinderungsgerechte Ausgestaltung des Arbeitsplatzes konkretisiert.

Betriebsrat und Personalrat haben die Aufgabe, auf die Durchsetzung der Schutzrechte für schwerbehinderte Beschäftigte zu achten. In Betrieben mit mindestens fünf schwerbehinderten Beschäftigten kann zudem die Schwerbehindertenvertretung eine wichtige Rolle bei der betrieblichen Teilhabe ausfüllen. Sie vertritt die schwerbehinderten Beschäftigten in der Belegschaft und gegenüber dem Arbeitgeber und hat auch Kontaktfunktionen zu Integrationsamt und Rehabilitationsträgern. Die Schwerbehindertenvertretung und der Betriebsrat können betriebliche Integrationsvereinbarungen schließen, in denen nähere Regelungen zur betrieblichen Teilhabe und Rehabilitation sowie zum Gesundheitsschutz getroffen werden.

Die allgemeinen Leistungen der Arbeitsförderung, die besonderen Leistungen zur Teilhabe am Arbeitsleben der Rehabilitationsträger, insbesondere der Agentur für Arbeit und der Rentenversicherungsträger, sollen dazu beitragen, dass behinderte Menschen erwerbsfähig werden oder bleiben und dass sie Arbeit erlangen oder behalten können. Diese Leistungen sind vielfältig und vor allem durch ihren

Zweck definiert. Betriebliche Leistungen haben dabei Vorrang vor solchen, die außerbetrieblich insbesondere in Berufsförderungswerken durchgeführt werden. Das Integrationsamt unterstützt die Teilhabe schwerbehinderter Menschen am Arbeitsleben durch begleitende Hilfen im Arbeitsleben. Rehabilitationsträger und Integrationsamt erbringen auch fördernde Leistungen an Arbeitgeber, um diesen die Erfüllung ihrer arbeitsrechtlichen Pflichten zumutbar zu machen. Behinderte Menschen, die keine Chance auf eine Beschäftigung auf dem allgemeinen Arbeitsmarkt haben, haben ein Recht auf Beschäftigung im Arbeitsbereich der Werkstätten für behinderte Menschen. Hierfür ist vor allem der Sozialhilfeträger zuständig.

10. Kultur und gemeinschaftliches Leben

Der soziale Rechtsstaat ist auch dafür verantwortlich, dass Einrichtungen der Kultur und des gemeinschaftlichen Lebens als Räume des Grundrechtsgebrauchs bestehen. Für behinderte Menschen ist wichtig, dass diese Einrichtungen allgemein zugänglich sind. Dem dienen die Pflichten des Bauordnungsrechts für die allgemeine barrierefreie Zugänglichkeit öffentlicher Gebäude des Gesundheits-, Sozial- und Bildungswesens, von Verkaufsstätten, Gaststätten und Versorgungseinrichtungen. Das Bauordnungsrecht greift jedoch nur bei Neubauten und wesentlichen Umbauten ein. Für die Herstellung von Barrierefreiheit im öffentlichen Raum enthält das Gleichstellungsrecht weitergehende Verpflichtungen der öffentlichen Hand. Diese können von den Verbänden behinderter Menschen durch Verbandsklage durchgesetzt werden. Für von privaten Unternehmen gestalteten öffentlichen Raum sind Zielvereinbarungen zwischen den Verbänden behinderter Menschen und Unternehmen oder Unternehmensverbänden vorgesehen. Es fehlt den Verbänden behinderter Menschen jedoch an rechtlicher und politischer Macht, den Abschluss solcher Vereinbarungen durchzusetzen. Ob das Instrument zielführend ist, bedarf der Evaluation. Verbindlicher sind gewerberechtliche Regelungen, die insbesondere im Gaststättenrecht verankert worden sind. Nach dem Rehabilitationsrecht werden Leistungen zur Teilhabe am Leben in der Gemeinschaft gewährt, die behinderten Menschen auch die Teilhabe an Kultur und am gemeinschaftlichen Leben gewährleisten sollen.

E. Ausblick

In Deutschland und Europa ist ein differenziertes System staatlicher und gesellschaftlicher Verantwortlichkeit für behinderte Menschen und für die Rehabilitation entstanden, das im Verfassungsrecht, im Sozialrecht, in wichtigen Bereichen des öffentlichen Rechts und Zivilrechts verankert ist. Behinderte Menschen haben Rechte auf Gleichstellung, Schutz und Teilhabe an staatlichen und gesellschaftlichen Institutionen. Der moderne Behinderungsbegriff zeigt, dass Behinderung durch ein Zusammenwirken individueller und gesellschaftlicher Faktoren entsteht. Entsprechend müssen der Schutz des Rechtsguts Gesundheit und seiner Voraussetzungen und die gesellschaftlichen Kontextfaktoren verbessert werden, wenn so wenig Behinderung und so viel Teilhabe trotz Behinderung wie möglich angestrebt werden.

Angesichts der in den letzten Jahren gewachsenen Fülle von Normen, die Schutz und Rücksichtnahme auf behinderte Menschen gebieten, erscheinen dazu nicht mehr und neue Sonderregelungen als vorrangig erforderlich, sondern eine durch bewusste Sozialpolitik und verständige Anwendung von Verfassungsrecht gesteuerte Berücksichtigung behinderter Menschen bei der Reform und Auslegung bestehenden Rechts. Dieses ist eine ständige Aufgabe, da Gesetzgeber, Verwaltung und Rechtsprechung stets zuerst den „normalen" Menschen vor Augen haben. Dies wird deutlich, wenn man reflektiert, dass der gleiche Gesetzgeber und zum Teil das gleiche Ministerium, die mit dem SGB IX und dem BGG für ambitionierte Reformen für Gleichstellung und Teilhabe behinderter Menschen verantwortlich zeichnen, in den Reformen des Arbeitsförderungs-, Rentenversicherungs-, Krankenversicherungs- und Sozialhilferechts Regelungen erdacht und beschlossen haben, bei denen offensichtlich nur an gesundheitlich nicht eingeschränkte, leistungsfähige und zur Eigenvorsorge uneingeschränkt fähige, kurz: an nicht-behinderte Menschen als Normadressaten gedacht worden ist.

Behinderung ist, wie gezeigt wurde, ein Begriff der von normativen Wertungen und Zielen nicht weniger abhängig ist als es Rehabilitation und Teilhabe sind. Mit dem Verständnis der Menschen von ihrer Gesundheit und von ihrer Gesellschaft werden sich auch ihre Ansichten über Behinderung verändern. Dabei könnte auch dieser Begriff eines Tages überflüssig werden. Es ist zu hoffen, dass in einem Prozess, der unseren heutigen Begriff von Behinderung überwindet, das humane Anliegen im Behinderungsbegriff nicht neuerlich durch Dogmen der biologischen und sozialen Ungleichheit negiert, sondern im besten Sinne aufgehoben sein wird. In einem erneuerten sozialen Rechtsstaat muss der Mensch immer aufs Neue in den Stand der gegenseitigen Anerkennung von Verschiedenheit gesetzt werden.

Literaturverzeichnis

Abelein, Manfred, Recht auf Bildung, DÖV 1967, S. 375–379

Abram, Nils, Zwangsweiser Zutritt des Betreuers zur Wohnung des Betroffenen und Befugnis zur Entrümpelung, FamRZ 2004, S. 11–17

Adam, Clemens, „Selbstbestimmung", „Gleichstellung" und „Teilhabe" – eine kritische Bilanz der Behindertenpolitik, TuP 2002, S. 407–414

Adomeit, Klaus, Schutz gegen Diskriminierung – eine neue Runde, NJW 2003, S. 1162
– Diskriminierung – Inflation eines Begriffs, NJW 2002, S. 1622–1623

Agamben, Giorgio, Homo sacer – Die souveräne Macht und das nackte Leben, Frankfurt am Main, 2002

Alber, Siegbert, Die Selbstbindung der europäischen Organe an die Europäische Charta der Grundrechte, EuGRZ 2001, S. 349–353

Alexy, Robert, Verfassungsrecht und einfaches Recht – Verfassungsgerichtsbarkeit und Fachgerichtsbarkeit, VVdStRL 61 (2002), S. 8–33
– Recht, Vernunft, Diskurs: Studien zur Rechtsphilosophie, Frankfurt am Main, 1995
– Theorie der Grundrechte, Frankfurt am Main, 1994

Aly, Götz, Der saubere und der schmutzige Fortschritt in: Beiträge zur nationalsozialistischen Gesundheits- und Sozialpolitik 1 (1985), S. 9–80
– Medizin gegen Unbrauchbare in: Beiträge zur nationalsozialistischen Gesundheits- und Sozialpolitik 2 (1985), S. 9–74
– Der Mord an behinderten Kindern zwischen 1939 und 1945 in: Ebbinghaus, Angelika/ Kaupen-Haas, Heidrun/Roth, Karl Heinz (Hrsg.), Heilen und Vernichten im Mustergau Hamburg – Bevölkerungs- und Gesundheitspolitik im Dritten Reich, Hamburg, 1984, S. 147–155

Antonovsky, Aaron, Salutogenese – Zur Entmystifizierung der Gesundheit, Tübingen, 1997

Antor, Georg, Zum Verhältnis von Gleichheit und Verschiedenheit in der pädagogischen Förderung Behinderter, ZHP 1988, S. 11–20

Arango, Rodolfo, Der Begriff der sozialen Grundrechte, Baden-Baden, 2001, zugleich Jur. Diss., Kiel, 2000

Aristoteles, Staat der Athener, Berlin, 1990
– Politik, 4. A., Hamburg, 1981
– Nikomachische Ethik, Hamburg, 1985

Armborst, Christian/Birk, Ulrich-Arthur/Brühl, Albrecht/Conradis, Wolfgang/Hofmann, Albert/Krahmer, Utz/Münder, Johannes/Roscher, Falk/Schoch, Dietrich, Lehr- und Praxiskommentar (LPK-BSHG), 6. A., Baden-Baden 2003

Armbrüster, Christian, Antidiskriminierungsgesetz – ein neuer Anlauf?, ZRP 2005, S. 41–44

Arnold, Egon, Gedanken zu einer Reform der Entmündigung, FamRZ 1971, S. 289–292

Arnold, Wilhelm/Eysenck, Hans Jürgen/Meili, Richard (Hrsg.), Lexikon der Psychologie, Freiburg im Breisgau 1980

Arntz, Melanie/Spermann, Alexander, Wie lässt sich die gesetzliche Pflegeversicherung mit Hilfe personengebundener Budgets reformieren?, Sozialer Fortschritt 2004, S. 11–22

Arolt, Volker, Psychiatrische Erkrankungen in: Schwartz, Friedrich Wilhelm (Hrsg.), Das Public Health Buch, 2. A., München 2003, S. 605–613

Autorenkollektiv, Der Große Duden – Wörterbuch und Leitfaden der deutschen Rechtschreibung, Leipzig, 18. A., 1977

Autorenkollektiv, Meyers Universal-Lexikon, Leipzig, 3. A., 1981

Bach, Heinz, Der Begriff der Behinderung unter dem Aspekt der Multidimensionalität, ZHP 1976, S. 396–404

– Sonderpädagogik im Grundriß, Berlin (West), 1975

Bach, Ulrich, Zur Zielvorstellung der Rehabilitation, Die Rehabilitation 1977, S. 172–174

– Wir Behinderten und die Nicht-Behinderten, Die Rehabilitation 1974, S. 15–17

Bachof, Otto, Begriff und Wesen des sozialen Rechtsstaates, VVDStRL 12 (1954), S. 37–79

Bader, Jörg, Effizienzsteigerung in der Rentenversicherung durch Modernisierung der Organisationsstruktur der Rehabilitationskliniken, DRV 2002, S. 229–233

Badura, Bernhard, Umsteuerungsbedarf in der Rehabilitationspolitik in: Igl, Gerhard/Welti, Felix (Hrsg.), Die Verantwortung des sozialen Rechtsstaats für Personen mit Behinderung und für die Rehabilitation, Wiesbaden 2001, S. 249–256

Badura, Bernhard/Lehmann, Harald, Sozialpolitische Rahmenbedingungen, Ziele und Wirkungen von Rehabilitation, in: Koch, Uwe/Lucius-Hoene, Gabriele/Stegie, Reiner (Hrsg.): Handbuch der Rehabilitationspsychologie, Berlin (West), Heidelberg, New York, London, Paris, Tokio, 1988, S. 58–71

Badura, Bernhard/Schellschmidt, Henner, Sozialwissenschaftlicher Gutachtenteil in: Badura, Bernhard/Hart, Dieter/Schellschmidt, Henner (Hrsg.), Bürgerorientierung des Gesundheitswesens, Baden-Baden, 1999, S. 39–101

Badura, Peter, Arbeitsrecht und Verfassungsrecht, RdA 1999, S. 8–13

– Das Prinzip der sozialen Grundrechte und sein Verwirklichung im Recht der Bundesrepublik Deutschland, Der Staat 1975, S. 17–48

– Auftrag und Grenzen der Verwaltung im sozialen Rechtsstaat, DÖV 1968, S. 446–455

– Die Daseinsvorsorge als Verwaltungszweck der Leistungsverwaltung und der soziale Rechtsstaat, DÖV 1966, S. 624–633

Baer, Susanne, „Ende der Privatautonomie" oder grundrechtlich fundierte Rechtsetzung, ZRP 2002, S. 290–294

– Recht gegen Fremdenfeindlichkeit und andere Ausgrenzungen, ZRP 2001, S. 500–504

Baier, Tina, Das Alter der Mutter ist kein Kriterium, SZ v. 05.02.2004

Balle, Kathleen, Die Beendigung von Arbeitsverhältnissen bei verminderter Erwerbsfähigkeit, Jur. Diss., Hagen, 2000

Bar, Christian von, Gemeineuropäisches Deliktsrecht, Zweiter Band: Schaden und Schadenersatz, Haftung für und ohne eigenes Fehlverhalten, Kausalität und Verteidigungsgründe, München, 1999

– Empfehlen sich gesetzgeberische Maßnahmen zur rechtlichen Bewältigung für Massenschäden?, Gutachten A zum 62. Deutschen Juristentag Bremen 1998, München, 1998

– Gemeineuropäisches Deliktsrecht, Erster Band: Die Kernbereiche des Deliktsrechts, seine Angleichung in Europa und seine Einbettung in die Gesamtrechtsordnungen, München, 1996

Barnard, Catherine, The Changing Scope of the Fundamental Principle of Equality?, McGill Law Journal [Vol. 46] 2001, S. 955–977

Barnes, Helen, Working for a living? – Employment, benefits and the living standards of disabled people, Bristol, 2000

Barsels, Friedrich, Die Wirkungen der Invalidenversicherung auf Schleswig–Holstein, Phil. Diss., Kiel, 1914

Barta, Heinz, Kausalität im Sozialrecht: Entstehung und Funktion der sogenannten Theorie der wesentlichen Bedingung; Analyse der grundlegenden Judikatur des Reichsversicherungsamtes in Unfallversicherungssachen (1884–1914); der Weg vom frühen zivilen, industriell-gewerblichen Haftpflichtrecht zur öffentlich-rechtlichen Gefährdungshaftung der Arbeiter(unfall)versicherung, Berlin (West), 1983

Basaglia, Franca Ongaro, Gesundheit, Krankheit – Das Elend der Medizin, Frankfurt am Main, 1985

Bassenge, Peter/Brudermüller, Gerd/Diederichsen, Uwe/Edenhofer, Wolfgang/Heinrichs, Helmut/Sprau, Hartwig/Putzo, Hans/Weidenkaff, Walter, Palandt – Bürgerliches Gesetzbuch, 63. A., München, 2004

Battaglia, Salvatore, Grande dizionario della lingua italiana, Torino, 1990

Battes, Robert, Zu den Unterhaltsansprüchen volljähriger Kinder – Entwicklungen im Ausland als Indiz für Reformbedürfnisse? – FuR 1993, S. 253–261

Bauer, Edith, Zur Geschichte einer weiblichen Moral der Fürsorge und ihre Aktualität für die sozialen Berufe von heute, Theorie und Praxis der sozialen Arbeit 2003, S. 63–69

Bauer, Franz, Zur Schadensregulierung bei Invalidität oder Tod eines Betriebsinhabers infolge Verkehrsunfalles, DAR 1959, S. 113–116

Bauer, Jobst-Hubertus, Europäische Antidiskriminierungsrichtlinien und ihr Einfluss auf das deutsche Arbeitsrecht, NJW 2001, S. 2672–2677

Bauer, Rudolph, Lexikon des Sozial- und Gesundheitswesens, München, 2. A., 1996

Baumeister, Peter, Verfassungswidrige Ungleichbehandlung dementer Menschen im Recht der sozialen Pflegeversicherung, NZS 2004, S. 191–195

Baumgärtner, Sandra, Zu behindert für diese Welt? – Reflexionen zur pädagogischen, gesellschaftlichen, medizinischen und ethischen Situation von Menschen mit Behinderung, Marburg 2003

Baur, Fritz, Entwicklungslinien in der Eingliederungshilfe für behinderte Menschen, TuP 2004, S. 33–37

– Besser und Billiger, Blätter der Wohlfahrtspflege 2004, S. 130–133

– Die Zukunft der Eingliederungshilfe für behinderte Menschen, br 2004, S. 61–68

– Die Werkstatt für behinderte Menschen nach neuem Recht (§§ 136–144 SGB IX), ZfSH/SGB 2002, S. 707–716

– Personenbezogenes Budget – das niederländische Modell eines „Eingliederungsgeldes für Behinderte", ZfS 1999, S. 321–329

– Die Werkstatt für behinderte Menschen im Spannungsfeld von Förderung und Arbeitsleistung, ZfSH/SGB 1999, S. 262–268

Baurmann, Michael, Solidarität als soziale Norm und als Norm der Verfassung in: Bayertz, Kurt (Hrsg.), Solidarität – Begriff und Problem, Frankfurt am Main, 1998, S. 345–388

Beaucamp, Guy, Verfassungsrechtlicher Behindertenschutz in Europa, ZfSH/SGB 2002, 201–203

– Das Behindertengrundrecht (Art. 3 Abs. 3 Satz 2 GG) im System der Grundrechtsdogmatik, DVBl 2002, S. 997–1004

– Das Verbot der Diskriminierung Behinderter, JA 2001, S. 36–41

Beck, Herta, Leistung und Volksgemeinschaft: der Sportarzt und Sozialhygieniker Hans Hoske (1900–1970), Husum 1991, zugleich Diss., FU Berlin 1990

Beck, Iris, Gefährdungen des Wohlbefindens schwer behinderter Menschen, ZHP 1998, S. 206–215

Beck, Iris/Schuck, Karl Zum Forschungsstand über Möglichkeiten und Grenzen der Integration aus Sicht der Heil- und Sonderpädagogik in: Igl, Gerhard/Welti, Felix (Hrsg.), Die Verantwortung des sozialen Rechtsstaats für Personen mit Behinderung und für die Rehabilitation, Wiesbaden 2001, 91–116

Becker, Gabriele/Rott, Christoph/d'Heureuse, Vera/Kliegel, Matthias/Schönemann-Gieck, Petra, Funktionale Kompetenz und Pflegebedürftigkeit nach SGB XI bei Hundertjährigen, ZGG 2003, S. 437–446

Becker, Joachim, Transfergerechtigkeit und Verfassung, Tübingen, 2001

Becker, Klaus-Peter, Zur Geschichte der Gesellschaft für Rehabilitation in der Deutschen Demokratischen Republik in: DVfR (Hrsg.), Von der „Krüppelfürsorge zur Rehabilitation von Menschen mit Behinderung – 90 Jahre Deutsche Vereinigung zur Rehabilitation Behinderter e.V., Heidelberg 1999, S. 50–64

Becker, Ulrich, Rehabilitation in der Europäischen Union, DRV 2004, S. 659–678

– Prävention in Recht und Politik der Europäischen Gemeinschaften, ZSR 2003, S. 355–369

Becker, Wolfgang, Behinderte Rehabilitation oder: Der Schein von Freiheit, Phil. Diss., Berlin (West), 1987

Beckmann, Rainer, Rechtsfragen der Präimplantationsdiagnostik, MedR 2001, S. 169–177

Beckmann, Ulrike/Pallenberg, Claudia/Klosterhuis, Here, Berichte zur Qualitätssicherung, DAngVers 2000, 88–98

Begemann, Ernst, Theoretische und institutionelle Behinderungen der Integration in: Eberwein, Hans (Hrsg.), Integrationspädagogik, 5. A., Weinheim, 1999, S. 176–183

Behrend, Christoph, Frühinvalidisierung und soziale Sicherung – sind die Maschen dicht genug?, NDV 1994, S. 338–341

– Frühinvalidisierung und soziale Sicherung in der Bundesrepublik Deutschland, Berlin, 1992

Behrens, Johann, Der Prozeß der Invalidisierung – das demographische Ende eines historischen Bündnisses in: Behrend, Christoph (Hrsg.), Frühinvalidität – ein Ventil des Arbeitsmarkts?, Berlin 1994, S. 105–136

Bekemeier, Heinrich, Ist die wirtschaftliche Stagnation ein Wegbereiter der abstrakten Betrachtungsweise?, Die Sozialversicherung 1968, S. 101–103

– Berufs- und Erwerbsunfähigkeit – reformbedürftige Begriffe, SGb 1967, S. 145–149

Bellwinkel, Michael, Das Präventionsgesetz greift noch zu kurz, BKK 2005, S. 7–12

Benda, Ernst, Verständigungsversuche über die Würde des Menschen, NJW 2001, S. 2147–2148

– Der soziale Rechtsstaat in: Benda, Ernst/Maihofer, Werner/Vogel, Hans-Jochen (Hrsg.), Handbuch des Verfassungsrechts, 2. A., Berlin 1995, S. 719–798

– Gedanken zum Sozialstaat, RdA 1981, S. 137–143

– Bundessozialgericht und Sozialstaatsklausel, NJW 1979, S. 1001–1007

Bendel, Klaus, Behinderung als zugeschriebenes Kompetenzdefizit von Akteuren, Zeitschrift für Soziologie 1999, S. 301–310

Benstz, Ulrich/Franke, Dietrich, Schulische Bildung, Jugend und Sport (§ 6) in: Simon, Helmut/Franke, Dietrich/Sachs, Michael (Hrsg.), Handbuch der Verfassung des Landes Brandenburg, Stuttgart, 1994, S. 109–130

Benz, Manfred, Die Arbeitsassistenz – eine neue Leistung in der gesetzlichen Unfallversicherung für schwerbehinderte Versicherte, BG 2002, S. 528–536

– Allgemeine Grundlagen des Rehabilitationsrechts in: in: Schulin, Bertram (Hrsg.); Handbuch des Sozialversicherungsrechts Bd. 2., Unfallversicherungsrecht, § 43, München, 1996, S. 895–913

Berchtold, Josef, Juristische Anforderungen an sozialmedizinische Gutachten, DRV 1999, S. 415–425

Berger, Michael, Am Ende der Aufklärung steht das Goldene Kalb, GGW 2003, S. 29–35

Berlit, Uwe, Rechtspolitik zur Gleichstellung behinderter Menschen, RdJB 1996, S. 145–153

– Eigentum, Wirtschaft, Arbeit und soziale Sicherung (9) in: Simon, Helmut/Franke, Dietrich/Sachs, Michael (Hrsg.), Handbuch der Verfassung des Landes Brandenburg, Stuttgart, 1994, S. 153–170

Bernet, Wolfgang, Verwaltungsrecht in: Heuer, Uwe-Jens (Hrsg.), Die Rechtsordnung der DDR, Baden-Baden, 1995, S. 395–426

Bernhardt, Rudolf, Der behinderte Mensch und das Verfassungsrecht, NDV 1967, S. 290–294

Beyer, Alfred/Winter, Kurt, Lehrbuch der Sozialhygiene, 5. A., Berlin (DDR), 1970

Bezzenberger, Tilman, Ethnische Diskriminierung, Gleichheit und Sittenordnung im bürgerlichen Recht, AcP 196 (1996), S. 395–438

Bibel – Die Bibel oder die ganze heilige Schrift des Alten und Neuen Testaments nach der Übersetzung Martin Luthers, Stuttgart, 1968

Bieback, Karl-Jürgen, Qualitätssicherung in der Pflege im Sozialrecht, Heidelberg, 2004

– Die Bedeutung der sozialen Grundrechte für die Entwicklung der EU, ZFSH/SGB 2003, S. 579–588

– Fördern und Fordern – Kontinuitäten und Brüche im Arbeitsförderungsrecht der Hartzgesetze, KJ 2003, S. 25–34

– Prävention als Prinzip und Anspruch im Sozialrecht, insbesondere in der Gesetzlichen Krankenversicherung, ZSR 2003, S. 403–442

– Reform des Sozialleistungssystems – Zwang oder Vertrag?, GMH 2003, S. 22–31

– Probleme des Leistungsrecht der Pflegeversicherung, SGb 1995, S. 569–579

– Diskriminierungs- und Behinderungsverbote im europäischen Sozialrecht, SGb 1994, S. 301–309

– Inhalt und Funktion des Sozialstaatsprinzips, Jura 1987, S. 229–237

– Versorgungslücken in der medizinischen Rehabilitation Suchtkranker durch Sozialhilfe und Sozialversicherung, ZSR 1981, S. 602–621 (I. Folge), ZSR 1982, S. 21–41 (II. Folge)

Bielefeldt, Die deutsche Arbeiterversicherung als soziale Einrichtung – Arbeiterversicherung und Volksgesundheit, Berlin, 1904

Bienwald, Werner, J. von Staudingers Kommentar zum BGB mit Einführungsgesetz und Nebengesetzen, Familienrecht §§ 1896–1921 BGB, Berlin, 1999

Bieritz-Harder, Renate, Leistungen zur medizinischen Rehabilitation in: Volker Neumann (Hrsg.), Rehabilitation und Teilhabe behinderter Menschen, Handbuch SGB IX, Baden-Baden, 2004, § 10, S.164–270

– Hilfsmittel für Eltern mit Behinderungen zur Versorgung ihrer Kinder in den ersten Lebensjahren, SGb 2002, 198–201

– Menschenwürdig leben – Ein Beitrag zum Lohnabstandsgebot des Bundessozialhilfegesetzes, seiner Geschichte und verfassungsrechtlichen Problematik, Berlin 2001, zugleich Jur. Diss., Rostock, 2001

Biesalski, Konrad, Grundriß der Krüppelfürsorge, 3. A., Berlin, 1926

Bihr, Dietrich, Sozialgesetzbuch IX: Ein Gesetz im Entstehen, BB 2000, S. 407–410

Bilsdorfer, Peter, Vermögensberücksichtigung bei der Kindergeldfestsetzung eines volljährigen behinderten Kindes?, Steuer und Studium 2003, S. 220–222

Binding, Karl / Hoche, Alfred, Die Freigabe der Vernichtung lebensunwerten Lebens. Ihr Maß und ihre Form, 1922

Birkner/Moos/Neubauer, Globale Budgetierung der Rehabilitationsausgaben der Rentenversicherung – Eine kritische Betrachtung –, SF 1992, S. 72–75

Birnbacher, Dieter, Das Dilemma des Personenbegriffs, ARSP 1997, S. 9–25

Bleidick, Ulrich, Der Personbegriff in der Behindertenpädagogik in: Dederich, Markus (Hrsg.), Bioethik und Behinderung, Bad Heilbrunn, 2003, S. 68–80

– Behinderung in: Antor, Georg/Bleidick, Ulrich (Hrsg.), Handlexikon der Behindertenpädagogik: Schlüsselbegriffe aus Theorie und Praxis, Stuttgart, 2001, S. 59–60

– Behindertenpädagogik in: Antor, Georg/Bleidick, Ulrich (Hrsg.), Handlexikon der Behindertenpädagogik: Schlüsselbegriffe aus Theorie und Praxis, Stuttgart, 2001, S. 60–63

– Sonderpädagogik in: Antor, Georg/Bleidick, Ulrich (Hrsg.), Handlexikon der Behindertenpädagogik: Schlüsselbegriffe aus Theorie und Praxis, Stuttgart, 2001, S. 92–94

Blinkert, Baldo/Klie, Thomas, Gesellschaftlicher Wandel und demographische Veränderungen als Herausforderungen für die Sicherstellung der Versorgung von pflegebedürftigen Menschen, SF 2004, S. 319–325

Blohmke, Maria/Ferber, Christian von/Schaefer, Hans/Valentin, Helmut/Wängler, Kurt, Was ist Sozialmedizin? in: Blohmke, Maria/Kisker, Karl Peter/Ferber, Christian von/

Schaefer, Hans, Handbuch der Sozialmedizin, Band 1: Grundlagen und Methoden der Sozialmedizin, Stuttgart, 1975, S. 1–5

Blohmke, Maria/Schaefer, Hans, Sozialmedizin, 2. A., Stuttgart, 1978

Blum, Erich, Die Eingliederung Behinderter (Rehabilitation) – Versuch einer Systematisierung, Jur. Diss., Bochum, 1979

Blumenthal, Wolfgang/Jochheim, Kurt-Alphons, Begriff, Abgrenzung, interdisziplinäre Zusammenarbeit der medizinisch-sozialen Rehabilitation in: Blohmke, Maria/Kisker, Karl Peter/Ferber, Christian von/Schaefer, Hans, Handbuch der Sozialmedizin, Band 3: Sozialmedizin in der Praxis, Stuttgart, 1976, S. 574–601

– Theorie und Technik der medizinisch-sozialen Rehabilitation in: Blohmke, Maria/Kisker, Karl Peter/Ferber, Christian von/Schaefer, Hans, Handbuch der Sozialmedizin, Band 3: Sozialmedizin in der Praxis, Stuttgart, 1976, S. 602–650

Bock, Katy, Gehörlose und Öffentlichkeit, Magisterarbeit der Philosophischen Fakultät der Christian-Albrechts-Universität zu Kiel, 2002

Böckenförde, Ernst-Wolfgang, Menschenwürde als normatives Prinzip, JZ 2003, S. 809–815

– Geschichte der Staats- und Rechtsphilosophie, Tübingen, 2002

– Grundrechtstheorie und Grundrechtsinterpretation, NJW 1974, S. 1529–1538

Böckenförde-Wunderlich, Barbara, Präimplantationsdiagnostik als Rechtsproblem, Tübingen, 2002, zugleich Jur. Diss., Heidelberg, 2002

Bödeker, Wolfgang/Friedel, Heiko/Röttger, Christoph/Schröer, Alfons, Die Kosten arbeitsbedingter Erkrankungen in Deutschland 1998, BKK 2002, S. 45–49

Boehmer, Gustav, Schadensersatzansprüche wegen Verletzung oder Tötung des im Haushalt oder Geschäft mitarbeitenden Ehegatten, FamRZ 1960, S. 173–180

Bogs, Walter, Die Vorsorge im System des Sozialrechts, ZSR 1969, S. 654–663 (Teil 1), 738–747 (Teil 2)

– Die Wandlung der Begriffe Individualität und Berufsunfähigkeit, RdA 1950, S. 290–293

Böhmer, Emil, Zur Frage der Arbeitspflicht des Unfallverletzten gemäß § 254 Abs. 2 BGB, DAR 1952, S. 161–162

Bolderson, Helen/Mabbett, Deborah, Definitions of Disability in Europe: A comparative Analysis, Final Report, Brunel University UK, 2002

Boll, Silke, Gegen den Zeitgeist der Machbarkeit – zur pränatalen Diagnostik in: Hermes, Gisela (Hrsg.), Kinder, Krücken und Barrieren, 2. A., Kassel, 2001, S. 69–78

Borgetto, Bernhard, Selbsthilfe als bürgerschaftliches Engagement, ZSR 2003, S. 474–506

– Zur sozialen Konstruktion von Behinderung, Tagungsband zum 6. rehabilitationswissenschaftlichen Kolloquium vom 4.–6. März 1996, S. 228–231

Borowski, Martin, Die Glaubens- und Gewissensfreiheit des Grundgesetzes, Habilitationsschrift, Kiel, 2003

– Grundrechtliche Leistungsrechte, Jahrbuch des öffentlichen Rechts der Gegenwart, Band 50 (2002), S. 301–329

– Intendiertes Ermessen, DVBl. 2000, S. 149–160

– Grundrechte als Prinzipien, Baden-Baden, 1998

Bourdieu, Pierre, Der Rassismus der Intelligenz in: ders., Soziologische Fragen, Frankfurt am Main, 1993

Brackhane, Rainer, Behinderung, Rehabilitation, Rehabilitationspsychologie: Terminologische Vorbemerkungen und Begriffsklärungen, in: Koch, Uwe/Lucius-Hoene, Gabriele/Stegie, Reiner (Hrsg.): Handbuch der Rehabilitationspsychologie, Berlin (West), Heidelberg, New York, London, Paris, Tokio, 1988, S. 20–34

Brackmann, Kurt, Finale oder kausale Betrachtungsweise bei der Leistungsgewährung?, SozSich 1967, S. 35–37

Brandenburg, Stephan, Die Umsetzung des SGB IX – erste Erfahrungen aus der Sicht eines Unfallversicherungsträgers, ZSR 2004, S. 398–403

Braun, Heinrich, Zur geschichtlichen Entwicklung der Rehabilitation Behinderter in Deutschland in: Reschke, Hans (Hrsg.), Rehabilitation von Behinderten in Deutschland, Frankfurt am Main, 1966, S. 1–19

Braun, Johann, Forum: Übrigens – Deutschland wird wieder totalitär, JuS 2002, S. 424–425

Braun, Katrin, Menschenwürde und Biomedizin – Zum philosophischen Diskurs der Bioethik, Frankfurt und New York, 2000

Braun, Stefan, Fragerecht und Auskunftspflicht – Neue Entwicklungen in Gesetzgebung und Rechtsprechung, MDR 2004, S. 64–71

– Der Beauftragte des Arbeitgebers i. S. d. § 98 SGB IX, ZTR 2003, S. 18–21

– Bundesgleichstellungsgesetz für behinderte Menschen – Die Neuregelung im Überblick, MDR 2002, S. 862–866

– SGB IX – Überblick über die Neuregelung, MDR 2001, 1157–1160

Brecht, Bertolt, Gesammelte Werke in acht Bänden, Frankfurt am Main, 1967

Breitkopf, Helmut, SGB IX – Stärkung der Selbsthilfe chronisch kranker und behinderter Menschen, TuP 2001, 347–349

Brenda, Manfred, Die Entwicklung der medizinischen Rehabilitationsmaßnahmen (früher: Heilbehandlung wegen allgemeiner Leiden) bei der LVA Hessen seit Inkrafttreten des Arbeiterrentenversicherungs-Neuregelungsgesetzes zum 1. 1.1957, Nachrichten der LVA Hessen 1997, S. 24–29 (Teil I), S. 60–67 (Teil II), S. 95–100 (Teil III)

Briefs, Joseph, Die soziale Fürsorge der Schwerbeschädigten in der heutigen Gesetzgebung, Berlin, 1931

Brockhaus-Enzyklopädie in 24 Bänden, Mannheim, 19. A., 1992

Brockkötter, Anton, Über den Begriff der Invalidität in der Invalidenversicherung, Jur. Diss., Münster, 1929

Broede, Friedrich Wilhelm, Die konkrete Betrachtungsweise in der Defensive. Die wirtschaftliche Stagnation als Wegbereiter der abstrakten Betrachtungsweise?, Die Sozialversicherung 1967, S. 295–300

Brohm, Winfried, Soziale Grundrechte und Staatszielbestimmungen in der Verfassung, JZ 1994, S. 213–220

Brors, Christiane, Die Sozialauswahl nach der Reform des KSchG und im Rahmen der Richtlinie 2000/78/EG, ArbuR 2005, S. 41–45

Broß, Siegfried, Daseinsvorsorge – Wettbewerb – Gemeinschaftsrecht, JZ 2003, S. 874–879

Brox, Hans, Störungen durch geistig Behinderte als Reisemangel?, NJW 1980, S. 1939–1940

Brüning, Christoph, Gleichheitsrechtliche Verhältnismäßigkeit, JZ 2001, S. 699–673

Brunkhorst, Hauke, Solidarität, Frankfurt am Main, 2002

Brunner, Georg, Die Problematik der sozialen Grundrechte, Tübingen, 1971

Bryde, Brun-Otto, Artikel 12 Grundgesetz – Freiheit des Berufs und Grundrecht der Arbeit, NJW 1984, S. 2177–2184

Buch, Michael, Das Grundrecht der Behinderten (Art. 3 Abs. 3 Satz 2 GG), Osnabrück, 2001, zugleich Jur. Diss., Bonn, 2000

Buhmann, Klaus, Barrierefreiheit – Eine Herausforderung für die Prävention, Die BG 2003, S. 457–463

Bührig, Axel, Probleme der beruflichen Rehabilitation aus arbeits- und sozialrechtlicher Sicht, Jur. Diss., Göttingen, 1976

Bull, Hans Peter, Die Staatsaufgaben nach dem Grundgesetz, Frankfurt am Main, 1973

Bullinger, Martin, Französischer service public und deutsche Daseinsvorsorge, JZ 2003, S. 597–604

Bundesministerium für Arbeit und Sozialordnung, Vierter Bericht der Bundesregierung über die Lage der Behinderten und die Entwicklung der Rehabilitation, Bonn 1998

Bundesregierung, Aktionsprogramm zur Förderung der Rehabilitation der Behinderten, BArbBl. 1970, S. 340–342

Bundschuh, K./Heimlich, U./Krawitz, R., Heilpädagogik, in: Bundschuh, K./Heimlich, U./ Krawitz, R. (Hrsg.), Wörterbuch Heilpädagogik, Bad Heilbrunn, 1999, S. 123–126
– Sonderpädagogik in: Bundschuh, K./Heimlich, U./Krawitz, R. (Hrsg.), Wörterbuch Heilpädagogik, Bad Heilbrunn, 1999, S. 260–263
Bürck, Harald, Der Grad der Behinderung (GdB) und die „Anhaltspunkte für die ärztliche Gutachtertätigkeit im sozialen Entschädigungsrecht und nach dem Schwerbehindertengesetz" (AHP), ZfS 1999, 130–137
Burger, Stephan, Ökonomische Analyse der medizinischen Rehabilitation – Rehabilitation zwischen sozialpolitischem Anspruch und arbeitsmarktpolitischen Interessen, Frankfurt am Main, 1996
Buß, Franz Josef, System der gesamten Armenpflege, Bd. III, Stuttgart, 1846
Butzer, Hermann, Fremdlasten in der Sozialversicherung, Tübingen, 2001
Bydlinski, Franz, Zu den dogmatischen Grundfragen des Kontrahierungszwanges, AcP 180 (1980), S. 1–46

Callsen, Schwerstbeschädigtenbetreuung in den Betrieben in: Renker, Karlheinz (Hrsg.), III. Internationaler Kongress der Gesellschaft für Rehabilitation in der Deutschen Gesellschaft für die gesamte Hygiene vom 10. bis 16. Juni 1967 in Erfurt, Leipzig, 1969, S. 627–631
Canaris, Claus-Wilhelm, Die Bedeutung der iustitia distributiva im deutschen Vertragsrecht, München 1997
– Verstöße gegen das verfassungsrechtliche Übermaßverbot im Recht der Geschäftsfähigkeit und im Schadensersatzrecht, JZ 1987, S. 993–1004
Caspar, Johannes, Das Diskriminierungsverbot behinderter Personen in Art. 3 Abs. 3 Satz 2 GG und seine Bedeutung in der aktuellen Rechtsprechung, EuGRZ 2000, 135–144
Casper, Matthias, Geschäfte des täglichen Lebens – kritische Anmerkungen zum neuen § 105 a BGB, NJW 2002, S. 3425–3430
Castendiek, Jan, Behinderung und freie Schulartwahl, in: Erbguth, Wilfried/Müller, Friedrich/Neumann, Volker (Hrsg.), Gedächtnisschrift für Bernd Jeand'Heur, Berlin, 1999, S. 337–354
Castendiek, Jan/Hoffmann, Günther, Das Recht der behinderten Menschen – Ein Handbuch, Baden-Baden, 2002
Cellarius, Jürgen, Konzept der Qualitätssicherung der LVA – tatsächliche Entwicklung ZSR 2002, S. 472–476
Chiusi, Tiziana J., Gesetzliche Vertretungsmacht für nahe Angehörige?, ZRP 2004, S. 119–123
Christoph, Franz, Pädagogische Betroffenheit in: Mürner, Christoph/Schriber, Susanne (Hrsg.), Selbstkritik der Sonderpädagogik?: Stellvertretung und Selbstbestimmung, Luzern, 1993, S. 137–154
Cicero, Der Staat, Düsseldorf/Zürich, 1999
Classen, Georg, Menschenwürde mit Rabatt – Leitfaden und Dokumentation zum Asylbewerberleistungsgesetz, 2. A., Frankfurt am Main, 2000
Clausnizer, Otto, Der Schadenersatz wegen Verdienstausfalls, Jur. Diss., Münster, 1958
Clemens, Thomas, Leitlinien und Sozialrecht – Rezeption von Leitlinien durch Rechtssetzung und Rechtsprechung in: Hart, Dieter (Hrsg.), Klinische Leitlinien und Recht, Baden-Baden, 2005, S. 147–162
Cloerkes, Günther, Soziologie der Behinderten, Heidelberg, 1997
Coen, Martin, Neue EU-Antidiskriminierungs-Richtlinien, AuR 2000, S. 11–12
Coeppicus, Rolf, Behandlungsabbruch, mutmaßlicher Wille und Betreuungsrecht, NJW 1998, S. 3381–3387
Cramer, Horst H., Verfassungsgemäß, BArbBl. 7–8/1981, S. 10–12
Cramer, Stephan, Embryopathische Indikation und pränatale Diagnostik, ZRP 1992, S. 136–140
Creifelds, Carl/Kauffmann, Hans (Hrsg.), Rechtswörterbuch, München, 13. A., 1996

Daele, Wolfgang van den, Die Praxis vorgeburtlicher Selektion und die Anerkennung der Rechte von Menschen mit Behinderungen in: Leonhardt, Annette (Hrsg.), Wie perfekt muss der Mensch sein?, München und Basel 2004, S. 177–200

Dahrendorf, Ralf, Auf der Suche nach einer neuen Ordnung, München, 2003

Dangel, Bärbel/Korporal, Johannes, Kann Pflege im Rahmen der Pflegeversicherung Grundlage eines spezifischen pflegerischen Ansatzes der Rehabilitation sein?, Zeitschrift für Gerontologie und Geriatrie Band 36 (2003), S. 50–62

Dannert, Michaela A. M., Das Verhältnis von Leistungen der Pflegeversicherung und Leistungen der Eingliederungshilfe für Behinderte, SGb 1996, S. 646–649

Dau, Dirk H./Düwell, Franz Josef/Haines, Hartmut (Hrsg.), Rehabilitation und Teilhabe behinderter Menschen – Lehr- und Praxiskommentar (LPK-SGB IX), Baden-Baden, 2002

Däubler, Wolfgang, Sachen und Menschen im Schadensrecht, NJW 1999, S. 1611–1612

Däubler, Wolfgang/Kittner, Michael/Lörcher, Klaus, Internationale Arbeits- und Sozialordnung, 2. A., Köln, 1994

Daum, Werner, Soziale Grundrechte, RdA 1968, S. 81–87

David, Heinz, Rudolf Virchow und die Medizin des 20. Jahrhunderts, München, 1993

Davy, Ulrike, Anmerkung zum Urteil des 3. Senats des BSG vom 26. 3. 2003 – B 3 KR 23/02 R, SGb 2004, S. 315–319

– Der Gleichheitssatz des österreichischen Rechts und Menschen mit Behinderung in: Eisenberger, Iris/Golden, Iris/Lachmayer, Konrad/Marx, Gerda/Tomasovsky, Daniela (Hrsg.), Norm und Normvorstellung, Festschrift für Bernd-Christian Funk zum 60. Geburtstag, Wien, New York 2003, S. 63–110

– Das Verbot der Diskriminierung wegen einer Behinderung im deutschen Verfassungsrecht und im Gemeinschaftsrecht, in: SDSRV 49, 2002; S. 7–59

Decius, Klaus, Prävention und Rehabilitation in der gesetzlichen Kranken- und Arbeiterrentenversicherung, Jur. Diss., Köln, 1966

Dederich, Markus, Normalismus, ‚Eugenik‘ und Ethik in: Dederich, Markus (Hrsg.), Bioethik und Behinderung, Bad Heilbrunn, 2003, S. 237–266

Defoe, Daniel, An Essay upon Projects, in: Political and Economic Writings of Daniel Defoe, Volume 8: Social Reform, London, 2000, S. 27–142

Degener, Theresia, Eine UN-Menschenrechtskonvention für Behinderte als Beitrag zur ethischen Globalisierung, APuZ 2003, S. 37–45

– Verfassungsrechtliche Probleme mit der Behindertendiskriminierung in Deutschland, KJ 2000, S. 425–433

– Das ambulante Pflegerechtsverhältnis als Modell eines Sozialrechtsverhältnisses, Jur. Diss., Frankfurt a.M. 1994

Degenhart, Christoph, Die Staatszielbestimmungen der Sächsischen Verfassung (§ 6) in: Degenhart, Christoph/Meissner, Claus (Hrsg.), Handbuch der Verfassung des Freistaates Sachsen, Stuttgart, 1997, S. 157–180

Degenkolb, Der spezifische Inhalt des Schadensersatzes, AcP 76 (1890), S. 1–88

Demmel, Herbert, Die Entwicklung und Bedeutung der öffentlich-rechtlichen Blindengeldleistung als Sozialleistung, Berlin, 2003, zugleich Jur. Diss., München, 2002

Denninger, Erhard, Verfassungsrecht und Solidarität in: Bayertz, Kurt (Hrsg.), Solidarität – Begriff und Problem, Frankfurt am Main, 1998, S. 319–344

– Embryo und Grundgesetz. Schutz des Lebens und Menschenwürde vor Nidation und Geburt, KritV 2003, S. 191–209

Deppe-Wolfinger, Helga, Integration im gesellschaftlichen Widerspruch in: Eberwein, Hans (Hrsg.), Integrationspädagogik, 5. A., Weinheim, 1999, S. 25–32

Derleder, Peter/Winter, Gerd, Die Entschädigung für Contergan, DuR 1976, S. 260–304

Deutsch, Erwin, Verfassungszivilrecht bei der Sterbehilfe, NJW 2003, S. 1567–1568

Deutscher Verein für öffentliche und private Fürsorge, Stellungnahme des Deutschen Vereins zu den Auswirkungen des GKV-Modernisierungsgesetzes (GMG) auf Personen, die Leistungen nach SGB II und SGB XII (BSHG) erhalten, NDV 2004, S. 265–268

Devine, Edward T./Brandt, Lilian, Disabled Soldiers' and Sailors' Pensions and Training, New York, 1919

Dieckmann, Jochen, Strukturreform des Betreuungsrechts, ZRP 2002, 425–430

Diedrich, Frank, Schließt § 253 BGB den Ersatz immaterieller Personenschäden auch bei pVV und cic aus?, MDR 1994, S. 525–529

Diener, Klaus, Errichtung und Aufgaben der neuen Servicestellen für Rehabilitation, Mitteilungen der Landesversicherungsanstalt Oberfranken und Mittelfranken 1/2002, S. 11–22

Diercks, Thomas, Die persönliche Betreuung, Baden-Baden, 1997, zugl. Jur. Diss., Düsseldorf, 1996

Dietl, Clara-Erika/Lorenz, Egon, Wörterbuch für Recht, Wirtschaft und Politik, Teil I Englisch-Deutsch, München, 5. A., 1990

Dietlein, Johannes, Die Lehre von den grundrechtlichen Schutzpflichten, Berlin, 1992, zugleich Jur. Diss., Münster, 1991

Dietrich, Axel, Teilhabe an der mobilen Gesellschaft, WzS 2003, S. 105–113

Dietze, Lutz, Behinderte und Caritas – Oder: Wer für Wen?, Behindertenpädagogik 1987, S. 243–252

– Das Recht des behinderten Kindes auf Besuch der allgemeinen Grundschule und das Elternrecht – Eine Argumentationshilfe, Behindertenpädagogik 1986, S. 151–168

Diller, Alfred, Es geht um den versicherten Menschen, DAngVers 1958, S. 39–40

Dirnaichner, Udo, Bayerisches Schulrecht: Keine Benachteiligung Behinderter, BayVBl. 1997, S. 545–552

Dodegge, Georg, Die Entwicklung des Betreuungsrechts bis Anfang Juni 2002, NJW 2002, S. 2919–2927

Dörner, Hans-Jürgen, Die Rechtsprechung des Bundesarbeitsgerichts zum Zusatzurlaub nach dem Schwerbehindertengesetz, DB 1995, S. 1174–1179

Dörner, Klaus, Bürger und Irre – Zur Sozialgeschichte und Wissenschaftssoziologie der Psychiatrie, 3. A., Hamburg, 1995

– Tödliches Mitleid – Zur Frage der Unerträglichkeit des Lebens oder: die Soziale Frage: Entstehung, Medizinisierung, NS-Endlösung heute – morgen, 2. A., Gütersloh, 1989

– Der psychisch Kranke in der Industriegesellschaft in: Döhner, Otto (Hrsg.), Arzt und Patient in der Industriegesellschaft, Frankfurt am Main, 1973

Drechsel, Klaus Peter, Hochschulübergreifender Hilfsmittelpool für behinderte Studierende in: Drolshagen, Birgit/Rothenberg, Birgit (Hrsg.), Behinderung und Studium, Bochum 1999, S. 121–125

Dreier, Horst, Vorbemerkungen vor Artikel 1 GG, in: Dreier, Horst (Hrsg.), Grundgesetz Kommentar, Band I, 2. A., Tübingen, 2004

– Kommentierung zu Art. 1 GG in: Dreier, Horst (Hrsg.), Grundgesetz Kommentar, Band I, 2. A., Tübingen, 2004

– Stufungen des vorgeburtlichen Lebensschutzes, ZRP 2002, S. 377–383

– Subjektiv-rechtliche und objektiv-rechtliche Grundrechtsgehalte, Jura 1994, S. 505–513

Dreier, Thomas/Schulze, Gernot, Urheberrechtsgesetz – Kommentar, München, 2004

Dreitzel, Hans Peter, Die gesellschaftlichen Leiden und das Leiden an der Gesellschaft: eine Pathologie des Alltagslebens, 3. A., Stuttgart, 1980

Dreßen, Willi, NS-„Euthanasie"-Prozesse in der Bundesrepublik Deutschland im Wandel der Zeit in: Loewy, Hanno/Winter, Bettina (Hrsg.), NS-"Euthanasie" vor Gericht, Frankfurt am Main, 1996, S. 35–58

Dreyer, Malu, Selbstbestimmt leben – Erfahrungen mit dem Persönlichen Budget für Menschen mit Behinderungen, ErsK 2005, S. 106–109

Dröge, Thomas, Die Zwangsbetreuung, Hamburg, 1997, zugl. Jur. Diss., Göttingen, 1996

Düll, Rudolf, Das Zwölftafelgesetz – Texte, Übersetzungen und Erläuterungen, 7. A., Zürich 1995

Dupuis, Gregor/Kerkhoff, Winfried (Hrsg.), Enzyklopädie der Sonderpädagogik, der Heilpädagogik und ihrer Nachbargebiete, Berlin, 1992

Dürig, Günter, Der Grundrechtssatz von der Menschenwürde, AöR 1956, S. 9–157
– Verfassung und Verwaltung im Wohlfahrtsstaat, JZ 1953, S. 193–199

Durkheim, Emile, Über soziale Arbeitsteilung, Frankfurt am Main, 1992

Duttge, Gunnar/Hörnle, Tatjana/Renzikowski, Joachim, Das Gesetz zur Änderung der Vorschriften über die Straftaten gegen die sexuelle Selbstbestimmung, NJW 2004, S. 1065–1072

Düwell, Franz Josef, Beschäftigungsschutz und Sozialstaat, ArbuR 1998, S. 149–152

Ebbinghaus, Angelika, Strategien der Verteidigung in: Ebbinghaus, Angelika/Dörner, Klaus, Vernichten und Heilen – Der Nürnberger Ärzteprozess und seine Folgen, Berlin, 2001, S. 405–435
– Kostensenkung, „Aktive Therapie" und Vernichtung in: Ebbinghaus, Angelika/Kaupen-Haas, Heidrun/Roth, Karl Heinz (Hrsg.), Heilen und Vernichten im Mustergau Hamburg – Bevölkerungs- und Gesundheitspolitik im Dritten Reich, Hamburg, 1984, S. 136–146

Ebert, Ina, Pönale Elemente im deutschen Privatrecht, Tübingen, 2004

Eberwein, Hans, Integrationspädagogik als Weiterentwicklung (sonder-)pädagogischen Denkens- und Handelns in: Eberwein, Hans (Hrsg.), Integrationspädagogik, 5. A., Weinheim, 1999, S. 55–70
– Zur dialektischen Aufhebung der Sonderpädagogik in: Eberwein, Hans (Hrsg.), Integrationspädagogik, 5. A., Weinheim, 1999, S. 423–428
– Sonder- und Rehabilitationspädagogik – eine Pädagogik für „Behinderte" oder gegen Behinderungen? Sind Sonderschulen verfassungswidrig? in: Eberwein, Hans/Sasse, Ada, Behindert sein oder behindert werden? – Interdisziplinäre Analysen zum Behinderungsbegriff, Neuwied, 1998, S. 66–95
– Zur Kritik des sonderpädagogischen Paradigmas und des Behinderungsbegriffs, ZHP 1995, S. 468–476
– Kritische Analyse des Behinderungsbegriffs, Behinderte 1995, S. 5–12

Ebsen, Ingwer, Familienlastenausgleich und die Finanzierung der Sozialversicherung aus verfassungs- und sozialrechtlicher Sicht, VSSR 2004, S. 3–18
– Zur Koordinierung der Rechtsdogmatik beim Gebot der Gleichberechtigung von Männern und Frauen zwischen Europäischem Gemeinschaftsrecht und innerstattlichem Verfassungsrecht, RdA 1993, S. 11–16
– Schadensbemessung im deutschen Sozialrecht als Bestimmung von Erwerbsminderung? – Kriterienunsicherheiten, Ungereimtheiten, Entscheidungsspielräume in: Ebsen, Ingwer (Hrsg.), Invalidität und Arbeitsmarkt, Baden-Baden, 1992, S. 69–86

Eckelmann, Hansgeorg, Die neue Rechtsprechung zur Höhe des Schadensersatzes bei Verletzung oder Tötung einer Hausfrau und Mutter, DAR 1973, S. 255–264
– Schadensersatz bei Verletzung oder Tötung einer Ehefrau, NJW 1971, S. 355–359

Eckelmann, Hansgeorg/Boos, Karl-Heinz/Nehls, Jürgen, Vae calamitate victis, DAR 1984, S. 297–304

Eckelmann, Hansgeorg/Nehls, Jürgen/Schäfer, Hans Jürgen, Beitrag zum Schadensersatz bei Verletzung von Kindern, Schülern, Lehrlingen oder Studenten wegen ihrer Verzögerung in der Ausbildung, Verdienstausfalls und vermehrter Bedürfnisse, DAR 1983, S. 337–354

Eckert, Jörn, Schuldrecht – Allgemeiner Teil, 3. A., Baden-Baden, 2003

Eckhardt, H., Körperbehindertenfürsorge ist Orthopädierehabilitation in: Renker, Karlheinz/Winter, K./Märker/Quaas (Hrsg.), Internationale Arbeitstagung über Fragen der Rehabilitation, Dispensairebetreuung und Prämorbidität, Leipzig, 1959, S. 178–181

Eichenhofer, Eberhard, Zuschuss zum Mutterschaftsgeld durch den Arbeitgeber – wie geht es weiter nach dem „Verfassungswidrigkeitsverdikt"?, BB 2004, S. 382–384
– Verträge in der Arbeitsverwaltung, SGb 2004, S. 203–209
– Sozialrecht und Privatrecht – wechselseitig unvereinbar oder aufeinander bezogen?, NZS 2004, S. 169–173
– Die Rolle von öffentlichem und privatem Recht bei der Erbringung sozialer Dienstleistungen, SGb 2003, S. 365–370
– Unionsbürgerschaft – Sozialbürgerschaft?, ZIAS 2003, S. 404–417
– Umsetzung der Richtlinie gegen Diskriminierung wegen Rasse, ethnischen Herkunft, des Alters, der Behinderung und der sexuellen Ausrichtung in Deutschland, ZESAR 2003, S. 349–354
– Das Rechtsverhältnis zwischen Rehabilitationsträger und Rehabilitationseinrichtungen, NZS 2002, S. 348–351
– Empfiehlt es sich, die rechtliche Ordnung finanzieller Solidarität zwischen Verwandten in den Bereichen des Unterhaltsrechts, des Pflichtteilsrechts, des Sozialhilferechts und des Sozialversicherungsrechts neu zu gestalten, Sozialrechtliches Teilgutachten für den 64. Deutschen Juristentag, München, 2002
Eichhorn, Hans, Abschied von der Klapper? in: Thom, Achim/Wulff, Erich (Hrsg.), Psychiatrie im Wandel, Bonn, 1990, S. 166–179
Eickermann, Angela, Barrierefreies Internet, Die BG 2003, S. 452–456
Eiermann, Nicole/Häußler, Monika/Helfferich, Cornelia, Live – Leben und Interessen Vertreten – Frauen mit Behinderung, Berlin 2000
Ellger-Rüttgardt, Sieglind, Rehabilitation in: Antor, Georg/Bleidick, Ulrich (Hrsg.), Handlexikon der Behindertenpädagogik: Schlüsselbegriffe aus Theorie und Praxis, Stuttgart, 2001, S. 88–91
– Der Rückblick auf die DDR im Jahre 1999: Zeitzeugen erinnern sich in: Ellger-Rüttgardt, Sieglind/Wachtel, Grit (Hrsg.), Zehn Jahre Sonderpädagogik und Rehabilitation im vereinigten Deutschland, Neuwied 2000, S. 12–43
Elsner, Gine, Die Minderung in der Erwerbsfähigkeit in der Unfallversicherung: Orientierung am Arbeitsmarkt oder nichthinterfragbare Zauberformel?, ZSR 1988, S. 340–355
Elsner, Werner, Sind wir ein Volk von Behinderten?, SozSich 1978, S. 211–212
Emmerich, Volker/Rolfs, Christian/Weitemeyer, Birgit, , J. von Staudingers Kommentar zum BGB mit Einführungsgesetz und Nebengesetzen, Recht der Schuldverhältnisse, §§ 535–562d, Berlin, 2003
Encyclopaedia Universalis, Paris, 1986
Engelhardt, Dietrich von, 100 Jahre Rehabilitation, DRV 1990, S. 572–588
Engelken, Klaas, Nochmals: Der Diskriminierungsschutz Behinderter im Grundgesetz, DVBl. 1997, S. 762–763
Engler, Helmut, Der Entwurf eines Gesetzes über die Annahme als Kind, FamRZ 1975, S. 125–138
Erbguth, Wilfried/Wiegand, Bodo, Über Möglichkeiten und Grenzen von Landesverfassungen im Bundesstaat, DÖV 1992, S. 770–779
Erichsen, Hans-Uwe, Freiheit – Gleichheit – Teilhabe, DVBl 1983, S. 289–297
Eser, Albin/von Lutteroti, Markus/Sporken, Paul, Lexikon Medizin – Ethik – Recht, Freiburg im Breisgau, 1989
Esping-Andersen, Gøsta, Die gute Gesellschaft und der neue Wohlfahrtsstaat, ZSR 2004, S. 189–210
Esser, Josef, Vorverständnis und Methodenwahl in der Rechtsfindung, Frankfurt am Main, 1972

Fabricius, Fritz/Kraft, Alfons/Wiese, Günther/Kreutz, Peter/Oetker, Hartmut, Betriebsverfassungsgesetz, Band II, 6. A., Neuwied, 1998

Fakhreshafaei, Reza, Rechtscharakter und Verbindlichkeit der Landesrahmenverträge nach § 93 d Abs. 2 BSHG, Beiträge zum Recht der sozialen Dienste und Einrichtungen 52 (2003), S. 3–24

Faltermaier, Toni, Gesundheitsbildung als präventives Handlungsfeld für Kinder, Jugendliche und Erwachsene, ZSR 2003, S. 507–519

Faßbender, Kurt, Präimplantationsdiagnostik und Grundgesetz, NJW 2001, S. 2745–2753

Fasselt, Ursula, Europarecht und Sozialhilfe, ZfSH/SGB 2004, S. 655–677

Fastrich, Lorenz, Gleichbehandlung und Gleichstellung, RdA 2000, S. 65–81

Favre, Léopold, Glossarium mediae et infimae latinitatis, Niort, 1886

Fegert, Jörg, Was ist seelische Behinderung? – Anspruchsgrundlage und kooperative Umsetzung von Hilfen nach § 35 a KJHG, 3. A., Münster 1999

Fehler, Joachim/Noder, Walter, Rehabilitation – Aufgabe und Problem, SozSich 1978, S. 49–53

Feldes, Werner, Rehabilitation vor Entlassung, SozSich 2004, S. 270–278
– Neugewählte Schwerbehindertenvertretungen am Start, AiB 2003, A. 94–98
– Neues Behindertenrecht und betriebliche Integrationspraxis, AiB 2002, S. 291–294
– Gemanagte Teilhabe im SGB IX, SozSich 2001, 408–412

Feldes, Werner/Scholz, Igor, Die Integration behinderter Menschen durch Betriebsvereinbarung, AiB 2001, 327–330

Ferber, Christian von, Auswirkung und Bewältigung von Behinderung: Soziologische und sozialpolitische Zugangsweisen, in: Koch, Uwe/Lucius-Hoene, Gabriele/Stegie, Reiner (Hrsg.): Handbuch der Rehabilitationspsychologie, Berlin (West), Heidelberg, New York, London, Paris, Tokyo, 1988, S. 74–85

Ferber, Christian von/Ferber, Lieselotte von, Der kranke Mensch in der Gesellschaft, Reinbek, 1978

Feuser, Georg, Behinderte Kinder und Jugendliche zwischen Integration und Aussonderung, Darmstadt 1995

Fichte, Wolfgang, Krankenhausbehandlung, Rehabilitation und Verwahrpflege, ZfS 1993, S. 97–105
– Der Vorrang der Rehabilitation im Sozialrechtsverhältnis, Jur. Diss., Göttingen, 1984

Fichtner, Hans Joachim, Rehabilitationsmedizin im Kontext mit anderen Fachdisziplinen in: Mühlum, A./Oppl, H., Handbuch der Rehabilitation (HdR), Neuwied, 1992, S. 569–592

Figert, Horst, Der Schadensersatzanspruch bei Verletzung der nichtberufstätigen Ehefrau, MDR 1962, S. 621–623

Finger, Catrin, Evaluation der Praxis der aktiven Sterbehilfe und der Hilfe bei der Selbsttötung in den Niederlanden für das Jahr 2001, MedR 2004, S. 379–382

Firsching, Burkard, Der Schutz Behinderter als Staatsziel, in: Wissing, Gerhard/Umbach, Dieter C. (Hrsg.): 40 Jahre Landessozialgerichtsbarkeit: Festschrift zum 40jährigen Bestehen der Sozialgerichtsbarkeit in Rheinland-Pfalz, Stuttgart, 1994, S. 167–194

Fischer, Klemens H., Der Vertrag von Nizza – Text und Kommentar, Baden-Baden, 2001

Flüthmann, Alexander, Eingliederungszuschüsse an Arbeitgeber im Rahmen von Leistungen zur Teilhabe am Arbeitsleben nach dem SGB IX, DRV 2003, S. 293–302

Forster, Angelika, Umsetzung der Primärprävention im Spannungsfeld zwischen Recht und Wirklichkeit, ZSR 2003, S. 520–530

Förster, Kurt, Angeborene Leiden und Gebrechen im Hinblick auf die Leistungen der Krankenkasse, Die Sozialversicherung 1951, S. 11–15

Forster, Rudolf, Recht als Instrument zur Förderung der sozialen Integration? in: Thom, Achim/Wulff, Erich (Hrsg.), Psychiatrie im Wandel, Bonn, 1990, S. 135–149

Forster, Ruth, Antidiskriminierung – Kampf gegen Windmühlen oder Vielfaltspolitik als Marketingstrategie?, TuP 2002, S. 142–146

Forsthoff, Ernst, Der Staat der Industriegesellschaft, 1971

Foucault, Michel, Wahnsinn und Gesellschaft, Frankfurt am Main, 1969

Fraenkel, Ernst, Der Doppelstaat, Frankfurt am Main, 1974

Francke, Robert, Leitlinien und Sozialrecht in: Hart, Dieter (Hrsg.), Klinische Leitlinien und Recht, Baden-Baden, 2005, S. 123–146

Francke, Robert/Hart, Dieter, Charta der Patientenrechte, Baden-Baden, 1999

Francke, Robert/Hart, Dieter, Rechtswissenschaftlicher Gutachtenteil in: Badura, Bernhard/ Hart, Dieter/Schellschmidt, Henner (Hrsg.), Bürgerorientierung des Gesundheitswesens, Baden-Baden, 1999, S. 135–304

Franke, Dietrich/Kneifel-Haverkamp, Reiner, Entstehung und wesentliche Strukturmerkmale der brandenburgischen Landesverfassung (§ 2) in: Simon, Helmut/Franke, Dietrich/ Sachs, Michael (Hrsg.), Handbuch der Verfassung des Landes Brandenburg, Stuttgart, 1994, S. 57–70

Frantzioch, Petra, Zur Beteiligung des Vormundschaftsgerichts an lebensbeendenden Maßnahmen, KJ 2003, S. 111–114

Franzius, Claudio, Der „Gewährleistungsstaat" – Ein neues Leitbild für den sich wandelnden Staat?, Der Staat 2003, S. 493–517

Frehe, Horst, Zielvereinbarungen als neues Instrument, BArbBl. 6/2002, S. 12–13

– Das Modell selbstbestimmter Assistenz für Menschen mit Behinderungen in: Igl, Gerhard/Welti, Felix (Hrsg.), Die Verantwortung des sozialen Rechtsstaats für Personen mit Behinderung und für die Rehabilitation, 2001, 163–169

Freier, Friedrich von, Kindes- und Patientenwohl in der Arzneimittelforschung am Menschen – Anmerkungen zur geplanten Novellierung des AMG, MedR 2003, S. 610–617

Frenz, Thomas, Mittelalterliche Auffassungen von Krankheit und Behinderungen und ihre Folgen für die Behandlung behinderter Schüler Liedtke, Max (Hrsg.), Behinderung als pädagogische und politische Herausforderung, Bad Heilbrunn 1996, S. 151–160

Frerich, Johannes/Frey, Martin, Handbuch der Geschichte der Sozialpolitik in Deutschland, Band 2: Sozialpolitik in der Deutschen Demokratischen Republik, München, 1996

Frey, Erich, Die Bedeutung des sozialen Rechtsstaates für den Gleichbehandlungsgrundsatz im Arbeitsrecht, AuR 1961, S. 368–374

– Zur Idee und Funktion des sozialen Rechtsstaates im Arbeitsrecht, ArbuR 1960, S. 298–303

Friauf, Karl Heinrich, Zur Rolle der Grundrechte im Interventions- und Leistungsstaat, DVBl 1971, S. 674–682

Friedrichs, Anne, Die Rechtsprechung zu Umfang und Grenzen der Eingliederungshilfe für ältere und schwerstpflegebedürftige Behinderte, ZfSH/SGB 2000, S. 17–20

Friedrichsen, Lars, Die Integration des Gesetzes über eine bedarfsorientierte Grundsicherung im Alter und bei Erwerbsminderung in das SGB XII, NDV 2004, S. 309–313, 347–352

Froese, Eckehard, Dialogisches Reha-Management – Ausdruck eines zeitgemäßen Selbstverständnisses eines Unfallversicherungsträgers, BG 2002, S. 122–127

Fröhlich, Andreas, Pflege in: Antor, Georg/Bleidick, Ulrich (Hrsg.), Die Krise der Sonderpädagogik in: Mürner, Christoph/Schriber, Susanne (Hrsg.), Selbstkritik der Sonderpädagogik?: Stellvertretung und Selbstbestimmung, Luzern, 1993, S. 113–123

Fröhlich, Thomas, Der Hilfsmittelbegriff in der Rechtsprechung des Bundessozialgerichts zur gesetzlichen Krankenversicherung – Auswirkungen und Folgerungen für das soziale Entschädigungsrecht, ZfS 1980, S. 10–15, 33–38

Frommel, Monika, Die Menschenwürde des Embryos in vitro, KJ 2002, S. 411–426

Fröschle, Tobias, Maximen des Betreuerhandelns und die Beendigung lebenserhaltender Eingriffe, JZ 2000, S. 72–80

Frowein, Jochen Abr., Die Überwindung von Diskriminierung als Staatsauftrag in Art. 3 Abs. 3 GG in: Ruland, Franz/Maydell, Bernd von/Papier, Hans-Jürgen (Hrsg.), Verfassung, Theorie und Praxis des Sozialstaats, Festschrift für Hans F. Zacher zum 70. Geburtstag, Heidelberg, 1998, S. 157–168

Fuchs, Harry, Prävention und medizinische Rehabilitation bei Kindern und Jugendlichen durch die Träger der Kranken- und Rentenversicherung, Aachen, 2004
- Rehabilitation vor Pflege, SozSich 2002, S. 154–161
- Globalisierung und Gerechtigkeit, SozSich 2002, S. 429–433
- Reform von historischer Bedeutung, SozSich 2001, S. 150–158
Fuchs, Maximilian, Zivilrecht und Sozialrecht, München, 1992
Fuchs, Petra, „Krüppel" zwischen Emanzipation und Selbstaufgabe am Beispiel der Entstehung und Entwicklung des Selbsthilfebunds der Körperbehinderten (1919–1945) und der Biographie Hilde Wulffs (1898–1972), Phil. Diss., TU Berlin, 1999
Fuhrmann, Rainer, Rehabilitation vor Pflege in Mühlum/Oppl (Hrsg.), Handbuch der Rehabilitation (HdR), Neuwied 1992, S. 307–317
Funk, Winfried, Die Rechtsprechung des Bundessozialgerichts zum Recht der beruflichen Rehabilitation in der gesetzlichen Rentenversicherung, SGb 1983, S. 45–55
Füssel, Hans-Peter, Der Anspruch auf integrative Beschulung aus verfassungs- und schulrechtlicher Sicht in: Igl, Gerhard/Welti, Felix (Hrsg.), Die Verantwortung des sozialen Rechtsstaats für Personen mit Behinderung und für die Rehabilitation, 2001, 81–89
- „Niemand darf wegen seiner Behinderung benachteiligt werden" (Artikel 3 Absatz 3 Satz 2 des Grundgesetzes – oder: Wie deutsche Gerichte sich an ein neues Grundrecht langsam herantasten in: Knauer, Sabine/Meißner, Klaus/Ross, Douglas (Hrsg.): 25 Jahre gemeinsames Lernen – Beiträge zur Überwindung der Sonderpädagogik, Festschrift für Prof. Dr. Hans Eberwein zum 60. Geburtstag, Berlin, 1998, S. 209–216
- „Integrative Beschulung (ist die) verstärkt realisierungswürdige Alternative zur Sonderschule" Anmerkungen zum Beschluß des Bundesverfassungsgerichts vom 8. Oktober 1997, RdJB 1998, S. 250–255
- Das Recht der Eltern auf Sonderung – das Recht der Eltern auf Integration, RdJB 1985, S. 187–197

Gaa-Unterpaul, Birgitta, Die Nachteilsausgleiche nach dem Sozialgesetzbuch – Neuntes Buch (SGB IX) unter Berücksichtigung der jüngeren Rechtsprechung des BSG, NZS 2002, S. 406–410
Gadamer, Hans-Georg, Über die Verborgenheit der Gesundheit, Frankfurt am Main, 1993
Gadomski, Michael, Frührehabilitation im Krankenhaus, BKK 2000, S. 110–115
Gagel, Alexander, Trägerübergreifende Fallbehandlung statt Antragsabwicklung als Grundprinzipien des SGB IX, SGb 2004, S. 464–469
Gagel, Alexander/Schian, Hans-Martin, Die Dominanz der Rehabilitation bei Bearbeitung und Begutachtung in Rentenverfahren – zugleich ein Ansatz zur besseren Bewältigung der Anforderungen des § 43 SGB VI, SGb 2002, S. 529–536
Gaidzik, Peter Wolfgang/Teige, Klaus, Rechtsprobleme in der pränatalen Diagnostik in: Nippert, Irmgard/Tünte, Wilhelm (Hrsg.), Angeborene Fehlbildungen und genetische Erkrankungen in Gesellschaft und Familie heute, Stuttgart, 1990, S. 37–66
Garland, Robert, The Eye of the Beholder – Deformity and Disability in the Graeco-Roman World, Ithaca, N.Y., 1995
Genz, Herrmann/Schwendy, Arnd, Herzstück der Hartz-Reform: Das Fallmanagement – Werden die Chancen der Arbeitslosen verspielt?, TuP 2004, S. 8–13
Gerber, Hans, Die Sozialstaatsklausel des Grundgesetzes, AöR 81, S. 1–54
Gercke, Wolfgang, Sozialmedizinische Begutachtung und Rehabilitation, Mitteilungen der LVA Württemberg 1968, S. 121–131
Gerdes, Nikolaus/Klosterhuis, Here/Haug, Günter/Holme, Martin/Jäckel, Wilfried H., Erfolge der Rehabilitation aus Sicht von Arzt und Patient – Ein Modellprojekt in zwei Rehabilitationskliniken der BfA –, DAngVers 2002, S. 113–122
Gerdes, Nikolaus/Weis, Joachim Zur Theorie der Rehabilitation in: Bengel, Jürgen/Koch, Uwe (Hrsg.), Grundlagen der Rehabilitationswissenschaften, Berlin 2000, 41–68

Gerhard, Ute, Atempause – Feminismus als demokratisches Projekt, Frankfurt am Main, 1999
– Gleichheit ohne Angleichung: Frauen im Recht, München, 1990
Gerlach, Florian, Das Wunsch- und Wahlrecht bei Inanspruchnahme ambulanter Leistungen nach § 35a SGB VIII, NDV 1996, S. 330–331
Geulen, Dieter, Intelligenz und gesellschaftliche Umwelt in: Blohmke, Maria/Kisker, Karl Peter/Ferber, Christian von/Schaefer, Hans, Handbuch der Sozialmedizin, Band 1: Grundlagen und Methoden der Sozialmedizin, Stuttgart, 1975, S. 235–260
Giddens, Anthony, Die Frage der sozialen Ungleichheit, Frankfurt am Main, 2001
Giegerich, Thomas, Europäische Verfassung im transnationalen Konstitutionalisierungsprozess, Berlin, 2003
Giese, Dieter, Zum Subsidiaritätsprinzip und Wahlrecht in der öffentlichen Fürsorge – Bemerkungen anläßlich der „Denkpause" in der Jugendhilferechtsreform –, Zeitschrift für Sozialhilfe 1976, S. 1–5
– Das 2. Änderungsgesetz zum Bundessozialhilfegesetz, ZfS 1969, S. 234–238
Gilcher, Jürgen, Das Sozialgesetzbuch IX und die (Aus)Wirkungen auf die Jugendhilfe, TuP 2003, S. 61–68
Gitter, Wolfgang, Probleme der abstrakten Schadensberechnung im Sozialrecht, VersR 1976, S. 505–511
– Gedanken zum Schadensausgleich im Zivilrecht und Sozialrecht, ZSR 1973, S. 525–537
– Schadensausgleich im Arbeitsunfallrecht, Tübingen, 1969
Gitter, Wolfgang/Nunius, Volker, Verfassungsrechtliche Grundlagen in: Schulin, Bertram (Hrsg.); Handbuch des Sozialversicherungsrechts Bd. 2., Unfallversicherungsrecht, § 4, München, 1996, S. 69–96
– Grundgedanken und Prinzipien in: Schulin, Bertram (Hrsg.); Handbuch des Sozialversicherungsrechts Bd. 2., Unfallversicherungsrecht, § 5, München, 1996, S. 97–133
Gleitze, Wilfried, Berufliche Leistungen zur Rehabilitation aus der Sicht der gesetzlichen Rentenversicherung, SGb 1995, S. 281–283
Göckenjan, Gerd, Das Alter würdigen – Altersbilder und Bedeutungswandel des Alters, Frankfurt am Main, 2000
Godau-Schüttke, Klaus-Detlev, Die Heyde/Sawade-Affäre, Baden-Baden, 1998
Gödicke, Patrick, Gesetzliche Vertretungsmacht für nahe Angehörige?, FamRZ 2003, S. 1894–1900
Goffman, Erving, Stigma – Über Techniken der Bewältigung beschädigter Identität, Frankfurt am Main, 1975
Gola, Peter, Krankheit im Arbeitsverhältnis, BB 1987, S. 538–542
Göpfert, Hartmut, Minderung der Erwerbsfähigkeit (MdE) – Begutachtung in Deutschland seit 1871 – und zukünftig?, Frankfurt am Main, 2000
Görres-Gesellschaft (Hrsg.), Staatslexikon Recht Wirtschaft Gesellschaft, Vierter Band, Freiburg u.a., 7. A., 1988
Grabenwarter, Christoph, Die Charta der Grundrechte für die Europäischen Union, DVBl 2001, S. 1–13
Gran Encyclopedia Rialp, Madrid, 1979
Greve, J., Entstehung von Behinderung als soziogenetischer Prozess, Tagungsband zum 6. rehabilitationswissenschaftlichen Kolloquium vom 4.–6. März 1996, S. 231–234
Grimm, Jacob/Grimm, Wilhelm, Deutsches Wörterbuch, Leipzig, 1860 ff.
Grohnfeld, Manfred, Sprachbehinderung, Sprachbehinderte, Sprachbehindertenpädagogik in: Antor, Georg/Bleidick, Ulrich (Hrsg.), Handlexikon der Behindertenpädagogik: Schlüsselbegriffe aus Theorie und Praxis, Stuttgart, 2001, S. 135–138
Gross, Brigitte/Ritter, Jürgen, 50 Jahre Rehabilitation der BfA, DAngVers 2003, S. 525–532
Gross, Herbert, Zur Rehabilitation behinderter Kinder und Jugendlicher, Frankfurt am Main, 1967

Grossmann, G., Das Zusammenwirken von Sozialhygiene und Rehabilitationspädagogik in: F. Groh/K. Renker (Hrsg.), Epidemiologie, Rehabilitation, Gesundheitserziehung, Halle, 1979, S. 73–80

Großmann, Ruprecht, Ordnung des sozialen Lebens: Wirtschafts- und sozialpolitische Grundkonzeption in: Kröning, Volker/Pottschmidt, Günter/Preuß, Ulrich K./Rinken, Alfred (Hrsg.), Handbuch der Bremischen Verfassung, Baden-Baden 1991, S. 208–238

– Schwerbehinderte im Konflikt zwischen Statusrecht und Offenbarungspflicht, NZA 1989, S. 702–709

Großmann, Ruprecht/Schimanski, Werner/Löschau, Martin/Marschner, Andreas/Spiolek, Ursula/Steinbrück, Hans-Joachim, Gemeinschaftskommentar zum Sozialgesetzbuch – Rehabilitation und Teilhabe behinderter Menschen, Loseblattsammlung, Stand: September 2003, Neuwied und Kriftel

Grotjahn, Alfred, Soziale Pathologie, 3. A., Berlin, 1923

Gruhl, Herbert, Die Rehabilitation, eine Begriffsbestimmung im deutschen, englischen und französischen Sprachbereich, Med. Diss., München, 1968

Gründel, Mirko, Einwilligung des Betreuers in den Abbruch lebenserhaltender Maßnahmen, NJW 1999, S. 3391–3393

Grupp, Rudolf, Erste Erfolge einer europäischen Rehabilitationspolitik, BArbBl. 1974, S. 613–617

Günzel, Peer, Kündigungsschutz als Diskriminierungsschutz behinderter Arbeitnehmerinnen und Arbeitnehmer? – Ein Vergleich zwischen den arbeitsrechtlichen Vorschriften in den USA und Deutschland, Pol. Diss., Lüneburg, 2000

Günzel, Peer/Heilmann, Joachim, Der Schutz behinderter Menschen im Arbeitsrecht der Vereinigten Staaten von Amerika, RdA 2000, S. 341–345

Gusy, Christoph, Freiheitsentziehung und Grundgesetz, NJW 1992, S. 457–463

– Der Gleichheitssatz, NJW 1988, S. 2505–2512

Haack, Karl Hermann, Das Europäische Jahr der Menschen mit Behinderungen 2003: Verpflichtung und Chance für Behindertenpolitik und Rehabilitationspraxis, DAngVers 2003, S. 328–330

– Gleichstellung behinderter Menschen als Aufgabe der ganzen Gesellschaft, BArbBl. 6/2002, S. 5–6

– Die Leistung muss dem Menschen folgen, und nicht umgekehrt, BKK 2000, S. 97–101

Haase, Ingo/Riedl, Gisela/Birkholz, Lothar B./Schaefer, Andreas/Schick, Karl, Nach der Reha schneller wieder an den Arbeitsplatz, Die BKK 2003, S. 557–561

Haaser, Albert, Entwicklungslinien und gesellschaftliche Bedingungen der Behindertenpolitik in Deutschland, Phil. Diss, Konstanz, 1975

– Zielkonflikte und Interessengegensätze in der Werkstatt für Behinderte, NDV 1973, S. 122–127

Häberle, Peter, Der Entwurf der Arbeitsgruppe „Neue Verfassung der DDR" des Runden Tisches (1990), JöR 39 (1990), S. 319–349

– Das Bundesverfassungsgericht im Leistungsstaat, Die Numerus-Clausus-Entscheidung vom 18.7.1972, DÖV 1972, S. 729–740

Habermas, Jürgen, Die Zukunft der menschlichen Natur. Auf dem Weg zu einer liberalen Eugenik?, Frankfurt am Main, 2001

– Die Einbeziehung des Anderen, Frankfurt am Main, 1996

– Faktizität und Geltung, Frankfurt am Main, 1992

Hackenberg, Frank, Qualitätssicherung in der medizinischen Rehabilitation, ErsK 2000, S. 221–222

Häcker, Hartmut/Stapf, Kurt H., Dorsch Psychologisches Wörterbuch, Bern, 13. A., 1998

Hagelskamp, Joachim, Persönliches Budget: Die Sozialwirtschaft ist gefordert, Sozialwirtschaft aktuell 2004, S. 1–4

Hagen, Horst, Zum „Behinderten-Urteil" des LG Frankfurt/Main, JZ 1981, S. 295–298

Hagmann, Joachim, Das Verbot der Benachteiligung Behinderter gemäß Art. 3 Abs. 3 Satz 2 GG und seine Auswirkungen auf das Zivilrecht, Aachen 1999, zugleich Jur. Diss, Münster, 1998

Hahn, Hellmuth, Die Rehabilitation als gesetzlicher Auftrag in Gegenwart und Zukunft, Mitteilungen der LVA Württemberg 1979, S. 270–274

Hahn, Martin, Behinderung als soziale Abhängigkeit – Zur Situation schwerstbehinderter Menschen, Soz. Diss., Tübingen, 1981

Hahnzog, Klaus, Fünf Jahre nach der größten Verfassungsänderung seit 1946, BayVBl. 2003, S. 679–681

Haines, Hartmut, Die Umsetzung des SGB IX – erste Erfahrungen aus der Sicht des Gesetzgebers, ZSR 2004, S. 404–412

– Sozialpolitische und sozialrechtliche Gestaltung der Behindertenpolitik in Deutschland und Europa in: von Maydell, Bernd/Pitschas, Rainer/Schulte, Bernd (Hrsg.), Behinderung in Asien und Europa im Politik- und Rechtsvergleich, Baden-Baden, 2003, S. 443–462

– Behinderte Menschen als Partner, BArbBl. 11/2001, S. 42–44

Hajen, Leonhard, Persönliche Budgets in der Behindertenpolitik, NDV 2001, S. 66–75 (Teil 1), S. 113–120 (Teil 2)

Hamacher, Friedrich, Strukturprobleme der Rehabilitation, Mitteilungen der LVA Württemberg 1988, S. 47–50

– Strukturprobleme der Rehabilitation, Mitteilungen der LVA Württemberg 1987, S. 81–86

– Rehabilitation: Medizin auf neuen Wegen?, Mitteilungen der LVA Württemberg 1986, S. 221–225

– Rehabilitation im Spannungsfeld der Medizin, Mitteilungen der LVA Württemberg 1986, S. 99–103

Hammel, Manfred, Zur Hilfe bei Krankheit bei mittellosen Personen, ZFSH/SGB 2004, S. 323–345

Hänlein, Andreas, Anmerkung zu EuGH vom 18.3.2004 (Leichtle), ZESAR 2004, S. 339–341

– Rechtsquellen im Sozialversicherungsrecht, Heidelberg, 2001

Hannesen, Hellmut/Jacobi, Volker/Lachwitz, Klaus/Vater, Alexander, Menschenwürde und soziale Rechte von Menschen mit geistiger Behinderung, VSSR 1992, S. 189–223

Hanselmann, Heinrich, Grundlinien zu einer Theorie der Sondererziehung (Heilpädagogik), Zürich, 1941

Harmening, Petra/Müller, Stefan, Hochschulbegehungen in studentischer Selbsthilfe in: Drolshagen, Birgit/Rothenberg, Birgit (Hrsg.), Behinderung und Studium, Bochum 1999, S. 140–147

Harrje, Harro, Der Aufwendungsersatzanspruch des am Körper oder an der Gesundheit Verletzten, Jur. Diss., Kiel, 1997

Hartmann, B./Hanse, J./Hauck, A./Josenhans, J./Bodmann, J. von/Weh, L., RehaBau – eine Maßnahme zur Sicherung der Erwerbsfähigkeit alternder Bauarbeiter, Die BG 2003, S. 134–140

Hartmuth, Hans Günter, Die potentielle Arbeitskraft als Vermögenswert, Jur. Diss., Frankfurt am Main, 1970

Hase, Friedhelm, Versicherungsprinzip und sozialer Ausgleich, Tübingen, 2000

Hase, Ulrich, Die Umsetzung des SGB IX – erste Erfahrungen aus der Sicht der behinderten und chronisch kranken Menschen, ZSR 2004, S. 385–390

– Gleichheit und Ungleichheit in der Praxis von Gesetzgebung und Gesetzesanwendung in: Igl, Gerhard/Welti, Felix (Hrsg.), Die Verantwortung des sozialen Rechtsstaats für Personen mit Behinderung und für die Rehabilitation, Wiesbaden 2001, S. 25–32

Hattenhauer, Hans, Die geistesgeschichtlichen Grundlagen des deutschen Rechts, 4. A., Heidelberg, 1996

– Europäische Rechtsgeschichte, 2. A., 1994
– „Person" – Zur Geschichte eines Begriffs, JuS 1982, S. 405–411
Haug, Frigga, Umgang mit Behinderung, Forum Kritische Psychologie 44 (2002), S. 3–13
Hausotter, Anette, Integration und Inclusion Europa macht sich auf den Weg in: Hans, Maren/Ginnold, Antje (Hrsg.), Integration von Menschen mit Behinderung: Entwicklung in Europa, Neuwied, 2000, S. 43–83
Hausotter, Anette/Oertel, Birgit, Integration in der Schule – Ein Weg in Richtung Chancengleichheit im Blickpunkt der Europäischen Union in: Hans, Maren/Ginnold, Antje (Hrsg.), Integration von Menschen mit Behinderung: Entwicklung in Europa, Neuwied, 2000, S. 25–42
Haverkate, Görg, Rechtsfragen des Leistungsstaats, Tübingen, 1983
Hegel, Georg Wilhelm Friedrich, Grundlinien der Philosophie des Rechts, Hamburg, 1995
Hehling, Wolfgang, Die gemeinsame Empfehlung „Qualitätssicherung" nach § 20 Sozialgesetzbuch (SGB) IX, BG 2003, S. 514–519
Heiden, Hans-Günter, Behindert ist man nicht – behindert wird man in: Aktion Grundsgesetz (Hrsg.), Die Gesellschaft der Behinderer, Reinbek, 1997, S. 13–18
Heimlich, Ulrich, Zur Entwicklung der schulischen Integration in den neuen Bundesländern in: Ellger-Rüttgardt, Sieglind/Wachtel, Grit (Hrsg.), Zehn Jahre Sonderpädagogik und Rehabilitation im vereinigten Deutschland, Neuwied 2000, S. 176–191
Heine, Wolfgang, SGB IX und Akutbehandlung, ZSR 2004, S. 462–472
Heinz, Dirk, Zur Notwendigkeit von Unterstützungsmanagement im Rahmen der Aufgaben der Gemeinsamen örtlichen Servicestellen der Rehabilitationsträger, ZfS 2003, S. 103–107
Heller, Hermann, Staatslehre, Leiden, 1934
Helmke, Thomas, Kritische Anmerkungen zum neuen Abtreibungsrecht, ZRP 1995, S. 441–442
Hennies, Günther, Die Versorgung chronisch Kranker, sozialrechtlich analysiert, SGb 2000, 581–584
Henninges, Hasso von, Arbeitsmarktsituation und Merkmale von arbeitslosen Schwerbehinderten, Bayreuth 1997
Henschel, H., Die Praxis der beruflichen Rehabilitation, BArbBl. 1960, S. 720–722
Héon-Klin, Veronique/Raspe, Heiner, Zur Epidemiologie der Rehabilitationsbedürftigkeit in: Bengel, Jürgen/Koch, Uwe, Grundlagen der Rehabilitationswissenschaften, Berlin 2000, S. 87–102
Herdegen, Matthias, Die Aufnahme besonderer Vorschriften zugunsten behinderter Personen in das Grundgesetz, VSSR 1992, 245–263
Hermann, J., Frankreich: Bessere Integration der Behinderten, ZfS 2000, S. 239–240
Herms, Sascha/Meinel, Gernod, Vorboten einer neuen Ära: das geplante Antidiskriminierungsgesetz, DB 2004, S. 2370–2373
Herrmann, Günter/Lausen, Matthias, Rundfunkrecht, 2. A., München, 2004
Herter, Veränderungen in den neuen „Anhaltspunkten für die ärztliche Gutachtertätigkeit im sozialen Entschädigungsrecht und nach dem Schwerbehindertengesetz", br 1997, S. 89–95
Herzog, Roman, Staaten der Frühzeit, 2. A., München, 1998
Hesse, Konrad, Bedeutung der Grundrechte in: Benda, Ernst/Maihofer, Werner/Vogel, Hans-Jochen (Hrsg.), Handbuch des Verfassungsrechts (1), 2. A., Berlin, 1995, § 5; S. 127–160
– Bestand und Bedeutung der Grundrechte in der Bundesrepublik Deutschland, EuGRZ 1978, S. 427–438
Heßmann, Jens, Behinderung und sprachliche Diskriminierung am Beispiel von Gehörlosen in: Eberwein, Hans/Sasse, Ada, Behindert sein oder behindert werden? – Interdisziplinäre Analysen zum Behinderungsbegriff, Neuwied, 1998, S. 170–194

Heumann, H./Seckel, Emil, Handlexikon zu den Quellen des römischen Rechts, Graz, 11. A., 1971

Heun, Werner, Kommentierung zu Art. 3 GG in: Dreier, Horst (Hrsg.), Grundgesetz Kommentar, Band I, 2. A., Tübingen, 2004

Heyers, Johannes, Vormundschaftsgerichtlich genehmigte Sterbehilfe – BGH, NJW 2003, 1588, JuS 2004, S. 100–105

Hilgendorf, Eric, Lebensschutz zwischen Begriffsjurisprudenz und „Ratioismus", NJW 1997, S. 3074–3075

Hill, Hermann, Rechtsverhältnisse in der Leistungsverwaltung, NJW 1986, 2602–2612

Hillenbrand, Clemens, Verhaltensstörung, Verhaltensgestörte, Verhaltensgestörtenpädagogik in: Antor, Georg/Bleidick, Ulrich (Hrsg.), Handlexikon der Behindertenpädagogik: Schlüsselbegriffe aus Theorie und Praxis, Stuttgart, 2001, S. 144–148

Hillmann, Karl-Heinz, Wörterbuch der Soziologie, Stuttgart, 4. A., 1994

Hillmoth, Bernhard, Steuerliche Nachteilsausgleiche für behinderte Kinder, INF 2003, S. 94–99

Hingst, Wilfried, Begutachtung und Therapie bei seelischer Behinderung aufgrund von Legasthenie, ZfJ 1998, S. 62–63

Hinrichs, Knut, Der Erziehungs- und Bildungsauftrag der Jugendhilfe in Abgrenzung zu jenem von Eltern und Schule, ZFSH/SGB 2004, S. 353–363

Hinz, Andreas, Vom halbvollen oder halbleeren Glas der Integration – Gemeinsame Erziehung in der Bundesrepublik Deutschland in: Hans, Maren/Ginnold, Antje (Hrsg.), Integration von Menschen mit Behinderung: Entwicklung in Europa, Neuwied, 2000, S. 230–237

Hirdina, Karin, Ausgrenzung oder Integration durch ästhetische Normen in: Eberwein, Hans/Sasse, Ada, Behindert sein oder behindert werden? – Interdisziplinäre Analysen zum Behinderungsbegriff, Neuwied, 1998, S. 13–26

Hirschberg, Marianne, Die Klassifikationen von Behinderung der WHO, 2. A., Berlin, 2004

Hobbes, Thomas, Leviathan, Frankfurt am Main, 1984

Hochreuter, Anna, Pränatale Diagnostik und Embryopathie, KritV 1996, S. 171–191

Hoeren, Thomas, Gehörlose im Zivilrecht, JZ 1999, S. 653–655

Hoerster, Norbert, Forum: Kompromisslösungen zum Menschenrecht des Embryos auf Leben?, JuS 2003, S. 529–532

– Rechtsethische Überlegungen zur Freigabe der Sterbehilfe, NJW 1986, S. 1786–1792

– Zur Bedeutung des Prinzips der Menschenwürde, JuS 1983, S. 93–96

Höffe, Otfried, Wessen Menschenwürde? in: Geyer, Christian (Hrsg.), Biopolitik – Die Positionen, Frankfurt am Main 2001, S. 65–72

Hoffmann, Dierk, Sozialpolitische Neuordnung in der SBZ/DDR – Der Umbau der Sozialversicherung 1945–1956, München 1996, zugleich München, Phil. Diss, 1994

Hoffmann, Günther, Leistungen zur Teilhabe am Leben in der Gemeinschaft in: Volker Neumann (Hrsg.)., Rehabilitation und Teilhabe behinderter Menschen, Handbuch SGB IX, Baden-Baden, 2004, § 13, S. 356–384

Hoffmann, Susanne/Huck, Angelika Gegen Armut bei Behinderung, BArbBl. 11/2001, 28–31

Hoffmeister, Katy, International- und Europarechtliche Bezüge in: Volker Neumann (Hrsg.)., Rehabilitation und Teilhabe behinderter Menschen, Handbuch SGB IX, Baden-Baden, 2004, § 3, S. 35–50

Hoffrichter, Karl-Josef, Sozialstaatsprinzip und Erwerbs(un-)fähigkeitsbegriff, SF 1970, S. 9–12

Höfling, Wolfram, Die Unantastbarkeit der Menschenwürde – Annährungen an einen schwierigen Verfassungsrechtssatz, JuS 1995, S. 857–862

Höfling, Wolfram/Demel, Michael, Zur Forschung an Nichteinwilligungsfähigen, MedR 1999, S. 540–546

Hofmann, Rainer, Erläuterungen zu dem Internationalen Pakt über bürgerliche und politische Rechte, Das deutsche Bundesrecht, Loseblattsammlung, 562. Lieferung – September 1986, S. 21–53

Högenauer, Nikolaus, Die europäischen Richtlinien gegen Diskriminierung im Arbeitsrecht – Analyse, Umsetzung und Auswirkung der Richtlinien 2000/43/EG und 2000/78/EG im deutschen Arbeitsrecht, Jur. Diss., Hamburg 2002

Hohenstein, Anne, Die Einführung der aktiven Sterbehilfe in der Bundesrepublik Deutschland, Berlin, 2003, zugleich Jur. Diss., Kiel, 2003

Hohmann, Jürgen, Gesundheits-, Sozial- und Rehabilitationssysteme in Europa, Bern u.a., 1998

Hoppe, Werner, Berufliche Rehabilitation nach dem Arbeitsförderungsgesetz, NDV 1971, S. 31–39

Horn, Eckhard, Kommentierung zu § 212 StGB in: Rudolphi, Hans-Joachim u.a., Systematischer Kommentar zum Strafgesetzbuch, 50. Lfg., April 2000

Huber, Christian, Gedanken zum 2. Schadensrechtsänderungsgesetz, DAR 2000, S. 20–31

Huber, Ellis/Hungeling, Germanus, Medizinisch-ärztlicher Gutachtenteil in: Badura, Bernhard/Hart, Dieter/Schellschmidt, Henner (Hrsg.), Bürgerorientierung des Gesundheitswesens, Baden-Baden, 1999, S. 103–134

Huber, Roswita, Vorsorge, Früherkennung, Rehabilitation – nur ein Organisationsproblem?, SF 1973, S. 208–212

Hübner, Ricarda, Die Rehabilitationspädagogik in der DDR, Frankfurt am Main, 2000, zugl. Phil. Diss., Halle, 1998

Hueck, Götz, Der Grundsatz der gleichmäßigen Behandlung im Privatrecht, München/Berlin (West) 1958

Hülsmann, Paul, Menschliches Leistungsvermögen – Eine sozialmedizinische Betrachtung, SozSich 1957, S. 322–325

Hümmerich, Klaus, Wonach darf der Arbeitnehmer bei der Einstellung gefragt werden?, BB 1979, S. 428–431

Humphreys, Anne/Müller, Kurt, Norm und Normabweichung in: Zwierlein, Eduard (Hrsg.), Handbuch Integration und Ausgrenzung, Neuwied, 1996, S. 56–70

Husmann, Anneliese, Sozialhygienische Bedeutung der Invalidenversicherung, Med. Diss., Münster, 1932

Husmann, Manfred, Die EG-Gleichbehandlungs-Richtlinien 2000/2002 und ihre Umsetzung in das deutsche, englische und französische Recht, ZESAR 2005, S. 107–114, 167–175

Huster, Stefan, Frauenförderung zwischen individueller Gerechtigkeit und Gruppenparität, AöR 118 (1993), S. 109–130
– Rechte und Ziele, Berlin, 1993, zugleich Jur. Diss, Heidelberg, 1993

Igl, Gerhard, Evidenzbasierte Rehabilitation und Pflege im Spiegel des Sozialrechts, ZaeFQ 2005, S. 25–33
– Das SGB IX und seine Wirkungen auf das System des Sozialrechts, ZSR 2004, S. 365–384
– Verfassungsrechtliche und gemeinschaftliche Probleme der finanziellen Förderung von Investitionen bei Pflegeeinrichtungen nach SGB XI und BSHG, in: Wulffen, Matthias von/Krasney, Otto Ernst (Hrsg.), Festschrift 50 Jahre Bundessozialgericht, Köln, 2004, S. 645–672
– Pflegeversicherung in: Maydell, Bernd von/Ruland, Franz (Hrsg.), Sozialrechtshandbuch (SRH), 3. A., Baden-Baden, 2003, S. 1061–1102
– Pflegebedürftigkeit und Behinderung im Recht der sozialen Sicherheit, ZIAS 2003, S. 332–340
– Arbeitsrechtlicher Schutz und sozialrechtliche Förderung Behinderter im Berufsleben in der Bundesrepublik Deutschland – Grundstrukturen und Instrumente in: Ebsen, Ingwer (Hrsg.), Invalidität und Arbeitsmarkt, Baden-Baden, 1992, S. 227–244

- Pflegebedürftigkeit und Behinderung im Recht der sozialen Sicherheit, Baden-Baden, 1987
- Der Heimvertrag als Modell sozialer Vertragsgestaltung in: Posser, Diether/Wassermann, Rudolf, Von der bürgerlichen zur sozialen Rechtsordnung, Heidelberg, 1981, S. 207–224
- Stellungnahmen zum Thema aus der Sicht der Praxis, der Rechtsprechung und verschiedener wissenschaftlicher Disziplinen (Beiträge zur Podiumsdiskussion), ZfS 1981, S. 276–280
- Das Sozialrecht der Behinderten in Westeuropa, Zeitschrift für Sozialhilfe 1981, S. 161–167
- Diskussionsbeitrag in: Die Soziale Sicherung der Behinderten, Verhandlungen des Deutschen Sozialgerichtsverbandes in Mainz, Wiesbaden 1981, S. 127–139
- Rechtliche Gestaltung sozialer Pflege- und Betreuungsverhältnisse, VSSR 1978, S. 201–255

Igl, Gerhard/Giese, Dieter, Über den Begriff „unvertretbare Mehrkosten" iSd § 3 Abs. 2 BSHG, ZfSH 1982, 65–75

Illich, Ivan, Die Nemesis der Medizin, Von den Grenzen des Gesundheitswesens, Reinbek 1981

Ipsen, Jörn, Zur Zukunft der Embryonenforschung, NJW 2004, S. 268–270
- Der „verfassungsrechtliche Status" des Embryos in vitro, JZ 2001, S. 989–996

Isensee, Josef, Das Grundrecht als Abwehrrecht und als staatliche Schutzpflicht in: Isensee, Josef/Kirchhof, Paul (Hrsg.), Handbuch des Staatsrechts der Bundesrepublik Deutschland Band V – Allgemeine Grundrechtslehren, Heidelberg 1992, S. 143–241

Jabben, Jürgen, Wunsch- und Wahlrecht in der Rehabilitation contra Rehabilitations-Budget am Beispiel der Rentenversicherung, NZS 2003, S. 529–532

Jäckel, Wilfried, Bedarfsgerechte Rehabilitation, BKK 2003, S. 234–237

Jagow, Joachim/Burmann, Michael/Heß, Rainer, Straßenverkehrs–Ordnung, 16. A., München, 2000

Jahn, Erwin, Rehabilitation – sozialmedizinisch gesehen, SF 1963, S. 83–88

Jahn, Hans-Joachim, Rehabilitation als Problem der Medizinsoziologie, Meisenheim am Glan, 1965

Jakubik, Hannelore, Die Rehabilitation Behinderter aus psychologischer Sicht, br 1989, S. 76–79

Jakubowski, Elke, Public Health in Europa in: Schwartz, Friedrich Wilhelm (Hrsg.), Das Public Health Buch, 2. A., München 2003, S. 11–15

Janda, Zu einigen Problemen der Rehabilitation in: Renker, Karlheinz (Hrsg.), III. Internationaler Kongress der Gesellschaft für Rehabilitation in der Deutschen Gesellschaft für die gesamte Hygiene vom 10. bis 16. Juni 1967 in Erfurt, Leipzig, 1969, S. 49–55

Janssen, André, „Sterbe–Tourismus" in die Niederlande – Euthanasie im „Land der unbegrenzten Möglichkeiten"?, KJ 2003, S. 103–107

Jantzen, Wolfgang, Postmoderne Ethik und Embryonenschutz in: Dederich, Markus (Hrsg.), Bioethik und Behinderung, Bad Heilbrunn 2003, S. 68–80
- Die Zeit ist aus den Fugen, Marburg, 1998
- Das Ganze muss verändert werden – Zum Verhältnis von Behinderung, Ethik und Gewalt, Berlin, 1993
- Allgemeine Behindertenpädagogik: Ein Lehrbuch, Band 1 Sozialwissenschaftliche und psychologische Grundlagen, 2. A., Weinheim und Basel 1992
- Menschliche Entwicklung, allgemeine Therapie und allgemeine Pädagogik – Studien zur Entwicklung einer allgemeinen materialistischen Pädagogik, Solms-Oberbiel 1980
- Zur begrifflichen Fassung von Behinderung aus der Sicht des historischen und dialektischen Materialismus, ZHP 1976, S. 428–436
- Theorien zur Heilpädagogik, Das Argument 80 (1973), S. 152–169

Jarass, Hans D., Folgerungen aus der neueren Rechtsprechung des BVerfG für die Prüfung von Verstößen gegen Art. 3 I GG, NJW 1997, S. 2545–2550
– Zum Grundrecht auf Bildung und Ausbildung, DÖV 1995, S. 674–679
Jeand'Heur, Bernd, Verfassungsrechtliche Schutzgebote zum Wohl des Kindes und staatliche Interventionspflichten aus der Garantienorm des Art. 6 Abs. 2 Satz 2 GG, Berlin, 1993
Jellinek, Georg, System der subjektiven öffentlichen Rechte, Tübingen, 1905, 2. A.
Joas, Hans, Die Entstehung der Werte, Frankfurt am Main, 1997
Jobs, Friedhelm, Das Werkstattverhältnis gemäß §§ 136 ff. SGB IX, ZTR 2002, S. 515–524
Jochheim, Kurt-Alphons/Schliehe, Ferdinand/Teichmann, Helfried, Rehabilitation und Hilfen für Behinderte in: Bundesministerium für Arbeit und Sozialordnung/Bundesarchiv (Hrsg.), Geschichte der Sozialpolitik in Deutschland seit 1945, Band 2/1 1945–1949, Baden-Baden, 2001, S. 559–586
Joerden, Jan C., Noch einmal: Wer macht Kompromisse beim Lebensrechtschutz? – Eine Antwort auf Hoerster, JuS 2003, 529, JuS 2003, S. 1051–1054
Joussen, Jacob, Si tacuisses – Der aktuelle Stand zum Fragerecht des Arbeitgebers nach einer Schwerbehinderung, NJW 2003, S. 2857–2861
Jun, Gerda, Das Leben mit geistig Behinderten in: Thom, Achim/Wulff, Erich (Hrsg.), Psychiatrie im Wandel, Bonn, 1990, S. 255–272
Jung, Eberhard, Das Recht auf Gesundheit, München, 1982
Jung, Karl, Das neue Schwerbehindertengesetz, BArbBl. 1974, S. 177–188
– Von der Kausalität zur Finalität, RdA 1974, S. 161–168
Jürgens, Andreas, Zielvereinbarungen nach dem Behindertengleichstellungsgesetz, ZFSH/SGB 2003, S. 589–593
– (Hrsg.), Betreuungsrecht, 2. A., München 2001
– Vom Umgang mit Benachteiligungen, DVBl. 1997, S. 764
– Der Diskriminierungsschutz im Grundgesetz, DVBl. 1997, S. 410–415
– Gleichstellungsgesetze für Behinderte?, ZRP 1993, S. 129–131
Jürgens, Andreas/Jürgens, Gunther, Sonderschulzuweisung als verbotene Benachteiligung Behinderter, NJW 1997, S. 1052–1053
Jürgens, Andreas/Kröger, Detlef/Marschner, Rolf/Winterstein, Peter, Betreuungsrecht kompakt, 5 Auflage, München 2002
Jürgens, Gunther, Die verfassungsrechtliche Stellung Behinderter nach Änderung des Grundgesetzes, ZfSH/SGB 1995, 353–360
– Grundrecht für Behinderte, NVwZ 1995, S. 452–453
Jürgens, Gunther/Römer, V., Aufnahme von Behinderten in allgemeine Schule, NVwZ 1999, S. 847–850

Kaas, Susanne/Fichert, Frank, Mehr Selbstbestimmung für behinderte Menschen durch Persönliche Budgets, Sozialer Fortschritt 2003, S. 309–314
Kadelbach, Stefan, Unionsbürgerschaft in: von Bogdandy, Armin (Hrsg.), Europäisches Verfassungsrecht, Heidelberg, 2003, S. 541–582
Kähne, Otto, Rehabilitationspolitik, in: Mühlum, Albert/Oppl, H., Handbuch der Rehabilitation (HdR), Neuwied, 1992, S. 631–678
Kaiser, Volker, Spezielles BG-Management: Einbindung des Betriebs- und Werksarztes in die Rehabilitation Unfallversicherter („Rehabilitation-Betriebsarzt-Management"), BG 2003, S. 148–153
– Vorteile für alle Beteiligten: Grundsätzlicher Vorrang betrieblicher Berufshilfe-Maßnahmen gegenüber einer institutionellen Rehabilitation, BG 2003, S. 446–451
Kaldewei, Dietrich, Bildungsangebote für behinderte Kinder und Jugendliche – die Aufgabe des Staates und das Verfahren der öffentlichen Verwaltung, RdJB 1985, S. 181–187
Kant, Immanuel, Metaphysik der Sitten, Hamburg, 1959

– Grundlegung zur Metaphysik der Sitten, Hamburg, 1962
– Kritik der praktischen Vernunft, Hamburg, 2003

Kanter, Gustav, Lernbehinderung, Lernbehinderte, Lernbehindertenpädagogik in: Antor, Georg/Bleidick, Ulrich (Hrsg.), Handlexikon der Behindertenpädagogik: Schlüsselbegriffe aus Theorie und Praxis, Stuttgart, 2001, S. 119–124

– Kennzeichnungen der aktuellen Situation des Bildungswesens und Zukunftsperspektiven der Behindertenpädagogik, ZHP 1991, S. 92–103

Kappeler, Manfred, Der schreckliche Traum vom vollkommenen Menschen – Rassenhygiene und Eugenik in der sozialen Arbeit, Marburg, 2000

Karbe, Karl-Heinz, Salomon Neumann 1819–1908 – Wegbereiter sozialmedizinischen Denkens und Handelns, Leipzig, 1983

Karstädt, Hans-Jürgen, Die Rolle der Sozialmedizin in der gesetzlichen Rentenversicherung, Mitteilungen der LVA Berlin Januar/Februar 2003, S. 1–5

Kasper, Franz, Die Kunst forensischer Prophetie als Darlegungs- und Beweismittel bei krankheitsbedingten Kündigungen des Arbeitgebers – Ein Beitrag zur Auslegung des § 1 II 1, 4 KSchG 1969 durch den 2. Senat des BAG, NJW 1994, S. 2979–2988

Kaufmann, Franz-Xaver, Varianten des Wohlfahrtsstaats – Der deutsche Sozialstaat im internationalen Vergleich, Frankfurt am Main, 2003

– Der Begriff der Sozialpolitik und seine wissenschaftliche Deutung in: Bundesministerium für Arbeit und Sozialordnung (Hrsg.), Geschichte der Sozialpolitik in Deutschland, Bd. I, Baden-Baden, 2001, S. 3–102

Keck, Thomas/Egner, Uwe, Die Rehabilitationsleistungen der BfA im Jahr 2003, DAngVers 2004, S. 312–321

Keiler, Peter, Behinderung als pädagogisch-psychologisches Problem und als gesellschaftliche Herausforderung in: Eberwein, Hans/Sasse, Ada, Behindert sein oder behindert werden? – Interdisziplinäre Analysen zum Behinderungsbegriff, Neuwied, 1998, S. 141–169

Keller, Josef A./Novak, Felix, Kleines Pädagogisches Wörterbuch, Freiburg am Breisgau, 2. A., 1993

Keller, Wolfgang, Die Teilhabe des Patienten an einer kostengünstigen Heilbehandlung in der gesetzlichen Kranken- und Unfallversicherung, Die Sozialversicherung 1999, S. 281–285

Kempfler, Klaus Friedrich, Die Allgemeine Erklärung der Menschenrechte: Grundlage des modernen Menschenrechtsschutzes – Eine Einführung, JA 2004, S. 577–583

Kern, Bernd-Rüdiger, Rechtliche Aspekte der Humangenetik, MedR 2001, S. 9–13

– Fremdbestimmung bei der Einwilligung in ärztliche Eingriffe, NJW 1994, S. 753–759

Kerschbaum, Peter, Das Englische Rehabilitationssystem in: in: Bundesministerium für Arbeit (Hrsg.), Rehabilitation in England, Stuttgart, 1957, S. 29–134

Kessler, Rainer, Ausführung von Leistungen zur Teilhabe (Leistungserbringungsrecht in: Volker Neumann (Hrsg.), Rehabilitation und Teilhabe behinderter Menschen, Handbuch SGB IX, Baden-Baden, 2004, § 9, S. 131–163

Kingreen, Thorsten, Anmerkung zu EuGH vom 18.3.2004 (Leichtle), JZ 2005, S. 31–33

– Theorie und Dogmatik der Grundrechte im europäischen Verfassungsrecht, EuGRZ 2004, S. 570–576

– Das Sozialstaatsprinzip im europäischen Verfassungsverbund, Tübingen, 2003

Kischel, Uwe, Zur Dogmatik des Gleichheitssatzes in der Europäischen Union, EuGRZ 1997, S. 1–11

Klauß, Theo, Geistige Behinderung, Geistigbehinderte, Geistigbehindertenpädagogik in: Antor, Georg/Bleidick, Ulrich (Hrsg.), Handlexikon der Behindertenpädagogik, Stuttgart 2001, S. 110–113

Klee, Ernst , Eine feine Gesellschaft – Soziale Wirklichkeit Deutschland, Düsseldorf, 1995

– „Euthanasie" im NS-Staat – Die „Vernichtung lebensunwerten Lebens", Frankfurt am Main, 1985

– Dokumente zur „Euthanasie", Frankfurt am Main, 1985

Klein, Gerhard, Zum Begriff der Behinderung in der Sonderpädagogik, in: Neumann, Johannes (Hrsg.), „Behinderung": von der Vielfalt eines Begriffs und dem Umgang damit, Tübingen, 1995, S. 105–123

Klein, Hans H., Die grundrechtliche Schutzpflicht, DVBl. 1994, S. 489–497

Klein-Lange, Matthias/Schwartz, Friedrich Wilhelm/Sperling, Maxi, Rehabilitation in: Schwartz, Friedrich Wilhelm (Hrsg.), Das Public Health Buch, 2. A., München 2003, S. 293–296

Klekamp-Lübbe, Marietta, Schadenersatzansprüche bei Verletzung nicht gewerbsmäßig tätiger Personen, Jur. Diss., Osnabrück, 1991

Klerks, Uwe, Hilfe zur Beschulung behinderter Kinder durch Integrationshelfer – ein Rechtsprechungsüberblick, RsDE 45 (2000), S. 1–29

Klie, Thomas, Ausweg aus dem Modulgefängnis, Forum Sozialstation 11/2004, S. 19–21

– Der Vorrang von Rehabilitation vor Pflege – Rechtlicher Rahmen, ZSR 2004, S. 503–524

– Vorschläge und Perspektiven für eine auf Nachhaltigkeit ausgelegte Pflegepolitik, TuP 2004, S. 4–9

– Wie es Euch gefällt: Personenbezogene Pflegebudgets proben den Auftritt, Forum Sozialisation 2/2004, S. 12–17

– Rechtlicher Rahmen der Qualitätssicherung in der Pflege, ZSR 2002, S. 86–100

– Strukturen und Probleme der Landespflegegesetze, VSSR 1999, S. 327–338

Klie, Thomas/Krahmer, Utz (Hrsg.), Soziale Pflegeversicherung, Lehr- und Praxiskommentar (LPK-SGB XI), 2. A., Baden-Baden, 2003

Klie, Thomas/Leonhard, Bettina, Die Abgrenzung zwischen SGB XI und BSHG in: Igl, Gerhard/Welti, Felix (Hrsg.), Die Verantwortung des sozialen Rechtsstaats für Personen mit Behinderung und für die Rehabilitation, Wiesbaden, 2001, S.171–200

Klink, Kurt, Rentenantrag, Sozialgerichtsprozeß und Heilmaßnahmen, SozVers 1961, S. 154–155

Klinkhammer, Frank, Urteilsbesprechung zu Urteil v. 23.07.2003– XII ZR 339/00, FamRZ 2004, S. 266–269

– Grundsicherung und Unterhalt – Zur Bedeutung von Gesetzgebung und Rechtssprechung im Schnittbereich zwischen Unterhaltsrecht und Sozialrecht, FamRZ 2003, S. 1793–1800

Kloepfer, Michael, Humangentechnik als Verfassungsfrage, JZ 2002, S. 417–428

Knab, Simone, Perspektiven der integrativen Beschulung von Kindern mit Behinderung, ZIAS 2004, S. 81–87

Knabe, H., Die Organisation der Rehabilitation in einem Landkreis in: Renker, Karlheinz/ Winter, K./Märker/Quaas (Hrsg.), Internationale Arbeitstagung über Fragen der Rehabilitation, Dispensairebetreuung und Prämorbidität, Leipzig, 1959, S. 302–310

Knieper, Judith, Vormundschaftsgerichtliche Genehmigung des Abbruchs lebenserhaltender Maßnahmen, NJW 1998, S. 2720–2721

Knopp, Lothar, Aktive Sterbehilfe – Europäische Entwicklungen und „Selbstbestimmungsrecht" des Patienten aus verfassungsrechtlicher Sicht, MedR 2003, S. 379–387

Kobi, Emil E., Was bedeutet Integration – Analyse eines Begriffs in: Eberwein, Hans (Hrsg.), Integrationspädagogik, 5. A., Weinheim, 1999, S. 71–79

Köbl, Ursula, Rente vor Rehabilitation? Zur Aufgaben- und Risikoverteilung zwischen Rentenversicherungsträgern und Bundesanstalt für Arbeit, VSSR 1979, S. 1–21

Koch, Hans-Georg, Moderne Medizin zwischen Prävention von Behinderung und Selektion Behinderter – ein Beitrag aus rechtlicher Sicht in: Leonhardt, Annette (Hrsg.), Wie perfekt muss der Mensch sein?, München und Basel 2004, S. 99–130

Koch, Ingo, Die Umsetzung des SGB IX – erste Erfahrungen aus der Sicht eines Rentenversicherungsträgers, ZSR 2004, S. 391–397

Koch, Uwe, Versorgungsbereich im Wandel, BKK 2003, S. 241–249

Kocher, Eva, Geschlechterdifferenz und Staat, KJ 1997, S. 182–204

Köhler, Peter A., Sozialpolitische und sozialrechtliche Aktivitäten in den Vereinten Nationen, Baden-Baden, 1987

Köhler-Rama, Tim, Führt eine Anhebung der Altersgrenzen in der Gesetzlichen Rentenversicherung zur Privatisierung des Invaliditätsrisikos?, Sozialer Fortschritt 2004, S. 7–11

– Grundprinzipien der gesetzlichen Rentenversicherung aus versicherungsökonomischer Sicht, DAngVers 2003, S. 413–419

Kohlhase, Gerd, Hochschulstudium Behinderter aus der Sicht der Wissenschaftsministerien in: Drolshagen, Birgit/Rothenberg, Birgit (Hrsg.), Behinderung und Studium, Bochum 1999, S. 22–27

Kohnert, Monika, Pflege und Umgang mit Behinderten in der DDR, in: Deutscher Bundestag (Hrsg.), Materialien der Enquete-Kommission „Überwindung der Folgen der SED-Diktatur im Prozeß der deutschen Einheit", Band III/2 Wirtschafts-, Sozial- und Umweltpolitik, S. 1726–1791, Baden-Baden 1999

Kohte, Wolfhard, Die Verantwortung für Prävention im Arbeitsleben von Arbeitgebern, Rehabilitationsträgern und Integrationsamt, ZSR 2003, S. 443–460

Kokott, Juliane, Zur Gleichstellung von Mann und Frau – Deutsches Verfassungsrecht und europäische Gemeinschaft, NJW 1995, S. 1049–1057

Kolb, Rudolf S., Rehabilitationsrecht, in: von Maydell, Bernd/Ruland, Franz, Sozialrechtshandbuch (SRH), Neuwied, 2. A., 1996

Kollek, Regine, Präimplantationsdiagnostik – Embryonenselektion, weibliche Autonomie und Recht, Tübingen und Basel, 2000

Kollmer, Norbert, Selbstbestimmung im Betreuungsrecht, München, 1992, zugl. Regensburg, Jur. Diss., 1992

Kollpack, Ilse, Die abstrakte Schadensberechnung, Jur. Diss., Köln, 1960

König, Doris, Die Grundgesetzänderung des Art. 3 Abs.2 GG – Ein Fortschritt auf dem Weg zur tatsächlichen Gleichberechtigung?, DÖV 1995, S. 837–846

König, Helmut/Roeser, Thomas/Stock, Jürgen, Baunutzungsverordnung, 2. A., München, 2003

Köpke, Karl-Heinz, Wirksamere Rehabilitation durch systematische Nachsorge, SozSich 2004, S. 233–238

– Rehabilitation kann wirksamer werden, SozSich 2001, S. 15–17

– Lebenschancen behinderter Menschen verbessern, SozSich 2000, 124–129

Koppenfels, Katharina von, Das Ende der Vertragsfreiheit?, WM 2002, S. 1489–1496

Koppenfels-Spies, Katharina von, Schwangerschaft und Schwerbehinderung – zwei weiterhin unbeliebte Fragen im Arbeitsrecht, AuR 2004, S. 43–47

Korenke, Thomas, Das neue SGB II: Grundsicherung für Arbeitsuchende (Hartz IV), SGb 2004, S. 525–532

Korporal, Johannes/Ulmer, Hans-Joachim, Zur Situation der Rehabilitation in der Bundesrepublik Deutschland, Stuttgart, 1977

Korioth, Stefan, Europäische und nationale Identität: Integration durch Verfassungsrecht?, VVdStRL 62 (2003), S. 117–152

Korsukéwitz, Christiane/Klosterhuis, Here/Winnefeld, Marlis/Beckmann, Ulrike, Frauen sind anders – auch in der Rehabilitation?, DAngVers 2001, 7–15

Kossens, Michael/Maaß, Michael/Steck, Brigitte/Wollschläger, Frank, Grundzüge des neuen Behindertenrechts, München, 2003

Kossens, Michael/Wollschläger, Frank, Gesetz zur Förderung der Ausbildung und Beschäftigung schwerbehinderter Menschen, ZFSH/SGB 2004, S. 346–352

Kossens, Michel/Heide, Dirk von der/Maaß, Michael (Hrsg.), Praxiskommentar zum Behindertenrecht (SGB IX) – Rehabilitation und Teilhabe behinderter Menschen, München 2002

Kostorz, Peter/Meyer, Kerstin, Der Weg zu einem Rehabilitationsgesetz – Anforderungen an ein SGB IX aus interdisziplinärer Sicht, ZfSH/SGB 2001, S. 216–220

Kraiczek, Kerstin, Gleichstellung behinderter Menschen – Recht auf barrierefreie Kommunikation und Gestaltung von Dokumenten, Die Sozialversicherung 2003, S. 259–263

Krajewski, Markus, Benachteiligungsverbot für Behinderte und integrativer Unterricht, JuS 1999, L 73–L 77

Kranz, Eberhard, Die Vormundschaft im mittelalterlichen Lübeck, Jur. Diss., Kiel, 1967

Krasney, Otto Ernst, Der Individualisierungsgrundsatz im Rahmen des § 33 SGB I – eine Einschränkung des § 9 SGB IX? in: Boecken, Wilfried/Ruland, Franz/Steinmeyer, Heinz-Dietrich (Hrsg.), Sozialrecht und Sozialpolitik in Deutschland und Europa, Festschrift für Bernd Baron von Maydell, Neuwied, 2002, S. 365–376

– Die sogenannte unechte gesetzliche Unfallversicherung in: Ruland, Franz/Maydell, Bernd von/Papier, Hans-Jürgen (Hrsg.), Verfassung, Theorie und Praxis des Sozialstaats, Festschrift für Hans F. Zacher zum 70. Geburtstag, Heidelberg, 1998, S. 407–421

– Zur Mitwirkung des Betroffenen bei der Rehabilitation, DOK 1982, S. 705–709

– Zum Krankheitsbegriff in der Entwicklung der gesetzlichen Krankenversicherung, ZSR 1976, S. 411–428

– Ausgleich des immateriellen Schadens in einem sozialen Entschädigungsrecht, ZSR 1973, S. 681–691

Kraus, Rudolf, Besondere Probleme der Bestandsaufnahme und Bedarfsfeststellung in der Behindertenhilfe, ZfSH 1981, S. 6–10

– Die Neuordnung des Schwerbehindertenrechts, NDV 1974, S. 281–286

Kreß, Hartmut, Menschenwürde vor der Geburt in: Kreß, Hartmut/Kaatsch, Hans-Jürgen (Hrsg.), Menschenwürde, Medizin und Bioethik, Münster, 2000, S. 11–37

Kreutz, Marcus, Was sind Integrationsunternehmen im Sinne des § 132 Abs. 1 SGB IX?, ZfSH/SGB 2003, S. 341–343

Kröhnert, Otto, Erziehung und Gesellschaft unter dem Aspekt der Gehörlosigkeit in: Ellger-Rüttgardt, Sieglind (Hrsg.), Bildungs- und Sozialpolitik für Behinderte, München, 1990, S. 203–212

Kronenberger, Gerd, Fallmanagement in der Behindertenhilfe – Was soll das bringen?, NDV 2001, S. 262–266

Kruse, Andreas, Rehabilitation in der Gerontologie in: Mühlum, Albert/Oppl, Hubert (Hrsg.), Handbuch der Rehabilitation (HdR), Neuwied 1992, S. 333–355

Kuczynski, Jürgen, Geschichte des Alltags des deutschen Volkes (5 Bände), Köln, 1982/1983

Kühling, Jürgen, Grundrechte in: von Bogdandy, Armin (Hrsg.), Europäisches Verfassungsrecht, Heidelberg, 2003, S. 583–630

Kühner, Rolf, Das Recht auf Zugang zu Gaststätten und das Verbot der Rassendiskriminierung, NJW 1986, S. 1397–1402

Kuhse, Helga/Singer, Peter, Muß dieses Kind am Leben bleiben? Das Problem schwerstgeschädigter Neugeborener, Erlangen 1993

Kummer, Peter, Versicherungsfall Pflegebedürftigkeit in: Schulin, Bertram (Hrsg.), Handbuch des Sozialversicherungsrechts, Band 4, Pflegeversicherungsrecht, München, 1997, § 13, S. 357–378

Kummer, Pierre M., Umsetzungsanforderungen der neuen arbeitsrechtlichen Antidiskriminierungsrichtlinie (RL 2000/78/EG), Frankfurt am Main, 2003

Kunkel, Peter-Christian, Kinder- und Jugendhilfe – Lehr- und Praxiskommentar (LPK-SGB VIII), 2. Auflage, Baden-Baden 2003

– Welche Bedeutung hat das SGB IX für die Jugendhilfe?, ZfSH/SGB 2001, 707–712

– Jugendhilfe bei Legasthenie?, ZfJ 1997, S. 315–317

Kunze, Thomas/Kreikebohm, Ralf, Sozialrecht versus Wettbewerbsrecht – dargestellt am Beispiel der Belegung von Rehabilitationseinrichtungen, NZS 2003, S. 5–11 (Teil 1), S. 62–70 (Teil 2)

Kutzer, Klaus, Die Auseinandersetzung mit der aktiven Sterbehilfe, ZRP 2003, S. 209–216

Lachwitz, Klaus, Erfreuliche Nachricht: Das SGB IX kommt!, RdLH 2001, S. 51–55
– SGB IX – Rehabilitation und Teilhabe behinderter Menschen, RdLH 2000, S. 5–11
– Einbeziehung der Eingliederungshilfe in das geplante Sozialgesetzbuch – Neuntes Buch (SGB IX), RdLH 2000, S. 155–161
– Nachbarschaftliche Toleranz gegenüber Menschen mit geistiger Behinderung, NJW 1998, S. 881–883
Lachwitz, Klaus/Schellhorn, Walter/Welti, Felix (Hrsg.), Handkommentar zum SGB IX – Rehabilitation und Teilhabe behinderter Menschen, Neuwied, 2002
Ladeburg, Helmut, Aufgaben der Rehabilitation, BArbBl. 1955, S. 269–271
Lademann Leksikon, Kopenhagen, 1993
Ladeur, Karl-Heinz, Staatszielbestimmungen, Grundrechte und Grundpflichten in: Kröning, Volker/Pottschmidt, Günter/Preuß, Ulrich K./Rinken, Alfred (Hrsg.), Handbuch der Bremischen Verfassung, Baden-Baden 1991, S. 158–174
Landolt, Hardy, Pflegebedürftigkeit und Diskriminierungsverbot (Art. 8 Abs. 2 schweizerische BV), ZIAS 2002, S. 22–66
Lange, Hermann/Schiemann, Gottfried, Handbuch des Schuldrechts, Schadensersatz, Tübingen, 2003
Lange, Rudolf, Franz Joseph Ritter von Buß und die soziale Frage seiner Zeit, Freiburg, 1955
Langguth, Hermann, Das neue Behindertenrecht, DStR 2001, 1351–1355
Längle, Gerhard, Besonderheiten in der Rehabilitation psychisch Kranker in: Längle, Gerhard/Welte, Wolfgang/Buchkremer, Gerhard (Hrsg.), Arbeitsrehabilitation im Wandel, Tübingen, 1999, S. 37–47
– Alkoholismus als Behinderung in: Neumann, Johannes (Hrsg.), „Behinderung": von der Vielfalt eines Begriffs und dem Umgang damit, Tübingen, 1995, S. 154–167
Laqua, Oliver, Die Invaliditätsbegriffe der europäischen Rechtsordnungen, Jur. Diss., Hagen, 1994
Larenz, Karl, Die Notwendigkeit eines gegliederten Schadensbegriffs, VersR 1963, S. 1–8
– Zur Abgrenzung des Vermögensschadens vom ideellen Schaden, VersR 1963, S. 312–313
Larenz, Karl/Canaris, Claus-Wilhelm, Methodenlehre der Rechtswissenschaft, 3. A., Berlin, 1995
Larenz, Karl/Wolf, Manfred, Allgemeiner Teil des bürgerlichen Rechts, München, 2004
Laschet, Ulrich, Selbstbestimmung und Mitverantwortung – Chancen und Grenzen aus der Sicht der Betroffenen, BG 2002, S. 367–371
Läseke, Petra, Lebensbedingungen einer körperbehinderten Frau in: Barzen, Karin (u.a.), Behinderte Frauen in unserer Gesellschaft, Bonn, 1988, S. 62–78
Laskowski, Silke Ruth/Welti, Felix, Die Integrationsvereinbarung nach § 83 SGB IX: Modell für die Umsetzung „positiver Maßnahmen" nach Maßgabe der Europäischen Gleichbehandlungsrichtlinien?, ZESAR 2003, S. 215–22
Laue, Carsten Christoph, Die Aussetzung – eine Klarstellungsvorschrift, München 2002, zugleich Jur. Diss., Kiel, 2002
Laufs, Adolf (Hrsg.), Handbuch des Arztrechts, 3. A., München, 2002
Layer, Hans, Soziologie und Rehabilitation in: Mühlum, A./Oppl, H., Handbuch der Rehabilitation (HdR), Neuwied, 1992, S. 493–516
Le Friant, Martine, Rechtstechniken im Kampf gegen die Diskriminierungen: Die Lage in Frankreich, AuR 2003, S. 51–56
Lehnert, Jeannine, Die Anwendung des Benachteiligungsverbots auf das Schulrecht der Länder unter besonderer Berücksichtigung eines Anspruchs Behinderter auf Regelbeschulung, Frankfurt am Main, 2000, zugleich Jur. Diss., Münster, 1999
Leibfried, Stephan/Tennstedt, Florian, Armenpolitik und Arbeiterpolitik. Zur Entwicklung und Krise der traditionellen Sozialpolitik der Verteilungsformen in: *dies.*: Politik der Armut und Die Spaltung des Sozialstaats, Frankfurt am Main, 1985

Lempp, Reinhart, Behinderung aus anthropologischer Sicht in: Neumann, Johannes (Hrsg.), „Behinderung": von der Vielfalt eines Begriffs und dem Umgang damit, Tübingen, 1995, S. 13–20

Leopold, Dieter, Die Geschichte der sozialen Versicherung, Sankt Augustin, 1999

Lepke, Achim, AIDS als Grund für eine Kündigung des Arbeitgebers, RdA 2000, S. 87–94

Leppin, Hans/Ritz, Hans-Günther, Behinderte und Leistungsgeminderte als Problemgruppe des Arbeitsmarktes in: Offe, Claus (Hrsg.), Opfer des Arbeitsmarktes: Projekt Arbeitsmarktpolitik, Neuwied, 1977, S. 121–150

Leuchten, Alexius, Der Einfluss der EG-Richtlinien zur Gleichbehandlung auf das deutsche Arbeitsrecht, NZA 2002, S. 1254–1261

Lewerenz, Mario, Rehabilitation in Schweden, DAngVers 2003, S. 542–551
– Rehabilitation in Finnland, DAngVers 2003, S. 439–448
– Rehabilitation in der Schweiz, DAngVers 2002, S. 423–430

Lewerenz, Mario/Köhler, Tim, Rehabilitation in Spanien, DAngVers 2001, S. 83–88
– Rehabilitation in den Niederlanden, DAngVers 2001, S. 379–383
– Rehabilitation in Frankreich, DAngVers 2000, S. 244–250

Lieb, Manfred, „Wegfall der Arbeitskraft" und normativer Schadensbegriff, JZ 1971, S. 358–362

Liebig, Olaf, Individuelle Wunschrechte gestärkt, BArbBl. 11/2001, S. 12–16

Linck, Joachim/Jutzi, Siegfried/Hopfe, Jörg, Die Verfassung des Freistaats Thüringen – Kommentar, Stuttgart, 1994

Lindqvist, Bengt, Standard Rules in the Disability Field. A new United Nations' Instrument in: Höök, Olle (Ed.), International policies for rehabilitation of persons with disabilities, Uppsala, 1995, S. 7–12

Lingenauber, Sabine, Integration, Normalität und Behinderung, Opladen, 2003

Lipp, Volker, „Sterbehilfe" und Patientenverfügung, FamRZ 2004, S. 317–324
– Finanzielle Solidarität zwischen Verwandten im Privat- und Sozialrecht, NJW 2002, S. 2201–2207
– Freiheit und Fürsorge: Der Mensch als Rechtsperson, Tübingen, 2000

Lorbeer, Katrin, Behinderte Frauen in unserer Gesellschaft in: Barzen, Karin (u.a.), Behinderte Frauen in unserer Gesellschaft, Bonn, 1988, S. 7–61

Lotze, Rudolf, Von der „Krüppelfürsorge" zur Rehabilitation von Menschen mit Behinderung in: DVfR (Hrsg.), Von der „Krüppelfürsorge" zur Rehabilitation von Menschen mit Behinderung – 90 Jahre Deutsche Vereinigung zur Rehabilitation Behinderter e.V., Heidelberg 1999, S. 8–49

Löw, Konrad, Ist die Würde des Menschen im Grundgesetz eine Anspruchsgrundlage?, DÖV 1958, S. 516–520

Lübbe, Weyma, Pränatale und präimplantive Selektion als Diskriminierungsproblem, MedR 2003, S. 148–151

Lücke, Jörg, Soziale Grundrechte als Staatszielbestimmungen und Gesetzgebungsaufträge, AöR 107 (1982), S. 15–60

Lühmann, Dagmar/Raspe, Heiner, Sozialmedizinische und epidemiologische Aspekte des Vorrangs von Prävention und Rehabilitation, ZSR 2003, S.389–402

Luhmann, Niklas, Grundrechte als Institution – Ein Beitrag zur politischen Soziologie, 4. A., Berlin 1999

Luthe, Ernst-Wilhelm, Optimierende Sozialgestaltung, Tübingen, 2001

Luthe, Ernst-Wilhelm/Dittmar, Falko, Das Existenzminimum der Gegenwart, SGb 2004, S. 272–278

Mahlmann, Matthias, Gleichheitsschutz und Privatautonomie, Probleme und Perspektiven der Umsetzung der Richtlinie 2000/43/EG gegen Diskriminierungen aufgrund von Rasse und ethnischer Herkunft, ZEuS 2002, S. 407–425

Maier, Kurt, Konkrete oder abstrakte Verweisbarkeit bei der Erwerbsunfähigkeit?, ZfS 1969, S. 332–336

Maier-Riehle, Birgit/Schliehe, Ferdinand, Der Ausbau der ambulanten Rehabilitation, Die Rehabilitation 2002, S. 76–80

Maihofer, Werner, Prinzipien freiheitlicher Demokratie in: Benda, Ernst/Maihofer, Werner/ Vogel, Hans-Jochen (Hrsg.), Handbuch des Verfassungsrechts, 2. A., Berlin 1995, S. 427–536

– Demokratie im Sozialismus – Recht und Staat im Denken des jungen Marx, Frankfurt am Main, 1968

Majerski, Monika, Das Verhältnis von Rehabilitation und Rente im Leistungsbereich der gesetzlichen Rentenversicherung, Jur. Diss., Berlin (West), 1982

Majerski-Pahlen, Monika, Die Neuregelung der Renten wegen Erwerbsminderung: Probleme der Rechtsanwendung, NZS 2002, S. 475–479

Maleri, Rudolf, Grundlagen der Dienstleistungsproduktion, 3. A., 1994

Mälicke, Jürgen, Anmerkung zum Urteil des 9. Senats des BSG vom 18.9.2003 – B 9 SB 3/02 R, SGb 2004, S. 382–384

Mampel, Siegfried, Die sozialistische Verfassung der Deutschen Demokratischen Republik, Kommentar, 2. A., Frankfurt am Main, 1982

Mangoldt, Hans von, Historische Verantwortung (§ 2) in: Degenhart, Christoph/Meissner, Claus (Hrsg.), Handbuch der Verfassung des Freistaates Sachsen, Stuttgart, 1997, S. 51–80

Margalit, Avishai, Politik der Würde, Frankfurt am Main, 1999

Marienhagen, Rolf, Das neue Schwerbehindertengesetz, BB 1974, S. 743–747

Marshall, Thomas H., Bürgerrechte und soziale Klassen, Frankfurt am Main, 1992

Martiny, Dieter, Empfiehlt es sich, die rechtliche Ordnung finanzieller Solidarität zwischen Verwandten in den Bereichen des Unterhaltsrechts, des Pflichtteilsrechts, des Sozialhilferechts und des Sozialversicherungsrechts neu zu gestalten, Unterhalts- und erbrechtliches Teilgutachten für den 64. Deutschen Juristentag, München, 2002

Marx, Karl, Kritik des Hegelschen Staatsrechts (1843) in: Marx, Karl/Engels, Friedrich: Staatstheorie, Frankfurt am Main, 1974, S. 16–74

Mascher, Ulrike, Tiefgreifender Wandel, BArbBl. 11/2001, S. 511

Mashaw, Jerry L./Reno, Virginia P., Balancing Security and Opportunity: The Challenge of Disability Income Policy, Washington D.C. 1996

Masuch, Peter, Beratungspflicht der Ärzte nach dem SGB IX (Arbeitsgruppenreferat), ZSR 2004, S. 536–543

– Zur Entwicklung der Rechtsprechung im Schwerbehindertenrecht, SozSich 2004, S. 314–320

Mataja, Victor, Das Recht des Schadenersatzes vom Standpunkte der Nationalökonomie, Leipzig, 1888

Mathern, Friedrich W., Krankheitsbegriff und Risikoabdeckung in der gesetzlichen Krankenversicherung – Entwicklung eines bedarfsgerechten Leistungssystems, Jur. Diss., Marburg, 1982

Matthesius, Rolf-Gerd /Jochheim, Kurt-Alphons /Barolin, Gerhard S. /Heinz, Christoph, Die ICIDH – Bedeutung und Perspektiven mit Abdruck der Internationalen Klassifikation der Schädigungen, Fähigkeitsstörungen und Beeinträchtigungen, übersetzt von Rolf-Gerd Matthesius, Berlin/Wiesbaden, 1995

Mattner, Dieter, Behinderte Menschen in der Gesellschaft, Stuttgart, 2000

Matzeder, Karl, Konzeption Servicestelle, br 2003, S. 69–75

Mayer, Joseph, Gesetzliche Unfruchtbarmachung Geisteskranker, 1927

Medicus, Dieter, Normativer Schaden, JuS 1979, S. 233–239

Mehl, Andreas, Der Umgang mit Behinderten in Griechenland in: Liedtke, Max (Hrsg.), Behinderung als pädagogische und politische Herausforderung, Bad Heilbrunn 1996, S. 119–136

Mehrhoff, Friedrich, Neues Rehabilitationsrecht im SGB IX, BG 2001, 540–546

Mehrhoff, Friedrich/Weber-Falkensammer, Hartmut, Qualität und Wirtschaftlichkeit der Leistungen zur Heilbehandlung und Rehabilitation in der gesetzlichen Unfallversicherung, BG 2000, 104–111

Mengel, Constanze, Sozialrechtliche Rezeption ärztlicher Leitlinien, Baden-Baden, 2004

Mensching, Christiane,/Nolte, Dirk, Das amerikanische Antidiskriminierungsgesetz zugunsten Behinderter – „Americans with Disabilities Act" (ADA), ZfSH/SGB 1993, S. 289–301

Menz, Armin, Der Beitrag Talcott Parsons' zur Medizinsoziologie, Phil. Diss., Mainz, 1976

Menzel, Eberhard, Die Sozialstaatlichkeit als Verfassungsprinzip der Bundesrepublik, DÖV 1972, S. 537–546

Menzel, Jörg, Landesverfassungsrecht, Bonn, 2002

Merkel, Reinhard, Früheuthanasie, Baden-Baden, 2001

– Rechte für Embryonen in: Geyer, Christian (Hrsg.), Biopolitik – Die Positionen, Frankfurt am Main 2001, S. 51–64

– Ärztliche Entscheidungen über Leben und Tod in Neonatalmedizin, JZ 1996, S.1145–1155

Merkens, Luise, Fürsorge und Erziehungsarbeit bei Körperbehinderten in Deutschland bis zum preußischen Krüppelfürsorgegesetz 1920 mit Ausblick auf die gegenwärtige Situation, Päd. Diss., Köln, 1974

Messingschlager, Thomas, „Sind Sie schwerbehindert?" – Das Ende einer (un)beliebten Frage, NZA 2003, S. 301–305

Meurer, Anne, Zur sozialen Sicherung der Behinderten in der BRD, ZSR 1973, S. 65–87

Meyer, Jürgen/Engels, Markus, Aufnahme von sozialen Grundrechten in die Europäische Grundrechtecharta?, ZRP 2000, S. 368–371

Meyer, Jürgen/Hölscheidt, Sven, Die Europäische Verfassung des Europäischen Konvents, EuZW 2003, S. 613–621

Meyer, Michael, Das Diskriminierungsverbot des Gemeinschaftsrechts als Grundsatznorm und als Gleichheitsrecht, Frankfurt am Main, 2002, zugleich Jur. Diss., München, 2001

Meyers Enzyklopädisches Lexikon, Bd. 20, Mannheim, 9. A., 1977

Middendorf, Helmut, Die gemeinsamen Servicestellen (Arbeitsgruppenbericht), ZSR 2004, S.527–528

Mielck, Andreas, Sozial bedingte Ungleichheit von Gesundheitschancen, ZSR 2003, S. 370–375

Milles, Dietrich, „Public Health" – Konzepte und Diskussionen in der deutschen Geschichte, in: Deppe, Hans-Ulrich (Hrsg.), Öffentliche Gesundheit – Public Health, Frankfurt am Main, 1991, S. 38–59

Mirbach, Herbert, Behindertengerechter Neu- und Umbau von Hochschulgebäuden aus der Sicht der zuständigen Ministerien in: Drolshagen, Birgit/Rothenberg, Birgit (Hrsg.), Behinderung und Studium, Bochum 1999, S. 148–153

Mishra, Ramesh, Globalization and the Welfare State, Cheltenham, 1999

Möckel, Andreas, Geschichte der Behindertenpädagogik in: Antor, Georg/Bleidick, Ulrich (Hrsg.), Handlexikon der Behindertenpädagogik: Schlüsselbegriffe aus Theorie und Praxis, Stuttgart, 2001, S. 68–71

– Die Funktion der Sonderschulen und die Forderung der Integration in: Eberwein, Hans (Hrsg.), Integrationspädagogik, 5. A., Weinheim, 1999, S. 40–47

– Geschichte der Heilpädagogik, Stuttgart, 1988

Mohr, Jochen, Schutz vor Diskriminierungen im europäischen Arbeitsrecht, Berlin, 2004

Molitoris, Klaus, Bericht über die Verhandlungen des Kolloquiums zum Begriff der Behinderung, ZHP 1976, S. 441–446

Moll, Torge/Stichnoth, Udo, Die quantitative Entwicklung der Renten wegen verminderter Erwerbsfähigkeit, DAngVers 2003, S. 419–426

Moritz, Heinz Peter, Die rechtliche Integration behinderter Menschen nach SGB IX, BGG und Antidiskriminierungsgesetz, ZfSH/SGB 2002, S. 204–214

Mrozynski, Peter, Grundsicherung für Arbeitssuchende, im Alter, bei voller Erwerbsminderung und die Sozialhilfereform, ZFSH/SGB 2004, S. 198–221
– Der Leistungserbringermarkt zwischen Angebotssteuerung und Budgetierung, ZFSH/SGB 2004, S. 3–13
– Neue Perspektiven der beruflichen Förderung behinderter Menschen, SGb 2004, S. 259–271
– Die gemeinsame Betreuung behinderter Eltern mit ihren Kindern, ZfJ 2003, S. 458–462
– SGB IX, Teil 1, München, 2002
– Rehabilitationsleistungen – Integrierte Versorgung im gegliederten System, SGb 2001, 277–286
– Förderung und Rehabilitation von Kindern zwischen Kranken- und Pflegeversicherung sowie Jugend- und Sozialhilfe in: Igl, Gerhard/Welti, Felix (Hrsg.), Die Verantwortung des sozialen Rechtsstaats für Personen mit Behinderung und für die Rehabilitation, Wiesbaden 2001, 117–130
– Das Verhältnis der Pflegeleistungen zur Eingliederungshilfe, ZfSH/SGB 1999, 333–346
– Leistungsabgrenzung in der medizinischen Rehabilitation, SGb 1999, 437–443
– Rehabilitationsrecht, 3. A., München 1992
– Medizinische und soziale Rehabilitation in der psychiatrischen Versorgung, SGb 1990, S. 16–22

Mühlenbruch, Sonja, Gesundheitsförderung im Recht der gesetzlichen Krankenversicherung, Berlin, 2002, zugleich Jur. Diss., Bremen 2001

Mühlum, Albert/Oppl, Hubert, Rehabilitation im Lebenslauf, in: *dies.:* Handbuch der Rehabilitation (HdR), Neuwied, 1992, S. 3–32

Müller, Gerda, Unterhalt für ein Kind als Schaden, NJW 2003, S. 697–706

Müller-Vollbehr, Jörg, Der soziale Rechtsstaat im System des Grundgesetzes, JZ 1984, S. 6–14

Müller-Wenner, Dorothee/Schorn, Ulrich, SGB IX Teil 2 – Besondere Regelungen zur Teilhabe schwerbehinderter Menschen (Schwerbehindertenrecht) – Kommentar, München 2003

Münch, Richard, Perspektiven der sozialen Einigung Europa, GMH 2004, S. 285–291

Münder, Johannes, Das SGB II – Die Grundsicherung für Arbeitsuchende, NJW 2004, S. 3209
– Das Wunsch- und Wahlrecht der Leistungsberechtigten in der Jugendhilfe, RsDE 38 (1998), 55–75

Mürner, Christoph, Medien- und Kulturgeschichte behinderter Menschen, Weinheim, 2003
– Im Namen der Normalität in: Mürner, Christoph/Schriber, Susanne (Hrsg.), Selbstkritik der Sonderpädagogik?: Stellvertretung und Selbstbestimmung, Luzern, 1993, S. 57–74

Murswiek, Dietrich, Grundrechte als Teilhaberechte, soziale Grundrechte in: Isensee, Josef/Kirchhof, Paul (Hrsg.), Handbuch des Staatsrechts der Bundesrepublik Deutschland Band V – Allgemeine Grundrechtslehren, Heidelberg 1992, S. 243–289

Muth, Jakob, Integration von Behinderten: über die Gemeinsamkeit im Bildungswesen, Essen, 1986
– Sonderschule oder Integration, RdJB 1985, S. 162–170

Muthesius, Hans, Prävention und Rehabilitation, BArbBl. 1960, S. 718–720

Mutius, Albert von, Mietrecht als konkretisiertes Verfassungsrecht?, ZMR 2003, S. 621–633
– Kommunalrecht, München, 1996
– Der Embryo als Grundrechtssubjekt, Jura 1987, S. 109–111
– Grundrechtsmündigkeit, Jura 1987, S. 272–275
– Unbestimmter Rechtsbegriff und Ermessen im Verwaltungsrecht, Jura 1987, S. 92–101
– Die Generalklausel im Polizei- und Ordnungsrecht, Jura 1986, S. 649–657

– Die besondere Entscheidung – Der Mülheim-Kärlich-Beschluß des BVerfG: Grundrechtsschutz durch Verfahren, Jura 1984, S. 529–536
– Arbeitsförderung und Gewissensfreiheit, ZSR 1983, S. 663–685
– Grundrechtsfähigkeit, Jura 1983, S. 30–42
– Örtliche Aufgabenerfüllung – Traditionelles, funktionales oder neues Selbstverwaltungsverständnis? in: Mutius, Albert von (Hrsg.), Selbstverwaltung im Staat der Industriegesellschaft, Festgabe zum 70. Geburtstag von Georg Christoph von Unruh, Heidelberg, 1983, S. 227–264
– Art. 19 Abs. 3 GG – Zweitbearbeitung in: Bonner Kommentar Grundgesetz, Lieferung April 1975
– Grundrechte als „Teilhaberechte" – zu den verfassungsrechtlichen Aspekten des „numerus clausus", VerwArch 1973, S. 183–195
Mutius, Albert von/Rentsch, Harald, Kommunalverfassungsrecht Schleswig-Holstein – Kommentar, 5. A., Kiel, 1998

Naegele, Gerhard, Gesundheitsförderung und Prävention für das höhere Alter – ein neues Handlungsfeld für die Sozialpolitik, TuP 2004, S. 20–28
Naendrup, Peter-Hubert, Krankheitsfall und Pflegefall – Eine sozialrechtlich problematische Unterscheidung, ZSR 1982, S. 322–348
– Sozialstaatliche Existenzsicherung und Familienunterhalt in: Posser, Diether/Wassermann, Rudolf, Von der bürgerlichen zur sozialen Rechtsordnung, Bd. 1, Heidelberg, 1981, S. 183–198
Negt, Oskar, Arbeit und menschliche Würde, 2. A., Göttingen, 2002
Nelles, Koordination der Rehabilitationsmaßnahmen, ZSR 1970, S. 323–340
Nettesheim, Martin, Rationierung in der Gesundheitsversorgung – verfassungsrechtliche Möglichkeiten und Grenzen, VerwArch 2002, S. 315–349
Neubauer, Günter/Egner, Uwe, Auswirkungen von DRGs auf die medizinische Rehabilitation und mögliche Handlungsstrategien, DAngVers 2003, 92–99
Neubert, Dieter/Billich, Peter/Cloerkes, Günther, Stigmatisierung und Identität, ZHP 1991, S. 673–688
Neubert, Dieter/Cloerkes, Günther, Behinderung und Behinderte in verschiedenen Kulturen – eine vergleichende Analyse ethnologischer Studien, 3. Auflage, Heidelberg 2001
Neumann, Dirk/Pahlen, Ronald/Majerski-Pahlen, Monika, Sozialgesetzbuch IX – Rehabilitation und Teilhabe behinderter Menschen – Kommentar, 10. Auflage, München 2003
Neumann, Johannes, Die gesellschaftliche Konstituierung von Begriff und Realität der Behinderung in: Neumann, Johannes (Hrsg.), „Behinderung": von der Vielfalt eines Begriffs und dem Umgang damit, Tübingen, 1995, S. 21–43
Neumann, Sabine, Verschenkte Zeit, ACE Lenkrad 2003, S. 27–29
Neumann, Volker, Rehabilitation und Rehabilitationsrecht – eine historische Skizze in: Volker Neumann (Hrsg.)., Rehabilitation und Teilhabe behinderter Menschen, Handbuch SGB IX, Baden-Baden, 2004, § 1, S.1–12
– Trägerübergreifende Komplexleistungen im gegliederten System der sozialen Sicherheit, NZS 2004, S. 281–287
– Der verfassungsrechtliche Begriff der Behinderung, NVwZ 2003, S. 897–900
– Selbstbestimmte Leistungsgestaltung im SGB IX: Wunsch- und Wahlrecht, Geldleistungsoption und persönliches Budget, ZFSH/SGB 2003, S. 392–400
– Der Arzt im Wettbewerb, ZSR 2000, S. 101–113
– Konsolidierungsmaßnahmen im Rentenversicherungsrecht contra Grundrechtsschutz?, DRV 1999, S. 393–405
– Sozialstaatsprinzip und Grundrechtsdogmatik, DVBl. 1997, 92–100
– Die institutionelle Förderung als Instrument der Sozialplanung und Steuerung der Leistungserbringer, SDSRV 43 (1997), S. 3–31

- Menschenwürde und Existenzminimum, NVwZ 1995, 426–432
- Menschenwürde und psychische Krankheit, KritV 1993, S. 276–288
- Freiheitsgefährdung im kooperativen Sozialstaat, Köln, 1992
- Das Wunsch- und Wahlrecht des Sozialhilfeberechtigten auf Hilfe in einer Anstalt, einem Heim oder einer gleichartigen Einrichtung, RsDE 1 (1987), 1–31
- Freiheitssicherung und Fürsorge im Unterbringungsrecht, NJW 1982, S. 2588–2592

Neuner, Jörg, Diskriminierungsschutz durch Privatrecht, JZ 2003, S. 57–66
- Die Stellung Körperbehinderter im Privatrecht, NJW 2000, S. 1822–1833
- Privatrecht und Sozialstaat, München, 1999

Neuner, Robert, Interesse und Vermögensschaden, AcP 133 (1933), S. 277–314

Nickel, Rainer, Gleichheit und Differenz in der vielfältigen Republik – Plädoyer für ein erweitertes Antidiskriminierungsrecht, Jur. Diss., Baden-Baden 1999

Nickoleit, Katharina, Hürdenlauf zum Therapieplatz, ZRP 2003, S. 464–465

Niehues, Norbert, Schul- und Prüfungsrecht Band 2: Prüfungsrecht, München, 1994

Niemann, Frank, Die Kodifizierung des Behinderten- und Rehabilitationsrechts im SGB IX, NZS 2001, 583–587

Niermann, Thomas, Persönliche Budgets als Paradigmenwechsel für die Soziale Arbeit, Blätter der Wohlfahrtspflege 2004, S. 123–125

Nies, Irmtraud, Schadensrechtliche Probleme bei körperlicher Verletzung einer Hausfrau, Jur. Diss., Freiburg, 1973

Niess, Frank, Geschichte der Arbeitslosigkeit, Köln, 1982, 2. A.

Nilson, C., Reichsversorgungsrecht und Fürsorgewesen, Band I und II, Dessau 1922, Band III, Dessau 1924

Nolde, Gernot, Vermögen behinderter Kinder steht Kindergeldanspruch entgegen – zugleich Anmerkungen zu den Urteilen des BFH vom 19.8.2002 – VIII R 17/02 und VIII R 51/01, FR 2003, S. 180–182

Nolte, Martin, Staatliche Verantwortung im Bereich Sport: ein Beitrag zur normativen Abgrenzung von Sport und Gesellschaft, Heidelberg, 2004, zugleich Habilitationsschrift, Kiel, 2003

Nörr, Dieter, Zum Ersatz des immateriellen Schadens nach geltendem Recht, AcP 158 (1958), S. 1–15

Nüchtern, Elisabeth/Bublitz, Thomas, Reha-Richtlinien zum 1. April 2004 in Kraft, die Ersatzkasse 2004, S. 62–64

Nußberger, Angelika, Die Wirkungsweise internationaler und supranationaler Normen im Bereich des Arbeits- und Sozialrechts in: Ekonomi, Münir/Maydell, Bernd von/Hänlein, Andreas (Hrsg.), Der Einfluss internationalen Rechts auf das türkische und das deutsche Arbeits- und Sozialrecht, Baden-Baden, 2003, S. 43–64

Obermaier, Hugo, Der Mensch der Vorzeit, Berlin, 1912

Ockenga, Edzard, Demokratiedefizit des SGB IX und antizipiertes Sachverständigengutachten, ZfSH/SGB 2004, S. 587–589

Oelkers, Harald/Kraeft, Cindy, Rehabilitation und Teilhabe behinderter Menschen – Auswirkungen auf das Unterhaltsrecht, FamRZ 2002, S. 790–800

Oetker, Hartmut, Die Ausprägung der Grundrechte des Arbeitnehmers in der Arbeitsrechtsordnung der Bundesrepublik Deutschland, RdA 2004, S. 8–19

Offczors, Günter, Abschied von der gesetzlichen Invaliditätssicherung – Überlegungen zu den Vorschlägen der Rentenreformkommission und der derzeitigen Rechtspraxis, SGb 1997, S. 293–303

Ofner, Julius, Recht und Gesellschaft, Wien und Leipzig, 1931

Ohlraun, Peter, Berufliche Rehabilitation, Mitteilungen der bayerischen Landesversicherungsanstalten 2003, S. 405–412

Ohne Verfasser, Viele sehr gute Angebote für wenige, Finanztest 8/2004, S. 12–29

Ohnesorge, Lena, Soziale Sicherungen des behinderten Menschen, in: Deutscher Verein für öffentliche und private Fürsorge (Hrsg.), Der behinderte Mensch in unserer Zeit, Frankfurt am Main, 1968, S. 30–40

Oldiges, Franz Josef, Der Patient im Mittelpunkt – auch der chronisch Kranke?, KrV 2000, S. 62–66

Olenhusen, Albrecht Götz von, Digitale Information- und Wissensgesellschaft und das Urheberrecht, ZRP 2003, S. 232–235

Olshausen, Henning von, Menschenwürde im Grundgesetz: Wertabsolutismus oder Selbstbestimmung?, NJW 1982, S. 2221–2224

Oltzen, Andreas, Der Vorrang von Rehabilitation vor Rente – Konkretisierung, ZSR 2004, S. 493–502

Oppermann, Dagmar, Europäische und nationale Strategien zur Integration behinderter Menschen in den Arbeitsmarkt, ZESAR 2004, S. 284–291

Oppermann, Thomas, Eine Verfassung für die Europäische Union, DVBl. 2003, S. 1165–1176

Orfeld, Barbara, Wer nicht handelt, den bestraft die demographische Entwicklung, BKK 2003, S. 86–90

Organisation for Economic Co-Operation and Development (OECD), Transforming Disability into Ability, Paris, 2003

Ossenbühl, Fritz, Die Interpretation der Grundrechte in der Rechtsprechung des Bundesverfassungsgerichts, NJW 1976, S. 2100–2107

Otto, Harro, Die strafrechtliche Neuregelung des Schwangerschaftsabbruchs, Jura 1996, S. 135–145

Otto, Klaus-Rüdiger, Das Recht als Instrument zur Förderung der sozialen Integration in: Thom, Achim/Wulff, Erich (Hrsg.), Psychiatrie im Wandel, Bonn, 1990, S. 165

Paech, Norman, „Staatsziele und Grundrechte" in der Anhörung, DuR 1992, S. 265–277

Pahlen, Ronald, Die Frage nach der Schwerbehinderteneigenschaft vor der Einstellung und Art. 3 Abs. 3 Satz 2 GG, RdA 2001, 143–150

Palm, Ulrich, Anmerkung zum Urteil des 9. Senats des BSG v. 12.2.2203 – B 9 SB 1/02 R, SGb 2003, S. 702–704

Panse, Friedrich, Die medizinische und berufliche Rehabilitation in den Vereinigten Staaten, BArbBl. 1957, S. 379–382

Papier, Hans-Jürgen, Der Einfluss des Verfassungsrechts auf das Sozialrecht in: Maydell, Bernd von/Ruland, Franz (Hrsg.), Sozialrechtshandbuch (SRH), 3. A., Baden-Baden, 2003, S. 81–139

Pauer-Studer, Hermine, Autonom leben – Reflexionen über Freiheit und Gleichheit, Frankfurt am Main, 2000

Peiffer, Stephan, Es ist Zeit für eine Veränderung der Leistungs- und Vergütungsstrukturen in der (Hamburger) Behindertenhilfe, NDV 2003, S. 471–474

Pentenrieder, Johann, Kindergeld für volljährige behinderte Kinder nach § 32 Abs. 4 Satz 1 Nr. 3 und §§ 62 ff. EStG für die Zeit ab 1. Januar 1996, NDV 2000, S. 69–72

Perels, Joachim, Der Gleichheitssatz zwischen Hierarchie und Demokratie in: ders. (Hrsg.), Grundrechte als Fundament der Demokratie, Frankfurt am Main, 1979, S. 69–95

Perl, Otto, Krüppeltum und Gesellschaft im Wandel der Zeit, Gotha, 1926

Pesch, Karl, Die rechtliche Behandlung der Neurose, NJW 1966, S. 1841–1843

Pesch, Wilhelm, Formen spiritueller Bewältigung von Behinderung in: Ermert, Johann August (Hrsg.), Akzeptanz von Behinderung, Frankfurt am Main, 1994, S. 84–94

Peschel, Max, Invalidität und Berufsunfähigkeit (Ist der berufsunfähige Arbeiter invalide? Ist der invalide Angestellte berufsunfähig?), Die Sozialversicherung 1950, S. 278–279

Peter, Bernd, Das Rehabilitationssystem der Bundesrepublik Deutschland – Bestand und Lücken seiner individuellen Seite –, Jur. Diss., Marburg 1979

Peters, Anne, Einführung in die Europäische Menschenrechtskonvention, München, 2003

Peters-Lange, Susanne, Begutachtungsprobleme in Verfahren um Berufs- oder Erwerbsunfähigkeitsrenten, NZS 1994, S. 207–213

Pfarr, Heide M./Fuchsloch, Christine, Verfassungsrechtliche Beurteilung von Frauenquoten, NJW 1988, S. 2201

Pfarr, Heide M./Kittner, Michael, Solidarität im Arbeitsrecht, RdA 1974, S. 284–295

Pfleging, Lutz, Über die Anwendung von Profilsystemen zur Einschätzung des beruflichen Handicaps von Leistungsgewandelten und Behinderten, br 1991, S. 131

Pflüger-Demann, Angelika, Soziale Sicherung bei Invalidität in rechtsvergleichender und europarechtlicher Sicht, Baden-Baden, 1991, zugleich München, Jur. Diss, 1990

Picker, Eduard, Menschenrettung durch Menschennutzung?, JZ 2000, S. 693–705

– Schadensersatz für das unerwünschte Kind („Wrongful birth"), AcP 1995, S. 483–501

Piegler, Josef, Die „abstrakte Rente" im österreichischen Schadensersatzrecht, VersR 1965, S. 103–111

Pieroth, Bodo/Schlink, Bernhard, Grundrechte – Staatsrecht II, 19. A., Heidelberg, 2003

Pierson, Paul/Leibfried, Stephan, zur Dynamik sozialpolitischer Integration: Der Wohlfahrtsstaat in der europäischen Mehrebenenpolitik in: Leibfried, Stephan/Pierson, Paul (Hrsg.), Standort Europa – Europäische Sozialpolitik, Frankfurt am Main, 1998, S. 422–463

Pietrzak, Alexandra, Die Schutzpflicht im verfassungsrechtlichen Kontext – Überblick und neue Aspekte, JuS 1994, S. 748–753

Pilz, Wolfgang, Anmerkung zum Urteil des 3. Senats des BSG vom 24.7.2003 – B 3 P 4/02 R, SGb 2004, S. 371–372

Pitschas, Rainer, Integration behinderter Menschen als Teilhabekonzept. Zur Neuordnung des deutschen Rehabilitationsrechts in vergleichender Perspektive, SGb 2003, S. 65–76,

– Integration behinderter Menschen in verschiedenen Lebensphasen als Politikauftrag – „Potentiale wecken statt Menschen entmündigen": ein kategorialer Rahmen in: von Maydell, Bernd/Pitschas, Rainer/Schulte, Bernd (Hrsg.), Behinderung in Asien und Europa im Politik- und Rechtsvergleich, Baden-Baden, 2003, S. 389–424

– Rehabilitation im Umbruch, VSSR 1998, S. 163 ff.

Platon, Der Staat, Hamburg, 1989

– Phaidon in: Sämtliche Werke, Bd. I, Heidelberg, 1982, S. 729–814

Plute, Gerhard, Rationierung von Gesundheitsleistungen?, Sozialer Fortschritt 2004, S. 74–79

– Der Begriff der (medizinischen) Rehabilitation im Recht der gesetzlichen Krankenversicherung, VSSR 2003, S. 97–114

Podlech, Adalbert, Gehalt und Funktionen des allgemeinen verfassungsrechtlichen Gleichheitssatzes, Berlin (West), 1971

Pohlmann, R., Autonomie in: Ritter, Joachim (Hrsg.), Historisches Wörterbuch der Philosophie, Band 1, Darmstadt, 1971, S. 702–719

Poscher, Ralf, „Die Würde des Menschen ist unantastbar", JZ 2004, S. 756–762

Pöltl, René, Die Auswirkungen des Behindertengleichstellungsgesetzes auf das Gaststättenrecht, GewArch 2003, S. 231–241

Posselt-Wenzel, Helly, Medizinische Eingriffe bei geistig behinderten Menschen, Frankfurt am Main, 2004, zugleich Jur. Diss, Augsburg, 2003

Prillwitz, Siegfried, Zusammenfassung und Perspektive in: ULR Schleswig-Holstein (Hrsg.), Empirische Studien zu Angeboten für Gehörlose im Fernsehen und ihre Rezeption, Kiel 2001, S. 291–327

Pro Familia, Sexualität und körperliche Behinderung, 2. Auflage, Frankfurt a.M. 2000

– Sexualität und geistige Behinderung, 2. Auflage, Frankfurt a.M. 1998

Probst, Martin/Knittel, Bernhard, Gesetzliche Vertretung durch Angehörige – Alternative zur Betreuung?, ZRP 2001, S. 55–60

Prüßmann, Jan-Frederik/Wehmhöner, Margot/Stephan, Carsten, Veränderte Arbeitsbedingungen beeinflussen die Gesundheit, Die BKK 2003, S. 563–569
Pudzich, Volker/Stahlmann, Martin, Was leistet Heilpädagogik?, Sonderpädagogik in Schleswig-Holstein 2/2002, S. 92–96

Quambusch, Erwin, Arbeit für Schwerstmehrfachbehinderte?, ZFSH/SGB 2004, S. 140–146
– „Gleichstellung" ausgewählter Behinderter nach dem BGG, ZfSH/SGB 2003, S. 16–21
– Die beschützten Werkstätten: Zur Dominanz der Bequemlichkeit in einem Rehabilitationsmonopol, ZfSH/SGB 2001, S. 515–522
– Das Recht der Geistigbehinderten, 3. A., Stuttgart, 1995
– Die Bedeutung des Verfassungsbegriffs der Würde für Menschen mit geistiger Behinderung, ZfSH/SGB 1989, S. 10–21
Quinn, Gerard/Degener, Theresia, Human Rights and Disability, New York/Genf, 2002

Raasch, Sibylle, Familienschutz und Gleichberechtigung in der Rechtssprechung des Bundesverfassungsgerichts, Streit 2002, S.51–60
Radbruch, Gustav, Rechtsphilosophie, Heidelberg, 1999
Rädler, Peter, Die Unverfügbarkeit der Menschenwürde in Deutschland und Frankreich, DÖV 1997, S. 109–116
Radner, A., Sozialökonomische Aspekte der Rehabilitation, Die Rehabilitation 1975, S. 42–50
Radtke, Peter, Zum Bild behinderter Menschen in den Medien, APuZ 2003, S. 7–12
Ramsauer, F./Rexrodt, Ch., Präventions- und Rehabilitationsdienstleistungen in der privaten Personenversicherung, Versicherungsmedizin 54 (2002), S. 65–69
Raspe, Heiner, Bedarf an Leistungen zur medizinischen Rehabilitation: Theorie, Konzepte, Methodik, PKVR 2003, S. 259–264
– Möglichkeiten und Grenzen der (medizinischen) Rehabilitation aus sozialmedizinischer Sicht in: Igl, Gerhard/Welti, Felix (Hrsg.), Die Verantwortung des sozialen Rechtsstaats für Personen mit Behinderung und für die Rehabilitation, Wiesbaden 2001, S. 239–248
– Priorisierung von rehabilitativen Leistungen: Anlässe, Methoden, Probleme, DRV 1997, S. 487–496
– Das erwerbsbezogene Leistungsvermögen – eine zentrale Kategorie der praktischen Sozialmedizin, GesWes 56 (1994), S. 95–102
Raspe, Heiner/Héon-Klin, Veronique, Zur empirischen Ermittlung von Rehabilitationsbedarf, Die Rehabilitation 1999, Supplement I, S. 76–79
Raspe, Heiner/Sulek, Constanze/Héon-Klin, Veronique/Matthis, Christine/Igl, Gerhard, Zur Feststellung von Bedarf an medizinischen Rehabilitationsleistungen unter erwerbstätigen Mitgliedern der Gesetzlichen Rentenversicherung, Gesundheitswesen 2001, S. 49–55
Rath, Waltraut, Blindheit, Blinde, Blindenpädagogik in: Antor, Georg/Bleidick, Ulrich (Hrsg.), Handlexikon der Behindertenpädagogik, Stuttgart 2001, S. 103–106
– Sehbehinderung, Sehbehinderte, Sehbehindertenpädagogik in: Antor, Georg/Bleidick, Ulrich (Hrsg.), Handlexikon der Behindertenpädagogik, Stuttgart 2001, S. 124–127
Ratzinger, Joseph, Einführung in das Christentum, 10. A., München, 1968
Rau, Johannes, Vertrauen in Deutschland – Eine Ermutigung, „Berliner Rede" am 12. Mai 2004 im Schloss Bellevue in Berlin
– Rede beim Kongress „Differenz anerkennen – Ethik und Behinderung", ZfSH/SGB 2004, S. 124–126
Rauschelbach, Heinz-Harro, – Begutachtungsmängel und ihre Quellen – aus Gutachtersicht: Rechtsgrundlagen als Fehlerquellen, MedSach 1998, S. 40–43
– Behinderung – Schwerbehinderung, MedSach 1991, 179
– Der MdE-Begriff und die WHO-Definition der Behinderung, MedSach 80 (1984), S. 78–79

Rauscher, Thomas, Die Schadensrechtsreform –Vergleich der neuen Regelungen mit der bisherigen Rechtslage–, Jura 2002, S. 577–584

Rawls, John, Eine Theorie der Gerechtigkeit, 10. A., Frankfurt am Main, 1998

Rebscher, Herbert, Die Last der Evidenz, ErsK1999, S. 996

Rehfeld, Karl Heinrich, Nötig sind klare Kriterien für die Zuführung zu einer Rehabilitation, BKK 2003, S. 237–240

Reichenbach, Peter, Der strafrechtliche Schutz behinderter Menschen vor sexuellem Mißbrauch, GA 2003, S. 550–568

- § 2 Abs. 1 SGB IX – Ein Beitrag zur Umsetzung des Diskriminierungsverbots aus Art. 3 Abs. 3 S. 2 GG?, SGb 2002, S. 485–491

- Der Anspruch behinderter Schülerinnen und Schüler auf Unterricht in der Regelschule, Berlin, 2001, zugleich Jur. Diss., Bielefeld, 2000

- Art. 3 III 2 GG als Recht auf selbstbestimmte Lebensführung, SGb 2000, 660–665

Reichmann, Erwin, Handbuch der kritischen und materialistischen Behindertenpädagogik und ihrer Nebenwissenschaften, Solms-Oberbiel 1984

Reichold, Hermann, Sozialgerechtigkeit versus Vertragsgerechtigkeit – arbeitsrechtliche Erfahrungen mit Diskriminierungsregeln, JZ 2004, S. 384–393

Reimann, Axel, Neue Entwicklungen im Bereich der Rehabilitation sowie Umsetzung des SGB IX – Auswirkungen für die Rehabilitationskliniken und Rentenversicherungsträger, Nachrichten der LVA Hessen 2003, S. 78–84

- Das Verhältnis von Prävention, Rehabilitation und Erwerbsminderungsrenten nach neuem Recht, ZSR 2003, S. 461–473

- Ziele des SGB IX und seine Auswirkungen auf die Rehabilitation, DRV 2002, S. 220–228

Reimann, Johannes, Die Kooperation der Rehabilitationsträger mit den Schulen (Arbeitsgruppenbericht), ZSR 2004, S. 548–551

- Die Gewährleistung des Schulerfolges behinderter Schülerinnen und Schüler im Schul- und Sozialrecht, Schulverwaltung NI SH 2003, S. 315–319

Reisch, Ludwig, Zum Umgang mit Behinderten in urgeschichtlicher Zeit, Liedtke, Max (Hrsg.), Behinderung als pädagogische und politische Herausforderung, Bad Heilbrunn 1996, S. 47–60

Reiter, Johannes, Menschenwürde als Maßstab, Aus Politik und Zeitgeschichte 2004, S. 6–13

Renker, Karlheinz, Medizinische Rehabilitation aus internationaler Sicht in: Renker, Karlheinz/Senger, Alfons/Knoblich, Kurt (Hrsg.), Rehabilitation ’80 – Rehabilitation eine Aufgabe der Universitätskliniken – soziale, berufliche und pädagogische Aspekte, Halle (Saale), 1980

Renker, Karlheinz/Renker, Ursularenate, Grundlagen der Rehabilitation, 5. A., Berlin (DDR), 1985

Renn, Heribert/Schoch, Dietrich, Lehr- und Praxiskommentar Grundsicherungsgesetz (LPK-GSiG), 1. A., Baden-Baden, 2003

Renzelberg, Gerlinde, Schwerhörigkeit, Schwerhörige, Schwerhörigenpädagogik in: Antor, Georg/Bleidick, Ulrich (Hrsg.), Handlexikon der Behindertenpädagogik: Schlüsselbegriffe aus Theorie und Praxis, Stuttgart, 2001, S. 128–131

Rest, Franco, Das kontrollierte Töten, Lebensethik gegen Euthanasie und Eugenik, Gütersloh 1992

Reuter, Dieter, Freiheitsethik und Privatrecht, DZWir 1993, S. 45–53

- Das Flensburger Reiseurteil, SHAnz 1992, S. 217–218

- Die ethischen Grundlagen des Privatrechts – formale Freiheitsethik oder materiale Verantwortungsethik?, AcP 189 (1989), S. 199–222

Richter, Roland, Blick ins Steuerrecht, NZS 2003, S. 640–645

Richter-Reichhelm, Manfred, Hochwertiges Netz ambulanter Rehabilitationszentren ist gefordert, BKK 2003, S. 230–233

Riederle, Georg, Dürfen Krankenkassen mit Führhundschulen Verträge schließen?, SGb 2003, S. 674–678

Rietschel, Georg, Sind Schmerzensgeldansprüche bei Arbeits- und Dienstunfällen ausgeschlossen?, JZ 1955, S. 35–37

Rische, Herbert, Herausforderungen der Rehabilitation zu Beginn des 21. Jahrhunderts, DAngVers 2001, 1–6

– SGB IX – Paradigmenwechsel vollzogen?, DAngVers 2001, S. 273–278

Ritter, Gerhard A., Der Sozialstaat – Entstehung und Entwicklung im internationalen Vergleich, München, 1991, 2. A.

Rixen, Stephan, Krankheit oder Glaubensfreiheit?, NJW 2003, S. 1712–1715

Robert, Paul e.a., Le Grand Robert – Band 8, Dictionnaire du Francais primordial, Paris, 1986

Rödel, Ulrich/Frankenberg, Günter/Dubiel, Helmut, Die demokratische Frage, Frankfurt am Main, 1989

Roellecke, Gerd, Lieber ein Hoffnungsschimmer als Dunkelheit in: Geyer, Christian (Hrsg.), Biopolitik – Die Positionen, Frankfurt am Main 2001, S. 161–163

– Antidiskriminierung auf europäisch, NJW 1996, S. 3261–3262

Roeßler, Wilhelm, Der Krankheitsbegriff in sozialwissenschaftlicher Sicht, ZSR 1976, S. 386–393

Roetteken, Thorsten von, Anforderungen des Gemeinschaftsrechts an Gesetzgebung und Rechtssprechung – Am Beispiele der Gleichbehandlungs-, der Arbeitsschutz- und der Betriebsübergangsrichtlinie, NZA 2001, S. 414–424

Rohe, Mathias, Gründe und Grenzen deliktischer Haftung – die Ordnungsaufgaben des Deliktsrechts (einschließlich der Haftung ohne Verschulden) in rechtsvergleichender Betrachtung, AcP 201 (2001), S. 117–164

Röhl, Hellmut, Die Problematik der sozialen Grundrechte in unserem Staat, DVBl. 1955, S. 182–183

Rohlfing, Hubertus/Mittenzwei, Eike Christian, Die verfassungsrechtliche Beurteilung des Ausschlusses von Mehrfachbehinderten von der Testierfähigkeit, FamRZ 2000, S. 654–660

Rojahn, Klaus, Die Kooperation der Rehabilitationsträger mit den Betrieben (Arbeitsgruppenbericht), ZSR 2004, S. 529–535

Rolfs, Christian, Das Versicherungsprinzip im Sozialversicherungsrecht, München, 2000

– Die Neuregelung der Arbeitgeber- und Arbeitnehmerhaftung bei Arbeitsunfällen durch das SGB VII, NJW 1996, S. 3177–3182

Rolfs, Christian/Paschke, Derk, Die Pflichten des Arbeitgebers und die Rechte schwerbehinderter Arbeitnehmer nach § 81 SGB IX, BB 2002, S. 1260–1264

Rolshoven, Hubertus, Pflegebedürftigkeit und Krankheit im Recht, Berlin (West), 1978

Rommelspacher, Birgit, Behindernde und Behinderte – Politische, kulturelle und psychologische Aspekte der Behindertenfeindlichkeit in: Rommelspacher, Birgit (Hrsg.), Behindertenfeindlichkeit – Ausgrenzungen und Vereinnahmungen, Göttingen, 1999, S. 7–35

Rönnau, Thomas, Voraussetzungen und Grenzen der Einwilligung im Strafrecht, Jura 2002, S. 665–675

– Willensmängel bei der Einwilligung im Strafrecht, Tübingen, 2001

Ronellenfitsch, Michael, Daseinsvorsorge als Rechtsbegriff in: Blümel, Willi (Hrsg.), Ernst Forsthoff, Kolloquium zum 100. Geburtstag, 2003

Rosenbrock, Rolf, Prävention und Gesundheitsförderung als Komponenten der Gesundheitssicherung, ZSR 2003, S. 342–354

Roth, Henry, Berufs- und Erwerbsfähigkeit: Renten- und Versorgungsansprüche nach geltendem und reformiertem Recht, Frankfurt am Main, 2000, zugleich Marburg, Jur. Diss., 1999

Roth, Herbert/Seiler, Hans Hermann, J. von Staudingers Kommentar zum BGB mit Einführungsgesetz und Nebengesetzen, Sachenrecht §§ 903–924, Berlin, 2002

Rothgang, Heinz, Wettbewerb in der Pflegeversicherung, ZSR 2000, S. 147172
Rothkegel, Ralf, Bedarfsdeckung durch Sozialhilfe – ein Auslaufmodell?, ZFSH/SGB 2003, S. 643–652
Rousseau, Jean-Jacques, Emile oder von der Erziehung, München, 1979
– Über den Gesellschaftsvertrag, oder: Grundlage des öffentlichen Rechts, Essen, 1997
Rudloff, Wilfried, Überlegungen zur Geschichte der bundesdeutschen Behindertenpolitik, ZSR 2003, S. 863–886
Ruffert, Matthias, Vorrang der Verfassung und Eigenständigkeit des Privatrechts, Tübingen, 2001
Rüfner, Wolfgang, Die mittelbare Diskriminierung und die speziellen Gleichheitssätze in Art. 3 Abs. 2 und 3 GG in: Wendt, Rudolf/Höfling, Wolfram/Karpen, Ulrich/Oldiges, Martin (Hrsg.), Staat Wirtschaft Steuern, Festschrift für Karl Heinrich Friauf zum 65. Geburtstag, S. 331–341, Heidelberg 1996
– Grundrechtsträger in: Isensee, Josef/Kirchhof, Paul, Handbuch des Staatsrechts der Bundesrepublik Deutschland Band V, Heidelberg 1992, S. 485–524
– Der Gleichheitssatz im Sozialrecht und die Aufgabe der Verfassungsrechtsprechung, SGb 1984, S. 147–150
Ruland, Franz, Die Neuregelung der Renten wegen Erwerbsminderung: Grundanliegen der Reform – Konzeption – zentrale Veränderungen für die Betroffenen, SDSRV 49 (2002), S. 89–100
– Solidarität, NJW 2002, S. 3518–3519
– Solidarität und Individualität, DRV 2000, S. 733–757
– In Sorge um die Rehabilitation, DRV 1996, S. 625–632
– Anforderungen an ein Buch „Rehabilitationsrecht" aus der Sicht der medizinischen Rehabilitation, SDSRV 37 (1993), S. 105–126
– Überlegungen zur Einordnung des Rehabilitationsrechts in das Sozialgesetzbuch, DRV 1992, S. 689–700
Ruland, Herbert, Die Arbeitskraft als vermögenswertes Rechtsgut im Schuldrecht, Pfaffenweiler, 1984, zugleich Jur. Diss. Saarbrücken, 1984
Runde, Peter, Zukunft der Rehabilitation – Bilanz und Perspektiven unter veränderten Arbeitsmarktbedingungen, Hamburg 1986
Runde, Peter/Weber, Andreas, Behinderung und Rehabilitation als Gegenstand sozialwissenschaftlicher Forschung in: Igl, Gerhard/Welti, Felix (Hrsg.), Die Verantwortung des sozialen Rechtsstaats für Personen mit Behinderung und für die Rehabilitation, Wiesbaden 2001, S. 65–80
Rupp, Hans Heinrich, Vom Wandel der Grundrechte, AöR 1976, S. 161–201
Rüsken, W., Die soziale Wiedereingliederung Körperbehinderter in England in: Bundesministerium für Arbeit (Hrsg.), Rehabilitation in England, Stuttgart, 1957, S. 1–28
Ryffel, Hans, Soziale Sicherheit in der modernen Gesellschaft, Der Staat 1970, S. 1–19

Saal, Fredi, Warum sollte ich jemand anders sein wollen? – Lebenserinnerungen eines Behinderten, Neumünster, 2002
Sachs, Michael, Anmerkung zum Beschluss des VGH München vom 7.11.1996 – 7 CE 96.3145, JuS 1998, S. 263
– Anmerkung zum Beschluss des BVerfG vom 8.10.1997 – 1 BvR 9/97, JuS 1998, S. 554–555
– Anmerkung zum Urteil des OLG Köln vom 8.1.1998 – 7 U 83/96, JuS 1998, S. 1061–1062
– Das Grundrecht der Behinderten aus Art. 3 Abs. 3 Satz 2 GG, RdJB 1996, S. 54–174
– Grenzen des Diskriminierungsverbots, München, 1987
Sachsen Gessaphe, Karl August Prinz von, Der Betreuer als gesetzlicher Vertreter für eingeschränkt Selbstbestimmungsfähige, Tübingen, 1999
Sachße, Christoph/Tennstedt, Florian, Der Wohlfahrtsstaat im Nationalsozialismus, Geschichte der Armenfürsorge in Deutschland, Band 3, Stuttgart 1992

- Geschichte der Armenfürsorge in Deutschland, Band 2, Fürsorge und Wohlfahrtspflege 1871–1929, Stuttgart 1988
- Geschichte der Armenfürsorge in Deutschland, Vom Spätmittelalter bis zum ersten Weltkrieg, Stuttgart 1980

Säcker, Franz-Jürgen, „Vernunft statt Freiheit!" – Die Tugendrepublik der neuen Jakobiner, ZRP 2002, S. 286–290

Sacksofsky, Ute, Präimplantationsdiagnostik und Grundgesetz, KJ 2003, S. 274–292
- Das Grundrecht auf Gleichberechtigung, 2. A., Baden-Baden, 1996
- Landesverfassungen und Grundgesetz – am Beispiel der Verfassungen der neuen Bundesländer, NVwZ 1993, S. 235–240

Saliger, Frank, Sterbehilfe und Betreuungsrecht, MedR 2004, S. 237–245

Sander, Alfred, Behinderungsbegriffe und ihre Konsequenzen für die Integration in: Eberwein, Hans (Hrsg.), Integrationspädagogik, 5. A., Weinheim, 1999, S. 99–107

Sander, Alfred/Christ, Klaus, Sonderschule oder Integration – zur gegenwärtigen rechtlichen und tatsächlichen Situation in der Bundesrepublik Deutschland, RdJB 1985, S. 170–181

Sannwald, Rüdiger, Die Reform des Grundgesetzes, NJW 1994, S. 3313–3320

Sasse, Hans, Abstrakte oder konkrete Feststellung der Erwerbsfähigkeit in der Rentenversicherung, SGb 1965, S. 136–142

Satapati, Purushottam Rao, Rehabilitation of the Disabled in Developing Countries, Univ. Diss., Zürich 1988

Schaefer, Hans, Soziale Aspekte der Bewältigung von Behinderung in: Ermert, Johann August (Hrsg.), Akzeptanz von Behinderung, Frankfurt am Main, 1994, S. 63–83

Schäfer, Dieter, Soziale Schäden, soziale Kosten und soziale Sicherung, Berlin (West), 1972

Schambeck, Herbert, Grundrechte und Sozialordnung, Gedanken zur Europäischen Sozialcharta, Berlin (West) 1969

Scharmann, Martin Christian, Die Arbeitsgemeinschaften der Sozialleistungsträger und ihrer Verbände zur gemeinsamen Wahrnehmung von Aufgaben zur Eingliederung Behinderter – § 94 SGB X –, Jur. Diss., Bochum, 1991

Scharmann, Theodor, Die Eingliederung und Wiedereingliederung der Behinderten, BArbBl. 1957, S. 627–638
- Die Probleme der Rehabilitation Behinderter in internationaler Sicht, BArbBl. 1956, S. 175–180

Schaub, Eberhard, Rehabilitation zwischen Bedarf und Budget, DRV 1999, S. 181–195

Schaub, Eberhard/Schliehe, Ferdinand, Neue Entwicklungen in der medizinischen Rehabilitation, DRV 1995, S. 401–412

Schaub, Günter, Ist die Frage nach der Schwerbehinderung zulässig?, NZA 2003, S. 299–301

Scheer, Jessica/Groce, Nora, Impairment as a Human Constant: Cross-Cultural and Historical Perspectives on Variation, Journal of Social Issues Vol. 44, 1988, 23–37

Scheerer, Zur Kritik des Begriffs der Berufsunfähigkeit (§§ 1246 RVO, 23 AVG), SGb 1966, S. 33–37

Schell, Hans Peter/Cleavenger, Bettina, Verbesserungen in den Behindertenwerkstätten, BArbBl. 11/2001, S. 22–27

Schellhorn, Walter, Grundsicherung im Alter und bei Erwerbsminderung, FuR 2005, S. 1–5
- SGB VIII/KJHG, 2. A., Neuwied 2000
- Die rechtliche Bedeutung der Vorschriften des Sozialgesetzbuches – Allgemeiner Teil – für die Sozialhilfe und die Jugendhilfe, NDV 1976, S. 162–165

Schellhorn, Walter/Schellhorn, Helmut, BSHG – Kommentar zum Bundessozialhilfegesetz, 16. A., Neuwied, 2002

Scherpner, Hans, Geschichte der Jugendfürsorge, Göttingen, 1966
- Die Arbeitspflicht der Armen und die Individualisierung der Armenpflege bei Thomas von Aquin in: Polligkeit, Wilhelm/Scherpner, Hans/Webler, Heinrich (Hrsg.), Fürsorge als persönliche Hilfe – Festgabe für Christian Jasper Klumker, Berlin, 1929, S. 186–204

Scheuner, Ulrich, Die Funktion der Grundrechte im Sozialstaat – Die Grundrechte als Richtlinie und Rahmen der Staatstätigkeit, DÖV 1971, S. 505–513

Schewe, Dieter, Geschichte der sozialen und privaten Versicherung im Mittelalter in den Gilden Europas, Berlin, 2000

Schick, Karl/Schaefer, Andreas/Winter, Ilse, Verzahnung zwischen medizinischer und beruflicher Rehabilitation, BKK 2000, S. 122–125

Schieckel, Horst, Sozialhilfegesetz und Rehabilitation, ZfSH 1963, S. 102–103

Schiek, Dagmar, Die Hartz-Gesetze – EU-rechtliche Perspektiven, KJ 2003, S. 35–47
– Differenzierte Gerechtigkeit – Diskriminierungsschutz und Vertragsrecht, Baden-Baden, 2000

Schildmann, Ulrike, Geschlecht und Behinderung, APuZ 2003, S. 29–35

Schimanke, Dieter, Bundesverfassungsgericht und numerus clausus – Zur Problematik eines grundrechtlichen Teilhaberechts, JR 1973, S. 45–47

Schimanski, Werner, Recht auf Maßregelung und Diskriminierung? Das Fragerecht nach der Schwerbehinderteneigenschaft, br 1994, S. 81–93
– Ein Plädoyer für MdE-Tabellen –Erwiderung zu M. und W. Stoll in SGb. 1984 S. 515–, SGb 1985, S. 235–239
– MdE = Grad der Behinderung?, SozVers 1985, S. 10–18 (Teil 1), S. 34–40 (Teil 2)
– MdE = Grad der Belastungsfähigkeit, SGb 1984, S. 13–16
– Beurteilung medizinischer Gutachten, Berlin (West), 1976

Schirbel, Eugen, Geschichte der sozialen Krankenversicherung vom Altertum bis zur Gegenwart, Bd. I, Berlin 1929

Schlacke, Sabine, Verbandsklagerechte im Behindertenrecht, RsDE 52 (2003), S. 60–86

Schlenker, Rolf-Ulrich, Soziales Rückschrittsverbot und Grundgesetz, Berlin (West), 1986

Schley, Wilfried, Braucht die Pädagogik einen Behinderungsbegriff?, ZHP 1991, S. 124–127

Schliehe, Ferdinand/Haaf, Hans-Günter, Zur Effektivität und Effizienz der medizinischen Rehabilitation, DRV 1996, S. 666–689

Schliesky, Utz, Die künftige Gestalt des europäischen Mehrebenensystems, NdsVBl 2004, S. 57–63

Schlink, Bernhard, Aktuelle Fragen des pränatalen Lebensschutzes, Berlin, 2002
– Vergangenheitsschuld und gegenwärtiges Recht, Frankfurt am Main, 2002

Schlüter, Bernd, Grundrechtsbeschränkungen für Pflegebedürftige?, ZRP 2004, S. 75–78

Schmatz, Hans, Das Körperbehindertengesetz, ErsK 1957, S. 80–82

Schmeling, Günter, Sozialrechtliche Grundrechte in der Bundesrepublik Deutschland, SGb 1976, S. 313–318

Schmid, Wolfgang, Schmerzensgeld und Gefährdungshaftung, Jur. Diss., Bonn, 1971

Schmidt, Jürgen, Arbeitsplätze Schwerbehinderter, AiB 1996, S. 222–226

Schmidt, Manfred G., Grundlagen der Sozialpolitik in der Deutschen Demokratischen Republik in: Bundesministerium für Arbeit und Sozialordnung (Hrsg.), Geschichte der Sozialpolitik in Deutschland, Bd. I, Baden-Baden, 2001, S. 685–798

Schmidt, Marlene/Senne, Daniela, Das gemeinschaftsrechtliche Verbot der Altersdiskriminierung und seine Bedeutung für das deutsche Arbeitsrecht, RdA 2002, S. 80–89

Schmidt, Reiner, Natur der Sache und Gleichheitssatz, JZ 1967, S. 402–404

Schmidt, Roland, Das personenbezogene Pflegebudget – Zur Flexibilisierung des Leistungsrechts in der ambulanten Pflege, Theorie und Praxis der sozialen Arbeit 2003, S. 29–33
– Das personenbezogene Pflegebudgets – Neue Impulse in der häuslichen Langzeitpflege, Blätter der Wohlfahrtspflege 2004, S. 134–136

Schmidt-Jortzig, Edzard, Systematische Bedingungen der Garantie unbedingten Schutzes der Menschenwürde in Art. 1 GG, DÖV 2001, S. 925–932
– Herausforderungen für den Föderalismus in Deutschland – Plädoyer für einen neuen Wettbewerbsföderalismus, DÖV 1998, S. 746–754

– Verfassungsmäßige und soziologische Legitimation gemeindlicher Selbstverwaltung im modernen Industriestaat, DVBl. 1980, S. 1–10

Schmidt-Klügmann, Matthias, Stimmt der Begriff der Minderung der Erwerbsfähigkeit? – eine grundsätzliche Untersuchung, ZSR 1978, S. 673–700

Schmitt, Walter, Die Befreiung vom Krankheitsbegriff, MedR 1985, S. 52–59

– Das Mißverhältnis von Rehabilitation und Rente, SF 1983, S. 6–11

Schmuhl, Hans-Walter, Die Patientenmorde in: Ebbinghaus, Angelika/Dörner, Klaus (Hrsg.), Vernichten und Heilen – Der Nürnberger Ärzteprozess und seine Folgen, Berlin, 2001, S. 295–328

– Rassenhygiene, Nationalsozialismus, Euthanasie – Von der Verhütung zur Vernichtung ‚lebensunwerten Lebens‘ 1890–1945, Göttingen, 1987

Schneider, Jürgen, Überlegungen zu einem umfassenden Konzept der beruflichen Eingliederung der Schwerbehinderten, br 1990, S. 49–56

Schoch, Friedrich, Der Gleichheitssatz, DVBl. 1988, S. 863–882

Scholler, Heinrich, Die Lage der Behinderten als Aufgabe der Rechtsordnung in: Die Soziale Sicherung der Behinderten – Verhandlungen des Deutschen Sozialgerichtsverbandes, Verbandstagung Mainz 25. und 26. September 1980, Wiesbaden, 1981, S. 18–49

– Die Störung des Urlaubsgenusses eines „empfindsamen Menschen" durch einen Behinderten, JZ 1980, S. 672–677

– Die Interpretation des Gleichheitssatzes als Willkürverbot oder als Gebot der Chancengleichheit, Berlin (West), 1969

Schönberger, Alfred, Abstrakter Schadensersatz in der gesetzlichen Unfallversicherung, BB 1961, S. 939–942

Schönberger, Franz, Die Integration Behinderter als moralische Maxime in: Eberwein, Hans (Hrsg.), Integrationspädagogik, 5. A., Weinheim, 1999, S. 80–87

Schönberger, Rolf, Teilhabe in: Ritter, Joachim/Gründer, Karlfried (Hrsg.), Historisches Wörterbuch der Philosophie, Band 10, Darmstadt, 1998, S. 962–969

Schönwiese, Volker, Anmerkungen zur aktuellen „Neubewertung des Lebens" in: Mürner, Christoph/Schriber, Susanne (Hrsg.), Selbstkritik der Sonderpädagogik?: Stellvertretung und Selbstbestimmung, Luzern, 1993, S. 163–178

Schoor, Hans Walter, Steuerfreibeträge für Körperbehinderte, Versicherungswirtschaft 2000, S. 1140–1141

Schorn, Ulrich, Rechtsstellung und Arbeitsentgelt der Mitarbeiter, SozSich 2003, S. 19–26

– Anhaltende Versäumnisse des Gesetzgebers – Der Grad der Behinderung im SGB IX, SozSich 2002, 127–134

Schott, Thomas, Rehabilitation und die Wiederaufnahme der Arbeit – Eine sozialepidemiologische Untersuchung über den Erfolg medizinischer Rehabilitation nach Herzerkrankung bei der Wiederherstellung der Erwerbsfähigkeit, Weinheim 1996

Schröder, Birgit, Das Recht auf ein menschenwürdiges Sterben – Überlegungen zu Voraussetzungen und Grenzen der Sterbehilfe, Berlin, 2003, zugleich Jur. Diss., Kiel, 2003

Schröder, Tatjana, 100 Jahre Landesversicherungsanstalt Schleswig-Holstein – Die Geschichte (allgemein) in: LVA Schleswig-Holstein (Hrsg.), 100 Jahre LVA Schleswig-Holstein, Band I, S. 9–178, Lübeck, 1990

Schroth, Ulrich, Forschung mit embryonalen Stammzellen und Präimplantationsdiagnostik im Lichte des Rechts, JZ 2002, S. 170–179

Schuck, Karl Dieter, Fördern, Förderung, Förderbedarf in: Antor, Georg/Bleidick, Ulrich (Hrsg.), Handlexikon der Behindertenpädagogik: Schlüsselbegriffe aus Theorie und Praxis, Stuttgart, 2001, S. 63–67

Schuhmacher, Norbert, Keine Berücksichtigung von Vermögen beim Kindergeld für erwachsenen behinderte Kinder, NDV 2003, S. 55

Schulak, Eugen-Maria, Seher, Hofnarr, Versuchskaninchen – Kulturphilosophische Betrachtungen zum Phänomen der Behinderung, Zeitschrift für Philosophie 1/2000

Schulin, Bertram, Geschichte und Zukunftsperspektiven in: Schulin, Bertram (Hrsg.), Handbuch des Sozialversicherungsrechts, Bd. 4, Pflegeversicherungsrecht, München, 1997, § 1, S. 1–27
– Rechtliche Grundprinzipien der gesetzlichen Krankenversicherung und ihre Probleme, in: Schulin, Bertram, Handbuch des Sozialversicherungsrechts, Bd. 1, Krankenversicherungsrecht, München, 1994, § 6, S. 177–248
– Kodifikatorische Anforderungen an ein Buch „Rehabilitationsrecht" – SGB IX – aus juristischer Sicht, SDSRV 37 (1992), S. 7–33
– Rechtliche Grundprobleme der medizinischen, beruflichen und sozialen Rehabilitation, in: Knappe, Eckhard/Hammerschmidt, Markus/Walger, Martin (Hrsg.): Behinderte und Rehabilitation, Beiträge zum vierten sozialpolitischen Symposium Trier, Frankfurt 1990, S. 15–41
– Probleme der sozialen Rehabilitation im Sozialversicherungsrecht, ZfS 1982, S. 349–355
– Soziale Entschädigung als Teilsystem kollektiven Schadensausgleichs, Köln, 1981
– Die soziale Sicherung der Behinderten – Gutachten für den Deutschen Sozialgerichtsverband, Wiesbaden 1980
Schulin, Bertram/Igl, Gerhard, Sozialrecht, 7. A., Düsseldorf 2002
Schulte, Bernd, Binnenmarkt und „soziale Daseinsvorsorge" aus rechtlicher Sicht, TuP 2004, S. 54–59
– Der „acquis communitaire" im Arbeits- und Sozialrecht: Der Stand des Europäischen Arbeits- und Sozialrechts in: Ekonomi, Münir/Maydell, Bernd von/Hänlein, Andreas (Hrsg.), Der Einfluss internationalen Rechts auf das türkische und das deutsche Arbeits- und Sozialrecht, Baden-Baden, 2003, S. 139–162
– Behindertenpolitik und Behindertenrecht in der europäischen Union als Gemeinschaftsprojekt in: von Maydell, Bernd/Pitschas, Rainer/Schulte, Bernd (Hrsg.), Behinderung in Asien und Europa im Politik- und Rechtsvergleich, Baden-Baden, 2003, S. 479–510
Schultze-Lock, G., Minderung der Erwerbsfähigkeit – ein Ermessenstatbestand?, NJW 1960, S. 365–370
Schulz, Andrea, Untersuchung der Produktionsbedingungen für gehörlosenspezifische Tonsubstitution durch Befragung der Programmverantwortlichen in: ULR Schleswig-Holstein (Hrsg.), Empirische Studien zu Angeboten für Gehörlose im Fernsehen und ihre Rezeption, Kiel 2001, S. 197–287
Schulz, Hans/Basler, Otto, Deutsches Fremdwörterbuch, Berlin (West)/New York, 1977
Schulz-Nieswandt, Frank, Zur Zukunft der gesundheitlichen Versorgung von alten Menschen, SF 2004, S. 310–319
Schümann, Bodo, „Menschenbild" – Womit begründen wir unsere Arbeit mit behinderten Menschen?, TuP 2002, S. 260–267
Schuntermann, Michael F., Behinderung und Rehabilitation: Die Konzepte der WHO und des deutschen Sozialrechts, Die neue Sonderschule 44 (1999), 342–363
– Die revidierte Fassung der Internationalen Klassifikation der Impairments, Disabilities und Handicaps (ICIDH-2). Was ist neu?, DRV 1997, S. 529–542
– Die internationale Klassifikation der Impairments, Disabilities and Handicaps ICIDH – Ergebnisse und Probleme, Die Rehabilitation 1996, S. 6–13
Schuren, Werner, Rechtliche Rahmenbedingungen für „Sexualassistenz" schaffen in: Bannasch, Manuela (Hrsg.), Behinderte Sexualität – verhinderte Lust? Zum Grundrecht auf Sexualität für Menschen mit Behinderung, Neu-Ulm 2002, S. 100–102
Schürer, Hildegard, Möglichkeiten der Rehabilitation der nicht erwerbstätigen behinderten Frau, BArbBl. 1968, S. 277–282
Schütte, Wolfgang, Der Vorrang von Rehabilitation vor Rente – Rechtlicher Rahmen, ZSR 2004, S. 473–492
– Selbstbestimmung, Sicherstellung und Leistungserbringung im Rehabilitationsrecht des SGB IX, NDV 2003, S. 416–421

– Modernisierung von innen? Auf dem Weg zu einem anderen Sozialstaat, Verwaltungsreformen und ihre Folgen für öffentliche Dienstleistungen, ArchSozArb 2001, S. 52–75

Schwabe, Jürgen, Umwelt und Recht, NJW 1969, S. 2274–2276

– Der Schutz des Menschen vor sich selbst, JZ 1998, S. 66–75

Schwanitz-Pazzaglia, Marieke, Gesetz über eine bedarfsorientierte Grundsicherung im Alter und bei Erwerbsminderung (GSiG) – Offene Fragen, Mitteilungen der LVA Rheinprovinz 5–6/2003, S. 207–215

Schwankhart, Franz, Die Grenzen des sozialen Abstiegs in der Sozialversicherung, Die Sozialversicherung 1968, S. 44–48

Schwarz, Kurt, Rechtliche Fürsorge für die von Jugend an körperlich Gebrechlichen, München und Leipzig, 1915

Schwarze, Jürgen (Hrsg.), EU-Kommentar, Baden-Baden 2000

Schwidden, Frank, Förderung von Behinderten im öffentlichen Dienst, RiA 1997, S. 70–78

Schwinger, Elke, Nächstenliebe, Fürsorglichkeit und Solidarität, ARSP 2001, S. 153–167

Seebach, Barbara, Die Schulgesetzgebung in den neuen Bundesländern für Kinder und Jugendliche mit Beeinträchtigungen am Beispiel Sachsens in: Ellger-Rüttgardt, Sieglind/Wachtel, Grit (Hrsg.), Zehn Jahre Sonderpädagogik und Rehabilitation im vereinten Deutschland, Neuwied 2000, S. 44–63

Seewald, Otfried, Zum Verfassungsrecht auf Gesundheit, Köln 1981

Seggern, Burkhard von, Drei Jahre SGB IX: Was aus der grundlegenden Reform zur Rehabilitation und Teilhabe behinderter Menschen wurde, SozSich 2004, S. 110–121

– Zum Beitrag des SGB IX zur betrieblichen Integrationspraxis, Der Personalrat 2001, 395–400

Seidler, Eduard, Historische Elemente des Umgangs mit Behinderung, in: Koch, Uwe/Lucius-Hoene, Gabriele/Stegie, Reiner (Hrsg.): Handbuch der Rehabilitationspsychologie, Berlin, Heidelberg, New York, London, Paris, Tokio, 1988, S. 3–19

– Probleme der Tradition in: Blohmke, Maria/Kisker, Karl Peter/Ferber, Christian von/Schaefer, Hans, Handbuch der Sozialmedizin, Band 1: Grundlagen und Methoden der Sozialmedizin, Stuttgart, 1975, S. 47–77

Seifert, Monika, Lebensqualität und Wohnen bei schwerer geistiger Behinderung – Theorie und Praxis, Reutlingen, 1997

Seifriz, Adalbert, Die Rehabilitation als Schlüssel zum Dauerarbeitsplatz, BArbBl. 1962, S. 253–254

Seifriz, Adalbert/Scholz, J.F., Die Rehabilitation als Schlüssel zum Dauerarbeitsplatz, Stuttgart, 1959

Seiler, Hansjakob/Premper, Waldfried, Partizipation – Das sprachliche Erfassen von Sachverhalten, Tübingen, 1991

Seipelt-Holtmann, Claudia, Die rechtlichen (Un-)Möglichkeiten für Mütter mit Behinderung in: Hermes, Gisela (Hrsg.), Kinder, Krücken und Barrieren, 2. A., Kassel, 2001, S. 195–202

Seiter, Hubert, Goethe und die (Reha-)Medizin, Mitteilungen der LVA Württemberg 1997, S. 183–185

– Steuerung der Rehabilitation unter dem Blickwinkel „Reha vor Rente" – aus Sicht eines Reha-Trägers, MedSach 1996, S. 33–36

Sellmann, Klaus-Albrecht, Die Entwicklung des öffentlichen Verkehrsrechts, NVwZ 2004, S. 51–60

Sendler, Horst, Menschenwürde, PID und Schwangerschaftsabbruch, NJW 2001, S. 2148–2150

Sendler, Jürgen, Zukunftsanforderungen an eine wirksame Absicherung bei Pflegebedürftigkeit, SozSich 2004, S. 263–269

Seyfried, Erwin, Neue Wege zur beruflichen Integration Behinderter, Heidelberg, 1990

Siefart, H., Der Begriff der Erwerbsunfähigkeit auf dem Gebiete des Versicherungswesens, 3. A., Berlin, 1908

Sieg, Karl, Schadensersatz und Versorgung, JZ 1954, S. 337–341

Sierck, Udo, Arbeit ist die beste Medizin – Zur Geschichte der Rehabilitationspolitik, Hamburg 1992

Sievers, Kai Detlev, Almosen, Stiftung, Arbeitshaus – Armenfürsorge vom Mittelalter bis zur Moderne, Geschichte und Kultur Schleswig-Holsteins – Beilage der Zeitschrift der Gesellschaft für Schleswig-Holsteinische Geschichte, Neumünster, 1997

Simon, Helmut, Staatsziele (§ 4) in: Simon, Helmut/Franke, Dietrich/Sachs, Michael (Hrsg.), Handbuch der Verfassung des Landes Brandenburg, Stuttgart, 1994, S. 85–94

Simon, W. von., Krüppelfürsorge in: Gottstein, A./Schlossmann, A./Teleky, L (Hrsg.), Handbuch der sozialen Hygiene und Gesundheitsfürsorge, 4. Band, Berlin, 1927

Singer, Peter, Praktische Ethik, Stuttgart, 1994

Sinzheimer, Hugo, Grundzüge des Arbeitsrechts, 2. A., Jena, 1927

Skiba, Alexander, Älterwerden von Menschen mit Behinderungen – Herausforderungen für die Einrichtungen, TuP 2004, S. 42–48

Skipka, Christoph/Egner, Uwe, Die Rehabilitationsleistungen der BfA im Jahr 2002, DAngVers 2003, S. 380–389

Smend, Rudolf, Verfassung und Verfassungsrecht in: ders., Staatsrechtliche Abhandlungen und andere Aufsätze, 2. A., Berlin (west), 1968, S. 119–276

Sorgenicht, Klaus/Weichelt, Wolfgang/Riemann, Tord/Semler, Hans-Joachim, Verfassung der Deutschen Demokratischen Republik – Dokumente, Kommentar, Berlin (DDR), 1969

Soria, José Martínez, Die Unionsbürgschaft und der Zugang zu sozialen Vergünstigungen, JZ 2002, S. 643–651

Spaemann, Robert, Wer jemand ist, ist es immer in: Geyer, Christian (Hrsg.), Biopolitik – Die Positionen, Frankfurt am Main 2001, S. 73–81

Specht, K. G., Soziologische Aspekte der Rehabilitation, Mitteilungen der LVA Württemberg 1980, S. 33–36

Speck, Otto, Das Projekt der gentechnischen Optimierung menschlichen Lebens aus heilpädagogisch-ethischer Sicht in: Leonhardt, Annette (Hrsg.), Wie perfekt muss der Mensch sein?, München und Basel 2004, S. 31–58

– System Heilpädagogik, 5. A., München, 2003

– Die Ökonomisierung des Lebenswertes als Gefährdung behinderten Lebens in: Dederich, Markus (Hrsg.), Bioethik und Behinderung, Bad Heilbrunn 2003, S. 104–137

– Heilpädagogik Antor, Georg/Bleidick, Ulrich (Hrsg.), Handlexikon der Behindertenpädagogik: Schlüsselbegriffe aus Theorie und Praxis, Stuttgart, 2001, S. 71–73

– Sonderschule, Benachteiligung und Elternrecht, ZHP 1997, S. 233–241

– Die gesellschaftliche Eingliederung behinderter Menschen in: Deutscher Sozialgerichtsverband – Verbandstagung Mainz, Die soziale Sicherung der Behinderten, 1980, S. 100–112

Spieß, Hans-Jürgen, Urteilsanmerkung zu BSG, Urt. v. 30.10.2001 – B 3 KR 2/01, SGb 2002, S. 572–573

Spindler, Helga, Gesundheitsreform senkt das Existenzminimum bei Sozialhilfe, SozSich 2004, S. 55–60

– Fördern und Fordern – Auswirkungen einer sozialpolitischen Strategie auf Bürgerrechte, Autonomie und Menschenwürde, Sozialer Fortschritt 2003, S. 296–301

– Das neue SGB II: Keine Grundsicherung für Arbeitsuchende, SozSich 2003, S. 338–344

Spinoza, Baruch (Benedictus) de, Politischer Traktat: lateinisch-deutsch, Hamburg 1994

Spoerr, Wolfgang, Medizinischer Fortschritt unter Verbot mit Erlaubnisvorbehalt?, NJW 1999, S. 1773–1774

Spranger, Tade Matthias, Verfassungsrechtliche Aspekte der Präimplantationsdiagnostik, ZFSH/SGB 2001, S. 266–271

– Die Einbeziehung des Lebensgefährten in die eigentumsrechtliche Position des Mieters, ZMR 2001, S. 11–14
– Der sozialhilferechtliche Anspruch auf das Existenzminimum aus verfassungsrechtlicher Sicht, VR 1999, S. 242–245
– Wen schützt Art. 3 III 2 GG?, DVBl. 1998, 1058–1062

Spreng, Karl, Studien zur Entstehung sozialpolitischer Ideen in Deutschland auf Grund der Schriften Franz von Baaders und Franz Josef von Buß, Phil. Diss., Gießen, 1932

Stackelberg, Hans-Magnus von, Rehabilitation älterer Menschen, Die Ortskrankenkasse 1988, S. 469–474

Stackmann, Nikolaus, Keine richterliche Anordnung von Sterbehilfe, NJW 2003, S. 1568–1569

Stadler, Hans, Körperbehinderung, Körperbehinderte, Körperbehindertenpädagogik in: Antor, Georg/Bleidick, Ulrich (Hrsg.), Handlexikon der Behindertenpädagogik: Schlüsselbegriffe aus Theorie und Praxis, Stuttgart, 2001, S. 114–117
– Von der „Krüppelfürsorge" zur Rehabilitation bei Körperbehinderung, ZHP 2001, S. 99–106
– Behinderung – Negativ-Variante des „Normalen" – oder?, Die Rehabilitation 1992, S. 178–181

Stähler, Thomas P., Rechte behinderter Menschen, – Änderungen und Neuregelungen durch das Behindertengleichstellungsgesetz, NZA 2002, S. 777–781

Stähler, Thomas P./Wimmer, Dirk, Die Neuordnung des Rehabilitations- und Schwerbehindertenrechts, NZS 2002, S. 570–578

Stahlmann, Martin, Teilhabe ist mehr als Teilnahme, Heilpädagogik 2003, S. 15–16
– Sonderpädagogik, Heilpädagogik in: Pousset, R. (Hrsg.), Sozialpädagogik kompakt, Weinheim, 2003
– Rehabilitation und Teilhabe in: Pousset, R. (Hrsg.), Sozialpädagogik kompakt, Weinheim, 2003
– SGB IX als Herausforderung für die Heilpädagogik, BHP-Info 17/2002, S. 44–47
– Gemeinsam einsam? Zur Interdisziplinarität in der Heilpädagogik, BHP-Info 16/2001, S. 3–8

Stahlmann, Martin/Pudzich, Volker, Was leistet Heilpädagogik?, BHP-Info 17/2002, S. 15–17

Starke, Kurt, Das Heilverfahren in der deutschen Invalidenversicherung, Phil. Diss., Leipzig, 1932

Statistisches Bundesamt (Hrsg.), Gesundheitsbericht für Deutschland, Wiesbaden, 1998

Steck, Brigitte, Entwurf eines Gesetzes zur Gleichstellung behinderter Menschen – Behindertengleichstellungsgesetz (BGG), Sozialer Fortschritt 2002, S. 23–24

Steffen, Erich, Abkehr von der konkreten Berechnung des Personenschadens und kein Ende?, VersR 1985, S. 605–611

Steffens, Jürgen, Krankheitsartenstatistik 1998 der AOK –chronische Krankheiten nehmen zu, ZfS 2002, S. 97–117

Stegmann, Franz Josef (Hrsg.), Franz Joseph von Buß (1803–1878), Paderborn, 1994

Stein, Lorenz von, Das Gesundheitswesen. Erstes Hauptgebiet, zweiter Theil der Inneren Verwaltungslehre, 2. A., Wien, 1882
– Handbuch der Verwaltungslehre, 2. A., Stuttgart 1876
– Zur Eisenbahnrechtsbildung, Wien, 1873
– Der Begriff der Gesellschaft und die soziale Geschichte der französischen Revolution bis zum Jahre 1830, Erster Band der Geschichte der sozialen Bewegung in Frankreich von 1789 bis auf unsere Tage, München 1921
– System der Staatswissenschaft, Stuttgart, 1856

Steindorff, Ernst, Abstrakte und konkrete Schadensberechnung, AcP 158 (1959/1960), S. 431–469

Steingruber, Alfred, Der Behindertenbegriff im österreichischen Recht, Diplomarbeit, Universität Innsbruck, 2000 (unveröffentlicht)

Steinke, Bernd, Die Umsetzung des SGB IX – erste Erfahrungen aus der Sicht der Bundesarbeitsgemeinschaft für Rehabilitation, ZSR 2004, S. 413–422

– Behinderte Menschen in: Deutscher Verein für öffentliche und private Fürsorge (Hrsg.), Fachlexikon der sozialen Arbeit, Frankfurt am Main, 2002, S. 110

– Rehabilitation in: Deutscher Verein für öffentliche und private Fürsorge (Hrsg.), Fachlexikon der sozialen Arbeit, Frankfurt am Main, 2002, S. 770–773

Steinmeyer, Heinz-Dietrich, Europäisches Behindertenrecht in: Hanau, Peter/Steinmeyer, Heinz-Dietrich/Wank, Rolf (Hrsg.), Handbuch des europäischen Arbeits- und Sozialrechts (§ 27), München, 2002, S. 1118–1127

Stern, Klaus, Das Staatsrecht der Bundesrepublik Deutschland, Band III/1 – Allgemeine Lehren der Grundrechte, München, 1988

Stevens-Bartol, Eckardt, Reduktion des besonderen Kündigungsschutzes, AiB 2004, S. 206–207

Sticken, Rainer J., Die Entwicklung des Krankheitsbegriffs der gesetzlichen Krankenversicherung – Ursachen und Auswirkungen der Veränderung, Frankfurt am Main, 1985, zugleich Jur. Diss., Bremen, 1984

Stiens, Andrea, Chancen und Grenzen der Landesverfassungen im deutschen Bundesstaat der Gegenwart, Jur. Diss., Berlin, 1997

Stoll, Hans, Urteilsanmerkung zu OLG Frankfurt a. M., Urt. v. 01.09.1981 – 14 U 181/78, JZ 1982, S. 201–207

– Begriff und Grenzen des Vermögensschadens, Karlsruhe, 1973

Stoll, Martin/Stoll, Wolfgang, Ein Plädoyer für MdE – Tabellen, SGb 1984, S. 515–518

Stolleis, Michael, Historische und ideengeschichtliche Entwicklung des Gleichheitssatzes in: Wolfrum, Rüdiger (Hrsg.), Gleichheit und Nichtdiskriminierung im nationalen und internationalen Menschenrechtsschutz, Berlin 2003, S. 7–24

– Geschichte des Sozialrechts in Deutschland, Stuttgart, 2003

– Historische Grundlagen: Sozialpolitik in Deutschland bis 1945 in: Bundesministerium für Arbeit und Sozialordnung (Hrsg.), Geschichte der Sozialpolitik in Deutschland, Bd. I, Baden-Baden, 2001, S. 199–332

– Die Geschichtlichkeit des Sozialrechts, SGb 1984, S. 378–382

Stolt, Erich, „Vorbeugen ist besser als heilen", DAngVers 1958, S. 36–38

Straßfeld, Elisabeth, Kriterien für die GdB-Bildung, SGb 2003, S. 613–617

Straßmair, Stefan M., Der besondere Gleichheitssatz aus Art. 3 Abs. 3 Satz 2 GG, Berlin, 2002, zugleich Jur. Diss., München, 2001

Strätling, Meinolfus/Fieber, Ulrich/Sedemund-Adib, Beate/Schmucker, Peter, Mittelbare Folgen der BGH-Sterbehilfeentscheidung zum „Lübecker Fall" für das Deutsche Medizin- und Betreuungsrecht, MedR 2004, S. 433–439

Strehl, Carl, Aus der Geschichte des Blindenwesens – vom Altertum bis zur Gegenwart, ZfSH 1970, S. 209–215 (Teil 1), 241–247 (Teil 2), 304–312 (Teil 3)

Striebeck, Herbert, Behinderung als Stigma. Typisierungs- und Etikettierungsprozesse in soziologischer Perspektive in: Eberwein, Hans/Sasse, Ada, Behindert sein oder behindert werden? – Interdisziplinäre Analysen zum Behinderungsbegriff, Neuwied, 1998, S. 120–127

Stroebel, Hubertus, Bemerkungen zum Begriff Rehabilitation aus juristischer Sicht in: Jochheim, Kurt-Alphons/Scholz, Josef Franz (Hrsg.), Rehabilitation Bd. 1 Gesetzliche Grundlagen, Methoden und Maßnahmen, Stuttgart, 1975, S. 4–7

– Rehabilitation der Rehabilitation, ErsK 1971, S. 294–299

Stroebel, Hubertus/Gries, Georg, Die Werkstatt für Behinderte (beschützende Werkstatt), BArbBl. 1969, S. 302–307

Stürner, Rolf, Der Erwerbsschaden und seine Ersatzfähigkeit (Teil 1), JZ 1984, S. 412–416, (Teil 2), JZ 1984, S. 461–468

Süfke, Cornelia, „Ärztliche Erkenntnis" und die Pflicht zur sorgfältigen Prüfung im rahmen des § 218a StGB, München, 1995, zugleich Jur. Diss., Kiel, 1995

Suhr, Dieter, Freiheit durch Geselligkeit, EuGRZ 1984, S. 529–546

– Rechtsstaatlichkeit und Sozialstaatlichkeit, Der Staat 1970, S. 67–93

Svanström, Leif/Ahs, Stig/Stenberg, Leif, Handikappade i välfärdsamhället, Kristianstad, 1992

Tauch, Wolfgang, Die Haftpflichtrente im deutschen Recht, Jur. Diss., Freiburg, 1973

Templin, Brigitte/Klatt, Ingaburgh, „Lösch mir die Augen aus..." – Leben und gewaltsames Sterben der vier Lübecker Geistlichen in der Zeit des Nationalsozialismus, Lübeck, 1994

Tennstedt, Florian, Berufsunfähigkeit im Sozialrecht, Frankfurt am Main, 1972

Teplitzky, Otto, Umwelt und Recht, NJW 1966, S. 388–390

The new Encyclopaedia Britannica in 30 Volumes, Micropaedia, Vol. VIII, Chicago, 1980

Theben, Bettina, Zur Diskussion um ein Gleichstellungsgesetz – Erfahrungen und Ausblick in: Igl, Gerhard/Welti, Felix (Hrsg.), Die Verantwortung des sozialen Rechtsstaats für Personen mit Behinderung und für die Rehabilitation, Wiesbaden 2001, S. 33–64

– Bürgerrechte behinderter Menschen – das Urteil des OLG Köln und seine Implikationen für die Gleichstellung in: Jantzen, Wolfgang/Lanwer-Koppelin, Willehad/Schulz, Kristina (Hrsg.), Qualitätssicherung und Deinstitutionalisierung, Berlin 1999, S. 285–295

Theunissen, Georg, Behindertenfeindlichkeit und Menschenbild, ZHP 1990, S. 546–552

Thiele, Burkhard/Pirsch, Jürgen/Wedemeyer, Kai, Die Verfassung des Landes Mecklenburg-Vorpommern, Kommentar, Berlin 1995

Thielen, Karl-Josef, Das Europäische Jahr der Menschen mit Behinderungen, Die BG 2003, S. 436–440

Thies, Die Arbeit einer Kreis-Rehabilitationskommission in: Renker, Karlheinz (Hrsg.), III. Internationaler Kongress der Gesellschaft für Rehabilitation in der Deutschen Gesellschaft für die gesamte Hygiene vom 10. bis 16. Juni 1967 in Erfurt, Leipzig, 1969, S. 650–652

Thimm, Walter, Einstellungen von Behinderten und Möglichkeiten der Änderung von Einstellungen, ZHP 1976, S. 1–11

Thode, Nicole/Klosterhuis, Here/Hansmeier, Thomas, Leistungen zur Teilhabe am Arbeitsleben – wie urteilen die Rehabilitanden?, DAngVers 2004, S. 462–471

Thom, Achim/Wulff, Erich, Vergleichende Betrachtungen: Gemeinsamkeiten, Divergenzen und erkennbare Perspektiven struktureller Wandlungen der psychiatrischen Versorgungssysteme in: Thom, Achim/Wulff, Erich (Hrsg.), Psychiatrie im Wandel, Bonn, 1990, S. 587–602

Thomann, Klaus-Dieter, Medizinhistorische Aspekte zur heutigen Auffassung von Behinderung in: Ermert, Johann August (Hrsg.), Akzeptanz von Behinderung, Frankfurt am Main, 1994, S. 4–26

Thüsing, Gregor, Richtlinienkonforme Auslegung und unmittelbare Geltung von EG-Richtlinien im Anti-Diskriminierungsrecht, NJW 2003, S. 3441–3445

– Handlungsbedarf im Diskriminierungsrecht, NZA 2001, S. 1061–1064

– Der Fortschritt des Diskriminierungsschutzes im Europäischen Arbeitsrecht, ZfA 2001, S. 397–418

Thüsing, Gregor/Lambrich, Thomas, Das Fragerecht des Arbeitgebers – aktuelle Probleme zu einem klassischen Thema, BB 2002, S. 1146–1153

Tiemann, Burkhard, Zur Rechtsstellung Behinderter im Prüfungsverfahren, BayVBl. 1976, S. 650–652

Tolmein, Oliver, Tödliches Mitleid. Kritische Anmerkungen zum Urteil des Bundesgerichtshofes im »Kemptener Fall« (NJW 1995, 204), KJ 1996, S. 510–524

– Wann ist der Mensch ein Mensch? – Ethik auf Abwegen, München, 1993

Tönnies, Ferdinand, Gemeinschaft und Gesellschaft, Darmstadt, 1963

Tönnis, W., Forderungen für eine wirksame Rehabilitation nach ärztlichen Erfahrungen, BArbBl. 1962, S. 245–251

Törne, Ingolf von, Sektorale Sonderrolle der Rehabilitation noch zeitgemäß?, BKK 2000, S. 102–109

Trauzettel-Klosinski, Susanne, Zum Begriff der Sehbehinderung aus augenärztlicher Sicht und daraus folgende Konsequenzen für die Rehabilitation in Neumann, Johannes (Hrsg.), „Behinderung": von der Vielfalt eines Begriffs und dem Umgang damit, Tübingen, 1995, S. 141–153

Trechsel, Stefan, Überlegungen zum Verhältnis zwischen Art. 14 EMRK und dem 12. Zusatzprotokoll in: Wolfrum, Rüdiger (Hrsg.), Gleichheit und Nichtdiskriminierung im nationalen und internationalen Menschenrechtsschutz, Berlin 2003, S. 119–134

Trenk-Hinterberger, Peter, Behindertenrecht in: Antor, Georg/Bleidick, Ulrich (Hrsg.), Handlexikon der Behindertenpädagogik: Schlüsselbegriffe aus Theorie und Praxis, Stuttgart, 2001, S. 297–301

Tressehn, M., Überblick über die Entwicklung des Militärversorgungswesens in Preußen-Deutschland bis zum Jahre 1922 in: Nilson, E., Reichsversorgungsrecht und Fürsorgewesen, Bd. 1, 1922, S. 1–31.

Tröndle, Herbert, Zum Begriff des Menschseins, NJW 1991, S. 2542

Tröndle, Herbert/Fischer, Thomas, Strafgesetzbuch und Nebengesetze, 51. A. München, 2003

Trube, Achim, Überfordern und Hinausbefördern – Prämissen, Praxis und Probleme Aktivierender Sozial- und Arbeitsmarktpolitik, Sozialer Fortschritt 2003, S. 301–305

Trube, Achim/Wohlfahrt, Norbert, Das Hartz-Konzept – Konsequenzen für personenbezogene Dienstleistungen, Theorie und Praxis der Sozialen Arbeit 2003, S. 19–24

Trute, Hans-Heinrich, Das Kultur- und Bildungswesen in der Sächsischen Verfassung (§ 8) in: Degenhart, Christoph/Meissner, Claus (Hrsg.), Handbuch der Verfassung des Freistaates Sachsen, Stuttgart, 1997, S. 231–264

Tünnemann, Margit, Der verfassungsrechtliche Schutz der Familie und die Förderung der Kinderziehung im Rahmen des staatlichen Kinderleistungsausgleichs, Berlin, 2001

Uhle, Matthias, Zur Betreuung chronisch psychisch Kranker in der DDR in: Thom, Achim/Wulff, Erich (Hrsg.), Psychiatrie im Wandel, Bonn, 1990, S. 237–254

Ullrich, Eva/Spereiter, Carsten, Überblick über die neuen gesetzlichen Regelungen, BArbBl. 6/2002, S. 7–11

Ulrich, Horst, Das Schmerzensgeld bei Querschnittslähmung, NJW 1970, S. 1956–1958

Umbach, Dieter, Kommentierung zu Art. 3 Abs. 3 Satz 2 in: Umbach, Dieter/Clemens, Thomas (Hrsg.), Grundgesetz – Mitarbeiterkommentar (MK), Band I, Heidelberg, 2002

Unruh, Georg-Christoph von, Besinnung auf den Rechtsstaat, DÖV 1974, S. 508–514

Viefhues, Herbert, Behandlungsfall oder Pflegefall?, ZSR 1982, S. 357–365

Vieweg, Barbara/Kieß, Dietmar, Überlegungen zur Sonderpädagogik in der DDR in: Mürner, Christoph/Schriber, Susanne (Hrsg.), Selbstkritik der Sonderpädagogik?: Stellvertretung und Selbstbestimmung, Luzern, 1993, S. 203–212

Vobruba, Georg, Arbeiten und Essen. Die Logik im Wandel des Verhältnisses von gesellschaftlicher Arbeit und existentieller Sicherung im Kapitalismus in: Leibfried, Stephan/Tennstedt, Florian (Hrsg.): Politik der Armut und Die Spaltung des Sozialstaats, Frankfurt am Main, 1985, S. 41–63

Voelzke, Thomas, Leistungen zur Teilhabe am Arbeitsleben (ohne Werkstatt für behinderte Menschen) in: Volker Neumann (Hrsg.), Rehabilitation und Teilhabe behinderter Menschen, Handbuch SGB IX, Baden-Baden, 2004, § 11, S. 271–332

Vogel, Hans-Jochen, Die Reform des Grundgesetzes nach der deutschen Einheit, DVBl. 1994, S. 497–506

Volkert, Gertrud, Von der Krüppelfürsorge zur Sozialhilfe für Körperbehinderte – dargestellt am sozialmedizinischen Wirken des Orthopäden Hohmann (1880–1970), Med. Diss., München, 1977

Volkmann, Uwe, Solidarität – Programm und Prinzip der Verfassung, Tübingen, 1998

Vorholz, Irene, Nachhaltige Sicherung der Eingliederungshilfe für behinderte Menschen erforderlich, Der Landkreis 2004, S. 472–474

Vömel, Ulrich, Das SGB IX – Reformansätze, Neuerungen, erste Umsetzungen, Die Rehabilitation 2002, S. 275–278

Waas, Bernd, Allgemeine Diskriminierungsrichtlinien, PersR 2004, S. 407–410

Wachholz, Kirsten, Geschlechtsbezogene Störungen im Schwerbehindertenrecht, br 1993, S. 25–31

Wacker, Elisabeth/Metzler, Heidrun, Zum Qualitätsbegriff in der Behindertenhilfe in: Schubert, Hans–Joachim/Zink, Klaus J. (Hrsg.), Qualitätsmanagement in sozialen Dienstleistungsunternehmen, 1997

Waddington, Lisa, Disability, Employment and the European Community, Antwerpen, 1995

Waddington, Lisa/Bell, Mark, More Equal Than Others: Distinguishing European Union Equality Directives, Common Market Law Review 2001, S. 587–611

Waddington, Lisa/Diller, Matthew, Tensions and Coherence in Disability Policy: The Uneasy Relationship between Social Welfare and Civil Rights Models of Disability in American, European and International Employment Law, International Disability Law and Policy Symposium 2002, Presented by Disability Rights Education and Defense Fund (DREDF)

Waetzold, Hartmut, Der Umgang mit Behinderten in Mesopotamien Liedtke, Max (Hrsg.), Behinderung als pädagogische und politische Herausforderung, Bad Heilbrunn 1996, S. 77–92

Wagner, Barbara, Mobilität für alle – Tipps und Hilfen bei Mobilitätseinschränkungen, Bonn, 2001

Wagner, Christean, EU-Förderung der Embryonenforschung?, NJW 2004, S. 917–919

Wagner, Gerhard, Ersatz immaterieller Schäden: Bestandsaufnahme und europäische Perspektiven, JZ 2004, S. 319–331

Wagner, Karlheinz, Gedanken zur Rehabilitationsbedürftigkeit bei Rentenversicherten, Nachrichten der LVA Hessen 1997, S. 120–122

Wagner, Rainer/Kaiser, Daniel, Einführung in das Behindertenrecht, Heidelberg, 2004

Wahl, Eduard/Soell, Hermann, Ersatzansprüche wegen Unfruchtbarmachung auf Grund unrichtiger Entscheidung des Erbgesundheitsgerichts?, AcP 167 (1967), S. 1–28

Waldeyer-Jeebe, Reinhild, Der Vorrang von Rehabilitation vor Pflege – Konkretisierung (Kernaussagen), ZSR 2004, S. 525–526

Waldschmidt, Anne, Selbstbestimmung als behindertenpolitisches Paradigma – Perspektiven der Disability Studies, APuZ 2003, S. 13–20

– Diskursives Ereignis „Selbstbestimmung": Behindertenpädagogische und bioethische Konstruktionen im Vergleich in: Dederich, Markus (Hrsg.), Bioethik und Behinderung, Bad Heilbrunn 2003, S. 138–166

– Selbstbestimmung als Konstruktion – Alltagstheorien behinderter Frauen und Männer, Opladen, 1999

Walger, Martin, Ökonomie der Rehabilitation Behinderter – Berufliche Umschulung zwischen Effizienz und Sozialverträglichkeit, Frankfurt am Main, 1993, zugleich Diss., Trier, 1992

Waller, Heiko, Sozialmedizin, 5. A., Stuttgart, 2002

Wallerath, Max, Die Harmonisierung der Rechtsgrundlagen der Rehabilitation, ZSR 1971, S. 577–591 (Teil 1), S. 648–657 (Fortsetzung und Schluss)

Walthes, Renate, Behinderung aus konstruktivistischer Sicht – dargestellt am Beispiel der Tübinger Untersuchung zur Situation von Familien mit einem Kind mit Sehschädigung in: Neumann, Johannes (Hrsg.), „Behinderung": von der Vielfalt eines Begriffs und dem Umgang damit, Tübingen, 1995, S. 89–104

Wangemann, R., § 898 RVO schließt Ansprüche aus § 847 BGB nicht aus, MDR 1961, S. 110–111

Wank, Rolf, Grundrechtsschutz in der Gemeinschaft in: Hanau, Peter/Steinmeyer, Heinz-Dietrich/Wank, Rolf (Hrsg.), Handbuch des europäischen Arbeits- und Sozialrechts (§ 27), München, 2002, § 13, S. 337–378

– Das Recht auf Arbeit im Verfassungsrecht und im Arbeitsrecht, Frankfurt am Main, 1980

Wannagat, Georg, Lehrbuch des Sozialversicherungsrechts, I. Band, Tübingen, 1965

Wauer, Ulrich, Die Bekämpfung der Volkskrankheiten durch die Invalidenversicherung, Phil. Diss., Berlin, 1929

Weber, Albrecht, Minderheitenschutz und Nichtdiskriminierung in Kanada in rechtsvergleichender Perspektive, EuGRZ 1994, S. 537–548

Weber, Andreas, Behinderte und chronisch kranke Menschen – „Problemgruppen" auf dem Arbeitsmarkt?, Univ. Diss., Münster 2002

Weimer, Tobias, Die „Menschenwürde" und der tödliche Behandlungsabbruch beim Patienten im apallischen Syndrom, Teil 1, PKR 2004, S. 43–45

– Die Durchsetzung des tödlichen Behandlungsabbruchs beim Patienten im apallischen Syndrom, 2. Teil, PKR 2003, S. 105–109

Weinriefer, Gertrud, Die Entmündigung wegen Geisteskrankheit und Geistesschwäche, Berlin (West), 1987, zugleich Jur. Diss., Kiel, 1986

Weis, Erich/Mattutat, Heinrich, Wörterbuch der französischen und deutschen Sprache, Stuttgart, 1967

Weiske, Katja/de Braganca, Katja, „Das muß doch heutzutage nicht mehr sein!" – Ein kritischer Blick auf die (Un-)Möglichkeiten der vorgeburtlichen Diagnostik in: Aktion Grundgesetz (Hrsg.), Die Gesellschaft der Behinderer, Reinbek, 1997, S. 55–60

Weiss, Manfred, Grundrechte-Charta der EU auch für Arbeitnehmer?, AuR 2001, S. 374–378

Welling, Alfons, Sonderpädagogischer Förderbedarf, ZHP 1991, S. 121–124

Welte, Wolfgang, „Behinderung", „Integration" und „berufliche Rehabilitation" – Begriffsgeschichte und aktuelle Rahmenbedingungen in: Längle, Gerhard/Welte, Wolfgang/Buchkremer, Gerhard (Hrsg.), Arbeitsrehabilitation im Wandel, Tübingen, 1999, S. 23–36

Welti, Felix, Arbeits- und sozialrechtliche Ansprüche behinderter Menschen auf Qualifizierung, AuR 2003, S. 445–452

– SGB IX: Neues Fundament für die medizinische Rehabilitation, PKVR 2003, S. 244–252

– Rechtliche Grundlagen der pflegevermeidenden Rehabilitation, PKR 2003, S. 8–13

– Die individuelle Konkretisierung von Teilhabeleistungen und das Wunsch- und Wahlrecht behinderter Menschen, SGb 2003, S. 379–390

– Der rechtliche Rahmen der Qualitätssicherung in der (medizinischen) Rehabilitation, ZSR 2002, S. 460–471

– Grundrechte, Sozialrechte und Behandlungsanspruch pflegebedürftiger Menschen: Gesetzeslage und Wirklichkeit in: DVfR (Hrsg.); Pflegebedürftigkeit – Herausforderung für die Rehabilitation, Ulm 2002, S. 22–31

– Das SGB IX in der Entwicklung des Sozialrechts, Die Rehabilitation 2002, S. 268–273

– Das neue Recht der Teilhabe und Rehabilitation (SGB IX): Chance und Verpflichtung, SozSich 2001, 146–150

– Das neue SGB IX – Recht der Rehabilitation und Teilhabe behinderter Menschen, NJW 2001, 2210–2215

– Wandel der Arbeit und Reform von Sozialstaat und Sozialrecht, SF 2001, S. 69–79

– Die soziale Sicherung der Abgeordneten des Deutschen Bundestages, der Landtage und der deutschen Abgeordneten im Europäischen Parlament, Berlin, 1998

Welti, Felix/Fakhreshafaei, Reza, Finanzausgleich im demokratischen und sozialen Bundesstaat, Recht und Politik 2001, S. 102–108

Welti, Felix/Raspe, Heiner, Evidenz und Akzeptanz von Medizin und Recht, NJW 2002, S. 874–875

Welti, Felix/Sulek, Constanze, Die individuelle Konkretisierung des sozialrechtlichen Anspruchs auf Rehabilitation, VSSR 2000, 453–472

– Die Ordnungsfunktion des SGB IX für das Recht der Rehabilitation und Teilhabe in: Igl/Welti (Hrsg.), Die Verantwortung des sozialen Rechtsstaats für Personen mit Behinderung und für die Rehabilitation, Wiesbaden 2001, S. 131–162

Wendt, Alfred, Förderung der Rehabilitation Behinderter, DAngVers 1970, S. 282–287

Wendt, Sabine, Neuregelung der Heranziehung Unterhaltspflichtiger nach § 91 Abs. 2 BSHG durch das SGB IX, RdLH 2001, S. 61–62

Wendt, Wolf Rainer, Rehabilitation: Der ökosoziale Bezugsrahmen in: Mühlum, A./Oppl, H., Handbuch der Rehabilitation (HdR), Neuwied, 1992, S. 429–450

Werner, Micha H., Streit um die Menschenwürde, Zeitschrift für medizinische Ethik 2000, S. 259–272

Wertenbruch, Wilhelm, Rehabilitation – Recht und Praxis, SGb 1977, S. 327–332

Wesel, Uwe, Geschichte des Rechts, München, 1997

– Frühformen des Rechts in vorstaatlichen Gesellschaften, Frankfurt am Main, 1985

Wex, Else, Wandlungen in der sozialen Fürsorge 1914–1927, Staatsw. Diss., Berlin, 1929

Weychardt, Dieter Wilhelm, Wandlungen des Schadensbegriffes in der Rechtsprechung, Jur. Diss., Frankfurt am Main, 1965

Whittle, Richard, European Communities and EEA, European Law Review 1998, S. 50–58

WHO, International Classification of Functioning, Disability and Health (ICF), Final Draft, 2001

Widekamp, Peter, Rehabilitation für ältere Menschen – Eine Herausforderung an die Krankenkassen, ErsK 1991, S. 181–186 (Teil II)

– Der Gesamtplan – Ein Steuerungsinstrument in der Rehabilitation, ErsK 1978, S. 315–319

Wieacker, Franz, Industriegesellschaft und Privatrechtsordnung, Frankfurt am Main, 1974

– Privatrechtsgeschichte der Neuzeit, 2. A., Göttingen, 1967

Wiedemann, Herber/Thüsing, Gregor, Fragen zum Entwurf eines zivilrechtlichen Anti-Diskriminierungsgesetzes, DB 2002, S. 463–470

Willing, Matthias, Das Bewahrungsgesetz (1918–1967) – Eine rechtshistorische Studie zur Geschichte der deutschen Fürsorge, Tübingen, 2003

Wilmerstadt, Rainer, Die Kodifikation des Rehabilitationsrechts in einem SGB IX: was bringt es für die Behinderten?, SDSRV 49 (2002), S. 61–72

– Verbesserungen für behinderte Kinder, BArbBl. 11/2001, S. 36–38

Winkel, Rolf, Verheerende Halbjahresbilanz bei beruflicher Weiterbildung, Soziale Sicherheit 2003, S. 226–229

Winter, K., Die Rehabilitation in der Deutschen Demokratischen Republik in: Renker, Karlheinz/Winter, K./Märker/Quaas (Hrsg.), Internationale Arbeitstagung über Fragen der Rehabilitation, Dispensairebetreuung und Prämorbidität, Leipzig, 1959, S. 43–49

– Organisation der Rehabilitation in: Renker, Karlheinz/Winter, K./Märker/Quaas (Hrsg.), Internationale Arbeitstagung über Fragen der Rehabilitation, Dispensairebetreuung und Prämorbidität, Leipzig, 1959, S. 212–213

Wintrich, J. M., Die Bedeutung der „Menschenwürde" für die Anwendung des Rechts, BayVBl. 1957, S. 137–140

Wisotzki, Karl Heinz, Gehörlosigkeit, Gehörlose, Gehörlosenpädagogik in: Antor, Georg/Bleidick, Ulrich (Hrsg.), Handlexikon der Behindertenpädagogik: Schlüsselbegriffe aus Theorie und Praxis, Stuttgart, 2001, S. 106–109

Witte, Wilhelm/Brackhane, Rainer, Einführung in die Rehabilitationspsychologie, Bern, 1988

Wittich-Neven, Silke, Schwerbehindertenschutz im Recht – allegro, ma non troppo, Forum Kritische Psychologie 44 (2002), S. 22–28

Wolber, Kurt, Zur Verfassungskonformität des Ausschlusses eines Schmerzensgeldanspruchs bei Vorliegen eines Arbeitsunfalls, BB 1968, S. 876–879

Wollny, Hans, Problemklärung: Psychische Erkrankung und Beruf in: BMGS (Hrsg.), Berufliche Rehabilitation für psychisch kranke und seelisch Behinderte, Bonn, 1999, S. 5–24

Wollny, Paul, Die Sozialstaatsklausel in der Rechtsprechung des Bundesverwaltungsgerichts, DVBl. 1972, S. 525–529

Wulfhorst, Traugott, Soziale Entschädigung – Politik und Gesellschaft, Baden-Baden, 1994

– Das Behindertenrecht in der Rechtsprechung im Wandel der Zeit in: Deutscher Sozialrechtsverband (Hrsg.), Entwicklung des Sozialrechts – Aufgabe der Rechtsprechung – Festgabe aus Anlaß des 100jährigen Bestehens der sozialgerichtlichen Rechtsprechung, Köln 1984, S. 493–522

Wunder, Michael, Schutz des Lebens mit Behinderung und biomedizinische Forschungsinteressen, Geistige Behinderung 2000, S. 138–149

Wussow, Werner, Die Höhe des Schadensersatzanspruchs bei Verletzung oder Tötung einer Hausfrau und Mutter, NJW 1970, S. 1393–1398

Wygotski, L. S., Zur Psychologie und Pädagogik der kindlichen Defektivität, Die Sonderschule 1975, S. 65–72

Zabre, Bernd-Rainer, Anschlussheilbehandlung in der Angestelltenversicherung, DAngVers 2000, S. 233–243

Zacher, Hans F., Das soziale Staatsziel in: Isensee, Josef/Kirchhof, Paul (Hrsg.), Handbuch des Staatsrechts der Bundesrepublik Deutschland, 3. A. Band II – Verfassungsstaat, Tübingen, 2004, § 28, S. 659–784

– Der soziale Rechtsstaat in der Verantwortung für Menschen mit Behinderungen in: Igl, Gerhard/Welti, Felix (Hrsg.), Die Verantwortung des sozialen Rechtsstaats für Personen mit Behinderung und für die Rehabilitation, Wiesbaden 2001, S. 1–23

– Grundlagen der Sozialpolitik in der Bundesrepublik Deutschland in: Bundesministerium für Arbeit und Sozialordnung (Hrsg.), Geschichte der Sozialpolitik in Deutschland, Bd. I, Baden-Baden, 2001, S. 333–684

– Sozialstaat und Gesundheitspolitik in: Igl, Gerhard/Naegele, Gerhard (Hrsg.), Perspektiven einer sozialstaatlichen Umverteilung im Gesundheitswesen, München, 1999, S. 143–164

– Die Frage nach der Entwicklung eines sozialen Entschädigungsrechts, DÖV 1972, S. 461–471

– Soziale Gleichheit, AöR 93 (1968), S. 341–383

Zander, Michael, Independent Living in: Haug, Wolfgang Fritz (Hrsg.), Historisch-Kritisches Wörterbuch des Marxismus, Band 6/II, Berlin, 2004

Zeiss, Christopher/Wachtling, Bettina, Elternunterhalt – Haftung verschärft, Anmerkung zu BGH, Urteil vom 14.1.2004 (AZ. XII ZR 69/01), ZFSH/SGB 2004, S. 286–289

Zeit, Thomas, Die Beurteilung sozialmedizinischer Gutachten durch Richter der Sozialgerichtsbarkeit, MedSach 1993, 108–112

Zeitler, Helmut, Die Heranziehung der behinderten Menschen und ihrer Eltern zu den Kosten der Eingliederungshilfe für behinderte Menschen, NDV 2001, S. 318–324

– Nochmals: Kindergeld für volljährige behinderte Kinder, NDV 2000, S. 231–234

Zeuner, Albrecht, Schadensbegriff und Ersatz von Vermögensschäden, AcP 163 (1963), S. 380–400

Ziegler, Frank, Von der Hartz-Kommission zur Agenda 2010, ZfSH/SGB 2003, S. 334–340

Zielke, Gitta, Zum Wandel des Behindertenbegriffs, Behindertenpädagogik 1992, S. 314–324

Ziem, Helmut, Der Beschädigte und Körperbehinderte im Daseinskampf einst und jetzt, Berlin (West), 1956

Zimmer, Reingard, Umsetzung der EU-Antidiskriminierungsrichtlinien ins deutsche Arbeitsrecht, AiB 2004, S. 296–300

Zimmerling, Wolfgang, Prüfungsrecht, Köln, 1998

Zimmermann, Andreas, Die Charta der Grundrechte der Europäischen Union zwischen Gemeinschaftsrecht, Grundgesetz und EMRK, Baden-Baden, 2002

Zimmermann, Markus/Weber, Andreas, Struktur- und systembedingte Grenzen und Möglichkeiten der Selbstbestimmung im Prozess der Rehabilitation in Deutschland, Schweden und der Schweiz in: Rische, Herbert/Blumenthal, Wolfgang (Hrsg.), Selbstbestimmung in der Rehabilitation – Chancen und Grenzen, Ulm 2000, S. 240–244

Zimmermann-Acklin, Markus, Der gute Tod – Zur Sterbehilfe in Europa, Aus Politik und Zeitgeschichte 2004, S. 31–38

Zinsmeister, Julia, Der lange Weg zur Gleichstellung: behinderte Frauen und das neue SGB IX, Streit 2002, S. 3–10

Zirden, Heike, „Worte können sein wie winzige Arsendosen" in: Aktion Grundgesetz (Hrsg.), Die Gesellschaft der Behinderer, Reinbek, 1997, S. 135–141

Zoll, Rainer, Was ist Solidarität heute?, Frankfurt am Main, 2000

Zülch, K. J., Was ist, was soll Rehabilitation?, DAngVers 1958, S. 33–36

Zuleeg, Manfred, Kommentierung zu Art. 13 EGV in: von der Groeben, Hans/Schwarze, Jürgen (Hrsg.), Kommentar zum Vertrag über die Europäische Union und zur Gründung der Europäischen Gemeinschaft, Bd. 1, 6. A., Baden-Baden, 2003

Zypries, Brigitte, Antidiskriminierung in Deutschland – Bilanz und Perspektiven der Rechtspolitik, Vortrag vom 24.06.2004 in Berlin (unveröffentlichtes Manuskript)

Personen- und Sachregister

Jus Publicum

Beiträge zum Öffentlichen Recht – Alphabetische Übersicht

Appel, Ivo: Staatliche Zukunfts- und Entwicklungsvorsorge. 2005. *Band 125.*

Axer, Peter: Normsetzung der Exekutive in der Sozialversicherung. 2000. *Band 49.*

Bauer, Hartmut: Die Bundestreue. 1992. *Band 3.*

Beaucamp, Guy: Das Konzept der zukunftsfähigen Entwicklung im Recht. 2002. *Band 85.*

Becker, Florian: Kooperative und konsensuale Strukturen in der Normsetzung. 2005. *Band 129.*

Becker, Joachim: Transfergerechtigkeit und Verfassung. 2001. *Band 68.*

Biehler, Gernot: Auswärtige Gewalt. 2005. *Band 128.*

Blanke, Hermann-Josef: Vertrauensschutz im deutschen und europäischen Verwaltungsrecht. 2000. *Band 57.*

Böhm, Monika: Der Normmensch. 1996. *Band 16.*

Böse, Martin: Wirtschaftsaufsicht und Strafverfolgung. 2005. *Band 127.*

Bogdandy, Armin von: Gubernative Rechtsetzung. 2000. *Band 48.*

Brenner, Michael: Der Gestaltungsauftrag der Verwaltung in der Europäischen Union. 1996. *Band 14.*

Britz, Gabriele: Kulturelle Rechte und Verfassung. 2000. *Band 60.*

Bröhmer, Jürgen: Transparenz als Verfassungsprinzip. 2004. *Band 106.*

Brüning, Christoph: Einstweilige Verwaltungsführung. 2003. *Band 103.*

Burgi, Martin: Funktionale Privatisierung und Verwaltungshilfe. 1999. *Band 37.*

Bultmann, Peter Friedrich: Beihilfenrecht und Vergaberecht. 2004. *Band 109.*

Bumke, Christian: Relative Rechtswidrigkeit. 2004. *Band 117.*

Butzer, Hermann: Fremdlasten in der Sozialversicherung. 2001. *Band 72.*

Calliess, Christian: Rechtsstaat und Umweltstaat. 2001. *Band 71.*

Classen, Claus Dieter: Die Europäisierung der Verwaltungsgerichtsbarkeit. 1996. *Band 13.*

– Religionsfreiheit und Staatskirchenrecht in der Grundrechtsordnung. 2003. *Band 100.*

Coelln, Christian von: Zur Medienöffentlichkeit der Dritten Gewalt. 2005. *Band 138.*

Cornils, Matthias: Die Ausgestaltung der Grundrechte. 2005. *Band 126.*

Cremer, Wolfram: Freiheitsgrundrechte. 2003. *Band 104.*

Danwitz, Thomas von: Verwaltungsrechtliches System und Europäische Integration. 1996. *Band 17.*

Dederer, Hans-Georg: Korporative Staatsgewalt. 2004. *Band 107.*

Detterbeck, Steffen: Streitgegenstand und Entscheidungswirkungen im Öffentlichen Recht. 1995. *Band 11.*

Di Fabio, Udo: Risikoentscheidungen im Rechtsstaat. 1994. *Band 8.*

Dörr, Oliver: Der europäisierte Rechtsschutzauftrag deutscher Gerichte. 2003. *Band 96.*

Durner, Wolfgang: Konflikte räumlicher Planungen. 2005. *Band 119.*

Enders, Christoph: Die Menschenwürde in der Verfassungsordnung. 1997. *Band 27.*

Epping, Volker: Die Außenwirtschaftsfreiheit. 1998. *Band 32.*

Fehling, Michael: Verwaltung zwischen Unparteilichkeit und Gestaltungsaufgabe. 2001. *Band 79.*

Felix, Dagmar: Einheit der Rechtsordnung. 1998. *Band 34.*

Fisahn, Andreas: Demokratie und Öffentlichkeitsbeteiligung. 2002. *Band 84.*

Franz, Thorsten: Gewinnerzielung durch kommunale Daseinsvorsorge. 2005. *Band 123.*

Frenz, Walter: Selbstverpflichtungen der Wirtschaft. 2001. *Band 75.*

Gaitanides, Charlotte: Das Recht der Europäischen Zentralbank. 2005. *Band 132.*

Gellermann, Martin: Grundrechte im einfachgesetzlichen Gewande. 2000. *Band 61.*

Grigoleit, Klaus Joachim: Bundesverfassungsgericht und deutsche Frage. 2004. *Band 108.*

Gröpl, Christoph: Haushaltsrecht und Reform. 2001. *Band 67.*

Gröschner, Rolf: Das Überwachungsrechtsverhältnis. 1992. *Band 4.*

Groß, Thomas: Das Kollegialprinzip in der Verwaltungsorganisation. 1999. *Band 45.*

Grzeszick, Bernd: Rechte und Ansprüche. 2002. *Band 92.*

Guckelberger, Annette: Die Verjährung im Öffentlichen Recht. 2004. *Band 111.*

Gurlit, Elke: Verwaltungsvertrag und Gesetz. 2000. *Band 63.*

Häde, Ulrich: Finanzausgleich. 1996. *Band 19.*

Haltern, Ulrich: Europarecht und das Politische. 2005. *Band 136.*

Hase, Friedhelm: Versicherungsprinzip und sozialer Ausgleich. 2000. *Band 64.*

Heckmann, Dirk: Geltungskraft und Geltungsverlust von Rechtsnormen. 1997. *Band 28.*

Heitsch, Christian: Die Ausführung der Bundesgesetze durch die Länder. 2001. *Band 77.*

Hellermann, Johannes: Örtliche Daseinsvorsorge und gemeindliche Selbstverwaltung. 2000. *Band 54.*

Hermes, Georg: Staatliche Infrastrukturverantwortung. 1998. *Band 29.*

Hösch, Ulrich: Eigentum und Freiheit. 2000. *Band 56.*

Hohmann, Harald: Angemessene Außenhandelsfreiheit im Vergleich. 2002. *Band 89.*

Holznagel, Bernd: Rundfunkrecht in Europa. 1996. *Band 18.*

Horn, Hans-Detlef: Die grundrechtsunmittelbare Verwaltung. 1999. *Band 42.*

Huber, Peter-Michael: Konkurrenzschutz im Verwaltungsrecht. 1991. *Band 1.*

Hufeld, Ulrich: Die Vertretung der Behörde. 2003. *Band 102.*

Huster, Stefan: Die ethische Neutralität des Staates. 2002. *Band 90.*

Ibler, Martin: Rechtspflegender Rechtsschutz im Verwaltungsrecht. 1999. *Band 43.*

Jestaedt, Matthias: Grundrechtsentfaltung im Gesetz. 1999. *Band 50.*

Jochum, Heike: Verwaltungsverfahrensrecht und Verwaltungsprozeßrecht. 2004. *Band 116.*

Kadelbach, Stefan: Allgemeines Verwaltungsrecht unter europäischem Einfluß. 1999. *Band 36.*

Kämmerer, Jörn Axel: Privatisierung. 2001. *Band 73.*

Kahl, Wolfgang: Die Staatsaufsicht. 2000. *Band 59.*

Kaufmann, Marcel: Untersuchungsgrundsatz und Verwaltungsgerichtsbarkeit. 2002. *Band 91.*

Kersten, Jens: Das Klonen von Menschen. 2004. *Band 115.*

Khan, Daniel-Erasmus: Die deutschen Staatsgrenzen. 2004. *Band 114.*

Kingreen, Thorsten: Das Sozialstaatsprinzip im europäischen Verfassungsbund. 2003. *Band 97.*

Kischel, Uwe: Die Begründung. 2002. *Band 94.*

Koch, Thorsten: Der Grundrechtsschutz des Drittbetroffenen. 2000. *Band 62.*

Korioth, Stefan: Der Finanzausgleich zwischen Bund und Ländern. 1997. *Band 23.*

Kluth, Winfried: Funktionale Selbstverwaltung. 1997. *Band 26.*

Kube, Hanno: Finanzgewalt in der Kompetenzordnung. 2004. *Band 110.*

Kugelmann, Dieter: Die informatorische Rechtsstellung des Bürgers. 2001. *Band 65.*

Langenfeld, Christine: Integration und kulturelle Identität zugewanderter Minderheiten. 2001. *Band 80.*

Lehner, Moris: Einkommensteuerrecht und Sozialhilferecht. 1993. *Band 5.*

Leisner, Anna: Kontinuität als Verfassungsprinzip. 2002. *Band 83.*

Lenze, Anne: Staatsbürgerversicherung und Verfassung. 2005. *Band 133.*

Lepsius, Oliver: Besitz und Sachherrschaft im öffentlichen Recht. 2002. *Band 81.*

Lindner, Josef Franz: Theorie der Grundrechtsdogmatik. 2005. *Band 120.*

Lorz, Ralph Alexander: Interorganrespekt im Verfassungsrecht. 2001. *Band 70.*

Lücke, Jörg: Vorläufige Staatsakte. 1991. *Band 2.*

Luthe, Ernst-Wilhelm: Optimierende Sozialgestaltung. 2001. *Band 69.*

Mager, Ute: Einrichtungsgarantien. 2003. *Band 99.*

Mann, Thomas: Die öffentlich-rechtliche Gesellschaft. 2002. *Band 93.*

Manssen, Gerrit: Privatrechtsgestaltung durch Hoheitsakt. 1994. *Band 9.*

Masing, Johannes: Parlamentarische Untersuchungen privater Sachverhalte. 1998. *Band 30.*

Möstl, Markus: Die staatliche Garantie für die öffentliche Sicherheit und Ordnung. 2002. *Band 87.*

Morgenthaler, Gerd: Freiheit durch Gesetz. 1999. *Band 40.*

Morlok, Martin: Selbstverständnis als Rechtskriterium. 1993. *Band 6.*

Müller-Franken, Sebastian: Maßvolles Verwalten. 2004. *Band 105.*

Musil, Andreas: Wettbewerb in der staatlichen Verwaltung. 2005. *Band 134.*

Niedobitek, Matthias: Das Recht der grenzüberschreitenden Verträge. 2001. *Band 66.*

Oeter, Stefan: Integration und Subsidiarität im deutschen Bundesstaatsrecht. 1998. *Band 33.*

Ohler, Christoph: Die Kollisionsordnung des Allgemeinen Verwaltungsrechts. 2005. *Band 131.*

Pache, Eckhard: Tatbestandliche Abwägung und Beurteilungsspielraum. 2001. *Band 76.*

Pauly, Walter: Der Methodenwandel im deutschen Spätkonstitutionalismus. 1993. *Band 7.*

Pielow, Johann-Christian: Grundstrukturen öffentlicher Versorgung. 2001. *Band 58.*

Poscher, Ralf: Grundrechte als Abwehrrechte. 2003. *Band 98.*

Puhl, Thomas: Budgetflucht und Haushaltsverfassung. 1996. *Band 15.*

Reinhardt, Michael: Konsistente Jurisdiktion. 1997. *Band 24.*

Remmert, Barbara: Private Dienstleistungen in staatlichen Verwaltungsverfahren. 2003. *Band 95.*

Rixen, Stephan: Sozialrecht als öffentliches Wirtschaftsrecht. 2005. *Band 130.*

Rodi, Michael: Die Subventionsrechtsordung. 2000. *Band 52.*

Rossen, Helge: Vollzug und Verhandlung. 1999. *Band 39.*

Rozek, Jochen: Die Unterscheidung von Eigentumsbindung und Enteignung. 1998. *Band 31.*

Ruffert, Matthias: Vorrang der Verfassung und Eigenständigkeit des Privatrechts. 2001. *Band 74.*

Sacksofsky, Ute: Umweltschutz durch nicht-steuerliche Abgaben. 2000. *Band 53.*

Šarčević, Edin: Das Bundesstaatsprinzip. 2000. *Band 55.*

Schlette, Volker: Die Verwaltung als Vertragspartner. 2000. *Band 51.*

Schliesky, Utz: Souveränität und Legitimtät von Herrschaftsgewalt. 2004. *Band 112.*

Schmehl, Arndt: Das Äquivalenzprinzip im Recht der Staatsfinanzierung. 2004. *Band 113.*

Schmidt, Thorsten I.: Kommunale Kooperation. 2005. *Band 137.*

Schmidt-De Caluwe, Reimund: Der Verwaltungsakt in der Lehre Otto Mayers. 1999. *Band 38.*

Schroeder, Werner: Das Gemeinschaftrechtssystem. 2002. *Band 86.*

Schulte, Martin: Schlichtes Verwaltungshandeln. 1995. *Band 12.*

Schwartmann, Rolf: Private im Wirtschaftsvölkerrecht. 2005. *Band 122.*

Sobota, Katharina: Das Prinzip Rechtsstaat. 1997. *Band 22.*

Sodan, Helge: Freie Berufe als Leistungserbringer im Recht der gesetzlichen Krankenversicherung. 1997. *Band 20.*

Sommermann, Karl-Peter: Staatsziele und Staatszielbestimmungen. 1997. *Band 25.*

Stoll, Peter-Tobias: Sicherheit als Aufgabe von Staat und Gesellschaft. 2003. *Band 101.*

Storr, Stefan: Der Staat als Unternehmer. 2001. *Band 78.*

Sydow, Gernot: Verwaltungskooperation in der Europäischen Union. 2004. *Band 118.*

Trute, Hans-Heinrich: Die Forschung zwischen grundrechtlicher Freiheit und staatlicher Institutionalisierung. 1994. *Band 10.*

Uerpmann, Robert: Das öffentliche Interesse. 1999. *Band 47.*

Uhle, Arnd: Freiheitlicher Verfassungsstaat und kulturelle Identität. 2004. *Band 121.*

Unruh, Peter: Der Verfassungsbegriff des Grundgesetzes. 2002. *Band 82.*

Volkmann, Uwe: Solidarität – Programm und Prinzip der Verfassung. 1998. *Band 35.*

Voßkuhle, Andreas: Das Kompensationsprinzip. 1999. *Band 41.*

Wall, Heinrich de: Die Anwendbarkeit privatrechtlicher Vorschriften im Verwaltungsrecht. 1999. *Band 46.*

Weiß, Wolfgang: Privatisierung und Staatsaufgaben. 2002. *Band 88.*

Welti, Felix: Behinderung und Rehabilitation im sozialen Rechtsstaat. 2005. *Band 139.*

Wernsmann, Rainer: Verhaltenslenkung in einem rationalen Steuersystem. 2005. *Band 135.*

Wolff, Heinrich Amadeus: Ungeschriebenes Verfassungsrecht unter dem Grundgesetz. 2000. *Band 44.*

Ziekow, Jan: Über Freizügigkeit und Aufenthalt. 1997. *Band 21.*

Einen Gesamtkatalog erhalten Sie gerne vom Verlag
Mohr Siebeck, Postfach 2040, D–72010 Tübingen.
Aktuelle Informationen im Internet unter www.mohr.de